新时代

城市管理事业

改革与发展

主编·张荣敏

光明日报出版社

图书在版编目（CIP）数据

新时代城市管理事业改革与发展：上、中、下／张
荣敏主编．--北京：光明日报出版社，2019.9
ISBN 978-7-5194-5490-6

Ⅰ.①新 Ⅱ.①张 Ⅲ.①城市管理 中国 文集
Ⅳ.①F299.23-53

中国版本图书馆 CIP 数据核字（2019）第 186695 号

新时代城市管理事业改革与发展：上、中、下
XINSHIDAI CHENGSHI GUANLI SHIYE GAIGE YU FAZHAN：SHANG、ZHONG、XIA

主　　编：张荣敏

责任编辑：章小可　　　　　　　　责任校对：赵鸣鸣
封面设计：李向东　　　　　　　　责任印制：曹　诤

出版发行：光明日报出版社
地　　址：北京市西城区永安路 106 号，100050
电　　话：010-67078251（咨询），63131930（邮购）
传　　真：010-67078227，67078255
网　　址：http://book.gmw.cn
E-mail：zhangxiaoke@gmw.cn
法律顾问：北京德恒律师事务所龚柳方律师

印　　刷：三河市华东印刷有限公司
装　　订：三河市华东印刷有限公司
本书如有破损、缺页、装订错误，请与本社联系调换，电话：010-67019571

开　　本：210mm×285mm
字　　数：2154 千字　　　　　　　　印　张：102
版　　次：2019 年 9 月第 1 版　　　　印　次：2019 年 9 月第 1 次印刷
书　　号：ISBN 978-7-5194-5490-6

定　　价：966.00 元（上、中、下）

《新时代城市管理事业改革与发展》
编 委 会

主　　编　张荣敏

副 主 编　李进召　褚　明　靳学强

特邀编委　（以姓氏笔划为序）

王新杰	王保涯	王德进	王鸿军	韦　健	毛得宏	邓泽虎	邓昭红
李银书	李晓明	李尊桂	杨　志	杨七斤	杨学兵	杨维权	杨柳明
严　飞	严建利	吴海源	余志兵	何永华	何宇生	何浩欣	沈睿熙
张　顺	张　恩	张官华	张福荣	张晓正	陈　辉	陈文德	陈登国
陈进国	阿米尔·艾力	拉　巴	易铁刚	罗江波	金长礼	周喜岩	
索昂旺毛	徐　伟	徐卫华	高　峰	闫志红	谈永飞	陶　林	桑　老
黄志先	黄普文	黄国初	游明元	彭　伟	彭朝安	韩忠厚	韩忠强
管　中	程震东	温桃芳	曾荣东	褚　勇	靳建明	蓝建忠	黎冶荣
潘昌如	薛志良						

编　　委　（以姓氏笔划为序）

丁　莉	丁　毅	卜宏强	于　峰	于　健	于昭伟	马　飞	马　进
王江华	王兴涌	王春生	王凤燕	王守永	王易平	王同林	王志明
王志军	王志超	王茂生	王传成	王华西	王金龙	王世文	王作霖
王清江	王晓锋	王国平	王高彦	王淑华	王孟和	王炳龙	王伟荣
王旭峰	王登文	王家贵	王树生	王慧明	韦金儒	化　旗	牛　涛
毛精华	亢雪峰	计永军	方万强	尹玉圣	尹志安	邓之敏	邓光锐
邓远平	邓海波	邓德琴	甘爱民	石洪秀	石爱军	左扬松	申先虎
申俊岭	田凤才	田光云	史元功	史振宅	叶英军	叶新龙	卢学勉
卢俊福	代　涛	白平章	白玉华	白全龙	白秀昌	白金凤	白金娥

白海军　付度关　令狐跃波　冯文继　冯立新　冯世钢　冯自河　宁格加
司新胜　尕玛扎西　吉训忠　吉帕尔古丽·司马义　邢金锁　达布希拉图
成延忠　成林龙周　毕卫红　吕　岚　吕　刚　吕秀其　吕宝君　吐尔洪
陈树波　陈慧君　陈毅楠　阿尔猛杰　阿布都热依木·艾尼　林文钦　林忠岭
林清国　林新忠　林翼金　苗建军　范　科　范志刚　范顺治　杭铁虎
拉　勋　罗　卿　罗开富　罗立东　罗良德　罗重阳　昂永恒　周　波
周业庭　周兴民　周红明　周林勇　周保祥　周建东　周建邦　周茂林
季学军　季国忠　岳晓燕　邱慈桂　金　宁　金呈祥　郑　晓　郑广庆
郑先刚　郑世文　郑秋林　郑维辉　庞庆书　庞东溟　孟　霄　孟保华
孟征宁　练桂兰　胡　林　胡　波　胡　江　胡　翊　胡水庆　胡东升
胡伏存　胡昌毅　胡章勇　胡峰印　胡晓东　胡银锁　赵　瑞　赵　哲
赵　峰　赵开亮　赵正冰　赵兴涛　赵丽华　赵志华　赵现君　赵焕东
赵焕东　赵延军　赵治国　赵思军　赵增毅　柏宗年　荆汝泉　郝广生
唐　强　唐祖宣　唐创业　凌　扬　凌征新　陶宾德丽雅　黄　健
黄友柏　黄玉君　黄居科　黄河清　黄福生　黄国经　黄新芳　黄裕坚
黄海鹰　黄耀文　梅　岭　崔　俊　崔　涛　崔光辉　崔旭初　崔汝相
崔现民　符　斌　移鹤林　梁　岩　梁　军　梁成军　梁红民　梁接顺
商昌友　隋卫东　董　兰　董永凯　董建明　蒋贵东　彭　凌　彭文华
韩应魁　韩桂峰　葛　云　葛长青　覃振林　傅继荣　舒占坤　程玉升
程绿林　谢中全　曾红斌　曾志羽　温永洪　温秀玲　童跃峰　游碧玉
普静波　雷宏伍　赖卫国　赖海生　詹运开　廉　兴　窦炎章　蔡传毓
蔡绍英　蔡辉勇　蔺广东　管廷勇　管齐华　管克平　谭大海　廖　洪
廖四照　廖永生　缪仕栋　熊丽彬　熊远国　熊晶辉　樊　健　樊世林
樊翠梅　暴福生　黎　萍　黎贵焊　潘　毅　潘国忠　潘春林　潘家东
颜仁生　颜鹏飞　薛应亮　霍玉尚　霍兵兵　穆启明　戴　冰　戴征强
鞠建伟　魏晓雾

前　言

　　城市管理工作是城市经济社会发展的重要组成部分，是城市化进程和建设现代化城市的重要保障，是按照科学发展观要求，构建和谐社会的基础性工作。同时，城市管理工作也是社会管理工作的重要内容，是城市文明的题中之义。当前，城镇化进程加快，加强城市管理，对于提高城市发展质量、提升城市社会建设水平，具有十分重要的意义。随着改革的不断深入，在加快推进城市化发展的新形势下，城市管理工作尽管日益得到重视而有所改善，但依然存在许多不容忽视、亟待解决的问题，城管执法一直处于社会矛盾的风口浪尖，许多热、难点问题都与城市管理工作相关联。城市管理是当前城市化过程中出现的诸多矛盾的聚焦点，实现城市化、构建和谐社会必须加强城市管理体制的改革与创新，积极创新城市管理方式，完善城市管理体系和政策法规，优化城市管理执法环境。城市的发展呼唤与时俱进的管理模式，只有进一步解放思想，转变执法理念，改进执法方式，运行机制创新，提高执法水平，进一步加强队伍建设，构建更先进、更科学、更人性的管理方式，才能适应新的形势任务需要，推动城市管理工作上水平。

　　2019年是中华人民共和国成立70周年，也是全面建成小康社会关键之年。做好今年的城市管理工作，需要我们在以习近平同志为核心的党中央坚强领导下，以马克思列宁主义、毛泽东思想、邓小平理论、"三个代表"重要思想、科学发展观、习近平新时代中国特色社会主义思想为指导，全面深入贯彻党的十九大和十九届二中、三中全会精神，贯彻党的基本理论、基本路线、基本方略，坚持不懈地用习近平新时代中国特色社会主义思想武装头脑，在贯彻落实十九大精神过程中把城市管理工作提高到一个新水平，为实现十九大提出的目标任务建功立业，展现新时代城市管理新风采和城市管理工作新作为，进一步增强人民群众获得感，促进经济社会健康发展和民生改善。

　　为了更好地贯彻党的十九大和十九届二中、三中全会精神以及习近平新时代中国特色社会主义思想，整合城市管理资源，创新城市管理体制机制，解决市民最关心的热点和难点问题，将城市管理寓于社会管理的全过程，不断提高城市管理效率和管理水平，提升城市形象，营造宜居环境，改善民生福祉，我们特编撰《新时代城市管理事业改革与发展》一书，《新时代城市管理事业改革与发展》以党的十九大精神为统领、以习近平新时代中国特色社会主义思想为指导，对新时代城市管理事业改革发展中重点工作，如：认真学习贯彻党的十九大精神、推动实施乡村振兴战略、加快城市管理事业改革、提高城市管理效率和管理水平、加强城市市政设施管理、综合整治城市市容市貌、加强公用事业行业管理及指导、加强城市管理综合行政执法工作、组织和协调城市相关管理服务保障工作、保障城市基础设施养护维修管理、夯实政策和人才支撑、坚持全面从严治党等方面进行了全面的阐述，为基层城市管理事工作者提供理论与实践支持。本书概念把握准确，对所研究的问题、学术梳理清晰，为深入开展研究奠定了学理基础；思路开阔，理论体系完善，观点鲜明，对认识基层工作具有较大的启发；研究基础扎实，调研充分，利用了大量调研、访谈资料，并有深入的剖析。能够实事求是地分析我国城市管理事业工作面临的问题，切入准确、分析得当，观点正确；能多角度论述，有独到的见解，且分析比较全面，具有很强的指导价值。综观全书，思路清晰，逻辑结构严密，资料翔实，观点正确，学科知识全面，能够多点多面进行研究，并且具有一定的广度和深度，学术规范，引用资料准确。本书可以为新时代城市管理事业改革发展提供学术支撑、决策咨询和有益借鉴，也有助于基层城市管理工作者从一个新的视角深化工作理论研究，进一步提升理论的研究水平及实践能力。

2019年，广大城市管理工作者要发扬"工匠精神"，求真务实，恪尽职守，全力开创城市管理事业改革发展新局面，推动城市管理水平再上新台阶，以优异成绩庆祝中华人民共和国成立70周年。

我们在本书编写过程中，参阅了大量近年来出版的同类著作，借鉴和吸收了许多国内外专家学者、同仁的研究成果，在此谨向提供了有益观点和理论的学者表示感谢！由于编写时间和编者水平有限，难免有疏忽、谬误之处，敬请各位读者、专家、同行批评指正，以便今后改进和完善！

《新时代城市管理事业改革与发展》编委会

2019年4月

目　录

第一篇　新时代城市管理事业改革与发展探索

第二篇　创新城市管理工作论述及发展前景

第三篇　新时代城市管理学

第四篇 新时代城市管理事业综合执法指导

第五篇 新时代"数字化城市"管理标准及发展

第一篇
新时代城市管理事业
改革与发展探索

精细管理　注重长效
为魅力银川助力添靓

宁夏银川市综合执法监督局　王　嘉

一、银川市情概况

银川市是宁夏回族自治区首府，是一座历史文化悠久、民族特色鲜明、自然风光秀丽的塞上古城，是中国历史文化名城，西北地区重要的中心城市。东有九曲黄河穿境而过，西倚雄壮峻美的贺兰山，区划面积达到 9025.38 平方公里，建成区面积 166.84 平方公里。下辖兴庆区、金凤区、西夏区、永宁县、贺兰县和灵武市，2017 年，各县（市）区共辖 25 个街道办事处、20 个镇、6 个乡和 248 个居民委员会、286 个村民委员会，2017 年末，银川市常住人口达 222.54 万人。银川市委、政府抢抓"两区建设""一带一路"节点城市战略机遇，坚持把创建全国文明城市和巩固国家卫生城市成果作为加快银川现代化、国际化建设步伐，优化发展环境、提升区域竞争力的重要抓手，大力投入、全方位建设、精细化管理，打造"丝路明珠，魅力银川"，不断提升城市影响力和城市品位。先后荣获国家园林城市、中国人居奖、国家环保模范城市、全国节水型城市、亚洲都市景观奖颁奖城市、全国幸福城市、中国十大新天府、中国领军智慧城市等荣誉，入选首批十大"中国旅游休闲示范城市"，八次获评"全国双拥模范城市"，三度蝉联"全国文明城市"和"国家卫生城市"。2016 年，餐厨废弃物无害化处理、资源化利用通过国家验收，成为全国首批通过验收的六个城市之一。最近又荣获全球首批"国际湿地城市"称号，是中国西部唯一获得此奖项的城市。

二、执法职责简介
（一）机构设置

按照"两级执法、基层为主"原则设立了市与辖区综合执法监督机构，市级突出综合执法监督，辖区突出日常执法。市级在市城市管理局（城市管理综合执法局、城市管理综合执法支队）基础上，于 2017 年 11 月 24 日更名组建"市综合执法监督局"，挂"市城市管理局""市综合执法监察支队"牌子，市内设综合处（监察室）、市容管理处（执法监察处）、生活固体废弃物监管处、市爱国卫生运动委员会办公室（城市综合管理考评办公室）

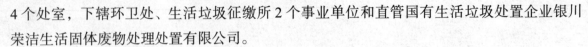

4个处室，下辖环卫处、生活垃圾征缴所2个事业单位和直管国有生活垃圾处置企业银川荣洁生活固体废物处理处置有限公司。

（二）主要职责

负责制订城市管理发展规划、相关法律法规制度、作业标准、考核办法等；负责全市户外广告、市政、市容、卫生、渣土、养犬、烧烤、园林绿化、占道经营、违章建设等综合执法工作的指导、监督、考核；负责户外广告设施设置监管和环卫配套设施新建、移除联审工作；负责全市生活垃圾、医疗垃圾、餐厨垃圾的收集、运输、处置工作；负责市区主次干道清扫保洁工作的指导、监督、考核；负责银川市数字城管工作；履行市城管办、爱卫办工作；综合执法职能。

三、城管工作亮点

（一）城市管理执法体制改革情况

指导思想是以简政放权、转变职能、规范权力运行为核心，以推动执法重心下移、整合规范执法主体、优化执法力量配置为主要内容，加快建立权责统一、监管到位、权威高效、覆盖城乡的行政执法体制，推动城市管理向城市治理、美丽银川向美好银川迈进，为建设"绿色、高端、和谐、宜居"城市、早日建成全面小康社会提供体制机制保证。

基本原则有五项：

一是坚持相对分离，相互协调。推动行政执法与政策制定、监督监管与许可审批、行政执法与检验检测相对分离，实现决策、审批、执法、监管既相对分离又相互促进。

二是坚持问题导向，重点突破。针对当前行政执法中存在的职责交叉、边界不清、重复执法、执法缺位等矛盾和问题，加快推进重点领域、关键环节执法管理体制和运行机制改革，以重点工作的突破带动全面工作的推进。

三是坚持精简高效，权责一致。科学界定、合理划分城市管理事权与行政执法权限，清理整顿、整合归并执法机构。调整优化行政执法资源配置，权随事转、人随事调、费随时走、实现权力与责任有机统一。

四是坚持横向整合，重心下移。整合部门相同相近的执法职能和资源，减少执法队伍和层级，同步推进执法重心下移、执法力量下沉。加快构建市、县（市）区、街道（乡镇、园区）三位一体管理和执法体制。

五是坚持统筹协调、整体实施。建立统一领导、集中管理、属地为主的执法管理体系，完善联席制度和配套措施。

主要内容是以解决行政执法缺位等问题为切入点，逐步构建"二级架构、基层为主"的综合行政执法体制。改革的重点是在基层发生频率较高、与生产生活关系密切、多头重复交叉执法问题突出、专业技术要求适宜的城乡建设管理、生态环境保护、社会民生事业等领域，按照"先清后改、先易后难、分步实施、稳妥推进"的原则逐步推进。

一是深化城市管理综合行政执法改革。主要是城市管理领域法律、法规、规章规定履行的行政执法权。涉及住建、规划、城管、林业、环保、水务、市场监管、代建等8个部门45个领域的503项执法权。

二是推进跨部门跨领域综合行政执法改革。主要是城市管理领域之外的发生频率高、技术要求低的行政执法权，涉及9个部门30个领域的242项行政执法权。

三是开展部门领域内综合执法改革。将专业性强、技术要求高、安全责任重大及特定领域执法的20个部门承担的1414项行政执法权，按照"一个行业，一个执法机构、一支执法队伍"原则，先开展部门（领域）综合行政执法改革，运行平稳后，2020年前划入市、区综合行政执法机构。

（二）城市精细化管理工作情况

习近平总书记强调，"城市管理应该像绣花一样精细，城市精细化管理，必须适应城市发展"。我局认真落实自治区第十二次党代会精神和市委"绿色、高端、和谐、宜居"城市发展理念，按照银川市委、市政府工作要求，进一步增强责任感和紧迫感，不断提升城市精细化管理水平

一是建立全域银川"大城管"管理体制。2013年6月27日，银川市城市综合管理委员会正式成立，市委书记任第一主任，市长任主任，建立了相关单位为成员的"大城管"格局。在全国机构编制严控的大背景下，市辖两县一市城市管理部门由股级单位脱离，经自治区编办批准全部成立了正科级单位，城市管理机构得到规范设置，市、县（市）区两级政府和职能部门定期协调通报城市管理问题，全域银川"大城管"管理体制基本建成。

二是建立领导包区包片共管责任制度。实行市委、市政府主要领导包三区，各区领导包街道，相关部门领导包片区，街道领导包地段的单位责任制，明确单位一把手为长效管理第一责任人。

三是实行城管环卫网格化管理。市、区两级综合执法部门实行精细化、网格化管理，市综合执法监督局定期或不定期对网格化管理情况进行巡查，确保网格有人，人尽其责，属地管理责任制得到进一步落实，城市动态管理能力明显加强。

四是实施精细化考核。制定并多次修改完善《银川市城市环境综合管理长效考核办法》，严格兑现奖惩，实行日检查、周公示、月汇总、季评比的考核模式。市城管委、爱卫办每月组织对三区进行一次明查和暗访，对两县一市、市直责任部门、窗口单位每季度进行一次考核，定期通报考核结果。

五是明暗检查，落实监管责任。按照《银川市城市环境综合管理长效考核细则》，每季度对辖区城市道路卫生、环卫机械化作业、绿化带、隔离带、绿篱、沟渠岸坡、垃圾转运站卫生、生活垃圾、餐厨垃圾收集转运、公共厕所卫生、垃圾箱、果皮箱卫生、城中村、

城乡结合部卫生进行一次全面的定期检查考核。每季度组织人员对辖区进行一次暗访考核，根据工作重点，抽取一定的样本量，通过拍照、录像、通知考核对象相关人员现场见证等手段考核打分，全面落实卫生长效考核管理办法。

六是强化日常巡查。由市、县（市）区主要领导、部门领导、卫生监管员和城管执法队伍进行"三级"卫生巡查，发现问题随时解决，确保市、区道路干净整洁。根据《银川市城市环境综合管理长效考核办法》，市环卫部门从三区环卫部门抽调人员组成巡查组每日对道路、公厕、垃圾中转站、果皮箱、绿化带卫生及环卫机械化作业进行巡查，并适时根据阶段工作重点增加巡查内容。对机械化作业的检查采取现场检查与数字化城管、台帐抽查相结合的形式进行。

七是台账管理，定期通报。成立城乡环境综合整治领导小组，下设3个督查组对当天各县（市）区工作进展情况进行督查，制定台账，及时下发问题整改通知书，形成及时督查、定时督办机制，做到了发现一处，整治一处，销号一处，确保城乡环境综合整治工作常态推进。

八是实行无人机巡查模式。积极探索，不断创新，引进科技力量，投入200余万元，于2016年7月正式组建无人机巡查中队，全力开展无人机高空监测，加强市容市貌管理、城市设施巡查、突发事件监控等多项工作。通过建立健全"无人机天上看，巡查队员地上巡，数字监管全盘掌控，群众网上报，网格办随时查"的立体、动态监管机制，使"空中城管"最大限度地发挥科技引领作用，让城市管理工作迈入新的征程，步入更加广阔的视野。

九是数字城管监督考核。2013年4月，建成数字城管监督指挥中心，通过服务外包，动态采集占道经营、违章建设、道路破损、井盖缺失、"三乱"广告等事部件问题。截至目前，信息采集覆盖了兴庆区、金凤区、西夏区建成区约120平方公里301条主要街巷。依托智慧银川建设平台新安装高清摄影头1750个，现共有高清摄像头2388个，达到城市街面管理、环卫作业、社会服务、市政养护作业、公用设施运行管理、市政公用与市容环卫企业运行监管等城市管理业务的数字化、信息化、智能化和综合化。2013年建成以来，数字城管指挥平台累计办理完成案件90多万件。数字化城管考核结果运用到城市环境综合管理长效考核中，占总分比重50%，考核结果一周一公示，一月一通报，月通报刊登在《银川日报》，接受社会各界监督，强化数字城管在城市管理中的优势和效用。

（三）"强基础、转作风、树形象"专项行动开展情况

为全面贯彻中央、国务院《关于深入推进城市执法体制改革改进城市管理工作的指导意见》和自治区党委、政府《关于深入推进城市执法体制改革改进城市管理工作的实施意见》的精神，加强城市管理执法队伍建设，进一步提高城市管理和公共服务水平，我局制定了《银川市城市管理执法队伍"强基础、转作风、树形象"专项行动实施方案》，集中开展全市城市管理执法队伍"强基础、转作风、树形象"专项行动。

一是成立专项领导小组，由市城管委办公室主任、市城管局局长邱志军同志担任组长，

领导小组办公室设在市城管局法治信访科，由市城管局副局长王志刚兼任办公室主任。领导小组负责研究"强基础、转作风、树形象"行动重大问题，安排部署工作任务，抓好各项工作的落实。

二是开展全员培训。1. 以"两学一做"学习教育为契机，制定集中学习计划，严格要求每人每月集中学习不少于2次，围绕重大理论和思想政治教育，开展内容丰富、形式多样的学习教育活动，撰写学习笔记。通过学习教育，进一步增强执法人员的宗旨意识和服务理念。2. 全面开展科级以下城市管理执法人员业务轮训，局属各执法大队由市局统一制定轮训方案。各县（市）区及滨河新区结合各自实际，制定轮训方案。轮训要以法律法规、业务知识、执法步骤、方法、法律文书为培训重点，可采取半军事化封闭培训方式，开展队列、步伐、文明礼貌、执法模拟训练，增强执法人员业务素质，牢固树立依法行政、规范执法、文明执法理念。

三是完善执法制度。依法制定城市管理执法权责清单，2017年2月底前，制定并公布了权力清单和责任清单，并及时根据改革情况进行更新和调整。落实行政执法责任制，全市建立统一的执法公示、执法全过程记录、重大执法决定法制性审核等制度。编制执法手册，完善执法程序，规范办案流程，明确办案时限，提高办案效率，实现执法规范化。

四是改进工作方式。坚持"疏堵结合、以疏为主"，突出服务为先，变被动管理为主动服务，变末端执法为源头治理。贯彻执行"721"工作法（70%的问题用服务手段解决，20%的问题用管理手段解决，10%的问题用执法手段解决），结合各自业务范围，改进工作方法，制定为民务实服务事项计划清单。坚持处罚与教育相结合，研究轻微违法违规行为的惩戒办法，灵活运用说服教育、劝导示范、行政指导等非强制行政手段，杜绝粗暴执法。

五是严明工作纪律。1. 严格落实"四个做到"：做到依照规定穿着制式服装和佩戴标志标识；做到从事执法工作时主动出示执法证件；做到执法过程中坚持语言文明和举止规范；做到执法活动实行全过程记录。强化自我要求，各单位开展自查自纠，及时发现违规问题，及时整改。2. 市局加强执法监察工作，不定期开展明查暗访，受理群众举报投诉，对专项行动期间出现的违规违纪问题进行严肃处理，建立长效监督机制。

六是强化宣传引导。1. 加强与新闻媒体的联动协作，利用广播、报纸、网络等媒体，以"人民城管为人民"为主题，广泛发掘和宣传先进典型事迹，传播正能量。2. 依托数字化城市管理系统，搭建集城市管理官方网站、手机APP、微信微博公众号、12319热线电话等一体的宣传平台。3. 推进政务公开，聘请市民监督员，设立开放日（体验日），开展群众评议等活动，主动接受社会和公众监督，回应社会关切。

四、未来工作展望

我局将充分发挥好城管委办公室高位统筹、协调、督导的作用，一是加强督查督办力度，抽调人员，组织督查组，分组包片，对各责任单位所担负市容市貌和环境整治工作进行不间断的检查督导，建立台账、挂图作战、量化任务、考核打分。

二是强化日常管理，压实工作职责，高标准、高质量、高效率完成深度保洁、市容秩序、渣土管控、垃圾处理等工作任务。

三是尽快完善配套措施的出台，进一步激励优秀人才向综合执法队伍走，优秀综合执法干部向基层下沉。

四是尽快梳理划转事项，厘清市级执法部门间的权责边界、市级执法部门与辖区执法部门间的权责边界，管理与执法的边界。

五是对接市综合执法改革领导小组，深入基层调研，解决综合执法改革过程中出现的城市管理与综合执法间相互协调、衔接的事宜，进一步规范三区综合执法局机构设置不统一的问题。

"细""智""众"开启城市综合管理升级模式
高质量城市管理助推高品质生活

重庆市九龙坡区城市管理局局长 周云江

偌大一座城,好大一个家。城市是承载着老百姓柴米油盐、家长里短的家园,作为城市管理者,不只是城市的"形象设计师",更应是老百姓幸福感、归属感、安全感的守护者。时代在发展,群众对高品质城市生活的向往呼唤高质量的城市管理,九龙坡区的做法是,创新结合适宜区情、因地制宜地的新办法、新制度,举全力推进大城细管、大城智管、大城众管落地生根,推动城市管理向更加精细化、智慧化、规范化纵深迈进。

细化管理内容更需细化管理标准——制度法规让城市管理水平走向精细

2018年是重庆市城市品质大提升的开局之年,这要求城市管理工作不仅仅限于把地扫干净、把树栽上、把路铺平、把灯点亮这些事,更要以整洁有序为基础、品质特色为重点、味道神韵为追求,从规划、建设、管理的每个环节、细节入手,让城市环境更干净、更有序、更整洁;城市内涵更丰富、更鲜明、更独特,真正提升市民群众的满足感和获得感。

以城市道路为例,人行道不光要考虑路面平整、顺畅、干净、整洁,还要考虑到宽度设计充分结合地域特点,使行人行走更舒适、通畅。路边的公共厕所,是城市文明和社会发展水平的重要指标之一,要干净、整洁、无异味,设施功能人性化,细节考虑周到,无障碍设施完备。窨井盖,要美观、平整、碾压无响动,并注重和路面色调的一致和协调……把这些细节问题规划、建设、管理好,在细微处见功夫、见质量、见情怀,就是城市管理高水平的体现。

精细化的城市管理要求倒逼更加精细化的城市管理措施。九龙坡区建立了"六个一"大城细管体系,以"绣花精神"做实做细城市管理。一项机制提效率,从上到下推行"马路办公",畅通"发现问题、交办问题、处置问题"快进快出运转机制,提升管理效率;一套细则定标准,完善全区清扫保洁、园林绿化、设施维护等精细化管理标准,从上至下一以贯之;一把尺子来考核,出台全区清扫保洁、园林绿化、设施维护等考核文件汇编,规范作业要求和考核标准,实行"日巡、月检、年评"考核,该奖的奖,该罚的罚,该退的退;一本手册明规程,制作了全市首套《环卫作业手册》发到每名环卫工手中,规范了作业流程、作业标准，保障了作业效果；一把扫把扫到底，道路与绿化带保洁二合一，解决了"你推我攘"的老大难问题；一支队伍提效能，每年新增1000万元应急处置常态性经费，组建城市管护24小时专业化应急快处队伍，实现城市管理问题的快速、专业处置。

"六个一"大城细管体系的设施，在城市管理各个方面建规立矩，实现白天夜晚一个样、天晴下雨一个样、节日平时一个样、主要干道与次支干道一个样、大街小巷一个样，城市管理由定性向定量、单一向综合、滞后向实时、粗放向精细的高效能管理转变。

同时，城管执法体制改革也在不断推向深入，更加凸显"以人为本"、规范执法的理念。深入开展执法队伍"强基础、转作风、树形象"专项行动，建设网上执法办案系统，健全执法公示、执法全过程记录、重大执法决定法制审核等制度，全面提高执法规范化水平。建立了聘用律师全程参与、协调公安执法保障、商请法院事前把关的疑难案件突破机制，开创全市首例占道经营"零口供"办案执法。组建执法"纠察队"和执法"示范队"，2018全年分批开展大规模全员覆盖、全封闭执法队伍培训415人次，细到执法用语、服装、步骤、处理方式等一一规范，锻造新时代城管铁军。

要"管得宽"更要"管得好"——智慧城管建设加速提升管理水平

九龙坡区拥有一江两山四河，幅员面积432平方公里，江岸线31公里，辖8街11镇，常住人口逾121.78万，城区人口80万。全区由城市管理局直管市政道路309.79公里，管护长度、面积及路灯数量居主城区第二，日均处理生活垃圾1300余吨，居主城区第一，管护的环卫设施为主城区最多。城市管理内容繁杂、问题突出，加之传统老城区、工业大区底子薄弱、功能性不足，曾一度被调侃为"旧农破"。

随着城市化进程的不断加快，城市面貌的改变要让群众看得见、摸得着、感受得到，仅仅再依靠过去的人工作业手段显然是无法实现的。九龙坡区城市管理局有效对接全区智慧城市建设，以前瞻性的思路大手笔、高标准推进城市管理智慧化，大幅提升了管理效能，解决了一大批疑难杂症、重难点问题。

一方面，以大数据、云计算、智能化为依托，转化利用其技术成果建立为城市管理服务的大数据中心，实施智慧城管"1322"升级改造工程（即：建立一个城市管理大数据库和运行指挥中心，实施"三处一队"城市管理业务平台、数字城管综合监管协调平台、便民惠民服务平台等三大平台建设，完善城市管理行业应急指挥、数据决策分析等两个支撑平台，推进视频监控整合、智能物探感知两大辅助工程），切实提高"大城智管"的能力和水平。

另一方面，构建"四级网格"大城智管框架。开展全区地理信息普查更新，升级地面、地下数字城管综合普查数据，建立"四级"网格和全区综合巡查云平台，整合全区监控资源实现互联互通、共享共治；危险源自动预警、机器人巡检下排、桥隧、暴雨积水点智能监管、化粪池智能监测、路灯单灯智能管控、作业车辆 GPS 定位等智慧城管提升了"城市速度";微信订阅号方便了市民投诉、停车、如厕和饮水等;智慧环卫管理云平台 APP 实现考勤、巡查、问题处理等智慧化管理;用手机打卡的方式,结合移动互联网、位置服务、云计算和物联网技术开发建设全市首个巡查监管平台系统,实现城管监督巡查全程监管、实时监督。

要"自上而下"也要"自下而上"——"五长制"+"网格化"推动全民共管共治

在全市城市综合管理工作领导小组全体会议上,唐良智市长强调:要努力推进城市治理体系和治理能力现代化。面对复杂问题,现代城市处于高度变动之中,单靠政府大包大揽,既不实际,也不实惠,城市管理思路也必须由传统的"少数管多数"向协调调动社会多元力量的全民共管共治方向转变。

在重庆市全面推行"五长制"城市综合管理制度之际,九龙坡区创新、深化、延伸,有机融合"网格化"管理经验与做法,构建起责任明确、协调有序、监管严格、规范长效的升级版"五长制 + 网格化"城市综合管理机制。以道路为基,在主次干道点线区域推行街长、路长、巷长、楼长、店长"五长制",由区委常委和分管副区长挂帅担任"街长",定期召开"马路办公"会,高位协调,自上而下抓管理,有问题到"马路上办""马上就办"已成为共识;以社区为面,推行"网格化"管理,坚持末端问题导向,下重金设立 3000 万专项激励资金,利用居民议事厅、12319 城市管理热线、市民城管通 APP 等多渠道鼓励社会单元细胞"找茬"城管问题,做好从下至上的贴心服务。

"五长制"+"网格化"实现了城市管理点、线、面相结合,"五长""片长""网格长"齐抓共管,构建起全域覆盖、纵向到底、横向到边、不留死角的管理模式。为了让它切实发挥作用,我区还专门制定了"五长制 + 网格化"规范运行制度,确立信息共享和情况互通,部门与部门之间也建立了快速反应联动机制,打破壁垒,变"各自为政"为"深度融合",形成各负其责、协同合作的强大工作合力,产生 1+1 > 2 的效果。

提升执行力 练好绣花功
以实际行动践行习近平总书记重要讲话精神

广东省东莞市城市管理和综合执法局 郭怀晋

习近平总书记多次强调城市管理"精细化"的总体要求，特别是在改革开放 40 周年、粤港澳大湾区建设全面推进的关键时刻，2018 年 10 月 22 日至 25 日，习近平总书记亲临广东视察并发表重要讲话。习近平总书记重要讲话立意高远、思想深邃，内涵丰富、语重心长，为广东新时代改革开放再出发进一步指明了前进方向，对城市管理等具体工作领域，也有着极强的思想性、政治性、指导性和针对性。东莞市城管局将以强烈的政治自觉和行动自觉，坚定不移地用习近平总书记视察广东重要讲话精神武装头脑、指导实践、推动工作，以提升城管精细化管理为核心任务，不断激发干事创业的精气神，以新担当、新作为践行习近平总书记重要讲话精神。

一、以"时不我待、只争朝夕"的使命担当，抓住城市管理质量提升的历史机遇

当前，我市已经进入以城市内涵品质提升引领城市转型发展的新阶段，必须加快提升城市品质内涵，才能携手广深港澳等建设国际一流湾区和世界级城市群。城市管理作为城市品质提升体现最直接、成效最显著、人民群众感受最强烈的工作领域，也迎来了全方位提升、精细化发展的重大历史机遇。东莞市委市政府高度重视城市管理工作，把城市品质提升和城市精细化管理放在东莞市坚定不移全面深化改革"优城市、拓空间、提产业、强基层、惠民生、深改革"六大重点工作的首要位置，让我们深感城市精细化管理的压力与担当同在、挑战与机遇并存。这种紧迫感和危机感主要体现在三个不适应：

一是陈旧的管理理念与新时代城市精细化管理的新使命、新要求不相适应。近年，从中央、到省、市，将城市管理放在前所未有的高度进行谋划部署。特别是习近平总书记多次提出城市管理"精细化"的总体要求。但大部分基层党委政府对城市管理的"小农意识"仍然没有转变，对城市管理内涵领悟不深，没有树立以城市管理提升营商环境和人居环境、增强城市综合竞争力的理念，对城市管理的标准、投入比例不大，执行不高，城市管理的效果也参差不齐。

二是粗放的管理手段、薄弱的管理基础与城市转型发展的迫切需要不相适应。市委市政府及人民群众把城市精细化管理作为我市融入粤港澳大湾区建设、乡村振兴战略实施和城市品质提升的关键组成。但当前城市管理水平与"精细化"的要求还有一定差距。特别是违建、固废等民生热点问题，数十年粗放管理叠加的历史欠账，也正式迎来了爆发期，由此而来的社会问题、民生问题频发，犹如一个个定时炸弹，让全市城管人夜不敢寐。

三是软弱的执行力和队伍素质与各级领导和社会各界对城市管理的新期望不相适应。各级领导和市民群众对城管队伍寄予厚望，迫切需要和期望我们担当起城市环境优化、公共服务提升、城市秩序维护的中坚力量。但由于长期缺乏科学有效的考核体系、培训机制，各级城市管理投入力度、人员素质参差不齐，城管队伍打硬仗、啃硬骨的战斗力有所弱化，以当前执行力，难以圆满完成市委、市政府及人民群众交付的工作任务。

二、以"紧系民生、执政为民"的宗旨，全面提升城市精细化管理质量

面对新时期、新背景下城市管理的"不适应"，我们将坚持把城市管理作为人民群众享受城市发展的最直接载体，坚持"以人民为中心"理念，在提品质、强执行、拓空间、补短板、优体制等方面更加有所作为，从内而外全面提升城市精细化管理能力。

（一）以"三项三线"提品质

以"三大专项行动"以及"三线整治"等专项工作为抓手，全面优化城市环境。一是实施"厕所革命"专项行动。2019年计划完成全部需升级改造厕所的60%，新建、改造升级1000座公厕，其中打造50座首批"星级公厕"，2020年前按照轻重缓急分阶段完成全市其余公厕的升级改造。制定完善公厕日常维护管养规范和监督考核机制，全天候做好公厕保洁工作。二是实施"洁净城市"专项行动。探索多元化、因地制宜的环境卫生管理模式，按照城市品质向广深主城区看齐的要求，打造全市干净整洁示范区。各镇其他村（社区）逐步按照中心区的标准，全域推进"洁净城市"专项行动。三是实施"点睛亮景"专项行动。以"微改造"为主要手段，为市民群众打造更多环境优美、主题鲜明、让人流连驻足、能够记住乡愁的城市"微空间"。四是开展"三线整治"行动。统筹开展广深铁路沿线整治、广深港高铁沿线整治、重要参观点沿线景观整治，通过环境卫生整治、市政设施升级、沿线美化绿化、违章建筑及立面整治、强化宣传引导擦亮东莞"窗口"。

（二）以"头雁工程"强执行

积极开展模范机关创建活动，持续以党的建设扩大"头雁效应"，推动全市城管队伍执行力提升。一是高位推进"行走东莞"工作。由市领导带队，以步行巡查的方式，建立不分时段、不打招呼、不需陪同、直奔一线的领导督导机制，形成快速响应、快速整治、快速反馈的即时整改机制，立竿见影地提升城市环境和城市品质。二是筹建东莞城管学院。与市内相关有资质、高水平的职业培训学校共建"城管学院"，打造城管队伍的"黄埔军校"。

（三）以"违建治理"拓空间

全市统筹推进违建治理工作，将违建治理与水污染环境治理、重大项目落地、扫黑除恶专项斗争、城市品质提升、产业转型升级五方面重点任务同步推进。一是保持新增违建"零增长"。建立六位一体的监控巡查体系（日常巡查、群众举报、无人机空中巡查、卫星图斑监控、网格员巡查、视频监控），发现一宗，查处一宗，以铁的手腕坚决遏制新增违建行为。二是积极配合健全违建治理政策体系。积极推动《东莞市历史遗留产业类和公共配套类违法建筑分类处理办法》等政策出台。三是进一步完善存量违建普查工作。结合分类办法的规划土地审查要求，进一步完善和细化全市存量违建的普查内容，更好地对接分类处理工作开展。

（四）以"无害化处理"补短板

明确"源头减量、收运规范、终端提产"的工作思路，重点补齐固废处理处置能力不足的短板，争取2020年底在全省乃至全国率先实现新增生活垃圾"全焚烧、零填埋"。一是将工业垃圾分离生活垃圾处理系统。协助环保部门出台一般工业固体废物暂存管理技术方案，打通可回收资源回收环节。预计最高可实现生活垃圾减量20%。二是推进生活垃圾强制分类。计划2018—2020年三年时间逐步推进公共机构和相关企业的生活垃圾强制分类。争取2020年底全市生活垃圾回收利用率达35%以上。三是提升无害化处理能力。抓好厚街环保热电厂一期技改增容工程等项目建设。编制《东莞市建筑垃圾处理处置专项规划（2018—2030）》。四是加快推进镇级填埋场整治。列入中央环保督察整改任务的20座填埋场，2019年6月底前原则上全部完成整改任务，年底前须全部完成。列入广东省整治任务的16座填埋场，2020年全面完成整治。

（五）以"改革创新"优体制

以新一轮体制改革为契机，全面优化城市管理和综合执法体制、机制及精细化管理手段，提高城市精细化管理能力。一是深化城市管理体制改革。尽快完善出台城管系统"三定方案"，做好职能、人员的转移和承接工作。结合全国城市管理执法队伍"强基础、转作风、树形象"三年行动的要求，扎实推进城管系统"强转树"各项工作。二是构建城市精细化管理高位协调、考核平台。统筹城管委成员单位参与城市精细化管理考核，与第三方考核力量相结合，实现真正的"大城管"。三是创新"三个结合"打造"智慧城管"。与公安视频系统结合，智能发现和分析每个"点"的管理现状；与市智网工程结合，大幅增加城市管理日常巡查"线"；与城市精细化管理考核体系结合，实现对大城管"面"上的考核。2019年，数字城管案件信息采集量要达30万宗以上，实现按期处置率达80%以上，处置率达90%。

三、以"四个意识、四个自信、两个维护"的站位，强化党建根本保障，坚持不懈推进全面从严治党

全面加强党的政治建设，把各级党组织锻造得更加坚强有力，为城市管理工作开展提

供坚强的政治保证。

一是以上率下掀起习近平总书记视察广东重要讲话精神的学习热潮。由局党组切实发挥示范带头表率作用，在做好自身学习贯彻的同时带动分管领域、各级党组织的学习贯彻工作。把总书记重要讲话与习近平新时代中国特色社会主义思想和党的十九大精神、与总书记对广东一系列重要指示精神一体学习领会、整体贯彻落实，牢固树立"四个意识"、坚定"四个自信"、坚决做到"两个维护"。

二是推进基层党组织建设。要按照《东莞市市直机关党建标准建设实施方案》要求，对党组织的设置、领导班子建设、党员教育、组织生活、联系群众、党内民主与监督、思想政治工作、基本保障等多个方面进行全面规范。

三是加强纪律作风建设。要充分发挥机关党委纪委的职能作用，积极配合派驻纪检组，把党的纪律规矩作为教育重点，通过组织开展谈心谈话、举办专题学习教育会、观看警示教育片等方式，多渠道开展有成效、接地气的纪律和作风教育，筑牢城管队伍的思想防线。

潮起两岸阔，风正一帆扬。新时代改革开放再出发的号角已经吹响，我们将更加紧密地团结在以习近平同志为核心的党中央周围，以习近平新时代中国特色社会主义思想为指导，深入学习贯彻总书记视察广东重要讲话精神，"闻鸡起舞、日夜兼程"，努力把城市管理蓝图变成现实，为我市全面提升城市品质，全力参与粤港澳大湾区建设作出更大的贡献！

以敢碰硬的精神快速解决问题

河北省魏县城市管理和综合行政执法局

近年来，魏县城管执法局按照住房城乡建设部《全国城市管理执法队伍"强基础、转作风、树形象"专项行动方案》，结合魏县城区现状和工作实际，扎实开展了"强基础、转作风、树形象"专项行动，从人员管理到街道管理，按照党支部书记、局长马文涛同志提出的"奖勤罚懒，单位不养闲人、懒人、坏人、无用之人"和"严管理、重服务"的方针，凭借"大胆工作，求担当；放下怨气，求团结；尽职尽责，求成效；领导为先，求楷模；严督实查，求公平"五求格言，一步一个脚印，全面增强了城管干部职工的责任意识，提升了市容管理和环卫保洁水平，打造了一支"政治坚定、作风优良、纪律严明、廉洁务实"的城管执法队伍。

2017年以来，党支部书记、局长马文涛同志先后被县人大评为"优秀执法工作者"、被县政府、县武装部授予"支持武装好局长"、被县委、县政府授予"脱贫攻坚模范奖"和"创城标兵"等荣誉称号。

一、抓学习、强素质，提升责任意识

（一）加强政治学习，提升队伍素质

为有效提高执法人员整体素质，打造一支文明规范的城管执法队伍，该局以学习党的十九大精神和"两学一做"学习教育常态化、制度化为契机，抓好全局干部职工政治理论学习和法律法规业务知识学习培训。

认真学习党章党规、习近平总书记系列重要讲话以及《中华人民共和国行政处罚法》《河北省城市市容和环境卫生条例》《邯郸市城市市容和环境卫生条例》等城市管理方面相关法律法规。每周开展两次"城管知识大讲堂"活动，邀请邯郸市城管执法局法制专家就城管执法案卷制作、执法技巧以及城管工作应注意的事项等进行了专门授课，并举行优秀案卷评比、法律知识竞赛、岗位大练兵、执法技能大比武等活动，提升了执法人员办案能力和综合素质。

（二）加强警示教育，筑牢思想防线

该局根据工作需要，将业务学习与廉政教育相结合，每年召开廉政工作专题会议不少

于 2 次，观看反腐倡廉警示教育片不少于 2 次。结合清明节、"七一"组织党员干部到烈士陵园祭奠革命先烈开展党史教育、重温入党誓词等活动。为筑牢执法人员思想防线，局长马文涛同志在全局上下提出了"肯干事、干成事、不出事，敢担当、勇创新、重落实，严纪律、正作风、树形象"27 字方针；谨记"把纪律挺在前面""把工作落到实处""把责任压到肩上"三项要求；严明"严禁吃拿卡要，故意刁难""严禁推诿扯皮，敷衍塞责""严禁失职渎职，玩忽职守""严禁粗暴执法，越权执法""严禁空喊虚抓，拉帮结派"五大禁令；严守"大胆工作，求担当；放下怨气，求团结；尽职尽责，求成效；领导为先，求楷模；严督实查，求公平"五求格言；深入实施"管理水平提升""服务质量提升""执法力度提升""文明形象提升""队伍素质提升"五大提升工程；牢记"对工作要提高标准，要精、要细、要有事争一流、勇当第一的决心和信心……"等 70 字警示语，提升了干部职工履职尽责和廉洁能力水平。

（三）加强队伍作风，树立良好形象

为了建立良好的组织纪律观念、集体观念和雷厉风行的工作作风，该局在今年五月和六月，聘请县武装部现役军人，组织全体干部职工利用每周四、周五早六点至八点两个小时时间，开展了为期两个月的军事训练，使城管执法队伍形象有了较大改变。

二、严管理、重服务，提升城管形象

（一）加强宣传引导，主动接受监督

魏县是人口大县，仅城区内就有 30 万人，人口多、车辆多、道路窄，居住地和商业街区相对密集，如何在如此庞大的人群中求得群众的支持和理解，将城市管理好，将环境保持好，让街道和环境变得整洁靓丽、规范有序，需要的就是群众的理解和城管人勇于担当、敢于碰硬的精神和"严管理、重服务"的态度。为此，该局进一步强化城市管理宣传力度，将"城管常用的法律知识点""四城同创倡议书""开展市容攻坚整治行动"和"城管局对全县人民的一封信"录制音频，并以穿插歌曲的方式，利用执法宣传车在城区街道巡回播放。同时，利用县电视台、县报刊、政府网、微信公众号等广泛宣传工作动态，主动接受社会和公众监督，求得了广大商户和社会各界的理解，使更多的市民参与到城市管理工作当中。

（二）转变执法观念，提升服务质量

在执法工作中，该局要求执法人员认真践行城市管理"721"工作法，规范办案流程，对一些违规违章户按照宣传、告知、教育、处罚"四步"工作法进行管理，并使用执法记录仪全程记录，做到依理、依情、依法，禁止态度强硬，方法简单，避免了抵触和对立，同时也教育引导了广大群众遵守城管法规的自觉性，提高了城市管理的和谐性，实现了从"为城管人"向"为人管城"的转变，树立了城管队员崭新形象，提升了工作效率和服务水平。

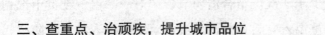

三、查重点、治顽疾，提升城市品位

（一）落实网格责任，提升工作效率

为有效避免城管队员"庸懒散慢"现象发生，落实网格责任划分和日常巡查，该局以网格化模式将执法人员合理分配到各条街道，要求领导干部"将办公桌搬到马路上"，做到任务到人、责任到位，及时发现，现场解决日常管理中出现的各种问题及突发性事件，达到有序管理的目的，实现全时段执法巡查，使整治效果得到长期维护和保持。

（二）加大执法力度，铲除市容顽疾

按照坚持处罚与教育相结合，灵活运用说服教育、劝导示范、行政指导等管理手段，对拒不改正、屡教不改的，必要时运用执法手段的强制手段的要求，该局在开展市容市貌、环境卫生、广告牌匾、车辆乱停"四大整治"期间，全体执法人员以"撸起袖子加油干、甩开膀子拼命干"的精神状态，凝心聚力，敢于碰硬，攻坚克难，一天时间将城区38座占道十五、六年的棚亭全部拆除，铲除了十几年的城市顽疾；两个晚上时间将城区不达标、不规范的露天烧烤摊点全部予以取缔统一销毁，从根本上防止了露天烧烤的反弹；三天时间将天安大道与魏都南大街西南角和老邯大线南北幅近3000平方米的私搭乱建全部拆除；一周时间将城区内1560余块违规设置的二层牌匾和私设小型灯箱全部拆除，打赢了一场场漂亮的市容攻坚战，提升了城市品位。

四、定标准、求突破，提升环卫质量

（一）下沉一线指导，快速解决问题

为及时了解和有效解决城市管理中存在的突出问题，马文涛同志在工作提出了"135和246工作法"，即：每周一、三、五召开中层以上干部会，听取工作汇报，安排部署下步工作；每周二、四、六分别由一名副职随机带领执法人员对街道管理和卫生保洁情况进行现场考核，每周汇总，月底评比，奖优罚劣。

要求每名科级干部沉到一线，每天查看各街道和小街巷、城乡结合部环卫保洁和垃圾收集清运等情况，组织环卫管理员在街道一线现场商讨问题，现场解决问题，促使环卫及时调整工作方式，使环卫保洁更精细。

（二）采取多种形式，注重宣传教育

该局要求环卫工作要进一步加大宣传力度，印制了宣传单和宣传垃圾袋（桶）向广大市民和临街商户发放，借助"互联网＋"和手机微信等形式广泛宣传城市管理知识，呼吁市民爱护环境，遵守市容秩序，该局专门抽调人员成立了宣讲团深入到各中小学校园中，开展了"小手拉大手"活动，教育中小学生从小做起，从点滴做起，以此带动学生家长树立文明意识，提升居民文明素质。

（三）强化责任意识，提高保洁标准

在环卫人员管理上，该局要求环卫人员以街道路灯杆为标尺，合理划分作业区域，实行网格化管理，采取定人、定岗、定时、定责、定奖惩等"五定"措施，进一步提升环卫保洁水平，全面落实"双五双十"标准，坚持全天18小时保洁，垃圾清运时间延长至22时，做到垃圾不过夜，日产日清。

（四）狠抓环卫督导，严格落实奖惩

该局要求执法人员在日常巡查中，发现沿街商户存在乱扔、乱倒垃圾行为的要严厉处罚，并利用数字化城管和"天网"视频监控，对居民随意倾倒建筑或生活垃圾的进行深入追究，从重处罚。同时，加大了机扫、吸尘和洒水车辆的作业频次，组织环卫人员进行错时作业，每天夜晚23时至次日4时，对城区主街道便道进行冲洗，使其无尘土见本色。该局专门成立了环卫督导管理处对环卫保洁实行跟班作业，每天对道路清运、清扫情况进行督导、检查，实行垃圾不落地执法中队连带责任制，让每名城管队员都成为环卫监督员，全面监督环卫保洁质量。发现保洁不到位或垃圾清运不及时、不彻底的，责令道路责任保洁人员立即整改，并将问题图片上传手机微信平台，按规定处罚。对发现垃圾未告知环卫或未发现没有及时处理的，执法中队受连带责任。通过大力宣传和强力督导，有效解决了环卫人员责任意识不到位、执法人员查处力度不到位、管理人员巡查覆盖不到位、桑德环卫执行整改不到位"四不到位"现象，城市环卫保洁水平有了显著提升。

五、硬手腕、强措施，改善空气质量

大气污染防治是城管工作的重点，也是对城管工作的考验。面对城区复杂的大气污染防治工作，该局在主城区各个路口设置了限高设施，全面限行大型货运车辆，并成立专门队伍严格管理，对确需进入城区的车辆，经提前审批后，规划其合理的时间、路线行驶，解决了大车辆擅自进城，降低了道路扬尘污染。同时，在城区实施了工地围挡、空地围挡，对工地出入口进行了硬化，并在运渣车辆上安装GPS定位系统，依托数字城管全天监控。开展流动摊点"燃煤清零"活动，全面取缔了露天煤炉摊点；同时，新增雾炮、机扫和洗扫车，扩大机扫面积，科学增加洒水频次，提升了城区空气质量。

做为一座城市的管理者，无论是市容市貌的提升还是环境卫生的转变，这些成绩的取得，离不开县委、县政府的大力支持，更离不开上级城市管理部门的正确指导和强力监督，得益于住房城乡建设部在全国城市管理执法队伍中开展"强基础、转作风、树形象"的巨大成果，得益于局长马文涛同志带领全体干部职工勇担当、敢碰硬、甘奉献和勇往直前，不达目的誓不撤兵的精神。在局党支部的带领下，该局提升了城管队伍整体素质，短期内强势扭转了城管形象，改变了群众对城管的整体看法，并以此推动了城市管理工作的全面发展。

服务新时代 展现新作为 助力城市管理
——浅淡基层城管执法现状及对策

安徽省固镇县城市管理行政执法局 闫玉古 徐海峰

城市管理工作是城市经济社会发展的重要组成部分，是城市化进程和建设现代化城市的重要保障，但由于体制机制的不健全，执法者队伍良莠不齐，市民城市管理意识不强等方面原因，造成城管执法中矛盾冲突不断，暴力事件层出不穷，严重影响社会和谐。本文从城管执法现状和问题出发，分析原因提出解决对策。

一、城管执法的现状

（一）城管及行政执法相关概念

城市管理，就是城市政府对城市政治、经济、社会、环境、科技、教育、文化、卫生、治安等各个方面的管理，而"城市管理行政执法"便是其中的重要组成部分。城市管理行政执法是指在城市行政管理过程中，城市管理行政主体为履行行政管理职能，按照法律、法规的规定，对行政相对人采取的具体影响权利义务，或者对行政相对人的权利义务的行使和履行情况实施某种监督检查的行为，其目的在于维护城市管理的秩序，创造良好的城市环境，从而有力地推动城市经济与社会的发展。

（二）基层城管执法的现状

一是文明执法与严格执法之间本不应该有矛盾，个人理解的文明执法就应该是严格执法，执法的文明应体现在程序规范上，严格依法、依规、依照程序处理违法违规问题，没毛病。但是在舆论的压力下，当下的城管已经变得有些手足无措，曲解了文明执法的内涵，卑躬屈膝有之，违心赔笑有之，鞠躬执法、眼神执法、静坐执法、鲜花执法、下跪执法、碰瓷执法，各种奇葩的执法方式不断涌现。二是我国现行县级城管执法机构属于地方县政府的执法机构，到中央和省一级才将城管执法统一划转至住建部门。由于没有主管部门，造成执法人员素质培训、法律法规支持不足，出现管理真空，各地摸着石头过河，加上执法对象多是法律意识淡薄的弱势群体，难免会出现这样那样的矛盾和事件。三是领导要求与群众需求的矛盾。城市管理工作没有全国统一的标准，每一个城市有每一个城市的特色，不同时期有不同时期的要求，每一任领导有每一任领导的理解。以占道店外经营为例，笔者所在城市的要求是"主干道严禁、次干道严控、小街巷规范"，但在有些城市，中心主干道就有准许经营的特色夜市区域，等等。

二、城管执法面临的问题和困难

（一）体制机制不健全

城市管理执法工作行使的是相对集中处罚权。城管执法基本上是"借法执法"。到目前为止，只有住建部出台，《城市管理执法办法》，还没有一部属于城管部门的专用法律，国家层面并未以法律的形式明确规定城管部门的、人员编制、执法范围、执法方式和执法保障内容等。同时，城管执法在县一级没有统一主管部门，原则上规定集中执法权的工作是由国务院法制办来管，建设部来牵头日常工作。在实际工作中，城管涉及的法律数量众多，而有些法律、法规、规章并不完善，要么缺乏可操作性，要么相互矛盾，规则不一致，还有的只有禁止条款而没有处罚条款，城管执法的法律效力和法律地位模糊。一是城市管理体制不顺。城市管理部门属于新设机构，市、县两个层面均没有主管部门，缺少有效的政策保障和业务指导。全国城市管理体制五花八门，有合有分；管理职能也是各不相同，有多有少。许多城市仍然实行"一支队伍管到底"的单纯执法或"执法＋环卫管理"的管理体制，城市管理部门职能相对单一，行政许可权与行政处罚权不统一，基层政府在城市管理中的基础性作用得不到有效发挥。同时，城管执法主体不仅面临着执法相对人的质疑，而且在与其他部门打交道的过程中也处于"弱势地位"。

（二）社会保障体系不健全

伴随社会各项改革的深入和城市化进程的不断加快，进城务工人员、无业人员不断增多，由于他们所拥有的知识、技能、资金、资源等都很有限，加上没有社会保障，缺少生活来源，为了养家糊口只能从事一些最简单的职业。由于国家社会保障体系还不健全，他们或缺少自主创业的项目与资金，或者没有基本的社会保障，摆地摊便成了他们首选的职业。因此，小摊贩在各城市的广泛存在也就是必然的，但小摊贩占道经营、乱摆乱卖行为又违反城市管理规定。四是城市管理保障机制亟待加强。暴力抗法、阻挠执法人员执行公务等事件屡屡发生，基层公安部门对城管执法活动的配合保障力度明显不足。由于缺少国家、省相关政策规定，一线城管执法人员、环卫工人和协管员工资待遇与工作强度和工作时间不成正比，且无法享受岗位津贴、补助，执法执勤车辆专项编制不足，无法满足实际执法工作需要，严重影响了城管人员工作积极性。一线城管执法人员尤其是城管协管员工资刚刚达到城市平均工资标准，有的地方甚至低于当地最低工资标准。

（三）执法队伍素质参差不齐

一是落后的城管执法观念。城管执法还处于重打击轻保护、重结果轻程序、重管理轻服务、重领导轻群众、重处罚轻教育等"五重五轻"的落后观念。二是部分执法人员素质较低、业务不精。城管队伍存在在编人员与临时工比例 1∶3 的现象，而众多的协管员一般学历不高、法律意识淡薄，造成执法队伍良莠不齐。三是执法程序不规范。执法过程中，执法方式简单粗暴，导致公众对城管执法存在质疑，增大了城管暴力执法发生的几率。四是缺少有效的监督制约机制，使得行政处罚自由裁量权被执法者任意使用，部分执法者执法犯法、徇私舞弊、吃拿卡要、胡乱执法。

（四）城市公共基础设施建设薄弱

长期以来，大部分城市存在"重建轻管"思想。不同程度地存在"重地上、轻地下""重形象、轻民生"等问题，城市管理经费投入和经费保障严重不足，公共厕所、停车场、农贸市场、公园绿地、休闲小站等城市公共基础设施欠账问题突出，现有的公共基础设施不能满足市民需要，城市管理信息化、科技化水平较低，环卫保洁作业经费标准偏低，远远不能满足实际需要。

（五）执法环境不容乐观

由于执法对象的特殊性，社会对城管执法的认识不一，城管执法环境不容乐观。一是管理难度大，尤其是商贩占道经营问题。城管执法队伍人数与商贩人数相差甚大，面对执法相对人维护自身不法利益的暴力抗法行为时，执法者往往难以维持正常秩序，甚至人身安全也面临威胁。二是支持城市管理的氛围还有待形成。由于部分市民法律意识淡薄、城市管理观念不强，加上对城管执法的误解，在执法者在依法执行公务过程中，百姓抵触城管执法的状况时常发生。

三、规范城管执法的几点建议

（一）完善相关法律与制度建设，明确城管地位和职责

中国的城镇化发展必须伴随着城市管理与执法的法治化发展。建议从国家层面为城管部门专门立法，明确三个城管执法核心问题：一是明确城管的主体资格，并实行中央到地方的垂直领导，严格依法行使相对集中的处罚权。二是采取全国统一立法和地方分散立法相结合的策略，推动城管的立法执法。三是从合法、合理地行使自由裁量权，构建政府信息公开机制，完善问责机制等方面来使得城管行政执法在实体和程序上更具合法性和合理性。

（二）创新管理执法服务模式，提升管理执法效能与水平

一是据其历史渊源应该将流动商贩合法化，按照谁审批谁负责的原则，为从事流动商贩经营活动办理登记审批手续，给流动商贩"上户口"，申领证件前组织学习流动商贩相关管理规定并组织简单考试，出台相应管理政策，颁发相应的证件，每一至两年审验一次，否则予以坚决取缔，城管管理流动商贩和交警上路查车模式相似，维护市容市貌、确保道路畅通、为市场经济公平竞争机制提供有利条件，采取和汽车年审类似的政策。二是"打

铁还需自身硬"对流动商贩要管理服务相结合，疏堵结合，以疏为主，践行"721"（即70%的问题用服务手段解决、20%的问题用管理手段解决、10%的问题用执法手段解决）及"8225"（即八个字：内强素质、外树形象；两立：立规矩、立标准；两抓：抓落实、抓问责；五"化"：规范化、标准化、精细化、智慧化、人性化）工作法。彻底根除"耍特权""抖威风""官本位"等工作腐朽思想意识，强化用法律知识、法治思维进一步武装头脑，增强执法人员的业务素质，提高文明执法、规范执法行为，逐步规范整合执法队伍，努力为城管人正名，改变当前人们心目中定格的城管"坏"形象，坚持树立为广大摊主（流动摊贩）、为市民服务的现代化城市管理服务理念。三是目前对多次不听劝阻、暴力抗法的流动商贩要处罚。由于现行城管体制机制缺乏必要的公安司法保障，一线城管执法面临很大的困境。国务院、住建部有必要根据现行城市化发展的客观规律和现行实际困难进行调研、考察、研讨、为城市管理进行立法。只有形成一部全国性完整系统的城市管理法律条例才能确保城管执法有理有据，城管执法人员人身安全才有保障，城市管理执法才有震慑力，才能更好地保护执法人员和相对人的合法利益。

（三）完善社会保障体系，拓宽弱势群体就业路径

小商贩违法经营屡禁不止的根本原因，主要是就业岗位的缺乏和社会保障机制的滞后。政府机关应当从解决根源问题着手，以人为本，完善就业保障制度和最低生活保障机制：一是切实增加就业岗位和技能培训，提高低学历、低技能、大龄者的工作技术含金量，提供充分的就业机会。二是提高社会保障力度，使低收入者、失业者、残疾人等弱势群体的生存权利得到切实保障。三是为弱势群体打造专门的经营场所。政府的管理人员应优先考虑穷人和弱势群体的利益，适度降低行业管理的门槛，建立公益性市场，实行分梯级管理，将为弱势群体提供公共服务作为政绩的重要标准来对待。

（四）加强城管执法队伍建设，提升城管队伍综合素质

一是强化用人管理。严把进人关，严格按照工作人员录用标准和程序向社会公开招考执法人员，特别是具备法律专业知识或公共管理知识的人员，以逐步提高城管执法队伍整体素质。二是严格评议考核制度。不仅在执法机关内部要建立完善的考核制度，而且要建立健全社会考核制度，让公民参与对执法者执法行为的监督，从而提高执法者的素质。三是加强教育与培训。加强对执法者法律法规、执法程序、执法技能、技巧的培训，要求执法者文明执法、严格执法、规范执法，积极摸索有效的管理方式，提升管理水平。四是建立合理的城管绩效工资。绩效工资的有效执行可以避免城管过于依赖罚没款，减少执法过程中以罚代管现象，有利促进城市管理，减少老百姓对城管的不满和怨言。

（五）加强宣传、创新执法理念，营造良好执法环境

政府机关和执法者应当主动加大宣传力度，特别是新闻媒体要积极给予配合和支持，让老百姓充分认识违反城市管理规定的危害性，从而更好地遵守有关城市管理的法律法规。

通过社会各基层的共同努力，为城市管理工作创建一个良好的执法环境。执法者要转变管理理念，要用服务型思维取代命令型思维，用谦诚的态度服务群众，把亲民、爱民、为民的观念贯穿于执法始终，坚持以市民群众满意作为工作的基本目标，注重教育与处罚相结合、执法与疏导相结合、管理与服务相结合，从而树立城管为民服务的社会新形象。

城管是整个城市的管理者，其职能涉及到方方面面，任务复杂繁重，但流动商贩又屡禁不止，数量增多需要大量的执法人员管理，单靠城管的力量远远不够，因此要转变思路，加强宣传工作，唤醒市民"城市是我家、管理靠人家"意识，倡导社会各界共同监督参与管理，同时鼓励摊贩建立自律组织，倡导政府监管、市民监督、摊主自管，形成大家"共建、共管、共治、共享"的城市管理新格局，努力做好"城市出形象、管理上水平"两篇大文章。

锤炼过硬作风 主动担当作为
以钢班子铁队伍推进城市管理工作再上新水平

山东省潍坊市潍城区综合行政执法局局长 夏斌堂

城市管理涉及城市生活的方方面面，与广大人民群众的工作生活密切相关，社会关注度高。近年来，潍城区综合行政执法局面对城市管理执法工作标准高、要求严、难度大，热点难点问题突出的新形势，以扮靓城市面貌、改善城市形象、提升城市品质为目标，加强队伍建设、创新执法模式、提高行政水平，团结协作、拼搏实干、奋力攻坚，全区城市面貌得到显著提升、环境秩序得到明显改善，为推进"四个城市建设"、打造一流营商环境提供有力支撑。

一、发扬领导带头的优良作风，把干部心气聚起来

"群雁高飞头雁领"，领导带头是无声的力量，是凝聚人心、鼓舞士气的"最强音"。区综合行政执法局坚持领导干部以身作则，当好表率，带头干、带领干、带动干，冲在第一线，干在最前沿，用自己的实际行动鼓舞人、激励人、凝聚人，不断增强队伍的凝聚力、战斗力和执行力。8月19日夜，受今年第18号台风"温比亚"影响，我区遭受数十年一遇的大暴雨袭击。全局领导干部按照防汛预案迅速带队到达各包靠片区重点防护区域进行警示安排，分赴每个重要地段值班值守，指导参与排水，指挥道路交通，确保防汛抗灾工作全时间、全人员、全应对。在地下名店街进水、存在巨大安全隐患的情况下，部分业主为减少损失在水中搬运转移商品，局领导果断处置，带领执法队员强行将业主带至地上安全位置，并组织人员挨个店铺查看，确保不漏掉一个人在地下，有力保障了人民群众的生命安全。从晚上9点30分到次日凌晨2点30分雨停，在全局领导干部的带领下，区综合执法局共出动防汛力量110余人，全区34处防汛重点部位均安排执法队员值守，捡拾汽车牌照20余个，救援抛锚车辆35辆。在这次抗洪防汛中，局领导亲临一线、以上率下、冲锋在前，亲自驾车到各积水路段和重点部位巡查，及时处理突发事件和紧急状况，为广大执法队员树立了榜样、鼓舞了士气，确保了任务的顺利完成。

二、建立能上能下的用人机制，让干部队伍强起来

城管工作为城市经济社会发展提供"软环境"，为群众安居乐业提供"硬支撑"，地

位重要、任务繁重，必须依靠一支政治坚定、作风优良、纪律严明的新时代城市管理执法队伍。区综合行政执法局秉持"用人品衡量干部、用工作评价干部"理念，倡树正气、凝聚心气、鼓舞士气，着力打造一支心齐、气顺、劲足、务实、担当的钢铁队伍。在干部选配上，按照"能者上、平者让、庸者下、劣者汰"的原则，在充分征求意见的基础上，调整任命了4名中队长、2名科长，1名中队长被免职。实行双向选岗，中层干部调整到位后，全体干部名单摆在桌上，由分管领导、中队长、科长选人组建中队、科室，一般干部最后进行自我调整，突出了中层干部权威，体现了干部意愿，保证了中队、科室队伍的团结、协调和战斗力。在工作推进上，落实岗位规范、队容风纪、政务公开、文明执法等各项制度，坚持用制度办事，靠制度管人，从作息时间、着装规范等点滴小事抓起，把牢制度防线、纪律红线，进一步规范执法行为。专门成立督查室检查队容风纪，狠抓队伍正规化、规范化建设，规范干部职工言行，树立良好的执法形象，从局领导干部抓起，对违反规章制度的人和事予以通报批评。在督查考评上，推行城管执法目标化管理，实行定人、定岗、定责、定期与不定期地进行督察，对巡查发现、市民投诉、平台转发的问题，做到了第一时间发现、第一时间处置、第一时间办结、第一时间反馈的"四个第一"工作机制，建立落实绩效考核机制，激发和调动工作积极性。同时设立工作展台，全面展示各中队科室工作，在强化社会监督的同时，营造比学赶超的工作氛围，打造新时期城管执法队伍。

三、坚守依法作为的工作原则，让干部腰杆挺起来

城市管理是一项公私利益纠缠其中的系统工程，涉及面广、群众性强、情况复杂，作为执法人员必须严格依法作为，稍有不慎就会使执法行动成为引发社会矛盾的"导火索"。区综合行政执法局坚决严格执法，对有损城市文明环境的行为，该纠正的理直气壮坚决纠正，该处罚的毫不手软坚决处罚，做到主动执法不失职、严格执法不渎职。占道经营、乱摆乱卖一直都是城市管理的难点，在开展占道经营整治行动中，区综合行政执法局先后通过发放通知书、媒体宣传、电子屏公告、微信朋友圈转发等方式劝导经营业户、商贩积极配合整治行动，先行自我整改。对逾期未整改的经营户及占道摊点，按照"事不过二"的办法，首次予以批评教育、警告驱离，第二次一经发现，坚决予以依法查扣处罚，绝不姑息。对火车站广场周边、小商品城周边多年存在的外地占道摊点顽疾，在组织执法队员们多次向其耐心讲解民族政策、城市管理法律知识的基础上，采取"人海战术"，逐个攻坚，对其摊点围死堵严，迫使其无利可图后自动离开。两个多月的时间里，共清理火车站广场周边、小商品城周边占道摊点30多处，目前我区已无外地占道经营摊点。同时，取缔了胜利街、怡园路等10处占道摊点群，清理主次干道两侧流动摊点400多处，中心城区主次干道基本实现24小时市容秩序管控到位。2月3日，市城管局在我区专门召开占道经营治理工作现场会，推广我区整治经验。

四、弘扬敢打敢拼的亮剑精神，把干部干劲激起来。城市管理错综复杂，是面向群众的第一线，人际关系乱、利益牵扯多、矛盾纠纷大，急难险重任务时有发生。区综合行政执法局充分发扬敢打敢上、敢拼敢干的战斗精神，在急难险重任务中冲锋在前、甘当排雷手、勇当急先锋，面对困难不退缩、越是艰险越向前。今年1月5日，在一次依法取缔废旧大巴车违法占道行为的执法行动中，暴力抗法人员骤然驾驶车辆冲撞执法队员，7名同志不同程度受伤，其中受伤最严重的一名同志手臂骨折。面对这种情况，执法队员在带队领导的指挥带领下沉着应对，迎着危险驾驶执法车辆前后夹击，及时逼停违法车辆并控制抗法人员，避免了事态的进一步扩大和重大人身伤亡事故的发生，顺利完成执法任务，充分表现出了区综合行政执法局执法队伍敢于担当、不怕牺牲的大无畏精神，勇于面对、勇往直前的顽强斗志和团结一心、敢打必胜的优良作风。

五、倡树服务为民的工作理念，把干部形象树起来

城市管理作为服务群众的"最后一公里"，媒体曝光率大、社会关注度高，由于个别执法人员不作为、乱作为和媒体长时间的负面报道，执法队伍形象受到严重影响，处于群众不满意、社会不认可的尴尬境地。区综合行政执法局按照"群众有所呼，工作有所应"的原则，围绕群众需求，以服务和保障民生作为工作切入点，实行文明执法、人性化执法，做到有理有据有节，讲究执法技巧，实现执法队伍从"单一执法"向"管理服务"转变、"硬性执法"向"柔性管理"转变、"执法者"向"服务者"转变，树立了"执法为民、服务为民"的良好形象。夏季烧烤是群众喜爱的一种消夏餐饮方式，但个别店铺存在桌椅占用城市道路、垃圾遍地等问题，严重影响了交通安全和环境卫生，而且店铺经营时间常常到凌晨，噪音油烟问题严重困扰了周边居民，影响其正常休息和生活，群众反映强烈。今年初，结合环保整治要求，区综合执法局各执法中队按照进店烤、进店排、进店吃的"三进"原则，对城区主次干道及重点区域内烧烤店、酒店、饮食类流动摊点等下达了限期整改通知书，明确了烧烤和油烟排放要求。从各中队和机关科室抽调18名成立烧烤和夜查执法中队，开展专项整治行动，对3家不服从管理的烧烤店立案进行了重罚，取得了很好的震慑效果，我区中心城区露天烧烤得到有效根治。在尽职尽责为民服务的同时，区综合行政执法局组织成立了志愿者服务队伍，积极参与火车站广场扫雪除冰、文明出行等公益活动，针对困难群众开展"一助一"长期结对帮扶，一系列的志愿者服务活动让群众更加了解支持综合执法工作，进一步树立了"为民、清廉、务实、文明"的队伍形象。

强化党建引领　规范执法行为
——蚌埠市龙子湖区城管执法局城管执法队伍"强转树"三年行动年度总结

安徽省蚌埠市龙子湖区城管执法局

2018年，根据住建部、省住建厅和市城管执法局关于城管执法队伍"强基础、转作风、树形象"三年行动的统一部署，龙子湖区城管执法局坚持以党建为引领，强化队伍教育培训，规范城管执法行为，加大监督考核力度，全面加强队伍建设管理，队伍作风和能力素质显著提升。各项工作取得显著成效，先后获得"2017年度省城管系统信息报送先进单位""2017年度市创城先进单位""2017年度全市城管系统宣传工作先进单位""2017年度全市城管系统执法办案先进单位""2017年度区创城综合先进单位""2017年度区信息工作先进单位""2017年度区直机关优秀党支部""2018年市级"双争"活动优秀党支部（并向省委组织部推荐参选省级"双争"活动评选）"等荣誉称号，全局系统累计74人次获省市区级表彰。现将有关情况总结如下：

一、工作进展情况
（一）强化党建引领，提升能力素质

一是全面加强基层党的建设。深入学习贯彻习近平新时代中国特色社会主义思想和党的十九大精神，推行基层党建"1+4"工作法，扎实推进"两学一做"学习教育常态化制度化，深入开展"讲严立"专题警示教育，着力加强城管执法队伍理想信念和党规党纪学习教育，筑牢城管队伍思想防线，为履行好新时代新使命提供坚强保障。

二是持续推进基层队伍标准化建设。以城管执法体制改革为契机，按照"属地管理、权责一致"的原则，确立了"区属、乡街（中心）管、乡街（中心）用"体制，强化制度体系建设，编印《龙子湖区城市管理资料汇编》。根据人岗相适的原则和干部管理权限，优化调整大队领导班子，有计划、有步骤的提拔使用一批年轻递进干部，调整副中队长以上干部12名。在大队实现办公自动化、夜间值班宿舍等基础上，2018年投入80余万元，为基层执法中队更新执法车辆5台，为基层中队更新配备电脑、打印机1台、空调，实现了办公自动化。

三是是坚持队伍轮训制度化、常态化。将队伍教育培训经费纳入年度预算，经报请区

委和市局批准，依托市委党校，投入 10 万元先后举办 4 期城管执法队伍"强转树"专题培训班，圆满完成年初制定的城管执法人员全员轮训计划，切实改进了执法队伍纪律作风，提升综合素质和应急处置能力，进一步增强队伍的凝聚力、战斗力和执行力。我区典型做法被国家级报刊《中国建设报》公开报道。

（二）加强舆论引导，树立良好形象

开展以案释法、送法进企业进社区、城管法律专业知识竞赛、城管开放日（市局统一组织）、综治宣传等系列宣传普法教育活动 11 次，利用各类 LED 屏幕播放"互联网＋政务"、创建国家节水型城市、迎接省运会等各类公益广告宣传标语 120 余处。在中国建设报、省住建厅网站、蚌埠日报、蚌埠电视台、区政府和市行政执法局微信公众号等媒体刊发城市管理宣传稿件 258 篇（条），及时更新我局网页动态 438 篇（条），多角度、全方位展示城市管理工作内涵、取得成效和队伍良好形象，提高社会各界对城市管理工作的认同、理解和参与积极性。其中，我局选送的 2 件以案释法典型案例推荐到省住建厅编制的《全省住建系统以案释法经典案例资料汇编》。

（三）规范执法行为，提升管理效能

一是规范执法行为。全市城管系统首家聘请专业律师担任城管执法队伍法律顾问，严格执行城管执法人员持证上岗和资格管理制度，落实执法全过程记录制度。动态更新权责清单、服务清单，完善重大执法决定法制审核、执法公示以及行政处罚裁量基准制度。2018 年，我局累计办结城市管理行政处罚案件 824 件，其中适用一般程序案件 489 件，简易程序 335 件，上缴区财政罚没款 146.23 万元，办案数量居全市排名第一。在全市三县六区城管执法系统案卷评查中，我局制作的执法案卷，被作为范本供其他县区执法局学习借鉴，我局还先后被市城管执法局、区法制办推荐，分别代表市城管系统、龙子湖区参加全市案件评比。

二是强化法律震慑。加大对违法建设、渣土污染路面和大气污染等违法行为的查处力度，推动"两治三改"拆违行动等城市管理热点、难点问题解决。为全力打赢"蓝天保卫战"，我局组织环卫作业公司和环卫工人签订不焚烧落叶、垃圾承诺书，全面取缔辖区露天烧烤，督促餐饮单位正常开启油烟净化设施，对全区餐饮油烟、商砼企业、建设拆迁工地等污染源进行排查梳理建档、分类管理，开展源头治理。同时对商砼企业、建设施工单位和渣土运输企业污染行为，实施零容忍，对污染行为事实清楚、证据确凿的，一律严查快办，并依据《安徽省大气污染防治条例》，顶格处罚。我区典型做法被蚌埠日报和省住建厅网站公开报道。

（四）创新工作机制，排查化解矛盾

推行首问责任制、限时办结制、领衔办理制、回访反馈制，严抓信访投诉问题的查处、督办、反馈环节。截至目前，累计办理各类信访投诉案件 339 件，其中市长热线 124 件，

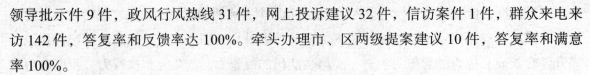

领导批示件 9 件，政风行风热线 31 件，网上投诉建议 32 件，信访案件 1 件，群众来电来访 142 件，答复率和反馈率达 100%。牵头办理市、区两级提案建议 10 件，答复率和满意率 100%。

（五）强化监督考核，持续正风肃纪

认真贯彻全面从严治党部署，坚持把纪律挺在前面，积极运用监督执纪"四种形态"，坚持抓早抓小，将纪律和作风检查融入工作督察，实行"日督查、周通报、月奖惩"制度，严格执纪问责，对 4 名城管执法人员予以组织处理（1 人被扣罚 30% 年度目标考核奖），对 44 人次违反队容风纪的城管执法人员（含协管员）进行经济处罚 5110 元，全区城市管理系统政治生态持续向好。

二、存在的问题和意见建议

城管执法体制改革工作开展以来，我局严格按照中央和省市区方案要求，承接了市政绿化管理职责，集中行使住建领域行政处罚权，我局由原来仅集中行使城管领域 81 项行政处罚权（7+X 职能，含住建领域违法建设查处方面的 4 项处罚权），2018 年 1 月 1 日开始，仅住建领域就新增 300 余项项行政处罚权，涉及 120 余部住建方面法律法规，专业性较强。根据市、区要求承担了餐饮油烟整治任务，涉及 630 余家煤改气和 300 余户油烟净化设备提升改造（原有环保市场监管部门承担），还抽调 13 人专职配合相关部门参与矿山整治和非法采砂整治，人员严重短缺。针对上述问题，提出如下建议：

一是由市局组织人事部门牵头，针对各区缺编现象，招聘专业法律和相关管理人员充实基层一线，全面加强城管执法力量配备，确保城市管理各项工作有序开展。

二是市政绿化职能划转后，人员编制尚未全部同步划转，建议按照人随事走原则，推动各区实现人员全员同步划转。目前，各区市政、绿化编制尚有空缺，人员年龄及知识结构老化，市局能否牵头统筹招录补充。

三是推进体制改革落到实处，统筹解决人员参公身份待遇、统一协管员待遇标准等基层队伍最关心最直接最现实的利益问题。统筹推动解决装备、执法车辆、执法记录仪，加快推进基层队伍标准化建设。

增绿量 强建设 严管理 上水平
赵县县城建设管理实现跨越式发展

河北省赵县住房和城乡建设局 石建辉 赵会生

赵县古称赵州，位于石家庄市东南 40 公里处，县域面积 675 平方公里，总人口 58.8 万，见于文献记载迄今已有 2500 多年历史。赵县是国家民政部命名的"千年古县"，河北省"历史文化名城"，享有"中国雪花梨之乡"之美誉。近几年来，赵县将加快推进县城建设、实现创建"省级园林县城"目标作为推进县域经济增长、改善城乡生态环境的一项重要抓手，坚持"增绿量，强建设，严管理，上水平"，县城整体容貌和城市化水平发生了翻天覆地的变化，2017 年，赵县被省政府命名为首批"文明县城"，2018 年 11 月，赵县创建"省级园林县城"工作顺利通过省专家组评审验收。

赵县土质肥沃，是一个传统型农业大县，县域内分布享誉四海的赵州桥和畿内名刹——柏林禅寺等众多历史文化遗存，因此同时也是一个旅游大县。但受资金等诸多因素制约，以前县城建设较为滞后，管理水平较低，与省市窗口、旅游强县地位不符。近几年来，赵县按照省市安排部署，紧紧围绕"双城"同创，城市建设步入快车道，各项城市综合性指标从无到有、从有到强，实现了跨越式发展。特别是最近两年，赵县县委、县政府对县城建设的重视程度空前加大，县财政对城市基础设施建设的投入大幅增加，一批公园、广场、绿地、公厕、停车场等市政设施相继建成投入使用，城市功能日臻完善，城市容貌变化明显，建成区面积由原来的不足 10 平方公里扩大到 15.55 平方公里，常住人口达到 11.82 万人。截至目前，县城道路总长度达到 117.6 公里，绿化总面积达到 561 万平方米，污水处理率达到 100%，生活垃圾无害化处理率达到 99.8%，集中供热（清洁供热）率达到 90%，燃气普及率达到 96.5%，用水普及率及水质合格率达到 100%。

积极破解资金瓶颈，城市建设投入成倍增加

受财力制约，赵县县级财政对城建方面的投入相对有限，以前财政拨款仅限于对县城修修补补，维持原状，没有大的发展。"双城"同创开展后，赵县结合县城三年攻坚等专项行动，改变过去单纯依赖财政的做法，开拓思路，大胆创新，多方争取资金用于县城建设，形成了多元化的投融资渠道，先后谋划实施了 90 余项县城建设重点工程，城市承载力不断

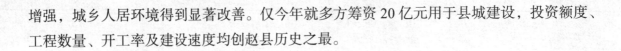

增强，城乡人居环境得到显著改善。仅今年就多方筹资 20 亿元用于县城建设，投资额度、工程数量、开工率及建设速度均创赵县历史之最。

坚持规划先行，城区规模大幅拓展

近年来，赵县坚持把县城建设工作放在全市、全省的大格局中来找坐标，多次邀请河北城市规划协会会长邢天河先生、河北规划设计院风景园林所所长郝红晖女士、中国风景园林学会城市绿化专业委员会主任郭喜东等专家，把脉问诊、现场指导、专题培训，组织各级干部赴大连、正定、鹿泉等地开展对标学习，进一步更新了观念，激发了斗志，大大提高了工作标准。编制实施了《赵县县域城乡总体规划》及《赵县历史文化名城保护规划》《赵县城市绿地系统规划》、《县城容貌提升规划》等 10 余部专项规划，划定了城市红线、紫线、绿线，对赵县柏林禅寺、赵州桥等历史文化及风景名胜进行了有效保护，并逐步进行开发完善。围绕旧城改造和 6 平方公里新城建设，建成自强路、李春大道、国柏路、澄波街等多条城市主干道和总长 18.8 公里的环城路体系，配套完成各种市政设施建设，城区形成"十纵七横一环"路网格局，城区规划面积拓展到 36 平方公里，极大增加了城市发展空间。

大力度推进城建项目建设，基础设施提升明显

近年来，赵县以改善民生为主导，把加大城市公用事业建设力度与不断提升城市品位、完善城市功能结合起来，重点在城市建设"补短板"方面下功夫，污水处理、垃圾处理、集中供暖、燃气等多种基础设施实现了从无到有、从有到强。建成日处理能力 10 万吨的污水处理厂并实施了升级改造，配套建成污泥深度脱水工程，出水水质全部达到国家一级 A 排放标准。建成洁民生活垃圾填埋场，县域生活垃圾实现"村收集、镇运输、县处理"，垃圾无害化处理率达到 99.8%。大力实施集中供暖和清洁能源供热，引进中机国能热源供热公司负责城区供暖运营和投资建设，完成 8 个乡镇、22 个村、9079 户"电代煤"改造和 3 个乡镇、61 个村 27840 户"气代煤"改造，城区集中供热（清洁供热）率达到 90%。引进亚太燃气和蓝天燃气两家企业，建成覆盖全城燃气管网，燃气普及率达到 96.5%。完成南水北调地表水厂建设、城区供水管网改造和水源切换，城区实现 24 小时供水。完成"三路一街"、东环路、澄波街等雨污管网建设改造，城区主次街道和新建道路全部实现雨污分流。改造新建 22 座公厕，三类及以上标准公厕比例达到 80.7%。特别是 2018 年，赵县县委、县政府整合财力，对城区 13 条、20 余公里道路进行了"白改黑"，围绕"海绵城市"建设理念，对 15 条道路便道进行了改造提升，更换透水性便道砖近 30 万平方米，围绕解决城区停车难问题，对沿街符合条件的机关事业单位破旧建筑、围墙、护栏和闲置地块进行了拆除和改建，新建 16 处 3100 多个车位的公共林荫停车场，在便道施划停车位 3000 余个，城区新增停车位总量达到 6000 余个，县城停车难问题得到有效缓解，交通秩序明显改观。

加快推进城中村改造，县城容貌显著改善

按照"整体规划、分期实施、连片开发、成熟一个、改造一个"原则，将推进城中村（棚户区）改造与提升县城容貌紧密结合，在完成小南街区域、蒙自磷肥厂区域、旧磷肥厂区域、瑞景苑、育才学校周边整合、锦绣华城等区域改造的基础上，近年利用国开行资金1.9亿元，对柏林寺周边区域种8家单位和201户住户实施了拆迁，共腾地90余亩。2018年，全面启动了总投资6.2亿元的东晏头村整体拆迁改造项目，目前已签约460余户，完成拆迁120余户。对旧石塔礼堂街进行了改造整治，将原来的"脏乱差"街区改造成赵州特色小吃一条街，有效提升了街道容貌水平。同时，启动了西朱家庄整村改造、县前村、西门村部分城中村改造以及机械厂家属院棚户区改造，有效改善了群众的居住条件。

围绕创建园林县城，强力实施绿化建设

采取"规划建绿、拆墙透绿、扩路增绿、见缝插绿"等措施，大力度推进县城绿化建设，建成各类公园、广场、绿地20余个（处）。建成两侧各50米宽环城防护林带，24条主次干道绿化普及率达到100%，15条道路达到林荫路标准。实施了万株大树进县城工程和"冠名林"建设，累计创建成园林式街道、单位和小区44个（条）。2018年，今年以来，赵县结合创建"省级园林县城"，全面加大县城基础设施建设和绿化建设，投资2900余万元对永通桥公园、自强公园、迎宾公园、古城墙遗址园进行了改造提升。按照"四星级"公园标准，投资1000余万元对永通桥公园进行了重点改造，目前已通过专家评审，等待上级主管部门批复。目前城区绿化总面积达到561.08万平方米，绿地率达到35.71%，绿化覆盖率达到42.18%，人均公园绿地面积达到12.79平方米。

强化县城容貌整治，深入落实精细化管理

分年度招聘100余名城管人员充实到工作一线，投资800万元建成城市管理数字化平台。多次开展环境容貌综合整治，采取政府购买服务方式，县城环卫实行市场化运作，大幅度提高资金投入，相继购置一大批洗扫车、洒水车等机械设施，道路机扫率达到91%，主次街道实现全日制保洁、垃圾做到随产随清。重点打造了东环路、自强路、国柏路等多条迎宾大道和标志性街道，对城市出入口进行了高标准整治。按照"五统一"标准，对各街道广告牌匾进行了全面整治。对永通路、柏林街等10余条道路照明设施进行了改造，亮灯率达到98%。为解决县城建设管理易反弹问题，赵县在大力推进县城建设"百日会战"和"洗城洗街"行动的基础上，把城市管理主攻方向放在精细化管理方面上，探索机制，苦炼内功，强化措施，使精细化管理逐渐形成了常态。今年以来，赵县借鉴"河长制"经验做法，对主次街道和小街小巷全部实行"街长制"，进行常态化管理。县委书记、县长亲自挂帅，

全体县级干部每人分包街道，县直各部门分包路段，对城区 23 条主次（主要）街道、8 个城中村 35 条小街小巷，逐一明确了县级、科级、村级街长，现场督导、现场执法、现场解决问题，形成了严密的网格化管理和完善的责任体系，有效推动了县城容貌管理不断实现常态化、长效化。

临沧市城镇住房建设发展问题的研究

云南省临沧市住房和城乡建设局城市管理综合执法监督检查科

内容摘要： 在当前的中国，住房问题已经从一个简单意义上民生问题变成一个深刻而复杂的政治问题，特别是在地处祖国西南边陲的临沧市，边疆、民族、山区、贫困、落后等多种客观因素聚集。经济基础薄弱，城镇基础设施落后，随着城镇化率的不断提高，城镇人口的不断增加，城镇住房需求不断增大，导致城镇住房建设任务重、难度大。在这种情况下，通过研究临沧城镇住房建设，有效解决城镇居民住房困难问题显得十分迫切。

针对临沧市城镇住房建设发展存在的问题，本论文提出了抓好住房规划，科学实施管理，发挥好政策调控作用，推进"三房"建设，保持房地产业平稳，推进旧城改造，提高居住质量，突出园林生态，提升人居环境，深化住房长期制度改革等对策措施，以期能够为解决长期困扰我市的城镇房地产发展的问题提供帮助。

关键词： 城镇居民　临沧市　宏观调控　住房需求

前言

住房问题关系着千家万户的切身利益，人民安居乐业，经济社会发展全局，以及社会的和谐与稳定。伴随着临沧新型城镇化建设的加快，人民生活水平大幅提高，城镇居民的住房条件得到前所未有的改善。"十二五"期间，临沧市住房建设取得历史上从未有过的巨大成就，呈现出城镇住房发展基本适应了当前社会经济新增长的要求，即表现了总体向好、城镇居民购买需求大的特点。但是还必须看到，临沧城镇住房发展面临着一些新情况、新问题。例如，住房资源配置不合理不平衡，城镇居民的住房居住质量较低，进城农民安居乐业缺乏应有的住房保障，低收入困难家庭的基本住房需求尚未得到根本解决，保障性住房总体不足，政府在宏观调控房价水平、房建规模、商品房增长控制等方面存在调控效率不高、手段不多等问题。只有想办法解决好以上这些问题，城镇住房建设才能顺利推进，城镇居民住房困难问题才能得到有效解决。

本文在研究过程中，坚持以临沧市城镇住房发展的实际情况为依据，从我国城镇住房发展的纵向分析和现状描述入手。剖析临沧的城镇住房发展现状，找出存在问题及差距，对症下药提出解决对策。注意文章结构的层次性和逻辑性，由个性到共性，由共性到全面。

力求做到有问题，有看法，有分析，有建议。

一、本文的理论基础

新中国成立后，在高度统一的计划经济体制下，城镇住房投资、建设、分配和管理统统由国家和单位来实施和负责，所有进入国家机关和企事业单位工作的人员，到单位报到上班后，单位就负责安排分配住房，职工交纳一定的租金（很少，象征性的），单位职工个人不得自己建房和购置住房。在当时的历史条件下，除国家和单位投资建设住房外，其他房地产商是没有生存和发展土壤的，国家和单位建设出来的住房仅此是一种提供廉价租住的产品，不能进入市场买卖形成商品，房地产经济也就无法形成和发展。住房资源配置效率低，投资口径小是当时计划经济体制下我国住房的现状。随着我国经济社会不断发展，城镇人口的迅速增加，城镇住房短缺问题日益突出。据调查统计，当下人平均住房面积仅为1978年全国城镇人均住房面积的6.7平方米，有的甚至低于解放初期水平。改革开放以来，为解决城镇居民住房短缺和改革住房制度短板问题，我国作了积极的探索，制定出台了一系列适合国情的住房制度。这些制度的探索，大致经历了试点探索、全面推进、深化改革三个阶段：

试点探索阶段（1980年至1991年）。党的十一届三中全会后，我国步入了改革开放新时期，随着改革开放的不断深入，1993年党的十四届三中全会勾画了社会主义市场经济体制基本框架。1995年党的十四届五中全会提出了经济体制从传统的计划经济体制向社会主义市场经济体制转变。自此，计划经济体制逐步淡出历史舞台，社会主义市场经济体制逐渐深入人心。经济体制的转变带动了城镇住房制度的改革。1980年4月，邓小平同志提出了住房商品化的构想，标志着我国城镇住房制度改革的全面启动，先后进行了鼓励个人和单位建房、公房出售、提租补贴等改革试点。1980年6月，中共中央、国务院批转《全国基本建设工作会议汇报提纲》，开始准许私人建房、买房和拥有自己的住房。1982年，试行公有住房的补贴出售。1988年1月，国务院召开第一次全国住房制度改革工作会议，启动了"提租补贴"试点。1991年6月以后，按照《国务院关于继续积极稳妥地进行城镇住房制度改革的通知》（国发〔1991〕30号）的部署，采取分步提租、积极组织集资合作建房、新房新制度、发展住房金融业务等多种措施，全面推进城镇住房制度改革，为全面推进城镇住房制度改革打下了坚实的基础。

全面推进阶段（1992年至2002年）。全面推进阶段主要在我国实行社会主义市场经济体制以后。1992年，党的十四大提出："我国经济体制改革的目标是建立社会主义市场经济体制"，并要求"努力推进城镇住房制度改革"。按照《中共中央关于建立社会主义市场经济体制若干问题的决定》精神，1994年，国务院作出了《关于深化城镇住房制度改革的决定》（国发〔1994〕43号），《决定》明确指出，要在我国建立与社会主义市场经济体制相适应的新的城镇住房制度，实现住房商品化、社会化。在积极推进公房租金改革、稳步出售公房的同时，推行住房公积金制度，加快经济适用住房建设，城镇住房制度改革进入全面推进阶段。

1998年，国务院下发了《关于进一步深化城镇住房制度改革加快住房建设的通知》（国发〔1998〕23号），标志着我国的城镇住房制度开始进行根本性的改革。逐步停止了住房实物分配，实行住房分配货币化。城镇住房制度改革的全面推进，使市场配置住房资源的基础性作用得到充分发挥，我国城镇住房建设进入了快速发展的时期，居民住房消费的积极性也不断得到释放，以商品住房为主的城镇房地产市场迅速发展，商品住房逐步成为满足城镇居民住房需求的主要渠道，居民住房条件明显改善。

深化改革阶段（2003年以来）。随着党的十六大全面建设小康社会的提出，国务院2003年发出了《关于促进房地产市场持续健康发展的通知》（国发〔2003〕18号）。明确提出了按照住房市场化的房地产体系建设基本方向，不断完善房地产市场体系。党的十七大强调，全面建设小康社会是党和国家到2020年的奋斗目标，在城镇住房建设方面，提出了要深入贯彻落实科学发展观，努力使全体人民实现住有所居。为了实现这一目标，国务院又提出了《关于解决城市低收入家庭住房困难的若干意见》，意见明确要求，在继续推进住房商品化的同时，要针对低收入家庭住房困难问题，建立并逐步完善以廉租住房为主的住房保障制度。将保障性安居工程纳入应对世界金融危机的重大举措，在全国范围内保障房建设全面实施，步伐逐年加快。

通过改革开放以来几个阶段的探索，我国的城镇住房制度基本框架基本建立并不断得到完善。归纳起来有以下几个方面：

一是确立了"市场供给与政府保障相结合，以市场供给为主"的城镇住房政策总原则。立足满足基本住房需求，倡导购置与租赁相结合；鼓励发展自住型、节能省地环保型和小户型住房；二是明确了城镇住房建设的目标：实现"住有所居"；三是健全和完善了"以政府为主提供基本保障、以市场为主满足多层次需求"的城镇住房供应政策体系。主要包括：商品房供应、保障性住房供应（包括：廉租住房、经济适用住房、公共租赁住房、限价商品住房）、其他住房供应（包括：棚户区改造住房、拆迁安置住房、集资合作建房）。四是城镇住房建设标准体系基本形成。倡导和推广经济、适用、环保和节约资源，大力发展节能省地环保型住宅，推进城镇住房产业化。五是在城镇住房消费政策方面，提倡和鼓励适度、梯度消费，自住型、改善型消费，引导租赁和购买相结合。六是实行土地、金融、税收等各项政策配套助推城镇房地产业发展。

二、我国城镇住房建设的基本现状

住房制度改革以来，我国城镇房地产市场和房地产业呈现快速发展势头。尤其是

"十一五"期间，发展尤为迅速。城镇房地产开发投资呈现快速增长势头，2005年到2010年，全国城镇房地产开发投资年均增长约32.0%，城镇商品住房销售量屡创新高，销售面积年均增长约19%。城镇住房二级市场和住房租赁市场稳步发展，成为满足城镇居民住房需求的重要组成部分。城镇住房产业化取得了积极的进展，推动了城镇住房质量和居住环境的改善。截至目前，我国城镇居民人均住房面积已经超过30平方米，家庭住房自有率达到80%以上。

2003年之后，受多种因素影响，我国城镇商品住房价格上涨较快，涨幅高于城镇居民家庭特别是大大高于低收入家庭收入增幅。随着城镇商品住房价格的快速上涨，且涨幅大大超过了城镇居民收入涨幅的增幅。城镇低收入家庭住房购买力的不断弱化，造成了城镇居民住房困难的问题不断加剧，严重影响了城镇房地产业的发展。

2003年，国务院发出了《关于促进房地产市场持续健康发展的通知》（国发〔2003〕18号），要求调整住房供应结构，逐步实现多数家庭能够购买或承租普通商品住房；建立和完善廉租住房制度，要求各级政府要以财政预算为主、多渠道筹集住房保障资金；把经济适用住房定位于具有保障性质的政策性商品住房。在之后的2007年和2008年，国务院先后发出了《关于解决城市低收入家庭住房困难的若干意见》（国发〔2007〕24号）和《关于促进房地产市场健康发展的若干意见》（国办发〔2008〕131号），要求加快建立以廉租住房为重点，包括经济适用住房在内的多渠道解决城市低收入家庭住房困难的政策体系。同时，针对大量的城市、工矿（含煤矿）、林区、垦区棚户区居民住房困难、居住环境差的问题，对全国范围内的各类棚户区实施全面改造；推动部分商品住房价格上涨较快的大中城市建设限价商品住房；从2010年开始，我国的一些大中城市开始建设公共租赁住房。这期间，国家确立了保障性住房建设由地方负责、中央给予支持的工作机制，明确了保障性住房建设中的土地、财税和信贷支持政策；国务院及有关部门先后制定了廉租住房、经济适用住房、公共租赁住房建设和管理以及棚户区改造的具体办法。从此，我国以商品住房为主、同时推进保障性住房建设的城镇住房发展体制已经建立并全面推行。"十一五"期间，全国开工建设各类保障性住房和棚户区改造住房1630万套，基本建成1100万套。截至2010年底，全国用实物方式解决城镇低收入和部分中等偏下收入家庭住房困难问题的住户累计近2200万户，用实物住房保障受益户数占城镇居民总户数的比例达到9.4%。以发放廉租住房租赁补贴方式（即货币方式）解决城镇低收入家庭住房困难问题的住户累计近400万户。从2011年至2015年，全国计划完成建设城镇保障性住房和棚户区改造住房3600万套（户），全国保障性住房覆盖面要达到20%左右。

这些保障性住房和区改造的建成，使我国城镇低收入和部分中等偏下收入家庭住房困难问题得到基本解决，新就业职工住房困难问题也将得到有效缓解，外来务工人员居住条件也会不断得到改善。

三、临沧市城镇住房建设发展的社会经济基础

临沧，因濒临澜沧江而得名，是中国西南边陲待开发的一块宝地。临沧市位于云南省西南部，北回归线横贯南部，东邻思茅，北连大理，西接保山，西南与缅甸交界。全市辖临翔区、凤庆县、云县、双江县、永德县、镇康县、耿马县、沧源县7县1区。国土总面积2.4万平方公里，总人口约226.5万人，其中以佤族为代表的23种少数民族人口占总人口的38.6%。截至2014年末，全市城镇规划建设用地面积达189.82平方公里，建成区面积达92.8平方公里，常住人口城镇化率达35.18%，户籍人口城镇化率达28.9%。

临沧自然生态优越。临沧97.5%是山区，海拔高差3054米，气候多样，生物资源丰富。全市有自然保护区5个，其中国家级2个、省级2个、县级1个。森林覆盖率达65.2%。地处北回归线上，年平均气温18.5℃，年平均降雨量1158毫米，相对湿度71%，四季如春，被命名为"中国恒春之都"、被评为"中国十大避寒旅游城市"和"中国十大避暑旅游城市"，是"宜居宜游、避暑避寒"最佳城市。在这里，遮天蔽日的原始森林、蜿蜒峰回的雄山大河、幽深奇险的峡谷溶洞、风光旖旎的清池雅湖构成临沧独特的边地风光，与恒春爽在的独特气候相得益彰，造就了临沧休闲养生、度假旅游的独特优势。澜沧江、怒江越境而过，境内1040多条河流分属澜沧江、怒江两大水系，蜿蜒奔流。人均水资源量近1万立方米，是全省人均水资源量的2倍。境内澜沧江上建有小湾、漫湾、大朝山三座百万千瓦级电站，是我国"西电东送"、云电外送的重要绿色能源基地。

临沧区域优势明显。临沧是中国通往东南亚、南亚内陆的"黄金口岸"，是连接太平洋和印度洋陆上捷径的中心节点，更是云南面向西南开放重要桥头堡的"前沿窗口"，被誉为"南方丝绸之路""西南丝茶古道"。境内有沧源、耿马、镇康3个县10个乡镇与缅甸山水相连、一衣带水，边境线长290多公里。有耿马孟定清水河国家一类口岸和镇康南伞、沧源永和2个国家二类口岸，有19条边贸通道，5条通缅公路及13个边民互市点。孟定清水河国家一类口岸到缅甸皎漂距离为900多公里，待昆明--临沧--孟定高速公路建成后，昆明至皎漂的公路里程将缩短为不足1500公里。目前，临沧正积极融入国家"一带一路"重大战略和中印缅孟经济走廊建设，努力构建通往东南亚、南亚的陆路国际大通道，作为中国通向印度洋陆上距离最近的前沿窗口，临沧沿边开发优势更加凸显。

临沧物产资源富集。全市土地利用类型丰富多样，光照充足，亚热带低纬度热区面积占全市总面积的33%，占云南热区面积的11.4%，一年四季都能生产出绿色、优质、生态、安全的无公害有机农产品，适应发展甘蔗、茶叶、核桃、橡胶、烤烟、咖啡、木竹、澳洲坚果等高原生态特色农业。临沧是世界茶树和普洱茶的原产地、云南大叶茶勐库种的原生地，树龄长达3200多年、活化石般的世界"茶王"至今仍根繁叶茂。临沧是名副其实的"天下茶仓"、享誉世界的"滇红"之乡和"中国红茶之都"。其中，"滇红"茶极富盛名，年

出口量占全省的 80% 以上。临沧是云南最大最好的蔗糖生产基地、云南最大的酒业之都。临沧地处"三江"成矿带南段，成矿地质条件独特，锗、高岭土、铅锌矿、铁矿等矿产资源丰富，具有较大的开采价值。风能、太阳能、生物质能蕴藏丰富，开发潜力较大。

临沧民族文化灿烂。临沧共有佤族、傣族、彝族等 23 个少数民族，占总人口的 40.5%，民族文化绚丽多彩，民族风情独特浓郁。尤其以天人合一、永不停息地追求快乐幸福的佤文化而闻名于世，全市有佤族人口 23.5 万人，占世界佤族人口的 30% 以上，占全国佤族人口的 60%，是闻名中外的"世界佤乡"。神奇美丽的阿佤山有距今 3000 多年的崖画、保护完整的佤族原始群居村落、独具特色的佤族歌舞、闻名中外的中国十大魅力节庆之一"摸你黑"狂欢节，堪称中国佤族文化的荟萃之地，东南亚文化、边地文化、中原文化在这里汇聚、相融，《阿佤人民唱新歌》《月亮升起来》等歌曲人们耳熟能详。临沧还是亚洲微电影艺术节的永久举办地和亚洲微电影"金海棠奖"的诞生地。

2014 年，临沧围绕"构筑生态高地，成就大美临沧"发展目标，坚定不移地走"生态立市，绿色崛起"转型发展之路，以"世界佤乡、天下茶仓，恒春之都、大美临沧"为城市品牌定位，以"三线三区三化"发展格局为重点，以临沧边境经济合作区建设为突破，坚持稳中求进的总基调，按照"三稳三进"的工作总要求，着力打造"微笑之城、创业之城、森林之城、洁净之城"四城一体的美丽边城，全力建设天地人高度和谐的大美临沧。2014 年，全市实现生产总值 465.1 亿元，增长 11.2%，并列全省第 3 位，其中：一产完成 142.7 亿元，增长 6.5%；二产完成 198.8 亿元，增长 14.8%；三产完成 123.6 亿元，增长 10.1%。规模以上固定资产投资 564.8 亿元，增长 35.4%，居全省第 2 位。地方财政总收入 58.85 亿元，下降 2.3%；其中，地方公共财政预算收入 37.3 亿元，增长 1.1%，居全省第 14 位。地方公共财政预算支出 194.4 亿元，增长 7.2%，居全省第 14 位。社会消费品零售总额 132.2 亿元，增长 13.7%，居全省第 1 位。城镇常住居民人均可支配收入 19526 元，增长 9.1%。农村常住居民人均可支配收入 7199 元，增长 14.2%。人口自然增长率 6‰。城镇登记失业率 3.63%。居民消费价格总水平涨幅 2.6%。全市呈现经济发展、社会进步、民生改善、民族团结、边疆稳定的良好局面。

四、临沧市城镇住房建设的发展现状

经济基础决定上层建筑。这几年来临沧经济的发展，助推了临沧城镇建设的发展，作为城镇建设发展重要组成部分的城镇住房建设也取得了前所未有的推进，实现了持续快速发展。在城市商品住房小区建设方面，截至 2013 年底，临沧市全市共建成商品住房小区 166 个，总建筑面积 598 万平方米，其中住房面积 431 万平方米，共 33501 套，平均单套面积 129 平方米，城镇商品房人均居住面积约 7 平方米。全市共有物业管理小区 45 个，城镇住房小区基本实现物业化管理。但同时，一些存在的问题和不足也不容置疑地摆在了我

们面前，如资源配置不合理不平衡，城镇居民的住房居住质量较低，进城农民安居乐业缺乏住房保障，低收入困难家庭的基本住房需求尚未根本解决，保障性住房总体不足且建设推进速度慢，政府在房价水平、房建规模、商品房增长控制等方面存在调控效率不高、手段不够等问题。这些问题，不同程度影响了我市城镇住房建设的健康发展。

（一）取得的成绩

1.城镇保障性安居工程建设成效明显

在临沧市实施的城镇保障性安居工程包括两大块六种类型，一类是保障性住房，分为廉租房、公租房；另一类是棚户区改造，分为城镇棚户区、国有工矿棚户区、国有林区危旧房、国有垦区危旧房。城镇保障性住房作为解决城镇居民住房困难问题的有效补充，工程建设得到了快速推进。从2006年起，临沧市开始实施城镇廉租房建设，将其作为解决城镇低收入家庭住房困难问题的重大民生工程来抓，且建设数量逐年递增，特别是到2010年，随着国家在全国范围大力实施公共租赁住房建设，2006年至2014年，全市共实施城镇保障性安居工程106285套（户），其中：新建廉租房44792套，新建公租房33130套，城镇棚户区改造16400户，国有工矿棚户区改造1600户，国有林区危旧房改造369户、国有垦区危旧房改造9994户。建设规模650万平方米（含公建配套设施），规划总投资150亿元。至2014年，全市累计建成54839套（户），近10万城镇中低收入群众住房困难问题得到有效解决。

2.商品住房小区建设成绩喜人

建成总量。截至2013年底，临沧市全市共建成商品住宅小区共166个，总建筑面积598万平方米，其中住房面积431万平方米，共33501套，平均单套面积129平方米。全市城镇商品房人均居住面积约7平方米。截至去年底，全市被授予省级园林小区称号的有3个项目，占已建成小区的比重为2.0%。

结构比例。166个已建成的商品住宅小区，建筑结构为砖混结构的小区共64个，占比为38.6%，建成面积为183.40万平方米，占比为30.68%，建成套数为13445套，占比为40.13%。其余的均为框架，框剪结构。

户型结构比例。166个已建成的商品住宅小区，90平方米以下的户型面积共35.68万平方米5319套，占所建成小区的比例分别为5.97%、15.88%；90-144平方米的户型面积共241.4万平方米19783套，占所建成小区的比例分别为40.39%、59.05%；144平方米以上的的户型面积共119万平方米6897套，占所建成小区的比例分别为19.91%、20.59%；别墅面积22.41万平方米，885套，占所建成小区的比例分别为3.75%、2.64%；高档住宅（叠加别墅）面积12.21万平方米560套，占所建成小区的比例分别为2.04%、1.67%。

公共配套设施。物业管理用房的配置比例为46%，中心花园的配比为22%，会所的配比为8%，体育设施配比为12%，文化娱乐设施的配比为10%，超市配比12%，医疗卫生设施的配比为 1%，农贸市场的配比为 1%，教育设施的配比为 2%。

（二）存在的问题

1. 共性问题

临沧市城镇住房与全国其它城市一样，存在着结构性供需矛盾加剧，房价较高，产品结构与市场需求失衡，企业经营不顺、发展受阻等问题。目前，我国大部分地区的房地产开发中，高档房屋比重过高，低价位经济适用房屋的开发总量不足。一些大中城市房地产开发企业在房地产开发中对城镇住房供需关系研究不到位，为了追求高利润，热衷于高档商品房的开发，造成了高档商品房供过于求，进而形成整个城镇住房供需不匹配的被动局面。同时，市场上低价位房屋供不应求，导致出现了经济适用房销售违规操作和市场炒作现象。从市场的发展看，供给结构严重地背离需求结构，在供应总量不足的情况下，就会产生结构性泡沫。

过快的投资增速加剧了房地产开展企业负债，投资风险大。就当下来看，我国房地产业相对其他行业是"暴利行业"，加之近几年房地产市场价格持续走高，社会资金"逐利而来"，导致房地产投资增速较快，企业资产负债率高，经营风险加大。

市场监控不力，供需结构失衡。目前，国家有关部门对有关房地产政策的贯彻落实和房地产市场开发经营管理的监控力度不够，一些地方的经济适用房出现"价高质低"、销售违规现象，土地供应出现"天价"转让现象。从市场销售看，一方面，商品房的存量增加，房屋空置率增高。另一方面，出现了部分楼盘未开盘就先销售和开盘前就开展排队、摇号认购等违规操作的情况，部分地区还出现了期房销售火爆、炒楼花和市场冷热不均等现象。市场监控不力造成了房地产市场供需结构严重失衡。

2. 个性问题

临沧城镇住房建设存在的个性问题，主要体现在以下几个方面：一是民族文化特色优势没有充分发挥。临沧是一个年轻的地级市，又是一个传统而古老的少数民族文化聚居地，在城镇化建设进程中，以佤文化为主的少数民族文化没能很好的展现，少数民族文化元素在城市景观打造方面不能做到有机融入，特别是在城市住房建筑中更是忽视了少数民族文化元素的注入，导致开发出来的住房缺乏文化特色，对外吸引力弱。二是经济落后产业薄弱。临沧地处中国南部边陲，云南的西南部，地理位置偏远，2.4 万平方公里的国土面积中 98% 以上是山区，坝区面积所占比重小，临沧发展城镇建设成本大。加之由于农业发展的先天不足，而第二、第三产业在临沧的后发优势一时也没有得到彰显，导致了临沧城镇发展缺乏强有力的动力支持。三是地处边疆，交通不便，城市对外来人口缺乏吸引力。由于产业薄弱，城市缺乏特色，加之交通落后，导致外来人口少，城市化进程缓慢。四是城镇居民收入低，购买力不足。据统计，截至 2014 年底，全市城镇常住居民人均可支配收入 19526 元，尽管纵向比比上一年增长了 9.1%，但跟全国平均水平 28844 元相比，差距还很大，跟东部沿海发达地区上海相比更是相差甚远，只占到了上海 47710 元的 41%。城市人均可支配收入偏低，购买力不足，给城镇住房的健康发展带来诸多不稳定性因素。

五、临沧市城镇住房建设存在问题的原因分析

（一）城镇保障性房建设资金缺口大

经济基础决定上层建筑。许多行业在发展中存在问题往往首先都是由经济原因引起，这在政府主导投资开发的城镇保障性住房建设中表现也十分突出。这几年来，在中央的关心和支持下，经过全市各级政府的不懈努力，临沧的保障性住房数量年年在增加。表面上看，虽然保障房数量的不断增加，对有效缓解城镇住房困难问题可以起到一定的作用，但实际上同时也加剧了地方政府保障房建设资金的负债。2015 年 3 月财政部公布数据显示：2014 年，全国住房保障支出 2529.78 亿元，完成预算的 100%，增长 9%。其中，中央本级支出 405.41 亿元，对地方转移支付 2124.37 亿元。根据国家的保障性住房建设政策规定和国家对保障性住房建设补助资金与整个保障性住房建设所需资金的占比计算，国家补助的保障性住房建设占整个保障性住房建设所需资金的 25% 左右，其余 75% 的建设资金要靠地方政府财政筹措。这对于自身经济发展并不乐观的临沧市，财政收入维持基本行政运转都困难，财政是不可能拿出更多的资金投入到保障房建设上来。尽管我们通过建立融资平台争取银行贷款，整合中央补助廉租住房、公共租赁住房和城市棚户区改造专项资金，推进公共租赁住房和廉租住房并轨运行，出台城镇保障性安居工程贷款贴息政策等措施。但与庞大的保障性住房建设数量对建设资金的需求相比，缺口仍然很大。

（二）国家宏观调控因素影响

纵观近年来我国政府为促进房地产业规范健康发展出台的各项宏观调控政策，不难看出，国家正力图以多种工具相结合的方式来对房地产业进行规范和调整。我们可以看到银行信贷的收缩抑制了房地产业的过热投资，百姓开始持币观望而非盲目购房；交易环节加大征税力度在一定程度上抑制了炒房，也有效阻止了开发商蓄意囤积土地的行为，可以说政府出台的房地产调控政策在特定阶段的短期内取得了一定效果。

然而，近十年来，尽管国务院常务会议九次以房地产调控为主题，但房价并没有因为国家的调控而真正得到遏制。据国家统计局通报的数据显示，从 2003 年到 2012 年近十年间，全国新建商品房平均销售价格上涨了 145%；其中，北京的新建商品房平均销售价格更是上涨了 259%，这还是将政府主导投资开发的城镇保障性住房以及远郊房计算在内的"平均价格"。由此说明，尽管随着城市房地产开发向远郊区域推进，新房均价的涨幅并没有受到多大的影响，恰恰主城区的涨幅还将更大。国家统计局 2013 年 1 月份出台的 70 个大中城市住宅销售数据显示，70 个大中城市中，价格下降的城市有 10 个，持平的城市有 7 个，上涨的城市有 53 个。其中一线城市上涨的速度与其他城市上涨的速度距离在不断拉大。

　　大量数据表明，楼市丝毫没有降温迹象，反而朝着更加火热的态势发展。首先，调控政策常常在稳定房价与保增长这两个目标之间摇摆，这种政策目标的不稳定和不一致性带来的结果是调控效果的不明显。加之我国历次房地产调控政策对于房地产调控目标都没有明确加以界定，在调控目标不够明确的情况下，会让很多公众不禁提出"调控政策是否持续，还会持续多久"这样的猜测和质疑。公众对房价是否会下跌自然也就没有一个明确的预期，调控政策目标就难以实现。其次，热钱流入导致流动性过剩，加大了调控难度。金融危机以来，西方国家应对萧条的经济形势纷纷选择低利率政策。受此影响，全球资本纷纷寻找高回报的投资领域，包括中国在内的亚洲国家成为这些资本的理想栖息地。加上美国、日本的"量化宽松"货币政策，进一步刺激了包括中国在内的发展中国家的流动性过剩。发展中国家的房地产行业自然也就成了各种热钱投资好去处，增加了政策调控的难度。再次，开发商为追求利益最大化而采取的一些超常规行为导致了调控政策的失效。开发商利用地方政府往往寄希望通过发展房地产业来促城镇化发展、促 GDP 增长的机会，与地方政府寻租合谋，两者之间暗存默契，地方政府过度追求房地产发展热度，不同程度弱化了对房地产市场的监管，大家都拼命奔向房地产开发，结果地产项目一大堆，但要么建不起来，占着资源不建设，要么建起来但价格仍然下不来，城镇住房仍然得不到保障。

（三）城镇化进程加快的影响

　　决定城镇住房需求快速增长的主要因素有四个，分别是：城镇化进程需求、城镇居民对居住条件的改善需求、折旧需求、城镇人口自然增加需求。据权威人士研究，在这四个因素中，对住房需求增长影响最大的是城镇化进程，达到了 41% 左右。因此，随着城镇化的快速推进，大量外来人员的引入和农村人口向城镇的转移，城镇化进程不断加快，城镇化率不断提高，城镇常住居民增长对住房的需求不断增长，促成了城镇住房建设的快速增长。根据国际经验，在城镇化达到 70% 之前，城镇住房建设规模将保持快速增长。在户均住房套数接近 1.1 之前，住房存量将保持较快增长，户均住房套数接近 1.1 左右后，城镇住房市场将进入成熟稳定阶段。初步估计，临沧的城镇住房目前基本上处于户均住房套数在 1 套左右，因此，临沧住房还将保持较快增长。

六、解决临沧城镇住房建设问题的对策

　　从临沧的情况看，解决临沧城镇住房建设问题，要处理好政府提供公共服务和市场化的关系、城镇住房发展的经济功能和社会功能的关系、城镇居民需要和可能的关系、住房保障和防止福利陷阱的关系。总的方向是按照中央的要求，构建以政府为主提供基本保障、以市场为主满足多层次需求的住房供应体系。首先必须坚持市场化改革方向，充分激发市场活力，满足多层次住房需求。

　　同时，对于劳动技能不适应、收入水平低等原因而面临住房困难的城镇居民，政府必须"补好位"，想办法为他们提供基本住房保障。总的来说就是要能够提供丰富足够的商品房、保障房、改善房，来满足不同层次人民群众的住房需求。科学实施城镇商品房、保障房、改善房建设，即"三房建设"。在建设中必须坚持改革发展方向，充分发挥市场在配置资源中的决定性作用，按照"低端有保障、中端有政策、高端有控制"的总体思路，创新建设管理方式，加大建设力度，推进住房保障和供应体系建设，满足不同层次住房需求，让不同层次居民的能"住有所居"。

（一）抓好住房规划，科学实施管理

一是坚持科学性。城镇住房建设必须始终坚持科学规划的原则，合理规划布局，增强规划的前瞻性和可操作性，坚持住房规划与城市国民经济和社会发展规划相协调相适应。二是力求全面性。住房规划和空间布局应与城区规划、产业布局规划相符合，与公共基础设施规划相配套，注重房地产业与商业、社会服务业在城镇规划中的科学合理搭配布局，做到城镇居住区人口密度适宜、空间利用率高。大力推进中低价位、中小套型普通商品住房建设，切实加大廉租房、公共租赁住房和棚户区改造等保障性安居工程建设力度，扩大保障性住房供应范围。三是强化功能性。统筹兼顾其他商品住房建设，合理布局住房区位，引导房地产开发健康有序进行，坚持政府引导与市场配置相结合的原则，合理调控各类住房的供应比例，满足不同层次居民的居住要求。推动中心城区人口分散、功能提升、环境改善、景观优化。充分发挥新城在人口集中、产业聚集、土地集约利用等方面的作用，突出重点，有序推进，建设一批新型居住小区。稳定住房价格，严防住房投机，保证住房建设和供应规模与区域内居民的实际住房需求相适应，优先保障自住型、改善型等合理住房需求。四是加强规划执行管理。强化规划在城镇住房建设中的统筹和指引作用，发挥规划在住房建设中的控制作用，根据住房市场发展状况、住房保障发展要求、各年度住房需求变化、土地供应状况和可支配财力等，科学建立与地方经济发展相适应的城镇住房年度实施计划，始终让城镇住房发展在政府可控范围内发展。

（二）发挥政策调控作用，保持房地产市场平稳

1. 发挥公积金作用，加大投入

贯彻落实《住房公积金管理条例》，进一步完善住房公积金管理体制。强化住房公积金归集手段，加强检查监管力度，不断扩大住房公积金制度覆盖范围，提高住房公积金缴存率，进一步增强对城镇中低收入家庭解决住房困难的支持力度；扩大住房公积金保障范围，使中低收入者受益；研究拓宽资金使用渠道，提高住房公积金使用效率，充分发挥住房公积金制度的社会保障作用；推进住房公积金运行监管系统建设，确保资金安全。抓紧制定住房公积金管理人员准入、绩效考核、责任追究、信息披露等监管配套制度，加强和改进服务，规范业务管理。加强住房公积金廉政风险防控，认真落实公积金廉政风险防控各项措施。在发挥好住房公积金作用的同时，保证资金安全。

2. 严格土地供应，提高土地利用效率

针对目前土地资源日益紧张的现状，坚持节约、集约利用土地的原则，科学优化土地供应。规划区内，在符合规划控制原则和相关规范要求的前提下，适当提高外围新城的住房容积率水平。坚持重点保证保障性住房和中小套型商品房土地供应的原则，优先保证中低价位、中小套型普通商品房和政府保障型住房的用地供应。在保证一定量的新增住房用地供应的同时，鼓励通过原址拆除重建作为供应普通商品房和保障房建设用地的主要模式，多渠道多方式多途径确保用地供应。优化市区中心区住房用地布局，控制高强度开发、高密度住宅布局，推进人口疏散、功能提升、环境改善和景观优化。进一步调整农村集体土地和城市国有土地征收和拆迁安置政策。停止别墅类房地产开发项目土地供应，严格限制低密度、大套型住房土地供应。

3. 积极发展城镇住房二级市场，引导合理消费

城镇住房二级市场是城镇住房供应的又一途径。促进城镇住房二级市场发展，能够有效促进城镇住房的梯度消费，合理优化住房资源配置。在具体工作中，需要我们行业管理部门切实加强房地产中介服务行业管理，完善房地产市场的中介服务体系，建立和完善二手房网上交易系统，不断促进二手房交易市场的发展。进一步培育和发展房屋租赁市场，引导居民转换消费观念，制定房屋租赁综合税费征收办法，扩大租赁房覆盖面，建立区域性统一的流动人口和出租屋信息资源库，建立房屋租赁市场综合管理长效机制。

4. 完善管理制度，加强房地产市场监管

一是正确认识并积极稳妥地处理好当前房地产运行中出现的主要问题，特别是价格虚高的问题，引导房地产开发企业理性定价。二是高度重视和加强商品房预售资金监管，提高商品房预售门槛，妥善处理商品房预（销）售中出现的违规问题。三是切实加强商品房预售许可、一房一价备案、房产办证、房产抵押登记等环节权力运行的监督和约束，不断规范和完善商品房销售合同，有效维护交易双方的合法利益，确保房地产市场正常秩序。四是进一步加强以房地产交易展示会为平台的房地产市场营销的指导，做好"去库化"工作，切实防范金融风险和违法违规行为的出现。五是完善房地产统计和信息披露制度。建立健全房地产市场信息系统和信息发布制度，定期进行住房状况调查。建立多部门参与的房地产市场预警与金融风险防范联合监测机制；六是加强大型房地产开发项目的监管。及时掌握大型房地产开发项目的开发动态，并为其及时提供全方位的服务。及时提供房地产政策信息，将国家和省的房地产调控政策及时传达到项目的房地产开发企业。对项目在规划、设计、建设和运营管理等各个环节的行政审批手续，给予优先快捷办理。对项目的开发建设、市场营销等方面加强指导，帮助企业开发适应市场需要、符合国家产业政策的商品房。对项目开发建设过程中遇到的问题，要主动协调，积极帮助房地产开发企业排忧解难，确保房地产开发健康有序。

（三）引领高端需求，建设高品质的商品住房

所谓的高端就是指住房消费的群体是中高收入者。满足这部分群体的住房需求，要以"生态绿色"理念为引领，高品质规划建设商品住房。

1.提高规划水平。充分利用地形、地貌，进行统筹规划布局，与周围自然环境建立有机的共生关系，不破坏自然水系和森林，建筑形态和造型应与周围已形成的城市空间、历史文脉和景观相协调，充分体现自然和谐。

2.优化供应结构。满足居民的合理住房消费，优化住房供应结构，户型面积相对要大，住宅设计符合规划设计规范，户型设计良好，功能合理。

3.美化空间环境。建筑密度科学适当，房屋间距合理。有足够的符合标准的停车场地等配套设施，建筑、植物、小品、构筑物、水体等要合理搭配，形成以自然美为特征的空间环境。

4.提升绿化指标。加大居住小区的绿化，合理搭配树种，运用多种方式增加居住小区绿化面积，提高可视绿量，形成多层次绿化格局。

5.推广环保建设。大力推行节能、节地、节水和节材的环保型住房建设，降低能耗，节约资源。

（四）满足中端需求，稳妥推进改善性住房建设

所谓的中端就是指中等收入群体。满足这部分群体的需求应重点实施改善性商品住房建设。下力气做实中端，是完善我市城镇住房供应结构，满足城镇居民合理的住房需求的重要举措。对于稳定房价，促进房地产市场平稳健康发展具有十分重要作用。

1.优化规划布局。要根据城市总体规划，按照有利于分散老城区人口、有利于拓展城市新区、有利于推进"城镇上山"、有利于提升城市品位的原则，进一步优化改善性商品住房小区规划布局，完善建设方案，提升建设质量。

2.完善建设方式。坚持政府引导、市场运作，统一政策、分期实施，控制价格、定向销售的原则，完善建设运作方式和基本建设程序，保证结构基本合理、供需基本平衡、价格基本稳定。

3.严格建设标准。坚持高起点规划、高标准建设，严格执行国家和省有关技术规范和标准，应用先进成熟适用的新技术、新工艺、新材料、新设备，建设中水回收处理、管道液化气、智能管理系统，提高建设水平，努力把改善性住房项目建设成为推进临沧城镇上山、提升城市品位的示范项目，建设成为具备省级园林生态小区标准，集园林化、智能化、节能化、人性化为一体的高品质示范住宅小区，引领临沧房地产业发展。

（五）保障低端需求，加快保障房建设步伐

所谓的低端就是指低收入群体。对这部分消费群体，国家主要是通过实施城镇保障性住房建设来给予提供住房保障。国家实施的城镇保障房，主要有两大类：第一类是政府主导投资建设的保障性住房，包括廉租住房、公共租赁住房；第二类是棚户区改造，包括城市棚户区、国有公矿棚户区、林区棚户区、垦区棚户区和煤矿棚户区。在保障房建设中，不论是政府主导投资建设的保障性住房，还是棚户区改造，我们在追求增量、保障供给的同时，要注重建设质量，要把保障房建设作为完善城镇基础设施、改善城镇人居环境，推动城镇化进程的重大惠民工程来抓，既解决群众住房困难问题，促进"住有所居"，又让群众住得放心，住得踏实，安居乐业。

1. 着力资金保障，加快项目建设，形成有效供应

切实加快推进保障房建设和各类棚户区改造，提升住房保障制度覆盖面。要加快在建项目建设。近几年临沧大规模实施的保障性安居工程，点多量大，最高的占到当年商品房的 50% 左右，但是目前仍有大量的保障房由于资金等问题，无法在规定的工期内建成完工，有的基础设施配套建设跟不上，有的连主体工程也无法完工，无法分配入住。因此，在确保质量和安全的前提下，需要千方百计筹措资金，切实加快项目建设进度，尽快形成实物供应，早日发挥保障房的价值。要加快市政基础设施、公共服务设施和必要的商业服务设施建设，实现基本建成的住房水、电、路配套，满足基本居住功能要求。

2. 加大城市棚户区改造

按照国家的部署安排，深入开展城市和国有工矿棚户区改造，继续推进城市棚户区、煤矿棚户区、国有林场棚户区和国有林区危旧房改造、国有垦区危房改造，是今后抓住房保障工作的重点。在具体工作中，要求要重点推进城市棚户区改造，进一步提升人居环境、缓解城市内部二元结构。临沧城镇基础设施建设滞后，配套不完善，城市棚户区范围广，改造面大。在工作中，我们要采取拆除重建、改建（扩建、翻建）、综合整治等多种方式，下力气推进城市棚户区改造、城镇旧住宅区综合整治、城中村改造，努力把城市棚户区改造成质量优良、功能完善、设施齐全、生活便利、环境优美的新型社区。

3. 严格建设标准，抓实质量安全

保障性住房建设的国家实施的重大民生工程，惠民工程，德政工程。质量安全自然是抓好保障房工程建设的首要。需要我们认真落实国家有关住房建设的强制性标准，严格把好基本建设程序关，强化对保障性安居工程规划设计、施工图审查、工程招标投标、建筑用材、现场施工、竣工验收等环节的监管。在监督管理中，严格执行建筑市场和施工市场"两场联动"机制，严格项目法人责任制、合同管理制、工程监理制和质量终身责任制，对质量安全问题实行"零容忍"，切实把保障性安居工程建设成优质工程、民心工程、廉政工程。

4. 着力完善分配制度，促进社会和谐

以公平公正为原则，抓好制度保障。一是建立健全保障房资格审核、配租流程、后续监管、出租出售及退出等一系列制度，严格执行准入、审核、轮候、分配、退出等方面的程序，真正做到保障基本、程序公正、过程公开。认真落实好"从2014年起每年将1/3的可分配

公租房用于解决农业转移进城人口住房问题"的惠民政策,有效解决农业转移进城人员的住房困难问题。二是建立完善住房保障对象档案和住房保障房源档案,全面公开建设及分配管理等信息,接受群众、社会和媒体全方位的监督,做到分配过程公开透明、分配结果公平公正。完善纠错机制,堵塞漏洞,坚决查处骗购骗租、变相福利分房以及违规转租、转售保障房等行为。三是加强保障性住房管理数据化、信息化建设,加快推动建立住房保障、房地产、民政、社保、工商、公安、税务、金融等部门的信息共享机制,形成管理服务的联动机制。四是积极研究保障房小区社会管理工作创新,探索新型服务管理体制机制,整合社会管理资源,调动社会资源积极参与到保障房社区的经营管理活动中来,提高保障房建设和运营效率。

(六)推进旧城改造,提高居住质量

1. 坚持以规划为先导

遵循"城乡统筹、合理布局、节约土地、集约发展"的原则,严格执行国民经济与社会发展规划、城市总体规划和土地利用规划,高起点、高标准、高品位地编制旧城改造规划,包括水、电、路、网络等各类专业规划,做到旧城改造与土地利用总体规划相结合、与城市基础设施配套建设相结合,与城市环境整治相结合,与保护历史文脉、历史建筑相结合,与城市的产业提升相结合。将旧城改造与拓展城市新区结合起来,以拓展城市新区为重点,积极引导旧城人口、产业、公共资源向新城集聚,为推进旧城改造创造有利条件。

2. 着力改善人居环境

坚持把提高居住质量、优化人居环境、保障群众利益作为旧城改造的出发点和落脚点,加强道路、供水、排污、公共设施等配套建设。抓好旧城棚户区改造,紧紧抓住国家授权国家开发银行运用软贷款支持棚户区改造的重要政策机遇,把城市棚户区改造作为当前和今后城镇保障性安居工程建设的工作重点,采取拆除新建、改建(扩建、翻建)、综合整治等多种方式,统筹推进集中成片和非成片城市棚户区改造、城镇旧住宅区综合整治、城中村改造,不断提升人居环境、消除城市内部的二元结构。

3. 做好征收拆迁工作

认真贯彻执行《国有土地上房屋征收与补偿条例》,科学合理地制定旧城改造房屋征收办法、补偿安置方案。根据确定的拆迁规模,按照先建后拆的原则,切实把安置房建设放在旧城改造拆迁工作的优先位置,优先安排建设计划,优先安排建设资金,优先安排施工建设,确保征迁户能在规定的回迁期限迁入新居。对采取原地安置的,要为拆迁群众提供质量合格、价格合理、户型合适的拆迁安置房和周转房,在确保被拆迁人的基本生活需求的情况下,方可实施拆旧建新,保障拆迁工作顺利推进。

4. 严厉打击违法建筑

按照"属地管理、多管齐下、依法整治、分类推进、拆建同步、严控增量、消化存量"

的原则，强化责任，创新举措，加强源头治理，积极推进专项整治工作，严厉打击各类违法建设行为，维护城市规划的严肃性，提高城市管理水平，提升城市人居环境。重点是积极清理整治历史遗留的存量违法建筑，整治临沧中心城区、7县城及孟定镇城市规划区范围内的违法建筑、临街实体围墙和违规户外广告设施。重点拆除城市道路两侧机关、企事业单位和个人未依法取得合法手续的建筑物、构筑物和其它设施，未按照规定期限拆除的临时建筑物、构筑物和其它设施；拆除商品房建设项目竣工后未按要求期限拆除的临时售楼房等建筑物；拆除未经审批的户外广告设施，结合户外广告设施和临街建筑的整治，美化、亮化临街建筑立面，整治城市街道空间，打造城市街道景观，提升城市形象；做好补绿、透绿，增加城市公共绿地和公共配套设施，为广大市民提供更多的公共开敞绿地空间，为创建国家森林城市奠定基础。

（七）突出园林生态建设，提升居住环境

为适应新的发展形势和人民群众对改善住房条件、提高居住质量和提升居住环境的要求，着力抓好城镇住宅小区园林生态建设。

一是提升绿地指标。居住小区的绿化与居民的日常生活和身心健康关系十分密切，在规划建设中，按照国家规定的指标要求，小区绿地应坚持40%的标准。二是合理搭配树种。根据四季变化，植物以花、果、香乔灌木为主，树木应占绿地面积的70%，可立体绿化的应全部绿化，树种选择应充分考虑适合本地生长，尽可能选择本地树种。三是重视垂直绿化。居住小区人口密度大，建筑拥挤，单靠地面绿化人均绿地面积小，生态效益和景观效果不能满足人类对环境的要求。因此要重视垂直绿化，增加居住小区绿化面积，提高可视绿量，形成多层次绿化格局。

（八）重视排除风险，继续深化住房制度改革

目前，房地产业总体呈健康发展态势，但仍存在风险因素，必须采取有效措施，挤出泡沫。经过长时期严格调控，房地产市场正在进入新一轮调整时期，粗放经营的时代已经过去，房地产开发已经步入注重质量和品质，以优质产品引领市场发展的新阶段。要充分正视房地产市场客观存在的泡沫因素，合理控制房地产投资总量，保持销售量与投资量相互对称，杜绝盲目追求投资量，给市场销售带来新的风险。

今后，应根据市场变化形势，适时加强房地产市场调控，深入推进一系列住房制度改革。继续坚持住房市场化改革方向。就全国而言，城镇住房市场化改革提高了住房生产效率、带来居民住房条件的改善和整体社会福利的改进。未来在制定住房新政策中，应注重从规范房地产开发市场秩序，整顿和规范房地产开发、经济服务和物业管理活动，加强对房地产行业管理等方面多加研究。同时，引导合理的住房建设和消费。通过推进新建住房市场、二手房市场和住房租赁市场的协同发展，发挥住房市场过滤机制，引导群众树立"先租后买，先小后大"的理性住房消费模式。要继续完善土地招拍挂制度和扩大房产税试点，进一步

探索土地制度、财税体制、房地产金融制度在促进房地产业发展方面的改革和创新。

面对竞争日益激烈的房地产市场，云南特别是临沧边疆地区应充分发挥绿色、生态、民族等品牌优势，加大招商引资力度，吸引有实力、有名气的房地产大企业、大集团入住云南，入住临沧，入住边疆，发展房地产业，为各族群众提供更多更好的产品，让边疆人民共享住房制度改革成果，共圆满足不同住房消费的中国梦。

结束语

推进城镇住房建设是切实而紧迫的惠民工程、民心工程。本文从宏观的全局介入，用政策解读背景，用现状分析对策，克服了相关领域理论研究参考资料短缺的困难，艰难的构建了论文的理论基础，为继续此类研究探索开辟出一条曲径。而在论文的主体部分，在为临沧市住房建设存在的问题提供对策时，笔者也是竭力推陈出新，摸索出一条全新的思想路径，紧靠政策，却又不演绎概念，立足于现状，却又不满足于分析现状，力图为破解临沧的城镇住房建设存在的问题设计出一条有效而长远的路径。

参考文献

1. 聂梅生，房地产市场调控政策分析，21世纪经济报道，2011（4）

2. 周江，房地产调控政策分析及效果前瞻，中国金融，2010（7）

3. 张红，李洋，张志峰，中国城市软实力对住房价格的影响——基于主成分分析法和面板数据模型 [J]. 南京审计学院学报 .2014（03）

4. 程仲鸣，夏新平，余明桂，政府干预、金字塔结构与地方国有上市公司投资 [J]. 管理世界 .2008（09）

5. 黄忠华，吴次芳，杜雪君 . 房地产投资与经济增长——全国及区域层面的面板数据分析 [J]. 财贸经济 .2008（08）

6. 陈红霞，李德智，谢莉，邓小鹏 . 新加坡提高保障性住房项目可持续性的策略及其启示 [J]. 工程管理学报 .2014（06）

7. 周琛 . 中国老龄化时代的伦理风险与伦理安全 [J]. 江海学刊 .2014（03）

8. 况伟大，马一鸣，物业税、供求弹性与房价 [J]. 中国软科学 .2010（12）

9. 张金娟，住宅区物业管理模式的优化与创新 [J]. 城市问题 .2013（07）

10. 王光荣，城市社区物业管理模式及其实践困境探析 [J]. 前沿 .2013（13）

11. （美）毕意文（IrvBeiman），（美）孙永玲（Yong-LingSun）著 . 平衡计分卡中国战略实践 [M]. 机械工业出版社，2003

12. 黄小明 . 基于平衡计分卡的 A 房地产公司绩效管理研究 [D]. 华东理工大学，2014

13. 吕萍等编著 . 房地产开发与经营 [M]. 中国人民大学出版社，2002

14. 吴宝申 . 房地产价格波动与宏观经济基本面的互动机制研究 [D]. 浙江大学，2007

15. 穆怀朋主编 . 金融市场学 [M]. 中国金融出版社，2006

16. 肖红叶编著 . 高级微观经济学 [M]. 中国金融出版社，2003

17. 罗必良主编 . 新制度经济学 [M]. 山西经济出版社，2005

18.[美] 约翰·克劳奈维根（JohnGroenewegen）编，朱舟，黄瑞虹译 . 交易成本经济学及其超越 [M]. 上海财经大学出版社，2002

19. 奚正刚，编著 . 金融创新与房地产 [M]. 复旦大学出版社，2005

20.（美）Y. 巴泽尔（YofamBarzcl）著，费方域，段毅才译 . 产权的经济分析 [M]. 上海人民出版社，1997

21. 靖继鹏编著 . 信息经济学 [M]. 清华大学出版社，2004

22. 殷红，张卫东编著 . 房地产金融 [M]. 首都经济贸易大学出版社，2002

后记

本文在写作过程中，收集整理了我国及我市房地产发展方面的材料，摸清我市的城镇住房发展底数；广泛调查收集了机关单位、企业、物业小区、自住居民、外来人员、农民工等各类群体对住房问题的意见建议，对好的意见建议予以消化吸收。收集整理了建设生态文明小区、宜居城区、绿色建筑、环保建筑、物业管理规范的文件资料、工作情况资料等。文稿成型后经导师多次帮助修改和斧正方定稿。通过撰写这篇论文，本人收获很大，体会很深，但也深感不足。一是收集和掌握的资料不够齐全；二是由于本人能力水平限制，对国家的一些政策法规把握不够精准；四是调查研究不够深入，问题在普遍性和特殊性方面结合不够好等。今后在加强政策法规的学习，吃透政策，深入调查研究，确保基础数据精准，广泛开展调查研究，系统掌握基础情况等方面仍需作更大的努力，确保论文有质量、有价值。

砥砺奋进　继往开来

河南省叶县城市管理局

打开叶县"城市管理"工作成绩簿，一幅整洁亮丽的城市画卷跃入眼帘：市民文明素质持续提升，公共服务进一步改善，市容环境发生明显变化，人民群众的获得感、幸福感不断增强……

一、单位简介

叶县城市管理局（综合执法局）于2017年12月12日正式揭牌成立，为正科级事业单位，现有正科级干部1人，副科级干部5人，正式职工367人。全局股室齐全，基层组织完备，承担原来两局（城市管理局、综合执法局）所有工作职责。主要行使城市市容秩序管理、规划管理、市政公用事业管理、园林绿化管理方面的行政处罚等职责。

二、模范带头致力于城管队伍建设

叶县城管执法局以人民群众满意为目标，持续用全面从严治党的力度掀起"责任风暴"，全面实施"治庸计划"。"责任风暴"席卷到全局上上下下的每一个层次、每一个角落、每一个干部、每一个岗位。以疾风厉势的治庸治懒"责任风暴"向不敢为、不作为宣战，在全局形成以担当作为光荣、以庸懒散拖为耻的良好局面，不给"占着位子混日子"者以安身之所。

局长包国平以树立服务型执法单位，打造学习型执法队伍为抓手。抓住群众最急、最忧、最怨的事，在实施民心工程、广告审批等方面加大服务保障力度。坚持以全面从严治党的力度治庸治懒治无为，强化监督执纪，对不作为不担当问题铁腕问责，向'说不行'的行为宣战。坚持以党建引领工作，坚持正面典型引路，建立科学合理的纠错机制，进一步激发党员干部担当作为的内生动力，真正为担当者担当，为干事者撑腰。"坚持以科技创新为引领，不断提升管理和服务水平。依托数字化城管平台，实行网格化管理和服务，并逐步实行城乡保洁一体化；

通过硬件软件相结合，持续加强工作纪律和作风建设，充分发挥基层党组织先锋模范作用，带动全局干部职工，形成干事创业的良好氛围，锻造一支作风优良、敢打硬仗、善

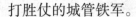

打胜仗的城管铁军。

三、真抓实干致力于城市环境改善

（一）市容市貌整治

为了进一步提升城市管理质量，在城区全面开展市容秩序综合整治活动。重新细化城区网格化管理，明确责任。针对整个城区纳入管理的 24 条路段，划分了三个等级，按照一级管理路段精细化，二级管理路段常态化，三级管理路段经常化，区分管理标准，努力实现"无缝化、无空挡、全覆盖"的管理目标。通过教育引导，2018 年累计治理占道经营 6100 余起、拆除大型户外广告 28 处，招牌广告 1340 余处，规范店外经营 2300 余起。彻底取缔了盘踞政通街南段几十年的马路市场。

熟悉叶县的人都知道，政通街上水果摊、蔬菜摊、煎饼摊等各种摊位一应俱全，街道两侧各家店铺"伸舌头"现象也很普遍。本来就只有十来米宽的政通街更显得拥挤不堪。夜色降临，烧烤摊点便"粉墨登场"，这些烧烤摊多数没有营业执照，卫生安全问题堪忧。同时，由于其妨碍交通，油烟、噪音污染环境，附近居民叫苦不迭。这种现象已经存在几十年。城管执法局局长包国平看在眼里，急在心中。每天早晚都去市场内部走访，了解情况。2017 年的一天早上 4 点，整齐的执法队伍在政通街集合，全面清理活动正式展开，执法人员帮助早起的菜农规范进入市场经营，拆除部分商户尚自搭建的简易棚，包国平亲自帮助年纪大的商户搬运物品。一位卖蔬菜的商户说：天天早上看到你来，也不买菜，也不知道你是干什么的，今天算是才知道你是局长。说实话，我在这里经营了十多年，从来没有 4 点多在这个街上天天看见局长。现在还亲自帮我们搬东西，包局长，你放心，我们坚决进入市场经营，不再给你们找麻烦。就这样，盘踞政通街南段的马路市场从此不见了踪影。

（二）违章建设整治

铁腕拆违赢得民心一片。为切实服务文明县城创建，叶县城管执法局刚柔并济、让城区违章售楼部销声匿迹。

2018 年 3 月 11 日，叶县成立拆违拆迁工作指挥部，城管执法局局长包国平任办公室副主任，包国平连夜带领城管执法局相关人员到叶县宾馆指挥部办公室规划办公布局，第二天一早包局长就来到指挥部，他说：我们不能等，叶县的工程建设等不起、项目落地等不起、土地收储等不起、百城提质更等不起。经费现在县里还没有划拨，咱们先垫资。从现在开始，就算我们不吃不喝也要把指挥部赶紧完善起来。并安排执法局办公室人员到市场采购办公用品。成立指挥部之后，包国平一方面带领指挥部办公室人员到卫东、新华等区学习先进经验，另一方面组织人员下乡实地考察双拆工作中存在的问题及困难，总结不足。回来之后，多次组织相关人员召开"泡面"会议。讨论制定方案经常到深夜，吃住在指挥部办公室。为顺利推进双拆工作，包国平提出把党支部建在拆违拆迁工作的道路上，积极探索双拆新模式，以"党建+"理念为统领，成立"双拆"现场临时党支部开创"以党建带征拆，以征拆促党建"的新局面。

截至 2018 年 6 月 3 日，城区所有占道售楼部拆除完毕，累计拆除面积：11060 平方米。并拆除了昆阳商城、商贸城内存在几十年的违章建筑，共涉及私搭乱建户 693 户，违建面积约 1.54 万平方米，通过拆违，赢得了市民的普遍欢迎，展示了城管人敢干打硬仗的形象。

（三）大气污染防治

叶县城市管理局（综合执法局）在全省率先建立了餐饮业净化器管理台账。研究制定了《执法局城区露天夜市烧烤整治工作方案》，印发了《关于对城区露天烧烤进行专项整治的通知》，下达责令限期整改通知书 160 份。

对城区夜市进行拉网排查，规范两个夜市市场，引导全县夜市商户全部进入市场经营统一管理，逐街逐户宣传露天夜市烧烤对大气环境的危害，要求夜市摊主把碳烤炉更改为电烤炉或气烤炉，建立夜市台账，对拒不整改的碳烤炉收缴销毁。班子成员每天都要督导检查夜市整治进度，联合公安局、药监局及办事处对商业街附近区域进行集中整治。今年，全县在城区摸排的 127 家夜市摊点，双替代 101 家，取缔露天烧烤 38 家，收缴销毁碳炉 36 个。同时，配合药监局对城区散煤污染进行整治，城区 900 多家餐饮行业，取缔散煤燃烧单位 262 家，需安装油烟净化器 425 家，已全部安装到位，投入使用并建立定期清洗台帐，共收缴销毁小煤炉 280 多个。

（四）脱贫攻坚

按照县委、县政府的统一部署，我局承担全县 4 个乡镇、14 个行政村的脱贫攻坚帮扶工作任务，共派出 4 个驻村帮扶工作队，1 个工作组，9 名驻村第一书记，7 名工作队长。局党组成员带头，抽调 46 名机关党员干部，结对帮扶近 100 户贫困户，属全县首例。局党组定期走访、慰问，帮助发展生产、抢收抢种、果蔬采摘销售、清洁家园，并投入资金 120 多万用于六改一增、项目建设、环境治理等，2017 年度，共有 80 户贫困户如期实现脱贫摘帽。2018 年计划全部脱贫。

（五）城市清洁行动

1. 推进环卫管理体制改革

共投入资金 1800 多万元，积极实施了城区环卫体制改革，将城区的环卫作业、城河广场管理等由政府直管转变为政府购买服务、社会化运作。并严格按相关质量标准进行督查考核，兑现奖惩，确保环卫质量稳中有升，为县域经济发展、市民工作生活提供了良好环境。

2. 加大环卫设施建设力度

经过规划选址，讨论研究，2018 年在城区投资 600 多万元新建公共厕所 12 座，改建 3 座，目前正在有序建设中，预计 10 月份可以完工并适时投入使用；投资 930 多万元建设了垃圾处理场三、四填埋库区项目，预计年底前建成投入使用；投资 10 万余元在叶公古街安装仿古果皮箱 105 处，在城区放置垃圾桶 70 个，在新文化路设置便民连椅 20 处。

3.加强道路扬尘治理管控

城区 780 多名环卫工人每天早 5：00 上岗，晚上排班到零点，不间断对城区主次干道上的积尘、垃圾、杂物予以及时清理，社会化服务公司（朗洁公司）按招标所提供的洒水、清扫、雾炮等作业车辆 22 台，科学调度，每天对能洒水的 24 条主次干道洒水、清扫及雾炮作业。同时，强力推进道路"以克论净"工作机制，做到路面干净、整洁，车过不起尘，风起不扬尘。

四、用心血熔铸服务理念、让城管文化生生不息

走过宽阔整洁的昆阳古城，有这么一群年轻人、顶着风雪、冒着酷暑；无畏风雨，奋战在脱贫攻坚、环境保护、市容市貌、打击违法建设的一线战场。不忘初心，方得始终。是叶县城管人的初心和使命，就是为叶县人民谋幸福，为叶县发展谋复兴。这个初心和使命是激励我们不断前进的根本动力。2018 年，我们在县委、县政府的正确领导下，紧紧围绕县委"四四一二一"发展战略，以"干部作风大整顿为契机"，全局上下团结一心，不断创新工作思路，完善工作机制，改进工作作风，为助推我县脱贫攻坚、大气污染防治、卫生文明城市建设、乡村振兴、路域环境治理和人居环境改善等工作做出积极贡献，真正打造让"盐都、古城"走出去的叶县名片。

立足新时代 展现新作为
——浅谈汕头市金平区城市管理工作

广东省汕头市金平区城市综合管理局

城市管理水平是一个城市形象的重要标志之一，反映一个城市文明进步的程度。新时代社会主义形势下，城市管理工作进入了发展的新篇章，十九大勾画的新蓝图、明确新矛盾，制定的新目标，也要求"新时代"的城市管理要在新机遇、新路径下探索新方法，谋求新跨越，实现新作为。"创文强管"以来，在汕头市委、市政府的坚强领导下，金平区城管不断推动理念创新、机制制度创新、手段方法创新，不断提高城管工作核心战斗力，高标准、严要求，进一步推动城市管理工作上质量、上水平，并在扎实推进城市精细化、网格化管理，做实做细"门前三包"工作，严明执法，依法行政，治违超高，治理共享单车乱象等各项工作取得了明显的成效。

一、推行网格化管理
（一）建立网格化属地管理机制
将全区 171 个社区和工业园区划分为 172 个网格，每个网格设立街长、楼长、路长，全面落实"定段、定岗、定人、定责"，常态化开展巡查、保洁，实现街道内部、网格之间的良性微循环，将"运动式""突击式"滞后的管理模式转变为"预防式""常态式"管理，进一步提升社区网格自我管理服务能力。

（二）实现"二维码"全覆盖
今年来，金平区致力完善社区网格化、精细化管理机制，积极探索应用大数据和智能化手段提升社会管理的精准和实效。自从 8 月份在辖区石炮台街道试点启用"二维码"扫描，通过"二维码"向市民展示社区网格信息，接受咨询投诉等，收到良好效果。并进一步细化网格管理，全区细化成 727 个小网格，实现更精细化的管理，目前已实现在全区各街道中应用的全覆盖，大大提高了城市管理水平。

（三）创建创文微信群
创文工作开展以来，区政府积极创新思维，分别组建创文工作群、创文监督群，群内包括区主要领导及党政班子成员、各街道和相关部门的主要负责人、工作人员，进行"线上"

实时办公。区城管局也相应成立自身的工作微信群、学习微信群,更好更快更细推进工作。各微信群打破传统工作模式在时间、空间上的局限,实现"线上"信息的即时传递,推动"线下"工作的深入开展,形成"线上""线下"的良性互动,确保创文工作全天候、即时化、常态化。

(四)成立"五老"义务监督队

"五老"由社区热心公益的退休党员、教师、居委职工等组成,以社区为单位,按照网格化分片,与社区居委会工作人员一起,做好城市管理巡查、宣传、劝导等工作,充分发挥"五老"人员的影响力和作用,形成一支以社区为单位的城市管理基础力量。

二、做实做细"门前三包"工作

为强化我区"门前三包"落实工作,使工作做实做细,采取以下强化措施:一是强化宣传教育,通过多种渠道,多角度多层次进行宣传教育,通过多种手段,宣教并举,逐步形成沿街商铺住户自觉履行"门前三包"的氛围。二是强化责任引导,以《致商户一封信》的发放和《"门前三包"责任书》的签订为手段,以"三要三禁"要求为抓手,对商户进行引导,要求商户认清所划定的"门前三包"责任范围,引导商户落实好门前三包工作,负起"门前三包"落实责任。金平区以大华路、中山路、海滨路、跃进路为试点,对各"门前三包"区域实行"统一标志牌、统一责任书、统一检查记录"管理办法,推动"门前三包"责任落实全覆盖。三是强化监督管理,落实建立"门前三包"常态化监督管理机制,各街道、工业园区办建立一把手负总责、分管领导为主抓、分片包干、责任到人、全员参与的责任落实体系,全面对"门前三包"责任制工作落实进行指导、检查和督促。四是强化执法处罚,对照"门前三包"责任制工作要求和标准,以"主干道严控、次干道严管、背街小巷和社区内部规范管理"的管理模式,集中执法力量对"门前三包"责任制落实不到位的行为及时予以教育纠正、限期整改,对情节严重、屡教不改的,依法依规予以严肃查处。五是强化市容环境保洁,加强垃圾定点收集工作;要求市场化作业公司加强管理,进一步规范垃圾清收转运,增加检查频次、加大督促力度,科学有序地做好责任区域的各项日常卫生,推动环卫保洁工作的精细化、常态化,切实做好市容卫生兜底工作,有效杜绝普扫不到位、垃圾清理不及时等现象。

三、推进精细化管理

区城管局在全市城管系统率先设立 12345 热线处理平台,能更快、更好与市民沟通,处理群众反映的身边城市管理存在的不足和问题,同时区委区政府加大财力人力物力投入,筹备组建大数据"数字城管"平台,为城市管理实现精细化管理提供更好的人力、物力、技术支撑,逐步强化城市智能化管理,利用互联网、大数据等信息技术手段,对城市管理

方式进行创新，对城市空间定位和问题处理进行全面监控，提高城市管理效能，让城市更有序、更安全、更干净、更有活力。

四、坚持严格执法，推进共建共享

区委区政府及时制定出台相关的城市建设管理规定，提高违法成本。如由区城管局负责牵头起草关于完善"一扣二罚三封"管理制度，以最严厉的措施规范管理市容秩序，来落实区直部门、街道、社区的管理服务责任，不断探索完善城市基层治理机制，同时避免"一刀切"粗放管理模式。在实际管理中，区城管局也充分认识到提高市民素质的重要性和必要性，把提高市民素质与加强城市管理统一起来并当作一项系统工程来抓。要充分发挥广大市民在城市管理中的积极作用。通过坚持"拆建并举"的原则，为广大群众建设公园和一批"街心凉亭"等休闲场所，使群众共享创文成果，大大提高人民群众获得感，从而更好提高居民参与城市管理积极性。

五、发挥牵头协调作用，强化部门联动共管

由于城市管理工作点多面广，涉及到工商、公安、园林、市政、环保等诸多部门，由于工作各有侧重，条块分割，工作合力有时难以形成。这需要各部门树立全区"一盘棋"思想，切实增强工作主动性和积极性，区城管局积极发挥牵头协调作用，强化部门联动共管，探索并建立健全联合执勤机制，由区城管办牵头组织有关执法部门，创建金平"城管＋公安＋工商＋环保＋交警"的联动执法模式，开展联合执法行动，同时结合金平区城管执法中队从"派驻基层"到"下放基层"机制转变的实际，为避免"人情执法"，积极创新执法模式，组织街道之间的不固定交叉执法等形式，大大提高执法的有效性，有力推动城市管理工作向纵深开展。

六、进一步加强共享单车管理

按照金平区创文巩卫工作推进会的工作部署，为巩固提升我区创文巩卫成果，营造整洁有序的市容环境秩序，区城管局牵头组织开展了"清车行动"。一是联动监管，清理整治并举。通过约谈"哈啰""摩拜""OFO"等互联网租赁自行车运营商，严明工作要求。二是条块结合，提升清理效果。按照"属地管理"原则，以各街道、工业园区为主体单位，结合日常整治工作安排，对辖内无序停放、破损堆积的共享单车的位置、数量进行摸排，并配备运载车辆，对这类共享单车进行集中清理，运载至市联合执法停车场集中存放。同时，区城管行政执法局也将组织专项整治队伍、配备专用运载车辆，对全区范围内共享单车乱停乱放、严重挤占公共空间的现象进行巡查整治，查漏补缺，进一步巩固提升清理整治效果。三是合理设置，规范停车秩序。由区城管局牵头有关部门对全区单车停放进行合理规划，

设置单车停车位，规范金平辖区内单车停放秩序。

城市管理是一项复杂系统的工程，涉及面宽、工作难度大、社会关注度高。城市管理的好坏，不仅直接影响市民的生活质量，还影响着城市的整体形象和投资环境。城市管理也一门综合管理艺术，需要我们积极探索，把握城市管理工作创新发展脉搏，立足新时代，创新工作思路，强化工作措施，健全工作机制，展示新作为，调动一切积极因素，为人民群众创造一个优美、和谐、有序的人居环境，努力构建城市管理共治新模式。

探索管理模式　提升城管水平

江西省抚州市东乡区城市管理局局长　徐武平

2017 年以来，东乡区城市管理局紧抓撤县设区这一新机遇，全力配合抚州市主城区开展国家卫生城市、全国文明城市"双创"工作，大胆创新，开拓奋进，推动城区市容市貌和环境卫生发生了深刻变化，打造出的一些特色和亮点得到了社会各界的充分肯定。

一、工作现状

2018 年，在区委、区政府的全力支持下，在社会各界的共同参与下，通过不断加大投入，加大监管力度，加大文明宣传，东乡区城管局广大干部职工变压力为动力，化挑战为机遇，砥砺前行，开拓奋进，使得东乡城区面貌正离路畅、街净、河清、城绿、居美的目标越来越近。

（一）完善城市功能，推动城市管理迈上新台阶

1. 加强基础设施建设，改善城市功能。一是加强排水排污管网建设，增强城市吐纳能力。为提升城市吐纳能力，去年以来，在原有管网基础上，先后投资 1.5 亿元建设北港河污水主管上岸工程，目前已完成铺设管道约 11.9 千米；投资 1.2 亿元启动城区污水管网建设，目前已完成管道铺设约 4 千米，这些新增排水排污管网的使用，不仅提升了城市排水功能，而且有效净化了北港河水质。二是加强城市公共道路建设，缓解城市交通拥堵。今年以来，在城区市政道路建设方面，铺设、维修主次干道 8255 平方、人行道 21353 平方，维修、硬化小街小巷路面 16532 平方，停车场路面硬化 335 平方、新增停车位 361 个，三江桥建设正在加紧施工。通过铺设、维修城市道路，改造停车场，增加停车位，拆除小街小巷违章搭建等措施，在汽车保有量不断增加的现实条件下，有效控制了交通拥堵现象进一步恶化。三是完善城市配套设施，优化市民生活环境。采用新型环保节能 LED 路灯对城区 2348 盏钠灯进行改造，提升了亮灯率，亮化了城市。建设文化墙，刷新景观亭，安装休闲椅，清理违建台阶，改造多处护栏，美化了城市。设置垃圾分类装置、安装环保公厕、规范生活垃圾处理、开设建筑垃圾临时消纳场，净化了城市。目前，正在加紧建设建筑垃圾消纳场、智慧环卫基地。

2. 完善集贸市场功能，改善交易环境。农贸市场是一个城市最重要的公共基础设施之一，与市民生活息息相关，也是城市文明形象的重要窗口。通过不断完善市场功能，改善

市场环境，食品安全、环境良好、秩序优良的群众满意农贸市场正在逐步成形。一是推进市场提升改造。全年投资1270万元对城区各集贸市场进行提升改造，逐步推进赣东农贸市场、三小农贸市场等市场道路路面、雨污分流和经营户摊位改造等工作，不断改善市场环境。二是加大市场秩序整力度。在三小、芙蓉苑、赣东商城、赣东农贸市场等4个农贸市场规范设置了自产自销点，同时加大乱停乱停、占道经营等违规行为整治力度，采用划行归市、划线管理的治理模式，维护了市场的正常交易秩序。三是加强市场卫生管理。通过逐步推广使用农药残留检测技术，合理设置活禽隔离宰杀间，定期消杀病媒生物，组织商户定期进行卫生清扫等措施，市场环境卫生水平有了较大幅度提高。下一步，随着投资2亿元的新区集贸市场建设完成，功能完备、干净舒适的购物环境将进一步引领城区市场实现新的提升。

3. 打造智慧城管平台，提升管理水平。2018年7月，由政府投资2700余万元建立的智慧城管项目正式开始运行，智慧城管通过对城市核心区域进行服务网格划分和视频监控，可实现对周边60米半径内的环境脏乱、违章停车、占道经营、乱堆乱放、路灯亮化、排水排污等高发问题进行动态监测，同时，通过GPS定位系统，可实现对全区渣土运输、垃圾清运、洒水作业车辆进行时间、路线、时速实时监控。智慧城管平台运行以来，通过信息采集员网格化采集、12319热线投诉、智能设备等手段共发现城市管理问题18000多起，在各下属职能单位的快速处置下，大多数问题在24小时完成处置，处置率达98.56%，有效提高了城市管理发现问题、解决问题的能力。

（二）创新工作思路，推动城市管理实现新突破

1. 抓提升，工作有了新标准。一是施工扬尘治理有了明确措施。制定了建筑工地施工现场扬尘防治标准，明确了冲水平台、渣土运输、建筑围挡、喷淋设施、裸土覆盖工作要求。今年以来，通过加大检查力度，全区在建工地新增塔吊喷淋30余台、新增自动式冲洗平台18处、裸土覆盖10万平方、道路硬化4000余米、完善实体围墙和围墙喷淋系统4500米。二是餐饮油烟治理有了明确依据。邀请了第三方机构对餐饮店油烟排放进行专业检测，为治理油烟排找到了合法依据，今年以来，已督促餐饮店安装油烟净化器260台，有效改善了城区空气质量。三是户外广告审批有了明确标准。制定了户外广告安装审批标准，规范了户外广告安装的外形、尺寸和材质，今年以来，已对城区主干街道766个门店招牌全部实现了硬质、美观、高档次的规范设置。四是城乡环境卫生考核有了细化措施。从2017年开始，我区以购买服务的形式，每年支付4900万元购买劲旅公司提供城乡环卫全域一体化服务，通过统一运营，统一规划建设标准，统一设施配置标准，实现了环境卫生"一家管"全覆盖、无盲区。2018年，结合"双创"工作和"迎国检"工作，通过加大考核监督力度，细化考核措施，督促外包公司提升机械化清扫率、定期清洗环卫设备，清除城乡陈年垃圾，城乡环境卫生水平有了较大程度提高。

2. 抓精细，工作有了新内容。一是违规行为监管做到了提前介入。针对一些居民粗心大意乱倒建筑垃圾行为，渣土站组织人员摸排城区建筑垃圾产生情况，提前督促装修店主、施工人员做好建筑垃圾清理工作，同时告知清运注意事项和处置地点。为减少餐饮油烟污染，餐饮店申报装修时，城管大队便要求安装油烟净化设施。二是重点区域实现了定点值守。在上下学高峰时期，城管女子中队定时到荆公小学、北泷小学等学校周边执勤，引导车辆规范停放。建筑垃圾偷运乱倒行为易发地点，渣土站派出专人在中午、深夜等时间段蹲点值守。三是整治范围进行了有序延伸。城管大队在加强主次干道市容秩序维护的同时，把整治范围延伸到小街小巷，先后对中河沟、冷井巷进行了专项整治，疏通了城市"毛细血管"。环卫所在加大主次干道保洁力度的同时，积极对城中村和城乡结合部进行环境整治，在 6 月份开展的专项整治活动中，清理了 41 处城乡结合部和城中村垃圾杂物 9000 余吨，平整地面 6500 余平方米，使城中村及城乡结合部环境得到一定改善。

3. 抓长效，工作有了新机制。一是部门联动机制逐步完善。实施"公安＋城管"联合执法模式，有效整合公安巡防和城管执法力量，形成优势互补。同时，在施工现场扬尘治理方面，建立了城管、建设、执法等单位定期合作机制；在油烟治理方面，建立了城管、环保、市监等单位定期合作机制。在交通秩序治理方面，建立了城管、交警联合执法模式，7 月份，通过与交警联合行动，暂扣各种违规车辆 400 余辆，拆除遮阳伞 1000 余把。二是督查考核机制逐步建立。着力强化制度保障，制定了"百日攻坚"行动考核方案，结合工作实际设立了共性部分和业务部分两大考核内容，按照党委测评、日常考核、成效总评的方式进行考核，根据考评结果进行奖惩，并抽调人员组成考核专班不定期对各下属单位、股室进行督查考核。三是建立城市运行安全长效监管机制。成立了城市运行安全专业委员会，区城管局、建设局、交通局、交警大队等 9 个成员单位根据工作职责，协调配合共同研究、排查、消除城市运行安全隐患。

4. 抓宣传，工作有了好氛围。开展"小手牵大手，城管进校园"宣传活动，组织 8 名宣讲人员深入 8 个学校开展城市管理知识宣传，营造了城市管理"人人参与、齐抓共管、共同受益"的社会氛围。开展"共创美丽新东乡，城市管理志愿行"活动，组织 100 多名城管志愿者宣传城市管理有关法律法规，引导广大市民自觉维护市容环境秩序。开展"创国卫，走进社区"宣传活动，采用入户走访的方式，将"门前三包"制度及"创卫"知识带进社区。同时，通过微信公众号、宣传车等多种宣传途径，积极争取社会各界对城管工作支持和理解，有效引导市民主动参与城市管理，为城市管理工作营造了良好氛围。

（三）强化队伍建设，推动城市管理展现新气象

1. 转变执法方式。一是突出服务。全面推广"721 执法模式"，即 7 分服务、2 分劝导、1 分执法，在做优服务，做细劝导的基础上，依法依规采取行政执法等强制措施对违法违规行为进行处理。比如，整治出店经营，先是反复采取移离方式帮助店主移到店内，然后则进行反复劝导，最后对于极不配合的则依法采取强制措施进行扣押。二是突出规范。要求执法过程行为规范、程序合法、卷宗完整，日常执法做到"持证上岗，亮证执法"，并全程摄像。目前，全局购置配备了25台执法用车、60台执法记录仪等工作装备，实现了城管执法人员及协管人员制式服装标识统一。三是突出公正。坚决杜绝选择性执法和以罚代管等现象，尽最大努力减少执法不公、滥用罚款等现象。比如，对各大市场乱搭乱建进行拆除时，坚持做到标准统一、时间统一，严禁同一标准拆一部分留一部分，严禁规定时间拆这家留那家。

2. 强化作风建设。一是完善制度。结合工作实际，制定了执法人员行为规范，严格要求执法人员做到着装规范、仪容仪表规范、用语规范、举止规范，并定期派出人员进行督查。二是强化培训。按照"准军事化"管理的要求，狠抓城管执法人员作风建设，定期组织干部职工开展业务知识培训和法纪知识培训。三是加大查处力度。以零容忍的态度对待作风问题发现一起，查处一起。比如，7月份，城管大队两名辅助执法人员在全区集中开展交通秩序整治工作期间公然违反道路交通法规，造成不良社会影响，局党委立即作出了辞退处理。2018年，全局共辞退、清除违反工作纪律协管人员9人。

3. 规范协管队伍。一是完善招聘制度。制定了全局统一的协管人员录用制度，从以前的下属单位各自招聘转变为现在的全局统一招聘，招聘对象主要针对大学生、退伍军人，人员素质有了较大程度提高。二是组建女子中队。以公开招聘的方式面向社会招聘了16名平均年龄29岁，平均身高1.62米，学历高，形象好的女性成立女子中队，采取温馨服务与严格执法并行的方式，着重利用女子中队参与各类劝导、宣传工作，引导市民遵守城市管理相关规定，为城管执法增加了一道柔性力量。三是严格进行考核。各下属单位分别结合单位实际制定了协管人员考核制度，对于考核表现优秀的，从完善社会保障待遇方面给予激励，对于考核表现不合格的，予以清退。2018年，城管大队为10名优秀协管人员购买了社会保险。

二、取得的成效

（一）城市环境发生明显改变

一是环境质量恶化现象得到有效遏制。通过加强施工现场、道路扬尘治理，水环境防治，环境卫生整治，各种污染物的排放得到了减少，进一步改善了全区空气质量、水体环境。目前，城区北港河多处发现有白鹭栖息。二是城区整体形象得到提升。通过全面拆除楼顶广告、跨街广告、高炮广告，城区逐步露出美丽"天际线"；通过加大排水管网建设，改造易涝地段排水设施，城区基本实现了"大雨不涝，小雨不积"。三是城区交通拥堵源头明显减少。尽管由于主管上岸工程施工和汽车保有量增加等因素造成交通拥堵现象仍然存在，但是通过整治交通秩序，规范非机动车摆放，拆除违章搭建，整治占道经营，取缔路边菜市场等

措施，造成交通拥堵的源头从另一方面得到了明显减少。目前，城区范围内除划定的自产自销点外，基本没有路边菜市场。

（二）管理水平得到明显提高

一是管理走向网格化。智慧城管信息采集员按照网格划分进行城市管理问题信息采集，负责联系 17 个创卫责任片区的工作人员定期巡查发现片区问题，打造了多个各自分工、相互并行的网格，逐步形成"天上有云、地上有格、格中有人、人人有责"的城市管理格局。二是管理走向标准化。户外广告、餐饮油烟、道路保洁、环保公厕、施工扬尘、夜间施工等方面都有了明确标准，既方便了执法管理人员按标准开展执法、监督等工作，又方便了服务对象、工作人员按标准提交审批资料，做好日常工作。三是管理走向快速化。路灯维修实行"主动承诺，马上就办"服务方式，市政道路修补实行"晚间施工、白天恢复"维修方式，建筑垃圾临时消纳场实行"临时堆放，集中运走"处理方式，大大提升了城市管理工作效率。

（三）市民观感有了更多肯定

一是民生工程为群众带来更多获得感。通过开展市政道路维修、积存垃圾清理等工作，改善了市民生活居住环境，为市民带来了更多便利。比如，大田新村与五星商业街之间修建的人行桥，解决了周边居民多年来的绕行之苦，获得了周边居民众多好评。二是日常服务为群众带来更多幸福感。广大城管工作人员经常性提供便利群众生活的各种优质服务，群众在感受温暖的同时，一定程度上也增强了对城管执法人员的好感。比如，市场中心工作人员热心帮助市民寻找走散的小孩，女子中队队员在高铁站帮旅客提包，在校门口带学生过马路，这些行为赢得了许多群众的点赞。三是保障城市安全为群众带来更多安全感。在城市运行安全方面，积极排查、清理有安全隐患户外广告、路灯设施、排水设施，为城市运行提供了安全保障；在食品安全方面，市场中心使用农残检测技术不断加大农产品力度，要求活禽经营户宰杀家禽时禁止使用松香脱毛，进一步保障了食品安全。

三、存在的问题及原因分析

（一）支持城市管理工作的社会氛围还不浓厚

为了维护城市公共利益，在实际工作中，城管执法人员经常会采取强制措施对损害公共利益的行为进行执法，由于执法损害了执法对象因违规而产生的个人利益，对于一些不能正确理解、维护公共利益的市民来说，自然而然，城管被贴上了"粗暴"的标签，从而在其他城市管理工作开展时，这些市民较少给予正面配合。比如，清除城区空地私种蔬菜是为了改善城市环境，但是对一些种菜的市民来说，则直接损害了其个人利益。城市环境的改善是公共利益，私种蔬菜是个人利益，公共利益因为被无数个市民均分了，均分这一公共利益的市民往往习以为常，没有强烈的感受，但是对于个体利益受损的市民来说，损害了自身利益，感受自然最深刻，从内心深处自然对城管执法人员产生不满，有的甚至暴力抗法。

（二）提供市民便利的城市基础设施还不完善

当前，随着许多城市规模不断扩大，人民生活水平不断提高，基础设施建设等城市公共服务不足的问题日益突显。比如，一些老城区公共道路狭窄，停车位不足，无法满足市民日常停车需求，随意停放常常导致交通拥堵。造成基础设施不完善的原因主要有两点：一是用于城市基础设施建设的投入未能及时跟上时代发展，比如随着汽车保有量的不断增加，停车场的建设却相对滞后。二是城市基础设施不能合理布局和相互衔接，导致一些城区道路反复开挖，给市民交通出行带来不便。

（三）城管执法人员整体素质还需进一步提高

整体来看，目前我区大多数城管执法人员能够忠于职守，乐于奉献，为城市环境的整洁、明亮、有序作出了有力贡献。但是，随着城市规模不断扩大，创建卫生城市、文明城市等工作标准不断提高，城市管理的任务日益加重，受编制影响，现有的执法人员明显不足。为弥补执法力量不足，我们面向社会聘用了一些辅助执法人员，由于辅助执法人员待遇不高，一些高素质的人才难引进、难留住，导致引进的辅助执法人员整体文化水平不高，执法水平不高，从而，一定程度上影响了城管形象。

四、对策建议

（一）调动社会各界参与城管工作

一是创新宣传方式。通过各种接地气、通民情的宣传方式，以生动的例子和数据分析说明损害公共利益对城市运行安全带来的危害，引导市民正确行使对公共事务管理的参与权和评论权，让广大市民群众切身感受到既是城市环境的享受者，也是城市环境的参与者。二是开展志愿服务。大力支持城管志愿服务活动，动员社会各界人士积极参与城市管理志愿服务，通过志愿者深入开展宣传劝导工作，发挥以点带面的作用，引导广大市民正确认识城市管理工作，支持城市管理事业。三是公职人员充分发挥带头作用。要求公职人员带头理解和支持城市管理工作，自觉遵守城市环境卫生、绿化美化亮化、交通秩序等方面有关规定，对于公职人员严重违反城市管理法律法规行为，借鉴公职人员发生酒驾行为惩处方式进行适当惩处。四是完善城市管理激励机制，对各部门和乡镇完成城市管理工作任务的实绩进行科学评价，实行绩效挂钩，促进工作开展。

（二）加强城市公共服务能力建设

一是加大资金投入。坚持"以人民为中心"的发展理念，结合城市实际，进一步加大投入，完善城市基础设施建设，加快市场提升改造力度，加快停车场、建筑垃圾消纳场等工程建设，切实提升城市公共服务能力。二是优化城市规划布局。重视发挥规划引领作用，

邀请更多顶尖专家参与我区城市规划，做到决心一次下足、规划一步到位，形成区域统筹、相互衔接、全面覆盖的城市规划体系，避免只顾眼前，不顾长远现象。三是加强城市精细化、智慧化管理建设，全面提升通行、照明、排水、环卫、绿化水平，为群众创造更加舒心的居住和生活条件。比如，建设智慧停车系统，利用智慧手段实时上报每个车位的停车状态，从而综合分析城区路内停车状态，助力缓解城区"停车难、停车乱"的问题。

（三）加强城管执法队伍建设

一是提高辅助执法人员待遇。进一步提高辅助执法人员待遇，落实辅助执法人员社会保障待遇，以此吸引更多学历高、能力强的高校毕业生、退伍军人加入城管队伍。二是增加人员编制。随着我区常住人口的增加和城市管理执法职能的拓展，结合城市管理体制改革，相应增加城管执法人员编制总数，招录一批高素质人才进入城管执法队伍。三是辅助执法人员逆向淘汰制。进一步增加执法透明度，拓宽社会监督渠道，对群众反响大、意见多的辅助执法人员定期实行逆向淘汰。

当好"城市保姆" 优化营商环境
——江苏省溧阳市城管局苦练"内功"只为城市"更美"

江苏省溧阳市城市管理局

溧阳,地处江苏西南,千年古邑、绿色仙境,境内的天目湖被誉为"江南明珠"。近年来,溧阳以建设宁杭生态经济带最美副中心城市为目标,做精做细城市管理,不断优化城市环境,不仅城市面貌日新月异,更为溧阳全域旅游发展奠定了良好的环境基础。

靠精细,呵护城市环境

近日,澳大利亚客商詹姆斯到溧阳考察后,对溧阳的公共厕所管理伸出了大拇指。"溧阳的公厕,漂亮宽敞,干净卫生,体现出了这里的文明程度。"詹姆斯说,十多年前,他曾到过溧阳农村考察。那时的公厕臭气熏天,到处爬满蛆虫。此次再度踏进溧阳的公厕,不仅建得漂亮,而且管理水平不亚于发达国家。

公厕的变迁是城市发展的缩影。近年来,溧阳市城管局不断苦练"内功",优化环境品质,通过精细化、长效化管理,提升城市管理水平。以溧阳公厕为例,近五年来,该市持续开展"厕所革命",投入近5000万元,兴建现代化公厕,并由城市向农村逐步推开。2016年,溧阳5座公厕获评全国"最美公厕",溧阳"厕所革命"经验被央视等媒体广泛报道。

习近平总书记强调:"城市管理应该像绣花一样精细"。溧阳城市管理就大亮点就是在"精细"二字。背街小巷治理是城市治理中一大难题。地处溧阳老城中心的唐家村是典型的城中村,昔日的唐家村摊位鳞次栉比、烧烤乌烟瘴气、路面满是油污,形成了脏乱不堪的场景。城管通过强力整治,不仅让唐家村环境面貌彻底改造,而且将烧烤摊点集中管理,赢得了群众称赞。目前,该市老城区335条背街小巷和42处管理盲区全部实行一体化管理,解决了半个溧阳城的难题。近年来,溧阳开展了市容秩序、管理盲区等环境整治,解决了背街小巷保洁、机动车道板停车、城市牛皮癣等一系列城市管理难题。今年,该市开展了废品收购加工站点整治,城市建成区范围内废品收购站点全部取缔,溧阳百姓彻底告别了"废品围城"时代。

如今,漫步溧阳街头,街道干净整洁,车辆停放有序,道路两边的绿化尤其漂亮,是一座精致宁静的江南小城。溧阳的优美城市环境,得到了社会各界广泛肯定,先后获评国家卫生城市、全国文明城市等多项国家级荣誉。

靠管理，做美全域环境

"园区建设得这么快，离不开城管的功劳"。日前，溧阳经济开发区相关负责人点赞城管工作，表扬其属城管中队在控违拆违方面取得的成效。

溧阳经济开发区地处上兴镇，是溧阳离南京最近的镇区。近年来，溧阳提出"接轨南京"发展战略，上兴镇成为一片投资热土。但随着政府开发力度加大，部分村民因利益驱动私搭乱建，违法建设现象日益严重，影响了上兴"大开发"的总体布局和实施进度。今年初，该镇与城管部门对接，通过建立镇区城管派驻中队，提升乡镇治理实效。今年5月，该中队一次性拆除陈家棚、练庄村等群体性违建5000平方米，派驻以来累计拆除存量违建2.5万平方米，新建违章建筑保持零增长。此外，派驻中队的入驻，也提升了集镇长效化管理水平，镇村环境面貌明显好转。

城管下乡，环境变靓。溧阳1号公路是该市新建的一条网红路，这条旅游公路将溧阳主要景点、乡村旅游节点、特色田园乡村试点村等串联起来，打通全域旅游神经末梢。然而，由于路程长、地方偏、游客多，要将全长365公里的1号公路管理好并不容易。按照一个标准管到底的要求，溧阳市城管局与镇区密切配合，全力做好违建管控、园林绿化、卫生保洁等业务指导工作，并在沿线新建高标准旅游厕所，为全域旅游发展创造良好环境。

溧阳市城管局局长操文杰介绍，目前，溧阳市城管已在上兴镇、戴埠镇等两地开展了乡镇城管综合派驻制，下一步，他们将在全市范围推广，促进执法力量下沉，统筹全市违建治理，并将卫生保洁、园林绿化等城市管理服务功能延伸到农村，推动城乡环境高质量发展，让村民享受到市民的待遇。

靠创新，打造生态城市

人民城市人民管，管好城市为人民。近年来，溧阳市城管局以党建为引领，不断强化党的领导，始终将增进百姓福祉为目标，当好"城市保姆"，打造"百姓城管"。

家住溧阳荷花新村的华女士是太极拳爱好者，以前她每次锻炼要步行20多分钟去市民公园。今年，她将锻炼地点改在小区后面的"宋团城"。为加强旧城历史遗存保护，近年来，溧阳投资5.9亿元，修复宋朝时期的团城面貌，并建设滨水休闲绿带改善护城河景观，该项目已接近竣工，亭台楼阁、小桥流水等沿岸景观更是让人流连忘返。

"300米见绿、500米见园，构建公共绿地10分钟服务圈"，近年来，溧阳市城管局正按照这一目标，规划建设了静园、归来园、丁园等一大批街头小游园和街头精品绿地。为了突出城市绿化景观的亲水性，溧阳市城管局还建设了宋团城、湾溪公园、昆仑西苑带等一批滨水绿地项目，"路在景中延，人在绿中行"成为了在溧阳生活的真实写照。

　　老旧小区治理是城市管理的难题。今年，溧阳市城管局将管理触角向小区延伸，建成"二级监督、二级指挥、三级考核、四级联动"的数字城管网络运行平台，启动住宅小区综合管理专项考核，并对违章建筑、油烟油污、毁绿种菜、小区停车秩序等小区管理难题，开展了一系列整治行动，提升了群众满意度。

　　心中有群众，服务无止境。操文杰介绍，溧阳市城管局将继续当好"城市保姆"，既理性执法、文明执法，又要主动做好各类城市管理服务工作，为优化地方营商环境、促进地方经济社会发展贡献城管力量。

强化队伍建设管理 筑牢执法改革基础

——贵州省桐梓县综合行政执法改革队伍建设的探索与实践

贵州省桐梓县综合行政执法局党组书记、局长 令狐荣钊

2018 年 8 月 24 日，桐梓县综合行政执法局挂牌成立，下设 5 个内设机构、8 个执法大队和 23 个分局，主要负责 2278 项综合行政执法行政处罚权与相关强制措施权和城区市容秩序管理、环卫保洁、城乡生活垃圾收运、园林绿化、全县污水处理、市政公用管理等具体工作。在工作实践中，我们认真思考、反复调研、开展实证，寻找综合行政执法改革的内涵和外延，着力打造一支政治、业务过硬的新时期综合行政执法队伍，不断探索实践综合行政执法体制改革队伍建设的桐梓模式。

一、深刻理解综合行政执法的内涵和外延

（一）推进依法行政、加快建设法治政府和服务型政府是综合行政执法改革内涵

将国土、劳动保障、农业、卫计、城管、文旅、市场监管、安全等领域执法队伍整合，彻底打破行政壁垒和区域界限，按照"精简、高效"的原则，将现行各个执法机构及其人财物深度整合优化，对相同、相近、交叉的职权进行了析分、归并，实现了一个领域一支队伍管执法，有效破解了多头执法、执法扰民"顽疾"，是推进依法行政、建设法治型政府的有效之举。

（二）构建起分工协作、相互联动、无缝对接的工作体系是综合行政执法改革的外延

在实践中，按照业务主管部门与综合行政执法部门的职责划分，制定了《桐梓县行政管理与综合行政执法职责划分及协作配合暂行规定（试行）》，进一步厘清了综合行政执法局与行政管理部门的职责边界，进一步强化部门行业监管职能，整合执法力量。并通过建立信息共享机制，规范部门工作协调机制，加强部门协作配合，实现行政管理与行政执法工作的无缝衔接，切实提升了综合行政执法工作实效和社会综合治理能力。

二、综合行政执法局队伍建设探索实践

（一）以党建筑魂

坚持党的领导、加强党的建设是综合行政执法体制改革的"根"和"魂"，"根"深才能枝繁叶茂，"魂"固才能基业长青，桐梓县综合行政执法局从挂牌成立到近半年的工作实践，用事实充分印证了这一点。伴随着综合行政执法体制改革的步伐，桐梓县综合行政执法局以强化党的建设筑牢执法队伍的思想，推动综合行政执法工作逐步走向正轨。

一是建立健全组织体系。成立了机关党委和五个党支部，明确各级党组织抓党建工作的主体责任，坚持领导干部"一岗双责"，将党建工作责任纳入领导干部职责分工，定期考评，强化党员领导干部党内角色意识。并分层分批组织党务人员轮训，打造政治强、懂业务、热爱党的工作、善于做群众思想政治工作的政工干部队伍，为加强党的政治领导、思想领导、组织领导提供坚实保障；二是推进支部生活标准化。所谓标准，是指在一定范围内获得最佳秩序，对活动或其结果规定共同的和重复使用的规则、导则或特殊文件。党建标准化是党的十八大以来党建工作的重大创新，对落实全面从严治党要求、提升党建科学化水平有着重要作用和意义。在贯彻落实全面从严治党中，桐梓县综合行政执法局积极探索支部组织生活标准化具体内涵，提出党员"六要""七个必须"标准。"六要"即：要信念坚定，做对党忠诚的人；要善于思考，做勤奋学习的人；要爱岗敬业，做尽职尽责的人；要廉洁自律，做公道正派的人；要保持谦虚，做品德高尚的人。"七个必须"即：必须维护程序正义，规范办事；必须服从组织决定，服务大局；必须经受得住考验，立场坚定；必须忠诚老实担当，恪尽职守；必须规范公正文明，阳光执法；必须遵循法治原则，有法可依；必须以人民为中心，依靠群众。在实践中，始终坚持把服务党员、方便群众作为基层党建工作的出发点和落脚点，将"六要""七个必须"进行量化评估，每月对党员"六要""七个必须"进行逐项打分，将该项得分计入党员干部年终考核，创新性地把标准化理念引入到基层党建工作中，走出了一条以标准化建设促进支部组织生活科学化的新路子；三是紧扣问题导向补齐党建制度短板。在党的制度体系建设中坚持以《中国共产党章程》、习近平新时代中国特色社会主义思想、党的十九大精神等中央最新理论和要求为指针，聘请县委党校专家全程参与理论指导，从理论层面不断完善"大党建"工作制度体系，并抽调熟悉基层党建工作的人员组成党建课题小组，定期听取各支部、党务工作者关于制度体系建设的意见建议，确保制度体系建设具有针对性和指导性，做到理论与实践相结合。在探索、实践过程中，确保中央、省、市、县委关于党建工作的规定动作不走样的情况下，坚持"立、改、废"同步进行，进一步精细化梳理推敲，废止制度21项，制定新制度15项，修订完善制度10项，力求制度体系更为完善，更具时代性、科学性。在抓好制度修订出台的同时，狠抓制度落实，切实做到制度制定与制度执行同步实施，使落实制度的过程成为解决问题、加强管理的过程。

（二）以执纪清源

一是编好防控网，筑牢防火墙。习近平总书记指出，要加强对权力运行的制约和监督，把权力关进制度的笼子里，形成不敢腐的惩戒机制、不能腐的防范机制、不易腐的保障机制。桐梓县综合行政执法局以局属各科室、执法大队排查出的岗位廉政风险为基础点，以

相关管理制度为联系线，紧扣综合行政执法局管理、执法重点领域和关键环节，认真排查在岗位职责和权力运行中可能发生不廉洁行为的风险点，共梳理出 17 个大项 21 个风险点。制定并实施《廉政风险防控清单》，层层签订廉政风险责任书，从思想道德、岗位职责、外部环境等方面制定切实可行的防控措施，进一步规范权力运行，提高廉政风险防控意识，初步构建不敢腐、不能腐、不想腐的廉政建设新机制；二是监督具体化，执纪不手软。制定出台管理、执法"六不准"，即：不准违规说情，干扰办案；不准擅自行动，越权表态；不准盛气凌人，态度粗暴；不准随意执法，肆意妄为；不准仪容不整，举止不端；不准以权谋私，吃拿卡要。并对照综合行政执法局管理、执法职能职责将"六不准"进行具体量化，由政工督察科每月对执行"六不准"情况进行量化考核，对考核分值低于 70 分的干部进行约谈，对出现严重违规违纪的干部进行严肃处理，达到移送要求的坚决移送县监委处理。通过执纪监督一系列措施，促进了广大党员干部进一步明底线、守规矩、知敬畏，把对制度的尊崇立起来，主动在思想上划出红线、在行为上明确界限，真正从内心深处敬畏和认同法规制度，形成遵规守纪的思想自觉，并进而落实到行动上，在全局逐渐形成尊崇制度、遵守制度、捍卫制度的良好风尚，营造了人人维护制度、人人执行制度的良好氛围。

（三）以规范立本

一是健全完善制度。坚持依法办事，以制度管人，按程序办事，把综合执法工作全面纳入法治化、制度化轨道。在执法过程中，严格按照法定程序，健全完善受理立案、查勘核实、调查取证、审理、处罚执行、结案等行政执法程序每个步骤；二是规范执法程序。严格要求执法人员，在办案过程中做到"事实清楚、手续完备、程序合法、处理适度"，法规科每周对执法案件进行调度，审核审查，监督指导，进一步完善执法程序、规范办案流程，提高执法效能；三是强化痕迹管理。严格落实执法全过程记录制度，在日常执法执勤过程中使用 2 部以上执法记录设备，记录执法全过程影音资料，并建立专项档案留底管理；四是强化监督考核。紧紧围绕年度工作目标、重点工作、专项工作，通过定期督查、不定期督查、专项督查，对日常管理、执法业务和队伍建设等督查督办，跟踪问效，并将督查结果运用到年度考核中，有效提高了干部工作积极性，促进了各项工作的顺利开展。

三、获得的启迪

（一）加强党的建设是提升干部队伍综合素质的根本

通过完善的组织体系和政治业务学习，进一步牢固掌握了马列主义毛泽东思想、邓小平理论、三个代表重要思想、科学的发展观和习近平新时代中国特色社会主义新思想，用这些思想、理论、知识武装头脑，树立正确的人生观、价值观、世界观，使干部队伍思想上、政治上同党中央保持一致。

（二）加强监督执纪是保障干部队伍规范高效运行的根本

建立科学严谨的监督执纪机制，对弘扬正气，遏制不正之风，对整个干部队伍建设都将产生良好的推动作用。不仅能够圆满完成上级党组织和领导布置的各项任务，而且能够结合时代的发展、形势的需要、本职工作的实际，开拓创新，提高工作的效率和效果。

（三）强化程序正义是保障各项工作高效落实的保障

在工作中，干部增强程序正义观念，明确各项工作的法定程序、组织程序和办事程序，彻底分清公权与私权界限，才能做到"没有利益牵连""没有个人偏见"，才能有效保障各项工作在合法、合规的范围内高效、规范落实。

做足"绣花"功夫　提升城市品质

浙江省天台县综合行政执法局党组书记、局长　张百罗

今年以来，浙江省天台县综合行政执法局，以全面加快城市管理综合行政执法工作为重点，以加强队伍规范化建设为保障，以服务经济、服务社会、服务群众为落脚点，紧紧围绕"名县美城"建设，加强城市"精细化"管理，统筹推动综合执法各项工作，着力改善市容市貌，提升队伍形象，努力为社会经济发展提供良好环境保障。

精细管理，扮靓城市容貌

随着城市化建设进程的不断推进，城市框架逐步拉大，城市管理工作的重要性日益凸显。面对新形势繁重的管理执法任务，局领导班子立足实际、审时度势，及时谋划"精细化"管理城市的工作决策。

深化市容秩序综合治理，以实施劳动路、赤城路和工人路三条"示范街"创建为抓手，持续开展"序化""洁化""美化"行动。突出市容影响薄弱环节，精准发力。坚持以点带面，示范带动全域路街广告牌匾综合整治，按照《天台县城区户外广告招牌管理办法》，明确广告牌匾设立的标准和规范；明确目标任务和时间节点，依法拆除主次干路两侧未经审批、审批过期及有碍市容观瞻的广告牌匾，并逐步向背街小巷延伸。共清理拆除违规户外广告，各类横幅面积达 6000 平方米。

加强日常执法监管常态化，发挥"网格化"管理模式优势，推行 24 小时值班制，重点治理马路市场、占道经营及社区、楼院、校园周边存在的各类市容违规行为。根据季节变化，适时调整举措，通过夜间执法、"错时执法""突击执法"等，强化对季节性果蔬、冷饮摊点、露天烧烤、占道早夜市、餐馆油烟污染等难点问题的执法力度，做到措施硬、处罚狠，提高监管工作的针对性和准确度，坚决遏制反复回潮现象。针对城区中心农贸市场周边批发点"脏乱差"严重，各执法中队安排专人蹲守，常态化管控。在此基础上，联合交警、市监等部门集中整治，成功将其整体疏导至新批发市场经营，全面还路于民。

扎实推进城区环境保洁工作，面对逐年增加的保洁面积（近年先后新接管社区小街巷、60 省道、始丰新城、工业园区、园林 13 座公厕和公共绿地等），达 750 万平方米。对照行业标准，倡导"以克论净"保洁新理念，确立"机扫＋冲洗＋人工保洁"作业新模式，加大机械设施投入，定期冲洗城区道路和重点部位；对易产生污迹的路段实行定点清洗、随脏随洗。年内共清扫、收集垃圾 139092.2 吨，清洗道路护栏 19007 平方米，安装果皮箱 1430 个，回收果皮箱 1553 个。机扫率从 2011 年的 21% 提高到现在的 58%，环卫工人劳动强度大幅减轻，保洁质量跃上一个新台阶。

认真履职，提高执法水平

聚焦创成"无违建县"目标，统筹小城镇环境综合整治、"三大革命"等工作，坚持依法行政，以"组合拳"方式纵深推进城市管理综合行政执法工作。

在违法建设监管中，进一步压实执法监管职责，严格防控新增违法建设，做到了有举必查、有违必究、执法必严，违建长效防控机制基本形成。8 月，台州市全市"三改一拆"暨"无违建县（市、区）"创建工作推进会在天台县召开。截至目前，全县累计拆除违法建筑 149.53 万平方米，完成市定年度任务数 149.5%。实施"三改"114.05 万平方米，完成市定年度任务数的 139%。其中，旧住宅区改造 27.7 万平方米，旧厂区改造 35.48 万平方米，城中村改造 50.87 万平方米，拆后土地利用率达 81.54%。全县 15 个乡镇（街道），其中 7 个乡镇（街道）已创成"基本无违建"乡镇（街道），今年计划创"无违建"乡镇（街道）；剩余 7 个乡镇（街道）已创成"无违建"乡镇（街道）。在推进"五大区块"征迁攻坚战中，投入大量警力，协助指挥部强势破难。仅用 3 个月时间便完成了责任区块——拾得路以北 938 户征迁户的丈量评估和签约任务，诠释了执法铁军速度。在"小城镇环境综合整治"中，按照要求如期落实好"道乱占"整治任务，完成"六乱"整治 4286 处，完成整治道路 81 条，管控成效明显。

坚持把推进"三大革命"作为提升履职能力、办好为民实事的重点项目来抓。在"垃圾革命"工作开展中，坚持试点先行，创建了 45 个垃圾分类示范点，建成 1 个省级示范小区智能化垃圾分类——豪庭峰，全县垃圾回收利用率已达 31.8%，城镇生活垃圾分类覆盖面达 52.5%，生活垃圾无害化处理率达 100%。在深化"物业革命"工作中，本着"摸石头过河"的精神，边探索、边完善。坚持"走出去+请进来"，去周边县市区兄弟部门取经；邀请行业专家授课，现场工作指导。结合县域实际，逐步建立健全物业服务信用评定体系等。至目前，业委会成立率由 50% 提高至 82%，有物业住宅小区的街道（乡镇）物业管理职能科室建立率、物业住宅小区纳入街道（乡镇）"全科网格"、对物业服务企业监管覆盖率均达到 100%。在推进"公厕革命"工作中，将其作为今年"十大"民生实事项目之一，加大投入力度，综合考虑多方因素，通过建设、改造、升级等方式，先后完成公厕改造 13 座，新建 3 座，其余 4 座预计在 12 月底完成。共安装垃圾桶 182 个，垃圾分类桶 1230 组（一组为 4 个），维修公厕 956 座次，中转站 156 座次，密闭式垃圾箱桶 637 只次，民众"如厕"难题有效缓解。

专项行动，保障城市安全

城市管理行政执法工作面大量广，情况复杂多变，且存有安全隐患。在年初的安全生产工作会议上，局班子强调全局上下牢固树立"100-1＝0"的安全工作理念，与各职能科室（队、处）层层签订安全生产责任状，套牢问责紧箍咒，确保广大民众有一个安居乐业的环境。

在燃气安全防治中，坚持"源头＋终端"一条龙管理，各执法中队全方位排摸城区范围内所有燃气储配站、供应点，仔细检查消防器材设备设施，严把销售、配送等关卡，牢牢把握主动权。重点就流动摊贩违规使用瓶装燃气行为，采取"蹲守＋跟踪""教育＋处罚"相结合，动态展开隐患清零专项行动，努力减少安全隐患问题的产生。开展瓶装燃气执法行动 1199 次，检查单位 167，检查隐患 123，责令限期整改 47 起，行政罚款 14 起，查扣钢瓶 96、电动三轮车 2 辆。

针对近年全国各地高层建筑消防事故频发造成的社会影响，积极配合消防部门开展高层建筑消防整治。加强与高层小区物业联动，定期组织人员深入现场检查；协助物管开展消防演练，消防安全知识讲座，完善日常制度等等。下属环卫处不定期开展保洁员租住房安全检查，落实安全隐患整改。至目前，共开展隐患排查 350 余处，组织燃气公司消防演练 3 次，行政处罚 14 起；排查并整改市政、园林隐患 200 余处。全局职责范围内安全生产形势平稳。

结合城区建筑垃圾管理现状，制定《天台县建筑垃圾专项整治方案》，在广泛宣传走访基础上，重点做好建筑垃圾运输行业安全生产日常巡查，突出检查运输企业、工地出入口现场、硬件设施、相关内部制度等环节。定期设卡检查建筑垃圾运输车辆的车容车貌；严格立案查处超载、未采取密闭措施或带泥上路、抛沙滴漏等违章行为。同步加大对临街店铺店面施工装修的监管。至目前，已成立专业化、规范化装修垃圾处置车队 2 家。发放相关宣传资料 2000 余份；处置乱堆放、乱倾倒装修垃圾 1700 余方，立案查处装修垃圾乱倾倒、路面污染案件 13 件。

以"交通治堵"为契机，启动城市智慧停车管理系统建设。推进差异化停车收费，年内完成了一期与二期承包公司的衔接工作，一期收费车位 418 个地磁感应器全部更新换代，系统全面升级，实现微信、支付宝等网上支付；停车收费数据已完成与公用信用信息平台对接。目前城区重点区域内路内停车位共 1320 个，建成差异化停车收费车位 648 个，主城区重点区域内路内停车位收费比例达到 55%。强化人行道停车规范化管理，实施机动车违停查处"一日多组多巡"制度和"一手提示单、一手处罚单"制度；利用台州移动执法平台，直接以电话＋短信方式，通知车主及时纠正违停。核心城区人行道机动车规范率达到 90% 以上。加强与交警合作，常态开展"僵尸车""地锁、路障"拆除清理整治。年内共计劝离 33955 辆，发送电话移车通知 11734 车次；开具有效违停告知单 11299 张；清理僵尸车 33 辆，清理路障、地锁 135 个。

统筹推进全县重点工作，针对中央环保督察涉及垃圾填埋场超量填埋，渗滤液超标排放等问题，已于 6 月完成垃圾坝建设，7 月完成销号，已增加了填埋场 20 万立方的库容，可填埋使用至 2020 年。已于 10 月底完成渗滤液提升改造工程建设。垃圾焚烧发电项目已于 6 月开工建设，现完成主体工程进度的 40%。在"五水共治"中，共开展各类专项整治行动 2100 余次，完成了城区主道路路面修复 2387 平方米，人行道修复 5219 平方米；2028 座雨、污检查井的清淤，285 个破损窨井盖更换；"排涝水""抓节水"等相关工作指标，已完成城镇污水配套管网排查 36 公里，清淤排水管网 70 公里，"污水零直排区"建设按计划推进。助力天台县连续四年捧回全省治水最高奖——大禹鼎。

从严治队，提升部门形象

建设一支纪律严明、执法规范、素质过硬的综合行政执法队伍，是新时期新形势下做好城市管理综合行政执法工作的基本保证。

随着综合体制改革的深入开展，构建"大城管"格局成为城市管理行政执法事业科学发展的趋势。年内顺利完成了首批 11 个方面有关 393 项职能划转，新划转园林、市政、物业、燃气等工作实现无缝对接，开始转入正常的运作轨道。并于 1 月份成立了天台县城市管理委员会，出台了一系列制度文件，将智慧城管平台覆盖至县各主要部门和重点镇，统筹协调开展城市管理工作。

以落实推进"强转树"专项行动为抓手，突出"两学一做"学教重心，狠抓队伍的思想、组织、反腐倡廉、制度建设等工作，充分利用"周一夜学"，全局轮训制度，提升执法人员业务水平、履职能力。坚持问题导向，强化一岗双责，抓实工作作风、纪律作风检查。重点抓好廉政警示教育、廉政行为准则教育和案例教育；精心设计党风廉政"文化墙"，筛选、制作以"廉洁城管、和合城管"为主题的宣传标语牌匾上墙，时刻警醒党员干部职工，筑牢廉洁自律思想防线；牢固树立民本理念，积极践行"721"工作法，推行"妈妈式"服务，深入探索开展"非接触性执法"，强化与人大代表、政协委员的沟通，努力构建和谐管理执法环境，队伍形象全面提升。

坚持政治建局、业务建局和文化建局，不断自我加压，以实际行动赢取社会各界的认可。积极创建五星级党组织，严格党员队伍管理，严把党员发展入口关，慎重确定发展对象；并加强党员干部的党性知识培训，坚定理想信念，全局 102 名党员在"无违建县"创建、"三大革命"行动、新"五大区块"征迁等县重点工作中，率先垂范，在攻坚破难中争当先锋模范，当好排头兵。以"学习型"机关创建为抓手，强化职工的业务知识和执法能力培养，坚持以"准军事化"标准开展技能集训，不断提高管理执法水平。开设"城管人文大讲堂"平台，

不定期组织优秀经典著作专题讲座，以传统文化来熏陶、浸润干部职工，提高内在修养和职业道德素质。坚持"周一"夜学制度雷打不动，全面研读党的十九大精神，综合行政执法有关法律法规，不断更新管理业务知识，做到'三熟四会'（熟悉岗位职能、行政法规、执法程序，会法言法语、调查取证、做群众工作、案卷制作）。在市执法局的法制检查中，连续两个季度位列前茅。年内已有3个执法中队通过市级规范化中队验收。全局上下团结一致，向心力、战斗力、凝聚力不断增强。先后涌现了环卫工人拾金不昧，台风雨夜人肉警示牌，执法队员勇救落水女孩、深夜护送杂物卡喉幼童就医等一批先进典型，弘扬了正能量。在全市综合行政执法系统运动会，以及全县机关职工运动会上，广大执法人员踊跃参赛，发扬了奋发进取、顽强拼搏的优良传统，取得佳绩的同时展示了良好铁军风采。

党建引领促发展 凝心聚力谱新篇

——记岚县城市管理行政综合执法局

山西省岚县城市管理行政综合执法局

岚县城区管理综合执法大队是经岚编制（2004）1号文件批准，于2004年4月16日正式挂牌运行，具体工作由县政府直接指导，行政人、财、物由县政府直接管理，属县政府直属全额事业单位，正科建制，设队长1名、副队长2名，2012年县政府为了强化城区管理工作，重新对综合执法职责进行了相应的调整，成立了岚县城市管理行政综合执法局（岚县城市管理综合执法大队），同时录用了28名复转军人充实了执法力量。目前我局共有正式执法人员46人，内设综合办公室、法规室、宣教室、督查室、市容执法一中队、市容执法二中队、市容执法三中队、规划执法一中队、规划执法二中队、治超执法中队共十个股室，具体执法业务由县政府授权，通过市场质量监督、住建、环保、交警等职能部门委托进行。

执法大队成立以来，在县委县政府的坚强领导下，在县人大、县政协及社会各界的广泛监督和支持下，全队上下团结一致、齐心协力，以转变管理理念、创新城管工作为出发点，以扎实推进我县"五城联创"工作为目标，依法行政、文明执法，强力推进各项管理工作，一是制定了道路分类管理标准，设立了路段责任牌，定人、定岗、定责、定奖惩，强化路段巡查机制，提高工作效率。二是制定了30多项内部管理制度，确保管理工作初步步入了规范化、制度化轨道。三是堵疏结合、亲情执法，根据我县实际情况，设置利民便民销售网点，切实满足各经营户和消费者的合法需求。四是坚持以人为本、寓管理于服务之中，集执法、纠违、教育于一体，走出了一条服务化、亲民型的管理路子。五是坚持以党建为引领，突出以党员干部为抓手，牢固树立四个意识，坚持以制度管人管事，进一步增强了全员的宗旨意识和责任意识，真正以实际行动赢得了广大人民群众的理解和支持。

截至目前，我局初步取得了六有丰硕成果，即有一个团结奋进的领导班子；有一支军事化管理的执法队伍；有一套灵活快速反应机制；有一套严谨的内部管理制度；有一套完善的督查考核体系；有一套科学合理的巡查管控模式。先后被县委、县政府授予：创建国家卫生县城先进集体、创建省级文明县城工作先进集体、年度目标责任考核先进集体、党建工作先进集体、文明单位、岚县脱贫攻坚半年考核先进集体、"脱贫攻坚"先进工作队、"五个好"机关党组织、社会治安综合治理先进集体、城乡环境整治工作先进集体、服务

群众工作先进集体、优秀驻村工作队等荣誉称号。

　　下一步，局领导表示将一定要严格落实习总书记关于城市管理要在"科学化、精细化、智能化"上下功夫的新要求，紧紧围绕全县大局，立足管理实际，借城管执法体制改革东风，用工匠的精神，以锈花的功夫，再添动力、再强措施、再鼓干劲，继续在统筹上下功夫，在重点上求突破、在管理上抓创新，积极带领全局一班人，为打造我县整洁有序的人居环境做出新的更大的努力。

重点任务　重点攻坚

——蔚县城管大队 2018 年工作纪实

河北省蔚县城市管理综合行政执法大队

2018 年以来，蔚县城管大队在县委、县政府的正确领导下，以党的十九大精神和新时代中国特色社会主义思想为指引，以"强基础、转作风、树形象"专项活动为抓手，切实加强队伍建设，下大力推进蔚县城市管理工作，努力开创城市管理执法工作新局面，取得有效进展和阶段性成果，主要工作如下：

一、强化思想提升，筑牢工作基础

以党的"十九大"、《中共中央国务院关于深入推进城市执法体制改革改进城市管理工作的指导意见》精神要求，蔚县城管大队不断加强新时期、新阶段城市管理各项法律法规的贯彻学习，强化城管队员素质提升和依法执法能力，向争创先进城管队伍、争创一流工作业绩、争创高效服务水平迈进。进一步树立"严格执法是基础、文明执法高要求、艺术执法上水平"的执法理念。

二、开展主题活动，打造过硬队伍

大队以开展"热心、耐心、细心、虚心、诚心"为主题的"五颗星"亲民服务活动，要求城管队员在具体工作中做到从解决群众急事、小事做起，不断提升新时期城管执法队伍的服务形象。同时，开展军事集训行动，包括齐步走、原地间转法、敬礼、队列训练、野外拉练等军训内容，着力提高身体素质，强化纪律意识，努力打造一支城管班子领导以身作则，队员团结互助，作风素质过硬，凝聚力战斗力强的优质城管队伍。

三、严格标准要求，规范执法行为

一年来，城管大队进一步制定完善了城管业务规范、管理制度、标准要求，一是以开展文明执法、热情服务，做到语言文明、行为规范，着装整齐、队容严整、举止端正。

二是业务熟练、办案程序合法，执法文书规范，处罚适用标准准确，熟悉管辖区域内的基本情况，执法职责到位。

三是作风严谨，遵纪守法、廉政自律，做到依法办案、秉公执法。群众对城管执法工作的满意度、信赖度、支持度逐步提高。

四、注重工作宣传，营造舆论氛围

在开展工作之余，城管大队进一步加强城市管理宣传报道，利用蔚州全媒体、蔚州在路上等官方或公众媒体，以"人民城管为人民"为主题，广泛宣传和报道城市管理和环境整治工作中的典型事迹，传播正能量。依托微信平台（京西第一州）、电视台、广场电子屏幕等媒体推进政务公开，聘请了市民监督员，设立开放体验日，开展群众评议等活动，主动接受社会和公众监督，回应社会关切，共建省级文明城市。

五、加强综合管理，共建文明城市

（一）以城市容貌整治为突破，有效改善城区环境质量

2018 年以来，蔚县城管大队按照市县要求，开展了声势浩大的城市管理百日攻坚行动，重点对 7 个方面影响市容形象的违法违规行为进行了专项治理，使县城区市容环境面貌得到较大改观。

一是广告牌匾治理。拆除各街道擅自设置、破旧、存在安全隐患的各类广告牌匾 370 余块；拆除含有非法金融类广告牌匾 22 块；新审批核准安装广告牌匾 79 块。对街道门店橱窗"即时贴"、街面"牛皮癣"、宣传条幅、宣传海报等影响市容形象的违规行为进行了集中整治。

二是私搭乱建治理。对县城小吃街、福来街、州镇街、泉兴街、玉泉街等 10 条次干街道两侧私搭乱建进行集中治理，累计拆除各类违建棚厅 100 余家、6200 余平米。

三是占道经营治理。积极疏导城区各类街道摊点"入场入店"或租赁美食餐棚进行经营；对东关夜市、南环岛夜市、电视塔夜市、小吃街夜市等开展了统一规范整治；并彻底清理取缔了前一完小后巷（玉发路）的临街马路市场。

四是街道环境秩序治理。进一步强化对县城区内的"五纵五横"10 条"严管街"管理，确定了沿街商户以包卫生、包绿化、包秩序的"门前三包"管理责任，积极告知劝导临街门店全面落实责任义务，清理规范各街路两侧店外加工、维修、清洗、销售、组装等非法经营行为 300 余次。

五是侵占城市道路违法行为治理。积极引导广大市民在人行道规划区域内整齐有序停放车辆，清理了长期非法侵占城市道路进行"二手车"买卖的车辆 50 余辆、取缔"僵尸车"10 余台。

六是强化渣土运输车辆监管。对县城建成区内的东方汉唐、剑桥春雨、东盛苑等十余个工程项目中从事渣土运输的 50 余辆工程运输车辆进行动态监管，依法查处渣土车辆带泥上路、沿途遗撒和随意倾倒的行为，建立了渣土车和施工单位挂钩备案机制、夜间常态化巡查机制，规范纠正教育驾驶人员 50 余人次，其中责令 30 辆违规车辆进行限期整改。

七是开展规范养犬专项宣传。在县市民广场开展了规范养犬宣传，进一步加强广大市民文明养犬知识的宣传教育，提高群众知晓率。加大对城市犬只便溺、不按时限规定溜犬行为的监督管理力度。

（二）重点任务重点攻坚，全力打造亮点工程

一是全面清除城市"牛皮癣"，打造洁净城市。为了打好小广告"歼灭战"，有效解决城市"牛皮癣"顽疾，解决以往小广告清洗遇有变压器、保温墙、高空小广告、油漆字等问题无专业人员导致清理不彻底的问题，我们通过采取政府购买服务的方式，将县城区小广告清洗工作外包给专业保洁公司，并按照清洗外包合同规定对城区违法小广告进行彻底清理，截至目前，城区内 31 条主街道及沿街 551 条小街巷已基本清理完毕，共清理小广告 38000 余条，清理条幅、宣传海报 500 余幅，使小广告治理工作取得良好成效。

二是强化污染治理，坚决杜绝违法排放。入夏以来，城管中队各辖区延长工作时间、加大巡查力度、增加人员力量，对县城区范围内的露天烧烤及燃煤小灶开展了拉网式清查清理，对露天烧烤及燃煤小灶经营，发现一处，查处一处，取缔一处，并保持常态化监管，有效杜绝了城区范围内的露天烧烤行为；同时，严格按照《县城区餐饮油烟治理工作方案》要求，积极鼓励引导餐饮商户安装高效油烟净化装置环保经营。通过政策引导、苦口婆心做工作和严格执法相结合，会同县环保、工商等部门开展联合行动，截至目前，共取缔露天烧烤 76 家，餐饮灶头 65 个，安装油烟净化装置的餐饮企业 216 家。

三是强势推进"双违"治理，打击违法建设嚣张气焰。2018 年以来，蔚县城管会同县国土、规划、公安等单位以及有关乡镇先后对蔚州镇、代王城、西合营、南留庄、吉家庄等 8 个乡镇的违法占地和违法建设实施依法拆除，拆违面积达 19.5 万平米；特别是今年 5 月 2 日，我城管部门临危受命，作为此次爆破拆违工作的牵头部门，我们会同县国土、规划、公安、蔚州镇等部门成功爆破拆除了雪绒花大道与工业街交叉路口的一处 5 层违建，有效震慑打击了违法建设的嚣张气焰。

一年来，蔚县城管以"人民城管为人民"和"内强作风素质、外树品质形象"的的宗旨，不断加强队伍建设，强化学习培训、军事化管理，努力打造"政治坚定、作风优良、纪律严明、廉洁务实"的城管执法队伍。2018 年 1 月，按照上级规定要求蔚县城管大队统一更换了新式执法制式服装和标志标识；在执法过程中严格按照城市管理有关法律法规和"721"工作法开展日常执法工作，施行了执法全过程记录机制，做到文明执法、规范管理；为应对易发生矛盾冲突事件，制定了突发事件应急防控处置预案，组建了突发事件应急处置队伍和车辆装备，进一步增强了队伍凝聚力、战斗力；特别是在创建"省级文明县城"和"两违"综合治理、市容市貌集中整治等重大活动中，坚决不折不扣、保质保量地完成县委、

县政府交办的各项工作任务，受到了各级领导的充分肯定。近年来，蔚县城管大队被河北省住建厅授予"'强基础、转作风、树形象'专项行动表现突出单位"，被共青团张家口市委授予"青年文明号""五四红旗团支部"荣誉称号。城管大队长刘俊文同志也被市委、市政府授予"首都水源涵养功能区和生态环境支撑区建设先锋个人"荣誉称号，进一步展示了蔚县城管队伍不怕吃苦、勇于冲锋、攻坚克难的良好形象。在今后工作中，蔚县城管全体执法队员将在县委、县政府的正确领导下，以此为新的起点，迎接新的机遇和挑战，始终不忘初心、牢记使命，发扬成绩、担当奉献、贡献青春力量，为建设"绿色生态、宜居宜业、文明和谐"美丽新蔚州添砖加瓦，为全县发展争得更大荣誉。

绵阳游仙城管抓志愿服务常态化
促党员队伍形象提升

四川省绵阳市城市管理行政执法局游仙区分局 曹 军

游仙区城管执法分局认真落实基层党建"3+2"书记项目,紧贴机关党组织"五表率两突破"规范化建设目标,以城管"强基础、转作风、树形象"专项活动,"反四风破四小"作风建设年和"大学习、大讨论、大调研"活动为主题,以城管"12319"党建工程和志愿服务活动为抓手,在发挥党员先锋模范上下功夫,不断提高党员队伍形象。

巾帼不让须眉——女子城管志愿服务队"文明劝导"在行

组建女子城管志愿服务队伍,由2名党员、1名入党积极分子和5名城管队员每周定期对辖区学校周边、越王楼、河堤沿线开展文明劝导志愿服务20余次,规范劝导不文明行为220余次;设置宣传咨询服务点,向市民宣传党的十九大精神、习近平新时代中国特色社会主义思想"四川篇"的丰富内涵、文明城市建设知识和公民道德规范等,发放相关资料3500余份,教育和引导市民摒弃不文明言行,养成良好的日常行为习惯,共建文明和谐绵阳。

城管进行社区——帮贫扶困志愿服务队"进社入户"在行动

结合"大学习、大讨论、大调研"活动,开展城管进社区活动,制作发放便民服务卡5000余份,公开党员承诺28份,确定党员进社区宣讲党的政策、帮扶困难居民解决问题、开展各类志愿服务活动三大内容,架起了党员与群众互通的"桥梁"。党支部组织党员到所联系的甘泉社区开展服务活动,清扫道路3条、150余米,清理卫生死角6处;开展学习贯彻习近平总书记来川视察宣传1次、参与党员和居民代表90余人。20余名党员分别深入所居住社区开展服务活动,解决油烟污染、噪声扰民问题30余件,解决生活困难8户,定期帮扶5户生活困难居民,得到了社区和居民的认可。

发挥旗帜作用——一线执法志愿服务队"文明执法"在行动

采取2名支委成员带中队、10名一线执法党员带执法队员的"传帮带"方式,发挥一名党员就是一面旗帜的作用，事事冲在最前面、劝导规范讲道理、执法处置讲程序，在日常市容秩序管控、查处违规行为和全国卫生城市复查、处置中央环保督察案件、处理各类投诉等工作中，党员均带头示范、树立标杆，引导一线执法人员积极参与，1 名党员作为游仙区十大杰出青年评选候选人，10 名一线执法人员评为局文明执法标兵，营造了"比学赶超"的浓厚氛围。

新时代最可爱的人

——玛沁县城市管理局才让当周先进事迹

青海省玛沁县城市管理局 拉毛才旦

在玛沁城市管理执法局工作的每一天，在城市管理忙碌工作的日日夜夜里，我都被眼前的人和事感动着，我的思想感情的潮水，在不停地奔流着，这就是：我越来越深刻地感觉到谁是我们新时代最可爱的人！

谁是新时代最可爱的人呢？大家马上就会联想到解放军战士——抗震英雄、航天英雄、奥运健儿，还有那些为祖国的经济建设做出突出贡献的企业家们……的确，他们都是新时代最可爱的人，可是我今天要讲的是哪个每天默默无闻、无私奉献，为我们镇区的一草一木、一砖一瓦、一街一巷、一处违法建设……都操碎了心的城管局局长才让当周，我感到他是新时代最可爱的人。

也许会有人心里隐隐约约地说：你说的就是每天在马路边上"管摊儿"的人吧！他看起来很平凡、很简单。可是，我要说，这是由于您与城管工作接触的太少，还没有真正了解，还没有真正认识，他的工作是那样的平凡、他的意志却是那样的坚强、他的胸怀更是那样的美丽、宽广！

还是让我给您讲几段故事吧！

2017年，中央环境大督查期间玛沁县城市管理局决定在全镇范围内展开一场全面治理整顿市容市貌的攻坚战。4月初的北方，春寒料峭，晨曦微现，玛沁县城市管理局局长才让当周带队，出动执法人员30余人，执法车辆5台，环卫工人130余人，清理机械4台，对镇区残留建筑垃圾进行彻底清理。在清理昌麻河移民区建筑垃圾时，遭到居民的野蛮围攻。当时才让当周局长正在现场指挥，一位40来岁的居民二话没说，冲过来照着才让当周局长的胸前重重的一拳，此时此刻，面对这样的当事人，才让当周局长一边指挥队员要头脑冷静，不准和居民发生任何冲突，一边拉住居民的手，对居民说服教育，讲解相关的政策法规，并语重心长地对这位居民说：老兄啊！今年咱们玛沁县创建"全域无垃圾"，这是县委、县政府为玛沁县经济社会的发展，为改善局民的居住环境。虽然现在治理整顿可能会给你带来一些麻烦，可你要顾全大局啊！经过才让当周局长耐心地劝说，细心的讲解，这位居民终于想通了，并让所有居民让开配合城管工作。此次清理残垣断壁1300多米，清理建筑垃圾 10 余车，对违法建设也起到了有效的震慑作用。

朋友，当你听到这里的时候，你的感情如何呢？你不认为他们的胸怀是那样的美丽、宽广！你不为我们的城市有这样的坚强卫士而感到自豪吗？

今年，在"玛沁县创民族团结示范县"期间，玛沁县城市管理局的全体队员及环卫工人们在局长才让当周带领下，不畏酷暑骄阳，早上 8 点上班，晚上 9 点下班，根本没有休息的概念，每天值勤都在 12 个小时以上，才让当周局长带病坚持上班，可他都无怨无悔，加班加点，按照《玛沁县城市市容和环境卫生管理条例》治理整顿每一条街巷的市容市貌。每一条大街小巷都留下了他的辛勤的足迹，每一条大街小巷的背后都浸注了才让当周局长无数的心血和汗水。8 月 1 日正值果洛州半程马拉松赛，这一天是中国人民解放军建军 91 周年纪念日，队员们冒着 37 度的高温巡查执勤。不时，对讲机里传来了才让当周局长和蔼的声音："队员们，今天是八·一建军节，我们中间绝大部分队员都是复转军人，今天是你们的节日，可是现在你们为了果洛州半程马拉松赛，仍然坚持在工作岗位上站岗值勤，我代表玛沁县城市管理局局支部表示最崇高的敬意和最亲切的问候，大家辛苦了，祝大家节日愉快！"。顿时，队员们的双眼湿润了，所有的对讲机里发出了一个共同的声音："为人民服务"！所有的城管队员们在各自的工作岗位上面对这座可爱的城市深深敬了个军礼，这就是所有城管队员发出的心声，这就是所有城管队员共同的心愿。

朋友们！在城市管理工作中，像这样的真实事例举不胜举。您或许对城管局才让当周局长有点了解了吧！他既没有什么惊天动地的举措，也没有什么轰轰烈烈的业绩。可是，就是他每天在默默无闻地为我们居住的这个城市忙碌着，奉献着他的青春和爱。至此，你足以窥见我们城管人的美好心灵和博大胸怀了吧！

亲爱的朋友们，当你骑上自行车走在干净整洁的马路上的时候，当你领着孩子，陪同爱人漫步在环境优雅空气清新的广场的时候，当你背着书包走向学校坐进宽敞明亮的教室的时候，当你坐到温暖的办公室里开始这一天工作的时候……朋友，你是否意识到这里的每一寸土地都渗透着城管卫士们流下的心血和汗水！你也许会很惊讶地说："这很平常呀！"是啊！朋友，确实他们做了一些很平常的事，可是你曾否想过，在我们的城市里，假如没有他们这些城管战士的艰辛付出和无私奉献，我们居住的这个城市将是个什么样子呢！

朋友，人民城市人民建，人民城市人民管，玛沁是我家，文明靠大家。你是那么爱我们的城市、爱我们的家园，你一定会深深地爱我们的城管卫士——他确实是新时代最可爱的人！

做实城市管理功夫

江西省共青城市城市管理局

党的十九大精神是我们党迈向新时代、开启新征程、续写新篇章的思想指南和行动纲领。十九大报告中聚焦了一个"新"字，新阶段铸造新思想、新思想引领新征程！新时代赋予新使命、新使命要有新作为！下面结合自身工作，我以"新时代、新作为"为主题，谈几点看法。

一、坚定四个"自信"，自觉用新思想新理念武装头脑，扎牢思想理论根基

"党政军民学，东西南北中"，在强国强军新征程上，在民族复兴关键时期，确立习近平总书记为党中央和全党的核心，确立习近平新时代中国特色社会主义思想为党的指导思想，是党心所向、民心所向，充分反映出了全国党员干部对以习近平同志为核心的党中央的衷心拥护，对党的十八大以来党中央治国理政卓越能力的高度认可，对继续开创新时代中国特色社会主义伟大事业新局面的诚挚期盼。

作为一名党员领导干部，要以坚如磐石的决心坚定"四个自信"。始终坚持以党的旗帜为风向标，以党的方向为指航灯，以党的意志为最高指示，时时刻刻保持头脑清醒、事事处处向党看齐，不断坚定理想信念、强化政治担当、全面提升本领、扎实改进作风。城市管理工作是细活，我们要以绣花功夫做好城市管理工作，服务新时代，展现新作为，以抓铁有痕、踏石留印的功夫助力城市管理。

二、树立四个"意识"，切实肩负起新时代的历史使命，做实城市管理功夫

不忘初心，牢记使命，要旗帜鲜明讲政治，作为一名党员干部无论自身处在哪个领域、哪个层级、哪个部门、哪个单位，都要把习近平总书记系列重要讲话精神，作为政治宣言和强大思想武器，要始终牢固树立政治意识、大局意识、核心意识、看齐意识，自觉把树立"四个意识"内化于心为党性观念，时刻铭记在心、事事对标对表；外化于形为实际行动，落实在岗位上、体现在工作中，在自身工作领域中自觉运用，监督维护和捍卫习近平总书记在党中央和全党的核心地位，坚决贯彻习近平总书记对厕所革命和垃圾分类及城市管理

要精细化的重要指示,聚焦大局、服务大局、保障大局,切实谋划好、部署好、落实好我们的城市管理工作,要以事事马上办、人人钉钉子、个个敢担当的勇气和决心,把每一件民生小事都一抓到底,不断推动市委的各项决策部署在城市管理工作中落地生根、开花结果。

三、牢记人民嘱托,续写新时代城市管理发展新篇章,加强城市管理定位

"人民是历史的创造者,是决定党和国家前途命运的根本力量。"城管工作与百姓的生活息息相关,我们的力量源泉来自于人民,最终目标是服务于人民,我们要牢记总书记的谆谆教诲和人民的殷殷期望,将城市管理工作置身于一轴两翼三组团新目标中去,寻找新机遇、新路径、新办法,谋求新跨越、实现新作为。紧紧抓住新一轮重大战略机遇期,多谋民生之利、多解民生之忧,不断推动实力、活力、美丽、幸福共青新发展、助力风清气正的生态文明新建设。

要在城管体制改革中彰显锐气,激发实干韧劲。登高望远,不断推动思想理念创新、机制制度创新、手段方法创新,不断提高城管工作核心战斗力,进一步推动城市管理工作上质量、上水平。立足于治标,着眼于治本,着力解决城管体制改革中主体身份的问题,进一步探索完善城市精细化、现代化管理的常态制度,实现外部联动、内部协调、动态整合、融会贯通的良好城市管理运行体制。

要在城市专项行动中彰显本色,保持公仆之心。扎实推进城市精细化、网格化管理,不断深入持续开展市容市貌整治、环境卫生整治、广告亮化整治、乱停乱放、占道经营执法集中整治、植树补绿绿化增量提质、现代化数字城管提效等专项行动,细而又细地抓好"两违"工作整治等重点工作,从城市"绿、洁、美、亮、齐"等这些具体事、平常事抓起,让青山、绿水在洁净、优美的城市中彰显实力。

要在民生民心工程中彰显担当,凸显以人为本。城市管理中干净整洁的"形象"工程固然重要,而便民暖心的民心工程更为重要,我们将致力于打造更多、更优质精品的民心工程,继续推进垃圾分类工作向纵深迈进,持续抓好老旧小区背街小巷照明工程建设,进一步规范城市电斑马发展壮大;深度拓展数字化城管中"百姓随手拍""夜幕中坚守的城管人"的覆盖面,鼓励、支持各级各部门和广群众参与城市管理,真正做到人民城市人民管。

四、强化队伍建设,深入贯彻落实从严治党新要求,建好城市管理队伍

"风清则气正,气正则心齐、心齐则事成",在新时代、新背景、新矛盾下,加强执法队伍建设是摆在城管系统面前最重要的课题,要将城管系统上下的思想和行动迅速统一到党的十九大精神上来,统一到省委、九江市委和赣江新区的重大决策部署上来,戮力同心,想在一块、干在一起,奋力开创城市管理新局面。

一是坚持把政治建设放在首位。城管系统将切实强化党性修养,坚定理想信念,努力建设"五型政府",推动"两学一做"学习教育制度化常态化,认真开展"不忘初心、牢记使命"主题教育,以党建＋以路为岗、马路办公理念,筑牢信仰之基,补足精神之钙。深入学习贯彻党的十九大精神,在"学懂""弄通""做实"上多下功夫,学深悟透、把握精髓、学以致用,以知促行,始终坚持用习近平总书记新时代中国特色社会主义思想武装头脑,不断强化对城管人的培养锤炼,在学、思、悟、践中不断提高思想觉悟、政治觉悟和理论水平。

二是坚持把纪律挺在前面。习近平总书记反复强调纪律和规矩意识,要加强纪律作风建设、严格落实管党治党主体责任,以城管系统"强转树"专项行动为抓手,以党内生活锻炼为平台,以《中国共产党廉洁自律准则》《中国共产党纪律处分条例》为标杆,以"八项规定"为戒尺,大力整治"怕慢假慵散"注重小节、抓早抓小、严格管控、防微杜渐,不断磨砺党性,不断加强纪律作风建设、强化党风廉政建设,以铁的纪律打造出铁的队伍。

强力推进市容市貌整治工程

——城管洮北分局局长程丽东先进事迹

吉林省白城市城市管理执法局洮北分局

程丽东同志，男，汉族，中共党员，中央党校大学学历，1978 年 8 月出生，1998 年 12 月参加工作，现任白城市城市管理执法局洮北分局局长，2009 年曾获得洮北区劳动模范荣誉称号，连续 5 年被白城市洮北区人民政府评为先进工作者，2017 年被洮北区评为洮北好青年，2018 年白城市老城改造总结表彰荣立个人三等功。

在加强城市管理工作建设中，他一直以求真务实的工作作风、勇于奉献的工作精神、敢于创新的工作思路，带领洮北分局全体队员战斗在城市管理工作一线，为城市管理工作连创佳绩。

一、学习政治、深入基层，始终高度保持理论联系实际

一是政治立场坚定，思想上时刻与党中央保持高度一致。程丽东同志能够自觉加强自身的政治理论学习，不断提高政治素养，作为一名党员领导干部，他始终把学习当作是一种责任和使命，切实做到学习工作化、工作学习化。先后有重点地认真研读了习近平《关于党的群众路线教育实践活动论述摘编》，深入学习了党的第十九次全国代表大会上，习近平总书记系列重要讲话精神。他着重在掌握理论的科学体系上下功夫，在掌握基本原则及精神实质上下功夫，特别是在学习"十九大"习总书记重要讲话精神中，注意围绕主题，把握灵魂，掌握精髓，不断加深对共产党执政、党的先进性和纯洁性的认识，把"为民务实清廉"作为自己的座右铭，提高科学判断形势的能力、驾驭局面的能力以及分析解决实际问题的能力。

二是在城市管理工作中，树立"一盘棋"思想，使城市管理系统形成强大工作合力。他既让工作成功落实，也让百姓满意，做到为民着想、以德服众。持续传承党的优良传统和优良作风，践行社会主义核心价值观，不断提高道德意识，自觉践行社会公德。他始终践行着一名共产党员的承诺，热爱本职工作，脚踏实地、甘于奉献，对于城市管理工作的疑点、难点开拓创新新方法、勇于在新时代用新举措为城市管理工作找到新方向。

三是加强基层党组织建设，提高基层党建工作水平，巩固基层干部作风。程丽东同志

主动深入基层，提高干部职工思想素质，牢固树立"四个意识"，时刻发挥党员先锋模范作用，在工作中秉着为民服务、为民办事的宗旨，把讲奉献、有作为当做自己努力的方向，充分发挥领导干部带头作用，始终保持良好的精神状态，把全部的精力用到新形势下的城市管理工作中，他严格调整工作方式，明确工作方向，始终走在先进管理模式的前列。城市管理的模式正由"被动管理"向"主动管理"转变，树立起城管新形象，切实向更高标准努力。在城市管理工作中，他高标准、高效率地完成各项工作，勇于攻坚克难并实际践行，充分发挥基层战斗堡垒作用和党员先锋模范作用。

二、披星戴月、风雨无阻，强力推进市容市貌整治工程

一是2018年，市委、市政府大力开展了"城市管理提升年"活动，要利用一年时间，坚决做好十个方面的清理整治工作，即"十乱"现象。此次任务时间紧、任务重，程丽东同志身为洮北分局局长在接到任务后立即展开严密部署。他积极改进工作方法，成立了城管驻街执法大队，与街道办事处联动，每天分三班不间断监管各类乱象，并在把守重点的基础上进行小范围巡查，机动大队重点对乱搭乱建、乱泼乱倒、践损绿化、各种车辆乱停乱占等违规行为进行查处。为了高标准完成此次任务，他结合当前形势，狠抓城市管理，每天凌晨4点就走出家门，对各类乱象进行巡查，随身携带的记事本记录下随时发现的问题，通过每日早点名将问题传达下去，并通过微信工作群了解各项工作落实情况。第二天再对前一天发现的问题进行复查，就这样始终如一地坚持在城市管理战斗一线，确保城市管理工作不松懈，树立整洁、规范的城市形象。

二是清扫保洁质量达到全面提升。他深入基层，坚持每天亲自跟班作业，检查清扫保洁质量。洮北区街路清扫面积350万平方米，巷道64万平方米。街路清扫模式以机械与人工配合为主。这种"人机配合"的新工作模式，有效地减少了人工劳动强度，提高了清扫力度，又根据季节变化对道路清扫模式适时的调整和改进，主要以机械"洗扫"路面为主，现机械化清扫面积260万平方米，道路机扫率已达到70%。市区内环境卫生得到了全面提升，并在2018年被评为省级卫生城市"的光荣称号。

三是环保督察期间，涉及到洮北分局国督案件31起，省督案件145起，程丽东同志感觉到了此项工作的难度与压力，但是他迎难而上，牢固树立"四个意识"，充分认识到落实中央环保督察整改任务是贯彻落实习近平总书记重要讲话精神的具体行动，不讲条件、不打折扣，全力以赴推进各项整改措施落实到位。国庆期间，他放弃个人休息时间，组织各责任部门召开环保督察推进会议10余次，对国督、省督未完成案件进行紧急推进。他亲自带队，只用了一天时间瑞光街活鸡活鱼市场已全部关停，违建拆除完毕；涉及到环保督察问题的餐饮油烟净化器已经入地；在他的带领下，国督、省督176起案件已全部结案，圆满地完成了此项工作任务。

三、大公无私、重拳出击，坚决拆除违章建筑不留隐患

自 2016 年开始，全市吹响了拆违号角。程丽东作为城管洮北分局的主要领导，深知肩上承担的责任重大，明白拆违力度大小将直接影响老城改造工程的施工进度。为此，他带领城管洮北分局干部职工投身到拆违战斗一线。每日 17 时，他都会准时组织相关人员召开拆违工作会议，对每一处影响改造的违建逐一研究对策，攻坚克难，制定拆除方案，确保各组能够在第二日找到工作突破口。在拆迁中，最让人头疼的就是如何说服钉子户。面对这一难题，程丽东身先士卒，主动深入到难拆、拒不拆的钉子户家中做工作，与他们促膝谈心交朋友，了解他们所想、所求、所盼。动之以情、晓之以理，使群众思想彻底转变，明白了违章建筑对社会的危害，增强了群众自觉拆除的积极性。为了做好拆违工作，无论是晴天雨天，他始终坚守在一线，积极响应市委、市政府号召并主动接待来访的群众，解答他们提出的各类问题，做到处处为他们着想。为巩固拆违工作成果，程丽东还确立了"五个一"的违建管理标准，即第一时间发现、第一时间制止、第一时间报告、第一时间拆除、第一时间清理，不让一处新违建在城区内出现。截至目前，共拆除违章建筑 140 余处，面积约 7050 平方米。

四、强力整治、量化标准，高度防治油烟烧烤噪音污染

在开展国家环保督察期间，按照市、区两级政府要求，洮北分局作为整治油烟、烧烤污染的牵头部门，程丽东同志能够第一时间组织各相关部门召开碰头会议，落实上级部署，研究解决办法。

1.油烟、烧烤污染方面。他通过前期走访，统计了城区各饭店、烧烤、快餐店等情况，重点了解了经营者姓名、证件是否齐全、油烟净化设备安装与使用情况，先后摸查共 20 家店面并登记造册。本着宣传在先、整治在后、教育引导为主、查处取缔为辅的原则，他通过大量走访宣传油烟污染防治的重要性，加强店主之间的协调沟通，让店主自觉遵守法律法规，积极采取餐饮油烟净化措施，确保油烟净化后达标排放，对拒不改正的商家进行关停，截至目前城区内 700 余家餐饮商家已基本安装了油烟净化器，并按要求使用。

2.铁艺生产、加工方面。他针对辖区内 46 家涉及铁艺生产加工的商户逐一走访，耐心讲解环保督察工作相关要求，宣传噪声污染对人体造成的危害及法律责任，并责令相关加工企业按照城市管理和环保的有关条例，规范经营，严禁室外摆放铁艺、喷漆及室内外切割、加工作业等行为。对无证无照经营户下发整改通知书，对超范围经营户发放告知书，要求其进行整改。同时，在保证分局业务正常开展的前提下，在钢材铁艺市场设立举报牌，由他负总责，安排专人值班，不分节假日，每天 24 小时轮流值守，确保不漏岗，不溜岗，严查死守，防止死灰复燃，彻底消除噪声污染。

新时代　新气象　新作为
改革创新加油干　开创城管新局面

绵阳市位于川西北部，是成渝经济圈七大区域中心之一，中国（绵阳）国家科技城、全国文明城市，涪城区是绵阳市的主城区和核心区，是绵阳市经济、文化、科技中心。

绵阳市城市管理行政执法局涪城区分局现有干部职工 157 人，设三个直属中队，承担 60 平方千米城市规划区内城市管理和行政执法工作。2016 年底以来，我局全面贯彻落实《中共中央国务院关于深入推进城市执法体制改革改进城市管理工作的指导意见》和住房城乡建设部《关于印发全国城市管理执法队伍"强基础、转作风、树形象"专项行动方案》精神，以纵深推进"城管+"治理模式为抓手，建"三型"（学习型、担当型、服务型）队伍、促"三化"（正规化、规范化、实效化）工作，加快管理执法向服务的职能转换，努力塑造涪城城管执法为民良好形象。

一、苦练内功"强基础"，夯实城管执法根基
（一）以基层党建促执法队伍建设

一是强化政治思想教育。始终坚持把队伍的思想建设放在首要位置，教育引导执法人员树立正确价值取向和敬业精神，培育"局魂""队魂"，增强城管执法的自信心和荣誉感。持续深入开展"两学一做"学习教育，以争当"有理想、有本事、有血性、守纪律、敢担当、善服务"的城管执法队员为抓手，着力打造一支"听从指挥、服务为本、作风务实、公正廉洁、执法规范"的城管执法队伍。二是加强党组织对城管执法工作的领导。完善执法中队党支部建设，领导班子率先垂范，先学一步，学深一层。局党组书记到中队支部党课 3 次，其他班子成员讲党课 16 次。中队党支部书记与党员、队员交心谈心 163 人次。7 个党支部开展主题党日活动 98 次。三是充分发挥党员示范带头作用。各直属中队先后设置"共产党员城管执法示范岗" 19 个，党员与群众，老队员与新队员结对帮扶共同学习，充分发挥党员示范带头作用和影响，鼓励和激发更多队员向党组织靠拢，年内新吸纳 3 名入党积极分子，10 名预备党员完成转正，全局在职党员 62 名，党员比例达 37.3%。今年已表彰优秀执法人员 56 人次中，党员 31 人次，比率达到了 55.3%，充分展现了党员的主力军作用。

（二）以制度建设促规范化建设

坚持以制度建设为队伍建设的根本，不断在城市管理实践工作中总结完善涵盖中队内务管理、执法流程、考核等多方面的管理制度和办法12个。一是规范一日工作流程。制定《直属中队管理规范》《直属中队市容秩序网格化管理工作制度》，实行"定人、定岗、定责"的市容秩序网格化管理办法，对一日工作程序、考勤打卡要求、巡查工作重点、派单处理等提出明确要求。二是规范日常执法行为。制定《行政执法操作规范》《城市管理行政执法文明用语规范的通知》《现场执法视音频记录工作实施细则》对执法流程、执法用语进行规范，对执法记录仪使用和执法视音频记录工作进行规范，避免因执法程序、语言不当造成管理障碍，损害城管形象。三是规范内部日常管理。制定《车辆使用管理办法》《装备使用管理办法》《内务管理办法》等规范性文件，规范自身建设和执法装备管理。四是规范督查考核制度。制定《机关工作人员考核办法》《直属中队月度绩效考核办法》及《网格化管理督查考核制度》，坚持用制度管人，用考核促工作。以制度约束和指导队员工作生活行为，做到了执法人员语言行为有约束，管理执法有规范，执法流程有标准，奖惩考核有依据。

（三）以大练兵活动促综合素质提升

按照"按需施教，学用一致、急用先学"的原则，建立了贴近实战、操作简便、立竿见影的教育培训机制。既抓好理论业务知识学习和各项技能的训练，又突出培训个性化需求，提高了培训的针对性、实用性和有效性。4月初出台了《执法人员业务大练兵工作实施方案》，组织开展了六项练兵活动：一是开展案卷收集整理归档练兵，提高资料收集利用的敏感性、及时性和有效性，养成资料收集整理、装订规范的良好习惯；二是开展法律文书制作练兵，熟悉掌握城市管理常用法律条文，做到文书制作填写规范，字迹工整清楚，适用法律条文正确；三是开展执法程序规范练兵，熟知执法办案程序，遵守执行执法办案法定程序，严格遵守城市执法管理"五部曲"——取证、告知、劝导、整改、处罚的程序，暂扣物品坚守"三个必须"，执法办案流程规范；四是开展执法办案练兵。掌握执法现场视频录制、询问（调查）笔录制作、现场勘验（检查）记录制作、现场笔录制作，强化群众工作能力，提高办案水平；五是开展办公内务提升练兵，完善内务管理制度，贯彻执行到位。交接班记录、工作日志等管理台账清晰完备；装备管理规范、维护良好，办公场所室内外环境整洁有序；安全工作意识强，安全责任、工作规程、管理措施到位；六是开展军事训练练兵，常规化军事训练每天一次，集中训练每月不少于一次，增强纪律意识、改进队容风貌、提升城管形象。

练兵活动现场演示操作、现场点评纠正，现场交流总结检阅了每个队员业务水平和能力，检查了每项工作的弱点和不足，督促其每个人自觉学习进步，夯实业务技能基础，从而实现全面提升执法队员综合素质和执法能力的目的。在一线中队形成了"人人想办案、个个

会办案、件件有质量"良好执法工作局面。

二、主动服务"转作风"，助力城管执法效能

（一）不忘初心，转变思想作风

一是坚持从端正执法人员的思想认识上下功夫，牢固树立"为人民管好城市、管好城市为人民"的工作理念，在全局开展"入党为什么？参加工作为什么？当城管为什么？"等各类增强职业认同感的讨论活动，时刻为执法人员"提神醒脑"，认真解决队伍的思想认识问题。二是教育执法人员全面树立要干事的雄心、坚定能干事的信心、下定干成事的决心，在全局开展中层干部竞聘、部门之间人员调动轮岗 28 人次，把真正想干事、敢干事、会干事的干部调整到重要岗位上，切实解决"不愿干""不想干"的问题。三是引导执法人员把心思用在想干事上，把胆识体现在敢干事上，把本领运用在会干事上，完善表彰激励机制、修订目标绩效管理办法，营造积极进取、奋发向上、真抓实干、敢于担当的良好氛围，使每一个人做到思想同心、目标同向、工作同干，妥善解决"不愿抓""不敢抓"的问题。

（二）强化服务，转变工作作风

一是变"等待式服务"为"上门式服务"，提高服务的针对性，千方百计帮助企业、学校、社区和商家解决实际问题 120 余个。二是变"要我服务"为"我要服务"。各股室、直属中队主动深入企业，广泛征求企业的意见，加强城管与服务对象的沟通交流，建立和完善城管服务 QQ 群平台和微信平台 16 个，覆盖企事业单位 429 个，社区 24 个，商家 3200 余户。三是变事后监管为事前指导。深入新建楼盘、大型交易市场和服务业集中区现场办公 12 次，提前介入并全程指导企业、商家制定店招、广告、宣传等整体风貌打造方案，初步形成了管理、服务、执法"三位一体"的"大城管"格局。有效解决了许多积留问题，避免了问题和矛盾扩大化。有效打通了联系服务企业的"最后一公里"，赢得了辖区企业、商家的大力支持和广泛好评。四是寓服务于管理。积极倡导和践行"721"工作法，真正做到了让"70% 的问题用服务手段解决，20% 的问题用管理手段解决，只有 10% 的问题用执法手段解决"。2017 年 1—10 月，辖区中队共处理各类违规问题 2.5 万余件，其中立案处理 750 余件，占比 3%。积极引导游商进入市场经营，年内在农贸市场协调设置农民自产自销区 12 个，在西城农贸等市场拆迁待建区周边协调设临时置便民服务区 6 个。管理方法更加灵活，管理效果更加明显。五是组织开展"城管执法体验日"等公众体验活动。寒暑假期间开展中小学生城管体验活动 10 余场次，参与学生 200 余人。安排一般性违规当事人参加城管执勤体验 80 余人次，既教育违规当事人，又让市民更了解、理解城管工作。

（三）严格工作纪律，突出作风建设效能

重点治理"执法监管不为"问题，抓住自查互查、整改落实、督办通报、追究问责、

（二）以制度建设促规范化建设

坚持以制度建设为队伍建设的根本，不断在城市管理实践工作中总结完善涵盖中队内务管理、执法流程、考核等多方面的管理制度和办法12个。一是规范一日工作流程。制定《直属中队管理规范》《直属中队市容秩序网格化管理工作制度》，实行"定人、定岗、定责"的市容秩序网格化管理办法，对一日工作程序、考勤打卡要求、巡查工作重点、派单处理等提出明确要求。二是规范日常执法行为。制定《行政执法操作规范》《城市管理行政执法文明用语规范的通知》《现场执法视音频记录工作实施细则》对执法流程、执法用语进行规范，对执法记录仪使用和执法视音频记录工作进行规范，避免因执法程序、语言不当造成管理障碍，损害城管形象。三是规范内部日常管理。制定《车辆使用管理办法》《装备使用管理办法》《内务管理办法》等规范性文件，规范自身建设和执法装备管理。四是规范督查考核制度。制定《机关工作人员考核办法》《直属中队月度绩效考核办法》及《网格化管理督查考核制度》，坚持用制度管人，用考核促工作。以制度约束和指导队员工作生活行为，做到了执法人员语言行为有约束，管理执法有规范，执法流程有标准，奖惩考核有依据。

（三）以大练兵活动促综合素质提升

按照"按需施教，学用一致、急用先学"的原则，建立了贴近实战、操作简便、立竿见影的教育培训机制。既抓好理论业务知识学习和各项技能的训练，又突出培训个性化需求，提高了培训的针对性、实用性和有效性。4月初出台了《执法人员业务大练兵工作实施方案》，组织开展了六项练兵活动：一是开展案卷收集整理归档练兵，提高资料收集利用的敏感性、及时性和有效性，养成资料收集整理、装订规范的良好习惯；二是开展法律文书制作练兵，熟悉掌握城市管理常用法律条文，做到文书制作填写规范，字迹工整清楚，适用法律条文正确；三是开展执法程序规范练兵，熟知执法办案程序，遵守执行执法办案法定程序，严格遵守城市执法管理"五部曲"——取证、告知、劝导、整改、处罚的程序，暂扣物品坚守"三个必须"，执法办案流程规范；四是开展执法办案练兵。掌握执法现场视频录制、询问（调查）笔录制作、现场勘验（检查）记录制作、现场笔录制作，强化群众工作能力，提高办案水平；五是开展办公内务提升练兵，完善内务管理制度，贯彻执行到位。交接班记录、工作日志等管理台账清晰完备；装备管理规范、维护良好，办公场所室内外环境整洁有序；安全工作意识强，安全责任、工作规程、管理措施到位；六是开展军事训练练兵，常规化军事训练每天一次，集中训练每月不少于一次，增强纪律意识、改进队容风貌、提升城管形象。

练兵活动现场演示操作、现场点评纠正，现场交流总结检阅了每个队员业务水平和能力，检查了每项工作的弱点和不足，督促其每个人自觉学习进步，夯实业务技能基础，从而实现全面提升执法队员综合素质和执法能力的目的。在一线中队形成了"人人想办案、个个

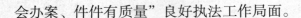

会办案、件件有质量"良好执法工作局面。

二、主动服务"转作风"，助力城管执法效能

（一）不忘初心，转变思想作风

一是坚持从端正执法人员的思想认识上下功夫，牢固树立"为人民管好城市、管好城市为人民"的工作理念，在全局开展"入党为什么？参加工作为什么？当城管为什么？"等各类增强职业认同感的讨论活动，时刻为执法人员"提神醒脑"，认真解决队伍的思想认识问题。二是教育执法人员全面树立要干事的雄心、坚定能干事的信心、下定干成事的决心，在全局开展中层干部竞聘、部门之间人员调动轮岗28人次，把真正想干事、敢干事、会干事的干部调整到重要岗位上，切实解决"不愿干""不想干"的问题。三是引导执法人员把心思用在想干事上，把胆识体现在敢干事上，把本领运用在会干事上，完善表彰激励机制、修订目标绩效管理办法，营造积极进取、奋发向上、真抓实干、敢于担当的良好氛围，使每一个人做到思想同心、目标同向、工作同干，妥善解决"不愿抓""不敢抓"的问题。

（二）强化服务，转变工作作风

一是变"等待式服务"为"上门式服务"，提高服务的针对性，千方百计帮助企业、学校、社区和商家解决实际问题120余个。二是变"要我服务"为"我要服务"。各股室、直属中队主动深入企业，广泛征求企业的意见，加强城管与服务对象的沟通交流，建立和完善城管服务QQ群平台和微信平台16个，覆盖企事业单位429个，社区24个，商家3200余户。三是变事后监管为事前指导。深入新建楼盘、大型交易市场和服务业集中区现场办公12次，提前介入并全程指导企业、商家制定店招、广告、宣传等整体风貌打造方案，初步形成了管理、服务、执法"三位一体"的"大城管"格局。有效解决了许多积留问题，避免了问题和矛盾扩大化。有效打通了联系服务企业的"最后一公里"，赢得了辖区企业、商家的大力支持和广泛好评。四是寓服务于管理。积极倡导和践行"721"工作法，真正做到了让"70%的问题用服务手段解决，20%的问题用管理手段解决，只有10%的问题用执法手段解决"。2017年1—10月，辖区中队共处理各类违规问题2.5万余件，其中立案处理750余件，占比3%。积极引导游商进入市场经营，年内在农贸市场协调设置农民自产自销区12个，在西城农贸等市场拆迁待建区周边协调设临时置便民服务区6个。管理方法更加灵活，管理效果更加明显。五是组织开展"城管执法体验日"等公众体验活动。寒暑假期间开展中小学生城管体验活动10余场次，参与学生200余人。安排一般性违规当事人参加城管执勤体验80余人次，既教育违规当事人，又让市民更了解、理解城管工作。

（三）严格工作纪律，突出作风建设效能

重点治理"执法监管不为"问题，抓住自查互查、整改落实、督办通报、追究问责、

建章立制等关键环节，坚决治理各种慢作为、不作为、虚作为、乱作为。在全局开展"行风政风建设大家谈"活动，局党组班子成员和股室、中队领导带头撰写纪律作风建设的调研文章或心得体会，主动查找问题，深刻分析原因，提出整改措施。设立"8.29"警示教育日，定期排查、分析在执法理念、队伍管理、执法方式、服务群众等方面存在的问题和漏洞，坚决杜绝粗暴、野蛮、简单、随意执法现象发生。今年以来，开展各类监督检查活动140余次、一般谈话200余人次、中层干部任职谈话、教育提醒类谈话等32人次；调查处理并问责违反工作纪律19人次，教育提醒谈话20余人次，作出书面公开检讨6人次，辞退协助执法人员4人。

三、内外兼修"树形象"，营造城管执法氛围

（一）全新的阵地

积极争取区委、区政府的支持，着力推进局机关、各执法中队阵地标准化建设，投入经费110余万元完成局机关、三个中队1300余平方米办公区域的标准化改造，做到外观形象统一，标牌标识统一，使用功能统一。一方面将中队阵地建设成为一线执法队员温馨家园，增强队员归属感、荣誉感，凝聚中队集体向心力；另一方面又将中队阵地建设成展示涪城城管新形象窗口，展示城管形象，增加群众的认知认同。1—10月，辖区中队阵地建设成果共迎来贵州平塘等全国各地城管系统20余个单位参观学习，为友邻单位提供了阵地规范化参考。

（二）全新的面貌

严格的工作纪律，完善管理制度，使执法人员生活、工作言行得到了有效约束，从着装、佩戴、执法用语到个人形象全面规范；教育队员充分认识到自己穿上制服就代表城管队伍整体，时时刻刻注重保持个人和整体形象；严格执法办案过程，规范执法用语，严格执法纠纷应急处理措施，严禁随意执法和粗暴执法；完善处置通、对讲机、执法记录仪、照相机、摄像机等配置，执法过程全程记录取证，实现执法过程痕迹化和管理可回溯，做到阳光办案，依法办案。一系列措有效改善了城管执法人员和执法工作的面貌，1—10月，我局辖区内未发生城管人员责任纠纷，未出现因执法不规范引起的行政败诉。

（三）全新的管理

在完善规章制度，加强严管的同时，更加突出对队员的厚爱。积极争取上级组织部门支持增加中层干部职数，让优秀执法人员有盼头、有想头、有劲头、有奔头，营造了积极向上的干事氛围。积极改善办公环境，为一线执法队员创造良好的工作生活环境。完善表彰激励机制，从物质上、精神上正面引导激发一线队员工作积极性，年内已表彰爱岗敬业、好人好事典型56人次，发放奖金近2万元。落实"三必访"制度，在干部职工生病住院、个人生活出现重大困难、家庭产生重大矛盾时，局领导、所在部门负责人都实地走访了解、

关心慰问，今年，仅看望慰问因公负伤的一线执法队员达 14 次。

（四）全新的认知

从加强对外宣传入手，积极争取市民群众对我们涪城城管的全新认知和认可。协调《绵阳日报》《绵阳晚报》等市级主流媒体设置涪城城管"强转树"特刊、刊发专刊报道 14 篇，引起市民广泛关注。西蜀论坛、涪城新闻网、涪城政务网、"涪城手机台"以及涪城城管微博等媒体中，刊登了反映我局工作动态、创新思路、业务工作阶段性成果的报道、信息 200 余篇，让更多人知道了城管管什么、做什么、怎么做，宣传了城管执法的办事制度，提高工作透明度。我们通过强化教育培训提升素质，严肃纪律规范管理等方式加强自我形象塑造，涌现出一大批好人好事。1—10 月，我局各直属中队涌现助人为乐事例 23 起，见义勇为事例 6 起，扶贫济困 4 起。一线执法队员邓昌鸿同志荣获全市见义勇为模范和"四川好人"称号，违建整治股股长冉伟同志获得"涪城区敬业奉献道德模范"称号，武军等执法队员救助生病老人的事迹网贴被网友点赞 10 余万次，这些点滴让市民群众对我们涪城城管有了全新的认识。

（五）全新的业绩

随着"强转树"专项活动的深入推进，我局辖区城市管理工作呈现新的面貌，取得新的业绩。先后获得了市政府表彰的文明城市建设先进单位、涪城区先进基层党组织、涪城区"五一劳动奖状"等。2017 年 1—10 月，我局在全市月度考核中连续排名第一。同时，我们还有效保障了中国（绵阳）科技城国际科技博览会、文明城市指数测评等重大活动开展，高质高效完成了中央环保督察整改工作任务。区委、区政府主要领导分别书面批示，对城管工作予以充分肯定。

四、推陈出新"城管+"，创新城管执法局面

城市执法工作直接面对社会基层、底层，矛盾多、涉及面广、群众关注度高。没有现成的模式套用，需要我们在工作实践中去不断探索和自我完善。2016 年初，我局党组总结多年城市管理工作实践经验，以创新的思维、创新的理念提出"城管+企业、城管+社区、城管+商户"管理模式，把管理与服务相结合，采取了"弯下腰"沟通式执法，搭建了城管与服务对象心与心沟通的桥梁，加深城管与服务对象之间的感情交流，营造良好的内外环境，积极构建开放、包容、协调发展的城市管理工作格局。2017 年，我局将该管理模式纵深推进，并将其申报为涪城区全面深化城市体制改革工作重点。

（一）"城管+企业"

出台了包含 30 条具体举措的《涪城区城管执法分局联系服务重点企业的实施意见》，先后走进沃尔玛、毅德商贸城、天骄摩尔等辖区综合性企事业单位 76 个，召开座谈会 66 次，达成产权单位"门前三包"会议记录 30 余份，与绵阳中学、南山中学等 9 所中小学建立了

建章立制等关键环节，坚决治理各种慢作为、不作为、虚作为、乱作为。在全局开展"行风政风建设大家谈"活动，局党组班子成员和股室、中队领导带头撰写纪律作风建设的调研文章或心得体会，主动查找问题，深刻分析原因，提出整改措施。设立"8.29"警示教育日，定期排查、分析在执法理念、队伍管理、执法方式、服务群众等方面存在的问题和漏洞，坚决杜绝粗暴、野蛮、简单、随意执法现象发生。今年以来，开展各类监督检查活动 140余次、一般谈话 200 余人次、中层干部任职谈话、教育提醒类谈话等 32 人次；调查处理并问责违反工作纪律 19 人次，教育提醒谈话 20 余人次，作出书面公开检讨 6 人次，辞退协助执法人员 4 人。

三、内外兼修"树形象"，营造城管执法氛围

（一）全新的阵地

积极争取区委、区政府的支持，着力推进局机关、各执法中队阵地标准化建设，投入经费 110 余万元完成局机关、三个中队 1300 余平方米办公区域的标准化改造，做到外观形象统一，标牌标识统一，使用功能统一。一方面将中队阵地建设成为一线执法队员温馨家园，增强队员归属感、荣誉感，凝聚中队集体向心力；另一方面又将中队阵地建设成展示涪城城管新形象窗口，展示城管形象，增加群众的认知认同。1—10 月，辖区中队阵地建设成果共迎来贵州平塘等全国各地城管系统 20 余个单位参观学习，为友邻单位提供了阵地规范化参考。

（二）全新的面貌

严格的工作纪律，完善管理制度，使执法人员生活、工作言行得到了有效约束，从着装、佩戴、执法用语到个人形象全面规范；教育队员充分认识到自己穿上制服就代表城管队伍整体，时时刻刻注重保持个人和整体形象；严格执法办案过程，规范执法用语，严格执法纠纷应急处理措施，严禁随意执法和粗暴执法；完善处置通、对讲机、执法记录仪、照相机、摄像机等配置，执法过程全程记录取证，实现执法过程痕迹化和管理可回溯，做到阳光办案，依法办案。一系列措有效改善了城管执法人员和执法工作的面貌，1—10 月，我局辖区内未发生城管人员责任纠纷，未出现因执法不规范引起的行政败诉。

（三）全新的管理

在完善规章制度，加强严管的同时，更加突出对队员的厚爱。积极争取上级组织部门支持增加中层干部职数，让优秀执法人员有盼头、有想头、有劲头、有奔头，营造了积极向上的干事氛围。积极改善办公环境，为一线执法队员创造良好的工作生活环境。完善表彰激励机制，从物质上、精神上正面引导激发一线队员工作积极性，年内已表彰爱岗敬业、好人好事典型 56 人次，发放奖金近 2 万元。落实"三必访"制度，在干部职工生病住院、个人生活出现重大困难、家庭产生重大矛盾时，局领导、所在部门负责人都实地走访了解、

关心慰问，今年，仅看望慰问因公负伤的一线执法队员达14次。

（四）全新的认知

从加强对外宣传入手，积极争取市民群众对我们涪城城管的全新认知和认可。协调《绵阳日报》《绵阳晚报》等市级主流媒体设置涪城城管"强转树"特刊、刊发专刊报道14篇，引起市民广泛关注。西蜀论坛、涪城新闻网、涪城政务网、"涪城手机台"以及涪城城管微博等媒体中，刊登了反映我局工作动态、创新思路、业务工作阶段性成果的报道、信息200余篇，让更多人知道了城管管什么、做什么、怎么做，宣传了城管执法的办事制度，提高工作透明度。我们通过强化教育培训提升素质，严肃纪律规范管理等方式加强自我形象塑造，涌现出一大批好人好事。1—10月，我局各直属中队涌现助人为乐事例23起，见义勇为事例6起，扶贫济困4起。一线执法队员邓昌鸿同志荣获全市见义勇为模范和"四川好人"称号，违建整治股股长冉伟同志获得"涪城区敬业奉献道德模范"称号，武军等执法队员救助生病老人的事迹网贴被网友点赞10余万次，这些点滴让市民群众对我们涪城城管有了全新的认识。

（五）全新的业绩

随着"强转树"专项活动的深入推进，我局辖区城市管理工作呈现新的面貌，取得新的业绩。先后获得了市政府表彰的文明城市建设先进单位、涪城区先进基层党组织、涪城区"五一劳动奖状"等。2017年1—10月，我局在全市月度考核中连续排名第一。同时，我们还有效保障了中国（绵阳）科技城国际科技博览会、文明城市指数测评等重大活动开展，高质高效完成了中央环保督察整改工作任务。区委、区政府主要领导分别书面批示，对城管工作予以充分肯定。

四、推陈出新"城管+"，创新城管执法局面

城市执法工作直接面对社会基层、底层，矛盾多、涉及面广、群众关注度高。没有现成的模式套用，需要我们在工作实践中去不断探索和自我完善。2016年初，我局党组总结多年城市管理工作实践经验，以创新的思维、创新的理念提出"城管+企业、城管+社区、城管+商户"管理模式，把管理与服务相结合，采取了"弯下腰"沟通式执法，搭建了城管与服务对象心与心沟通的桥梁，加深城管与服务对象之间的感情交流，营造良好的内外环境，积极构建开放、包容、协调发展的城市管理工作格局。2017年，我局将该管理模式纵深推进，并将其申报为涪城区全面深化城市体制改革工作重点。

（一）"城管+企业"

出台了包含30条具体举措的《涪城区城管执法分局联系服务重点企业的实施意见》，先后走进沃尔玛、毅德商贸城、天骄摩尔等辖区综合性企事业单位76个，召开座谈会66次，达成产权单位"门前三包"会议记录30余份，与绵阳中学、南山中学等9所中小学建立了

校园周边环境卫生综合治理工作机制。有效激发和调动了辖区企事业单位主动参与城市管理工作的积极性。

（二）"城管+社区"

走访辖区内乡镇、社区 36 个共 200 余次。将城管部门的执法优势与基层社区的资源优势有机结合，协调市级有关部门为社区设置公共座椅、阻车杆 21 处，设置城管便民宣传栏 80 个，非机动车停车杆 30 余处，有效保障了周边居民休闲娱乐需求；联合瓦店村设置农民自产果蔬销售点 2 个，有效解决了机场路自产销农户"卖难"问题；与社区协调开展联合治理行动 500 余次。

（三）"城管+商户"

分街区、分阶段组织星河湾小区外河堤、御旗路及万宝市场周边等辖区 2316 户商家进行座谈，召开"城管+商户""坝坝会"120 余次，并通过"城管+商户"互动交流微信群收集意见建议 1000 余条。指导商户店招设置、规范宣传、规范施工等 1000 余次；设置城管便民宣传栏 12 个，非机动车停车杆 25 处；上门服务商家 2000 余次，指导商户设置店招、规范宣传、规范施工 1000 余次；牵头成立了"城北商会联盟""剑门路东段商家成立自治委员会""南山商会"等自治组织 8 个。与商家形成了良好的沟通和互动机制，实现市容秩序共建共管共享。

一年来，通过"强基础、转作风、树形象"专项行动开展，我局执法队伍思想作风建设进一步加强，执法人员综合素质有效提高，执法效能更加显著，执法形象明显改善，有力保证了辖区城市管理各项工作顺利推进。但是，我们也清醒认识到，我们的工作与党和人民群众的新要求相比还有差距。我们将认真贯彻落实党的"十九大"精神，不忘初心，砥砺前行，准确把握新时期城市管理工作重点和努力方向，为护航助推区域社会经济发展、服务城市建设、服务市民群众作出涪城城管人应有的更大的贡献。

凝心聚力　奋勇争先
全面开创城市管理新局面

广东省汕头市潮南区城市管理和综合执法局

近年来，潮南区城管局认真贯彻落实上级关于加强城市管理的一系列工作部署，结合创文强管、巩卫迎检工作，凝心聚力，对标对表，强力推进市政工程项目建设，深化市容环境秩序综合整治，打好创建全国文明城市攻坚战，开创新时代城市管理新局面。

一、敢于担当，在压实城市管理责任上精准定位

城市管理是城市工作的永恒主题，抓城市管理就是从战略上抓发展、抓民生、抓招商引资。区城管局紧紧围绕提高城市管理效率和管理水平为宗旨，敢于担当，主动作为，压实责任，全面提升城市管理水平。

一是领导重视，明确职责。区城管局把城市管理工作作为转变发展方式、推动高质量发展的重要举措，切实加强领导，全面压实责任，从局主要领导、到分管领导、到具体股室、到具体人员，都明确责任分工，细化工作任务，形成了人人肩上有责任、个个手中有任务、一级抓一级、层层抓落实的责任体系。同时，根据新时期城管管理的重点难点，推动政府部门职能角色转变，推行政府购买社会服务方式，逐步把卫生保洁、园林绿化、路灯养护等城市管理推向市场。

二是部门联动，齐抓共管。区城管委对全区城管工作实施统一指挥、管理，形成"以区为中心、镇（街道）为重点、村居为基础"的城管体系，做到城乡管理决策集中、指挥统一、层次分明、协调高效，真正构筑潮南城管工作的长效机制，推进城市管理制度化、规范化、法制化、网格化、数字化。

三是强化督查，推进落实。紧扣城市综合管理、"百村示范千村整治"、创文强管、巩卫迎检等重点工作，研究制订《潮南区城镇市容环境卫生管理考核办法》《汕头市潮南区环境卫生整治考核工作方案》《潮南区环境卫生整治工作问责暂行办法》，为抓好城管工作提供重要遵循。为确保城管各项工作顺利推进，区城管局充分发挥督查考核利剑作用，专门成立督查考核组，加大城镇市容环境整治督查力度，并将加强城市管理工作纳入各镇（街道）经济社会主要任务完成的考核内容，充分发挥城管考核的杠杆作用，促进市容环境全面提升。

二、创新举措，在完善城乡生活垃圾体系上精准破题

区城管局在区委、区政府的坚强领导下，通过高起点谋划、高标准建设、高效益补偿，成功推动区生活垃圾焚烧发电厂项目落地投产，为完善城乡生活垃圾体系作出了积极贡献。目前，区生活垃圾焚烧发电厂项目平均日处理生活垃圾约 1100 吨，每日并网发电近 40 万千瓦时，真正实现垃圾变废为宝。

一是高起点谋划，科学选址促项目落地。区城管局认真研究制定区生活垃圾焚烧发电厂项目建设工作方案和倒计时工作计划，定期加强工作协调，对存在问题做到逐个挂号、逐个解决、逐个销号，有条不紊地推进项目选址、定址和前期相关工作。为科学合理确定项目选址，把握工作主动权，首先在 11 个镇（街道）各筛选一个垃圾焚烧发电厂的建设地点，邀请专家反复进行现场踏勘论证，多个选址方案进行比对，拟选择优佳地址，并把专家意见、建设标准和相关承诺及时公之于众，交由群众广泛深入讨论、形成广泛共识。我们在广泛征求当地群众意见后，还发挥潮南分布在世界各地的乡贤和精英的独特优势，通过乡贤支持的声音传入群众心中，为项目顺利落地打下了坚实的群众基础，最终确定选址于两英镇风华村古楼山大坷尾洋地块启动项目首期建设。

二是高标准建设，先进技术消群众顾虑。为打消群众心理疑虑，区城管局先后组织三批两英镇及风华村 80 多名村民代表赴成都祥福生活垃圾焚烧发电厂参观考察。通过实地察看厂区规划建设，了解垃圾焚烧发电采用的工艺技术、运作流程，让村民切身体会垃圾焚烧发电对生活垃圾减量化、资源化、无害化处理的优势，增加村民对垃圾焚烧发电的认可度。目前，区生活垃圾焚烧发电项目烟气排放执行最严标准，即《生活垃圾焚烧污染控制标准》GB18485-2014 和《欧盟 2000 烟气排放标准》（EU2000/76/EC）。飞灰处置严格按照危险废物的标准，采用国际上先进的飞灰处理技术，将飞灰与水泥、螯合剂混合生成螯合物，固化、稳定化后进行安全填埋，能够最大限度减少对环境和群众的影响。

三是高效益补偿，邻避项目变邻利标杆。注重创新补偿机制，按照"谁受益、谁付费，谁受损、谁受偿"的原则，以高于被征地正常补偿的标准，在项目动工前一次性给予两英镇风华村 1634 多万元征地建设生态补偿费。帮助全村村民每年缴纳 400 多万元医保、城乡养老保险，项目建成投产后逐年支付。投资 1640 多万元帮助风华村修建道路、桥梁、校舍和老人活动中心等公共基础设施，切实改善当地群众生产生活条件。我们还解决农民公寓用地指标 65 亩、工业用地指标 80 亩，对风华村不收取生活垃圾处理费。通过一系列惠民利民举措，使项目建设得到当地群众的支持和拥护。此外，为确保区生活垃圾焚烧发电厂建成后真正发挥效益，我们还同步推进 18 个镇级垃圾压缩站、232 个村居垃圾收集点建设，建立"村收集、镇转运、区处理"的生活垃圾收处体系。

三、加大投入，在完善市政基础设施建设上精准施策

市政基础设施是一个城市文明进步的标志。区城管局积极争取上级支持，加大资金投入力度，不断完善市政基础设施配套，提升城市服务功能。

一是加快污水处理设施建设。落实倒逼机制，建立优化提速、容缺后补、"三边"落地工作机制，积极协调解决征地拆迁、管线迁建等问题，超常规推进污水处理设施建设。潮南五座污水处理厂配套管网项目开工面210个，已投入资金约13.3亿元，完成拆迁总量约81.86%。五座污水处理厂厂区完成总工程量45.42%；污水管网完成144.82公里，占总工程量41.76%。此外，峡山大溪流域截污工程PPP项目、峡山大溪流域截污清淤及景观提升EPC项目完成管网39.8公里。

二是加快环卫示范村建设。积极编制《汕头市潮南区"厕所革命"三年行动计划（2018—2020）》，稳步推进"厕所革命"，已新建改造公厕27座，提升全区公共厕所管理水平。结合创文强管向农村基层延伸的工作部署，继续推进环境卫生示范村居项目，在全区11个镇（街道）优先选取环境卫生管理工作基础比较好、常住人口数中上的村居作为全区垃圾治理示范村。至目前，已投入2400多万元，建成峡山街道泗联社区、陈店镇汕柄村等108个环境卫生示范村居，覆盖率达到47%。通过由点及面，示范带动，提高我区城乡环卫管理水平。

三是加快交通网络建设。创新补偿机制，破解征地拆迁难题，创造无障碍施工环境，加快"一一三三四五"交通道路项目建设，构建大交通网络格局。目前，峡新公路全线拉通，环城公路完成分段验收使用，陈沙大道改建工程全面铺开，首批16个乡村道路畅通工程已开工11个，揭惠高速公路全线通车，深汕高速、揭惠高速以及规划建设中的汕汕高铁、汕湛高速、潮汕环线均在我区设站或出入口，国道324线、省道和惠公路、司神公路、陈沙公路等贯穿境内，全区"一高铁四高速"和"四横两纵四联络"一级公路的交通网络格局正逐步形成。

四、对标对表，在创建文明城市上精准攻坚

全国文明城市是含金量十足的城市品牌。区城管局把创文强管作为改善城乡环境、提升区域形象的重要内容，咬定目标，对标对表，久久为功，全面打响创建文明城市攻坚战。

一是加强环境卫生管理。结合练江流域综合整治，开展"五清"专项行动，共投入资金6324.6万元，人力68297人次，机械24511车/台，清理非法排污口3个，清淤河道沟渠209.45公里，清理违规构筑物3.23万平方米，清理水面漂浮物13.15万吨，清理河湖障碍物331处。以实施"门前三包"为总抓手，集中解决好居民区门口、主干道两侧的市容"门前三包"整治。实施城管执法与文明卫生劝导工作"一体化"模式，开展"黑烧烤"摊点清理整治行动，加强城区主次干道的户外广告排查整治，共组织开展专项整治行动48场次，

出动 4823 人次，清理拆除整改广告牌 1030 块，清理乱摆乱卖 9942 宗。

二是组织拆违整治行动。结合创文强管工作，全区范围组织开展拆违专项治理行动，整合多方力量，发动机关工作人员、村干部、党员，带头从自身拆起、从亲朋好友拆起，从而引导其他群众实现态度转变。2018 年度，共组织拆违行动 2.3 万多场，拆除违章建筑物 5.7 万多处，面积 98.7 万平方米；动员企业主动拆违，共有 46 家企业主动拆违，面积 5640 平方米。

三是改造升级农贸市场。农贸市场是城市文明形象的展示窗口，结合实际，通过研究部署，强化措施，落实责任，推进全区农贸市场的改造升级工作深入开展，努力为市民营造整洁、有序、安全的消费购物环境。现已有峡山南里市场、峡山肉菜市场等 10 个农贸市场完成升级改造。以胪岗凤泰市场和峡山街道综合市场、南里综合市场为示范，以"农＋超"模式建设，配套安装视频监控，设置市场档位分类标识、宣传牌，通过示范带动，推动全区农贸市场改造升级。

五、广泛发动，在营造城市文明建设氛围上精准发力

城市管理工作的提升，离不开各级党政的高度重视及大力支持，更离不开广大市民的自觉参与及共同维护。区城管局多措并举、创设载体，全方位加大宣传力度，积极动员群众广泛参与城市文明建设。

一是营造舆论宣传氛围。充分发挥广播电视台主流媒体主阵地作用和"两微一端"等新媒体生力军作用，多角度、多形式开展创文宣传报道，精品策划主题宣传，区电视台共播放公益广告 4800 多条次，各镇街有线电视站也在固定时段播放公益广告，营造文明城市建设的舆论氛围。

二是营造社会宣传氛围。加强"创文强管""守护练江"等中心工作宣传，充分利用龙门架、T 型牌、建筑围栏等载体，广泛设置大型公益广告。做好全区创文提质升级公益宣传氛围布置，制作创文强管和社会主义核心价值观宣传板和海报 9000 块，印制分发文明礼仪小册子 30 多万份；专门设计 22 个类别的公益广告设计图供各地各单位使用，引导全体民众共同参与文明创建。

三是营造全民参与氛围。将每年 9 月 24～30 日定为"城市管理宣传周"，以"全民参与城市管理，携手共建美丽潮南"为主题，通过举办网络民意调查、主题灯谜会猜、城管知识公开讲座、微博宣传、印发倡议书、政策咨询等活动，广泛宣传城市管理相关法律法规，积极展示市容环境整治成效，曝光城区部分路段"八乱"现象。深化"潮志愿·文明行"品牌活动，目前潮南区注册人数 19.17 万，注册率 14.4%，活跃度 51.03%，人均服务时长 12.67 小时。通过在全区营造浓厚的舆论氛围，引导广大市民积极参与城市管理，使广大群众成为创建文明城市的参与者和享受者。

创新城管体制机制 实现城市常态化管理

湖北省大冶市城市管理执法局

文明创建活动开展以来，大冶市城市管理执法局着力推进城管执法体制改革、环卫市场化改革，重点加强"三定四有五到位"常态化管理，破解城市管理重点难点问题，全面加强城市管理宣传教育，推动群众成为创建主体，建立市民全面参与城市管理的工作格局，逐步实现城市管理工作规范化、长效化、精细化，我们的主要做法是：

一、抓体制改革，构建城市管理长效机制

（一）体制改革是根本

根据《中共湖北省委、湖北省人民政府关于深入推进城市执法体制改革改进城市管理工作的实施意见》（鄂发〔2016〕38 号）精神，我市 2017 年初分别在市政府常务会议和市委常委会议上就城市管理执法体制改革工作进行专题研究，市政府出台了〔2017〕2 号常务会议纪要，对城市管理执法体制改革相关问题明确了意见，2017 年 3 月 16 日，市编委印发了《大冶市城市管理执法局主要职责内设机构和人员编制规定》，将市规划局、市城乡建设局、市房地产管理局、市环境保护局、市工商行政管理局、市公安局、市水务局和市食品药品监督管理局，与城市管理和城镇管理相关的行政处罚权及相应的行政强制权划入市城市管理执法局。增设城市停车管理科、环境及食品药品管理科、规划建设管理科3 个机关科室，将有关编制划入城管执法大队，现已实现了常态化管理，通过全面深化城管执法体制改革，完善城市管理法规和标准体系，理顺执法体制机制，实现城市精细化管理。

停车管理方面，职能科室与城区四大片区密切配合，形成了各片区路段"三定四有五到位"城管队员巡查对违停车辆拍照取证，汇总到职能科室统一对接上传交警大队平台的工作模式。同时，新成立的停车管理中队与交警机动队紧密配合常态化对城区各路段开展乱停乱放整治，已累计开出违停罚单 45257 张，车辆乱停乱放整治群上传违法车辆 2094 台，共计拖车 937 台；油烟噪音方面，一是主动全面摸排。全市范围内总计摸排餐饮业 874 家（包括餐馆 558 家、早点、小吃 263 家、烧烤店 53 家），安装油烟净化设施 611 家。二是处理信访投诉。坚持信访受理"三个一"：即第一时间与信访人见面了解相关情况及信访人的合理诉求；第一时间赶到现场了解情况及调查取证，积极处理；第一时间将处理情况向信

访人回复。累计处理投诉投诉238起，其中油烟噪声投诉223起。下达限期整改通知书169份，噪声及时处理到位125家。三是完善设施设备。是针对噪音扰民的突出问题，我局在会展中心等公共场所安装噪音检测仪器10台，便携式噪音检测仪也已配备使用，实施常态化日常监管。针对非法填湖占湖问题，新成立的环保水务中队加强日常巡查监管，并组织人员、设备对三里七湖倾倒渣土侵占湖面、城南客运站倾倒渣土侵占湖面等非法填湖占湖行为进行治理；在规划建设上，按市委、市政府关于查违控违的继续巩固和加大对新增违法建设的查处打击力度，紧紧围绕城乡建设进程查违，围绕重点项目建设查违，围绕群众反映热点难点问题查违，围绕各级领导督察督办查违，指导、督促各乡镇、街办、经济开发区继续保持高压打击态势，切实履行属地违建监管工作职责，全力打击各类违法建设行为。全年组织协调、督办、查处违法建设186处，下达《湖北省建设行政执法责令停工通知书》153份，下达《违法建设告知书》44份，向辖区单位送达违建监管工作督办函3份，会同辖区责任单位组织组织拆违行动51次，拆除违建70处，共拆除违建面积13248.82平方米，执法宣传车在中心城区重点区域宣传28余次。通过不断深化城管执法体制改革，进一步提高城市精细化管理水平，城市市容秩序得到明显改观。

（二）机制创新是关键

为全面提升城市精细化管理，完善管理机制，实施了环卫市场化改革。通过公开招标，引入社会力量参与环卫治理，将城区环卫工作全部交由企业市场化运作，通过政府购买保洁服务，有效解决城区环境综合治理没人办事、没钱办事的难题，走出了一条市场化破解"垃圾治理"的新路子。

2017年2月，经市政府常务会议和市委常委会议研究决定，正式启动城区环卫市场化招标工作。4月份，三家中标企业（深圳市升阳升公司、长沙玉诚公司和丽水市红花物业公司）先后正式进场运营，年服务费2708.65万元。其中一标段中标价1023.18万元，保洁面积165.34万平方米，（维持2011年中标结果，新增服务范围费用执行原中标标准，新增服务内容费用按照财政价执行），综合单价6.24元/平方米；二标段中标价1020.67万元，保洁面积166.35万平方米，综合单价6.14元/平方米；三标段中标价664.8万元，保洁面积143.72万平方米，综合单价4.63元/平方米。从目前市场化运作情况看，效果明显。一是环卫作业面积及时扩大，改革后城区一、二、三标段清扫保洁面积达475.41万平方米，相比改革前的298.5万平方米增长了59.27%，实现城区全覆盖。二是环卫作业内容更加广泛，比市场化之前更广泛、更具体。三是清扫保洁人员明显增加，有力促进了环卫作业质量的提高。四是清扫保洁频率和效率明显提高，市民投诉率明显下降。五是管理体制机制进一步完善，实现了"政事分离""干管分离"，在市环卫局成立环卫作业考评中心，组建管理考评队伍，相继出台了《环卫作业管理考核办法》《环卫作业考评细则》，对城区环卫作业实行严格考评，加强市场监管。通过发挥市场作用，环卫作业全面引入企业机制和竞争机制，实现作业效能明显提升。

（三）管理创新是驱动

将我市首创的"三定四有五到位"常态管理措施作为提升城市管理水平的攻坚点，作为"创建全国文明城市"的重要保障，促进了城市长效化管理。

"三定"即定路段、定人员、定任务标准。"定路段"，指城区每条主次干道、背街小巷都纳入常态化管理。目前我市已将城区划分为六个片区，覆盖经济开发区、东岳路街办、金湖街办、大箕铺镇80余条道路和街巷，实行的是城区路段全覆盖管理。"定人员"，原则上对六个片区的每一条道路和街巷都明确安排两名管理人员包保管理。"定任务"，重点对城区出店经营、占道经营（流动摊贩）、乱牵乱挂、乱停乱靠、甜搭乱建、"门前三包"、临街门店立面、户外广告、早点夜市、油烟噪声等开展整治和日常管理。

"四有"即实行每一条路建立一套数据库，对管理对象户摸清底数；每条道路要配备一台执法记录仪，实行调查取证，执法过程监督；每名执法人员有一张执法记录卡，如实记录管理情况并及时录入数据库；每名执法人员携带一本处罚单，对违规行为及时开具处罚文书。

"五到位"是具体的执法整治措施。其中第一步是排查建档到位，严格按《大治市城区市容环境划片管理、综合整治工作方案》要求对每条道路临街门店和流动商贩的详细情况进行全面摸底，并建立数据库；第二步是法制宣传到位，对片区路段临街门店、游商逐店逐人发放、张贴市容环境管理"温馨提示卡"，并对发生的违规行为开展法制宣传教育，实行首次提醒，督促自行整改，并做好调查取证工作，录入执法记录卡和数据库；第三步是督促整改到位，对经法制宣传后仍出现违法行为的，对违法对象要进行现场批评教育，第二次督促整改，并继续做好调查取证，计入执法记录卡和数据库；第四步是处罚强制到位，对两次督促整改后仍然出现违法行为的，在现场督促整改的同时，对违规行为要开具《处罚单》给予现场罚款，促使自行整改；对批评教育、现场罚款依然拒不整改的，按照法律法规实行强制没收、取缔措施；第五步是严格打击到位。对影响严重、屡教不改、屡改屡犯的"钉子户""重灾户"，以各片区为单位，组织城管、公安、工商、食药监、社区等多部门开展联合集中整治，该注销执照的一律注销，对暴力抗法等违法犯罪的一律绳之以法。

"三定四有五到位"常态管理措施有效避免了过去整治后再反弹的怪圈，通过集中整治与常态管理相结合，固定值守与动态巡查相结合，日常管理与错时执法相结合，初步实现整治一处、固守一处、长效一处。同时，"三定四有五到位"机制提出了非常人性化的管理措施，即对违法行为实行首次提醒、再次督促整改、三次现场罚款、四次强制取缔，给违法违规行为自我纠正的余地，逐步探索出了一条科学、严格、精细、长效的城市管理新路子。

二、抓重点整治，保持良好市容市貌秩序

一是全力实施市容秩序管理长效化。按照我市城市管理"三定四有五到位"工作法，将责任进一步细化，实现日常监管与长效治理有机结合，对城区街道落实全方位无死角监管，对城区主次干道临街商户统一签订门前三包责任书。建立临街门店和流动商贩大数据库，加强宣传劝导，严格执法。坚持日常巡查与重点整治相结合，积极推行错时执法和弹性工作制，强化对早、中、晚等管理力量较薄弱时段的机动巡查，加强重点区域和位置的错时值守，特别是对晚上夜市加大监管力度，露天烧烤全面取缔，城市市容秩序明显改善。

二是着力实施环境卫生保洁精细化。各相关单位按照《大冶市城区环卫作业市场化改革实施方案》职责和要求，充分发挥机械化作业优势，利用各类清洗车对主次干道、背街小巷、人行横道等进行反复冲洗，机扫率达到 75% 以上。同时，通过更新维护果皮箱、垃圾箱等环卫设施，加强生活垃圾的收集与运输，推行先进的处理工艺、改造维护垃圾中转站、收集站及压缩转运箱，制定了严格的环境卫生管理考核细则，每日组织不定时巡查，每月组织对保洁公司进行考评。切实改善了城区人居环境，助推全国文明城市创建成功。

三是大力实施管理绿化管养精品化。一方面着力提升园林绿化精细化管理水平，实行"三线"督办，严格按绿化养护标准进行日常考核（即每天工段长对各自路段进行巡查，做好督办日志；园林局组织专班每周对工段长和一线养护工人工作情况进行督办；城管局绿化科每月进行抽查，并将整个督办检查的结果进行通报，且与年终绩效工资和评先评优挂钩）。同时，加强绿化管理力度，强化损绿毁绿行为监管，维护园林绿化规划的严肃性，把好绿化审批关，加强行业管理。积极参与我市绿化工程方案评审、施工监管和工程验收工作，做好园林企业资质年审、升级、审核管理。另一方面，充分发挥绿色图章作用，做好城市规划区内新建、改建、扩建工程项目绿化用地及绿化工程规划方案的审查和工程监管。实施花漫大冶计划，对城区重要节点、公园（广场）和道路的特色景观进行提升，全面打造园林精品，促进大冶成为"四季花城"。举办第二届花卉展，向市民宣传普及园林、花卉等知识，提高市民爱绿护绿意识。以国家园林城市复查、全省县域经济调研会等重大活动为契机，按照"一街一景"原则，重点打造了七里界转盘及周边、高铁大道北段绿化带、快速路绿化带、建设局及罗桥大道欧蓓莎导流岛、坑头导流岛等园林精品工程，进一步刷新大冶颜值，提升城市品味。

四是倾力实施市政设施维护规范化。坚持"随破随补"的原则，对破损道路及时修复，确保市民安全出行。针对汽车违规驶入人行道，部分路面反复破损和重复维修的情况，在一些车流量大的路段、路口，我局改变以往人行道的结构，用混凝土作为稳定层，表面使用新型材料陶瓷颗粒进行敷铺或进行水磨石工艺，不仅解决人行道维修养护难问题，同时增强了人行道路面强度，维修率也得到大幅降低。

五是合理实施城区道路扬尘治理常态化。针对性的制定了城区道路洒水降尘方案，特别是对一些市民生活息息相关的等重点区域，排出洒水降尘排班表，进一步细化工作任务，环卫洒水降尘车和园林喷雾抑尘车洒水时段无缝对接，洒水时段互补，确保各时间段都有洒水车作业。扬尘治理，市政府一次性投入 230 万元，购置了 3 台喷雾抑尘车，在城区范围巡回喷雾降尘。渣土管控上，从源头上加强渣土运输审批监管，对不符合渣土运输规范的工地，严格不予办理渣土运输手续，联合建设部门对重点工程工地加强监管，树立标杆，带头示范。同时，不定期在各个城区进出路口设卡，开展夜间整治月活动等，严格控制渣土运输车辆进入城区或主干道。后续拟对大冶市所有渣土运输车辆安装 GPS 定位系统，同时与城管大队网格中心对接，将渣土运输车辆纳入网格中心监管，实行渣土运输网格化管理。

三、抓宣传教育，营造城市管理良好氛围

一是加强城管队伍培训学习。坚持从"法治城管"建设入手，加大法律规范和业务知识培训，组织了 2018 年大冶市城管执法人员集中教育培训班，分批次对全市 14 个乡镇场、街办、开发区共计 304 名执法人员进行了集训。进一步提高队伍业务能力，加强法制学习，倡导人性化的管理理念，引导城管人求真务实，增强服务意识，提升文明执法水平，提高群众对城管的满意度。

二是推动群众成为创建主体。这项工作是抓住了城市创建的牛鼻子，充分体现了"人民城市人民管，管好城市为人民"的理念，破解了城市管理多年的难题。发动全社会群众自觉遵守城市管理法律法规，号召全社会参与文明创建，自觉遵守市民公约。商街自治、城管进社区等活动陆续开展，城管体验志愿服务岗办出了特色，活动开展以来共计接收和组织 1000 余名不文明行为人在城区范围参加体验活动，劝导出店经营、占道经营、乱停乱放、随意乱仍垃圾等各类不文明行为 20000 余次，发放各类文明宣传资料 10000 余份。城区 7 处学雷锋志愿服务岗城管岗亭开展各类志愿服务活动 510 余次，征集市民群众各类建议意见 388 条。城市管理就是与不文明行为作斗争，通过体验执法教育转化，引导群众参与城市创建，改变了城市管理城管唱独角戏的局面。

三是加大曝光力度。设立曝光台，对不文明行为实施舆论监督。在日常街道管理过程中，对不文明行为进行劝导，对屡次违反规定或拒不改正的，执法队员将记录上报曝光，要求违规对象如实填写《家庭情况基本情况表》，汇总不文明行为曝光教育情况，并每日向市文明办报送不文明信息，累计上报 100 余条不文明行为信息。

四是加强不文明行为的教育与劝导。在教育劝导的同时，加大对乱丢乱扔、乱穿马路、乱堆乱放、乱牵乱挂、乱搭乱建、乱吐痰等"十乱"行为的处罚，同时依托文明学院城管教学点，组织管理服务对象、各类社会组织和自治组织工作人员、各类志愿者、不文明行为人定期开展文明教学活动，营造浓厚的严管氛围，文明学院 9 月开班以来，已成功组织两期教育转化培训，后续将持续开展文明教学活动，引导发动群总广泛参与城市创建工作。

　　五是强化"门前三包"责任制落实。"三定四有五到位"人员重点抓好"门前三包"落实情况。每周由市创建办牵头，组织城管、社会监督员、街办、社区等对"门前三包"落实情况全面检查，对检查的问题进行交办，要求各责任单位限期整改。同时，对责任人进行角色互换体验，接受文明教育转化。以全面落实门前三包责任制为抓手，动员部门单位和全体市民参与城市管理，汇聚民力、齐抓共管。

　　六是开展"每周一次城管进社区"活动。"每周一进"是推动群众成为创建主体的具体体现，基本原则是"门前三包进社区、垃圾分类进社区"。每周进一个社区，就社区存在的市容秩序、环境卫生、园林绿化、市政维护等方面的问题，带领城管系统职能部门与市创建办、社区、商街人员先查看居民反映的焦点难点问题，后召开现场交办会，限期销号整改，整改表必须有社区书记的签字才算销号，同时纳入城管系统不担当、不作为、慢作为工作之列。

印记在群众心中的好"城管"

四川省若尔盖县城市管理局 张 华

暴雨，持续的暴雨，肆虐着高原小城若尔盖县。受强降雨影响，该县境内热曲河、黑河水位暴涨，超出警戒水位。县城所在地达扎寺镇受灾严重。县城东西两边的红光村、岭嘎村等出现严重内涝群众的生命财产安全受到严重威胁。面对突如其来的洪涝灾害，若尔盖县城市管理局全体干部职工挺身而出，义无反顾地投身到抵御洪魔的生死搏斗中，如中流砥柱，屹立于滔滔洪流，谱写了一曲人民城管为人民，无私奉献，荡气回肠的抗洪抢险战歌。

汛情就是命令

2018 年 7 月 10 日傍晚，若尔盖县城市管理局接到汛情通知后，局长尕让桑格立即组织城管局人员迅速行动，赶赴受灾严重的红光村，根据县委县政府的安排，全体人员全身心投入到抗洪抢险工作中。装沙袋、堵漏、调集垃圾场的装载机、安装抽水泵、帮助受灾群众抢救物资……从当晚一直到第二天凌晨三点过，城管人一直浸泡在冰冷的雨水中。由于人员不足，城管局的工作人员们只好"身兼数职"，他们凌晨 6 点多便开工，到晚上 10 点多才收工，每人每天的工作时间达到 16 小时，城管大队的执法人员每天忙于抗洪抢险，环卫所的工作人员也未闲着，他们刚从垃圾清运车上下来，又跳上铲车，铲车停下来，又开动洒水车对路面进行喷洒清洗。在抢险期间，城市管理局全体人员中午也不休息，饿了就吃个泡面，渴了就喝一口冰水……路边的商家和群众看到顶着烈日一直在路上忙碌的环卫工人和"城管"，纷纷前来帮忙，甚至有的商贩也拿出了水泵、铁锹加入城管的抢险队伍。小小的举动，却让"城管"队员们有了久违的感动，往日里因管理乱摆摊而被群众殴打、辱骂的委屈都被这一举动融化了，不论群众是排斥也好，点赞也罢，这群可爱的"城管"们就这样一直守护着美丽的若尔盖县。

舍小家顾大家

"把个人困难丢在一旁，把大家的困难扛在肩。"这是对城管大队用甲、夺吉八么、夏多甲三位队员真实写照。在洪水肆虐的日日夜夜中，三位队员家中水深达到 1 米，20 多

公分厚的淤泥；还有被洪水泡坏的洗衣机、冰箱、电视和潮湿凌乱的被褥……床垫、沙发全漂在水中，大米、面粉、青稞全部湿透……自家的东西都没有抢出来，但队员们舍弃小家，每天依然与县抗洪抢险队一起的早出晚归。填砂、扛袋、清淤、排洪。城管人都清楚三位队员家中情况，大家并未都说什么，只是卯足了劲量做到为受灾群众多抢出一点东西，尽自己最大努力减少群众损失。

城管突击队始终坚持在抢险救灾的一线，饿了啃两口饼干、渴了喝一口矿泉水，困了，背靠着背打个盹，这是每名城管突击队员的真实写照。在抢险救灾中，全体城管人没有党员与非党员之分，大家齐心协力，涉水帮忙转移群众物资达 10 余吨、筑垒防洪提 1000 余米、安全转移群众 200 多人、搭建救灾帐篷 30 余顶，成为此次红光村抗洪抢险工作中流砥柱。

妥安置定民心

为最大限度让转移安置灾民住的安心、舒心。洪水稍退，在抢险的间隙间，城管人立刻组织力量在红光村地势较高地为受灾群众搭建救灾帐篷，让他们有一个临时住处，并做好受灾户的情绪稳定工作。每天安排洒水车辆为红光村、领嘎村灾民安置点送出甘甜可口的饮用水，垃圾清运车辆随时待命清除安置点和受灾区域的垃圾。洪水退后，为帮助受灾群众尽快返回家园，县城市管理局又将全局在岗男职工组织起来，加入县委县政府成立的清淤队。他们清理着红光村、领嘎村入户路面，群众院坝的淤泥。他们胳膊困了、手上磨起血泡，都不敢停下来休息，她们的衣服上、头发上、眼睛上、手上全是泥浆，但她们却毫无察觉。因为他们知道，自己多耽误一分钟，群众就晚一分钟走上干净的道路。

在此次抗洪抢险中，县城市管理局局长带头，深入一线。为确保全红光村每一名群众的生命财产安全，局长尕让桑格深入灾情一线，详细调查走访受灾群众的具体情况，对其它隐患进行全面排摸和及时处置，全力应对次生灾害的发生，并组织城管大队队员在重点灾害点、路段、河堤等处，进行 24 小时不间断巡逻。确保了群众生命财产安全。

扎实推进"强转树" 构建人民满意城管

山西省太原市小店区城乡管理行政执法局

在住建部、省住建厅部署开展城管队伍"强基础、转作风、树形象"专项行动以来，小店区城乡管理执法局扎实推进牢固树立"以人民为中心"的发展理念和"为人民管理城市"的工作理念，增强法制意识，提升管理和服务水平，以队伍建设为基础，做实作风转变、解决民生问题，构建人民满意的城管。

一、打铁需自身硬 队伍素质着力提高

（一）加强思想政治工作认识

贯彻好专项行动，必须将思想认识摆在首要位置。深刻领会习近平新时代中国特色社会主义思想内涵，组织全体职工学习习近平总书记系列重要讲话精神。引导广大党员干部以党章党规为"镜"，经常性对照检查，规范工作言行，不断增强贯彻执行的自觉性。不断夯实党的基层组织基础，加强和规范新形势下党内政治生活，内强素质外塑形象，强化党员素质，全面提升城市管理水平。

（二）积极组织各类培训，提升执法队伍建设

出台《小店区执法局基本工作制度》《小店区执法局队容风纪管理规定》等20项内部管理制度，用制度规范执法队员日常行为，严格执行城市管理行政执法人员行为规范，加强队容风纪、执法程序规范、仪表形象等管理，让每一项工作都按程序办理，规范化运作，真正实现制度化，切实做到用制度管人、管事。通过领导带头授课，结合实际案例宣讲"新形势下队伍管理新常态"等相关知识，引导城管执法人员树立正确的人生观、价值观，提高队伍综合能力。

（三）完善城市管理综合考评机制

出台《小店区城市管理综合考评办法》，实行分片包干、责任到人的措施，落实执法大（中）队责任，严格执行首问负责制。以步行和车巡相结合的日常巡逻方式，对重点片区违法行为进行复查和监督，提高工作效能。并根据考核细则完善奖惩机制，根据工作实绩对执法队员进行考核，考核结果与年底评先创优挂钩。

（四）严肃执法纪律

严格遵守《行政处罚法》《城市管理执法办法》等法律法规，严禁无证从事执法工作；

严禁故意毁损，非法查封、扣押、处置相对人物品和乱罚款；严禁吃、拿、卡、要；严禁私用执法车辆；严禁威胁、辱骂、殴打相对人；严禁包庇、纵容违法违规行为。协管人员配合从事宣传教育、巡查、信息采集、违法行为劝阻等辅助事务。

二、主动作为有实效　管理手段不断增强

（一）加强服务引导，坚持"721 工作法"

以"721"工作法为工作准则，坚持方便市民、规范管理的服务原则，将处罚与教育有机结合，通过灵活运用说服教育、沟通劝导、行政指导等非强制行政手段，引导群众自觉遵守法律法规。同时，充分运用小店发布微信公众号、智慧党建、12319 城管热线、太原志愿者等平台，畅通互动渠道，普及城管知识，接受公众监督，回应社会关切，改善城管形象。

（二）严格文明执法，规范执法行为

各中队执法人员严格按照《中华人民共和国行政处罚法》等有关规定依法行政，严格规范执法。执法人员严格依照法定职权和程序开展执法工作，按规定穿着统一的制式服装、佩戴标识标志，主动出示执法证件，做到执法方式适当，措施适当，行为适当。面对暴力抗法等妨碍公务行为均能冷静处置，避免冲突扩大。同时大力推进执法全过程记录，对执法程序启动、调查取证、送达执行等各个阶段进行全过程跟踪记录，做到全过程留痕、可回溯管理和制约。

（三）建立城市管理工作台帐，创新办案模式

为进一步规范执法程序，严格执法处罚，解决"调查取证难、处罚难"的问题，中队执法人员积极探索"非接触性"执法办案新模式，在当事人不配合执法工作的情况下通过采集影像资料等多种取证方式确定违法主体和违法行为，固定证据，既保障执法效果，又维护法律法规的尊严，打破了原固化的取证方式，有效提升取证水平。严格执法文书的领取、发放、使用、整理、存档，制定规范案例样本，汇总案例。

（四）加强数字城管平台建设

小店区数字化城管中心于 2009 年 1 月组建运行，全面推进数字城管网格化管理，建立起"一级监督、二级指挥"管理运行模式，网络终端延伸到 7 个街办、3 个乡（镇）、6 个职能部门。

三、突出重点认真履职，及时解决民生问题

（一）全力整治占道经营，提升市容市貌

坚持问题导向与目标导向相结合，全面整治与重点突破相结合、集中整治与长效管理相结合的方法，持续开展占道经营整治工作，坚决取缔快速路、主次干道、重点区域、景

观景点、公园周边、人口密集等区域的占道经营，加大对主次干道乱设摊点、占道经营巡查频次，确保实现全覆盖、无盲区、精细化的管控。

（二）以强有力的措施，狠抓建筑工地扬尘污染

积极开展大气污染环境整治工作，对全区范围内的集体土地工地开展大气环境质量改善工作。严格按照文明工地"六个百分百"标准，对全面范围内的集体土地建筑工地进行了常态化督导巡查，发现问题及时制止并要求其整改。对停工工地陈旧围挡进行提档升级，积极开展非道路移动机械污染专项整治行动。通过24小时不间断巡查，遏制了油烟污染、燃烧炭火等行为，国控点周边整治取得了很好的成效。

（三）强力推进"双违"治理工作

进一步加强对违法建设的管控力度，对小店区内开展不间断、全方位、高频度的巡查，及时处置违法建设。严防突击抢建行为的发生，对新增的违法建筑要做到第一时间发现，第一时间进行处置，并向城乡环境综合治理主管部门汇报。在对违建的拆除过程中，建立快速、有效、合法的拆除程序，下达限期拆除通知书，拆除过程要严格组织，保证安全，加强对违法建设的打击力度。违法建设主要整治目标为：一是住宅小区内乱搭建。利用屋顶、露台搭建房屋改造；破墙、破窗改建门店；在小区内公共场地私搭乱建。二是建筑工地上违法新建、改建、扩建行为。三是在城市道路两边私搭乱建。

（四）加强宣传，创建良好的执法环境

积极进行宣传教育，将法律法规、地方法规精神贯穿在行动全过程，切实把思想和行动统一起来，制作关于安全、扫黑除恶交通整治宣传单、条幅，每辆执法车辆悬挂宣传标语，制作交通整治录音和环境整治录音利用执法车进行大力宣传，在人流量较多的场所组织开展《太原市文明行为促进条例》宣传活动，爱国卫生月活动，"学习雷锋好榜样 时代新人我先行"志愿服务月活动、"争做文明太原人"学雷锋志愿服务活动、扫黑除恶宣传活动、安全生产宣传咨询日等宣传活动，引导广大市民养成良好的行为习惯和生活方式，增强了卫生意识、秩序意识和环保观念，全面提升了全体市民文明素养。同时，充分利用小店信息、网络、新闻报刊等各种宣传平台和载体，全方位、多角度展示整治工作成果和执法队伍精神风貌，对内鼓舞干劲、凝聚人心，取得良好社会效果。

（五）清理共享单车，提升城市管理效能

对共享单车进行规范清理，截至目前，摸底排查数量约10600辆，积极与共享单车公司进行联系，要求各共享单车公司，合理进行摆放单车，排放整齐，不得乱摆乱放，要求单车各公司派人在路上进行巡查，发现问题，立即整改。我局各中队加大巡查力度，对发现乱摆乱放的单车进行规范和清理。二是按照《太原市城市管理条例》相关要求，对小店区内违规设置的地桩、地锁依法强制拆除。对违规设置的地锁下达通知，拆除地锁、阻车桩。

（六）开展文明交通整治工作行动

以"路面管理无缝接，工作责任网格化"为要求，坚持问题导向，取缔主干道、重点区域占道经营，尤其对机动车占道经营会同交警部门进行联合整治，面貌有了明显改观。采用街道网格化管理，各片区以点带面值守巡查。对于难点或重要地段采用各部门联合执法，每天派专人专车值守，及时发现问题及时处理。

小金县城市管理局
城乡环境综合治理农村环境整治工作实施情况

四川省小金县城市管理局

我县是国家级贫困县，多年来，城乡环境综合治理工作在州住建局的指导下，在县委、县政府的正确领导下，城乡环境综合治理水平不断提升，助力脱贫攻坚，取得了优异的成绩。2009年自城市管理局成立以来，我们的服务宗旨是"百姓城管，服务百姓"，在局长及局班子的带领下团结一致连续7年获得县级综合目标绩效管理一等奖，同时多次受到州级主管部门表彰，城乡环境治理工作得到全县老百姓的一致好评与认可。先后迎来了甘孜州、眉山市、青神县、郫都区等考察团学习交流城乡环境综合治理工作经验，得到了各处考察团的高度评价。

现就对城乡环境综合治理、农村人居环境整治行动实施情况报告如下：

一、健全领导机构，力促治理工作

（一）成立领导机构，建立健全制度

我县高度重视城乡环境综合治理工作，成立由县政府县长任组长，县委副书记、县政府分管副县长任副组长，部门主要负责人、各乡镇长为成员，县城市管理局局长为办公室主任的小金县城乡环境综合治理工作领导小组。各乡镇、县级单位成立以单位一把手为组长的综合治理领导小组，各村组成立以村支部书记为组长的领导小组，层层签订目标责任书，将城乡环境治理工作落实到村、到组、到户，切实做到责任明确、层层落实。

（二）加强资金投入，城乡环境治理有保障

一是今年县委、县政府安排城乡环境专项资金2010万元，用于全县88个贫困村、46个非贫困村（平均每村15万元）的环境综合治理经费，对各村环境进行大整治、大整改专项行动，重点对厕所、污水治理、垃圾收集点等有损农村环境的进行规范整治，目前各乡镇治理工作正在加紧建设中。

二是完善环境基础设施，表彰工作突出的乡镇。我县每年投入环境治理各项经费700余万元，其中：城区的环卫保洁工作实行公司化运作，政府每年投入490万元环卫经费，用于环卫设施的运行及环卫工人工资；市政维护维修及城区绿化费用182万元；环卫设备

更新费用 76 万元；城乡环境综合治理专项办公经费 115 万。

（三）抓督查促实效

一是在每个月对全县范围内的五乱治理、环境卫生等工作进行定期检查与不定期抽查，对发现的问题进行现场指导和现场处理。

二是县综合治理办不定时开展明查暗访，重点检查"三线一部"（即：交通沿线、河道沿线、旅游沿线、城乡结合部），确保我县环境治理工作落到实处，为打造"秀美小金、生态小金、红色小金"夯实基础。

2018 年，共督导检查环境治理工作 60 余次，整改环境卫生不到位 140 余处，现场发出口头整改通知 20 余次，书面整改通知 2 次。目前，我县基本实现县域内文明、整洁、优美、和谐。始终做到"发现一起责令整改一起"。为切实改善城乡面貌，提升我县城乡环境卫生管理水平，我县主要分管领导带领全县 21 个乡镇分管领导赴成都周边市县、湖南、陕西等地区学习交流城乡环境综合治理先进工作经验。

（四）抓重点解难题

一是以加强清扫保洁为重点，解决"垃圾乱扔"问题。通过完善垃圾收集点和容器设置，探索推行垃圾定时收集服务方式，实现清扫保洁由街道向死角延伸。

二是以整治市场秩序为重点，解决"摊位乱摆"问题。科学规划季节水果蔬菜市场买卖区域，落实专人负责市场管理，市场管理实现"标准化、人性化、规范化"。

三是以开展交通秩序治理为重点，解决"车辆乱停、乱放"问题。按照集中治理和日常监管相结合的办法，落实专项经费和人员，做好停车场点规划管理。

四是以规范施工行为为重点，解决"工地乱象"问题。加大对施工行为的监管，要求业主建设施工规范、建材堆放规范、车辆出入规范。

五是以道路清障，边沟清淤，路基绿化为重点，改善乡村、组、户道路环境。在旅游沿线乡镇实施美化亮化工程，加强了公厕卫生管理。以我县本土文化和特产为背景，安装了苹果雕塑及"小金欢迎您"的特色标识，美化了城区入口。

（五）抓扶贫助实效

坚持以"环境促扶贫"为抓手来服务脱贫工作，环境治理工作就是民生基础工作，更是提升群众生产生活品质和卫生健康环境的重要途径。村两委安排建档立卡贫困户公益性岗位人员对村组道路沿线进行环境卫生清理，不仅使贫困户在经济上有了收益，还为全村创造了更好地居住环境。通过不懈努力，县域内环境卫生得到极大提高，群众的环保意识也进一步得到提升，为脱贫攻坚工作的顺利开展起到良好的推动作用。

（六）抓宣传提热情

一是集中力量抓宣传教育，通过领导带队召开现场会、广播电视、宣传标语、宣传手册、互联网、手机报等形式，广泛宣传城乡环境综合治理的重要意义，以教育促进觉悟提高、激发能动力，全面调动群众积极参与治理的热情，营造全民共同治理的良好氛围，力争做到"人人关爱城乡环境，全民参与综合整治"。

二是现场指导，组织学习相关法律法规，开展"七进"工作，动员全民参加。

二、致力多措并举，深化环境综合治理工作

（一）继续加大治理力度

一是各乡镇制定农村生活垃圾、临时堆场等无害化处置治理方案，开展排查，建立问题清单，明确整治内容、时间节点，促进全县村镇生活垃圾规范化收集运输处理，生活垃圾日产日清，确保2019年底城镇生活垃圾无害化处理率达80%，农村生活垃圾处理率达60%。

二是进一步加强建筑工地的管理，加大对县城区域内及各乡的清扫保洁的管理力度，组织中小学开展校园垃圾专项整治活动，实行辖区清洁卫生负责制。

三是县域内户外广告随时保持完好、整洁并与周围环境相协调。

四是加强对商贩的管理，突出整治以街代市、占道经营等行为。加大对违章占道经营行为的执法力度。

五是规范车辆停放，机动车守法率达到95%以上，非机动车守法率达到90%以上。

六是推行施工工地标准化建设，做到安全、封闭施工，坚决杜绝施工车辆"跑、冒、滴、漏"现象。

七是对工地扬尘污染、噪音污染的治理力度，实行道路机械化清扫。

（二）继续加大宣传力度

一是在成立由县级分管领导为群主的小金县城乡环境综合治理工作微信平台，在微信群里统一协调解决各项环境整治工作问题，使群里的每名成员变成监督员，一旦发现有关环境问题，随手拍摄照片上传到微信群，就能快速清楚地将问题反映给相关部门，整改结果也会第一时间在群里反馈，解决过程"有图有真相"，直接反映出整治效果。提升了工作效率和执行力、创新了工作方式，积极融入新媒体，借助新媒体的作用，有效开展环境整治工作。

二是继续广泛宣传开展城乡环境整合整治的重要性、紧迫性和先进典型、模范事迹，做到家喻户晓，人人皆知，营造全民支持、全民参与的城乡环境综合治理的新气象潮。

（三）继续加大督查力度

领导小组继续抓好城乡环境整治的协调、追踪和督查工作。坚持明查与暗访结合、定期检查与突击抽查相结合，及时发现问题，督促整改落实。对发现的问题，限期整改完善。继续将城乡环境综合治理工作纳入年终目标考核，对考核不合格的取消年终奖，对工作卓有成效，根据考核结果给予表彰和奖励。

三、下步工作打算

我局将以"十九大"精神、习总书记来川视察精神为指导，突出工作重点，强化精细管理。以打好"蓝天、碧水、净土"三大战役为目标，按照"谁污染、谁治理，谁主管、谁负责"的原则，明确责任，综合实施环境防治工作，保障人民群众的身心健康，着力解决关系人民群众切身利益的环境问题。我局下步工作一是重点抓好加大城区环境卫生整治力度；二是维护好城区内公共秩序；三是做好城区绿化、美化等工作；四是抓好城乡环境综合治理农村环境整治工作。为推进乡村振兴计划奠定坚实的基础。

"强基础、转作风、树形象"工作汇报

云南省瑞丽市城市管理综合行政执法局

"强基础、转作风、树形象"三年行动开展以来，瑞丽市城市管理综合行政执法局认真贯彻落实住建部、省住建厅文件要求，科学筹划，周密组织，强力推进，我市城市管理执法队伍工作水平持续提升。现将今年来工作开展情况分项汇报：

一、加强党的建设

瑞丽市城市管理综合行政执法局党组织对抓好党务、党建工作高度重视，把这项工作摆在各项工作的首位。没有纯洁、坚定的理想信念，就没有全心全意为人民管理城市的服务、奉献意识。瑞丽市共有城市管理人员 141 人（包括畹町、姐告两区），其中城管执法人员 35 人，城管执法辅助人员（协管）106 人，这些人当中有共产党员也有普通群众；有国家公职人员也有临聘人员；有大学毕业生也有初中肄业生；有复退军人也有社会务工经历人员；有城市人也有乡下人；有汉族也有傣族、景颇族等少数民族和外籍人员。参照部队的建制，瑞丽这支城管队伍仅仅是一个加强连的兵力，但是这 141 人的队伍，人员成分多样，综合素质参差较大。为了抓好党建工作，我局领导班子着实花了一番心思：一是对不同身份的队员分类别开展教育培训工作；二是组织队员开展重温红色记忆、不忘共产党人本色的现场活动（分批次组织队员赴畹町滇缅公路抗战遗址、中共梁河特委纪念馆等党史重地参观感受）；三是班子成员定期上党课，通过讲述党的故事让所有队员明白幸福生活的来之不易，让队员们不忘初心、牢记使命、砥砺前行；四是发展党员，注入新鲜血液，增强党的战斗力。选拔有觉悟、有干劲、组织协调能力突出的队员加入党的大家庭；五是每天出勤前集合点名唱红歌。值班领导花五分钟时间带队唱红歌或传达学习领会党中央、省委、州委、市委的文件精神或重温入党誓词等，坚决维护以习近平同志为核心的党中央权威。通过上述措施，我局党建工作走向规范化、精细化起到了积极的促进作用。

二、加强队伍能力建设

听党指挥、能打胜仗、作风优良，是瑞丽城管队伍始终遵循的宗旨；勇于担当、开拓创新，是瑞丽为适应新时代中国特色社会主义发展方向和瑞丽国家重点开发开放试验区建设需求而坚持的瑞丽城管发展要求。城管是人民的子弟兵，城管队伍应该是一支从群众中来，

到群众中去的人民队伍；人民城管同人民群众本就鱼水情深，为把人民的家园打理的清清秀秀、整整洁洁、规规范范，我局在队伍能力建设方面开展了以下工作：一是全面提升群众工作水平。中华文明、礼仪修养、加强沟通、零距接触、化解误会、拉近人民群众和人民城管的距离。心在一起，我们就能建立"全民城管"这条齐抓共管的统一战线；二是城市管理要像绣花针一样精细。大街小巷、白昼黑夜，城管队员不知疲倦开展城市管理工作，大到违规建筑市场、小到果皮纸屑，只要发现马上处置，只要接报，立即落实；三是城市管理工作千头万绪、涉及行业主管部门多、专业技术要求相适宜；一名优秀的城管就是一本百科全书，懂外勤巡查程序还要懂内勤审批流程、懂机动车驾驶还要懂无人机遥控、懂工地管理还要懂建筑规划、懂物业管理还要懂房地产监察、懂路灯绿化还要懂质量安全、懂住建局还要懂其他局、懂行政法还要懂治安法，为了开展好各项业务工作，我局采取新老传帮带、自学业务本领或邀请专家授课等方式，时时为队员输血充电。全局城管执法队员，按照要求，深入开展各项行动，促进执法队伍建设管理水平全面提升；四是优化配置、整合资源、形成合力，启动城管＋N模式：为更加高效开展城市管理工作，我局开展了城管＋公安、城管＋交警、城管＋运政、城管＋工商、城管＋政府平台公司、城管＋物业管理、城管＋通讯运营商等联合工作模式；五是警务实战技能应用到城管工作中。城管工作，对象形形色色，矛盾异常尖锐，在开展工作过程中难免会遇到妨碍公务、暴力抗法、人身攻击事件，瑞丽城管被不理解、不配合的执法对象拳打脚踢过，也被匕首捅伤送医抢救过，被不服从管理的渣土车追逐过也被违建业主扔砸砖头、扳手。只有保存实力、才能取得胜利，为应对各类安全隐患，杜绝发生伤亡事故，我局邀请公安民警、特警教官对城管队员开展安全意识、形势评估、巡查技巧、警械操作、擒拿控制、警组协同等培训。

三、加强法制建设

古圣先贤孟子有云：无以规矩，不成方圆；国有国法、家有家规。依法治国、依法行政的时代，城管不仅要懂法还要会用法，对法律法规、证据有效性、卷宗文书甚至法庭诉讼程序都要谙熟于心。在加强法制建设上，我局采取了以下措施：一是组织开展法律培训、上岗考试。二是邀请律师对案件进行跟踪；三是配备执法记录仪对执法全过程进行摄录；在局内设置法制室负责城市管理案卷审核和制定法规政策教育培训计划；四是编制可随身携带的执法手册，随时查阅、随时背诵。通过一系列手段，让城管不仅能文明、规范、严格执法，同时，在自媒体的时代更要能做到敢于在镜头下正大光明地自信执法。

四、加强作风纪律建设

我局参照军事化、警务化的标准管理城管队伍，参照公安局架构在局内部设置了城市管理监督室，因正式执法人数紧缺，暂设督察长和专职督察各一名、各中队安排兼职督察一名,督察长由城管局长兼任,专职督察为落实此项工作的责任人。督查事项小到上班迟到、违反制服着装管理条例,大到办案失误、违反党风廉政相关规定。根据督查事项纳入年终考核,进行扣分减分;对于轻者通报批评,记入档案,重者违法犯罪、涉刑涉诉,按法律规定移送公安机关处理。通过严管,队员精气神大振,队伍凝聚力、战斗力显著提升。

五、提高管理服务水平

认真落实"721"工作法则,70%服务,20%管理,10%采取执法,结合这一"人民城管为人民"的科学工作法则,再加之划行规市、划片管理、疏堵结合、联合执法、综合执法、智能城管、多帽合一,避免多头执法扰民等原则,瑞丽城管勇于担当、开拓创新、认真探索、不断前进,管理服务水平步步提高。开展工作有:一是划行规市、划片管理:规划出勐卯路、麓川路等路段,在不影响车、人通行,不影响城市容貌的前提下规范临时占道经营行为;在部分国有临时空地设置瑞丽季节性水果临时批发零售点,规范经营;二是流动摊贩管理:低收入群体的稳定就是边疆的稳定、国家的稳定,法律面前人人平等、生存面前人人平等,流动摊贩的生存状况如何与城市的发展有机结合;借鉴其他省市先进做法并结合我市实际,采取疏堵结合、划片定点经营和流动经营相结合的方式为底层老百姓解决了这些矛盾;三是城市管理应该和经营城市相结合:1.整合广告资源,提升广告设置档次,对广告市场进行科学管理;2.通讯运营商参与城市管理,共治城市顽疾,如小广告、牛皮癣等;3.社区参与城市管理,高效开展门前三包、街长制等行动;4.城市养犬管理方面,养犬采取备案登记制,文明养犬、卫生养犬、规范养犬;5.使用无人机对城区户外广告、高空违建及瑞丽江沿线河道垃圾、违建进行巡查。

六、转变工作作风

为有效转变城管工作作风、树立城管良好形象,我局突出服务为先,变被动管理为主动服务,变末端执法为源头治理。我局创新工作方式:

1.招录民族城管、缅甸籍城管:针对瑞丽属民族地区又与缅甸接壤接水,管理对象很大一部分是有民族群众和缅甸经商务工人员,为便于开展工作,我局招聘了部分五种主体少数民族成分的协管员及缅甸籍协管员对完善城市管理、促进边疆民族团结、增进中缅胞波情谊、脱贫就业安置,在一定程度上发挥了积极地作用。

2.使用单兵平衡车开展巡逻:传统皮卡车巡逻容易引发人民群众的误会,而且皮卡车巡逻油料费用也是一笔不小的开支,同时燃油车尾气排放还会造成大气污染。因此,结合实际,我市率先配备了单兵平衡车用于巡逻,城管队员站立在离地50厘米高的平衡车上直接在人行道上巡逻;既有震慑作用、又能近距离无观察盲区的开展工作;既能绿色环保,又能让人民群众实时监督城管工作;对于多次教育、劝说而未果的工作对象,通讯设备呼叫,在城管＋公安联合执法岗亭执勤待命的城管和警察就会第一时间到达指定位置，接手处置。

3.加大宣传：通过微信公众号、报刊杂志、电视节目、文体娱乐活动等宣传载体、宣传方式，让人民群众了解城市管理工作、支持城市管理工作、参与城市管理活动。

七、树立队伍良好形象

唇亡齿寒的那个年代，志愿军战士是最可爱的人。而现今，人民城管何时能成为新时代最可爱的人，瑞丽城管一直在这个伟大而光荣的征程上坎坷前行。人人都明白，没有警察的城市，社会治安一定不稳定，那么是否有人思考过，没有城管的城市，垃圾遍地、污水横流、违建四起、工程车横冲直闯。城市管理人，城市得大管家，人民的公仆，为人民群众打整出一个宜居宜业的美好家园。这支队伍不惧艰险，不辞辛劳，但是每一个城市管理的工作者都不希望在付出汗水、付出血水的同时还要付出伤心的泪水。我局通过业务培训、技能提升、文明执法、热情服务、办结回复等工作方式，瑞丽城管队伍在人民群众心目中的形象一步步在提升，城市的街道秩序越来越好、老百姓对城管的良好口碑有目共睹，相信在不远的的将来，人民与城管的关系会越来越和谐，瑞丽这个小城市会成为中国西南中缅边境线上一颗璀璨的明珠！

用心呵护城市

——"阿灼伯"和他的城管故事

福建省福清市城市管理局

著名作家冰心说，成功的花，人们只惊慕它现时的明艳。然而，当初它的芽儿浸透了奋斗的泪泉，洒满了牺牲的血雨！

——题记

在福清，提起"阿灼伯"，无人不知，谁人不晓。他，就是本文主人公，福清市城市管理局党组书记、局长庄瑞华。

结实的中等身材，方正的脸庞略显黝黑，虽已过知命之年，却一头乌发，炯炯的双目深邃有神，棱角分明的唇边总是带着诚挚的微笑，一副沙哑的嗓音却掷地有声，平凡得和常人一样，有七情六欲，有喜怒哀乐，这就是"阿灼伯"给人的最初印象。

"阿灼伯"在福清的方言中，就是"丫霸""有能耐"的意思。2015年3月，"阿灼伯"接任城管局局长，短短的几年时间，他就把福清的城市治理得井井有条，城市面貌焕然一新、市容环境规范有序、城管队伍的形象有口皆碑，福清的"城管经验""城管模式"屡见报端，蜚名省内外。

"阿灼伯"的故事很多。在谈到城市管理工作上，善谈的"阿灼伯"如数家珍，眉飞色舞。言谈举止中，无不凸显他对城管有一种难以割舍的情结。

故事之一：提升形象，铁腕治队

2009年6月的一个午后，时任福清市农业系统党委副书记的"阿灼伯"，在市政府后门看到两名城管队员态度蛮横地把占道经营商贩的秤子折断的一幕情景。每每提及这种粗暴简单的执法行为时，"阿灼伯"很是纠结心痛。

2015年3月，刚上任不久的"阿灼伯"就主动亮丑，自揭伤疤，以个人的名义，用自己的手机向全市701位党代表、人大代表、政协委员和3484名市、镇（街）、村（社区）三级干部代表、老人会、老体协代表发出一封公开信，呼吁社会各界积极参与城市管理监督工作，随时举报、投诉城管队员的违规行为。

在召开第一次全局工作的大会上，"阿灼伯"告诫全体城管队员，要改变市民朋友对城管的看法，必须先从自身做起。随后，绩效考评办法、"定人、定岗、定时、定责"的"四定"方案、队伍着装制度、"领导暗访、社会监督、机动巡查、执法督查"的四级督导机制、"岗前布置、收队小结"制度、每周军训计划、廉政执法行为等一系列规范队伍建设的新举措相继出台。

为了检验出台的制度是否落实到位，"阿灼伯"在一次夜间暗访活动中，发现一名中队长在落实"四定"方案中执行不到位，出现溜岗现象，当场责令其停职检查，并经党组研究后，给予调离工作岗位。

城管局派驻玉屏中队的三名协勤队员，上班巡查期间，因躲在某一商场内玩手机被群众投诉举报。经取证查实后，给予这三名协勤队员除名处理，并给予玉屏中队全局通报批评。

"阿灼伯"说，一群羊跟着一只狼，这群羊就是狼群。用铁的纪律来管理队伍、约束队员，牢固树立"队伍建设精气神、工作作风稳准狠、个人品质敢勤廉"的意识，才会确保队伍有强大的凝聚力和执行力。

在每季度的工作例会上，还会看到一种特别的会风。"阿灼伯"通过随机点名、随机命题的方式，要求队员上台发言。他说，城市管理的每一天都是从零开始。这种做法有利于激发广大城管队员在日常工作中发挥善于作为、体现作为的主动性，可以锻造一支"坐下来会写、站起来能说、走出去肯干"的具有综合素质的城管执法队伍。

的确，如今当你随意漫步在城区的大街小巷，都会看到一支身着天空蓝制服，迈着整齐划一步伐的福清城管执法队伍，他们以饱满的工作状态、热情微笑的服务出现在福清市民面前，成为福清一道亮丽的风景。

短短的三年时间，在"阿灼伯"的"铁腕"治理下，福清城管执法队伍经历了凤凰涅槃，实现了华丽转身。城市管理局从 2015 年全市 34 个公众评议单位的倒数第二名跃升至 2017 年的第 16 名，先后有玉屏、音西、龙山、宏路、江阴等中队获得福州市"五一"先锋岗荣誉称号，机动中队女子组获 2017 年度福州市"三八红旗"手"集体称号"，局党组入列福建省住建系统"党建工作示范点"，"阿灼伯"本人也多次应国家住建部、省住建厅的邀请，为全国、全省处级以上城管干部传授队伍管理经验。

故事之二：服务为民，铁血丹心

城者，家也；城管者，城市之管家也。关于城管，"阿灼伯"认为，当好新常态下的城市大管家，必须要做到用心、用情、用诚，从老百姓最满意的事情做起，从老百姓最不满意的事改起，还市民一个干净、整洁、有序的优美环境，才能真正让"政府放心、群众满意、社会认可"。

上任伊始，"阿灼伯"结合福清的实际，梳理了长期影响群众生产生活的城区小北市场、东门市场、阳光锦城路段等 16 条路段和 18 个部位，做为市容重点整治目标，计划用一年的时间彻底整治到位。当时，全局上下，包括他的亲朋好友都不赞同他的这种做法。面对排山倒海般的反对声，"阿灼伯"毅然决然，在召开市容大整治动员部署大会上，他当着全体城管队员的面郑重承诺："如果小北市场等这些群众反映强烈的市容顽疾整治不下来，我这个当了不到一周的局长将引咎辞职"。

有人说，"阿灼伯"固执；也有人奉劝"阿灼伯"，20 多年都解决不了的事，你何苦要去冒这个风险；更有人当着他的面挖苦他，你都一把年纪了，还图着往上爬？面对着这些流言蜚语，"阿灼伯"只是淡淡地说，我只是做了自己份内的事而已。在他的坚持和努力下，福清市城市管理局用了不到一年的时间，有效、全面地解决了这些困扰群众多年的市容顽疾，并坚持每天保持 19 个小时的巡查，使之形成常态。福清的一位陈姓市民，还专门通过 12345 投诉平台，为"阿灼伯"和他的团队高效作为点赞。

福清是超百万人口的城市，经济相对发达，外来人口较多。特别是一到夏季，夜市大排档如雨后春笋一般，遍布福清每一个角落。这些夜市大排档的经营者以外地人居多，占道经营现象比较突出，摊主经常和城管队员玩起"猫捉老鼠"的游戏。由于福清城区可利用作为摆摊设点的空间十分有限，针对夜市大排档的管理，虽然采取了错时经营的模式，但食品卫生、市场环境和交通安全的隐患仍然存在。为了破解这一难题，"阿灼伯"没有气馁，带领他的团队，经过反复调研，多方奔走，在有关部门的支持下，选址城区的五个区域，规划美食一条街，通过"五统四定三包"的方式，来规范夜市大排档的经营和管理，有效解决市民的刚性需求和摊贩生存之间的矛盾。

"有为、有位、有威。只要我们用心付出，才会得到老百姓的衷心支持。"这是"阿灼伯"的一句"名言"。这种服务为先、真心为民的理念，已经植根于"阿灼伯"团队的每一位成员心中。据统计，三年来，福清城管的一线队员，日均好人好事两起以上；福清市城管局先后收到各类表扬信和感谢锦旗达 57 面。

智者，运筹帷幄；有志者，事竟成。近两年来，随着环卫作业网格化的实施、"牛皮癣"治理市场化的推行、农村生活垃圾常态化的治理以及"厕所革命"标准化的建设，福清的城市一天比一天更靓，福清的天空一天比一天更蓝。这些工作机制创新的背后，都饱含了"阿灼伯"对城市管理事业的热爱和追求。

"下一步，福清还要规划建设集生活垃圾、建筑垃圾和餐厨垃圾等无害化、减量化、资源化利用为一体的环境产业园，真正实现城市管理生态化、精细化、规范化。""阿灼伯"如是说。

故事之三：上善若水，铁汉柔情

老子说："上善若水，水善利万物而不争，处众人之所恶，故几于道。""阿灼伯"

把道家的为人处事理念，淋漓尽致地用于他在日常生活和城管执法过程中的每一个细节。

2015 年 4 月，在整治小北市场的现场中，一位来自上迳镇的老依姆被暂扣了一只土鸡、十多斤地瓜和一杆秤。"阿灼伯"注意到，这位依姆是第一次见到，应该不是长期在这里占道摆摊。在整治活动结束时，他特意把依姆拉到一旁询问。依姆告诉他，这是她第一次来城区摆摊，本想卖掉家里的土特产，到超市给刚出生不久的孙子买奶粉。经了解，这批土特产价值不到 200 元，为了劝离依姆，"阿灼伯"自己掏了 200 元钱买下，特地写了他的电话号码给了依姆，并告诉她，今后家里如有土特产要拿到市场来卖，不要去占道摆摊，直接打他电话，由他收购。

"阿灼伯"常说，对待身边的同事，要像爱护自己的眼睛一样。他这样说，也是这么做的。龙山中队的一名游姓队员，家境十分贫寒，父母早年离异，多年来母亲一个人拉扯他和两个妹妹长大。游姓队员的小妹在出生 6 个月后，突如其来的病魔改变了这个家庭的命运，他的小妹患上了面部 I 型神经性纤维瘤这种罕见的怪病。由于没有得到及时医治，他的小妹随着年龄的增长，面部逐渐变形，已经到了非治不可的地步。

经医生诊断，治疗费用至少百来万元。对于这个贫穷的家庭来说，简直就是可望不可及的天文数字。"阿灼伯"得知这一消息后，他决心要尽自己所能，帮助游姓队员的家庭渡过难关。于是，他多方筹款，广泛发动社会各界募捐。在他的努力下，几年来，他先后为这个不幸家庭筹集到近百万元的医疗费用，经多次手术后，游姓小妹的病情正逐步好转。考虑到游姓队员一家长期借住在三山镇农村的一个破旧小屋，为解决一家人的居住问题，"阿灼伯"专门向有关部门为游姓队员申请到城区一套廉租房。截至目前，"阿灼伯"仍然关心游姓队员一家的生活，还在继续为游姓小妹筹集后续的医疗费用。

"阿灼伯"说，他要把这种责任和奉献化作一种思想，融入到团队行事的基本准则中，灌输到每一位队员的身上，来彰显福清城管的文化内涵。他认为，文化就是一种精神，能凝结人心、积聚力量。在福清城管执法队伍中，他大力倡导文化建设。闲暇之余，"阿灼伯"尤喜诗词歌赋，2016 年，在福清城管"文化建设年"活动中，他还专门创作了《福清城管之歌》，并在全市唱响。一位福清市领导曾调侃，"阿灼伯"是一个有文化的粗人。

这就是"阿灼伯"的真实写照，有心胸、有远见、有魄力、有爱心。他对城管事业的执着，正如他在一首诗中写道"终不忘，为民谋福祉，乐道遗荣。"

强基础 转作风 树形象
打造人民满意城管

河南省汝州市城市管理局

近年来，汝州市城市管理局在省住建厅及汝州市委、市政的领导下，规范管理强基础，转变作风抓落实，强化服务树形象，用"规范的程序、文明的言行、贴心的服务、严格的标准"大力推进服务型行政执法，保证城市环境的整洁有序，城市管理效能不断提高，群众满意度进一步提升，为我市成功创建国家卫生城市、国家园林城市、国家文明城市提名市、百城提质工程试点市做出了突出贡献。

一、强化党建引领，打牢基础，深入开展基层党的建设工作

（一）围绕履行党建主体责任抓落实

坚持党建工作引领作用，强化基层党组织的战斗堡垒作用。坚持以"建学习型党组织、做学习型党员"为载体，着力把提高思想认识、实现理念创新、提升服务能力作为推进学习型党组织建设的首要环节和基础工程，不断创新载体，丰富活动内容，从而实现党建工作就是抓全局各项工作的良好局面。

（二）围绕支部组织生活抓成效

积极开展学习型党支部创建工作，建立了机关党委办公室、党员活动室、图书室，设立党员学习教育交流专栏，进一步完善了主题党日、党员档案管理制度。以"两学一做"学习教育常态化制度化为抓手，局领导班子带头讲党课，宣讲传达习近平新时代中国特色社会主义思想20余次，党员领导干部撰写心得体会200余篇。

（三）围绕服务中心工作抓作风

以"严、细、实、恒"为主题，在加强完善监督考评机制，抓好首问负责、限时办理和服务承诺等制度执行的同时，设立"共产党员岗""党员示范岗"，以有效的激励约束机制推动工作作风转变。积极组织党员深入社区、商户、校园、企业，积极开展志愿服务，联系和协调广大市民参与卫生城市、园林城市、文明城市等创建工作，把每周五下午定为"志愿服务日"，全体机关人员到街上开展志愿服务活动，宣传政策，真正做到城市管理工作任务在哪里，党员干部作用发挥到哪里。

二、强化队伍管理，转变作风，扎实开展城市管理各项工作

（一）扎实开展城管执法人员军事训练

坚持每年组织一次集中军事训练，今年3月13日至4月13日，开展了为期一个月的军事训练，以队列训练、体能训练为主，提高执法人员的形象。

（二）认真开展教育培训

我局从实际出发，将"强、转、树"三年行动计划与"两学一做"常态化制度化学习教育有机结合，制定了培训学习计划，对全局党员干部职工进行系统的政治教育和业务培训，严格落实每周五教育制度，每月至少组织两次党课教育和两次业务知识或法律法规培训，规定每人每月参加集中学习不少于2次。通过深入开展学习活动，全体城管执法人员进一步树立了"为人民管理城市"的理念，业务水平得到明显提升。

（三）开展业务知识考试

我局组织全体城管执法人员进行城市管理应知应会法律、法规、规章知识考试，今年以来，已组织3次业务知识考核，通过开展知识竞赛，进一步激发了干部职工学习热潮，实现了"要我学"到"我要学"的转变。

（四）广泛开展典型培树活动

在全局范围内开展"争当城管模范星"评选活动，共评选出"为民之星""团结之星""担当之星""创新之星"共计20人。通过创建评选，进一步激发了全市城管系统干部职工学习党的十九大精神的热情，激励大家更加充分认识加强城市管理工作的重大意义，展示了城管执法队伍的良好形象，在全局形成为民、团结、担当、创新典型的良好风尚。

（五）扎实开展作风纪律整顿

我局始终把完善制度作为一项抓队伍管理、转变作风的一个重要举措。一是重新修订了《考勤管理制度》，坚持抓考勤，促进作风转变，每半年开展一次作风纪律专项整顿；二是严格督查考核，狠抓制度落实，对违反各项管理制度的工作人员及时进行处理和效能通报，坚持每周出一期督查通报，对各单位的人员在岗在位情况进行随即抽查；三是坚持每周出一期督查通报，对人员着装、考勤制度落实情况进行通报，尤其对经常请假的人员，严格按照有关规定执行工资标准，大大提高了工作人员的工作效率。通过开展作风纪律整顿，拧紧干部职工的"思想阀门"，切实转变了队伍作风，城市服务管理水平得到明显提升。

三、强化优先服务，树好形象，全面践行服务型行政执法。

认真落实住建部"721"工作法，不断转变执法理念、改进执法方式、创新执法机制，用"规范的程序、文明的言行、贴心的服务、严格的标准"大力开展服务型执法工作，保证城市环境的整洁有序，城市管理效能不断提高，群众满意度进一步提升。

（一）大力推行行政指导

一是根据《河南省行政指导规范》要求，结合我市城市管理工作实际现状，探索总结出"五步走"的服务型执法程序，即"一提示、二告诫、三辅导、四处罚、五回访"。在城市管理执法过程中，对违法行为当事人以劝导教育为主，坚持教育与处罚相结合，服务在先，提示在前，把矛盾化解在萌芽状态，积极为管理对象找出路、为市民谋便利。

（二）认真开展行政调解

成立以局长为组长，班子成员为副组长，机关各科室、二级机构、派驻街道办事处执法中队负责人为成员的行政调解领导小组，定期召开行政调解工作专题会，听取各部门行政调解工作汇报；建立健全行政调解工作机制，明确行政调解流程，设立行政调解室，专门负责受理和化解在城市管理过程中，与行政管理相对人之间产生的行政争议及行政管理有直接关联的其他纠纷，建立行政调解工作台账，明确行政调解工作职责，实现行政调解工作的常态化、规范化、长效化。

（三）积极推行行政辅导

按照城市管理执法体制改革和服务型行政执法要求，推行"721"工作法，在治理流动商贩、早夜市饮食摊点和车辆乱停乱放等专项活动时，开展行政辅导课堂活动，与管理相对人进行"面对面"交流，取得广大管理相对人的理解和支持，获得很好的治理成果。同时，紧密结合日常工作工作需要，将行政辅导教育同行政处罚进行有机结合，完善行政辅导流程，丰富行政辅导内容，创新行政辅导形式，打造行政辅导亮点，努力提升服务型行政执法的工作水平。

我们通过开展"强、转、树"活动，城市管理水平大幅提升，取得了一定成绩，但是离我们的目标还有很大差距，下一步，我们将继续推进"强基础、转作风、树形象"专项行动，在城管执法上实现新突破，创新思路、扎实苦干，切实担负起城市管理的重任，坚持依法行政、文明执法，狠抓队伍建设，努力打造一支政治坚定、作风优良、纪律严明、廉洁务实的城管执法队伍。以打造"干净、有序、和谐、宜居"的城市环境为目标，坚持"文明、安全、公正、尽职"的工作规范，全面提升城市管理水平，努力推动城市管理工作再上新台阶，为建设生态智慧健康文明幸福汝州做出新的更大贡献。

探索垃圾治理"海安模式"
打造蓝天碧水新生态
——海安市探索垃圾分类和治理典型案例

江苏省海安县城市管理局

习近平总书记在十九大报告中指出,加快生态文明体制改革,建设美丽中国。推进垃圾分类和治理,不仅关系着"绿水青山"的福祉,也关系着"金山银山"的长远发展。作为污染防治的重要一环,海安市将垃圾治理工作视为打好污染防治攻坚战和生态文明建设的突破口,将其作为增进民生福祉的优先领域,坚持生态优先、绿色发展,坚持目标导向和问题导向,积极探索,善于创新,深入开展城乡垃圾综合治理工作,构建蓝天碧水新生态,打造"全省垃圾治理示范城市"。2017年,海安被选为全省城乡垃圾分类工作现场推进会参观点,得到省政府领导及各地与会领导的一致好评。

一、实施背景

绿色发展理念是我国经济社会发展"五大理念"之一,也是环境资源、人类生存永续发展的必要条件。为深入贯彻绿色发展理念,推进垃圾分类、资源化利用,海安市提出打造"全省最整洁城市"的目标,不断规范各类垃圾的收运处理,创建了江苏省优秀管理城市。2017年之前,该市生活垃圾采取焚烧无害化处理,建筑装修垃圾实行卫生填埋。在处理过程中,生活垃圾中可回收利用部分也一并焚烧,建筑装修垃圾的填埋不可避免的带来渗滤液积存、扬尘污染等二次污染环境问题,垃圾污染防治不够充分彻底。

针对传统垃圾处理的不平衡、资源化利用率不高、分类机制不完善等问题,结合江苏省、南通市"263"专项行动实施方案要求,2017年3月,该市正式启动垃圾分类和治理工作,遵循"减量化、资源化、无害化"原则,通过优先推进生活垃圾源头减量、优先建设生活垃圾终端处理设施、优先保障生活垃圾治理投入等措施,着力构建"政府主导、部门联动、社会参与、市场运作"的生活垃圾管理体系,全力打造"生态、循环、可持续"的垃圾处理系统,实现城乡垃圾全过程系统治理,切实提升垃圾处理利用水平。目标到2020年,实现城乡生活垃圾分类覆盖率达90%。

二、主要做法和工作成效

（一）政府主导，顶层设计指路引航

1. 坚持规划引领先行。先后完成《海安市城市餐厨废弃物处理规划（2017-2030）》《海安市城市建筑垃圾处理规划（2017-2030）》《海安市城乡生活垃圾分类和治理规划（2017-2020）》三个专项规划编制工作，为合理、科学及有效地推动垃圾分类和治理工作奠定坚实的基础。建立健全分类投放、分类收集、分类运输、分类处理的垃圾处理系统，形成以法治为基础、政府推动、全面参与、城乡统筹、因地制宜的垃圾分类工作制度。

2. 政策引导源头减量。出台相关政策规定，减少企业产品生产、流通、使用等全生命周期垃圾产生量；推行净菜和洁净农副产品进城；限制宾馆、餐饮等服务型行业使用一次性用品，共选取 30 家企业（单位）开展试点，评选出 9 家优秀试点企业（单位），并给予每家企业（单位）2 万元奖励。选择 7 家符合布点规划要求、实施规范管理且坐落于主城区的可再生资源收购点开展试点，按照其年收购额的 10%，评选出 5 家收购点，采用以奖代补办法共补助 30 万元。同时，探索试行装配式建筑和全装修成品住宅建设管理制度规定，推进装配式建筑和全装修成品住宅，减少建设装潢垃圾产生量。

3. 合理布局基础设施。按照远期规划与近期建设相结合，跨区域集中处理与区镇分散处理相结合原则，实现垃圾终端处理设施科学合理布局。高标准建成生活垃圾焚烧发电项目、餐厨废弃物处置项目、建筑垃圾处置及资源化利用项目、危废处置项目、畜禽粪便处理及 2.5MW 分布式沼气发电项目等五大处置中心，2018 年底建成大件垃圾拆解中心和可回收物分拣中心并启动运行，通过健全终端处置设施，形成垃圾分类处置的"四梁八柱"，为垃圾分类和治理工作提供强有力的支撑。

（二）部门联动，齐抓共管放大合力

1. 切实增强责任担当。将垃圾治理作为环境治理的重要环节和突破口，以点带面，加强污染防治，开展环境整治，推动生产系统、生活系统、生态系统的循环链接，切实打好污染防治攻坚战。建立城区垃圾分类管理工作领导小组，在全市党政机关、事业单位等公共机构全面推进垃圾分类工作，组织开展垃圾分类现场观摩、垃圾分类知识宣传培训等活动。同时，制定出台《海安市城区生活垃圾分类实施方案》，将垃圾由原粗分的 2 类（生活垃圾、建筑垃圾）改为现行细分的 6 类（可回收物、有毒有害垃圾、织物、餐厨垃圾、建筑垃圾、其他垃圾），并将垃圾治理工作任务细化分解，融入到全市 263 专项行动实施方案中，提升到污染防治攻坚战层面上，切实提升广大干群垃圾治理攻坚的责任感和使命感。

2. 构建高效联动机制。构建科学高效、职责明确的责任机制，明确城管局主要承担主城区范围内生活垃圾分类行政推动工作的组织和实施，抓好城区生活垃圾分类试点工作；宣传部负责组织各类媒体加强垃圾分类工作宣传，普及垃圾分类相关知识，在全市营造垃

圾分类的舆论氛围；机关事务局负责主城区市级机关部门垃圾分类的宣传、指导和监督工作；开发区、高新区负责加大垃圾分类工作推动力度，明确街道社区职责，指导辖区村（居）民生活垃圾分类投放，落实好辖区内垃圾分类宣传、组织和实施工作。今年，该市党政机关已全部推广实施生活垃圾分类。

3. 放大执法监管合力。加大垃圾污染事件的曝光、执法处罚和考核力度，确保垃圾治理工作形成合力，责任得到落实。开展城区范围内餐厨垃圾、建筑垃圾调查摸底工作，摸清餐厨、建筑垃圾产生、收集、运输、处置等各个环节的基本情况，并建立台账资料。定期开展非正规垃圾堆放点大排查，通过开展正常化夜查、联合相关部门设卡定点检查、突击性抽查重点单位等手段，对非法收运、处置垃圾的单位和个人进行查处。今年，该市城管局联合公安、市场监管、农委、住建等部门，开展餐厨废弃物、建筑垃圾集中专项整治活动 46 次，下发整改通知书 160 余份，行政处罚 59 起，罚款 13100 元，关闭取缔非法处置建筑垃圾企业 5 家。

（三）社会参与，全民动员凝聚共识

1. 由点及面稳妥推进。该市生活垃圾分类试点已覆盖城区 63 个小区、153 家党政机关及企事业单位、10 所学校，其中，小区注册率均达 85% 以上，参与率达到 45% 以上；共配备分类投放收集容器 812 组，截至今年 11 月底，市区生活垃圾分类投放设施覆盖率达55.3%。2017 年可回收物回收量 9.7 吨，2018 年可回收物已回收 149.8 吨。目前，该市试点工作正由点及面有序开展，白甸镇率先开展农户源头分类和保洁员二次分拣的"二次四分"法，并在该镇全域开展农村垃圾分类工作。在此基础上，该市曲塘镇、李堡镇、墩头镇三个中心镇的垃圾分类工作已启动。2019 年在总结借鉴经验的基础上，其他各镇将结合实际开展生活垃圾分类，2020 年底实现垃圾分类全市覆盖。

2. 宣传造势扩大影响。开展垃圾分类宣传进社区、进机关、进学校、进单位"四进"活动，各区镇开展《垃圾分类我先行、优美环境共分享》《垃圾分类、生态家园百姓名嘴纳凉宣讲活动》《垃圾分类、共创文明城市》等大型宣传活动；机关单位举办"垃圾分类，文明你我"文艺演出和演讲比赛活动；各中小学开展"垃圾分类，从我做起"为主题的征文比赛，通过多种形式广泛宣传城乡垃圾治理的重要意义，积极倡导绿色健康的生活方式，促进垃圾源头减量和回收利用。建立激励引导机制，激发增强公众的环保意识，借助在小区内开展定点回收、问卷调查、上门入户、兑换奖品等方式对垃圾分类持续宣传，各小区居民的知晓率、注册率、参与率均显著提高。

3. 社会监督夯实效果。在日益浓厚的宣传氛围中，公众使命感、责任感得到充分激发，主人翁意识被完全点燃，垃圾治理进入"全民监督"时代。广大民众通过 12345 公共服务热线、12319 城管热线、政风行风监督员会议等渠道，积极表达诉求、参与监督，仅 12319城管热线月均接听垃圾问题举报 100 多条，通过及时处置，垃圾治理效果得到有效夯实。

（四）市场运作，资源优化激发活力

1."两业融合"无缝衔接治理过程。结合中央及省市城市管理工作会议精神，2017年3月，该市研究决定，将传统环卫业务结合垃圾分类工作实行"两业融合"市场化运作。经过公开招标，中国天楹成为中标方（天楹集团是我国首家实现全产业链和全球布局的具有国际影响力的大型环保企业集团）。该公司与城管局签订特许经营合作协议，由中国天楹全面接管海安一城两区"两业融合"业务，有效解决垃圾分类收集、中转、处置等环节的衔接和终端处理问题，推动形成作业企业化、运行市场化、投资多元化、监管规范化的环卫工作发展新格局。

2."政企携手"整体提升治理能力。通过政府与社会资本合作投资，政府财政少花钱、企业投资低风险，政企携手共赢，最终实现长效管理机制。该市垃圾处置五大中心中，中国天楹投资建设的生活垃圾焚烧发电项目、餐厨废弃物处置项目，天鹏公司投资建设的建筑垃圾处置及资源化利用项目均是政企合作的典型。政府部门的社会责任、远景规划、协调优势与民营企业的创业精神、资金优势和管理效率在"PPP模式"下碰撞融合，迸发出垃圾治理的无限活力。

3."多维监管"有效保障治理实效。建立规范市场化运行的"多维监管"体系，运行水平、设施稳定程度不断提升。建立环卫市场化考核领导组，分三班不间断进行清扫保洁、垃圾清运的日常督查考核，考核情况实行日提醒、周点评、月通报，并将月度考核结果与经费拨付挂钩。对海安天楹环保能源有限公司落实专人驻厂监管、数据监测、地磅精确度监管，加强对进入处置中心的垃圾源头管理，实现从源头到末端处置的全过程监管。杜绝垃圾混装入厂（场），全面跟踪垃圾计量、处置流程、产品流向、烟气排放等指标，确保可回收物、有毒有害垃圾处置规范。

三、经验体会

在当前垃圾治理中，重政府包揽、轻多方参与的现象较为普遍，垃圾治理往往成为政府的"独角戏"。创新生活垃圾分类和治理，就要进一步优化垃圾治理主体格局，从单纯重视政府作用到政府与社会主体共同治理转变，既发挥政府主导作用，又要鼓励和支持社会各方面参与，充分发挥多元主体各自的功能和优势，良性互动，增强社会参与治理能力。

1.政府主导是关键。作为管理和服务主体，政府在垃圾分类和治理中占据主导作用。海安结合实际，对城乡垃圾分类、垃圾收集布点、垃圾运输设置进行统筹规划，形成清晰、直观的方案部署。在群众观念、素质没有整体提升的状态下，市政府带头引导，在党政机关企事业单位率先实施生活垃圾分类试点，发挥广大机关干部率先垂范作用。同时，该市率先在南通地区实现环卫业务和垃圾分类"两业融合"市场化，不断健全垃圾分类工作机制，将行政监督与专业运作相结合，各司其职，不断探索完善市场化运作模式。

2.设施建设是支撑。推进垃圾源头减量和回收利用对降低垃圾处理量、提高垃圾资源化利用率具有积极意义，同时垃圾终端处理设施的关键作用无可取代。目前，海安已建成垃圾终端处置"五大中心"，其数量与质量均为全省领先，为该市稳步推进垃圾分类和治理工作，不断提升垃圾治理水平，提高垃圾分类集中处置率，实现高质量发展指标提供了有力保障。

3.社会参与是基础。垃圾分类能够有效执行，关键在垃圾分类的理念须深入人心。为强化公众"知行合一"的理念，该市逐步形成一套由宣传部门主导、业务部门配合、广大干部示范、各类媒体参与的社会宣传机制。在不断丰富宣传形式的基础上，以学校、社区、单位等组织为依托，以公共传媒为渠道，从观念认识到具体工作内容，多角度、全方位地开展垃圾分类回收的宣传工作，从而有效引导公众从源头上做好垃圾分类。

4.城乡统筹是重点。垃圾分类必须城乡统筹推进，坚持"两条腿走路"，二者缺一不可。海安试推条块结合，通过创建垃圾分类智能化示范路、示范小区和示范单位，在小区推行垃圾分类积分兑换制等形式，城区生活垃圾分类和治理成效显著。而农村垃圾分类工作则因刚刚提出，全国几乎没有可借鉴、可复制的成熟经验。2017年，该市在白甸镇率先试点探索，建立了"户分类投放、村分拣转运、镇回收处理、有机垃圾还田"的镇村垃圾分类收运处理体系。通过半年的筹备和试运行，已形成具有白甸镇特色的农村生活垃圾分类体系，并取得一些成效，正带动其他乡镇相继开展。

垃圾分类与治理工作是一项长期而艰巨的系统性工程，与每个人、每个家庭息息有关，要有效开展生活垃圾分类和治理工作，离不开广大公众的广泛参与。下一步，该市将通过基层党组织、居委、业委、物业、志愿者组织形成"五位一体"联动机制，鼓励市民积极参与垃圾分类，营造浓厚的社会氛围。在原有的垃圾终端处置设施的基础上，加快建筑装修垃圾分拣中心建设，不断提高建筑装修垃圾的资源化处置率。以示范路段、示范小区为引领，将垃圾分类与治理工作由浅向深，由点及面，推向城市的大街小巷和乡村的家家户户，从而形成有特色、有示范意义的垃圾治理"海安模式"。

四步齐走内外兼修　助力执法改革见实效

贵州省瓮安县城市管理综合行政执法局

2016年6月以来，瓮安县综合执法局顺应执法改革需要，在我县实施相对集中行政处罚权改革以来，在执法权责上不断地进行重组划转，2018年10月，《瓮安县推进综合行政执法体制改革工作实施方案》再次推进跨部门跨领域综合行政执法改革，集中城市管理、燃气、工商行政、食品药品、资源环境、公安交通、住房和城乡建设（城乡规划）、水务、经济和信息化（含工业）、能源、商务、旅游、民政、价格监督管理、人防、粮食、防震减灾管理等21个方面的法律、法规、规章规定的全部或部分行政处罚权及相对应的行政强制措施，由县综合行政执法局行使，县综合执法局执法权限从126项增加至448项。职权的划转意味着各领域行政处罚权利的转移，然而权利是把双刃剑，用对用正了规范行业管理，权利的天平掌握不好则会引发更多的社会问题，因此执法改革对综合执法局而言是发展契机，亦是挑战，将是对综合执法局全体执法人员素质和能力的考验。为此县综合执法局党组立足当前，着眼未来，提出"四步法"四步齐走内强素质外塑形象，转变执法观念，改进执法方式，切实助力城市管理和综合行政执法改革取得实效。

第一步：自省正身——加强作风建设，培育"三清干部"

改革以来，县综合执法局将党建和党风廉政建设融入业务工作时时抓，在干部作风管理上让红红脸、出出汗成为常态化，党组书记肖伯喜要求全体干部按照"三清干部"标准"头脑要清醒、工作要清楚、思路要清晰"，要求中层以上领导干部要有格局、有思路、有方法，一般干部要尽职尽责，履职到位，通过开展一把手上廉政党课，开展警示教育活动，违法违纪案例学习剖析等，常态化树立廉政"镜子"，让干部职工时刻照镜子审视自己规范自身言行，依法依规开展城市管理和综合行政执法工作，切实提高干部职工认识，规范行为，提升工作效率。

第二步：博采众议——提高市民参与度，增强城市管理效率

城市管理工作纷繁复杂，细枝末节，做好了成效未必突出，不去做呈现出的社会问题一定很明显，为切实加强城市管理工作效率，提升城市管理精细化水平，切实有效解决当前我县城市管理工作中存在的热点难点问题，2018 年 9 月 5 日，县综合执法局邀请退休老领导、瓮水、雍阳办事处领导、群众代表、以及服务对象代表共计 35 人开展"城市管理大家想、互相说、一起干"座谈会，让老干部、群众、服务对象参与到城市管理工作中，谈问题，讲意见，想办法。会议共收集意见建议共 57 条，涵盖城市管理体制机制建设、市容市貌管理、环境卫生管理、违法建设治理、市政设施管理、公园绿地管理、市民素质提升、依法行政规范执法等 8 个方面，切实为县综合执法局接下来开展工作提供了重点导向，综合执法局在针对 8 个方面的 57 个问题制定任务推进表，分类推进解决，无法立即解决的给提议人合理答复。通过召开座谈会的方式让综合执法局在改善城市面子和兼顾百姓肚子的问题上有了路子。在下一步工作中，综合执法局还将就城市管理涉及的市容、环卫等多方面工作增加群众恳谈会、座谈会等会议频率，加大群众参与度，切实提高管理效率。

第三步：提升素质——注重干部教育培训，提升执法规范水平

综合执法局成立以来，随着执法权限的增加，执法范围的拓宽，执法人员在涉及的执法领域普遍存在专业知识不过硬的问题，在遇到各职能部门权责不清，互相推诿的情况下无法坚定立场表达自身只具备行政处罚职能的观点，在众多案件办理中疲于应付。

因此，县综合执法局党组在加强干部素质教育上下功夫，通过素质教育＋体能培训的模式，以集中教学学＋自学的的方式就习总书记讲话精神、党纪党规、法律法规、案件分析等相关学习内容进行培训学习，坚持每年开展一次综合素质轮训，要求干部职工不但具有全面的职业素养，还有坚强的体魄，综合执法局成立以来，开展综合培训 3 次，常规业务培训 35 期，培训人数 1575 人次。通过开展业务培训，干部职工在执法规范化水平有了迅速提高，在转变执法观念，改进执法方法方面都切实提升。

第四步：苦干实干——打破城市管理诟病，坚持美好环境"干"出来

随着执法体制改革的深入推进，城市管理工作方法和理念也在逐步转变，县综合执法局严格按照"721"工作法，（70% 的问题用服务手段解决，20% 的问题用管理手段解决，10% 的问题用执法手段解决），坚持"疏堵给合、以疏为主"原则，突出服务为先，变被动管理为主动服务，变末端执法为源头治理，在执法、市政、环卫、园林的相关领域得以全面实践。

社会大环境对城市管理工作的常态化认知就是对各种临时摊位的"粗暴"管理，多年来城市管理部门口碑不尽人意，随着改革推进，县综合执法局将城市管理知识和理念送进学校、进社区、进企业，通过全面开展法治文化宣传的活动让广大群众认识城管、了解城管、如何在需要时找到城管。

执法改革成立以来，县综合执法局深入开展"强基础 转作风 树形象"专项行动，市容管理方面：新建城区便民服务点 2 个，安置临时摊位 85 户，对城区 215 户宵夜摊、蔬菜批发摊实施搬迁，切实改变文峰农贸市场一带拥堵现象；环卫管理方面：实现城区主次干道清扫保洁市场化服务全覆盖，切实让道路保洁实现粗放式向精细化的转变；市政管理方便：新建便民信息栏 20 个，设置自行车停车位 600 余个，修复地砖 13200 平方米 …. 星星点点的工作还有很多，冰雪凝冻天的集体撒盐、暴雨天的赤脚疏通管道、帮助卖菜老人提篮、救助走失儿童等等，城市管理工作者做的工作还有很多，他们深信城管人员工作干不干，干的好不好，直接影响城市环境的美好。

在此，随着人民群众日益增长的对美好生活的需要和日益提高的对美丽环境的要求，城市环境的美好需要全社会的守护，需要全名参与的管理，城市管理人在不断完善自身的同时还将按照"和谐城管 真情服务"的总纲领坚持不懈的"干"下去，干出整洁环境、干出规范市容、干出平整道路、干出美丽绿化，在执法改革的路上稳扎稳打砥砺前行，切实在瓮安县创建国家文明城市的进程中画出浓墨重彩的一笔。

厕所革命：为青山绿水红钢城添彩

湖北省武汉市青山区城市管理委员会　王文军　黄红波　李　伟

习近平总书记就"厕所革命"作出过重要指示："厕所问题不是小事情，是城乡文明建设的重要方面，不但景区、城市要抓，农村也要抓，要把这项工作作为乡村振兴的一项具体工作来推进，努力补齐这块影响群众生活品质的短板。"

厕所是人类文明的一部分，与人民生活密切相关。臭气熏天、粪便横流的公共厕所，影响的不仅仅是人们如厕的舒适度，也不仅仅是造成公共卫生隐患，还会直接损害一座城市的品质形象，并严重影响居住于这座城市里的百姓对美好生活向往的信心。

党的十八大以来，青山区完成着魅力青山、宜居宜业的蜕变，抒写着"绿水青山就是金山银山"的情怀。公厕的建设维护秉承着安全环保、人性化、景观化的理念，为打造"青山绿水红钢城"这一品牌增添了鲜艳的色彩。

青山区公厕的历史变迁

青山区厕所在20世纪50年代大多为居民自管，由居民自清或请人代清，至60年代集中由政府卫生部门管理，公共厕所才正式进入人们视线。那时由政府投资兴建公共厕所20余座，青山区公共厕所初具雏形，也有了第一批专职公厕管理员，也就是俗称的"掏粪工"。1963年5月，武汉市人民委员会批准公布《武汉市公共厕所清洁卫生管理暂行办法》，对公共厕所卫生标准第一次进行了明确，对公共厕所实行"三及时"（清除、冲洗、消毒）和"四结合"（扫、保、管、宣）的工作方法，公共厕所实行专人专职管理，重点厕所每人管理1个，一般厕所每人管理2-3个，由区环卫所定期检查。当时，公共厕所的设施十分简陋，小便池为长条式、蹲位为水泥墙阻隔，没有抽水式冲洗，全部靠人力冲洗，化粪池的设计也比较原始。大雨天气经常满溢、翻窖，污水横流，卫生状况较差。即使是这样的厕所，全区也只20多座，数量偏少，而工人村、青山镇、厂前等棚户区的居民，大多家中没有厕所，每天早晨居民经常排队。

1990年以来，青山区公厕基础建设进入"快车"时期，1990-1994年青山区集中力量改造了一批公共厕所，四年上了四个台阶。1990年投资60万元对全区221座公共厕所进行维修，对无冲水设施的202座公共厕所突击2个月全部接通水管；1991年至1994年，又集资 278 万元，改造公厕 103 座，封闭 34 座，全区实现一类公厕标准 5 座，二类公厕达到 145 座，达标公共厕所分布趋向合理。尤其是白玉山、武东、厂前、工人村、青山镇公厕数量不足的地区，群众入厕难问题得到有效解决。

时间进入新世纪，青山区公共厕所建设趋于多元化，加之城区开发建设的提速，原有的固定式公厕很多因改造而拆迁。至 2010 年，全区公厕数量降低为 78 座。与此同时，移动式、简易式、景观式公厕开始悄然而兴，新式公厕具有占地面积小，建设机动灵活，设施设备齐全等诸多优势。钢都花园居民区又称"万套工程"小区，占地面积 1 平方公里，是武钢 2000 年开始兴建的一个大型职工宿舍区，共有 11 个小区，2001 年开始入住，居民人口接近 5 万。辖区不大，但人口密集，附近居民对公厕建设的呼声十分强烈，由于当时建设方拟最大限度地为职工解决住房问题，忽视了商业网点、公共服务等基本配套设施的建设，给后期居民的生活留下诸多不便。这其中就包括公厕的建设，一直是个空白。多年来，居民多有诉求，人大代表、政协委员也多次提出议案、提案，但是由于选址困难，公厕建设一直搁置。2014 年 1 月，经过近 2 个月的准备，在钢都花园周边建起 3 座可拆卸式移动公厕，青山区钢都花园地区结束 12 年无公厕的历史。

截至目前，青山区有直管公厕 115 座，其中独立式 74 座、移动式 39 座、附属式 2 座，平均每平方公里达到 7.5 座，超额完成了《城镇环境卫生设施设置标准》中的公共厕所居住用地 3 至 5 座的设置指标。

青山区独具特色的公厕

"厕所革命"是一场全球性革命，其革命蔓延的路径，往往是从城市走向农村、从中心走向外围、从公共空间走向私人领地。之所以被称为"革命"，是因为它不是简单的增量供给，还要看厕所的使用在理念与内涵上是否发生了质的变化。"厕所革命"的革命意义，还在于实体建筑与周边环境之间变得和谐自然，增进了使用者幸福感受值。

青山区按照有无残疾人间作为主要区分标准，建有残疾人间的为一类公厕，共有 33 所，其余 82 所为二类公厕。以沟槽式为主要特点的三类公厕全部改建完毕。通过改建、新建、提档升级，凸显环保节水和人文关怀，独立蹲位，采用冲水延时阀节水设施，设置了三级化粪池，连通到污水管网系统；将大便间、小便间、舆洗室分室设置，隔板门高度提高到 1.8 米以上；设置较大尺寸的便器、拓宽蹲位空间，保持地面与蹲位平齐，减少踏步障碍，并加大了采光系数和通风设置，避免如厕时的压抑感和异味；增加了无障碍设施设置，基础设施得到根本改观。

独具特色的景观化公厕。满足使用功能的同时，在公厕外观设计上下功夫，使其与周边环境和区域人文相协调，也是公厕革命第一个重要内涵。南干渠公园内的"钟楼式"景观公厕。该公厕是座小洋楼，高三层，外墙大理石铺设，地面和墙壁全部为玻化砖。一楼

为男女公厕，另建有残疾人专用卫生间。小便池采用不锈钢材质，并设有红外线感应冲水系统，铝合金天花板吊顶格局。二楼是杂物间，三楼就是钟楼，正常走时，准点鸣钟，对公园的景观起到了很好的点缀作用。

工业元素外观公厕。青山区是华中工业重镇，钢铁、船舶、齿轮等工业元素自然要考虑设计到公厕外观上。青山镇闸口附近，2015年建成一座新公厕，外形就是按照一艘轮船设计的，往东不到一公里就是长航青山船厂。建设十路，高铁下方，新建的公厕外墙面，大大小小布满四个齿轮。

见缝插针的一体化公厕。中心城区，寸土寸金。商圈、车站、学校等公共场所选址困难，一种占地面积约20平方米的一体化公厕应运而生，具有环保、便捷、节水、可拆卸、运行成本低等优点，为城市公厕的建设开辟了一条新的途径，成为了城区固定公厕的有效补充。此类公厕在青山主城区达到近40座。

海绵城市建设中的生态公厕。钢城二中的公共厕所，是以"厕所革命"为宏观背景为学校打造的海绵＋工程。其原状厕所容量少，下课时间供不应求，最主要是破旧简陋、阴雨天气污水流出、气味难闻。为解决这一问题，以人为本、生态环保的角度对厕所进行海绵化改造。其一是增加了使用可容量；其二是改造了厕所外观，在屋顶设花园，外围设雨水桶，既提升景观、又节约学校用水成本。

设置育婴间的公厕。位于八大家转盘附近小游园内，公厕是一所拆旧还新的公厕，左低右高的倒伏状梯形外观，正面门上方镶嵌着大块的镜面玻璃，掩映在绿树红花中，具有艺术气息。厕所的残疾人卫生间里面除了有座便器、小便池和洗手池以外，墙壁上还有一个有安全带的宝宝凳，一个有安全带的育婴台，平时折叠后贴在墙上。这样在单独带孩子上厕所时，可以把孩子固定在小凳子上或者平放在台子上，大人就可以放心如厕了。

青山区厕所革命的愿景

通过多年不懈的努力，青山区公厕建设取得立竿见影的成效，同时，也面临新的问题。一是开发商对配置公厕设施缺乏认识。不少开发商为追求最大利益，故意忽略公厕配套，建成后小区环境虽然改善一新，但居民出行如厕的需求得不到满足。城管部门积极建言呼吁在新建地块中配套规划、配套设计、同步建设，但是得不到规划部门的响应；二是局部地区设施不完善。城乡结合部、边远地区、部分社区配套设施不完善，公厕相关设施无法建设，满足不了市民如厕需求。三是市民阻力很大。少数选址周边的市民停留在对老公旧公厕的认识层面，以各种理由阻挠建设，致使计划中的多座公厕建设计划流产；四是项目资金限制。受区级财政项目资金的限制，建设标准无法达到智能化、生态化的需求。

未来三年，青山区开展厕所革命主要实施以下工作：

一是以市民需求为中心，优化公厕布局，解决局部地区公厕"数量少、设置偏"问题，在新建小区，推广附属式建设方式，弥补公厕缺失问题，并计划新建、改扩建公厕29座；

二是秉承"因地制宜、注重实用、倡导环保、展现特色"的原则，力求建筑风格与周围环境协调一致；倡导节约环保、就地取材，积极采用节水、节能、除臭等新技术、新材料，建设一批生态、智能、环保型厕所。

三是结合城区人口比例和人体健康状况，对男女厕位比例、残疾人专用厕所、第三卫生间等进行科学规划，规范设置各类厕所标识牌和其他设施设备的配置。

四是坚持以人为本原则，设置老、弱、病、残特殊人群休息室，提供太阳能供电、热水供应系统、报刊杂志等信息刊物、设置急救防护用品等设施，增加绿色植物、装饰宣传画等物品，不断提升公厕标准，以增强人文关怀，丰富厕所人性化服务。

五是落实"一人一厕"管理制度和公厕24小时开放时间，严格按"九无、三净、三通"标准落实日常卫生；购置除臭设备和药品，开展消毒杀菌工作，定期组织人员清掏化粪池，遏制蚊蝇滋生；并严格考核奖惩，促进公厕环境卫生质量的提升，实现由规范化管理向精细化服务转变。

做捍卫蓝天的践行者

陕西省洋县城市管理综合行政执法局

　　参加工作 20 多年来，他始终扎根基层，兢兢业业奋斗在工作岗位，经常熬更守夜，常年奔赴在执法一线，哪里有问题，哪里有违法行为，哪里就有他的身影，为洋县环境污染治理、生态文明建设做出了积极贡献，得到了上级领导充分肯定和广大市民的一致好评。他就是洋县城市管理综合行政执法局局长张立渊。

　　洋县属于大秦岭生态保护限制开发区、朱鹮生态保护区、汉江湿地保护区。多年来，洋县县委、县政府坚持绿水青山就是金山银山理念，以环境保护理念引领全县经济社会发展。作为城市管理的组织者、参与者、践行者，张立渊始终如一贯彻执行县委、县政府这一发展理念。目睹人民群众日常生活所造成的环境污染、一条条高耸入云的大烟囱在肆无忌惮地排放着浓烟，听到废水、废渣等环境污染事件，他忧心忡忡、焦急万分。为培养环境意识、贡献一份环境保护绵薄之力，他从细微处着手、从身边干部职工着手、从周边群众着手，多次召开干部职工会议动员、引导所有干部职工树立环保意识，多次召集所有干部职工深入工厂、夜市、门店宣传政策，在社会上引起了共鸣。

　　现年 44 岁的张立渊，1994 年 8 月入党，2017 年 3 月任洋县城市管理综合行政执法局局长。作为单位的一把手，他始终扎根在一线，和同事们一起同甘共苦，他对业务水平提升从不放松，利用业余时间苦学城市管理有关法律法规，两年来从不耽搁。他同样也是两个女儿的爸爸，一岁多的小女儿生病住院，总是看不到他陪伴的身影。他忘我的工作，让妻子对他表示不满，父母对他抱怨，他心里也充满了愧疚，然而妻子和父母仍然一如既往的理解他、鼓励他、支持他，这也是他奋力冲刺一线环保工作的动力。

　　五年的部队生涯，不但给了他强健的体魄，更塑造了他踏实认真、吃苦耐劳、任劳任怨、敬业奉献的工作作风。如今他又把这种作风带到城市管理之中。今年元月至 3 月份，他雷厉风行推进冬防大气污染防治和"春雷行动"，积极组织公安、住建、城管、环保、交警、街道办等单位参与，实行白加黑、5+2 工作法，带领全体职工奔赴工厂、建筑工地。冬防期间，下发严禁违规施工作业、违规拉运砂石渣土等通知 130 余份，先后检查城区在建项目工地 35 家 400 多次，检查砂石、渣土运输车及商砼车 2000 余辆，现场责令 12 家公建工地、5 家私人建房工地停止夜间违规施工作业，处罚违规运输车辆 120 余辆。

　　油烟污染虽小，但事关千家万户，"清炉"行动迫在眉睫。自清炉行动启动以后，他先后带领综合执法中队、市容中队对30多家酒店、餐馆、食堂的油烟净化设施、露天烧烤、早餐夜市摊点进行了重点检查，查处未安装油烟净化设备1家，存在油烟遗漏污染问题12家，对油烟净化设备无清洗记录13家。对露天烧烤、早餐夜市摊点进行了4次专项整治，所有从事露天烧烤经营者都按规范要求使用环保炉具和清洁能源燃料，无有烟烧烤经营行为。特别是，2017年9月30日晚上9点左右，接到群众举报傥滨小区以西茂和烧烤等7家餐饮店随意排放油烟。他随即亲自带领市容一中队全体执法队员前往傥滨小区7家餐饮店实地查勘，亲自约谈餐饮店业主，下发《限期整治通知书》，要求店主在规定的时间内安装油烟净化设施。处理完这次举报，已经深夜了，大家都已经身心疲惫，他语重心长地对所有执法人员说："城管是我们的职业，作为城市管理者，我们就应该随时随地响应群众的呼声，为群众排忧解难。

　　为了实现扬尘、渣土等污染源的全方位监控和治理，张立渊多次向县委、县政府主要领导汇报，争取理解支持，多方筹集资金，积极推进"天行健"渣土车智能管理平台系统和渣土运输在线监测及视频监控系统建设。今年以来，在他的倾力推动下，在建筑工地安装视频监控11个，在重要路段安装视频监控6个，高效地打开了渣土治理工作新局面。

　　永葆奋斗精神，永怀赤子之心，正是张立渊真实写照。自他任县城管执法局局长以来，认真贯彻执行党和政府环保工作政策，积极学习环保法规知识，恪尽职守，勇于担当，热心环保事业，在县城渣土扬尘污染整治和露天烧烤、餐饮油烟整治工作中，恪守为官底线，手握戒尺，心忧百姓。坚守价值选择，在困难下笃定信仰追求，以身许党，以身作则，为守一方净土，为洋县的天更蓝、水更绿，默默的践行着自己的人生诺言。

关于城市管理工作提质增效的思考

浙江省台州市综合行政执法局党组书记、局长 朱立国

随着城市经济的快速发展和城市功能的深刻变化，城市环境品质和管理效率提升成为城市美丽建设的重要途径，也是当前我市城市管理工作现实而紧迫的课题。下面，笔者就如何推进我市城市管理工作提质增效发展提出了五方面思考和建议。

一、高标准开展城市管理顶层设计

一直以来，城市管理顶层设计相对不足，影响了工作规范化、标准化和系统化发展。因此，城市管理工作要树立规划、设计、建设与管理全生命周期发展的理念，高起点推进城市管理领域顶层设计。

一是建立城市管理规划体系。将管理工作纳入城市总体规划中通盘考虑，在城市总体规划和城市空间设计编制中，对城市管理进行提前谋划或加以控制，避免"邻避效应"；编制《台州市城市管理工作中长期发展规划》，引领当地城市管理工作协调有序和长远发展；完善城市管理行业专项规划，促进公共事业管理专业化、系统化发展。

二是完善城市管理标准体系。要建立健全城市管理标准体系，为精细化管理提供标尺和依据，使城市管理各个领域都有标准可循，同时，配套建立对应的指标体系、责任体系和考核评价体系，强化标准的执行和落实。

三是深化体制机制改革创新。深化城市管理体制和运行机制改革，加快推进综合执法和业务监管、城市建设和城市管理职责边界的对接和厘清，加快推进基层执法中队规范建设，进一步构建全市一盘棋、市区一体化、建管协作良好的城市管理新模式，进一步优化"大城管"机制，发挥 "执法、管理、服务"三位一体的体制优势。特别要凸显市区城市中心，积极探索重大基础设施统筹建设和运营共享模式，形成要素共享和集聚效应。

二、持续性开展城市环境改造更新

只有持续开展城市环境改造提升，才能使一座城市永葆生机与活力。因此，要围绕群众反映强烈的市容环境问题，每年实施一批改造工程，促进城市环境面貌更新。

一是开展空间净化行动。开展空中"蜘蛛网"整治。对街路各类架空管线进行整理、改造或拆除，确保管线整齐、美观、安全。开展乱搭建整治。坚决拆除违法建设及房顶、屋外不安全的附属设施，优化公共环境和公共秩序。开展户外广告整治，合理规划，科学布局，统一标准，分级审批广告，美化城市天际线。

二是开展街景美化行动。强化立面更新。加强对乱张贴、乱涂写的治理，加强对沿街建筑物的保洁、改造工作，展现建筑设计风貌。实施亮化打造。因地制宜实施亮化建设和修补，对重要街道和重点地段进行景观照明设计。加强街面治理。对沿街空调室外机、卷帘门、遮阳棚等构筑物和店面字牌、广告灯饰等标志标识进行统一设计、改造，美化城市形象。

三是开展路面提质行动。实施路面改造提质。常态化开展市政道路更新改造，对破损严重路面进行铺装，对混凝土道路路面实施"白改黑"，提升城市道路品质。实施环卫保洁标化。作业实施"一把扫帚"，主街道建立快速保洁机制，实行高标准分级分路段保洁。落实道路设施规范。拆除实体围墙，实施围墙立体绿化改造，实现"拆墙透绿"；对各类交通栏杆进行统一规范设计和安装，做到整洁有序。

四是开展地下序化行动。开展地下管线普查，建立综合管理信息系统，编制地下管线专项规划，降低管网事故率，避免重大事故发生。加强对城市地下空间的规划、建设与改造，合理有序开发利用，促进地下空间与城市整体的同步发展。

三、全方位推进城市精细化管理

按照习近平总书记"城市管理应该像绣花一样精细"的要求，转变管理理念和思路，改进管理手段和方式，不断提升城市精细化管理水平。

一是突出规范文明执法，推进城市管理法治化。运用法治思维和方式解决城市顽症，为城市精细化管理提供法治保障。加强城市管理领域的地方立法工作，深化综合行政执法规范化建设，建立健全并落实各项执法办案制度，加强执法监督，全面提升规范执法办案水平；积极开拓创新，推行城市管理领域"非接触性执法"；持续深化文明执法"四个一"活动，即讲话第一句话，做好第一个动作，规范第一道程序，做好第一次宣传，从细节入手，切实解决执法行为粗放的问题。

二是突出全域联动，推进城市管理一体化。充分发挥城管委统筹协调的作用，目前我市市县两级均已成立了城市管理委员会，全市有40多个市级单位、9个县（市、区）及市区22个街道建立了城管委联系制度，特别是城管委督查点评会和城市管理报告制度，在运行过程中，对全市城市管理工作统一协调指挥成效明显。加快建立综合执法和相关行业管理部门的联席会议制度、信息共享平台、信息互通制度、案件移送制度、协作机制等，在配合协作机制过程中，落实案件移送、技术支撑保障、协商会商，推进城市管理工作部门协作、全域联动发展。

三是突出科技应用，推进城市管理智慧化。城市管理应更多运用现代信息技术，为城

市精细化管理提供科技保障,推进模式创新和效率提升。要以《台州市城市综合管理信息化平台三年规划》为引领,以大数据和物联网技术为支撑,建立统一的智慧城市运营管理中心,完善的基础数据库,智能的视频监控系统;推进智慧物业、智慧公厕、智慧停车等专项系统开发应用,逐步实现从粗放管理到精准管理、人海战术到智慧管理的转变。

三是突出共建共管,推进城市管理社会化。共建共管共享是城市管理工作的重要基础。坚持党建引领下的法治、德治、自治一体化推进,完善城管工作站、城管志愿者服务站等一线服务渠道建设,打通服务基层最后一公里;建立与区域学校、物业等企事业单位联勤协作机制,充分发挥基层自治功能;规范公众参与城市治理的途径和方式,充分发挥人大代表、政协委员和各类媒体、社会组织、志愿者等的监督作用,形成全社会共同参与的城市管理工作良好氛围。

四、下决心补齐城市管理民生短板

加强市容市貌管理的同时,必须要下大决心,花大力气,同时又要有足够的耐心来补齐城市管理领域短板,破解制约城市管理效能提升的困境。

一是加快城市基础设施提升。推进垃圾处理设施建设。加快我市垃圾焚烧厂改造和扩建,满足生活垃圾处置需要;加快餐厨垃圾利用集中处理设施建设,填补我市没有餐厨垃圾集中处理设施的空白。推进污水处理设施建设。以"零直排区"创建为载体,加快推进污水处理厂扩建与提标改造、主干管网建设、区块截污纳管等重点项目,注重区域统筹和品质提升,到2022年底基本实现"全覆盖、全收集、全处理、全达标"。推进公共停车设施建设。推进立体式、机械式、多层次的地上车库和地下停车场建设,同时,充分挖掘停车资源,推广智能化停车设施应用,提高停车位的周转率。

二是深化"三大革命"行动。全面推进垃圾分类、公厕管理和物业管理"三大革命"行动,"垃圾革命"工作须加快《台州市垃圾分类管理办法》立法,实施垃圾源头减量专项行动,逐步推进生活垃圾强制分类,实施一批垃圾分类示范创建,推进回收利用工作,特别是建立有害垃圾强制回收体系,市区城区范围内逐步推进实施生活垃圾强制分类,提升城镇生活垃圾回收利用率。"公厕革命"要按照数量布局合理化、外观形象景观化、功能设施现代化、提供服务信息化、项目运作市场化的总体思路,结合我市智能马桶产业优势,优化公共厕所管理,打造一批集商业或公益功能于一体的公共厕所综合体。按照实施方案三年完成新建公厕259座,改建公厕161座。"物业革命"重点突破组织架构和体制机制问题,市、县、乡逐级设立物业管理机构,社区居委会配备专业物管人员,落实属地管理;将小区物业管理纳入基层组织建设范围,探索"红色物业"建设,对住宅小区实行"村居式"常态化管理;加快推进物业管理办法的修订,搭建物业管理信息平台,破解物业管理工作矛盾与难题。

三是加大文明风尚宣传引导。坚持"治陋"，以《台州市市容和环境卫生管理条例》施行为依托，以国家卫生城市、全国文明城市复评为契机，坚持治理乱设摊、乱堆放、乱停车抛物、乱张贴、乱吐痰、乱丢烟蒂等陋习。坚持"引导"，加大城市管理公益广告宣传，营造良好的文明风尚，努力打造文明美丽台州形象。

五、高标准打造城市管理精品工程

围绕台州"城市美丽行动"，结合当地独特的"路、山、水、城"融为一体的城市风貌，积极打造一批具有台州特色的城市管理亮点项目，增强市民对城市的认同感。

一是打造精品路线。按照"高起点规划、高品质设计、高水平建设"原则，对标"浙东第一街"——宁波中山路，针对机场、高速出入口、高铁站至中心城区等城市主要道路进行景观化改造提升，具体从入城口、立面、白改黑、城市家具、绿化等方面进行全方位改造，使之形成风景靓丽、整洁有序的台州形象。

二是打造山体公园。充分发挥台州城区有山的自然禀赋，做好"引山入城、沿山造园"的文章，打造城市山体公园。首先，注重地形设计与空间规划，增加文化内涵，创建特色公园。其次，拆除沿山违法建筑，打通沿山环道，建成生态休闲旅游环线绿道，沿山打造节点性休闲设施和观景平台，形成以自然风景为主的山水风光。再次，坚持植物造景，实施林相改造，沿线形成四季有花、季相分明、层次丰富的绿化景观带。

三是打造沿河绿道。根据城市江河实际情况，通过水岸同治、通路造景、生态修护、融水入景等举措实施综合整治，充分利用亲水性及滨水景观的生态性，实现岸绿、水清、景美的四条公共景观带，为市民和游客创造出怡人的休憩场所。例如，市区的高新区莨芷泾—高闸浦、椒江一江两岸、黄岩永宁河、路桥南官河等。

四是打造特色街区。特色街区是一座城市繁华程度、品位和历史文化的展现。从国内外先进城市规划建设经验来看，特色街区往往能更好的为城市集聚人气。应邀请国内外高水平规划设计单位进行精细设计，由政府精心组织，把特色街区建成商业气氛浓郁，环境优美，管理有序的高品质城市区块。

热情服务 诚信管理 文明执法
全力打造新时代城管执法队伍新形象

安徽省歙县城市管理行政执法局

歙县是国家历史文化名城，以"世界徽文化展示和传承中心、生态宜居的山水园林城市"为城市发展目标，并致力于打造"国内一流的文化休闲旅游目的地"。城区面积18平方公里，常住人口12万人。歙县城管执法局工作职能包括管理服务和行政执法两方面，管理服务工作涵盖环卫、绿化、亮化、市政设施维护等方面，行政执法范围包括市容秩序和环境卫生方面的管理执法权以及住建领域的全部行政处罚权。我县始终把城管执法队伍规范化建设作为城市管理工作的基础工程来抓，工作目标是：从2016年开始，力争通过三年的努力，打造一支业务精、作风好、素质高、能力强、形象优的城管执法队伍，实现"建一流班子，带一流队伍，创一流业绩，树一流形象"的目标。近三年来，县城管局全体人员戮力同心，为成功争创"第四届全国文明县城"和"首届安徽省文明示范县"做出了积极贡献，为历届"帐篷节""马拉松大赛"等大型活动提供了坚强的市容保障，得到社会广泛认可。先后荣获了歙县县委、县政府"争创全国文明县城突出贡献单位""黄山市城管执法系统依法行政工作先进单位""安徽省城管行业系统文明执法先进单位"等荣誉称号。

一、领导重视，高位推动，"人、财、物"保障有力

2017年，我县抢抓城管执法体制改革机遇，成立了以政府县长为主任的高规格议事机构——"歙县城市管理委员会"，统筹协调全县城市管理工作。配齐配强城管执法大队领导班子，城管执法局局长兼执法大队长，高配正科教导员一名，高配副科的副大队长两名。局机关增设了"市政亮化绿化管理科"和"古城执法中队"。增设了副科级二级机构"数字化城管监督指挥中心"。增加了行政编制1名，事业编制22名，县公安交警、市场监管两部门派驻3名执法人员开展城管执法局工作，目前，共有行政执法人员34人，管理人员141人。按规定配备了执法车辆、执法记录仪等执法装备，全面完成了含协管员在内的城管队员统一换装，提升了执法形象。城市管理经费充分保障并逐年提高，2018年共增加2200万元用于"提质扩面"和实行市容管理服务社会化试点，投入600多万元建成了歙县数字化城管平台，大大提高了城市管理效率。

二、建章立制，开拓创新，"热情服务、诚信管理"成效显著

多年来，歙县城管始终坚持以人为本、为民管城的理念，按照习近平总书记提出"城市管理应该像绣花一样精细"的要求，切实做到热情服务人性化、诚信管理精细化、文明执法规范化。认真落实《安徽省行政执法人员管理办法》，严格执行城管执法人员持证上岗和资格管理制度，确保依法履行行政执法职责。全面完成了全国城管系统统一换装，制定了《歙县城市管理执法人员制式服装及标志标识管理规定（试行）》，严格执法人员的队容风纪，健全考核奖惩、廉政监督、责任追究等长效管理机制。根据城管执法体制改革推进情况，优化调整城市管理综合执法部门权责清单，向社会公开职能职责、执法依据、处罚标准、运行流程、监督途径和问责机制，并实行动态管理。出台了《行政执法公示制度》《执法全过程记录制度》《重大执法决定法制审核制度》，落实行政执法责任制，坚持城管执法公开公平公正。大力倡导"721"工作法，继续巩固用服务的手段解决70%的问题，强化用管理手段解决20%的问题，更加注重用执法手段解决剩下10%的问题。2017年6月，"歙县城管"微信公众号注册，平均每周更新一次，截至目前共发布原创信息72条，关注人数和点击浏览量呈不断加大趋势。通过政府购买服务，组建了一支40人的城管执法辅助队伍，实行市容管理社会化，目前已在5个片区实现了管罚分离。积极探索"诚信城管"品牌创建，实行执法队伍全员积分管理，建立诚信典型的选树和推介制度。加强渣土运输管理，坚持源头管控，新增环保全密闭渣土运输车42辆，并联合多部门开展渣土运输整治联合执法12次，有效遏制了渣土抛洒污染路面现象发生。开展城管"大走访"活动，对沿街商铺、建筑工地、摊点群、公益广告版面设计公司等区域开展"大走访"，发放便民联系卡，在摊点群设置等方面广泛征求意见，并积极运用走访结果。如针对群众对垃圾池及周边的环境不满意的问题，提出了"全城取消垃圾池，科学布局分类收集垃圾筒"意见并得到县政府支持，目前已全面完成了垃圾"池改桶"工作，周边环境大大改善。在小北街管理中探索建立"城管商户微信群"，实现了城管、商户"微互动"。落实信访工作包保责任制，及时妥善回应群众诉求和网络舆情，制定完善舆情应对工作方案，信访案件按期办结率100%。2017年，县城管局获"全县信访工作先进单位"，县城管局党支部获"全县先进基层党组织"称号，冯锦龙同志获"2016年度黄山市依法行政工作先进个人"称号，古城中队长丰文军同志获2017年度安徽省住建厅"强基础、转作风、树形象"专项行动"表现突出个人"称号，并涌现出一批冒险救火、拾金不昧等群众点赞的先进典型。

三、立足岗位、补齐短板，依法行政再上新台阶

（一）制度建设有序推进

三年来，先后修改完善了《歙县城区户外广告设置管理办法》《歙县城市生活垃圾处

理费征收管理办法》，制定出台《歙县城区建筑施工渣土（建筑垃圾）管理暂行办法》《歙县徽州古城店面招牌设置管理暂行办法》等一系列规范性文件，切实提升城市管理规范化、法制化水平。

（二）教育培训成效显著

坚持以习近平新时代中国特色社会主义思想为指引，落实"三会一课"制度，组织党的十九大知识测试、赴红色教育基地参观等，举办"奉献城管"演讲比赛，狠抓政策理论学习和思想政治教育，不断增强执法人员的宗旨意识和服务理念。突出市政公用设施运行管理职责及住建领域法律法规规章规定的全部行政处罚权等重点内容，通过开办"城管夜校"、落实"月学季考"制度等，开展依法行政培训，不断增强城管执法人员业务水平。开通城管微信，推进城管法律法规"七进"等活动，切实提高城管执法人员法治素养。

（三）拆违控违工作取得实效

主动联系对接县住建、规划、国土等部门，建立协同联动机制，注重抓早抓小抓了。2018 年以来，"两治三改"工作顺利推进，共控违 23 处，面积达 5800 平方米，拆违 74 处，面积 12000 平方米。实现了违法建设零增长的目标。并成功办理了一起工业园区内的房屋未批先建案件，征缴罚款 4.4 万元，创下单笔罚款额新高，起到"查处一起、震慑一片"的效果。

（四）古城车辆禁（限）行工作破题入轨

歙县徽州古城内共有居民 3 万余人，学校师生近万人，游客每年达 30 万人，商铺 700 余家。物流、快递业务繁忙，日均人流量达 5.5 万人次。依据《歙县徽州古城保护条例》规定，2017 年 11 月开始古城核心保护区内全面实行车辆禁（限）行，宣传教育 2 万余人，处罚 800 余人。目前，有 63 个出入口的 6 条街道车辆禁（限）行工作已实现了常态化管理，徽州古城的居住、旅游环境大大改善。

（五）重点区域整治工作有序推进

今年以来，执法大队共出动 13500 余人次，重点在鸿基商贸城、徽州花苑小区、徽兰广场、小北街等区域集中开展占道经营、"一店多招"、城市"牛皮癣"、非机动乱停放等专项整治活动，共整治违规出店经营商户 2400 余户，整治"一店多招" 300 余个，清理各类违法户外广告 800 余处，清理各类"牛皮癣"2.7 万余处，划定非机动车停车线 2 万余米。消除了工作乱点和盲点，城市管理水平整体快速提升。

我县城管执法队伍规范化建设虽然取得了一定成效，但也存在一些亟待解决的问题。主要体现在：目前城市管理执法人员与协管员比例达不到 1：1，执法人员较少，并且由于工作环境问题，与部门、与群众的矛盾多，工作难度高，社会认可度低等多方面原因，执法队伍非常不稳定，5 月份以来，共离职 14 人（事业编 3 人，协管员 11 人），由于现有执法队任人员较少，我们的管理范围没有向乡镇延伸。针对这些问题，我们将进一步培养敬业精神及合作态度，提高执法人员职业素养，树立良好的职业道德，提高职业知识技能，养成良好职业行为习惯。加大对正面典型行为的宣传，依托工会对劳动模范进行表彰奖励，调动员工争先评优的积极性。积极与上级政府沟通，提升升职空间，解决执法身份问题，明确"参公"身份，提高津贴补助，免除大家的后顾之忧。

以加强"两违"管理为工作主线

甘肃省庆城县城市管理行政执法局

今年，是改革开放 40 年，也是城市建设管理的 40 年。40 年来，庆城城区环境经历了从杂乱无章到整洁有序、从占道经营到门前三包、从被动管理到主动服务、从末端执法到源头治理的美丽嬗变。庆城县城市管理在改革开放的历史机遇中，不断磨砺自身，勇敢创新，用汗水和智慧一步步修饰着这个城市的容貌。

庆城县城管局成立于 2003 年，是集综合行政执法和市容环卫管理工作为一体的综合管理单位。根据县委、县政府赋予我局的工作职责和确定的人员编制，为了便于开展工作，结合实际，全局设立两室五队，即局机关办公室、法教督查室、市容执法队、环境卫生管理队、"两违"工作管理队、夜间管理队和绿化路灯管理队。现有执法管理人员 83 人、协管员 70 人、环卫工人 238 人，分布在城管工作各个岗位。主要负责县城规划区市容市貌、环境卫生、园林绿化、公用照明设施、市场的日常管理工作以及城市管理综合行政执法工作。多年来，先后迎接省内外市县党政考察学习观摩团 130 多批次 1300 余人次，受省级表彰奖励 4 次（2006 年 7 月通过"省级卫生县城"复查验收；2007 年，被省爱卫会授予"甘肃省卫生先进县城"称号；2008 年 12 月，被省委、省政府授予"甘肃省精神文明建设先进单位"称号；2010 年 12 月，被甘肃省委、省政府命名为"省级文明单位"），2014 年通过省级卫生县城复查验收，2016 年 1 月荣获"甘肃省卫生单位"称号。

一、工作总体思路

庆城县城市管理工作总体思路可概括为"一二三四五"。即一个目标（争创国家级卫生县城，全面提高城市管理工作水平），两个确保（一是确保全局工作处于同行业先进行列，力争进入全省前五位，稳居全市第一位，全县目标管理综合考核一等奖；二是确保城区管理在现有基础上不反弹），三个突破（一是树立良好的行政执法形象要有新突破；二是建立有序的机关工作秩序要有新突破；三是环卫管理模式要有新突破），四条主线（一是以整治市容市貌为工作主线；二是以全域无垃圾为工作主线；三是以加强公用照明设施和园林绿化为工作主线；四是以加强"两违"管理为工作主线），五项措施（一是充分发挥局党支部的战斗堡垒作用和党员的先锋模范带头作用；二是量化、细化工作指标，落实目标管理责任制；三是认真学习和贯彻落实内部管理制度；四是严格执行工作纪律，加强督查考核；五是强化队室之间的工作协调）。

二、主要工作做法

庆城县城市管理工作以转变管理理念、提高管理标准、提升管理水平为主线，增强服务意识，切实改进作风，坚持问题导向，狠抓源头治乱，突出细节治脏，强化效果治差，着力健全城市管理长效机制，努力实现城区管理工作水平全面提升。

（一）市容市貌管理规范化

庆城有市无场由来已久，近年来，通过多方衔接，新建及改扩建城区固定市场6处，划行归市，档案化管理，为缓解城区占道经营、乱摆摊点等影响市容和环境卫生的问题起到了积极作用。对流动摊贩疏堵结合，随季节变化合理布设"跳蚤市场"和"钟点市场"，有效破解了水果蔬菜上市旺季农民进城乱摆乱放的难题，正确化解"市容"与"繁荣""脸皮"与"肚皮"的矛盾。逐步落实了"八无八规范"市容管理标准（八无：城区内无漂浮物；节庆后主要街道两侧商家无对联；无过街横幅；建筑物无悬挂商业条幅；各街路商铺无门窗张贴广告；主要街道人行道无落地广告灯箱；主次干道无乱涂乱写、乱贴乱画、乱拴乱挂；街面无高噪音招揽生意的市场。八规范：规范牌匾，实行"一街一式，一楼一色一品"；规范主街巷两侧摩托车、自行车有序停放；规范各大市场货物交易按区经营；规范店外乱堆乱放；规范户外广告；规范小商小贩进场入市经营；规范基建工地及各类运输车辆的出入管理；规范各大活动场所秩序）。

（二）环境卫生管理标准化

坚持以人为本和文明服务为宗旨，创造性地实施了"一线工作法"（一线签到上班、一线安排工作、一线发现漏洞、一线解决问题、一线总结经验、一线树立形象）和"无缝隙管理法"（制度无缝隙、管理无缝隙、责任无缝隙、督查无缝隙），实行一日三扫三收、全天候保洁，垃圾日产日清、无害化处理，公厕少蝇无蛆，"牛皮癣"不过夜的作业制度，推行"现场交班签到""领导徒步轮流值班""早中晚三岗巡查"相结合，形成了"大城管"格局，达到了"4567"（四不见：平时不见土，雨天不见泥，街面不见污，公厕不见蝇；五扫：雨后及时扫水，雪后及时扫雪，刮风及时扫，重大节庆加强扫，正常气候细致扫；六个一样：车行道和人行道一个样，大街和小巷一个样，白天和晚上一个样，检查和不检查一个样，节假日和平时一个样，冬天和夏天一个样；七净：路面净，道牙净，人行道净，下水道口净，树坑净，绿化带净，电杆灯箱净）的环卫管理工作标准。

（三）"两违"工作管理长效化

"两违"管理立足"堵新，清旧，抓长效"的工作思路，以控违、拆违工作为抓手，有效遏制"两违"现象发生。庆城地皮紧缺，寸土寸金，历来缺乏必要的场地和仓储等设施，加之近年棚户区改造大量征迁导致违法占地、违法建筑比较猖獗。2017 年 10 月 12 日接管后，坚持源头治理、盯紧看牢、快速处置的原则，共依法拆除违章建筑 21 宗 7106 平方米，挡停 106 宗 12383 平方米，有效遏制了"两违"泛滥的被动局面。

（四）公用设施管理精细化

加强亮化设施的维修养护，确保亮化效果，责任到人，对城区路灯进行跟踪巡查检修，及时修复毁损灯具设施，确保亮灯率达 95% 以上。明确城区绿化种、养、管的目标、责任、措施、办法和工作机制，落实管护措施，达到了白天绿色养人眼，夜晚亮灯照人行的效果。

（五）行政执法管理便民化

努力践行城市管理"721"工作法（即：让 70% 的问题用服务手段解决，20% 的问题用管理手段解决，10% 的问题用执法手段解决），变被动管理为主动服务，变末端执法为源头治理，改进城市管理工作。坚持公平、公正、公开，推行"阳光执法"，消除人情执法。先告知，后规范，再处罚，体现人性化管理理念。15 年间实施行政处罚 4.2 万余件，无一例引起行政诉讼。筹资 31 万元分两批为 81 名干部职工配发了制式服装，统一了标志标识，保证了日常工作顺畅运转。

（六）队伍建设管理梯次化

加强干部职工学历教育，鼓励干部职工自学成才、岗位成才，形成了全员学习、终身学习、自觉学习的良好风尚，努力建设学习型机关。大专以上程度人数占比由建局之初的 33.4% 提高到现在的 80.7%，35 岁以下干部职工占总人数的 67.4%。

（七）不断创新，重点突破，努力促进城管工作跨越式发展

1. 采取企业建设、政府租用的方式，实现了城市数字化管理。由电信系统投资 1000 多万元，建成了集数字城管、平安庆城和智能交通一体化的管理系统，实现了城市事件和部件的网格化管理，达到了事半功倍的效果。

2. 积极争取地方财政支持，先后筹资 1000 多万元购置各类环卫作业车辆 35 辆，新建及改建城区公厕 24 座，安装移动公厕 6 座，布设果皮箱及垃圾桶 1000 多个，垃圾斗 260 具，努力实施民生工程，服务群众生产生活。投资 300 万元，于 2016 年 4 月实施了城区公共自行车便民工程，在机关、学校、医院、商（市）场等人流集中区布设 16 处服务站点，投放自行车 600 辆，年骑行量达到　　次，为市民低碳出行提供了极大便利。

3. 遵照省、市、县全域无垃圾工作部署，将全县 17 个乡镇（办事处）的生活垃圾清运工作全部纳入管理。布设垃圾集中点 240 余处，投放车载垃圾斗 262 具，服务 152 个新农村居民点、153 个村和 27.8 万人，实现了全县乡镇生活垃圾清运处理全覆盖。

改革开放在继续，城市管理永远在路上。如今站在城管体质改革的新起点，庆城县城市管理工作将以"十三五"规划和城市精细化管理为引领，以常态化、规范化、精细化、人性化的行业新姿态，不忘初心，砥砺前行，不断谱写城市管理的新乐章。

小党徽　大作用　党群同心谋发展

江苏省淮安市淮阴区城市管理局　邵伟程　力　梅　皇正委

今年以来，淮安市淮阴区通过开展"挂牌亮相 履职亮诺 积分亮绩"党员先锋看我行活动，加强对党员日常表现和作用发挥的过程管理，激励党员不忘初心、履行职责、发挥作用。

在区委的指导下，淮安市淮阴区城管局结合"三亮"活动，打造"党群同心，共建文明执法队伍"党建项目品牌，通过党建带群建、群建促党建，全面提升队伍素质能力和文明形象，促进各项工作高质量发展。

以身作则，把党员的形象立起来

"早晨 5 点起床，5 点半到达单位，简单整理下便带着中队人员出去巡查执法，晚间 8 点半从路段上执法结束赶回单位，9 点从单位出发回家，期间还带着中队人员一起听了一堂党课。"这是执法大队七中队赵健中队长在文明城市迎检期间一天的工作。今年初，为增强党员的责任感、荣誉感和带动作用，淮阴区城管局设立"党员先锋岗"，要求每名党员佩戴党徽、亮明身份，并建立"队员点题、党员答题"制度，中队队员根据在工作、学习、生活中遇到的困难进行"出题"，由党员进行解答，并带领中队人员一同学习党章党规、领导人系列讲话和相关法律法规，共同讨论如何转变工作作风、如何服务群众、如何规范执法，让每个人都能及时学习、不断进步，并内化于心、外化于行。

"今年，淮阴区城管局作为"三亮"活动的试点单位，将党员示范作用发挥纳入年底考核，充分调动了党员干事创业的热情，有效促进了各项业务工作，连续 10 个月在全市长效管理考核中保持零扣分"，淮阴区委组织部副部长、党建办主任李伟伟介绍道。

见贤思齐，把队员的能力提起来

"手捧奖状、眼含热泪、心中充满感激"朱伟这样描述自己在局十月份月度例会上的获奖感受。这是朱伟连续第三次获得了执法标兵的称号，而执法标兵这个荣誉在全局每两个月仅仅有十个人能够获得。朱伟把这些成绩的取得归功于他的中队长李醒尘。今年三月份，朱伟因违反局规章制度三次被局分管领导约谈，根据该局规定，一年之内有四次违反制度行为将被辞退。因此，局领导将朱伟调整到执法大队五中队，由执法大队副大队长、五中

队中队长李醒尘对接帮扶。"根据区委开展的'党员履职亮诺'要求，把朱伟同志发展成业务标兵和入党积极份子是我今年向局党委的承诺。我通过早督促、晚检查、周测评、月考核的方式对他进行教育引导，定期带他参加我们支部的'三会一课'活动，朱伟的思想境界明显提升、业务素质显著提高，现在他不但是执法标兵，还是市容支部的入党积极分子"，李醒尘说道。

共建互促，把队伍的合力聚起来

党员有质量，队伍有力量。淮阴区城管局通过发挥"党员积分亮绩"的孵化作用，进一步深化"路段课堂"形式，建立"1+N"联系帮扶制度，每名党员定期带领队员到路段上学党章、上党课，把党员身份亮出来、岗位职责摆出来，形成党员帮、队员学、党群同进步的强大合力。每月开展"六好中队""文明科室"等评比活动，把党员干部"学习好、纪律好、业绩好、技能好、形象好、团结好"以及"纪律遵守、队伍形象、环境卫生、节能减排"等方面要素纳入党员积分，以考核评比提高党员的业务水平和党性修养。该局党委副书记张性云介绍说，"城管工作千头万绪，业务工作很难做，但更难的是队伍管理。我局执法中队有党员40余名，但有260余名协管人员，通过建立'1+N'联系帮扶制度，充分发挥党员的向心力作用，队员们的凝聚力、战斗力得到了显著的增强"。

"整齐的步伐、挺拔的身躯、标准的军姿、高超的车技、严谨的文书、熟练的配合、公正的执法"，10月22日，在淮安市城管系统综合执法比赛中，淮阴区城管局依靠过硬的个人能力和完美的团队配合，获得了2个小组第一、3个小组第二，综合第一的好成绩。比赛过后，该局党委书记、局长洪波表示，通过打造"党群同心，共建文明执法队伍"，党员个个争当表率、队员人人争当先进，党支部战斗堡垒作用和党员先锋模范作用得到充分发挥，城管工作也得到了长足的进步。今后，将进一步结合全区开展的党员"三亮"行动，深化党群共建活动形式，调动全体职工参与的积极性，促进城管工作高质量发展。

同创共建 让这座城市更精致

江苏省张家港市城市管理局

随着城市的快速发展，"停车难""如厕难""垃圾处理难"等一系列"城市病"，正成为困扰城市发展的"烦恼"，迫切需要我们政府部门开出新的"药方"，在老百姓反映集中的热难点问题上下更大功夫，努力推动城市管理实现高质量发展。

"开放共享"：让这座城市更有温度

近年来，张家港市区机动车保有量迅猛增长。截至目前，市区小型汽车保有量已超过13万辆，通过科学布点、合理改造、深入挖潜等措施，停车泊位得到了极大地增加，但停车矛盾依旧突出，尤其是部分老旧小区，在配建不足、土地有限、改造困难等多重因素下，居民停车难问题更加凸显。

张家港中联皇冠小区居民王女士介绍说，目前，小区居民汽车保有量近1800辆，但小区内部停车位只有1080个，因为缺口大，每天回家"抢车位"成了居民"最烦心的事"，多数居民停车只能"见缝插针"，小区过道、花坛等区域被居民开发成了临时停车场，不仅秩序混乱难管理，还存在较大的安全隐患。

今年5月1日，伴随《机关、企事业单位停车位对外开放的实施意见》启动实施，给市民带来了新的福音。意见要求，市区范围内，凡具备开放条件的政府机关、事业单位，均应向市民开放，并鼓励企业单位开放。这项由城管部门牵头实施的便民化举措，不仅让居民"无家可归"的车辆找到了"容身之所"，更是拉近了与群众的距离，展现了为民服务的真诚。

据采访了解，张家港市民只需提供个人身份、车辆、居住等信息，与小区周边实行停车位开放的单位取得联系并签订承诺书，就可领取临时停车证，凭证进出停车场，实现"结对共享"。目前，市区128家机关、企事业单位的1.9万余个车位已实现对外开放，唤醒了单位大院内"沉睡"的车位，有效盘活了停车资源。

无独有偶，相对"停车难"，"一厕难求""借厕尴尬"这一普遍性问题也有了新的解决方法和出路。

厕所虽小，却是一座城市文明的窗口。近年来，张家港积极推进"厕所革命"，加快

公厕的新建、改建，科学配置男女厕位比，实施提档升级，在建设和管理上做了许多工作，也取得了不少成绩。目前，市区已拥有公共厕所99座，但仍难以满足市民的如厕需求。

为有效破解"如厕难"，张家港大力推进"厕所开放联盟"，通过宣传引导、发放倡议书等形式，鼓励街道、沿街商户、宾馆、饭店、企事业单位开放内部卫生间，尤其是政府机关率先垂范，有效打破门禁的藩篱，给市民提供"方便之门"。

近期，细心的市民会发现，部分沿街单位、商家都在醒目位置张贴了一张"厕所开放联盟成员单位"的标识，这意味着内部厕所免费开放，市民可以入内如厕，再也不用为找不到厕所而发愁。目前，市区45座单位公厕已挂牌对外开放，有效缓解了局部地区公厕数量不足，最大限度解决了群众如厕难的问题。

此外，张家港城管还积极开发"城市e管家"公众交互系统，市民可通过手机APP，直接查询停车场点、公共厕所分布等信息，让市民感受到实实在在的方便。

"停车、如厕这些老百姓看似微不足道的'小事'、'身边事'，都是我们需要尽心尽力去办好的'大事'、'自身事'"张家港市城管局党委书记、局长徐向前说。

"融合共治"：让这座城市更加洁美

张家港作为全国文明的卫生城市，得益于有一支埋头苦干、创新实干的环卫队伍，在实践中创造并形成了一批好经验、好做法，"摇铃收垃圾"就是一直延续至今的优良传统。

每天从上午九点、下午一点开始，在城区主次干道上，一名名环卫工人一手推着三轮保洁车，一手摇着铃铛，挨家挨户上门收垃圾；沿街店铺的商家，一听到铃声纷纷提着垃圾袋，将垃圾倒入车内，配合相当默契。这种定时定线上门收集垃圾的方式，得到了沿街商家和居民的大力支持，有效解决了垃圾乱倾倒、乱堆放的问题，帮助居民实现垃圾"不出门、不见天、不落地"，道路两旁的暴露垃圾基本无迹可寻。

近年来，随着垃圾分类这项国策不断推向深入，又赋予了"摇铃收垃圾"新的历史使命，那就是宣传推广垃圾分类工作！虽然任务变重了，压力变大了，我们的环卫保洁员不仅不反感，激情反而提升了，垃圾分类也取得了意想不到的成效，他们又是如何做到的？

秘诀在于张家港市城管局创新实施生活垃圾收集和再生资源回收"两网融合"，鼓励环卫和保洁人员成为垃圾分类和回收的"主力军"，形成了以环卫保洁人员为主的环卫回收一体化模式。环卫保洁员既当宣传员，也干分类员，更是指导员，在摇铃收垃圾过程中，环卫保洁员会对生活垃圾进行二次分类，将可回收物先行回收，并指导居民参与分类工作，了解分类政策和分类知识，及时掌握垃圾分类的正确"打开方式"，推动垃圾分类成为新时尚。

"通过实施'两网融合'，倡导环卫保洁员全面参与，最大程度的将可回收物从垃圾中分类出来，不仅提升了资源回收量，也增加了环卫人员的收入，每人每月预计可增加收入100元左右。同时，环卫保洁员边分类、边宣讲，有效降低了分类运行成本，提高了分类推广成效"。张家港市市容环卫处主任刘胜说。

近年来，张家港紧扣生活垃圾"减量化、资源化、无害化"成效指标，突出重点、创新举措，建立了更加科学、经济的经费保障机制，进一步强化了源头激励、过程保障和末端补偿；建立了"市、镇、街道、社区（村）"四级管理网络，通过统筹协调、检查指导和监督考核，进一步推动垃圾分类落地落实、开花结果。目前，张家港基本建成了有害垃圾、易腐垃圾、餐厨废弃物、园林绿化垃圾等专项收运处置体系，覆盖全市 291 家公共机构和相关企业、151 个居民小区、37 个公共场所及 102 个行政村，城区垃圾分类设施覆盖率超过 80%，农村地区超过 65%。

"同创共建"：让这座城市更精致

城市美不美，老百姓最有发言权。事实上，老百姓不只是城市形象的评判者和监督者，更是城市管理的参与者和实践者。要想实现"城市让生活更美好"，必须统筹各方资源，凝聚各方合力，推动实现城市共治共管、共建共享。有鉴于此，张家港始终坚持全民参与，共同探索城市共治的新路径。

文明港城处处皆是风景，宽敞整洁的路面、明亮美观的路灯、井然有序的交通，无不令人留下深刻印象。在众多风景中，不时闪过一群人的身影，他们有城管、交警、志愿者，两两三三的组合来回穿梭在主次干道、背街小巷中。

这正是张家港"同创共建"行动的小小缩影，行动由张家港城管委牵头实施，在城区共设立了 60 个道路牵头单位、246 个成员单位，面向全社会招募志愿者，组建路段志愿者队伍，发动党政机关、企事业单位、社会团体、基层组织共同参与城市治理。

每天，志愿者们准时上路，配合城管、交警参与管理，积极宣传道路交通、城市管理等方面的法律法规；及时劝阻占道经营、流动摊贩、车辆乱停、乱涂乱贴等违规行为；主动捡拾沿路、绿化带内的垃圾杂物，督促沿街门店履行"门前三包"责任；巡查排摸道路沿线基础设施破损、缺失问题，并通过"城市e管家"软件进行上报，推动各类问题及时发现、快速处置、有效解决。

民之所望，工作所向。我们在发挥合力的同时，更需要实现精准发力，把力量传导到城市管理的"神经末梢"，直击"痛点"、消除"难点。针对学校、菜场、医院等重难点区域的高峰管理问题，张家港因地制宜、创新举措，在学校实行"一校四方"模式，整合城管、交警、学校、家长志愿者力量；在菜场实行"一场四方"模式，开展城管、交警、市场监管、菜场主体四方联动；在医院、车站、商业中心等区域实行"三方共治"模式，发挥城管、交警、医院（车站、物业）志愿者合力，全面助力城市管理，共同维护市容秩序。

"我们牵头开展城区'同创共建'，就是希望发动全社会的力量，以志愿服务的形式融入到城市管理中，力争通过城管、交警、志愿者'三方共治'，着力解决一批城区交通、

环境秩序方面的'痛点''难点''重点'问题。"徐向前说。

　　"同创共建"只是张家港城管大力推进城市管理"多方共治"的一项生动实践，他们还创新打造了"城市 e 管家""城管先锋港湾"等服务品牌，在调动市民群众参与方面持续发力，不断开创城市共建共治共享新格局，让城市真正成为老百姓和谐幸福的美好家园。

崇川区综合执法体制改革调研报告

江苏省南通市崇川区城市管理局

为进一步理顺城市管理体制，提升城市长效常态管理水平，营造良好生活环境。我局通过深入条线部门、街道办事处、社区，充分听取各方面的反映和诉求，掌握第一手材料，就全区综合执法体制改革工作进行了交流和探讨，现将调研情况报告如下：

一、目前综合执法体制改革情况

2017年12月底，综合执法体制改革正式施行。综合执法各项工作稳步推进，街道层面人、财、物全面下沉到位。2018年8月，各城市综合管理办公室建设完毕。

1. 队伍规范化、法制化建设持续深入。区局积极依托区城管委办公室对各街道加强高位协调、协同指挥、组织培训，认真制定年度培训计划和目标任务，拓展教育培训渠道，优化培训内容，加强法律法规、专业知识等方面的培训。2018年开展各类专业培训7次，累计培训人员600余人次。进一步推动执法人员综合素质与业务水平提升，打造政治强、作风硬、业务精的全能执法队伍。

2. 执法与管理分离试点推进效果满意。经过一年多的摸索，目前，城管服务外包覆盖至学田、狼山、城东、新城桥、虹桥、观音山6个街道。成为城管执法力量不足、夜间管理空白的有效补充，初步改变了城管队员与摊主之间直接对立的矛盾，有效提高了城市精细化、长效化管理水平。我区大学生公寓、曹公祠周边、新建路等多个区域管理难点被成功突破，城市市容市貌得到显著改善。

3. 餐饮服务业油烟污染综合执法取得突破。我局相继出台《崇川区餐饮油烟污染排查方案》《崇川区"四大专项"治理联合整治方案》，全面开展餐饮油烟污染专项排查，强化经营者环境治理主体责任，严格执法监管，加大对露天烧烤"清零"整治力度，努力构建餐饮服务业油烟污染治理和管理长效机制，持续改善大气环境质量。主动配合相关部门和街道督促整改油烟净化改造，共计配合油烟净化器改造60余个，取缔油烟摊点300余处。

4. 背街后巷停车综合执法试点即将正式启动。我局主动作为、推进有力，目前基础性硬件设施基本到位（划线完成200余个车位、智慧停车硬件完成、道路改造及移杆完成），11个禁停标示完成，附属硬件即将完成（禁停围栏、价格公示标示、标牌等），已获得交巡警委托执法权限。目前该项准备工作正处于收尾阶段，预计12月底正式实施收费、执法

管理。

5.综合执法考核体系逐步完善。综合执法正式实施以来，我局以城管委办公室名义出台《崇川区街道综合执法工作考核奖惩办法》。综合市、区两级考核情况，以重点工作为考核内容，综合考评。以执法职能集中、执法重心下移、执法力量整合、执法机制完善为目标，通过量化考核，增强街道综合执法队员的责任意识、街道之间的竞争意识和绩效意识，激发工作积极性、创造性，建设一支勤政、廉政、高效的综合执法队伍，全面提高执法和服务水平。

6.智慧城管平台建设持续推进。对原有数字城管信息系统平台进行改造升级，提升系统性能，实现城市管理问题的发现快捷化、案件处置扁平化、评价考核标准化。在信息共享方面，加强平台资源整合工作，与政法委"四位一体"联动平台对接，拓展智慧城管业务应用，扩大智慧城管可视、可控范围，逐步增强平台支撑与服务能力，推出集城管通、处置通、领导通、执法通等功能于一体化全移动办公终端，打破传统城市管理依赖传统网络的阻碍，在互联网上随时随地的进行上报问题、处置反馈、考评统计等工作。

二、目前存在的问题及分析

1.综合执法体制改革还需深入。综合执法事项省、市法制办尚未认可，街道综合执法机构法律地位尚未确定。综合执法改革区级层面"沉"已经做到，各街道还未完全"接"好，分管主任、城综办、执法队之间的关系尚未厘清。

2.综合执法的效能有待提升。城市管理的执法力量还比较薄弱。一是执法意识不强，对于新综合的执法事项，缺乏相关专业人才与专业培训，一些群众关注的问题管理意识缺位，执法管理不到位；二是执法人数偏少，按照《江苏省城市管理执法规范化建设标准》要求，城市管理执法人员配备比例不低于城市常住人口的万分之五，崇川区执法人员应达到400人，执法力量已显不足；三是执法装备制约，信息化、智能化手段不够，移动办公平台建设滞后，执法设备、车辆还需充实。

3.城市管理精细化水平还需提高。停车秩序改革在推进过程中，道路收费问题还需要进一步加强沟通协调，加快推进速度。在执法与管理分离的服务外包推广试点过程中，外包公司优胜劣汰的进入、退出机制尚未健全。同时对于外包后，协管员分流减员问题还需要妥善处理。

4.城管条线考核急需理顺。目前在城市管理工作条线上存在着多头考核、重复考核的问题，考核方式单一，缺乏社会评价机制，考核结果运用还不充分。

三、应对措施

1.做好机制转型，建设"大城管"体系。进一步明确"街道吹哨，部门报到"的街道属地综合执法机制。建立刚性派单制度，由街道直接向综合执法条线部门派发工作任务单和联系单，让街道反向监督部门。同时根据职能召集相关条线部门形成专业＋综合＋联合的执法方式，不断提高执法效能。

2. 做好模式转型，推动队伍融合。明确执法人员管执法，街道重管理的思路，提高工作效率。进一步明确城综办主任兼任执法队长，由原执法队长任城综办副主任并具体分管综合执法工作。严格按照部、省相关城管规范化建设要求，全面从严抓好队伍管理，不断推动综合执法队伍与街道融合更紧密，确保队伍下沉实效。

3. 做好结构转型，完善人员构成体系。抽调相关综合执法条线部门执法人员，加入综合管理办公室，在过渡期内进行"传帮带"。同时充实专业执法力量，通过公开选调的方式，选拔招录拥有行政执法经验的专业人才。伴随服务外包推广，逐步缩减协管员数量。建立街道管理外包报备、审核制度，设置外包前协管员减员门槛。根据实际情况，将协管员向区级企业人员、社区、外包公司等方向分流。

4. 做好内容转型，提升队伍形象。一是完善执法与管理分离。起草《崇川区城市管理服务外包管理试行办法》，细化、量化管理、作业标准，改变标准不一，责任不明等问题。通过合理设置报名条件，规范招投标流程，选好选优服务外包单位，避免一家独大。探索交叉考核、全时段随机考核、第三方考核、满意度测评、通报排名、退出机制等方法，不断提高考核评价的科学性、合理性。建议财政考虑将综合执法罚款收入弥补区级和各街道经费不足。以市场化服务外包解放有限综合执法力量，提高执法成效，从而再促进服务外包发展。二是推进停车秩序改革。以"三级诱导、增设划线、车位改造、共享停车、禁停隔离、新村单驶、智慧管理、科学收费、综合执法"为思路，做实背街后巷停车秩序综合执法工作。成立停车管理办公室，落实专人运作。将改革范围向区管公用停车场、安置小区停车场（位）延伸，一并纳入规划设计和收费体系。积极挖掘停车资源，消化安置小区停车位。研究制定管理方案，开展非机动车停放秩序专项治理，规范非机动车停放秩序。三是健全垃圾治理体系。进一步建立和健全垃圾源头管理制度，强化源头分类、专业收集、科学处置，以"垃圾减量化"为目标，研究建立生活垃圾、建筑垃圾、餐厨垃圾的环卫收运及收费体系。规范设置街道、社区、小区建筑（装潢）垃圾临时堆放点，落实日常管护措施，加快推进建筑（装潢）垃圾末端处置中心建设。探索渣土大数据智能管控系统，通过技术手段实现源头管理、实时监控、资源共享、违规报警、证据倒查、精准执法、量化考评，促进渣土运输与处置的违章行为大幅下降，提高城市治理成效。

5. 做好保障转型，充实队伍力量。完善制度汇编，为城管执法人员提供一部较为完整、系统、实用的城市综合管理法律工具书，为学法、知法、懂法、用法提供书籍资料，为依法高效地做好城市管理综合行政执法工作奠定坚实的法制保障。保证综合执法培训，加大教育培训力度，科学制定计划，合理统筹安排，建立月度案例讲评、季度城管论坛、半年执法培训、年度综合集训等系统性业务和理论培训教育制度，推动执法人员向"全科执法能手"转变。加强信息化建设，补充相关执法设备，确保硬件到位。区级采购一辆综合执法移动指挥车，各街道增加一辆小型执法电动车。各街道增加不少于两套大容量移动存储设备（用于执法信息全过程记录存储）。为执法人员配备便携执法文书打印机，完善智能化执法手段，建立移动执法体系。

改善城区环境面貌 提升人居环境质量

——上饶市广丰区城市管理工作成效

江西省上饶市广丰区城市管理局

广丰区城管局围绕城市精细化管理主线，进一步巩固"全民共建、美丽广丰"城市创建工作，落实"街长制"长效管理机制，持续开展城市管理提质整治行动，整治行动，城区环境面貌得到明显改善，城市人居环境质量显著提升。主要成效概括为"三个坚持""三个突破"。

一、狠抓三个"坚持"

1. 坚持集中整治与长效管理相结合，进一步提升市容环境管理水平

（1）坚决治理城市管理顽疾。针对马路市场、废品收购站、户外广告和店招店牌违规设置、建筑垃圾和散装货物运输抛撒、噪声油烟污染等容易反弹的问题，研究制定长效管理措施，全面启动《广丰区"门前三包"责任制落实实施方案》等16项专项整治，通过疏堵结合、严管重罚等多管齐下，确保城市管理顽疾得到根本治理，逐步实现市容环境显著提升。

（2）严格规范户外广告设置。按照《广丰区户外广告专项规划》相关要求，严把审批关，强化职能科室、城管中队日常的巡查，组织开展专项整治，及时拆除不符合设置要求、陈旧破损、存在安全隐患的户外广告、店招标牌。按照控增量、减存量的原则，严控屋顶户外广告设施，对不符合设置规范的户外广告和店招店牌进行集中整治，并加大日常监管力度，不断提升城市品位和形象。

（3）进一步加大"无证黄包车"取缔工作。对不符合安全要求的车辆和规定年龄的驾驶员禁止从事营运。坚持部门齐抓共管、联手发力，持续打击黑车非法运营，做到查处一辆，整治一辆。

2. 坚持理顺体制与完善机制相结合，进一步提升城市管理工作效能

（1）充分发挥区城管委作用。通过加强组织领导、统筹协调、部门协作，在构建我区"大城管"格局，在完成机构设置、明确职责的基础上，进一步加大城市管理联合执法力度，形成上下联动，齐抓共管的城市管理新体系。

（2）落实"街长"制常态化管理。坚持以城市街道"绿化、洁化、美化、亮化"为目标，通过"街长制"的实施，打破过去市容环境"整治—反弹—再整治"的反复循环，让城市管理从执法部门集中整治的"突击战"时代，进入"街长"日常巡查驻守的"阵地战"时代。下一步，我们将赋予"街长"更多职能，将"街长制"创建工作向深、向细、向实推进。

（3）推进城管体制改革进度。进一步理顺城市管理和综合执法体制，落实主体责任，加强协调联动，强化队伍建设，努力构建权责明晰、服务为先、管理优化、执法规范、安全有序的城市管理体制，推动城市管理向城市治理、城市执法向行政综合执法的转变，推动城管执法体制改革各项部署落到实处，促进城市运行高效有序。

（5）着力打造城管队伍新形象。进一步提高城管执法队伍的思想素质、政策水平、业务能力、文明素养和依法行政能力，把加强城管队伍建设作为重点，切实用优良的作风塑造全心为民的城管队伍形象。

3. 坚持重点宣传和面上宣传相结合，努力营造城市管理良好氛围

一是进一步加大城市创建、城市管理宣传力度，不断提高城管宣传的广度、深度和覆盖面。从宣传"城管人城管事"入手，提升城管队伍凝聚力；从传播公共文明入手，提升市民参与城市管理的行动力；从服务群众入手，提升城管队伍的亲和力。通过多形式开展"城管进校园""小手牵大手、垃圾换用品"等各类宣传活动，拉近城管与群众的距离。二是充分利用各类媒体对《上饶市城市管理条例》进行宣传，组织城管干部职工开展集中轮训，使《条例》得以充分贯彻实施，在城区广场、公园等公共场地宣传《条例》，通过答题互动方式，让广大市民群众了解、遵守条例，为社会各界知法、守法、用法营造浓厚氛围，提升城市管理服务水平。三是注重市民群众参与城市管理，打造城管与社会的互动平台。依托"微讯广丰"、""全民共建、美丽广丰"微信平台，努力营造全社会支持、参与城市管理工作的良好氛围。

二、实现三个"突破"

1. 围绕"城市双修"工作，在完善城市功能上求突破

推进生态修复和城市修补工作，是当前我区补足城市短板、改善人居环境的重要途径；是治理"城市病"，转变城市发展方式的重要抓手，我们将从以下几个方面入手。一是将"城市双修"工作与城市总体规划有机融入一体，聘请相关资质的规划团队，高起点、高标准、高质量编制《广丰区城市双修专项规划》。二是聘请专业团队，解决城区停车难的问题。三是积极开展建筑垃圾消纳场选址工作，尽快启动垃圾填埋场选址，以解决我区建筑垃圾无处堆放、乱堆乱放的问题。四是根据城区面积，城市出入口，人口分布等因素，合理规划建设一批诸如石材、废品回收、钢材等专业市场，解决专业市场缺失的问题。五是全面提升公厕形象，继续完善城市公厕布点，积极创造整洁环保、舒适温馨的如厕环境，不断

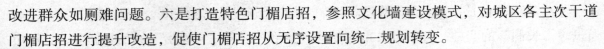

改进群众如厕难问题。六是打造特色门楣店招，参照文化墙建设模式，对城区各主次干道门楣店招进行提升改造，促使门楣店招从无序设置向统一规划转变。

2. 围绕重要路段（节点）打造，在提升城市品味上求突破

城市主要路段（节点）改造是提升城市品位和档次的主要手段，是城市精细化管理的重要表现，今年，我们将开展以下两个方面改造。一是背街小巷市政设施改造。对东街、丰溪唐韵步行街、桑园东路、排山路、河滨南路等人行道、管线整治、绿化等整治提升。二是重要节点提升打造。对加油中心、翁岭路口等节点景观进行综合改造提升（包括绿化提升、市政道路及设施改造、沿街立面形象提升改造等），逐步打造一批城市示范景观道路。

3. 围绕城乡生活垃圾整治，在提升城乡环境上求突破

全面推进城乡一体化工作，强化城区环卫管理，提升农村环境长效管理水平进一步拓展范围，提高标准，强化督导，推动城乡大环境综合整治向纵深发展。一方面围绕"一乡一站、一村一点"工作要求，做好牵头指导工作。另一方面会同区委农工部，按照"政府购买服务＋第三方治理"的路子，加快城乡一体化运行。推动城市环卫设施、技术、服务向农村延伸，促使"户分类、村收集、乡转运、区处理"的运行体系不断健全，城乡生产生活垃圾、建筑垃圾得到有效治理，实现城乡一体化。

若羌县成功创建国家园林城市

新疆若羌县住房和城乡建设局副局长 苏莱曼·萨依木

一、基本情况

若羌县位于新疆东南部，与甘肃、青海、西藏三省接壤，是塔克拉玛干、库木塔格、库鲁克三大沙漠环绕下的宝贵绿洲，是世界同纬度最干旱的地区之一，全县行政面积20.23万平方公里，是中国陆地面积最大的县。县辖五镇三乡一团场，耕地面积30.5万亩，总人口7.8万人，有维、汉、回、东乡等25个民族，少数民族占44.21%。区位优势突出。若羌是"古丝绸之路"中道、南道必经之路和连接东西方的重要枢纽，以铁路、公路、航空为一体的综合立体交通网络正加快形成。矿产资源富集。有钾盐、铁、铜、锌等矿产资源51（亚）种、大型矿床29处，拥有罗布泊盐化工工业园区、若羌工业园区两个自治区级工业园区，形成若羌城区、祁曼地区、罗布泊地区"三大工业经济圈"。历史文化厚重。拥有文物保护单位13处，文物遗址187处，楼兰文化、若羌红枣、若羌黄玉已成为响亮的"三张名片"。我们坚持城乡统筹发展，按照"高标准、有特色、惠民生、创一流"的原则，突出地方特色、民族特色，不断推进国家园林城市创建工作，森林覆盖率由2001年的0.56%提高到2.07%，乡镇绿洲森林覆盖率从16%提高到83%，生态环境和景观面貌显著改善，成功创建自治区园林县城、自治区文明县、国家卫生县城，荣获中国最具魅力生态旅游县、全国文明城市提名城市、第二届全国民生改善十佳典范城市等荣誉称号。9月7日，中央第八环保督察组李家祥组长督察我县生态文明建设和环境保护，给予了"幸福若羌、世外桃源"的评价。

二、高度重视，全民动员，着力凝聚强大创建合力

我县坚持把创建国家园林县城作为一项重要的德政工程、民生工程、作为优化区域发展环境的重要抓手、作为招商引资的"金字招牌"，高度重视，精心组织，凝聚民心民智，形成强大的工作合力。

（一）加强领导，周密部署

一是成立了县委书记任组长，县四大班子各相关领导为副组长，乡镇和部门主要负责人为成员的创园工作领导小组，下设办公室，统一领导和协调全县创园工作，使创园工作成为实打实的"一把手"工程。二是制定《若羌县创建国家园林县城工作实施方案》，将

创建任务逐条逐项分解细化到各成员单位，做到了任务明确、责任清楚、措施到位。三是县委、县人民政府主要领导、分管领导定期不定期督导检查，查找问题、解决困难，有效激发了各级各部门创园的积极性。四是严格责任追究制，将创建工作纳入成员单位绩效考核，县委督查办会同创园办全程督查、跟踪问效。

（二）精准定位，高标规划

一是以生态宜居为目标。立足打造沙漠生态最适度、环境最优美的宜居县城，坚持把生态建设与经济发展同规划、同实施，紧紧围绕"水更净、地更绿、天更蓝、空气更清新"，将生态环境修复及现代农牧业作为绿色发展的重要"板块"。二是以规划为引领，聘请自治区级高资质规划设计单位，先后开展了绿地系统、绿廊绿道、排水工程、地下水管线等专项规划，以生态宜居为方向，不断优化县城绿地分布，完善绿化景观功能，合理布局城区空间容量。三是强化规划刚性，制定出台并严格执行"绿色图章"等多项制度，建立园林绿化信息数据库和信息发布平台，实现了县城园林建设动态监管。

（三）宣传发动，营造氛围

一是召开创建国家园林县城动员大会，对创建工作进行了专题安排部署，层层签订创园责任书，全面压实创园责任，形成一级抓一级、层层抓落实的浓厚氛围。二是利用"一报一台"、网络媒体、若羌零距离、条幅标语、电子屏等平台，开设专题专栏，拍摄创园工作专题片，全方位、广角度、多层次广泛宣传，形成了"铺天盖地"、声势浩大的宣传攻势。三是大力开展植树造林活动，每年春季和秋季由县四大班子领导带头，全县各族干部群众全员上阵，开展全民义务植树活动，累计造林1.5万亩，在全县形成了"爱绿、植绿、护绿"的共识，营造了浓厚的创建氛围。

二、高位规划，匠心布局，打造绿化精品

坚持以绿为"韵"、以楼兰文化为"魂"，突出抓好园林绿化生态修复工作，大力实施"四绿"工程，精雕细琢，打造独具特色的绿色生态格局。

（一）以公园游园为核心，打造城市"绿肺"

按照"增绿、提质、出精品"的总体思路，全方位完善服务功能，先后建成各类公园（游园、广场）12个，完成老城区、城西新区、工业园区绿化带、防护林为主的县城园林绿化植树面积7000亩。建成区绿化覆盖率达到39.74%，绿地率达到36.13%，人均公园绿地面积14.53平方米。城市绿地布局合理，城市生态环境和景观面貌显著改善，各项指标均达到或超过国家园林县城的标准。我们坚持做到三个突出：一是突出生态绿洲恢复。在县城周边选种速生杨、胡杨、沙枣等树种，建设了总面积近100公顷的8处防护林带，充分发挥防风固沙、调节大气、涵养水源的作用，有效改善了城市生态环境。二是突出楼兰历史文化元素。充分发掘楼兰文化元素内涵，深入实施县城主干道建筑外立面、街景、公共服务设施的楼兰文化元素提升改造工程，不断提升城市内涵。三是突出集约建园。对城市闲置空闲地集中收储、统一规划，结合区位特点和周边整体风貌，高标准建设改造，全部建成了绿化标准高、配套设施完善的特色游园。公园、游园、绿地均匀分布，实现了"300米见绿、500米见园"，既给城市增添了靓丽风景，也为城区居民提供了休闲娱乐场所。

（二）以县城干道为主轴，编制生态"绿带"

加强重点道路绿化规划和实施，确保城市主干道绿地面积不少于道路总面积的25%。一是抓要点。坚持"路修到哪里，树就栽到哪里，绿色和道路同步延伸"的原则，注重规划设计，建立设计招标制度，严格每一条道路的绿化规划把关，保证设计方案最优化。道路绿化普及率100%，道路绿地面积258.31平方千米，城市道路绿地达标率94%，林荫路推广率66.96%；二是抓亮点。注重加强主干道与县城出入口绿化景观建设，对218国道县城段进行拓宽改造和绿化景观改造，建成交通快捷、景观优美的景观路。规划实施218国道若羌至考干及315国道若羌至瓦石峡镇和若羌至36团三个"绿色防风防沙"建设，计划用10—15年造林9万亩，已造林1.5万亩，努力建成覆盖规划区外围闭合完整的人工防护林屏障。三是抓品位。注重树种引进和选择搭配，着力丰富道路变化层次，提高道路绿化标准。四是抓特色。注重强化建成区主干道绿化景观效果，按国家园林县城标准进行新植和改造。主干道两侧树、花坛、绿地巧妙结合，常绿与落叶、花灌木与色叶树种合理搭配，基本形成路路有景，触景生情的县城道路绿化新格局。

（三）以单位庭院为载体，广建园林"绿岛"

大力开展拆墙透绿、见缝插绿、破硬还绿和园林式单位创建活动，沿街单位、企业围墙全部拆除，并相继进行庭院绿化。积极推进"立体绿化"，利用廊架、墙体，使绿色向空中"蔓延"，营造更加丰富的绿化空间层次。截至目前，县级绿化合格单位23个，州级花园式单位38个，占单位总数的60%。新建居住小区绿地率达35%以上。

三、民生优先，宜居为要，巩固提升创建成果

按照"统筹推进、配套完善、全面提升"的总体思路，不断加大投入力度，强力推进精细管理，丰富园林县城内涵，提升城市宜居指数。2016年成功承办自治区"美丽乡村"现场推进会。

（一）聚焦居民生活更舒适，完善市政设施

累计投入2.6亿元以实施污水处理、环卫保洁、道路硬化等"十个城乡一体化"为载体，实现了"幸福乡村"全覆盖，探索完善精细管理、长效运行的机制，改善人居环境、提高群众的幸福指数。先后实施了Z590专线、环城路改造等13项路网工程，县城区路网格局更加完善，人均道路面积提高到33平方米。投资4800万元实施自来水水质工程，使全县各族群众喝上了全疆最优质的自来水，供水管网也增至116公里，供水普及率、水质综合合格率均达 100%，入户水质达到直饮水标准。建成投用日处理能力 2500 吨的污水处理厂一座，城市污水管网增至 75 公里，污水处理率 98.18%。在气热供给上，铺设供气管网 50 公里，燃气入户 4400 户，实施建筑节能改造 41.4 万平方米，县城建筑集中供热热计量面积 65.9 万平方米，新建住宅小区全部实施分户计量。

（二）聚焦城乡面貌更整洁，强化卫生整治

全力创建全国文明城市，进一步落实乡镇主体责任和单位包片卫生区责任，全面开展生活垃圾、建筑垃圾等大扫除，发挥好文明监督员和村规民约作用，大力治理垃圾乱倒、乱堆现象。日处理能力 46 吨的垃圾填埋场已建成投运。在全疆率先推行城乡环卫 PPP 模式，实现环卫服务作业城乡一体化、社会化、市场化。城乡生活垃圾统一调配、集中处理、日产日清，生活垃圾无害化处理率 100%。按照"试点先行、逐步推进"原则，在 48 个村庄村全面推行城乡垃圾一体化处理，成效明显。

（三）聚焦城市秩序更规范，严格监督管理

制定出台了《若羌县城市园林绿化管理办法》《若羌县城市绿线管理办法》等规章制度，建立绿化台账，明确专人专责，切实加强园林绿化经营管理。大力开展"文明交通"活动，城市交通井然有序。深入开展露天烧烤、占道经营、乱摆乱放、油烟污染等专项整治，城市经营秩序良好。健全城市日常管理制度和应急机制，城区道路机械化清扫率达 85%，城区道路完好率达 95%，井盖丢失 4 小时内补齐，污水外溢 8 小时内处理完毕。

（四）聚焦持续增收更富裕，发展红枣产业

为了不让古楼兰的历史悲剧重演，历届县委、政府始终坚持把改善生态环境作为实现可持续发展的安身立命之举、造福群众的治本之策，长期探索、反复实践，立志闯出一条生态改善与富民强县的协调发展之路。2001 年，若羌县抢抓国家实施西部大开发和退耕还林的重大历史机遇，按照自治区建设环塔里木盆地 1200 万亩特色优质林果产业带的部署，确立并实施"红枣产业发展战略"，现已种植红枣生态经济林 23.02 万亩、防风林 4.45 万亩。持之以恒"优品质、创品牌、拓市场"，荣获全国有机产品认证示范县提名，完成绿色红枣基地认证 10 万亩、有机红枣基地认证 10 万亩，若羌红枣被誉为"中国最好的枣"，获得"中国驰名商标""中国红枣之乡"等 30 多项荣誉称号。农牧民人均纯收入从 2001 年的 2216 元增加到 2016 年的 30076 元，连续八年位居西部十二省（区、市）首位，实现生态效益与经济效益"双赢"。

创建国家园林县城是一项功在当代、利在千秋的民生民心工程，我县将严格按照国家园林县城标准，持续把各项工作要求融入经济社会发展，融入各族群众民生改善，继续抓细抓实、提高标准、自我加压。把工作做得更扎实、更细致，全面抓好各项创建工作措施的落实，为全国人民展现一个更加繁荣美丽的幸福楼兰。

党建引领 创新实践
不断提升城市管理执法工作水平
——庆阳市西峰区城市管理行政执法局工作纪实

甘肃省庆阳市西峰区城市管理行政执法局 王晓辉

近年来，西峰区城管执法局紧紧围绕打造"政治坚定、作风优良、纪律严明、廉洁务实、人民满意"的城管执法队伍目标，将开展"强基础、转作风、树形象"专项行动摆在政治高度，党建引领推进，大胆创新实践，专项行动迈向纵深，执法规范化水平明显提升，各项工作为全省乃至全国城管执法工作贡献了西峰智慧，树立了庆阳标杆。

党建引领激发干事创业激情

西峰区城管执法局把党建作为引领城管执法工作的"主引擎"，全面加强党对城市管理工作的领导，探索形成了全国首创的12345党建引领城管执法工作新模式，构建起了党组、党总支、党支部、党小组四级联动的组织体系，健全了工会、团委、民盟、妇联等群团组织，生日送蛋糕、夏日送清凉、上门搞义诊，组织举办了各种喜闻乐见的活动，用党的组织关怀感化了职工、凝聚了人心、汇聚了力量，职工的获得感、队伍的凝聚力空前增强，"我是党员我光荣，我为城管争先锋"的干事创业激情全面激发。

同时，紧紧结合"两学一做"学习教育，常态化制度化推进"强转树"专项行动，坚持理论学习与实践锻炼相结合、走出去对标学与学回来创新用相结合，全面提高执法队伍素养。先后研究成立了城管爱心传递队，在非公企业设立了城管志愿者党支部，向社会和干部职工募捐资金救助精准扶贫户、帮扶留守儿童、慰问孤寡老人和贫困学生，用城管的爱心赢得了市民对城管执法工作的理解和支持，先后呈现出了一大批"雨中撑伞、雪中推车、见义勇为、拾金不昧、搀扶摔倒老人"等最美城管故事，传递了西峰城管好声音，塑造了西峰城管好形象，激活了西峰城管跨越发展"加速度"。连续6年荣获先进基层党组织，连续三年综合考核一等奖，单项奖获奖面80%。2016年荣获第四届中国法治政府奖，2017年被评为全国城管执法队伍"强转树"专项行动表现突出单位、全省党建示范基地、全省职工书屋建设示范点，荣获市级文明单位、市级模范职工之家、市级巾帼建功先进集体等荣誉称号。2018 年，荣获全市大气污染防治先进单位，是全市唯一获奖的县区直属单位，荣获甘肃省五一劳动奖状，城管执法部门获此类奖项，在甘肃省均尚属首次。

创新实践筑牢文明执法底线

西峰区城管执法局坚决贯彻"721"工作法（即 70% 的问题用服务手段解决、20% 的问题用管理手段解决、10% 的问题用执法手段解决），始终把文明执法作为城管执法工作的灵魂和底线，同时按照中央和省市关于推进城市执法体制改革的实施意见，确立了向乡镇、街办派驻执法队伍机制，设立了城管公安中队、城管巡回法庭、公职律师岗位，将城市管理职能部门由 9 个扩大到 22 个，从体制上构建大城管工作机制，从源头上推动城市管理和执法相分离，让城市管理实现了属地化，让城管队员挺起了脊梁来执法。

此外，西峰区城管执法局坚持从健全执法制度、规范执法行为入手，将纪律、规矩挺在前面，持续转变作风，优化执法环境。配发了执法记录仪，建成了专用无线对讲通讯塔，印发了《文明执法行为规范实施细则》，编写了《城管执法工作手册》，完善了执法全过程记录、重大执法决定法制审核等 30 余项制度，执法队伍建设从"宽松软"走向了"严紧硬"，近多年没有发生一起负面新闻，暴力抗法事件下降近 9 成，文明执法蔚然成风，受到了省、市主管部门及 400 多个省内外来考察团的一致好评，成为全省标杆，行业旗帜。

服务树信塑造执法队伍新形象

西峰区城管执法局坚持把区委、区政府提出的"城市出形象管理上水平文明迈大步"这篇大文章作为全年工作的主旋律，摆在全区重点工作之首，一年一个主题，连抓 6 年。同时，为了有效协调各部门发挥城市管理职能，将"城市出形象、管理上水平"活动领导小组办公室设在西峰城管执法局，这种"党委重视、高位配置、运转流畅、快捷高效"的城市管理体系，为全面提升城市管理和执法水平筑牢了坚实基础。

西峰区城管执法局还坚持把创建文明城市和强化城市管理作为"城市出形象"这篇大文章的突破口，聚焦"除脏、治乱、疏堵、禁违、纠差"五大整治重点任务，推行领导包片、部门包街、干部包段网格化责任机制，建立"人大质询、政协视察、纪委追责、专项述职、民主评议、一票否决"监督问责体系，代人民管理城市，定期向人民报告，用绣花功夫让城市形象有了历史性改观，得到了组织认可，市民点赞。在具体城市管理执法工作中，西峰城管执法局内激活力、巧借外力，在城市管理领域有黑扫黑、无黑除恶、无恶铲霸、无霸治乱，对破坏城市形象、阻挠城管执法的对象按照"扫黑除恶"对待处理，严管重罚得到全面落实；建立了城管热线"12319"24 小时接访回访制度，架起了市民与政府之间沟通的桥梁，市民满意度达 87.5%，站位全国前列；启用了无人机监管"两违"工程，斩钉截铁断贪念，破砖碎瓦平欲壑；全力回应民生关切，因地制宜、因季制宜、因时制宜，疏

堵结合取缔零散摊点，增设便民市场，修建各类停车场，安装信息张贴栏，设置商业信息发布公众号，点面结合治理校园周边环境，走进课堂唤醒文明意识，开展渣土拉运"蓝天行动"，建成拉运车辆智能管控平台，来之不易的"庆阳蓝"，西峰城管人不仅撸起了袖子，更是甩开了膀子，干出了样子。

此外，西峰城管执法局还率先创作发布中国城管之歌《梦想在平凡中绽放》，打造城管文化品牌，唱出执法人员心声，歌曲一经发布，即刻在全国引起强烈反响，各地纷纷索要词曲，演绎传唱。创办了信息内刊，建成了人民城管、印象庆阳、西峰综合执法、西峰大城管信息平台、庆阳商圈信息发布平台等6个面向全国、全市、全区不同层次的微信公众平台，全方位、深层次地对日常城管执法工作进行宣传报道，开启了执法宣传微时代，唱响了和谐城管主旋律，把软实力做成了大品牌，实现了传统和新兴媒体同频共振，对内对外宣传凸新出彩。

站在新时代大背景下，面对每天都从零开始的城市管理执法工作，西峰城管还将持续发力、久久为功，以全新形象谱写新时代西峰城管执法工作新篇章，努力让城市成为人民追求美好生活的有力依托！

优化执法运行体系　推动问题一线解决
积极打造综合行政执法依法治理"衢州模式"

浙江省衢州市综合行政执法局党委书记、局长　周盛源

衢州市是 2004 年浙江省第一家经省政府批准开展综合行政执法试点的设区市，10 多年来，始终坚持以依法治理理念引领城市管理和综合执法工作，实现了从运动型、被动型、粗放化管理向点对点、主动型、精细化治理的有效转变。近几年来，先后被授于市级机关部门满意单位、最佳满意单位；全省综合行政执法系统目标责任制考核优秀等次、市级机关部门年度综合考核一等奖；连续 9 年被评为全市依法行政优秀单位、全省综合行政执法系统唯一入选"法治浙江建设十周年"先进集体等荣誉。

一、创新建设运行机制，推进资源配置扁平化，夯实基层治理基础

打破职能领域壁垒、行政隶属和层级束缚，以综合执法平台建设为契机，推动人员下沉，事权下放，构建管用实效的基层治理机制。

一是实现乡镇"全覆盖"。牵头抓好全市综合执法平台建设工作，制定《衢州市乡镇（街道）综合执法平台建设标准》，全市 103 个乡镇（街道）综合执法平台于今年 5 月底前全部建成运行。全面推进重心下移，85% 的执法力量下沉到基层，下放行政处罚事项 496 项、行政强制措施 6 项，减少执法审批环节、压缩时限、简化程序，实现了矛盾由"上交处理"向"就地解决"转变，平台受理事项一线办结率达 96.8%。二是实现管理一体化。实行"一级执法、两级管理、属地为主"的一体化管理，综合执法平台纳入乡镇（街道）综合指挥室，实行闭环式运转。明确派驻人员业务指导在综合行政执法局，日常管理与考核评优在乡镇，并明晰了与职能部门、单位的管理职责边界，分别与市住建、规划、市场监管、人防、环保等 5 个业务主管部门，与市安监、林业、文广、烟草 4 个职能交叉部门联合印发了厘清职责边界建立协作配合机制的文件，实现与市、区部门和乡镇（街道）力量的深度融合、工作高度协调。三是实现机制流程化。创新"一表四图八制度"运行体系，在全市推广实施。日常抓落实由驻局纪检组进行立项执纪监督。组织开展综合执法平台优秀案例评选工作，评选出优秀案例汇编《衢州市乡镇街道综合执法平台工作推进和优秀案例汇编》，确保综合执法平台建设运行走在全市"四个平台"工作的前列。

二、创新办案积分管理，推进执法办案规范化，提高依法治理效能

始终坚持执法办案是综合行政执法的立身之本，做到人人要办案、人人会办案、人人办得了案。

一是完善执法办案教育培训体系。组建局法制讲师团，开展"法制微课堂"送法到基层等评选活动，编印《法律汇编》《典型案例汇编》，在全市系统开展"十大标兵""优秀案例"和执法工作"金点子"评选，多渠道提升执法办案的能力、水平。二是创新执法办案的操作体系。梳理优化执法立案、办案流程和环节，创新执法办案手段，提升一线办案的实效。细化执法 SOP 业务流程，指导实践工作。完善内部法制工作制度，建立健全行政应诉工作制度，落实案件查办单位应诉主体责任，提高应诉能力。严格案件审查，公开招标第三方技术鉴定服务机构，规范案件办理鉴定、检测、评估等工人作。制定完善行政处罚自由裁量权基准规范和执法程序，对办理的各类案件严把审核关，组建执法办案专家团，定期对复杂疑难案件的办理进行研究讨论，以案例指引工作，对面上典型案件及时印发《案件办理指导意见书》。三是构建执法办案评价体系。开展"执法办案年"活动，全面推行办案积分管理制度，依托执法证为载体，量化执法办案的数量、质量要求，建立队员执法办案能力评价机制和考核办法，作为评优评先、干部使用的前置条件。结合全省综合执法信息平台试点工作和"非接触性"执法全国试点工作的开展，制定"非接触性"执法指导意见和工作流程，利用信息技术手段固定违法事实证据的经验做法，推进在占道经营、店外经营、无照经营、破坏绿化、占用城市道路、乱倒垃圾等领域的"非接触性"执法。全市域推广"执法＋无人机"模式，建立"三必巡六必查"执法机制，全市综合行政执法系统累计装配专业无人机 7 台，实现"空中与地面、现场与后台、图片与视频"无缝对接。执法积分制充分调动了执法队员的主观能动性，形成以办案为中心、以积分排名论英雄的工作氛围。全局办理一般程序案件同比去年同期增长 50.9%。

三、创新街路管控办法，推进城市管理精细化，提升城市环境品质

坚持问题导向，全力做好全国文明城市创建各项工作，推进城市管理精细化，全角度用力、全方位突破，解决城市管理难点、顽疾。

一是织密街路管理网格。按照合理疏导，有效遏制，管控得力的原则，建立起科学管用的城市管理运行机制。对街路实行"三个等级""一套网格"管理，每个等级确定管理标准，对应一人一格，对网格内的事项、部件进行全面梳理，责任到人、到点、到物。在市容网格的关键节点处设置"综合执法岗亭"，实行日常管理网格化、集中整治全员化的统分结合的管理模式，同时，依托"雪亮工程""城市大脑"，加快推进数字城管向智慧化提升工作，实现人防、技防的高效协同，无死角管控。二是建立"支部＋示范创建"工作模式。

每个网格配备一名党员执法干部，每4个组成一个"网格党小组"，强化"网格党小组"的执法堡垒作用。加强典型引领，每年分别从网格街路里排出不少于30%比例的街路进行"示范街"创建。建立分局领导挂钩联系、网格党员带头，实行执法队员与协管员"1+X"管理模式，推行常态化巡查，一线发现和解决城市管理问题的办结率平均提高30%。三是实行专班工作体系破解执法"顽疾"。对长期得不到整治、群众反映强烈的"老大难"问题和创建中的热点、焦点问题，组建油烟污染、"污水零直排"、汽车美容和洗车店专项整治、渣土运输、车乱停、狗患和城隍庙等9大专班工作体系，按严管重罚的要求，开展专项整治。落实应急处置工作机制，以局长热线电话接听、12345热线交办等途径，建立全面的工作应急机制，积极应对阶段性突击工作和上级交办的任务。

四、创新疏堵结合举措，推进治城育人一体化，凝聚共治共享合力

细化"721"工作法，创新服务载体，促进综合行政执法以人为本工作方式转变。

一是打造"城管老娘舅"品牌。以执法中队为单位，在市区41个社区挂牌"城管老娘舅"工作室，每个工作室配备三名执法队员，聘请40余位辖区街道干部、退休干部、城市志愿者担任"城管老娘舅"。以"一不破三有利"统一调解范围，"一不破"是不突破法律法规等禁止性规定、"三有利"是有利于推进落实省市各项重点内容、有利于推进我市综合行政执法工作、有利于提升效能便民利民群众的事项，做服务群众的贴心人。今年以来，共调解矛盾纠纷900余件，收集合理化建议346条。二是探索"互联网+城管"模式。以"钉钉""微信"为载体，建立"三改一拆"、综合执法平台建设、市容督查、城区夜市烧烤摊、早餐服务沟通等各类钉钉群、微信群54个。把管理对象纳入微信群，建立线上线下互动模式，及时发现并处理问题1300余起，群众满意率达98.8%。按照"数据多跑路、群众少跑腿""执法监管不扰民"的要求，推进人行道违停处罚一站式处理改革工作，对接公安交管部门，网络平台与"交管12123"手机APP处理终端和网络终端实行联网，市民处理人行道违停可以网络终端办理。在全省创新人性化城市管理举措，推出二维码挪车服务。以"一次都不用跑"为目标，开展犬只挂牌网上受理试点工作，实现移动终端APP受理申请，让群众"最多跑一次"变为"一次都不用跑"。三是拓展社会共管渠道。在全市率先带头参加"12345"政府热线部门主要负责人现场接诉活动，主动响应民众诉求，解答民生问题。与市教育局合作创建全市首个"红领巾综合执法体验室"实践基地，开展执法进校园、小手拉大手活动。以志愿服务行动为载体，组建了衢州市志愿者服务队旗下第一支专项服务队——衢州市城市管理志愿者服务队，发挥城管志愿者服务队的示范带动作用，聘请人大代表、政协委员、社区群众担任执法义务监督员，定期组织城管开放日、体验日等活动。在微信公众号上开通"e通衢州"APP软件，建立城市管理问题爆料话费奖励制度，今年以来，广大市民通过"e通衢州"APP爆料城市管理问题7180件。

五、创新队伍建设理念，推进素质提升整体化，强化队伍自身建设

围绕正规化为目标，打造一支信念过硬、政治过硬、责任过硬、能力过硬、作风过硬的铁军排头兵。

一是强化队伍教育管理。牢固树立服务大局、服务群众，让市委、市政府和干部群众满意的"两个服务、两个满意"的宗旨，在全局系统深入开展训练学部队、管理学公安、办案学法院"三学活动"，选派一线业务骨干到辖区派出所挂职.分批组织执法队员、协管员参加军事训练，与市、区两级法院建立联系机制，组织执法队员旁听法院庭审，在试点大队挂牌"巡回法庭"。出台综合行政执法系统"1+9+3"抓人促事制度体系，实行干部三色管理、科级干部述职评议、干部轮岗交流、评优评先、重要事项报告、重点工作质询督办、执法办案工作、网格化管理、大队排名等工作机制。提升"钉钉"软件使用效率，打造"重大事项钉到底、重大决策钉到位、绩效考核钉到岗、紧急事务钉到点、学习教育钉到人、执法平台钉到事"的工作闭环。定期编印《综合行政执法微信集》《执法队伍管理动态》正反两个方面典型强化队伍管理。二是推进规范化建设。编制《衢州市综合行政执法规范化建设三年方案》《衢州市综合行政执法基层中队规范化建设达标验收工作实施方案》，从软、硬件方面每年按比例推进规范化中队达标工作，明确了达标验收的对象、标准，以及达标验收的时间安排及步骤。在全局系统提炼执法规范，从说好第一句话、做好第一个动作、记好第一份笔录、办好第一个案子等入手，从每天出勤前集合交办、归队后集中讲评、会议集体评析等规范化工作，固化为队伍建设成果，形成指导、推动自身建设的范本。开展全国青年文明号、全国巾帼示范岗创建工作，组建"花木兰"女子执法队打造成展示文明示范、执法形象的窗口。建设执法党校、执法展示室和职工之家活动室等，丰富文化生活。三是加强作风建设。把党支部建到中队，正式党员3人以上的，全面建立党支部。党员人数少的乡镇中队、平台干部，与驻在乡镇建立联合党支部，坚持"双周学习日"制度，领导干部上党课、纪检干部案例警示教育与政治理论、执法业务学习相结合。构建大督查机制，采用集中督查、突击督查和日常监督的方式加强队容风貌、勤务运行、内务管理、工作效能、公共服务等多方面督察。完善廉政约谈制度，加强对党员干部的教育、管理和监督。

坚持疏堵结合
切实加强流动商贩管理

黑龙江省汤原县城市管理行政执法局

流动商贩管理一直是城管工作的难点之一，特别是随着城市规模不断扩大，在设施不完善、社会有需求、商贩有利益等多重因素叠加的影响下，流动商贩屡禁不绝，给城市管理带来诸多难题。

近年来，汤原县城市管理行政执法局坚持以人为本服务理念，秉持疏堵结合的原则，从主动为商贩服务中找出路，实现了方便居民、商贩得利与加强城市管理有效结合、有机统一。

一、划定集中经营区域，解决流动商贩经营场所问题

一是合理划定集中区域。汤原县最繁华路段就是中华路胜利街至文化街区域，有大型商场、农贸市场，但受门店高额租金影响，一些商户无法进店经营，因此流动商贩较多。针对这种情况，我局将该区域确定为商贩集中区域，路北侧临近大型商场，人流密集，确定为食品经营区；路南因临近农贸市场，买菜和水果人员较多，确定为蔬菜水果经营区，进入集中区域摊贩必须按照功能定位，确定销售商品。

二是公开招标确定摊位。功能区确定后，合理确定摊位价格，并采取公开招标方式，确定每个摊位权属。每年初，都在县城市管理行政执法召开会议，对所有摊位进行公开招标。商贩根据自身需要和经济实力，招标所需摊位，价高者中标。同时，针对一些居民庭院种植蔬菜需要销售的实际，将蔬菜销售区域划出一定范围，作为免费销售区，无偿提供给县镇内居民销售庭院蔬菜。

三是打造品牌吸引商贩。随着凤鸣公园建成投入使用，每天1万多人的客流量，使公园门前区域成为流动商贩集中地，特别是夜晚游人较多，烧烤摊逐步增加，并形成一定规模。为此，我局因势利导，将公园门口确定为汤原夜市，规划出烧烤区，并要求所有摊位必须使用无烟烧烤设备，共有15个摊贩经营。随着夜市烧烤的名气越来越大，吸引社会资金20万元，在公园大门西侧新建了1000平方米棚式大排档烧烤，有12个摊贩进驻，夏季生意十分火爆，叫响了汤原夜市品牌。

二、街路两侧固定位置，解决流动商贩影响市容问题

一是市场化运作，建立便民服务亭。为解决流动商贩街口叫卖影响市容问题，采取市场化运作方式，引进资金 32 万元，新建了 12 个便民服务亭，安放在主要街路路口和学校、医院等附近。摊贩租用便民服务亭后，到市场监督部门办理营业执照依法经营。临时摊贩办理工商执照后，实行定点销售，既受保护正常经营，又受约束合法经营，产品质量和食品安全得到有效保证。

二是人性化管理，无偿提供爱心伞。为解决摊贩夏季销售日晒问题，我局安排资金 2 万元，制作了 68 把爱心遮阳伞，免费发放给商贩手中。统一的样式、统一的颜色，将中华路集中区人为打造成景观带。特别是将爱心遮阳伞发给街角修理自行车商贩时，得到了商贩的认可，自觉地将摊位向人行道里侧迁移，既不影响行人出行，也方便了管理。

三是个性化安排，解决季节性难题。为保证春秋两季山野菜、水果、秋菜销售，在街路口附近人行道上安排免费摊位，与行车道保持一定距离，既满足群众日常生活需求，又不影响城市交通。在山野菜、秋菜上市季节，在早市划出一定免费摊位，无偿提供菜农使用。同时，协调县物业办和各物业公司，在秋菜上市季节，允许菜农车辆进入小区。

三、坚持依法严厉打击，解决流动商贩不服管理问题

一是加强日常巡查。实施网格化管理，将每条街路监管都落实到具体执法人员，实现管理无盲区。在日常监管过程中，执法人员发现流动商贩后，在依法取缔的同时，向流动商贩宣讲城市管理相关政策规定，并劝导商贩到早市、夜市、中华路商贩集中区销售。同时，向临近街区执法人员进行通报，时刻关注流动商贩情况，防止从这街流动到那街的现象发生。

二是实施定点值守。对流动商贩较多的学校、医院和主要街路，安排人员进行定点值守。如安排执法人员在县高级中学、一中、二中、二小等学校放学时间进行值守，严禁流动商贩向学生销售食品，保证学生安全；同时向学生和家长宣传相关法律法规，引导学生上正规商店购买食品。执法人员在学生中午放学前到位，对流动商贩进行清理，学生全部离开学校后，执法人员撤离；下午上学前半小时执法人员到位，再对流动商贩进行清理，待学生上学后撤离，通过不间断值守，让流动商贩没有市场，自觉离开学校区域。

三是坚决依法打击。对长期不服务管理，屡教不改、屡禁不止的流动商贩，依法暂扣经营器具，并按相关规定进行处罚，特别是对暴力抗拒执法人员管理的，由公安机关依法打击。如 2017 年，一商贩不服从管理，到局里谩骂执法人员，扰乱正常办公秩序，被公安机关治安拘留；2018 年，一商贩不服执法人员管理，夫妻二人谩骂、殴打执法人员，被公安机关刑事拘留，并承担相应刑事责任。

全面推进城市公厕革命
打造雷锋式保洁员团队

广东省河源市城管执法局

河源市城管执法局公厕管理队，副科级事业单位，管护市区 69 间公厕，现有职工 122 人（其中事业编制 23 人，合同工 99 人）。2012 年以来，我局就开始了创新厕所管理的探索，2015 年按照习总书记重要批示精神，进一步推进了"厕所革命"，努力补齐影响群众生活品质短板。我局以"创文""创园"及"巩卫"为契机，围绕"眼看干净、鼻闻不臭、舒心如厕"要求，全面提升服务设施，创新公厕管理，推进精细化保洁，有效解决了市民"如厕难"问题，

2016 年 6 月河源被香港城市竞争力研究会评为"2016 中国最干净城市"位列第 9 名。河源公厕团队及个人共获得 17 项国家、省、市荣誉称号，先后获得"省践行社会主义核心价值观先进集体""省环卫工作先进集体""省三八红旗集体"；保洁员杨梅先后被评为"全国住建系统劳动模范""中国好人""全国三八红旗手"等 11 项荣誉，保洁员刁彩霞被评为"省环卫工作先进个人"荣誉称号。

一、市委书记高度重视，激发了改造城市公厕正能量

领导重视最给力。2012 年 3 月河源市直单位班子换届后，我局接到了时任河源市委书记，现任广东省省委常委、政法委书记何忠友在市民投诉公厕管理信件上的批示：市区公厕既是民生窗口又是文明窗口，请市城管执法局务必管好。当时，河源城市公厕问题较突出，市民游客宁愿绕道走远路也不上公厕，公厕周边住户百般阻扰建公厕，新建好的老城上西塘公厕，因招不到保洁员，"铁将军"把门半个多月，市民投诉不断，媒体曝光监督，百姓怨言不满。

这些事深深触痛我局张金城局长，他决定直接分管公厕队，请求市委组织部特批公厕队长由 10 名本科学历的干部竞争上岗，配齐配强公厕队领导班子。在 2014 年我市创建全国文明城市提名冲刺中，原市委何忠友书记亲自走访杨梅管护的金钩湾公厕，身高近 1.9 米的书记用手一抹门顶，脱口就说"干净"，他非常高兴主动与公厕保洁员合影留念。2017 年 5 月，现任河源市委丁红都书记刚到河源，第一站调研了公厕，他表示：一个城市

能把公厕管好，那么其他工作也能干好。他还多次在不同场合上说，在没有打招呼，也没人认识他的情况下，暗访了不少公厕，他客观评价公厕就是 "干净"。

2012 年至今，连续 3 届市委、市政府主要领导先后考察城市公厕管理工作，市直各单位、社会各界团体慰问公厕保洁员，充分体现了各级领导对公厕工作的重视和认可，正因为有他们的监督和赞誉，让公厕保洁员们有了光荣感、责任感。

二、借鉴 "家庭联产承包责任制"，成为管好城市公厕的高招

要管好城市公厕，关键要有一支有责任心、踏实肯干、勤勤恳恳的保洁员队伍。在人们以往印象中，公厕保洁员多为老弱病残，而且很难招到有责任心的保洁员。而现在，河源公厕保洁员最大特点是年轻、活力、能干，平均年龄为 35 岁，甚至还涌现出了 "全国三八红旗手" 杨梅这样的优秀保洁员。

2012 年开始，我局张金城局长带队全面调研城市公厕状况，利用 1 个多月时间走访公厕保洁员家庭，问计公厕管理之策。局党组决定借鉴 "家庭联产承包责任制"，实行 "组合包干制"，即根据自愿原则、就近原则及人多搭配人少原则，实行 3 人承包 2 间或 4 人承包 3 间的包干模式共 30 组。实行组合包干后，不仅减少了公厕对保洁员的需求，而且实现保洁员工资待遇从以前 800 多元 / 月到现在 3000 元 -3600 元 / 月不等，在全市环卫系统合同工中，工资待遇最高。实行 "组合包干" 后，少聘请保洁员 34 人，为政府节省支出 50 多万元，实现了保洁员应聘充足，还有 30 多名 "库存" 应聘。

厕所革命硬件投入非常关键。2013 至 2018 年，河源公厕累计投入财政资金 700 多万元，提升改造了 27 间公厕，其中拆建 11 间、修缮 16 间。在改造过程中，注重人文关怀，设计采光好、上下通风、排水通畅，创新设计 "春天绿" 指示牌，确保不间断供水、供电。同时，河源公厕团队强化了精细化管理，借助 APP 和河源城管微信公众号发布公厕分布具体位置，合理设置指示牌和斑马线标识牌；按照 1：1.5 比例合理设置男女蹲位；在市区首次推广 "第三卫生间" "母婴室" 等人性化服务设施，还在部分公厕新增无障碍蹲位。不断完善各项管理制度，先后制定了《职工工作守则》《公厕日常管理规定》《公厕保洁管控检查》《公厕保洁管控表》等制度，严格落实 "六净" 精细化保洁；积极协调财政部门将公厕化粪池清疏工作纳入年度预算，每月对所有公厕化粪池清理疏通，确保化粪池 "无存货"，彻底清除公厕臭味异味，有效防止了疫情传播。

三、"中国好人" 杨梅，带出了 "雷锋式保洁员" 团队

2012 年河源开始创新城市公厕管理以来，新闻媒体记者不相信公厕 "管好了"，白天晚上暗访公厕，其中发现新城汽车站旁边的金钩湾公厕管得特别好，主动在《河源日报》《河源晚报》刊登了保洁员杨梅同志的事迹。引起了广大市民和领导干部的关注，特别是河源

市文明办、河源市总工会、河源市妇联的高度重视，多次深入考察，把不善言辞、默默奉献、心地善良的杨梅同志先后树为"河源好人""广东省五一劳动奖章"等。由此在保洁员队伍掀起了"学好人、争先进"的热潮，如助人为乐、教育"白粉仔"戒毒党员代表袁日云（2015年被评为"河源好人"）；勤奋好学、自考本科的"园丁式"保洁员刁彩霞；不怕脏累、主动帮助失禁老人洗尿裤职工叶秀娥；拾金不昧、乐于助人职工钟丁香、李淑霞、李桂花；坚持原则、制止不文明行为职工张秋香、李英；用心观察、协助公安救人职工罗坤明、张左君等等。2018年10月，刁彩霞还在广东省第25个环卫工人节上作为全省唯一发言的环卫工人代表，分享了自己的公厕管理经历。

"杨梅花开大地春，乐善好施树新风；视厕如家乃精神，舒心如厕彰文明。"这是我局公厕保洁员杨梅和姐妹们用实际行动为践行社会主义核心价值观做出的生动注脚。2018年4月18日，我局党组专门发文表彰杨梅等一批拾金不昧"雷锋式保洁员"，在她们带动下先后涌现了45名"雷锋式保洁员"。她们发扬拾金不昧、甘于平凡；勤俭节约、奉献社会的"雷锋精神"，带出了一支"雷锋式保洁员"团队。2018年5月，河源公厕党支部成功申报全省首届组织生活创新案例工作，创新在10间公厕挂牌"党员文明示范岗""文明示范岗"；在20间公厕挂牌"雷锋式保洁员岗"，力争年底前完成党建示范点创建工作。

河源公厕团队十分注重丰富职工业余文化生活，多次组织基层保洁员赴厦门、深圳学习考察，不断开拓眼界；三八节、环卫工人节期间多次组织到市内景区游玩；积极参加文艺表演创作，以公厕基层保洁员为主表演"舒心如厕"舞台剧；邀请省作协作家，全新创作多幕剧"你是春天一片绿"；联系爱心商家开展慰问，积极落实工会扶贫助学，解决子女上学、住房问题，每年安排健康体检，解决基层职工们后顾之忧。公厕保洁人员善作善为，经常说，我们等于在家里上班，在公园里上班。乐于助人，凝聚公厕管理队伍的好人精神；甘于奉献，增强社会主义核心价值观实践者的为民情怀。

接下来，我局按照国家、省有关要求，全面推进"厕所革命"，积极协调相关部门，以城市新一轮规划修编为契机，将公厕规划纳入公共服务体系并严格执行，预留建设用地，确保未建成区公厕数量和布局能够满足未来城市发展需要。河源公厕人将不忘初心、牢记使命，为加快推进"两个河源"建设贡献公厕人的力量！

河源公厕团队及个人获得荣誉汇总

1. 公厕团队获得4项荣誉。

（1）2018年3月团队被省妇联评为"省三八红旗集体"；

（2）2015年5月团队被省宣传部评"省践行社会主义核心价值观先进集体"；

（3）2015年3月团队被省妇联评为"广东省巾帼文明岗"荣誉称号；

（4）2013年10月团队被省住建厅评为"广东省环卫工作先进集体"荣誉称号。

2. 保洁员杨梅共获得 11 项国家、省、市荣誉称号。

2017 年 9 月被住建部评为"全国住建系统劳动模范";

2016 年 12 月被市人大选为河源市第七届人大代表;

2016 年 3 月被全国妇联评为"全国三八红旗手";

2015 年 3 月被全国妇联评为"全国巾帼建功标兵";

2015 年 10 月被省宣传部评为"广东省敬业奉献模范提名奖";

2015 年 10 月被省宣传部评为"广东省岗位学雷锋标兵";

2014 年 9 月份被中央文明办评为敬业奉献"中国好人",并成为"好人 365"封面人物;

2014 年 5 月被省总工会评为"广东省五一劳动奖章";

2014 年 5 月被省文明办评为"广东好人";

2013 年 12 月被市文明办"河源市首届道德模范"。

2013 年 9 月被市文明办评为"河源好人"、

3. 保洁员刁彩霞 2018 年 10 月被省住建厅评为"省环卫工作先进个人"荣誉称号。

4. 保洁员袁日云 2015 年 9 月被市文明办评为"河源好人"。

脚踏实地　为民管城

湖北省咸宁市城管执法委主任、党组书记　黄小洪
湖北省咸宁市城管执法委办公室工作人员　赵丽红

烟雨江南，长江之滨，美丽咸宁，大街小巷，活跃着步履匆匆的城管身影，他们"以人民为中心"，温情脉脉服务，和风细雨管理，规范文明执法，用辛勤的汗水铺就"香城泉都"的繁华，用执着的坚守捍卫"街道卫士"的荣光，用无私的奉献践行了"为民管城"的庄严承诺！

以改促管顺民意

"促进城市治理能力和治理体系的现代化"，"让人民群众有更多获得感"。咸宁市城管执法委紧扣上情，顺应民意，精心谋划，探索了改革的新路子。

深化改革明职责。1 月 23 日，市政府印发了《咸宁市城市管理执法委员会主要职责内设机构和人员编制规定的通知》，将原市城管执法局、市园林局的全部职能、规划批后管理职能以及相关城市管理和执法职责划入新设立的咸宁市城市管理执法委员会。新组建的市城管执法委机关内部推行"大科室"制，委属单位推行"1+1+3"管理模式，委属执法大队推行扁平化管理，减少了管理层级和重复执法，单位职责更明晰，工作效率大大提升。同时，出台了《关于做好城市管理相对集中行政处罚权流转的通知》《咸宁市市政公用设施移交管理办法》，厘清了部门职责边界，减少了推诿扯皮和执法扰民。

创新理念重实干。当好"街道卫士"，"把城市当家建、把城市当家管"，咸宁城管人这样说、更是这样干。市领导带头干。市委书记丁小强、市长王远鹤今年 2 次专题调研城市管理工作，为城市管理执法工作的持续优化提供了人、财、物的强大保障。由市长任组长的城市管理协调领导小组，每季度召开 1 次城市管理联席会议，重点研究解决了违法建设控制和查处、停车管理、数字城管运行、老旧小区改造、城区"公厕革命"、建筑渣土扬尘治理、餐厨废弃物处理和建筑垃圾资源再利用项目等城市管理难题。委班子主动干。主动谋划，开展"面对面·听期盼"大走访活动，密集开展调研，形成民生七大难题解决方案和任务清单。主动协调，全面建成市、县数字城管指挥中心，市区派遣城市管理案件 3 万余件，36 家市直部门案件处置率较去年提升 15%。主动担当，开发渣土运输管理子系

统，出台《建筑扬尘管理提质方案》，牵头组建渣土扬尘整治专班，联合相关部门开展检查，PM10 较去年同期再降 8.3%，AQI 指数排名全国 14 位。主动服务，推进"放管服"改革，优化行政审批和行政处罚工作流程，创建"十星级"文明窗口。城管队员比着干。开展"绣花行动"，围绕"咸马""超马"赛事、端午节龙舟赛、温泉国际旅游节等大型活动，常态化开展校园周边环境、夜市烧烤、沿街为市、渣土扬尘、广告杂乱、道路拥堵、"清废行动 2018"、空间环境、人行道净化等专项整治活动，比干劲、比业绩，真抓实干、静心"绣花"，城市精细化管理水平不断提升。

市场改革优服务。深入推进社会服务市场化改革，全面拓展管理力量。环卫作业市场化实现了"一把扫帚扫全城"，机械化作业率上升到 92%；"冲洗、吸尘、洒水、捡拾"四位一体的咸宁环卫作业模式，得到全面稳定和持续优化。"牛皮癣"清理市场化，中标公司组建 38 人专业队伍实现常态化清理，主次干道"牛皮癣"顽疾得以根治。违停车辆拖移市场化，中标公司组建 15 人专业队伍、装备 6 台拖车，配合停车中心的罚单开展拖车服务，中心城区违停现象持续好转。市政维修市场化改革，公开采购的 15 家市政维修公司组建了 150 人市政维修专业服务队伍和"即破即修"工程队，维修质量、进度、成本得到全过程管控。

以建促管惠民生

建出形、管出神。咸宁市城管执法委坚持"以人民为中心"的理念，以建设促管理，找准了破解民生问题的新途径。

"疏堵结合"解民怨。建成 17 个流动摊贩疏导点，规范占道经营摊点 1.8 万户次，开展夜市摊点专项整治 90 次，破解马路市场管理难题。规划建设金桂路凯翔花园等小微停车场 10 个，施划临街停车泊位 10000 个，引导车辆有序停放。出台《咸宁市控制和查处违法建设办法》，健全市、区两级控违办职责，建立控违巡查发现和拆早拆小机制，实行群众举报奖励制度，市城区强制拆除 126 户 7946 平米，破解城区拆违控违难题。

"五小"建设解民忧。"小厕所、大文明"。全面启动城镇"厕所革命"三年攻坚行动，新建改建公厕 43 座；加强了公厕管理，规范了管理标准，统一了标志标识，落实了管理经费，推行了免费开放，探索了"以商养厕"，缓解了公共场所市民"如厕难"。"小围挡、大文章"。结合不同街景，编制围挡规划。充分利用围挡，实施"红色宣传"工程，传播城市管理理念，增加文明厚度。"小井盖、大安全"。组建"即破即修"工程队，对井盖、护栏、雨水箅等涉及安全事项的公共设施实现"三小时恢复"。开展"井盖跳响"专项整治，改造井盖 562 个。"小游园、大民生"。实施"拆墙透绿"工程，新建了金桂路、联合水务等 10 处小游园，新增绿化建设面积 3 万平方米，打造街头城市小品 25 处，逐步实现 300 米见绿、500 米见园的目标，为市民提供优质的休憩空间。"小分类、大改变"。9 个试点小区和市区公共机构单位内，好勒垃圾分类亭高调亮相，悄然改变着市民的生活习惯，推动着城市的文明与进步。

　　"城市双修"解民盼。立面改造提档次。推进长安大道、岔路口、咸宁大道立面综合整治项目和创建活动，完成了大型广告牌拆除 2.9 万平方米、立面刷新 6.8 万平方米。全面提升咸宁主城区市容档次。老旧小区换新颜。实施八一巷、化纤小区、双鹤桥小区等八个老旧小区和背街小巷改造工程，完成围墙改造升级 5200 平方米，种植绿地 3.8 万平方米，整平、硬化路面 6.9 万平方米，刷黑路面 3.2 万平方米，清运垃圾杂物 820 立方米，老旧小区升级模式初步形成。交通提升保安全。推进书台街、肖桥大道、青龙西路、金桂西路交通品质提升工程，新装护栏 4000 米，交通更顺畅、更安全。彩化提升放异彩。推进"五彩咸宁"建设，完成了 11 处重要交通渠化、12 处街头绿地和 2 条主干道的彩化提升工程，改造面积 1.3 万平方米，栽植月季、兰花三七、鸢尾等地被植物计 20 余万株。彩化、绿化交相互映，香城泉都异彩纷呈！

以规促管得民心

　　"没有规矩，不成方圆"，市城管执法委以"强转树"活动为抓手，活学活用"721"工作法，开创了规范队伍的新办法。

　　规范党建强基础。将《党建任务指导书》制成口袋书党员人手一份，强化党员责任意识。每月第一周周一下午召开党员大会，以"庄严化、仪式化、具体化"的标准开展支部主体党日活动，落实"六事联动"，强化党员先锋意识。开展"香城义工·清洁家园"志愿者服务、"三·八"春游谈心会、"五·四"青年座谈会、十公里徒步拉练、"强转树"主题征文、趣味运动会、快乐工间操等系列活动，强化干事创业激情和集体荣誉感。推动各支部党小组活动进街道社区、进贫困村组、进施工现场、进社会福利院、进精准扶贫第一线，现场解难，为民分忧，传递人间温暖，强化党员为民情怀。

　　规范执法树形象。开展"律师驻队"，聘请专业律师常驻执法支队，对办理的行政处罚案件进行法律审查，推进依法执法。优化执法流程，统一执法文书格式，开展"以案说法"，推进规范执法。强化执法人员的业务培训和持证上岗，规范执法人员着装，推行亮证执法。开展案卷审查，对重大行政处罚实行会商制，推进公正执法。今年以来，办理行政处罚案件 100 余起，没有一起执法纠纷，今年全市行政执法案卷评查中我委再次获得第一名，案卷更加规范，执法水平不断提升。

　　规范考核提效能。持续强化对环卫、市政、园林等市场化服务公司的监督，从严落实《咸宁市环卫作业质量考核办法》《咸宁市园林绿化养护管理检查考核办法》。持续强化对县市区城管部门的业务指导和监督考核，全年开展全市城管系统业务大培训 2 次，每季度委班子带队明查暗访 1 次，促进了各县市区城管工作提档升级。认真落实《委属单位绩效管理和履职尽责综合考评办法》和《协管员管理办法》，每月量化评比、总结通报。通过数

字城管平台和单位微信群，落实"日督、周播、月评"机制，激发了城管队员争创一流的内生动力。

为民管城市，任重而光荣。咸宁城管人将以百倍的信心、千倍的努力、万丈的豪情，在创建全国文明城市和公园城市的新征程上奋勇前行！

一把尺子量到底　持之以恒抓管理

四川省壤塘县城市管理局　韩格洛

牢记新使命,展现新作为,服务好、管理好、运营好"高原林海秀城",全面提升城市品位,是壤塘城管的首要政治任务。近年来,壤塘县城市管理局在县委、县政府的坚强领导下,不断创新工作措施,补齐城市管理短板,以城市美化、亮化、净化、绿化、管理精细化"五化"工作为抓手,大力弘扬"地处偏僻思想不保守,条件艰苦工作创一流"的壤塘精神,将城市管理服务再提质,再升级。

一、环境卫生明显改观

始终把城区环境卫生作为一项重要工作来抓,针对环卫工作的综合性、流动性、突出性、反复性等多种特点,结合县城实际状况,因地制宜地部署工作重点,努力为广大居民营造了整洁的城市环境。

(一)落实工作责任,提高保洁质量

近年来,壤塘县城区面积不断扩大,在环卫工作任务重,压力大,人员少的情况下,进一步细化完善环卫保洁管理制度,将任务、责任、标准、要求层层落实到人头,每月对环卫工进行绩效考核,确保街面全日达到保洁要求。通过落实责任,绩效考核,极大调动了各环节人员的工作积极性,城区环卫保洁工作有了新突破。

(二)做好重要时段环卫保洁工作

加大清扫保洁工作力度,延长清扫时间,特别在重要节庆等时段,坚持以整治公路沿线和河道等薄弱环节为重点,全面清除泥沙、垃圾、杂物。近年来,共出动850余人次全面冲洗街道,营造了干净的卫生环境。

(三)扎实开展城区洒水降尘作业

在夏季炎热和城区扬尘增多的时段,坚持开展洒水降尘工作。近年来,共计出动洒水车700车/次,对城区各路段进行了大冲洗,城区作业覆盖率达到85%。

(四)大力开展环境卫生整治工作

坚持每月对城区河道、背街小巷等卫生死角开展集中综合整治。近年来,共计出动1880余人/次,卫生死角得到有力、有效整治。

（五）规范化运作城市垃圾处理工作

县垃圾处理场严格按照环保相关要求，全年实施规范化作业。一是针对城区生活垃圾不断增多的严峻形势，采取措施，进一步加大清运力度，延长作业时间，确保了城区垃圾日产日清。二是坚持按照分层填埋、碾压、覆土的处置流程处理城区生活垃圾，确保了生活垃圾无害化处理，经第三方多次抽样检查，均达到标准。近年来，共计处理生活垃圾30000余吨。三是严格按照灭杀苍蝇的工作程序，立足壤塘实际，在6至9月每周开展垃圾场灭蝇作业，从源头上降低了臭气扩散和苍蝇滋生。

二、执法管理日益精细

坚持以问题为导向，不断创新工作思路，完善工作机制，强化工作措施。近年来，壤塘城区市容市貌、市场秩序、交通秩序、环境卫生秩序显著改观。

（一）开展流浪狗专项治理工作

立足城区流浪狗多，反复反弹，存在安全隐患的迫切实际，主动加强与疾控中心、城关派出所、卫生防疫等部门的沟通衔接，紧密结合包虫病防治工作，以开展宣传月活动和沿街入商铺宣传等形式，开展形式多样的包虫病防治宣传工作，共计发放宣传册1800余份，起早贪黑定期开展城区流浪狗专项治理工作。截至目前，共计治理流浪狗1300余只，并全部进行无害化处理。市容环境和市民安全保障得到有效提升，群众反响良好。

（二）开展市容环境综合整治

针对长期以来影响我县城区市容卫生的两个"老大难"问题，创新思路，强化措施，重拳出击，迅速行动，取得重大成效。

一是解决"牦牛问题"。针对县城周边农牧民的牦牛窜街，严重影响市容卫生的难题，积极主动与当地乡政府和村委会沟通协调，以制定村规民约、深入宣传教育等综合措施，胜利完成城区牦牛的整治工作，坚决杜绝了城区牦牛乱窜、牛粪遍地的乱象，市容环境得到质的飞跃。

二是解决"餐厨垃圾问题"。针对街面餐厨垃圾乱倒现象严重，经常造成雨水篦结垢结冰堵塞的现象，创新工作措施，以政府补贴和向餐馆征收餐厨垃圾清运费相结合的形式，解决困难群众就业在城区实行定时清运处理餐厨垃圾，使城区大小餐馆的餐厨垃圾得到了有效处理，取得了良好效果。

（三）强化工地乱象综合治理

针对个别建筑工地脏、乱、差和乱倒建渣等方面存在的突出问题，城监执法大队强化对各大建筑工地的检查和指导，严格要求工地封闭施工，规范打围，建筑垃圾和工程渣土按照指定地点倾倒，严禁带泥行驶。同时，整合有限的执法力量强化巡逻巡查力度，发现问题及时处理。近年来，依靠群众举报、跟踪追查、不间断巡逻等方式，共发现并责令整改工地乱象 130 起，处罚违章撒漏 180 起、依规处罚违规工地 78 起，确保了城区工地规范有序。

（四）开展城市"蜘蛛网"专项整治工作

针对乱搭乱牵线路、乱贴广告、乱摆乱放广告牌及灯箱等影响市容的突出问题，采取措施，主动作为，定期开展专项治理行动，共计拆除乱线 3 余吨，清理"牛皮癣"300 余处，整改灯箱广告 95 个，同时加强与电力、电信、移动等部门的监督和沟通，遏制了搭线不规范和私设广告灯箱严重的势头，做好了源头治理，规范了管理秩序，打造出县城整洁的天际线。

（五）一把尺子量到底持之以恒抓管理

有效整合力量，切实强化对街面的巡逻巡查力度，发现问题及时处理。近年来，共计取缔流动摊点 650 余个、清理占道经营 420 余起、乱堆乱放 156 起、规范机动车停放 324 辆／次、拆除违规横幅 250 余条、清理小广告 1300 余张、教育违章 79 人／次，发现并制止乱搭乱建 15 处，确保了县城秩序井然。

（六）努力营造和谐的群众关系

在执法工作中，严格按照行政执法相关工作流程，认真梳理权力清单，做到严格、规范、文明执法，立足藏区实际，开展藏汉双语宣教和执法工作，以理服人，以情感人、以法管人，确保了城管局建立以来在城监执法工作中未发生较大或有影响的冲突，营造了和谐的"管群"关系。

三、市政设施更加完善

坚决克服我县基础设施发展滞后，市政设施不完善及老化严重的实际，强化市政、执法与环卫的沟通协作和整体联动，大力完善市政设施，强化日常巡逻及维护工作，确保了及早发现问题，及时处理问题。

（一）切实解决"停车难"和"如厕难"问题

坚持问题导向，把切实解决存在的"入厕难""停车难"两大难题，作为服务群众和改善民生的重要抓手。一是统一管理免费开放，解决"入厕难"。厕所是衡量文明的重要标志，布局合理，整洁规范的厕所，直接关系到市民的健康和城市的品位形象，针对城区公厕数量和设施滞后，"脏乱差"突出的实际，攻克高原冬季冲水箱结冰无法运行的难题，投入资金 260 余万，新建公厕 6 处，改造 5 处，彻底消除城区旱厕，真正把"小厕"当成"大事"，切实解决市民如厕难的问题。二是大力新建规范管理，破解"停车难"。近年来，机动车数量急剧增加，尤其是私家车，而城区停车场严重不足，停车供需失衡，加之随意停车妨碍了城市的动态交通，使城区"停车难"问题雪上加霜。针对这一难题，首先从问题根本入手，增加停车位供给。新增停车场、临时停车位和摩托车临时停放点，规范设置

城区停车场指示牌，并将停车场运营作为帮扶措施，交于当地特困居民运营，切实增加了特困居民收入。同时，从纠正停车不良习惯入手，加大乱停乱放治理力度，在城区主要路段人行道设置挡车球，避免人车混行造成事故，影响动态交通。

（二）大力推进市政设施建设，城区硬件不断完善

一是为进一步加强生态建设，改善城市生态景观和景观环境，有效改变城区空置区脏、乱、差面貌，打造特色旅游景观吸引更多游客，为市民营造舒适的居住和休闲环境。立足本地民风民俗和藏区特色建筑风貌，利用援建资金390余万，新建壤塘县岗木达乡尕日寨村民休闲文化活动中心建设项目，为市民创造了舒适休闲的活动场所。二是采购安装具有壤塘本地特色的果皮箱、围树椅和公园椅，基础设施焕然一新，完善了市政配套设施。

（三）强化日常维护维修工作，确保市政设施正常使用

切实强化市政设施的巡逻巡查，做好市政设施的日常和应急管理工作，做到及时发现问题，及时跟进处理，及时消除安全隐患。近年来，共计维修路灯90余盏、更换路灯节能灯泡900余只、更换污水井盖60个、更换维修青石栏杆480余米、更换雨水箅85个、维修疏通下水道32处。

四、园林绿化成绩显著

认真贯彻落实习总书记提出的"绿水青山就是金山银山"的科学理念，扎实推进园林绿化各项工作，助力"高原林海秀城"建设。

一是提升打造城区三个入口绿化设施和城市绿廊绿道，立足壤塘高寒气候实际，在城区内因地制宜实施绿化，全面提升绿化工程的色彩多样性和美观性。

二是按照"未硬化先绿化"的原则，见缝插绿，重点栽种杉树、松树、高山柳和阿根廷翠柳为主的树种，使县城及周边绿化总面积已达到17431.77平方米，为县城居民营造了舒适的绿化环境。

三是主动作为，创新措施。通过政府出资和动员单位及个人捐钱捐花的形式，建立县花卉基地，并制定县花卉基地管理办法，集中对花卉进行培育和管理，在城区主要路段设置花坛，进一步美化了环境、提升了管理效率。

四是紧密结合扶贫帮扶工作，解决当地农村和社区困难居民就业，设立森林小镇生态管护员，实现对城区绿化区的全覆盖管护。

五、城市夜景绚丽多彩

按照县委、政府建设"一城两县三地"发展定位，为不断完善市政配套设施，进一步展示壤塘夜间丰富多彩、层次分明、特色鲜明的亮化形象，利用浙江省和绵阳市援建资金2000余万元，大力实施亮化工程，通过打造城市夜景观，提升了城市品位，优化了人居和旅游环境。

一是完成县城至岗木达乡 190 盏太阳能路灯的采购安装，壤塘县城至岗木达乡实现全程太阳能路灯照明，解决了此城郊路段夜间无户外照明的百年困境，有力减少了夜间农牧民群众和车辆的出行安全隐患，提高群众的生活质量，同时，太阳能路灯绿色环保，大大降低了运营成本。

二是采购安装 200 盏具有壤塘地方特色的格桑花路灯，彻底改变县城原有路灯昏暗、数量不足的状况，如今，一排排高大且独具特色的节能格桑花路灯屹立在壤巴拉城区，切实节省了开支，解决了路灯照明问题，增强了市民的安全感。

三是实施城区光彩亮化工程，使之网红名桥和有着"全国最大最美的藏式伸臂桥"之称的祥塘大桥、壤巴拉花园等建筑在夜间流光溢彩，熠熠生辉，为来壤游客留下了深刻的印象，成为了藏区拍摄夜景的胜地，无形中拉动了壤塘旅游经济的发展。

问百姓要标准　向群众展服务

——南江县城市管理工作综述

四川省南江县城乡市容和环境卫生管理局

一、职能职责

我局全称南江县城乡市容和环境卫生管理局，为县政府直属事业单位（参照公务员管理），核定编制 68 人，现有正式职工 59 人，临聘清洁工 380 人、协管员 55 人，主要承担县城规划区内主街主路清扫保洁、城乡垃圾清运、道路冲洗、城区洒水抑尘、占道经营整治、社会生活噪音扰民、餐饮油烟直排、垃圾杂物禁燃及县城户外广告管理等工作。

二、主要做法

在县委、政府的坚强领导和社会各界的密切关注支持下，我局上下一心，认真落实县委、政府的总体部署，各项工作紧紧围绕"八个努力加强"，凝心聚力、攻坚克难，打破固有模式，不断转变工作思路，让城市管理逐步向精细化和常态化迈进，使我县在今年顺利通过了国家级卫生县城和国家生态文明建设示范县考核验收，还获得了"四川省生态园林县城"这张省级名片。

（一）全面推进，注重内与外的延伸，努力加强班子队伍建设

一是坚定不移抓好党建工作。坚持"三会一课"、中心组学习会和"会前学法"不动摇，持续深入开展"两学一做"学习教育，2017 年学习《系列讲话》和法律法规各 30 篇，班子成员讲党课 6 次，全体党员参加专题讨论 5 次。积极发展青年党员，培养 3 名入党积极分子，2018 年，局总支被评为巴中市先进基层党组织。二是稳步推进依法行政。按季度组织召开推进依法治县领导小组工作专题会议、坚持每月一次领导班子和干部职工集中学法、坚持会前学法、坚持协管队伍法制培训。2018 年，我们持续深入开展"八大行动"，以"城管法律进校园""城管法律进社区""城管法律大讲堂"为主题广泛开展普法宣传，被县依法治县领导小组命名表扬为"学法用法示范单位"。三是加强党风廉政建设。认真贯彻执行党风廉政建设责任制，积极推行政务公开和民主决策，规范党组会议、财务审批流程，坚持领导每周带班督查制，严格责任追究制，全面开展行风、政风和作风大整顿活动，对环卫所、监察大队年度民主考评中排名后 5 名的同志集中进行警示约谈，增强了他们工作的积极性和主动性，有效推动城管事业科学健康发展。四是高水准组织各类活动。以工会为平台，开展丰富多彩的各类活动：2017年我们组织全体党员参加清明扫墓、瞻仰烈士陵园、重温入党誓词系列活动，举办"讲好城管故事，建设美好家园"主题演讲活动，组织全局职工参加篮球比赛、拔河比赛、象棋比赛、乒乓球比赛。通过这些活动加强党员队伍思想建设，凝聚干部职工合力，增强了职工归属感、荣誉感和责任感，形成团结拼搏、充满活力、积极向上的工作态势。五是注重后备人才培养使用。通过公招录用城市管理高素质人才和内部选拔优秀人才两方面入手，尽最大努力，挖掘人才，着力加强后备人才的培养力度。建立了合理的人才梯队，做好人才储备，同时又畅通人才推荐流动渠道，充分提高干部职工的积极性。在保留人才的基础上，有计划、有步骤、有目的地对后备人才进行能力培养，保证人力资源的延续性。2017年11月，我们对18名干部工作岗位进行了轮换，启用35岁以下年轻干部10名，有效推动城管事业科学健康发展。

（二）常态坚守，抓住实与细的结合，努力加强环卫作业精细管理

在环卫作业管理清扫保洁、垃圾清运、冲洗洒水和垃圾处理收费四块上苦干、坚守。一是清扫保洁在精细化上下足功夫。对城区主街主路进行机械化清扫和日常保洁相结合，拿出"绣花一样的功夫"坚持保洁清扫到位。在城区16个区域、83个小路段基础之上，新增东榆街道2个区域6个小段，落实管理责任，定岗、定员、定标准，保证主要道路早、中、晚清扫保洁不间断，购置更换果皮箱共计140个，在城区街道全部实行果皮箱袋装收集、运输。二是垃圾清运在无害化上花大力气。我们与垃圾清运管理人员签订目标责任书，落实责任。主街主路白天实行不间断流动清收压缩，背街小巷和物业小区实行夜间作业。转运实行密闭储存、运输，严格控制二次污染。实行城乡垃圾一体化处理，规划建设了"户分类袋装、村分类收集、乡转运压缩、县运输处理"的垃圾收运处理体系，使用中央环保、生态功能转移等专项资金3530万元，在全县48个乡镇建设生活垃圾中转站51个，配套采购乡镇垃圾压缩箱62个、乡镇专业特种垃圾运输车辆11辆，由各乡镇、村（社区）将生活垃圾收集到生活垃圾中转站进行压缩处理后，县城管局（环卫所）负责按照"箱满即运"要求，从各乡镇生活垃圾中转站将压缩箱运输至海螺海创环境工程有限公司利用水泥窑协同处置生活垃圾技术，将垃圾作为原料、燃料，充分利用水泥回转窑内碱性微细浓固相的高温燃烧环境等优点，彻底将有害物质处理掉，从源头上加强了对城乡生活垃圾的控制和资源化利用，真正实现垃圾处理的"无害化、资源化、集约化"的多元化目标要求。三是冲洗洒水在常态化上铆足劲头。采取机械化和人工作业相配合，定时对主次干道、人行道进行冲洗和洒水。光雾山大道、黄金大道、红塔新区等主要路段一周至少4次冲洗、每天1次以上洒水降尘，其它路段一周2次以上冲洗洒水，保证城区干净清爽。四是环卫收费在目标化上鼓足干劲。垃圾处理费收取组，克服重重困难，鼓足干劲加大宣讲、游说，对城区逐个门市、单位公司、工商户、车站等场所收缴垃圾处理费，一年来，非税收入和服务性收费已超额完成任务。

（三）强化监管，倾力量与质的提升，努力加强监察执法队伍建设

我们严格管控，依法履责，致力做到执法文明，行为规范，强化监察执法队伍建设。一是创新管理模式，实行"街长制"。按照"网格化、精细化、标准化、常态化、全域化"的管理思路，在县城区主次干道实施"街长"负责制，对环卫所和监察大队实行"一体化"管理考核，取消中队长和女子中队，实现"网格化"布局，全部将人员落实到路段和点位上，明确管理区域与责任，让每个人都有"位"有"为"，并在各路段设置公示牌，接收社会监督，提高城市管理水平。二是积极稳妥开展综合治理行动。全面开展以"门前五包"、环境卫生、市容秩序、广告治理、扬尘污染、占道经营和校园周边环境"七大重点"专项整治行动。面对群众反映强烈的各种乱象，开展专项集中整治，今年来，先后依法取缔了照壁岩、朝阳信合街、佳达市场、上下河街、新中医院门口等重点区域长期占道经营摊点 347 处、规范骑门店 681 处，组织摊主 150 余人召开专题会，与摊主签订承诺书和目标责任书 160 余份。各片区中队在规范管理区划出管理"红线"，对便民疏导点和夜市刨冰摊点进行规范管理，切实解决"城市要面子，百姓要肚子"的问题。三是严格户外广告管理。小广告治理实行"两个一"工作法，即各片区每周对城区小广告集中整治 1 次，每天日常维护清理 2 次，今年来共清理各类"牛皮癣"小广告 2 万余份。坚持长效管理与专项治理相结合，严格店招店牌设置审批流程，对照县城专项规划，按照先审批后设置原则，要求设置的店招必须高档次、高规格，逐步达到一街一楼店招规格统一，今年共办理户外广告审批 5 起，拆除日常巡查中发现的破损及违规道旗、条幅等违规户外广告标牌 120 余处，在城区设置便民信息栏 25 处，打造了靓丽的空间视觉环境。四是强化监察执法业务培训。局领导班子多次专题研究，不断强化监察执法管理措施。今年监察大队共开展法制宣传教育培训、协管人员培训等各类业务培训 3 次，执法理念逐步转变，成为一支政治坚定、作风优良、纪律严明、着装规范、执法文明、廉洁务实的城市管理队伍。五是切实履行环境保护工作职责。在餐饮油烟治理上，去年五月，城管执法人员分片区对各辖区的餐饮门店、企事业单位食堂进行了全面摸底调查并建立了管理台账，每月开展一次餐饮油烟专项执法行动，检查油烟净化设备安装使用情况，我县现有大小餐饮门店及食堂共计 160 家，截至 2018 年 6 月底已安装油烟净化设备的有 100 家。全面取缔了城区除临时规范点外非法占用公共场所露天烧烤摊点，对临时规范点的烧烤摊点要求其必须使用油烟净化设备，对未使用油烟净化设备的烧烤摊点依法取缔。在垃圾杂物禁燃工作上，分路段、分片区实行网格化管理，在城市规划区内进行全天候巡查，加强环卫工人管理，严禁环卫工人焚烧垃圾，突出抓好垃圾杂物禁燃工作，截至今年 6 月底，我局共发现处理垃圾杂物焚烧共计 383 件。同时通过在广播电视台投放了《关于禁止露天焚烧垃圾杂物的通告》、发放宣传单等方式提高居民环保意识。在城区腌腊制品熏制上，会同相关部门现已建成石光村梨子坪、太子洞三道拐休闲农庄、南垭村 1 社三个腊肉熏制点，并与腊肉熏制业主签订承诺书，在佳达市场、红四门市场、春场坝市场设置腊肉熏制收集点，集中转运熏制满足市民熏制需求，并落实城管监察大队全面负责禁止城区腊肉熏制相关工作，通过电视台通告、宣传单和标语加强宣传，加强巡查劝导处罚，有效解决县城区腊肉熏制问题。在河长制工作落实上，我局作为岳家河联系单位，制定并印发了《关于落实"河长制"工作实施方案》，成立了河长制工作推进办公室，落实了河长制工作专职人员三人，编制了"一河一策"管理保护方案，坚持每月两次对岳家河河道进行巡查，加强南江河沿河洗车场污水直排、垃圾杂物焚烧、露天堆放、乱倾乱倒问题整改，在对岳家河巡查中发现各类环境问题共计 13 个，涉及 5 个县级部门和 2 个乡镇，截至目前，整改到位 7 个。

（四）刚性执行，达到章与行的统一，努力加强机关规范化建设

一是着力从制度管理规范化入手。建立健全了内部管理制度，制定了详细的工作流程和规则，新定、修订《考勤制度》《财务管理制度》《公务用车管理制度》《领导带班督查考核制度》《路段管理工作实绩公示制度》《城管局重大行政决策公众参与制度》《城管局行政执法公示制度》《城管局党务公开责任追究制度》等 25 项管理制度，确保各项工作有据可依、有章可循。二是严格制度职责章行合一。根据职能职责，合理分工，优化人员配置，严格实行条块管理、分线运行、分工协作运行模式。强化股室队所的支持配合，规范内务管理，公车管理，会务管理，办公用房管理，严格公务接待标准、加班值班、办公用品采购、车辆维修用油等办公经费支出管理，机关各项工作扎实有序推进。三是切实推进"一体化平台"建设。全面执行行政权力公开运行平台管理办法，规范"四川省一体化政务服务平台"运行管理，坚持"两集中、两到位"，严格按照相关要求，把行政审批事项和行政处罚事项全部纳入平台运行，做到一切权力进平台，平台之外无权力。全面实行网上办理，及时对外公开。落实专人负责办理"12345"市民服务热线、网络投诉、电话举报等信访件，2018 年上半年共办理各类群众信访投诉举报件 70 件，按期结案率、群众满意率均达到了 100%。四是提高信息宣传质量。以学习型机关建设为切入点，积极争创市级文明示范单位和依法行政示范单位。利用城管微信公众号、新浪微博、广播电视台、电台等多种形式载体，不断加强城市管理宣传，以每月信息采集量为标准实行奖惩，扎实推动对外宣传工作，逐步扩大城市管理影响力。

（五）日追月赶，扭住纲和效的实现，努力加强目标责任管理

根据年初目标任务分解，严格落实"一岗双责"，层层签订目标责任书，压实责任。扎实推行分线运行、条块结合、层级管理工作模式，明确各类业务工作目标责任。党组会多次专题研究目标管理，分项梳理到各股室队所，实行季度跟踪考核问效，"严"字当头，严格追责，每周领导亲自带班督查考核，全局目标任务完成情况良好，能顺利完成全年任务。

（六）积极稳妥，坚持法与理的融合，努力加强工程项目建设

围绕民生项目工程，扎实推进，办好惠民利民实事。一是经县政府批准实施的全县乡镇垃圾收集、中转配套工程项目建设，是我局和环保局牵头负责的民生工程，也是全县重点环保工程。我们成立了专班，落实了专人，不断加大对责任单位的督促指导和考核，确保进度，保质保效。目前，全县48个乡镇51个垃圾中转站现已运行42个，其他乡镇正在加紧进行水、电、路等配套设施建设，我局采购的垃圾中转站设备现已全部交付投入使用，城市生活垃圾处理场封场闭库建设项目，现已完成建设任务，正在进行绿化种植。

（七）严格标准，坚持点与面的推进，努力加强精准扶贫工作

今年来，我局领导成员和全体党员干部深入高塔乡挂联帮扶的五山村、仙庵村和射鸿村，开展扶贫攻坚工作。选派了9名驻村工作队员专门驻村开展精准扶贫。领导班子和党员干部每周一次到挂联户家中，深入走访调查进院户，吃住在农家户，查看"村、户七有"，算清收支台账，开展党员结对帮扶，协助村两委解决实际困难，全力推进五山村肉兔养殖、池塘养鱼、林下养鸡、订单蔬菜，仙庵村无花果种植、稻田养鱼、规模化养鸡、养羊，射鸿村规模化种植脆红李、白芍等产业发展规划落地落实，2018年3月29日我局邀请了南江亿联、宏帆等23家在南江有影响力的民营企业负责人及代表到高塔乡仙庵村考察脱贫攻坚工作，共筹得帮扶资金10万元。同时，根据我县脱贫摘帽"百日攻坚"工作要求，局领导班子成员通过召开专题座谈会、入户走访调查，深入高塔乡挂联帮扶村查找存在的问题和脱贫攻坚短板，从危旧房改造方面、易地搬迁方面、产业发展方面、基础设施方面、农村人居环境改善方面共查找梳理问题28个，结合帮扶工作实际，提出了六条工作建议并报送中南战区领导小组审定。

（八）立足当前，开展管与创的探索，努力加强机制创新建设

城市管理是城市发展永恒的课题，是一项长期复杂的系统工程，创新创造是提升城市管理水平的必然要求。我们结合实际工作，大胆改革，创新理念，积极探索城市管理新格局，有效破解传统城管的局限性。一是推进环卫购买服务试点。在红塔新区、杨家河片区等五个区域积极推行清扫保洁政府购买服务试点。通过多次调研论证，制定了适合我们实际的环卫清扫保洁、垃圾清运、街面清洗标准化、市容秩序常态化管理工作机制，改善城区市容面貌。二是扎实推动城市管理体制改革。按照中共中央、国务院、省委、省政府相关文件及会议精神，根据市委、市政府《关于印发<巴中市深入推进城市执法体制改革改进城市管理工作的实施方案>的通知》（巴委发〔2017〕13号）要求，结合我县实际，我局代拟的《南江县推进城市执法体制改革改进城市管理工作的实施方案》，已经县委十三届第32次常委会、县政府十八届第37次常务会议审议通过，并于2018年1月3日印发。县工商局、县环保局、县食药监局、县交通局、县住建局、县执法局已报送了拟移交的权责清单，经我局梳理汇总，共计634项行政权力，现已报送县委法制办予以审定，同时，县委编办正在拟定"三定"方案送审。

通过"八个努力加强",城市管理工作成效显著,获得各界一致好评,"八大变化"让我们信心倍增。

——班子队伍焕然一新。我们坚持以人为本,弘扬"团结、规范、求实、奉献"的城管精神,不断强化队伍建设,努力打造成一支政治强、业务精、执法严、作风硬、效率高的城管队伍,塑造良好的城管形象。

——环境卫生显著改善。我们铆足干劲,不断在环卫作业"精细化"上下功夫,严格清扫保洁、垃圾清运、冲洗降尘三大块作业标准,坚持坚守,人居环境不断升质升量。

——市容秩序井然转变。我们全面开展 "七大重点专项整治",细化行动方案,强化工作目标,落实管理措施,突出重点,出重拳整治大堂坝等新老城区市容的行动,保持常态,有序推进城市管理工作,城市面貌更加整洁。

——广告管理更加规范。我们坚持长效管理与专项治理相结合,严格审批程序,按区域合理规划广告位设置,对未审批设置的广告采取行政责令拆除或强制拆除。围绕广告管理3年初见成效的目标,大力实施广告"一路一景"规范计划,打造靓丽的空间视觉环境,提升城区整体形象,提高城市品位。

——机关运转高效流畅。我们认真贯彻县委、政府决策部署,严格执行党风廉政建设责任制,积极推行政务公开制和民主决策制,规范财务审批流程,建立领导带班督查制,严格责任追究责任制。积极实行政务公开,制度公开,办事程序公开,坚决杜绝"吃、拿、卡、要"等不良现象,切实转变工作作风,机关效率高效运转。

——目标任务超额完成。我们追星逐月跟进年度非税收入任务,克服重重困难,抱着咬定青山不放松的心态,超额完成非税收入入库目标任务,圆满完成各类重特大接待任务,彰显城管精神作风。

——项目建设顺利完工。我们强化组织领导,落实管理责任,深入推进各项工程建设,全面完成县城垃圾中转站建设收尾工程和县城垃圾处理厂渗滤液渗漏废水处理项目建设工作,积极推动县城生活垃圾处理厂关闭和垃圾集中收集无害化处理,稳步推进县乡垃圾中转站建设。

——脱贫攻坚成效明显。我们紧紧围绕县委政府精准扶贫中心工作,力求扶贫攻坚得实效,深入挂联帮扶村,开展扶贫攻坚工作,全面完成扶贫帮扶任务。

这些"变化"破解了城市管理发展难题,奠定了创建国家级卫生城市的坚实基础,开启了城市管理的新格局,坚定了未来事业的从容自信。

三、几点启示:创新思变,以情寓管

——民意为本,变"我为主"为"民为主"。顺应民愿变理念。为改变城区占道经营乱象,我们坚持便民、利民、亲民、惠民的"民生城管"服务理念,改变"管"的方式,树立"治"

的思维，把"群众是否满意"和"群众是否愿意"作为检验工作的根本标准，真正把城市管理工作重点放在解决影响居民生活的热点难点问题上，体现在具体工作中的各个环节。依靠民众找方法。工作中认真听取广大群众，特别是摊铺业主对城市管理工作的意见建议，对情况摸底调查，找准整治方法，着力解决群众最关心、最直接、最现实的利益问题。我们动员社区居民和市场业主参与监管，并让居民和业主主动参与引导个体商户、游商游贩的行为规范工作，对市容秩序形成长效监管合力。凝聚民心壮力量。民众支持是工作的强大底气，我们充分尊重并顺应民意，开展"七大重点整治"，市民纷纷点赞，拍手叫好。在群众声援和支持下，在广大市民强烈的谴责声中，促使顽固摊贩配合城市管理工作。

——宣传引导，变"强硬赶"为"耐心疏"。调研动员先认知。调查中，我们排查到：在占道经营摊贩中，除少数人员挖空心思非法占用公共资源从事经营外，多数人员确属家庭经济困难，以摆地摊为生。在调研中，有摊贩扬言，如果执法人员坚持"强硬拆"，他们将与执法人员殊死搏斗。为此，我们组建专门队伍分头行动，对个别重点户开展面对面交流，心与心沟通，提升他们对市场治理的认知，对城市管理的认可。宣传引导聚共识。在重点整治区的醒目位置及占道经营摊点处张贴整治公告，并将搬迁公告、城市管理相关法律法规宣传资料通过宣传车、南江电视台、南江广播电台滚动播放。集中举办个体商户、占道经营业主普法专题会议，发放责令整改通知书，让个体商户规范经营行为，占道经营业主自觉整改。全方位、立体式，于法有据、于情有理宣传引导，获得了个体商户、小商小贩的理解和支持，为整治行动凝聚了共识，奠定了基础。抓准契机传压力。我们以依法治县为契机，多措并举，广泛开展城市环境综合治理法治宣传，引导业主规范经营活动，着力破解城管工作与"草根"经济之间的矛盾。对整治工作发起宣传攻势，通过门前"五包"、设立宣传专栏、发放宣传资料，对《国务院市容环境卫生管理条例》《四川省城乡环境综合治理条例》《南江县城区市容和环境卫生管理办法》等法律规章宣讲宣传，激发群众参与热情，不给整治工作添"堵"。

——依法治理，变"管为主"为"理为先"。转变思路解矛盾。我们在治理城市占道经营过程中抛弃"特权思想"，牢固树立"以民为本、就业优先、堵疏结合、常抓不懈"的执法思路　将民生问题作为城市管理与占道经营之间化解矛盾的平衡点。根据实际情况，允许曾经的占道经营者在限定时间、限定区域内进行经营活动，一方面为"草根"经济提供生存空间　另一方面也保障了城市弱势群体的就业生计。规范秩序赢支持。对占道经营的菜贩、水果摊贩，采用经济、行政和法律等多种手段"引摊"入市、入室。由政府投资在南门桥小广场区域规划建设"民生摊点工程"，为摊主安装好水电，建立城市下岗职工就业和再就业商业服务一条街，并在政策范围内给予相关支持，从而使整治工作赢得了群众的支持。长效治理堵漏洞。为有效避免临时性、突击性和主观性的治理，我们通过建立长效管理机制，向社会公开非法占道经营行为监督举报电话，24小时受理。各片区中队每天安排执法队员负责区域日常管理维护，八小时之外（早上 7 点至晚上 12 点），"5+2"轮流巡查巡视，形成治理常态化。

——凝聚合力，变"单打一"为"齐上阵"。依法行政展形象。我们把强化执法队伍建设放在首位，稳步提高管理人员和执法人员综合素质，实施"一劝、二导、三警告、四处罚"的程序化管理模式，淡化罚款意识，强化教育管理，做到"以人为本、文明执法"，有力地确保了在整治大堂坝及其周边占道经营执法中无一例暴力抗法行为发生，充分展现了良好的执法形象。为民服务履职能。在集中整治前后，法律顾问和县群工部等相关工作人员现场办公，负责解答群众法律咨询和政策疑虑。交警部门加强交通安全宣传，出台处罚标准，加强巡逻，采取教育和处罚相结合的方式，强化"马路市场"管理。在解决弱势群体就业工作中，南江镇政府，以及大堂坝社区层层把关，优先选择摊位业主签订食品卫生协议，帮助摊主明确卫生保洁标准，提升文明意识。整治市容聚合力。市容环境的整治是一项复杂的系统工程，为消除政出多门、单打独斗的局面，采取"部门联治、多管齐下、疏堵结合"的整治方法，部门单位形成合力，终于使"按下葫芦浮起瓢"问题得到有效根治。实践证明，变"单打一"为"齐上阵"，能够有效凝聚城市治理合力。

四、管理困惑：自顾少策，谨慎笃行

——城市管理基础设施建设还不配套：如停车场建设、集贸市场建设相对滞后，现有农贸市场容量不足、城市管理综合承载能力不强，造成车辆乱停乱放、流动摊点、占道经营疏导困难等问题，给我们的管理工作增加了很大难度，严重影响城市环境卫生状况，尽管我们花费较大精力，但收效甚微，难以达到现代城市管理的标准和要求。

——城市管理体制还不完善：执法体制还不完善，制式服装未统一，缺少有力的法律支撑，仅靠文明劝导，难以实现工作需要，致使城管执法工作举步维艰。保障机制亟待完善，我们的城市综合执法工作无法全面开展。

——城市管理社会支持度还不高：城市管理是一项复杂的系统工程，涉及部门多，工作对象结构复杂，特别是我们平常面临的多数是相对弱势的群体，稍有不慎，便会引来非议，严重的甚至会引发群体性事件给管理工作造成很大阻力。

五、展望未来：雄关漫道，砥砺前行

"路漫漫其修远兮，吾将上下而求索。"站在新的起点上，使我们务必谋求新发展，展现新容貌。我们将全面贯彻党的十九大精神和省委十一届三次全会精神，以习近平新时代中国特色社会主义思想为指导，巩固工作成果，坚持"以绿兴城、以文兴城、以旅兴城"的城市发展思路，始终把人民群众对美好生活的向往作为城市综合治理的目标，以提升人居环境水平为工作重点，自觉践行以人为本、为民管城的服务理念，持续抓好精准扶贫、

环境卫生作业、市容秩序管理、推进城管执法改革、惠民工程和队伍建设等重点工作。

——继续抓好精准扶贫。继续保持务实态度，真抓实干，做好扶贫攻坚工作，定期深入农户，扎实开展帮扶活动，既当好服务员，又当好联络员，及时收集村情民意，加强与乡、村、社和单位的沟通联系，努力推进精准扶贫取得新实效，完成脱贫任务，顺利通过验收，不拖整县脱贫"摘帽"的后腿。

——持续推进环卫精细化作业。将在环卫作业"精细化"的基础上，持续推进环卫精细化、常态化作业。探索创新一套科学化、人性化的环卫管理体系，不断提高我县环境卫生质量。

——继续加强市容秩序规范管理。以历届红叶节、"五创联动""三创一申"和重特大接待活动等工作为抓手，完善城市管理标准，分步抓好落实，明确"摊子"科学化管理、加强"牌子"规范化管理，抓宣传、抓规范、抓巩固，持续推动市容面貌整洁、清爽。

——积极推进城管执法体制改革。改革不可能一蹴而就，是一个困难重重的心路历程，我们将按照县委、政府的总体部署，求真务实，自我完善，自我发展，积极推进城市管理行政执法体制改革，以开拓创新的精神，埋头苦干的态度，扎扎实实地钻研城市管理工作，认认真真地干好工作。在学习中增强思考、提升能力，在工作中磨砺素质、大胆创新，在一线执法中见贤思齐，激浊扬清，为推进城管体制改革打好坚实的基础。

——积极实施惠民工程。以"七大重点"集中整治为着力点，对便民疏导点进一步规范管理，扎实做好城区占道经营摊点的取缔工作，力争所有的占道经营摊点、流动摊贩统一进驻疏导点集中经营，进行规范管理。严格按照时间节点要求，全面启动全县乡生活垃圾集中收集转运体系，进行无害化处理，确保县委、政府民生工程落实、落地。

——继续加强队伍建设。着力抓好队伍执法业务培训，加强协管执法人员专业培训，全面推进依法行政工作能力，不断增强班子队伍的凝聚力和向心力，积极弘扬身边好人好事等先进典型，提高城管队伍的美誉度，并开展城管工作业绩评比活动，提升城管执法队伍的整体职业素质，树立城管队伍新形象，谱写"建设五个南江"新篇章，为富丽安康新南江铸就南江城管新辉煌！

合理引导　规范服务

——奎屯市持续推进城市管理执法体制改革 认真走好城市精细化管理之路

新疆奎屯市城市管理行政执法局

　　2017年3月5日在十二届全国人大五次会议上，习近平总书记参加审议上海代表团《政府工作报告》时指出"城市管理应该像绣花一样精细"。习总书记的讲话为城市管理进一步指明了方向和目标，即提高城市科学化、精细化、智能化管理水平，努力让城市更有序、更安全、更干净。2015年，随着《中共中央、国务院关于深入推进城市执法体制改革 改进城市管理工作的指导意见》的出台，自治区、伊犁州分别根据《指导意见》印发了具体的推进城市管理执法体制改革改进城市管理工作的实施方案。奎屯市委、市政府紧紧围绕社会稳定和长治久安总目标，积极部署落实城市管理执法体制改革各项工作。自2017年成立奎屯市城市管理行政执法局以来，奎屯市区的城市市容市貌、环境卫生、市政设施等城市管理工作得到了翻天覆地的变化。下面，通过奎屯市城市管理行政执法局在推进城市管理执法体制改革方面所做的工作，阐述如何实现服务新时代、展现新作为、助力城市管理，提升奎屯城市精细化管理水平。

一、机构整合，明确职责

　　2017年1月1日根据《奎屯市城市管理行政执法局主要职责、内设机构和人员编制规定》奎屯市城市管理行政执法局作为市人民政府工作部门正式挂牌成立。实现人员、职能和机构的整合，具体做法是：将原隶属住建局的城建管理监察大队、市容环境卫生管理处、市政养护处三个事业单位和一个企业无害化垃圾处理厂，按照"人随事走"的原则全部划入城市管理行政执法局；各单位承担的职能、职责也一并划入，分别是：行使市政设施、市容环境卫生管理方面的行政许可权；行使建设领域法律、法规、规章规定的全部行政处罚权及相应的行政强制权；行使环境保护、市场监督管理、公安交通方面部分与城市管理相关的法律、法规规定的行政处罚权及相应的行政强制权。

二、城市管理工作制度精细化

　　建立城市管理协调机制，精准统筹、协调解决城市管理工作重大问题和相关部门职责衔接问题。成立由市委副书记、市长为主任的奎屯市城市管理委员会，委员会下设办公室

由政府领导同志负责统筹、协调；不定期召开城市管理工作联席会议，强化各部门相互协作机制、创新工作方法，针对城市管理难点问题依法制定专项管理办法、实施方案和工作标准，例如：《奎屯城市临时占道停车管理暂行办法》《奎屯市城市交通秩序综合整治工作实施方案》《城市牛皮癣治理办法》《奎屯市物业服务精细化管理工作宣传方案》《关于在全市开展违法违规建设行为排查的通知》等，为城市精细化管理工作做好法制指导；与市绩效监督结合建立考核机制，协调全市各单位共同参与城市管理，有效保障了工作机制的精细化和长效性。通过城管委的统筹部署和高位推动，不但强化了全市各单位、部门间紧密协作机制，而且明显提高了城市管理工作效率和精细化管理程度。经过近两年的运行与实践，奎屯市"大城管"的格局已初步形成。

三、城市管理执法精细化

（一）打铁还需自身硬

在城市管理行政执法局成立案件处理中心，规范案件处罚流程，实行重大案件法制审核。在行政处罚一般程序内实现"管罚分离"，案件来源主要通过社区城管服务站日常巡查管理和12319监督指挥中心受理群众举报进行发现，街道执法中队负责进行立案、调查取证，呈报案件处理中心集中进行审查、反馈和处理；严格执行执法全过程记录，制定并实施《城市管理行政执法局执法记录设备使用暂行规定》，要求执法人员在执法过程必须佩带并使用执法记录仪，调查、询问、处置及文书送达等执法环节必须书面留痕。

（二）公正、文明执法，不断提升城市管理公信力

落实处罚程序和基准裁量公示制度，将一般处罚程序、简易处罚程序及专项处罚程序在案件处理中心以图文的形式予以公示；梳理处罚自由裁量，公开常用处罚裁量统一基准数额，防止办人情案、情绪案，使案件处理更加公平、公正；将案件质量和办案效率计入督查考核内容，强化业务培训，提高法律素质；定期组织学习法律、法规，恪守持证上岗、文明执法的工作原则。

（三）强化司法衔接，规范执法行为

树立以"审判为中心"的执法理念，不断提升执法人员证据意识；要求执法人员在立案调查初期，就要站在法庭起诉的位置上仔细收集相关证据，形成完整证据链条，实现违法事实清楚，证据确凿后作出处罚决定；实行案件调查审核把关制度，各中队调查终结后，将案卷及相关证据交案件处理中心审核，对事实不清、证据不足、误解法条的驳回中队重新调查；加强司法衔接，对当事人不履行处罚决定的，申请人民法院强制执行。通过规范的执法行为和司法保障改变了以往的城市管理执法方式，执法形象发生了质的转变。

四、城市管理区域精细化

（一）下沉执法力量

按照属地管理、权责一致的原则，顺利完成执法力量派驻街道、社区的工作部署；在全市五个街道办事处设立 5 个执法中队，下设 38 个社区城管服务站，街道中队和社区城管服务站执法人员的日常管理以街道社区为主，业务考核、监督、指导以城市管理行政执法局为主；实行放管结合、优化服务等措施与街道社区、访惠聚组、社区警务室、构成"四位一体"的城市网格化管理模式。

（二）明确执法管理职责，实现责任到人

严格落实与群众生活密切相关的市容市貌、环境卫生、市政设施、公用设施、违法建设、物业管理、环境保护、停车秩序等城市管理方面的执法职责；以街道辖区域为执法中队管理区域，以社区为城管站管理区域，实行"片区包干、责任到人"。

（三）共享管理资源，实现精准管理

联合物业、社区工作人员保持辖区内的实时巡查；在各街道中队、社区城管站推行"六知六清"工作法，各社区城管站对本社区内的环境卫生、市政设施及道路、物业管理、建设工地、环境保护、违法建设六个方面的违法、违规行为行政相对人的基本信息要清楚，并形成台账；做到市政道路、沿街商户、企事业单位、物服企业、建设工程等资料有备案。通过执法重心下移和加强监督考核，改进了执法工作方式，将城市管理违法行为处理在萌芽状态，使城市管理执法产生的社会矛盾和负面效应大幅降低。

五、城市管理队伍精细化

（一）建立长效监督考核体系，转变工作作风

为加强全市市容市貌、环境卫生和市政设施管理的监督考核，制定并实施了《奎屯市城市管理执法局长效管理考核办法（试行）》及考核细则，局内部成立考核领导小组，结合 12319 监督指挥中心建立了明晰的内部监督考核体系。《考核办法》从局属城管、环卫、市政、垃圾处理厂，四个单位的工作实际出发，依据国家、自治区及行业等相关管理标准，从后勤保障、业务效能、纪律作风三个方面入手，运用随机抽查、月考核、季度考核的方式，分别对城市管理执法、市容环境卫生管理和市政设施管理的方方面面进行严格的考核，并将考核结果与个人绩效挂钩，实行奖勤罚懒。彻底根除了部分管理单位和执法部门存在的业务能力不强、个人懒政、集体散乱、相互推诿等不良工作作风。

（二）强化意识，精益求精

牢固树立"一屋不扫，何以扫天下"的管理思想，在环卫、市政、城管执法工作质量上精益求精，将各单位对办公环境的改善和内部精细化管理纳入长效考核机制，并运用到实际工作中去精细化管理整个城市，坚持"自身整洁，才能让城市整洁"的工作理念，做到人人心中有责任，个个眼里有活干，为不断推进城市精细化管理统一了思想认识。

（三）规范工作制度，提高个人素质

依据《考核办法》先后制定了晨会制度、指挥长制度、应急小组值班制度、学习制度、制式服装着装规范等内部自我监督约束制度，组织内务管理考评、军事训练等活动，并形成常态，有效塑造了工作及执法人员的个人行为习惯。通过自身精细化管理，增强了全局干部职工的凝聚力和向心力，明确了工作目标，改善了工作环境，端正了工作态度，提高了个人素质，为不断提升城市精细化管理打下坚实基础。

六、城市管理服务精细化

（一）建立智能信息化服务平台

打造建设奎屯市城市管理监督指挥中心，以 12319 服务热线为平台，受理各类城市管理方面的群众来电、来访和急需解决的热点难点问题，同时整合了部分 12369、12315 等热线资源，依托城市管理智能系统建立了城市管理服务热线。

（二）强化队伍管理，提升服务质量

在全局实行"首接责任制"对群众的来访、来电负责处理、引导和解释，并将服务质量、态度和效率纳入长效考核，坚决杜绝对群众来访答复："不知道、不是我们管、没办法"等不负责任、不作为、推诿的现象发生。

（三）运用智能化手段，提高城市管理应急服务处置能力

通过共享公安、停车场、公交系统、物业等各部门视频监控资源，实现城市管理部事件的实时采集；城市管理问题点对点派遣处置，并有效运用城市管理委员会的协调监督机制，使公安、交通、住建、城管、园林、街道等各相关职能部门相互配合，共同维护，聚为一体，形成城市管理监督指挥一体化，城市管理应急处置能力得到大幅提升。

（四）合理引导，规范与服务相结合

每年夏秋两季，群众自产自销的农副产品开始入市，为了方便群众销售，在市区人口集中区域不影响交通的路段，临时占用人行道开设早市，并委托专人管理，每日早上统一上班时间前关闭进行保洁；早餐、夜市入室内经营；在人口疏散区域建设农副产品集贸市场，沿街摊点一律入市经营；有效解决马路市场影响交通和服务群众自产自销的问题。

以上是奎屯市推进城市管理执法体制改革以来，在新时代下展现的新作为，新的作为也改变了整个城市的面貌。横观城市干净整洁，建设有序、道路通畅、交通秩序良好，市政设施功能齐全，一个现代化气息浓厚的新型工商业城市赫然屹立；纵观则是持续推进城市管理体制改革，走精细化管理之路的结果。这样的结果离不开中共中央及自治区的顶层设计，离不开奎屯市委、市政府的高位推动，离不开城市管理行政执法局全体干部职工辛勤汗水，更离不开广大奎屯市民的大力支持。只有持续推进城市管理执法体制改革，不断改进城市管理工作，认真走好城市精细化管理之路才能实现服务新时代、展现新作为、助力城市管理向城市治理大步迈进。

落实新要求开创新局面

安徽省马鞍山市城市管理行政执法局

党的十九大报告中指出，要加强和创新社会治理，打造共建共治共享的社会治理格局。走进新时代，作为社会管理和城市建设发展中的重要一环，城市管理工作的地位和作用日益凸显，必须将城管执法工作置身于党的十九大勾勒的新蓝图、新目标中去，寻找新机遇、谋求新跨越、实现新作为。

不忘初心，牢记使命。本着"以人民为中心"的发展理念，马鞍山城市管理工作体制机制不断创新，执法队伍不断优化，执法保障不断加强，城市管理效能大幅提高，现代城市治理体系初步形成，人民群众满意度显著提升，开启了一个又一个城市管理的精彩篇章。

目标在前，脚步不止。在马鞍山市委、市政府的坚强领导下，马鞍山城市管理工作将紧紧围绕中央和省市各项决策部署，坚持"法治、精治、共治"融合，朝着"生态福地、智造名城"的全新征程奋力迈进。

新时代有新思路，深入推进城管执法体制改革

城市管理工作面临的工作环境和面对的工作对象，大多是社会矛盾的交织点和突发点。要提升城市管理水平，首先要有新思路。

自上而下的城管执法体制改革，引领了马鞍山城管执法体制改革的日新月异，理顺了城市管理的新思路。在中央改革精神的指导下，自 2017 年以来，马鞍山城管执法体制改革既不照抄照搬，也不盲目创新，而是以问题为导向，坚持高位推动、明确责任分工、强化督查督办，用改革的思维系统性破解城管执法面临的困境，用改革的办法实现城管的突围，通过改革搭建现代化发展的大舞台，全力构建起了"权责明晰、服务为先、管理优化、执法规范、安全有序"的城市管理体制机制，促进了城市运行的高效、有序。

通过改革，2017 年，全新的马鞍山城市管理行政执法局成立，马鞍山建立起了高位的城市管理议事、协调、决策机构，整合了分散的城市管理资源，改变了条块分割、单打独斗的局面。通过改革，在体制机制、队伍面貌及市政、园林、环卫一体化应急处置等方面取得了突破。2018 年，法治城管建设又有了新的突破。城市管理法律法规体系不断完善，《户外广告管理办法》《建筑垃圾管理办法》（年内出台）得以起草，《马鞍山市污水处理和

排水条例》《马鞍山市绿化条例》《马鞍山市餐厨垃圾管理办法》等立法项目的调研论证工作也已开展。"城管＋公安＋X"的联勤执法机制得以建立，律师驻队工作顺利推行，执法中心得以下移，综合执法大力推进，权力运行流程不断优化，依法建立权责清单，承接住建领域全部行政处罚权，严格依法查处因工程质量、擅自开工建设、涉嫌分包转包、质量安全等建设领域违法案件 53 件。

目前，马鞍山城管执法系统"权责明晰、服务为先、管理优化、执法规范、安全有序"的城市管理体制、具有地方特色的"大城管"体系已经初步形成。未来，在新的执法体制运行下，马鞍山城市管理行政执法部门的职责职能将更加清晰、更加合理，全社会共建共治共享的城市治理体制机制也将更加完善、更加有力。

新时代有新形象，"强转树"行动打造人民满意执法队伍

从 11 月上旬至本月底，市城管执法局组织的新一轮培训班又拉开了帷幕。在每期为期 7 天的培训时间里，城管执法人员们除了要接受队列训练、体能训练、内务训练、养成训练、安全防范训练等多项正规化养成训练工作外，还要接受一系列的法制业务培训、执法技能培训等等。通过强化法制培训，进一步提升全体城管执法人员的业务知识、工作方法和工作程序；通过强化队列训练，进一步提升全体城管执法人员的整治素质、身体素质和整体形象；通过强化执法技能培训，进一步提升全体城管执法人员的做好与现场群众和管理对象的沟通、新媒体舆情应对和现场突发事件处置能力；通过强化职业道德培训，进一步增强全体城管执法人员的法治意识和执法办案能力。而像这样的培训，马鞍山城管执法局每年都会组织，执法人员们每年都必须接受培训。

新时代新气象，新形象新作为。作为住建部在全国城管执法队伍中开展的一项重要工作，"强基础、转作风、树形象"专项行动受到省、市领导的高度重视。自 2017 年以来，市城管执法局为加强全市城管执法队伍正规化建设，不断提升城管队伍形象，提高依法行政水平，紧紧围绕建设"政治坚定、业务过硬、作风优良、纪律严明、廉洁务实、人民满意"的城市管理执法队伍的目标，强化政治基础、业务基础、法制基础；转变工作作风、政风行风、纪律作风；树立亲民、实干、担当、高效、清廉形象，增强执法人员的宗旨意识和服务理念，改进工作效能，全面提升管理服务水平，扭转市民对城管执法不规范、不文明、不作为、乱作为等负面印象，着力打造出了一支管理精细化、执法规范化、服务人性化的城管执法队伍，适应在"聚光灯"下开展城市管理工作，促进城市管理工作有序进行、健康发展，为这个城市"多面体"绘出更多美好的风景。

新时代有新作为，精细化管理助推城市管理再上新台阶

"城市越来越美丽了，也越来越干净了。"相信这对于所有马鞍山市民来说，都是能

够亲眼看得到、摸得着的事实。干净整洁的道路让脚步变得轻盈，"推窗即绿、出门闻香"的感觉妙更是不可言。在"城管人"的真情守护下，在他们如同"绣花"一般的精细管理下，马鞍山城市"颜值"不断提升。

为进一步擦亮"全国文明城市"的"金字招牌"，市城管执法局积极组织开展公共空间、违法建设、油烟烧烤、占道经营、建筑垃圾、车辆乱停乱放等专项集中整治，做到常态长效管理，城市市容秩序得到进一步规范。目前，为维护良好的市容秩序，促进城管工作水平进一步提升，马鞍山市城管局执法支队积极践行"721"工作法：70% 的问题用服务手段解决、20% 的问题用管理手段解决、10% 的问题用执法手段解决。

为进一步美化市容市貌，该局强化户外广告和门头招牌设置监督管理，依法组织清理各类违章设置的墙体广告 200 多处，高立柱广告 60 处，违规广告牌 5000 多平方米，拆除破损布幔 30000 平方米；为有效打击违建滋生的土壤，该局组织开展全市中心城区控违拆违专项整治行动，拆除违法建设 142 起、20000 平方米；为规范建筑垃圾（工程渣土）管理，该局引进全新的环保智能运输车，实行全天候管理模式，对各施工工地渣土运输、道路清扫情况进行全程监管，严格核准运输车辆、线路及时间；为加强市政设施管理提升城市绿化景观效果，该局建立落实市政设施日常巡查制度，开展城市道路、市政管线、城市排水、临街店面装饰等围挡集中整治，推行园林绿化日常养护网格化管理，随时跟进补植、修剪、除草、施肥等养护工作。

城市管理为人民，城市管理的成果由人民共享。以保障和改善民生为重点，市城管执法部门还开展了一系列的"民生行动"，在改善居住环境、提升城市"颜值"的同时，也大大提升了居民的获得感和幸福感："厕所革命"补齐生活短板；加强园林绿化，推窗户即绿，出门花香；实行餐厨垃圾集中收运，从源头上解决餐厨垃圾引发的食品安全、生态安全和环境卫生问题；"三大革命"改善农村人居环境，有效改善了农村环境面貌。不仅如此，今年 5 月 21 日，"马鞍山微城管"微信公众号正式开通，设置问题举报、案件查询、便民措施、公厕地图、网上办事等版块，同时与所有舆情渠道与数字城管平台对接，为社会公众参与监督评价城管事务提供了一个开放、直观、可视化的操作平台。"马鞍山微城管"平台的建立，有效助推了城市管理的进一步提档升级。它可以使群众全方位、多角度、深层次的参与城市管理和了解城市管理，有利于形成多元共治、良性互动的城市治理新模式。

借助互联网技术进行城市管理，马鞍山市城管执法局一直在前行。官方网站、官方微博、数字城管，再到如今的"马鞍山微城管"。此外，为了对执法进行全记录，一线执法人员更是配备了 200 余台执法记录仪。下一步，该局还将建立数据采集站，着手建设智能化的数字执法平台，"智慧城管"时代已然到来。用智慧助跑，城市管理必将再登新高。

新时代　新担当　新城管　新作为

广东省南雄市城市管理和综合执法局

随着共享单车、通讯支付铺满街巷之时，时代的剧变和快速发展触动所有人。新时代悄然到来了，城市管理的新时代随着十九大的闭幕也正式登场。十九大报告指出，要"打造共建共治共享的社会治理格局"，此格局必然涵盖城市管理执法领域。大会闭幕后，根据市委、市政府的统一部署，围绕"深化城市管理、提升城市品质、改善群众生活"的要求，南雄市的城市管理工作在以刘景通同志为班长的局班子带领下齐心协力、团结奋斗、真抓实干，紧抓有利时机，全面推进城市管理各项工作，现就南雄市城市管理工作做如下介绍：

一、坚持党建引领，深化管理提升。

南雄市城市综合管理局全面贯彻落实党的十九大精神，坚持以习近平新时代中国特色社会主义思想为指引，深入学习习近平总书记对广东"四个走在全国前列"重要指示，按照市委、市政府的总体安排部署及相关工作委员会分解的重点工作任务，牢固树立践行"五大发展理念"，坚持以城市管理现代化为指向，强基础、转作风、树形象，多措并举，积极推动城市管理向城市治理转变。

今年以来，南雄市城市综合管理局严格按照市委的学习工作部署，持续深入推进"两学一做"学习活动，深入学习了党的十九大精神、《习近平谈治国理政》第一卷、第二卷、习近平总书记参加十三届全国人大会议广东代表团审议时的重要讲话精神、《习近平新时代中国特色社会主义思想三十讲》、省市县《加强党的基层组织建设三年行动计划》等一系列学习要求，帮助和引导党员干部树立正确的人生观、价值观和权力观，始终坚定理想信念，强化政治意识，树立清风正气，敢于担当作为。2018年4月26日我局党总支通过换届选举大会，重新选举产生了新一届党总支班子领导；局机关党支部也于4月26日通过选举产生了新一届党支部成员，补齐了因工作调动和干部退休导致支部委员缺额的问题，进一步增强了凝聚力和党组织战斗力。

今后，南雄市城市综合管理局更将自觉在思想上政治上行动上同以习近平同志为核心的党中央保持高度一致，并将习近平总书记在广东考察重要讲话精神用以指导实际工作，深入学习贯彻党的十九大精神和习近平新时代中国特色社会主义思想，以服务全面落实"十三·五"规划和率先全面建成小康社会目标任务为主题，以更好地落实全面从严治党为主线，加强新常态下党的建设，充分发挥基层党组织在推动发展、服务群众、凝聚人心、促进和谐的重要作用，不断提升基层党建工作水平，进一步加强全市城管干部依法行政意识，提升城管执法能力和水平。

二、狠抓队伍建设，助力城市管理

南雄市城管局针对队伍建设的问题，采取了"双管齐下"的办法，一手抓思想，一手抓业务，并驾齐驱，同时进行，为城市管理工作锻造坚强过硬的执法队伍。

首先是思想建设。"思想是行动的先导"，良好的思想政治素质，不但是树立城市管理队伍社会形象的前提条件，也是顺利完成各项管理工作任务所必需具备的素质要求。南雄市城管局通过集中培训、课外阅读以及谈心谈话等方式，要求每个城管队员都要具备三点意识：一是廉政意识。城市管理人员手中都有一定的职权，能否正确行使党和人民赋予的这些权力，是检验城管队员思想政治素质高低的重要标准，而不谋私利则是至关重要的一个方面，只有树立正确的世界观、人生观、价值观，在管理中时刻保持清正廉洁，才能秉公执法，依法办事；二是责任意识。城市管理工作点多、线长、面广、量大，这就决定了城管的工作具有流动性、分散性、独立性，因此工作难以用精确的量化指标来衡量，工作完成得好不好，在很大程度上取决于人员的责任心和事业心。责任是信念之基，担当是力量之源，城管干部只有走群众路线，静心做事、踏实做事、扎实做事，将党的政策落到执法实处，以涓涓细流汇聚实干精神才能排除万难，担当起更大的责任；三是公仆意识。每一个城管执法人员都应当树立自己既是城市秩序的管理者又是人民群众的服务者观念。这样才能在执法工作中将管理的严格和服务的热情高度统一起来，取得群众的信任，也能对下一步工作的开展创造良好的环境。

其次是提升业务素质。作为一项综合性很强的执法工作，城管执法需要处理的事务涉及到工商、交通、环保、规划、绿化等多个领域，因此对执法者的业务素质提出了更高的要求。城管局会定期开展业务知识培训将城市管理相关条例印发至执法人员手中，也会采取不定期的业务知识抽查等方式对执法人员进行考核，考核的结果会纳入年底绩效评价，以此来要求城市管理工作人员必须熟悉城市管理执法依据的相关法律法规，了解与执法工作相关的法律知识，读懂读通读透城市市容环境卫生标准等相关的专业知识，真正实现"一队多能，一人多能"的目标。城市管理工作不能只停留在机械地套用法律条文，知其然不知其所以然是绝不允许的，只有坚决做到依法行政、严格执法、文明执法，才能做一名合格的城市管理执法者。

三、创新环卫机制，规范市容市貌。

南雄市环卫工作以"环卫作业机械化、日常管理精细化"为工作目标，通过不懈努力使南雄市的环卫工作水平持续显著提高。2016年11月1日，南雄市城区环境卫生清扫保洁、垃圾清运及垃圾填埋场运营工作全面推向市场化。目前，城区主次干道保洁常年保持高质量常态化，公厕、垃圾箱等环卫基础设施管理规范到位。

作为经济社会发展的一个重要组成部分，城市管理工作肩负着提高城市形象、改善居住生活条件、优化投资环境、保障经济发展的重要任务。搞好环卫综合整治，提高城区环境卫生水平，南雄市城管局采取了以下做法：一是加强监督考核。通过成立考核领导小组，制定考核办法，量化考核指标，将环境卫生工作作为重点工作进行考核监督；二是加大宣传监督。市环卫所协同市爱卫办、广播电视台成立《环卫聚焦》专题栏目，以随机暗访的形式对存在的乱倒垃圾问题进行曝光，并及时反馈给有关部门；同时接受群众监督，在垃圾桶身、环卫作业车上印刷醒目的监督投诉电话，欢迎群众共同监督城区环境卫生质量；三是深化运营维护工作。将全市分片分点，明确包片责任人，延长保洁时间，实行精细保洁，利用机扫与人工清扫相结合的办法，加大保洁频率和力度，解决了垃圾增多的问题，最大程度的保障城区卫生质量；四是加大投入。加强基础设施建设，在城区添置垃圾桶、小区添置容量240升有盖塑料垃圾桶、增设密封式保洁手推车、手推车密闭盖、垃圾车等设施设备，对城区公厕全部按照省卫生城市标准进行了整修提升，每座公厕每日专人清扫保洁，由考核组每天对保洁情况进行全面督查，提高了城市居民幸福指数。

四、突出亮点工作，提升管理水平。

城区综合整治是一项发展工程，是建设现代化城市的必然要求。良好的城市环境面貌和高效有序的城市管理是城市现代化的重要表示，南雄市城管局2018年重点关注以下方面工作，不仅要把城市管理工作做大、做强，更要将城市做优、做美：

（一）实施管理区域网格化，推进管理人员责任化

将城区细分为7个网格，整合城管系统全体人员，按照网格划分，实行责任到岗、责任到人的管理制度，执法队员按照网格化分工，各司其职，通过加强对单元网格的巡查，建立一种监督和处置互相分离的形式，做到网格全覆盖，从而实现城市管理服务科学化、精细化和长效化。

（二）新风路、朝阳路增设围栏，改善周边环境

针对城区（主要是市场周边）的占道经营、乱摆乱卖导致环境被污染的现象，我局在新风路和朝阳路周边的人行道旁增设了围栏，通过栏杆在店家和马路间形成了一道屏障，避免了流动摊贩和市民随街买卖的随意性，污染道路及人行横道的现象得到改善，为城市管理今后的工作开展打下了坚实的基础。

（三）进行农贸市场升级改造

南雄市城区三大农贸市场（光明市场、繁荣市场、新城市场）因经营面积小，内部设计不科学，市场摆卖设施陈旧老化，存在一定的安全隐患。随着城市人口的不断增加，给周边老百姓购物带来诸多不便，因此，城管局对三大市场进行了升级改造。目前，光明市场升级改造项目已经完成。南雄市城管局现正投入2000万元对繁荣市场进行升级改造，改造完成后将极大改善周边数万群众的购物环境，扩大市场容量，对城区群众起到了分流作用，同时也有利于划行规市经营，规范市场管理。

五、以荣誉为基石，继续砥砺前行

2018年我市市容卫生管理所在第25个广东省环卫工人节上，被评为韶关唯一一个"广东省环卫工作先进集体"，环卫保洁员陈连英被评为"广东省优秀环卫工人"；市城管局也在2018年获得多项市级表彰，城市管理工作初显成效。

这些表彰，是荣誉，更是砥砺前行的动力，南雄市的综合环境、生活水平都发生了有目共睹的变化，群众的获得感、幸福感与归属感也得到了极大的增强。但是，城市管理只有起点，没有终点，与周边兄弟县市以及先进城市相比，我们的工作仍有需要改进和完善的地方，也存在一些管理方面的不足，目前，我市正在开展城市综合管理执法体制改革，改革完成后，我们将站在新的历史起点上再接再厉，乘势而上，建立健全城市管理的长效机制，拓展城市管理工作的深度、拓宽执法工作的广度，将过往的荣誉转化为南雄市城市管理工作持续奋斗、砥砺前行的动力。

为民务实工作 转变执法形象

——临沧市临翔区着力打造"政治坚定、作风优良、纪律严明、廉洁务实"的城市管理综合执法队伍

云南省临沧市临翔区城市管理综合行政执法局 李富松

临沧市临翔区城市管理综合行政执法局于 2016 年 7 月 28 日正式成立，按照《临沧市临翔区人民政府办公室关于印发〈临沧市临翔区城市管理综合行政执法局主要职责内设机构和人员编制规定〉的通知》（临翔政办发〔2015〕232 号）的要求，将临沧市临翔区住房和城乡建设局下属事业单位城建管理监察大队和数字城市管理办公室职能整体划入我局，主要承担：一是负责有关城市管理和城市管理综合行政执法方面的方针、政策和法律、法规、规章的宣传、贯彻执行工作；负责拟定城市管理和城市管理综合行政执法发展战略、中长期发展规划和年度计划，并组织实施；二是负责拟定城市管理经费的中长期计划和年度计划。加强对市容市貌、市政公共设施维护管理、城市管理综合行政执法等年度管理资金、项目建设资金、维护资金、维修资金、专项整治经费的统筹管理和使用监督。依据法规和有关规定负责城市管理有关行政性费用和有偿性服务费用的征收管理工作；三是负责对全区城市管理工作的组织指导、统筹协调、指挥调度、监督检查、业务培训和综合考评。负责研究制定城市管理相关管理制度和规范。负责研究部署全区城市市容和市政公共设施维护等重大事项，解决城市管理的重大问题；四是负责重大城市管理综合行政执法活动、专项执法行动的组织和部署。负责全区市容市貌和环境卫生的综合整治工作。负责协助有关部门做好城市基础设施建成后的验收和移交工作；五是承担临沧市临翔区人民政府授权行使针对城市管理相对集中的行政处罚权工作；六是履行《云南省城市建设监察规定》城建监察的职责；七是承担城市道路、市容市貌、市政公共设施管理方面的行政审批职责，八是承担推进全区长效化、数字化、精细化的城市管理责任；九是承担全区城市市政设施维护管理工作；负责研究拟定行业体制改革方案和有关政策措施，并指导落实；十是负责局机关和局属各单位的组织、宣传、统战及群团等工作；十一是承办区委、区政府和上级部门交办的其他事项。共十一项工作职能（责）。

临沧市临翔区城市管理综合行政执法局成立两年多来，作为全市第一家新成立的政府工作部门，各项工作的开展均得到临沧市委、市政府、临翔区委、区政府的充分肯定，受

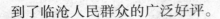

到了临沧人民群众的广泛好评。

一、以群众满意为宗旨，着力打造服务型综合执法队伍

（一）强化为民服务的宗旨意识，不断提高人员的思想认识

近年来，随着人们生活水平逐渐提高，城管工作人员因收入少、地位低，工作时间长、劳动强度大，队伍思想不稳定、情绪较大的现象有所显现。自我局成立后，局班子领导针对这种情况，以强化全心全意为人民服务的宗旨意识为抓手，真正以"行动上的率领，工作上的指导"率先垂范，大力弘扬"特别能吃苦、特别能忍耐、特别能战斗、特别能奉献"的城管精神，强化"宁愿吃尽千般苦，换来百姓夸政府"的责任意识，以高度的责任感和神圣的使命感，提振和塑造城市管理综合执法人员的岗位意识和责任意识，使队伍的凝聚力、向心力得到空前发展。

（二）开展经常性的专题教育，提升队伍整体素质

定期组织人员进行集中培训学习，邀请专家、教授集中授课，同时为提高执法队员素质，统一换发了"行政执法证"，并确立了学习日制度，每周一、周四晚上定期开展思想政治、职业道德和业务知识学习。此外，还充分利用"三·八妇女节、五·四青年节、八·一建军节"等传统节日，对广大干部职工进行经常性的、主题鲜明的教育，有力保障了队伍的思想稳定。

（三）积极倡导和谐，正确处理"市容"与"繁荣"的关系

在占道经营的管理上，探索出一条"以疏为主、疏堵结合"的治理经验，将市内街道分片区、分时段进行管理。在整治中我们注重突出关注民生和彰显地方特色，同时率先采用"PPP"模式，拉动民间资本，科学合理地建设了一批菜市场、夜市等经营场所等，并对全市的各类占道摊点、摊区进行了集中清理整治，在摊点的设置看力求整齐划一、美观大方，切实提高了城市品味和档次，在美化环境的同时也繁荣了市场。此举既充分满足人民群众的购物需求和商贩的创业需要，又和谐处理了"市容"与"繁荣"的关系，有效化解了"城管"与"被管"的矛盾。

（四）加强宣传引导，让综合执法贴近群众

去年以来，积极在电视、广播、报刊、网络等新闻媒体上开辟专栏，重点曝光一批违法违规的反面典型。拍摄了临翔区"两违"治理宣传片，在全市提升城乡人居环境推进会中播出，以"人民城市人民建，管好城市为人民"为主题加强宣传，让城市管理的相关法律、法规家喻户晓。发放"致广大市民的一封信"10万余份，在社会上营造和谐、良好的管理氛围；以"爱我临沧，城市管理直通车"微信公众号，邀请广大市民和社会各界人士参与城市管理工作，让他们走近城市管理、了解城市管理、支持城市管理、参与城市管理，积极培育广大市民的文明意识和法律意识，努力营造"人人关注、人人支持、人人参与"的齐抓共管氛围，从整体上全面提升城乡人居环境质量。

二、以全面改善城乡人居环境为动力，不断完善综合执法的服务能力

（一）治理城市"十乱"现象

为全面贯彻落实好全省、全市人居环境整治会议精神，根据中共临沧市临翔区委办公室、临沧市临翔区人民政府办公室关于切实抓好主城区占道经营清理整治要求，确保我区城市管理规范有序。按照"健全机制、集中整治，条块结合、辖区负责、突出重点、全面覆盖"的原则，加大整治力度。截至目前，临翔区多部门联合对临沧城主城区，东、西环线，机场路沿线路段乱搭乱建，违法违规经营行为，对滇西科技师范学院周围含学府路、五号路、世纪路含沧江园、汀旗路含玉龙湖、临沧城到机场路、南天路进行整治。努力营造干净整洁、环境优美、秩序井然的城市良好形象。共出动工作人员 2880 人次，车辆 526 辆次，集中整治"十乱"现象。

整治车辆乱停乱放。一是对建成区应渠化的 40 个交叉路口（车行道宽度在 6 米以上的路口）进行了交通渠化改造，渠化率达 100%；同时不断优化路口交通组织，提高通行能力。二是先后实施了市区路口交通信号灯改造工程、标志标线标牌施划更新工程、隔离栏设置工程等一批重大项目。三是实施了"施工道路交通组织"项目，做到统筹安排施工时间，减少大规模施工对中心城区交通影响。在近年系列重点城建项目中，较好地组织了交通，减少了道路拥堵，得到有关领导、项目业主和群众的好评。四是以交通岗亭为阵地管控平台，依托违停抓拍系统、灯控系统等信息化手段，实行领导包片、民警包段、辅警包点的勤务包干责任制，定人、定岗、定职责，实行精细化目标管控和道路交通秩序常态治理，极大提升了管控能力。五是多警种联动全力开展重点交通违法整治。重点整治涉牌涉证，酒驾、多人驾乘摩托车等严重交通违法行为，抽调业务骨干成立了违法案件打击"专班"，形成了"交、巡特警联合打击，违法专班及时消化案件"的工作模式，并争得各职能部门支持、确保各司其职，综合整治，对各类严重违法行为坚持实行"零容忍"，保持了高压严打态势。六是加强城市智能交通系统建设，不断提升交通管理科学化、现代化水平。目前，临翔区已经建立 22 个灯控路口、22 套路口电子警察 4 套智能卡口 20 个电子视频监控点，已经逐步建立了功能较为完好的交警指挥中心，可以全面掌握全区主要道路和出入城市交通状况，从而有效地进行交通管理和控制。2014 年 9 月，在党委政府的支持下，投资 400 余万元完成了"临翔区城市违停抓拍系统" 46 个点的建设。该项目自 2014 年 9 月 1 日正式投入使用以来，共发出违停车辆处罚告知书 69906 份，城区智能违停抓拍见效明显，并且每天抓拍数从 400 余起逐渐减少到至今的 200 余起，城区乱停乱放大幅度降低，行车秩序逐步好转，南天路客运站路段、南塘街、人民路、南屏路等交通抓拍改善成效尤为明显。

整治乱丢烟头、果皮、纸屑。着力规范个人卫生习惯，保护市容市貌的干净整洁，重点整治随地乱扔烟头的行为，开展"随手乱丢烟头""车窗抛物"不文明行为专项整治工作。

劝导教育 2641 人次，处罚 726 人次，整治乱丢烟头和车窗抛物 2326 宗，有效地维护了干净整洁的市容市貌。

清理查处杂物乱放、粪土乱堆、垃圾乱倒，污水乱排行为。为有效遏制临翔区乱堆乱放杂物，营造美好家园，共清理乱放杂物 1242 堆；清理公共区域乱堆粪土 20 余吨；清理乱倒垃圾 350 吨；查处乱排污水 70 余起。我局执法人员通过向群众认真讲解"整脏治乱"工作的目标、意义，唤起了广大群众爱护环境卫生、珍惜环卫人员劳动成果的意识，号召大家积极参与"整脏治乱"工作，着力提高城市文明程度，进一步提高创建文明卫生街道（乡、镇）水平。

清理规范乱拉线杆。集中清理整治空中缆线，拆除废弃垂落缆线 10 余根，捆扎散乱缆线 10 余捆，确权各类杆线 20 余根，统筹规范缆线搭设 2 起，有效减少空中"蜘蛛网"现象。

整治中心城区摊点乱摆。坚持"堵疏结合、分类治理、依法整治"的原则，综合运用宣传教育、集中治理、考核考评等多种手段，整治摊点乱摆的违法行为，整顿和规范市容秩序，为市民营造一个整洁、卫生、有序的城市环境。按照"主干道严禁、次干道严控、小街巷规范"的原则，对全市摊点进行"无缝隙、全覆盖"管理。重点整治流动摊点、占道经营摊点、出店经营摊点。影响交通、影响周边居民生活、影响公共安全等不符合设置条件的摊群点。清理规范占道经营商铺和摊点 5216 户，清理人行道上乱停放车辆 3038 辆次，规范摩托车停放 2963 辆，清除占道卖水果三轮车 1531 辆。坚持每周开展两次全市统一集中整治行动，依次对各重点路段、重点区域进行拉网式整治，确保实现"重点区域清理、主次干道管控"的长效管理目标。

整治规范招牌广告设置。整洁美观的街景，代表了一座城市的形象和品位，各类没有规划审批的广告牌匾乱设乱立，严重破坏了城市整洁，损害了城市形象，扰乱了社会公共秩序。针对此类行为共拆除清理广告牌 2260 块，拆除大伞 1430 把，清除伞坨 1321 个，扣押灯箱 602 个、广告牌匾 760 个，清洗乱涂乱画小广告 320 余处，共抓获非法粘贴小广告嫌疑人 20 名，立案查处 10 余起，查获非法小广告 10 万余份。

治理畜禽乱跑。对无人管护的、在公共区域乱跑的犬只、流浪犬只进行收容处理，处置 20 余只，对饲养犬只干扰他人正常生活或犬只伤人的，依照《中华人民共和国治安管理处罚条例》相关规定进行处罚。

（二）治理"城市脏"现象

今年以来，全面整治环城东、西路、临沧机场路及国道 214 线公路沿线环境、集贸市场秩序、乡镇集镇、村委会驻地、车站码头、城区内饮食摊点、街巷院落、背街背巷、河道沟渠、公共厕所重点区域环境卫生进行整治，集中整治城中村、城乡结合部、公园广场、城乡绿地、城乡居住区特别是无物业管理机构的居住小区的环境卫生，清理、清运死角垃圾，将城市道路纳入清扫保洁常态化管理。一是增加垃圾中转站（玉龙花园小区），购买垃圾

转运设施（两个十吨垃圾集装箱）；二是改建垃圾中转站（市一中垃圾中转站）；三是增设垃圾桶点（在西环线增设10个点40只垃圾桶）；四是更换垃圾桶点（将东环线14个桶点更换为垃圾箱），圈掌农贸市场2个垃圾坑点、忙角小箐桥头1个垃圾坑点更换为垃圾箱；五是强华旭小区、扎路营小区纳入立即清运范围，将两个小区16个坑点更换为垃圾箱清运。

集中整治建筑工地施工现场，严禁工程车辆带泥上路，确保工程车辆车容整洁、沿街无扬尘撒漏现象。对城区主要工地进行宣传并粘贴区政府关于沙石渣土管理办法通告40余份，对拉运沙石渣土驾驶员进行宣传并发出通告1000余份，整治行动开展以来共规范、查处拉运沙石渣土违章行为442起，处罚58起，未处罚进行批评教育384起。

严厉打击在河道范围内违法、违规采砂、采石、取土等行为。一是充分利用广播、电视、手机报等多种媒体形式宣传《临沧市临翔区人民政府关于禁止在南汀河、西河流域采砂采石取土的通告》及"两河" 整治工作动态；二是深入实地查看，下发整改通告并进行现场告知，使采矿企业或私人作业点准确认识通告内容，为清理整顿打好基础；三是依法强制取缔"两河" 干流及所属支流流域内的非法采砂、采石。对重点河道内非法采石挖砂取土点采取阻断进出道路、设置铁丝网、树立取缔告示牌、依法查封、扣押、拆除其实施违法行为的工具、机械、设备、供电设施等措施，对南汀河、西河流域临翔区段进行集中整治。共整治采砂场、采石取土场127户（规范合法采砂场24户、强制取缔56户、自行拆除35户，口头告诫12户，发放限期拆除通知103份），设置铁丝网3840米，树立警示牌95块，清理河道约131公里，拆除工棚50间。专项整治行动得到当地群众的拥护支持、理解和配合，成效明显。南汀河、西河沿线违法采砂、采石采砂取土场已全线查封取缔。

（三）铁腕整治，让"两违"无处可藏

"两违"整治是一场长期的、关乎人民群众福祉和宜居临翔建设的战役。查处违法建设单靠执法部门"单打独斗"很难短时间内取得效果，在"两违"整治中，临翔区人民政府采用"部门包干常态化整治，各级政府部门主动配合，"形成了齐抓共管的态势，有效推动全区"两违"工作的深入开展。以零容忍的态度、铁腕的整治手段，对重点项目用地、城市重要节点周边范围及主要道路两侧控制范围等重点区域的巡查力度，实行不间断巡查，做到发现一起，查处一起。

临翔区将临沧城主城区，东、西环线划分为88个责任路段，由84个区直部门分段分片包干，实行拉网式排查，不留死角进行集中整治，彻底清除违法建设。明确各部门主要领导是该路段违法建设、私搭乱建、环境卫生整治的第一责任人，要求各责任单位要切实履行职责，认真研究细化各责任路段的整治方案，整合力量开展集中整治。同时，加强巡查严格考核。建立联络员制度，组成5个联络组，每组明确"两违"、环卫、交警、市政监察4名联络员，负责联系84个责任部门和88条责任路段。

为深入推进和保证"两违"整治成果，临翔区在建立健全长效机制上着力，深入研究防违治违长效机制贯彻、落实的措施及办法，坚持"拆迁拆违并举"，切实杜绝和制止新增违法建设的产生；联动相关部门，实行拆迁和拆违联动的工作机制，通过联动方式推进重点项目建设，加强项目推进保障工作，强化项目服务意识，实现"两违"整治常态化。

在"两违"整治行动中，我局注重抓苗头，从源头上制止和查处违法违规建设行为，建立起一套"防违、控违、拆违"的长效管理机制，把违法建筑消灭在萌芽状态之中。组织相关职能部门实行定期或不定期的检查，加大查处力度，并做到查处一起，打击一起。

两年多的时间，我局对临沧城区、环城东路、环城西路、机场路、国道214沿线的"两违"行为进行集中专项整治，出动工作人员60400人次，车辆7476次，使得临翔区"两违"整治硕果累累，共拆除"两违"建筑1488户，64.8063万平方米。

三、结合实际开展"721"工作法，着力提升城管部门形象

（一）人性化执法，实现"三满意"效果

占道经营与"两违"问题的形成除了人的私利行为外，也有一定的历史成因。我区南天路长期以来是临翔区建筑材料加工制作的集中点，也是违法用地、违法建设行为情况较为突出的路段和临沧城"两违"整治的重点区域。

我局针对群众反映的问题，认真对南天路建材加工制作的商铺的占道经营与"两违"行为开展深入整治。我局深知"经营业主的思想工作是城市管理工作的难点。"通过深入调研和听取各方意见后，我局决定采取搬迁的方式对南天路建材加工制作商铺进行集中整治。首先是坚持群众路线，把建设、土地法规宣传透，把整治目标讲清楚，让群众知晓政策，最大限度地争取群众的理解和支持。其次是开展一对一摸排调研工作，准确分析研判搬迁工作中存在的问题和困难。在了解到经营业主有搬迁意愿，但有搬迁物资较多、搬迁后经营场所和后续经营等后顾之忧后，临翔区城市管理综合行政执法局干部主动与市区住建局、规划局沟通对接，协调了一块远离居住区、适合项目经营的约1500平方米的空地作为搬迁商户的经营场所。搬迁后，不但解决了建筑材料制作加工商户的经营问题，也为南天路附近的居民创造了良好的生活环境，南天路的问题得到了很大的缓解，得到了商户和附近居民对此次整治工作的充分肯定和欢迎。

通过铁的手段和人性化执法双管齐下的整治，我区的城市管理综合执法工作取得了市民满意，商户满意、政府满意的"三满意"效果，也得出"解决好难管理的问题关键是要了解和解决好各方的诉求，从根本上消除隐患和矛盾，才能确保各类执法活动的成果。"

（二）因地制宜，迁出一片新天地

扎路营批发市场承担着临沧城和周边地区每天的蔬菜供应和批发功能，也是临翔区"两违"整治的重点、难点地区，违法用地、违法建设、占道经营等城市顽疾在扎路营批发市场都能找到具体体现。该市场每天下午六时开始，就被运输蔬菜的车辆、货物、摊点、商

贩围得水泄不通，导致整条道路近乎瘫痪，这样的情况一直要持续到第二天早晨的早市过后。居住在附近和每天过往这个路口的市民深受其苦，对扎路营批发市场混乱的经营、交通秩序和潜在的危险抱怨极大。

为了净化市场、消除隐患，回应市民对美好人居环境的期待，临翔区城市管理综合行政执法局对存在的问题进行了深入摸排，做好业主、市民等各方面的调研工作，认真听取他们的意见，按照"保障市民需求、保护菜农利益、维护经营秩序"的原则，开始着手将扎路营蔬菜批发市场搬迁到橄榄坡。搬迁工作一启动，就引发了商贩、菜农的担忧。大家担心搬迁后市场地点难找、摊位能否划到等问题。针对这些问题，我局主动作为、强化服务，骑着摩托车把商户一家一家把他们送到市场，帮他们取号、登记、抽签，接着带他们到划定的摊位经营。如今，走进橄榄坡蔬菜批发市场，昔日在公路边"能占多宽占多宽、能不能摆尽量摆"的景象不见了，换来的却是"规规矩矩经营，井井有条摆放"的良好秩序。商贩纷纷表示，市场搬迁后，生意不仅没有受到影响，反而更好了，收入也比先前高出许多。

这次蔬菜批发市场的搬迁，不仅让批发商和菜农有了合法经营的场所，为临沧城市民创造了良好的交通和市场环境，同时也为全区"两违"整治及城市管理工作提供了可借鉴的成功经验。

突出问题导向 谋策补齐短板
以"绣花"功夫全面提升城市精细化管理水平

四川省邛崃市城市管理局

城市管理是一门复杂的科学，更是一门精细的艺术。当前，邛崃市正处在加快建设全面体现新发展理念的城市的关键时期，城市管理面临着新的形势和挑战。全面提升城市精细化管理水平，既是建设美丽宜居公园城市的必然要求，也是提升城市形象、提高市民生活品质的必然选择。认真分析当前我市城市管理的现状，深入研究转型升级的举措，全面提升城市精细化管理水平，是一项重大而紧迫的任务。

一、当前我市城市管理存在的主要问题

（一）城市管理体制改革有待深化

一是管理体制还需理顺。2017年，我市已探索实施"事权下放、重心下移、属地管理"的城市管理体制改革，城市管理事务基本交由街道一级具体实施，但由于街道缺乏相应的管理和执法权力，专业人员少，管理难度大，制约城市精细化管理水平。二是职责边界还需明晰。城市管理主管部门本身的职责界定缺乏明确的标准和范围，"没人管、找城管"等思想意识普遍存在，导致各级城管部门承担了不少"管不了"也"管不好"的职责。同时，城市管理相关部门职责边界不够清晰，易出现管理缺位、越位甚至推诿扯皮等现象。三是联动机制有待健全。区（市）县城管部门的综合协调权威性不够，公安、建设、水务、交运、城管等城市管理相关部门管理资源尚未充分共享，部门联动等机制尚未实现常态化，部门间协同意识和能力需进一步强化。

（二）城市基础设施及配套建设滞后

由于受"重建设轻管理"等观念和财政投入等多方面因素的制约，目前，我市城市基础设施和公共服务配套设施等尚不均衡，给城市管理带来不少现实困难。一是城市基础设施薄弱。城区部分街道人行道材质、颜色、现状各异，坑洼破损，局部基础沉陷，道路不同程度存在坑洼不平整、基础沉陷等问题。部分路段路灯缺亮，城区及镇乡还存在道路指示牌、标识标线、非机动车停车框等破旧或不完善等问题。加之部分建设项目在规划、建设环节未充分考虑后续管理可能出现的困难和问题，给城市精细化管理带来很大压力。二

是生活配套设施不足。公服配套不完善，环卫、市场、公厕、停车场、生活垃圾压缩站、餐厨垃圾处置、建筑垃圾消纳场等基础设施规划建设滞后、数量供给不足、分布不合理等问题突出，导致城镇功能不完善，生活垃圾处理压力较大、停车难、"马路市场"现象日益突出，给市民生活带来极大不便。三是城市绿化品质不高。城区绿化层次不明显、色调单一，缺乏季节性色彩，品质不高，导致城市整体形象欠佳。

（三）城市管理薄弱环节有待突破

一是停车难题亟待解决。车位数量和车辆数量的供需矛盾突出，特别是老旧小区车位数量少甚至无车位，主城区设置停车场（点）时未经专业规划，造成中心城区部分主街干道停车位供不应求，乱停乱放现象突出；部分街道未设置电子警察或是设置较少以及管理人员不足，致使不靠边停车或占用人行道长时间停车等行为时有发生，造成停放秩序混乱。二是市容秩序有待改善。城区流动摊点乱设、商家越门经营、广告招牌杂乱未得到根本治理；房前屋后乱堆乱放、公路沿线乱搭乱建、遮阳网、彩钢棚、彩布条、立面不清爽等问题亟待解决。三是垃圾分类任重道远。一方面生活垃圾分类工作进展缓慢，市民分类意识培养尚需加力加劲；另一方面分类收运处置等配套设施不足，垃圾先分后混的情况依然存在，餐厨垃圾、生活垃圾违法倾倒和垃圾运输过程中"抛冒滴漏"等现象依然存在。

二、城市精细化管理工作改进思路

（一）提升社会动员能力

强化'人民城市人民管"的主人翁意识，创新市民参与城市管理的方式和渠道，引导市民群众共建共享城市优美环境。充分听取和尊重民意，虚心听取意见建议，接受社会监督，探索建立政府主导、社会组织和公众共同参与的城市管理机制。

（二）提升智能管理能力

综合运用现代网络和数字技术，在市政设施、园林绿化、环境卫生、市容秩序和扬尘治理等方面强化数字化监控和信息化管理，构建可测量、可控制、可监督的城市管理信息化、数字化网络，提升城市现代化管理水平。

（三）提升服务专业能力

加强'规建管"衔接，高起点规划、高标准建设一批公厕、垃圾转运站、环卫工人作息房等环工基础设施，以项目建设为抓手，全面夯实市政配套设施基础；同时，积极抓好城市公服配套设施完善，全面优化城市配套设施品质，彻底改变城市面貌。

（四）提升美学运用能力

开展城市管理美学运用研究，提升城市管理审美能力和美学素养，积极将美学知识运用到城市户外广告店招整治、景观照明改造提升、城市家具设置、城乡风貌塑造、特色街区打造等工作中，提升城市形象美誉度。

三、提升城市精细化管理水平的对策思考

（一）聚焦改革创新，激发管理活力

一是深化体制机制创新。完善城管工作高位协调机制，形成协调沟通、信息共享、联动执法、联合督查等工作机制，实现城市规划建设、专业管理、综合执法、监督检查的有效衔接。按照"市级统筹、条块结合、权责对等"原则，进一步完善城管工作体制。坚持事权和执法重心下移，依法赋予基层组织相关权限，健全投入保障机制，构建专业管理相对集中、综合管理重心下移、符合市情的网格化管理模式。二是加快智慧城管建设。依托数字城管平台，整合公安、建设、环保、规划、城管等部门有关城市管理方面的信息资源，建立统一的城市管理数据库和网络信息平台，集数据管理、动态监控、行动指挥、信息发布、投诉受理、便民服务等功能于一体，做到城市管理问题的快速发现、快速反应、快速处置、快速解决。三要充分发动社会参与。积极引导发动市民、社区、志愿者、业主委员会等参与城市管理，提高社会参与度，打牢城管执法精细化的群众基础，构建"政府指导、部门监管、社区自治、群众参与"的多元管理格局。

（二）聚焦重点突破，优化人居环境

一是严格防控大气污染。以环保督查反馈问题和市民关注的城市管理热点、难点问题为导向，深化扬尘污染治理，严格落实重污染天气应急预案，深入开展"五查一冲洗"专项行动。加强部门联动，严管"四大工地"，深化"四大工程"。积极开展餐饮油烟整治工作，督促未安装油烟净化器的餐饮单位安装油烟净化器。合理划定禁止露天烧烤区域，加大巡查管控力度，严查露天焚烧，推进室内烧烤"煤改电、气改电"。二是加强市容秩序管控。推进科学分类管理，坚持以人为本、宽严适度、疏堵并举、标本兼治的原则，制定全市环境秩序分类管控标准，按"严管区、管控区、规范区"标准，全面推进市容秩序分类管理，并合理增设便民利民疏导服务点和严管示范街。三是力推垃圾分类减量。指导24个镇乡（街道）选取1-2个规模在100户以上的农村集中居住区进行垃圾分类试点，定期组织再生资源回收公司对农户可回收垃圾进行现场分类回收；同时，积极探索餐厨垃圾分类，改造完善现有基础设施设备，探索建立餐厨垃圾收运处置体系，促进垃圾减量化，力争2019年内全市生活垃圾分类覆盖率达到50%。

（三）聚焦风貌塑造，凸显城市特色

一是打造特色背街小巷。坚持"串珠成线、连线成片"的打造理念，注重传承邛州历史文脉，按照"一街一品味、一巷一故事"原则对城区街巷进行文化整理、挖掘、重塑，再现千年邛州浓厚历史文化底蕴，力争打造一条街巷、树立一个标杆。二是整治农村人居环境。结合乡村振兴战略，以临济镇青华社区、夹关镇韩坪村等8个环境薄弱试点村整治、农村垃圾无害化处置及公路沿线环境治理等重点工作为抓手，持续加强农村面源污染防治，

完善农村生活垃圾收运体系，着力解决农村人居环境"顽疾"，整体提升农村人居环境质量。三是深入推进全域增绿。按照"景区化、景观化、可进入、可参与"的理念，坚守留白增绿的静气，传承邛州古城浓厚的历史文化基因，深度融入文君、南丝路、邛酒等本土文化元素，有效增加城市绿地、景观小品和休憩设施；见缝插绿，充分利用零星地块和闲置用地建设一批"小游园、微绿地"；积极发动全民参与，共建共享美丽景观。到 2020 年，实现社区"300 米见绿、500 米见园"。

（四）聚焦基础配套，完善城乡功能

一是全面破解停车难题。盘活各类土地资源，努力提高现有停车资源利用率。按照"谁投资、谁建设、谁经营、谁受益"的原则，积极引入社会资本，参与立体机械化停车场建设，合理增设停车场，力争城市核心区年均新增泊车位 1 万个以上；按照"路内高于路外、鼓励短停快走"原则，实施差异化收费，合理疏导车辆停放。二是深化城乡"厕所革命"。加大公厕建设改造力度，持续推行环卫公厕 24 小时开放，提高公厕管理标准、服务质量。研究制定奖补扶持政策，发动商场、宾馆、酒店、医院、学校等建立厕所开放联盟，多渠道增加厕所有效供给。按照生态环保、节能适用、卫生方便要求，实施公厕硬件升级和人性化改造，逐步消灭农村公共旱厕。三是加快固废设施建设。加大成都宝林环保发电厂项目推进力度，实现生活垃圾"无害化、减量化、资源化"处理；同时，加快推进城北压缩式生活垃圾转运站、羊安垃圾转运站建设工作，确保我市生活垃圾全部实现压缩转运，不断提升垃圾清运效率。

新时代凝聚新共识，新征程期待新作为。下一步，邛崃市城管局将以本次学习为新的起点，贯彻新要求，全面抓落实，树牢"实干就是能力，落实才是水平"的价值取向，弘扬担当精神，提升实干本领，敢于争先创优，着力提高"使命意识"和"划句号能力"，聚焦"安全、清洁、有序、方便"的城市管理目标，坚持以"绣花"功夫推进城市精细化管理，治理"脏乱差"，打造"洁齐美"，奋力为"建设美丽宜居公园城市"贡献力量。

加强城市建设管理　提升城市形象品位

广西岑溪市市政管理局　卓尚坤　卢　宏

随着经济社会的发展，城市快速扩张与有效管理的矛盾日益突出，市民群众对城市建设与管理的期望值越来越高。岑溪市市政管理局下大力气抓好城市管理，认真履行职责，依法行政，严格执法，切实开展城市管理执法队伍"强基础、转作风、树形象"工作，加大对城市交通秩序整治力度，提升了岑溪市城市形象品位，把城市管理提升到更高档次。

加强党的建设情况。市政局党组坚持政治引领，强化基层党建，丰富教育形式，为履行好新时代新使命提供坚强保障。以开展"两范一提高"和"三强三立三提升"活动为抓手，大力抓好基层党组织建设，认识组织落实"三会一课"全程纪实制度、"党员活动日"制度。今年以来，共组织开展党建教育活动21次，参加活动840人次。通过开展一系列党建活动，市政系统党的基层建设得到了加强，促进了城市管理各项工作开展。

今年以来，岑溪市政管理局按照岑溪市市委、市政府关于开展"城市建设提质年"活动的工作部署和要求，扎实有序开展工作，积极组织干部职工开展市容环境整治、绿化彩化等各项工作，加强市政基础设施建设，加大市政公共设施修复力度，进一步完善城市功能，极大改善了岑溪市的人居环境。道路更宽了、路灯更亮了、街道更干净了、公园更舒适了……市容市貌发换新颜，百姓生活也更加舒适了。广大市民群众在"城市建设提质年"中有了更多获得感和幸福感。

整治城乡环境　共建美好家园

为进一步提升城市辖区街巷品位和对外形象，扎实推进"城市建设提质年"工作有序进行，岑溪市政管理局与岑溪电视台联合做好"整治城乡环境，共建美好家园"栏目，设立曝光台，及时对城市环境卫生做得不人意的城区街道及各个镇镇区、乡村环境卫生进行曝光，督促其整改。今年以来，岑溪电视台共播出市容整治相关新闻报道109篇；岑溪市政管理局制作并发放"整治市容环境"活动宣传手册、城市管理明白卡22000多份。每天出动宣传车结合巡查执勤进行宣传等，组织干部职工参与"我为城市建设出份力""城乡管理志愿服务"等活动，通过开展一系列宣传工作，市民群众的环境卫生意识得到进一步增强。

为提高执法人员执法水平，岑溪市城市管理综合执法大队采取组织集中教育培训学习的方式，加强对基层骨干、执法人员和协管人员的教育培训工作。今年以来共开展城市管理执法教育培训 6 次，培训 300 人次，培训覆盖率为 100%。坚持"721"城管工作法，倡导"前置式、教育式、首违不罚"的执法理念，变被动管理为主动服务，实现由"执法"向"管理""服务"的观念转变。今年来，受理市民群众零距离网站投诉 155 件、电话投诉 50 件，所有举报诉求全部受理办结，受理率 100%，办结率 100%，回复率 100%。推进数字城管建设，岑溪市数字化城市管理平台于 2017 年 12 月建成，目前处于试运行阶段。

加大市容整治力度，序化净化城区环境。今年以来，岑溪市政管理局进一步加大市容整治力度，对辖区大环境进行全方位、不间断、无死角整治，共组织出动 20.6 万余人次开展市容整治，清理取缔超门槛经营、占道经营、流动摊档 5980 余处，拆除乱搭建 75 处、规范车辆乱停乱放 2730 多宗，清理乱吊挂乱堆放 2800 多处，拆除违法设置广告横幅 1850 多处，清理"牛皮癣"小广告 30150 多处，清运垃圾 4.96 万多吨，清理卫生死角 2080 多处，出动清扫车、洒水车共计 5240 车次。此外，对市民群众反映强烈、乱摆卖严重的兴宁路（水果批发市场）、工农路妇幼段和城北路八桂酒店段进行全面整治，全部入室经营。规范户外广告设置，提升城市形象。重点整治未经审批、长期空白闲置、设施陈旧破损、严重影响市容和安全的广告设施，拆除大型广告 165 处。清除沿街及小区楼顶、墙体、桥体、交通护栏、灯杆、树木等部位的非法广告，共拆除违规设置广告牌匾 6600 多处，城区环境卫生得到进一步改善。

完善市政设施　提升城市品位

近年来，岑溪市城区扩容提质工作不断加快，城市的发展、人口的增多致使城区生活垃圾越来越多。为解决日益增多的生活垃圾，保护岑溪市的生态环境。今年计划建设思湖路和新兴二街两个垃圾中转站，目前正在抓紧项目前期工作，思湖路垃圾中转站正在清表围挡。为了让市民群众出行更加便利，城市环境更加美好和谐。岑溪市政管理局从大处着眼，从"小"处着手，不断完善市政设施内涵和城市道路通行质量，着力提升城市品质。一是投资 3500 万元对 1512 米的工农路、南门路进行升级改造。对该路段的电力线、弱电线实行地埋改造，实施机动车道、人行道、路灯等全面升级改造、雨污分流、规范设置交通标线、标志牌等，街道面貌焕然一新；二是投资 680 万元对北环大道汽车总站转盘至公路局段道路进行全面修复，修复面积 39950 平方米。三是建设垃圾中转站两座、市政公厕 1 座，环卫设施不断完善。四是对城区破损市政设施进行全面维修。修补市区破损道路 12906 平方米，修复路沿石 190 米，更换排水检查井盖 133 个，增设排水井 28 只，清理排水沉沙井 1121 个，修复破损花坛 380 米，疏通排水管道 5037 米，修复河堤栏杆 105 米；完成污水管道清淤 4860 米，加固污水管道接口 36 个，浇筑直排口混凝土截流挡墙 1 座，彻底解决了管网

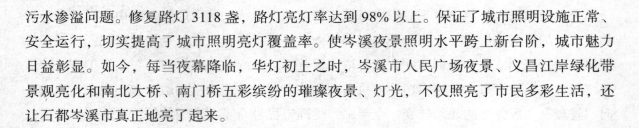

污水渗溢问题。修复路灯 3118 盏，路灯亮灯率达到 98% 以上。保证了城市照明设施正常、安全运行，切实提高了城市照明亮灯覆盖率。使岑溪夜景照明水平跨上新台阶，城市魅力日益彰显。如今，每当夜幕降临，华灯初上之时，岑溪市人民广场夜景、义昌江岸绿化带景观亮化和南北大桥、南门桥五彩缤纷的璀璨夜景、灯光，不仅照亮了市民多彩生活，还让石都岑溪市真正地亮了起来。

创新城市管理模式　提高城市管理水平

为提高城市管理水平，提升城市品位，针对岑溪市城管执法队员不足、人员老化等问题，积极探索城市管理新模式，分别到广东省深圳市、湖南宁远县等考察学习，通过考察学习，结合本市实际，从 2017 年 9 月 1 日起，通过政府购买服务方式把市容秩序辅助管理外包给广东国保安防服务有限公司。对我市的市容秩序辅助管理、街道清扫保洁、绿化和路灯养护购买服务，由相关专业公司进行管理和服务。从 2017 年开展每年共投入 2800 多万元（2017年 街道清扫保洁 1271.62 万元、路灯维护 308.18 万元、绿化养护 299.17 万元、市容秩序辅助管理 924.72 万元）把城区街道清扫保洁、市容秩序辅助管理、路灯设施管护、绿化养护外包给深圳市等相关专业服务公司，取得了良好的效果。

根据岑溪街道市容管理的难点、难管的实际情况，制定《岑溪市市容秩序辅助管理实施方案》将城北路至大中路西段、义州大道、滨江路"一河两岸"、明都新城、解放大道、工农路、玉梧大道作为重点路段及重点管控区域，成立管理机制，明确了购买服务的指导思想、基本内涵、实施原则、操作规程等内容。

稳步推进政府购买服务改革工作，扩大政府购买服务范围，投入财政资金 3072 万元，通过招投标方式，对义昌江、市区河道河面及两边护岸长效保洁、城市街道清扫保洁和城区公共绿化养护管理服务、市容秩序辅助管理和城市照明设施管护服务项目、城市生活垃圾填埋场日常运营管理和城区生活垃圾无害化卫生填埋处理实行政府购买服务，对于城区义昌江、市区河道河面及两边护岸、城区街道清洁城市环境美化和市容秩序整治，以及城市生活垃圾无害化卫生填埋起到了较大的支持作用。通过专业培训组成了一支强有力的城管巡查辅助执法队伍，实行统一着装、训练有素、纪律严明、组织有力、有序高效，并配备了执勤电动车 30 辆、对讲机 60 台、盾牌 20 具、执勤使用长棍 40 条、T 字棍 100 条、钢叉 20 把等执勤用品，为城管执勤工作提供有力保障。

岑溪市城市管理综合执法大队与国保安防保安公司双部门联合做好岑溪市容秩序管理工作，采用定点值守、机动巡查、武装巡查、徒步巡查、教育劝导、整治清理、应急处置、24 小时巡查值班、督查落实"门前三包"等新型城市管理模式，改变往日摊贩乱买乱卖、占道经营、污水横流、市场环境脏乱差和交通拥堵的面貌，基本实现了街道顺畅，车辆有序停放，占道摊档入室经营，路面保洁到位，进一步规范市容环境，提升市容管理水平，城市品位得到了提升。

城乡绿化彩化　提升城市"颜值"

聘请园林绿化相关专业设计公司对岑溪市高速路出入口、广场、公园、河堤以及城区重点路段等进行规划设计，同时抓好绿化彩化项目建设，古塘高速引线和探花高速引线绿化彩化项目已完成地面绿化和路树种植。一河两岸、广场、城区街头小景等绿化彩化升级改造也正在稳步推进，城区绿化彩化工作累计投入资金1150多万元，提高岑溪市绿化彩化水平，还派出园林绿化技术人员深入到各镇和各单位指导绿化彩化改造工作。

如今，虽然已是深秋季节，在岑溪市区义洲大桥、南门桥两旁的宝巾花繁花吐艳，为来往的行人、车辆增添许多绿意，成为沿江路上一道靓丽迷人的风景，每天都吸引着许多市民前来观赏、散步。漫步岑溪市区，无论在东山公园文体广场、城市出入口的古塘高速引路、探花高速引路、义昌江一河两岸，还是在市直部分单位院子里、市区中小学校，生长得郁郁葱葱的绿化彩化苗木扑眼而来，以及绽开的花朵随风摇曳，煞是好看。

据了解，岑溪市今年3月以来积极组织实施春季植树绿化暨城乡环境综合整治月提升绿化水平工作，截至10月25日，已投入资金2460万多元，完成城乡绿化提升计划项目20个，共有57个市直单位14个镇参与了城乡环境综合整治月活动，种植六旺树、宝巾花、紫荆、龙船花、夹竹桃等苗木45万多株。城乡各处盛开的宝巾花一团团、一簇簇盛开得十分烂漫与惹人喜爱。宝巾花的种植进一步提升了岑溪市的城市形象和品味、也改善了人民群众的生活环境。随着城乡绿化彩化专项活动的持久深入开展，岑溪市今年城市绿化提升工作成效初步显现，百姓家门口环境整洁亮丽。

前进中的城管人——2018

重庆市巫溪县城市管理局

2018 年，巫溪县城市管理局在县委、县政府的正确领导下，认真学习贯彻党的十九大精神，以全国县级文明城市创建为抓手，全面推行"马路办公"，通过持续高效管理，不断盯重点、破难点、抓常态，城市功能不断完善，城市品质不断提升，城市管理水平得到稳步提高。

一、围绕中心工作，扎实推进，中心工作圆满完成

紧紧围绕民生实事及 2018 年政府工作目标任务，细化举措，夯实责任，扎实推进各项工作圆满完成。一是深化执法体制改革，按照重庆市关于城管执法体制改革的部署要求，制定了《巫溪县城市管理综合执法体制改革实施意见》，完成了我县城管系统制式服装统一及轮训工作。二是完善农村生活垃圾收集处理系统。已建成覆盖全县域的生活垃圾收运处理体系，农村生活垃圾集中收集处理率达 92.04%。三是整治城区地下管网，彻底根治城区污水直排现象。累计完成小型污水管网建设维护项目 72 个，新建及改造污水管网 17.6 公里，污水直排顽疾得到有效治理。四是推进城区停车位及公厕建设。投入运行小区停车位 1189 个，新增路内临时停车位 121 个；城区内新建公厕 4 座，完成主干道沿线公厕提质改造 10 座。五是加强城市绿地建设，提质改造城市公园，打造园艺精品。新增北门公园绿化 2 万平方米、漫滩路二期绿化 3000 平方米，完成城市公园提质改造 3.1 万平方米，城市建成区人均绿地面积保持率达 100%。六是推进生活垃圾卫生填埋场生态化建设。完成垃圾填埋场安全防护距离内居民避让搬迁的调查摸底工作及渗漏液处理系统设施建设，完成生活垃圾卫生填埋场生态化建设工程项目用地等前期工作。七是推进城市数字化管理，打造"智慧城市"。初步建成巫溪县数字化城管中心，目前处于试运行阶段。八是加快城市拓展区供水管网建设，铺设供水管道 11 公里，完成总工程量的 73%。

二、围绕重点工作，创新举措，重点工作取得突破

立足环保督察及"四项创建"等重点工作，坚持问题导向，不断创新举措，重点工作取得重大突破。一是环保督察迅速整改。针对中央、市、县环保督察反馈问题，聚焦群众

反复投诉举报等问题，把解决建筑工地扬尘污染、餐饮行业油烟污染、社会生活噪声污染等突出问题作为重点，严格落实整改"责任制"，逐项分解任务，层层压实责任，做到一个问题、一套方案、一名责任人、一抓到底。组织督察科开展环保问题回头看、回头访普查10余次，坚决防止问题反弹，200余件环保督察督办案件全部销号。二是创建迎检勇挑重担。在全国县级文明城市和重庆市节水型城市创建工作中，坚持全部精力、全员参与、全面落实的"三全"要求，逐条逐项对标整改，各项工作高质达标。每逢重大接待活动，以"尽善尽美"为目标，对管理＋要素开展"地毯式"排查整改，先后完成国家级、市级和县级重大接待活动保障任务10余次，为每次接待活动营造了最佳城市环境。

三、围绕常态工作，履职尽责，常态工作成效显著

认真落实"马上办"，以城市的点、线、面为重点，从环卫保洁、市容市貌、市政设施、绿化小品等细节入手，认真做好常态工作。

1. 实施精细化管理，环卫保洁质量持续提升

一是深入实施"两天"模式，采取洒水降尘、高压冲洗、反复洗扫"三位一体"的作业方式，晴天雨天无缝衔接，轮回保洁，城区环卫机械化清扫率达80%以上。二是强化垃圾清运，淘汰落后设施，优化垃圾清运线路，增加清运频次，实现垃圾日产日清，全年清理城市生活垃圾87652吨、水域垃圾9253吨，生活垃圾无害化处理率达99%。三是严格公厕、化粪池管理，全年维护公厕200余次，化粪池清掏率100%；重点整治绕城路、城西路等陈旧垃圾30余处。

2. 突出服务为先，基础设施实现新突破

一是发扬"匠人精神"，建立长效维护管理机制，利用手绘地图，整治污水直排顽疾。针对城区污水管网缺失、雨污合流、破损严重等问题，认真开展自查，逐一梳理问题，制定了《巫溪县城区污水直排专项整治行动作战方案》，全年新建及改造污水管网18公里，疏通涵洞、管沟1万余米，更换水箅子300余个。二是实施路灯LED节能改造，累计完成迎宾大道东西段、高速连接道、龙头山隧道、南门湾人行隧道、柏杨河公园羽毛球场及网球场、逍遥广场等地LED路灯改造5000余盏；加强日常照明设施维护，维修线路3万余米，更换维修控制系统342台次，城区亮灯率达99%。三是城市道路即坏即修，完成沥青路面修补3919平方米，铺装破损人行道路面5000平方米，城市道路完好率达96%。四是因地制宜增设城市便民设施。改造无障碍通道22处，新增路内停车位121个，更换休闲座椅153套，休闲设施更趋完善。

3. 强化增园添绿及增花添彩，城市绿化品质大力提升

一是完成《重庆市巫溪县城市滨水空间生态修复概念规划》《巫溪县绿地系统规划（2016—2035）》等绿地系统修编，开展马镇坝"一横四纵"和凤凰组团片区的道路绿化

景观及月亮湾三期、文家坪森林公园规划设计。二是强化"增园添绿"。加强城周林地建设，以打造龙王顶植树基地、北门公园绕城路段为重点，开展老城漫滩路三期绿化和月亮湾第二污水处理厂绿化补植补栽。全年新栽法国梧桐、桂花、香樟、樱花等乔木 1100 株，小叶女贞、木春菊等灌木 50000 余株，完成新增绿地面积 27.7 万平方米。三是实施增花添彩。以凤凰苗圃为基地，精心培育万寿菊、孔雀草等 10 余种草花，分季节打造栖凤桥头隔离带、万通桥头、逍遥广场、中心绿岛等重要节点，全年栽植草花 20 万盆。四是持续做好城市公园及游园的提质改造工作，结合巫溪县国家全域旅游示范区创建，重点开展柏杨河湿地公园 4A 景区打造前期工作，完成城区绿化提质改造 3.1 万平方米。

4. 强化常态长效，城市管理执法水平不断提升

一是持续开展渣土密闭运输治理，严管冒装撒漏和扬尘污染；对群众反映强烈的占道经营、乱停乱放、乱贴乱画、噪音扰民、露天烧烤等突出问题开展专项治理，不断提高城市管理标准，实现城市整洁有序。全年规范占道经营摊点 1200 余家、游商游贩 3000 余人次，清理"牛皮癣"20000 余张，处罚违规运输建筑垃圾行为 9 起。二是严格按照审批程序，审批临时占道等活动 100 余件。三是严查占绿、损绿、毁绿等行为，查处因交通事故损坏绿化带、行道树 2 起，查处率达 100%。

5. 生态文明建设取得实效

一是严厉打击露天焚烧行为。对漫滩路、西区水城、公园及学校周边等重点区域常态化巡查，发现问题及时整改。全年出动城管巡查执法人员 1100 多人次、执法车辆 160 辆次，开展专项行动 25 次，查处违规行为 2 起。二是加强城市道路扬尘污染控制。每天早、晚实施洒水降尘，晴天增加洒水频率，严格控制扬尘。强化建筑工地周边区域及运输车管理，严查运渣车冒装撒漏行为，处罚违规运输建筑垃圾行为 9 起。三是加强水源保护区管理。联合宁河街道办定期对北门沟水源地周边区域进行巡查，彻底清除水源保护区内的垃圾及其它污染源。四是开展黑臭水体整治。加强城区雨污管网整治，针对城区污水管网缺失、雨污合流、破损严重等问题，认真开展自查，逐一梳理问题。全年新建及改造污水管网 18 公里，疏通涵洞、管沟 1 万余米，更换水篦子 300 余个。

多路径提升社会动员能力
打造"品质双流"优化营商环境

四川省成都市双流区城市管理局

一、基本情况

我局深入学习贯彻党的十九大和习近平总书记来川视察重要讲话精神，落实省委、市委全会精神、成都市四套班子来双调研指示精神及区十三届九次全会精神，提振精神、科学实施，步步为营、久久为功，以典型案例现场教学构建共建共享格局，以"竞进拉练""以考促改"形成比学赶超氛围，多路径提升社会动员能力，提升城市功能品质，提高城市发展质量，建设美丽宜居、整洁文明的品质双流，切实优化营商环境。

二、工作措施

一是在全省首创综合执法典型教学视频。为深入推进城市管理执法队伍"强转树"专项行动和"721工作法"的落地落实，创新城市管理和执法宣传教育手段，结合工作实际，率先摄制城市管理典型案例教育视频短片及门前三包宣传动漫，用于对违反城市管理规定当事人的思想教育，逐步改变以往城管与当事人"文书＋口头说教"或搞运动式集中整治的执法管理模式，真正落实"70％的问题以宣传教育为主，20％的问题以劝导管理为主，10％的问题采取执法措施"的"721工作法"，逐步了提升和增强市民主动参与和自觉遵守城市管理规定的主动性和积极性；创新城市管理宣传教育的具体手段，坚持"普遍性、反复性和影响性"原则，选取具有典型意义，具有代表性的案例，主要选取在日常城市管理工作中比较常见、易发、高发且点多面广的案例，容易反弹，反复性强，经常性和执法队伍"游击作战"的案例；群众平时反映较多，最容易实际影响到群众交通出行、环境卫生等方面的与日常生产生活联系紧密的案例，变传统的理论文字说教为形象生动的视频感受，使之成为积极争取群众对城管工作理解支持的新方式。

二是以"竞进拉练"抓整改。紧紧围绕城乡环境综合治理的断点、难点、疑点问题，集中开展了全区农贸市场、园林绿化、工地打围等专项整治，组织镇（街道）全面开展宣传平台建设、"小三线"序化、标示标牌美化等综合整治，从小切口、小点位入手，点位、沿线、区域一并整治，逐步逐项做到精细化、标准化、规范化。建立"一个主题、一体联动、一起拉练"的城乡环境综合治理"竞进拉练"工作机制，采取两月一次、现场查看、集中讲评的方式，先后组织了"背街小巷"整治、"区域结合部"（区县结合部、镇街结合部、村社区结合部）整治、"四改三拆两增"整治（智慧城市改造、工业园区老厂房改造、场镇旧房改造、城中村改造，拆违法建设、拆违规搭建、拆围墙，增加公共服务空间、增绿），集中交流经验、测评打分、讲评小结，现场教学，提升治理水平。

三是，创新建立"四随机一统一"环境治理考评机制。双流区充分发挥区城乡环境综合治理指挥部高位协调职能，创新实施"四随机一统一"环境治理考工作机制，入围全国政府系统督查实践案例，助力城乡环境综合品质提升。

四是编制行动指南。为提升市民参与城市管理能力，坚持工作下沉镇（街道）、社区、村（组），编印《双流区城乡环境共治共享行动指南》20000册，《行动指南》从环境卫生、市容秩序、市政设施、工地管理、园林绿化等方面进行了详细梳理，将各类城乡环境脏乱差的行为和正确规范的状态用对比图片的形式生动分类展现，并附上朗朗上口且趣味浓厚的原创《双流区城乡环境综合治理三字经》，方便广大干部和群众口传记诵。组织全区村（社区）两委干部、居民小组长、网格员等共计3300余人14次培训，从基层、基础、基本功抓起，做到"带着群众干、做好群众用"，实现共建共治共享。

五是现场教学强意识。开展基层轮训，区指挥部印发了《成都市双流区城乡环境综合治理工作专题培训方案》，从何为城乡环境综合治理、为何开展城乡环境综合治理和如何开展三个方面作了图文并茂的阐述。从9月5日至9月12日，共计开展了14场专题培训，九江街道和西航港街道因参训人数较多都各开展了2场培训，村（社区）两委干部、党小组长、居民小组长、综合执法队员、网格员等共计3300余人参加培训。

六是案例教学具象化。在全市率先制作《门前三包》动漫宣传视频，引导商家市民主动参与"门前三包"；并开展门前三包现场示范教学，以实物进行现场展示，现场演示商家5000余户。

三、主要成效

通过基层轮训、视频教学、现场展示、典型案例、"竞进拉练"、最美街道评选等创新宣传教化方式，切实提升了全区市民、村（社区）、镇（街道）及相关部门治理环境的意识和能力，构建了城市治理共建共享格局，在全区形成比学赶超氛围，全区城市品质得到明显提升，助力营商环境提升。

加强城市管理　营造宜居环境

——城市管理工作交流汇报材料

湖南省涟源市城市管理行政执法局

近年来，我市紧紧围绕"山水园林、宜业宜居"的城市发展目标和"一年一变、三年大变"的工作目标，不断美化城市环境，改善人居质量，创新体制机制，提升城市形象，2012年、2014年我市被授予湖南省卫生城市和文明城市，并入围全省15个新型城镇化试点县市。现将我市城市管理工作情况简要汇报如下：

一、涟源城管基本概况

为加强城市管理，2004年我市将原建设局下属的环卫局、市政局、园林局、城监大队、路灯所等单位合并成立正科级事业单位——涟源市城市管理局。2011年经省人民政府批准，更名为涟源市城市管理行政执法局，为政府工作部门，全局共有干部职工568人。

局机关：内设综合股室9个，分别为：办公室、人事教育股、计财股、市容管理股、公用事业股、政策法规股（加挂行政审批股牌子）、督察股、风景园林股、监察室等。

局属单位：下辖二级事业单位7个，分别为：市政工程管理局、园林管理局、市容环境卫生管理局、城市管理监察大队、路灯管理所、广告渣土管理办公室、广场管理办公室。（其中：市政工程管理局、园林管理局、市容环境卫生管理局为副科级差额拨款单位，城市管理监察大队为副科级全额拨款单位；路灯管理所、广场管理办公室、广告渣土管理办公室为正股级全额拨款单位）。

主要职能：除了完成市委市政府中心工作外，我局主要承担着城市日常管理、城市行政执法、行业经营管理等职能。在日常管理上，承担城区市容市貌、环境卫生、市政设施、园林绿化、公园广场、城市照明等管理和维护；在行政执法上，负责行使城区市容环境卫生、园林绿化、市政公用事业、户外广告设置、渣土调运等方面行政处罚、行政许可审查职能。在行业管理上，负责授权范围内环卫、园林、市政等行业经营单位的市场准入管理。

二、加强城市管理主要经验及做法

在市四大家的正确领导下，我局紧紧围绕城市发展总体目标，以建立城市管理长效机制为核心，按照"抓重点、攻难点、塑形象"的思路，构建管理、执法与服务"三位一体"的城市管理模式。

（一）深化体制机制改革，提升城市管理工作实效

城市的快速发展取决于高站位的规划、高质量的建设，更离不开高标准的管理。为此，我市不断深化体制改革，组建了涟源市城市管理行政执法局，列为市政府工作部门，建立起城市全覆盖、监管全时段的高效机制，"大城管"格局基本确立。同时，在机制创新上，积极探索，多措并举：一是推进环卫作业改革。在全省较早实行清扫保洁作业市场化，将中心城区120万平方米道路、广场清扫保洁服务分为两个标段，对外公开招标。同时，对城区河道保洁、城区"牛皮癣"清理等采用市场化手段，吸纳社会力量参与城市管理，形成"作业市场化、管理制度化、质量标准化"的工作格局。二是推进渣土运输管理改革。通过公开招投标以特许经营方式，由两家渣土运输公司负责城区建筑渣土的统一运输，实现城区渣土密闭化运输、公司化、规范化管理。三是推进户外广告管理改革。整合城市户外广告管理资源，实行统一归口管理，根据城区广告设置总体规划，运用市场手段，优化户外广告资源。另外，我局正全力推进城乡生活收转运一体化PPP项目、智慧城管、城市照明合同能源管理等项目建设，大力引导民间资本进入城市管理领域，促进城市管理水平及效能提升。

（二）营造宜居城市环境，提升城市品质品位

市四大家领导高度重视城市管理工作，不断加大人力、物力、财力上的投入，巩固卫生城、文明城创建成果，为市民打造更加整洁有序宜居的城市环境。一是加大城市管理经费保障力度。全局系统人头经费参照全额拨款单位纳入财政预算，并建立了城管生产经费保障机制，做到本年度新增的生产经费下年度纳入财政预算，充分保障了城市管理高效运行。二是加大城市基础设施建设力度。2016年以来，仅由我局组织实施的城市道路（桥梁）改造、公园广场建设等城建项目投资达6亿元，有力改善城市环境和发展品质，夯实了城市管理的基础。三是加大城管设施投入力度。每年投入专项资金用于建设和购置城管设施设备，今年我局用于城管设施设备采购经费达400万元，主要用于购置环卫、市政生产设备，有力促进了城市管理质量和效能的提升。目前，城市主要街道装灯率达100%，亮灯率达98%，机扫率达64%，生活垃圾无害化处理率达100%。

（三）抓重点破难点，提升环境综合治理能力

在城市环境综合整治和城市形象提升中发挥主力军作用，勇于担当、主动作为，始终奋战在第一线。燃放烟花爆竹是千年陋习，严重污染城市环境和危害公共安全，历来是城市管理工作的难点，我市从2017年1月1日全面实行"禁燃"，明确由城管牵头组织实施，我们狠抓禁燃工作制度设计、宣传发动和工作体系建设，做到全市上下齐心协力、攻坚克难，实行禁燃以来，禁燃区只发生了几起零星的燃放行为，禁燃理念已深入人心，禁燃工作得到了广大市民及社会各界的高度赞扬。针对夜市烧烤、道路扬尘、占道经营等城市管理难点热点，我们从建立健全长效管理机制入手，标本兼治，常抓不懈，切实解决易回潮和反弹问题，补齐城管工作"短板"。为此，我们部署开展了"城市治理十大专项整治行动"，对城区洗车、校园周边环境、露天烧烤、乱丢乱扔垃圾、损毁侵占市政设施等城市管理领域10类突出问题开展专项整治，坚持集中整治和日常管理相结合，依法治理与建章立制相结合，做到以集中整治行动带动日常管理，以日常管理来巩固集中整治行动的成果，实现由突击性整治向规范化、长效化管理的转变。

（四）建立常态化机制，提升城市精细管理水平

提升城市精细化管理水平，并形成常态化机制，是城市治理的必由之路。为此，我们主要从以下三个方面发力：一是做到队伍建设标准化。分批次、轮回式强化执法人员教育培训，统一制式服装和标志、持证上岗，按规定配备执法执勤专用车辆，夯实执法基础。制定了执法人员廉政纪律、现场执法和行政处罚等规范制度，加强工作效能和纪律督查，做到依法执法、文明执法。二是做到城市管理精细化。坚持高标定位，进一步细化城市管理标准、作业标准和考核标准，使业务管理更细致、更规范，开展"精扫细保"、"精心管护"行动，不断提升城市环境卫生和市政设施管护水平。坚持疏堵结合，从精细化、规范化、长效化入手，建立了城市管理台帐登记制、"门前三包"责任制和网格化管理等工作制度，同时针对城市管理工作特点，推行错时、延时工作制，彻底解决"八小时"之外管理薄弱现象。三是做到宣传引导精准化。采取正面宣传与反面曝光相结合的方式，在市电视台开辟专栏，展示管理成就，反映市情民意，直击社会热点，让舆论与管理互动。利用媒体曝光影响市容环境卫生的不文明行为，起到警示和震慑作用。同时，动员全市志愿者队伍，深入社区、街道、公园广场，劝导不文明行为，清理垃圾和小广告，从"独自管理"变为"全民城管"，营造出城市共建共享的良好氛围。

共建共管 诗意栖居

——江西省上饶市创新城市管理工作纪实

江西省上饶市城市管理局

沐浴着冬日暖阳，在江西省上饶市的街巷中徜徉，只见干净整齐的道路上不时有清扫作业车驶过，路旁如茵的绿地上点缀着小型盆景和鲜花，三三两两的孩童手牵手走在回家的路上，小巷内老人们围坐在一起谈笑风生……

恍惚间仿佛陶渊明在《桃花源记》中描绘的景象重现："芳草鲜美，落英缤纷；土地平旷，屋舍俨然；黄发垂髫，并怡然自乐。"又仿佛英国托马斯·莫尔畅想的乌托邦和埃比尼泽·霍华德在《明日的田园城市》中构想的"理想国"就在身旁。

上饶城市环境的改善惊艳了众人，其更加整洁有序、更美更靓丽、更有品位更温馨的形象赢得了市领导班子和市民纷纷点赞，其城市管理工作的创新经验更是吸引了全国60多个城市派人前来考察、学习。2017年，上饶市城市管理和行政执法局（以下简称上饶市城管局）还被住房和城乡建设部评为全国城管队伍"强转树"（强基础、转作风、树形象）专项行动表现突出单位。这些是如何做到的？带着心中疑问，记者到江西省上饶市采访。

"城市，让生活更美好，城管应该让城市更美好，让生活在这座城市里的人惬意并有自豪感。"上饶市城管局局长张国梁在接受本刊记者采访时说，"为了达成这一目标，我们积极推进城市管理从'为城管人'向'为人管城'转变，从粗放管理向精致精细精美管理转变，从局部管理向全程全域全覆盖管理转变，从被动管理向服务为先、综合治理转变，从老百姓最关心、反映最强烈的民生小事入手，把群众的小事当作城管工作的大事来抓，解决了一批多年来想解决而没有解决的难题。2017年，我们着力推进城市环境整治、违法建设治理、城管体制改革、城管队伍"强转树"行动等工作，收到较好效果。能够用诚心赢得市民的真心拥护和满意，我们城管人无比自豪，同时感到肩上的责任更重了。"

一、全民共建，改革创新体制机制

2016年9月13日，上饶市委、市政府召开了"美丽上饶、秀美乡村、幸福家园"建设动员大会，由此全面拉开了为期三年的"全民共建、美丽上饶"城市形象提升活动的序幕。通过全市上下、各个部门的努力，形成齐抓共管、全民参与的良好氛围，城市形象提升活

动中的58个工程项目、31项工作活动深入持续推进,城市面貌发生了深刻变化,变得更干净、更有序、更亮丽、更有品味和更有温度了。

上饶市委、市政府主要领导对城市管理体制机制、经费保障、执法保障等十分关心,对城市管理重点工作,亲自部署、亲自调度。2017年初,上饶市调整和充实市城市管理委员会,市委书记任第一主任,市长任主任,44个部门为成员单位。市城管委办公室对各活动实施一周一调度,协助城管委督察组到各个责任单位开展多轮督查,通过实施具体的项目和活动来细化、推动"六化九提升"工作("六化"指净化、序化、亮化、绿化、美化、畅化,九提升指城市重要节点和主要干道形象提升、市容环境卫生整治提升、交通秩序整治提升、小区物业整治提升、各类市场整治提升、大气水体污染整治提升、市政设施和园林绿化改造提升、遗留问题项目整治提升、市民素质提升),明确各项工作的责任单位、完成标准和完成期限。出台了城市综合管理考核办法,考核范围覆盖28个市职能部门和12个县(市、区),建立"半月一检查、一月一通报、半年一小结、一年一考核"的督查机制,对工作不力、人为影响工作进度及成效的,从严追究责任,"大城管"格局初步构建起来。

2017年10月13日,上饶市城市管理和行政执法局揭牌暨城管执法人员着装仪式隆重举行。这是上饶市深化城市管理和执法体制改革的一项重要举措,市城管局列入政府组成部门,并实现全市城市管理机构名称、性质、职能"三统一",解决了困扰多年的城管执法无名、主体资格缺乏的问题。上饶市在全省率先出台了城市管理执法体制改革意见和执法体制改革实施方案,对城市管理和执法的机构、职能、任务、保障、要求进行清晰的界定。同时,加快推进城市管理和执法体制改革,完成了中心城区城市管理重心下移,现在已将中心城区环境卫生、市容市貌、城管执法、里弄小巷和三江片区城市管理事权下放给信州区,2018年1月1日起,开始推动信州区实质性承担属地管理责任,真正解决"看得见的管不着,管不着的看得见"的问题。

同时,上饶市城管局积极推进城管领域市场化改革。目前,市本级环卫作业、绿化管养市场化分别达100%、80%;推行市容市貌特保管理模式,引进了100名特保人员,解决了城区面积不断扩大和城管执法人员不足的矛盾。借助市委党校教育资源,上饶市城管局建立联合办学机制,创新成立全国第一所城管党校+城管行政分院,累计培训城管系统干部职工1200多人次,增强了城管系统干部综合素质,为高质量执法"筑基"。

除省会城市南昌外,上饶市在江西省率先出台了《上饶市城市管理条例》并于今年1月1日起正式施行。这是上饶市获得地方立法权之后出台的第一部实体法规。《条例》解决了全国城市管理部门普遍存在的主体地位不明部门职责不清、法律依据不足执法手段不够、体制机制不畅工作保障不足问题,变城管"一家独唱"为"全民共治"城市。《条例》对城市管理的难点问题和"城市病"问题进行规定,包括具体规范和禁止性规定,有的设定了相应罚则。相信施行后，将在促进城市管理工作更加制度化、规范化、法制化，提升城市管理和服务水平方面发挥重要作用。

二、民生优先，生活让城市更美好

城市是生活的载体，人是生活的全部，能更好满足人民"美好生活需要"的城市，毫无疑问是以人为中心的。上饶市城管局牢固树立为人民管理城市的理念，从老百姓关心、忧心的实事抓起，把民生优先落实到城市管理的每一项具体工作中，不断优化服务措施，提升城市管理服务水平和质量。

上饶市认真落实"721"工作法，即 70% 的问题用服务方式去解决，20% 的问题用管理手段去解决，10% 的问题用执法手段去解决。建立"立即办、领着办、代为办""三办"工作机制，及时受理、办结群众各类投诉和诉求。2017 年全年共受理群众来访来电、12319 服务热线及市委民生通道、市长热线办等转办的各类信访 3970 件，办结 3908 件，办结率达 98.44%，较好地解决了乱搭乱建、垃圾死角、下水道和化粪池堵塞、居民区危树等一大批民生问题。

上饶市规模最大、位置最中心的八角塘农贸市场一度成为"脏乱差"的代名词，江光小区门口、凤凰光学边上占道经营摊点 10 多年发展到 100 余家，上饶师院周边占道出店经营的夜宵摊霸占了人行道，严重影响到居民出行和市容市貌整洁。2017 年，上饶市城管局开展重点区域环境综合治理工作，依法取缔上述一批常年占道经营的摊点，改变了重点区域环境面貌。进过几个月的持续整治，八角塘农贸市场积存垃圾、杂物、白色污染等彻底清理，周边各类违章搭建被拆除，周边道路路面、人行道和下水管道、管线、路灯等市政公用设施进行了提升改造，八角塘农贸市场从内到外都美了起来。

"牛皮癣"是全国城市管理的共性难题，也曾是上饶市中心城区"脏乱差"的一个标签。上饶市城管局按照"全面排查摸底、深入宣传发动、集中清理整治、部门联动打击、强化便民服务、实施长效管理"的思路，采取清除、刷白、举报有奖、以追呼和停机方式让制癣者通讯工具瘫痪、疏堵结合等措施，对中心城区的主次干道、背街小巷、社区、楼道的 110 多万平方米的"牛皮癣"进行集中清理，50 多个小区楼道内乱贴乱写的"牛皮癣"被一道道洁白的墙面所取代，并且没有反弹，一举破解了困扰市民几十年的"牛皮癣"污染问题。

长期以来，上饶市区内河解放河水面垃圾和漂浮物丛生，水体污染严重，散发出难闻的气味。上饶市城管局于 2016 年 11 月 14 日展开解放河综合整治工作。经过 40 多名市政工人一个多月的紧张施工，解放河内的垃圾和淤泥被清除，两岸护栏"长高"了，挡墙塌方楼板开裂处得到修补，河道周边环境彻底改观，这成为上饶市民 2017 年元旦收到的最好礼物。

2017年，上饶市新建上百座颜值高、功能更趋完善的公厕，启动并完成一批垃圾中转站建设、丰溪大桥等桥梁安检及维修、排水设施及积水点改造、主次干道路面维修、人行道改造和公共自行车投放等民生项目，控制扬尘、维护"上饶蓝"，城市"蜘蛛网"统一入地……让上饶市民津津乐道和自豪的城市变化说也说不完，采访中，记者看到，笑意荡漾在每个述说者的嘴角，幸福写在每个人的脸上。

"城市，让生活更美好"是2010年上海世博会的主题。而在采访中，记者深刻感受到，城市改变着人们的生活方式，城市设计建造及管理者如果给人们带来更好的生活，好的生活就会让城市更美好并散发独有魅力。

三、精细管理，整洁亮丽宜居宜游

上饶市城管局局长张国梁介绍说："我们要求全局干部职工把城市当作自家庭院和客厅，像绣花一样来管理，精雕细琢，精益求精，逐步摒弃落后的思维惯性和粗放管理的方式，把精细精致的理念渗入血液。"

2017年，上饶市城管局编撰了城市管理精细化标准手册，对城管各项工作制定了具体的精细化标准，优化工作流程，具体到每只垃圾容器、每个井盖、每一棵树，都明确了精细化管理标准措施。同时，上饶市城管局全面落实环卫清扫保洁、市政维护、绿化养护、渣土管理、城管执法等精细化标准措施，实行定人、定岗、定责、定标准。继续推行"步行看城管"、错时上班等制度，及时发现、解决问题。注重城市管理细枝末节，在城市建设和管理细节中落实精细、精品理念，新设立的果皮箱、新改建的绿化带侧石、具有身份及文化标识的井盖、实用美观的行道树池等，无一不在细节处传递着管理者的理念，展现出上饶"内外兼修"的美丽。

2017年，上饶市城管局以城乡环境综合整治和"全民共建，美丽上饶"活动为抓手，强力治脏、治乱、治差、治堵，中心城区城市面貌发生深刻变化。上饶变得更加整洁。道路深度保洁，全面实行吸尘、洒水、冲洗、洗扫、降尘、快速保洁"六步工作法"，垃圾在路面停留的时间更短；开展重点区域环境专项治理，加大城中村、城乡结合部、里弄小巷等重点区域环境卫生整治力度，清理卫生死角，根除垃圾满地现象。另外，上饶市城管局积极推进工地及道路扬尘治理行动，出台了实施方案，全面加大巡查督查和处罚力度，渣土运输做到了全密闭；在城区道路配置9台高空抑尘车，督促工地配置了100多台降尘雾炮设备，抑制扬尘污染。牵头实施"洗城行动"，发动区（县）政府、学校医院、机关企事业单位和广大市民积极参与，对城市道路、公园绿地和绿化带、交通护栏、单位庭院、居住小区、各类市场、沿街立面、户外广告等进行了全面清洗。

2017年春节，上饶市民的朋友圈被火树银花、美轮美奂的城市夜景刷屏。越过幕色，上饶大道洁净如画，地面景色素雅盎然，建筑冠顶整齐划一，交相辉映，公园里光影交错，浑然一色，正对话龙潭湖的宁静与优雅。夜晚的行政中心片区璀璨夺目，让人流连忘返。迷醉在梦幻的夜景中，不禁感叹：美丽上饶，幸福家园。2017年，上饶市城管局实施了行政中心片区夜景亮化工程，精益求精地对行政中心片区110栋楼宇和3条道路、4座公园进行整体景观亮化改造。同时，对高铁站、高速东出口、站前大道等进行了亮化改造，提升城市夜景亮化效果，获得市民称赞。

四、品位提升，环境争创全国一流

上饶市城管局强化督查指导，落实了最严格控违拆违措施，2017年全市拆除违法建筑125.9万平方米，新增违建做到"零增长"，遏制了违法建设的歪风邪气，维护了社会公平正义；清理各类占道经营近6万起、露天烧烤200多户，依法拆除77家违规设置的占道报刊亭、售货亭；加大户外广告巡查执法力度，清理LED灯箱等各类户外广告7000余处。

抬头望，一片"蜘蛛网"；低头看，满目"梅花桩"。这种杂乱的景象目前仍是许多城市的常态。针对各类管线和箱体杂乱无序的问题，上饶市城管局牵头成立上饶市中心城区各类管线专项整治工作领导小组，认真开展调查摸底，列出问题责任清单，在移动、联通、电信、铁通、网通、供电公司等管线单位的大力协助配合下，全力进行整治。在2016年完成15条整治改造的基础上，2017年又实施了24条道路管线下地和箱体美化改造。目前，各种杂乱的高空管线基本下地，对陈旧的箱体进行了更换美化，倾斜的废弃杆柱全部移除，破损的检查井更新到位，城市"蜘蛛网"越来越少。"删繁就简"后的上饶展现出返璞归真的容颜，整洁而有序的环境吸引不少"大鳄"前来洽谈、投资。

在整洁有序的基础上如何提升城市品位，成为上饶市城管局的关注点。2017年，他们展开了系列行动。第一，实施道路景观综合改造工程。开展立面清爽美化行动，集中拆除了一些道路沿线的违章搭建、破旧房屋，实施了外立面改造。改造后的站前大道、凤凰东大道、紫阳大道、五三延伸段等成为具有上饶特色和集观赏性、休闲性、开放性于一体的城市景观道路，同步建设了20多公里城市绿道。集中对市政府周边7条道路人行道和道路绿化进行整体改造。尤其是高铁站出口环境整治工作，使城市形象得到提升，增强了优秀旅游城市的美誉度。第二，进行特色花街建设。在赣东北大道、中山路、滨江路、带湖路、胜利路和步行天桥、东岳桥建设了特色花街，有序增种花卉，设置花箱，打造四季有花的城市景观。第三，实施了花卉添彩工程。在城区创业文化公园、信江桥头、站前大道等设置了立体造型的组合绿雕，在城区重要道路节点种植和摆放了时令鲜花，增强了城市色彩感，提升了城市颜值。第四，建设特色工地文化墙。按照灰瓦白墙的徽派风格，围绕"城市愿景、历史名人、经典山水、民俗文化、上饶美食"五个主题，建设特色工地文化墙，使工地围墙成为一道靓丽的城市风景线。目前，已经建设高标准的工地围墙近3万米，绘画总面积将近4万平方米。

五、情义无价，因为爱恋上这座城

从 2016 年 12 月起，上饶市城管局在中心广场地下通道设置了爱心墙，在三江公园设置了爱心屋，这是全市第一处爱心墙（屋）。记者采访时看到，一位老大爷挑选到一件合体的棉衣，脸上绽放出阳光般的笑容。爱心墙（屋）设置一年多以来，城管局干部职工和全市市民共捐献了 2 万多件七成新以上的衣服，市城管局先后投入几十万元集中分批进行了消毒和干洗，约有 11300 件衣服被困难市民领走。小小爱心屋让爱心多了一个安放之处，让上饶的冬天充满暖意。这份爱意至今仍充盈在上饶，成为整个城市最戳心的亮点。有人说，因为一个人爱上一座城。在我想来，则是因为满满的爱而恋上一座城。

城管人爱民助民的故事每天都在上演，城管人的爱心凝固在一个个创新的举措中，镌刻在焕然一新的城市风貌中。2017 年，上饶市城管局在中心城区以"西瓜地图"的形式推出 16 处便民水果摊点，通过改造菜场（刘家坞）、合理疏导，规范安置了一批必要的摊点；设置了 6 个城管便民服务岗亭，开展了一系列城管献爱心活动；成立了城管抗洪抢险突击队，防汛抗洪冲在一线；组建了下水道维修突击队，及时上门服务。上饶市城管局在中心城区完成了 16 处积水点、10 条主干道排水检查井改造工程，消除了城区大的积水问题；实施了免费公共自行车项目，建成 100 个站点，投入 2500 辆自行车，深受市民好评，现在每天骑行达 2 万余人次；完成了 11 座垃圾中转站改造工程。

上饶市民见证了城管人冒着酷暑在道路两旁作业，冲在防汛抗洪的第一线，耐心说服教育占道经营者，制止车窗抛物、随地扔烟头、吐痰等不文明行为，用自己的真心汇聚市民的爱心，让整座城市充满爱，传递爱。

人们选择城市，不是为了生存，而是为了更好地生活，能够诗意地栖居。这是上饶努力的方向。2018 年，上饶市城管局瞄准城市管理"一年见成效、两年大变样、三年创品牌"，打造"全省一流、全国先进"城市环境的目标，将着力在"大变样"上取得明显实效，并向"创品牌"迈进。上饶市城管局局长张国梁干劲十足地说："进入新时代，站在新起点，我们坚信，只要担当就能破解难题，只要努力就能赢得改变，只要用心就能点亮城市。"

我们期待，上饶更美丽的涅槃！

春风十里　以魂筑梦

——记大渡口区综合执法局文化建设

重庆市大渡口区综合执法局

"弄潮儿向涛头立，手把红旗旗不湿"，作为全国集中行使行政处罚权的试点单位，大渡口区综合行政执法局自成立伊始，便站在了体制改革的浪潮之巅。10余年间，综合执法局历经了机构的分合，职能的增减，编制的划转。先行者与弄潮儿的身份，注定了一路上不仅仅是有壮美的风景，也会有颠簸、坎坷、阵痛。如何以一贯之的砥砺前行，提升执法人的归宿感、凝聚力，使得综合执法事业能够始终保持昂扬斗志，这是一个值得思考的问题。

在实践摸索中，综合执法局崇尚理性、求真务实，认识到只有在文化层面打造一支优秀的执法队伍，全面提升执法队员文化素质，强建执法队伍精神力量，才能使得改革试点工作开展张弛有度，游刃有余。2011年开始，我局将执法文化作为引领全局工作的关键，为期10年之久的执法文化建设行动就此展开。

经过近十年的锻铸打磨，应时而变，在内涵上循序渐进，在理念上一脉相承，与党中央的方针政策紧密贴合，与中华民族传统文化因袭相栖，我局执法文化从文明礼仪的外部教化到文化素质的综合提升，再到入脑入心的信仰重塑，逐渐铸就了与民族精神一以贯之的"中国魂"。

塑魂造型，以魂筑梦。十九大胜利召开后，在新时代中国特色社会主义思想的指引下，我们朝着"中国梦"不断迈进。为应对人民日益增长的美好生活需要和不平衡不充分的发展之间的矛盾，我们将在下一个十年继续深化探索，把党的十九大提出的目标要求与综合行政执法有机结合，把执法的刚性要求与文化的柔性内涵有机结合，提升文化"软实力"，铸造执法"硬功夫"。

一、10年之期，塑魂造型

1. 理念的萌芽和确立

自2004年开展综合执法试点工作以来，区综合执法局肩负着城市环境卫生、规划、绿化、市政、环保、工商、交通等七方面全部或部分监督处罚职能及市、区政府授权的其他职能，涉及的领域众多，事项繁杂，具体工作直面社会矛盾。因时代原因形成的过去在城市管理领域简单粗暴的执法方式，已经跟不上社会发展。尽管执法人通过不断规范言行、完善程序，想要尽力扭转人民群众对于城管队伍野蛮、霸道的成见，但是，一方面，长久以来形成的刻板印象使得社会舆论对于城管执法的评价仍然在一个较低的水平位上。另一方面，矫枉过正，过于求稳，使得原本正当的执法工作变为"眼神执法"、乞求式执法，导致重复性劝导工作增多，执法效率低下。

2011 年，三道"（君子之道、中庸之道、崇武之道）理念应运而生。

君子之道："天行健，君子以自强不息；地势坤，君子以厚德载物。"通过开展国学大讲坛、中华民族礼仪修养培训、读经典、用经典等活动，使执法队员审视自身人格建设，传承自强不息、厚德载物的传统文化精神，约束改善自身言行，剔除城管"蛮"的基因。

中庸之道：中庸是一种理性精神，充分肯定人与自然的统一和个体与社会的统一。通过定期组织开展时事政治的学习及讨论，执法能力培训等，培养执法队伍的逻辑思维、哲学思维，剔除城管"粗"的基因，达到"城市管理要像绣花一样精细"要求。

崇武之道：招之能来，来之能战，战之能胜。以军事化的执行理念，作为君子之道的互补。体现在党内，是党员个人服从党的组织，全局上下与区委区政府思想行动上保持高度一致。体现在行政上，要求真抓实干，遇事敢于亮剑、敢于担责，解决因过于强调柔性执法中可能形成的"拖""沓""软"等不良风气。

以"三道"理念为核心，我局部署了"有思想、有文化、有活力、干成事"执法队伍建设长远规划和构建执法文化"四大工程"（廉政文化工程、军旅文化工程、管理文化工程、传统文化工程）建设。其出发点和落脚点都是将中华传统文化的精神力量——"中国魂"，注入综合行政执法事业，持续推进执法文化建设。从文明礼仪的外部教化到文化素质的综合提升，再到入脑入心的信仰重塑，让执法工作取得事半功倍的效果，更好地服务群众、服务发展。

2. 初期：以能力为标杆，以制度为准绳，提升执法水平

2012 年、2013 年我局先后开展了"两会一能一提高"（会化解矛盾、会解决疑难，能贴近群众，提高执行力）、和"三化四能力"建设（制度化、规范化、程序化和提高依法行政能力、解决问题能力、维护稳定能力、创新发展能力）。

一抓科学建章立制。建立起以人为本的人才管理制度，严谨细致的财物管理制度，厉行节约的物品管理制度，科学规范的事务管理制度；强化制度管理，用制度管人管事，做到有章可循。二抓执法文明规范。筹办外部刊物《执法先锋》，内部刊物《亮剑》，编制《城管与小贩沟通技巧》从执法语言、肢体动作等方面加强规范，提升文明执法形象；强化执法队伍考核，开展"优秀协勤月评比""星级执法队员"等活动，树立良好典型示范。三抓群众路线教育。开展"三进三同、结穷亲"活动，创新开展"贴近小商贩，城管大下访"

主题活动，让综合执法走进群众生活，实现民声在一线倾听、难题在一线破解、感情在一线融合、成效在一线检验。

这些举措，从具体工作操作层面打造执法队伍，坚持"权责明确、程序规范、责任落实、有错必纠"的责任执法理念，同时又善于灵活变通，化解执法中的对立与不满，确保在执法工作中做到柔性执法和刚性执法相结合，使执法工作更能够适应新时代的发展。

3. 中期：以法治建设为基石，提升城管队伍综合素质

2014 年、2015 年、2016 年先后开展了"四个执法"（依法执法、人本执法、责任执法、廉洁执法），"强化法治思维、树立规矩意识"行动，和"明德、公正、唯实、真诚"为主题的素质提升行动。

一是按照法治国家建设要求，强调法治思维和规矩意识。开展"学法守法用法"大练兵，岗前法律培训和定期法律专题讲座。通过学习西点军校军规、开展春秋季军训、技能比武等形式，培养服从命令、听从指挥的规矩意识。二是坚持法治与德治相结合，法安天下，德顺人心。学会明大德、守公德、严私德，坚持德才兼备、以德为先的用人导向，常存敬畏之念，常修为政之德，坚决抵制各种腐败，遵章守纪清廉。三是坚持实事求是的基本原则，不唯上、不唯书、只唯实。空谈误国，实干兴邦。我们践行"三严三实"专题教育成果，认真梳理"不严不实"问题，不搞"假大空"。我们总结一线执法经验，积极开拓创新，围绕全区中心工作多献建设之策和发展之策。我们坚持换位思考，多为群众办实事、解难题。我们逐渐领会到，只有真诚务实，人才能安身立命，干部才能兴业成事，才能富民兴邦。

这些举措，在执法水平大幅提升的基础上，对执法队伍的整体素质进行了综合提升。

4. 后期：以爱为媒，重塑信仰

2017 年、2018 年先后开展"爱党、爱国、爱家"信仰重塑行动和"政治过硬、本领高强、忠诚干净、奋发有为"队伍建设行动。

一是忠诚为党。深化"两学一做"学习教育，增强"四个意识"，严守政治纪律，坚定政治信仰，增强政治担当，自觉向以习近平同志为核心的党中央看齐。严肃党内政治生活，落实党内监督，培养干部自我净化、自我完善、自我革新、自我提高的能力。二是尽责为国。树立"四个自信"，及时掌握各级政策，及时执行战略部署，多开读书会、讨论会，形成自强自信的学习氛围。坚决当好国家政策的传播者、决策的执行者、秩序的维护者，特别注重对执法舆论形势的判断，坚持正面积极的社会引导。三是奋斗为家。秉承建设和睦、文明、幸福家庭的原则，积极培育和践行社会主义核心价值观。做好家庭建设表率，为"中国梦"美好愿景、为"两个一百年"的奋斗目标踏实奋进，一往无前。

这些举措着重激发对党和国家的信仰，进一步深化精神力量，让执法文化焕发"中国魂"的激情与活力。

2011 年至今，我们紧紧跟随党的脚步，从执法文化的建立着手，不断深化队伍向心力和凝聚力。党提出群众路线教育，我们强调"能贴近群众""人本执法"；党内开展三严三实专题教育，我们强化法治思维，树立规矩意识；国家要求全面从严治党，我们强调"依法执法、廉洁执法"；党内开展"两学一做"学习教育，习总书记提出"家风"建设，我们重申爱党爱国爱家的信仰；十九大召开之际，我们紧跟"不忘初心、牢记使命"主题教育，加大对意识形态工作的重视，强调"政治过硬、本领高强、忠诚干净、奋发有为"。上一个十年，我们为塑造中国魂打下了扎实的基础，接下来，我们朝着在 2035 年基本实现社会主义现代化的中国梦不断迈进。

二、以魂筑梦，方得始终

2012 年 11 月 29 日，习近平总书记在参观国家博物馆"复兴之路"展览时，第一次阐释了"中国梦"的概念。他说："大家都在讨论中国梦。我认为，实现中华民族伟大复兴，就是中华民族近代以来最伟大的梦想。"他称，到中国共产党成立 100 年时全面建成小康社会的目标一定能实现，到新中国成立 100 年时建成富强民主文明和谐的社会主义现代化国家的目标一定能实现，中华民族伟大复兴的梦想一定能实现。这个梦想，凝聚了几代中国人的夙愿，体现了中华民族和中国人民的整体利益，是每一个中华儿女的共同期盼。历史告诉我们，每个人的前途命运都与国家和民族的前途命运紧密相连。中国梦的最大特点，就是把国家、民族和个人作为一个命运共同体，把国家利益、民族利益和每个人的实际利益紧紧联系在一起。

随着中国特色社会主义进入新时代，我们要不忘初心，牢记使命，高举中国特色社会主义伟大旗帜，为实现中华民族伟大复兴的中国梦不懈奋斗。

实现中国梦必须走中国特色社会主义道路。这条道路来之不易，它是在改革开放 40 年的伟大实践中走出来的，是在中华人民共和国成立 60 多年的持续探索中走出来的，是在对近代以来 170 多年中华民族发展历程的深刻总结中走出来的，是在对中华民族 5000 多年悠久文明的传承中走出来的。我们能够创造出人类历史上前无古人的发展成就，使历经苦难的中华民族迎来了从站起来、富起来到强起来的伟大飞跃，迎来了实现中华民族伟大复兴的光明前景，走出了正确道路是根本原因。既不走封闭僵化的老路，也不走改旗易帜的邪路，中国特色社会主义道路是我们实现社会主义现代化、创造人民美好生活的必由之路。

实现中国梦必须坚持全面从严治党。要把党的政治建设摆在首位，旗帜鲜明讲政治，坚决维护党中央的权威和统一领导，完善和落实民主集中制的各项制度，不断加强党性锻炼，把对党忠诚、为党分忧、为党尽职、为民造福作为根本政治担当，永葆共产党人政治本色。要深入学习习近平新时代中国特色社会主义思想，把坚定理想信念作为思想建设首要任务，积极开展"不忘初心、牢记使命"主题教育，用党的创新理论武装头脑，把好世界观、人生观、价值观这个"总开关"。要持之以恒正风肃纪，以上率下，坚决肃清孙政才恶劣影响和薄熙来、王立军流毒，持续整治"四风"问题，巩固拓展落实中央八项规定精神成果。坚持开展批评和自我批评，知敬畏、存戒惧、守底线，习惯在受监督和约束的环境中工作生活。

实现中国梦必须坚持文化自信。文化自信是一个国家、一个民族发展中更基本、更深沉、更持久的力量。我们近十年的执法文化培育在实践中证明，文化自信也是一个行业、一个个体融入社会发展、促进自我提升的根本力量。坚持文化自信，我们要落实意识形态工作责任制，加强阵地的建设和管理，建设具有强大凝聚力的社会主义意识形态，旗帜鲜明反对和抵制各种错误思想；要培育和践行社会主义核心价值观，深入挖掘中华优秀传统文化蕴含的思想观念、人文精神、道德规范，结合时代要求继承创新，加以传播，使之融入社会发展各方面，转化为人们的情感认同和行为习惯。

实现中国梦必须坚持以人民为中心。党领导全国各族人民共圆"中国梦"的根本目的，就是要实现好、维护好、发展好最广大人民的根本利益。党的十九大将"坚持在发展中保障和改善民生"作为新时代中国特色社会主义建设的基本方略，指出："在幼有所育、学有所教、劳有所得、病有所医、老有所养、住有所居、弱有所扶上不断取得新进展。"这些和谐因素的充实，对"中国梦"的阶段性特征作了更为清晰的描绘，也为"中国梦"增添了更加美丽的幸福光环。我们要多谋民生之利，多解民生之忧，提高城市管理的社会化、法制化、智能化、专业化水平，促进社会公平正义，使城市治理工作获得更广泛的价值认同，保障人民在共建共享发展中有更多获得感、幸福感、安全感。

实现中国梦必须坚持实现生态文明均衡发展。"生态文明建设是中华民族永续发展的百年大计"，加快建设山清水秀美丽之地，是习近平总书记对重庆提出的"两点"定位、"两地""两高"目标和"四个扎实"要求的重要内容，是重庆深入推动长江经济带发展应有的责任担当。我们要树立和践行绿水青山就是金山银山的理念，以"共抓大保护、不搞大开发"为导向，实行最严格的生态环境保护制度；我们要着力解决突出环境问题，重点抓打好水污染防治攻坚战、打好大气污染防治攻坚战、打好土壤污染防治攻坚战三项工作，加快环境质量改善；我们要加大生态系统的保护力度，积极处理长江嘉陵江河流问题和"四山"违法建筑问题，优化生态安全屏障，提升生态系统质量和稳定性。

中国梦落地到大渡口区，就要把习近平总书记新时代中国特色社会主义思想和对重庆的殷殷嘱托在大渡口落地生根、开花结果，以"高质量产业之区、高品质宜居之城"为目标，发挥大渡口所担负的区域责任，满足人民群众对美好生活的向往，实现全面建成小康社会的宏伟目标。

中国梦落地到综合执法局，就是在将党建作为首要任务，将队伍建设作为关键任务的基础上，以"像绣花一样精细"的功夫抓好城市管理，打造整洁有序城市环境，提升全民参与城市管理的主人翁意识，实现人与自然和谐共生，共创舒心悦心的美好家园。以"秋风扫落叶"的态度坚决开展违法建筑整治，为城市发展扩容扫清障碍，为经济建设保驾护航，捍卫民众公共空间。"像保护眼睛一样保护生态环境，像对待生命一样对待生态环境"，对于生态文明执法工作常抓不懈，让自然生态美景永驻人间，还自然以宁静、和谐、美丽。通过执法人的众志成城，艰苦奋斗，助推我区破茧化蝶、后发赶超的美丽嬗变。

不忘初心，方得始终。作为城市的管理者、改革的先行者、历史的答卷人，我们应当更加热情地投入工作、更加谨慎地行使权力、更加真诚地为民服务。在决胜全面建成小康社会之际，更要紧密团结在党中央周围，高举中国特色社会主义伟大旗帜，让我们的执法文化集中反映出执法人的政治品质、价值追求、精神风范，让我们的执法事业推动城市闪耀出理想的光辉和人文魅力，为实现中华民族伟大复兴的中国梦不懈奋斗。

三都水族自治县综合行政执法局"六到位"助推城市精细化管理服务新时代

贵州省三都水族自治县综合行政执法局

为贯彻落实好党的十九大和十九届二中、三中全会精神，深化城市管理改革，提高城市管理效率和管理水平，提升城市文明品位，三都水族自治县综合行政执法局积极谋划，主动作为，通过"六到位"有力举措助推城市精细化管理服务新时代。

一、党建引领到位，打造讲政治、讲文明、有作为、敢担当的执法队伍

（一）强化思想教育，确保执法队伍政治立场坚定

局党组思想教育不局限于党员干部，而是利用新时代学习大讲堂将新时代中国特色社会主义思想教育延伸到全局执法队伍全体人员中，强化"四个意识"（政治意识、大局意识、核心意识、看齐意识），筑牢"四个自信"（道路自信、理论自信、制度自信、文化自信），在日常执法工作中做到"两个维护"（维护习近平总书记核心地位、维护党中央权威和集中统一领导）。

（二）加强文明执法及业务知识培训，提升执法队伍道德修养和执法形象

通过交流学习、讲堂授课、考察观摩等有效的学习方式，提升执法队伍文明素养，确保执法队伍文明执法，工作中既做到严守执法底线，切实维护公共利益，让广大市民共享文明城市成果，又做到不偏不倚，切实服务好、维护好执法对象的个人利益，在繁荣地方经济的同时，积极营造安定、和谐的社会环境。

（三）注重岗位演练，提升执法队伍实战水平

通过参与现实复杂的执法困境演练，磨练执法队伍的心志，增强他们的勇气，使他们面对困难勇于担当，面对复杂环境善于解决问题，切实提升执法队伍解决实际问题的能力，在实际执法中展示新时代执法队伍的风采。

二、文明执法到位，彰显新时代执法队伍新作为，提升群众满意度

为营造文明和谐的执法关系，该局在城市管理执法中学习借鉴浙江省玉环市"三色执法"（所谓三色执法即：对违法行为人的违法事实依次下达蓝、黄、红三种颜色文明告知书，依次对违法行为人进行告知、教育和处罚）经验的基础上，结合该县实际，积极开展城市管理工作。工作中，面对占道经营、跨门经营、撑杆搭棚、乱泼（排）污水、违规排放油烟、违规倾倒垃圾及噪音扰民等违规行为时，第一次即下达蓝色《违法违规行为温馨提示单》，表明对当事人首次违法、违规表示宽容与理解，望其自行改正；第二次则下达黄色《违法违规行为告诫提醒单》，表明对当事人的违法、违规行为进行提醒告诫；第三次则下达红色《违法违规行为警告单》，表示对违法行为最后的警告，并将其违法、违规行为图片资料在我局'文明在行动·满意在三都"宣传栏上予以曝光，明确表态："同一市民或一商贩存在四次（含第四次）以上违法行为时，我局将根据城市管理相关法律法规予以处理"。通过实施"三色执法"，暂扣违法、违规物资案例明显减少，广大市民从害怕"城管"、讨厌"城管"转变到理解"城管"、支持"城管"。据统计，该局"三色执法"前每月平均暂扣违法、违规物资案例 13 件下降到每月平均为 3 件以下，广大市民对城市管理的满意度显著提升。

三、科学规划到位，实施网格化管理，确保城市管理全覆盖

（一）明确网格化管理区域

根据该县县城规划建成区实际情况，将县城规划建成区划分为两大板块实施网格化管理。将县城区域分为东西两个片区（即两个大网格），东片区为第一大网格，包含 3 个小网格，西片区为第二大网格，包含 2 个小网格，全城区域共 5 个小网格，两个大网格由城市管理综合执法局一大队、二大队、三大队、四大队、环卫所、收费组及交巡警大队按照"定人、定位、定时、定标准、定奖惩"的"五定"原则安排到网格路段，实行队、所、组管规划建成区、队员包路段全覆盖的网格化管理。

（二）明确网格化管理目标

全面推行以片区网格单元管理为主的城市管理综合执法网格化模式，通过实施分块管理，网格到路段，责任到人的方式，建立标准明确，责任细化，考核公平，奖罚分明的网格化精细管理体系。变被动为主动、变定性为定量，形成覆盖整个辖区的城市管理综合执法网格化模式，不断提高城市精细化、常态化管理水平，营造良好的城区环境。

（三）明确网格化管理内容

网格管理队员所负责的各项工作内容包括：出店占道经营的提前发现、制止，非法小广告的清理，各类宣传促销活动规范管理，商家门头店招等户外广告的规范设置，流动摊点的整治，早点夜市等餐饮摊点和车辆停放秩序等的规范与管理，渣土运输，施工围栏，油烟噪音扰民等的督促整改落实，制止背街小巷脏、乱、差，巡查市政绿化设施的完好情况，发现市政设施损坏的及时上报，发现违法建设（简易搭建）及时制止、汇报、查处，取缔乱摆摊设点、乱堆乱放、乱拉乱挂、乱贴乱画等城市不文明行为。与所在社区每周至少联

系 1 次。

（四）明确网格化管理要求

一是网格管理队员实行提前上岗、加班执勤、推迟下班的工作机制，做到早、中、晚无缝对接。正常情况下，春夏季节：早上 7：00—8：00 提前 1 小时上岗（早班上班时间局一大队、交巡警、环卫所结合实际自行安排，报局综合科备案）；中午除机关人员外，一线工作人员中午下班时间推迟到中午 12：00，12：00—14：30（15：00）加班 2.5 或 3 小时（中班，由一大队，交巡警大队、环卫所统筹调配上班人员）；下午一线工作人员下班时间推迟到至 18：00（18：30），夜间 18：00—22：30，值班执勤 4.5 小时（由一大队，交巡警大队、环卫所统筹调配上班人员）。遇重大接待、大型活动等特殊情况，错时上岗、加班值班执勤人数根据工作任务适时调整。秋冬季节季节变化，错时上岗、加班值班执勤时间适时调整。二是网格执法人员对网格内所有城市管理综合行政执法事项负直接责任，建立临街商铺、摊位台账，在责任区内不间断流动巡查，巡查以徒步与车巡相结合，但以徒步为主，并作好巡查处置记录。三是夜间城区值班执勤人员在辖区内巡查时，做好本职兼顾其他，打破网格限制，做到履职尽责全覆盖，分工不分家。四是对发现的城市管理事件分类处置：对轻微的违规行为进行制止、劝阻、批评教育、引导和规范；对需要依法处罚的，应及时固定证据，同时逐级向大队长、分管领导报告；按职责应由有关部门处理的事件，按正常办理流程及时通报并协调解决。依法应当进入一般程序的行政执法案件，由执法一大队上报局按照规定的程序和内容实施行政处罚。五是对各类城市管理事件，按照规定办理时限，对办理结果进行核查确认并反馈信息。六是严格按照三发改综〔2012〕249号文件收费准在辖区收取城镇生活垃圾处理费，并做好相关台账，并及时入账，杜绝违纪、违法行为的发生。七是做到依法行政、文明执法。严格按照法律法规的规定程序执法，依法办案取证，无随意改变处罚幅度、简化执法程序、滥用执法职权的行为，无野蛮执法、粗暴执法的行为，无利用职权吃、拿、卡、要等违纪行为。

四、深化改革到位，有效整合执法资源，增添执法队伍新动力

一是通过整合住建规划执法大队、殡葬改革执法大队及交巡警大队力量，解决过去执法力量不足，单兵作战的问题，集中力量开展城市治理各项工作，无论移风易俗思想顽固问题，或是"两违"难啃的骨头，还是市场管理的大难题，都可以集中力量有效解决。

二是在各镇设置综合行政执法分局，将综合行政执法延伸到各镇，适应城镇化建设需要，为实施乡村振兴战略保驾护航。

五、正向宣传到位，传递执法正能量，营造文明和谐有活力的城市环境

一是以"文明在行动·满意在三都"活动为载体，通过宣传栏展示、宣传车宣讲等多种宣传方式向广大市民、商品经营户和广大消费者宣传讲解其目的、要求和意义，从而形成广大共识，凝聚强大力量。

二是将城市管理执法中充满正能量的先进事变进行宣传。将执法中的好人好事、见义勇为及支持配合行政执法的先进案例等通过广播、电视、QQ、微信等线上传播与通过宣传栏、表彰会等线下传播，营造文明和谐执法大环境，激发执法队伍争先创优激情，不断开创新佳绩，不断提升三都"文明城市"品位。为广大市民 营造干净、有序、优美、舒适的生产、生活环境。

六、跟踪督促到位，确保上级的决策部署在基层落地生根，开花结果

依据《三都水族自县综合行政执法局岗位目标管理考核办法（试行）》，局领导班子成员无特殊情况每日必须保证不低于 4 小时深入辖区一线巡查督查，确保了第一时间发现问题、解决问题，将问题消灭在萌芽状态，杜绝一批反复出现的城镇管理顽疾。同时，局监察室采取明查暗访的方式，每日对网格责任人及各镇执法分局在岗履责情况进行督查，记录督查情况，每月根据督查情况进行汇总考评，并下发督查通报，督查考评结果对在职干部作为每月兑现奖惩和年终评先评优、兑现绩效奖金的依据；对协勤人员作为兑现绩效奖金及辞退的依据。

精细化管理出水平

河南省平顶山市新华区城市综合执法局

党的十九大是一次划时代的会议，是我们党迈向新时代、开启新征程、续写新篇章的思想指南和行动纲领。十九大报告中聚焦了一个"新"字，新阶段铸造新思想、新思想引领新征程！新时代赋予新使命、新使命要有新作为！下面结合自身工作，我以"新时代、新作为"为主题，谈谈自身对贯彻落实好十九大精神，展现新作为以助推城市管理工作的心得。

一、坚持把纪律挺在前面

习近平总书记反复强调纪律和规矩意识，要加强纪律作风建设、严格落实管党治党主体责任，以城管系统"强转树"专项行动为抓手，以党内生活锻炼为平台，以《准则》《条例》为标杆，以"八项规定"为戒尺，注重小节、抓早抓小、严格管控、防微杜渐，不断磨砺党性，不断加强纪律作风建设、强化党风廉政建设，以铁的纪律打造出铁的队伍。

二、认真落实城市管理工作职责

多年来，我局在做好市容秩序日常管理的同时，积极参区委、区政府组织开展的各项工作活动，抓好重点领域、重点部位的整治，持续提升巩固创卫成果，深入开展市容秩序综合整治，积极探索长效化管理机制，围绕创卫目标，全局上下分工协作、共同努力，针对辖区占道经营反复性大，时常反弹、回潮的特点，采取疏堵结合的办法，以疏为主，严格查处市场外溢、超门头经营。按照"定点、限时、便民、有序"的原则合理布置，禁止摊点占路为市，同时要求所有门店一律实行"坐店经营"，采取设置固定岗、错时管理、加强巡查等措施，加大执法力度，着重整治重点路段、重点部位、重点区域的市场外溢和超门头经营。对主次干道、重点地区的违法占道摊点进行全面清理，把突击整治变成日常管理，不断改进和完善城市管理的手段和方法。夏季是市容"脏、乱、差"的高发期，我局采取"错时上班、交叉执法、定岗定人定责"的方式，安排各驻办事处中队及机动队针对各辖区中出现的油烟烧烤摊点、占道经营的煤炉摊点等污染环境的经营现象进行大力度巡查，杜绝各辖区再有此类违规行为出现。针对固定门店经营者，要求全部退路入室，且

必须安装泊烟净化设施，保证油烟、噪音排放符合国家规定。为了更好的宣传及开展工作多措并举，我局印制"关于全面禁止油烟烧烤经营行为告知书"2000余份发放至商户手中，提醒并告知商户自觉增强法律意识和文明意识积极配合治理行动。

三、规范执法行为，促进文明执法

今年5月15日，我局统一换装，此次新款制式服装及标志标识文字统一使用"城市管理执法"字样，在标志标识方面，采用了国徽、人字飘带、盾牌、牡丹花、橄榄枝等元素，制服颜色为藏青色，搭配金色标志，行业特点鲜明，突出了以人为本、服务为先的价值导向，新制服的换装，标志着城市管理执法部门向服务化、专业化转变，也符合国家为人民管理城市的新理念。统一制服是深化城市管理执法体制改革的一项重要工作，标志着我局执法工作进入了新的阶段，这次换装不仅仅是"换个形式"，更重要的是通过换装实现统一服装制式，进一步规范执法行为，促进文明执法。

四、切实肩负起新时代的历史使命

不忘初心，牢记使命，要旗帜鲜明讲政治，作为一名党员干部无论自身处在哪个领域、哪个层级、哪个部门、哪个单位，都要把习近平总书记系列重要讲话精神，作为政治宣言和强大思想武器，要始终牢固树立政治意识、大局意识、核心意识、看齐意识，自觉把树立"四个意识"内化于心为党性观念，时刻铭记在心、事事对标对表；外化于行为实际行动，落实在岗位上、体现在工作中，在自身工作领域中自觉运用，监督维护和捍卫习近平总书记在党中央和全党的核心地位，坚决贯彻党中央决策部署，聚焦大局、服务大局、保障大局，切实谋划好、部署好、落实好我们的城市管理工作，一件事接着一件事办、一年接着一年干，把每一件民生小事都一抓到底，不断推动市委、区委的各项决策部署在城市管理工作中落地生根、结出硕果。

五、狠抓队伍建设，深入贯彻落实从严治党新要求

"风清则气正，气正则心齐、心齐则事成"，在新时代、新背景、新矛盾下，加强执法队伍建设是摆在城管系统面前最重要的课题，要将城管系统上下的思想和行动迅速统一到党的十九大精神上来，统一到市委、区委的重大决策部署上来，戮力同心，想在一起、干在一起，奋力开创城市管理新局面。坚持把政治建设放在首位。城管系统将切实强化党性修养，坚定理想信念，推动"两学一做"学习教育制度化常态化，认真开展"不忘初心、牢记使命"主题教育，深入开展"学习塞罕坝、加快走新路"大讨论活动，筑牢信仰之基、补足精神之钙。深入学习贯彻党的十九大精神，在"学懂""弄通""做实"上多下功夫，学深悟透、把握精髓、学以致用，以知促行，始终坚持用习近平总书记新时代中国特色社

会主义思想武装头脑，不断强化对城管人世界观、价值观、人生观、权力观、荣辱观的教育引导，在学、思、悟、践中不断提高思想觉悟、政治觉悟和理论水平。

六、制定精细化、规范化的城市管理标准

精细化管理的本质就是管理服务的规范化、标准化和质量化，旨在解决经济社会发展与城市管理标准不统一、不平衡之间的矛盾。习近平总书记曾提出"城市管理应该像绣花一样精细"的总体要求。实现城市管理精细化，成为全国各大中型城市政府的一项重要任务。党的十九大报告进一步指出，中国特色社会主义进入了新时代，进入了从站起来、富起来到强起来的伟大飞跃，我国社会主要矛盾已经转化为人民日益增长的美好生活需要和不平衡不充分的发展之间的矛盾。习近平总书记在2018年新年贺词中再次强调，要"让人民生活更加幸福美满"。在新时代、新矛盾面前，城市的精细化管理，应该紧紧围绕满足人民对美好生活的需要这一核心任务，做出新的制度安排、政策创新和技术应用等，实现人财物的合理配置，着力破解不平衡不充分的矛盾，创建更加整洁、安全、干净、有序、公正的城市环境，全面提升城市的吸引力、竞争力和内在魅力。为此，制定一个科学有效的城市精细化管理标准，是城市精细化管理的大势所趋。目前国内，部分城市率先制定了《城市精细化管理标准》和《关于全面推进城市精细化管理的实施意见》，依法对每项管理内容的管理目标、标准、流程过程、分工、职责、奖惩、信息公开等都有明确要求，旨在实现"全行业覆盖、全时空监控、全流程控制、全手段运用"的高效能管理。管理标准的制定和实施，将有助于推动粗放式、人为化评价走向集约化、定量化评价的精细化管理。因此，按照全覆盖、全时空、全流程的思路，制定城市管理领域的规范和标准，是城市提升精细化管理水平的关键和突破口。

七、牢记人民嘱托，续写新时代城市管理发展新篇章

十九大报告指出："人民是历史的创造者，是决定党和国家前途命运的根本力量。"城管工作与百姓的生活息息相关，我们的力量源泉来自于人民，最终目标是服务于人民，我们要牢记总书记的谆谆教诲和人民的殷殷期望，将城管工作置身于十九大勾画的新蓝图、确定的新矛盾、新目标中去，寻找新机遇、新路径、新办法，谋求新跨越、实现新作为。紧紧抓住新一轮重大战略机遇期，牢牢锁定"十三五"时期总体目标战略，多谋民生之利、多解民生之忧，不断推动城市管理工作新发展、助力生态文明新建设。

打造市容管理"江阴标准"品牌
全面提升城市精细化管理水平

江苏省江阴市城市综合管理局局长 张德根

习近平总书记深刻指出，"城市工作做得好不好，老百姓满意不满意，生活方便不方便，城市管理和服务状况是重要评判标准。""城市管理应该像绣花一样精细。"近年来，围绕城市精细化管理，江苏省委、省政府和无锡市委、市政府都作出了具体部署，出台了系列政策（今年8月8日，无锡市委、市政府专题召开城市管理工作会议，部署开展优美环境合格区建设，全面提升城市精细化管理水平，加快把无锡打造成洁美之城、畅通之城、智慧之城、文明之城）。省委娄勤俭书记和省委常委、无锡市委李小敏书记对我市城市管理工作也提出了明确要求。按照中央和省、市委要求，江阴市城管局紧紧围绕"改善城市面貌、提升城市品位"这一总体要求，努力创新城市管理体制，积极探索由粗放管理向精细管理转变，细化、量化、固化为完善的城市管理标准体系，用标准为城市公共管理定依据、为城市公共服务定标尺、为基层社会治理定规则、为行政权力运行定规矩，真正用精细标准推动精细管理，致力于走出一条具有江阴特色的城市精细化管理之路。在今年11月份无锡市依法治市领导小组办公室开展的"2018年度（县）区法治惠民实事工程项目评选活动"中，江阴市城管局参评的市容管理"江阴标准"项目，获得二等奖，赢得了各级领导和广大市民的一致好评。

一、谋长远、优体系，科学制定市容管理"江阴标准"

随着经济社会的发展，人民群众对市容环境的关注度越来越高。近年来，江阴在城市管理领域投入了大量的人力、物力、财力，市容市貌逐年改善，城市形象逐年提升，但与人民群众对城市管理的要求和期望相比，与周边城市管理水平较高的城市相比，还存在很大差距，"前清后乱""前整后脏"等影响城市市容市貌的"症结"仍然存在。城市管理事项内容多、体系杂，造成全市执法中队对区域内的管理标准要求不统一，极易产生"零星执法""选择性执法"，常被公众诟病。鉴于此，江阴市城管局改变原有"头痛医头、脚痛医脚"的工作思路，采用"整体治理、统一标准"的工作方式。以连片式、整体式为主，针对全市域，统一制定市容管理标准。结合调查摸底情况，重点关注和治理群众反映最迫切、问题最集中的区域和类型，形成市容管理规范，即"江阴标准"。该标准以"门店、停车、经营、工地、环境、建设"六大秩序为工作重点，主要包括停车场经营服务"五统一"（即统一着装、统一挂牌持证上岗、统一收费标准、统一文明礼貌用语、统一落实停车区域及周边卫生保洁责任），沿街门店市容秩序"十不准"（即不准乱倒垃圾污水、不准乱牵乱挂、不准乱堆乱放、不准店外经营、不准乱停车辆、不准乱搭乱建、不准擅自处置建筑垃圾、不准乱设户外广告、不准乱贴乱画、不准侵占损害公共设施），建设工地市容秩序"六起来、三下去"（即围起来、硬起来、洗起来、盖起来、管起来、清起来，施工扬尘明显下去、道路及噪声污染明显下去、车辆违章明显下去），户外广告管理"六到位"（即审批手续要到位、规范设置要到位、文明施工要到位、美化亮化要到位、安全维护要到位、内容发布要到位），便民摊点市容管理"三必须""四统一"和"七不准"（即必须专人管理、必须专人保洁、必须定点经营，设施样式统一、标识统一、经营时间统一、收费统一，不准乱倒垃圾污水、不准乱牵乱挂、不准乱堆乱放、不准出摊经营、不准乱停车辆、不准乱贴乱画、不准侵占损害公共设施），户外临时商业活动市容秩序"七个严禁"（即严禁擅自改变活动地点、扩大设置面积、延长举办时间；严禁在批准的活动场地内搭架实体封闭围挡或设置封闭式固定亭棚；严禁擅自占用城市道路，妨碍车辆、行人通行，严禁占用盲道；严禁侵占损害绿地、环境卫生设施和其他公共设施；严禁阻塞消防通道，圈占消防栓，影响消防安全；严禁使用高音喇叭、外置音响、锣鼓等器材产生噪声扰民；严禁在活动场地外发放、丢弃宣传资料、垃圾，污染环境），机动车洗车场（点）管理"三到位"（即手续要到位、设施要到位、管理要到位），及临街施工围挡、临街遮阳（雨）篷、"牛皮癣"治理、建筑垃圾运输车辆、建筑垃圾弃置场地等12个市容管理方面的"江阴标准"。

二、抓落实，树品牌，大力推动"江阴标准"落地生根

为更好地落实市容管理"江阴标准"，江阴市城管局狠抓业务培训，深入理解贯彻"江阴标准"，多样化宣传发动，强力推动"江阴标准"的实施。（1）大力度培训。专题开展业务培训，对所有在编人员及其他编外人员进行系统培训，由业务骨干专门授课，着重对"江阴标准"进行了全面讲解，确保所有执法管理人员认识到位，理解到心。"火车跑得快，全靠车头带"，中层领导干部作为基层执法管理人员的领头者更要对江阴标准有充分统一的认识，对此，江阴市城管局进行了多次业务培训与突击笔试检测，对没有认真学习贯彻到位的，由分管局领导进行约谈，确保重视到位，认识到点。（2）大范围宣传。严格网格责任，定人、定、定责任，每个执法管理人员与网格商家店铺建立微信群，每日宣传、教育、提醒，盯牢"重点户"，落实一天一见面的提醒制度，并发放"江阴标准"宣传册2万余份。创新宣传形式，制作12个市容管理"江阴标准"微视频，并通过"江阴百姓城管"微信公众号发布微课堂。通过宣传把认识统一到"用标准规范行为，把标准变成习惯"的理念上来，

通过标准规范管理者和被管理者的行为，把标准变成自觉行动。（3）大举措推进。结合城市精细化管理要求，坚持以市容管理"江阴标准"为依据，扎实开展城市管理示范路、示范社区以及市容管理示范门店评选活动。目前共创成省级示范路 7 条，省级示范社区 3 个，每月每条路评选出 1 家"示范门店"和 1 家"后进门店"，并在社区宣传栏予以公示。

三、攻难点、重品质，深入践行"江阴标准"成效初显

江阴市城管局严格按照市容管理"江阴标准"，以"一条路一条路整治、一间门店一间门店规范、一个节点一个节点攻坚、一类问题一类问题化解"的原则，落实分类分级管理，做到管理有规范、执法有依据、服务有目标。江阴市城管局分门别类实施排查摸底，全面掌握城区主次干道门店负责人、行业类型等基本情况，录入门店基础信息 2 万余条，签订市容环卫责任书 2.2 万余份，在此基础上结合网格化管理要求，对全市道路按照城市功能不同，实施分类分级错时管理。坚持以整开路，整治主次干道 128 条，清理三乱 1.2 万余处、户外广告 1400 余处；大力开展停车秩序整治，施划机动车停车位 1 万余个、非机动车停车线 2.5 万米，开设临时停车场地 6 处，拆除道路缘石坡等路障 966 处 2 万余米，清运建筑垃圾 8750 余吨，清理僵尸车 185 辆。2017 年获评"全国文明城市"，2018 年又高分通过国家卫生城市复审。

城市管理如绣花，最是于细微处见功夫、见质量、见情怀。而标准是城市管理领域法规政策细化落地的重要载体，是保证城市管理高质量、精细化的技术支撑。下一步，我们将牢固树立标准意识，强化标准应用，严格标准执行，全面加强督促检查，真正实现城市管理标准的全覆盖、精细化、高水平，用精细标准实现精细管理。

安徽阜阳颍州城管救助走失儿童

安徽省阜阳市颍州区城乡管理行政执法局 张红飞

12月13日，初冬的阜阳大地天气寒冷、气温降至零度以下，徐徐的西南风未能阻挡城管队员日常巡查的身影，在安徽省阜阳市颍州区阜南路口东北角上演了一起城管队员救助走失儿童的暖心故事，走失儿童最终回到了母亲的怀抱，真正诠释了"人民城市人民管、管好城市为人民"的城市管理职责，奏响了一曲大美阜阳、魅力颍州的和谐之歌。

当天下午17时50分许，天色渐黑，气温已降至零度，小学生早已放学回至家中开始写家庭作业，当安徽省阜阳市颍州区城管局鼓楼中队队员像往常一样在阜南路巡查时，一个小女孩未穿鞋子、袜子沾满脏水，自西向东无精打采走在人行道上，这种情形引起颍州区城管局驻鼓楼街道执法带队片长任飞龙的注意，当即向小女孩询问了解情况，可是小女孩不仅没有理会，而且径直往前走着，带队片长任飞龙立刻想起，如果正常情况下，小女孩不会置之不理的，任飞龙立刻跑上前去，安抚小女孩的情绪，耐心细致的与其进行沟通，考虑至天气寒冷，小女孩未穿鞋子、袜子已经浸湿，任飞龙便将其抱至城管执法车中，经询问女童七岁、家住丽丰一品，因受到家人的责备、心中备感伤心，忘记了回家的路，经过执法队员近一段时间耐心细致的开导，女孩终于露出了笑容，心中的委屈也得到了释放，答应让城管叔叔帮其送至颍州区西湖大道丽丰一品家中。

当城管队员将小女孩送至家中时，她姥姥正在家中照顾刚出生的二宝，并告诉执法队员："小孩走失后，家人万分着急，全部去寻找孩子了"，姥姥立刻给在寻找小孩的家长父母打电话，并告知小孩已被安徽省阜阳市颍州区城管局城管队员送至家中，小孩的父母在电话中怀着十分激动的心情火速赶至家中，并对在场城管队员表示衷心感谢。在家人感激的目光中，城管队员们又迅速赶回执勤地点，重新坚守工作岗位。

助人为乐是中华民族的传统美德，救助走失儿童更传递着城市管理的社会正能量。一段时间以来，颍州区城管局在扎实开展"强基础、转作风、树形象"专项行动中，好人好事不断涌现，使"文明执法、和谐执法、亲民为民"的形象更加深入人心，乐于助人的精神现已在颍州城管队伍中蔚然成风，得到了颍州广大市民的称赞。在接下来的工作中，颍州区城管局将以创建全国文明城市、全国园林城市为契机，倾力打造一支"特别能吃苦、特别能战斗、特别能忍耐、特别能奉献"的城市管理执法队伍，服务于颍州人民，加速推进全国文明城市、全国园林城市创建工作。

借力中组部帮扶
台江城镇建设跃上新台阶

贵州省台江县文明办 段茗耀

近年来，在中央、省、州三级组织部门的关怀和帮助下，在省、州文明办的指导下，台江县不断加快基础设施建设，推进文明创建活动开展，城镇面貌焕然一新，城镇建设跃上了新台阶。

一、做好顶层设计，精心研究部署

县委、县政府高度重视，多次召开会议，专题研究台江城镇建设管理及文明创建工作。一是制定印发《台江县城区突出问题整治工作方案》，集中力量开展城区重点问题整治，下大力气解决县城"脏、乱、差"问题；二是根据全州人居环境改善暨清洁风暴行动有关要求，将城市管理纳入制定台江基层党建"十有五化"村级治理体系，充分利用"十户一体"农村卫生整治管理机制，切实抓好农村清洁各项工作，努力实现乡村面貌大提升；三是制定印发《最美家乡·爱我台江文明创建活动实施方案》，充分发动和引导广大干部群众参与文明创建活动，全面推动争创省级文明县城各项工作的落地见效，努力塑造环境优美、秩序井然、文明和谐的台江新形象。

二、加大资金投入，推进基础建设

在中组部积极协调帮扶筹措资金下，台江县大力加强资金投入，不断推进城镇基础建设。一是投资 2.41 亿元，完成翁你河综合治理工程。其中包括：沿河河堤防洪安全、河道配套设施、生态环境及沿河景观绿化、河道治理配套设施、景观绿化工程等；二是投资 1.322 亿元，完成台江县文昌东路道路系统改造、城南环路、高速路口至台拱大桥段翁你河西岸景观绿带、翁你西路道路、台江县兴民路提升改造等工程，累计改造提升城市道路 2.6 公里，新增城市道路 3.5 公里，新增 1 座公厕；三是投资 5000 万元，启动绿化带及人行道改造工程，对苗疆大道、秀眉大道南段路段及支线绿化带及人行道进行改造，总长 7.8 公里，绿化面积共 16000 平方米；四是投资 1300 万元，建设台江县汽车城附属停车场，设置停车位 233 个；五是投资 2500 万元，对苗疆大道、城南环路、景观路、滨江路四条主干道 478 盏老旧路灯进行改造。六是总投资近 26 亿元，打造施洞文化产业园。目前施洞文化产业园区（示范小城镇）在建项目共 19 个，主要包括偏寨姊妹广场、综合农贸市场、苗族旅游文化园区、公共停车场、镇区风貌整治、体育场、社区服务中心、施洞大街改造、施洞镇道路绿化亮化、沿江木质栈道等工程。

三、强化城市管理，提升文明成效

按照省、州文明办指导意见，制定执行各项市政管理方案和文明创建活动，不断改进市政管理工作方式，提升文明创建成效。一是根据《县城区突出问题整治工作方案》明确部署工作目标、工作内容、责任单位，聚焦"占道经营、市容市貌、环境卫生、交通秩序、农贸市场、建筑工地"等方面突出问题，严格执行既定方案，下大力气整治县城市政管理突出问题；二是根据《最美家乡•爱我台江文明创建活动实施方案》，全面实行县城街道"街长制"管理模式，同时开展"消除卫生死角""不文明行为曝光""文明行动进校园""最美小区"评选等系列活动，多渠道提升文明创建活动；三是规范市政管理。通过将县城划为 4 个市政管理片区，实行片区中队精细网格化管理，进一步提升市政管理效率，同时，与外包环卫保洁公司重新签订《环卫作业质量标准及考核办法》全面提升市政环卫标准。

四、焕新村寨容貌，建设美丽乡村

通过中组部指导协调整合各类项目资金，制定农村整治机制策略，对农村进行统一改造。一是改造农村基础设施。对农村消防管网设施、公厕、路灯、村内生产生活道路、停车场、污水管网设施、垃圾收集处理、三改（改厕、改灶、改圈）等方面进行全面建设改造；二是建立健全清洁风暴行动联动机制。采取"县委政府主导、部门牵头、乡镇直抓、村级实施、群众参与"的五级联动工作机制，各部门对农村清洁风暴行动分块工作负总责，按照年度实施方案的职责分工各负其责。三是生活垃圾一体化治理。将城乡环卫一体化建设作为"突破口"，全面推行"村收集、乡镇（街道）转运、县处理"的生活垃圾收集处理模式。同时利用"十户一体"环境卫生保洁机制明确卫生清理整治任务，对各村内道路、广场、房前屋后和卫生死角进行全面清扫保洁。四是建设美丽乡村。通过中组部协调邀请到北京清华同衡规划设计研究院、北京绿十字会等国内知名一流规划设计团队编制相关规划，高标准对排扎村、阳芳村、长滩村等示范村进行了科学规划引导。总计投资 1.78 亿元，对以上村落进行了消防、旅游公厕、路灯、生产生活便道改造、停车场、村内步道、污水管网、垃圾设施等建设，美丽乡村初见成效。

五、加强宣传力度，营造浓厚氛围

一是全面铺开正能量文化氛围。在县城主干道设置了习近平总书记经典语句、社会主

义核心价值观、中华民族传统美德、台江本地民族文化、文明风尚用语等长期性宣传固定标识 193 块，全面营造了台江富于正能量的文化氛围。二是开展"不文明行为曝光"活动。通过在县电视台、《今日台江》微信公众号等多个宣传平台设置曝光台，常态化开展曝光活动，唤醒了群众的文明意识，为自觉抵制不文明行为发挥了积极引导作用。三是开展"文明行动进校园"活动。通过深入校园宣传引导文明理念，提高全县中小学生文明素养，进而辐射影响家庭和社区，促进文明创建工作深入开展。四是建设县、乡、村三级广播体系。通过投资 582 万元，坚持预防与处置并重、常态与非常态结合，针对自然灾害、事故灾难、公共卫生和社会安全等突发事件的不同特点，建立县乡村三级统一联动的农村应急广播体系，有效提升政府应急管理能力，同时为加强县域宣传氛围营造提供有力保障。

　　台江城镇风貌焕然一新，文明创建成效明显。在下步工作中，台江的城镇建设和文明创建工作肯定还会不断面临新的困难和问题，相信在三级组织部门的协调帮扶和省、州文明办的指导下，台江定将攻坚克难，继续升华目前成果，通过城镇的不断建设，带动县、乡、村基础设施和人居环境不断改善，进一步打造环境优美，文明宜居的新台江。

转变作风　打造亲民城市队伍

湖北省红安县城市管理执法局

2018 年，红安县城管执法局在县委、县政府的坚强领导和上级业务部门的指导下，认真学习、贯彻落实党的十九大精神和习近平新时代中国特色社会主义思想，紧紧围绕"为民、法治、智慧城管"建设，以打造城管铁军升级版为工作目标，以"强基础、转作风、树形象"为依托，以突出"市容市貌、人居环境、基础设施、城市管理水平"四大提升为工作重点，坚持管理与创建并行，市容与繁荣并举，执法与服务并重，推动城市管理向城市治理转变。整个城市文明有序，为群众创造了和谐舒适的生活环境。

新时代展现新作为之一：城市"十乱"治理有效

1. 治理"垃圾乱丢乱倒"方面

城市环境卫生管理工作是城市管理的重点之一，也是城市管理水平提升和居民生活质量提高最直观、最直接的标志之一。全年，我局常抓不懈全面强化环卫作业巡查监管制度，加大日常巡查监管力度。一是充分利用"数字化城管"平台立案、派遣和反馈各类问题信息，快速反应、迅速解决城区环境卫生各类"脏乱差"问题。二是健全奖惩机制，严格执行"日巡查、周小结、月总结"长效管理机制，共向 2 个市场化保洁公司发出限期整改通知书 10 份，形成对环卫保洁工作"执行、管理、监督"三个环节全流程的覆盖。三是完成新一轮城区主次干道清扫保洁市场化招投标工作。城区主次干道清扫保洁市场化公司由原来 2 家增加至 3 家，形成统一开放、有序竞争、运转高效的环卫作业模式，我县城区环卫作业市场化进一步向纵深推进。

2. 治理"房屋乱盖乱建"方面

在查违控违工作中，我局紧紧围绕违法建设"零增长"的目标，始终保持查违控违高压态势不放松，全面实行全方位巡查，从源头上遏制违法建设，建立"防违全天候、巡查无缝隙、责任全覆盖"的查违控违工作网络，注重从源头上预防，将违法建设消灭在萌芽状态。同时，以集中强拆为突破口，实行"零容忍"，做到"凡违建，必查处"。全年共发现违建行为 71 起，其中偷建抢建 26 起，未按规划要求建设 43 起，违法房屋装修 2 起。强拆违

法建设 49 处，拆除面积 1000 余平方米，拆扣施工电机 15 台，有效遏制了新增违法建设的势头。

3. 治理"市容乱摆乱堆"方面

城市的市容环境是一个城市的窗口，市容环境质量不仅反映了城市的形象，而且是一个地区的经济发达程度和现代文明的外在体现。今年，我局以"除四害"先进城区创建暨迎接省级卫生县城复查工作为契机，全面提高城市管理水平。城区市容市貌管理工作中，严格执行错时执法，有效解决"城管下班，流动摊贩上班"这一城市管理工作中的难题，确保县城区街道整体整洁美观、规范有序。一是疏导并规范了盛地广场、天舒广场、将军广场周边等重点区域市场经营秩序，对胜利街、民主街、红坪大道、园艺大道、陵园大道、"一河两岸"沿线等临街门店出店占道经营行为不定期开展集中整治，对屡教不改、屡禁不止的占道经营、流动叫卖、出店经营等行为，发现一起，取缔一起。二是对迎宾大道、城南大道、杏花大道、红坪大道等城区进出口道路沿线商户店外加工、销售、组装、清洗等经营行为进行清理规范。三是集中力量对将军北路 12 家临时商户予以拆除，联合相关部门对"一河两岸"、学校、广场周边露天 ktv、广场舞噪音扰民行为予以取缔，为广大市民生产生活营造了和谐安宁宜居的人居环境。四是成立工作专班，对城关农贸市场、冯家畈农贸市场等重点场所开展集中整治行动，农贸市场脏乱差的环境得到了极大改善，陈年垃圾得到集中彻底清理，占道、出店经营现象得到了有效治理，市场面貌焕然一新。同时，安排专人，配合县爱卫办开展灭鼠灭蝇等工作。全年，共规范出店经营占道经营行为 3600 余起；拆除擅自设置、破旧、存在安全隐患的各类户外广告 3300 余块，清理乱张贴"牛皮癣"、宣传海报和乱拉条幅共计 54750 余处，制止噪音扰民行为 50 余起。

4. 治理"渣土乱抛乱撒"方面

我局以中央环保督查关于扬尘污染问题整改为切入点，严格执行建设工地扬尘污染防治要求，强化施工扬尘治理工作力度，全县各类工地做到了工地周边围挡、物料堆放覆盖、土方开挖湿法作业、路面硬化、出入车辆清洗、渣土车辆密闭运输"六个 100%"。同时加大了对渣土运输车辆的巡查监管力度，多次联合公安交警、交通运输等部门开展机动车辆超速、超载、道路抛撒等违法违规行为的专项整治行动。全年，查处随意倾倒渣土行为 8 起，纠正运输车辆违规行为 230 余起，锁扣严重违规车辆 35 余台次。为加强我县城区的渣土运输管理，启用了首批 12 台新型全密闭式渣土运输车，杜绝了车辆撒漏、扬尘和车辆尾气等污染。

5. 治理"车辆乱停乱放"方面

按照"堵疏结合、规范设置、联合执法、确保畅通"的原则，集中清理整治长期占道停放和乱停乱放的无人使用、无人管理、车身破旧、接近报废或已经报废的"僵尸车"150 余台，提升了道路资源利用率。同时从严治理非机动车道车辆乱停乱放行为，纠正不按线停放和跨线停放行为 2000 余起，为广大市民出行营造了安全、畅通、有序的出行条件。全年配合局属二级单位开展专项整治行动 150 余次，有效地维护了正常的城市管理执法秩序。

新时代展现新作为之二：体制改革建法治城管

结合城市管理体制改革工作内容，深入贯彻上级党委、政府关于深入推进城市管理执法体制改革相关文件精神，深入推进城市管理综合执法体制改革，落实各项制度、方案，推动城市管理走向城市治理，构建权责明晰、服务为先、管理优化、执法规范、安全有序的城市管理体制。2018 年，我局以法治城管建设为核心，以严格、规范、公正、文明执法为目标，提高执法人员办案能力和水平，达到"人人能办案，人人办铁案"的目标。全年，共开展执法监督检查 85 次，办理重大行政处罚案件 8 起，办理一般案件立案 7 起，办理简易程序案件 350 起。按照精简审批流程，节约群众办事时间，提高行政效能的原则，我局正式启动了行政审批"一张网"建设。目前，我局从网上渠道受理办理行政审批事项为 16 项，办结率 100%，群众满意率 100%。实现了"我来办、马上办、网上办"审批流程，让"文明执法、微笑服务"成为城管执法的一张靓丽名片。

新时代展现新作为之三：数字城管平台率先运行

根据数字城管平台的建设标准和要求，今年，通过劳务派遣公司公开招聘了 8 名坐席员和 16 名监督员，优化了数字化监督指挥中心队伍结构。11 月底，省住建厅对我县数字化城管信息系统项目进行了验收。经过严格评审，专家组充分肯定了我县数字城管建设运行工作，一致认为红安县数字化城管信息系统性能稳定、符合相关标准规范、达到设计要求；软件平台系统部置合理、工作流程清晰，文档资料齐全、规范；制定了有效的监督、处置和绩效评价制度，满足了城市管理工作实际需求，为提升城市管理工作发挥了积极的作用，同意该系统通过验收。全年，该系统共上报各类城市管理案件 11798 件，受理 10739 件，立案 10542 件（其中部件 337 件，事件 10205 件），立案准确率为 98.17%，已处置 10496 件，处置率为 99.56%，按期处置 8653 件，按期处置率为 81.58%，整体符合《CJ/T 423-2013 城市市政综合监管信息系统模式验收》标准。

新时代展现新作为之四：打好污染防治攻坚战

为贯彻落实省、市、县关于推进"四个三"重大生态工程建设的决策部署，做好垃圾无害化处置工作，切实解决城区垃圾随意倾倒、无处可倒的实际问题，按照垃圾处置减量化、资源化、无害化和服务在先的原则，一是在杏花乡培城社区杏花大道延长线北面租用 20 亩低洼地带建设建筑垃圾消纳场。二是完成了红安县周家凹生活垃圾处理场启用工作，彻底解决城乡生活垃圾去向问题，促进"美丽红安""秀美乡村"建设。三是妥善解决城

乡生活垃圾收运处理问题。已完成全县 13 个乡镇（场）30 座中转站的建设和投入使用工作，城乡环卫一体化格局初步形成，实现我县城乡垃圾转运工作全履盖。四是为稳步推进生活垃圾发电项目，县委常委召集部分单位负责人主持召开生活垃圾发电项目专题部署会，研究生活垃圾焚烧发电项目有关问题，2018 年 11 月底，经各方努力，生活垃圾发电项目正式破土动工。五是召集相关部门制定了《红安县大气污染防治专项行动实施方案（送审稿）》，对我局牵头负责的具体任务实施项目化管理，确保大气污染防治工作落实到位。六是积极做好中央和省级环保督查反馈问题整改工作，完成了周家凹垃圾处理场场区所有应急项目建设，加强了建筑垃圾运输管理和道路扬尘污染防治。七是主动作为做好非洲猪瘟防控工作。为减小猪瘟疫情在我县扩散，我局组建专班加强违规运输偷倒泔水行为的巡查监管，同时购买了 2 台餐厨垃圾收集车，定时定点收集餐厨泔水并建立台账，确保城区餐饮泔水得到集中、规范、无害化处置。

公共厕所一直是中国城市建设的痛点，为努力补齐影响群众生活品质的短板，按照红安县"厕所革命"工程建设指挥部工作要求，2018 年我局负责完成县城区新建、改造提升 5 座公厕和开发区改造提升 3 座公厕的任务。公厕建设过程中，我局成立了专项工作小组，规范建设标准，统一设施配置，强化工作措施，加快建设进度，已按期保质保量完成了 8 座公厕建设任务，同时按要求将城区公厕录入到全国城市公厕云平台（湖北子平台），有效解决了市民"找厕所、如厕难"问题。

新时代展现新作为之五：转变作风打造亲民城管队伍

为做强队伍建设、做实作风转变、做优城管形象，我局以"强转树"为抓手，用实际行动践行落实"721"工作法，以多类型学习培训为载体，加强队伍建设，提升管理能力和水平，为全面完成各项工作提供坚实保障。2018 年，进一步完善了局《违法建设治理管理规定》《行政处罚程序规定》《行政处罚案件办理规定》《强制拆除违法建筑程序》《执法全过程记录制度》《"双随机，一公开"制度》《督查工作方案》等规定和制度，进一步完善了行政处罚案件备案、执法巡查日志管理台账。加强执法监督检查，开展行政执法程序、文书等突出问题专项治理，全面规范执法行为。对日常管理和执法过程有针对性地进行现场指导、现场纠正，对存在的问题全部督促整改到位，确保行政执法工作规范运行。进一步加强城市管理法律法规的宣传学习，全面落实依法治国伟大理念，对全体执法人员开展集中学习《行政处罚法》《行政诉讼法》《行政强制法》《黄冈市违法建设治理条例》《黄冈市城市市容和环境卫生管理条例》等法律法规培训活动，不断提高依法行政的能力和水平。

初心不改　戮力前行
共谱新时代城市管理新篇章

云南省富源县城市管理综合行政执法局局长　胡文祥
云南省富源县城市管理综合行政执法局办公室　梁　兵

希腊先哲亚里士多德曾说过："人们来到城市是为了生活，人们居住在城市是为了生活得更好"。经历了数百年的发展，我们的县城变得更发达、更精彩，然而随着经济结构的不断调整，大量剩余劳动力转移，打破了城市管理、就业等方面原本的平衡，城市管理的两面性也逐渐凸显，城市环境"脏、乱、差"现象不断暴露出来。

富源县城老城区地势狭窄，街道拥挤，尤其是多年来留下的城市顽疾——抬棺游街送葬陋习、富源县中安街小百货市场、富源县工会门口占用人行道违法搭建的铁皮房以及由于历史原因造成富源东门河河道两岸存在的违法违章建筑、富源县胜境大道占用城市道路批发水果、蔬菜等城市乱象既影响城市环境卫生，又影响市容市貌美观整洁，更阻塞了交通存在安全隐患，在很大程度上给市民带来了诸多不便。针对这些问题，富源县城市管理综合行政执法局一直在不断探索，如何转变传统城市管理工作方式，创新城市管理工作新方法，采用新的工作措施既能规范以上城市乱象，又能对其进行更好的疏导安置。作为城市管理者，在迈入新时代的当下，我们认清了城市管理是一项"民心"工程，应对舆论环境、社会需求、城市发展等问题，人们将城市管理视为关注的焦点，时时关注我们的一举一动，也就意味着我们的工作面临着重重挑战。面对人民日益增长的美好生活需要、城市规划建设发展的迫切要求，富源县城市管理综合行政执法局领导全体干部职工初心不改，戮力前行，立足新时代，牢记新使命，展现新作为，齐心协力，努力让富源县城面貌焕然一新。在推动城市管理水平不断提高方面，我们作了诸多思考，秉持习近平新时代中国特色社会主义思想，做了以下努力：

一、以习近平新时代中国特色社会主义思想为指导，构建服务优先、管理优化、执法规范的城市管理体制

以党建为引领，抓好队伍建设

富源县城市管理综合行政执法局以认真学习习近平中国特色社会主义思想和十九大精神为主线，开展"大学习、大讨论"活动，持续推进"两学一做"学习教育常态化、制度

化。组织全局干部职工全面学习贯彻党的十九大和十九届二中、三中全会精神，以习近平新时代中国特色社会主义思想为指导，以城市管理现代化为指向，以理顺体制机制为途径，将城市管理执法体制改革作为推进城市发展方式转变的重要手段，与规范行政执法权力运行有机结合，构建权责明晰、服务为先、管理优化、执法规范、安全有序的城市管理体制，促进城市运行高效有序，实现城市让生活更美好。

加强党风廉政建设，规范执法队伍

一直以来富源县城市管理综合行政执法局都将党风廉政建设纳入重点工作范畴，努力营造良好的政治生态环境。坚持"一岗双责"，全面落实党风廉政建设责任制，通过多种形式深入开展党政务公开工作，推行"阳光政务"，进一步畅通举报、投诉渠道，强化社会和内部监督。同时，富源县城市管理综合行政执法局抓紧廉政纪律教育，严格落实党风廉政建设的各项规定，通过定期开展法制教育和警示教育活动，强化干部职工廉政意识，树立廉洁奉公的正气，规范了城市管理执法队伍。

二、"强基础、转作风、树形象"为"提升城市品位，增加城市活力、改善人居环境"夯实基础

创新城市管理工作模式

结合富源县城市管理工作的实际，富源县城市管理综合行政执法局深入推进定人、定时、定岗、定责、定标准、定奖惩即"六定"城市管理模式，旨在明确责任，提高城市管理工作效率，充分调动全体执法人员工作的积极性和主动性。严格落实日常巡查制度，结合城市管理中各类违法违规行为的特点，实行"白加黑、5+2"的错时弹性上班制度，加强对重点区域、重点路段的巡查监管力度。

抓好执法队伍教育管理工作

为全面贯彻落实城市管理执法队伍"强基础、转作风、树形象"专项行动，富源县城市管理综合行政执法局自 2016 年 10 月起，城市管理执法队伍由"半军事化"转变为"准军事化"管理，坚持每周星期三上午组织全体执法人员进行"准军事化"队列训练四小时，执法队员在一声声"立正、稍息、停止间转法、敬礼"等军事动作和军姿训练中，身姿挺拔、军姿飒爽，精神面貌俱佳，每次军训结束之后，执法队员都纷纷表示，一定会将训练中体现出来的服从纪律、听从指挥、团结协作、奋力拼搏、争创一流的"精气神"带到工作当中，切实为打造"畅洁绿美、规范有序"的城市环境，建设美丽宜居的富源做出新的更大努力！

加大城市管理人员的学习培训力度

富源县城市管理综合行政执法局不定期组织城市管理执法人员参加省、市住建系统组织的相关业务知识培训，同时每月末组织全体干部职工开展城市管理"业务知识"培训三课时，通过学习达到了强化业务、拓展思维、增强素质、改变作风的预期效果。

大力倡导"721"工作法

变被动接受管理为主动前置服务和过程监管，以服务为先，将70%的服务作为执法的前置手段，变"后置执法"为"前置服务"；以20%的管理为主，通过教育、引导和前期介入，化解硬性执法矛盾，灵活运用说服教育、劝导示范、行政指导等非强制行政手段，纠正违法行为；以10%的严管重罚落到实处，以法律为准绳，维护城管执法严肃性，严格处罚标准，做到执法到位、执行到位。

三、依法拆除违法违章建筑、保障城市规划顺利实施

认真组织开展"两违治理"工作

富源县城市管理综合行政执法局积极联合县住建、规划、国土、中安街道、胜境街道等部门对城区内影响城市规划、影响居民正常生活、占用公共道路、占河道红线、影响城市市容市貌，存在安全隐患的违法违章建筑，进行入户仔细排查。2017年平稳有序的取缔了县城中安街小百货市场，拆除铁皮房146户，恢复中安街人行道畅通，彻底解决该路段占道经营、脏乱差等问题，还给县城居民一条绿树成荫、宽敞整洁的中安街。同时，富源县城市管理综合行政执法局安排执法人员积极与县城各类市场沟通联系，妥善引导、安置了146户困难家庭到富源县双井农贸市场内进行经营，解决了他们的生活生计问题。2017年至2018年期间，富源县城市管理综合行政执法局组织拆除了富源县工会门口临时商铺、富源县火巷路、东河路、东门河沿岸、富墨路、外山口片区等区域违法违章建筑共计216处，拆除县城占用城市道路的水泥（钢架）斜坡10公里；多年的城市顽疾得到有效整治，市民满意度大幅提升。

及时开展校园周边市容环境卫生专项整治工作

按照省、市、县相关文件要求，结合富源县提升市民文明素质推进城乡人居环境大改善工作会议精神，富源县城市管理综合行政执法局多次组织召开校园周边环境专项整治协调会，邀请了县城辖区学校代表参会并提出工作意见建议。会后富源县城市管理综合行政执法局根据学校代表意见建议及时组织开展校园周边环境卫生专项整治工作，2018年共清理各类学校及幼儿园周边流动摊点1245处；清理出门出店经营865处；取缔占道经营108处；拆除临时搭建雨棚108处；拆除镇幼儿园路段占道经营临时雨棚并配合市政局完成绿化工作。

四、攻坚克难，整治传承千年的殡仪秩序陋习

开展富源县城殡仪活动秩序综合整治，破除陈旧殡葬陋习，革故鼎新，树立社会主义文明新风

长期以来，富源县城步行抬棺游街送葬、高声鼓号奏乐、燃放鞭炮、抛撒纸钱等陈规陋俗，

严重影响了周边居民正常的生产生活及工作秩序，其场面可谓是"步行抬棺游街送葬队伍似长龙，敲锣打鼓燃放鞭炮声音震耳欲聋，抛洒纸钱占道搭设灵棚影响市容"。广大群众反响激烈、人大代表、政协委员多次提出议案、建议，要求加强县城殡仪活动秩序专项整治，杜绝丧事活动中的噪音扰民、妨碍交通、污染环境等现象，确保人民群众正常工作、学习和生产生活秩序。富源县城殡仪活动秩序综合整治工作正是一项顺民意、合民心、惠民生的重大改革。

组建县城殡仪活动秩序整治队伍

殡仪改革涉及到千家万户，工作难度大，政策性强，社会关注度高，为深入开展殡仪活动秩序整治工作，富源县城市管理综合行政执法局抽调精干执法人员20名，组建县城殡仪活动秩序整治中队，并配备三辆县城殡仪活动秩序综合整治专用车，整治中队实行24小时上班制，加强对辖区居民办丧活动的巡查力度，一旦发现有违规人员，及时介入并再次进行政策宣传和思想疏导，对不听劝告、拒不执行"四个严禁"的行为，进行依法依规处置。

完善信息共享平台，实行公民死亡信息联动机制

富源县直各办、局，各企事业单位、中安街道、胜境街道办事处及所辖社区、村小组县城殡仪活动秩序综合整治信息联络员共计150人，信息联络员对所负责的单位或辖区内死亡的人员进行"日报告"和"零报告"制度，一旦发现有人员死亡的，第一时间介入进行政策宣传，采集信息并上报县城殡仪活动秩序整治领导小组办公室。

齐抓共管，形成工作合力

富源县城市管理综合行政执法局积极协调各成员单位密切配合，有序推进县城殡仪活动秩序综合整治工作，取得了良好的社会反响，人们纷纷为这样的行为点赞。从2018年12月1日起，富源县城辖区居民办丧时，再也听不见高声鼓号奏乐、燃放鞭炮、放烟花、打礼炮的声音，看不到占道搭设灵棚灵堂，停放遗体、灵柩的现象，更看不到抬棺游街、抛撒纸钱，手拿花圈的送葬队伍。逝者出殡之时，四周安安静静；出殡之后，路面依然干干净净，社会秩序井然有序。

五、城市管理执法队伍统一换装，展现新时代新面貌

2018年10月31日，富源县城市管理综合行政执法局163名执法队员参加了集中换装、统一着新式制服，执勤车辆按照标准重新进行规范喷涂。富源县城市管理综合行政执法局局长胡文祥指出，换装仪式是城市管理工作发展中的重要里程碑，标志着我县城市管理体制改革工作迈向了新起点，站上了新台阶。富源城市管理执法队伍将以此次换装为契机，开拓城市管理工作新局面，勇担使命，秉承初心，戮力前行，展现迈入新时代的新作为，实现新跨越。

六、弘扬劳模精神之歌，情系城市黄玫瑰献礼环卫工人节

富源县城市管理综合行政执法局下属县环境卫生管理站环卫工人胡金娣、秦红珍先后获得县级劳动模范荣誉称号，2013年2月胡金娣获得了全国优秀环卫工人的荣誉称号，她们的荣誉是用汗水守护着这座城市的干净整洁换来的。

她们没有声名显赫的地位，没有惊天动地的壮举，她们只是一名普通的环卫工人。然而，就是这样一位普通的环卫工人在从事着普通甚至部分人认为不起眼的工作时，却以超群的品格、辛勤的劳动、默默的付出赢得了领导和工友们的一致赞许，她们在平凡的工作岗位上留下了闪光的足迹。她们用沙沙的扫帚声扫出整洁的街道为人们迎来黎明，她们又用锵金铿玉的铲垃圾铁铲声将人们送入了梦乡。她们像一朵朵黄玫瑰在大街小巷悄悄绽放！

自2017年8月县环境卫生管理站从中安街道、胜境街道上划到富源县城市管理综合行政执法局管理以来，县城人居环境得到了很大提升，大街小巷干净整洁有序，这些都离不开环卫工人的辛苦劳动。富源县城市管理综合行政执法局深感环卫工人工资待遇低、工作时间长、劳动强度大，不管严寒酷暑、刮风下雨都要坚守工作岗位，保护城市的干净整洁，积极向县人民政府请示提高环卫工人工资待遇，并在每年环卫工人节，积极为环卫工人申请每人200元的过节费，关爱环卫工人，让他们感受节日的温暖。

迈入了新时代后，即使困难重重，我们怎敢忘了亲民、爱民、为民的初心，怎能忘了为市民创造满意的城市环境的使命，只能戮力前行，提高服务型城市管理水平，共谱新时代城市管理新篇章！

市政设施管理迈向"精细化"时代

湖南省长沙市芙蓉区城市管理和行政执法局

在当前我国经济持续快速发展和城市化进程加快的大背景下,我国城市基础设施投资不断加大,市政设施是城市赖以生存和发展的物质基础。市政设施运行管理不仅关乎一座城市的外在形象,还与城区居民的生活和工作密切相关,是城市现代化建设和文明程度的重要体现。当前新经济背景下,市政设施的服务能力、供给能力如何较快提升,使之与广大人民群众对美好生活的需求相匹配,是我们亟需破解的新课题。

推动市政设施精细化管理工作落小、落细、落实、落地,从日常巡查的细微问题着手,落实网格化动态管理,使市政设施存在问题从现场发现、上报维修到整改完成,走向"无空隙"衔接,以"设施完好,施工有序,杆箱合理"为目标,使市政道路精细化管护成为常态。

落实网格化管理机制,针对路面、人行道、路沿石、挡车柱等破损、沉陷、松动、歪斜、缺失,检查井、雨水斗堵塞冒溢,井盖、雨水箅丢失、损坏等问题,坚持随发现、随整治,达到城市道路及附属设施外观完好,无沉陷、坑槽、破损;人行道(含盲道)无缺板、沉陷、松动,沿石无歪斜、缺失,破损。

施工现场讲求有序。严格审批管理,并落实施工现场动态管理,按要求设置公示牌,工程施工现场封闭围挡,机械、工具、材料以及渣土、物料等按规定堆放覆盖;保证工程施工现场围挡外掘路沟槽临时硬化,硬化平整、密实、整洁;完工后现场清理及时整洁。同时对城市道路、广场及周边公共区域设置的各类箱体、杆件不美观不完好,影响市容、阻断视线、玉迫城市空间等问题进行治理,确保合规、美观、完好。

一、突出"常态长效",实现城市维护精细化

(一)重点做好日常维护

累计修复路面35249平方米,人行道20343平方米,更换(修复)破损井盖、井座352套,清浚管网510591米,清淤2997吨;着力加强了路政巡查及数字化案卷处置,数字化案卷来单3698条,处置率和结案率均为100%,结案率达到100%;受理办结路政相关行政许可申请367件。

(二)全面抓好防涝排渍

针对强降雨天气的气象预警,先后启动21次防汛应急预案,加强对主次干道的重点巡

查，对易积水地段实行重点值守，共出动处险人员 2646 人次和车辆设备 735 台次，对辖区内强降雨防内涝排渍工作开展情况发出五期督查通报，确保第一时间内各处内涝险情得到快速、妥善处置，全年城区内无大面积、长时间积水。

（三）全力确保生产安全

积极开展安全生产大检查，确保全年无重大安全事故；集中开展全体干部职工安全教育 2 次，安全讲座 1 次，应急演练 1 次；按时完成区政府交办的 4 台黄标车清理报废任务。

（四）大力推进文明创建

对辖区所有的主次干道、支路街巷，按照网格化分解表层层落实责任，积极配合区文明办，完成临时交派的任务，让文明创建的成果真正惠及群众。今年文明创建共修补沥青路面 28585 平方米，修整人行道 12735 平方米，安装隔离设施 1134 个，疏浚管道 249387 米，清掏化粪池 12645 座；重点对火车站广场、五一路、八一路、车站路、芙蓉路、解放路等区域开展文明创建"大清扫、大清理"活动，提升了服务水平，弘扬了文明风尚。

（五）努力提高数字化城管案卷处置率

落实《城管 110 投诉电话处置方案》《区 12345 投诉电话处置方案》等规章制度，1-11 月月底处置 12345 工单约 259 条、城管 110 案件约 108 条，群众求助电话约 551 条，共约 918 条。

二、突出"又好又快"，实现综合整治全面化

（一）火车站周边综合整治

市政共出动管理人员 73 人次，维护人员 758 人次，车辆设备 206 台次，对火车站道路进行日常维护，修复人行道 371 平米，摊铺沥青约 3105 平米，疏通泄水井 163 个，疏通管道 2200 平米，用切实的行动维护了城市心脏的形象。

（二）"五一广场商圈"综合整治

根据省、市、区打造精品"五一商圈"的要求，在短短 3 个月内相继完成了新世界百货前坪、黄兴路高架桥桥下、苏宁电器前坪、平和堂前坪等路段的提质改造，对五一商圈标示标牌实行"多杆合一"，铺油 272 平方，新划标线 562 平方，拆除标牌 175 块和标牌竿 97 根，人行道板更换改造 1245 平方，安装更换隔离柱 142 根，清掏泄水井 268 座，改迁消防栓 6 座，极大地改善了五一商圈的购物环境。其中，五一大道新世界百货前坪及台阶原为麻石板，因年代久远且地下管线敷设较多较浅，原有人行道沉塌且破损情况较严重，且消防栓及通信变电箱基站较多，对五一商圈整体市容环境造成一定影响。区市政部门于 2018 年 10 月 8 日至 11 月 2 日对新世界百货前坪及台阶进行了提质改造施工处理。共重新敷贴人行道板及烧结砖 800 平米，麻石台阶 330 米，连体侧平石 150 米，改迁消防栓 6 座及化粪池 2 座，设置隐形井盖 25 座，移除路灯 2 座，天网一座，电信箱柜 2 座，提升了五一商圈的购物环境，得到了区领导的肯定和社区居民的认可。

（三）龙舟赛区周边综合整治

根据"中华龙舟大赛"期间城市环境综合整治工作的要求，对赛区周边的市政基础设施进行了重点维护，确保了中华龙舟赛顺利举行。

三、突出"精品意识"，实现项目建设标准化

（一）"一圈两场三道"建设稳步推进

根据长办发 [2018]18 号文件的通知精神，2018 年我区人行道新改建设任务共计 19 条，共计 24.4 公里。其中改建任务是 16 条，22.18 公里，新建道路 3 条，2.22 公里。目前，芙蓉区新建道路全部完成，完成率 100%；改建道路 20.83 公里，完成率 93.91%。

（二）支路街巷提质改造进展顺利

全年预计改造 10 条支路街巷，目前已完成了 4 条改造计划，红湖路、新军里 - 桐荫里巷、复兴街巷、南元宫巷和龟山路正在紧张施工，朝阳路已进驻施工，预计 12 月中旬竣工。

（三）浏阳河沿线泵站建设

根据市河长办和区委区政府的工作部署，在任务重、时间紧的情况下，我局负责的东屯渡泵站、亭子港泵站旱季截污工程从 8 月份进场，10 月份就完成了堰门安装、分流井、绿化、围墙等工作。

（四）重点项目高效完成

高效提质小区综合环境，先后完成向阳苑小区提质改造，晓园公园红旗渠抢险工程，改造 2 处港湾式公交站；定王台街道凤凰台下水管网改造和城建职院道路排水改造项目已经完成立项，预计年底完成改造。

四、突出"以人为本"，环保工作精准化

（一）稳步推进蓝天保卫战

配合市、区"蓝天保卫战"重点工作，着力解决辖区道路破损、施工围挡不规范、建筑工地偷排污水等大气环境问题；全力推进社会化路面修复，对全区重要路段 13 处未硬化社会化路口进行了沥青摊铺处理，共计摊铺沥青 7562.5 平米。

（二）严格落实河长制工作

每周对全区 11 个排水口实行动态巡查，确保每个排口干净整洁，河面无漂浮物。同时，积极开展雨污管道疏浚，保持排水通畅，组织实施东屯渡、亭子港排口旱季截污工程，确保在旱季污水不溢流。

（三）加强环保督察案件办理

在中央环保督查期间，班子成员联点 11 个自排口，做到定点定人，按照值班表执行 24 小时值班制度。配合环保督查部门，积极处理环保投诉案卷 2 件，其中 1 件主办，1 件会办，确保案件按时按质整改到位。

推进生活垃圾分类 提升城乡人居环境

——城乡生活垃圾分类处理工作的探索与思考

江苏省盐城市盐都区城市管理局 范龙华

党的十八大以来，以习近平同志为核心的党中央高度重视城乡生活垃圾分类工作，中央城市工作会议、农村工作会议、一号文件等重要会议和文件作出一系列部署安排。2016年12月，习近平总书记在中央财经领导小组第十四次会议上再次强调，普遍推进垃圾分类制度，关系13多亿人生活环境改善，关系垃圾能不能减量化、资源化、无害化处理。2018年11月6日上午，习近平总书记在上海虹口区视察时表示，垃圾分类工作就是新时尚。习近平总书记作出的一系列重要论述为全国开展城乡生活垃圾分类工作指明了方向、提供了根本遵循。盐都区委、区政府深入贯彻中央、省、市决策部署，将垃圾分类工作纳入"两减六治三提升"专项行动，摆上了前所未有的突出位置。经过一年多时间的推广实施，取得了一定的成效。最近，我们对盐都区稳步推进城乡生活垃圾分类处理工作开展情况进行了专题调研，现将调研情况汇报如下：

一、工作开展情况

2017年以来，我区坚持以人民为中心的发展思想，遵循"减量化、资源化、无害化"原则，积极推行城乡生活垃圾分类试点工作，城乡生活垃圾治理水平稳步提升。

（一）宣传引导组织发动方面

实施城乡生活垃圾分类，主体是群众，只有加强宣传，教育引导群众积极参与，垃圾分类推进工作才能事半功倍。我区以媒体宣传、社区宣传、课堂教育为主要途径，广泛开展城乡生活垃圾分类处理宣传和动员，培养居民、学生等不同群体的生活垃圾分类意识和习惯，营造了全社会参与生活垃圾分类工作的浓厚氛围。多层次举办垃圾分类业务知识培训班，提高机关事业工作人员、志愿者、居民对垃圾分类的认知，提升他们开展垃圾分类的业务技能。同时，区成立城乡生活垃圾分类领导小组，制定出台《盐城市盐都区城乡生活垃圾分类工作方案》，明确了试点范围、分类模式、工作目标等，各试点镇（街道）同步成立领导小组，出台工作实施方案，从制度和责任上健全了工作机制，有效地推进了垃圾分类试点工作。

（二）生活垃圾分类扩面方面

我区城乡生活垃圾分类起步于 2017 年，先从垃圾治理基础较好的主城区 16 个单位以及郭猛镇和楼王镇启动试点，2018 年，扩大到全区所有机关事业单位、主城区 73 个小区以及郭猛、楼王、大冈、龙冈、大纵湖五镇共 45 个村居。

截至目前，全区党政机关、事业单位等公共机构垃圾分类基本实现了全覆盖；在全市率先试点智能分类，2017 年 5 月 17 日，香城美地小区建成了智慧分类应用系统，使小区垃圾分类实现了源头可溯、精准管理和有效激励，引导市民养成良好的垃圾分类习惯；主城区实施垃圾分类小区全覆盖，建成垃圾分类示范小区 16 个。期间先后采购 200 台智能垃圾分类设备，向居民户发放套装分类垃圾桶近 1.14 万余只，共产生回收垃圾 99.2 吨，厨余垃圾投放 15.53 万余次，其它垃圾投放 14.86 万余次，投放准确率达 80% 以上。

（三）垃圾处理设施建设方面

我区高度重视城乡生活垃圾分类终端处理设施建设。去年，区城管局新建 1 座小型有机垃圾处理站，购置餐厨垃圾处理设备以及 5 吨餐厨垃圾运输车 1 台，引进餐厨垃圾内循环模式，通过处理产生有机肥料，实现餐厨垃圾资源再生利用，累计收集餐厨垃圾 330 吨，产生有机肥料 0.3 吨。郭猛镇投资 125 万元，建设占地 2560 平方米，日处理能力 15 吨的农村生活垃圾生态化处理站 1 座，试点农村有机易腐垃圾生态处理，去年被列为农村生活垃圾省级试点镇。其他试点乡镇全面加快垃圾分类步伐和生态化处理站设施建设，大冈、龙冈、大纵湖三镇预计年底建成运行。与此同时，区级层面加快垃圾分类设施工程项目建设，区生活垃圾分拣中心、有机垃圾处理中心和建筑垃圾临时调剂场正在办理相关手续。

二、存在问题

虽然近两年来我区城乡生活垃圾分类处理工作取得了较好成绩，但也存在一些问题：

（一）思想认识尚有差距

目前我区生活垃圾分类处理工作尚处于起步阶段，存在"上热下冷"现象，居民的分类意识、环保意识、环保素养还有待于进一步提高。从政府层面看，相当部分镇村干部对生活垃圾分类处理工作的认识有误区，认为这项工作投入和运行成本过高，只要过得去就行；从社会层面看，个别居民受生活习惯或各种思想顾虑的影响，对生活垃圾分类存有抵触情绪，还有部分小区物业公司认为这纯粹是尽义务的"繁琐事"，在垃圾分类设施设备进小区布点时不愿意配合，不情愿参与。

（二）处理设施建设较慢

受邻避效应、土地指标等因素影响，我区生活垃圾分拣中心、有机垃圾处理中心、建筑垃圾临时调剂场以及试点乡镇生态化处理站普遍存在选址周期长、定点难，环评程序复杂的问题。区城管局年初就已着手建设生活垃圾分拣中心、有机垃圾处理中心，但目前建设用地、规划等相关手续仍未办理到位，尚未正式动工。试点乡镇生态化处理站虽然年底能建成运行，但是无相关规划、环评以及用地手续。

（三）处置体系有待完善

目前我区大量的生活垃圾缺少专业化、系统化处置手段，迫切需要寻找出路。除了餐厨垃圾由江苏大吉餐厨垃圾处理厂统一收集、运输、处理外，其他垃圾处置体系亟需完善。比如建筑垃圾产量越来越多，解决建筑垃圾出路问题已刻不容缓，但目前还未完全实行资源化处理；有毒有害垃圾种类较多，但由于缺乏相应专业处理公司，目前仍主要靠暂存解决；大件家俱废弃现象呈现常态化，目前缺少再生利用途径等等，这导致部分生活垃圾分类清运不彻底，引起了不少居民的质疑，从而影响了居民参与生活垃圾分类的积极性和主动性。

（四）资金投入压力较大

近两年来，区、镇两级虽然已投入一定的财政资金用于生活垃圾分类处理硬件设施建设，据初步测算，区镇两级已投入 3450 万元。但后续的运行管理等方面更需大量的资金投入，尤其是乡镇资金压力特别大，单凭财政资金投入为主的保障机制不可持续，这也导致部分镇村干部推进城乡生活垃圾分类积极性不高。

三、对策措施

城乡生活垃圾分类是一项复杂的系统工程，也是一项长期而艰巨的工作任务，更涉及到高质量发展指标考核，需要全区各层各级和社会各界全员参与、全民动员、全力以赴，从而顺利推进生活垃圾分类，不断提升城乡人居环境。

（一）强化宣传发动

通过开展城乡生活垃圾分类"进机关、进学校、进社区、进家庭、进企业、进商场、进宾馆"活动，将生活垃圾分类纳入文明单位、文化下乡、社会实践、志愿活动等范畴，尤其是要将在校学生、物业管理、家政服务的从业人员以及机关事业单位工作人员，列入分类宣传、教育、培训的重点对象，提高全民生活垃圾分类意识。同时要与即将开展的美丽楼宇、美丽街区、美丽社区创建活动有机结合起来，努力营造"政府倡导、社会支持、人人参与"的良好氛围。

（二）强化设施建设

加快推进生活垃圾分类收运处置基础设施建设，重点开展生活垃圾分拣中心、建筑垃圾资源化处理厂和有毒有害垃圾收运处置设施建设。将其纳入公建配套项目优先保障建设用地，列入土地利用年度计划和建设用地供应计划。同时，在建设生活垃圾分类处理设施中，要多措并举，妥善解决"邻避效应"。推动生活垃圾分类处理项目规划选址、审批、建设运行全过程信息公开，加强舆论引导，开展典型示范宣传，建立利益补偿机制，力争将"邻避"变为"邻利"。

（三）强化科技运用

加快开发智慧垃圾分类系统，与城乡生活垃圾信息系统两网融合。运用互联网大数据统计的利器，把垃圾分类的数据通过报表清晰呈现，同时通过 PAD 手持终端，在电脑或手机端随时随地监控垃圾分类数据，通过技术来保障分类效果，实现"前段分类智慧化、过程管控可视化、因地制宜减量化、收运处置一体化"的目标。

（四）强化资金保障

要加大资金投入，多渠道筹措资金，落实经费，保障设备投入和管理资金足额到位。要按照《国务院关于加强城市基础设施建设的意见》要求，探索建立政府与市场有效融合的生活垃圾处理投融资体制，通过特许经营、投资补助、政府购买服务等多种形式，吸引包括民间资本在内的社会资金，参与到生活垃圾分类的设施体系建设和管理运营中来。

（五）强化督查考核

要推进垃圾分类目标管理制度，分解落实年度工作目标任务，科学统筹安排好垃圾分类推进工作。要建立健全垃圾分类工作考核评价体系，建立日常督查考核制度，加强生活垃圾分类工作的考核检查指导工作，把握好时间节点和工作时序，确保垃圾分类工作有力、有序、有效推进落实。区垃圾分类推进工作办公室将加强针对性检查，定期进行评价考核，并将考核结果公开，接受社会监督，督查工作任务落实，努力汇聚垃圾分类工作的强大合力。

四大创新实践 绣花功夫精细化管理
助推梁溪区市容顽疾根除和洁美有序中心城区建设
——梁溪区马路市场疏导点变形记

江苏省无锡市梁溪区综合行政执法局局长 李三元

今年，在无锡市梁溪区委、区政府的坚强领导和市城管局的精心指导下，梁溪区综合行政执法局坚决贯彻梁溪区"打好攻坚战，实现新突破"的指示精神，以进一步做优、做精、做美中心城区，提升首位度、增强美誉度，确保高水平全面建成小康社会，加快建设"强富美高"新梁溪为总要求，以7大马路市场疏导点（上马墩、槐古支路、芦庄北路、清扬新村、清名一村、塘南新村、江海小商品市场）综合整治为城市精细化管理切入点，以理念创新为牵引，体制机制创新为基础，方法手段创新为抓手，长效管理创新为根本，强势推进马路市场疏导点环境综合整治，为有效化解全区市容热难点问题、改善市民生活环境、提升城市面貌基本面、增强城管队伍战斗力、加快"品质梁溪"建设等提供有力支撑。

一、理念创新
（一）挖掘历史，彰显梁溪文化底蕴

城市精细化管理要于细微处见文化、见功力。在疏导点整治初期，梁溪区综合行政执法局以勇于承担社会责任的态度，坚持挖掘、拓展疏导点及周边历史文化，通过空间规划、景观设计等方式，将符合建设条件的疏导点打造成带有自然人文气息的高品质生态游园，为百姓享受美好生活提供有力支撑，以上马墩疏导点整治为例，根据"上马墩"由来的历史典故以及周边居民健身需求，在疏导点内建设"白马公园"，并将历史典故镌刻在墙上，展现"最无锡"的文化魅力。目前，公园已竣工验收，两侧粉墙黛瓦、内部绿树成荫，休闲亭廊与景观植被相映成趣，成为附近居民休闲娱乐、追忆乡愁情怀的小天堂，受到市民群众的广泛好评。

（二）坚决拆除，消除城市发展阻碍

梁溪辖区现存的疏导点最早可追溯到二十多年前，部分街道以便民疏导点的形式设置固定经营场所，缓解私自摆摊设点带来的经营秩序乱、市容市貌差、安全隐患多等问题。

经过多年使用，疏导点基础设施老化、人流车流拥堵、长效管理措施落后等问题逐步暴露，已从设置初期的"便民"疏导点演变成了后来的"扰民"马路市场，严重影响了周边居民的生活秩序，也阻碍了梁溪区城市更新的进程。对此，区综合行政执法局坚决扭转思路，以勇于摸"老虎屁股"、敢于向市容痼疾顽症"开刀"的坚决态度和顽强决定，摒弃过去常规的整治、管理等约束性手段，转而通过改造、拆除、调整经营业态的方式，不惜重金，让马路市场疏导点这一不符合现实需求的经营场所退出历史舞台，从根本上解决市容秩序问题，为城市更新、社会发展奠定坚实基础。

（三）堵疏结合，直击工作痛点难点

针对疏导点整治的"老大难"问题，区综合行政执法局坚持以刀刃向内、自我革新的勇气和正视问题、刮骨疗伤的自觉，向陈旧观念、经验主义、墨守成规"动刀"，直接面对、直接解决工作痛点难点。以上马墩疏导点为例，作为全区疏导点整治中难度最大的一处，我局坚决将其作为疏导点整治的第一站，在毫无经验借鉴的情况下，由局主要领导亲自考察、亲自部署、亲自把关、亲自协调，历时12个月，投入近1000万元，以巨大的政治勇气和顽强的意志决心克服困难风险，顺利完成全部169家商户、198间房屋的统一拆除工作，并在靖海农贸市场、塔影景苑原吉麦隆超市妥善落实原疏导点内商户分流安置工作，在原址建设带状口袋公园，为上马墩疏导点脱胎换骨打下坚实基础，也为提振城管工作精气神做出表率，为今后城管工作树立榜样示范。

二、体制机制创新

今年，梁溪区7个马路市场疏导点整治已完成上马墩小商品市场、清名一村、清扬新村、塘南新村4个，剩余的江海小商品市场、槐古支路、芦庄北路3个疏导点正在改造中。能够迅速同步推进多个疏导点整治工程与体制机制的创新密不可分，其中重点在于让街道成为城市管理的主体，通过充分激发街道能动性，把握工作主动权，确保整治工程顺利完成。

（一）街道为主，区街联动

在今年4月初，根据区委、区政府对马路市场整治的有关要求，上马墩街道积极组织、精心谋划，一改过去只成立一个小组的工作方式，成立由街道主要领导亲自挂帅的工作领导小组、谈判小组、维稳小组、宣传小组，并调动全街道各科室人员分成12个攻坚分队，上门对市场内169户业主发放告知书，解释相关政策，详细摸清每个业主的基本情况及诉求，并留存相应工作记录和图片依据。经过20天不分昼夜、耐心细致的工作，市场98%以上的业主与街道签订了搬迁协议，为后续的市场拆除工作夯实了基础。各个攻坚分队分工协作，街道每天召开分析推进会，集体沟通、协调各组遇到的问题，制定解决方案。对极个别业主提出的无理要求，街道对接维稳办、公安、城管等部门协同处理，向其讲明政策，分析利弊，敦促其做好配合工作。事实证明，这种联动机制十分高效有效，上马墩疏导点内 98% 的店面在一个月左右都被顺利拆除。后期，芦庄北路疏导点整治在借鉴上马墩市场整治模式、经验的基础上，势如破竹，高效推进。

（二）立足全局，带头示范

马路市场疏导点整治的范围涉及街道多年延续下来的资产和店铺，在区里决定开展整治后，各有关街道牢固树立大局观念，不计得失、自我开刀、自损财收，带头拆除属于街道的店铺，为推进整治工作示范引航。早在去年 8 月，南禅寺街道在整治塘南新村疏导点时，就刀尖向内、带头示范，首先拆除街道自建的店面房 13 间、临时搭建设施 40 余处，对疏导点内其他商家产生强烈震慑作用，确保商家无条件配合整治工作，从而推动街道顺利拆除塘南新村疏导点内 134 处、1600 余平方米违章建筑。这种机制，在今年上马墩街道、金星街道的马路市场整治中，同样收到了令人满意的效果。

（三）跨区合作，联合执法

在江海小商品市场疏导点整治过程中，江海街道积极与新吴区江溪街道协商，就两区"夹花地带"的管理工作达成多项合作。一是江海街道在井亭路设置"城管联勤工作站"，管理范围包括原东风市场江溪街道所属的村道（井亭路至邓周桥桥面）。二是新吴区江溪街道在江海城管中队办公场所西侧，提供约 300 平方米场地，作为双方城管队员停车及物品堆放的配套场所。三是双方各派驻 2 名队员驻守工作站，依照各自权责联合办公，并由双方共同建立考核评价制度，互相督查考核。四是按照精细化管理标准，由江海街道、江溪街道共同制定市容管理标准，规范"夹花地带"市容秩序，达到长效管理、长治久好的目标。这种模式同样应用在上马墩小商品市场西头延伸段的整治和长效管理中，有效保证了城区交叉地带道路通畅、市容市貌整洁有序。

三、方法手段创新

梁溪区在马路市场疏导点市容环境综合整治过程中，由区级把握大方向，条线部门全程指导协调，属地街道靠前担当作为，属地城管、公安、综治、民政、司法等部门积极参与、各负其责、高效履职，通过"拆、整、建、新、管"的五步工作法，确保马路市场疏导点治理取得显著成效。

（一）拆

一是多部门联动保障，各街道联系公安、维稳办、综治办、消防等部门形成综合保障方案，由宣传部门稳定舆情舆论，公安部门加强治安巡防，消防部门完善隐患排查，卫生部门提供现场医疗保障，实现多部门、全要素、全方面保障，确保拆除工作稳步推进。二是落实拆后保障措施，在原吉麦隆超市、靖海农贸市场、地铁商铺等地分流经营户，并继续挖掘安置点，完善后续服务，做好跟踪服务以及思想稳定工作，对特困户牵线搭桥实施结对帮扶，尽可能化解承租户持续经营压力，提供更多人文关怀。

（二）整

摒弃整治、拆除等单一型工作方式，着眼于空间一体化综合整治，在整治占道经营等违法行为确保基本市容秩序的基础上，通过更换人行道板砖、增设文化景观小品、重新打造花坛绿化等方式，提升环境品质、市容秩序，让整治区域焕然一新。同时，最大限度挖掘区域历史文化典故，融入疏导点整治后期的设计中，充分展现文化底蕴，提升城市品质。

（三）建

一是进行立体化建设，除道路拓宽等常规性改造手段外，将改造视线向墙面等立面区域延伸，通过立面改造、亮化更新、墙面植物配置等方式，打造立体化景观建设。二是在建设过程中积极对接相关单位，做好前期准备工作。例如，在上马墩疏导点原址上建设口袋公园的过程中，梁溪区综合行政执法局主动对接供水、燃气、电信、电力等管线主管单位进行多次磋商、现场管线交底等工作，避免反复施工和资源的浪费。

（四）新

疏导点综合环境整治不局限于还路于民，还致力于通过门头店招包装出新、基础设施更新建设、雨污分流、管线入地、增设路灯、调整交通设施等手段优化疏导点内部环境。通过引进便民服务行业，规范经营、管理方式，调整经营业态，优化经营秩序，为周边居民提供便捷的城市基础服务。

（五）管

疏导点改造工程的完成并不代表整治行动的结束，为防止疏导点内部私自摆摊设点、占道经营等违法行为回潮反弹，在疏导点改造完成后，区综合行政执法局联合属地街道指导管理人员对疏导点进行规范化管理，通过实施"标准化"五包管理、制定一系列管理公约等方式约束秩序问题。同时，加强与市政、绿化、公安、治安、物业等部门的密切配合，形成综合管理执法联动工作机制，共同把整治工作抓牢抓实，从根本上改变过去环境脏乱差、道路通行难、市容秩序乱等现象。

四、长效管理创新

（一）健全群管共治机制

由于店外经营、无证设摊具有流动性、随机性、不定时性等特征，仅依靠城管队员、街道社区工作人员的日常管理，很难保持长效。通过引进志愿者、义务监督员的方式，让社会力量积极参与社会共治，实现用"群众的眼睛"发现问题，构建多元主体参与、共同监督制衡的格局，有效缓解管理过程中产生的矛盾，提升了管理效率。其中，上马墩、江海、清名桥、南禅寺街道积极协调社区公益志愿者，以建立微信群的方式，形成信息互动，积极配合城管执法中队、物业公司，长期参与疏导点治理，有效发挥志愿者服务优势。清名桥街道邀请社区有威望的群众组建义务监督员队伍，共同营造集体参与监督的良好氛围。

各项配套制度、专门运行经费也将逐步落实到位,确保长期保持疏导点环境品质和市容秩序。

（二）引进"管家式"管理体系

上马墩小商品市场疏导点、塘南新村疏导点、清名一村疏导点和清扬新村疏导点引入专业物业管理公司进行"管家式"管理,通过市场化运作提升管理层次,确保疏导点的经营环境和市容环境规范有序。在塘南新村疏导点整治中,南禅寺街道建立城管、社区、物业三级协同管理机制,对疏导点内的经营秩序进行严格监管,杜绝越位设摊、店外摆摊等行为。清名桥街道和物业公司签订了奖惩协议,进行全天候管理,物业保洁人员每天定时清扫,市场管理员严格监管越位设摊,督促摊主保持摊位周边卫生。

（三）强化商家自治机制

结合城市精细化管理,通过商家公约式管理等自治模式,精准责任定位,强化自我管理、共治共管、共建共享的责任意识,充分发挥商户主体作用。清扬新村疏导点成立商户自治组织,激发自治潜力,共同营造干净整洁经营环境。清名桥街道设立"城市管理保障金"制度,和商户签订保证金缴纳协议,督促商户自觉管理、监督门前五包责任范围,开创公约式管理新模式,确保疏导点在整治工作结束后仍能保持长治久好,不反弹、不回潮。

综上所述,在以上四大创新实践举措的引领下,2018年,梁溪区5个街道7个马路市场疏导点整治快速、有力推进,全区市容环境面貌不断改观、稳步提升,老百姓的获得感、幸福感进一步增强,城市品味、城市功能日趋提高完善,不仅展示了梁溪区城市管理系统良好的精神风貌和敢于碰硬、敢打必胜的优良品质,也为全市解决类似城市管理棘手问题提供了可借鉴、可推广的成熟经验,更为优美环境合格区建设、提升城市精细化管理水平打开了良好局面。

动真碰硬治"六乱"

——新疆阿勒泰市行政执法局扎实推进城市管理　打造宜居阿勒泰

新疆阿勒泰市行政执法局

阿勒泰市行政执法局简介：新疆阿勒泰市城市管理机构成立于 1992 年 10 月，为参照公务员管理事业单位。2013 年 6 月，在原阿勒泰市城市管理监察大队的基础上，组建阿勒泰市城市建设综合执法局，机构规格为正科级。2015 年 5 月，又重新组建阿勒泰市行政执法局，核定编制 5 名；行政执法大队核定编制 30 名，现有在编人员 23 名（从阿勒泰市城市建设综合执法局整体划入），协管员 6 名，公益性岗位人员 50 名，临时工人员 20 名，共计 99 人。内设办公室、财务室、法制室、宣教督查室、综合业务室等 6 个科室；执法大队下设金山路中队、解放路中队、团结路中队、恰秀路中队、规划中队和违章车辆处理中队六个中队。主要职责是：行使市容环境卫生、园林绿化、城市规划、市政公用设施、环境保护、工商行政及公安交通管理等涉及到城市管理方面法律法规和规章规定的行政处罚权。

近几年，是阿勒泰市城市建设快速发展时期，也是阿勒泰市行政执法局推进新实践、展示新形象、开创新局面的重要阶段。行政执法局自组建以来，坚持以习近平新时代中国特色社会主义思想为指导，紧紧围绕党的十九大会议精神，认真贯彻落实阿勒泰市委、市政府关于城市管理工作的部署和要求，坚持依法行政、文明执法，把打造学习型、素质型、能力型、正规化的一流执法队伍作为工作目标，创新管理方法，积极开展城市管理和谐执法新尝试。在推进全市"拆违治违专项治理"工作基础上，做实做细城市管理各项工作，城市容貌明显改观，环境卫生显著改善，违法建设得到有效遏制，为山城各族人民营造了一个整洁、尤美、和谐、安全、宜居的精彩阿勒泰。

一、强化组织领导，推动全面从严治党向全局延伸

今年以来，行政执法局以学习贯彻党的十九大、十九届二中全会等各项会议精神为统揽，以开展"不忘初心、牢记使命"学习活动为契机，扎实推进全面从严治党主体责任落实。为全面提升局领导班子整体水平和决策能力，执法局要求班子成员以身作则，牢固树立"打

铁还需自身硬"思想，带头抓好政治理论与业务知识学习，为全局执法人员树立好榜样。

执法局党政领导班子能够严格执行廉政建设有关规定，坚持政务公开，规范工作程序，自觉维护党中央和上级党组织权威。认真贯彻执行党的基本路线、方针和政策，坚持民主集中制原则，各司其职，各负其责，重大决策坚持集体研究决定，做到了在大是大非面前旗帜鲜明，在重大问题上坚持原则，政治鉴别力和政治敏锐性较强，关键时候经得起考验。班子成员坚持在学中干、干中学，切实加强对城市管理相关法律法规和业务知识的系统学习，并注重结合工作实际，正确处理严格执法与文明执法的关系。深入研究思考城市管理领域一些亟待解决的深层次问题，积极探索城管行政执法与建立长效管理机制的新思路和新方法，使城管执法工作始终依贴依法行政的轨道。

一年来，坚持哪里有困难，哪里就有领导的身影，越是矛盾繁杂，越是艰难险阻，领导越是冲锋在前，整个班子集中精力想事情、抓事情、做事情，使城管执法改革创新不断取得新突破。

二、坚持强根固基，始终把工作的关键点放在加强执法队伍建设上

抓好队伍建设，是搞好行政执法的关键。执法局始终把队伍建设放在极其重要的位置，多措并举，努力锻铸一支"政治坚定、作风优良、纪律严明、廉洁务实"的文明执法之师。

全面加强政治理论和业务培训。执法局根据教育学习计划，围绕总目标补短板，抓好全局人员重大理论学习、思想政治教育和城市管理执法等相关法律法规学习。除开展习近平总书记系列讲话、十九大会议精神等政治理论集中学习外，还组织各中队人员重点学习了《中华人民共和国城乡规划法》《城市市容和环境卫生管理条例》等法律法规，使城市管理执法干部不断开拓思路，提高能力，确保每名队员在工作中能够做到学以致用，推进管理工作顺利进行。

在执法过程中推行"721"工作法。大胆探索城市管理新方式，积极倡导"721"工作法，即让70%的问题用服务手段解决，20%的问题用管理手段解决，10%的问题用执法手段解决，变被动管理为主动服务，变末端执法为源头治理。

推行执法全过程记录。通过文字、音像、执法记录仪等现场执法记录设备等方式，对执法活动全过程进行记录，客观、公正、完整地记录执法工作情况和相关证据，实现全过程留痕和可回溯管理。对现场执法活动中容易引发争议和纠纷的，实行全过程音像记录。2017年执法局新配置40余台执法仪，实现了全过程留痕和可回溯管理。

建章立制，严格队伍管理。完善城市管理执法队伍管理制度，2017年，新建、修改《城市管理执法人员先进中队、优秀队员评选方案》《执法人员着装管理规定》《干部职工学习制度》《五条禁令》等27项制度，废除28项制度，做到着装整齐、用语规范、举止文明，进一步规范城市管理执法队伍管理。

三、继续推进拆违力度，用动真碰硬的切实行动锤炼干部作风

根据《自治区城市建成区违法建设专项治理工作五年行动方案》，执法局自2017年6月正式启动"阿勒泰市拆违治违专项治理"行动。在拆违行动中，执法局用动真碰硬的切实行动锤炼干部作风，以干部过硬作风推动"拆违治违"取得实效，让广大群众切实感受到城市管理的新变化、新成效。

转作风，提效率，促进拆违工作深入开展

执法局作为拆违行动牵头单位，自行动开展以来，所有队员顶烈日、冒酷暑、淋大雨、战严寒，始终坚守拆违一线，拆除一处接着转战下一处，没有休息日，发扬不怕吃苦连续作战的精神，每日将近14个小时进行拆违工作，用实实在在的行动推动拆违工作稳步推进。面对部分群众的不理解或辱骂，队员们耐心讲解法律法规，劝导群众积极配合；机械坏了，他们就用手推；群众要求帮忙搬运违建内杂物的，无论是上百公斤的石头还是结了蜘蛛网的废旧衣物，都积极帮忙搬运。

以身作则，率先垂范，充分发挥党员先锋模范作用

在拆违过程中，领导干部亲自挂帅，亲历亲为，不仅有利于推进工作，对参与拆违的队员也是极大的鞭策和鼓舞。执法局局长也尔扎提·吐斯别克每天带领队员在一线拆违，平均每天工作16个小时。大家都休息了，他还坚持自己巡查各个路段，总结一天的拆违工作经验，制定第二天的拆除方案。对群众举报的违建一一落实，对群众反映的问题耐心解答，对违法建筑一视同仁，不徇私情，始终秉持着违法建筑没有特殊的建筑、没有特殊的个人与单位的信条；大队长代启龙上至联系挖掘机、维修机器等，下至买水买加班餐，事事亲力亲为；20岁出头的金山路中队长胡安在拆违中腿部受了伤，可他说"轻伤不下火线"，硬是绑了绷带坚持拆违；还有叶克盆、金恩斯、石富军等其他中队长在拆违中始终冲在第一线，处处起到表率作用。

抓落实，见实效，城区环境面貌焕然一新

今年是拆违工作的关键之年，也进入了拆违工作的攻坚克难阶段。从拆违开始截至2018年12月12日，执法局累计出动人员2.84万余人次，出动车辆4080余车次，拆除各类建筑5892栋共32.23万平方米。其中拆除楼顶违法建筑173户185栋，共计6292.5平方米；恢复窗改门和住改商建筑共224户，共计2.37万平方米；拆除围墙7920米；清除非法圈占土地16.46万平方米。

继续保持新建违法建筑零增长的态势

拆违工作取得了显著成效，清除了历史遗留的少数人侵占大多数人的利益问题，让出公共空间，拆除了个人侵占公共用地，做到了共享公共空间，还公共用地于多数市民，为实现五年拆违规划目标打下了良好基础。

四、坚持治脏治乱，始终把工作的突破口放在解决热点、难点问题上

持续开展"六乱"整治，打造优美宜居环境

一是加强城市"牛皮癣"的治理。加大非法张贴、涂写小广告的清理力度。二是加强经营秩序管理。集中整治城区主次干道占道经营、流动经营、店外经营和马路市场等违法行为，加大乱堆乱放扯乱挂整治。

规范整治广告牌匾，提升城市整体形象

一是对主街广告牌匾进行全面排查，2018年拆除破旧店面牌匾76块，限期整改35家。二是把好广告牌匾审批关，对新更换的名头牌匾，严格按照《阿勒泰市户外广告设施设置管理办法实施细则》标准要求审批，主街门头牌匾明显规范。

严查侵占公共用地，保障多数群众利益

今年5月和9月，开展侵占城市公共用地和城市绿地种植蔬菜、堆放物料的专项整治，强制清理非法圈地1.1万余平方米，其中清理占用公共用地种植蔬菜230余户，铲除菜园4830多平方米，清理占用城市绿地堆放物料120余起，维护了多数群众的利益。

严管重型车辆进城，缓减城市交通压力。进一步加强对重型车辆进城的交通管制，根据工程建设需要，对重型车辆办理临时进城通行证，按照规定时间、路线进入城区。同时加大对运输砂石料、渣土车不覆盖篷布、不做密封，造成"抛撒滴漏"车辆的查处力度。

强化农贸市场管理，营造良好市场环境

2017年底至2018年初，完成了金山市场、中心市场的全面改造，彻底扭转了阿勒泰市农贸市场环境差、秩序乱的局面，从根本上解决了我市农贸市场存在多年的安全隐患。今年初由市场办接管了中心市场和金山市场的日常管理，重点加强市场内外环境卫生、店外堆放经营、露天摊位设置的管理。

依法防止大气污染，助推美丽家园建设

一是强化油烟污染治理，及时处理群众举报油烟污染案件和市环保局转办案件。二是加强建筑工地扬尘管理，以严格标准保证了建筑施工扬尘防治工作取得实效。

今后，阿勒泰市行政执法局将结合城市管理实际，继续以转变工作作风为出发点，以实施精细化管理城市为目标，着力打造一流的管理体制、一流的市容环境、一流的长效机制、一流的执法队伍形象、一流的服务口碑和一流的政风行风，全面提升城市管理行政执法队伍形象。

全力打造城市管理"浦江标杆"

浙江省浦江县综合行政执法局

　　浦江，古称丰安，有水晶之都、书画之乡美誉，仙华山和"江南第一家"郑义门遐迩闻名，浦阳江孕育了万年"上山文化"。

　　前些年，浦江水晶产业崛起，由于无序发展，污染接踵而来，外来人口成几何倍数增长，短短几年间，浦江从山清水秀的美丽城市，沦为全省水质最差、卫生最脏、违建最多、秩序最乱的"四最"县。又短短几年间，浦江坚持以"八八战略"为总纲，打出了"拆、治、归"转型升级系列组合拳，变成了全县无Ⅲ类以下水体、无裸露垃圾、房前屋后无杂乱堆放、无违法建筑、无非法信访的"五无"县。

　　这些变化离不开浦江干部的努力，其中就有一群"愿做'大黑脸'、愿干最脏活、愿为夜归人"的执法干部，他们用实际行动发扬"对党忠诚，执法为民，纪律严明，捍卫荣誉，勇于担当，敢于胜利"的浦江执法精神。

　　近年来，浦江县综合行政执法局为探索新型城市管理模式，走基层、建机制、强保障，不断抓落实、求创新、促发展，以"巩固、优化、升级、示范"为城市管理要求，重点做好四篇文章：一是完善市容创建机制夯实"基础篇"；二是优化精细管理运行提升"服务篇"；三是强化综合治理模式打造"特色篇"；四是推动数字化转型升级加速"发展篇"。

一、完善市容创建机制夯实"基础篇"

（一）坚持四位一体，走市场化创新之路

　　浦江县综合行政执法局自 2012 年 3 月成立以来，秉持"用心管理城市"的理念，打好城市市容创建管理基础，改变原来由政府负责拨款进行投资和运行管理的传统的环卫运营模式，推进城市管理社会化，引入城区保洁、垃圾分类收集、清运及资源化利用"四位一体"的第三方服务市场机制，进一步提升了环卫作业水平，提高了资金使用效率和服务效果。

（二）细化考核监督，走"协同作战"之路

　　建立环卫区块管理负责制，明确环卫工人 8 小时、12 小时、16 小时清扫制度，严格按照规定时间到岗，进行业绩考核。在管理上，形成区块管理员、环卫人员、检查人员协同作战的良好格局。各区区长、管理员强化每日巡查力度，每日 2 次普扫，主要路段人员保

证 16 小时在岗，每日对道路卫生死角进行清查，包括通风口、小区边角、绿化带明显垃圾，并及时整改存在问题。公厕、中转站管理巡检人员每日至少轮流巡查 4 次，保持全天清洁。

（三）强化硬件配置，走资源整合之路

依托洒水车、扫路车、大型垃圾转运车、小型垃圾收集车、大型压缩收集车、小型挂壁车、抑尘车、吸粪车等作业车辆，平均每日出动道路机械化保洁人员 50 余人次，每天 16 小时对城区各街道及开发区主干道实行不间断洒水作业，每天 8 小时不间断循环清扫；对重点路段、重点区域加大清洗力度和频率，同时根据晴雨天气变化，洒水的频率及模式进行调配，做到最优资源利用。

二、优化精细管理运行提升"服务篇"

（一）市容环境精细化，夯实城市基础

2017 年全国两会上，习近平总书记提出了"城市管理应该像绣花一样精细"的总体要求，要"增强城市精细化管理水平，让人民群众生活更美好"。浦江以打造"精品城市"为载体，统筹规划分步推进，施行精细操作，落实管理责任，进一步提升城市综合管理水平，改善人居环境，实现全域、全时、高品质、精品化、示范化精品城市管理。一方面，以无流动摊贩、无占道经营、无违法广告、无乱挂乱晒、无乱搭乱建"五无"为基础要求推动市容序化；另一方面，以"门前三包到位、环境保洁到位、垃圾清理到位"推动环境洁化；在整洁有序基础上，保障人行道、井盖等路面硬件设施，杆线、指示牌等公共基础设施，树木、草坪等园林绿化设施等"三类设施"完善，整体上提升特色浦江形象。

（二）精品路段示范化，打造城市样板

通过打造江滨路、和平北路、和平南路、新华路等 20 条精品示范路段和人民东路（中山路 - 大桥路）人行道停车示范路，引领全域精品城市创建。精品路段进一步按要求规范城市废土扬尘治理、餐饮长效管理、禁烟禁燃管理、人行道违停秩序管理、户外广告规范设置、防违控违管理等，在此基础上，自我加压，实行全路段无差别的精品街管理。所有街道，不论主次，统一纳入精品城市管理范围，打造精品城市"浦江样板"。

（三）人员管理规范化，提升执法水平

队伍建设是做好城市管理的基础。浦江通过健全执法队伍规范化建设，锻造了一支纪律严明、忠诚可靠、百姓信赖的城市管理主力军。近年来，浦江县城管执法队伍依托浙江省综合执法办案平台试点工作，推进执法办案信息化、智能化，通过浙江政务服务网等信息系统，对行政处罚结果信息进行网上公示，主动接受社会监督，规范权力运行，推行"阳光执法"，落实常态化监督考核及定期通报制度，让失责必问、问责必严成为常态，群众满意度不断提升。

三、强化综合治理模式打造"特色篇"

（一）合署办公，打好"组合拳"

强化担当和创新，将县委县政府设立的 7 个县级办公室即浦江县"三改一拆"办、"无违建县"创建办、"四边三化"办、垃圾分类办、城乡环境卫生整治办、厕所革命办、小城镇环境综合整治办进行"合署办公"，打好"组合拳"，以"三改一拆"作为浦江环境整治的第一突破口，同步推进各项整治工作，城市环境实现翻天覆地的变化。

（二）摸索创新，下好"一盘棋"

"三年目标两年完成"，自 2017 年小城镇环境综合整治行动开展以来，截至目前全县 16 个乡镇（街道）已通过省级验收。在整治过程中探索首创"线乱拉二十字战法"在全省各地被推广运用，全域整治、全域国卫、红色街长制、"花小钱办大事"等特色亮点也都得到省市领导充分肯定。浦江城市建设借力小城镇综合整治行动，进一步统筹了城乡一体化发展，创新推动基层城市治理模式发展。

（三）全民共治，抓好"牛鼻子"

浦江县城市管理以垃圾分类为载体，推动"党建＋"治理模式，深入提升美丽乡村建设，"农村包围城市"，创新"双十"评选，营造"人人参与，创十佳村"的社会效应，以"产业兴旺、生态宜居、乡风文明、治理有效、生活富裕"的总要求，确保村村达到"卫生整洁村"，评选"环境卫生示范村"345 个，彻底整治了农村环境卫生"脏乱差"、乱搭乱建、污泥浊水、畜禽养殖、生活陋习等问题，推动环境卫生管理形成长效机制。

四、推动数字化转型升级加速"发展篇"

（一）智慧城管打造管理"金名片"

浦江创新推出"微信城管"工作方法，坚持统筹、建设、运行、服务"四管齐下"，成为浦江微政务工作的先行者，以"作业本式"交办、"销号制整改，问题不过夜"形式探索出了一条"即发现、即交办、即整改、即反馈"的工作体系，"做好城乡智慧大管家"，实现了"一个中心、三个平台、五个功能"建设与运行。截至 2018 年 11 月底，共计交办城乡管理问题 68356 件，结案率达 98%，实现集管理、服务、分析、应急、考核功能为一体的大数据城市管理模式。

（二）综合执法探索管理"新引擎"

城市管理执法通过完善省综合执法平台应用，实现"立案立录"，执法过程全纪录，实行网上办案，形成智慧化、流程化的行政执法体系，让数据说话、让记录说话，最大程度保证执法过程的合法性和流程的规范性。

（三）"非接触性"执法成为管理"风向标"

浦江探索推行非接触性执法，实行"零口供"办案。通过应用感知智能，建立智能违停抓拍系统，自动识别人行道违停车辆的行为、车辆的牌照信息、违停车辆的具体地址描述等信息，并在核查相关信息后，以自动发送短信的形式对车主进行温馨提示，提醒车主15分钟内驶离，成为"非接触执法"的试点，实现人性化执法，进一步提高城市管理效率。

时代催人奋进，使命激荡人心。这是一个历史新起点，2018年，这是一个精彩的驿站，照亮城市天空的"燧火"交相传递，在短暂的五年时间里，我们的城市管理工作已阔步迈进了精细化、信息化、高效化、民本化的良性发展轨道。

"潮平两岸阔，风正一帆悬"。浦江县综合行政执法局将继续以创造人民更加美好的生活为目标，加快城市管理质量提速，推进大数据城市管理功能全面深化升级，进一步提高管理实效，努力以精彩的笔墨书写城市管理新篇章。

魅力宜居新贵港
荷城贵港展新姿

广西贵港市市政管理局

2016 年以来，贵港市市政管理局紧紧围绕市委提出的"13446"工作思路，以打赢"城市提升主动仗、实现 城市大变化"为目标，深入开展"城市建设管理年""城市形象提升年""城市发展跃升年"活动和"六城联创"工作，补齐基础设施短版，解决了一大批市民反映强烈城市环境问题。城市形象大幅提升，城市功能大幅完善，城市环境大幅改观。

一、域市交通环境大幅改善

高质量完成了贵港城区至兴六高速一级连线和金港大道交通提升工程，对路面进行了拓宽改造，建成立交桥 11 座，中山路立交桥实现南北通车；西江大桥维修加固工程完工，完成中心域区 22 条道路白改黑，改造提升了荷城路、仙衣路、金田路和金港大道等道路人行道路，完善了道路标线、护栏、标牌等设施，金港大道东段高架桥工程、北环西环路改造工程、高铁广场片区高架环路高铁广场片区高架环路系统工程等道路建设项目加快推进。中心城区逐步形成了四通八达、快捷通畅的城市交通网络，大幅改善了城区交通环境，道路更加宽敞、设施更加完善，市民群众出行更加顺畅、便捷和安全。截至 2017 年，中心城区市政道路面积 815.35 万平方米，总长度 355.4 公里，分别是 1996 年建市初期 6.7 倍、3.2 倍。

二、城市市政配套设施更加完善

按照大投入、大建市、大变化工作思路，不断加强城市市政配套设施建设，努力营造良好的城亓环境。贵港园博园建成开园，贵港高铁站前广场一期投入使用，完成 13 条道路和 15 个小区路灯安装工作，全面消除城区有路无灯现象，完成马尾江河道整治，改造易涝点 30 多处，基本消除城区道路雨后重大内涝积水点，城市功能逐步完善，城市人居环境得到进一步提升和优化。

三、城市园林绿化彩化和亮化景观提档升级

深入实施绿化彩化工程，改造提升东、西、北、西南、军分区等 5 个进城出入口的绿

化景观，完成了迎宾大道、金港大道、桂林路等 12 条城区重要道路增彩改造，形成了一路一景，季相分明、四季有花的园林景观；加强公园彩化花卉播种，五彩公园景观初步显现；大力开展市花荷花种植，打造了一批精品荷花景观；推进城区楼宇亮化建设，完成新世纪广场周边和体育中心亮化工程等一批由于亮化工程，启亮 75 处 204 栋楼宇和 1 万多米绿树亮化。成功举办了第 32 届全国荷花展览、第十一届广西园林园艺博览会，贵港市市政管理局荣"获全国绿化模范单位"称号。截至 2017 年，中心城区绿地总面积 2300.35 公顷，是 1996 年建市初期的 9.33 倍；绿化覆盖面积 2668.07 公顷，是 1996 年建市初期的 8.7 倍；绿地率 29.04%，绿化覆盖率 33.68%，人均公园面积 13.54 平方米。

四、污水、垃圾处理能力全面提升

完成城西污水处理厂提标改造工程，加快城东污水处理厂、城区直排口截污工程建设，基本消除牛皮河黑臭水体，建成镇级污水处理厂 27 个。截至目前，中心城区排水管网长度 518 公里，比 1996 年建市初期年增加 491 公里，城区污水处理率达 93%。实施"厕所革命"，超额完成自治区下达三年建设任务，累计新建、改建市政公厕 139 座。统筹推进全市农村垃圾两年攻坚，全面完成 289 个村级处理设施和 44 个乡镇垃圾转运站建设，城区生活垃圾无害化处理率 100%，生活垃圾综合利用走在全区前列。

五、城市供水燃气能力进一步提高

推进供水分区计量建设，安装了 4 级共 106 个分区计量设备，并建立了分区计量管理系统，供水管理漏损实现智能化定位，供水漏损率明显降低。截至目前，城区供水管网总长 957.69 公里，比 2006 年增加 182 公里，日供水量达 11 万吨，用户 9.8 万户，用水人口 50 多万人，年供水量达 5133 万吨，水水压合格率 99.4%，水质合格率 99.84%。强化燃气管理，完成燃气监测预警系统平台（一期）建设，深入开展预防一氧化碳中毒专项行动，确保城区供气用气安全。截至目前，城区共有燃气企业 24 家（天然气企业 2 家），汽车加气站 3 家，液化石油气企业 19 家，供应站点约 108 个，天然气年供气量 1682 万立方米，比 2006 年增加 1362 万立方米，液化石油气年供气量 13248 吨，市政燃气管网主干道总长 90 公里，燃气普及率 92%。

六、城市市容环境更加整洁

深入贯彻落实习近平总书记"管理要像绣花一样精细"的城市管理思想，深化细化城市管理大行动，加大背街小巷、垃圾死角的整治，环境卫生明显改善。攻坚蓝天保卫战，全面取缔城区露天烧烤摊点 7000 多摊（次），全面推行建筑渣土密闭化运输，严管重罚施工工地和运输车辆撒漏行为，加大道路冲洗喷雾降尘力度，抑制道路扬尘，保卫城市蓝天。

开展报刊亭（便民亭）整治，全部拆除城区 276 个报刊亭，彻底根治城区报刊亭乱象。开展户外广告整治，全面拆除城区 100 多杆高杆广告，清除城区所有低俗医疗广告，重点清理主次干道违规广告，有效遏制了户外广告乱贴乱挂现象，城市视觉空间进一步净化。开展乱摆乱卖整治，取缔了群众反映强烈的荷城路东延段夜市摊点、龙山路口占道经营行为等乱摆乱卖现象，严厉打击金港大道西延段两侧约 2.3 公里长的二手车占道经营乱象。通过三年来的整治，城区市容环境得到进一步提升和优化。

七、城市建设管理创新能力进一步增强

创新市政项目建设模式，在贵港市政项目建设中首先采用 EPC 总承包模式，有效缩短了工期。特别是在贵港园博园项目建设中，选择有实力的公司，边征地边设计边施工，有效缩短项目设计、财评、勘探等项目前期工作时间约 8 个月，从征地、规划建设到开园，仅用 9 个月的时间就全部高质量完成，把不可能变成了可能，创造了贵港城市建设的"贵港速度"，建园水平得到了自治区领导、兄弟城市、市领导和广大市民群众的高度好评。创新管理方式，推进智慧市政建设，打造全区首创的以市民互动微服务和市政处置微服务为核心的"微信城管"平台，初步实现城市智能化网格管理、智能化案件处理、智能化定位管理以及智能化综合考评，城市管理问题处置更加快速，三年来微信城管平台共办理案件 9045 宗，结案 8852 宗，结案率达 97.8%。创新养护方式，积极推进市政管护市场化，通过"政府购买服务"的方式，市中心城区道路清扫保洁、部分街道绿化养护及一批公园广场管护实行了市场化运作，由"以费养人"转变为"以费养事"，进一步提高了城市管理效率。

惩防并举　多管齐下
依法推进城市市容环境综合治理

甘肃省镇原县城市管理行政执法局

今年以来，我局严格按照县委、县政府安排部署，高度重视，积极行动，以开展城市管理领域扫黑除恶专项斗争为依托，以清理规范行业"难缠户、钉子户"为抓手，惩防并举，多管齐下，采取有力措施，力求彻底干净治理行业"顽疾"。重点从"市容环境治'乱'、市场环境治'差'、人居环境治'污'、建设环境治'违'"四个方面开展了县城区市容环境集中整治工作，截至目前，工作开展较为顺利，并且成效显著。城市管理工作也首次得到了领导表扬、群众点赞。县委书记李崇暄同志多次批示"工作很好，继续努力"；县长侯志强同志批示"工作有思路，有措施，谋划到位，落实有力，效果很好，望继续努力！"；县委常委李存同志、副县长黄一文同志更是多次给予肯定并亲自指导工作落实。群众通过微信等自媒体纷纷表扬城管工作做得实、干得好。

一、市容环境治"乱"，提高城市序化水平

我们严格按照 "七无、五净"的管理要求，安排22名市容管理人员采取蹲点驻守与巡逻管理相结合的办法，坚持"无缝隙、零对接"管理措施，重点对占道经营、占道加工、沿街窜卖、马路市场、噪音污染、乱搭乱建、渣土运输、垃圾广告、户外宣传、门头招牌破损等不文明行为进行了集中整治。治理期间，率先以忠恕街乱象根治为突破口。镇原县忠恕街地处县城中心地段人流、车流量极大，沿街居民楼群林立，已成为临时进城沿街摆卖蔬菜、瓜果农户及长期从事瓜果、蔬菜经营户的聚集之地。白天水果、蔬菜摊位占用人行道、车行道杂乱无章摆放，夜间烧烤摊位上市与瓜果、蔬菜摊位互争地盘，各不相让。更有甚者为长期无偿占用公共资源私自在人行道搭建永久性钢架简易棚体占道经营长达数年，并将日常生活起居安置其中，致使原本道宽有限的忠恕街摊位乱摆、垃圾乱堆、杂物乱放、车辆乱停、棚体乱搭、行人乱窜的"六乱"局面突出。每隔单日县城逢集期间更是五花八门、高低不一、层次不齐、混乱不堪、水泄不通，长此以往行人、车辆、摊位互相争路、争地盘混乱不堪，给城市秩序化治理工作造成了极大困难。每遇治理期间不乏"难缠户、钉子户"更是恶意纠集各经营户谩骂、阻挠行政执法，断章取义、片面套用国家领导人讲话精神，

肆意曲解、乱用国家法律法规政策，想方设法无偿占用大众资源为个人牟利，给周边居民生活出行造成极大困扰。为彻底改变忠恕街这种多年来积劳成疾的"顽症"。经城管局党组会议研究决定：一是限期召开忠恕街固定摊位及夜市摊位经营户座谈会向经营户系统传达学习国家领导人关于城市管理领域的重要讲话和中央、省市县关于在各行业领域开展扫黑除恶专项斗争会议精神及实施方案，使各经营户对精神政策有全面系统认识。二是以划行规市、还路于民、有序经营为基本要求组织管理人员及各经营户共同商讨忠恕街乱象治理方案，最大化确保各方合法利益不受侵害，市容环境乱象根本改观。三是履行行政手段向各经营户下发《限期拆除通知书》及《限期整改通知书》，要求各经营户限期自行改正违法违规行为，争取广大市民的支持与理解。四是对仍然我行我素、置若罔闻的"钉子户、难缠户"采取行政强制措施，强制予以拆除及搬离，坚决打击横行霸道、蛮横无理经营户，以儆效尤。经一系列强有力措施首先从思想上彻底转变各经营户长期霸占公共资源为己牟利理所应当的心理"顽疾"；其次通过行政强制措施，从行为上坚决匡正各经营户行为粗鲁、蛮横、欺凌大众利益的不法言行；最后真正达到剔除一个"钉子户"，震慑周边一大片的良好社会效应。累计清理规范忠恕街水果、蔬菜占道经营摊位32处，强制拆除乱搭乱建"难缠户、钉子户"棚体5户，规范夜市烧烤摊位23户，并实行统一划行归市管理制，一律将摊位设置为临时摊位，分门别类整齐摆放至道沿石之上，根除长期私自占用公共资源行为。最终达到了忠恕街摊位摆放井然有序，人流、车行畅通无阻，彻底根治了乱象丛生的现状。

在对忠恕街彻底治理结束后。我们继续套用乱象治理的成功经验，采取高压态势对城区各处的占道经营、占道加工、沿街窜卖、马路市场、噪音污染、乱搭乱建行为开展集中治理，全面规范。共下发门头招牌整改通知书35份，拆除或督促更换陈旧破损门头招牌26户；下发拆除乱搭乱建棚体通知书56份，拆除南环路、滨河农贸市场、二号桥头南侧、东坡"Y"型路口等处乱搭乱建水果蔬菜经营棚体46户；清理大街小巷垃圾广告580余处；限期整改占道经营、占道加工、沿街窜卖、马路市场等临时摊点124个；现场处置噪音污染23人次，收缴罚款2400余元；处置违规户外宣传14人次，收取管理押金4500余元，收缴罚款3200元；督促硬化工地出入口，签定市容环境管理协议23份，收缴管理押金28000余元，查处违规拉运渣土"抛、洒、滴、漏"车辆37车次，收取管理押金15000余元，收缴罚款17500余元，并监管成立专业渣土清运公司，实行封闭运输，湿化作业，确保环境治理工作达标见效。通过采取"严管重罚、惩防并举"的措施和专业化、精细化管理手段，彻底解决了市容管理上的"顽症"问题，确保了市容秩序良好运转。

二、市场环境治"差"，提高市场管理水平

为全面改善县城市场经营环境，规范经营秩序，提升市场管理水平。彻底转变市场经营秩序混乱、棚体肆意延展、品类混杂摆布、垃圾污物随意倾倒的"脏、乱、差"局面。

全局安排17名执法人员，集中对县城区滨河农贸市场、水荫蔬菜市场进行专项治理。一是实行分门别类，统一规划制。将市场内的肉、菜、布匹、水产、干果杂货等经营户分门别类，统一规划至经营棚体内按品类、范围经营，不得随意改变经营位置。二是实行个别谈话制。对市场内长期多贪多占摊位、肆意延展棚体经营户进行个别谈话，施加压力，以便提高思想认识，自行收缩经营摊位。三是实行统一编号管理制。对所有经营户按类别编排序号，按序摆放经营，不得肆意混杂摆放或私自挑拣摆放位置。四是实行重点管控制。对经营期间群众、经营户反映强烈，存在"欺行霸市、欺强凌弱"嫌疑的经营户实行重点管控，及时进行说服教育，督促引导规范经营、合规经营。五是实行日常巡查制。安排5名工作人员长期从事市场管理工作，在每日开市之前对市场内的经营情况进行全面巡查，发现问题及时督促纠改，不得影响整体经营秩序。六是实行工作标准制。严格执行"行商入市、坐商入店、齐门依窗、有序经营"工作标准不放松，及时取缔以路为市、占道经营，超范围经营行为，确保交通畅通，经营有序。集中治理期间，累计规范市场占道经营行为52人次，安置规范流动经营户62户，划行归市摊位48户，自拆、强拆违规延展棚体5户，进行重点管控户2户，使市场经营秩序逐渐呈现秩序化，管理水平大幅提升。

三、人居环境治"污"，努力改善生活环境

为彻底杜绝城区污水乱倒、油污乱泼、垃圾乱堆等不文明行为，还广大市民一个清洁、美观、温馨的生活工作环境。我局集中人力对城区各小区、商业门店、大街小巷、水篦子、垃圾收集箱、公共设施污染源进行集中治理。一是实行"三包六禁"责任制。组织22名工作人员分东、西、南三个片区与各机关单位、商业门店签订《门前"三包六禁"管理责任书》，将门前卫生保洁、市容秩序、绿化管护责任到单位、责任到门店。二是实行"无缝隙、零对接"巡查监管制。由市容监察队负责对城区"乱破乱倒、乱贴乱画、乱拴乱挂、乱挖乱占、乱停乱放、乱搭乱建"的"六乱"行为全盘纳入日常巡查监管，发现问题，及时现场处置督促纠改，恢复原状。三是实行"严管重罚"制。着重对在城区大街小巷、水篦子、垃圾收集箱周围、公共设施周边随意倾倒残渣剩饭、乱泼乱倒污水污物、肆意倾倒垃圾堆放杂物等污染居民生活环境的违规违章行为一律加重处罚力度，发现一起，坚决处置一例，并督促现场整改到位，恢复原状。四是实行重点区域监管制。对城区餐饮、理发门店相对集中，污水污物排放量大的区域进行全面监控管理，增加巡查次数，建立巡查台账，确保污水污物按要求倾倒处理。五是实行排污设施勘查制。对城区即将新开的餐饮、理发等涉及污水污物排放的商业门店一律在办理营业执照期间指派专人进行现场排污设施勘查，对不符合排污要求或设施不达标的门店一概不予出具排污设施合格证明，并及时与工商部门衔接不予受理申请营业执照办理。全城累计签订"三包六禁"责任书2300多份，印发通告、宣传品共计15000多份。专门处置油烟污染餐饮门店16起，确保公共设施有专人管护，大

街小巷"牛皮癣"广告有专人清理，餐厨垃圾实行定时收集，烟花爆竹噪音及时处置。全面严厉打击乱泼乱倒餐厨垃圾和生活污水行为，下发整改通知书32户，已整改落实28户，其余4户正在全力督促落实之中。

四、建设环境治"违"，提升依法建设秩序

为有效遏制全县"两违"建设势头蔓延。县上专门成立了由城管执法局牵头，国土、规划、住建、公安、城关镇等职能部门组成的联合工作组，以县城建成区和"城中村"违法建设治理工作为重点，全力落实"坚决杜绝增量、一年攻破难点、两年基本规范"的总体要求，严格执行"属地管理、部门联动、齐抓共管、联合行动"的工作原则，对城区所有违章建设行为开展依法治理。一是依法依规履行法定职责。严格规范执法程序，现场准确采集违法违章证据，下发《责令停工通知书》《限期拆除通知书》，及时告知违法行为并责令停止违法活动。二是充分发挥部门联动作用。对拒不执行行政决定的"难缠户、钉子户、村霸、恶霸"及时汇报县委、县政府召开部门联席会议。按照"一户一预案、户户有方案"的工作措施制定《强制拆除方案》，组织拆除户内"两违"建筑，强行勒令停止违法建设活动。三是建立联勤举报制度。面向社会公告违建举报电话，无论何人、何时、何地只要发现建设行为都可参与举报。我局将第一时间安排执法人员进驻现场进行建设审批手续核查。对无审批手续或手续不全者坚决予以挡停。四是建立常规巡查制度。由综合执法队具体负责全天候对城区各违建突出地段进行全面巡查，确保无盲区、无遗漏。五是采取高压态势、"零容忍"态度。对县城规划区内的违法违规建设行为坚决予以严厉打击，"尽早、尽小"坚决予以拆除，以最大程度减少违建当事人经济损失，杜绝盲目跟风抢修、抢建行为，遏制"两违"建设蔓延势头。六是建立健全惩戒机制。对于恶意阻挠行政执法、肆意纠集、煽动民众闹事、无理干扰机关办公存在"村霸"行为的违建当时人严格按照中央、省市县关于城市管理领域扫黑除恶专项斗争精神要求予以坚决处理，绝不姑息迁就。截至目前，累计下发《责令停工通知书》《限期拆除通知书》等各类执法文书93份，挡停各类违建32户，面积高达18000余平米；拆除莲池、东关、黄岔、城关等地各类违建13户，拆除违法建设面积达4800余平米。真真达到了拆除一户，警示教育一片，政策法规通透一方的作用。

在举国上下全面实施各行业、各领域扫黑除恶专项斗争之际，人人喊打的浓厚社会舆论氛围强烈。镇原县城管系统也紧抓机遇、紧跟形势、转变作风、创新工作方式方法，积极行动、"出重拳、下大力"，努力为全县人民创造"美丽、和谐、温馨、干净、舒适"的生活宜居环境而不懈努力奋斗。

旧貌换新颜

四川省丹巴县城市综合执法局

　　城市管理，是政府的一项重要工作，也是人民群众普遍关注的热点，丹巴县城市综合执法局是负责丹巴县城市管理刚起步的专设机构。改革前市政局成立后，主要工作就是加强城市管理，提升城市文化品位，同时围绕全域旅游打造一个宜居、宜业、宜游的新型城市摆上了重要议事日程。如何加强我县的城市管理，真正把城市打造成一个功能配套、设施齐备、管理有序、环境优美、充满活力、独具魅力的藏区现代化城市，为此，我局按照县委县政府的总体战略部署,强力推进各项目标建设和集聚城区发展,加快城乡一体化建设,统筹各项社会事业，各项重点工作实现了新突破，市政发展继续保持了好的气势、好的态势、好的趋势。

一、丹巴县城市综合执法局现状

　　丹巴县城市综合执法局（市政管理局）于 2013 年 10 月 25 日正式成立，是丹巴县委县人民政府负责城市管理工作的职能部门,属于县委政府派出机构,根据（丹编委办发 [2013]10号）文件，属于正科级单位，当时全局只有 3 名组织任命的领导干部，后从各乡镇调 6 名正式干部组成，系统共有在职正式国家工作人员职工 9 人（其中包括局班子一正二副 3 人），聘用临时协管工作人员 6 人，共计 15 名工作人员。设 6 个股室、队、公司（包括局办公室、财务室、执法大队、市政管理股、市政设施维护股、环卫公司）。市政局管辖设四个工作片区，三岔河片区、步行街片区、西河桥片区，五里牌片区，根据片区设立了 4 个中队。在清扫环卫工作方面已实行公司化、网格化管理，分片分段落实，责任到人头。当时有公务用车一辆，执法车一辆，环卫公司 6 辆垃圾车、机械化扫地车洒水车各一辆，垃圾压缩站、垃圾处理场各一座，市政管理框架基本形成。

　　丹巴县委政府为深入贯彻《中共四川省委、四川省人民政府关于深入推进城市执法体制改革改进城市管理工作的实施意见》（川委发 [2017]5 号文件），于 2018 年 3 月 2 日召开丹巴县第十二届人民政府第十一次常务会议，审议并通过了《丹巴县深入推进城市执法体制改革改进城市管理工作的实施方案》正式设立了"丹巴县城市综合执法局"，根据丹巴县委政府的安排，城市综合执法局在前期市政管理局的基础上又规范了相关政务工作：

现有执法丰捷达 2 辆、皮卡 2 辆、摩托车 15 台，工作人员 31 人，规范统一了制服及执法车辆标识和对讲机、执法记录仪，落实了相关经费和局办公室执法大队办公点。本局在县委政府的正确领导和高度重视下，我局重点狠抓三支队伍建设（综合执法、环境卫生、城市维护），协调统筹安排全局，精心部署，真抓实干，不断加快单位建设和工作进程度，圆满完成了县委县政府交办的各项工作任务。

二、完善工作机制，深化拓展市容市政管理主要工作情况

1. 单位机构成立相关手续办理和学习邻县先进做法

根据相关文件，加强了班子和局机关建设，定了相关城市综合执法局五个科室，并挂牌，把刚分来的工作人员分到各科室工作，明确工作职责，定岗定员，落实任务，各执其事，责任到人。同时根据编办文件制定的相关制度、人员工作公示栏和市政网格化管理建设等进行上墙公示。有了单位，就必须要有独立的相关机构代码、公章和帐户，只有这样才能开展好相关工作，我们落实了专人负责这方面手续的办理，虽然遇到很多困难，还是圆满落实。同时借鉴邻县阿坝州小金县城市管理方面（市政局）建设先进经验，丹巴县城市综合执法局（市政局）领导带队全面考察研究，分析丹巴和小金县市政管理的现状和差距，虚心学习，制订办法，明确要求，促使我局在他们成功之路的基础上超越发展，思路更新，借鉴超前，争取实现在小金县先进经验基础上跨越式发展。

2. 巴郎垃圾场协调启动和管理工作

一个城市的垃圾处理离不开较大的一个垃圾场，我县巴郎垃圾处理场修建启动时间是 2008 年 3 月，于 2012 年 12 月建设完成的重大民生项目，垃圾处理主要以填埋方式。此项目的建设，目的是解决丹巴县城日益增加的城市生活垃圾和梭坡乡西瓜地露天堆放垃圾的问题，因多种原因，迟迟未能投入正常使用。自城市综合执法局（市政局）成立后就开展了此协调工作，现已于 2015 年落实好了此项工作，通过维修已投入使用，为了延长使用期限，从新修建了压缩站。为了管理好垃圾场，安排环卫公司落实有专业技术的专职工作人员管理，确保垃圾场工作正常化规范化运行。

3. 突出重点，深入开展城市管理综合整治行动

一是加大了对占道经营的检查执法力度，市政管理综合执法大队配合公安交警大队联合执法，对城区主次干道、重点街区违法占道车辆和摊点进行了全面清理，规范了临时摊点和店外经营及门前堆物。二是开展城区乱建乱占用国土进行清理和户外广告专项整治行动，营造了良好的社会环境，有效遏制丹巴县城区不按照规划乱搭乱建行为，积极稳妥做好拆违拆迁预案工作，避免不必要的人员伤亡和大规模的群体性事件发生，我局提出了《丹巴县旧城区机关行政企事业单位公用及职工违法搭建（构）筑物集中整治实施方案》，由县提升办执行。经县委县政府研究通过后，统一开展城区违法搭建集中整治行动。

4. 转作风、提形象、打造合格执法队伍

在局领导的要求下，在职工中开展了"八有、六树"和"八种意识、六种能力"的学习工作，八有：即民有所呼，我有所应；民有所求，我有所帮；民有所怨，我有所改；民有所急，我有所办。六树：即树党员形象、树班子形象、树城管形象、树队伍形象、树单位形象、树城市形象。八种意识：即团结意识、敬业意识、模范意识、服务意识、廉洁意识、效率意识、创新意识、形象意识；六种能力：即依法行政能力、依法执法的能力、做耐心细致的思想政治工作的能力，善于处理各种社会矛盾的能力，高效完成各项工作任务的协调能力，准确流畅的口头文字表达能力。

5. 环卫工作扎实有效，成效显著

在成立公司化管理后，从新调整人员结构，根据县城实际设立了3个片区，执法队配合开展工作。在清扫环卫工作方面实行网格化管理，分片分段落实，责任到人，针对早、中、晚清扫情况，及时拿出应急方案，每天由督察人员跟踪对各片区进行检查，减少问题出现，保证街道的干净整洁。并开展每星期五对全县的单位责任区的卫生死角、街道、河道、单位周边进行卫生大检查，对垃圾积存严重、责任区卫生较差的点、面作通报处理，同时由县主要领导约谈单位主要负责人，在电视台进行曝光，对工作做得好的单位进行表扬。自2016年1月公司化正式开展工作以来，根据《丹巴县城市综合执法局（市政管理局）环卫作业标准考核评分和环卫作业考核管理办法》城市综合执法局每天派专职督察人员跟踪城区环卫检查，并记录在册存档必查，作为兑现经费的依据，现丹巴县城区已达到一个干净、整洁、宜居、宜游的创卫城市。

6. 旧城区风貌改造工程实施

根据县委政府相关会议精神和安排，我局制定了《本年度旧城区风貌改造工程实施方案》。城区风貌改造范围覆盖旧城区三岔河、步行街、西河桥三大片区主街道建设立面风貌改造工程，具体包括各主要交通干道两侧的直观房屋立面等，要求建设工程安照分标段的方法执行。城区风貌改造的重点主要包括城区主要街道可视范围两侧的建筑物外立面改造。城区风貌改造的主要工作内容采取统一规划、统一建设、着重对房屋其外立面进行"穿衣戴帽式"的改造，使丹巴县城区建筑物面貌焕然一新。

7. 环境优美示范村和农村垃圾有效治理工作

为有效改善农村生产生活环境，提高人民生活质量，根据省、州、县有关文件精神，结合我县实际，我局特制定了相关农村环境卫生建设实施方案和成立了由局长任组长的领导小组，下设治理办公室，负责统一组织协调全县农村环境优美治理工作，全县乡（镇）各村也高度重视农村环境卫生治理工作，同时也成立了乡村级领导小组，确保了有机构、有人员，确定了专人具体负责，扎实抓好全县垃圾有效治理工作。

城市综合执法局自成立至今在工作上取得了一定的成绩，同时也感到，离县委县政府

要求和人民群众的期望还有较大差距。因高品质的不多，精细化管理不够，这些都体现在一个新的机构刚成立，还在摸索和探索中，还有很多工作要去做，还有很多困难和问题要去解决，还需要所有城市管理工作者的共同努力和中央到地方政府的高度重视，采取有效的措施完善机构建设，齐抓共管才能让城市管理工作更上一个新的台阶。

四、现根据县城市管理工作存在的问题提点相关建议

城市管理需要引起层层党委政府的高度重视和采取有效的措施加以落实相关政策和对策，特别要完善机构建设，人员编制配齐领导职数等相关文件，向森林公安改革一样给单位相关政策，不能片面性的看待问题。该进的人就就进，转变身份的给政策就转变。因执法身份合法，所以提一句"要结合政策"因以前的管理模式人员配备和方法已经不能适应城市发展的管理需要，编制岗位等有些方面制约了城市管理的正常发展，其主要表现在：

1. 城市综合执法单位具体不能改为副科级机构，副科级单位怎么管理正科级单位，造成管理难度增加。城市管理涉及城市规划、市容市貌、环境卫生、市政工程设施，公用事业、园林绿化、乱设摊点、乱占乱搭、地下水管、线，网等多个正科级单位，但是单位之间职能交叉现象又普遍，各部门只能根据自己的职责，依据行业法规，各自为政，造成有利的事大家争着上，无利的事推诿扯皮。而城市管理部门因与各单位协调起来比较困难，加之一个副科级单位说轻不听，说重不理。工作中管理难度大、无人晴的"硬骨头"都不想管，踢给城市管理部门管，而有利益的管理权牢牢地抓住不放，形成城市管理部门一家针锋相对干工作、多家部门看笑话的局面。例如县城户外广告审批管理，街道、工商、国土、住建等都有审批权且批设了广告，但后期管理却少有人问津。城市道路挖掘和路灯等建设施工，建材、渣土等乱堆乱放，因说是在建设中，城管无权管理，但在工程中和结束后往往渣土乱倒、大坑等烂尾工作，城管又必须去收拾；机动车在县城区内随意乱停乱放，造成占用道路、秩序混乱，但其属于机动车，年审车牌照、驾照属于公安部门管，城市管理部门又无有效的权威处理手段。

2. 市政管理队伍整体建设水平较低，人员不稳定。市政管理队伍成立时间短，县编办编制配备不齐，领导职数和队伍人员少，加之工作繁忙、量大，招聘的协管员因工资太低，流动性太大，所以人员一直不稳定，很难管理，这些问题影响了城市管理队伍的持续建设。

3. 经费投入严重不足的问题。城市综合执法局的成立，确定开展城市基础设施维护环卫工作、城市综合执法等相关工作经费开支较大。需要财政直接拨款项目分别为①、各种车辆加油、洗车费、维修费；②、环卫清理费；③、市政设施维护费；④执法补贴经费等费用。希望中央到地方党委政府高度重视城市管理部门经费落实相关文件。

4. 市政管理综合执法过程中避免不了有不法人员故意刁难，希望上级党委政府给予政策在城市管理部门设立公安科，全力配合城市管理执法队伍的治安执法工作，实行联合执法的运作模式（行政执法和治安处法），即公安、城管队伍在执法时各执其法，按各自的执法程序执法，既配合得上，又分离得开的模式进行现场处理。

5.理顺机制，从中央到地方都有专设的城管部门。需要进一步加强城市管理机构设置，探索管理模式，不断提高管理水平，要结合实际，配齐配强城市管理机构工作人员。希望组织人事、编办落实相关政策给城市管理机构配齐工作人员，切实解决事多人少，身兼多职的工作局面，为城市管理工作提供强有力的装备和工作人员保障。

6.城市发展离不开管理。希望结合2015年习总书记关于大城管部门改革的指示，请各级党委政府真正重视，把此项改革落到实处，促进城市的发展。

天全县城管局创新推进城市管理新模式

四川省天全县城乡环境综合管理局

为提高我县城市管理水平，县城管局积极学习先进经验并根据实际工作情况，不断探索城市管理新模式。现将天全县城市管理中特色亮点作以下小结：

一、建立联动机制，高位推动城管执法常态化

一是建立城区秩序整治工作小组。我县以"城管＋公安"为中坚力量建立城区秩序整治工作小组，严格实行"白＋黑""5+2"工作机制，城管8人、公安4人，不间断的在城区巡逻，主攻乱停乱放、乱摆摊设点等扰乱城区秩序现象，见一处整治一处，见一处斗硬一处。整治工作小组的成立使城管、公安互通信息，资源共享，紧密配合，执法工作变得畅通，执法力度也大大加强。

二是遥力合作抓源头。针对城区油烟、污水排污、秸秆焚烧等重点环保问题，城管局、环保局、食药监局、城厢镇等相关部门定期组织人员对企业、餐厅进行全方位检查。有一家部门发现问题，参与部门都要协作对违法对象进行整治，同时，漏查或者监管不严导致环境污染现象发生的，参与部门都要被进行通告问责。

二、严格执行"三化"管理，提升城市管理服务质量

标准化管理。城市管理点多、面广，与群众切身利益密切相关，城管局严格按照《四川省城乡环境综合治理条例》以及相关法律法规进行管理，对不同区域的管理标准根据实际做适当的细化，将管理标准作为"硬指标"，统一执行，坚持一个尺度，依法办事。同时，在每个中队管辖片区开展达标创建活动，将管理项目细化，并纳入目标责任考评，奖惩兑现，取得实效。

长效化管理。一是在空间上进行全方位管理。对沿街、路面、桥面、建筑物立面等进行全方位管理，禁止乱设广告、乱贴乱画和乱搭乱建等行为发生。二是在时间上实行全程管理。把握住阶段性、及时性、经常性三个环节，进行不间断地管理，避免出现监管空挡。三是重点路段实行重点管理。学校、市场、车站、医院周边实行严格的定人、定时、定岗、定责、定任务的"五定"管理。

多元化管理。一是完善社会参与机制。通过进社区、进校园，动员广大市民自觉遵守城市管理法规，营造全民参与的良好氛围。二是强化部门协作机制。明确界定管理责任，整合管理资源，形成整体联动、职能互补、衔接畅通、配合密切的协作机制，提升管理效能。三是规范市场运作机制。在城市管理工作中引入招标机制，有利于节约管理成本，增强操作的透明度，提高工作效率，而且能够有效防止权利的滥用和腐败的发生。

三、精细环卫服务，提升城市形象

一是转变环卫清扫模式，提升环卫保洁水平。城管局环卫所在保持基础工作的同时，积极探索新型环卫保洁模式。推行精细管理、精细作业、精细服务，做到全覆盖、无死角。实施夏季"早5晚9"、冬季"早6晚8"的全时段保洁制度，加大环卫作业质量检查考评力度。同时，更换垃圾箱27个、新购进环卫清扫车辆4台，日均出动洗扫车、洒水车10车次，实现道路机械化清扫加人工保洁的有机结合。

二是高标准维护城市市政设施。城区每条街、每块绿地、每盏路灯都细化到具体责任人，通过开展全力巡查，发现问题及时联系相关部门、企业、业主合力解决，确保公用设施巡查到位、管理到位、维护到位、责任到位。

四、创新法治宣传载体，营造城管法治浓厚氛围

一是创新法治宣传载体，贴近市民宣传。城管局制作流动宣传车，每日定时在城区、乡镇宣传《四川省城乡环境综合条例》"五大专项治理"及相关法律法规。同时，制定法律宣传方案，定期组织人员在音乐广场、市场周边发放城市管理宣传单，及时发布工作信息，宣传"亮点"、督促"难点"，截至目前已发放宣传单2000余份。

二是加强新闻外宣工作。针对城市管理整治多、活动多等特点，主动加强与新闻媒体的联系，定期向新闻媒体提供宣传内容，明确外宣的重点，采取报到前编写提供宣传信息、报道中随访、报道后反馈沟通等有效形式，提高了新闻媒体对城管阶段性工作报道的及时性、准确性和全面性，为我县市容市貌的整治营造了良好的舆论氛围。

全民参与　齐抓共管

云南省鹤庆县城市管理综合行政执法局　李海泉

党的一九大作出"中国特色社会主义进入了新时代"的重大论断，在新的历史时期，城市管理要以习近平新时代中国特色社会主义思想为行动指导指南，加强队伍建设，创新工作思路，在提高城管执法法治化、标准化、精细化、人性化、水平上下功夫，探索管理新模式、新方法，服务新时代，展现新作为，切实提升人民群众的获得感、幸福感和满意度，做城市形象的捍卫者、城市生活的服务者、城市秩序的维护者和城市文明的塑造者，为人民群众创造更加美好的工作生活环境而不懈努力。

一、以习近平新时代中国特色社会主义思想为行动指南，以新时代城市管理为主线，全面推进城市管理新发展

城市管理是一项复杂的系统工程，如果专管某一方面或某一项工作，例如街道清扫保洁、生活垃圾清运、城市园林绿化、私搭违建治理等等，这些都只是城市管理的某一个领域，固然重要，但都不足于概括和反映城市管理工作的全貌。新时代的城市管理必须以习近平新时代中国特色社会主义思想为行动指南，创新思路、创新方法、创新管理，切实开展城市管理综合治理工作，全民推进城市管理新发展。

1.牢牢把握新时代内涵，深入开展"强基础、转作风、树形象"专项教育行动，努力培养一支风清气正、干事创业、勇于担当的城管执法队伍。新时代当有新气象，城管执法队伍要把智慧和力量凝聚到落实党的十九大精神上来，把党的政治建设摆在城管队伍建设的首位，坚定理想信念，不忘初心、牢记使命，持之以恒正风肃纪，做城市形象的捍卫者。

2.加强理论知识学习、提高行政执法水平。认真学习国务院《城市市容和环境卫生管理条例》、云南省《城市市容和环境卫生管理实施办法》《大理白族自治州城镇管理条例》和其他相关的城市管理法律法规，按照《中共中央国务院关于深入推进城市执法体制改革改进城市管理工作的指导意见》，明确城市管理的主要职责和具体内容，规范执法程序，健全案件档案，推进城管执法非诉执行程序，强化与执法部门联动，完善与法院等部门的司法衔接，推动破解执行难问题。

3.突出问题导向，开展综合治理。随着经济社会的快速发展和城镇化建设的不断推进，我县城市建设日新月异，人居环境不断改善，人民群众幸福指数不断提升。但是城市建设的快速发展给城市管理工作带来了新的挑战，目前鹤庆县城区管理面积达 7 平方公里，街道清扫保洁面积 968190 平方米，路灯 4763 盏，免费公厕 14 座，果皮箱 500 个，日清运垃圾 76 吨。车辆乱停乱放、乱丢乱堆垃圾、随意占道经营、损坏市政设施和私搭违建等问题依然存在。因此，城市管理要在日常管理的基础上强化综合治理，综合治理是强化日常管理的重要手段，综合治理工作要始终坚持党委政府领导、职能部门履职尽责、社区组织参与的原则，结合当前开展的鹤庆县城镇交通秩序集中整治工作，职能部门联勤联动，什么问题突出就着力解决什么问题。治理工作坚持以人民群众为中心，倡导"721"工作法，将 70% 的城市管理问题用服务手段解决，20% 的城市管理问题用管理手段解决，10% 的城市管理问题用执法手段解决，提高城市管理的质量和效率，做城市生活的服务者。

4. 与时俱进，敢于担当，补短板强弱项，采取有效措施维护城市秩序和广大人民群众的利益。如：多年来形成的科技路北段的铜、铁、木、竹器市场，兴鹤路北段的古董、修鞋、缝补、单车修理市场和北环路北门大桥周边的人力资源市场等，占道经营影响我县城镇发展环境。为此，在县委县人民政府的领导下，县城管局、县商务和市场监督管理局、县公安交警大队、县人社局和云鹤镇人民政府等部门组成联合执法工作组，在大理云鹤综合市场有限责任公司的支持下，将上述市场搬迁到北环路粮油综合市场内经营，规范了城市秩序。又如：针对县城后街占道摆摊、随意搭棚现象反弹，影响市容市貌、消防车辆及行人通行的情况，以县城管局牵头，县消防大队、县公安交警大队和县市场管理局等部门联勤联动，采取宣传发动、限期整改和集中治理等有效措施，规范了后街经营秩序，确保了消防车辆和行人通行顺畅，提升了市容市貌。

二、以提高市民素质为抓手，形成全民参与、齐抓共管的城市管理新格局

市民素质，即市民的认知能力、思想道德、文化素质和法制意识等，共同构成一个良好市民的整体素质，是一个城市文明形象的综合反映。城市文明建设，说到底还是人的文明建设，有文明的市民，才会有文明的城市。在新时代要实现城市文明形象的提升，就要以提高市民素质为抓手，摒弃陈规陋习，树立良好的社会风气，形成全面参与、齐抓共管的城市管理新格局。

1. 认识要深化，这是提高市民道德素质的前提条件。城市管理涉及面广、工作多、责任重，群众参与、社会各界协同共管必不可少。在机关单位、学校、村社区广泛开展社会主义核心价值观教育，形成人人知荣辱、守道德、讲文明的良好局面。把提高市民素质与推进城市现代化建设进程紧密结合起来，塑造具有良好道德风尚的文明市民。

2. 善于从小事抓起，从具体事情抓起。习近平总书记指出：城市管理要像绣花一样精细。实际上，事关市民素质的事情大都是一些"小事"，但恰恰就是这些"小事"最能反映出

一个城市市民的基本素质，建设文明城市，抓好"小事"很重要，要教育和引导每一个人，从身边小事做起，不乱停乱放、不乱涂乱画、不乱扔垃圾、不占道经营、不践踏绿化草坪、不损毁公用设施。发挥社会组织贴近群众的独特优势，注重细节，精准发力，实现政府治理和社会调节、居民自治良性互动，有效地化解社会矛盾。比如在流动摊贩治理方面，积极倡导村社区协同配合，市民群众参与，实现"堵疏结合"治理模式。人民城市人民管，只有充分发动社会各方面力量，才能实现城市管理"共治共享"的目标。

3.开展"美丽鹤庆在我心中"的道德教育实践活动，塑造鹤庆新形象。广泛开展群众性精神文明创建活动，坚持每年做一件或几件与市民利益密切相关的具体事情，吸引群众广泛参与，在实践活动中使人们的思想感情得到熏陶，精神生活得到充实，道德境界得到提升。无论人们来自何处、户籍身份如何，只要在鹤庆工作、学习、生活，都应当积极参与鹤庆城市文明建设，做文明城市的塑造者。

4.重心下移，在村社区建立城管志愿者服务体系，贴近群众进行服务，拓宽群众参与的渠道，以此为载体集中解决群众关心的热点、重点、难点问题。鼓励和支持集体经济组织、物业行业的自我管理，聚焦市场周边、背街小巷、城郊结合部等薄弱点位，精准发力。发挥市民公约、乡规民约和行业规章在社会治理中的积极作用，使城市管理良性循环，提升城市管理的社会化。

5.健全法律法规，依法治市。习近平总书记在中央城市工作会议上指出，"依法治市是今后城市管理的发展方向"。进入新时代，要健全城市管理的法律法规，特别是要结合本地城市管理实际，行使地方立法权，完善本地城市管理法律法规，探索符合城市发展规律的城市治理新路子。如县城管局拟定的《鹤庆县城市容市貌管理办法》（试行）和《鹤庆县城市管理综合行政执法规定》（试行），经十二届县委第30次常委会审定，《市容市貌管理办法》原则通过，为我县城市管理提供了具体的法律法规支撑，既有利于市民文明习惯的养成，也有利于改变城市管理部门唱"独角戏"，经常导致处于疲于应付、工作结果往往不尽人意的被动地位。

三、以打造美丽宜居现代城市为目标，聚人心、强合力、团结拼搏，致力打造一支能干事、会干事、不出事的城市管理铁军

天蓝、水清、地绿，让城市生活更美好，是城市建设、发展、治理的价值所在，打造美丽宜居现代城市要"三分建设七分管"建管并重。以打造美丽宜居现代城市为目标，用全新的思维，以更高的标准、更实的举措、更大的力度抓好城市管理工作。

1.聚人心、强合力，充分发挥团队精神。人心齐、泰山移，如果一支队伍不团结，人心涣散，特别是领导班子形不成合力、不担当、不作为，就会影响一个单位，一个团队，形成上梁不正下梁歪，职工没有向心力，导致工作难以开展。因此，作为一把手负责人就要认真带

好队伍、聚好人心，充分调动好干部职工的积极性，让干部职工各尽所能，发挥好作用，形成工作合力，工作成效才有可能得到提升。

2.抓好班子，带好队伍。一是凝聚干部职工，充分发挥团队精神。以"抓班子、带队伍、树形象"为目标，进一步统一思想、坚定信念、加强沟通、完善制度、强化管理，带动全体干部职工心往一处想，劲往一处使。进一步强化大局意识、责任意识、服务意识，建设一支政治坚定、纪律严明、团结一致、业务精通的行政执法队伍；二是规范各项制度，让干部职工遵规守纪。强化日常管理，促进依规履职、依法办事，让讲规矩、守纪律成为一种自觉的行为习惯。不断增强自身免疫力，主要是规范财经管理制度，让资金无漏洞、无差错、无违规事项发生；三是加强队伍教育管理，确保依法行政。要做到公正执法，执法者就应带头遵纪守法；四是加大工作督查力度，确保各项工作落在实处。加强对干部职工、环卫工人、城市协管人员的考核，以全方位督查的方式开展督查工作，每天选一个主次干道，对环卫、园林、市政、执法等工作进行实地模拟测评，发现问题，现场交办整改，杜绝工作中存在重安排、轻督促，通过督查考核，有力地推动工作落实。

3.用心、用情、用智、用力推动各项工作。一是用心做事，充分发挥城管主人翁精神。领导干部要率先垂范、以身作则，把城市管理工作当作自己的家事，把城市秩序当作自己的衣冠，把城市面貌当作自己的面容；二是用情办事，严格依法办事，做到文明执法。以文明执法引领各项工作、增强文明意识，做到既有刚性又有韧性，行善不过善，果断不专断。真正做到以人为本，又依法行政；三是用智慧处事，做到灵活善变，化解城市管理工作的各类矛盾问题，转变服务理念，坚决杜绝生冷硬和推诿扯皮，对来访、来电反映问题的群众，做到文明礼貌接待、耐心细致聆听、平和认真解答、及时高效办结，为群众办实事、解难题，从源头上化解矛盾纠纷，将不安定因素消灭在萌芽状态；四是用力做事，充分发挥敢于担当，敢于担责，特别是领导干部要顶在前面，干在难处，以高度的责任感和强烈的事业心抓好工作落实，高标准、严要求，遇到困难问题不绕着走，不推诿扯皮，不攀、不等、不推，致力打造一支能干事、会干事、不出事的城市管理铁军。

4.学习先进经验，创新工作思路，开启城市管理新征程。一是充分学习、借鉴其他城市综合管理先进经验，不断探索城市管理的新点子、新办法，全面推动管理理念和管理方式的创新；二是继续做好县城环境卫生的清扫保洁和垃圾清运，确保城市干净、卫生、整洁；继续维护好4763盏路灯、14座公厕、3980个落水窗、1750个井盖、500个果皮箱等公用设施，确保功能完好正常使用；三是进一步强化行政执法工作，加强对重点路段、重点部位、重点行业、影响市容市貌最为突出的流动摊贩和各街道巷口固定摊点的集中整治力度，着力消除以路为市、占道经营行为；严肃查处建筑材料和渣土运输车辆不覆盖行为；四是继续做好城市生活垃圾处理费的征收工作，努力做到应收尽收、足额征收，合理征收建筑垃圾和弃土处理费，确保超额完成200万元非税收入任务；五是采取强有力措施坚决遏制

住公众随意倾倒餐厨垃圾和油污行为；积极配合相关部门做好我县城市生活垃圾资源化利用项目招商工作；六是将县城生活垃圾填埋场雨污分流工程列入工作日程，2019年雨季来临之前完工，进一步完善县城生活垃圾填埋场安全设施，确保安全运行；七是全力推进县城垃圾中转站建设，力争2019年6月前投入使用。

新时代、新思想、新目标、新征程，城市管理只有起点没有终点。我们只要时刻以习近平新时代中国特色社会主义思想为行动指导指南，深入贯彻落实好中央城市工作会议、云南省城市工作暨城乡人居环境提升推进会议和县委县人民政府主要领导关于我县城市管理重要指示精神，强基础、转作风、树形象，创新管理模式，完善管理机制，全面改善城市面貌，使城市管理工作上一个新的台阶，努力打造美丽宜居现代城市。

服务城市管理　建设美丽永顺

——永顺县城市管理和行政执法局2018年度工作总结

湖南省永顺县城市管理和行政执法局

今年以来，在县委、县政府的坚强领导下，我局高举习近平新时代中国特色社会主义思想和十九大会议精神旗帜，紧紧抓住县城提质扩容的有利时机，着力抓好干部队伍建设，推进党员干部党性意识服务意识大提升，引领全局脱贫攻坚工作、美丽湘西建设、创森工作、"两违"查处工作持续快续发展。

一、工作开展情况

（一）狠抓干部学习教育，提升履职尽责能力

加强领导班子建设，发挥龙头引领作用，开展批评和自我批评，征求意见建议108条，通过落实问题整改，筹备召开领导班子"学习十九大精神"专题民主生活会，领导班子团结进取民主议事风气进一步浓厚。将"两学一做""不忘初心、牢记使命"学习教育作为一项重要政治任务来抓，成立了学习领导机构，局党组、各支部分别制定了实施方案和学习计划，全局党员按照学习有计划、有笔记、有心得、有讨论发言的要求建立个人学习要件。共上党课16堂，开展集中讨论5场，撰写学习心得150篇、个人讨论发言提纲132篇，进行党员学习效果测试3次，形成浓厚的学习教育氛围。

全面落实党风廉政主体责任和监督责任，将纪律规矩挺在前面，及时传达贯彻上级纪委全会精神，采取集中学、分开学、干部自学、观看警示教育片等方式，督促全局干部认真学习党纪法规，做到明规矩守纪律。出台了《永顺县城市管理和行政执法局绩效考核奖励资金发放标准》，将干部日常工作开展情况、会风会纪、受通报批评与绩效考核资金挂钩，极大的改善了工作作风。严查干部职工涉及的违规公款吃喝、违规操办婚丧喜庆、参赌涉赌吸毒涉毒、精准脱贫等七个方面的问题，对涉及违纪的3名干部（城乡公共事务服务中心），分别作出党纪政纪处分，并及时报送县纪委处理。加强督查促进干部工作作风持续好转，局督查室坚持每日2次督查，对干部职工上班纪律、工作落实情况进行督查登记，今年以来，发布督查通报12次，督查发现问题180个，勒令整改180个。

积极购置各种学习教育读本安排干部自学，推荐干部参加集中培训，领导干部带头参

加网络在线学习，选送 2 名干部参加中青班学习、计生业务培训等各种学习，为了更好的实行城管体制改革，选送 1 名干部赴北京参加全州新型城镇化管理干部专题研修班学习，拓宽学习渠道，通过关注政府部门丰富的微信公众号，推动干部职工通过手机随时随地学。及时总结编写本局工作动态和学习成果信息，编写本局动态信息 30 条，上传政务公开、党务公开信息 125 条。清理在编不在岗人员，严格执行干部请假审批权相关规定，加强对干部请假的管理，所有抽借调人员按人事纪律履行相关审批程序，并按照干部的意愿、结合工作需要批准干部年休假。

（二）夯实基础强化保障，确保安全有效运转

突出制度建设，结合实际制定本局岗位责任制方案、年度工作计划和县政府目标管理指标，将干部作风、工作绩效、奖罚兑现管理纳入制度化轨道。加强党建工作，坚持党支部"三会一课"制度，积极推进 3 名入党积极分子和 2 名预备党员转正，按发展党员"五项制度"履行入党程序，进一步加强党员组织关系管理，共 5 名同志因工作原因转出了党组织关系，实现按时足额缴纳党费，根据县委组织部要求，清理党员档案和党费缴纳工作，共补缴 2015 年度、2016 年度 2 名党员党费 604 元。为田小军同志申报了州级党内帮扶基金，并发放党内帮扶资金 1000 元。排查更新党员信息，开展党员档案资料清理。加强综治平安建设，采集录入本局相关"一包五"基础信息，维护城管实时监控系统，接处各类信访件 280 件。规范车辆维修、公务接待管理，实行审批维修接待制度，所有开支由领导审批后再办理，大大节省了财务开支。

加强安全生产工作监管，高度重视安全生产工作，开展"安全生产月"活动，确保 2018 年我局安全生产零事故。明确责任，加大管理整治，重点推进人大代表建议、政协委员提案办理，安排的 11 件建议提案均已完成办理情况回复，2 件主办建议已与代表见面征求了意见，1 件主办件提案与委员见面，满意率为 100%，我局主办的政协 49 号提案为县政协重点提案。推进依法行政工作，着手"放管服"改革，全面清理责任清单。权力清单，按照要求，缩减 50% 的权力清单，规范执法文书，完善执法过程资料，始终做到依法执法。规范公务用车管理，建立公车管理台账，规范单位院落停车秩序，规划了执法公务车辆停车位，要求业余时间车辆统一停放规定车位，干部用车须经所在单位负责人同意并报分管领导核准后方可出车，要求执法车不得开出管理区域，公车私用现象得到有效治理，加强油卡管理，油卡由专人管理。

（三）精准识别贫困人口，多措并举帮扶脱贫

局党组将精准扶贫工作作为我局一项中心工作来抓，根据工作需要配强驻村扶贫力量，成立了以党组书记、局长王经淼为组长，工会主席向慎敏为副组长，副局长向清武为作战队队长，田应官、何涛、田本化、秦臻、黄彦志、付贤清、彭硕、田国庆，将驻灵溪镇石叠村、雨联村扶贫工作人员增加到 10 人。推行全方位帮扶，抓好建档立卡，协助村支两委对贫困户进行精准识别，搞好贫困户建档立卡工作。指导实施帮扶，本单位的干部对贫困户实行一对一或一对多的结对帮扶，按照"五个一批"原则，因地制宜，因户施策，群众自愿的原则，落实帮扶措施，确保帮扶实效。开展特殊帮扶活动，全面掌握贫困村的情况，对家庭确实比较困难，但又不能纳入精准贫困户的，重点关怀，进行特殊帮扶，开展走访慰问活动，解决生活中困难，对于雨联村的残疾家庭，聘请其母亲来我局守门，通过就业解决贫困户的基本生活。落实脱减贫目标。按照"一超过，两不愁，三保障"的要求，实现2018年县委、县政府下达的雨联村61户，235人贫困人口全部脱贫的目标。

（四）着力推进管理执法，加快美丽永顺建设

城管执法工作与美丽永顺建设工作紧密关联，我局明确工作责任，调整了局领导班子成员分工，所有班子成员分管到各股室队所，局班子按照县美丽永顺建设考核细则内容分别与各股室队所签定了建设美丽永顺责任状，形成局班子抓总、分管领导各负其责、股所队室具体抓落实的管理执法工作机制。

抓好环境卫生工作。购置3吨位垃圾压缩车3台，人力板车300部，垃圾处理场建设十个甲烷气体收集处理孔，设施建设为环卫工作带来显著成效。清扫保洁工作实行两个责任制，即环卫所领导包街道、包片责任制和清扫保洁人员"定人员、定时间、定区域、定质量、定奖罚"的责任制。县城所有路段划分为49个清扫责任区，每天完成60万平方米的清扫保洁工作。实行16小时工作制（早上6：00—晚上10：00），推动"两小时普扫，十四小时全面保洁"制度。即每天早晨六点钟开始清扫，八点钟全部完成街道普扫一遍，白天实行不间断能动式保洁至晚上十点钟。全天候作业有效保证了城区环卫工作质量，较好地完成了县城街道的清扫、保洁工作。全面开展道路清洗、洒水降尘工作：每天早上5：00开始对街道机械化作业清洗。每天8：30、11：00、13：30、16：30、18：00全面实行道路洒水降尘5次；城区人行道、护栏全面实行人力、机械化相结合清洗，即减轻了保洁员的劳动强度又改善了市民的生活环境和工作环境。为了保证生活垃圾日产日清，我所加大城区生活垃圾清运力度，加强垃圾围，垃圾中转站，垃圾箱（筒）等环卫设施的管理。对城区2座垃圾中转站，80处垃圾围，120个垃圾箱，280个垃圾桶进行日产日清，有效保证了城区面貌和居民环境干净、整洁。为了减轻白天城区内的交通压力，确保垃圾不落地，县直单位、居民小区自备人力板车装其垃圾，每天19：00至23：00自行将垃圾送至垃圾收集车上。县城区街道、公共场所垃圾每天5：00至7：00全面完成收集、清运干净。取缔了河西及小环城摆放的圆形垃圾桶，更换了50部人力板车，用3台压缩式垃圾车7：00至22：00循环式收集清运。及时将中转站垃圾清运至垃圾处理场进行处理，做到垃圾日产日清。今年以来我所对城区生活垃圾日清运量达150余吨，全年共清运城区生活垃圾5.56万吨，无害化处理量5.4万吨，无害化处理率98%，达到了省、州下达的生活垃圾无害化处理率目标任务。出动各类应急人员约0.9万人次，车辆约0.8万车次，清理卫生死角约

7800 处，突击清理混合垃圾约 2000 吨。

突出重点，扎实做好市容秩序管理。在日常管理的基础上，以专项整治为突破口，严管跨门经营和流动摊贩。一年来，共劝戒查处违章设摊行为 25385 起，其他违规行为 1200 余起。对节假日及重要活动实施重点保障，确保城区市容市貌的整洁有序。同时，针对夏季枇杷、杨梅、西瓜等外来水果大量上市，采用定点与巡逻相结合，正常班与差时相结合的管理模式，守住各重点路段，遏制流动水果摊贩的回潮。

规范人行道停车管理。在县城人行道合理的位置规范设置两轮机动车停车位 1800 个，清理取缔擅自在人行道设置的机动车辆停放站（点），实现人行道机动车辆停放站（点）设置合理规范。坚决禁止机动车辆在人行道乱停乱放，侵占盲道和在禁停区停放，清理取缔三轮车和摩的在人行道集结性经营式停放，确保城市人行道安全畅通，为广大人民群众提供良好的安全出行环境。

打击非法营运行为。今年以来，共开展了交通秩序整治行动 5 次，整治组共出动 2200 余人次，执法车辆 310 余台次，运用拖车 195 台次，查验车辆 8300 余台，暂扣车辆 2322 台（三轮车 368 台），其中非法营运行为 145 台，拖锁人行道乱停乱摆车辆 934 台次，其中拖走 135 台次。随着对各类交通秩序违法、违规行为进行了严查严打，确保了重点地段的交通畅通，有效保障了良好的道路交通秩序。

保障校园周边环境秩序。以"零犯罪、不违纪、周边秩序好、校园和谐稳定、师生家长满意"为目标，对一中、二中、溪州中学、民师、一小、二小、州实验小学、县实验小学等学校分阶段分批次开展整治行动，依法取缔占道经营行为。全年结合春秋开学季开展集中整治行动 2 次，根据不同时段和学校周边环境现实状况开展定期的专项整治不少于 3 次，查处取缔占道经营行为不少于 50 处。

整治规范户外广告。结合美丽湘西建设工作要求，以"干净整洁"为目标，对县城范围内"老旧破烂"的户外广告进行全面清理。一是加强巡查管理，在破损广告位未清理完成前，严格审批程序，减少固定广告位设置审批，杜绝大型喷绘墙体广告审批，从源头加强管理，争取出台《永顺县户外广告管理办法》。二是加快县城区破损广告清理，在 2018 年清理破损广告 10000 个平方的基础上，全力推进县城区破损广告的清理，逐步消除大型喷绘墙体广告，全年清除各类破损广告不少于 10000 个平方。三是加大城市"牛皮癣"的治理，进一步细划"牛皮癣"清理公司责任，突出源头治理和执法打击，查处影响较大的城市"牛皮癣"发布行为不少于 5 家。

城区夜市整治初见成效。我局把夜市整治工作列入年初工作重点，年初对县城区主大街 263 家夜市烧烤摊点进行了统一规范取缔，全部引导进店经营和改变烧烤工艺，督促夜市经营业主主动更换无烟烧烤机 60 余台。根据夜间市场管理的需要专门组建夜市管理中队，配备专职管理人员 9 人，全面提升县城区夜市城市管理水平。

背街小巷的整治及规范。为进一步推进我县美丽湘西建设，严格按照责任分工，我局与各社区、街道办事处紧密合作，多管齐下，对城东、城北、城中、城南、河西、玉屏社区等县城核心区的主要背街和小巷，划分区域、责任到人，按辖区对 12 条主要的背街小巷进行专项整治。行动开展以来，背街小巷的整治工作稳步推进，清理占道经营流动商贩 329 户，整改出店经营 143 家，暂扣乱停乱摆机动车辆 592 辆，"牛皮癣"清理 26580 余处，墙面广告 325 块，5000 余平方，清理脏乱差垃圾站点 4 处，清理各类垃圾 30 余吨，在灵溪镇清扫保洁 92445 米的基础上，要求环境卫生实行包门到户、家家户户爱护门前卫生。县环境卫生管理所在完成全城 11 条主大街清扫、清运任务的同时加大对背街小巷的清扫、清运力度，主动承担 5 条比较大的背街清扫和全城区的清运任务。各种乱象得到基本消除，群众满意度稳步提升，背街小巷综合整治初显成效。

突出渣土管理实效。今年来，县城区处于旧城改造和新城建设的攻坚期，渣土管理十分严峻。一是突出渣土公司管理。对县城区 5 家渣土公司进行内部设置规范，健全内部管理体制。二是加强路面执法。在强化渣土公司管理的同时，加强路面执法工作，今年来，出动执法车辆 75 台次，人员 200 余人次，发放渣土运输管理资料 500 余份，超限超载资料 300 余份，查处违规行为 200 余人次，处罚 23000 余元。三是强化建设工地管理。目前，县城区大型建筑工地除溪州新城外，还有蓝泊湾、大汉天街、锦帛钰广场、溪州芙蓉小学、张花高速连接线、卫计中心、消防中队、福石文化广场等大型建设工地，管理难度大。渣土中队顶压力、破瓶颈下达停工整改通知 7 份，落实进出场整改 3 个，建立冲洗设备 3 套。

非洲猪瘟防控工作。8 月以来，13 省（市区）相继发生多起非州猪瘟疫情，特别是 10 月 23 日农业农村部通报我省相继发生非洲猪瘟疫情。我局作为餐厨垃圾管理的行业监管部门，为进一步做好我县非洲猪瘟防控工作，加强餐厨剩余物管理，切断疫情通过餐厨剩余物传播链条。我局作为餐厨垃圾监管的主管单位，狠抓工作落实，主要做法为：一是抓收运。我局的主要职责是做好餐厨剩余物的收运工作。接到工作任务后，我局及时与永顺县环境保护服务中心联系，签订了合同，研究确定了收运办法，加大餐饮企业泔水收集力度，制定上门收集路线，将收集的餐厨剩余物就急倾倒处置场所；向各餐厨剩余物产生单位（个人）下发集中收集紧急通知 1200 余份，要求其自行配置 240h 或 120h 餐厨垃圾储存容器，并按规定主动将泔水上交回收，确保餐厨垃圾、泔水不流向养殖场。二是抓处置。县生活垃圾处理场临时划定餐厨剩余物处置区，确保收集的餐厨剩余物能够及时倾倒，并做好防渗漏处理，在不影响水源污染前提下，所收集的垃圾全部用粘土或石灰进行卫生填埋。三是抓执法。联合农业、公安、食药工质等部门成立专项巡查、督查工作组，对随意倾倒、处置餐厨垃圾或私自收售泔水行为，实施严管重罚，情节严重的给予曝光，为疫情防控提供坚实执法保障。四是抓落实。全局上下要高效确保各项工作的落实，要把此项工作当作当前最紧迫的工作任务，增加巡查频次，一旦发生违规行为，务必迅速处理。积极配合相

关部门力争做到餐厨剩余物应收尽收。切实加强应急值守，坚持 24 小时专人值班制度，明确值班人员，确保联络畅通，切实加强信息共享和联动措施，形成防控合力。要严格执行非洲猪瘟疫防控日报告制度和排查工作日报告制度，及时上报新情况、新问题。

　　加大力度整治"两违"建筑。加强领导，创新管理。进一步加强我局土地利用和城乡建设法律法规学习，及时、有效地制止和查处违法用地、违法建设行为，我局成立了局"两违"办，至今召开"两违"工作会议 19 次，认真落实县委、县政府的工作部署，将整治行动列为一贯的中心工作，在人力、财力、物力等方面给予了极大倾斜。主管领导不仅态度坚决，措施果断，而且身体力行，经常深入一线指挥、协调、检查和监督，为整治行动倾注了极大心血，在他们的带领下，对辖区内面积大、难度大、牵涉广的违法情况，积极与县政府两违办公室、国土局、规划局等各相关部门采取联合执法、拆除违章建筑攻关行动，为整治行动的顺利进行提供了坚实的保障。加强执法力量，狠抓源头管控。县、乡、村三级联动，加大"两违"日常巡查力度。我局两违办下设 5 个巡查中队，保证每天每次有 50 余名执法人员对县城 18 个村（社区）日常巡查监管，将"两违"工作任务落实到个人，做到巡查无死角，责任无推诿。村（社区）由主任、网格长负责"两违"巡查、制止及信息上报等工作，形成了较强的工作合力，成效明显。并按县委、县政府工作安排每季度抽调十几名乡镇"两违"执法人员来我局，进行"两违"工作跟班学习，加强法律、法规及业务方面的培训学习。严厉打击，形成高压震慑突出重点区域，紧紧围绕老司城世界文化遗产，溪州新城建设，龙永、永吉高速连接线，猛洞河风景名胜区等重点项目加大执法打击力度。同时突出重点时段，"两违"管控不放假，元旦、春节、清明、端午等节假日不放假，严防突击抢建，一经发现立即制止打击。我局"两违"工作人员严格要求上级指示精神进行有针对巡查，截至目前累计共开展巡查 5886 人次，查处"两违"案件 30 起，有效及时的制止违法违章现象的发生，共收缴、代收缴住建规费 3529297 元、土地超容积率价款 5701864 元、人防费 922976 元、罚款 3906694 元，合计：14060831 元。有效及时的制止违法违章现象的发生，"两违"现象明显减少，回潮现象也得到了有力地遏制。继续加大政策宣传力度，创造浓厚的整治工作氛围。为把违法用地违法建设整治工作宣传到户，深入人心，在日常巡查中深入社区，做到了解第一手资料。我们通过板报宣传、横幅宣传等多样化宣传教育，悬挂宣传横幅 500 余条次，宣传单 8000 余份，发放两违建房宣传资料 5000 余份；国省道、高速公路下线口沿线、重点项目工程、风景区、县城规划区等重要位置设置宣传固定标牌 200 块，上墙固定标吾 200 条；并每周向县两违办报送一次一周动态。

　　配合执法成效显著。今年来，我局在完成本职工作的同时，加大乡镇执法的指导，先后在小溪镇、松柏镇、塔卧镇、芙蓉镇、高坪乡等乡镇开展执法活动，拆除违规建筑 6 栋，乱搭乱建 56 处，非法广告 32 块。配合县美丽办、旅文局、芙蓉镇景区、环保局、畜牧局、县"两违"办等部门开展执法联合执法行动 11 次；配合省州县环保督查，完成了朵朵坪垃垃圾场整改、垃圾处理场整改问题,配合县创森办,制订了相关方案,协调了创森广告位等。我局各项配合工作收到了良好的整治效果,得到了各级领导的一致认可。

二、存在的主要问题

1.干部作风纪律待加强。我局进一步加强管理,但少数干部职工在编不在岗、在岗不作为、迟到、早退、超期请假等现象仍然存在,我局仍需要进一步加强人事等工作的管理力度。

2.党建统领作用不明显。我局存在一种执法工作挂帅,其他工作相对抓得不实的不良倾向,党建统领作用不明显,党员干部凝聚力、向心力不够,必然削弱业务工作绩效。

3.执法管理工作没理顺。县城基础设施建设滞后,城管工作难以得到科学规范管理。执法管理工作经费没得到有力保障,在一定程度上存在以罚代管、以罚代养的现象。

4.依法行政工作有差距。在实际工作中,执法人员依法执法意识不强,执法程序不完善,不仅损害了城管执法形象,不利于城管事业发展,也极易引发执法纠纷。

三、下一年度工作计划

2019年是全国上下推行城市管理综合行政执法改革后的第一年,也是学习贯彻落实"十九大"精神承上启下的一年。在这新老交替、承上启下的重要时刻,我们将紧紧围绕局党组中心工作,以理顺城管体制,提高执法水平为目标,突难点,破难关,全面推进改革成果,不忘初心,牢记使命,为深入推进我县城市管理工作砥砺前行。

1.以机制为保障,提升城市管理工作效能。深入推进城市管理体制机制改革,落实管理责任,形成全方位覆盖、全过程控制、全社会参与的现代城市管理机制。利用省住建厅关于建设数字城管的契机,充分共享政府公共资源,以目前我局现有设备和网格为基础,结合OA办公系统,实现城管执法案件办理、审批信息化、规范城管执法案件办理流程,提高案件办理效率。争取2019年完成主机房和城区核心地带配套设施建设,部分社区和一线执法工作人员实现智慧城市管理终端到人,预计需投入资金400-500万元,基本实现利用信息技术管理城市全覆盖、督办核实实时化、考核评比科学化,形成快捷、高效、精确的巡查、处理工作新机制。

2.以提标促提质,提升城区精细管理水平。将精细化管理的要求贯穿城市管理的每一个细节,通过制度管理、专业管理、细节管理,提高管理质量和执法效率。

3.以示范树标杆,提升基层基础管理能力。突出抓亮点、树标杆,打造一批规范干净的示范区域、示范街路,以点带面,充分发挥典型示范引领作用。

4.以整治攻难点,提升城市形象品质品味。继续开展市容环境专项整治行动,深入开展行政执法进社区、进小巷、进城乡结合部"三进"行动,努力打造适宜居住的"幸福家园"。强力整治占道经营、"牛皮癣"等城市顽疾,提升市容常态管控水平,确保城区良好市容秩序。

深入推进城乡结合部整治，清洁市容环境。深入推进渣土扬尘整治，加强严格教育管理，对违反行规定的渣土车辆严管重罚。加大户外广告专项执法力度，进一步整治现有存量违法户外广告，坚持严字当头、封顶处罚。

5.学习教育再加强。定期举办学习培训，让学法守法成为干部职工的行为自觉，要突出学习效果，以奖励表彰提升干部职工学习兴趣，增强城管执法干部综合素质。

6.党建工作再深入。按照"两学一做"学习教育计划完成各项任务，贴近党员管理实际抓教育。组织党员举办1-2次党组织活动，抓好发展党员工作，按程序有序推进党员发展进程。

7.管理制度抓落实。切实改变干部职工管理中制度缺失的现象，结合实际加强干部管理制度学习，让全局干部职工熟悉干部管理权限，违规处理措施，促成加强自律，严格依规办事。

8.扶贫工作再发力。按照三年扶贫规划推进两村精准脱贫工作，实施种植、养殖项目，完成两村农网改造，石叠村河堤整修和通组道路硬化，加快雨联村乡道硬化前期规划。

9.依法执法再强化。坚持定期举办有针对性的执法业务培训，让所有上街执法人员熟悉执法程序和执法文书。积极争取将我局各项工作经费纳入财政预算，根本解决以罚代养的问题。

改革奋进中的桐柏城管

河南省桐柏县城市管理局

桐柏，一个淮河源头的小县城，随着城市框架的不断拉大，城市化进程的不断加快，社会政治、经济、科技、文化等各项功能的不断完善，城市问题也日益增多，加强和创新城市管理，具有十分重要的意义。在党的富国强民政策引领下，经过全县干群的不懈努力，县城面貌已发生了天翻地覆的变化，幸福、美丽、和谐、宜居森林城市形象初步形成，"城在山中、水在城中、楼在绿中、人在画中"的生态城市魅力得到充分显现。城管体制改革以来，桐柏县城市管理事业发生了巨大变化，伴随着改革的春风，无数城管人为了桐柏的城市管理事业奉献着青春，演绎了一段又一段改革创新、激扬奋进的动人故事，在桐柏发展史上浓墨重彩的书写着崭新篇章。

2017年8月，根据中央、省、市深入推进城市执法体制改革改进城市管理工作要求，桐柏县城市管理局在南阳市各县区率先出台了《桐柏县深入推进城市执法体制改革改进城市管理工作实施方案》，正式挂牌组建成立桐柏县城市综合执法局，整合了原城管、规划、住建、房管、环保、食药、工商、水利、公安等九个部门关于城市管理方面的执法职权和人员编制，对十二个方面三十项具体执法工作行使行政处罚和行政强制，有效消除了多部门职能交叉导致的管理盲区、管理混乱现象；在此基础上，该局酝酿出台了十三项制度、四个标准、三个考核办法、两个程序，以制度约束人，以制度约束事，进一步夯实了基础管理，重塑严谨高效的城管形象；为全力打造一支"特别能吃苦、特别能奉献、特别能战斗"的崭新城管执法队伍，选调精兵强将，整合了原城管综合执法大队、原规划监察大队、住建监察大队、房管监察大队，按照"按片划分、属地管理"的原则，将整个城区划分五个片区，按照区域划分20个片区，实行网格化、精细化管理，对十二项30种具体违法违规行为进行严厉打击，同时设立城市管理公安执法中队，作为县公安局派驻机构，配合做好城市管理工作，严厉打击暴力抗法事件，为城管执法提供了良好的环境保障。

以改革为契机，不断加大综合整治力度，改观城区面貌。

桐柏县城市管理局牢固树立"抓城市管理就是抓经济、抓生产力"理念，全面落实城市管理的各项工作措施，突破重点难点、打造特色亮点，持续推动该县城市管理工作走向常态化、精细化、规范化，城市管理各项工作稳步推进，城区面貌出现明显改观，人民满意度不断提高。

一、持续推进园林绿化高标准建设

桐柏县城市管理局在巩固提升国家园林县城、全国卫生城市、省级森林城市的创建上取得了阶段性成果，相继建成政府广场、淮河源文化广场、流香溪湿地公园、临淮公园、淮渎公园、春秋园、三和园、茗香园、英雄广场等各类公园、广场、游园 33 处，实现了居民出行５００米内即可步入绿色空间的目标，道路绿化实现一街一景、一路一貌，形成层次分明、富于变化、观赏性强的道路景观，绿化普及率达９５％；建成省市级"花园式单位"２８个，单位绿化达标率达６８％；高标准抓好近城山体和城区河道绿化，形成了长９６００多米的沿河生态休闲风光带，为城区居民提供了更多亲水近绿的自然生态空间；至目前，全县森林覆盖率达 51.6%，县中心城区绿地率达 40.62%，绿化覆盖率达 45.3%，人均公共绿地面积达 10.96 平方米，新增公共绿地面积 4.6 万平方米，道路绿化普及率达到 97% 以上。城区道路绿化提升稳步推进，纵横交织的林荫路系统初步形成。

二、全面加强环境卫生精细化管理

2017 年 9 月，桐柏县城管局以政府购买服务的方式，依托河南城发桑德公司实现了对城区环卫保洁进行环卫机械化作业的跨越。目前机械化清扫率达到 85% 以上。环卫处工人每日坚持凌晨 4：00 起，对城区主次干道进行 2--3 次清扫，洗扫车对主要路段进行洗扫、洒水降尘，实现保洁工作的全覆盖、无缝隙；建立健全了建筑、拆迁工地以及建筑垃圾产生、运输、处置全过程监管机制，三班倒，24 小时巡逻，发现问题及时清理，对城区"盲点"产生的无主垃圾，及时组织人员无偿清理，坚决杜绝 "黑车"上路、私拉乱跑、抛洒路面现象，"私拉乱倒、垃圾围城"现象得到了有效控制；对城区内的旱厕进行全部改造，新建 10 座园林景观移动式免费公厕和一座"智能化公厕"并投入使用，县城区大型免费公厕均达到 2A 级国家标准，完善了所有公厕的信息化管理，电脑实时监控，进一步提升了该局对城区内所有公厕的日常保洁和管理工作，方便了市民和旅客的寻找和使用。按照"水清、河畅、岸绿、景美"的目标，全面对桐柏县城区河道进行了全面卫生清理，加大了对黑臭水体的综合整治力度，改善了桐柏县城区的水域环境。继而，进一步完成了对生活垃圾填埋场渗滤液场设备的改造升级与维修。

三、不遗余力整治城区市容市貌

桐柏县城市管理局根据县委政府制订的城区管理城乡建管提升工作实施方案，集中全力打造了淮河路、大同街做为样板示范街，完成了城市管理"秋季雷霆"攻坚行动，不断加大桐柏县综合整治的力度，认真贯彻和落实了"一线工作法"和推行"721"工作法（即以服务为先，70%的问题用服务手段解决，20%的问题用管理手段解决，10%的问题用执法手段解决。）。

截至目前，桐柏县城管局对各类违反城市管理法律法规的行为进行治理处罚的共计15850多宗，其中：拆除各类新发生双违建筑27处，拆除面积共计7700平方米。清理占道、流动摊点3200处、教育纠正占道经营行为1700多人次；规范店外经营750余处，清理门前违规摆放、乱堆物品1250多处；拆除店外雨搭、伸缩棚182处；对有噪音污染的商户52家下达了整改通知书，已全部整改到位。拆除有损市容环境的各种广告招牌、小招牌、小广告共2800处，没收占道广告牌367块，拆除各种横幅474条、彩门75处，规范新装修门店招牌78处。取缔警告路边夜市摊位60余处，统一指定时间位置经营，取缔流动摊位、露天烧烤17处。清理乱停乱放3000多处，警告教育2500多人次，暂扣处罚电动车摩托车335辆，查处流动灌装天然气3起。城区面貌出现明显改观，人民满意度不断提升。

四、全力以赴保障城区水务管理工作

供水方面：桐柏县城管局水务管理公司根据当地实际，按照桐柏县委、县政府提出的"先收住天上的水不浪费"这一供水原则，投入巨大人力物力，相继建成日供水2万吨一水厂、二水厂、龙潭河水库，完成水务数字调度平台建设，实时监控生产运营动态，推广使用预存IC卡及远抄物联网水表，实现水务工作的管理规范、全面提升，升级打造智慧型水务，有效扭转了桐柏城区逢旱无水的局面。

污水处理方面：建成日处理2万吨的污水处理厂，完成了污水处理厂提标改造工程及淮河水源地南岸污水收集工程，并按照市县新时期环保要求及时安装总磷、总氮检测设施，实现实时联网、运行平稳，如期上传数据，达标排放，还淮河一片碧水，保证了城区主水源的安全性。

桐柏城管人秉承以把桐柏县城"地扫净、树栽好、摆整齐、建有序"这12个字作为工作目标，为打造共建、共治、共享的社会治理格局和建成美丽宜居生态和谐新桐柏继续努力奋斗。

牵头抓总　统筹协调　综合治理　成效显著
——陇西县综合执法局城市综合治理成果简介材料

甘肃省陇西县综合执法局

陇西县综合执法局前身为陇西县城市管理行政执法局，成立于 2004 年 12 月，2016 年 2 月全省综合执法改革试点中更名为陇西县综合执法局。十余年间，这支原本仅有 18 人的执法队伍，已发展壮大成为一支集市容环境卫生、市场、城乡规划、水利水保、国土资源与乡村道路路政、农牧林业监管等 6 个执法大队、2 个环卫管理站、8 个局机关股（室）、拥有执法人员 173 人的威武之师。

为策应城市的快速发展，县综合执法局新一届领导班子始终坚持改革中创新、创新中发展，科学施策，创新思维，坚持以展示城市形象、提升城市品位、创造宜居宜业宜商宜游宜会的城市环境为目标，不断强化队伍建设，提高城市综合治理水平，积极服务陇西经济社会发展，走出了一条适应现代化城市管理的综合执法新路子，2017 年荣获县政府综合考核二等奖，先后多次获得县委、县政府的高度认可和广大人民群众的一致好评。

抓班子、带队伍、落实责任夯基础

一是加强组织领导，靠实工作责任

陇西县综合执法局始终坚持"人尽其才、人岗相适"的工作机制，将能干事、肯干事、敢担当的干部选派到重要岗位或担任中层管理职务，做到"事事有人管，人人有担子"，特别是接管巩昌、文峰环卫队后，先后选派 5 名优秀副科级干部担任领导职务，并选派业务能力强、工作热情高的 15 名执法人员从事环卫执法工作，进一步加强了基层单位的组织领导工作、落实了工作责任。

二是执法重心下沉，强化队伍建设

实施城乡环境综合治理，结合综合执法改革工作，将巩昌、文峰两镇环卫队整体划转到县综合执法局统一管理，并将原城市管理、农牧林业、交通水务、国土资源等领域的 112 名执法人员整体划转到县综合执法局，同时将 380 名业务能力较强的干部充实到了乡镇综合执法队伍中，城市管理重心全面下沉，初步构建形成了"大城管"工作格局。同时，为了让改革后划转和选调的执法人员进一步了解综合执法局的基本职能，尽快转变角色、适应本职工作，县综合执法局坚持理论培训、军事化训练和执法实践相结合的方式，分批次进行系统培训，不断提高执法队伍整体素质，进一步树立了亲民为民的良好形象。

转观念、强机制、执法水平显提升

陇西县综合执法局始终围绕服务陇西经济社会发展大局，以创建国家级卫生城市、园林城市和省级文明县城为目标，制订出台了《陇西县城市综合治理实施办法》和《陇西县实施"五大工程"开展全域无垃圾暨城乡环境综合治理实施方案》，初步构建形成了"政府主导、部门联动、多元共治"的大城管格局。

一是建立与公安、法院、检察院、公证处联合的"1+4"综合执法工作机制。在全面理清各职能部门工作责任的基础上，探索成立了城市治理"三室一庭"工作机构，并统一派驻到县综合执法局办公，切实为城市治理综合执法提供了重要保障。

二是建立"1+N"公务协作机制。全面推行城市治理工作联席会议制度，由县综合执法局牵头负责，针对城市治理和综合整治中的难点问题，组织各成员单位统一行动，推进跨部门联合执法。

三是建立行政告知和违法预警机制。向城区各商户和单位发放《网格化管理便民服务卡》，签订《网格化管理责任书》，综合执法队员每天在网格单元内持续开展法规宣传、违法预警，预防违法违规行为发生。

四是建立多元参与机制。坚持以落实门前"五包"责任制为抓手，积极探索"综合执法＋商户""综合执法＋社区（或村委会）""综合执法＋物业"等共建共治模式，试点推行"十户联包""整街共包"等管理方法，取得了良好成效。

出实招、求实效、创新机制抓督查

陇西县综合执法局积极发挥县全域无垃圾城乡环境综合治理领导小组办公室牵头抓总作用，认真贯彻落实省、市全域无垃圾城乡环境综合整治推进会议精神，加大督查考核力度，扎实推进"五大工程"，全面整治农村环境。积极借鉴"河长制"经验，探索建立"街长制""路长制"，将全县划分为3个片区、18个单元、217个网格，定人、定时、定岗进行"网格化"管理，真正把触角延伸到了每个角落。坚持"周督查、周评比、周通报"制度，一方面，要开展好面上的督查，县重点办、县政府督查室、综合执法局加大督查力度，采取明查暗访等方式，全程跟踪抓落实。另一方面，各行业主管部门按职责开展好专项督查。同时各乡镇开展好自我督查，形成点、线、面全面督查推进的良好格局。对思想上不重视，督查反馈问题不整改，被省市通报且严重影响我县城乡环境综合治理考核成绩的责任乡镇，主要负责人要在【抓落实进行时 走在后·说清楚】栏目公开表态承诺，切实提高督查问责实效。

抓重点、攻难点、成效显著赢好评

在城市综合治理上，陇西县综合执法局及时调整工作思路、转变执法重心，采取疏与堵、刚与柔、管与治相结合的方式，开展经常性整治和专项整治，全力推进城市综合治理工作进程。

一是全面推行"网格化"管理。将城市中心区划分为10个片区、32个管理单元、91个管理网格，按照"定区域、定人员、定职责"的要求，确保了城市综合治理不挂空挡、不留死角。

二是加强市容环卫"精细化"。全面实行"24小时错时值班"工作机制，持续加大夜市及小吃一条街的管理，坚持重点治理占道经营、店外经营、乱堆乱放、乱扯乱挂等违章现象；为有效遏制随意燃放烟花爆竹带来的污染和安全隐患，对城区内的宾馆、酒店、商场等统一安装鞭炮燃放箱，实现全覆盖；对城区主街道全天候分时段洒水除尘降温，道路隔离栏不定期全面清洗；市容环境面貌得到明显改善。

三是提升垃圾处理水平。引进社会民间资本，参与城市公用设施建设，积极对接总投资6亿元，日处理生活垃圾1000吨、年发电量达8000万千瓦时的生活垃圾焚烧发电厂项目，以及总投资2430万元的城区、首阳、通安驿垃圾收运系统工程，2个项目全面建成后，全县日均垃圾转运能力和处理能力将分别达到360吨和1400吨，我县和周边县区垃圾处理难问题将得到有效解决。深入推进2座标准化生活垃圾集中处理场和3座建筑垃圾收运处理站高效运转，垃圾分类收集和资源化利用水平不断提升。

四是深入实施环境卫生"常态化"管理。坚持推行"垃圾落地15分钟内保洁"的精细化作业方式和危险路段机械化作业方式，加大城中村及城乡结合部的环境卫生整治力度，增加清扫、清理频次，使城区清扫保洁率达到98%以上，生活垃圾无害化处理率达到90%。

五是持续加大"三违"整治力度。在日常管理中，联合县国土、住建、水务和乡镇等单位，动态巡查、联合执法，有效遏制了城市规划区内乱搭乱建、偷建抢建、违法占地、违法采砂等行为。

六是深入推进户外广告和城市"牛皮癣"专项整治。采取先易后难、循序渐进、逐步推进的办法，全力开展了巩昌、文峰两镇中心城区范围内的户外广告专项整治活动，取得了明显成果。

七是深入开展噪音油烟污染治理。针对商铺、广场音响噪音扰民和餐饮行业油烟排放造成环境污染的问题，经常与环保局、公安局等部门开展联合执法，收到良好治理效果。

八是持续加大工程运输车辆沿路抛洒和带泥上路整治。与城区各施工建设工程方签订《文明施工协议书》，督促各施工单位按要求申报运料车辆、时间、路线和包扎覆盖措施，设置出入车辆清洗台；联合县公安局依法查处未按规定要求的运料车辆，形成了从源头到事中、事后的全过程监管体系。

九是加强专业市场管理。对城区各类市场按照经营种类重新设区分段、划线定位，强化日常管理，搞好内部环境卫生，完善基础设施，盘活了市场资源，加快了商贸流通，促进了市场繁荣。

十是适时成立应急防暴队。为了适应形势需求，县综合执法局审时度势，及时在全局挑选能吃苦、素质硬、责任心强的 75 名工作人员组成应急防暴队，通过专业的防暴理论培训和体能训练，随时准备参与处置各类突发事件和大型执法活动。

今后的工作中，陇西县综合执法局将继续以创建一流的城市品位作为时代赋予的重大历史使命，立足高远、克难攻坚，在巩固成果的基础不断探索长效管理机制，内强素质，外树形象，打造一支规范高效的文明之师，服务社会、效力大众，为城市环境的显著改善和城市文明的大幅提升不断做出新的更大的贡献。

红山区推行"六个零容忍""十个严管理"督考制度城乡综合管理五步走出新局面

内蒙古赤峰市红山区城市市容环境管理局

2016年红山区在总结过去经验的基础上，实行了城乡综合管理一体化改革，推行史上最严的督考制度，构建了与中心城区相匹配的管理体系，通过"执法下沉，管理统筹""联合执法，域乡一体""严格督考，明确制度""查缺补漏，理顺保障""智能提升，精细管理"五步走出了城乡综合管理新局面。

一、执法下沉，管理统筹

红山区按照"权随事走、人随事调、权责一致"的原则，实施"综合执法力量下沉一步到位，环卫作业市政养护区级统筹"，解决了以往镇街一线"看的见、管不着"的问题。在综合执法上，将原红山区城市管理综合执法局执法人员划分为13个镇街综合执法大队和1个局直属大队。

镇街执法大队作为区综合执法局派驻机构，在镇街领导下以执法局名义开展综合执法工作，人员、编制、经费、设施等全部下沉到镇街，业务上接受区综合执法局指导。在环卫作业上，将除居民小区以外的环卫保洁职能全部上划至区环卫五个大队，实现统一标准、统一作业。在市政设施维护上，将市政、排水、路灯、泵站等公共基础设施管理全部划至区市政处，实现规范管理和维护。

二、联合执法，城乡一体

实施"城管+"模式，成立了红山区城乡综合管理委员会，（简称城管委），将镇街、城管、住建、公安、环保、安监、交警以及水热电气讯等42个企（事）业单位一并纳入城管委成员单位，整合各行业监管力量，实施联巡联控式执法，有效破解了以往"同一层级、各自为战"难题。同时，按照城乡一体化执法的原则，对全域进行网格划分，建立"机制到网格、人员到网格、责任到网格、处置到网格、奖惩到网格"的工作机制，实施城市管理网格与社区治理网格双网融合，推动执法力量进驻村居，驻点巡查，压实网格责任，实现了城乡一体化管理常态化、执法联动制度化、网格管理责任化的工作格局。

三、严格督考，明确制度

红山区按照"传导压力，封闭责任"的原则，研究制定了《红山区城乡综合管理工作考评制度》（以下简称考评制度），同步配套了《城乡综合管理考评标准》《城乡综合管理考评工作实施细则》《红山区网格化管理工作实施方案》《"百日攻坚"行动实施方案》等19项考评制度和实施方案。考评制度坚持问题导向，突出工作要点，考评内容分为"六个零容忍""十个严管理"和常规综合执法工作3个层次，以日常巡查、属地自查、对调互查、专项检查、追踪督查并用的方式，对主体镇街和相关责任部门进行"双轨制"考评，实施加分扣分制，评分上不封顶，下不封底，考评全程留痕。同时，建立通报批评、领导约谈、离岗培训、组织调整和一票双查等追责机制，实行考评小组、纪检监察、组织部门三头跟进监督、三头及时追责，倒逼责任担当。

四、查缺补漏，理顺保障

红山区按照中央、自治区、赤峰市深入推进城市执法体制改革和改进城市管理工作的精神，结合现实工作需要，开展了城乡综合管理一体化改革"回头看"，对城乡综合管理职能进行再梳理、再明晰、再确定，重新核实城市河道倾倒废弃物垃圾、违规取土查处和燃放烟花爆竹污染等职能46项，同步纳入综合执法，执法范围增至141项。同时，结合城区常住人口、面积和管理等实际，通过政府购买服务的方式招聘550名城管协管员、55名巡查员和160名自行车协管员，纳入网格管理并同步配套相应设备、车辆，年均拨付拆违拆临、垃圾清运、宣传、日常等经费2000万元，确保"人财物"保障到位。同时针对当前执法成本高、执法被动等问题，探索构建城市管理征信体系，建立失信"黑名单"制度、实施联合惩戒、失信行为信用修复的惩戒措施。建立奖励诚信、约束失信工作机制和诚信评价组织体系，提高违法成本，推动城市居民行为自律，为推动城管执法向治本转变奠定基础。

五、智能提升，精细管理

红山区持续推进城乡管理由平面化、人工化向立体化、智慧化转型。依托智慧城市运营指挥中心，利用城乡巡查系统和微信城管通等智能感知设备及时了解城市管理问题、舆论社情和百姓需求，建立"巡查即监察、巡查即录入"工作模式，提升快速回应群众诉求的能力和应急管理的能力，结案率达到99%。同时，利用无人机、车载视频、实时直播等新技术、新手段，实施"三维立体"监察，有效弥补了执法盲区，丰富了执法取证手段。此外，为解决中心城区无处停车、肆意停车的现象，红山区通过使用者付费的PPP模式，授予社会资本方特许经营权，在红山区公共区域内建设智能停车位，其他社会停车资源通

过合作的方式接入平台，统一管理，居民出行条件显著改善，交通秩序进一步优化。

名词解释

六个零容忍

是指零容忍新增违法建筑、街面堆放销售建筑原料、私设临时市场、露天烧烤、乱排乱放建筑垃圾、物流配货扰民。

十个严管理

是指严管理新增违法设施、乱停乱放非机动车辆、洗车修车占用公共空间、夜间工地施工扰民、未经审批户外宣传广告、私设废旧品回收固定场点、居住区积存垃圾 2 天以上、露天公共场所动物宰杀加工、乱牧滥牧、畜力车进城。

夜郎广场"好管家"

贵州省赫章县城市管理局

　　赫章县城市管理夜郎广场中队共 11 人，7 女 4 男，队长陈忠玉，副队长陶丽。随着县城快速发展，夜郎广场成为县城中心，人流密集，广场的卫生、绿化、设施设备和秩序管理压力激增，考验着管理人员的管理水平和能力。夜郎广场中队在全体队员的共同努力下，不负县城人民和局党组期望，成为夜郎广场"好管家"！

一、巾帼不让须眉，秩序难关"女汉子"

　　面对巨大的人流，无论是卫生、秩序还是公共设施设备管护，都非易事！尤其是秩序维持，是城管一线工作难关！广场的公益性要求"禁止占用广场开展经营活动"，但面对周边大量失地农民、进城务工人员、各种低收入群体，广场无疑是"聚宝盆"，火热的人气就是经济效益！各个商家想方设法挤入这个繁荣的商圈宣传、摆展！县城内所有街道，只要是人流量大的地方，迅速被经营户"占领"！不让摆摊，低收入人群要生活！任由经营户占道，显然和城市发展冲突！保证街道整洁有序，又要给低收入群体空间，这不是城管能解决的问题，但城管却处在这个矛盾的第一线。2016 年国庆前一个月，夜郎广场中队有记录的执法登记 167 起，仅对毛绒电动车下达的整改通知就达 36 起，暂扣占道经营用具 25 起，承受着经营户的辱骂、恐吓和群众不理解的指责。田某有 8 个毛绒电动车，每辆出租 10 分钟收费 10 元的收益，让他以身有残疾、失地失业，要生活为由坚决在广场经营。夜郎广场中队面对复杂的社会关系，按 721 工作法，服务 -- 管理 -- 执法，做到耐心服务 -- 积极管理 -- 严格执法，敢抓敢管，顶住了方方面面的压力，为广大群众守住了公益广场，得到市民的认可。

　　暂扣田某电动车冲突当天，围观群众指责田某"广场是大家的，你一家人要生活不是只有占广场一条路，快点接受城管处理，不要找理由丢人"！第二天早上 7：00，一个 70 多岁的婆婆煮了鸡蛋，早早等在城管岗亭边拉着陈忠玉队长，"昨天你们受委曲我们晓得，谢谢你们"！

二、边缘执法，城市管理法制的探索者

　　赫章县城市管理局从 2004 年成立至今，就在管理机构和执法机构边缘徘徊，没有一部

完整的城市管理法典，中国城市管理处于摸索阶段，"暴力执法"成为当代城管标签！城管人的血肉长城维护城市的整洁有序，或许过程中的冲突，是城市文明进程必然付出的代价。有法可依，是城管人的期望！法是执法的依据、是执法者的依靠。探索的路的崎岖而漫长，探路的城管人，没有华丽的办公室、没有完整的工作资料、规范，所有的工作显得原始粗糙！更多的依靠执法队员个人的生活经验、个人能力说服群众，70% 的服务，20% 的管理，10% 的执法，朴实的夜郎广场中队，用激情和热血谱写了文明执法、服务群众，美化县城的新篇章，为城市管理立法担当排头兵，当"城市管理法"立法之日，勿忘法典中有他（她）们的汗水，"城市管理法"是她们最美丽的衣裳！

三、与时俱进，不断提高工作能力和执法水平

为更好的开展工作，夜郎广场中队积极提高个人执法水平，队长陈忠玉带头攻读北京工商学院城市管理（函授）专业，获得管理学学士学位。2016 年，队员李锦栩获毕节市最美城管人称号，并光荣当选第二届市人大代表。

平凡的岗位，默默无闻的工作，生活中的无名英雄哦！正用满腔的热血奉献在城市管理工作中，愿韭菜花永远胜开，赫章越来越美！

泰州厕所革命路径探析

江苏省泰州市城市管理局党委书记、局长 董维华

天地之大，黎元为先；厕所虽小，情系民生。2015 年 4 月 1 日，习近平总书记作出重要批示：抓厕所革命，从小处着眼、从实处入手，是提升旅游品质的务实之举。从此，一场轰轰烈烈的"厕所革命"在各地推开，从旅游领域扩展到生活全域，从城市中心扩展到普通乡村，激发社会响应，引起世界关注。2017 年 11 月 27 日，习总书记再次指出，厕所问题不是小事情，是城乡文明建设的重要方面，不但景区、城市要抓，农村也要抓，要把这项工作作为乡村振兴战略的一项具体工作来推进，努力补齐影响群众生活品质的短板。

一、它山之石

2015 年至今，许多地方将厕所革命列入政府工作报告，将其作为一项基础工程、文明工程、民生工程来抓，主要做法有：一是增加供给型。北京市近三年来有计划新建改建 200 座、集成便民服务功能 100 座、无障碍改造 100 座、旅游公厕升级 200 座。现在，北京街头 300 米到 500 米便会设置一处公厕，让市民步行 3 至 5 分钟即可找到一处；苏州市加快推进公厕改造提档工程，2017 年市区完成新改建公厕 207 座，9 座被评为全国最美公厕，公厕新改建项目获评苏州市年度"十大民心工程"；二是改善供给型。甘肃兰州等地在厕所设置汽车充电桩、旅游信息查询设备、提供免费急救药箱等设备；广西桂林市在厕所设置母婴休息室、ATM 取款机、自动缴费机，方便游客，有效改善了厕所供给结构；三是科技创新型。

上海市在"互联网＋公共厕所"方面下功夫，推出"公厕指南"APP 向市民提供全市公厕信息，市民和游客通过智能手机或平板电脑等移动终端用 GPS 指引路线，实时搜寻附近的公共厕所、旅游景点、公车站、医院等设施；成都也运用公厕电子地图，提升市民找公厕用公厕的快捷性和有效度，且推进信息化智能化公厕监管，能实现自动开关门、照明、冲厕等功能；四是生态环保型。山东青岛、安徽黄山等地打造生态厕所，采取雨水收集、自然通风等生态化设计方式，降低厕所的电力和水量消耗，给厕所穿"绿衣"；五是观念革新型。广州、洛阳等城市，为解决"如厕难"问题，宣布开放社会窗口服务单位、车站、商场、宾馆、饭店的厕所，许多临街政府机关单位向公众开放厕所。

二、现状分析

经过多年努力，目前我市共有城市公厕 821 座，镇村公厕 1686 座，旅游公厕 318 座，能够基本满足群众的如厕需求。但是由于城市建设步伐加快，政府拆迁量加大，导致了市区公厕等环卫基础设施配建难度加大。存在着厕所数量不足、分布不均衡、档次不高、管理不细等问题。具体表现为：一是一类厕所数量不足，能够通过国家新规的厕所数量还有待提高；二是全域化水平较低，区域间的厕所建设水平差距较大，城区和乡镇、景区和非景区厕所分布不均衡，乡镇村的厕所数量不足，各市、区厕所建设水平参差不齐；三是资金投入渠道单一，土地指标紧张。公厕建设主要靠政府和乡镇村的集体经济投入为主，资金来源和建设模式单一，既加大了政府的财政负担，也影响着厕所革命的进度；土地指标审批难，厕所选址困难重重；四是服务设施不够齐全，多数公厕没有卫生纸，蹲厕缺少把手，坐厕缺少消毒设施，男女厕位设置不合理，男女分配不合理；五是厕所资源供给不够，机关事业单位、沿街商家敞开大门、"共享"厕所的做法还有待推广。针对这一现状，在广泛调研、征求意见的基础上，按照"泰州市'十三五'时期基层基本公共服务功能配置标准"制定出台"泰州市'厕所革命'三年行动方案"，计划用三年时间（2018 年 -2020 年）在全市范围内，街道和乡镇建成区人流集中处每平方公里设置的公共厕所，不少于 3 座，并按照"343"的进度（2018 年完成 30%，2019 年完成 40%，2020 年完成 30%），到 2020 年将新增公厕 887 座，新建改建公共厕所，达到二类及以上标准；繁华地段、旅游景点、主干道周边的公厕，升级后达到一类标准；在加油站和公交换乘站、首末站等公共服务区域补盲；彻底取缔城镇范围公共旱厕，新增无害化卫生户厕 35200 座，补充设置一批装配式厕所、移动式厕所；全面提升公厕形象，建设和管理充分体现人性化、信息化、精品化，积极创造整洁环保、舒适温馨的如厕环境。

三、探寻路径

思路决定出路，观念决定行动。虽然各地厕所革命已经取得一系列成效，但由于各种原因，当前厕所供给不足、分布不均衡、设计不规范、科技化水平不高、管理不到位等问题依然存在，盲目追求"高大上"的问题也日益突出。因此，在推进我市"厕所革命"过程中，一方面要立足泰州实际，坚持系统化思维，注重供给侧研究，锚定高质量发展；另一方面，厕所建设应始终坚持就地取材，不奢华铺张，重在便利耐用，不搞贪大求洋，着重做好三个方面文章：

——深入推进厕所革命，数量是基础、是前提，要坚持规划引领、对标配建。根据《城市公共厕所设计标准》，在摸清现有厕所现状、布点等情况基础上，广泛听取群众意见，从群众如厕需求入手，规划厕所的数量、位置及布局。重点加强公共区、风景区、棚户区的厕所建设力度，兼顾住宅小区直至农村地区，重点加强周山河新城、火车站街区、凤城河街区等功能区域厕所建设力度。在加快建设固定式厕所的同时，通过新建小型移动式厕所来迅速填补我市厕所数量不足的短板，选择简单实用、方便使用、维护快捷的小型移动式厕所进行投放，从数量上保证群众如厕需求。

——深入推进厕所革命，质量是核心、是关键，要坚持精细管理、常态长效。厕所革命，不仅回应人民对美好生活的向往，也包含人民对城市文明高质量发展的期望。强化厕所新（改）建及管理工作，借鉴山东青岛、重庆璧山等地经验，遵循"融厕于景，百姓满意"原则，按照《城市公共厕所设计标准》进行提升打造，设计、建设与改造要注重与本地文化元素、地域特色相融合。注重考虑残障人士、老人、儿童等特殊群体如厕问题，充分体现设计的人性化，增强如厕的便利性。建立健全厕所管护长效机制，定期组织厕所管护人员参加专业培训，做到规范化、标准化管理，保持厕所的设施设备完好和美观、干净、无异味。

——深入推进厕所革命，共享是趋势、是方向，要坚持全域共享，开展厕所观念革命。积极探索厕所的共享模式和途径，有效整合利用市场化、社会化资源，动员具备条件的宾馆、饭店、商场、银行等公共服务沿街单位，向市民免费开放厕所，共同打造方便舒适的如厕环境，提升城市文明指数。推广"互联网＋大数据＋厕所"模式，引入现代技术，充分运用大数据、智能系统等加强厕所监督管理，并将城市商业区、交通枢纽、公共活动场所内的公共厕所纳入评价体系，提升服务群众能力。

四、泰州选择

小厕所、大民生，小角落、精规划，小窗口、大文明。在上述路径理念的引导下，按照城市公共厕所设计标准，遵循环保、便民、经济、实用的原则，坚持试点先行，积极推广前期"城市港湾"的创新实践，对广场、公园等人流密集场所公厕进行功能加载，通过创新建设模式、运作方式、建管标准等，目前已将14座一类公厕打造成优美、舒适的"城市港湾"，成为服务广大市民群众的便民综合体，形成厕所革命的"泰州模式"。

一是聚焦舒适度，提升功能设施，推动厕所"港湾化"。在新建改建公厕内增设"第三卫生间"，除必备的洗手池和坐便器外，"第三卫生间"还新添置了给孩子换尿布的护理台、儿童安全座椅、儿童马桶等母婴设施以及如厕扶手等人性化服务设施，适用于不同性别的家庭成员共同外出、其中一人行动无法自理的情形。小小空间好似"螺蛳壳里做道场"，在设计上增添了诸多人性化元素，将女性厕位与男性厕位比例提高到3:2，以缓解女性厕位紧张的问题，使公厕服务功能更加贴心。无线网络实现覆盖，并提供免费手机充电、热水、擦鞋、雨伞等便民服务，综合场地、人流等条件配建城市书房，与图书馆、借阅点联网，通借通还，为本地居民在工作单位和家庭之外、外地游客在宾馆酒店和景点之外的城市角落，营造出一种港湾式的温馨舒适体验。

二是聚焦便捷度，运用科技创新，推动厕所"智能化"。运用科技创新技术，开启智慧厕所的大数据，不仅显示厕所累计如厕人数、用水、用电量，更实时显示男、女和残疾人厕位是否有人在使用，避免了如厕敲门引起的尴尬。探索设计开发"厕所地图"手机APP等厕所智能管理服务应用，将"城市港湾"位置汇编成图，载入"泰州市民通"手机App，广大市民只要轻轻一点，就能就近找到所需服务，预计到今年底，市区将有41座"城市港湾"公厕投入使用。

三是聚焦辨识度，完善标准体系，推动厕所"标准化"。打造厕所革命品牌，专门设计了统一的"城市港湾"形象标识，使"城市港湾"从理念内涵、形象标识、服务举措，均融入了党建和城管元素。与质监部门联手，制定出台厕所类"城市港湾"建设标准，根据现场载体设施大小等实际情况，因地制宜，分类指导，分级明确建设细则，为公厕建设与服务提供统一、规范、科学的依据，保障公厕与城市环境相融合，与市民需求相结合。

四是聚焦参与度，立足常态长效，推动厕所"社会化"。按照"共同缔造"理念，发动相关部门和社会各界广泛参与，引入社会资本参与厕所建设与管护。持续开展暖心接力活动，发动社会各界踊跃献爱心，已成功筹集了首批千余把爱心雨伞。同时，通过宣传发动、行政推动等途径，动员沿街单位、商家向社会开放厕所资源，切实增加有效供给，满足人民群众的如厕需要。

2018年4月30日，中央电视台《朝闻天下》专题报道了泰州市泰山公园公厕为广大市民及游客提供服务的情况；2018年5月22日，《新华日报》以"有颜有品，让公厕成为城市风景"，专题报道了泰州"厕所革命"情况；2018年5月18日，《江苏交汇点》以"泰州40个小小公共厕所变身城市便民服务综合体"为题，进行宣传推介。

创新城市管理 打造一流环境

山东省淄博市临淄区综合行政执法局

近年来，临淄区综合行政执法局以"执法管理规范提升年"活动为主线，创新城市管理方式方法，全面推进城市精细化管理，完善网格化和数字化管理机制，加强综合执法队伍建设，不断提升了城市管理标准化、精细化和智慧化水平。

一、完善城市管理体制，建立健全城市管理长效机制

在城管体制上积极进行了探索和创新，按照"精简机关、做强中队、整合力量、重心下移"和"属地管理"的原则，撤并了4个机关科室，机关人员缩减1/3，配齐配强了一线执法力量。同时，将市容市貌的管理权下放到城区镇、街道，将各镇、街道和相关部门应承担的职责进一步明确和调整，建立了专业执法与属地管理相结合的城市管理体制。根据城市管理工作的需要，调整充实了城市管理委员会，完善了"政府主导、权责明晰、运转协调、监管有力"的大城管体制。城市管理工作力度有了明显增强，城市精细化管理工作机制基本建立，一些城市管理热点、难点问题得到有效解决，城乡环境显著改善。

二、创新管理方式，全力攻克城市管理难点问题

建立城管交警联合执勤执法机制，配备了联合执勤执法车辆，由交警大队配备警力与城管队员配合工作，互相协调做好占用道路摆摊设点影响车辆、非机动车停放及通行和占道经营、摆摊设点、乱摆乱放等工作，解决了单一部门在城市管理执法中的不足。建设了三处烧烤城，引导烧烤业户进入烧烤城经营，城区内全面取缔露天烧烤，经营烧烤的业户全部配备了无烟环保炉，城区500多家餐饮经营业户完成油烟净化器的安装和检测，督促烧烤经营业户将燃料改为天然气或电经营，大大改善了空气质量。

三、推进精细化管理，进一步提升市容市貌

针对城管执法难点问题，变"管人"为"管城市"，多用服务和管理的手段进行治理。已完成大顺路茂业广场、泰客隆商场、石化医院广场等三处城管驿站建设，内部设置全部安装到位，并且已与数字城管平台连接。利用闲置地段先后新建或改扩建了高标准便民市场，

规范设置了便民疏导点和放心早餐工程点，更新提升了"三修摊点"。组织对临淄大道两侧 71 块大型立柱式广告全部进行了统一拆除，拆除河辛路各类大型广告 13 块，彻底解决立柱式广告带来的各类隐患。重点对大顺路、杨坡路、桓公路部分路段户外广告、城市建筑物立面进行了全面治理，对沿街墙体进行了统一粉刷。对城区公益宣传栏进行统一设计，融入了齐文化、石化名城等临淄特色元素，统一设计安装公益宣传栏 228 块，设置内容统一组织发布，使公益宣传栏成为临淄城市文化的一张特殊名片。

四、建设数字城管平台，城市管理实现精准高效管理

建设了现代化监督指挥中心，建立起"监督"和"指挥"相辅相承的监管分离的管理模式，在住建部九大标准子系统的基础上又增加了城管交警联合执法子系统、GPS 管理子系统、无人机监管子系统和消防管理子系统，城市管理由原来的粗放、低效管理转变为精准、高效管理，由突击运动式管理转变为日常性、连续性的数字化管理，由管理主体分散、职责交叉转变为一站式统一管理，大大提高了城市管理的工作效率。

五、发挥高位统筹作用，提升全区城市管理水平

发挥好城管办的职能作用，制定了一系列城市管理专项文件，组织召开了全区城市管理、违法建设治理、建筑垃圾专项治理、城市精细化管理考评等专项会议，对全区落实便民疏导点设置、建筑垃圾专项治理、城市精细化管理考核等提出了总体目标和具体要求，做好了数字化城管平台运行、示范路管理、便民疏导区管理、烧烤城管理和餐饮油烟治理等重点工作，在全市城市管理考核中，多个月取得第一名的好成绩。

六、开展综合整治行动，保障区重大活动的顺利进行

组织开展城市建成区车辆乱停乱放集中整治行动，每周集中不定期组织两次综合整治行动，共出动执法人员 80 余人次，执法车辆 50 余车次，发放宣传彩页 15000 余份，规整非机动车停放 5000 余辆，查扣非机动车 86 辆，机动车 1 辆，有效地打击了车辆乱停放行为，提升了市容形象。联合住建、交警等部门，开展了建筑垃圾和工程渣土专项治理，加大对建筑垃圾运输车辆、垃圾源头排放的监管力度，对擅自处置工程渣土和渣土覆盖不严等问题，进行了严管重罚。联合市政管理养护处对城区道路隔离桩进行了专项整治，下达告知书 500 余份，隔离桩损坏现象得到有效遏制。

精细管理暖人心

——随县城市管理综合执法局 2018 年城管执法工作纪实

湖北省随县城市管理综合执法局　郭勇强　尚传财

在炎帝故里这片热土上，有这样一支为民服务的城管执法队伍，他们立足岗位，服务新时代，展现新作为，每天披星戴月、起早贪黑，常年不惧风吹日晒、不畏酷暑严寒，持之以恒"疏导流动摊点、整治背街小巷、根除广告破损、杜绝渣土飞扬、拆除违法建设、清理卫生死角、规范停车秩序……"，用汗水擦亮城市容颜，努力把老城区、新县城扮靓！

党建引领，转变作风强队伍

局党组充分发挥党建引领作用，不断激发党建工作活力，为推动城管执法工作和队伍建设注入新动力、厚植新优势。一是抓班子建设。党组书记与班子成员、各支部书记签订"党建工作责任书"和"党风廉政建设责任状"，层层传导压力，全面履行"一岗双责"，认真落实民主集中制，凡属"三重一大"事项召开局党组会议，严格按照会前酝酿决策、会中集体决策、会后执行决策三个阶段进行民主决策。二是抓干部选任。严格执行《干部任用条例》，出台了《干部考察任免实施方案》，按规定进行酝酿动议、民主推荐、组织考察、党组集体决定，选贤任能，对重点岗位、敏感岗位的干部进行轮岗，对讲政治、重品行、有担当的干部予以重用，对不担当、不作为的干部予以免职，重用干部 30 名，轮岗交流 3 名，免职 1 名，干部选拔任用规范化水平不断提升。三是抓队伍建设。迫立健全了 20 多项内部管理制度，扎实开展了"强基础、转作风、树形象""面对面、听期盼"大走访、"党风廉政建设宣传月""学习教育月""双评双治双促""十进十建"等活动。先后举办"城管讲堂""城管夜校"，集中学习《党章》《宪法》《监察法》《准则》等 20 余次，集体观看了《法治中国》《铁血忠魂》《警钟长鸣》《大国工匠》《平语近人》等警示教育影片和电视宣教片，邀请专家学者为干部职工"释疑解惑"，选派党组成员、中层干部 40 多人次参加住建部、住建厅、市局举办的业务培训，提升了队伍素质，筑牢了"不想腐、不能腐、不敢腐"的思想防线。四是抓组织建设。严格落实"三会一课"制度，常态化开展"主题党日"活动，局机关选派 3 名党建指导员到局属单位党支部进行党建工作指导，党建工作得到全面提升。按照"三三制"原则，严把入党质量关，健全《"四必谈"谈心谈话制度》，

发挥谈心谈话警示提醒作用。设置党员示范岗、党员责任区，要求所有党员工作期间必须配戴党徽，时刻亮明身份，开展了"党员之星""城管之星"评星定级活动，极大调动了全体党员干部和城管执法队员干事创业热情。

规范执法，履职尽责提效能

局党组身肩重任冷静思索、着眼大局精心谋划，带领全体城管执法人员，依法履职、勤政为民，执法工作成绩斐然。一是认真落实《城市管理办法》和《城市管理执法行为规范》，先后开展了春、秋季执法人员封闭式集训，把城管法律法规的学习作为常修课和必修课。二是出台了《行政执法重大案件法制审核管理制度》《行政执法过错责任追究制度》《违法案件查处流程》《城管执法人员着装管理制度》和《执法记录仪使用管理制度》，统一了行政执法文书、执法程序和执法服装，配备了9台执法车辆、32台执法记录仪、20台对讲机、60套防护服，聘请了法律顾问，协调公安局在城管系统设置了"公安警务室"。三是引导执法人员在执法执勤过程中，坚持"疏堵给合、以疏为主"原则，突出服务为先，灵活运用说服教育、劝导示范、行政指导等管理手段，积极转变工作方式，优化服务，提升队伍形象，依法依规行使行政检查权和行政强制权，杜绝了粗暴执法和选择性执法，全年共办理行政处罚案件66件，均做到了事实清楚，依据准确，程序合法，处罚适当。四是强化了内部监督考核，实行督查考评制，与个人月度奖励性绩效工资挂钩奖惩，共印发《督查考评通报》14期，共有135人次受到奖励、107人次受到扣分惩处，有效提升了依法行政、公正执法、规范执法、文明执法效能。

综合整治，市容市貌焕新颜

试行"721"工作法（即70%的问题用服务方式解决，20%的问题用管理方式解决，10%的问题用执法方式解决），采取提前介入、及时督促、柔性执法的方法，变被动管理为主动服务，变末端执法为源头治理。一是在具体执法过程中坚持"亮证、告知、首次违规不处罚"来处理各类违规行为，在工作中学会换位思考，与行政管理相对人开诚布公，诚恳交流，促其理解、支持、参与城市管理工作。二是把临时市场、流动摊点、占道经营户全部引导迁入农贸市场"安家"，同时加大街头巡查和整治力度，坚持每天早7：30至晚18：30对市容环境进行无缝隙、不间断管理，突出抓好"寻根节""中元节""丰收节"市容环境综合整治，以及出门出窗、占道经营、乱停乱靠、户外广告、早餐夜市摊点、神农大道仿古街规范经营集中整治，城区"牛皮癣"清理实行了市场化运作，成效十分明显，今年共查处占道经营、出店经营1300余次，主干道流动经营400余次，规范乱停乱靠770余次，拆除门店破旧广告牌30块、流动广告牌及灯箱广告牌70块、条（横）幅40条，上门服务办理门店广告牌手续18起，跟踪服务户外宣传经营活动71起，发放《致商户一封信》

1.5 万份、规范停车温馨提示卡 500 余份。通过一轮又一轮集中整治，城区垃圾乱扔、广告乱贴、车辆乱停、占道经营、"马路市场"等顽疾得到有效治理，市容市貌变得更加整洁、靓丽、有序。

重拳出击，违法建设零容忍

坚持精准发力，宣传引导全覆盖，源头监管无缝隙，日常巡查不间断，重拳出击整治违法建设行为，取得前所未有的良好效果。一是发放宣传单 2000 余份，出功宣传车 30 余次，形成高压态势，实现城管法规宣传全覆盖。二是对县城区实行了分片责任包保，将县城区 22 个村（社区），共计 80 余平方公里划分为 4 个责任片区，新组建了封江湿地公园中队和炎帝故里风景区中队，将规划管控任务分解到中队，责任明确到人，多次组织城管、公安、住建、国土、城投等部门及镇村社区开展依法强拆联合行动，做到露头就打、逢违必拆，县城区共强制拆除违法建筑 40 余起，拆除违建面积 4000 平方米。三是对偏远镇场规划区每两周巡查一次、附近镇每周巡查一次、重点在建项目每天巡查一次，做到巡查"不漏一村、不漏一户"，实现了早发现、早制止、快拆除。今年以来，全县镇（场）共立案查处违法建设 28 起，移送法院强制执行 9 起。同时，协调处理各类信访投诉案件，妥善化解矛盾纠纷，维护了公平正义和社会稳定。

精细管理，城市卫生更洁净

随县县城区通过深度"美颜"，街道规范有序、城区干净整洁、两侧绿树成荫、市容焕然一新，路上不时有清扫车、洒水车缓缓驶过，将垃圾灰尘统统"消灭"……一是实行环卫保洁外包服务，每天有多台洒水车，采取机械清洗清扫加人工清洗清扫方式，不间断地对城区主干道路面进行冲洗清扫保洁，道路机械化清扫率达到 75%，督促城区所有夜市烧烤摊点统一铺设隔油布，完善环卫设施，在新县城添置果皮箱 200 个，分类垃圾箱 20 组，新购买勾臂车 2 辆及 40 个配备勾臂箱等机械设备，完成西门口、知青路、一桥东、神农加油站 4 处地埋式垃圾池的改造升级。二是夏季酷暑期间、环卫工人节期间县"四大家领导"及局党组领导都深入一线慰问环卫工人、调动了积极性，他们加班加点、连续奋战，推动县城区环境卫生水平在全市遥遥领先。三是组建渣土管理执法专班，全天候、全范围巡查监管，要求施工单位签订承诺书，工程车辆限装限载、覆盖达标出场，城区所有建设工地围挡率和进出口路面硬化率达到 100%，并设置冲洗台、沉淀池，有效防止了对城市道路的污染。四是坚持全天候执法巡查，并联合交警、路政开展夜间联合执法，共查处露撒和车轮带泥行驶污染路面的违法行为 110 起，有效净化了城区道路。五是县生活垃圾处理场，实现城区及周边社区生活垃圾全范围收集、清运和无害化处理，今年共处理生活垃圾 10 万吨、渗滤液 4000 立方。六是推进厕所革命，在县城区新建公厕 3 座，有效提升了居民满意度和幸福感。

精准扶贫，驻村帮扶暖人心

接照"精准扶贫，不落一人"的要求，多次召开专题会议安排部署精准扶贫工作，委派驻村"第一书记"，组建精准扶贫驻村工作队，对驻点村尖峰村 142 户贫困户实行一对一包保帮扶，共有 240 余人次进村入户，多次遍访帮扶慰问。落实局级"以奖代补"资金 5.6 万元，帮助贫困户发展产业，美化村庄环境。投资 5 万元，先后 3 次出动挖掘机赴驻点村清理村主河道垃圾和修补河道堤坝，分两批新建垃圾池 36 个，安置垃圾桶 60 个，扎实开展了全国第五个"扶贫日"活动，干部职工捐衣捐物达 400 余件。同时，携手摄影家协会、作家协会实地采风 2 次，因地制宜挖掘尖峰村自然资源优势，积极对外宣传引导旅游扶贫。

新思想引领新时代，新使命开启新征程！新的一年，随县城管人将立足新起点，锁定新标杆，明确新定位，以踏石留印，抓铁有痕的劲头，以更强烈的责任担当，善始善终、善做善成，抓重点，补短板，强弱项，扎实推进城市管理执法综合体制改革，加快建设数字化城市管理平台，积极推行"721"工作法，全面提升城市精细化管理水平，强化综合治理、重视源头治理、推动常态治理，全面提升城市品质，增强市民获得感、幸福感、安全感。无须扬鞭自奋蹄，奋力谱写新篇章！

文以化人 文以润城

四川省雅安市城市管理行政执法局

雅安，是世界茶园，熊猫家园，悠悠的茶马古道从这里起点串起藏汉民族走廊；雅安，是"汉代文物之乡"，梁思成和林徽因战乱中携手来此，只为亲测伫立在这的"最美汉阙"；雅安，是昔日的西康省会，如今的"天府之肺"，森林覆盖率全省第一。作为这座城市的文明守望者，雅安城管汲取厚重的历史文化底蕴，文以化人、文以润城，探索出了一条新时期城管强转树的科学道路。

一、文以化人立自信，使命自然强担当

习近平总书记说"文化自信是更基础、更广泛、更深厚的自信"。目前，我国正处于社会转型期和改革攻坚期，社会的迅速发展使社会结构和利益格局发生了深刻变化，人们的思想和利益诉求日益多元化，舆论环境日益复杂，城管工作作为公共管理岗位中任务最繁琐、矛盾最尖锐、危险性最高的职业之一，面临的却是舆论最弱势、群众口碑最差、职业荣誉感最低。如何在这个非主流思想日益增多的信息时代，利用文化自信改变城管负面评价多，网络标签野蛮化的现状，引导队员树立职业自信，将为民服务的宗旨意识内化于心，外化于行，雅安城管抽丝剥茧，探索用科学理念、哲学思维、宗旨意识、文化素养指导城市管理和队伍建设，坚持用文化自信培育职业自信，用职业自信强化使命担当，用使命担当守望城市文明，用城市文明提升民生福祉，文以化人打好队伍基础。

建立文化自信的首课，雅安城管选择了寻本溯源，追寻城管历史使命，组织队员十公里徒步参观雅安博物馆，"天下第一吻"的浪漫，元青花的温润……厚重的历史文化积淀，激发了队员对城市的热爱、对管城的激情；创新设立城管图书馆、博物馆、心理咨询室、健身室"两馆两室"，全国首座城管博物馆，穿越古今讲述我国 2000 多年来城市管理历史变革，以开放眼光看不同国家城市管理体制，探寻雅安城管人砥砺前行的足迹，历史文化的滋养，让执法人员找到了文化自信、职业自信；"读书读经典、听课听大家"，城管图书馆汇聚了城市管理、哲学、法律等藏书 1500 余册，黑格尔、亚当斯密、古斯塔夫·勒庞的思想在这里汇聚，定期开展的大队"读书日"和微信"读书沙龙"活动，让文化思潮碰撞出智慧火花，腹有诗书自然让我们的城管"气自华"；城市是我们的景区，我们是城市

的风景，面对繁杂的城市管理工作，雅安城管在勤奋艰辛中体会人生的价值和幸福，自创"城管的诗与远方"诗集，既富浪漫主义情怀，又筑牢了宗旨意识；作为城市文明的守望者，执法过程中受伤时有发生，心里咨询室随时为大家服务，聘请心理咨询师进行疏导，领导慰问，安排休假调整，队员归属感明显提升。2017年以来，全局因暴力抗法受伤队员38名，用忠诚担当诠释为民情怀，用实际行动维护城管形象，真心真情为人民管理城市。

二、导向正气用干部，锤炼队伍强执行

"国以人兴，政以才治"，结合住建部、住建厅强转树专项活动安排，雅安城管组织开展了强素质、强宗旨、强纪律、强作风、树形象"四强一树"大练兵活动，通过军事、素质拓展训练，练以敬业、练以修身、练以为民，增强队伍纪律意识，提升队伍执行力，队伍召之即来，来之能战，战之必胜；人是干好一切工作的根本因素，为了营造良好的政治生态，局党组紧抓"人"这个关键，坚持不拘一格用干部、解放思想用干部、导向正气用干部，是大树就让他参天，是花儿就让她艳丽，一年多来，局党组调整干部49名，提拔年轻科级干部15名，其中破格提拔两名，通过干部调整交流，调出了队伍的活力、激情、担当、导向；"大学生是国家宝贵的人才资源"，为了激发大学生城管干事创业的激情，局党组定期召开城管大学生座谈会，力求每一次座谈会都是清晰思维的哲学课，坚定信仰的党性课，丰富素养的文化课，励志上进的能量课；与双一流大学签订长期合作协议，设立城管培训基地，组织67名全日制大学生队员联合川农法学院教授组成9个课题组，从城市管理法治定位、城镇化过程中社会心理建设等多角度开展课题研究，为城管能力提升构筑大学平台；针对全国城管队伍标识形象无统一标准的现状，邀请市质监局全程参与，主动探索推动执法场所、执法标识、执法配置、执法行为、执法单兵装备标准化建设，增强城管标识形象的识别性、亲和力，全面提升依法行政水平，目前我们的标准化建设正在按程序申报标准体系认证，有望成为四川首个城管认证标准体系。

三、润物无声软宣传，柔化矛盾树形象

"干好工作，树好形象，城管人要勇于为自己代言"，为了让队员工作有底气，执法有正气，扭转市民心中城管野暴力的形象，雅安城管把宣传工作放在重要位置，在干好工作的基础上，努力树好形象，明确提出将30%的工作精力放在宣传上，在兼顾传统媒体宣传的同时，重用、善用今日头条等新媒体，并把公众喜爱的微信作为宣传的重中之重，抽调专人充实宣传队伍，树立了洋盒饭宣传品牌，每期公众号在充分分析论证社会公众心理的基础上，对文字、图片严格把关，确保篇篇都是精品，期期都是经典，以润物细无声的宣传方式，潜移默化改变市民对城管的看法，"城管的诗和远方""百年集市 一朝上楼 带着乡愁 走进文明"等多篇公众号文章被住建部等官方微信公众号、光明网及省、市新媒体大量转载，单篇点击率最高达 2.6 万，一到周末市民都开始期待雅安城管官方微信新主题；作为熊猫家源，雅安城管结合雅安熊猫文化，设计发布了熊猫城管表情包，以"萌萌"和"威威"两位熊猫城管，塑造雅安城管萌萌哒、亲亲哒、威威哒、帅帅哒新形象，萌萌哒就是改变人民群众对城管队伍形象的传统认识，树立清新的、可爱的、乖萌的城管形象；亲亲哒就是以人民为中心，践行"人民城市人民管""为人民管理城市"理念，做亲切的、亲和的、亲近的城管，体现城管来自人民、热爱人民、服务人民、奉献人民的人民性；威威哒就是坚持严格执法、公正执法、文明执法，体现城管执法的庄重性、权威性、严肃性；帅帅哒就是通过统一制式服装、提升执法硬件配备、规范执法行为等，以良好精神面貌，展现城管新形象，提升城管职业荣誉感和自豪感。目前，雅安市民已逐渐接受并喜欢上了可爱的熊猫城管，2018 年，雅安城管官方微博微信影响力排名在全市分居榜眼探花，市民对城管工作认可度、理解度显著提升。

四、为民管城破顽疾，齐抓共管显文明

在快速城镇化过程中，旧城设施滞后，管理麻痹，昔日雅安最大的苍坪山农贸市场周边车辆乱停、污水横流、广告破败、道路泥泞、人行不通，商家发牢骚，市民有抱怨，雅安城管急群众所急，忧群众所忧，解群众所困，从群众最不满意的地方改起，协调相关部门修路、改造公厕，安装生态花架式非机动车停放栏，更换店牌店招，困扰市民十多年的脏乱差顽疾得到解决。通过违法建设、餐饮油烟、背街小巷等专项治理，中心城区餐馆、机关食堂油烟净化器应装尽装，安装率全省第一，违法建设首次实现零增长，背街小巷华丽变身，雅安城管用自己的艰辛努力，成功实现将热点、焦点、难点变起点、看点、亮点。2017 年，雅安市城管执法局政风行风群众满意测评在全省城管系统排名第二，获市委、市政府目标考核一等奖，在市人大述职测评、市纪委述责述廉测评中排名第一阵营。

文以化人育新风，文以润城显文明，雅安城管以文建立自信，用文化积淀润养职业荣誉、宗旨意识；以文柔化矛盾，用文化情怀润滑社会矛盾、赢得理解；以文感化市民，用文化丰润城市文明新风、推动文明；以文美化城市风景，用文化润饰城市形象、靓丽雅安，用实际行动诠释了人民城管，为民管城的宗旨意识。

"千淘万漉虽辛苦，吹尽黄沙始到金"，我们坚信雅安城管在省厅、省局的指导下，在市委、市政府的坚强领导下，继续发扬百折不挠的实干精神，以不破楼兰终不还的决心，以千磨万击还坚劲的恒心，以直挂云帆济沧海的信心努力拼搏，必将迎着朝阳唱响共治共管共建共享和谐乐章，为"天府之肺，生态雅安"贡献更大的力量！

逐潮踏浪乘东风　稳中求进筑新基

——萍乡市城市执法体制改革实录

江西省萍乡市城管执法局

近年来，萍乡市秉承"城市管理就是民生，就是城市形象，就是发展环境，就是百姓幸福指数"的发展理念，不断提升城市管理工作战略地位，深入贯彻落实中央城市会议精神，把握"城市管理环境提升年"的宝贵机遇，乘势而上，锐意推进城市执法体制改革，补齐城市管理工作短板，理顺体制机制，逐步搭建综合化、智能化、标准化、法治化的"大城管"平台，撬动城市管理工作产生新飞跃。

一、提高站位，城乡环境整治全覆盖

成立了市委、市政府主要领导牵头的"市城市管理委员会"，出台了《萍乡市城市管理考评暂行办法》，对各县区城市管理工作进行定期考评检查，在此基础上又将各乡、镇、村纳入督导考评范围，实现了全市城乡环境考评检查全覆盖，以精细的考评标准和"史上最严"问责机制有效传导压力，将城乡环境管理责任真正下沉，倒逼各县区奋勇争先，加大投入，齐抓共管，真正将"铺平百姓出行路，点亮百姓窗外灯，规范百姓门前巷，扫尽百姓屋后灰，栽植百姓巷中绿，扮靓百姓休憩所"落实到每一个角落，全市城乡环境显著改善。

一是严考核，实行"五子登科"考评问责机制。坚持"照镜子、扬鞭子、罚票子、丢面子、摘帽子"的"五子登科"考评问责办法。按照考评对象全覆盖、考评过程全记录、督查结果全公开的工作要求，将每次考评结果在市主要媒体公布，对工作推进不力的领导干部进行约谈和追责，形成高压态势和竞争机制，有力促进各县区奋勇争先，创新方式，持续推进城乡环境综合整治。

二是建机构，形成横向到边、竖向到底的管理网络。将市城市管理委员会作为城乡环境整治统筹协调"指挥棒"，各县区、乡镇、村也纷纷完善相应的管理机构，主要领导挂帅，整合工作资源，形成全覆盖的管理网络体系，层层传导压力、压实责任，目前全市建立城乡环境综合整治组织机构共95个，其中市级机构3个，县级24个，镇乡街级68个。

三是强职能，完善城市管理和城乡环境整治工作职能。市、县区、乡镇、明确执法管

理责任体系，并通过委托执法、派员进驻等方式补充乡镇、村（社区）执法不足，同时整合规划、水务、国土、农工、农业等部门工作职能，形成协同推进的城乡环境管理工作合力。不断完善"街长制""河长制"等相关制度，确保责任到人。

二、职能集中，城市综合执法强落实

2017年9月，根据国家、省城市执法体制改革相关文件精神，萍乡市出台《中共萍乡市委 萍乡市人民政府印发＜关于深入推进城市执法体制改革 改进城市管理工作的实施方案＞的通知》（萍发[2017]9号），明确住建口行政执法职能由市城管执法局统一行使，截至目前，住建口行政执法职能已全部划转至市城管执法局，真正形成了集城乡环境、城市环境卫生、市容秩序、园林绿化、市政基础设施、建设工地、公园、广场、路灯、规划监察管理和执法为一体的"大城管"平台，下辖市环境卫生管理处、市城管支队、市园林局、市市政设施维修管理处、市市政建设工程公司、市建设工地管理处、市鹅湖园管理处、市秋收起义广场管理处、市路灯管理处、市规划监察支队、市城市管理指挥中心等十一个单位，真正实现城市执法综合化。

三、市场运作，全域环卫管理迎突破

积极引入市场竞争机制，由"专业的人做专业的事"，以公开招标方式选择有能力的企业承担道路清扫保洁、洒水保湿、冲洗、垃圾收运、环卫设施维护、公厕管理、水域管理、绿化带保洁等环境卫生作业工作，采用中标单位全包干模式进行运作，"一个扫把扫到底"，彻底克服传统环卫作业模式投入大、边界不清、标准不一的弊端，实现政府部门从"运动员"到"裁判员"的彻底转型，大幅提升环卫作业效率。截至2018年10月，萍乡市已实现环卫作业市场化全域覆盖。为形成竞争态势，倒逼企业不断加大投入、加强管理，萍乡市中心城区及各县、区环卫作业按照地域划分由五家实力雄厚的企业分别承担，由市城管执法局会同各县、区按照创建"全国文明城市"标准对作业效果进行考核，严格确保道路机械化清扫率达100%。

四、淬火成钢，执法队伍建设焕生机

千锤百炼提升全员素质，多措并举打造政治过硬、思想坚定、旗帜鲜明、行动统一的执法队伍。

一是坚持开展"强基础、转作风、树形象"专项行动。于2018年初统一了城管制式服装和标志标识，并通过开展"四比四评"（比政治思想，评素质过硬；比队容风纪，评遵规守纪；比业务工作，评务实高效；比宣传报道，评开拓创新）大比武系列活动、完善机构设置、配齐执法设施设备、严格规范执法程序等方式全面提高队伍执法水平和单兵素质。

二是将队伍建设同作风建设紧密结合，重拳整治"怕、慢、假、庸、散"。成立工作作风和机关效能建设领导小组，狠抓制度落实，对违反各项管理制度的工作人员及时进行处理和效能通报，开展作风纪律整顿，拧紧干部职工的"思想阀门"，队伍作风和服务意识明显提升。

三是积极打造"为民城管"，实现共治共管、共建共享。严格执行"721"工作法，想百姓所想，解百姓所忧。积极同百姓沟通，主动服务，通过"疏堵结合"设立便民摊点疏导区，千方百计保障底层群众生计，满足居民日常采购需求，让城市市容秩序与"烟火气息"并存。推出路段"商户创城志愿微信群"，数百商户入群，通过"互联网＋管理"模式，解决了城管队员与商户沟通不畅、"门前三包"自治管理差的问题，充分发挥个体商户在城市管理中的积极作用。

四是充分发挥"混编混岗"优势。目前萍乡执法队伍人员编制构成主要有：参公事业编制、全额拨款事业编制、差额拨款事业编制、大集体、小集体、土地工、协管员（7984参战人员、公益性岗位聘用人员）等。萍乡市科学利用现有条件，扬长避短，充分发挥"混编混岗"优势。通过充分保障执法人员待遇，同时不断在队伍中加强思想政治理论和规章制度的学习，确保队伍团结稳定，严守纪律，战斗力强。通过"混编混岗"的做法，一方面有效壮大了执法力量，另一方面充分发挥来自一部分队员来自基层、同市民百姓更加亲密、影响力更大的优势，引导市民百姓自觉配合、积极参与城市管理。

五、畅通机制，部门联动执法建长效

城管部门同其它相关部门携手建章立制，畅通部门联动机制，不断提升执法水平，简化执法程序，克服职能交叉，补齐执法短板。

一是实施"城管贴单、交警把关"，联合整治人行道、广场违规停车现象，积极探索"非接触性执法"。城管负责人行道等公共场所的停车管理、对违停车辆进行拍照取证、张贴行政处罚事先告知单、信息录入等工作；交警负责罚没收入的执收、车辆年审把关和对城管执法人员进行业务培训等工作。城管部门对违停车辆张贴行政处罚事先告知单后，要求违停车主3日内到城管支队机动车管理大队接受处理，逾期未处理即移交交警部门依据相关交通法规进行处理。有效避免了"锁车罚款"传统执法方式引发的正面接触和冲突，执法效率大幅提高，停车秩序显著改善。

二是城管同规划联动，管理与执法无缝对接，规划把关，城管执法。城管、规划部门共同明确协作职责，建立联席会议制度、信息共享、工作联动和协作约束机制，全面规范批前、批后管理和执法行为。规划部门在建设工程项目日常审批过程中和城管部门在日常巡查执法过程中发现未批先建的情况相互函告；城管部门全程参与建设工程放线、规划核实和验收，对批后项目建档并跟踪管理；城管部门对违法建设行为进行认定，规划部门在技术上予以

支持，共同维护城乡规划权威性，规范城市建设行为。

三是推行"城管＋公安"联合执法模式。城管与公安直属分局警察大队多次开展联合执法，实现两大执法部门的联勤联动，提升了城管执法、服务效能和城市治理水平。既减少了暴力抗法事件，也最大限度地保障了执法人员的安全，维护了城管执法的严肃性。

六、集中优势，基础设施建设提品位

近年来，萍乡举全市之力推进海绵城市建设，激活城市集体，创新建设模式，培植本土产业，全市基础设施建设迎来里程碑式的巨大突破，创造了海绵城市建设从"试点"到"示范"的傲人成绩。萍乡市委、市政府乘此东风，又相继完成"小街小巷"白改黑全覆盖、巷容巷貌整治等一系列基础设施提升改造工程，以"精细手术"畅通城市每一根"毛细血管"，夯实城市"里子"，实现从内而外的改头换面。目前正在推进的城区雨污分流，延续了"小街小巷"白改黑项目的成功经验，继续采用"公对公""自建自用"的模式，由市政府统筹规划拿出预算，由市市政设施维修管理处和市市政建设工程公司强强联手承担项目施工，拟用三年时间对萍乡市中心城区城市主干道及"小街小巷"范围内的排水管网实行雨污分流改造，2021年全面完成改造工作。这场集成化、系统化的基础设施升级大潮，真正兑现了萍乡市委、市政府"年年有变化，三年大变样"的庄严承诺，萍乡城市品位显著提升，城市变得更有温度、更富魅力，更具吸引力。

展现城管新作为　练就城市绣花功

福建省南安市行政执法局　林云智　郑宇华

自该市作风建设活动开展以来，市行政执法局秉承"强基础、转作风、树形象"九字方针，以党的政治建设为引领，激励广大党员干部践行"721"工作法，将不断满足市民对美好城市生活的向往贯彻到城市管理的全部工作中。同时，在该市市委编办与市行政执法局携手，以绣花般的细心、耐心和卓越心，推进智慧城市管理项目建设和确权工作，以精细化标准不断提升城市管理服务水平，使南安这座城市更有温度、更富魅力、更具吸引力。

早上7点半，南安市湖中路周边菜市场上已经呈现一片繁忙的景象，水果的香气、蔬菜的鲜味，吆喝声、砍价声，浸润其中。卖菜摊主杨阿姨忙了一个早上，终于有空歇歇脚，喝上一杯热茶，杨阿姨喝的这杯茶不仅解渴，而且暖心。

卖菜摊主 杨玉丽："天天都是热乎乎的茶来，还有放糖进去，夏天是夏天的凉茶，冬天还有放糖、生姜，都做得很好，我们在这里卖菜的、市民天天都有喝，都不会口渴的。"；不远处，在现场维护市容秩序的市容管理执法中队副中队长录高星："我们强烈感受到"作风建设"带来的蔚然新风，一线执法过程中，我们践行"721"工作法，力所能及地帮助市民解忧，拉近与群众的距离。"

南安市行政执法局践行了"年奉百万杯凉茶"承诺，在市区湖中路、新华街、成功街及部分乡镇人流量大、劳动者密集的路段设置18处免费茶水供应点，不论寒暑、风雨无阻，泉州东南公益协会还赠"爱心奉茶 服务群众"牌匾。该局秉承"以人为本，为人管城"的服务理念不仅体现在坚持免费奉茶一举，还体现在执法矛盾调解工作中，该局在全省率先成立矛盾调解委员会，大力推进矛盾纠纷调解，妥善处置各类信访案件，将矛盾、纠纷化解在基层一线，遏制在萌芽状态，为广大市民营造了一个和谐稳定的社会环境。调委会成立以来，共十化解执法领域矛盾纠纷47件、信访积案17起，受获调解对象赠送锦旗16面。

人事教育科副科长、党支部委员 黄艺红：我们坚持党建引领，紧扣干部作风建设，对"强转树"行动方案十六方面主要工作及四方面要求逐一梳理，结合全市重点项目攻坚，量化为32项工作，责任到科室（中队）、到个人。市行政执法局副局长、党支部书记 黄河水：我们延伸"1263"党建工作机制，创新启动"彩练行动"计划，组建南安"蓝盾先锋"，充分发挥新时代党员先锋模范作用，让服务民生贯穿于工作每一个细节。11月份，我们的特色党建项目《南安"蓝盾先锋"在行动》荣获得南安市级二等奖、泉州市级三等奖。

南安市行政执法局党组书记、局长 侯木易：我们将"作风建设"传递到基层一线"神经末梢"，要求全体执法人员践行"721工作法"，即70%的问题用服务手段解决，20%的问题用管理手段解决，10%的问题用执法手段解决，变被动管理为主动服务，变末端执法为源头治理。我们坚持在日常点滴中服务民生，通过爱心奉茶、帮助困难户申请住房建设审批手续、利用节假日帮助困难群众建房等一系列工作，前置妥善地处理行政执法过程中可能引起的问题，以更好地服务群众。

城市是我们共同的家园，如何科学、精细管理城市，让城市更智慧、更安全、更舒适？南安市行政执法局积极创新城市管理模式，推进智慧城管项目建设，以精细化标准不断提升城市管理服务水平。

张蔓玲是南安市智慧化城市管理监督指挥中心的一名信息采集员，发现采集城市问题就是她的工作职责之一。每天，张蔓玲都会在徘徊在大街小巷，用专业的眼光巡查占道经营、井盖破损等城市问题，通过手机上安装的"城管通"APP，将问题拍照采集，上报到南安市智慧化城市管理监督指挥中心的智慧城管平台。

南安智慧城管信息采集员张蔓玲：无论刮风下雨，还是炎炎烈日，我们穿梭在大街小巷各个角落，任何城市问题都逃不过我们的"火眼金睛"。每天采集案件繁多，遇到像井盖破损、移位，地上有残留地钉等涉及到安全隐患的问题，我们使用这个"城管通"，将现场拍照取证、定位、问题描述，然后上传到中心平台。如遇到乱张贴的小广告或者少量的垃圾堆放等小问题，都自己动手清理了。看着一个个问题被处理好，虽然辛苦，但是心里自然有一种成就感。

数字办副主任、团支部书记林宇昊：信息采集员在智慧城管整个工作流程里扮演着重要的角色，问题采集、案件核实、处置核查都需要经过他们。还有，我们的干部、坐席员、采集员团队都是青年先锋队的一员，我们将团建工作与智慧城管深度融合，通过争创"青年文明号"，扎实做好党建团建先行促智慧城管的文章。

如何全方位的发现城市问题，提升智慧城管工作成效呢？显然单靠信息采集员队伍是不现实的。指挥中心积极创新问题发现机制，通过建立视频监控管理平台，推进视频巡查立案工作，用无人机定点巡航从高空的视角监控无法触及的领域。同时，设立"12319"城管投诉热线、微信公众号，不断拓宽市民参与城市管理的渠道，提升市民幸福感和获得感，实现城市让生活更美好。

市行政执法局数字办主任、党支部组织委员黄雯龙：城市管理是社会稳定经济发展的基础与推进器，而智慧城管则是城市管理的重要"引擎"。我局以党建为引领，以作风建设为依托，积极推进智慧城管项目建设和运行，紧紧围绕补齐民生服务短板这一目标，充分运用智慧城管平台，创新城市管理模式，将现代化信息技术与城市管理深度融合，构建"大

城管"格局。

新时代赋予我们新使命，新担当激励我们新作为，南安市行政执法局以"强基础、转作风、树形象"专项行动为主线、以作风建设为抓手，紧扣党建之盔、强缚规范之铠、铸牢廉政之盾、踏实强基之靴、磨亮监督之剑多举措强力推进各项工作。同时，坚持为民管城的服务理念，推行"721 工作法"，拾掇民生服务点滴，创新为民服务的方法举措，积极探索以民为本的科学长效管理模式。

南安市行政执法局党组书记局长侯木易：下阶段，我们将紧紧围绕市委、市政府中心工作，初心不忘，强化使命担当，继续深化开展"强基础、转作风、树形象"专项行动暨"改进干部作风，激励担当作为"主题实践活动。全副武装、全力以赴打好作风建设攻坚战。努力建设一支政治坚定、作风优良、纪律严明、依法履职、人民满意的新时代城市管理执法队伍。

民族地区智慧城市建设路径探析

——以四川省阿坝藏族羌族自治州为分析视野

四川省黑水县城市管理局 茸 涛

改革开放 40 年以来，在农村经济体制改革激发下，大量农村居民涌入城市，社会城市化进程步伐加速，全国城镇化率不断提高，沿海经济发达地区已然实现了由以农业为主的传统乡村型社会向以工业、服务业为主的现代城市型社会的巨大跨越，智慧城市建设行动"遍地开花"。在此情势下，偏远少数民族地区和阿坝州在新型城镇化发展时代洪流中如何回应智慧城市建设的历史拷问，已成为摆在我们面前亟待研究讨论的重大课题。笔者现结合我州发展实际，城镇化及智慧城市发展趋势浅谈些许观点，谨供分享交流。

一、阿坝州城镇化建设发展现状与地方特点

建设发展现状：由于受历史、文化、自然地埋、基础设施影响，阿坝集"老、少、边、穷、病、灾、寒"为一体，经济增长内生动力不足、区域全要素流动性偏弱、对外开放程度不深、城乡差异化色彩淡薄、主要市镇人口承载力不强，致使州内城市化进程缓慢、特色城镇建设同质化严重、城镇化水平远低于内地。截至 2017 年底，阿坝州常住人口 94.01 万人，常住人口城镇化率 38.92%，相较全省 50.79%、全国 58.52% 的城镇化率存在较大差距。

地方发展特点：州内市镇建设布局缺乏受地限制影响较大，主要核心市镇呈线形点状分布，主要市镇辐射能力与影响范围与河流走向、山脉走势、交通线形设计、区域中心城市方向大致相仿，缺乏"市镇特色突出、主导产业互补、路网密集交织"的连片市镇集群，尚未形成"成本共担、设施共建、利益共享、产业共兴、错位发展"的区域同发展格局。

二、阿坝州智慧城市建设基础工程：新型城镇化建设

智慧城市建设前提是城镇化水平达到一定程度，拥有一定量常住居民，城市基础设施、公共服务、生活资源基本满足群众需求，但目前阿坝 8.42 万平方公里幅员面积仅辖 51 个镇，主要市镇规模集聚能力和常住人口远远低于城市化要求。智慧城市建设必要性和可行性受到人口规模不足、应用场景单一等挑战。故当前应明确市镇人口承载力对阿坝加快发展的基础性作用，着眼新型城镇化建设，以乡村振兴战略、藏区新居、易地扶贫搬迁工程实施

为突破口，不断缩小城乡、农牧区间的发展差距，加强基础设施建设，持续改善交通、教育、医疗等公共服务水平，深入推进基本公共服务均等化，加快城镇化进程，打造一批"宜居、宜业、宜商、宜游"的县域核心市镇，为智慧城市建设提供实验样本和必要基础。

三、阿坝州智慧城市建设牵引工程：智慧城市制度建设

没有规划引领行业，其发展必然充满各种随机和不确定性。阿坝智慧城市建设同样应有制度牵引，即专门规划和制度保障。目前阿坝各级政府及机构先后出台《阿坝州推进智慧城市光网智慧小区（含智慧家园）建设的指导意见》《中国电信阿坝分公司关于建设"智慧城市"的实施方案》等各类文件规定和专项规划，但还缺乏对智慧城市建设的统一构想和顶层指引下，结合阿坝欠发达的实际，科学客观编制智慧城市建设规划，出台专门性制度，牵引智慧城市建设向纵深推进。

四、阿坝州智慧城市建设保障工程：城市智慧设施建设

智慧城市建设通过具体应用场景、应用方式、应用设施来体现，包括但不限于智慧政府政务管理、智慧市政管理、智慧安全管理、雪亮工程、家庭智能生活等，实现媒介均为智能设备和设施。目前阿坝在全国少数民族自治州率先实现"全光网络"，2017 年底移动电话用户 78.20 万户，互联网用户 24.57 万户，信息化水平明显提升。但与智能设施、设备相配套的后台实时数据计算分析、信息统计与传输等终端需求量较大，不具备对收集数据进行综合运算、分析、测算和应用的能力。

截至 2017 年底，阿坝互联网用户同比增长 17%，城镇居民交通通讯支出同比增长 8.8%，农村居民通讯支出同比增长 17.8%。地方公共财政预算收入 26.81 亿元、收入 236.25 亿元，财政收入与支出皆位列全国十大藏族自治州第二。得以窥见，在加强藏区城市智慧设施建设方面，"群众有需求、发展有基础、建设有条件"，州内急需加快智能设施建设。

五、阿坝州智慧城市建设核心工程：智慧文化建设

智慧文化建设的核心意涵在于人与环境。一是应不断加强州内适龄群众国民教育，大力加强地区国民素质，发展全龄化受教育体系。增加各族群众电脑拥有率和光纤宽带使用机会，提升各族群众学习能力，培育各族群众对外开放交流意识，鼓励群众"尝鲜"和体验智慧生活方式，引导融入便捷智能生活，这是智慧城市建设根本所在。二是积极营造智慧环境，政府应不断健全电子政务运行机制，充分运用补助资金、税收优惠、贷款优惠等利好政策，引导州内外民营企业和非政府主体投身智能生活普及、应用场景拓展、智慧城市建设中来。多方协力，争取"最大公约数"效应，共同引导各族群众形成智能化生活方式，打造地区智慧文化。

六、阿坝州智慧城市特色建设道路和未来和方向

阿坝智慧城市的建设和发展应摒弃以工业为突破口的建设道路，要辩证吸收借鉴"先行者"经验，坚持生态经济发展"五条路径"，避免出现核心市镇人口膨胀、环境污染、资源紧张等"城市病"。要以生态环境承载力为评价标准，"软体建设"与"硬件建设"并重，科学安排智慧城市建设的梯次推进顺序，适时选取典型示范地区带动全州智慧城市建设整体推进，使智慧城市建设成为全州政务服务改革、新经济新动能培育、城市精细化管理的重要破题口，积极打造全国藏区城市建设与发展的示范样板。

新跨越 新高度 新发展

——郓城县综合行政执法局重点工作纪实

山东省郓城县综合行政执法局

一弯清澈的宋金河潺潺而流,碧波荡漾;一座千年的古佛塔卓然而立,雄表一邑;一座秀美的新县城铺满眷恋,风韵万千……这就是郓城。

如果城市是一位多姿的丽人,那么城市管理者便是出色的形象设计师。如今的郓城县城,处处弥漫着自然的芳醇,宽敞整洁的道路,错落有致的楼宇,绿意盎然的草坪,碧波荡漾的河水,五彩缤纷的灯光,共同构成了一幅美丽的城市画卷。郓城县的城市管理事业历经了十多年的风雨坎坷,克服了一个又一个困难,取得了一个又一个胜利,如今迎来了历史上新的辉煌。

在县委、县政府的正确领导下,郓城县城管局坚持大胆创新破难题,一心一意谋发展、聚精会神抓落实,以队伍作风提升为先导,变被动管理为主动服务,变末端执法为源头治理,执法理念实现由"为城市管理人民"到"为人民管理城市"的转变,先后获得"菏泽市依法行政示范单位""菏泽市城市管理系统先进集体"等荣誉称号。

一、创新型管理,服务型执法

转变工作思路,从群众最关注的事情做起,从群众最不满意的问题抓起,加强流动摊点整治,规范早夜市和公园广场的管理,治理露天烧烤和餐饮业油烟污染,逐步改善城市环境,着力提升城市形象,让群众看到了实实在在的工作成效。

通过在重点路段安装人行道护栏,实现人车分离,缓解交通拥堵。

共发展正规 8 家渣土运输公司,车辆 180 辆。抓源头管理,将渣土运输管理关口前移,实行与工地工程部对口管理办法,并对渣土运输公司强化监管,做到"内部消纳的渣土不出场、运输渣土的车辆不扬尘"。

积极推进冬季集中采暖和天然气入户工程,共铺设热力管网 194.8 公里、燃气管网 339公里,燃气热力主管网城区范围全覆盖。111 个小区、家属院实现集中供暖,供暖面积达608 万平方米;天然气管道直通 5.5 万户住宅、120 家企业和 49 家商铺,并逐步实现乡镇范围全覆盖,已有 2 万 5 千户城乡居民享受到天然气带来的实惠和便捷。

二、数字城管让城市更美好

为从根本上解决城市管理的瓶颈问题，县委县政府决定加快城市管理体制改革进程，建设数字化城市管理系统，探索出一条独具郓城特色的城市精细化管理之路。郓城县数字化城管建设项目一期投资3150万元，2015年10月开始建设，2016年9月投入试运行。建设期间，市县各级领导先后到项目现场视察指导，并做出重要指示。

二期项目投资424万元，除数字城管的标准9大主系统外，还拓展建设了视频监控、数据管网、移动互联、电话追呼、业务短信、移动处置、3D地图数据普查建模、微信互动平台、领导移动督办、12319热线对接、户外广告管理、车辆GPS监控、建筑工地管理、违法建筑管理14个子系统，并开发了郓城特有的智能辅助监控系统、数字环卫系统和微信互动平台外部监督系统。

三、绿色出行，低碳交通

郓城县是菏泽市首家拥有公共自行车服务系统的县级城市，项目一期于2016年10月10日正式运营，2017年10月二期项目建成使用，目前共建设55个站点，投放公共自行车1100辆。市民通过办理借车卡和支付宝扫码等方式使用车辆，并实现与其他地市同系统的互通互联、通卡通行。日均借车数量1000余次，在城区掀起了绿色出行新风尚。

四、橘红色的城市美容师

城管局担负着城区32条主次干道约359.52万平方米的垃圾收集、洒水降尘、环卫执法、公厕管理和113家单位、53个小区、116处家属院的垃圾清运等任务。在管理面积逐步扩大，保洁任务不断增多的情况下，通过调整作业时间，优化作业班组，加强作业监督，增加机械化作业量等方式，使保洁水平稳步提升。现有一线环卫工人750名，配备湿扫车、高压吸尘车、多功能洒水车、8立方全自动压缩车、勾臂式垃圾车、对接车等机械作业车辆40辆和三轮高压冲洗、微型扫路机等电动作业车辆14辆。城区主次干道每天洒水4-5遍次，单次洒水面积323.57万平方米，机械化洒水率90%。机械化清扫道路25条，每天机扫2遍次，单次机扫面积216万平方米。

积极推进国省道保洁市场化运作。郓城县境内共有国省道7条，总里程121.827公里。面积共计2437304平方米。保洁服务项目工程总造价为8738529.77万元/年，保洁项目分为两个标段，合同年限为6年，两家独立负责的保洁公司已于12月进场作业。

五、绘就美丽乡村新画卷

城乡环卫一体化工作牵涉广、阻力大、困难多，作为主管部门，城管局迎难而上，敢

于破冰，尽心竭力为农村群众打造一片干净整洁的人居环境。通过城乡环卫一体化保洁服务项目采购，5家专业保洁公司负责全县23个乡镇街区的城乡环卫一体化保洁工作。保洁公司共配置垃圾桶42353个，垃圾箱1494个，垃圾清运车辆120辆，现有保洁员2244名，县垃圾处理厂的20辆转运车保证了23座垃圾中转站生活垃圾的及时转运。全县所有生活垃圾均通过焚烧发电进行无害化、资源化处理。

2015年下半年郓城先后通过省级、国家级城乡环卫一体化全覆盖验收；2016年下半年省市检查暗访合格率均达到100%；2015下半年和2017上半年省群众满意度调查成绩均列全市第3，其中2015下半年位列全省第10。

2017年郓城县被纳入全国100个农村生活垃圾分类和资源化利用示范工作试点县，今年七月，再次被山东省选为省级试点。作为全县试点乡镇，张营镇已基本完成了垃圾分类基础设施新建及改造工作，同时部分区域已进行垃圾分类宣传活动，如：可回收物高价回收活动、有毒有害垃圾兑换活动、垃圾分类宣传指导活动等。根据初步规划，张营镇共选择彭庄、小屯和镇驻地3个村庄做垃圾分类的小范围先行试点区，设置二分类垃圾桶200余组，四分类垃圾分类桶40余组，分类垃圾亭3组，配备240升分类垃圾桶800余个，发放60升家用分类垃圾桶2884组，软件平台等配套项目正在积极建设。目前，张营镇试点区域已完成分类亭基建工作，垃圾桶等配套设施已经配备齐全，家用分类垃圾桶已确定样式。另设置有毒有害垃圾收集箱3个，有毒有害收纳袋25套，花草宣传牌45个，宣传条幅80条，大型宣传广告牌13处，示范区指示牌1块。开展县级动员会、镇级动员会、分类知识培训会以及各类现场回收活动共组织约25次，专门针对学生的入校宣教活动2次，每周入村举办两次有奖回收兑换活动已形成常态化，有效促进村民分类习惯的养成。

截至目前，郓城县农村生活垃圾分类和资源化利用工作试点区域村民知晓率基本达到85%以上，村民参与率达到75%以上，可回收垃圾资源化利用率可达45%以上，全部生活垃圾无害化处理率达100%，整体减量化比例基本可达到15%～20%。

六、重拳查处违法建设及违法占地

细化城区违法建设管理网格，加大宣传、查处及依法拆除力度，重点区域实行24小时不间断巡查。强化对突击违建的管控，制止无效的坚决依法拆除，保障棚户区改造工作顺利开展，维护城市规划区依法建设秩序。与当地政府及土管部门联合，对土地违法图斑和新增违法用地予以强制拆除，有力守护了耕地红线，正确处理了发展与保护的关系。

"特别能吃苦，特别能战斗、特别能奉献"是对郓城城管人最真实的写照。一路走来，郓城县城管局走得是那么铿锵、那么激昂，那么精彩。展望未来，城管执法前途光明，郓城城管人将牢固树立"为人民管理城市"的理念，立足新起点，创造新业绩，把郓城的城市管理事业推向新的辉煌！

执法为民　服务为先
全面提升城市管理水平

山西省太原市城乡管理行政执法局迎泽区分局　王新堂　王东辉

被国务院 1997 年批准成立的城乡一体化城区之一的太原市迎泽区，是太原市的中心城区，集政治、经济、文化、交通、传媒、通信和金融于一体的商务中心区。山西太原，是一座历史悠久，文化厚重的文明古城，迎泽正是晋阳大地中心一颗璀璨的明珠。时至今日，饱含历史沧桑、人文情怀的晋阳、并州、迎泽、唐明等地理名字依然在这片土地上熠熠生辉。在这个古老而又现代的城区，活跃着一支被称为城市文明守护者的执法队伍——太原市城乡管理行政执法局迎泽区分局。

近年来，太原市城乡管理行政执法局迎泽区执法分局以开展城市管理全面提升行动为抓手，紧紧围绕"五城联创"总目标，扎实推进"强基础、转作风、树形象"专项行动，服务新时代，展现新作为，为建设太原首善之区，实现城市让生活更美好做出了积极的贡献。

一、创新管理模式，打造一流执法队伍

分局积极推进城市管理执法体制改革，大胆创新，勇于实践，努力打造新时代城管品牌，争创一流执法队伍。

（一）理顺管理体制

为构建"权责明晰、服务为先、管理优化、执法规范、安全有序"的城市管理体制，他们制定了《迎泽区执法分局理顺执法体制机制切实加强城市管理工作实施方案》，2017年 4 月中旬，将各执法中队、管委会的人、财、物统一管理，进一步完善内设机构配置，明确岗位职责，合理调整人员岗位，建立了"统一领导、分级负责、职责明晰、监管有力"的管理机制。在全市执法系统首家建立执法便民服务中心，建立集中立案、集中审理、集中处理的工作机制，高效便民、公正透明和务实为民的执法效果进一步显现。

（二）加强人员培训

为了提高全体人员的政治素质、业务素质和执法水平，连续 5 年组织开展春秋两次封闭式全员轮训。在此基础上他们还积极参加市、区组织的各类专项和不同层级的培训 150人次，为城管执法提供了坚强的思想和能力保障。

（三）完善执法制度

建立健全执法公示制度,推进执法范围、执法程序、受理群众举报和投诉处理程序、扣押、证据保全（工具）物品管理等运用牌面、网站等形式的公示,做到执法内容全面向大众公开。聘请社会各界代表、媒体记者等担任市民监督员,接受社会监督,增强执法透明度。出台了《迎泽区执法分局行政执法全过程记录制度》,一方面确保了执法人员能够严格依照法律法规执法,规范公正文明执法,另一方面通过文字、音像等记录方式,对执法活动全过程进行记录,实现全过程留痕和可回溯管理。目前分局配置执法记录仪 280 台,对讲机 400 台,照相机 20 台,摄像机 14 台,要求执法人员出勤必带,执法必录。同时做好执法文书和视音频资料的管理和存储,逐步实现与数字化城市管理信息系统关联共享;严格落实权责清单动态管理制度,制定了《权责清单》,在政府网站进行公示;修订了《对无照违法行为执行扣押（证据保全）工具及物品的处罚细化量化标准》,进一步规范行政处罚裁量权,有效压缩行政执法自由裁量空间,使行政执法规范化水平进一步提升;制定了《执法人员队容风纪考核办法》,严格执行执法行为准则,规范执法行为;为确保队伍良好形象和规范执法,由督查室不定期督查考核,发现违反队容风纪现象进行严肃处理,确保严格、规范、公正、文明执法。

二、提升管理水平，创建宜居美丽城市

按照"巩固优点、破解难点、打造亮点"的总要求,他们严格执法、拉高管理标杆,深入开展市容综合整治活动,全面提升城市管理水平,努力创建宜居美丽城市。

（一）占道经营、露天烧烤全部"清零"

他们按照"属地为主,部门联动,疏堵结合,依法处置"的原则,以打造柳巷示范片区为带动,以解决数字化返工件为重点,以提升处置率为切入点,全面推进整治占道经营、露天烧烤工作。全区 60 条主干道、快速道、8 所三甲医院、64 所中小学校周边市容环境治理成效显著。160 余处露天烧烤全被取缔,处置率 100%,在全市率先实现了露天烧烤"清零"目标,连续三年在市月专项考核中均排名第一。有效改善省城大气质量,市民满意度明显提升。特别是柳巷示范片区市容秩序得到提升稳固,实现了无占道经营、无露天烧烤,无商业噪音,得到了社会各界的好评。

（二）治理工地扬尘成效明显

建立建筑工地扬尘治理责任制,实行执法人员检查、局领导抽查、督察专查的"三查"制度,对标"六个百分之百",对所辖工地做到全天候执法检查全覆盖,发现问题,及时整改。同时,安排专人轮流监管夜间工地施工扬尘。目前,所管工地扬尘治理全面达标。所管"恒大林语郡"工地被全市评为"十佳绿色工地"。针对重污染天气,建立应急处置机制,推进各项应急措施的落实。接到污染预警,立即启动应急措施,确保工地全部停工,烟尘污

染减排措施落实到位。

（三）"两违"现象零增长

由分局牵头成立的迎泽区打击"两违"综合执法队，不断加大对城中村集体土地违法建设、违法用地的巡查、管控力度。每日出动60余名执法人员，10台执法车，分8个巡查组、1个拆除组，1个后勤保障组对郝庄地区28个村（社区）的违法用地、违法建设进行全覆盖巡查，节假日不休息，做到"拆早、拆小、拆了"，在重点村庄（社区）拆违迈出了重大步伐。三年内拆除违法建设170余万平方米，实现了违法建设"零"增长。

（四）铁路沿线环境全面提升

2017年，铁路沿线环境综合整治成为为城市管理全面提升行动的"首战"。分局对全区6.37公里长沿线两侧各30米的范围进行全方位、全覆盖整治。重点对各类违法建设、违法设置的广告牌、有碍观瞻的建（构）筑物、废品收购站等集中进行动迁和拆除清除，做到建筑垃圾和生活垃圾日产日清。先后攻克了火车站源中心和万吉海鲜市场长期存在的违法建设、环境死角、管理难点问题，妥善解决了五龙口街136号私建门面房抗拒执法等矛盾问题，确保了整治工作有效稳步的推进。

目前，全区铁路沿线、建设路两侧已累计拆除违章建筑80处、118012.29平米；棚户区拆迁34010平米；整治大型墙体广告牌606块、11913.95平米；取缔违法回收站12个；清运垃圾55644.4吨。自此，铁路沿线的环境面貌发生了历史性改观，成为一道亮丽的风景线。

三、创建文明城市，为民管城美化环境

为创建全国文明城市，营造整洁优美、安全文明、管理有序的城市环境，分局多方位、多举措开展创城活动取得明显实效。

（一）非法广告牌匾整治效果明显

重点对主次干道沿街单位非法设置的店面招牌、LED灯箱、各类广告进行拆除清理，辖区立面环境得到明显改观。2018年以来，拆除违法广告2901处。

背街小巷管理提档升级。启动全区30余条背街小巷整饰美化工程，由疏导街提升为严禁街进行管理。重点以体育西路、菜园东街、寇庄西路、菜园西街、青年路、起凤街、朝阳街等街道，全方位、多角度提升背街小巷环境品质，将整改后的商铺、店面进行统一规划，根据建筑周边环境，实施美化亮化，达到与周边环境协调一致，让市民生活更方便、更舒心、更美好。目前，规范店牌1341家，总面积达28360平方米，粉饰美化19700余平方米。

（三）第五立面粉饰美化全面完成

各属地中队统一行动对全区不符合创城标准的工地围挡以及铁路沿线彩钢房房顶等第五立面进行粉饰美化，全部调色为瓦灰色，达到整体美观效果。执法人员加班加点，夜以继日，共计整改600多余处，其中彩钢房147处，粉刷第五立面面积达52600平方米。

（四）非法地锁拆除扎实推进

联合街办、社区、派出所对葡萄园路、南内环街、小云路街、校尉营等街巷的背街区域、小区通道处非法地锁进行集中拆除。执法人员使用氧焊切割工具拆除道路阻车桩、铁立杆、铁质地锁等障碍物，排除安全隐患，还路于民，构建良好的出行环境。目前已清除 100 余条小街巷的非法地锁等路障 2400 余处，之后要向其它街巷逐步推进，达到全覆盖清理。

（五）渣土和建筑垃圾乱象得到有效遏制

分局联合公安巡警、交警、人武部、环卫中队等部门，由局领导带队，分为八个组，从晚 8 点至早 8 点，开展夜间执法检查，重点对建筑垃圾、渣土偷倒、乱倒等违规行为进行集中整治，确保市容市貌及道路整洁。截至目前，夜查执法队共出动 7500 人次，执法车 1300 台次，查扣违规拉运车 248 辆，清运垃圾 4300 余立方米，渣土倾倒乱象得到有效遏制。

（六）非法小广告做到"随有随清"

分局各队对全区 500 余条街巷的 16000 余处小广告进行全面清理整治。涂覆人员每天 8 点前将夜间产生的小广告全部清理，之后转为巡查巩固，做到随有随清，发现重点问题抽调人员突击清理，做到清理整治无缝隙全覆盖。目前，清理高位广告 1200 余处，清理小广告 105 万余处，涂覆面积达 8000 平方米，清理率达 99%、及时率达 98%。全区重点商圈、学校、医院周边非法小广告得到有效遏制，市容面貌明显改善。

四、树形象创品牌，打造城管排头尖兵

近三年来，分局在太原市城管系统综合考核中持续保持排名第一，并获得迎泽区年度综合考核优秀等次；2004 年，分局所属的柳巷中队荣获"全国青年文明"称号一直保持至今；2016 年被授予"市文明标兵单位""山西省爱国卫生先进单位"称号；2017 年分局被省总工会授予"山西省五一劳动奖状"、局长闫俊力于 2017 年 7 月被省委省政府授予"山西省第四届人民满意公务员"称号；2018 年 11 月被省委组织部授予"最美基层干部"称号；在"两学一做"活动中，分局机关党委被确定为常态化、制度化示范点，参加全省范围的工作交流；分局开展的环境整治工作和相关整治成果在太原电视台、电台播出 30 余次，在《太原日报》《太原晚报》刊登达 80 余次，有力地营造了城管执法的良好氛围。

辛劳付出，收获喜悦。近年来，人们欣喜地看到，迎泽区的大街小巷道路通畅了，商场商铺喇叭扰民不见了，小区内私搭乱建没有了，市容环境改善了，市民欢声笑语更多了……如今，迎泽区执法分局正以"肩负新使命，服务新时代，助力城市管理"的责任担当，续写着城市管理的新篇章。

强化城市管理　打造美丽兰西

黑龙江省兰西县城市管理综合执法局

在风景秀丽的拉哈山旁，在奔腾不息的呼兰河畔，正在崛起着一座新兴城市，它的名字叫兰西。

在县委、县政府凝聚各方力量建设城市的热潮中，有这样一支队伍主动担当，奋发有为，那就是兰西县城市管理综合执法局的城管人。该部门负责城市管理、环境卫生、道路绿化、冬季清雪及县棚户区改造等工作。他们公正执法、纪律严明、文明规范、服务热情，争做新时代的领路人，新思想的践行者。

几年来，他们立足本职，着眼全局，认真调研，攻坚克难，破解了一个又一个困扰城市的难题。大力推进城市执法体制改革改进城市管理工作，不断强化队伍建设，树牢为民服务理念，强化城市管理和环境卫生工作，贯彻落实"一法一例"，逐步实行"721"工作模式，由管理型向服务型转变，大力推进文明执法，优化执法环境，群众满意度大幅提高。

全力抓好队伍建设

以深化城管体制改革为契机，开展 "强基础、转作风、树形象"活动，不断改进机关纪律作风，优化营商环境。抓好队伍建设，促进业务工作。一是成立队伍建设领导小组。组长由局长担任，副组长由副局长担任，下设办公室，办公室主任由常务局长兼任。整合法制信访、执法监督、政工、办公室等部门的力量，成立队建科，具体抓队伍建设。二是强化典型的引带作用。充分发挥班长的带头作用，班子成员的示范作用，班子的核心作用，中层领导的榜样作用。树立一批能干事，会干事，不出事，敢担当的干部队伍。三是强化素质提高。强化队伍政治学习、业务学习、法律学习和纪律学习。定期组织知识竞赛，考试考核等多样活动，全面提高执法人员素质。四是强化队伍纪律作风建设。严格执行《兰西县综合行政执法局工作纪律作风管理规定》，强化考勤管理，采用人脸识别。实行每日工作纪实制度，层层确认，建档封存。加强执法车辆管理，杜绝公车私用，规范执法行为，全面提升队伍纪律作风建设。五是强化业务考核。实行量化考核、绩效考核，将确定的工作落实到各部门和责任人，层层建立目标责任制，倒排工期，一级抓一级，层层抓落实，确保各项工作取得实实在在的效果。加大监管督查追究问责力度，实行"能者上、平者让、

庸者下"的用人机制，全力打造一支遵规守纪，政治坚定，作风硬朗，攻坚克难的城管执法队伍。

提升城市管理水平

用"工匠精神""绣花功夫"管理城市，采取大队分片、中队分块、人员分段的方法，实现街面管理网格化。一是街面"清根行动"常抓不懈。在抽调近百人参加棚改工作，人力严重不足的情况下，工作重心下移，严格规范市容市貌，六个执法大队和城管治安大队每天至少三次联合行动，强力取缔有碍市容市貌行为，形成高压管控常态化。二是加强市场管理。在加大街面整治力度的同时，完成了早市的顺利搬迁，强化了早市的管理。本着就近就便的原则，流动商贩固定管理，成立了小市场，为商贩提供经营谋生的场所。三是加大违法建设查处力度。实行违法建设"零容忍"，依法对违法建设进行了强制拆除，有效地控制了因棚改引发的私建、乱建、滥建现象。加大了楼盘建设施工执法力度，对手续不全的楼盘坚决不许开工，确保了城市建设规范有序进行。四是加强工地管理。对建筑工地周边围挡、出入车辆污染道路及运输残土路线、倾倒地点进行了规范和管理，有效地保证了规范施工和城市环境。五是规范了牌匾设置。在强力取缔各类马鞍式牌匾，破损牌匾的同时，完善了申报程序，逐步实现网上审批，制定了牌匾尺寸、样式、规格、材质、亮化等方面管理规范。

强化环境卫生管理

做到"三个到位"，一是"扫到位"。抓好"二个结合"，即机械清扫和人工清扫相结合，平面保洁与立面保洁相结合。增强了对主要路段、新建路段、背街小巷清扫力度，强化了对花箱、路边石、路灯杆等公益设施及时冲洗，加大了洒水除尘频率，全天候作业，保证城市干净、湿润。同时，购置了广告清洗机，对各类小广告进行彻底清除，逐步实现"五无、六净、四根清"。二是"运到位"。19台垃圾清运车及时对全城主次干道、背街小巷的垃圾进行清运，确保垃圾日产日清；6台收运车及时收运主街居民或商户垃圾，超过15公斤随时上门，确保垃圾不落地。三是"管到位"。形成由环卫中队、执法大队、执法环卫督查、局领导"四位一体"监督机制，厚爱严管、宽严相济，提高了环卫队伍的工作能力，城区内环境卫生取得了根本性改观。

城市绿化亮化显著提升

以"推窗见景、开门见绿"为目标，按照"一街一景，一路一特色"的原则，打造高端品牌绿化。一是推进公园建设，结束了我县没有森林公园的历史。开展了春、秋季绿化工作，绿化面积11万余平米。实施了"造地插柳"工程，插穗50万株；栽植柳树、榆树、糖槭等乔木 21000 余棵，栽植紫翠槐、金叶榆、红叶李等灌木 7 万余株，栽植各类苗木 30 余种。在春季绿化基础上，入秋以来，移植糖槭、蒙古栎、五角枫等 20 余种树木近 2000 棵，根据不同品种，设置不同区域，设计不同造型，全力打造高端品牌绿化。另外，建设了管理用房，打 2 座深水井，铺设了甬路，硬化了路面，铺设了明线落地地下电缆。二是推进主城区绿化。对城区主街栽植多季玫瑰 16 万余株，栽植牵牛花、玻璃海棠等花卉 2.6 万余株。三是打造过境段高端绿化。哈黑路、绥兰路贯穿我县，对哈黑路过境段 5.5 公里、绥兰路 3.7 公里绿化带进行全方位维护。同时，以哈黑路、开元大道为轴，在各重点路口交叉点建设 8 个微景观，栽植松树、蒙古栎等乔木 780 余棵，金叶榆、偃柏等花灌木 900 余株。四是开展秋冬季绿化工作。除颜家河秋冬绿化外，开展了我县北出口绿化工作。填平了路边深沟，根据北出口地势特点，双层造型，栽植了金叶榆、偃柏、苇茅等灌木，栽植白桦、蒙古栎、王族海棠、糖槭、迎客松等大型乔木近千棵，绿化面积 1 万余平米。形成了高低错落，层次分明，品种多样，协调搭配的绿化景观。五是加大绿化维护管理。实行绿化站、环卫中队、执法大队、城管治安大队四方联合管理，高压打击损绿坏绿行为。六是做好路灯亮化工作。强化路灯亮化监管工作，实行台账式管理，发现损坏，及时修复。搞好节日灯亮化，本着节约的原则，维修了已过使用期节日灯饰，增加了灯饰覆盖面。新购置春节灯饰全部投入使用，营造了节日氛围。强化了街面亮化，积极与沿街商铺、企事业单位及物业小区沟通协调，强化街面亮化工作，营造了温馨明亮的氛围。同时，对新设牌匾的亮化装置进行了明确要求，增强了城市亮化效果。

棚改工作强力推进

我县把棚户区改造作为一号民生工程，致力改善群众住房条件，抽调执法局百余人组建房屋征收队伍。自 2016 年开始，全力投入到棚改工作中，发扬着"吃苦耐劳、甘于奉献、忍辱负重、公正廉洁"的棚改精神，克服一个又一个难题，仅 2016 年，就有 2100 余户群众告别了低矮破旧的平房住上了宽敞明亮的新楼房，2018 年，又有 3000 余户群众享受到了棚改惠民政策，极大地提升了幸福指数。

年复一年、日复一日，兰西城管人用实际行动践行着"人民城市人民管，管好城市为人民"的宗旨，用挥洒的汗水兑现着他们庄严的承诺，那就是做好城市的守护神。

以"绣花功夫"推进城市精细化管理
打造"宜居宜业"大美郧阳

湖北省十堰市郧阳区城市管理执法局

问道武当，拜水郧阳。十堰市郧阳区作为南水北调中线核心水源区，东联武当、南依车城，汉江穿境而过。拥有山水之城美称的"郧阳"，道路宽敞靓洁、楼房鳞次栉比、交通井然有序、树木郁郁葱葱，到处呈现出一番欣欣向荣的景象。我们看到，市民脸上总是挂着笑容，举头投足间洋溢着幸福感，这都得益于郧阳区近些年来在城市环境质量上所下的"功夫"，得益于郧阳区政府将环境综合整治作为全区的工作重点，更是得益于全体市民的齐参与的"凝聚力"。

完善网格化巡查机制，实现执法"全覆盖"

十堰市郧阳区城区规划面积 17.8 平方公里，主次干道 135 条，长度 62.7 公里。为规范好城区内市容秩序，执法人员按照路段网格化分工，依托"大队管面、中队包片、队员包段"的管理模式，实行定人、定岗、定责，确保城市市容违规行为在"第一是时间发现、第一时间处置、第一时间解决"。

日常执法工作中，执法人员采取徒步巡查、集中巡查、延时巡查等方式，严查出店经营、占道经营等违法行为，确保执法监管无缝隙、全覆盖。2018 年以来，清理疏导流动摊贩 2800 余个，整治规范出店经营、占道经营 1300 余起，立案 41 起。

开展市容环境专项治理，促进市容质量提档升级

露天烧烤占道经营问题一直是市容管理的难点，执法人员在执法中经常陷入管理后再反弹的循环模式，管理效果有限。为从源头上解决露天烧烤占道污染环境问题，郧阳区政府在主街道郧阳路建设了美食广场，区综合执法局历时 2 个月时间，采取宣传发动、引导规范、协助经营户迁移的措施，将城区内 65 家烧烤经营户全部安置在此经营。后期，迁移至美食广场内的经营户经营秩序良好，但油烟污染问题十分突出，居民投诉不断。为解决群众诉求，打造良好的市容环境，区综合执法局积极向区五创指挥部争取优惠政策，区五创指挥部决定由区砂石公司出资为美食广场内经营户安装油烟净化设施。至此，露天烧烤占道、油烟污染问题得到了有效的解决。

渣土车辆沿途抛洒、带泥上路、遮盖不严等问题对市容环境卫生产生了巨大影响。为此，区综合执法局对城区在建工地建立了工作台账，与施工方签订了《郧阳区渣土运输责任书》，要求施工方对施工场所采取扬尘控制措施、对工地出入口进行硬化、对出场的车辆进行冲洗，严防车辆带泥上路。同时，采取设卡检查、错时执法、设动态巡查等方式，开展渣土运输集中整治、夜间严打、通宵夜查等专项整治行动，依法查处各类渣土运输违规行为。

非法小广告的存在成了城市的"牛皮癣"，危害着城市的环境质量。郧阳区综合执法局采取"一线巡查、专人清洗、系统追呼"的措施对城区主次干道的乱贴画、乱涂写的"野广告"进行清洗、覆盖，并利用野广告寻呼系统对违规张贴行为进行依法处罚，着力为市民创造靓洁有序的市容环境。

在城市市容环境各项综合整治行动中，共开展"晚间烧烤清理行动"行动61次，下达《先行登记证据保存通知书》95份，清理烧烤摊点46家；组织渣土运输车辆集中整治行动117场次，现场责令整改183起，查处违法车辆94辆，立案处罚21起；追呼"乱贴画"、清洗覆盖户外"野广告"740余处。

坚持科技引领，推进城市管理智能化

数字化城管开启城管智能管理新时代。为深入贯彻落实《中共中央国务院关于深入推进城市执法体制改革改进城市管理工作的指导意见》，郧阳区政府在解放路建设了数字城管指挥中心。数字化城管是通过"智慧执法APP"平台，运用信息采集、事件上报、任务处置等方式构建起沟通快捷、责任到位、处置及时、运转高效的城市管理、公共服务的监督和处置新机制，着力提升城市管理水平。

无人机巡查，违章建筑"无所遁形"。为破解一些违章建筑因地形、现场环境等原因无法取证的难题，郧阳区综合执法局使用4台无人机进行航拍巡查，利用无人机时效性强、机动性好、巡查范围广等高新科技优势，将地面巡查和空中监控有效结合起来，开展全方位、立体化、无盲点执法巡查和定点监控。通过无人机反馈的高分辨率遥感影像，精准定位违章建筑的位置，结合执法人员实地查证，织起了一张违建防控的"天网"，让违规建筑"无所遁形"。2018以来，开展无人机巡查60余次，排查面积60万余平方米，强制拆除私搭乱建违法建设61处，面积4919.72平方米。

GPS平台监管渣土运输违规行为。按照"政府引导，公司化管理、市场化运作"的思路，我区已成立3个渣土运输公司，通过GPS系统平台及车载终端设备对全区渣土石料和运输车辆进行监控与识别，规范管理渣土车辆不覆盖、遗撒、带泥上路的违规行为。据统计，我区现有渣土车辆192辆，所有渣土车已统一安装自动雨布，120余台车辆安装渣土智能管理系统，通过GPS系统严格监控对渣土运输违规行为，做到发现一起，从严查处一起，

有效震慑了渣土运输违规行为。

增设硬件设施，提升城市文明程度

城市道路在规划建设时，行人、非机动车和机动车都有各自专门的通行区域。然而，地面上划设的交通标线虽然醒目，却还不足以规范所有人的行为，人车混行、横穿马路、乱停乱放等不文明行为时有发生，一些路口人车混行现象严重，造成交通秩序混乱，也埋下了安全隐患。

为有效提升城市文明程度，改善人车混行、行人横穿马路、车辆随意调头、乱停乱放等现象，引导市民践行"文明"新风，共创共护市容环境。2018年，我局投入530多万资金，在东岭路、中岭路增装了中央隔离栏和人行道隔离栏1600米，增、设以"社会主义核心价值观""讲文明树新风"等为主题的公益广告436余块，面积达6540平方米，更新破损公益广告60余处，有效提升了市容环境质量。

狠抓队伍建设，提升综合执法行政职能

强化宗旨意识，加强队伍整治建设。郧阳区综合执法局在深入学习习近平新时代中国特色社会主义思想和党的十九大精神的基础上，扎实开展了群众路线教育实践活动、主题党日、三严三实、两学一做等专题教育活动，旨在增强队伍的凝聚力和向心力，强化"为民服务"的意识。

严肃执法纪律，抓好队伍作风建设。始终践行"严格、公正、理性、文明"的执法作风，并围绕执法人员在执法过程中是否按规定统一着装、佩戴标志标识、主动出示证件、用于规范、文明执法；是否存在吃、拿、卡、要；是否存在包庇、纵容违法违规行为等方面开展了自查自纠工作。通过自查自纠工作的开展，及时提醒和督促每位干部自查、自省、自警、自励，筑牢拒腐防变的思想道德防线，树立正确的权力观、地位观和利益观。

开展执法培训，加强队伍能力建设。突出对《湖北省城市市容和环境卫生管理条例》和其他法律法规的学习，狠抓常态化的学习培训；全面推行执法过程全纪录制度，建立专项档案，做到全过程留痕、可回溯管理。通过执法业务技能培训，切实将培训成果转化为依法行政的信念决心、提高科学管理的能力水平、塑造城市文明执法新形象的基础保障。

治理农村生活垃圾 功在当代利在千秋

湖北省襄阳市襄州区城管执法局党组书记、局长 柳洪群

　　垃圾是放错了位置的资源，农村生活垃圾同样如此。相对于城市垃圾，农村生活垃圾可能造成的污染面积更广，管理难度更大，治理的迫切性更高。注重生态文明，建设美丽中国，这是党的十八大就已经提出的明确要求。习近平总书记在党的十九大报告中再次指出，"中国特色社会主义进入新时代，我国社会主要矛盾已经转化为人民日益增长的美好生活需要和不平衡不充分的发展之间的矛盾"，强调要注重环境保护，实施乡村振兴战略，满足人民群众对美好生活环境的需要。这为新时期加强改善农村人居环境、建设美丽宜居家园指明了方向。搞好农村生活垃圾治理，功在当代，利在千秋。襄阳市襄州区高度重视农村生活垃圾治理工作，按照全市总体部署要求，不断加大环卫基础设施建设力度，探索运用市场化运作模式，建立健全管理体制机制，切实推进城乡生活垃圾治理科学化、一体化、规范化。

一、高点定位，高效推进，坚定农村生活垃圾治理的决心

　　1. 明确目标任务。为改善农村人居环境，襄州区成立了城乡生活垃圾无害化处理全达标指挥部，明确指挥部成员及职责，并结合实际出台了《襄州区城乡垃圾无害化处理全达标三年行动实施方案》《襄州区城乡垃圾分类实施方案》《襄州区农村清洁工程三年实施方案》等文件，以搞好农村垃圾处理和清洁卫生为抓手，以加强农村基础设施建设为重点，以改善村容村貌、提高农民生活质量为目的，持续推进农村人居环境整治。

　　2. 加大资金投入。近三年来，襄州区政府多渠道不断加大经费投入，累计投入 1.78 亿元用于农村生活垃圾治理。其中，拨付 3030 万元在镇区建设 11 个垃圾压缩转运站，财政预算 1100 万元保障各镇垃圾压缩转运站正常运营维护，拨付专项资金 300 万元，用于集镇考评及农村生活垃圾治理考评奖补资金，城镇环卫市场化运作专项资金 6500 万元，各镇投入农村生活垃圾治理专项经费共 2940 万元。

　　3. 完善基础设施。对照标准要求，强化软硬件设施建设。对照标准配备垃圾桶、垃圾箱等垃圾收运设备设施，并在每个行政村设置一个垃圾收集转运点，配备垃圾收集车。目前全区共有保洁员 2000 余名，各类清运车辆 760 余台，钩臂式垃圾箱 1855 个，垃圾桶

19744 个，确保农村生活垃圾处理的投放、收集、转运、处理。11 个镇区垃圾中转站已全部建成并交入使用。目前襄州城区日产垃圾量 180 余吨，11 个镇区日产生垃圾量 150 余吨，全部经压缩后运往余家湖恩菲公司，进行无害化处理。

4. 健全管理机制。结合区域实际，建立健全农村生活垃圾治理长效管理机制。一是建立职责明确的管理机制。明确"两级政府，三级管理，四级网格"的责任体系，成立协调运转工作组，负责垃圾集中清运工作的总体组织和协调。二是建立规范有序的收处机制。实行村收集、镇运输、区处理的模式，提高垃圾收集率。三是建立奖惩严明的考核机制。组建考核专班，每月对城乡环境卫生情况进行检查考核，并加强考核结果运用。截至目前，共组织明检、暗检 16 次，印发通报 16 期，督办各镇问题 3300 余处，已整改 3300 余处。通过考评，镇容镇貌和环境卫生明显改善。

5. 加强宣传整治。结合全市清洁家园"百日会战"等专项行动要求，广泛开展《襄阳市农村生活垃圾治理条例》《襄阳市农村清洁家园百日会战》和垃圾无害化处理、垃圾分类等相关知识宣传，制作宣传条幅 1700 余条，刷帖各类标语 950 余处，发放致村民的一封信 16000 余份。加大城乡存量垃圾排查清理力度，"百日会战"全区 11 个镇共排查存量生活垃圾堆放点 1073 处，出动 52499 余人次，各类机械车辆 6142 台次，共清理存量垃圾 37377.5 余吨，已排查的存量垃圾堆放点清理率达 100%。同时，广泛宣传推广各镇农村生活垃圾治理工作取得的新进展、新亮点、新举措，着力营造人人爱护环境的良好氛围。

6. 实施环卫改革。通过市场竞争和政府购买服务的方式，构建"事企分开、管干分离、重心下移、市场运作"的环卫运行新模式和管理新机制。襄州区通过招投标，引进北京启迪桑德和成都中恒环境两家公司，在试运行良好的情况下，正式签订作业合同。目前，襄州城区所有的主次干道、背街小巷和城区公共硬化道路的清扫保洁工作已全部纳入中标公司的日常清扫保洁范围，各镇的交接工作也全面覆盖，积极推进。两家公司不断加大环卫机械设备投入力度，城区共引进各类机械作业车辆 22 辆，每天不间断在城区作业，保障了道路清扫保洁质量。同时，在伙牌、古驿两个试点镇全面开展农村生活垃圾分类处理工作，在其他 9 个镇每镇选 2-4 个行政村试行垃圾分类工作，促进农村生活垃圾减量化、资源化、无害化。

二、聚焦难点，聚力攻坚，补齐农村生活垃圾治理的短板

农村生活垃圾治理是一项任重道远、必须常抓不懈的工作，襄州区正处于探索起步阶段，对照目标要求，还有一定差距，必须正视难点问题和软硬件建设方面的短板，因地制宜，循因施策。从目前情况来看，襄州区农村生活垃圾治理工作还存在以下短板。

（一）村民参与氛围不浓厚，环保意识待增强

受传统生产生活方式的影响，基层镇村干部及村民卫生意识淡薄，环境保护意识不强，虽然各级政府长期进行宣传引导，并在各村配备了垃圾桶、垃圾箱等收集设施，但是还有部分村民将垃圾随意倾倒在路边、河边和荒地里，给农村生活垃圾收集处理工作带来较大难度。大部分村民对垃圾分类回收没有明确的概念，将可分解与不可分解、可回收与不可回收、有害与无害生活垃圾混为一体随意乱丢乱放，垃圾没有得到合理的回收利用。

（二）村组垃圾收集不健全，村容环境待整治

目前村组垃圾收集问题突出，村民房前屋后的垃圾收集、日常保洁及从户到垃圾桶脱节，大部分村组没有明确配备保洁人员，少数配备保洁人员的镇普遍存在保洁人员数量偏少、年龄偏大、工资偏低等问题。同时垃圾收集分类等卫生保洁设施偏少，配备不齐、维护不及时，导致日常检查靠突击、图应付，一定程度上影响了农村垃圾治理的整体质量和水平。

（三）考核结果运用不及时，奖补资金待兑现

为推进"城乡一体化"建设，襄州区出台了《襄州区建制镇集镇管理综合考评实施方案（试行）》〔2017〕41号文件，并组织考评组每月对各镇管理及农村垃圾治理情况进行检查考评，由区财政拿出300万元作为检查奖励专项资金，通过"以奖代补"的形式发放到各镇。但目前只兑现到2017年，奖惩资金兑现不及时，一定程度上影响了各级推动农村生活垃圾治理、参与美丽家园建设的积极性和主动性。

（四）镇村特色建设不明显，规划思路待研究

除少数镇是试点镇，突破常规搞特色发展外，其他大部分镇一直沿用旧式模式，传统经济。在加强农村生活垃圾治理的新形势下，部分镇没有超前谋划，趁势赶超，没有在镇域定位、发展思路、村组建设、综合管理、统筹推进等方面研究突破。

三、突出重点，突破瓶颈，推进农村生活垃圾治理持续健康发展

农村生活垃圾治理，既是清洁环境工程，也是服务民生工程，更是一项系统工程。涉及面广，难度较大，在工作中既要坚持目标导向、问题导向，抓住重点、突破难点，加大力度、精准施策，又要结合具体实际，将加强农村生活垃圾治理与乡村振兴、文明创建等专项工作相结合，借机发力，借势整顿，扎实推进农村垃圾治理科学化、长效化发展。

（一）注重实效，广泛动员，积极宣传引导

农村生活垃圾治理作为关系民生的基础性公益事业，是一场环境卫生整治和行为习惯养成的"革命"，人民群众是最大的参与者和获益者。要将生活垃圾治理纳入村规民约，切实加大宣传的力度、广度和深度，切实提高社会各界及广大村民的认知度和参与度。通过环保下乡、科普宣传、设置宣传标语等方式，积极创造各种平台，拓宽渠道，强化电视媒体曝光、报道力度，提高群众的环境意识、环保意识，熟悉垃圾收集处理及分类存放要点，养成自觉按要求处置生活垃圾的习惯，自觉动手清洁家园，共同参与环境整治，营造浓厚的舆论氛围，树立健康的生活方式。

（二）健全机制，多措并举，扎实推进整治

一是进一步配备完善镇、村、组各级环卫基础设施，村组配齐保洁人员，并加强保洁人员考核、确保村民房前屋后的垃圾入桶。二是定期组织开展集中专项整治活动。开展多轮次存量垃圾排查整治工作，进行存量垃圾清理"回头看"活动，集中清理存量垃圾，做到不留死角、不留空白。全面落实绿化、美化、亮化、净化、文化"五化"措施，切实避免回潮反弹，促进农村人居环境明显改善。三是持续加强检查考核督办力度。继续做好集镇管理和农村生活垃圾治理考评工作，加大暗访督查力度，对工作中发现的新举措、新亮点、新进展及时宣传，对发现的问题，及时督办整改，并加大通报力度。四是逐步完善长效管理机制。建立环卫设施维护、日常运行管理、垃圾分类治理和资源化利用等体制机制，深化环卫市场化改革，做到集中整治与长效管理、治标与治本同步推进，促进环境综合整治工作深入开展。

（三）保障投入，考核运用，促进健康运行

按照《襄阳市农村生活垃圾治理条例》，建立财政保障、村集体补贴、村民付费、社会资本参与相结合的农村生活垃圾治理资金投入机制，区、镇、村将农村生活垃圾治理经费列入年度财政预算，用于保障农村生活垃圾治理基础设施建设与管护、农村生活垃圾运输和终端处置、村组保洁员待遇等事项。在坚持公共财政投入的基础上，建立部门支持、社会参与、农户自筹等多元投入机制。优化考核办法，明确整治标准，严格落实责任，严格兑现检查考核奖惩，按标准落实考核奖励的资金。同时加强保洁公司和保洁人员管理，充分发挥村委会在农村垃圾治理中的作用，强化激励发动，促进清洁家园深入民心、取得实效，推进实现农村生活垃圾治理规范化、制度化、常态化，长效化。

（四）政府主导，因地制宜，打造区域特色

坚持政府主导，属地负责，坚持区、镇、村、组整体联动，各司其职，坚持探索市场化运作模式，实行专业化管理。切实把农村生活垃圾治理与"乡村振兴"计划、"美丽乡村"建设、生态农业、乡村旅游、村集体经济发展等结合起来，通盘考虑，统筹推进，互治互利，互相促进。要深入实地调查，科学编制村庄规划，保护传统文化，彰显地域特色。结合现代农业的发展需要，提出镇容镇貌、村容村貌管控的要求，合理安排生产、生活性基础设施，避免单一雷同，突显特色亮点，以点带面，切实推动农村经济和环境面貌高质高效发展。

从"碾压城管"事件判决说起

江苏省扬州市邗江区城市管理局

    不难看出，和前几年"佛山砍杀城管案""夏俊峰杀城管案"发生时相比，这一届网友的评论不再是一边倒的站在摊贩立场上表示同情、惋惜甚至叫好，而是更加客观，更加理智的去看待事件，大多数人都是站在公平公正的角度去分析事件，给予合理的评价。虽然其中还掺杂着一些不和谐的声音，但是无论如何，不论是媒体还是群众，对于城管这个职业，已经有越来越多的人给予了理解和宽容。

    不知道从什么时候开始，城管成为了一种高危职业。在小管的一线工作经历中，就不乏许多危险、紧急的时刻：被暂扣经营物品的摊贩端起热腾腾的油锅，向我们泼过来；被拆除违法建设的当事人站在楼上向下扔用玻璃瓶和汽油自制的点着的"汽油弹"、只是简单的劝离摊贩，就有人打开煤气罐的阀门点火……诸如此类，不胜枚举，都是小管一一经历的事实。

    受伤并不可怕，可怕的是在很长的一段时间里，只要发生城管与违法违规行为人发生矛盾，几乎所有的舆论包括媒体，都众口一词的站在城管的对立面，对城管进行谴责。即使发生诸如城管被杀这样严重的案件，很多人的反应竟然都是拍手叫好，甚至网上还有这样的标题，这不得不使人反思，为什么会这样？而今又为什么会有这样的变化？

    从一个城管工作者的角度来说，首先，我们应该从自身去寻找原因。

一、城市管理所面对的行为对象的特殊性

    说到城管，许多人脑子里第一反应就是管理小摊小贩，这些人吃着常人没有的辛苦，只是为了给家庭争取一些微薄的收入。面对这样的弱势群体，群众自然而然会同情他们，从而对"断了他们生计"的城管工作人员产生出对立的情绪，这是完全可以理解的。

    不可否认，在很长的一个时期里，随着国家经济的转型，特别是在我们父辈这一代人，很多人经历了失业下岗、再就业的过程，在迷惘中，很多人因为没有更好的谋生能力，选择了摆摊这一最简单的生存方式，来支撑自己的家庭。还有一些没有收入的农民靠着卖一些自己种植的蔬菜维持自己生计，他们确实属于这个社会的弱势群体。因此，当我们的工作任务和他们的经营行为发生矛盾时，特别是如果在工作中没有能够很好地注意方式方法，

就会很容易在群众中造成不好的影响，久而久之，整个城管队伍的形象越来越崩坏，甚至成了某些人嘴里的"地痞、流氓。"

随着时代的发展，我们的工作面对的对象也在不断变化。且不说我们工作中还经常面对的违法建设当事人、破坏绿化、公共设施当事人等等，单单是街上叫卖的摊贩性质也发生了变化。从最初的下岗工人、无收入农民开始演变成了职业摊贩。

城市范围不断扩大，农村土地被统一承包，挎着篮子卖菜的农民很少看到了，偶尔几个都是在家闲不住，弄点小菜出来兜售打发时光的拆迁户。街头售卖蔬菜水果的经营工具早就变成了三轮车、机三卡甚至卡车，操着外地口音的摊贩带着整车批发来的蔬菜水果停在路边叫卖，为了多挣钱不愿意进入规划好的农贸市场，而是占用人行道、慢车道甚至快车道。扬州著名的秋雨路过去一到夏季连电动车都很难走，道路全都被西瓜摊贩占领，即使城管依法暂扣他们的经营车辆也不在乎，因为有和城管磨叽的时间，还不如另推一车西瓜出来售卖实际。曾经有摊贩很嚣张的对小管说："你们爱扣什么扣什么，我卖西瓜一天挣得比你们一个月挣得多。老子不在乎。"

群众的眼睛是雪亮的，更多的人意识了摊贩性质的变化。于是同情心渐渐消失的同时，自身利益被侵犯的愤怒感上升：路边摊贩短斤少两以次充好、道路堵塞影响交通、环境卫生因为路边摊点对垃圾的随意丢弃而造成的环境污染等问题不断滋生，很多人开始明白了城管工作的重要性，可以正确客观看待城管工作，并予以支持。

二、队伍规范建设的重要性

长久以来，城管工作被人诟病的很重要原因就是队伍的素质问题，很多人都有这样的印象，出了事，都会把责任推给"临时工"。为什么会出现这样的情况？

在《中共中央国务院关于深入推进城市执法体制改革 改进城市管理工作的指导意见》印发之前，城市综合管理机构并没有明确中央和省级主管部门。全国各地虽然都在整合城市综合执法队伍，但用城管人自己的话说，地方军处于"无法无天"状况——没有《城市管理法》，执法依据不充分；没有上级主管部门，诉求无处表达。

各地城管部门性质、组成结构均不相同。工作职能范围也不统一。不仅如此，各地城管队员有来自工商的，有来自质检的，穿的制服不一样，职能范围、经费来源、设备技术、执法流程等都不统一，导致执法水平参差不齐，问题矛盾丛生。

一方面，由于人员编制问题，大多数城管部门有执法权的正式人员远远不能满足日益扩大的城市管理问题的需求，只能靠编外招收大量的协管人员来帮助进行管理；

另一方面，除了各地城管局、城管委之外，很多地方的乡镇一级政府还自行成立了类似城管办的部门，由于不属于住建部下属城管部门，因此没有执法权，虽然基本都是编外聘用人员组成，但由于长期城管制服使用的随意性，这些聘用人员的着装与城管局正式执法人员的一模一样。同样称为城管，工作范围却更广，除了防违控违、市容管理等工作以外，在过去很长一段时间内，他们很多还参与地方拆迁、乡镇的治安维稳等与城管工作完全不相干的工作，很容易引起群众的误解。

这样庞大的一个群体在人员素质上难免良莠不齐，有的地区部门注重职业素质和法律规范的培训，有的地区部门却由于种种原因忽视了这些，城管工作本来就是极易产生矛盾，如果在工作中不注意方式方法，不讲究纪律规范，就很容易出现这样那样的问题。

其实无论你的工作性质是什么，组织机构属于什么部门，只要穿上这套制服，在群众眼中，你都代表城管形象。所以，从我们城管工作者自身来说，培养规范意识，提高个人素质，时刻谨记加强队伍建设才是最重要的。

这些年，大多数城管工作者在工作中已经意识到这一点，通过部门培训、个人学习，队伍的规范化水平不断提升，工作方式方法也不断改进。特别是《中共中央国务院关于深入推进城市执法体制改革 改进城市管理工作的指导意见》发布之后，整个城管队伍从着装规范到程序合法，从文明执法的开展到服务意识的提高，无一不展现新时代城管的新面貌，群众眼中的形象也有了很大的改观。

当然，各地不和谐的声音还是时有传出，一方面是因为我们还是有个别的工作人员在工作中不注意公众形象，不讲究方式方法，不能严于律己，做出一些不恰当，不合适的行为。另一方面，也不能忽视，社会上还是有一小部分人，对城管工作存在这样那样的偏见，在事情发生时，不顾事实真相，加油添醋的进行传播，这样的行为我们也决不能容忍。

我们可以来看看这些新闻。

网络上造谣谩骂城管终于有人管了？曾几何时，遇上这种假新闻和微信群里花样百出的嫁接短视频，城管是无奈无语无力反击的，越解释，质（谩）疑（骂）越汹涌，最终导致集体失声。

在互联网开始慢慢渗透到我们的生活中时，突然提供了一片可以匿名的土壤，因此在这个无需身份验证，不知真实姓名的区域里，喷子和造谣一族率先成了气候，第一批城管在网络上沦陷之后就再也没站起来过。妖魔化城管的局面就此形成，那种氛围和惯性让所有城管队员们过去很长一段时间内无所适从。

相对应的是，由于这种氛围和惯性，让造谣城管、诋毁城管的言论也变得无所忌惮，甚至有些正规媒体在报道城管事件时竟也带着调侃和不屑，甚至助推民间恶评的泛滥，城管话题留言跟帖惨不忍睹。

在反复的反转之中，我们欣喜的看到，民智已经不再随波逐流，独具判断力的人越来越多，谣言必败，身正必胜，有错捂不住，勇敢承担，尽力改正，无错那就硬起来，我们可以勇敢的拿起法律武器！

当然，还有一点是非常重要的，就是城管宣传工作被越来越重视。为什么这样说？曾

经有人很惊奇的对小管说："你们城管和环卫竟然是一家，我从来不知道。"

　　宣传，从来不是为了去显摆我们工作的辛苦，或者炫耀某位领导的功绩，而是将我们日常的工作展示在社会大众的面前，让他们知道我们在做什么，我们应该做什么。

　　在执法中常常遇到这样的情况，执法人员依法暂扣经营工具，被执法的当事人百般阻挠又或者就地瘫倒不肯起来，围观的群众议论纷纷："城管又没收人家东西了。""人家可怜了，别收人家车子了。"再难听一点还有人说："城管抢东西了。"

　　在这种情况下，有多少人知道我们只是进行依法暂扣，我们有合法的程序和通知书，又有多少人知道在随后的处理中，大多数情况都是对当事人进行批评教育就会将扣押物品放行。假如大家都能够更加清楚这一切，许多的误解都不会产生，因此，宣传，是将我们的工作更加透明化，是让公众直面城管工作最好的方式，也是最能够消除城管负面印象的最好的途径。

　　打铁还需自身硬，归根究底，狠抓队伍建设、提高队伍素质，我们会得到更多人的理解和支持。希望永远不要再出现"杀城管英雄"这样的称号，因为，在我们的社会主义国家，触犯了法律的只能叫犯罪分子。

不忘初心筑梦城管蓝　服务型执法民赞扬
——记尉氏县城市管理行政执法局转业士官马彦松

河南省尉氏县城市管理行政执法局局长　崔卫东

关注军队情系国防

马彦松，现任尉氏县城市管理行政执法局办公室副主任，原中部战区空军导弹某团四级军士长，2000 年 12 月参军入伍，戎装十六载，他把青春献给国防，在强军路上用青春和梦想书写忠诚，2017 年转业返乡，他传承优良作风，关注军队情系国防，入职城管，他认真学习、积极进取、亲民爱民，继续谱写新时代的赞歌。身为一名退伍军人，无论是义务开展国防教育，还是在街头巷尾一线执勤，他都始终以崇高的使命感和高度的责任感，为"八一军旗"增光添彩！近年来在工作之余，他义务开展《勿忘国耻 强我国防》《传承红色基因 续写先辈荣光》等专题教育 50 余场，授课学生 8600 余人次。这是来自一名"全军优秀士官""空军优秀党员"16 年退伍老兵的大爱之举，他在平凡岗位上继续为国防事业贡献自己的力量。

胸怀当兵梦建功绿色军营

马彦松从小的梦想就是入伍当兵，他的父亲也曾是一名军人，孩童时父亲那一身绿军装就是他的梦想。耳濡目染下，"当兵梦"在他心底扎下了根，使他对军营有了一种向往，一种期待。2000 年中专毕业后，他毅然放弃了在永兴镇当小学老师的好机会，选择向往已久的军营。到了征兵的季节，瞒着家人报了名，就这样离别家乡怀揣"当兵梦"。这单纯的信念始终支撑着他的军旅生涯，让他在军营自觉磨炼，浴火淬骨，这一干，就是 16 年。16 年来，他抱着组织让干啥就干啥，干啥都要干好的信念，先后担任过通讯员、警卫班长、放映员、俱乐部主任、野战宣传车操纵员，新闻报道员等职位。参加了基地实弹打靶、北京奥运会空中安保、国庆 60 周年阅兵、纪念抗战胜利 70 周年阅兵、"砺剑""神剑""蓝盾"系列等 15 次重大军事演习任务。他始终保持着踏踏实实、兢兢业业的精神状态，每个岗位都干得很出彩。

因工作成绩突出先后被表彰为全军"士官优秀人才三等奖"、战区空军"优秀共产党员"，团"优秀共产党员"，荣立个人三等功 3 次，师"优秀士官人才"3 次、优秀士兵 9 次。

他个人的事迹也先后被《政治指导员》杂志学习成才栏目、兵说兵事栏目，中国空军网蓝天星辰基层标兵栏目、军报记者军营人物军旅标兵栏目等刊发，成为战士们学习的榜样。

不忘初心筑梦城管蓝　服务型执法民赞扬

脱下心爱的"绿军装"穿上了"城管蓝"，二次就业是挑战也是机遇，随着对城市管理工作认识逐渐加深，他始终坚持在新闻宣传战线上默默耕耘。一年来他紧紧围绕工作大局，加强舆论引导，以阳光执法、亲民爱民、务实高效的执法理念为重点。分别在《中国城市报》《河南日报》《河南法制报》《郑州晚报》《人民网》《中国网》《中国新闻网》《今日头条》等新媒体发表文章300余篇。其中《中原大地突降大雪，河南城管雪中送炭暖人心，这才是人民的好城管》，《点赞！河南百余名党员城管街头助民扫雪，被赞"人民好城管"》，《尉氏县城市管理行政执法局：烈日下坚守汗水与责任同在》等一大批优秀新闻稿件，给全局干部职工提供了强有力的精神动力、舆论支持，稳步提升执法局亲民、爱民、为民服务的良好执法形象，得到了局领导的高度肯定和一致赞扬。

不同的制服，同样的英姿勃发；不同的职责，同样的勇敢担当。作为执法局一员，他时刻牢记党员身份，坚持"为民以真情，抚民以大爱"的执法理念，2018年，执法局共承办政协委员提案30件，在建议提案办理落实中，马彦松作为具体承办人始终坚持将政协提案作为送上门的"金点子""好方子"，作为工作开展的着力点和落脚点，以点带面，举一反三，多措并举，对提案办理"定程序、定措施、定标准、定时限"完成，努力实现"办理一份提案，赢得一份理解支持"的目标，各提案委员对执法局办理提案工作均表示满意。

退伍不褪色再树新风好榜样

拾金不昧是中华民族的传统美德，也是一个高尚品质和社会责任感的体现。11月17日上午10时左右，马彦松途经尉氏县工业路时，在人行道上捡到一部手机（华为）。面对此景，他想到失主一定很着急。虽然当时天空寒风凛冽并下着蒙蒙细雨，但他在原地冒雨等待了约两个小时，希望能尽早地把财物物归原主。11时30分许，与失主李女士取得联系，失主接通电话心情非常激动。雨中站守这看似不经意的善举感动了失主李女士一家，无数遍"谢谢"已道出那一刻的千言万语都难以表达感激之情。但当她们拿出200元现金表示感谢时，马彦松婉拒了。

"手机丢了是小事，主要是手机绑定银行卡，补办太麻烦。现在找到了，特别开心，给执法局的同志点个赞。"下午16时，失主李女士一家专程来到执法局，向马彦松赠送"拾金不昧 再树新风"锦旗，感动是瞬间的，拾金不昧的精神是永恒的。马彦松2017年转业到尉氏县城市管理行政执法工作，他始终以军人扎实认真的作风，心系集体，尽职尽责，默默耕耘在平凡的岗位上。这次拾金不昧，他以实际行动自觉践行了共产党员先进模范性，弘扬了社会主义核心价值观，同时也展现了执法局党员干部的高尚人格品质，为弘扬社会正能量树立了学习的榜样。

信念传承"强军梦" 国防教育"接班人"

2017年转业后，马彦松积极支持妻子王伟娜成立"河南省尚武雄鹰红色企业管理有限公司"，创建河南省尚武雄鹰红色教育基地，并在工作之余义务开展国防教育进校园等活动，继续为国防事业贡献自己的力量。

2018年尚武雄鹰红色教育基地，以《传承红色基因 续写先辈荣光》为主题，组织开展了《小小特种兵》大型军事夏令营活动，基地着眼于强化青少年学生爱党爱国爱军价值取向，进一步增强国防教育的针对性，广泛开展国防教育报告、国防拓展训练、国防教育讲座、参观武器装备及建军图片展、瞻仰军功章等系列活动，以生动详实的具体实例，大力宣传国防知识、普及国防法规、弘扬国防精神，教育引导青少年自觉把自身命运与国家和民族的前途紧密联系在一起，自觉履行国防义务，争当社会主义合格接班人，真正做到国防教育从娃娃抓起。

在2018年8月1日建军节当天，为庆祝建军"91周年"，他在军事夏令营开展《传承红色基因 续写先辈荣光》专题授课、组织《庆八一嘹亮军歌颂祖国》歌咏比赛。教育引导青少年学生崇军尚武、关注国防、传承红色基因。让孩子在军营中成长，在训练中改变，在挑战中突破，真正做到国防教育从娃娃抓起。他用这特有的方式传承红色基因，努力为国防事业添砖加瓦。通过开展形式多样的国防教育，不断提高学生的国防意识，增强对国防和军队建设的热爱，引导广大青少年学生进一步树立居安思危的忧患意识，争做新时代社会主义接班人。为实现中国梦、强军梦奠定良好的政治思想基础。

2018年以来，马彦松在工作之余，为进一步培养青少年学生关心国防、崇尚军人的情感，在幼小的心里播种下爱党爱国强军的种子。先后被尉氏县洧川镇花桥刘小学、仝庄小学，尉氏县门楼任乡花张小学、朱曲镇胡张村小学、米庄小学等学校聘请为"国防教育校外辅导员"。义务开展《勿忘国耻 强我国防》《传承红色基因 续写先辈荣光》等专题教育50余场次，授课学生8600余人次。此项工作的有效开展，得到了广大家长的一致赞扬。他在平凡岗位上继续为国防事业贡献自己的力量。

情系退伍军人提升军人荣誉感

我国现有退役军人5700多万人，并以每年几十万人的速度递增。党的十九大报告强调"让军人成为全社会尊崇的职业"这句话，瞬间刷屏，温暖了广大军人军属的心窝，引发了强烈的共鸣。为在全社会大力营造拥军优属、关心关爱退伍军人的浓厚社会氛围。尚武雄鹰红色教育基地自成立以来，积极开展拥军优属活动，以关心、关注农村籍退伍军人的生活为重点，在八一建军节当天，携带 2000 余元慰问品、走访慰问了尉氏县永兴镇 10 余名参战、参核退伍军人重点优抚对象代表，为他们送去红色教育基地的亲切关怀和美好祝福，感谢他们为国家的安全稳定作出的积极贡献，向最可爱的人致敬！同时，尚武雄鹰红色教育基地《小小特种兵》军事夏令营。对 100 名英烈子女、现役军人以及退伍军人执行优待政策，凡英烈子女（免除一切费用）、现役军人子女、退役军人子女均免除夏令营集训费用，仅需承担食宿费用即可。通过八一节走访慰问退伍军人，英烈子女、现役军人以及退伍军人免除军事夏令营集训费用等形式，不但让退伍军人感受到了全社会的关怀，更是向"让军人成为全社会最尊崇的职业"迈出的最为坚实的一大步。

全面提高执法水平

湖南省安化县城市管理行政执法局

一直以来，城管在人们心目中留下的更多是负面印象。一听到城管来了，立马就想到"打砸抢"要开始了，可见城管暴力执法的印象已深深植根于人们的脑海中。湖南省安化县城市管理行政执法局的城管队员如今却改变了这一印象。他们在执法过程中注重换位思考，讲究刚柔并济，法里亦有人情味。在这里，城管队员与商贩和睦相处，商贩们自觉配合城管部门工作，整个县城干净、整洁、有序。因城市管理工作规范，2016年安化县成功创建湖南省卫生县城；2018年12月顺利通过了省爱卫办的检查评估，即将被授予国家卫生县城荣誉。

安化境内，四处都是青山绿水、蓝天白云，空气十分清新。然而，过去人们一进县城，第一印象就是"脏乱差"：车辆乱停乱放，流动、占道经营屡见不鲜，烂菜垃圾、污水满街都是，严重影响安化县城市形象和投资环境，损害市民们的身体健康。

安化县城管局前身是县住建局下设的城管大队，因历史遗留与多方原因，城管与商贩关系水火不容，常常是一言不合就动手。城市顽症因此不能有效治理，也严重影响政府形象。

为改变这一状况，安化县委、县政府主要领导经过研究，在精减机构、撤并单位的背景下，于2016年4月成立了安化县城市管理行政执法局，实现了县城区城管力量的独立，并在人员编制、经费、装备上予以全力保障。城管局党组班子深感责任重大，秉持"带好一支队伍，管好一座县城"的宗旨，严厉杜绝城管暴力执法行为，全面提升城市管理水平，彻底解决县城"脏乱差"问题，当好创建省、国家卫生县城排头兵"。同时面对机动车乱停乱靠，商贩乱摆乱放、沿街流动叫卖，居民随意吐痰、乱丢乱扔，沿街小餐馆随意向街道泼污水等不文明行为，执法难度大的状况；城管执法人员形象不佳的困惑，如何重塑城管形象，跳出被诟病的困境，如何不辜负县委、县政府和全县人民的期望，安化县城市管理执法局以夏岳生同志为首的党组班子进行了深刻思考并分析研究，决定从四个方面着力。

严抓严管，解决城管队员素质不高的问题

过去，因住建局下设的城管大队人员编制数量有限，执法者大多是招聘雇用的一些编外人员，加上疏于教育管理，使得城管队伍的素质参差不齐。正是由于部分城管队员文化

素质不高，未能很好地理解政策的精神实质，导致执法行为出现偏差；同时城管队员的沟通能力、应变能力、组织管理能力等方面的欠缺，导致在执法时不能灵活地与执法对象进行有效沟通和交流，容易将矛盾激化，导致各种冲突事件时常发生，影响着安化城管的整体形象。为保证执法力量充足，安化县编委在城管局"三定方案"中，整合了原属于住建、环保等单位的城市管理职能，设置了 5 个内设机构，5 个直属事业机构，定行政编制 9 名，全额拨款事业编制 84 名，制定了权力清单；后随着城市管理工作任务的日益加重，经报县委、县政府同意，从社会优秀青年和退伍军人中又选聘了 69 名人员充实力量。同时县城管局从强化自身入手，注重加强对执法队员的政治理论修养、相关法律法规、现代城市管理等等方面知识的学习，每季度都举办执法业务培训，或邀请省、市、县专家授课，或适时选送骨干到党校、高校参加培训。在此基础上，局党组制定了一套因地制宜、项目完整、操作性强的内部规范化管理制度，并与年度绩效考评、个人评先评优挂钩，由局纪检监察室抓严抓实。纪监、政工、办公室等部门组成的督导巡查小组定期对每个部门，每名执法队员的纪律作风、执法投诉、执法记录仪等情况点评反馈，做到每周有记录、每月有通报、个人有总结、全局有评比。通过 2 年多的锻铸，目前安化县这支人员总数达到 153 人的城管队伍执法规范、作风严谨，未发生一起暴力执法事件。在 2016 年至 2018 年上半年市、县民意测评中，安化县城管局的满意度均在 96％以上。城管，已成为安化党政机关一张亮丽的名片。

转变观念，解决城管执法理念落后的问题

城管形象存在危机的一个重要原因在于执法理念的落后，没有真正践行"以人为本"的价值理念。以往，城管执法更多关注的是城市的市容秩序和环境卫生，而忽视了城市是由一个个普通的市民所组成。城市中有很多由农村流入的人需要通过摆摊来保障他们的基本生活，部分城区居民也需要这种服务来满足他们生活所需。为此，安化县城管局加大宣传力度，在县城四条主要街道及各小街小巷电杆上安装悬挂城市管理的温馨提示标语近千条；每月通过电视台、广告宣传专栏发布通告和情况通报；每天出动巡逻车宣传城管执法新理念、城市管理的重要性和全民参与的必要性。为方便进城菜农小贩临时经营，城管局积极主动与东坪镇政府协商，在城区建起 3 个能容纳小商小贩 200 余人的大型农贸市场，此外，另划定露天摊位 4000 多个，彻底解决商贩无地经营问题。

换位思考，解决城管执法过度失当的问题

以往，由于城管人员的人文素质、综合能力存在不足，导致其执法行为方式过于简单、粗暴。在城市管理过程中经常存在为执法而执法、为上级而执法。执法者过度依赖自上而下强制性的法政权力，不注重对被执法对象的思想教育，很难树立起城管队伍的权威。同

时在执法过程中过于迷信权力，认为权力能够解决一切问题，而实际上强制性的权力更多的时候带来的是反感、不配合甚至反抗，很难达到正常执法目的。2016年5月12日，几名城管执法队员，强行赶走了在占道经营摊档上用餐的几名顾客，抢铁锤打砸桌椅、摔碎餐具，四周的群众被吓得步步后退。虽事后已经道歉，但给群众的恶劣印象却难以消除，暴力执法吓跑了群众，也砸毁了自身的形象；而在另一次执法过程中，一位背部佝偻的老大爷摆地摊，卖自家种的白菜、萝卜。城管执法者在了解情况之后，没采取强制驱赶，反而是帮老人转移到规划区域内叫卖起来，同类型事件的两种处理方式，群众的反响截然不同，有人情味的执法获得了无数点赞。目前，安化城管队员通过忠诚教育、宗旨教育、人本教育，在执法中均能做到换位思考，极少出现执法过度失当的问题。

提供保障，解决城管队员人身安全的问题

安化县城管局党组严格要求执法队员在执法时无论有理无理，必须做到"骂不还口，打不还手"。但城管执法毕竟面对的是一些性格迥异、素质参差不齐的商贩，暴力抗法情况也就难以避免，这也直接涉及到城管执法人员自身安全。为此，城管局向县委、县政府请示，并在2016年8月成立了隶属自身的执法保障队伍——安化县公安局城市管理警察大队。安化县公安局城市管理警察大队核定编制5人。城市管理警察大队平时不直接参与城管执法，一旦遇到暴力抗法第一时间出动，对抗法行为进行有效打击，形成震慑效果。自城市管理警察大队成立以来，已查处城管暴力抗法案件7起，治安行政拘留7人，较好地保障了城管队员正常执法和人身安全。

智慧城管引领城市管理新航向

河北省石家庄市新华区城市管理局局长 雷 刚

随着城市人口的不断增加，"城市病"问题日益严峻。为解决城市发展难题，实现可持续性发展，建设智慧城市已成为当今世界城市发展不可逆转的历史潮流。一座城市三分建设，七分管理。建设智慧城市离不开与之匹配的智慧城管。当务之急，建设智慧城管监控系统管理平台摆上了议事日程，目前，区指挥中心各项设施功能已无法满足智慧城管需求，急需更新换代。因此，加快智慧城管建设步伐，建设智慧城管执法综合管理平台，实现智能化，信息化，精细化管理目标势在必行。

此平台的建设就是为了创新城市管理新模式，提升城市管理效率和管理水平，破解城区管理难题，有效利用人力资源，促进城市管理精细化、精准化管理水平的提升，提高城市管理协同效率，拓展城市管理服务领域，提升城市管理的前瞻性。

一、率先创新，引领发展新航向

2017 年，为了解决早夜市管理脏乱差问题，我局投资 50 万元率先在全市 12 个早夜市安装视频监控，实现了与指挥中心平台衔接，可视化视频监控系统在创城中发挥了重要作用，这种做法在全市尚属首例，此种做法和建议被石家庄市"双问计"活动领导小组确定为"金点子"收录到《石家庄市"双问计"活动"金点子"汇编》被评为全市三等奖。石家庄日报、燕赵都市报、石家庄新闻 882 节目对我区做法给予了报道。

2018 年我们又投入 170 万元，对城管数字化平台进行了升级改造，将现有的数字化案卷处理、12319 热线电话的功能、三级网的管理已兼并至新的操作平台内。3 台执法车安装了流动视频监控设备，已全部接入新落成的数字化指挥大厅。

我局的智慧城管监控系统管理平台，走在全市前列，概括起来有 3 个方面的创新。

一是模式创新。我局建设的智慧城管监控系统管理平台，在运行模式上是首例智慧型城市管理平台，搭建城管＋交警的管理新模式，实现综合执法资源利用的最大化，在城区管理上实现精细化、精准化的提升。

二是技术创新。对占道经营、店外经营自动识别技术的应用，可实现全方位管理，通过大数据的收集对比分析，辅助建立完善的城市管理信息链和违法案件证据链。

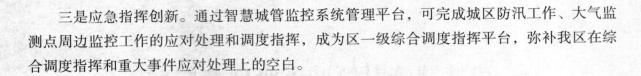

三是应急指挥创新。通过智慧城管监控系统管理平台，可完成城区防汛工作、大气监测点周边监控工作的应对处理和调度指挥，成为区一级综合调度指挥平台，弥补我区在综合调度指挥和重大事件应对处理上的空白。

二、科学设计，智慧平台提效能

我们通过学习借鉴先进城市管理经验，形成了共识。只有通过建设智慧城管监控系统管理平台，才能科学有效实施省会大都市高规格精细化管理。我们建设这个平台的出发点和总体目标就是要实现与交警监控、住建监控、环保监控、学校监控、产权单位及商业综合体的监控互联互通，对新华区街道、重点部位、学校、医院等全覆盖视频监控，形成可视化城市管理。通过视频监控数据的收集处理，实现城市管理大数据和城市管理综合执法信息的高效运用，形成大城管格局，给城区日常管理提供可行有效的管理信息，达到日常管理智能、可视，执法案件全过程记录，防汛应急调度指挥及时的总体目标。

三、分布实施，多网共享定方向

今年我们将智慧城管纳入城市建设整体布局，努力建设城市管理"一张网"和打造城市管理"一张图"。一是对辖区所有早夜市管理进行提档升级；二是在西三庄、赵陵铺、于底三个大集安装视频监控系统，纳入监控范围；三是打造新华区智慧城管指挥平台。大力推行"无人机航拍、重点部位实时监控、车载移动视频巡查、交管住建环保多领域联网共享监控、驻区学校、超市等重点单位监控"五大并网互联，实现资源共享；四是投资170万元加快建设新华区智慧城市管理指挥中心，发挥好新装备的车载移动视频监控巡查考评系统的作用，并借助无人机巡查等科技手段，完善立体化、全方位、无盲区的监督考评管理网络。

智慧城管工作新动态：现已投入170万对数字化指挥中心进行改造升级，按照区政法委要求已上报监控视频设备型号，等待统一并联"雪亮工程"。积极推进并联新华交警大队视频监控工作，已向市交管局递交申请等待回复。大力开展连接我区中小学校、大学院校门口视频监控工作，已向区教育局发函得到大力支持，通过现场踏勘，已完成安装施工，正在调试。选取了13处占道经营重点部位先期安装高清视频监控，已完成安装，正在推进对视频监控的盲区补装工作。截至目前，我局智慧城管建设已完成工程总量的三分之二，争取年底全部完成安装和调试工作，为互联网＋精细化城市管理模式打好了硬件基础。

已建成并正式运营的两个平台

1.车载流动视频监控平台。由于城市管理的现状具有移动性、紧急性、突发性和危险性，不确定的因素还有很多，我局启用了车载视频无线监控系统，平台设立在指挥中心，车载视频监控系统可以实时将录像发送至指挥中心，通过指挥中心大屏，能及时发现城市管理

中出现的问题，录像还能及时保存，为事后分析取证作为保障。车载视频监控系统的投入使用，除了能推动城市管理工作高效开展，提高自身工作效率和服务水平，还能更好的全面推进智慧城管建设，逐步向城管办公自动化、移动指挥智能化发展。

2. 街道视频监控平台。为了打造智慧城管执法综合管理平台，实现智能化，信息化，精细化管理目标。指挥中心整体升级改造已完成，新增两块视频显视大屏，可以同时显示66路监控的视频图像。在原有12个市场监控基础上又新增40个监控点，主要分布于主街主路、学校、医院周边等重要点位。指挥中心升级改造后，将对接"雪亮"工程，将整合公安、交警视频资源、实现资源共享，提升城市管理水平，打造智慧城管。通过搭建联动平台，实现问题"早发现，早反馈，早解决"。推动从数字城管监督向智慧城管监管的跨越。建立城管常态化、高效化、长效化管理模式。通过科学划分管理网格，建成全覆盖、无死角的网格管理体系。

目前，我们已在学府支路河北经贸大学附近安装摄像监控3个，在景源街河北地质大学门口安装监控1个；和平路、泰华街河北省人民医院周边安装监控3个，红星街、电大街、农科路安装4个监控，其他街道及重点部位正在陆续安装，指挥中心已调试完毕，上述部位纳入24小时监控。

四、大步推进，城管平台全覆盖

一是构建融合市容执法、渣土执法、规划执法、防汛应急工作的城管一体化业务系统；网络覆盖延伸，利用现有的早夜市视频监控、移动视频监控车，对接新华区交警二大队监控平台，机关企事业单位、医院、学校门前摄像头；将信息资源进行整合，对将日常行政处罚信息、门前三包信息、商家红黑榜信息和社会诚信体系融合，构建完整社会诚信信息链。二是建立全区统一的渣土管理信息系统，在各建筑工地配备高清摄像头及移动视频监控，实现综合监管、长效管理、执法智能监督的目标。对建筑工地及渣土车进行视频监控电子标签识别管理和实时查看，用于工地许可证手续管理、出入口取证和超载车辆上路遗撒污染路面等问题的管理。下步拟在辖区工地出入口附近及施工现场设置65个摄像头（城管委统一配发），分批接入我局数字化指挥中心平台，实现实时监控，源头管控，通过科技手段最大程度防止违规运输渣土现象的发生。目前，完成了选点工作。三是逐步实现与交警视频监控共享对接，环卫监控对接，住建监控共享对接、医院和学校及商超监控共享对接，实现重点路段视频监管，管理死角移动视频监管，整合现有视频平台，利用数字对讲机的快捷高效，实现全覆盖无死角指挥调度。

"智慧＋精细"护航
如皋市探索新时代城市管理新路径

江苏省如皋市城市管理局局长　何福平

　　如皋市位于长三角经济带，具有自然地理优势与经济发展优势，是全国百强县之一。正是由于这种高度集成的区位优势，使得大中型城市常患的"城市病"在如皋这座县级城市显露出来，这给城市管理带来了巨大的挑战。近年来，如皋市城管局以提升城市文明形象、提高市民幸福指数为目标，以城市网格精细化管理为抓手，以智慧城管建设为助力，着力推进城市综合执法改革，大力开展城市环境综合整治，引领带动社会各界参与城市管理，全面提高城市管理效率和水平，提升城市形象与城市品位，走出一条符合时代需求、符合人民需要、具有如皋特色的新时代城市治理之路。

智慧城管建设多点开花

　　在城市化进程不断加快的今天，"城市病"已经不仅仅是靠传统的人工方式解决，还需要借助信息化手段来提高治理效率。如皋正处在城市化发展的加速期，探索推进"智慧城管"建设过程已有 6 年时间，助力城市管理由突击型向长效型、管理型向服务型、单一型向互动型、"小城管"向"大城管"的转变。

　　建成现代化数字城管平台，实现主城区、经济开发数字化城市管理无缝对接和全覆盖。如皋主城区平台受理结案相关指标均高于部颁标准，受理、立案、派遣、结案等各项指标数据处于全省领先地位。运行 6 年来，共医治"城市病"达 31 万，处置率 99.9%，结案率 99.8%，一大批疑难问题得以解决，智慧城市建设向前迈进。

　　部门联动处理"老大难"。加强部门之间的沟通协调，第一时间将发现的问题派遣给相关责任部门，协助责任部门解决问题。在福寿路创建省级示范路过程中，如皋市城管局联合移动、电信、广电等相关专业部门开展对电线低垂、交接箱破旧的专项排查、统一交办，极大提高综合管理效率，使创建工作达到事半功倍的效果。

　　"代履行"城市疑难杂症。针对一些责任主体不明、"多头"管理等城市问题，实施"代履行"快速处理机制，反程序先履行或者委托第三人代为履行，再向义务人行征收代履行费用的方式，将问题处理在"第一时间"，确保城市基础设置的安全与正常运行。目前共

实施"代履行"案卷2416件，各类影响城市隐患得到了有效解决。

可圈可点的是，2017年，国家住建部、省住建厅组织专家来如召开现场会，对如皋市户外广告巡检监管信息系统进行检阅。检阅中，来自北京、广州、重庆、河南、南京等省市的行业"大咖"对如皋自创的户外广告监管"如皋模式"给予好评。如皋市城管局党组书记、局长何福平介绍，如皋市户外广告服务监管平台分为巡查监管、许可备案、法律法规等九大模块，各大模块独立设置、功能互动，2018年被国家住建部授予户外广告管理行业标准制定和应用试点单位。

城市精细管理全面发力

"城市管理应该像绣花一样精细，这是对当前城市管理工作提出的新要求，契合了城市管理中精雕细琢、精益求精的'工匠精神'。"何福平局长说，"既要绣光鲜靓丽的'面子'，也要绣和谐宜居的'里子'，让'面子'和'里子'一样好看，让生活在如皋的人们感受到城市的品质和温度。"

推进城市精细长效管理工程是新时代城市管理的必然要求。如皋市城管局既针对创成的示范社区、示范路、物业示范小区常态化开展"回头看"，又以这些示范路、示范社区、小区为标杆，以点带面，厚植创建优势，形成辐射效应；针对常反弹、易反复的城市顽疾，落实切实可行的"防回潮"机制，市容秩序专项整治行动全面落实全行业覆盖、全时段管理、全流程控制，坚持堵疏结合、以疏为主，重点解决流动摊点、占道经营、店外经营、城市牛皮癣等"城市病"。

如皋市城管局坚持把城市系列创建作为提升城市功能，改变城市面貌的重要抓手，建立了城管系统创文网格长制和街长制，圆满完成国测及省测迎查。海阳路、福寿路等5条路创成省城市管理示范路，孔庙、迎春 - 长巷 - 秀水等社区创成省城市管理示范社区，中交美庐城、御龙湾等8个小区创成省优物业小区，江中世纪城、丰泽怡园等22个区域创成南通市优秀物业管理项目，指导城北街道和磨头、搬经、江安、白蒲镇各创成1条南通市城市管理示范路，蒲行社区创成南通市城市管理示范社区……

城市管理工作是块难啃的"硬骨头"，动态性强、反复性大，如皋市城管局越挫越勇，迎难而上，以绣花真功，发扬钉钉子精神，刻画出一幅幅装点家园的温馨画面。漫步如皋城区的大街小巷，规范有序的市容秩序，整洁卫生的城市道路，每一个角落都有文明"因子"，去年接待游客1213.3万人次，旅游综合收入达137.1亿元，这是对"人民日益增长的美好生活需要'的最好注脚。

城管执法体制改革纵深推进

法治城管建设需要体制机制的保驾护航，如皋市作为江苏省住建系统所有处罚职能首个实行综合执法改革实际运行的县级市，在城管执法体制改革方面也走在了江苏省前列。2018年8月如皋城管代表综合执法改革试点单位接受了国务院专项督查，11月，国务院发文将改革经验作为第五次大督查发现的典型经验予以表彰。

早在2012年开始，如皋就着手推进相对集中行政处罚权工作向镇（街道）延伸工作，2013年3月份成立工业园区、开发区、高新区三个派驻城管执法中队，2016年选派四名业务骨干到四个中心镇挂职副镇长、兼任镇综合执法局局长。在原有主功能区派驻的基础上，在深入开展调研工作的基础上，制定出台了《如皋市委 市政府关于进一步深化城市执法体制改革 改进城市管理工作的实施方案》《关于深化城市执法体制改革 推进派驻城管中队建设的指导意见》，实现了全市所有镇、街道（除长江镇）派驻城管执法中队的全覆盖，实行日常管理以镇街为主、综合执法以城管部门为主的双重管理模式。

创新引领，先行先试，树立标杆，始终是如皋城管执法工作的鲜明特色。2016年，中编办和省编办分别在如皋召开了全国和全省综合执法改革现场会，如皋率先将人防、住建系统等领域的行政执法和行政处罚职能划归城管局。当前已经完成住建领域行政处罚权划转，行使行政权力事项817项。2018年如皋城管局再次被列为江苏省城市管理综合执法标准化试点。自深化改革实施以来，如皋市城管局已行使24个新划转权力事项，立案查处案件212件。

在推进城管执法体制改革的同时，如皋城管"用法治思维和法治方式破解城管难题"。面对违法建筑查控执法难点，如皋市城管局细化"巡查发现——现场制止——动员拆除——组织拆除——台帐记录"的查违控违流程，建立并完善了发现查处、区域责任、信息反馈、社会监管、快速反应等违建查控机制，为一线执法队员提供了具体性、实用性、可操作性的查违控违执法指南。"违法建筑查控机制"荣获省政府法制创新奖。面对城市顽疾，如皋城管以务实重行回应市民群众的期许，大力推进城市环境综合整治，卓有成效地开展垃圾分类治理、违法建设治理、生态环境治理、老小区改造等惠民工程，着力解决生活垃圾分类"走过场"，建筑装潢垃圾资源化利用"摆样子"等突出问题，不断提升城市治理能力与服务水平。

多元管理模式实现共治

城市治理要精细到位，仅仅靠党委政府的力量是不够的，还需要调动好群众的积极性，发挥好城市主人翁作用。何福平局长认为，实现多元共治首先需要稳定参与主体，加强政社联动、部门联动，更多的依靠社会力量，形成多层次、多元化治理格局。

为了打造服务"升级版"，如皋城管探索"城管＋社区""城管＋商户""城管＋物业"等共建共管共治共享模式，深入开展城管开放体验日活动、城管志愿服务活动，开展"热心城管好市民""城管杯征文大赛""城管法规灯谜展猜"等活动，引导社会组织、市场

中介机构和公民法人参与城市治理。在各方的积极参与、共同努力之下,"共享电单车""公厕革命""便民疏导点建设"等一大批涉及城管的民生类难题得以破解,"城管志愿服务进万家""放飞梦想 伴你成长"被南通市表彰为优秀志愿服务项目。

　　同时,在城市治理实践中,如皋城管畅通参与渠道,拓宽公众交流平台,设立"城管小鱼儿"半官方代言人、如皋城管网络新闻官方发言人,实时在线接处网友举报,"城管小鱼儿"工作机制获得南通市城市管理创新奖;开通城管官方微博、公众微信,拥有订阅粉丝30万人,"双微"交互及时播报城管动态、听取群众意见、接受群众监督。值得一提的是,推行的"皋城文明随手拍",作为畅通渠道的有效手段,"不需要市民报名参加活动""不需要定期参加会议","动动手指头"就可以轻松将城市问题拍照上传,更给市民公众带来指尖上的新体验、治理中的新惊喜。

　　当好城市管家,守护城市之美。如皋城管是一支特别能吃苦、特别能战斗、特别能奉献的团队,展现出新时代最美城管人的优秀风采。如皋城管局被省人社厅、住建厅表彰为全省住建系统先进集体,局长何福平被住建部评为"'强转树'专项行动先进个人",在他的带领下,有2名城管队员被授予"南通好青年"荣誉称号,有2名城管队员被授予如皋市"爱心大使""十佳优秀城管志愿者"荣誉称号,有6名同志和6个团队分获如皋市"五一劳动奖章""五一先锋号"荣誉称号……

　　当前我国已经进入社会主义新时代,随之中国的城市化也进入了新时代。这个"新"不是新销多少马路、不是新建多少楼宇,而是要逐步走进符合新时代发展需要的城市治理行列,满足"人民日益增长的美好生活需要"。面对时代带来的挑战与机遇,如皋城管坚定思想,匠心独运,以"智慧+精细"护航城市管理工作,以"法治+共治"追求城市治理效果,这也是新时代城市管理工作走向精细化的有益实践与必要尝试。

树立亲民理念　构建和谐城管

——铜仁市城市管理局碧江分局工作开展情况

贵州省铜仁市城市管理局碧江分局

2018年以来，我局在铜仁市委、市政府，碧江区委、区政府的正确领导及在市城市管理局的业务指导下，以习近平新时代特色社会主义思想为指导，奋尽全力开展好城市管理和环境治理、保护工作。把干部队伍建设、道路扬尘、燃烧油烟治理、占道经营整治、广告管理、建筑工地管理、车辆乱停乱放等工作常态化开展并取得不错的成绩。现将主要事迹汇报如下：

一、党建及党风廉政建设

一是加大政策、法规及管理制度的学习、培训。通过集中学习、广泛讨论等形式，全面树立执法人员法律意识和责任意识，增强大队执法人员业务素质，提高执法水平。强化培训，增强全局干部职工理论知识和提高执法水平，并于2018年9月初至10月底分四期90余人参加市城市管理局组织的执法培训将强化培训落到实处。

二是加大执法人员日常管理。严格执行各项内部管理制度，保证日常工作有序开展，打造一支纪律严明的城管执法队伍，积极排查城管执法人员在思想、学习、工作等方面存在的突出问题，研究制定有效整改措施，坚决抵制不良风气。

三是抓好党员队伍建设。分局以党的十九大和十九届中央纪委二次全会和十二届省纪委二次全会、二届市纪委三次全会、二届区纪委三次全会和相关廉政会议精神为引领，认真落实"三会一课"制度，按照"两学一做"活动工作要求，制定了党员教育学习计划，按时召开了党员大会，开展形式多样的学教活动，提高党员队伍的整体素质，提升服务本领。

二、规范市容秩序管理

1. 加大集中整治力度

一是针对城区占道经营、校园周边环境、带泥上路等进行常态化管理。一年来，共整治规范门面延伸2000余起、整治违章占道经营3500余起，清理流动摊贩2307余起，暂扣物品2480余件；下达整改通知书300余份。对辖区74处建筑工地进行了规范管理、查处带泥上路 4700 余次，纠正违章停车 2000 余辆。

二是对城区户外广告进行规范管理。对城区主次干道破损、缺字、断亮、粗制滥造、存在安全隐患的户外广告进行专项整治。

截至目前，分局安全拆除违规广告 40 余块，破损灯杆广告 200 余根；清理各类野广告、喷绘广告、广告条幅 5610 余起；共追呼乱张贴、乱发放野广告 269 起，其中 19 起办证刻章、集资贷款、枪支迷药等涉嫌违法犯罪的广告内容进行直接追呼。

严格户外广告"行政审批"，截至目前，共受理户外广告项目收件 240 份，成功办结 240 份，审批通过 210 份。

2."网上民声"信息及市民电话反映问题的处理回复

针对网民、市民的热心反映，及时安排责任人进行调查处理，并于限期内回复相关信息，回复率达 100%。截至目前，共积极处理回复"网上民声""网络舆情""12345"热线等各类民声问题 400 余期。

三、市容环境卫生管理工作

坚持以创建国家文明卫生城市为契机，以市容整洁、群众满意为落脚点，狠抓工作落实。一是优化机械作业时间。雾炮车实行三班倒 24 小时不间断喷雾降尘；洗扫车 24 小时采用带水洗扫的作业方式，提高道路的清洁度；每天安排 2 辆洒水车晚上 6 点至凌晨 12 点加班进行冲洗减尘、洒水降尘、喷雾降压。2018 年年共出动人员 2000 余人次、车辆出勤 15000 余次，确保城区道路和重点区域环境卫生的干净整洁。

二是加强垃圾清运管理工作。要求所有垃圾清运驾驶员对各自责任清运点必须确保垃圾及时清运，做到日产日清，共清运生活垃圾 47832.86 吨。现中心城区生活垃圾已全部进行无害化处理，全区乡镇已经开始进行垃圾收运进行集中处理。

三是抓好免费公厕开放工作。免费公厕严格要求 24 小时免费开放，公厕保洁要求达到"六无四净"标准，全年共维修公厕近 565 次 250 余处，保障了所有免费公厕正常对外开放。

四是强化沿江步道保洁工作。通过加大卫生巡查力度，奖优罚劣，使沿江步道卫生始终保持干净整洁面貌。

五是加强值班巡查工作。严格按照值班安排，每日由值班领导带队巡查城区环境卫生，重点对清扫保洁水平、道路污染清洗质量、果皮箱清洗维护状况、垃圾收集清运等进行检查巡查，及时发现和处置环境卫生方面的各类问题。

六是开展除雪保障工作。1 月 25 日凌晨，碧江区迎来了 2018 年的第一场降雪，给我区交通带来了极大压力，分局组织全体干部、环卫工人和作业车辆第一时间开展除雪清障工作，共出动环卫工人约 2000 人，出动各类机械作业车辆 40 余台，最大程度上满足了市民的出行需要。

四、城区空气环境质量整治工作

为贯彻落实市、区规划区环境空气质量管理工作联席会议精神，分局加强对城区空气环境质量整治。

1. 工地扬尘治理

为扎实推进治尘工作的开展，今年以来，我们将抑尘工作纳入重点目标，确保治尘工作落到实处。要求各工地必须硬化出入口路面，裸露渣土必覆盖，施工场地必须封闭围挡，冲洗设备及保洁人员必须到位在岗。加大查处违规运输工程车力度。今年以来，联合各部门开展集中整治行动，规范城区工程运输车辆，分别在滑石、灯塔、环北、河西、川硐等几个片区流动设卡蹲点。我局对全区项目建设带泥上路行为进行整治联合各中队共拦停工程运输车 2650 余辆，规范在建工地 500 余次，下发限期整改通知书 160 份，行政执法案件 8 起，罚款共计 200000 余元。

2. 脏车进城整治

为彻实把道路扬尘治理工作开展好并出实效，从 2017 年年底，碧江城管分局与交通管理局组成联合执法队伍，分别在龙田（灯塔、滑石）、川硐特殊学校、梵净山大道熊家屯、金鳞大道天都、鹭鸶岩张家小院、火车站、睿力大道、枫木坪 8 个重要进城口设置了脏车进城带泥上路检查点把脏车入城、违法渣土运输查处工作常态化开展。截至目前，联合检查行动，共检查车辆 56178 辆、处罚 750750 元。

3. 燃煤油烟治理

为给市民营造一个干净、舒适的谊居环境，碧江城管分局要求各中队认真排查辖区内所有餐馆油烟的排放和燃煤的使用，所有饮食餐馆一律安装油烟净化器并要求投入使用，严禁燃煤的使用，发现一起，取缔一起。自 2017 年 10 月油烟直排整改工作开展以来，对全区各大酒店、餐饮店、夜市下发限期整改通知书 1000 余份，开展油烟直排专项整治 20 余次，燃煤专项整治 10 余次，共销毁煤炉 800 余个，处罚商家 200 余家 5000 余元。现主城区所有餐饮商家均已杜绝燃煤使用和已全部安装油烟净化设备。

五、市政园林管护工作

1. 防汛排涝方面

根据排查情况，组织修复更换城区破损井盖 118 套，雨篦子 70 套。疏通雨篦子堵塞 160 处，对水果市场等地段的排水沟开展淤泥清理工作。下雨天对城区内易积水点安排人员实时疏通，共计 50 余人次。处理路灯控制表箱安全隐患 15 余处，路灯线路故障 13 处。投入资金 150 万余元，完成对汽车站对面增设排水管道（500 毫米）5.6 米；水果市场内易积涝点增设沉沙池两处，容积约 230 方；东关码头易积涝区域埋设泄洪管道（800 毫米）两

处共 45 米；对滨江大道市公安局区域修复河堤 70 余米；对新中医院冲沟扩容；文笔峰段增设排水管；瑞力国际、芭蕉、九龙宾馆、金滩市场等地改造排水管等工作。同时开展梵净山大道、滨江大道等路段排水沟、管淤泥清理工作，已经完成约 13 公里排水沟、管清淤工作。

2. 跨灯改造方面

投入资金 50 余万，完成春节期间城区美化亮化工作，对城区 5 处节点 400 余棵行道树进行了亮化，在主次干道灯杆挂设灯笼 4000 余个；投入资金 37 余万元，对塔乌线路灯及其配套设施进行了改造维修，其中增加投光灯 204 盏，更换 LED 玉米灯 1836 颗，电缆 3000 余米。

3. 在市政设施维护方面

全年来共计处理交通损坏护栏 600 余起，修复损坏护栏 2842 余米，更换维修雨污检查井 250 套，维修破损雨篦子 360 套，维修沟盖板 102 块，修补破损、松动人行道 580 平方米，修补路面小面积坑槽 965 平方米，排水沟清淤 1800 立方米。

路灯维修。一年来累计维修更换路灯 2500 余盏，更换触发器、交流接触器 400 余个，更换电缆 2200 余米，检修控制柜 250 余次，确保了主干道路灯亮灯率在 98% 以上，其他道路 95% 以上。

4. 道路挖掘审批

一年来共完成对 20 余件道路挖掘申请进行现场勘查，并提出处理建议，有效保障了城区市政基础设施的完好率，杜绝对城市道路进行乱挖乱建的现象发生。

5. 强化日常绿化养护管理

始终坚持"养护精细化、管理常态化、以创建国家园林城市"的目标，以提升和巩固城市绿化成果为抓手，扎实开展好部门职能工作。针对不同树种和树木不同生长期的生长要求，制定园林绿化修剪、除草、浇水、施肥、病虫害防治、冬季刷白等各种养护措施。所一线职工则按单位制定的园林养护规程于按时完成对草坪、道路公园绿篱进行修剪；适时对绿地内杂草除早、除小、除了。

2018 年主要完成的养护管理工作：

一是完成城区道路绿地、公园绿地、广场绿地等主城区绿地修剪 5 次、打虫药 2 次、打除草剂 1 次、草坪修剪 6 次，施肥 2 次、冬季刷白 1 次；对铜兴大道、塔坞连线、武陵大道进行了绿篱修建 3 次、除草 3 次；对沿河两岸绿地进行了 2 次除草、1 次绿篱修剪。

二是加强抗旱浇水工作，今年夏天，因园林洒水车环卫局在使用，我所积极与环卫局联系，在环卫局的配合下，完成了夏天抗旱浇水工作,采取两班倒，工作人员避开高温时间段，每天两辆洒水车，利用早晚较阴凉时对东太大道、梵净山大道、铜兴大道等路段绿化带、行道树进行浇灌通宵浇水抗旱，有效地保护了植物的正常生长，无因缺水造成的植物干旱死亡现象。

三是园林所专业技术人员本着消除安全隐患的前提对城区绿地（包括各办事处辖区及沿河两岸）的危树及枯枝进行清理，截至目前，共清理危树约50棵，清理枯枝断枝约120棵；

四是利用春节、中秋、国庆等重大节日在火车站转盘、客车站转盘、三江公园、西门桥等重要节点布置花卉。主要品种有：羽衣甘蓝、雏菊、三色堇、鸡冠花、万寿菊、一串红等，共摆放花卉约250000盆。

6. 加大损绿化带的处罚力度

严控临时占用道路绿地审批程序，经审批同意的施工单位，要求工程结束3个工作日恢复绿化带（池）。截至目前，处罚损绿化事件了8起，处罚金额23966元。临时占用绿化带（池）3起。移植树木费24000元，占用绿地损失补偿金8358元。

在各项工作的开展中，始终全面把依法行政、规范执法程序、强化行政执法监督、维护和保障城市规范化管理作为目标，紧扣"树立亲民理念、构建和谐城管"主题。对执法人员的管理中，不断加强队伍建设、强化执法培训，突出以人为本，努力塑造和谐城管形象，精管理、严要求，扎实有效开展城市管理和环境治理、保护工作，把城市管理、环境治理工作有机融合，并得到各级部门及人民群众的肯定。

抢抓机遇　勇于担当
打造美丽邓州　构建和谐城管
——邓州市城市管理工作情况汇报

河南省邓州市城市管理局

近年来，在邓州市委、市政府的正确领导下，在南阳市城管局的关心支持下，邓州市城管局紧紧围绕全市中心工作，坚持建一流班子、带一流队伍、创一流业绩，在城市管理的主阵地打赢主动仗，较好地完成了各项任务，树立了城管队伍新形象。城管局先后被省住建厅评为"全省住房和城乡建设工作先进单位""河南省城乡建设系统先进单位""全省建筑垃圾管理和资源化利用工作突出贡献单位"；连年被邓州市委市政府评为"全市综合目标工作先进单位""环境污染防治工作先进单位"；城管局机关党委连续三年被邓州市委授予"五星级党组织""先进党组织"荣誉称号。省内多个县市如唐河、汝州、方城、西峡、新野、兰考、滑县、漯河、三门峡、洛阳下辖县市等纷纷慕名前来我市考察学习城市管理工作经验。现将主要工作汇报如下：

取得的主要成绩

我们围绕全市中心工作，紧紧抓住七项重点工作不放松，克难攻坚，全力推进，开创了城管工作新局面。

（一）紧紧抓住园林城市创建不放松，城市绿化工作再上新台阶

自 2015 年我市成功创建国家园林城市以来，我们把创建国家生态城市作为新的目标，在巩固国家园林城市创建成果的基础上，拉高标杆，建设精品，突出亮点，精细管理，加大投资，全面实施城市道路、公园游园绿化建设，突出园林精品，努力打造和谐宜居的城市环境。

一是道路绿化全面普及。按照"道路修到哪里，绿化建设到哪里"的原则，先后高标准完成了平安大道、北京大道南段、湍北新区道路等新建道路配套绿化，创建省级绿化达标道路 11 条，城区道路绿化率达到百分之百；二是公园游园建设突飞猛进。高标准建成了北京大道与雷锋路、207 国道与团结东路交叉口等 20 多个街头游园，新建了湍河湿地公园、明珠湖公园,对人民公园西南部进行改造提升,不断增加城市绿量,拓展绿色生态空间。目前,

我市已拥有综合性公园 4 个，公园、游园总面积达到 3000 亩以上，这在整个河南省所有县级市中也是独一无二的。三是立体绿化初见成效。我们积极响应国家住建部、省住建厅关于立体绿化的建设要求，初步选择 5 个单位作为屋顶绿化试点建设，目前已完成 1 处；选择一批具备条件的单位、小区，实施拆墙透绿；下一步还将全面开展背街小巷绿化美化建设，进一步完善城市绿地系统建设。四是养护管理日趋规范。根据河南省住建厅城市绿地养护标准，按照主要部位一级养护、其他部位二级或三级养护的原则，从细节着手，适时浇水、施肥、修剪、防治病虫害、强化日常保洁，在管理人员少，管理面积大，管理经费缺的情况下，管理人员超负荷工作，一年四季辛勤劳作，不断扩大精细化养护管理范围，打造赏心悦目的绿化美化景观。

三年来，城区园林绿化建设累计投入资金 4.5 亿元，新增城市绿地 1500 亩。市区内乔灌木结合，树花草并茂，道路绿带、公园、游园、广场、风景带并存，打造了"一路一景"和"绿色生态廊道"，达到了"300 米见绿、500 米建园"的城市绿地均衡布局和以人为本的服务功能要求，实现了"城在林中，人在绿中"的景观效果。城市建成区绿地率达到 38.69%，绿化覆盖率达到 39.46%，人均公园绿地面积 9.42 平方米，各项绿化指标一直保持高于国家园林城市要求的标准水平（国家标准是绿地率 31%，绿化覆盖率达到 36%，人均公园绿地面积 9 平方米），为今年 10 月份国家园林城市复查奠定了坚实基础。

（二）紧紧抓住大气污染防治攻坚不放松，城市环卫工作实现新突破

一是全面实施"公厕革命"。升级改造老旧公厕，新建景观公厕，均达到二类以上标准，首批在市区内安装 20 座环保公厕，极大地方便了市民如厕；二是清扫保洁实施"以克论净"。每平方米道路灰尘控制在 10 克以下，部分道路灰尘控制在 5 克以下。环卫车辆和工人全天候不间断作业，重点道路实现"机械化清扫、精细化保洁、地毯式吸尘、定时段清扫、全方位洒水"的"五位一体"作业模式，实现"夏天无积水、冬天不结冰、常年保湿不起尘"的目标。三是创新城市生活垃圾收集、清运模式。增加垃圾收集车数量，将过去的生活垃圾定点倾倒改为不间断上门收集，及时转运，实现了城市生活垃圾不落地、快收集。四是农村垃圾治理工作步入规范化轨道。通过政府购买服务的方式，将全市 26 个乡镇街区的垃圾清扫、收集、清运、转运等业务推向市场化运作；投资 1300 万元建成 15 座乡镇垃圾中转站、环卫驿站和公厕；农村垃圾治理取得了初步成效，通过了省级验收，为我市扶贫攻坚赢得了荣誉。南阳市委和王智慧书记专门分别发函和电话通知邓州撰写专题典型材料，在南阳市改善农村人居环境现场会上作了典型发言。五是河道管理常态化。城区内外城河等 10 条河道水面及河坡保洁工作实现常态化管理，年均完成 4500 余吨漂浮物的清理打捞和转运任务，确保水面整洁，景观效果良好。六是启动垃圾焚烧发电项目。使我市城乡生活垃圾得到全面无害化、资源化处理，目前该项目已由市发改委立项，正在进行环评等前期工作。

干净整洁的城市环境得到了社会各界的好评，同时也为我市大气污染的有效控制做出积极贡献，促进了空气质量的改善，截至 2018 年 11 月月 15 日，我市 PM10 指数同比下降 6.5%，PM2.5 指数同比下降 24.6%，空气优良天数超过 243 天，排在直管县前列。

（三）紧紧抓住建立良好城市秩序不放松，城管执法开创新局面

一是持续开展城区经营秩序整治，规范经营行为。采取守点、巡查、集中突击等措施，全面整治占道经营、流动摊贩，依法收缴违规经营物品，边整治、边宣传，边疏通、边规范；二是加强户外广告管理。严厉打击、专项整治"牛皮癣"小广告和城区大型户外广告、门店招牌和商业横幅等各种形式的户外广告，违规、破损、有碍市容的屋顶广告等坚决拆除清理；从审批源头控制户外广告设置。三是积极开展文化路示范街创建。统一商户门头招牌，统一安装人行道隔离栏，集中解决文化路秩序乱、立面容貌差等问题，并以文化路示范街为标杆，带动城区其他主次干道完善提升市容市貌水平和交通秩序，全面实施达标道路建设。四是加强夜市摊点管理，治理油烟烧烤。制定夜市摊点管理办法，积极排查、取缔城区所有露天烧烤，实施无烟烧烤进店规范经营，基本杜绝了因烧烤造成的空气污染。五是全面规范渣土管理。统一改装渣土运输车辆实施，发放准运证，纳入定位、监管平台动态管理，网上监控、网下巡查，实施城管、公安、交通运输联合执法，严厉查处、杜绝渣土运输车辆违规清运、私拉乱运、抛撒污染等违法行为，有效解决渣土运输、处置这一城市难题；加强建筑工地"6 个 100%"的落实管理，从源头上有效遏止工程车辆违章运输行为的发生。

（四）紧紧抓住建立"大城管"格局不放松，执法体制改革顺利推进

严格按照省、市要求推进城市管理执法体制改革，按照"权随事走、人随事调、费随事转"的原则，梳理、整合、划转城管执法的权责职能，率先完成城市管理机构的综合设置，成立了邓州市城市管理局（城市综合执法局），负责城市管理和综合执法工作，下设邓州市城市管理监察大队、邓州市城市建设监察大队、邓州市城市管理警察大队、邓州市数字化城市管理指挥中心、邓州市环境卫生管理局、邓州市园林绿化管理局、邓州市城区河道管理所 7 个二级单位。其中，除河道管理所为股级事业单位外，其他均为副科级单位。新组建的城管警察大队接收原来属于公安交警部门的车辆停放管理权限，针对城区车辆严重乱停乱放状况积极采取措施，划定自行车、电动车停车区域，新增 3100 余个机动车停车位，重点治理随意停放、占道停车、逆向停车等影响城市秩序的违章行为，有效规范了停车秩序，遏制了乱停乱放现象，提升了市区交通秩序。城管警察大队的组建，增强了城管执法的威慑作用，及时消除各种抗法隐患，真正为城管执法保驾护航，遏制暴力抗法事件的发生。

目前，我市的执法体制改革走在全省前列，得到河南省住建厅认可，是全省执法体制改革工作先进单位，省内多地组织前来考察学习。

（五）紧紧抓住建设智慧城市不放松，数字化城管工作顺利运行

一是我市数字化城管系统平台建成运行。数字化城管系统综合应用数字技术精确、敏捷、高效地解决城市管理问题，目前已建成并投入试运行。二是城市共享单车投入运营。我市智能共享单车采用企业投资、企业管理、政府监督、市民有偿租车使用的建设运营模式，一期在中心城区范围内建设站点 200 个，投放自行车 1500 辆，还将根据情况增加站点和车辆，为广大邓州市民和外地游客提供免费、便捷、绿色的出行方式。

（六）紧紧抓住脱贫攻坚不放松，扶贫工作取得良好成绩

今年，我局按照市委的安排部署，派驻汲滩、小杨营等 19 个乡镇帮扶人 475 余人，小杨营驻村第一书记 3 名，文渠驻村第一书记 1 名，工作队员 11 名，所包贫困户 907 户，持续开展农村脱贫攻坚工作，把抓好党建与脱贫工作同部署、同安排，夯实脱贫攻坚一线的党建力量，发挥党员示范带动作用，坚持入村入户，与贫困户结对子，实现脱贫攻坚与基层党建"双推进"，取得了良好的成效。

（七）紧紧抓住党建不放松，以党的建设高质量助推城管工作高质量

按照"围绕党建抓城管，抓好城管促党建"的总体思路，把抓好党建作为整个城管工作的总开关，与业务工作同部署、同安排。一是严格实行党建工作责任制，确立了党组负责人为全局党建工作的第一责任人，其它党组成员为分管工作范围责任人，局党办为全局党建工作的具体承办部门，做到了党建工作时刻有人管、有人抓，分工明确，落实到位。二是局党组定期召开党建工作专题研究会，先后印发了《中共邓州市城市管理局党组 2018 年度履行全面从严治党主体责任清单》《2018 年度城管局所属党总支（支部）分专题集体学习的安排意见》《邓州市城市管理局党建工作考核办法》等文件，用于指导实践、推动工作。三是扎实推进 1+6+13 党建制度体系建设，切实把主体责任下传压实，形成一级抓一级、层层抓落实的党建工作格局，把党员教育管理、民主评议党员、发展党员和党费收缴等基层党组织重点工作制度化、常规化。2 名同志由预备党员转为正式党员，培养了 3 名入党积极分子。四是积极开展基层党组织评星晋级、党员评星争优"双评"活动，局系统 2 个支部被评为"五星级"党支部，3 名党员被评为"五星级"党员；五是制定了《2018 年"三会一课"工作计划》，3 个党总支 13 个党支部全年共召开支部党员大会 70 余次，支部委员会议 130 余次，党小组次会议 240 余次；班子成员分别以普通党员身份参加所在支部党员活动 20 余次，为党员上党课 20 余次，为整体党员队伍素质提高发挥出了积极作用。六是深入持续推进"两学一做"学习教育，全年组织集中学习 20 余次，有效解决广大党员在党性党风党纪方面存在的突出问题，激发干部职工的干事创业热情，使干部队伍呈现出一派浩然正气、蓬勃朝气、昂扬锐气，为城市管理健康快速发展提供了坚强保障。

回顾我们城市管理的工作实践，我们有深刻的感受和体会

（一）领导重视是做好城管工作的保障

市委、市政府非常重视城市管理工作，主要领导多次深入城管一线检查指导，安排部

署重点工作，解决疑难问题；市委、市政府专门成立了邓州市城市管理委员会，对城市管理工作进行统筹协调、督促检查、评议奖罚；市委、市政府督查局将城管工作列入重点督查范围，坚持实行高位督查，促进工作落实，促进城管工作水平提高。

（二）队伍建设是做好城管工作的前提

我们在城市管理的工作实践中，外树形象，内强素质，锻造了一支"政治合格、纪律严明、作风过硬、务实高效"的城管队伍，用实实在在的行动向市民群众交出了答卷。我们一直要求执法人员要树立责任意识，增强担当意识，培养大局意识，在工作落实上有耐心，有韧性，从细节着眼，从小处入手，脚踏实地，认真对待每一次执法行为，真正把城市当作自己的家一样爱护，把执法工作当作自己的家事一样尽心尽力。在无数次的现场执法、积极宣传和交流沟通中，在无数次的为民服务，为群众办实事的过程中，拉近了与市民群众的距离，广大群众在享受整洁的环境、出行的便利、公园绿地美景的同时，更深入了解了城管执法工作的异常艰辛，有了客观和理性的态度，很多市民群众表示：城管人舍小家顾大家，不畏艰辛，坚守岗位，寒来暑往，早出晚归，真的不容易。这份难得的认可、理解和支持，是对我们最好的鼓励，是对我们辛勤工作的最大褒奖，也是我们今后的最大的动力。

（三）提升服务水平是做好城管工作的重心

服务保障全市中心工作是我们义不容辞的责任，在各级领导莅邓视察、全市"两会"召开、"六城联创"考核、环境综合整治、高考、中考及各类赛事等重大活动中，城管局一直勇立潮头，打主动仗、当主力军，严格按照市委市政府要求，真抓实干积极组织配合，全力保障市委、市政府工作大局，得到了市委、市政府及社会各界的认可。

城市管理一直是广大市民群众关注的热点和焦点，每年城管局承办的人大建议和政协提案均体现了人大代表、政协委员和市民群众对城管工作的关注、关心和关爱，我们把正视矛盾，解决问题，克服不足作为根本宗旨，把"人民满意""为民服务"作为出发点和立足点，采取电话联系、登门拜访、网络微信等多种办法与代表们交流，深入一线与市民群众沟通，虚心采纳合理化建议，严格按照程序和要求解决好每一份建议提案，每一个问题，务求实效。

（四）创新机制是做好城管工作的关键

一是创新环卫体制机制，推进城市环卫市场化改革，将环卫作业全部推向市场，实施"城乡环卫一体化"的市场化运营模式，有力推动了全市的环卫保洁水平再提高；二是顺利推进执法体制改革，理顺了职责关系，在职能上实现了城市执法的"多帽合一"，标志着邓州市的城市管理事业向精细化、规范化、综合化、动态化、条块结合的"大城管"格局又迈开了一大步。

（五）务实奉献是做好城管工作的基础

早晨，当人们还在睡梦中，我们的环卫工人已经在风雨无阻打扫卫生；夜晚，当人们阖家团聚，我们的执法人员还在夜查违章；假日，当人们休闲游玩，我们的绿化园丁在修枝整形；顶烈日、冒严寒，遭白眼、受委屈，城管人是城市环境的管家，是市容秩序的护卫，是冲锋在前的英勇战士，赤诚、包容，敢于拼搏，敢于担当，在大局面前，唯有坚守岗位，务实苦干，无私奉献，努力把工作做细做精，把邓州最好的一面展示出来。

下步打算

在下步工作中，我们将在市委、市政府的正确领导下，在南阳市城管局的支持下，拿出破釜沉舟的决心，保持蓬勃进取的昂扬斗志，抢抓机遇，勇于担当，扎扎实实做好每一项城市管理工作，一步一个脚印推进城市管理良性发展，打造美丽邓州，构建和谐城管。

第一，以绿靓城，不断提升城市生态景观效果

2019 年，园林绿化工作计划继续加大资金投入力度，不断完善绿化建设，强力推进城市园林绿化再上新台阶，力争到 2020 年，达到城区绿化覆盖率46%、绿地率41%、人均公园绿地 15 平方米，达到或超过国家生态园林城市要求标准。重点抓好以下几个方面的工作：

（1）道路建设

一是完成新华路行道树、团结路（三贤路 - 文化路）行道树种植及中心花带、雷锋路西段（三贤路 - 杨埠口）、团结东路207 国道部分段边坡进行升级改造建设。二是对穰城南路行道树、纬一路（北京大道 - 东一环）两侧绿化、平安大道南段（邓新路 - 丹江大道）进行配套绿化建设。三是对北京大道全线（白马 -207 国道）绿道进行完善建设，打造贯通的绿色廊道。四是实施背街小巷绿化及庭院绿化。五是完成 2018 年开工建设，列入跨年度工程的北京大道南段绿化工程。

（2）公园游园建设

一是完成滨河中南侧带状游园（鸳鸯路西头 - 三水厂东隔墙）、团结路与东一环交叉口东南角游园、原化一厂南侧、引丹干渠西侧游园、三贤南路两侧带状游园（南二环 - 南三环）、交通路与南一环交叉口东南角、西北角游园、东一环与 207 交叉口西北角游园、南三环与交通南路交叉口西北角游园、穰城路与南一环交叉口四角游园、新老邓内路夹角三角游园、南一环与人民路交叉口三角地及人民路与北京大道西北角树林地游园、高速口快速通道南侧游园升级改造及邓新路南侧带状游园等多个主干道交叉口游园配套绿化建设。二是对燃料公司游园、团结游园、人民公园环湖两岸、新华路与北京大道西北角游园、白马西南角游园进行升级改造建设。三是对伊通游园、解放游园、赵庄游园、新华路与东一环西南角游园、月牙池游园、马庄游园、南一环与西一环交叉口东北角进行升级改造和配套绿化建设，绿化建设完成后需市政府协调土地收储，并交于园林局养护管理。四是完成2018 年开工建设，列入跨年度工程的团结路与平安大道交叉口东南角游园、南二环与北京

大道交叉口西北角游园、南四环与北京大道交叉口西南角游园、北京大道与南三环交叉口东南角游园、新华路与平安大道交叉口西南角游园、南三环与杏山大道交叉口东北角游园等6个游园的配套绿化建设。

（3）立体绿化建设

开展域区符合立体绿化建设的普查统计工作，制定2019年立体绿化实施方案，具体安排城市立体绿化建设。一是实施屋顶绿化，在城区单位、小区中选择一批具有条件的实施屋顶绿化及墙体立体绿化。二是选择一批城区公厕、垃圾中转站实施墙面垂直绿化。三是对湍河两岸、城区段引丹干渠及支渠两岸、内外城河河岸护坡实施绿化。四是对三贤大桥、彩虹桥、三孔桥、城区主干道桥梁、桥墩、桥体侧面及桥栏杆等有条件绿化的实施立体绿化美化。五是城区所有实体围墙实施拆墙透绿，已实施拆墙透绿但景观效果不达标的进行升级改造。

第二，以净扮城，全面提高环境卫生管理水平

一是全面提高环卫精细化管理水平。按照环卫作业精细化标准，继续实行"以克论净、深度保洁"，增加一批道路洗扫车、抑尘车、路面养护车，进一步提高机械化作业水平，切实降低城市道路扬尘，全面提升城市环卫作业质量；加强农村垃圾治理的指导管理。继续加大投入，创新思路，积极探索，强督紧促，不断提高我市农村垃圾治理工作力度，实现常态化、规范化管理，争取达到一流水平、行业标杆。二是加强大气污染防治，严格落实大气污染应急预案措施，提高重污染天气预防、预警和应对处置能力。三是启动垃圾焚烧发电项目，待项目建成后，中心城区及各乡镇产生的生活垃圾全部统一运输至垃圾焚烧发电厂进行集中处置，垃圾资源化利用，以满足不断增长的生活垃圾处理需要。

第三，以法管城，稳步推进城市管理执法体制改革

一是稳步推进城市管理执法体制改革，实现城市管理行政执法的"全天候、全覆盖、精细化"。二是继续开展"强基础、转作风、树形象"活动，转变工作作风，健全管理制度，规范执法行为，坚持"721"工作法，执法工作全程记录。三是加大城市管理力度，树立24小时执法意识，做到8小时之内尽职尽责，8小时之外也能首见负责、有令必行、有禁必止。坚持完善薄弱时段出勤制度，集中清理重点区域、交通枢纽的乱摆乱放、占道停车等现象。四是加大违法建设监管力度，凡在城市规划区内未经审批乱搭乱建的违法建设行为坚决严管严控，及时发现、拆除。五是建立绩效考核制度，考核指标量化、细化，集体评议与个人实绩结合，激发执法队伍活力，提高办事效能。六是启动城区"光亮工程"建设，充分利用太阳能等节能环保新能源，对城区主要道路沿线楼体、桥体、公园、广场等进行夜间亮化建设，打造一批具有邓州特色的精品工程。七是严格落实建筑垃圾处置核准和运输核准制度。加强施工工地源头监管，实行全天候巡查值班制度，坚决依法严查建筑垃圾运输车辆违规清运、私拉乱运、抛撒污染等违法行为。

第四，从严治党，加强党风廉政建设

全系统各单位要全面落实从严治党政策，持之以恒落实中央八项规定精神，坚持不懈纠正"四风"，扎实推进"治庸、治懒、治散、治奢"活动。以打造风清气正、廉洁高效的城管队伍为目标，全面启动、深入开展廉政风险排查防控工作，扎实推进惩防体系各项任务的落实。通过公开栏，向全系统公开廉政风险点，接受社会监督。结合"两学一做"学习教育，进一步加强对干部职工的日常管理和监督，强化党性党规教育，引导党员牢记党规党纪，养成纪律自觉，守住规矩底线。坚持"六个从严"，推进全面从严治党向纵深发展。强化"四个意识"，坚守道德底线，共同营造公心为上、廉洁干事的浓厚氛围。

敢为城管树形象

——记会宁县城市管理行政执法局局长、党支部书记王卓见同志的城管情结

甘肃省会宁县城市管理行政执法局

一个时代有一个时代的主题，一代人有一代人的使命，一段青春有一段青春的风采，新时代昭示新使命，新使命引领新担当。2013 年 8 月份，会宁县城市管理行政执法局成立时，王卓见同志担任党支部书记、副局长职务，从 2015 年 10 月份开始，王卓见同志担任局长、党支部书记。短短的五年时间，他从"城管盲"逐步兑变为"城管通"，会宁的城市管理工作从刚开始时的"粗放管理"逐步转变为"精细管理"，执法方式也从"野蛮粗暴"逐步转变为"文明执法"，城管队伍从"人人喊打"逐步转变为"百姓认可"。这一切，既是会宁城市管理工作深刻转变的历史见证，也诠释了王卓见同志对城市管理工作的一腔热血和不断努力。

由于会宁城市管理工作起步较晚，王卓见同志担任执法局局长后慢慢发现，城市管理工作头绪多，矛盾突出，城管和商贩、群众对立情绪严重，城管在老百姓心目中的影响极差，这给城管工作带来了严峻挑战。如何尽快扭转这种被动局面，作为局长的他开始深入调研，仔细思考，寻找出路。"一定要为城管树形象"，他暗暗下定决心；"敢为城管树形象"，这是甘肃省电视台《今日聚焦》栏目组对他的评价。多年来，他是这么想的，他带领的 86 名城管执法队员也是这样做的。

新时代凝聚新气象。"城市管理应该像绣花一样精细"，这是习近平总书记对城市管理的新论述，新思想，新指导，这也是会宁城市管理工作不断追求的新方向、新目标。但自任职执法局局长时，王卓见同志就认识到，会宁的城市管理还处于探索和起步阶段，城市管理各项工作才刚刚开始，要想开创工作局面，就必须从基础性工作抓起。在开展城管执法队伍"强基础、转作风、树形象"专项行动启动会上，他说："基础不牢，地动山摇，对于一个 80 多人的集体来说，基础是指这个集体在面对困难和压力时所表现出的承受能力；是指在完成常规工作时所表现出的凝聚力、战斗力；是指单位上下每一个人所具有的集体自豪感、工作成就感、团结协作性的总和。强基础是一个能量不断蓄积的过程，是一个循序渐进的过程。"如何强基础，他做出了有益的探索。

一是建制度。他把建制度作为抓管理的突破口，细化工作岗位，明确岗位职责，找准个人定位，明确工作分工，让每一名执法人员在适合的岗位上发挥个人特长，展示个人才华，发展自我，提升自我。落实工作责任，赋予每一名执法人员职责权利，靠实责任义务，为夯实基础划出了地脚线，大家找准了定位，自然地承担起了城市管理任务，形成了"人尽其才，各尽所能"的用人局面。同时，单位考勤管理制度、车辆管理制度、绩效考核制度、领导班子及大队长科室负责人分工制度等一系列管理制度研究出台和修改完善，用制度管人管事的局面逐步形成。

二是抓培训。他把全员培训放在管理的首要位置，把开展培训做为常规性工作来抓。根据工作需要，分批组织干部到周边县区学习交流城市管理工作经验；安排科级干部参加省市城市管理工作有关专业培训；选派专业性执法人员到相关专业机构参加培训。同时，为扩大培训面，保证培训工作质量，自全国城管执法队伍"强基础、转作风、树形象"专项活动开展以来，安排单位科级干部按月主持开展全员培训，培训内容涉及理论学习、思想政治教育、法律法规、业务知识、执法实战以及行为规范培训等。培训活动的开展，使得班子政治立场不断坚定，思想认识不断提升，执法队员法律意识明显增强，整体素质明显提升。

新时代肩负新使命。"不忘初心、牢记使命"，这是做一名合格共产党员最基本的要求，也是城市管理工作的出发点和落脚点。通过对城市管理工作的不断深入认识，王卓见同志意识到，城管形象的丑化除了客观原因，主要问题在城管自身，"粗暴执法"的根源在工作作风和服务意识上，城管和群众的对立不是一天两天形成的，是日积月累的结果。如何转变作风，他带领80人的集体做出了这样的行动，也得到了应有的收获。

一是变方式。他把转变工作方式作为努力的主方向，结合会宁城市管理实际提出了"分类指导、规范管理、服务为主、有序推进"的城市管理基本思路，把商贩分成若干类，因户施策，因人施策，让管理不断规范化、合理化。具体工作中，他提出了利用城市内有限的公共资源设置临时摊位疏散点解决占道经营的主要矛盾，执法大队对城区内所有流动商贩逐步摸底登记，建立了信息档案，结合城市规划实际，先后设置临时摊位疏散点6处；他还提出了"走近商贩，走近群众"行动，提出了"三变四靠工作法"（变围追堵截为疏堵结合，变命令强迫为教育引导，变车上喊话为面对面协商；值班靠人不靠车，执法靠法不靠嘴，工作方式靠解释不靠谩骂，工作方法靠引导不靠强迫）用服务的手段解决城市管理的主要矛盾，先后组织召开了商贩座谈会、违建户座谈会、群众座谈会120多场，参会人数超过了3000人次；开通了12319城市管理服务热线，接受并查处群众举报案件180余起；向群众发放便民服务卡2000张。工作作风的转变和工作方式的创新，最终造就了城管主动联系群众、主动服务商贩的意识！

二是严纪律。纪律是红线、纪律是保障、纪律是形象、纪律是战斗力。他要求所有执法队员在执法过程中坚持"四个做到"：一是做到依照规定穿着制式服装和佩戴标志标识；

二是做到从事执法工作时主动表明身份；三是做到执法过程中坚持语言文明和举止规范；四是做到执法活动全过程记录。对不按规定统一着装、佩戴标志标识，佩戴执法设备等基本的日常行为规范的坚决清除城管队伍。另一个方面，他持续强化对工作人员规矩和意识的培养，个人要服从集体，自己带头不搞自由，不搞特殊。严的纪律就是集体规范的保障，一年来，队伍形象明显好转，凝聚力和战斗力明显增强。

新使命引领新担当。城市管理中出现任何问题，王卓见同志总是先从城管自身内部查找原因。他改变了以往开会领导讲成效，摆成绩，安排工作的惯例做法，他带头揭短亮丑，面对电视台记者，现场播放工作中因执法不当发生矛盾冲突事件的视频，把工作中的短处和问题摆出来。所有参会人员结合视频填写"执法过失情况测评表"，客观公正的谈执法过程中的过失和不足，他用这种形式教育引导大家文明执法，没有打击大家的积极性，反而倍增了避短改丑的信心和决心，比严厉批评的效果更加明显。王卓见良苦用心引导，勇于面对工作短板，敢于把"家丑"外扬，城管队员们立志改进工作作风，转变执法方式，规范执法行为，良好的外在形象就是城管最有力的宣传。会宁城管便民、利民、惠民、亲民、爱民的新形象逐步树立，会宁城管的自尊心得到质的提升，会宁城管面对舆情的应对能力全面加强。城市管理氛围彻底扭转。风雨无悔城管路，心坚如磐城管人，是城管锻炼了他，更是城管造就了他，不管多艰辛，他将无怨无悔。此时此刻，我们是不是想到了城管队员饱受风吹日晒而愈加坚毅的面庞，久经奔波劳碌而愈发鲜亮的戎装，想到了城管队员携手共同成长的日日月月，攻坚克难战斗的每时每刻。面对荣誉与肯定，他认为更是鞭策与奋进。他，肩负起新时代城市管理重任，敢为城管树形象！

抓规范　促提升　强管理　树形象

河南省濮阳市城市管理综合执法局华龙区分局　温国旗

为全面贯彻落实党的十九大精神，牢固树立以人民为中心的发展思想和为人民管理城市的工作理念，自"强基础、转作风、树形象、打造人民满意城管"专项行动以来，濮阳市城市管理综合执法局华龙区分局以"建一流班子、带一流队伍、树一流形象、创一流业绩"为目标，大力发扬忠诚、实干、担当、奉献的华龙城管精神，不断创新工作理念、规范队伍管理、贴心为民服务，努力打造一支政治坚定、作风优良、纪律严明、依法履职、廉洁务实、人民满意的新时代城市管理执法队伍。

一、夯实队伍建设强基础

一是加强班子建设，发挥引领作用

推行一线工作法，领导坚持带头巡查在一线，苦干实干在一线，解决问题在一线，营造了"一级做给一级看、一级带着一级干、一级对一级负责"的工作格局。

二是强化人员培训，提高执法水平

严格落实教育培训制度，坚持"请进来、走出去"，定期邀请市、区法律专家授课，主要针对目前城市管理工作中涉及市容市貌、违法建设以及执法程序等方面存在的重点难点问题，结合相关案例进行剖析讲解；先后组织160余人次到许昌、烟台、扬州等地参观学习，借鉴成功的城市管理经验，更好地指导城市管理工作。

三是丰富活动载体，提升队伍素质

定期组织开展演讲比赛、岗位大练兵、业务大讲坛、道德讲堂、军事化拓展训练等活动，增强了队伍的凝聚力、执行力和战斗力。

二、狠抓机制建设转作风

一是健全制度体系

全面实行行政执法责任制，结合城市管理工作面临的新形势、新特点，出台了《重大执法决定法制审核制度》《执法过错责任追究制度》《行政执法公示制度》《重大行政处罚领导集体研判制度》《行政执法全过程记录制度》等执法制度；修订完善了《财务监督

管理制度》《请销假制度》等 32 项日常管理制度；编印了《城市管理法律法规选编及相关制度》《城市管理执法队伍业务手册》《城市管理执法队员工作手册》，形成了一套有章可循、有律可依、科学规范的制度体系，促进了作风转变和工作落实，提高了执法效能。

二是深化网格管理

根据"主干道严管、次干道规范、背街小巷有序"的要求，按照属地管理原则，把分管辖区划分成 12 个责任片区和 370 个工作网格，统揽了城区内 5700 多个沿街门店和 68 条主次干道、背街小巷。同时制定了《网格化人员工作守则》《网格化管理考核办法》，所有的网格责任人都配备了《城市管理网格台账》和《城市管理巡查日志》，坚持定点执守、徒步巡查与机动巡查相结合的巡查办法，实现了城市管理的"全覆盖、无缝隙、责任明、任务清"。

三是创新工作机制

为进一步理顺工作体制，控制和查处违法建设行为，根据《中共中央国务院关于深入推进城市执法体制改革改进城市管理工作的指导意见》和《濮阳市控制和查处城中村违法建设暂行办法》（濮政〔2015〕92 号）文件要求，按照"属地管理、重心下移"的原则，站在全区城管一盘棋的高度，对全区城市管理执法力量进行重大调整，在全市率先建立了 12 个乡（镇）办、产业集聚区控制和查处违法建设联合工作站，开创了城管工作新局面。同时，为巩固文明城市创建成果，助推卫生城市复审，完善城市管理联动机制，积极探索新形势下城市管理的新思路、新方法、新途径，整合了 460 余名环卫力量，推行"城管+环卫"联合执法模式，破解了城市管理难题，提高了精细化管理水平，进一步推动城市管理的长效化、常态化。

三、强化服务意识树形象

一是畅通服务渠道

通过设置 8212319 投诉咨询电话、制作展板、悬挂宣传标语、发放宣传册，利用辖区商场、车站、广场等显著位置的电子屏，广泛宣传城市管理服务内容，网格执法人员及时与市民、沿街商户沟通，引导、教育商户文明守法经营，不断提高商户、市民对城市管理的理解、支持；同时，通过在辖区主次干道等显著位置设置网格化管理公示牌，面向社会公开网格责任中队、管理路段、联络方式等事项，加强对城市管理的宣传，畅通信息渠道，搭建了与市民沟通的"连心桥"。

二是塑造文明标兵

制定出台了城管队员《执法人员文明执法规范》《十要十不准行为规范准则》，从严禁吃拿卡要、严禁执法车辆私用、严禁威胁、辱骂、殴打相对人等十个方面进行规范，大力倡导规范执法、文明执法，并逐级签订规范执法、文明执法承诺书。同时，积极评选文明标兵，大力弘扬先进典型事迹，营造正能量的氛围，激发队伍凝聚力。

三是打造服务城管

推行"721"工作法，坚持以服务为先，定期召开"城管工作面对面"座谈会，邀请人大代表、政协委员、门店代表、媒体人员参加，广泛征求意见，虚心听取建议，积极回应群众的需求；坚持坚决惠民小事，从群众最关心的问题入手，积极主动与相关部门协调，在辖区内合理设置400余块便民贴吧、39个便民市场、开辟夏季临时瓜果疏导点43处、施划停车泊位线2000余平方米，切实方便群众生活；优化窗口服务，严格落实"首问责任""一次性告知""限时办结"制度，精简申请材料，简化审批流程，切实提升了服务质量和办事效率，做到了件件有结果，事事有回音，满意率100%，受到广大市民的一致好评，树立城管良好形象。

深入推进"强转树"行动
提升城市管理"四化"水平

湖南省株洲市城市管理和综合执法局

　　根据国家住建部、湖南省住建厅的统一部署，按照城管执法队伍"强基础、转作风、树形象"三年行动要求，株洲市牢固树立为人民管理城市的理念，认真落实习近平总书记两次在上海视察时关于城市管理的重要讲话精神，着力在城市管理科学化、智能化、精细化、规范化上下功夫，深入开展"规范执法行为年"活动，城市管理、服务和执法水平显著提升，城管队伍素质、作风、形象全面改善，工作影响不断扩大。住建部城市管理片区工作会议在我市顺利召开，株洲城管经验被大力推介。在住建部委托中国社科院发布的全国 295 个城市的城市管理执法体制改革绩效排名中，株洲市成绩优异，位居全国第 6 名、全省第 1 名。

一、夯实两大基础，提升城市管理科学化水平

（一）深入实施《条例》，夯实法治基础

　　自 3 月 1 日《株洲市城市综合管理条例》施行以来，我们始终把《条例》的学习、宣传和适用作为夯实城市管理法治基础的重要任务来抓。一是召开了动员大会，开展了一系列针对性强、精准度高的学习宣传活动：针对社会各界和广大市民，开展了《条例》"六进"宣传活动（进门店、进商户、进社区、进小区、进机关、进学校），组织了"《条例》再进门店、商户、写字楼"宣传活动，营造了良好氛围；针对机关企事业单位职工，以承办株洲市第六届职工健步行活动为契机，融入《条例》宣传主题，对全市 120 多个机关企事业单位的 6000 余名干部职工，开展了集中宣传，提升了知晓率；针对城管执法人员，组织全市城管系统 2311 人参加了大统考，开展了巡回宣讲，举办了专题培训班，极大提高了执法人员对《条例》的熟练度和掌握度。二是坚持依法执法、严格执法，突出以案示法、以案示警，有效维护了法律的权威性。截至 12 月，已适用并结案的案件 2100 余件，同比增长 75.5%，其中查处出店经营、"门前三包"、车辆违停、渣土运输等方面的案件，同比增长 10%、138%、127%、138%，城市管理违法违规现象得到有效遏制。三是健全《条例》配套体系，出台了《株洲市市政公用设施移交管理办法》《株洲市户外广告和牌匾控制规划》，制定了《株洲市户外广告设置管理办法》《株洲市城市建筑垃圾管理办法》《株洲市环卫

设施专项规划》等，制定了城管条例行政处罚裁量标准，为准确适用《条例》奠定了基础。

（二）深化城管改革，夯实体制基础

为推动城管体制改革落地见效，今年，市委、市政府把深化城管体制改革工作列入市委重点督查事项清单、市政府工作报告重点工作任务，卫国市长主持召开市编委会，剑波常务副市长、可敏副市长组织召开工作推进会，专题研究城管体制改革人员编制机构调整等工作，市委督查室牵头组织对各县市区及相关市直部门城管体制改革任务完成情况开展专项督查，下发了督查通报，有力推动城管体制改革落地见效。目前，我市城管体制改革基本完成。市本级城市管理职责、人员机构编制已于今年1月底调整到位，住建领域行政处罚权划转等重点任务已于5月底前全部到位。县市区9个县市区改革方案全部获市政府批准，并已陆续出台，城市管理职责、人员机构编制调整、行政处罚权划转、执法保障等都已基本到位。城管体制改革完成后，成效显著：一是大城管格局初步建立，城管与住建、规划、交警、公安等城市管理相关部门的联动更加频繁，协作更加紧密；二是大执法体系日益完善，厘清了各相关部门行政管理、行政执法与行政处罚的职责边界，基本消除了"九龙治水"、多头管理、交叉执法等现象；三是执法保障更加有力，各县市区在编不在岗城管队员基本归位，新增购置了执法执勤车辆或摩托车，执法记录仪上人手一台，协管员待遇得到明显提高，大部分县市区协管员与公安辅警基本持平，有的甚至超过了辅警标准。四是"城管＋公安"模式得到落实，市公安局综合管理支队与市城市管理综合执法支队执法联动机制更健全，各区公安分局治安大队与区城管执法大队执法建立了信息共享、联勤联动、案件移送等工作机制，并强化了警力配备，明确1名大队领导和1名民警专干专门负责保障城管执法工作。

二、创新两大载体，提升城市管理精细化水平

（一）开展"厕所革命"，以精品驿站彰显城市温度

我市牢固树立"小厕所、大民生；小厕所、大文明"的理念，启动了"厕所革命"，在城区新建200座、改造200座、开放200座公厕，建立"数量充足、布局合理、功能完善、管理规范、特色鲜明"的公共厕所服务体系，打造具有株洲特色的"建宁驿站"。在推进"厕所革命"中，全面落实精细化要求，突出"街两旁、江两岸、桥底下、公园里、市场中"等五个重点区域，把握"艺而不拙、华而不奢"的标准。推行驿站"站长制"和公厕"所长制"管理，出台了公厕改造导则标准，编制了管理手册、员工手册，同步开展员工培训。创新"驿站＋幸福"模式，体现"对市民的尊重"，提供基础功能的同时，突出便民服务（每个驿站均提供饮用热水、体重仪、急救药箱、手机充电、免费WIFI、公益雨伞、图书漂流角、帮助走失老人小孩寻找家人等8大服务）、便民商业（中央厨房生产的早中晚快捷卫生平价的餐食，以及面点、咖啡、豆浆、茶叶蛋等）功能，让"建宁驿站"成为党委政府为民服务"一年365天每天24小时不打烊"的直观呈现，成为文明株洲的形象窗口。目前，已建成的"建宁驿站"，以精致美观的外观、精密雅致的内饰、贴心完备的功能，处处彰显着城市的温度，赢得了广大市民的点赞和社会各界的关注。12月3日，新华社《每日电讯》刊发《湖南株洲：丈量城市温度与文明的"厕所革命"》专题报道我市"厕所革命"。

（二）健全考评体系，以精准考评拓展城市维度

为确保城市管理精细化要求落到实处，不断强化城市管理考评的作用，完善考评体系，瞄准靶向，突出重点，实施精准考评，实现了单项向多元、单一向多维的转变。在考评范围上，从最开始的只考核城市各区，到现在拓展延伸，既考核城区，也考核各县市、各市直部门，实现了城管考评的全域覆盖；在考评方式上，坚持交办督办考评常态化，有力推动工作责任落实，同时实施县（市）区城市管理"交叉考评"，对照先进找差距，推动城市管理水平全域提升；在考评结果上，除了实施考核排名奖惩，还进一步加大考核压力，设置了考核"不合格"档次，强化了考核结果运用，在全市绩效考核分值占比逐年增加。城管考评机制创新不仅荣获"中国人居环境范例奖"，也为我市成功创建并继续保持国家卫生、全国文明城市作出了积极贡献。比如，去年的国家卫生城市复审，我市获得了843.6分，在全省测评的6个城市排名第一。

三、强化两大保障，提升城市管理智能化水平

（一）完善信息系统建设

完成了市、区两级城市管理指挥监督平台建设，市一级及各（县）区均建立了城市管理数字化指挥中心，开通了12319城管热线、城管公众微信号、城管官方微博、城管APP等，城市管理智能化体系不断完善。建立了"大数据+"综合考评模式，利用数字化城管信息的数据分析，加大城管综合执法考评力度，逐步实现了网上办案、网上督查、网上勤务、网上考核。建设了"智能渣土管理平台""智慧工地视频监控系统""人行道违章停车处罚系统"等3大智能化信息平台，管理和执法手段不断创新。在全市环卫机械化作业车辆统一安装GPS定位与实时视频传播系统，对环卫机械化车辆的运行速度、运行轨迹、运行效果等进行全方位监控，系统设定机械化清洗限速6.5公里/小时，机械化冲洗限速10公里/小时，清扫保洁限速度10至15公里/小时，一旦出现超速运行或运行效果不理想等情况，系统将自动进行报警与扣分。完成了新型智能环保渣土车升级换代，开发了禁行监控功能，如车进入禁行路段，车载智能设备必须自动报警提示，且自动进入限速模式，限制车辆速度为20千米/小时，回到正常路段限速自动解除，并向中心平台报送闯禁信息；完善了路线监控功能，渣土车只能在指定的路线运输，否则有越界报警，且自动限速20千米/小时，并向平台报送越界信息；设置了锁车功能，当渣土车在执法、督查过程中出现违规或违法现象时，车载智能设备应具备语音与文字提示，并启动锁车限制功能，未解除限制功能前，

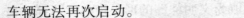

车辆无法再次启动。

（二）提高信息采集质量

信息采集质量是提升城市管理智能化水平的关键。依托数字城管平台，把城区划分为130个责任网格，将信息采集员、城管队员、环卫工人分配到相应责任网格，实行网格化、精细化管理。网格信息采集员每天24小时在网格内巡查，对城市各区和责任单位的城市管理效果进行考评，发现问题、上报问题、核实问题处置情况；从问题发现上报、确认责任单位到任务派遣，一般只需要3至5分钟即可完成，各责任单位对一般部件事件问题处置，最短不到半个小时，最长不超过一天；平台平均每天发现问题2238件，立案2090件，处理1833件。完善了《株洲市信息采集协管员管理办法》和《信息采集协管员绩效考核办法》。根据每个网格的特殊需求，完善信息采集大队相关管理制度，调整信息采集协管员作息时间，确保采集员更好地贴合城市管理工作，提高信息采集质量。创新激励手段，建立信息采集员工作绩效数据库，综合排名前30名的信息采集员，明确为后备干部储备库，在信息采集中队长竞聘中，优先在后备干部储备库中选拔，进一步提高信息采集员的工作积极性。

四、突出两大建设，提升城市管理规范化水平

（一）突出能力建设，提高执法效能

以提升干部履职能力为着力点，打造高素质专业化城管执法队伍。依托市委党校成立了城管分校，对全市120余名城管执法骨干进行了专题培训。采取"走出去、请进来"的方式，9月份组织部分业务骨干赴清华大学参加综合素养提升培训，10月份组织10个县市区城管局局长赴武汉参加《城市管理执法行为规范》宣贯班培训，先后分8批次组织城管干部参加了国家住建部干部学院组织的各类专业培训，目前正在组织部分青年干部赴南京市城管执法总队进行跟班学习。深入开展"规范执法行为年""创建规范化执法中队"活动，出台了《株洲市城市管理执法人员着装管理规定》《株洲市城管执法人员行为规范（试行）》《株洲市城市管理协管员管理办法》《关于规范执法行为严肃执法纪律的通知》等文件，不断加强城管队伍规范化建设。联合市司法局出台了《关于开展城管执法"律师驻队"工作的意见》，开展法制教育16场次，培训城管队员620余人次，代理法院强制执行案件8起，提高了案件执行率。

（二）突出作风建设，树立一流形象

把握建设新时代全域化更高水平文明城市的契机，将"强转树"三年行动与我市十大文明行动之一的"文明城管行动"，推动无缝对接、有机融合。聚焦民生热点难点，全面推行721工作法，大力开展"党员进中队"活动，组织党员进路段、进网格，打造城管"路段（网格）党建"，激励广大党员在岗位敬业担当、模范带头。发动党员主动与社区、企业加强沟通，组织"党员进社区""党员进企业"等党建共建活动，为社区或企业做好事、

办实事。开展服务对象大走访、为民服务"一对一"帮扶等主题活动，不断提升服务水平。积极开展志愿服务，成立城管志愿者协会，并通过开展"城管体验日"、开设执法网络直播等活动，组织城管青年干部拍摄以"无奋斗、不青春"为主题的抖音视频，积极引导社会各界和广大市民参与、支持城市管理工作，形成多元共治、共管共享的工作格局。加强对全市城管队伍队容风纪、文明执法情况监管和考核，队伍规范执法、文明执法意识不断增强，年内未发生一起因执法不规范、不文明引起的群众投诉和执法纠纷。突出宣传舆论引导，做到"每月有活动、每周有宣传、宣传有亮点"，选树先进典型，开展了"十佳城管队员""十佳城市美容师"等评选活动，传播城管正能量，城管队伍形象全面提升。

关于始兴县泥头车污染道路的调研报告

广东省始兴县城市管理综合行政执法大队

目前，始兴县正处于经济发展和城市建设的快速发展期，建筑工地遍地开花。一些施工工地和运输车辆的不文明行为，时常造成扬尘和道路污染，严重影响城市的市容市貌，甚至还会引发严重的交通事故。现在始兴县正处于创文巩卫的关键时期，这些不文明现象不仅破坏了城市形象，而且不利于我县创建省级文明城市。为了防治我县的道路污染，为市民创造一个干净美丽的道路环境，我单位领导高度重视，组织开展调研活动。通过实地走访，与工地负责人、相关单位工作人员的交谈，对我县泥头车污染道路的现状、原因以及危害有了更深的了解，为下一步的工作开展提供了宝贵的启示。

一、现状

1. 现阶段我县共有大大小小工地约 20 多个，主要有亿豪商贸城工地、碧桂园工地、煌宫豪庭工地、煌宫花园工地、石人嶂棚户区工地、江景苑工地、美景园工地、梧桐香岸工地、狮石下安居房工地以及若干市政工地。

2. 从我单位日常巡查记录发现，我县泥头车污染道路的频发路段主要有：迎宾大道、兴平路和丹凤路。

3. 调查发现，梧桐香岸工地以及江景苑工地还未安装洗车槽，致使工地所在路段经常发生道路污染，我单位以多次对其进行处罚。

4. 部分工地运输车辆未按要求加装盖板，出现车牌遮挡、夜间偷运、超载超速、乱闯红灯、不遵守交通规则等违法行为，造成了恶劣影响，群众对此投诉连连。

二、危害

1. 引起扬尘污染，危害身体健康：泥头车未经过清洗上路的话，会在道路上遗落大量泥土，这些泥土经过过往车辆的反复碾压，引起滚滚扬尘，而扬尘污染是空气中总悬浮颗粒物的主要污染源之一，也是 PM2.5 的来源之一。扬尘会通过鼻腔和咽喉进入肺部，引起肺功能改变、神经系统疾病，肺癌等；并通过空气传播多种流行性疾病，很多病菌、病毒正是附着在扬尘表面传染的；扬尘会降低能见度，易形成浓烟和雾，造成严重的视觉污染；

空气中灰尘、颗粒物增多容易形成降水，其中的酸性物质，可以形成酸沉降，对金属，建筑材料及文物表面具有极强的腐蚀作用。

2.超速驾驶，易造成交通事故：现实当中很多泥头车司机为了经济利益，多拉多运，屡屡肇事，闯红灯、超速、超载、逆行成风，长久以来，泥头车撞伤行人的报道屡见不鲜。在近些年来，有多少无辜的百姓因为泥头车肇事而失去了宝贵的生命，"泥头车"成为了恐怖的代名词，老百姓闻风色变，甚至发出"珍爱生命，请远离泥头车"的呼声。

3.超载运输，造成道路的塌陷：许多工地为了赶工期，完成建设任务，常常不顾车辆的规定承载量，超载运输。当这些重型泥头车长久行驶在某一道路上，长此以往会造成道路损坏、塌陷，埋下安全隐患，从城北路与永安大道交叉口道路塌陷就可见一斑，不仅损害了纳税人的利益，政府还要花人力、物力、财力进行修缮。

4.道路污染，加重了城市管理者的负担：由于工地分布广，泥头车数量众多，需要大量的人力进行巡查监管，繁重的巡查往往使城市管理者疲于奔命，加重了他们的负担；当出现大面积的道路污染后，通常需要环卫部门清理，不仅加重了环卫工人的工作量，还消耗了大量的人力物力。

三、原因

之所以造成泥头车污染道路，我认为原因有以下几点：

1.工地未按要求安装盖板、盖网或用环布固定物料，未做好运输车辆的防遗撒护措施；未在出入口设置洗车槽，未用高压水枪或其它清理设备对运输车辆进行清洁；未对工地出入口路面进行硬化。

2.许多运输从业人员知法犯法，为多挣点钱，违规超重装载渣土、沙石、建筑垃圾，超速驾驶，即便是盖篷上路，在拐弯、刹车、躲闪的时候，难免因为运载太多而造成撒漏，造成道路污染。而大部分泥头车未安装 GPS 等定位设备，加大了取证执法的难度。

3.工地负责人责任意识淡薄，无法真正意识到泥头车的危害，许多工地管理混乱，无法有效安全管理泥头车，有时为赶工程，对泥头车睁一只眼，闭一只眼。

四、建议

1.加强执法，多部门联动。城管、交警、交通运输部门、环保部门等部门应联合执法，开展专项整治活动，重点整治泥头车因封闭不到位造成所运载的泥土、砂石飘洒、遗漏等违法行为。根据泥头车行驶线路、时间等特点，在县主要路段设立检查点，重点对过路的泥头车超速超载、逆行、遗漏飘洒等扰乱交通秩序的违法行为进行检查。

2.加强管理，严格要求。泥头车应遵守以下规定：

①符合封闭要求：使用密闭或篷布包裹、袋装等封闭措施。

②车辆驾驶室两侧喷涂车属单位名称、驾驶室核载人数及核定载质量。

③车身侧面和后部应粘贴符合国家标准的车身反光标识，车身后部号牌应喷涂放大字样。

④泥头车运输不准超过行驶证上核定的载重量，装载物的长、宽、高不得违反装载要求。

⑤车辆侧面及后下部安装防护装置。

3. 硬化路面，保持整洁。施工现场应保持场容场貌整洁，场区大门口及主要道路、加工区必须做成混凝土地面，并满足车辆行驶要求。其他部位可采用不同的硬化措施，但现场地面应平整坚实，不得产生泥土和扬尘。施工现场围挡（墙）外地面，也应采取相应的硬化或绿化措施，确保干净、整洁、卫生，无扬尘和垃圾污染。

4. 完善设施，文明施工。实施封闭围挡、出入口硬地化并设置车辆冲洗设施。泥头车驶出工地，须经过施工工地出入口设置的洗车槽和车辆冲洗设备对车轮、车身进行冲洗干净，不得污染路面。泥头车运输人员应当检查车辆装载及封闭情况，运输沿途不得泄漏、洒落、飞扬。泥头车运输应当按规定的地点倾倒建筑垃圾，不得随意倾倒、堆放。泥头车运输须按照市公安交警部门的规定，在禁行时间不得在禁行范围内通行。

5. 审核资格，合格运输。土及垃圾运输车辆必须办理相关手续或委托具有垃圾运输资格的运输单位进行。采取密闭运输，车身应保持整洁，防止建筑材料、垃圾和工程渣土飞扬、洒落、流溢，严禁抛扔或随意倾倒，保证运输途中不污染城市道路和环境，对不符合要求的运输车辆和驾驶人员，严禁进场进行装运作业。

6. 专人负责，专人保洁。施工现场应保持环境卫生整洁并设专人负责，清扫前应洒水，避免扬尘污染。每天洒水 1 ~ 2 次，扬尘严重时应增加洒水次数。泥头车运输发生渣土、垃圾遗撒情况，必须及时清理。

随着始兴县经济的高速发展，未来将会有越来越多的工地进驻始兴，这给我们城市管理者带来极大的考验，只有我们时刻绷紧心中严格执法的弦，才能从根本上解决好泥头车问题，创造一个文明和谐的道路环境，维护好我们的市容市貌，增强人民群众的幸福感。

创建"京环一体化"

吉林省公主岭市城市管理行政执法局

十九大报告指出："中国特色社会主义进入了新时代"。新时代赋予新使命，新使命要有新作为。公主岭市城管局在市委、市政府的高度重视和大力推动下，深入贯彻落实党的十八大、十九大精神和习近平新时代中国特色社会主义思想，紧紧抓住建设"三带"、融入长春、富民强市发展战略机遇期，以长春—公主岭协同发展为契机，多谋民生之利、多解民生之忧，不断推动魅力岭城新发展，积极打造城市管理水平新升级。

一、深化城市管理体制改革，创建"京环一体化"模式

2017年，公主岭市城管局突破窠臼，创新管理体制改革，建立"京环一体化"模式，创造性的运用政府向社会购买服务的方式，为城市管理体制改革找到了一条市场化运营之路，推进城市管理体制迈向新境界。

公主岭市城管局与北京环境有限公司签订环卫一体化PPP项目合作协议，成立公主岭市京环环境服务有限公司，采取TOT模式（移交——运营——移交）运作。

北京环境有限公司按照国家环卫作业标准，出资购买机械设备、场地使用权，负责项目范围内道路、广场及公园清扫，弃管小区保洁，公厕清理及保洁，市区范围内河流域的垃圾清理、水面保洁，以及建筑垃圾集中清运、冬季清雪等工作。"京环"模式首先覆盖公主岭市城区，并纳入9个乡镇、4个涉农街道、22个行政村、82个自然屯；其余的11个乡镇镇区力争年底前覆盖；一两年后覆盖所有的382个行政村、3007个自然屯。清洁面积从原来的市区主次街道向背街小巷、弃管小区、河道水域延伸，实现无死角、全覆盖。

"京环一体化"模式运营以来，成果显著：

一是清扫保洁范围扩大。清扫保洁范围从市区主次街路向背街小巷、弃管小区、河道水域延伸，清扫保洁面积从330万平方米扩大到540万平方米，基本实现无死角，全覆盖。

二是机械化作业率提高。机械化清扫由一日一班增加到一日两班，有效清扫时间从每日6小时增加到每日12小时，主要街路实现机械化清扫全覆盖，次要街路机械化清扫率达到85%以上。

三是人工保洁标准提高。垃圾落地时间、小广告停留时间、果皮箱垃圾容存量等细节

性管理，标准明确，措施有效。在市区渣土运输车逐步实现全覆盖密闭运输的基础上，强化源头治理，在工地出入口安装清洗设施，开展联合执法，严禁渣土车带泥行驶，城市道路洁净度大幅度提升。

二、加强城市执法队伍建设，制定《绩效考核工作细则》

"风清则气正，气正则心齐、心齐则事成"，在新时代、新背景、新矛盾下，加强执法队伍建设是摆在城管系统面前最重要的课题，要将城管系统上下的思想和行动迅速统一到党的十九大精神上来，统到省委、市委的重大决策部署上来，戮力同心，想在一起、干在一起，奋力开创岭城管理新局面。

2018年，公主岭市城管局结合住建部"强基础、转作风、树形象"专项活动要求，破除城管系统多年来"宽松软"之弊，切实提高城市管理效能，加强执法队伍素质提升，制定了《绩效考核工作实施细则》，规范了执法行为，明确了执法标准和责任追究，极大促进管理工作实效提升。

绩效考核细则的制定实施，实现了城管系统科室、大队、基层单位全覆盖。局领导和专职督察人员每天对全系统各单位、科室、大队岗位人员工作履责情况进行考核，实行日考核、月总结、半年兑现奖罚工作机制，奖优罚劣，以绩效考核为依据，对人员进行调整。落实能者上、庸者下、平者让的选人用人导向，不搞论资排辈，重点看工作实绩，重用能干事、会干事、干成事的，让他们有位置，得实惠。

实行绩效考核标准以来，全系统从机关到基层，精神面貌、工作状态焕然一新，迟到、早退、旷工、漏岗等现象明显减少，加班加点、贪黑起早工作显著增加。一线工作人员主动放弃节假日，休息日，从清晨4点早市管理，到晚间烧烤管理，都有执法人员坚守，一线人员的平均日加班时间超过2个小时。尤其在违法建设拆除、房屋征收执行等危难险急工作中，涌现出一大批不怕苦、不怕累、敢碰硬、打胜仗的优秀干部和职工。长效管理机制进一步完善，为市区市容环境面貌常态化管理奠定了基础，树立了执法队伍的形象，取得了良好的效果。

为了始终坚持用习近平总书记新时代中国特色社会主义思想武装头脑，不断强化对城管队伍世界观、价值观、人生观、权力观、荣辱观的教育引导，在学、思、悟、践中不断提高思想觉悟、政治觉悟和理论水平，公主岭市城管局积极开展空中课堂培训5次，专项集中培训3次，培训总量1500人次，使得执法队伍的整体业务素质得到极大提高，有效促进了执法工作实效跃升。

三、创新城市治理体系机制，实施网格化管理

近几年，公主岭市城管局按照国家住建部相关标准，创建了符合本市需求的网格化城

市管理新模式，用制度化监管，网格化覆盖，为创新城市治理体系全面提档升级。

2018年，公主岭市城管局建立了网格化管理模式，有效整合现有各种资源，实现对城市管理各类日常事件、应急事件的快速处置、精确调度、督办问责及高效管理，从领导提一提动一动的被动管理向以检查考核为日常工作的主动管理转变，真正形成全市管理一盘棋，全市指挥调度一条龙的新格局，全面提高城市管理综合水平。

在外包企业方面，市城管局采取"日检查考核、月汇总计分、年总结评比"的监管模式，实行百分量化评分制度。成立考核组织，对环卫作业质量实行周检查制度，每周不少于2次，其中1次为量分考核检查，量分权重占总考核分数的30%；市环卫处对作业质量实行日检查制度，其中每周2次为量分考核检查，量分权重占总考核分数的70%。量分的考核检查要对存在问题的扣分点拍照取证，不能拍照取证的要有被考核单位指定人员在场签名确认，否则扣分无效；检查考核中发现存在的问题，及时通知服务单位整改。服务单位要在第一时间整改处置，拖延或不予整改的加倍扣分。评分共分90分以上、85～90分、80～85分、70～80分及70分以下5个档，分别对应扣除相应的服务费用。

为了实现常态化、适时性监管，公主岭市城管局采用微信、QQ等方式建立了百余人的网格化管理工作群。群里有各监察大队大队长（队员）、市容管理科相关负责人、环卫处处长、各片区片长，以及公主岭市委宣传部部长等。他们作为环境卫生的守卫者和监管者，巡查过程中一旦发现问题，便立即拍照并定位该区域的相关责任人，限时整治，并将整改结果上传工作群。群里的每个人都形成一条运动的点或线，纵横架构起网格化监管体系，实现了监管整改全覆盖。

在新时代下，公主岭市城管局不断创新改革机制，在科学化水平上，建立"京环一体化"模式，创造性的运用政府向社会购买服务的方式，为城市管理体制改革找到了一条市场化运营之路，推进城市管理体制迈向新境界。在精细化水平上，制定出台了《绩效考核工作实施细则》，全面加强执法队伍素质建设，极大促进管理工作实效提升。在智能化水平上，实施网格化管理模式，用制度化监管，网格化覆盖，全面打造城市管理水平新升级。

一座小城的蜕变

——鹤峰县城市管理局城市精细化管理的探索

湖北省鹤峰县城市管理局

习近平总书记在上海调研时强调，城市管理搞得好，社会才能稳定、经济才能发展。要着力提高城市科学化、精细化、智能化管理水平，即用"用绣花的功夫管理城市"。鹤峰县位于鄂西南边陲、恩施州东南部，地处北纬30度、东经110度的神秘交叉点，这里山奇水秀、风光旖旎、人杰地灵，是中国革命的一块红土、民族文化的一方厚土、生态完好的一片净土。由于地处偏远山区，交通不便，至今仍是一个无高速、无国道、无铁路、无机场、无航运的"五无"县，基础设施建设相对滞后，制约了城市管理水平发展。近年来，鹤峰县城市管理局紧紧围绕服务广大市民这个目标，下足"绣花功夫"，改变了以往无序、脏乱面貌，一座小城逐步蜕变。

精细保洁，提升城市品质

制定标准，完善考评体系

鹤峰县城管局环卫所按照"中卫经验"标准，对城区的主次道路详细划分为三个等级，一级道路全天清扫保洁时间达到19个小时，二级道路清扫保洁时间达到16小时，三级道路清扫保洁时间达到14小时，采取"机械清扫、人工保洁、道路冲洗、洒水压尘、巡回检查"五位一体的工作模式，按照定岗、定责、定标准、定奖罚和包路段的方式对城区主次干道实行全天候清扫保洁，实现垃圾不落地，落地垃圾及时清理。完善对环卫工人的管理考评，出台环卫工人管理办法、环卫工人管理制度等，实行严厉的奖惩制度，充分发挥其主观能动性，达到既定要求。

加大投入，提升无害化处理水平

投入大量资金，将环卫作业车辆全部更新。目前，洒水车、洗扫车等机械化作业车辆齐全，城区主次干道机械化清扫率由2014年的零到目前的80%，城区清扫保洁率达到100%。高标准建设垃圾收运体系，购置新垃圾运输车辆，在城区放置各类垃圾箱500个。加强垃圾处理设施建设。正在建设2座现代化的垃圾处理中转设施。计划投资950万元扩建鹤峰县垃圾处理场，按照"户投放、乡收集、县处理"的原则，接收处置容美镇、太平镇、燕子镇、

下坪乡、邬阳乡、中营镇共 6 个乡镇的生活垃圾。截至 2018 年底，生活垃圾处理场处置生活垃圾约 39.5 万吨，垃圾无害化处理率达 100%。

管理精细，运行规范有序

目标明晰，管理有章可循

根据环卫保洁、公厕管理、市容管控、广告管理等各方面，分别制定工作标准，明确管理目标，并严格执行。市政设施实行大摸排，城市道路、消防栓、井盖、桥梁等基本信息全面掌握，制定巡查目的，建立维修清单，确保市政完好率达 95% 以上，亮灯率保持在98% 以上。

错时执法，实现管理全覆盖

对重点部位和公共场所实施错时执法，采取定人员、定路段、定责任的方式进行管理，实现对街道两侧占道经营、马路加工、游商摊贩、车辆占道停放等问题实现全覆盖。

综合管理，全力保障管理效果

在确保常态化运行的基础上，结合重要时间节点，综合开展专项整治与联合整治全力保障市容效果。每年开展各类专项整治 10 余次，联合公安交警、运管、食药监、工商等部门执法行动 10 余次。加强户外广告管理。在对城区户外街道两侧有碍观瞻的陈旧破损广告牌匾进行集中清理的同时，加强对户外广告的审批管理。通过源头审批监管和对不规范广告的清理，进一步美化了城市空间。集中清理城市"牛皮癣"。对墙体乱贴乱画小广告进行地毯式、常态化清理。

精细建设，提升城市功能

为实现城市功能的提档省级，鹤峰县按照城市总体规划和行业专项规划确定的建设目标和任务，不断加大对城市基础设施的资金投入力度，组织实施事关城市功能完善和人居环境改善的城市基础设施项目，为实施城市精细化管理奠定了坚实基础。

加强环卫基础设施建设。分批次对城区内的公厕进行提升改造，计划到 2020 年完成城区 49 座公厕的改造提升任务，基本实现数量充分、分布合理、管理有效、服务到位、卫生环保、入厕文明的目标。

加强便民惠民设施建设。将农贸市场建设纳入城市发展规划，新建了中坝果蔬交易市场，对城南城北 2 个农贸市场进行了提升改造。设置了农副产品疏导点，为城市周边农民自产自销果蔬交易提供免费场地。

常态管理，推进"六城"同创

为努力建设"环境优美、干净整洁、畅通有序、宁静祥和、文明开放、宜居宜旅"的新城镇，

2016年8月，鹤峰县开展了为期一年的创建"优秀旅游城市""文明城市""园林城市""卫生城市""森林城市""环保模范城市"活动（简称"六城"同创）。作为卫生城市创建牵头单位，鹤峰县城管局投入了大量的人力、物力开展卫生城市创建活动，为湖北省级卫生县城的成功创建做出了应有的贡献。

打好蓝天保卫战，为争全省空气质量第一添力。加强渣土管理，严格渣土审批程序，规范渣土施工现场，加强运输途中监管，强化渣土执法工作。对渣土抛洒问题，第一时间安排人员处理，保障道路整洁。对遗撒渣土造成路面及空气污染的，进行相应的行政处罚，从源头上杜绝污染。加强对城区露天烧烤管理。对城区350家餐饮业油烟排放单位登记，对排放不达标的单位下达整改通知书，并监督安装油烟净化装置整改到位；对排放合格的单位实行常态化监督，防止问题反弹。2017年，鹤峰县空气质量综合排名位列湖北省第一。

开展河道整治，保持河面清洁。安排河道垃圾打捞人员，每天在城区河道内打捞漂浮垃圾，清理河岸白色垃圾。

创新方法，推行"721"工作法

在城管执法过程中，积极倡导"721"工作法，让70%的问题用服务手段解决，20%的问题用管理手段解决，10%的问题用执法手段解决。坚持服务理念，以维护广大人民的根本利益为出发点和落脚点，遇到问题，分析原因，了解群众需求，开展日常引导、劝导，寓执法管理于服务之中，变被动为主动，变管理为服务。每年劝导车辆乱停乱放、占道经营达上万人次。对屡教不改，危害后果大的，且管理无效后，则果断采取执法手段。

开展规范化建设，让执法真正严起来。制定《行政执法工作程序规定》《鹤峰县城市管理局执法人员着装管理规定》等规范城管执法人员文明执法的制度，规范城管执法用语、程序和行为，开展文明执法，做到执法活动"五统一"（即统一制服、统一标识、统一编号、统一证件、统一行动）。规范办案程序，严格按照《行政处罚法》规定的简易程序、一般程序和听证程序的要求进行执法办案。执法人员坚持亮证执法，认真履行告知义务，使用文明用语，规范填写城市管理行政执法文书。严格执行罚缴分离制度，加强对暂扣物品的管理。对执法人员实施严格的执法证件管理，现有执法人员的持证率为100%。由督查组对队伍日常管理情况进行督导检查。通过集中培训、岗位练兵等方式，加强法制宣传培训教育。推行"一次办好"行政审批便民服务，本单位承担的全部行政审批事项和服务事项集中到行政审批股，所有审批事项全部进入县政务服务中心城管局窗口集中办理，实行"马上办、网上办、就近办、一次办"，实现"一次办好"。

全面宣传，营造齐抓共管氛围

利用当地政府网站、电视台、"两微一端"平台持续开展城市管理工作宣传；积极参加"最美鹤峰人"评选活动，讲述城管故事；开展"今天我是环卫工"环卫体验日活动，全县领导干部带头上街体验环卫工作，切身体会环卫工作的艰辛；开展"烟头不落地·鹤峰更美丽""城管进校园·小手拉大手"活动，号召广大市民群众积极参与到城市管理工作中来；开展志愿者服务活动，在城区设立"志愿者服务站"；广播、宣传车巡回宣传城管相关法律法规，开展进机关、进乡村、进社区、进学校、进企业、进单位活动，全面宣传城管相关法律法规，提高城管法律法规知晓率。

精细化加人性化的探索

——咸丰城管不断探索新机制助力城市管理

湖北省咸丰县城市管理局

城市是人民美好生活的家园，是落实新发展理念、实现高质量发展的主要载体。改革开放的激荡浪潮，加快了城镇化步伐，城市管理工作不断转型、变革、发展。立足这一时代背景，为适应经济社会快速发展的需要，咸丰城管从探索到发展，从初创到成熟，从分散到归口管理，不断改革创新，在理念、目标、体制、方式和手段等方面发生了全方位的变化。积极践行和落实"721"工作法，以城市文明指数的提升和市民满意度为标准，以"六城同创"为抓手，以"精细化管理、人性化服务"为手段，咸丰城管人正以努力向上、认真履职、服务发展的城管精神助推城市管理，为"五个咸丰"建设做出新的贡献。

一、在机制探索上下功夫

（一）建立完善大城管工作机制

定期开展"干部职工进网格、服务群众进社区"活动。通过部门联动、市民参与、社区监督，按照每个单位负责一条街道或一个区域，每周明确一个活动主题，确保县城规划区 52 个网格实行无缝对接，以爱国卫生、文明劝导、收集民意等形式，充分发挥干部职工在城市管理中的示范引领作用。

（二）落实分片包段管理责任制

建立以城管综合服务平台为中心，以网格化管理为依托的市容管理新模式（城区路段管理责任制），成立 6 个市容中队和 1 个巡查中队，按照"大队管面、中队包片、队员包段"的工作原则，实行责任到人、绩效考核。

（三）探索市场化运营服务机制

2014 年底，城区"五沟一河"保洁清淤、垃圾处理场卫生填埋率先实行市场化服务。2015 年，城区部分路段、绕城北线清扫保洁也先后实行市场化运营。环卫作业由原来单一的清扫保洁服务，发展为果皮箱、垃圾箱收纳，垃圾中转、垃圾清运、无害化处理等环卫一体化作业模式。环卫管理由"管干一体"向"管干分离"的模式转变，环卫服务质量得到巨大提升，达到了"精简提效、强化服务"的目的。环卫设备不断改进，环卫工人的劳动强度不断减轻，城区环境更加整洁靓丽。

（四）构建部门联动综合执法机制

开展部门联合执法。与住建、环保等部门成立建筑工地巡查小组，检查在建项目 12 个，发现隐患 38 起，下达限期整改通知书 9 份。配合国土资源局、环保局对城区 5 家非煤矿山开展巡查，责令降尘除尘措施不达标的非煤矿山企业业主及时落实整改。配合食品药监局加强校园周边环境整治，对实验小学、民族中学、民族实验学校、第二实验小学、高乐山镇中、高乐山镇小、高乐山新城小学校园周边开展重点整治，基本实现校园周边无占道经营、无乱搭乱建、无乱堆乱放、无乱停乱靠等现象。与公安、国土、住建等部门开展"两违"建筑的拆除，确保底数清楚，无暴力抗法行为发生。

二、在管理手段上下功夫

（一）市容市貌秩序不断规范

一是开展重点路段、重点区域及城区出入口整治。规范城区占道、出店经营，规范流动餐车管理；加大巡查力度，落实辖区责任制，及时清除各类"牛皮癣"；严格户外广告审批程序，对城区破损、废旧广告进行拆除、清理，及时消除安全隐患。

二是加大油烟污染治理。加大城区夜宵烧烤整治，规范和取缔有烟烧烤。89 家露天烧烤店全部安装油烟净化设施，夜宵烧烤污染净化率达到 98%，城区夜宵摊点油烟污染得到有效治理。

三是开展强化粉尘渣土治理。开展建筑施工单位的备案登记，严格落实"六不开工""五不上路"原则，重点开展对沙石场、搅拌站、矿山开采等工地的监管；在城区出入口设置"散体运输材料检查点"，加强对渣土车未覆盖运输的管理；完善城区出入口冲洗措施，重点工程项目及大型工地设置冲洗槽，严禁车辆带泥上路污染城市道路。2018 年共查处未覆盖渣土运输车辆 64 起，现场整改 29 起，现场处罚 35 起。

（二）机械化作业率不断提高

加大环卫设施投入。县城区清扫保洁从"扛扫帚、抢铁锹、推板车"，靠两只手、两条腿穿街走巷收垃圾的时代，迈进了以"机械为主、人工为辅"的环卫"机械化时代"。城区保洁实行的"两洒四扫"，确保了道路清洁率达到 95%。近几年来，县人民政府先后投入专项资金购买环卫机械化设备，将城区机械清扫化率由原先的 40% 提升到 72%，提升了县城区垃圾收运处理能力，提高了城市环卫作业精细化、长效化水平，改善了环卫工人的作业环境。

（三）市政基础设施提档升级

一是积极开展厕所革命工作。为切实解决市民"如厕难"的问题，公厕建设由"纸上"落实到"地上"。2018 年，县城区新建公厕 11 座，单位对外开放公厕 35 个。

二是大力实施路灯节能改造。城市路灯照明由原来的高压钠灯照明到 LED 点光源,采用合同能源管理模式实施路灯节能改造,既节约了能源,又节省了资金。截至 2018 年,城区路灯由 1978 年的 100 来盏增至目前的 4686 盏。随着城市建设的发展,路灯已经不仅是只为人们提供照明的城市公共设施,许多路段的灯光已经开始发挥美化亮化的功能,城区楼体亮化、河道亮化日趋完善。

三是不断提升园林绿化水平。城区绿化管理从"量的增长"转向"质量齐抓"。在"量"稳步增长的基础上,抓公园绿地的均衡布局,抓园林绿化精细化管理,不断推动园林绿化建设品质的提升。2018 年底,县城区绿化面积达 3055945 平方米,绿地率提高到 32.1%,绿化覆盖率提高到 36.1%,人均公园绿地面积达到了 11.47 平方米 / 人。

四是加强城区道路维修保养。实施城区坑洼沥青路面修补 7 千多平方米,城区道路完好率达到 97%。维修市政公用设施 154 处,确保市政公用设施安全使用。

五是完善城市桥梁信息采集。加强城市桥梁管理,不断完善城市桥梁信息台账,加强对城市桥梁的巡查,开展县城区 28 座桥梁的常规、安全检测。

六是保障燃气安全稳定供应。实施老城区天然气老、旧管网升级改造,助推能源结构优化。县城区天然气用户由最初 500 余户发展到现在的民用户 29000 余户、非居民用户 400 余户,逐渐形成一个庞大的用户群。城管局严格落实安全管理责任,制定安全检查制度,积极开展安全检查及"打非治违"专项行动,确保燃气生产、经营、运输、储存各个环节安全有序。加强从业人员技能培训,修订完善应急预案,开展燃气安全应急演练。加强燃气安全宣传,通过移动、电信、电视台、城区 LED 屏幕、微信、QQ 推送安全用气信息,通过安全生产宣传月活动向市民发放宣传单、安全用气提示牌及开展燃气安全进单位、进社区、进校园等活动,加大宣传力度,确保燃气全年安全稳定供应。

(四)"两违"管控不断加强

随着县城功能日趋完善,骨架不断拓展,规划区内违章建筑、违法用地的形势依然严峻。开展"两违"清理整治是加快城市发展的必然要求,是维护绝大多数群众利益的利民之举。城管局充分认识开展"两违"清理整治工作的重要性和紧迫性,通过启动存量案件的处理、严查公职人员违规建房、严格水电气报装立户等措施,齐抓共管、形成合力,时刻保持高压态势。坚持部门联动、落实责任、属地管理的原则,协助开展乡镇两违处理。坚持依法行政,建立长效管理跟踪机制,全面防止"两违"现象反弹,逐步实现了"两违"建设的"存量递减、增量为零"。

三、在强化队伍上下功夫
(一)切实加强城市管理执法队伍建设

"风清则气正,气正则心齐,心齐则事成",在新时代、新背景、新矛盾下,加强执

法队伍建设是摆在城管系统面前最重要的课题，要将城管系统上下的思想和行动迅速统一到党的十九大精神上来，统一到县委、县政府的重大决策部署上来，戮力同心，奋力开创城市管理新局面。

一是始终坚持把政治建设放在首位，推动"两学一做""主题党日活动"、集中夜学、民主生活会等学习教育制度化常态化。深入学习贯彻党的十九大精神，始终坚持用习近平总书记新时代中国特色社会主义思想武装头脑，学深悟透、学以致用、以知促行。

二是加强纪律作风建设，以《准则》《条例》为标杆，以"八项规定"为戒尺，严格管控、防微杜渐，不断加强纪律作风建设、加强党风廉政建设，以铁的纪律打造出铁的队伍。

三是加强规范化执法建设。坚持依法行政文明执法，执法人员着装上岗，佩戴胸牌，严禁"钓鱼"执法、违规执法。优化城市管理执法队伍人员配置，执法力量向基层倾斜，加强一线执法人员年轻化、知识化、专业化建设。开展"强基础、转作风、树形象"提升行动，打造一支政治坚定、作风优良、纪律严明、执法规范、廉洁务实的执法队伍。

四是加强执法人员的培训。开展执法人员的法律法规培训，重点抓好执法人员的政治理论、法律法规知识学习和执法业务能力的培训。以全系统执法换装为契机，开展队伍集中整训，提高执法队伍的整体素质和业务水平。

（二）不断提升"和谐城管，服务发展"党建品牌创建

为认真贯彻落实全面从严治党要求，提升党的基层组织建设水平，充分发挥党员在加强城市管理中的先锋模范带头作用，不断提高基层党组织的创造力、凝聚力和战斗力。以"和谐城管，服务发展"党建品牌为依托，在城市管理综合执法大队的各中队，以"345"模式建立党小组和配置中队人员（3名中共党员+4名退伍军人+5名普通队员）；局机关6个股室联系二级单位5个党小组，按照"六有"建设标准，围绕县城市容环境整治、干部作风建设、优化发展环境、项目建设推动等中心工作、重点工作，切实发挥党小组作用，不断扩大党建工作的覆盖面，提升党建工作的影响力，发挥党建工作的实效性。

从纯白色、黄色、橄榄绿到天空蓝，咸丰城市管理在改革发展中坚守"人民城管为人民"的初心，牢记责任和使命，与时代变迁发展同频共振、同向而行，足音铿锵！以不断满足人们美好生活愿望，不断提高服务水平为己任，拓展城市思维，创新管理理念，与市民和谐相处、共同提升，不负众望！成绩来之不易，荣誉属于过去，咸丰城管将以崭新的面貌，展现新作为、服务新时代，走在改革开放再出发的宏伟征程上！

提升人居环境质量
从城乡管理向城乡治理迈进

云南省个旧市城市管理综合行政执法局

"城在山中，湖在城中；青山映碧水，湖畔是人家；万紫千红花不谢，冬暖夏凉四季春。"这是地处祖国西南边陲的古矿新城、名闻遐迩的世界锡都——个旧市给人的印象。

经过几代锡都建设者的努力，使得和谐的生态环境与发达的工业文明并存，个旧市先后荣获"国家卫生城市""全国文化先进市""全国城市环境综合整治优秀城市""中国人居环境范例奖""云南省园林城市""中国特色魅力城市"等殊荣，成为一座绿色之城、精致之城、宜居之城。

一、主要做法

提升城市人居环境是维护群众切身利益的迫切需要，是全面建成小康社会的重要内容，是发展全域旅游、促进开放合作，提升区域综合竞争力的重要举措。从 2016 年下半年开始，在个旧市委、市政府的重视、关心和大力支持下，下达了《个旧市提升城乡人居环境五年行动计划》（2016~2020 年），根据上级有关部门的指示和要求，个旧市城市管理综合行政执法局全面展开关于提升城乡人居环境行动，从城乡管理向城乡治理迈进的行动计划工作，以建设"诗意个旧，人文锡都"为主题，以城乡规划为引领，以提升居民生活品质为核心，坚持政府主导、社会参与，以更高的标准、更大的力度、更硬的措施，先后对全市范围内占道经营进行集中整治；疏堵结合，将永胜街临时市场搬迁至鄢棚综合市场；对全市电话亭、报刊亭等进行拆除；对违法违规建筑进行拆除；对工地扬尘及渣土进行整治；集中清理户外小广告和破损布标、标识标牌等工作。

二、取得的成效

在整个全面展开关于提升城乡人居环境行动，从城乡管理向城乡治理迈进的行动计划工作中，市综合执法局以及政府相关职能部门的全体工作人员，团结一心，通力合作，协同配合。

大家任劳任怨，心往一处想，劲往一处使，依据和遵循有关法律法规，耐心细致地做

好说服、引导、疏导等工作，在各有关职能部门的协同配合下，通过市综合执法局全体工作人员的尽心竭力、努力奋战，此项工作取得了较为可喜的成绩，同时也获得了一些经验和启示。

1. 加强组织领导

成立了个旧市提升城乡人居环境行动领导小组，负责全市城乡人居环境提升行动的统筹协调工作，领导小组下设办公室在市住建局。各乡（镇、区）处、各有关部门成立了相应的组织领导机构，为提升城乡人居环境五年行动计划的顺利开展提供了组织保障。

2. 明确工作责任

各级各部门牢固树立"一盘棋"思想，按照党政同责的要求，党政"一把手"亲自部署、亲自抓落实，各司其职、密切配合。领导小组立即开展城乡人居环境现状调查，研究制定推进行动计划的具体措施方案，进一步细化要求、量化指标；乡（镇、区）处、建制村根据分二和工作任务，紧密结合实际，充分发挥基层组织在城乡人居环境提升中的作用，做好具体实施工作。

3. 强化规划引领

完善城市总体规划、专项规划、控制性详细规划和村庄规划，确保规划的权威性、严肃性和连续性，形成一张蓝图干到底的规划管理机制。加快供水、污水处理、垃圾收运、基础设施、公共服务设施等专项规划向周边农村延伸，提高规划设计水平，促进"多规合一"，逐步形成城乡一体、配套齐全、科学实用的空间规划体系。

4. 坚持依法行政

严格执行有关法律法规，加快有关领域地方性法规制度建设，使城乡人居环境提升行动有法可依、有章可循。健全依法决策机制，严格遵循重大行政决策法定程序。积极稳妥实施城乡执法体制改革，推动执法重心下移和执法属地化，构建权责明晰、服务为先、执法规范、安全有序的管理体制，确保公正、规范、文明执法。

5. 加强宣传引导

充分发挥电视、报纸、广播、网络等媒体的作用，采取专栏报道、发放资料、政策解读等方式，加大城乡人居环境提升行动的宣传力度，提高公民素质，宣传提升城乡人居环境的好经验、好做法，充分调动社会各界参与城乡人居环境提升行动的积极性、主动性，营造良好的社会氛围。

6. 强化监督检查验收

将有关工作纳入工作纪律检查和重点督查范围，压实责任、强化问责，形成"纵到底、横到边、全覆盖、无缝隙"的责任体系。市住建局会同市委督查室、市政府督查室和市级有关部门制定考核验收标准，定期组织开展专项检查。对工作不力、进度缓慢的，追究相关单位和责任人的责任。

三、亮点回顾——整治进行时

（一）联合执法，杜绝占道经营

长期以来，个旧市新街路段、供销社路段、百邦市场路段等占道经营、车辆乱停乱放现象屡禁不止，导致该路段时常拥堵，沿途烂菜叶、塑料袋、瓜果皮等垃圾随处可见，既影响市容市貌，又给市民出行带来不便。

为进一步使我市市容整洁有序、确保道路畅通，为整治占道经营这一"顽疾"，针对占道经营及流动摊贩屡禁不止情况，加大巡查力度，建立长效机制，对市区内占道经营进行整治，经过不懈努力，共取缔整治占道经营户5100户。同时对新街夜市进行集中整治，现在，新街夜市已无占道经营现象。而在百邦市场路段，通过耐心、细致的工作，执法人员共劝退占道经营者1000余户，经整治过的道路变得干净、畅通无阻。通过集中不断的整治，个旧市城区主路上现已无占道经营现象，疏堵结合，引摊入市，引导摊贩进入指定的市场内进行经营，市容环境和卫生得到了极大改善。

为改善个旧的城市容貌，推进城市文明建设，个旧市综合执法局全面开展邮电巷供销社路段临时摊位专项整治行动。通过"排查、告知、拖移"等方式，执法队员对供销社周边临时流动摊点进行全面整治，对告知后仍未主动处理的，作强制拖移处理。同时采用疏堵结合的方法，清理路段上的零散摊贩，集中到新街市场规划区内经营，不仅化解了交通的拥堵，也保证了群众和摊主的需求。

执法人员共清理规范各类小摊贩500余个。清理整治行动让部分被长期占用的人行道显露原貌，有效地改善了城市面貌，受到广大市民好评。其后，个旧市综合执法局还专门抽调执法人员早晚轮流值班监护，防止临时摊位反弹。

（二）疏堵结合，收获市民点赞

在个旧市城区，蔬菜水果批发和流动摊点、百货小商品零售及饮食摊点较为分散，而且经营者大多是下岗失业人员和城市中低收入者。既要还路于民、美化城市环境，又要解决就业、维护社会和谐稳定，这才是个旧市委、市政府开展专项整治行动的初衷。

为了解决流动摊贩的后顾之忧，指定了鄢棚商品综合市场，并致力打造成个旧最具规模、最富影响力、最能满足市场需求的规范化、专业化、一体化综合市场。在流动摊贩占道经营现象绝迹的同时，鄢棚商品综合市场也迎来了流动摊贩入驻小高潮。为进一步整顿和规范市场秩序，永胜街原临时市场整体搬迁至鄢棚综合市场内经营。为引导经营户顺利搬入鄢棚综合市场，执法队员积极疏导，加大巡查力度，对在街面上占道经营的摊位进行全面整治，督促其改正违法行为，同时对拒不改正的违法摊位按照相关法律法规依法取缔；对影响通行而随意停放的车辆及时清理；对市场内的摊点要求其按照指定位置摆设，规范经营，鄢棚综合市场摊位搬迁工作顺利完成，市场内经营户开始正常营业。

（三）提升市容环境，电话亭集体"退役"

"公共电话亭曾经是重要的街头便民设施，但随着手机普及，电话亭逐渐"落寞"。不仅长年空置，还成为张贴小广告和堆放垃圾的场所。为深入开展全市提升城乡人居环境行动，全面落实城乡违法违规建筑治理专项整治工作。2016年11月初，市规划局对建成区的电话亭等违法违规建筑进行摸底调查。通过统计，全市共有电话亭、报刊亭、临时棚53间。市规划局向被拆除户送达限期拆除通知书。市执法局联合各职能部门对市区内的电话亭等违法违规建筑进行依法拆除，从建设路鄢棚综合市场门口开始实施此次拆违行动。

（四）拆除"两违"建筑，构建美丽家园

按照"严控增量、消化存量"的整治工作原则，为遏制新增违法建筑，进一步加大对全市规划区巡查、重点区域经常查巡查机制，有效控制增量，整治存量，健全完善城市建房规划建设许可和农村建房规划建设许可办理管理制度，达到严控城乡违法违规建筑增量。

个旧市政府对辖区内违法违规建筑21.3917万平方米的违法建筑进行了拆除。市城乡违法违规建筑治理行动工作领导小组牵头组织，市综合行政执法局、规划局、国土局、公安局、乡镇等多部门配合，对辖区内1037处违法建筑进行了强制拆除。截至2018年6月底，共拆除违法建筑17.996万平方米，违法违规建筑治理进度84.12%。通过强拆行动，对周边群众起到了"拆除一片、震慑一片"的效果，有效遏制了违法建筑的蔓延。

（五）工地扬尘渣土整治，让群众洁净呼吸

为贯彻执行市提升城乡环境行动公路运输（泼洒）专项整治工作会议精神，全面加快个旧市城乡人居环境提升整治工作，实现建筑工地环境卫生制度化、精细化、长效化管理，市综合执法局加大力度，积极开展建筑工地扬尘污染专项整治工作。

市综合执法局采取每天巡查、专人负责、一日一上报的工作机制加大监管力度。在开展日常巡查的同时，对辖区工地扬尘防治工作进行督导，并对存在问题的工地进行复查，做到发现问题及时督促整改；加强夜间扬尘管理，实行夜班值班制度（晚19：00—23：00），对全市工地、道路的扬尘情况进行巡查，对乱倒建筑垃圾、夜间违规使用不符合标准的车辆进行建筑垃圾运输、施工工地不落实扬尘防治要求而进行施工等情况进行查处。下一步，个旧市城市管理综合行政执法局将继续加强巡查力度，加大对工地、道路、车辆的监管，总结先进经验，完善执法制度，对造成扬尘污染的行为严厉打击、严管重罚，坚决抑制扬尘污染。

（六）清理户外小广告，助力创建文明城

长期以来，个旧市随处可见违规设置的广告标识标牌，一直屡禁不绝，这些城市"牛皮癣"严重影响了美丽锡都的形象。市政府常务会议讨论通过了《个旧市信息类户外广告整治方案》，并召开了户外信息类广告发布与治理项目评审会，并通过招标进行公开比选，采用小广告治理市场化运作模式，充分利用小广告公司专业化管理的优势，加大小广告治

理的工作力度，遵循"谁受益、谁付费"的市场原则，可以省去地方财政开支、省去职能部门日常人力、物力管理和经费开支。

宜良卓星投资咨询有限公司和个旧市综合执法局队员积极配合，40天内对个旧市城建区内主次干道和各小区入口等高五米范围内的违章户外信息类广告全部进行清理，做到常态化巡查和清理工作，确保个旧市城区内户外信息类广告发布合法有序，且做到违章户外信息类广告粘贴、喷涂不反弹。

同时，根据《个旧市信息类户外广告整治方案》的要求，个旧市综合执法局对全市户外信息类过期广告发布栏进行了集中取缔清除。为切实有效地解决这一突出问题，个旧市综合执法局联合宜良卓星投资有限公司对全市所有破损、过期的户外广告标识标牌进行了彻底的清除。全市120处，共317块过期户外广告及标识标牌已全部清除干净。

五、下一步工作打算及措施

1. 加强宣传引导

进一步充分发挥电视、报纸、广播、网络等媒体的作用，采取专栏报道、发放资料、政策解读等方式，加大城乡人居环境提升行动的宣传力度，提高公民素质，宣传提升城乡人居环境的好经验、好做法，充分调动社会各界参与城乡人居环境提升行动的积极性、主动性，营造良好的社会氛围。

2. 坚持依法行政

严格执行有关法律法规，加快有关领域地方性法规制度建设，使城乡人居环境提升行动有法可依、有章可循。健全依法决策机制，严格遵循重大行政决策法定程序。积极稳妥实施城市执法体制改革，推动执法重心下移和执法属地化，构建权责明晰、服务为先、执法规范、安全有序的管理体制，确保公正、规范、文明执法。

3. 治理市容环境乱象

结合智慧城市建设，加快数字城管建设步伐，推动数字城管平台和治安视频监控系统的互联互通和共享共建。按照"健全机制、集中整治，条块结合、辖区负责，突出重点、全面覆盖"的原则，依法治理占道经营、乱摆乱放、乱贴乱画、乱吐乱扔、乱排乱倒、乱搭乱建等多年来积攒的城市乱象，加强社会治安综合治理。定期开展市容环境乱象综合整治行动，对重点地区、重点部位开展拉网式清理。

创新管理　真抓实干
奋力开创城市管理新局面

河南省平顶山市卫东区城市管理执法局

平顶山，一座因煤而兴，因煤而落寞的城市，近年来处于经济转型发展期，城市建设和管理也相对滞后。卫东区城管执法局在这样的局面下，克服种种困难，创新管理，真抓实干，以习近平新时代中国特色社会主义思想为指导，深入贯彻落实中央城市工作会议精神，将城管工作置身于十九大勾画的新蓝图、新目标中去，坚持体制创新与工作创新"双轮驱动"，积极寻找新机遇、新路径、新办法，坚持全面从严治党，坚持纪挺法前，坚决落实"两个责任"，强化监督执纪问责，狠抓执法管理和队伍建设，推动工作向纵深发展，城市综合管理效能和整体管理水平得到有效提升。

创新管理方式，实现新的作为

近年来，随着车辆增多，车辆乱停乱放、停车难等已成为热点问题，多次被市民投诉。为规范停车秩序，缓解辖区停车难问题，卫东区城管执法局通过对辖区的公共停车场、专用停车场和临时停车场资源进行摸排，探索实施经营性停车场备案制，最大限度开发、挖掘新停车资源。2018年12月6日上午，卫东区城管执法局局长贾若愚将编号为0001号的《公共停车场备案证书》颁发给了平顶山新天使物业有限责任公司安保部部长武钢。这是卫东区颁发的首张停车场备案证书。备案证书是企业合法经营停车场的依据，同时，这也拉开了卫东区缓解辖区停车难问题的治理大幕。

作为停车场建设管理职责的履行者，近日，卫东区城管执法局还与平顶山兴城城市公用设施服务有限公司签订了《临时停车场委托投资建设管理协议》，由该公司出资70多万元，在新华路立交桥下建设一处有近百个停车位、无人看管的智能化停车场，方便市民停车。相信过不了多久，在区委区政府的指导帮助下，区城管执法局采取的种种举措将大大缓解停车难问题。

结合城管体制改革，实现工作方式转变。首先，在小广告治理上，率先在全市引入市场化运作机制，把小广告治理工作交由专门的清理公司管理，全面提高城市管理工作的质量和效率；建立数字化城市管理平台，探索"互联网＋城市管理"的工作方式，充分发挥数字城管晴雨表和风向标作用，科学分析城市管理案件上报和处置数据，及时总结城市管理问题发生规律和解决办法，为城市管理提供决策参考；依托数字化管理平台，全面推行网格化城市管理机制。把管理范围按片区、街道、路段合理划分，采取"局领导包片、执法中队包街道、执法人员包路段"的管理模式，将市容大队管理区域划分为六个大网格，大网格内按路段划分小网格，每个网格固定网格长、网格员、监督员，按照属地管理、分级负责和谁管理谁负责原则，定岗、定责落实到人，实现管理无缝隙、全覆盖，不留死角，不留盲区。

加强日常监管，净化市容环境

为净化城市空间，提升城市"颜值"，打造干净整洁、规范有序的市容环境，区城管执法局多管齐下，全面加强市容环境治理工作。

坚持常态管理，整治占道经营。采取"网格化+集中制"的治理模式，灵活运用无缝交接、错时管理、定点管理、专车盯守等措施，全员延时执法，周末节假日值班，重点整治建设路、开源路、新华路、矿工路、优越路等重点路段的出店经营和流动商贩占道经营突出问题，联合相关单位，常态化整治取缔水果、小吃、针织等占道经营行为及沿街门前堆放吊挂行为。同时，加大商业区及医院、学校等周边区域治理。

开展"回头看"行动，违规广告再清零。结合平顶山市街景整治活动，积极开展户外广告整治"回头看"行动。首先加强巡查力度，及时清理规范城区主次干道两侧商业门店门头牌匾，对存在安全隐患、陈旧破损、影响市容市貌的户外广告牌匾进行清理拆除。其次对辖区内进行全面排查，对新增违规设置的户外广告业主下发《限期拆除通知书》，责令其自行拆除，对拒不拆除的，区城管执法局依法进行强制拆除。

强化部门合力，整治违停非机动车。加大对非机动车乱停乱放现象严重区域的巡查力度和密度，市容各中队坚持每天上下午定时联合执法，对不按规定停放的非机动车，采取现场教育查纠、规范摆放、暂扣拖离等方式进行规范，并在建设路神马帘子布厂门口及万达广场门口指派人员定点值守，确保整治效果不反弹。

全力配合，协同做好双违、双拆工作。抽调专人专车多次配合双违办及东高皇、鸿鹰、五一等街道做好违章建筑拆除和拆迁工作，较好完成"双拆"与市督导的联络工作。

建设过硬队伍，搞好廉政建设

"风清则气正，气正则心齐、心齐则事成"，在新时代、新背景、新矛盾下，加强执法队伍建设是摆在城管系统面前最重要的课题，要将城管系统上下的思想和行动迅速统一到党的十九大精神上来，统一到省、市、区委的重大决策部署上来，戮力同心，想在一起、干在一起，奋力开创城市管理新局面。

坚持把政治建设放在首位。制定科学详实的学习规划，严格督促落实，并利用每周上党课时间，班子成员轮流带领党员干部学党章党规，学法律法规，推动"两学一做"学习教育制度化常态化；深入学习贯彻党的十九大精神，在"学懂""弄通""做实"上多下功夫，认真开展"不忘初心、牢记使命"主题教育，切实强化党性修养，坚定理想信念，筑牢信仰之基、补足精神之钙；始终坚持用习近平新时代中国特色社会主义思想武装头脑，不断强化对城管人世界观、价值观、人生观、权力观、荣辱观的教育引导，在学、思、悟、践中不断提高思想觉悟、政治觉悟和理论水平，切实转变党员干部的工作作风和工作面貌，努力形成自觉守纪律、讲规矩的政治氛围。

坚持把纪律挺在前面。习近平总书记反复强调纪律和规矩意识，要加强纪律作风建设、严格落实管党治党主体责任，对照本单位及各级党组织要求，以城管系统"强转树"专项行动为抓手，以党内生活锻炼为平台，以《准则》《条例》为标杆，注重小节、抓早抓小、严格管控、防微杜渐，不断磨砺党性，不断加强纪律作风建设、强化党风廉政建设，以铁的纪律打造出铁的队伍。坚持局领导带班督导机制，采用明察和暗访、定期督查与不定期抽查方式，坚决治理迟到早退、纪律松懈、自由散漫、擅离职守等行为，规范报账审批程序、"三公"经费和公车使用情况，切实做到对违纪违法行为"零容忍"，充分发挥问责一个，教育一群，惩处一个，震慑一片的作用。

坚持把监督落到实处。为树立执法队伍廉洁自律、秉公执法形象，经常性地教育执法队员严格贯彻执行中央、省、市以及本局制定的各项规章制度，以"八项规定"为戒尺，深入贯彻落实从严治党新要求，坚决查处吃、拿、卡、要、以权谋私等违纪违法行为，提高广大执法人员遵纪守法、拒腐防变能力。通过向社会公布监督电话，设立意见箱，自觉接受社会各界的监督，促进执法队员规范、文明执法，树立城管执法队伍良好形象。

培养为民意识，构造和谐城管

"感谢城管执法局的同志帮助我们排忧解难，是你们的帮助让我们在困难中看到希望，真不知道咋感谢你们好。"看着自家滞销的萝卜顺利卸货，平顶山市郏县安良镇肖河村的杨自伟、杨付顺激动地说。

近日，平顶山晚报报道了郏县、叶县等地萝卜、白菜大丰收却遭遇销售"寒冬"的消息，社会各界广泛关注。卫东区城管执法局局长贾若愚得知情况后，立即召开领导班子成员会，经研究后，向全局职工发出倡议，自愿认购萝卜奉献爱心。该局138名正式职工，通过微信红包，用筹得的钱购买"爱心萝卜"。在记者的牵线搭桥下，和郏县菜农杨自伟联系后，认购了1.1万斤萝卜。在萝卜发放现场，该局办公室主任赵亚东介绍，经提前协商，这些萝卜都被分装进编织袋里，每袋约72斤，共152袋。每位职工一袋，有的人认购更多。贾若愚一个人购买了5袋。他笑着说，自己吃不完就送给亲戚朋友，尽自己一份力帮菜农渡难关。

购买"爱心萝卜"只是卫东区城管执法局献爱心活动的一个缩影。近年来，卫东区城管执法局一直以文化活动为凝聚点，热心公益，扶危济困。成立了志愿者服务队、党员服务队，开展节假日进社区和敬老院做义工、向贫困地区学校捐款捐书、帮扶困难职工和社区贫困人员等志愿者服务活动，并在全局开展了"文明执法""文明旅游""文明餐桌""文明交通"等主题实践活动。通过一系列活动的开展，卫东区城管执法局涌现出了一批如"青年楷模"李小兵、"城管老黄牛"丁仁举、"爱岗敬业模范"樊双印、"执法标兵"叶秀占、"任劳任怨模范"姚宗元、"助人为乐模范"赵亚珍等先进人物典型。2017 年，卫东区城管执法局还被平顶山市总工会授予"市五一劳动奖状"。这是卫东区获此殊荣的唯一一家机关事业单位，也是卫东区城管执法局首次获得该项荣誉。荣誉的获得，体现了市区两级政府对卫东区城管执法局积极履责、主动作为的鼓励和鞭策，体现了卫东城管严管队伍、提升素质的不懈努力和追求，更体现了社会各界对卫东城管执法为民、重塑形象的肯定和支持。

"秉承以民为本，以民为先的理念，要心存服务之念，力行服务之举，要带着感情去做好执法管理工作，改进工作方法，努力化解矛盾。"贾若愚说。针对市民群众对城市管理工作的不了解、不支持的问题，大力开展行之有效的宣传活动，主动邀约座谈、讨论，听取商户对执法人员的日常纠章程序及管理标准等相关问题的反馈，共同协商可行性解决办法，提升城管执法的亲和力、说服力，缓解管理与被管理的矛盾。同时注重利用新闻媒体宣传有关法律法规、经验介绍和先进人物典型，大力宣传城市管理政策、法规和便民措施，针对执法与管理衔接中的"裂痕"问题，建立健全无缝对接机制，促进文明执法、和谐执法。

党建促管理 实干创未来

——水富城市管理工作侧记

云南省水富市城市管理综合执法局

2018 年，是贯彻党的十九大精神的开局之年，是改革开放四十周年，是水富市"港城园"发展思路的确立，推动新一轮城市总体规划修编的启动，保障人居环境提升行动开展的重要一年。

在水富市委市政府领导下，水富市城市管理综合执法局坚持以人民为中心，提升城市管理水平，积极服务新时代，展现新作为。

一、积极探索"党建+"模式

认真学习贯彻落实党的十九大精神，进一步深化"两学一做"学习教育，以党建为引领，相继推出"党建＋环卫"、"党建＋秩序"和"党建＋园林绿化"，始终把党建工作融入城市管理工作全过程。

（一）不断巩固"党建+"思想政治基础

通过一系列主题鲜明、内容丰富、形式多样、务实有效的学习活动，全面学习贯彻习近平新时代中国特色社会主义思想和党的十九大精神，树牢"四个意识"，坚定"四个自信"，确保城市管理工作始终沿着正确的政治方向前进。

（二）加强学习培训

持续深入学习贯彻党的十九大精神，坚持法宣在线学习和理论中心组学习、业务知识专业培训学习、交流研讨活动等；推进"参与式"教育培训，深入开展案例式、情景式、辩论式、答疑式、观摩式教育培训，增强学习教育培训的开放性、互动性和实效性，打造"政治坚定、作风优良、纪律严明、廉洁务实"的城管队伍。

（三）开展系列"党建+"行动

落实住房城乡建设部关于全国城市管理执法队伍"强基础、转作风、树形象"专项行动方案，组织和动员干部职工积极参与系列"党建＋"行动（如"城管＋社区"联合整治高滩新区"脏乱差"、开展背街小巷集中整治行动、全面整治城区街道环境秩序、开展城市服务三题活动等），提高了城市管理队伍的政治素质、业务水平和服务水平。

二、围绕中心，服务大局，助推城市管理新作为

（一）全面治理城市市容市貌

一是推进货运车辆入城管理工作（与交警大队、运管分局联合执法），从源头上严控车辆抛洒滴漏。二是联合环保、市场监管等部门开展油烟污染治理工作，减少烧烤油烟对城市大气污染，减少烧烤残留物对城市地面的污染。三是坚持环卫工作督查及检查考核工作，采取定期和不定期的方式对城市环境卫生清扫保洁、生活垃圾收集清运和街道冲洗情况进行检查和考核；加大对城区工地管理，严格规范建筑垃圾、工程渣土清运、处理环节，建立完善城区工地动态管理台账，与建筑工地签订文明施工承诺书，确保城市环境卫生质量稳中有升。四是开展占道治理，确保城市整洁通畅。以农贸市场周边、公园、广场、校园周边、人行天桥等城区占道经营重点区域为治理目标，多批次开展专项治理行动；坚持治理与美化的原则，在云天化学校西大门、菜市场口摆放花箱，在沙坪天桥、育才路设置简易座椅，在北大门公园、云升广场安装挡车桩等方式治理城市占道。

（二）实施网格管理，逐步走向精细化

依托社区、社会综合治理等网格，逐步融入城市管理相关内容，使城市网格中的事务均有部门管，有人抓，逐步形成常态，从而达到精细化。在本年度"创文"工作网格中将全市机关单位安排进入各个单元格，我们就将自身网格与这些单元格有机结合，联系协调各部门共同做好管理工作，从而有效保证各区域秩序井然、环境干净，形成了齐抓共管的常态。

（三）推进背街小巷综合治理，提升人居环境

坚持把背街小巷整治工作作为改善居民生活质量、提升城市发展水平的重要举措，以"硬化、绿化、美化、亮化"为重点，强化措施，科学部署，加大力度，深入开展背街小巷整治工作。

（四）完善市政设施，夯实城市管理工作基础

一是完善环卫设施，增添果皮箱，保障城市卫生质量。二是及时维修维护公园广场等公共场所设施设备，确保市政设施功能完好方便群众。三是推进"公厕革命"工作，提升广大人民群众的生活环境。

（五）整合资源，促进管理，提升服务

我局于2015年整合改造升级收费平台，居民可一并缴纳水费、生活垃圾清运处置费、污水处理费，从而提升服务水平，方便群众。对于拒绝缴纳生活垃圾清运处置费的单位和个人，我们严格按照行政处罚程序，依法收取城市生活垃圾清运处置费。另外，针对城市广告位垃圾箱和指路牌陈旧破损问题，我们积极引进社会力量参与解决，大大改善了城市家居的形象，提升了城市品位。

（六）坚持宣传引导，动员大众参与

我局注重城市管理宣传工作，通过开展一系列的"强基础 转作风 树形象"行动（如改造提升公园广场、抢险救灾、服务赛事会展、维修维护市政设施、城市亮化、绿化、美化等），展示城管部门为民办好事、办实事的良好风貌。通过全方位多角度宣传城市管理工作，让更多人理解、支持、并参与城市管理工作，群众对城市管理工作的满意度不断攀升。

（七）参与全市中心工作

一是积极参与国家文明县城、国家卫生县城、长安杯、园林城市的创建和巩固工作。二是积极为水富市举办赛事等活动开展服务工作（中国·金沙江奇石艺术博览会、云南·水富国际半程马拉松赛等），保障城市环境卫生优良形象。三是积极参与"挂包帮转走访"扶贫工作。动员干部职工投身精准扶贫精准脱贫，发挥自身优势，广泛开展送温暖、送爱心、扶贫助困等公益活动，积极为困难群众做好事、办实事、解难事，助推打赢脱贫攻坚战。四是积极参与非洲猪瘟疫情防控工作，及时召开会议，安排部署泔水集中收运处理工作。入店发放宣传非洲猪瘟防控明白卡，耐心细致地讲解泔水集中收运处理的重要性和必要性，提高店主的认识，引导其积极配合参与到防控工作来。

三、心系百姓，服务群众，积极开展城市管理工作

（一）坚持源头治理，变管理为服务

近年来，我局积极践行"721"工作法，坚持每周步巡，坚持上门服务，组织召开夜宵行业、洗车行业、铝合金行业、施工企业、运输企业等行业规范经营会议，进一步听取群众意见建议，共商城市管理之策，不断完善城市管理和服务措施，从源头预防和减少违法违规行为。

（二）坚持以人为本，关注弱势群体

随着城镇化进城加快，城市人口不断增加，每个城市都会有一些人靠摆摊设点来解决生计、填饱肚子。如果不加强管理，大量的违章占道经营会破坏城市的良好秩序和整体环境，影响城市的形象，一味地驱赶、封堵，单纯地取缔，就会激化矛盾，势必影响群众的肚子，影响到社会和谐。实践中，我们坚持用弱势思维，将心比心，设身处地为弱势群体着想，积极为生活困难的残疾人、返乡农民工、低保户提供力所能及的帮助，帮助他们解决就业谋生问题。

（三）坚持治理与创新，促进齐抓共管

一是发挥市场作用，吸引社会力量和社会资本参与城市管理，目前，在城市管理领域推行了环卫保洁市场化工作，下步我们将在市政维护、城区园林绿化等方面逐步加大购买服务力度。二是抓住创建"省级文明城市"契机，结合城区各类平台，实施网格化管理，将城市管理、社会管理和公共服务事项纳入网格化管理，将全县机关单位纳入不同的网格，共同进行社会事务管理。

（四）忠于职守，服务为先，展现城管队伍新形象

一是加强城管执法服务宣传，拓宽社情民意反映渠道。通过保障绝大数居民利益筑牢群众基石、扩大城管执法服务群众正面影响力，营造社区遵纪守法、维护社区绿色有序环境氛围。二是重点加强巡查力度，及时解决群众关注的热点难点问题，保证设备设施的维修及时率及综合完好率达到标准。

下一步，我们将紧紧围绕创建省级文明城市、坚持"港园城"三位一体定位等全市的中心工作和重点部署，按照市委政府的部署要求，保持劲头不松、力度不减，切实履行好城市管理部门职责，为着力推动水富市经济社会发展实现新跨越提供优良的城市环境。

工作数字化 服务人性化
探索城市治理新模式 提升人民群众满意度

湖南省湘阴县城市管理行政执法局 邓一柱

习近平总书记在党的十九大报告中指出"提高保障和改善民生水平，加强和创新社会治理，打造共建共治共享的社会治理格局"，为新时代加强和创新城市治理工作指明了方向，提供了遵循。

湘阴县是晚清"中兴名臣"左宗棠故里，隶属岳阳，紧邻省会长沙，县城距长沙中心城区 38 公里，处"长株潭城市群"半小时经济圈。县城建成区面积 30 平方千米，总人口 22 万人，是全国卫生县城、省级文明县城和园林县城。去年来，湘阴县城市管理行政执法局扎实推进城管体制机制改革，积极探索城市治理新模式，城市管理由"被动应付、粗放管理"向"科学治理、齐抓共管"转变，实现了精细化、实时化、动态化、常态化治理，人民群众满意度大幅提升。

一、"数字城管"开启城市治理新模式

率先在全市建成"数字城管"系统，统筹推进智慧城管建设，着力打造"现代城管"。

一是"一屏"显示掌市容

数字化指挥中心"天眼墙"是城管部门互联互通、高效运转的平台。平台通过接入全城 847 路视频，对城区主次干道、市场公园和重点区域进行有效监控，出店经营、乱挂乱晒、违章停车等行为在大屏系统中一览无遗。同时通过人工巡检、智能算法自动抓拍手段，提升发现问题的能力，实现对城市事部件的可视化管理。通过视频巡逻，按"数字城管"标准，实现视频上报、立案、核查和执法取证。新模式有效整合了信息资源和管理资源，可实现 90 余种城市事部件一次性普查，大幅度降低城市管理成本。

二是"一网"联考知庸懒

如何把人切实管起来，实现人和事的高效配置、有序运转，是"数字城管"系统对城市有效管理的关键所在。湘阴县城管执法局为每名城管工作人员配备了手持移动终端，安装数字城管软件，实行定位定任定责管理。城管执法人员只要打开移动终端，签到情况、运行轨迹、工作状态、每日事迹一目了然。"出门即是工作状态，人人都是城管队员"成为现实常态。

三是"一号"拨打解诉求

数字化指挥中心配置了 10 套坐席电话，全天候接听市民来电，处理市民诉求。市民只要拨打"12319"热线，就能把意见诉求及时反馈到指挥中心，指挥中心通过系统后台实现人工和自动接警、派单、处警、公示、追踪，全程可控。市民群众如发现卫生死角、井盖丢失、违章摆摊等问题，掏出手机、拍下照片，拨打"12319"城管热线或登录"湘阴城管微信公众号"平台报案，接线员和系统平台将以人工或自动的形式，实现立案、派单和追踪处理。市民群众可通过"湘阴城管微信公众号"查询进度、质询结果，一般性市容环境问题将在 2 小时内解决。

四是"一键"服务不用跑

为方便群众办事，打通联系服务群众"最后一公里"，湘阴"数字城管"还开通了网上行政审批功能。市民群众只要关注"湘阴城管微信公众号"，点击"一键服务"，就会出现广告审批、市政审批、渣土管理、园林绿化、临时占用道路等城管行政审批全部内容。只需在手机或电脑上通过简单直观的操作，即可提交所有审批事项的资料，实现足不出户随时随地办理相关业务，查询办理进度。县城管执法局还实时将城市管理情况通过平台向社会发布，市民群众上网即可查询城市问题的处理结果，方便群众监督，激发了市民群众参与城市管理的热情。

二、"一线工作法"解决城市治理新问题

县城市管理行政执法局积极顺应新时代，面对新形势，应对新诉求，下移工作重心，在一线实干中解决城市治理中出现的新问题，着力推动城管工作"问题在一线发现、矛盾在一线解决、工作在一线推动、形象在一线树立"。

一是加强执法能力建设

聘请行政执法资深人士、法学专家举办法律业务集中培训，由局政策法规股常态化组织开展法律业务学习，采取以案说法、案例剖析的方式，不断提升工作人员的行政执法水平，全局工作人员行政执法证持证率达 90% 以上。

二是加强市容市貌管理

对城区环境卫生保洁，引入市场竞争机制，采取政府购买服务，制定考核标准，落实督查措施，实行市民监督与日常督查相结合的环卫积分考评制度，建立了环卫清扫保洁长效机制，实现了城市环境卫生的常态化管理。实施重大项目和民生实事挂牌承诺公示制度，让群众心中有数、监督办理。重点突出市政公益设施维护、城市管网疏浚和城区绿化提质改造，定期开展市容市貌专项整治，改善薄弱环节、疏通毛细血管，全面提升县城建管水平。

三是强力整治违法建设

把禁违拆违作为"规范城市建设，还原城市功能"的重中之重来抓，坚持定期巡查与

举报查处相结合、人查与技防相配套，充分发动群众，整合部门乡镇力量，打一场禁违拆违的"人民战争"。2018年以来共组织拆除城区违法建设312处，未发生一起重大安全事故和影响稳定事件，全县11个社区申报"零违建社区"。

四是努力改善交通秩序

针对群众呼声越来越强烈的"城区停车难、停车贵"等突出问题，县城管执法局科学规划，引入社会资本，启动社会立体化停车场建设。在城区建成了2处大型社会立体化停车场，有效解决了城区大型车辆无序停放问题。同时，加强对城区人行道和市场通道违法停车的劝导和查处力度，规范引导有序停车，区域静态交通秩序得到有效改善。

五是依法推进燃气整治

完成了《湘阴县燃气发展规划（2017-2030）》修编，从顶端设计上规范促进全县燃气市场建设，确保市民群众用气安全可靠。全面开展全县燃气市场整治，着力解决过来燃气市场乱象。全县瓶装燃气市场整治基本完成，对全县管道燃气市场的经营区域进行重新核定，依法收回乡镇管道燃气特许经营权，公开招标竞购乡镇管道燃气建设经营权，形成管道燃气市场竞争机制。

六是依法整治户外广告

统一城区广告设计制作标准，实施广告申报审批制度，从源头上堵塞违规广告漏洞。印发违规广告告知书，建设城市"鹰眼"系统，强化日常巡查，从立体上杜绝监管死角。开展户外广告和"牛皮癣"专项整治行动，依法依规查处城市不文明行为，印发告市民朋友书，开展文明劝导行动，从根本上压缩违规广告生存空间。共清理城区13条主干道"牛皮癣"、横幅和破旧喷绘，依法整治收回城区大型立柱广告，城区户外广告实现可控。

三、推进城市有效治理需要新担当、新作为

这两年，正是因为在工作实践中深入践行"一线工作法"，直面城市治理现实问题，积极回应群众期盼和呼声，我们办成了几件城市治理领域多年想办而没有办成的事情：启动了垃圾焚烧发电厂（技改工程）建设，建成了城区2个社会停车场，整治了全县瓶装液化气门店，完成了数字城管系统建设，收回了乡镇管道燃气特许经营权，整治并收回了城区部分广告位，赢得了群众的认同和称赞。

一是对违建复杂项目，要敢于动真碰硬

为推进湘阴县附山垸生活垃圾填埋场治理修复项目，我局根据县委、县政府安排，顶住压力，排除困难，依法拆除了附山垸垃圾填埋场上的违法建筑——湖南湘天混凝土搅拌场。此次强制拆除违法建设是岳阳市2018年来规模最大、拆除违建面积最大的一次执法行动。

二是对突出环保问题，要敢于执法亮剑

实施城区禁止燃放烟花鞭炮整治行动，立案查处53起；督促城区4家有资质的渣土运输企业投入 1000 多万元购置 34 辆新型环保渣土运输车，同时加大监管和处罚力度，查处违规运输、倾倒渣土案件 23 起；督促 39 家较大规模的餐饮经营场所安装了油烟净化器和高空排放设施；严格限定各建筑工地的施工时间，督促各建筑工地制定扬尘污染防治方案，采取洒水抑尘措施。

三是对重大民生实事，要敢于破解难题

积极配合各棚户区改造指挥部做好项目地块拆迁户违法建设的丈量、拆除及依法强拆等工作，以拆违带动拆迁，通过上述措施，促使五个棚改项目指挥部移送的 20 户"钉子户"全部完成了拆迁签约，有效推动了棚户区改造项目建设进度。

四是对群众切身利益，要敢于依法维护

通过艰难调查取证，掌握充分调价依据后，移送县发改局启动管道燃气价格调整程序，根据市发改委《关于对湘阴县管道天然气实行临时价格的通知》（岳发改价商〔2018〕298号）批复，我县管道燃气价格从 2018 年 9 月 1 日起下调 0.4 元 / 立方米，切实造福一方百姓的切身利益。

忠县积极探索城市管理新举措
打造"诗意山水·活力港城"特色中等城市

重庆市忠县城市管理局

忠县深入贯彻落实习近平总书记对重庆提出的"两点"定位,"两地、两高"目标和"四个扎实"要求,大力实施城市基础、功能、形态开发,全面加强城市建设、管理、服务,城市品质得到进一步提升,"诗意山水·活力港城"特色中等城市形象初显。近几年成功创建"全国文明县城""国家园林县城""国家卫生县城",并获得"中国安居宜居价值城市示范区",成为全国首批 55 个生态文明先行示范区之一。

一、管理体系扁平化,破解责任落实难题

狠下"绣花"功夫,深入推进大城细管、大城智管、大城众管,既照管好城市"面子"又解决好城市"里子",不断提高城市管理精细化、智能化、人性化水平,取得明显成效。

一是创新建立街长制。构建"1 名市管领导干部 + 执法单位、社区"的两级管理机制,将城区划分为 20 个治理区,32 名市管领导干部自领责任区。将城区及拓展区域按照"属地管理"原则,制定《县城区及拓展区部分公共区域管理责任分解表》,厘清部门和单位责任,确保城市管理无盲区。

二是完成城市综合执法体制改革。以综合执法局为执法主体,实现执法权统一归口管理。设立城市管理局,赋予规划管理、市政公用设施运行管理等 10 项城市管理权限,做到管理、执法权力边界清晰,责任落实不再缺位扯皮。

三是成立忠县城市管理委员会,建立城市管理主要成员单位季度联席会议制度及每月工作通报制度,建立"马路办公"领导机制、巡查机制、问题整改机制、台账销号机制、高位协调机制和考核工作机制,城市管理体制机制进一步完善。2018 年,邀请县人大代表、政协委员等领导参与"马路办公"57 次,共发现各类问题 950 个,已整改问题 943 个,整改率 99%。

四是推进城市管理"三级网络"建设,构建"大城管"格局,相继完善市政、园林、环卫等版块的精细化管理。实施网格化巡查机制,将管维区域划区分片,建立专业巡查队伍,严格落实定区域、定责任、定人员、定奖惩的网格化管理。

二、管理工具数字化，破解信息整合难题

深入落实"大城智管"，逐步完善"五位一体"体系，构建"智慧高效"新模式。

一是升级改造数字城管系统，与应急指挥系统无缝对接，更新20平方公里的数字地图，划分责任网格116个，依托智慧市政综合管理平台城管通、处置通APP，建立了"信息接收—案卷建立—调度派遣—案件处置—反馈结果—核实结案—综合考核"等环节的数字化城市管理流程，建立执法联动、信息共享协作机制，为快速处置、闭环反馈创造条件。2018年，全县利用数字城管视频监控系统主动发现城市管理问题案件1610件，接收市级12319民生服务热线104件、舆情15件，处置率100%，满意率100%，城市管理质量效率有了明显提升。

二是建设智慧停车管理系统，拟采用PPP模式引入社会合作方，通过搭建智慧停车技术平台和资本化运作平台，构建全县智能停车运营管理体系，推进公共停车场（库）建设，缓解城市停车难题。

三是完善城市园林绿化数字化管理信息系统，及时更新城区绿化数据，对全县绿化数据进行动态监控，并统一接入重庆市城市园林绿化信息管理平台。

四是完善城市路灯智能化管理，对路灯的按时启闭、安全运行进行时时监控，实现城市主次干道、公园、广场、重要节点等管理范围视频全覆盖，确保亮灯率、设施完好率均达98%以上。

五是优化环卫云平台，通过智能设备连接环卫工作所涉及的人员、车辆、设施等，进行全过程实时监管以及数据共享。

三、环卫服务市场化，破解长效保洁难题

投入3000余万元，引进启迪桑德建成智慧环卫云平台，对城区230余万平方米主次干道实行24小时保洁，落实"以克论净""以速论净"的管理标准，推行"垃圾不落地"收运模式。大力推进城镇污水管网建设，建成城镇污水处理厂77座，城市污水处理率达98%。投入1亿元建成全国第三套新型干法窑生活垃圾焚烧处理系统，落实"户分类、村收集、镇转运、县处理"模式，配套建成覆盖全县的生活垃圾环保一体化系统，全县城乡生活垃圾无害化处理率达100%。2017年被纳入国家首批农村生活垃圾分类和资源化利用示范县，2018年6月，我县农村生活垃圾治理工作成功通过市级验收，并于11月顺利接受国家验收。

四、摊点设置规范化，破解占道经营难题

采取定点、定时、定人、定产品"四定"措施，定点设置创业市场，设置手工艺品、水果和小商品固定摊点122个；定时设置便民市场，在春节、国庆等节假日限时定点设置小吃、水果、烧烤摊点61个；定人设置民族特产市场，规范设置新疆羊肉串、甘肃红枣等

民族特产摊点 24 个；定产品设置季节农产品市场，按时节在次干道规范设置磨子西瓜、大岭梨子等时令水果临时摊点 14 个。破解困难家庭、种植大户等人群 300 余户占道经营难题，规范坐商归店 1628 家，纠正占道经营行为 1.65 万次。

五、根植城市文化，破解城市底蕴难题

坚持把历史记忆和文化基因根植于城市建设之中，按照"城在山中建、水在城中流、楼在林中立、人在景中游"的思路，投资 20 亿元建成州屏生态廊道和忠州公园、香山公园、北滨体育公园等 9 座城市公园，打造"生态长廊为主线、公园广场为支撑、主次干道为骨架、小区庭院为基础"的城镇绿化景观体系。深入挖掘白居易、陆贽等历史名人文化资源，对三峡留城·忠州老街、忠州艺术中心、巴蔓子雕塑等项目进行创意设计，修复白公祠，提档升级玉龙山等文化主题公园，投资 1.6 亿元建成集文物展示、收藏、保护、研究等功能于一体的忠州博物馆，占地面积 36 亩、建筑面积 1.5 万平方米，成为重庆主城区之外面积最大的综合类博物馆，于 2018 年 2 月开馆试运营；精心保护三峡移民等"城市记忆"，结合城市双修和城市更新整合投入 17 亿元改造老城、旧房建筑 130 万平方米，修缮龙兴寺、东坡梯子等古老建筑 42 万平方米，打造以特色民宿、艺术工坊为主的半城老街，再现老街"底片"，厚植历史"血脉"和文化"基因"。忠县正在努力成为"闻者向往、来者依恋、居者自豪"的美好家园。

砥砺创城三年　文明之风沐浴沛县

江苏省沛县城市管理行政执法局

　　沛县城管局以"三城同创"（创建全国文明城市提名城市、国家生态文明建设示范县、国家卫生县城）为抓手，精细管理，综合施治，着力提高城乡人居环境质量，努力培育和践行社会主义核心价值观，推动沛县政治、经济、文化、生态朝着又好又快的方向健康发展，为打造文明沛县、生态沛县砥砺前行。

　　创城，是一项民生工程，为的是让老百姓获得最大的实惠。为深入推动"三城同创"工作扎实开展，沛县城管局拉高标杆，全域整治，不断创新工作思路，补齐短板，努力营造"精致、细腻、整洁、有序"的城市环境。老旧小区档次提升，主次干道干净整洁，市政设施功能完善，车辆停放整齐有序……一项项创建内容，让老百姓真正感受到身边环境的变化。

　　家住鑫达园小区一位70多岁的老大爷乐呵呵的说："我就感觉我住的小区（老旧小区）变化大，以前下水堵塞不通，路面坑洼不平，小区绿化毁坏，车辆随意停放，后来政府花钱改造通下水、铺路面、补绿化、做立面、增宣传、架路灯、设监控，实现老旧小区美化、亮化、硬化，彻底换新颜。现在我是住的舒心、住的放心"。不少小区住户有个发现：老旧小区改造后，房子不仅增值了，而且更好出租了。

　　为使老旧小区综合整治工作深入人心，沛县城管局紧紧围绕"为民、利民、便民"的宗旨，会同相关部门，广泛听取业主代表的意见和建议，深入实地调研，因地制宜，根据不同小区存在的难点和突出问题，重点实施违章建筑清理、排污排水管网改造、道路硬化、路灯更换、停车位建设、小区监控等多项改造工程。真正让老旧住宅小区旧貌换新颜，为广大居民营造"舒适、方便、安全、优美、宜居"的生活环境。

　　为了进一步提升道路环境卫生状况，环卫所以创城为契机，全面推行"以机械化清扫为主，人工保洁为辅，全天巡捡"的深度保洁模式。对城区主要街道及园林旅游区的公厕，进行升级改造，大力提升公厕硬件和软环境。改造后的公厕，配备无障碍设施、母婴儿童设施、空气净化装置、排气装置、烘手装置、灭蝇灭鼠装置等设施，并探索引入智能化管理系统，开发智能寻厕APP，大力提升公厕建设、管理和使用的科技水平，为市民群众提供优质、便民和人性化的服务。如今走在路上，曾经灰尘、落叶、烟头等细小垃圾随处可见的场景一去不复返，地面无尘、枯叶扫净、垃圾入桶的道路环境渐渐成为沛县人们生活的常态。

流动摊点、出店经营、乱贴小广告，一直以来都是城市管理工作的软肋。沛县城管局根据工作重点和形式要求，不断创新管理方法，在市容秩序上，实行日常定点巡查、机动队错时巡查、与交警联合巡查等多项工作机制，加大市容市貌监管力度，实现城管执法全时段、全区域覆盖。同时，为了从源头破解流动摊点这一难题，城管局通过设置夜市疏导点及便民疏导点，引导摊点进入，集中规范经营，实现了执法与服务并举的创新管理机制，赢得了经营户的支持和配合，有效的改善了市容环境，提升了城市品位。沛县城区形成了既有繁荣，又有市容的良好发展局面。

为加强扬尘治理，改善城区空气质量和人居环境，沛县城管局严格按照"六统一"规范要求，对190余辆渣土车和260余辆商砼车严格审核，对符合要求的车辆现场拍照，按照有关规定登记备案，严格按照申报的运输线路、时间、方式运营。加强对施工拆迁工地扬尘管控力度，督促各类施工工地实施湿法作业，做到扬尘污染"零容忍"，同时开展专项督查和日常巡查，实现扬尘防治常态化。如今，漫步街头，不管是大街小巷，还是居民小区、公园广场，都特别干净，蓝天白云，空气清爽，让人感觉特别舒服。

砥砺三年，宝剑锋出。创城工作三年，让沛县发生翻天覆地的变化，城市干净整洁、道路秩序井然、小区品味高雅，真正从城市的"面子"到城市的"里子"，展示了文明城市的惬意和温馨。如今，越来越多的群众理解创城、支持创城、参与创城、享受创城，并自觉凝结成一股全力巩固创城，提升创城成果的磅礴力量。

福泉市打造"七位一体"智慧化平台
助推综合行政执法管理精细化

贵州省福泉市综合行政执法局

自 2015 年 3 月作为全国推进综合行政执法体制改革试点以来，在各级部门的关心和指导下，福泉市紧紧围绕"135"总体改革思路，以"一搭建二转变三实现"为突破口，积极探索"互联网＋综合行政执法"模式，充分利用数字化信息处理技术和网络通信技术，整合 12319 管理热线、电子政务 110 平台、微信公众号、外勤执法助手、执法记录图传系统、视频监控平台、综合行政执法办案系统，搭建"七位一体"大数据智慧指挥平台，创新完善执法监管方式，助推综合行政执法管理精细化，实现了综合行政执法和城市管理问题发现、案件查处、信息公布一条龙服务。

2016 年 4 月成立至今共开展行政执法检查 3900 余次，上传图片 9.31 万余张，受理信访、热线、举报等 1800 余件，办结率 100%，办理一般程序案件 1200 余件，建立系统后记录留痕 900 余件，划转执法领域办案覆盖率达 89% 以上。

一、信息化平台建设情况

（一）搭建视频监控平台

投入资金 150 万元，整合公安天网工程 1200 余个摄像头，建立了综合行政执法局视频监控系统，在两城区和牛场镇主要街区全方位、全时段进行动态监控，统一对街面秩序和环境卫生及时管控。

（二）将 12319 城建热线融入政务 110 平台

全天 24 小时接收全市群众 12319 热线投诉举报并受理处置，接入州电子政务平台，与州 110 联动平台高度融合，建立群众问题高效协作配合机制，通过信息平台和服务 APP，高效处理群众关心的噪音、环境、环保等问题，助推群众服务工作高效、迅捷。

（三）建立微信公众号

以福泉市综合行政执法局名义创建单位公众号，增设曝光、举报平台，积极发动群众参与，接收群众投诉举报，曝光不文明行为并大力宣传法律法规，提升了群众城市主人翁意识，变被动为主动，极大提高城市综合管理水平。

（四）组建图传系统

投入 50 余万元，以执法记录仪、车载记录仪、无人机为载体，组建实时留痕图传系统，对全城区及各乡镇开展执法活动全过程实时记录传输到指挥中心，实现统一调度指挥执法活动全记录留痕。

（五）配备外勤助手和对讲机

在每位干部职工手机安装外勤助手 app，全体干部每天将工作考勤情况和照片上传到 app 指挥中心，由智慧指挥中心工作人员对干部职工工作实行实时定位和工作指派，并对干部每月工作完成量进行考核，实现目标责任和绩效考核数字化管理。

（六）建立网上执法办案系统

投入 40 余万元，通过大数据手段对行政执法和城市管理信息进行分析调度，同时通过"互联网＋"技术将综合行政执法网上办案系统融入贵州省网上办事大厅公示系统，实现案件全程网络化、公开化，规范透明，接受监督，进一步规范案件办理流程，提高了综合行政执法办案效率。

二、运行机制

（一）执法监管信息化

"七位一体"大数据智慧指挥平台的搭建，有效对两城区和牛场镇等主要街区实施全方位、全时段的动态监控和城市管理信息动态采集，为综合行政执法当好发现问题的"眼睛"和收集准确情报的"耳朵"，将综合行政执法管理信息收集、任务派遣、任务处理、处理反馈、核实结案"五环节"信息归档形成案件处理档案，为行政管理、行政服务、行政执法等提供数据基础，截至目前行政案件办理和城市事项处置均 100% 进行信息化归档，初步实现了城市综合管理和综合行政执法信息化。

（二）案件办理高效化

大数据智慧指挥平台将群众、媒体等反映的和巡查发现的城市管理信息纳入单位信息库"大数据"分析分类处理，遇到重大情况组建案件临时指挥小组，对情况进行研判分析后将处理意见及时传递给相应执法人员办理。建立部门"1+X"协作机制，对需要多部门协作配合的问题，报请市政府明确牵头部门协调处理，形成问题高效快速处理机制，达到案件处理"四个第一"目标（即第一时间发现、第一时间取证、第一时间处置和第一时间解决），实现了综合行政案件办理高效化。

（三）干部管理科学化

依托智慧平台，建立干部地段网格化包保巡查制度，落实"领导包片，干部包段，专人负责，无缝监管"，做到"城市管理有效、案源及时发现、处理及时高效"，提升干部职工巡查监管办案效率；建立考核机制，将外勤助手系统上执法人员工作反馈情况纳入干部职工考核，局班子定期对各大队、分局、科（室）工作情况进行督查考核评价，切实摒除过去"干多干少一个样、干与不干一个样"弊端，充分调动干部职工积极性，争做业务标兵、提升服务意识，推动干部管理合理化、科学化。

三、特色做法和经验

（一）推动城市管理"平面化"向"立体化"转变

通过12319热线、政务110平台、执法图传记录系统、视频监控、微信公众号、外勤助手、"互联网＋综合行政执法大数据系统""七位一体"综合行政执法智慧指挥平台，巡查监管方面：可借助视频监控系统覆盖全市两城区的1200多枚摄像头进行无缝监管，不必像过去"车辆转、人流汗"巡查方式，节省大量人力物力；城市执法方面：借助执法记录仪（车载执法记录仪）、外勤助手等信息化手段，执法队员在城市管理执法时，可通过图传系统实时进行证据固定，改变了过去证据保存难，执法效果差问题；通过外勤助手定位和汇报功能，执法人员将执法情况工作情况实时进行上传，有利于加强干部监管，提高执法队伍的综合素质。为改变之前城市管理"行政部门自己干，群众百姓一旁看"窘境，群众可通过设立12319热线，微信平台曝光栏对城市各种违法不文明行为进行曝光监督，提升了群众城市主人翁意识，变被动为主动，极大提高城市综合管理水平。

（二）推动"传统执法"向"智慧执法"转变

以"大数据"、云平台建设为契机，推动"互联网＋综合行政执法"信息平台建设，建立执法数据平台和行政执法智慧系统，推进行政处罚、许可信息共享和行政执法案件信息网上公开，实现行政执法便捷高效、规范透明。建立综合行政执法图传系统、视频监控系统和办案系统，改变了传统的执法现场取证模式，将电子数据证据与相关物证、书证有机结合，形成完整的证据链条，改变了过去单一的纸质化、现场化执法方式，形成线上线下一体化执法格局，实现了"人在干、数在转、云在算"。建立综合行政执法局案件办理平台，利用互联网平台优势，进一步规范案件办理流程，提高了综合行政执法办案效率，例如过去案件立案须以图文形式向单位进行审批，偏远地段送审易影响案件时效，现在通过平台进行互联网审批，极大的提高案件传递审批办理效率。同时平台将责任落实到人，流程上杜绝了"跳跃式"办案，"人情案"，严格了案件办理流程。

四、下一步工作计划和构想

（一）升级执法办案系统，让执法办案便捷化

为充分发挥综合行政执法"七位一体"智慧化指挥平台优势，进一步整合信息资源，目前福泉市综合行政执法局正申报采购福泉市综合行政执法网上办案系统相关3个升级开发项目，其中2018年下半年申报福泉市综合行政执法平台升级（二期开发）项目和办案平

台电子签章系统开发项目，2019年年初申报行政执法双随机抽查系统开发项目和综合行政执法平台APP应用项目。通过系统升级后，首先，实现案件办理"执法人员网上提交，领导网上审签"的一条龙式便捷操作，解决执法办案过程中"来回跑，反复跑"的问题，提高案件传递审批办理效率；其次，实现与银行无缝对接。当事人收到决定书后可直接到银行缴纳罚款，改变过去当事人到局里开票后到银行缴款再到我局开据罚款清单多次跑的局面；最后，还将向行政执法监督部门、检察监督部门、纪委监督部门开发端口，让上述部门可通过"随机"方式抽取案件进行评审，从而接受相关职能部门的监督，真正实现把权力关进制度的笼子，让权力在阳光下运行。

（二）构想"九位一体"，实现城市管理科技化

目前，福泉市综合行政执法"七位一体"智慧化指挥系统已取得了不错成效，下一步，将继续依托智慧福泉建设，深入开展调研工作，着力将现有的"七位一体"系统升级改造为"九位一体"联动指挥平台，实现城市管理科技化。一方面，将围绕"互联网＋交通"模式，打造智慧停车场，通过安装地磁感应（停车诱导）、视频桩，连接进入停车场的智能手机，建立一个一体化的停车场后台管理系统，将城市泊车管理系统融入智慧化建设；另一方面，将依托"互联网＋物联网"技术，通过安装智能终端，建立市政设施后台管理系统，实现市政设施的智能盘点、定位监控、防盗报警等科学化、数字化管理。

推进城市精细化管理
提升城市综合管理水平

甘肃省金塔县城市管理行政执法局 刘兴强

优美的城市环境，配套完善的城市基础设施，素质文明的市民群体，是城市管理工作的根本目标和最高境界。近年来，我局采取多项措施加强城市管理，用实际行动履行好职能职责，城市管理水平不断提升，城市环境明显改善。

一、全面推进城市精细化管理机制

加强对城市精细化管理工作的组织领导，围绕全年城市精细化管理重点，积极发挥城市精细化管理工作领导小组办公室"牵头、抓总、考核"作用，扎实推进城市"五化五提升"管理模式。制定了《金塔县城市精细化管理实施方案》《金塔县城市精细化管理重点工作责任清单》等指导性文件，从顶层设计，到顶层安排，全方位、高标准有序推进城市精细化管理工作。采取"源头控制、标本兼治、打造样板、组织试点、分步推行"的办法，集中力量整治影响城市形象和品位提升的管理弱化、经营无序、通行不畅、市容脏乱、物业失范等突出问题。

一是严格落实城区"街长制"工作。依据《金塔县城区城市管理"街长制"工作方案》，以全域无垃圾为目标，按照"主干道路全覆盖、城区单位全覆盖"的原则，对城区"五路九街"全部划分到各部门单位，由各单位主要负责人担任"街长"，着力抓好城区市容环境、市容秩序，落实"门前三包"责任制，全面消除卫生死角，使城市环境干净整洁，市容市貌明显改善，城市精细化管理水平不断提高。全面推进"街长制"工作落实，强化街长岗位责任意识。在城区主要街道全面落实了"街长"公示制度，设置统一制式的"街长制"公示牌。"街长制"工作推行以来，各街长单位认真履行职责，主动发现、解决问题。

二是根据城市精细化管理的需要，强化了城市管理联席会议制度、县级领导定期督查城市管理工作制度、城市精细化管理检查评价考核办法等，确保了城市精细化管理工作系统化、常态化、制度化，城市管理统筹协调的力度进一步加大。按照单位自查、部门联查、级领导巡查的要求，加大督促检查的力度。坚持"一周一巡查、一月一例会、一月一公示、通报"推进机制，将通报情况作为各责任单位城市精细化管理年度考核的依据，促进了工作的落实，维护了良好城市形象。

　　三是进一步加大了监管力度。城市管理执法部门在城区主次干道两侧、窗口地段和违规易发地段实行定人、定时、定岗、定责"四定"管理，随时纠正违规行为。并向城区主次街道门店下发城市精细化管理相关宣传资料，要求门店负责做好门前的卫生、绿化、设施、硬化和秩序。住建、商务、工商质监、食药监、工业园区管委会、城市社区管委会、公安交警大队等部门立足实际，各负其责，采取有力措施加大职责范围内的监管力度，形成了齐抓共管的良好局面，增强了城市管理的合力。

　　四是大力靠实网格管理责任制。按照《金塔县城市管理行政执法局城区市容秩序执法人员精细化管理责任制》，明确执法人员职责、工作要求及执法检查内容、标准等；将城区五路九街主次干道划分成4个路段，每个路段固定2～3名执法队员，形成"大队长—副大队长—分队长—队员"层级网络管理结构，建立起"分片包干、岗责明晰、责任到人、灵敏高效"的管理体制和机制。

二、持续开展城区环境综合治理

　　有效开展城区环境综合治理，着力解决群众反映强烈的城市管理顽疾、难症，优化人居环境。

　　一是常态化开展市容环境整治活动，采取下发相关宣传资料、作耐心细致的劝导工作、下发限期整改通知书、集中整治和城管工作人员包路段、包商铺的做法，严禁违法占道、店外经营，规范提升门店形象。

　　二是按照"合理布局、规范设置、提高档次、定期维护、常态化监管"的原则，加强城区内户外广告监管力度，全面清理牌匾乱设乱挂、橱窗乱贴乱画、周边私拉乱扯现象，限期落实整改。

　　三是不断加强了道路清扫保洁和垃圾清运工作，城区所有道路实行了全天候的清扫保洁，生活垃圾的清运和处理率均达到98%以上；及时清理了城区沿街公共设施上的各类张贴物和喷涂物。城管路段责任人常态化清理城市"牛皮癣"。

　　四是开展交通秩序大整顿，完善涉及城市精细化管理的设施建设，施划道路标线、停车泊位、停车场，设置道路标志牌。交警大队和城执法局每周联合执法一次，对城区内机动车、非机动乱停乱放、乱停乱靠等违法行为进行有效治理。

　　五是整治违法建设。城市执法局始终把遏制和查处违法建设作为执法工作的重中之重，不断加大巡查力度和巡查频率，对群众举报坚持在第一时间到达现场查处，确保将违法建设遏制在萌芽状态。

　　六是整治渣土车辆。按照渣土车辆管理"目标管理清单化、责任管理精细化、考核管理标准化"的总要求，全面加强工程渣土车辆监管。对所有在城区施工的工程车辆全部进行登记，按要求苫盖后，按照指定路线行驶。坚持实行错时制上班，通过延长监管时限，提高监管力度。对施工场地的扬尘按照施工现场六个百分之百要求做好现场洒水；对城区天气因素造成的扬尘采取不间断喷洒水雾的措施进行抑制。

三、深入开展专项治理活动

抓住重点，牵住牛鼻子，突出主要方面，下大力解决影响和制约城市发展的瓶颈问题。

（一）马路市场集中整治专项行动

今年7月份县委、县政府在潮湖巷东段建设了临时交易市场，在建新路中段建设了建新路便民市场，城市执法局借机适时开展马路市场集中整治专项行动，彻底解决了马路市场交易无序、占道经营、垃圾成堆、交通不畅、噪音扰民等问题。

（二）噪音扰民问题专项治理

县城市执法局为扎实抓好抓实城区噪音扰民问题，采取了以下五条管理措施。一是建立起"分片包干、岗责明晰、责任到人、灵敏高效"的管理机制，严格执法要求，加大对广场噪音管控力度。二是建立市民举报机制，随举报，随调查核实。三是建立快速处置机制，对经过调查核定噪音污染的问题，及时下发限期整改通知书。四是建立跟踪督办机制，对限期办理的整改事项，现场督办直至达到环保要求。五是对广场舞、器乐自乐班噪音扰民问题，直接对其音响进行管控；对情节严重、屡教不改的直接暂扣音响设备；对建筑施工噪音扰民问题，直接限制其施工时限；违规施工的，加大处罚力度。

（三）油烟问题专项治理

建立巡查发现机制，随发现随治理；建立市民举报机制，随举报，随调查核实；建立快速处置机制，对经过调查核定缺属油烟污染的问题，下发限期整改通知书；建立跟踪督办机制，对限期办理的整改事项，现场督办直至达到环保要求。

（四）学校周边市容环境综合治理

我局联合食药监局，对城区中小学周边开展市容环境综合治理。在上下学高峰期间采取人员定点和车辆巡查相结合的方式进行规范管理，打破常规执法作息时间，有针对性、有实效性地采取措施，对不听劝阻的无证流动摊贩坚决予以取缔，依法暂扣收缴其违规经营物品。根据校园周边实际情况，对学校周围商店进行拉网式整治，特别是对学校门口50米半径范围内的无证占道经营为整治重点。对店外经营的全部纳入室内经营。对设置高音喇叭，产生噪音扰民的商店，一律责令整改，确保学校周边环境干净、清爽、有序。

（五）流浪狗专项治理行动

城市执法局先期积极开展流浪狗集中收容宣传，引起人人关注流浪犬管理的社会效应。我局预先设置流浪犬收容场所一处，将集中收容的流浪犬圈养处置。集中收容活动开始后，我局组织执法力量在城内开展巡逻，对无人领养的流浪狗实施收容。目前已经收容流浪狗200余只，并在流浪犬收容场对其进行了妥善安置。

从完善基础设施抓起

福建省莆田市涵江区城市管理行政执法局

近年来，莆田市涵江区城市管理行政执法局在涵江区委、区政府正确领导下，在各镇街（管委会）和相关部门支持配合下，坚决贯彻习近平总书记关于"城市管理要像绣花一样精细"的指示精神，切实加强城市管理，注重执法宣传，强化队伍建设，提升思想境界、提升工作标准、提升管理水平，努力推进全区城市管理各项工作再上新台阶。

在新时代，涵江区执法局在努力探索如何加强城市管理改善人居环境的道路上，凝心聚力，真抓实干，攻坚克难，加强城市精细化管理，狠抓市容秩序、环境卫生巩固提升，为努力创造整洁、有序的城市环境而不懈奋斗。

一、狠抓队伍建设，提升服务水平

为加强城市管理执法队伍建设，今年以来，我局以开展"强基础、转作风、树形象"专项行动为抓手，积极提高队伍素质，助推城市管理服务水平提升。

（一）加强党的建设

一是强化政治引领。加强党的政治建设，坚持以党建引领城市管理执法工作。以"不忘初心、牢记使命"主题教育为契机，加强队伍思想政治建设，确保队伍政治坚定、作风优良、纪律严明。

二是加强基层队伍党建。强化基层队伍思想政治教育，各中队积极参与党建共建活动，创新基层队伍党建工作，定期开展爱国主义教育活动，增强队伍凝聚力和战斗力。

（二）加强队伍能力建设

一是加强教育培训。加大对基层骨干和一线执法力量的培训力度，重点培训单位职责职能常用执法条款等法律法规等内容，确保综合执法队员做到理论学习与业务实践相结合、法律法规与执法实践相结合，全面提升队伍综合执法能力。

二是是组织岗位练兵。通过开展法律知识竞赛、优秀案卷评选、现场应急处置能力演练等系列活动，系统提升队伍依法行政能力、综合分析能力、沟通协调能力、突破创新能力。

三是维护执法人员合法权益。加大对执法人员权益的维护，从工作上、生活上、心理上关心爱护一线执法人员，及时化解执法人员遇到的各种困难和问题。加强执法安全保障，建立了突发事件应急处置机制，当发生突发性、群体性暴力抗法事件时，能够迅速反应，依法妥善处置，确保执法人员人身安全。

（三）加强法治建设

一是规范执法制度。完善执法程序、规范办案流程，健全行政处罚适用规则和裁量基准制度，严格执行重大执法决定法制审核制度。

二是落实执法全过程记录制度。一线执法人员能够正确使用、管理执法记录设备，每次执法行动中使用执法记录设备，记录执法全过程影音资料，并建立专项档案留底管理。

（四）加强作风纪律建设

开展城市管理执法人员和协管员轮训，严肃工作纪律，打造一支"政治坚定、作风优良、纪律严明、廉洁务实"的城市管理执法队伍。同时严肃执法纪律，杜绝粗暴执法和选择性执法，做到严格规范公正文明执法，确保执法公信力。

（五）提高管理服务水平

继续推行"721"工作法（即70%的问题用服务手段解决、20%的问题用管理手段解决、10%的问题用执法手段解决），增强为民便民亲民意识，让城市更有序、更安全、更干净。提高城市管理智慧化水平，加快数字化城市管理平台建设，运用互联网、大数据等现代信息技术，探索快速处置、非现场执法等新型高效执法模式，提高城市管理执法工作智慧化、精细化水平，提升城市管理执法效能。

（六）强化监督考核

我局将城管执法检查工作纳入局绩效考核中，加大考核奖惩力度，细化考核办法和考评细则，明确责任分工，强化办理实效，强化对执法风纪、履职履责、廉政勤政、工作作风等方面的监督，树立典型，奖优罚劣。

二、强化市容整治，提升城市品质

我局按照创建全国文明城市标准，继续坚持专项整治和日常管理相结合，充分发挥两违办、渣土办、广告办的作用，坚持错时管理，提高巡查管理频率，市容环境持续改善。

一是加强户外广告整治。以户外招牌标识整治为重点，大力开展户外广告专项整治工作，消除高空标识招牌坠落隐患，净化、美化涵江城区街貌。目前专项整治进展顺利，效果良好，中心主城区二楼以上店招已基本拆除，同时结合每月城市管理综合考评，对无审批、无规划、不按规范设置的户外广告进行全面清理。

二是加强占道经营整治。把取缔城区主次干道、重点区域和重点部位的活动摊点、店外经营（作业）作为市容整治重点，加强对非主要路段摊点的规范管理，切实使主要路段的店铺做到归店经营，临时摊点按规定进入指定的市场和地点进行交易。

三是加强渣土车管控。对渣土车进行实时监控、完成车辆的GPS终端设备安装工作，

要求渣土运输车队按规定审批路线进行运输，做到渣土车规范化管理，开展专项整治行动，对影响环境的"滴、撒、漏"渣土车坚决严厉整治。

四是加大卫生保洁力度。涵江城区目前共有环卫作业车辆118部，可机械化道路清扫面积为503万平方米，已实施机械化道路清扫面积462.76万平方米，机械化清扫率92%，垃圾收运工作也已实现市场化运营，做到了日产日清，垃圾不过夜。农村生活垃圾采取"户分类、村收集、镇转运、区统一清运"的处理模式，做到了全区城乡垃圾治理全覆盖。

三、完善基础设施，提升服务质量

我局全力落实省、市为民办实事项目，完善环卫基础设施建设。

一是完善山区乡镇垃圾转运站建设。今年，涵江区把环境卫生治理工程列入为民办实事项目之一。在完成城区13座垃圾压缩站建设的基础上，投资1000多万元在山区乡镇新建5个垃圾压缩转运站，进一步完善城乡卫生设施配套。

二是全力推进"厕所革命"。为贯彻落实中央和省、市、区领导对"厕所革命"的重要指示批示精神，我局迅速开展厕所建设，增加公厕数量，有效解决厕所脏、乱、差、少、偏等突出问题，推动美丽涵江建设。2018年我区新建城市公厕9座，乡镇公厕10座、农村公厕20座。

2019年我区将继续加强和完善城乡基础设施的建设，将按计划完成公厕和垃圾压缩转运站建设任务，通过公厕和垃圾压缩转运站建设项目更好地推动全区公共服务水平的提高，为全区人民提供更加优质、宜居的城市生活环境。

四、满怀信心，砥砺前行

今年以来，我局大力推进共建美丽乡村、"厕所革命"、垃圾分类及城乡环境大整治等各项工作，取得了显著成效，

让全局上下信心倍增，同时也增强了追赶超越的紧迫感。在今后的工作中，全局上下将不忘初心、牢记使命，坚忍不拔、锲而不舍，以永不懈怠的精神状态和一往无前的奋斗姿态，奋力谱写社会主义现代化新征程的壮丽篇章。

一是要学深学透，做到内化于心。新时代呼唤新理论，新理论引领新实践，要把学习贯彻习近平新时代中国特色社会主义思想作为当前及今后一段时期的首要政治任务来抓，通过"两学一做"学习教育、"三会一课"、政治理论学习等方式，将党的最新理论成果传达给每名干部、每名党员，做到通读熟读、学深悟透、内化于心。

二是要内外兼修，锻造城管铁军。新时代要有新气象，更要有新作为，干事的关键在人，要坚持正确选人用人导向，

我们是执法队伍，是纪律部队，必须积极转变工作作风，激发干部活力，真正把纪律

和规矩挺在前面，把管理和教育抓在手上，全力打造一支思想端正、作风优良、纪律严明、业务精湛的城市管理"铁军"队伍。

三是要务实苦干，抓好贯彻落实。新时代激发新干劲，新时代造就新辉煌，要牢固树立和践行"绿水青山就是金山银山"的理念，着重在治脏、治霾、治乱、增绿上下功夫，扎实推进"厕所革命"、城乡环境大整治、违法建设整治等城市治理重点工作，大力推行环卫市场化运作，力争涵江区城市管理工作走在全市前列。

全局上下将以习近平新时代中国特色社会主义思想为指导，奋勇争先，争创一流，以务求胜利的决心、马上就办的行动、苦干实干的精神、一往无前的干劲、精细管理的标准，全面提高城市"颜值"，打造宜居涵江，加快推进美丽莆田建设。

汉川城管局监察大队驻垌冢镇新华村工作侧记

湖北省汉川市城市管理局

　　走进汉川垌冢镇新华村，只见宽阔平坦的水泥路两旁花坛锦簇，彩色砖铺成的人行道上是一排排垂柳摇曳，一棵棵紫薇花含笑绽放，一只只鸟儿在盘旋欢叫，好一副美丽的画卷。可谁曾想到，在四个月之前，这里的道路坑坑洼洼，道路的两旁是杂草丛生、垃圾随处可见。是什么力量在短短的四个月时间内使这里发生如此大的变化的呢？下面，我们无妨追逐其足迹，一睹其风采！

接通地气挖穷根

　　2018 年 3 月份，汉川市城管局监察大队副大队长周文平，带着局党组的信任与重托，以"工作队队长"的身份，带着 2 名队员来到新华村开展精准扶贫工作。他们都是举手自愿报名来驻村的。3 人明确分工、挂图作战，扶贫工作有条不紊地开展起来，真正做到了"吃住在村，工作在贫困户之间"。为了准确掌握新华村的村情、户情信息及贫困现状，他们在学懂、弄通扶贫政策的基础上，认真组织开展"大走访、大排查、大落实"活动，他们一户户登门拜访，不错过任何与村民交流的机会，认真倾听贫困户的心声，了解他们的困难与需求。正是这样的入户探访经历，那些不堪入目的穷情深深触动了他们，让他们更加坚定了帮助新华村"拔掉穷根"的决心。他们仔细核对新华村 28 户、85 人国家扶贫网信息、户籍信息、家庭实际人口信息、老百姓反馈信息，通过大数据比对，查出 28 户贫困户中，存在信息异动的有 11 户，占贫困户数的 39.2%；原贫困人口中，不再符合贫困人口条件 1 人、自然死亡 4 人，新增贫困人员 5 人，贫困人口总数动态调整为 85 人。进行分户处理 5 户，调整贫困户主 5 人，修改国网录入错误信息 2 处。通过认真分析，他们认为新华村因病、因残、因学致贫是主要原因。为了真正帮助到这些人，他们按照市委市政府对贫困户、贫困村进行识别和建档立卡的工作要求，及"规划到村、帮扶到户、责任到人"的总体思路，迅速制定精准扶贫工作制度，落实工作责任目标，严格执行识别标准，对贫困户进行识别和建档立卡，对扶贫对象逐户确立帮扶项目，建立脱贫规划明白卡、台账，明确帮扶责任人员，填写发放了贫困户登记表、扶贫手册，科学合理制定帮扶计划，真正做到"有卡、有簿、有册、有档"，对贫困人口、贫困家庭实行信息化管理。他们通过文件、网络等方式努力学习精准扶贫政策，经常与新华村村委会共商脱贫计划，并主动向当地党委、政府了解第一手扶贫资料，努力争取相关优惠政策，并结合实际研究制定了一系列精准扶贫措施，其中包括发动监察大队领导干部与新华村的贫困户结成"帮扶亲戚"，进行"一对一"帮扶，确保做到因人施策、精准扶贫。他们根据新华村贫困实际，又认真研究制定了多套扶贫方案，并积极争取各类扶贫资金，实施了产业扶贫、教育扶贫、社会救助等帮扶措施。他们瞄准了新华村脱贫攻坚与发展后劲培育同谋划、共推进的目标，邀请了湖北职院的技术团队来村对接美丽乡村建设规划，规划方案基本成型；根据春季适合栽种苗木的特点，督导在垌王线公路新华村段两侧进行绿化施工，已完成绿化面积2000平方米，栽种月季、杜鹃花、红叶石楠、红花继木苗3万余株；村级支柱产业，一直是困扰新华村科学发展的瓶颈。他们在前期走访农户收集意见的基础上，多次与村两委班子成员交流，初步确定了新华村产业发展的思路，即以光伏发电为主体，以现有的荸荠、黄桃种植为特色，打造"一主两副"的产业发展格局。以"五龙河种植专业合作社"为载体，带动贫困户发展生产，将荸荠生产发展到500亩的种植规模。争取农民进行土地流转，再发展100亩黄桃种植。

不似亲人胜亲人

"我爸爸病了，妈妈走了，家里没有了快乐！自从工作队来到村里后，快乐又回来了！工作队天天来我家来看望我和爸爸，帮我爸爸治病，端午节周队长还买了条连衣裙送给我，比我妈好呀！"精准扶贫户高永红的女儿高素爱眼含热泪感慨不已地说。高永红是周队长包保对象，今年40岁，前年在广东打工时中风半身不遂，丧失了劳动能力。其妻见此情况，丢下他和女儿及70岁的老父亲回了嫁家，再也没有回来。周队长知道此事后，把其列为重点帮扶对象，与孝感驻新华村工作队一起帮他请来康复医生到他家进行治疗，使他慢慢能下床走路，做些家务事。见他的住房每逢雨天漏水，出现裂痕，便帮忙申请危房补帖进行了维修，还为高素爱办理了助学补帖，端午节那天，他特地为其买了条连衣裙作为节日礼物送给她。

今年71岁的精准扶贫对象高志元，是位退伍军人，其妻患有间隙性"精神病"三个儿子就有两个儿子患有严重的"精神病"其中一个儿子已去世。工作队员们把他儿子办理了慢性病救助手续，送到新河精神病院进行免费治疗，见高志远年老体弱做不动农活，他们时常去送些生活物资，并帮忙去做些农活，使这个特困家庭享受到了社会主义大家庭的温暖。感动得高志元老人逢人便说："要不是工作队来帮我，我这个家早完了。"

村民都知道，有啥要解决的事就找 汉川城管局监察大队扶贫工作队帮忙。因为在他们心目中，扶贫工作队的同志就好比家里的亲人。

他们除了对精准扶贫对象像自己亲人一样关怀备至外，对一般农户也一样关心呵护。在挨家挨户进行大走访的活动中，他们获悉高华与高祥兄弟两人住着楼房，而自己的父母

则住在低矮潮湿的土坯屋里。他们去给这兄弟俩做工作，给其谈孝敬老人的道理。使其茅塞顿开，恍然大悟，愿意出资为父母买房居住。

他们为村民解决实际困难可谓操尽了心，而对他们自己和家人却从来不顾其安危。身患胃病、痛风、肾结石等疾病的队员林金刚因冒雨进行绿化工作。感冒高烧不退，在医务室打了一个星期的点滴而不请假回家休息。队员邓方新的妻子患病住院一个星期，他也未去看望一下。

敢教日月换新天

"今年汉川城管工作队驻进我们村后，给我们带来了福荫！如为解决村里不通自来水的问题，工作队多次到垌家镇政府协商。使镇政府在新堰镇地域范围选址打井，铺设管道引水进村，咱们喝上了洁净、安全的饮用水。"村民高香说道。

新华村自然条件恶劣，基础设施落后，是一个典型的贫穷村。为集思广益，他们组织召开村民代表大会，广泛征求群众意见，认真听取群众反映的问题，深入了解群众实际困难，把群众的所需、所急、所想、所盼进行整理汇总，对群众关心的难点、热点问题进行热心解答，始终坚持思想上尊重群众、感情上贴近群众、工作上依靠群众，真正做到群众的"知心人"。大会上共收集群众实际困难20件，他们紧紧围绕新华村"户脱贫村出列"目标，以回应老百姓反映强烈的热点、难点问题为突破口，真蹲实驻、埋头苦干，开展针对性的精准扶贫帮扶工作，推进基础设施建设补齐短板，取得初步成效。

针对村委会破旧不堪的问题，他们向局领导汇报，拨款几万元进行整修，并配备电脑、空调及各种办公设施，还制作党建宣传版面8块，打造新华村党建新平台，营造浓厚的党建氛围，使村委会面貌焕然一新；针对村没有文化活动场地的问题，工作队协调征地3亩，建设2000M2的村文化广场，现已完成土方回填。待浮土沉降结束后施工；针对3口臭水塘，组织施工队进行了土方回填，后期将栽果树、种花草，美化环境。以上项目共完成土方回填4105方；针对群众农业灌溉用水难的问题，为服务春耕生产，组织进行水渠清淤2400米。妥善解决了三组村民反映的污水渠清沟150米老大难的问题；针对村党员群众活动中心漏雨、基础设施不全，不能满足服务老百姓需求的问题。工作队和村委会干部组织维修，目前已完成屋顶防水、墙面渗水、地面铺砖、更换防盗门、增加宣传墙等施工；针对村里不通自来水，垌家镇政府先期在垌家地域内打了九口300多米的深井，但出水量小，不能满足供水要求。工作队多次到镇政府解决新华村安全饮水的问题，镇政府在新堰镇地域范围选址打井，铺设管道30多公里，穿汉北河堤引水进村，使村民圆了喝上洁净、安全的饮用水之梦。他们也为28家建档立卡贫困户免费安装了自来水管。

全力建设景区标准的美丽县城

陕西省太白县住房和城乡建设局

近年来，按照省委、省政府加快县域经济发展和城镇建设的战略部署，太白立足县情实际，抢抓历史机遇，全面释放后发优势，县城建设取得突破式快速发展，2015 年被评为全省县城建设先进县，2016、2017 年荣获全省改善人居环境工作先进县。

高点规划，打造宽敞之城

市政府把太白县城规划上升到全市层面，市长亲任规划修编领导小组组长，按照全县一个大景区的理念，聘请清华同衡规划设计院和宝鸡市规划研究院，历时两年编制完成《太白县城市总体规划 2017-2035）》，提出了向东适度扩张、向西集约发展、向南突破跨越、向北优化提升的空间发展思路，县城规划区面积由 10.7 平方公里拉大到 27.3 平方公里。依据规划全面拉开新区建设、老城改造，对县城所有出入口实施贯通式改造，打通断头路，兴建水景观，修建县城中心公园，实施弱电地埋、管线下地、绿地改造，建设免费公共停车场 6 个、立体车库 3 座，新建改造封闭式集贸市场 4 个，彻底消除了出店经营、街道停车、拥挤嘈杂问题，腾出开阔的空间留给公众，县城呈现出空间宽阔、道路通畅、广场布局有序、水面灵动点缀的宜人景象，实现了城亮人畅心悦的目标。

加大投入，打造新颖之城

立足"雪域太白、秦岭夏都"城市定位，按照"坡面红屋顶、墙面暖色调、墙裙文化石、门匾木质化"的建筑风格，从 2013 年起全面拉开县城风貌提升改造。近 5 年来县财政投入城建资金 8.9 亿元，撬动社会各方资金 103 亿元，组团式系统化地实施了县城改造工程。建成姜眉公路县城改线工程，拉大城市骨架；对县城街心河实施工程性治理，形成 2 万平方米的景观水面；将街面 3.5 万平方米地板铺装一新，对街道空间进行功能划分，分设车行道、人行道、自行车道、小火车道，用不同色彩加以区分；结合太白"长冬无夏、春秋相连"的气候特征，以暖色为底色，对楼体立面刷新改造，拆除老旧绿化带，改成微地形，街道豁然开朗，鸟语花香，绿意盎然，景区化的品质深受游人追捧。

突出生态，打造绿色之城

高海拔的太白种植 10 万亩绿色无公害蔬菜，拥有 390 万亩林地资源，太白着眼于在这一稀缺的绿色底板上雕琢城建。提升改造县城垃圾填埋场、污水处理厂，对境内露天矿山、采砂企业全部取缔。2013 年以来，县财政累计投资近亿元，持续实施绿化提升和环境整治工程，沿姜眉路布线打造了 52 公里的大地景观花带长廊，营造绿地花海 5000 余亩，姜眉公路被评为"陕西十佳最美公路"。占地 62 万平方米的翠矶山郊野公园依城傍水，满目翠色，负氧离子含量每立方厘米 6000 个以上。县城人均公共绿地面积达到 14.3 平方米，超国家园林城市标准 68%。全县森林覆盖率 91.96%，连年空气质量优良天数在 330 天以上，被国家气象局评为"中国天然氧吧"，被广大游客誉为"秦岭里的香格里拉""神仙居住的地方"。

精细管理，打造干净之城

实施县城精细化管理，组建全省首支城市仪容女子执法中队，推行柔性执法，清理商业门店、露天场所广告，规范经营秩序。深入开展环境卫生大整治，完善卫生保洁机制，实行"一日多扫、全天保洁"模式。按照"做减法"的理念，对县城所有宣传橱窗、沿街门店、建筑门头、电力通信箱柜清理整修，统一格调，疏解繁杂累赘的城市空间，合理规划垃圾收集设施，设计新建星级公厕、公共卫生间，完成了县城颜值美容工程。

挖掘文化，打造闲适之城

在城区拆除老旧小区，修建绿地广场 9 处，做到每一个巷口有一处公共活动场。立足太白亚高原体育训练基地区位优势，建设体育运动场馆 6 个，面积 4.2 万平方米，先后举办了全国摩托车越野锦标赛、CBA 篮球精英对抗赛、全省青少年冬季阳光体育大会等赛事，做到体育运动常态化，被评为陕西省全民健身示范县。沿主街道设置主题文化雕塑，量身定做蘑菇白菜造型景观路灯，实施街巷点亮工程；购置观光小火车两辆，设置站点 40 处，线路全程 8 公里，向游人开放；街道安装音响，定时播放轻音乐。在县城建设文化大舞台 4 处，组建作家、书画家、摄影家协会，13 支文艺团体活跃在公园广场，常年演出，服务公众。全面提高教育质量，成功创建为全国义务教育发展基本均衡县。与宝鸡市中医院开展团队式互助，县医院硬软件大幅提升，依托国医馆引进康养项目，传承养生文化。扎实推进平安建设，公众安全感满意度连续 6 年居全省前列。

做强产业，打造兴旺之城

焕然一新的县城吸引了大批有识之士前来投资兴业。吉林北大壶投资有限公司投资 15 亿元挺进太白，用两年时间建成拥有中高级雪道 8 条，落差 810 米，西北地区规模最大、标准最高的鳌山滑雪场，引爆了全省冰雪运动。宝鸡建安集团在县城中心区实施200亩土地的组团式开发，建成集餐饮住宿、运动健身、文化娱乐于一体的海棠酒店，使城市综合体建设成为现实。海升集团整合世界农业先进技术，建成反季节莓类基地，年产值5000万元，使太白反季草莓以航空通道销往外地。在省委、省政府的科学决策下，太凤高速开工建设，眉太高速即将上马，五年来，太白地区生产总值翻了一番，固定资产投资年均增长20%以上，人均财力位居全省前20名，2015、2017年两度跻身全省县域经济社会发展争先进位县。

创新城市管理举措　建设首善之区幸福之城

福建省福州市鼓楼区城市管理局

近年来，福州市鼓楼区深入领会习近平总书记对城市管理工作提出的"城市管理应该像绣花一样精细"精髓内涵，注重顶层设计、坚持问题导向、积极改革创新、建立健全机制、注重宣传教育，城市精细化管理水平大步向前迈进，为建设"首善之区、幸福之城"打下了坚实的城市管理基础，鼓楼区70余万市民充满了获得感、幸福感。

一、注重顶层设计，整体推进大城管建管格局

鼓楼区是省会核心城区，是福州市和福建省对外形象窗口，区委、区政府非常重视城市管理工作，深刻认识到提升城市管理水平不能仅靠城管局一个部门"单枪匹马""零敲碎打"，必须摆上区委、区政府重要工作议程，提高站位层次，统揽全局，查准定位，做好顶层设计，落实主官工程。为此，近年来，区委、区政府围绕建设"首善之区、幸福之城"奋斗目标，把区城市管理工作作为主官工程，定位为"建设省会靓丽'客厅'，打造全省最洁净城区"，把城市管理与城市功能定位、空间组织结构、产业发展布局、自然与历史文化传承同步规划，把提升城市管理水平与抓好经济转型发展等重要工作同筹划、同部署，经济转型发展成果提升城市管理水平，提升城市管理水平促进经济转型持续深入发展，落实区委、政府主导，成立以主官牵头的城市管理工作联席会议制度。先后出台多项举措规划城市管理规划化建设，实现"区、多部门、街、社区"四级联动，实行大城管建管一体格局，整体推进。

二、坚持问题导向，在解决问题攻克短板中促提升

尽管每年鼓楼区城市管理工作综合考评连续8年在福州市排名第一，也得到了省、市各级领导的多次肯定。但区委、区政府领导始终保持"进无至境"心态，不骄傲、不自满，对标国内外一线城市先进管理做法，坚持问题导向，查差距、订措施、补短板。近年来，区委、区政府针对辖区老旧小区多、小街巷多管理条件差等短板问题，着眼人文特色，采取多种举措，实行全区域无差异对待，一揽子整体推进，先后完成262个老旧小区改造，完成四大片区环境综合整治和810幢楼宇景观整治，提升改造106条道路和小街巷，新改建公厕

93 座和 57 座环卫工人休息室，新建全省首座花园地下垃圾转运站、拆除"两违"50 余万平方米，评为全省第一批无违建示范区，升级改造 7 个农贸市场、精简规范 8 个便民早夜市，规划设置"两车"停放点 1400 多处，创新规范"共享单车"管理措施，辖区城市管理硬件条件得到了极大改善，宜居环境品质得到极大提升，在解决城市管理问题攻克短板中提升辖区管理水平。

三、坚持改革创新，不断提升城市管理精细化水平

鼓楼区委、区政府主动适应经济社会形势发展，按照"政府购买服务"的理念，积极探索环卫管理体制机制改革，通过市场优化配置资源，激发活力，全面提高全区环卫保洁工作质量和水平。2012 年，在全市率先开展道路清扫保洁市场化改革试点，经验做法在全市推广普及。2017 年，区委、区政府决定进一步深化改革，按照无粉尘、见本色、"席地可坐"标准，完成了新一轮道路清洗保洁改革，辖区 815 条道路无差异化全部落实 19 小时保洁，并由原来的清扫模式提升为清洗模式，"两冲洗、两机扫、两降尘、人行道每天一冲洗"，从单一的"一把扫把"作业模式转变为机械化作业全覆盖。2017 年，为彻底解决垃圾板车运输沿途滴、撒、漏问题，鼓楼区还在全市率先开展垃圾收运模式市场化改革，采取"垃圾桶 + 后压缩车"融合直运方式，提高垃圾收运作业效率，全部取消垃圾板车。2018 年，鼓楼区作为全省试点区，又率先在全市开展垃圾分类试点，经过一年的试点，取得了可喜成绩。2017 年，鼓楼区在全省率先开展"公厕长"制活动，区委书记、区长亲自担任总公厕长，区委、区政府领导和街镇班子人员每人包干 1 座公厕，加强日常监管，按照"十无五有"落实精细化管理，鼓楼公厕座座成为城市精美"家具"，中央电视台新闻频道进行了专题报道，得到了省、市各级领导的高度肯定，并在福州市推广普及，福建省也专门在鼓楼区召开了公厕建设现场会。

四、建立健全机制，落实城市精细化长效管理措施

鼓楼区坚持在城市管理方式和管理措施上健全机制，加速推进城市精细化管理步伐。在城市管理方式上，鼓楼区牢固树立为人民群众管好城市的理念，想群众之所想、急群众之所急，做到民有所呼，我有所为。坚持文明执法，创新"一劝导、二整改、三处罚、四移送"执法机制，推行"721"工作法和执法全程记录制度（城市管理工作 70% 的问题用服务手段解决，20% 的问题用管理手段解决，10% 的问题用执法手段解决）。从 2013 年来，每年推出 30 条道路开展"街长制"活动，聘请新闻媒体、热心商家和市民等各界人士担任主要路段的"街长"，把"街长"作为管理者与被管理者沟通的桥梁。每月安排一天城管工作日，让更多市民了解城管工作，参与到城市管理当中来，使城市管理更加贴近群众，以此鼓励更多市民参与城市管理，形成有机互动。近年来，鼓楼区对市民投诉、信访做到

件件有落实,满意率达到99.5%以上,鼓楼区城管局在2017年被评为全国"强基础、转作风、树形象"先进单位。在管理措施上,鼓楼区坚持以信息化手段为支撑,在福州市"数字城管"系统的基础上,2016年,创新推广"片长制"网格化管理,将市容、环卫、两违、建筑垃圾、市政、园林等城市管理内容全部纳入"片长制"网格化管理范畴。2018年上半年又升级为"鼓楼智脑",将城市管理全方位纳入系统当中。细化区分部件与事件,明确处置时限与责任。按照"网格采集员拍照采集并上传指挥中心——指挥中心适时派发——网格处置员立即处置并上传——指挥中心核查"的工作流程,辖区69个社区147网格均有城管队员、环卫保洁员以及建设(亮化)、市政、园林等人员负责网格处置,确保落实责任到人。并按照"一人一机"的标准,配备手机终端APP,实现与区网格指挥中心的实时互联互通,严格按照程序处置城市精细化管理各类问题,确保第一时间发现问题、第一时间上传问题、第一时间派发问题、第一时间作出按质处置,实现城市精细化管理内容全覆盖、区域全覆盖,今年1-12月份,鼓楼区城管局共处理87万余城市管理事件,平均每天达到4250件。已形成了统一指挥、全面覆盖、高效便捷具有鼓楼特色的城市精细化管理体系。

服务新时代,展现新作为,福州市鼓楼区城管人为建设首善之、区幸福之城,打造全国最洁净城区奋斗目标,将继续秉承"高标准习惯"优良传统,以饱满的工作热情,以永远在路上的执着,不忘初心,巩固、创新、发展城市精细化管理工作!

抓关键　求创新　释放城市新魅力

山东省金乡县城市管理行政执法局　魏一帆

新时代对城市管理工作提出了新要求，赋予了新使命。2018 年，金乡县执法局在县委、县政府的坚强领导下，围绕中心、服务大局，按照"说了算、定了干、按期完"工作要求，以"精致城市"为目标，以"管理精细化、服务人性化、执法规范化"为导向，牢固树立为人民管好城市理念。以"双城同创"为契机，紧扣民生脉搏，针对城市容貌薄弱区域、城市管理突出问题、人民群众迫切需要，突出转作风、抓落实、提效能，主动挑最重的担子、啃最硬的骨头，充分发挥开路先锋、示范引领、突破攻坚作用，构建起"网格化、科学化、精细化"城市管理新格局，城市管理工作步入新常态、取得新突破、实现新跨越。

一、坚持抓党建明纪律，队伍纪律作风激发新活力

以贯彻党的十九大精神和习近平新时代中国特色社会主义思想为抓手，坚定有力抓好党风廉政建设。认真落实主体责任，切实履行"一岗双责"，不折不扣坚持民主集中制，累计召开主题党日、党员大会等会议 40 余次。扎实开展党建教育系列活动。以党建"七个一"活动为抓手，扎实推进"不忘初心，牢记使命""学习先进典型，争当先锋党员""争先创优王杰式好队员评选"等活动，深入金桥监狱、鲁西南战役纪念馆王杰纪念馆开展警示教育，让干部职工受警醒、明底线、知敬畏，以全面从严治党新成效促进城市管理工作落实到位。加强队伍纪律作风建设。始终坚持"721"工作法，深入探索"非接触式"执法。通过学习交流、法律培训、军事训练等形式，开展"纪律作风大整顿""思想境界大提升"系列活动，加大对基层骨干、一线执法力量、新进人员的培训力度，做到着装规范、用语规范、行为规范、程序规范，切实打造"政治坚定、作风优良、纪律严明、依法履职、人民满意"的文明之师、精锐之师、仁义之师、钢铁之师。

二、坚持抓市容促创建，魅力宜居金乡呈现新面貌

狠抓"新型城管"建设，主动适应市民群众新期待，积极破解城市管理新难题，深化创建全国文明城市网格化管理工作，强化创建全国文明城市"路长制"，全面拓展学雷锋志愿服务活动，在管理中找准定位，在实干中创造条件。围绕创建抓整治。按照立体化视觉、

网格化、定格式管理的要求，坚持开展好每天的日常巡查，组织好每周3次的市容大整治活动，重点开展学校、市场、医院周边环境综合整治，通过高压、高效和大兵团作战的方式，打破传统八小时工作制，做到日常管理与错时执法相结合。累计取缔占道经营行为1800余次、有序规范车辆停放3000余辆、清理玻璃贴野假广告1000余处、追呼电话号码100余个，在创城工作的主战场，处处争当主力军、先锋队。围绕创建抓管理。紧随"双城同创"的路线图、时间表，抬高标杆、细化措施、压实责任，确保各项指标进度与时间同步；按照主要街道严禁、次要街道严控、背街小巷规范的标准，做到"三个整改"，即：一个点一个点整改、一条路一条路整改、一个街区一个街区整改，将文明创建工作融入了城市"肌理"，确保城区市容秩序"干干净净、清清爽爽、舒适舒心、还道于民"。积极配合创城网格单位开展攻坚工作，精心构筑人性化管理格局，用心呵护城市颜值，匠心打造文明底色。累计开展"马路办公""观摩评比"200余次，彻底整治市容难点、重点区域300余处，持续提振精气神，释放城市新魅力。

三、坚持抓规范优服务，户外广告提升实现新突破

坚持以深化"放管服"改革为引领，进一步更新观念、转变作风、优化服务，走访147家企业，深化拓展"零跑腿"服务理念，把服务企业和群众事项"一次办好"，持续优化营商环境，为重点项目推进站好岗、服好务、履好职。不断加大户外广告监管的工作力度，按照审批"一次办结"和设置"三统一"原则，开展户外广告治理攻坚行动，打造立体景观。局主要领导身先士卒、亲力亲为，带领大队负责人深入一线，宣传法律法规和创城的重要意义，做通产权人的思想工作，赢得产权人的理解和支持，并租赁大型吊车和专业人员，战高温、斗酷暑，在烈日骄阳下挥汗如雨，用实际行动彰显了勇于拼搏的牺牲精神，敢于担当的负责精神，无私奉献的忘我精神。累计拆除跨街广告7处，王杰广场周边楼顶广告12处，九星片区楼顶广告18处，奎星路、文峰路、金城路一店多牌460个，协助鸡黍镇、羊山镇、胡集镇拆除一店多牌220个，粉刷城区外高炮43个，增设大型电子显示屏2处，更新规范路名牌229个，更换遮阳棚12个，一串串数字都是金乡最美天际线的真实写照。

四、坚持抓修复深治理，大气污染防治迈向新阶段

"餐饮油烟治理"和"渣土运输治理"攻坚战全面打响。金乡县执法局按照"早宣传、早治理、快显效"的原则，2018年3月份启动了餐饮油烟治理攻坚行动，坚持集中宣传、集中整治和夜查抽查的方式，采取宣传车巡回宣传和逐户现场宣传的方式，发放《致全县餐饮经营户的一封信》2000余份，认真开展好每天的夜查抽查活动，全面落实检查、考核、责任"三位一体"捆绑负责制，张贴《金乡县餐饮油烟设备维护清洗记录》《承诺书》800

余份，严格执行"三个百分百"标准，对城区 687 家餐饮商户，实行一户一档、一周一调度、一月一抽查动态监管，创新差异化激励管理模式，率先在全市开展"五星级餐饮油烟放心店"评选活动，对优选出的 120 户餐饮油烟放心店张贴"五星级餐饮油烟放心店"标志。全面落实大气污染防治工作任务，不断加大渣土运输车辆整治力度，利用 GPS 车辆监控服务平台，实时查看渣土车辆运动轨迹，督促渣土运输公司更换新型环保渣土车辆 100 辆，定期开展驾驶员安全教育培训；持续加大建筑工地管理力度，建立摸底、巡查和整治台账，实行销号管理，有效杜绝带泥上路和抛洒遗漏现象的发生；严格审批渣土手续，使施工许可手续办理服务和建筑工地扬尘污染管控双统筹、双促进，既做到施工不停，又做到扬尘防控，既做到服务企业，又做到保障民生；严厉查处无证运输行为，坚持 24 小时巡查制度，联合交警加大夜间执法力度，对重点部位进行专人值守，对违规运输车辆进行严管重罚。累计查处违规车辆 160 辆次、处罚 18 辆次，以高压态势、有力措施，擦亮城市之美，坚决打赢蓝天保卫战。

五、坚持抓关键求创新，违建拆违控违取得新成效

按照违法建设专项整治三年行动要求，统筹推进全县城乡违法建设治理行动，全面落实违法建设治理周总结、月报告制度。对新增违法建设"零容忍"，做到发现一处，配合镇街拆除一处，拆除光明、嘉欣、凯胜等市场周边私搭乱建违规棚厦 100 余处，新增违法建设 26 处亦完全拆除，形成了"控新拆旧"长效机制。同时，不断加大存量违法建设治理力度，从严落实销号任务，2018 年 9 月 30 日，完成存量违建处置率 100% 的任务，率先在全市完成违法建设治理工作任务。

六、坚持抓统筹惠民生，防汛排涝能力跃上新台阶

按照"安全第一、常备不懈、预防为主"的原则，在完善城市防汛机制体系的基础上，积极开展汛期前、汛期中和汛期后的安全检查，成立了由局长任指挥长、班子成员任副指挥长、相关大队负责人为组长的 7 个防汛小组，组建 100 余人的防汛队伍。严格执行领导干部到岗带班和关键岗位 24 小时值班制度，暴风雨中，领导干部冲锋一线，执法队员处置高效，为群众办实事好事 40 多件，以实际行动凝聚了民心、温暖了人心。高效处理群众投诉件，切实维护群众利益，共办结市长热线 235 件，网上咨询 36 件，智慧联动平台 16 件，市民举报 4000 余件，回复率 100%，满意率 98.27%，没造成一起信访案件。

置身新时代，自当扬帆破浪；踏上新征程，更需策马扬鞭。2019 年，金乡县执法局将继续紧紧围绕县委、县政府的总体部署，进一步增强忧患意识、责任意识和担当意识，以更大的担当、更足的干劲、更实的措施，持续推动城市管理转型升级和提质增效，为美丽富裕幸福金乡建设添彩助力。

内强素质外树形象　积极创建文明县城

——民勤县城市管理综合执法局创建全国文明县城记

甘肃省民勤县城市管理综合执法局

转变作风改善发展环境建设年活动开展以来，民勤县城市管理综合执法局紧紧围绕"深入实际、破解难题、优化环境、促进发展、共创和谐"的目标要求，以争创全国文明城市为目标，以创建省级园林城市为抓手，持续加强队伍建设、不断更新管理理念，打造了一支"对党忠诚、服务人民、执法公正、纪律严明"的新时期城管执法队伍，更好地服务群众、促进发展，提升城市建设管理水平，为创建全国文明城市加油助力。

抓学习促整改，发展环境显著优化

自省市县"转变作风、改善发展环境建设年"动员大会召开后，民勤县城市管理综合执法局立即召开城管系统推进全面从严治党向纵深发展暨转变作风改善发展环境建设年活动动员大会，传达学习省市县会议和文件精神，对城管系统作风建设年活动进行全面安排部署，制定本系统实施方案，成立工作机构，明确责任分工，下大力气集中整治作风方面存在的突出问题。切实提高政治站位，不断筑牢"四个意识"，着力强化责任担当，不断深化"放管服"改革。经过全局干职工的共同努力，实现了锐意改革敢于"创"，审批提速确保"快"，城管执法突出"硬"，调查研究注重"实"，服务基层体现"情"，工作敬业做到"勤"，廉洁自律坚持"严"的工作新气象，逐步形成"风清气正、真抓实干、办事高效"的发展环境，确保此次活动在县城管系统干部职工中落地生根，以良好的作风和发展环境保障城管系统各项工作持续健康发展。

抓培训树形象，队伍素质明显提高

为全面转变城管形象，争创人民满意城管，民勤县城市管理综合执法局以"转变作风改善发展环境建设年"活动为统领，在加强城管执法队伍"正规化、专业化、职业化"建设上进行了积极地富有成效地探索。在城管系统中率先提出"转变作风、树立城管形象，锤炼素质，争创文明县城"的奋斗目标。6月份，组织全体干部职工在县委党校开展勤务实战全封闭式综合训练，采取室内授课与室外训练相结合的作训模式，聘请县委党校讲师、县武警中队教官、县公安局业务骨干、行业律师等业内精英，全程参与授课，对社会主义核心价值观、城管执法专业法律法规、城管执法工作实务及执法规范化和队列队形基本礼仪等内容进行学习和开展全方位综合训练。切实整改干部职工不同程度存在的庸、赖、散、漫和"不作为、慢作为、乱作为"等影响工作提质增效的问题，深入持久地把转变作风改善发展环境建设年活动总要求贯穿到工作生活的方方面面，以干部队伍形象素质大提升促进工作作风大转变和发展环境大改善，在全局范围内积极营造"风清气正、干事创业"的文明风尚，力争在短时间内锤炼锻造出一支关键时刻拉的出、靠的住、经得起实践和人民检验的响当当的民勤城管执法队伍，以适应建设"生态美、产业优、百姓富"的美丽民勤新需求。打造了一支"对党忠诚、服务人民、执法公正、纪律严明"的新时期城管执法专业化队伍，更好地服务于人民群众，提升城市建设管理水平，为创建全国文明城市加油助力。

抓机遇明重点，城市品位大幅提升

2018年，民勤县城市管理综合执法局以创建全国文明县城为统领，借助"转变作风改善发展环境建设年"，顺势而为，在城市综合整治管理中全面发力。在县城新建生活垃圾资源化综合处理厂1座，垃圾渗滤液处理厂1座，在各镇区配套建设垃圾压缩中转站17座，配齐配全垃圾压缩转运设施设备，初步建立起"户分类、村收集、镇转运、县处理"的生活垃圾收运处理模式，生活垃圾收运处理实现了从粗放型向集约型、从量变到质变的跨越式转变。全面推行"机械清扫在先、人工补扫在后，日间洒水降尘、夜间高压清洗，全天巡回保洁，垃圾日产日清"的清扫保洁模式，加大机械湿扫作业频次，机械化清扫率达90%以上，城区人居环境显著改善，清扫保洁质量明显提升。按照"拆墙透绿、见缝插绿、应绿则绿、成倍增绿"的要求，积极营造色彩互补的街景道路风貌和公园广场绿地系统。大胆引进金枝国槐、丝棉木、樟子松、金叶榆等外来树种用于公园广场、主次干道、居民庭院、单位小区美化绿化，增加城市绿量。全年累计新（改）建公园广场9个，全县公园广场总数达19个，完成道路绿化15.4千米，城区当年新增绿地面积63.3万平方米，初步形成了以道路绿化为骨架，以公园广场为亮点，点线面环有机结合，乔灌花草协调搭配，三季花香、四季常绿、布局合理、植物多样，具有县域特色的复合式城市景观生态。按照"严控总量、消除存量、建管并重"的原则，全面推行城区网格化管理，对城区范围内违法建筑及违规设置广告牌进行清理整治，累计拆除各类违法建筑3.53万平方米。通过新闻媒体曝光、违建当事人新闻专访等方式，加大违法建设清理整顿舆论宣传氛围，在全社会积极营造"违法建筑实体必须拆、违法建设行为必须止"的强大舆论氛围，提升群众对违法建筑危害的认知程度，逐步引导违建当事人自行拆除违法建筑，规范城区建筑布局，消除违建安全隐患。坚持"方便群众、服务发展、满足需求"的理念，完善城市功能配套设施设备，累计修建公共停车场9个，便民市场9个，自动感应水冲式公厕23座，切实方便群众生活，

提升城市综合品位。继续保持对各类城市"牛皮癣"的高压打击态势，通过夜间巡逻管控、日间排查清理，对各类城市"牛皮癣"进行全方位清理，美化净化城区环境。严格落实门前"五包"责任，加强对占道经营、店外经营、流动经营规范整治，划设非机动车停车位，切实方便群众停车。通过综合整治，城区环境显著改善，城市品位大幅提升。

　　百舸争流千帆尽，敢立船头唱大风。创建全国文明县城的大幕已经拉开，改善人居环境、建设美丽民勤的重任担负在肩，民勤县城市管理综合执法局将在今后工作中不忘初心、牢记使命、砥砺前行、接续奋进，以严的纪律、实的作风为创建全国文明县城再立新功！

改革开放 40 周年
城市管理让生活更美好

江西省南昌县城市管理局局长 涂艳彬

2018 年是改革开放四十年，四十年以来，南昌县发生了翻天覆地的变化，社会、经济、文化等各项事业全面发展，城市建设管理快速推进，人民生活幸福度不断攀升。今年以来，南昌县进一步创优城市管理，开展"厕所革命""垃圾分类革命""烟头革命"，实施城市道路"绿改彩"工程，人民群众生活向更优、更美发展。

厕所有星级，城市有温情

习近平总书记指出："厕所革命"问题不是小事情，是城乡文明建设的重要方面，不但景区、城市要抓，农村也要抓，要把这项工作作为乡村振兴战略的一项具体工作来推进，努力补齐这块影响群众生活品质的短板。南昌县全面深入乡村振兴战略，以实现全县厕所因地制宜、布局合理、设施完善、管理规范、服务优质、群众满意为目标，掀起了"厕所革命"的浪潮。

据了解，为扎实推进"厕所革命，"服务民生，南昌县以三年为期，分阶段对控规区、农村卫生厕所新建和改建进行了全面的规划：在控规区按照每平方公里设置 5 座卫生厕所的要求，开展新建和改建工作，2018 年，南昌县总投资约为 7522.5 万元，拟新建各类型公厕共计 337 座。新建准二星级（准二类）公厕 321 座，三星级（二类）标准公厕 12 座，四星级（一类）标准公厕 2 座，五星级（超一类）标准公厕 2 座，实现卫生厕所城乡全覆盖，公厕的日常管理达到"四净三无两通一明"，即地面净、墙壁净、厕位净、周边净，无溢流、无蚊蝇、无臭味，水通、电通，灯明。通过"厕所革命"使广大群众用上卫生厕所，全面打造城乡一体化的卫生厕所，全面改善群众如厕环境，实现群众在家门口用上卫生干净的厕所，成为实实在在惠民工程。

垃圾分一分，环境美十分

习总书记强调："普遍推行垃圾分类制度，关系 13 亿多人生活环境改善，关系垃圾能不能减量化、资源化、无害化处理。"南昌县着力打响垃圾分类攻坚战，使垃圾分类处理落地有声。

2018 年，南昌县选取了县城王家社区、伟梦清水湾等 5 个小区进行垃圾分类试点，设立垃圾分类投放积分制，居民只要正确分类投放生活垃圾，即可获得一定积分，积分可兑换毛巾、牙膏、小玩具等，引导居民积极主动参与垃圾分类。同时，同步要求政府机关、企事业单位率先带头，实行生活垃圾强制分类，设置垃圾分类垃圾桶，到 2018 年底实现强制分类主体覆盖率达到 95%，在总结经验的基础上，2019 年在全县范围内逐步推广垃圾分类，并建设一座厨余垃圾处理厂，2020 年底实现全县生活垃圾回收率达到 35% 以上，实现资源再回收利用，全面改善群众身边环境，实现资源再回收利用。

烟头不落地，昌南更美丽

习近平总书记提出"城市管理应该像绣花一样精细"，小小的烟头的管理，就如绣花中的一针一线。为创造干净、整洁、文明、有序的城市环境，今年，南昌县启动了以"烟头不落地 昌南更美丽"为主题的新时代"烟头革命"活动。

据了解，活动要求，南昌县每个政府部门，企事业单位在室内严禁吸烟，并在室外设置吸烟区，采购 1000 个灭烟桩，在公交站台、公园广场、商场入口、人口密集区域等全面安装灭烟装置；同时，南昌县采购 10 万个灭烟袋，面向政府机关、企事业单位、公园广场等人口密集区免费发放，大力开展创建无烟单位、无烟社区、无烟家庭活动；各单位每月组织开展一次志愿"捡烟头"活动，以实际行动带动全民参与，培养全民不在禁烟区吸烟、不乱扔烟头的文明习惯。从政府机关、企事业单位，到社区、学校，再到家庭，从老人到小孩，培养全民不在禁烟区吸烟、不乱扔烟头的文明习惯。让美丽昌南更加洁净、更加文明！

绿化齐改彩，城市更多姿

为进一步创优城市管理，满足广大人民群众对城市环境日益增长的需求，南昌县率先边行边试边改，全面开展城市绿化"绿改彩"工程。总工程涉及 30 条城市道路，共分为两期实施。第一期工程已施工完毕，分别为八月湖路、金沙大道、东莲路、金沙二路等四条道路，长度约 11.8 公里，改造面积约 6.92 万平方米，总投资约 3200 万元；二期"绿改彩"工程，涉及 26 条路和 10 个社区共计 275 万平方米，总投资 7.35 亿元，正在做项目前期有关工作，力争在 2018 年底完成。"绿改彩"工作主要是由单一绿化向多元绿化、由平面绿化向立体绿化、由平庸绿化向特色绿化转变，基本分为三个层次、一个节点，即：绿化带地表层草坪由各种颜色鲜花衬托，中端有不同颜色搭配的灌木，上层有不同颜色乔木搭配，主要节点设有文化石，栽种罗汉松等，提升城市道路文化品位。

通过"绿改彩"，城市道路绿化基本可以实现春夏秋冬呈现出不同色彩美感，四季有美景，四季有鲜花，打造城市道路绿化新景观，成为一道七彩的风景线，让广大群众有更多的获得感、幸福感。

擦亮城市"细心管家"品牌

山东省齐河县城市管理执法局

习近平总书记在视察上海市浦东新区城市运行综合管理中心时强调,提高城市管理水平,要在科学化、精细化、智能化上下功夫。齐河县坚持以人民为中心的发展理念,对标一流城市加强城市管理,探索实践环卫市场化运作,实行"一把笤帚扫到底",让传统环卫走进数字化时代;投资 10 多亿元打造城在林中、道在绿中、人在景中的城市生态景观,"细节之美"尽现;下足绣花功夫,将精细化管理城市践行到底。系列举措,使城市管理水平提升显著,擦亮了城市"细心管家"品牌。

一把笤帚扫到底,城乡环卫走进数字时代

"俺们这环卫车上都装了 GPS,干没干活公司都知道,'趴窝'偷懒肯定是不行了!"12月 20 日,晏城街道办事处南街村保洁员金传英说。

用大数据服务环卫事业,让传统环卫走进数字时代,齐河环卫工作的这一喜人变化得益于该县寻求公共服务市场化的探索实践。城乡环卫一体化是一项利民惠民的民生工程,同时也是一项系统工程,如果仅仅用行政命令的方式,有可能导致一哄而上、虎头蛇尾,效果也难以保持常态化。

齐河坚持向改革要动力,向创新要活力,将环卫作业中经营性和竞争性的项目推向市场,把管理性和监督性项目留给政府,让政府和市场"两只手"共同发力。他们由县财政全额投资 1 亿元,按照统一管理、统一标准、统一考核原则,将全县城乡环卫保洁工作整体打包,进行市场化托管运营,实现县乡保洁"一把尺子量到底、一把笤帚扫到底"。各乡镇抽调人员成立了农村环境综合整治办公室,以明察暗访和随机抽查等形式,每月组织对保洁公司的工作情况进行检查考评,结果作为支付承包费用和奖金的重要依据。

仁里集镇镇王南村村民王洪宝告诉记者,村里环境大变样,走街转巷都舒心,"自己以前抽完烟,烟头随手扔,现在捏在手里,哪怕多走几步也要扔进垃圾桶"。县里与保洁公司约定,由保洁员负责引导群众转变卫生观念,并制定了严格的奖罚制度,使保洁员义务担当起卫生监督员的角色。借力市场之手,齐河成功引导群众养成了爱护环境卫生的良好习惯,使垃圾集中化处理成为常态。截至目前,全县共配置保洁员 2548 名,垃圾桶

20766 个，环卫专用车辆 158 辆，全县 14 个垃圾中转站全部正常运转，垃圾进场处理量明显增多，从以前的平均每天 300 吨，上升到目前每天 400 吨。

请来专职保姆、拒绝低效服务、破除传统陋习，一把市场钥匙成功打开环卫三把锁，真正探索出一条构建长效机制的正确路子。目前，全县 991 个村居全部纳入城乡环卫一体化管理，垃圾集中处理全覆盖达标率达到 100%，城乡环境面貌不断改善、农村居民生活质量不断提升，获评全省生态文明乡村建设先进县、首批乡村文明行动省级示范县等荣誉称号。

投资 10 多亿元创建国家园林县城，漫步城区随处可见"细节之美"

为让群众拥有更多的休闲绿地，提高城市形象和品位，齐河坚持"规划建绿"理念，把园林绿化融入各项规划，并将文化底蕴和现代元素渗透在景观当中。

"公园北邻一处城市综合体，东侧幼儿园至高中学校齐备，这处 480 余亩地块被十多家开发商看中，市场估值达 20 多个亿，可谓寸土寸金。"齐河县城市管理局局长张辉说，"公园建成后，可为市民提供一处运动、赏景、休憩的室外休闲场所。"

黄金地段不建高楼建公园，在全市率先启动创建国家园林县城，充分利用碧水绕城资源优势，累计投资 10 多亿元，强化城市园林绿化和生态建设，增添城市"绿肺"，打造城在林中、道在绿中、人在景中的城市生态景观。

在城区，齐河先后建成齐心河带状公园、河清海晏游园、大清河风景区等 70 余处规模适宜的街头绿地游园，实现 300 米见绿、500 米见园。今年又投资 5000 余万元，对迎宾广场、阳光广场等多处城区公园、游园改造提升，并在居住人口密度大、道路十字路口金边银角等建设游园，构建"小、多、均"的绿地系统。实施庭院绿化工程，通过挤地建绿、拆违建绿、破硬还绿等方式，全县园林式居住区（单位）提升率达到 10.53%，沿街单位、小区、公园等利用墙体、房顶、架材，营造空中绿色。

该县还改造提升河道、道路绿化及建设绿道绿廊，加大重点水系景观绿化养护，丰富绿化品种，实现"三季有花、四季常绿"。丰富道路景观，对新建道路全面绿化，城区主次干道行道树、花坛等补植完善，打造"一路一景"城市景观，建成以老城区绿道绿廊为基础、城南新区绿道绿廊为亮点、城郊绿道绿廊为骨架的全县绿道绿廊网络。投资 200 余万元打造综合，安装绿廊坐凳 600 余个，驿站 4 个，宣传栏 600 余平方。

城区河清海晏公园占地 5.2 万平方米，园内不仅种满了国槐、樱花、玉兰、紫薇等花草树木，还建有休闲廊亭、健康步道等，为周边居民提供了休闲健身的好去处。"过去，这里杂乱无章，环境较差，现在改成了游园，空气清新、环境优美，早上，我就和老伴来这里散散步，呼吸新鲜空气，心情也变得舒畅。"家住齐河北国之春小区的居民张庆义说。

百步一小景、千步一公园，漫步齐河城区，随处可见"细节之美"，让市民充分享受"推窗见绿、出门见园"美好风景。该县今年以创建国家园林县城为契机，已累计投资 1 亿元实施重点市政绿化工程 18 项，新建（提升）绿地 100 万平方米，建成区公园绿地面积共达到 289.4 万平方米，公园绿地服务半径覆盖率达 81%。

掀起"厕所革命"，城市管理下足"绣花功"

12 月 21 日，来到齐河县城区阳光广场看到，改造升级后的公厕外观别致、风格各异，内部装修整洁宽敞。"现在公厕改造后，不但外观整洁美观，就连设施也很齐全，还有专人管护，给居民如厕带来了极大的方便。"谈及改造后的公厕，正在广场散步的居民齐超说。

厕所虽小，却是一个城市文明的窗口，直接影响着外地客人对这个城市的直观印象。今年，齐河推进"厕所革命"，拿出 850 余万元，对城区 9 座老旧公厕进行改造提升，并利用公共空间新建 21 座公共卫生间，提升群众生活品质，打造城市新"名片"。

为了提升改造和新建的公厕档次，齐河按照国家二类公厕标准建设，并与周边的城市建设和游园街景相得益彰，打造出不同风格的精品主题公厕，实现"一厕一景"。同时，改善原有公厕硬件设施，增加人性化便利设施，对部分公厕增设第三卫生间、无障碍设施及老年人助力扶手。公厕内还安装除臭空气净化设备，使如厕环境温馨舒适、干净文明。此外，在管理上，从厕内外保洁到设施检修实行规范化管理，每个公厕配备专职保洁人员，采取标准化的作业流程，做到全天保洁，专人检查，保证用厕环境洁净。

推进"厕所革命"，是齐河精细化管理城市的一个侧面。作为劳模时传祥的家乡，齐河环卫工作始终传承和弘扬"宁愿一人脏、换来万家净"的时传祥精神，按照山东省深度保洁示范路创建工作部署，全面推行"以克论净"保洁标准，人工捡拾和机械化普扫相结合，湿扫、洒水、雾炮、护栏清洗等设备循环作业。对城区进行网格划分，各网格配备一线执法人员，及时解决群众反映的突出问题。按照"主干道严禁、次干道严控、小街巷规范"的原则，持续开展道路交通秩序综合整治，校园周边环境集中整治，临街门店经营秩序集中整治等专项行动，根治阻碍交通、噪音扰民的城市"病灶"。投资 2000 余万元实施景区广场改造提升工程，全面修缮健身器材、坐凳、园路等配套设施，在涉水区域增设防护设施和警示标志，加强救援队伍建设，购置救生圈、救生绳救援装备，促使市民游客在舒适安全的环境下休闲娱乐。

针对市民群众反映强烈的停车难问题，把公共停车场建设纳入城市建设发展总体规划，2018 年以来，齐河县通过改造人行道及主要景区游园，新建公共停车场 11 处，新增停车位 2000 余个，并全部免费对外开放。

生态优先绿色发展之路

——玉树城管，见证一座雪域高原新城的涅槃重生之旅

青海省玉树市城市管理局

玉树，一座雪域高原的新生之城，一座见证举国大爱的感恩之城，一座凤凰涅槃跨越20年的明珠之城。自灾后恢复重建以来，城市现代化水平得到大幅度的提升，实现了跨越二十年的宏伟目标。一座布局合理、功能齐全、设施完善、特色突出、环境优美集高原生态型、商贸、旅游和藏区城乡统筹发展为一体的城市集群初步显现，"城市管理靠大家 管好城市为大家"的理念深入人心，各族群众的获得感与幸福感让这座高原新城日益焕发出蓬勃朝力。

近几年，玉树市城市管理局以习近平新时代中国特色社会主义思想为指导，积极践行"金山银山就是绿水青山的发展"要求，始终坚持"生态优先、绿色发展"的理念，在市委、市政府的正确领导和高度重视下，以创建国家卫生、文明城市为契机，以绿色感恩、生态报国为落脚点，以"路通、街净、城美、人和"为工作目标，以"服务社会发展，提升城市品位"为管理主题，紧紧围绕城市管理工作，加大工作力度，狠抓工作落实，细化城市日常管理、深化执法体制改革，坚持科学发展与开拓创新，通过抓队伍提素质，抓机制强管理，抓创新促发展，打造了一张张靓丽的城市名片，前后多次受到省州、市级领导表扬，为玉树城市及高原高海拔地区城市的发展打造了"互联网＋城管先锋""三领三创工作法"等模式，提供了新思路，不仅有利于高原高海拔地区城市的发展，更为高海拔、多民族地区融合发展提供了借鉴与成熟经验。

一、打造特色、突出亮点，叫响品牌、凝聚合力，全力促进城市管理制度化、规范化、常态化

（一）着力打造与交警联动执法品牌

为更好地落实渣土车辆运输管理工作，市城管局联合交警大队，建立了城管、交警联合执法的管理模式，全过程、全天候协调联动，共同执法，截至目前，办理渣土砂石准运证98辆，其中大型车辆渣土砂石办理22辆，对未安装盖板的17辆大型车进行了处罚。为市区的整洁明亮和行人安全提供充足保障。同时，在实际工作中，建立和完善了重点工作通报衔接、双向学习交流、"提前介入"等三项制度，提高了城管执法的有效性，进一步

提高了执法过程中的管控能力，城市管理中的"顽疾"得到了有效治理和遏制。

（二）着力打造准军事化管理品牌

以"政治强、业务精、纪律严、作风硬、形象好"作为队伍建设目标，以准军事化管理为抓手，打造了一支高素质、高效能的执法队伍。具体表现在以下两方面："内强素质"，注重严把"三关"：严把进人关，从源头提高了城管人员素质；严把培训关，通过法律顾问定期做季度法律知识培训的形式让执法队员用法律知识解决问题的实际能力得到显著提高；严把作风关，以两学一做、巡视组整改活动等为契机，大力整顿纪律作风，提高城管执法效能。同时，"外树形象"，落实三个"强化"：强化大队标准化建设，已完成结古等5个执法大队的标准化建设；强化执法设备列装，2017年以来，先后购置执法记录仪、执法取证仪等器材，提高了队伍的现场取证和快速反应能力；强化考核监督机制建设，制定队伍常态化执法、长效管理考核方案，落实工作日报制度，认真执行行政执法过错责任追究制度。近两年来，获市以上表彰的多次，未发生一起暴力执法行为和市民投诉，实现了市容市貌好转、队伍形象明显提升等"多赢"局面。

（三）着力打造公众参与治理品牌

牢固树立"全心全意为人民服务"的宗旨，把"为人民服务"作为城市管理工作的出发点和着力点。搭建公众参与城市治理平台，慢慢从观念引导广大牧民。

二、聚焦科技、突出创新，融合引领、提速增效，进一步提高信息化、现代化水平

（一）建设完成玉树市智慧城市管理服务中心

采用"万米单元网格管理法"等新方法，综合应用计算机网络、卫星定位（GPS）、数字加密传输和物联感知等科学技术，逐步实现了以网格化城市管理为龙头，以市政设施、环境卫生、城市照明、道路桥梁、公共交通、户外广告等多业务为支撑，逐步融入了平安城市管理、社会治安防控、民生保障、民族宗教、应急处置等社会综合管理与服务，中心工作促进了居民服务由"分散式服务"向"一站式服务"转变。2018年总案件为2120件，已办理1880件，未办理240件，实现了从信息收集、案卷建立、任务派遣、任务处理、处理反馈、核实结果和综合评价，实现全流程闭环管理，案件涉及城市管理、民生服务、社会治安、纠纷调解、信访稳定、安全生产等六大类事件，大大提高了玉树城市管理服务能力和水平。

（二）完善执法信息指挥平台，助推城市管理执法工作

2018年3月正式启动完善执法信息指挥中心工作，目前共启用535个小区监控，完成设制17个制高点监控探头，公安道路监控共享244个，对城管执法人员配备对讲机102台，配备执法记录仪40台。在日常执法过程中，作到执法人员全面监督和执法过程全程记录，可以通话和上传图片、定位信息，实时显示各地段、各社区的现场画面，实时监控各责任路段、

区域的市容环境秩序管理情况、私搭乱建现象，形成了立体化全覆盖的高清视频监控系统，实现了"电脑站岗、鼠标执勤、网上巡逻、立体防控"的良好格局。

（三）对口支援、交流学习，好的经验应用本土化

自灾后重建以来，积极利用北京对口支援平台。先后共有 13 批次 300 人赴北京、厦门、南京等地进行了深入调研交流学习，通过学习考察，进一步拓宽眼界、开阔视野、启迪思维，对下一步创新我市城市管理工作方式，明确工作职责，完善城市管理工作提供参考。

三、强基固本、狠抓落实，细化举措、精益求精，全面加强精细化管理

（一）持续转变城市管理执法理念

城市管理方式由传统城市管理向现代城市治理转变，以做"城市保姆"和当"城市管家"为己任，树立了"为市民管理城市"的理念。同时，加大城市管理宣传力度，注重与平面、网络等媒体的合作，在市广播、电视、微信公众号等媒体宣传城管工作 9 次，接受专访 2 次，充分发挥了人民城市人民管的初衷，实现了舆论与管理的良性互动、融合发展。

（二）不断加强依法行政能力建设

持续开展了"强基础、转作风、树形象"专项行动，统一执法文书格式，严格案卷审核，建立和完善执法台账，规范执法程序和执法行为，积极倡导"721"工作法，推行"三在先""四规范""五到位"工作法，深入开展首违免罚、信息公开、建档管理、案件回访活动，增强执法工作的透明度。切实做到件件有结果，事事有回音。同时，完成了首套制式制服配发，成为全省藏区首家更新了执法队伍服装和标识的城管单位。

（三）全面落实市容整治工作

以城市管理中的热点、难点问题为突破口，一是开展店外经营、占道经营、校园周边市容环境、城市牛皮癣、"门前三包"等经常性整治，截至目前，2018 年共查纠规劝门前三包乱堆乱放 92137 余户、清理人行道车辆乱停放 6465 余辆次，处罚 142 次；小广告清除 13151 张、清理条幅广告 624 余条；暂扣 247 件物品。二是依法拆除违规建筑 71 处；查办城管违法案件 161 件，其中行政处罚 30 件、当场处罚 131 件，对违法违规下发法律文书 189 份；下发各类通知、通告 1867 份。三是开展流浪动物管控管理工作，截至目前共抓捕流浪狗 1307 余条、流浪牛 1914 余头。四是清理建筑垃圾 6800 余方、生态修复 40870 万平方米。

以克论净·深度清洁 打造最美洁净城市

宁夏中卫市城市管理综合执法监督局党组书记、局长 赵吉文

举世瞩目的中国共产党第十九次全国代表大会胜利召开，以习近平总书记为核心的党中央作出了中国特色社会主义进入了新时代等重大政治论断，并对新时代推进中国特色社会主义伟大事业作出了全面部署。满足人民日益增长的优美生态环境需要是党的十九大报告的明确要求，是全面建成小康、实施生态立市战略的必然选择，是全市人民群众的迫切期盼。

中卫地处宁、甘、蒙三省区交会处的腾格里沙漠南缘，于 2014 年撤县设市，总面积 1.7 万平方公里，常住人口 115.8 万，市区距腾格里沙漠不到 10 公里，常年干旱少雨，风大沙多，是一个西部欠发达的年轻城市。

面对城市自然环境差、城市管理粗放、经济欠发达等现实情况，建市以来，中卫市紧紧围绕"沙漠水城、花儿杞乡、休闲中卫"的城市定位，坚持高起点规划城市、高标准建设城市、精细化管理城市，不断提升城市品位，着力打造宜居、休闲、生态美的城市环境，在全国创新性的提出了"以克论净·深度清洁"城市环卫保洁模式，开创了我市环境卫生走向精细化管理的新局面。2015 年 7 月，全国城市环卫保洁工作现场会在中卫召开，"以克论净"经验做法向全国推广，先后有全国各省市 470 批 6300 余人次到中卫考察学习。2016 年 12 月，"以克论净·深度清洁"项目荣获"中国人居环境范例奖"。

"以克论净·深度清洁"的核心内容简要概括为"1235"，即：一个理念：精心精细管理城市理念；两种模式：机械清扫与人工保洁相结合的模式；三个严格：严格责任区域、严格责任监管、严格责任落实；"两个 5"标准：道路浮尘每平方米不超过 5 克，地面垃圾停留时间不超过 5 分钟。

一、细化责任区域

根据人流和车流量，将城区 680 万平方米的卫生保洁区域细化为 216 个责任点，精确测算每个区域的保洁面积。老城区繁华地段人均保洁面积 0.5 ~ 1 万平方米，一般地段 1.5 万平方米，新区约 7 万平方米。每个责任点核定两名环卫工人，实行"两班倒"作业。每人 8 小时，全天 16 小时不间断保洁。

二、全程机械洗扫

先后投入 3300 余万元，购置大、中、小型机械清（洗）扫、冲洗、抑尘车辆 51 辆，实现了市区主次干道清（洗）扫作业机械化全覆盖。机械车辆的投入运行，极大地降低了环卫工人劳动强度，提高了环卫作业效率。目前，环卫机械化作业面积 530 万平方米，机械化清扫率达 78%，浮尘清扫合格率达 98% 以上。

三、层层严格考核

设有三层的监管考核体系，一是设有专门的检测组，由 9 名检测员每天对 216 个保洁责任点的作业情况进行三次检测；二是设有专门的考核组，由 4 名考核员每天对检测员的工作进行量化考核；三是设有专门的督查组，每天对检测员和考核员的工作进行督查。检测、考核、督查的结果当日均记录在案，每月汇总通报，严格兑现处罚。

四、常态长效监管

成立 4 个专门的监管检测组：城市道路运输"三防"监管检查组：对进入市区的运输车辆 24 小时全程监管，从源头治理运输车辆漏撒污染路面问题；工地出入口监管检查组：每天对建筑工地出入口环境卫生及施工车辆带泥上路等情况进行现场监管；城市市容秩序监管检查组：每天对临街单位、商户、摊位"门前三包"落实情况进行即时监管，取缔流动商贩、摊点，规范城市秩序；城市环境卫生监管检测组：每天采取"天平称重"和秒表测时的方法检测路面浮尘重量和地面垃圾停留时间，对环境卫生质量进行检测和考核，确保城市干净整洁。

五、强化宣传教育

为了强化对市民的宣传教育，提升市民的爱卫意识，通过采取发放倡议书，设立 12319 城市管理举报热线，电视报纸开设文明监督岗栏目，组织机关干部、中小学生、企业职工、社区居民积极参加爱国卫生活动等方式，促使市民行为意识改变和爱卫意识提升，全市形成了自觉爱护城市环境卫生的良好氛围，促进环境卫生向齐抓共管、全民联动的方向迈进。

六、建立激励机制

提高工资标准。环卫工工资由 1200 元 / 月逐年调整至 3000 元 / 月（含"五险"费用）；完善社会保障。为全体环卫工人建立了养老、医疗、工伤、失业、生育五类社会保险，解除其后顾之忧；改善工作条件。为环卫工人订制制式服装，配发先进保洁工具、电动保洁车、工作鞋帽、雨衣等，设立环卫职工休息点，有效改善了环卫工人的工作条件；开展爱心慰问。每逢重大节日，市领导及各级组织亲赴工作一线慰问和看望环卫工，激发了环卫工工作热情，切实提高了环卫工社会地位；丰富精神生活。将环卫工人列入"最美中卫人""市级劳模"等评先选优范围，并对在环卫一线工作岗位上涌现出的敬业奉献、见义勇为、拾金不昧、助人为乐等先进事迹进行宣传报道，对相关人员进行表彰鼓励，引导全体干部职工积极传播社会正能量，弘扬社会主义核心价值观。

七、信息手段提升

为进一步提升管理水平，充分利用大数据、云服务平台等信息技术优势，通过"互联网＋环卫云"管理新模式，建设"智慧环卫云"系统，设置环卫工、检测员、考核员、监督员等岗位。利用手机客户端、移动通讯网络信息技术，将传统的人工管理工作变为信息化管理，实现自动考勤、考核、派遣、监督一体化管理，用信息化手段巩固"以克论净"成果，转变了以往粗放低效的"人盯人"工作模式，形成了"天在看，人在干，云在算"的科学长效管理机制。

八、全市全域落实

为了扩大"以克论净"保洁模式覆盖面，由城市向社区、农村延伸，社区落实"两个10"标准（地面垃圾停留时间不超过10分钟，路面浮尘每平方米不超过10克），农村落实"5个3"保洁机制（地面垃圾不超过3处／百米、停留时间不超过30分钟，路面尘土不超过30克／平方米，环境卫生每天达到"3清扫""3保洁"）；由沙坡头区向中宁、海原推广，实现了全市全域全覆盖，有力地改变了农村环境卫生形象，城乡整体面貌发生了极大变化。

目前，"以克论净"管理模式已向园林绿化、市政管理等领域延伸，城市管理工作实现了精细化、科学化、规范化。同时，把"以克论净"模式上升为一种管理理念，形成一种自觉机制，成为一种工作标准，为城市建设与发展做出了突出贡献，凝练为"至精至细，善做善成"精神，成为全市干部职工干事创业的基本遵循和价值导向。

新时代，意味着新征程、新要求、新使命！新时代，呼唤着新气象、新担当、新作为！下一步，我们将围绕满足人民对美好生活的需要这一核心任务，继续深化城市精细化管理工作，贯彻落实习近平总书记"城市管理应该像绣花一样精细"的指示，努力在城市管理改革创新与科学化管理上取得更大的突破，让中卫人民生活更加幸福美满。

为民管城　城管为民

——县城管局 2018 年工作总结及 2019 年工作计划

江西省南城县城市管理局

2018 以来，我局在县委、县政府的坚强领导下，持续强化"我为人民管城市，管好城市为人民"的工作理念，紧紧围绕中心工作，立足我县城市管理实际，以服务"建设抚州副中心城市、决胜全面小康新南城"为目标，按照"网格化、法制化、精细化"要求，强基础、转作风、树形象，坚持管理与创建并行，市容与繁荣并举，执法与服务并重，真抓实干、多措并举，推动城市管理向城市治理转变，较好完成全年各项工作任务。现就 2018 年度工作总结及 2019 年工作计划报告如下：

一、2018 年度工作总结

2018 年度，我局以"强基础、转作风、树形象"专项行动为抓手，增添措施，精细管理，文明执法，扎实推进改进干部工作作风活动，深入开展城乡环境综合整治，大力优化市容环境秩序，持续巩固全省旅发大会筹备工作成果，各项业务工作都取得较好成效。

（一）以党建为龙头，引领全局工作顺利开展

一是强化责任意识，认真落实党建责任。严格执行基层党建"3141"责任落实机制，建立健全党总支书记、各支部书记为第一责任人的党建工作责任机制。与各部门负责人签订了《党风廉政建设责任书》，进一步严明了全局党员干部的党纪党风。

二是强化学习教育，提高党员干部的政治理论水平。深入学习贯彻习近平新时代中国特色社会主义思想和党的十九大精神，用习近平新时代中国特色社会主义思想武装头脑，以理论上的清醒确保政治上的坚定；党员干部不断强化"四个意识"，切实增强"四个自信"，认真组织召开组织生活会和民主生活会，积极开展批评和自我批评，培育积极健康的党内政治文化。

三是持续整治"四风"问题。坚定不移贯彻落实中央八项规定，切实做到抓早抓小、落实落细，健全和落实改进作风常态化、长效化机制，围绕打好干部作风建设升级战，突出抓细抓小，注重日常监督检查，紧盯重要时间节点，针对存在的"怕、慢、假、庸、散"等突出问题，不定期开展作风建设明查暗访，加大对"四风"隐形变异等新问题的监督检查力度。

四是深入开展党风廉政教育。坚持把党风廉政教育摆在重要位置，丰富教育形式，强化教育效果，充分发挥党支部的战斗堡垒作用，扎实开展"三会一课"、集体学习，利用身边被查处的典型案例，通过党员固定活动日、观看警示教育片、廉政党课等形式，使全局干部从中受到教育，引以为戒，筑牢思想防线。

（二）以正确舆论为导向，强化意识形态管控工作

我局始终坚持正确的舆论导向，壮大积极的向上主流思想，为城市管理执法工作全面发展营造良好的舆论环境和社会氛围。一是通过电视台、微信、微博、门户网站等平台，积极宣传"两学一做"、基层党建、社会主义核心价值观、廉政文化建设、党风廉政建设、文明执法等内容，强化宣传载体建设，营造昂扬向上的舆论氛围。全年成功制作播出南城"城管视点"电视专栏82期，制作发布城管执法美编88编，在各大网站发表各类信息812余篇，在微信公众号、微博发布和转发各类正能量信息220余篇。二是进一步健全完善各类稿件审查制度，搭建信息互通的平台，对一些苗头性问题努力做到早预见、早发现、早预防。注重把握不同时期宣传重点，提高舆论引导水平。对重大事件及突发性问题注重提前介入，防患未然。三是通过广场普法、进社区普法和发放各类倡议书等全方位的宣传活动，走进市民群众中间宣传城市管理法律法规，引导市民自觉尊法、守法、学法、用法等，累计发放宣传资料2200余份。

（三）以精细化为标准，促进城市管理常态化

1. 狠抓市容秩序规范。一是继续加强市容秩序日常管理。开展乱搭、乱停、乱贴、乱挂、乱晒、乱摆、乱放"七乱"整治活动12余次，清理乱挂乱晒、乱堆乱放287处；取缔擅自占用城市道路搭棚4处；清理出店经营435起；清理占道放置立式广告牌116块；清理擅自设置条幅、横幅435条，清理城市牛皮癣10287处，较好地维护了市容环境。二是加强城区违法建设管控。截至目前共查处违章建筑94起，下达停建通知书42份，拆除通知书52份，拆除违章17起，制止77起，拆除面积1415余平方米，有效地维护了城区建筑秩序。三是加强城市扬尘防治。进一步规范工地围挡设置，加强监管，加大处罚力度，共处理撒漏违章行为68起，乱倒建筑垃圾违章行为7起，有效控制了城区和周边的撒漏及扬尘现象。四是加强户外广告清理。拆除破旧店招107块、破旧墙体广告13块，面积达910平方米。

2. 狠抓环卫市场化运作。一是城乡环卫实现市场化运作。通过政府购买服务方式，将城区（含工业园区）及12个乡镇150个行政村的道路清扫保洁、垃圾收集转运、城区建筑余土管理、中转站日常管养、水域垃圾清理等工作进行外包，实现城乡环卫作业全覆盖。二是严格加强监督管理。制定了《南城县城乡环卫作业市场化服务质量考核办法》，依托县城乡精准服务管理平台，落实考核人员，明确考核责任，细划考核范围，实行县、乡（镇）、村三级网格管理，建立了县对城区、乡镇、保洁公司，县城管局对保洁公司及乡镇对行政村、保洁公司，行政村对保洁公司的三级督查考核体系。目前已下发各类通知 7 份，累计处罚金额 15.8 万余元。三是加强生活垃圾处理。完成县垃圾填埋场建筑余土平整、调节池增高等工程，提升了处理能力。目前共清运城乡生活垃圾 67725 吨、建筑垃圾 20475 吨，处理生活垃圾渗滤液 21350 吨，城区生活垃圾无害化率达到 100%，农村生活垃圾无害化处理率达到 100%。

3. 狠抓绿化景观提升。切实抓好城区绿化苗木养护。加大施肥力度，确保苗木生长旺盛；科学合理修剪，做到苗木树形美观；适时打草喷药，及时防治病虫害。通过精细养护，城区绿化苗木生长旺盛。全力做好城区闲置及裸露土地绿化全覆盖，对西外环、入景公路、建昌大道、盱江大桥连接线等路段裸露地块撒播草籽进行覆绿 7.6 万平方米，不断丰富城区绿化层次。

4. 狠抓公园广场管护。一是持续打造舒适游园环境。及时检查、修缮游园设施，截至目前共维修花岗岩人行道 1788 余平方米、彩色人行道花板 312 平方米、各类护栏 213 余米、油漆粉刷墙体、凉亭 700 平方米，疏通下水道 900 余米，维修加固休闲凳椅 70 余匹，安装新垃圾桶 30 余只、更换破损垃圾桶内胆 140 余只、维修健身器材 45 余次，PPR 水管 1340 余米、水龙头 373 余个、各类灯泡 132 余个。二是持续营造美丽游园环境。坚持节约成本与造型美观为量化标准，在市民广场和滨水公园护坡、一河两岸裸露空地播种花草籽覆绿 12560m2。积极做好景点摆花布置，节假日在城区各公园广场主要出入口种植太阳花、孔雀草、一串红等共计 18.9 万棵花卉植物，充分点缀各公园广场以及道路节点，增添了浓厚的节日气氛和勃勃生机。

5. 狠抓市政设施维护。一是做好市政设施维护。目前已维修路面 1678.57m2；维修各类人行道花板约 3090 m2；维修路缘石 312 米；新建排水沟 403 米，维修下水道 14 处，清淤 171.6m3；浇筑盖板 403 块；清理排水沟 612 米，维修沟墙 41 米；更换各类窨井盖 101 块，总成 41 套，新建检查井 10 座；维修各类景观灯 2970 余盏，检修电缆线约 4976 余米，确保城区亮灯率达到 98% 以上。二是完善路灯基础设施，在城区部分十字路口安装中杆射灯 15 杆，照亮市民及车辆安全出行路；在建昌镇义仓上村、邱坊村、花楼下村、秋水园村等城中村安装 LED 路灯 85 盏、LED 贴墙路灯 37 盏，点亮新农村夜景，消除潜在安全隐患。

6. 狠抓农贸市场管理。开展农贸市场集中整治，创造良好的卫生环境。重点对银三角、新西门等农贸市场内占道经营、卫生死角进行了全面清理，对道路两侧违章搭建雨棚、遮阳棚、活动板房进行了依法拆除，实行划行归市，进一步规范商户经营行为。整治期间，拆除违建雨棚 6 处、遮阳棚 15 个；清理占道经营 35 户、垃圾杂物 15 车；规范市场内卤菜熟食店 20 户，规范违停三轮车 23 辆。加强市场维护工作，创建舒适的购物环境。实施银三角菜市场暗沟改造和新西门农贸市场清沟工程，保障了市场地面无积水、无脏水，确保地下网络通畅，有效防止居民因地滑摔伤等安全事件发生。

7. 狠抓城市管理精细化。加强城区街道分类管控，提高城市管理标准。结合城乡精准服务管理平台，坚持视频监控为"点"，网格监督员的道路巡查网格为"线"，群众投诉热线为"面"的数字城管"点、线、面"的问题采集机制，结合量化、细化考核标准，分解信息采集任务，有力促进问题得到实际发现。自管理平台运行以来，每天处理督查信息240至280余件，整改率高达99%，许多城管问题一出现，便已得到解决。

8. 狠抓城管服务质效。大力推进"放管服"改革。优化审批流程、压缩审批时限，进一步缩短审批办理时间，确保"最多跑一次"服务落到实处。今年来共受理行政审批276件，其中城市中的户外广告审批117件，临时占道审批96件，城市建筑垃圾处置核准审批38件，挖掘道路审批22件，修剪、砍伐、移植城市内树木审批3件，按时办结率达100%。推进依法行政，开展城管执法办案，累计办结行政处罚案件160件。强化服务意识，认真做好信访回复，受理群众来信来访68余起，信访件142余件，均做到事事有着落、件件有回音；积极承办人大政协、提案共计6件，逐一落实办理建议提案中涉及的各类事项，得到代表、委员们的肯定。通过建议提案办理，使城市管理焦点、热点问题得到较好的解决。

（四）以四大行动为抓手，城乡形象不断提升

1. 开展全省旅发大会筹备行动。全力以赴做好城区绿化、亮化、美化等各项筹备工作，打造整洁有序的全域旅游环境。高标准建设麻姑山入景公路绿化工程。坚持乔、灌、草相结合的配置原则，投资1200余万元，绿化面积约6万平方米，栽植了彩叶观花的红叶碧桃、季相变化的花患子、开花造型的紫薇花瓶、四季常青的果岭草，打造了一条集观花、观叶一体的特色景观大道。高质量做好城区苗木补栽及美化。投资500余万元对南外环、西外环、黎河路、迎宾大道等路段进行了绿化提升，绿化补栽道路11公里，种植时令花卉317300棵；种植移栽小灌木10600余平方米，乔木1960棵左右；铺盖草皮40000余平方米；播种花草籽覆绿41000平方米，补植绿地4300余平方米；安装树木支架3800余套。高效率完成迎检线路景观灯维修。在行政大楼和行政广场突击安装、维修LED投光灯416盏，埋设电缆电线2920米，各类线管1734米，路灯支架266根。各路段路灯杆刷漆168根，悬挂道旗708套。高标准完成违规广告拆除工作。完成迎检范围内的206国道、河东工业园区、王府大街、建昌大桥、南城东高速路口等近3665平方米的大型高炮户外广告和滨江一号游乐园的拆除工作。

2. 开展农村生活垃圾治理迎国检行动。结合非正规垃圾堆放点整治工作，对照农村生活垃圾治理验收办法，督促各乡镇及永昊环卫开展农村生活垃圾专项治理迎国检工作，全面加强城乡结合部，农村河塘沟渠、偏坡荒地的垃圾治理工作，重点做好陈年垃圾、卫生死角清理。目前已顺利迎接国家第三方验收考核。

3. 开展城乡环境综合整治行动。作为全县城市环境综合整治牵头部门，我局认真履行职责，坚持高位推动、协同共治，各项整治工作开展有章有法、有力有效、有声有色，城乡环境得到明显改善。大力开展露天烧烤油烟专项治理，牵头会同环保局、公安局、市监局、建昌镇等部门对城区露天烧烤进行综合整治，共收缴违规烧烤炉 15 座，露天灯箱广告牌 9 块，占道摆放桌子 32 张、椅子 19 张，对 67 户露天烧烤户引导入室，并督促安装符合环保要求的油烟净化装置，整改率达 100%，有效减少烧烤油烟造成的污染。大力开展九鼎商贸城综合整治，牵头会同县公安局、县交警大队、县市监局、县交通局、建昌镇共 6 家部门对九鼎商贸城违章搭建、乱堆乱放、占道经营、僵尸车等违规行为开展为期 20 天的综合整治，累计拆除违章搭建 87 户，4216 平方米；拆除破旧店招及灯箱广告 130 处，630 平方米；破除清理水泥路障 2718 平方米；清除乱堆乱放建筑木材及管道 26 处，3756 平方米；收缴暂扣占道物品汽车轮胎 6 个，切割机 16 台，门窗 24 个，摩托车 21 辆。有效消除了安全隐患，居民购物和居住环境得到明显改善。大力开展城区露天市场集中整治，对天一山、胜利西路露天市场占道摆摊、乱搭雨棚、环境脏乱差进行了集中整治，发放整治通告 500 余份，累计清理乱搭雨棚 60 余个，拆除违章设施 6 处，清运乱堆物品 5 车，取缔各类占道摊位 10 个。并建立长效管理机制，落实专人管理，做到经营秩序规范、卫生干净整洁、行人通行顺畅，开市有专人保洁，散市后有洗扫车辆清洗。大力开展城乡环境整治百日攻坚"净化"行动，9 月份来，制作城乡环境综合整治电视专栏 2 期，悬挂宣传条幅 12 条，印发致广大市民的一封信 1000 余件，纠正占道经营 125 起，整治无物业管理小区 26 个，清除毁绿种菜 31206 平方米，清理乱搭乱建、乱堆乱放 78 处，清理乱挂 420 处，拆除大型广告 3800 平方米，大型高炮 360 平方米，灯箱广告 300 平方米。城区共清洗更换垃圾桶 5000 余只，清洗非机动车道、人行道 68 万平方米，清运垃圾 1500 余吨，清除杂草 32 万平方米，清理绿化带内垃圾 20 吨，清除绿地积尘面积近 82.6 万平方米。清洗乡镇集镇街道 15 万平方米，排查农村卫生死角 56 处，河道打捞里程 30 多公里，堤坝保洁 20 万平方米，公路保洁 120 公里，清运垃圾 1300 余吨。

4. 开展城市安全运行整治行动。作为城市运行安全牵头单位，严格按照上级部署，扎实推进我县城市运行专项整治工作。一是广泛宣传，全面动员。积极组织各成员单位，全力做好整治宣传动员工作。共召开宣传动员会 178 次，悬挂横幅 143 条，发放宣传资料 33000 余份，发放宣传短信、微信 7100 余条，开展安全咨询 150 余次，开展安全培训 3100 余人次，营造良好活动氛围。二是开展排查，集中整治。紧紧围绕工作重点，做好"扫雷"工作，实现"清零"目标，全面打响城市运行安全整治攻坚战。共排查企业及部门底数 35 家，建立一图一牌三清单 35 套，排查整改隐患 178 条，挂牌督办重大隐患 1 条，约谈单位 6 家，通报 6 家，问责 5 人。三是把握时间节点、规范信息报送。积极主动配合市城市运行安全专委会、县安委办工作，严格按照时间节点，按时报送工作信息。11 月份我县在全省安全生产综合考评中被评为"综合考评较好"。

（五）以贴近民生为目标，中心工作取得成效

1. 脱贫攻坚工作。建立党组定期听取工作汇报、定期研究安排等工作机制，确保帮扶工作高效推进。通过多次入户摸排调查，先后完成了国扶系统、省级大数据采集工作，改水改厕，乡村环境卫生整治等各项工作。通过城乡环卫市场化运作，加强就业扶贫政策落实，在农村保洁员队伍中设置公益性岗位 150 人，促进贫困劳动力就业。通过启用救助基金及节前慰问、春耕前农资帮扶、项目扶持、技术指导、政策宣传等多种措施，切实在精准扶贫、精准脱贫上努力下功夫，扶贫攻坚工作扎实稳步推进。其中，结对帮扶帮教世厚村困境儿童 1 户；帮扶株良村资金 1 万元；出资 1.4 万元为世厚村 2 户贫困户进行了水冲厕改造，出资 0.5 万元为 1 户贫困户进行房屋改造。一年共看望发放慰问金 1.54 万元，发放大米、食用油等慰问物资折合人民币 0.88 万元，帮助贫困户脱贫 3 户 8 人。

2. 民生工程建设。一是投入 3309 万元，建成城西农贸市场，有效解决市民买菜难问题；二是投入 46 万，在城区小街小巷和无物业管理小区安装 LED 路灯 244 余盏，有效解决群众夜间出行难问题；三是投入 184 万元，新建环保公厕 11 座，有效解决群众如厕难难问题。四是投入 1050 万元，完成怡和园外墙立面及市政改造工程，不断营造舒适宜居环境。

3. 跑项争资工作。2018 年我局跑项争资小组积极作为，主动对接，全力以赴，圆满完成跑项争资开发任务目标 2 个，争取资金 164 万元。

4. 招商引资工作。目前已与岭南城投生物质能源开发有限公司签订垃圾填埋场沼气发电项目合作协议，正在有序推进。积极与安徽麦诗特集团对接，洽谈 LED 灯具生产线项目，目前该项目正在选址考察阶段。同时结合"降成本、去产能、优环境"专项行动，做好南城鸿海塑胶有限公司的跟踪服务工作。

二、存在的问题

一年来，我局城市管理工作虽然取得了新成就、实现了新突破，但仍然面临着一些困难和问题。主要表现在：一是城市管理精细化、智慧化工作有待进一步加强；二是市民乱贴乱挂、乱泼乱倒等不文明行为还时有发生。机动车、非机动车乱停乱放等不文明行为屡禁不止；三是流动商贩、出店经营和露天烧烤等现象时有发生。住宅小区内私搭乱建、乱堆乱放、饲养家禽等问题仍有存在；四是公共厕所、农贸市场等功能性基础设施建设和管理，仍需进一步完善和加强。

三、2019 年工作计划

2019 年，县城管局将深入贯彻党的十九大精神和习近平总书记新时代中国特色社会主义思想，全面落实县委十四届八次全体会议精神，进一步完善城市管理机制，理顺城市管理职能，创新城市治理方式，深入推进智慧城管建设，不断提高综合执法水平，促进城市管理高效有序，以城市颜值与气质并举为工作的落脚点，实现城市让生活更美好。重点抓

好七大方面工作：

（一）推进城管体制改革

借力国家机构改革东风，制定并出台城市执法体制改革方案，力争转变城管执法身份，明确辖区内城市管理执法人员配备比例标准，住房城乡建设领域行政处罚权集中行使，确保全面完成改革任务。同时积极推动建立城管委运作，构建大城管格局。厘清成员单位责任边界，探索建立高位协调、统一高效的城市管理长效机制，加强协调联动，形成管理合力，推动城市管理体制改革。

（二）推进智慧城管建设

着力探索运用信息化技术、智能化手段，打造数字化城市管理平台，建立城市管理用数据说话、数据决策、数据管理和数据创新的工作机制，推动城管执法工作由末端被动处置向前端主动防范转变，由粗放式集中整治向绣花式精细管控转变，实现城市管理要素、过程、决策等全方位的信息化、智慧化。

（三）打造有序市容秩序

一是巩固各项整治工作成果。结合城乡环境综合整治工作，持续巩固城区露天烧烤治理、露天市场整治、九鼎商贸城综合整治、百日攻坚"净化"成果，促进长效管理。同时加强扬尘治理，加大工地源头管理，严格审批，合理安排路线时间。二是推进绿色殡葬改革。结合工作实际，制定工作方案，成立专职队伍，配备人员，做好抛撒纸钱、燃放鞭炮等影响市容市貌和环境卫生行为的查处，制止城区、街道等公共场所搭设灵堂、灵棚、抬棺游丧等违规办丧行为。三是推进"六车"专项整治。切实巩固"六车"专项整治成果，积极配合县交警大队，努力构建整治工作长效，大力规范运营秩序，切实优化城市环境。四是推进城区"禁燃"工作。配合开展城区禁止燃放烟花爆竹宣传，按照职责分工，做好防控违规燃放烟花爆竹行为，推动禁燃整治工作向纵深发展。五是探索化解难点热点问题。建立完善商业街区、集贸市场周边、校园周边"城管+志愿者"、居住小区"城管+社区"、建设二地"城管+部门联动"等市容管理模式，发挥联合执法合力。积极引导商户落实"门前三包"责任。加强对重点区域违建的管控，细化管控职责分工，确保新违章零增长。同时开展城区楼顶广告拆除工作，规范公益广告设置。

（四）改善城乡生态环境

一是持续推进城乡环境综合整治。切实巩固城乡环境综合整治百日攻坚"净化"行动成果，广泛宣传，多渠道全方位整治城乡环境。二是持续做好绿化景观日常养护。持续做好城区苗木造型、开花植物和四季草花的培养、护理，着力提高绿地景观效果，落实病虫害防治预案和抗旱防冻保苗方案制定工作，做到有备无患。三是持续提升城乡环卫保洁水平。加强督促检查。按照全覆盖保洁、网格化作业、精细化管理、全方位监管的要求，督促永昊环卫公司做好责任区域内环卫保洁工作，进一步优化道路机械化清扫、冲洗作业模式，提高机械化作业成效。加强监督考核。不断完善《南城县城乡环卫作业市场化服务质量考核办法》，依托城乡精准服务管理平台，从严考核。加强垃圾处理。不断夯实垃圾填埋场基础，全力完成垃圾填埋场扩建工程项目建设，大力开发生活垃圾填埋场沼气能源化综合利用项目，不断提高生活垃圾应急处置能力。推进垃圾分类。积极推进生活垃圾处理终端设施建设，推进生活垃圾分类，把垃圾分类减量作为搞好城乡环境整治的方向和基础抓实抓好。同时借鉴其它县区先进经验，探索餐厨垃圾处理资源化综合利用模式。

（五）做好民生实事

一是加强农贸市场建设。从施工准备、协调调度、督导检查三方面着手，强化措施、狠抓落实，加快推进城中农贸市场（原食品公司）建设，有效解决经营户没处去、市民买菜难等问题。二是加强城区公厕建设。根据"公厕革命"三年计划，加快完善城区公厕设施建设，计划新建城区公厕23座，改建1座，缓解市民入厕难问题，补齐影响群众生活品质的短板。三是加强城市修补工作。结合"市政设施维修征求意见管理工作微信群"，及时听取和征求群众意见，根据实地情况和群众需求，逐步做好城区大街小巷道路和排水沟的维修改造。四是加强绿化景观建设。贯彻落实"绿水青山就是金山银山"的生态发展理念，强化力度、速度和投入，大力推进城市绿化景观建设。做好城区裸露地块花籽、草籽的播种和养护工作，不断丰富城市的绿化层次。五是加强亮化景观改造。积极推进城市亮化美化进程，计划实施城区路灯LED节能改造、西外环路灯改造、城区钠灯节能改造、城区公园广场景观灯更换、城区强弱电箱美化等工程。同时遵循绿色照明新理念，探索建立城市照明路灯智能控制管理系统，实现远程单灯控制、节能和智慧管理功能，推动城市道路照明走向智能化发展。六是加强生态文明示范基地建设。加快完成登高山风景名胜区登高阁外立面修缮，计划启动"幸福南城 美丽公园"为主题的摄影作品征集大赛，激发市民爱绿护绿的热情，促进市民生态文明意识的提升，进一步增强引领示范效应，推动我县生态文明建设。

（六）抓好安全生产

一是切实抓好城市安全运行安全。1.持续开展"回头看"行动查漏补缺。扎实做好巩固提升阶段工作，全面认真的开展"回头看"行动的查漏补缺，对前阶段工作进行全面排查，真正把"扫雷"与"清零"各阶段工作做实做细做到位，确保专项整治行动取得实效。2.探索建立健全城市运行安全长效机制。重点加强城市燃气、市政设施、电力网络线路等基础设施的运行监管，争取资金投入，保障各类设施运行、升级改造需求。明确责任监管主体，建立日常巡查与重点排查相结合的长效管理机制，消除安全隐患，减少事故发生。完善城市运行管理应急预案，健全城市应急组织领导体系，加强应急队伍和装备建设，推动提升城市运行领域安全生产管理水平，有效防范遏制事故发生。3.抓好社会公益宣传。号召各成员单位、各监管企业结合工作实际，创新宣传方式，要充分利用微信、短信、微信公众号、小视频等方式，根据不同人员、不同对象的特点，采取不同的宣传方式，增强宣传教育的针对性和实效性，全面提高全员安全意识，提高公众安全防范意识。鼓励广大群众通过各种形式，积极举报影响城市运行安全的违法行为，从而形成全社会共抓城市运行安全的浓厚氛围。二是切实抓好日常安全生产。1.切实强化隐患排查，确保城市道路、桥梁、公园广场等城市生命线的安全运行。2.加强市政工程质量管理，严格工程建设程序，常态化开展市政公用工程质量监管，提高市政工程建设质量和安全管理水平，建设经得起时间检验的优良工程。3.建立城市防灾监测、应急等机制，加强应急体系和专业抢险队伍建设，切实增强抵御自然灾害、处置突发事件和危机管理能力。4.积极做好强降雨天气、冰冻天气、重污染天气等的防范应对工作，完善应急预案，加强对城市防洪薄弱环节、重点部位的管理，及时排查城区易涝区域和低洼积水点，确保道路、排水管道等市政设施正常运行。

（七）加强城管队伍建设

持续推进城市管理执法队伍"强转树"行动和深入改进作风，破难题、不含糊、不消极、有作为，打造一支政治坚定、作风优良、纪律严明、廉洁务实的城市管理执法队伍，更好地为人民群众和城市发展服务。一要全面落实从严治党。严格党建工作责任制，落实"一岗双责"和"双重组织生活"制度。积极推进学习型、服务型、创新型、法治型"四型"党组织建设，推行建立"党建+"服务模式，推动城管队伍建设。二要突出强化依法行政。结合"强基础、转作风、树形象"专项行动，以理论知识、法律法规、岗位技能为重点，每月定期组织轮训，落实中层干部、后备干部等培训常态化机制。倡导"721"工作法，让70%的问题用服务手段解决，20%的问题用管理手段解决，10%的问题用执法手段解决，使"文明执法、微笑服务"成为城市管理工作的新名片。同时，积极推行全员办案制度，规范案卷制作。开展"双随机一公开"，加强事中事后监管，提升执法质量。探索法律顾问机制，谋求好参谋、好助手，提升依法决策、依法办事的能力水平。三要推进多元化城管宣传。加强与县电视台的合作，继续开办好"城管视点"等专题栏目。运用好微博、微信等新媒体资源，动态宣传城市管理工作成效。结合"南城城管"，积极开展"进商铺、进社区、进学校、进企业"的"四进"活动，党员干部走出来，下基层访民情，解难题助发展，补短板帮民生，化矛盾促和谐。

深化改革成果　推进城市管理

安徽省滁州市城市管理行政执法局

2017年，滁州市城管执法局作为安徽省第一批试点城市，率先进行了城管执法体制改革，改革划转了市政、亮化及园林3家单位，增加了城乡建设、环保等11家行政处罚权，对近800名城管执法人员进行了培训，建立完成了智慧城管监督指挥系统，效率较人工模式提高了30倍。

2018年，滁州市城管执法局以十九大精神为指引，认真贯彻落实省、市工作部署要求，坚持以创建全国文明城市为主线，进一步深化城管执法体制改革，突出城市基础设施建设和市容、市貌整治，锐意进取，攻坚克难，狠抓落实，城市管理品质提升，得到市民广泛认可。

一、全面加强思想政治建设

突出党的十九大精神和习近平新时代中国特色社会主义思想的学习贯彻，着力推进"两学一做"制度化、常态化，自觉把思想政治建设贯穿于城市管理和行政执法全过程。一是强化学习教育。坚持中心组带机关理论学习制度，认真学习贯彻党的十九大、十九届二中三中全会精神和习近平新时代中国特色社会主义思想，牢固确立"四个意识"，不断增强"四个自信"。紧密结合我局干部、职工的思想实际，广泛开展"讲严立"专题警示教育、创建全国文明城市作风整肃思想讨论、"三查三问"和"对接大江北、建设新滁州"大讨论，着力纠治形式主义、官僚主义，进一步树立求真务实、开拓创新、勤政高效、执法规范的城管新形象。全年党员干部共参加十九大精神轮训26人次，组织宣讲30场次，开展专题讨论40场次。二是强化基层党建工作。以基层组织标准化建设为抓手，严格落实"三会一课"制度，认真学习贯彻《中国共产党支部工作条例（试行）》，积极开展星级党员活动阵地建设，着力提升基层党组织建设制度化、规范化和科学化水平。扎实推进党建工作进社区、进企业，强化非公党建指导员职责，积极抓好非公企业、协会党组织建设。按照市委组织部统一部署要求，与琅琊区三岔路社区共同成立了联合党委、联合党支部，积极开展"党建带群建、合力抓创建"工作，先后开展走访入户宣传1500余户次、志愿者活动1200人次，并捐资10万元帮助社区完善基础设施建设。同时，我们根据市直机关工委部署要求，成立了机关纪委，积极开展监督执纪问责，严格落实党风廉政建设"两个责任"。三是强化意识形态工作。认真贯彻落实《党委（党组）意识形态工作责任制实施办法》，全面履行意识形态主体责任。局党组坚持把意识形态工作作为党建工作的重要内容，定期召开专题研判会，及时分析研究和解决意识形态领域存在的问题。先后制定了《意识形态工作责任制实施方案》《2018年意识形态工作要点和重点工作计划》，进一步完善督查考核机制，组织开展了对二级单位落实意识形态工作督查。重视做好对局网站、微信公众号的监管，严格落实信息发布审核程序，加强网络舆情的引导，进一步强化网络引导员工作职责，全面跟踪、及时回复网民关于城管方面的社会舆情，切实做到有效化解、及时消除各种负面舆情。

二、扎实开展全国文明城市创建行动

1. 有序推进基础设施建设。增设了道路隔离设施（隔离桩 15000 个，钢管护栏 2620 组，新型护栏 4.5 公里，隔离球 2000 个），改造修复盲道 2200 平方米，建设、改造主次干道路口无障碍设施 810 处、斑马线无障碍设施 62 处，对人行道、非机动车停车位进行应划尽划。

2. 平行开展市容专项整治。以治脏、治乱为突破，深入开展市容环境、经营秩序、文明养犬、餐饮油烟和城乡结合部环境整治。先后整改出店、占道经营 34220 余处；劝离机动车 21895 辆、非机动车 33438 辆，机动车累计贴单近 11000 条；捕捉收容犬只 375 条；整改安装餐饮油烟净化设备 255 户；拆除违法建设 18.7 万平方米。集中开展城市出入口综合整治 9 次，共清理灯箱广告牌 74 个，各类流动摊点 280 余个，整治、纠正出店经营 186 户，清理乱堆放杂物、死角垃圾约 400 吨，清除牛皮癣小广告 27900 余处，刷白陈旧墙面达 3000 平方米。目前占道经营、出店经营有所好转，部分区域得以有效遏制，犬只乱象一定程度有所好转，餐饮油烟污染治理初步取得成功。

3. 着力抓好绿化提升工作。一是实施道路绿化提升。全年累计改造提升道路绿化约 12 万平方米。二是加强绿化养护管理。对龙蟠大道、仁和路、凤凰路、清流路等部分脏乱差区域进行了清理并覆绿。三是开展主干道人行践绿整治。对龙蟠大道、南谯南路、中都大道、琅琊大道、扬子路等道路开展人行践绿整治工作，安装绿化防护护栏 6500 米，并对绿化进行了补植。

4. 加快落实环卫一体化项目。目前，共投入各类机械车辆 381 台，采用主次干道冲刷作业全覆盖，人行便道以洗代扫保洁作业，城市家具每日常态化清洗保洁，公厕实行一人一厕全新保洁模式。

5. 着力营造文明创建氛围。一是公益宣传。共设置高炮、楼顶等大型创建和未成年健康保护公益广告近百块，利用沿街效能灯箱、户外大屏、LED 电子显示屏、滚动播放文明创建内容。在主次干道、公园游园安装宣传牌 500 余块。二是开展志愿者活动。统一在中国志愿者服务网上注册，开展"双检""文明交通劝导"等志愿服务活动，124 名志愿者

服务时长均达到 25 个小时以上。三是联户创建。先后三个轮次开展干部入户走访活动，共入户走访 1500 余次，发放市民手册、《滁州市民公约》20000 余份。

6. 加快公园样本点建设。一是升级改造公园公厕。对 10 座公厕按照星级标准进行升级改造，已完工。二是对公园游园设施进行维修完善。在公园游园内增加 200 套果皮箱和 100 套座椅，安装直饮水设备，为前来休闲锻炼的市民和过往的游客饮水提供方便。三是实施公园景观亮化美化工程。对公园亭廊进行亮化提升。在道路交口和公园节点开展景观花卉栽植和自衍花卉播种，确保四季有花。对 7 座立体花坛及 212 组灯杆花卉进行更换。四是建设志愿服务站。11 个公园分别设置志愿服务站，配备应急雨伞、急救药品、开水等物品，给予群众最大方便，提高了市民幸福感和满意度。

三、深入推进"强转树"专项行动

全市城管队伍认真落实住建部（厅）要求，强化措施，精细管理，文明执法，惠民为民，规范管理强基础，转变作风抓落实，强化服务树形象。组织召开了全系统专项行动大会，按照"一年一主题"要求稳步推进，开展了规范执法行为年活动。

1. 加强舆论引导。广泛开展"七五"普法、城管"法律六进"活动。全椒县城管执法局利用宣传栏、电子屏发布"服务为先、管理优化、执法规范，城管在您身边"等公益广告，挖掘执法工作中涌现的先进事迹和典型经验，传播正能量，鼓励广大市民积极参与城市管理工作。凤阳县城管执法局拍摄城市管理微电影 1 部，并在滁州市委宣传部举办的微电影比赛中获得二等奖。天长市城管执法局陶其兵爱岗敬业、乐于奉献，汪永存见义勇为等事迹受到省电视台等多家媒体报道，引起社会强烈反响，两人先后被评为 2018 年"天长好人"，市局综合支队蒋伟连续 13 年无偿献血，被评为"安徽省无偿献血公益之星"和"滁州好人"。

2. 强化队伍建设。先后组织 176 人参加省住建厅组织的执法培训，200 余人参加了全市集中培训。各县市区组织了法律法规和操作实务测试。争取了财政部门支持，加大培训、装备配备、宣传教育等经费投入，协调编制部门，招考了 30 名工作人员充实到一线执法队伍。

3. 狠抓作风纪律。重点解决自由散漫、风纪不整、擅自离岗脱岗、出勤不出力等问题。执法过程中坚持"四个做到"：一是做到依照规定穿着制式服装和佩戴标志标识；二是做到从事执法工作时主动出示执法证件；三是做到执法过程中坚持语言文明和举止规范；四是做到执法活动实行全过程记录。

4. 提升管理服务水平。坚持问题导向、需求导向，变末端执法为源头治理，聚焦影响城市安全、制约发展、群众反映强烈的突出问题，加强综合整治。继续推行"721"工作法，增强为民便民亲民意识，与琅琊、南谯及琅管委等部门联合推动背街小巷整治、公共厕所中转站建设及"花鸟鱼虫"市场选址建设，深受好评。

四、全面落实"街道主责、社区主抓、城管主力单元网格主体"的管理体系

2018年3月，正式成立滁州市城市管理监督指挥中心，落实了人员编制，明确管理职责，完善工作体制机制。今年5月份，将我市原69个城管网格细划为153个文明创建网格。划分后网格化管理总负责为街道，具体实施为社区，督察指导为市城管局。截至12月9日，通过信息采集员监督上报、12319城管热线受理、12345市长热线交办和视频监控抓拍等方式，共发现各类城市管理问题162243起，经核实派发至相关责任单位处置的案件141880起，按期处置结案133700起，与传统模式相比，工作效率提高了近30倍，我市数字化城市管理水平稳步提升。

五、完成49条背街小巷改造

该项目列入我市2018年为民办实事项目。

该项目于5月28日开工建设，截至10月底，共49条背街小巷，除纳入老旧小区改造及整体地块拆迁2条外，其余47条巷道已全部完成。

通过改造，彻底解决路面坑洼不平、路牙破损严重问题；彻底解决道路积水、污水横流问题；彻底改变巷道照明昏暗、安全隐患等问题。进一步改善了中心城区人居环境，有效提升了城市形象，对我市全国文明城市创建工作起到了积极推动作用，也得到了人民群众的广泛认可。

六、完成74座公厕和12座垃圾中转站升级改造、新建6座公厕和4座垃圾中转站

该项目列入我市2018年为民办实事项目。

我局组织成立了工作领导小组，制定了方案，明确了工作任务和责任，安排了工作推进时间节点。多次召开调度会，每周跟踪推进。

目前，74座公厕改造已全部完成，并交北环公司管理。

6座新建公厕、4座垃圾中转站新建及12座垃圾中转站改造，正在按计划推进。

通过改造及新建公厕、中转站，城市如厕难问题得到根本性改变，市民及外来人员不再为如厕而烦恼，得到社会各界广泛好评。

七、高效完成园林绿化提升及公园公厕改造

针对季节特点，把握绿化重点，提前启动西涧路、清流路、丰乐大道、南谯南路、全椒路等道路绿化提升工作。累计完成平整场地约12万平方米，补植新植各类乔木亚乔木约1860株，更换灌木地被约11.4万平方米。目前工程已全部完成并验收，

着力打造琅琊大道文明创建示范路绿化工作。累计完成平整场地约4.8万平方米，补植新植各类乔木亚乔木约350株，更换灌木地被约3.6万平方米。对琅琊大道沿线游园进行节点提升，累计完成硬质铺装提升0.7万平方米，补植新植各类乔木亚乔木约230株，

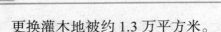

更换灌木地被约 1.3 万平方米。

扎实推进公园内十座公厕改造项目，努力打造星级公厕，目前公厕改造项目已于 9 月底全部完成，提升完成后得到了市民一致好评和社会群众的广泛认可。

八、加快推进生活垃圾分类

一是明确规范标准。成立了以市政府主要领导为组长的领导小组，印发《滁州市生活垃圾分类工作实施方案》，制定《滁州市环境卫生作业标准》和《滁州市环境卫生作业质量考核办法》，完成《滁州市垃圾分类管理办法》的立法论证。

二是加强宣传引导。建立了志愿服务队定点宣传，在广场、小区设置流动讲堂进行流动宣传，在全国节能宣传周、世界清洁地球日等重要节点举办宣传活动，在全国期刊上专页宣传，组织干部入户宣传。利用电视、报纸、网络媒体、社区橱窗、志愿服务等开展垃圾分类宣传，编印宣传册 5000 本，宣传单页 2 万张，开展流动讲堂宣传 17 次。

三是加大落实力度。将垃圾分类试点纳入城区环卫一体化项目，更新专业运输车辆，组建全密闭绿色物流车队，建立完整的垃圾分类投放、收集、分类转运、分类处置网络。启动焚烧厂二期、餐厨垃圾、厨余垃圾、建筑垃圾处理设施建设，同时建立 4 处可回收分拣中心。

目前，已在 6 个小区、2 家学校、1 个示范片区和全市公共机构率先开展垃圾分类试点。通过宣传，增强了居民分类意识，提高了分类投放准确率，为我市环保工作做出了积极贡献。

下一步，将垃圾分类纳入环卫一体化，工作由点及片，逐步推进，在党政机关全面开展，示范片区由单个向多个片区全面推广。

九、大力推进违法建设治理工作

按照省委、省政府"两治三改"专项行动三年方案和市"两治三改"专项行动实施方案要求及工作部署，全面开展争创"无违建县市区"活动。2018 年我市计划拆除违法建设约 18.8 万平方米。我局严格按照"严控增量、消化存量"的治理工作原则，认真谋划部署，科学制定方案，成立了"两治三改"违法建设治理工作领导小组和督办工作组，进行现场督查督办。4 月 10 日，我局在天长市召开了全市城管部门"两治三改"违法建设治理工作现场调度会，为扎实推进工作，我局分别于 3 月和 6 月，2 次组织对各县、市、区进行现场督查。

截至 12 月 17 日，全市"两治三改"违法建设全部完成。

十、规范实施城镇生活垃圾无害化处理

生活垃圾无害化处理工作被列入省考项目，局党组高度重视，进行专题部署，通过强

化工作力度，细化管理，规范运行垃圾填埋场，服务指导各县市区垃圾处理厂规范运行管理等措施，进一步提升我市生活垃圾无害化处理工作。

2月23日，召开全市生活垃圾处理重点工作培训会；9月4日，召开全市环卫工作座谈会；6月15日、20日、21日，对琅琊区、明光市、凤阳县、定远县开展目标考核及调研。

截至11月底，共处理无害化处理渗滤液6.8万吨；接纳焚烧垃圾33.8万吨。

下一步，我市将全力聚焦全国文明城市创建工作，进一步深化改革成果，用改革的精神与勇气，树立"用心抓管理、真心做服务"的理念，创新精细化城市管理机制，像绣花一样管理城市，完善标准化管理和执法体系，切实解决群众最关心、市民最关注的问题，把小事做好，大事做实，实现管理上水平、服务上层次。

打造新时代城管队伍
为美丽城市再添光彩

江西省万载县城市管理局局长　王　刚

城市是人类文明与进步的载体，城市管理工作是一项涉及面广、覆盖面大、管理职能多，关联千家万户的复杂系统工程，也是政府主要职能之一。一座完美的城市，三分靠建设，七分靠管理。城市管理水平的高低是反映一个地区文明程度、综合实力、整体品位的重要标志和直接体现。随着新型城镇化建设的积极推进，城市品位的提升赋于城管人更大的责任和压力。因此，如何打造一支新时代城管队伍管好城市、增强城市竞争力、促进城市管理水平的提升，是摆在我们面前的一个重要研究课题。

一、城市管理存在问题

（一）城管执法观念落后，顺应发展亟待待转变

当前城市管理部门实现管理目标的主要手段是行政处罚，这种方式很难使被管理者心服口服，被处罚的管理对象不但会喊怨，也不会对法律产生敬畏之心，这种简单粗略的执法方式，不但执法效果差，而且还会引发很多矛盾甚至冲突，从城管执法中反映了经济发展与社会发展的冲突，传统管理手段与多元化社会中日益复杂管理对象之间的冲突，把对社会公共事务的管理看成仅仅是政府的管理，这些都是执法观念落后的结果。

（二）人员素质参差不齐，综合素质亟待提升

有相当部分执法人员没有接受过系统的法律专业知识和岗位培训，存在不文明、不规范执法现象，主要表现在三个方面：一是服务不到位，贯彻落实"热情服务、微笑服务、主动服务、耐心服务、文服务"的要求不够自觉。二是举止不严、衣差不齐、缺乏队容风纪。三是执法随意性，不按程序办案，执法中不亮证、不表明身份、不告履职事项等素质低的表现。

（三）"借法执法"屡遭尴尬，城管履职举步维艰

城市管理至今还没有全国性的城管综合行政执法的法律法规，只能依据各种其他法规实施执法。这种"借法执法"会让百姓产生"城管无执法权"的质疑和对城管执法的抵制，并经常遭受执法尴尬。比如在实施控违拆建工作中，一些违章建筑当事人就态度"理直气壮"地抵制监管，甚至暴力抗法，使"借法执法"的城管部门越来越显得执法"无力"。并在

化工作力度，细化管理，规范运行垃圾填埋场，服务指导各县市区垃圾处理厂规范运行管理等措施，进一步提升我市生活垃圾无害化处理工作。

2月23日，召开全市生活垃圾处理重点工作培训会；9月4日，召开全市环卫工作座谈会；6月15日、20日、21日，对琅琊区、明光市、凤阳县、定远县开展目标考核及调研。

截至11月底，共处理无害化处理渗滤液6.8万吨；接纳焚烧垃圾33.8万吨。

下一步，我市将全力聚焦全国文明城市创建工作，进一步深化改革成果，用改革的精神与勇气，树立"用心抓管理、真心做服务"的理念，创新精细化城市管理机制，像绣花一样管理城市，完善标准化管理和执法体系，切实解决群众最关心、市民最关注的问题，把小事做好，大事做实，实现管理上水平、服务上层次。

打造新时代城管队伍
为美丽城市再添光彩

江西省万载县城市管理局局长　王　刚

城市是人类文明与进步的载体，城市管理工作是一项涉及面广、覆盖面大、管理职能多，关联千家万户的复杂系统工程，也是政府主要职能之一。一座完美的城市，三分靠建设，七分靠管理。城市管理水平的高低是反映一个地区文明程度、综合实力、整体品位的重要标志和直接体现。随着新型城镇化建设的积极推进，城市品位的提升赋于城管人更大的责任和压力。因此，如何打造一支新时代城管队伍管好城市、增强城市竞争力、促进城市管理水平的提升，是摆在我们面前的一个重要研究课题。

一、城市管理存在问题

（一）城管执法观念落后，顺应发展亟待待转变

当前城市管理部门实现管理目标的主要手段是行政处罚，这种方式很难使被管理者心服口服，被处罚的管理对象不但会喊怨，也不会对法律产生敬畏之心，这种简单粗略的执法方式，不但执法效果差，而且还会引发很多矛盾甚至冲突，从城管执法中反映了经济发展与社会发展的冲突，传统管理手段与多元化社会中日益复杂管理对象之间的冲突，把对社会公共事务的管理看成仅仅是政府的管理，这些都是执法观念落后的结果。

（二）人员素质参差不齐，综合素质亟待提升

有相当部分执法人员没有接受过系统的法律专业知识和岗位培训，存在不文明、不规范执法现象，主要表现在三个方面：一是服务不到位，贯彻落实"热情服务、微笑服务、主动服务、耐心服务、文服务"的要求不够自觉。二是举止不严、衣差不齐、缺乏队容风纪。三是执法随意性，不按程序办案，执法中不亮证、不表明身份、不告履职事项等素质低的表现。

（三）"借法执法"屡遭尴尬，城管履职举步维艰

城市管理至今还没有全国性的城管综合行政执法的法律法规，只能依据各种其他法规实施执法。这种"借法执法"会让百姓产生"城管无执法权"的质疑和对城管执法的抵制，并经常遭受执法尴尬。比如在实施控违拆建工作中，一些违章建筑当事人就态度"理直气壮"地抵制监管，甚至暴力抗法，使"借法执法"的城管部门越来越显得执法"无力"。并在

实施执法中，很容易引起被管理者情绪失控，产生矛盾冲突。而社会群众责任意识模糊，社会同情心一边倒倾向被管理者，无原则指责城管欺负老百姓，造成不应有的负面影响，给城管执法工作带来极大阻力。

二、解决问题的对策

解决城市管理存在的问题，必须坚持新时代宣传思想工作为先导，既要有宏观上的部署和规划，又要有细节上的权衡与考量，既要有强制性手段和方法，又要有柔性执法的人文关怀和服务，既要有长期的体制机制效能，又要有短期的目标路线，要打造一支高素质的城管队伍，通过文明执法、规范执法实现和谐城管，让城管队伍成为人民追求更美好生活的有力依据，不断提高人民群众的获得感、幸福感和满足感。

（一）强化法规培训，打造规范执法的新时代城管队伍

城管执法部门要适应新形势对城管执法工作的严峻挑战，要加大城管执法人员的法律法规培训教育力度，提升城管执法人员法规理论水平，逐步提高城管执法队伍的法律素质，在办案程序、行政处罚上要规范化。必须牢固树立人民管理城市的理念。在新形势下，加快形成与城市规模相匹配的城市管理能力，早日实现城市管理执法方式的现代化，成为人民群众对城市管理者的新期待、新要求。改进城市管理执法方式是城市管理执法机关提升服务和执法水平的集中体现。本质上是以满足市民需求为根本出发点，通过管理与执法工作使城市运行更加高效顺畅。改进城市管理执法方式，要求每位城管执法人员将以民为本，根植于脑海，强化宗旨意识，以人民满意为标准，切实解决群众的难点热点问题。在对待无照摊贩整治过程中，进行有序疏导，将城市的"面子"和老百姓的"肚子"从对立面解脱出来。进一步强化城管执法人员程序意识、权限意识和自觉接受监督意识，纠正简单粗暴的传统做法，努力让市民从城市管理活动中能感受到文明与公平正义。

（二）强化履职教育，打造敢担当作为的新时代城管队伍

要强化城管执法人员的履职教育，以继续开展"强基础、转作风、树形象"专项活动为契机，抓好城管执法队伍的作风建设，着力整治"怕、慢、假、庸、散"五种问题，提振城管执法人员精、气、神，以敢担当勇作为的精神投身城市管理之中，建立完善以目标和绩效为主要内容的执法人员量化考评制度，完善工作激励机制，充分调动一线执法人员的积极性，以作风建设的成效提升执法工作效能。要加大执法责任追究力度，提高制度落实力和纪律约束力。坚持严格依法办事，保证有法必依、执法必严、违法必究；坚持严格公正执法、依法惩处各类城市管理违法行为，一方面要突出重点整治，积极回应社会关切，紧紧围绕施工扬尘、露天烧烤、占道经营、餐厨垃圾、私搭乱建等群众切身利益，反映强烈的重点领域违法问题出实招、出重拳，坚决遏制违法行为多发高发态势，逐步破解城市顽疾，另一方面要创新治理机制，增强法律执行效果，建立信息共享、案情通报、案件移

送制度，要坚持关口前移，加强源头治理，加快城市管理执法工作从突击式、运动式整治到长效管控过渡，不断提升依法查处各类违法行为的能力。

（三）以人性化执法，打造和谐城管的新时代城管队伍

针对城管"借法执法"出现执法"无力"的问题，要以人性化技法感染人，用"亲民、爱民、护民"的方式帮助被管理者解决困难，营造和谐城管氛围，从一系列的爱民行动中，潜意默化地改变群众对城管执法人员偏见，提高执法效果。随着城市一体化进程的加快，经济改革开放的日趋深入，城市管理矛盾日渐尖锐，城市管理的重要性愈发明显，面对新问题和新情况，我们必须将"构建和谐"作为首要工作目标，在队伍建设上要求：

1. 加强教育培训，提高综合素质。要不断加强队员业务学习，提高队伍素质，抓好法律法规教育，牢固掌握相关法律法规，增强秉公执法、廉洁自律的自觉性。

2. 坚持执法为民，树立服务理念。端正工作作风，牢固树立执法为民观念，保证执法行为规范化、人性化，自觉纠正执法中的不文明行为。

3. 开展经常性思想教育。构建上下同心，气顺风正的和谐队伍，要有统一的政治思想，价值取向和信仰，切实做到正确引导队员，理顺情绪。

4. 坚持以人为本。积极构造真心关爱、相互理解的和谐城管队伍。认队员感受到组织的温暖，激发队员的工作热情，优化执法环境，维护执法权益。在强化维权意识、提高队员道德素质上下功夫，对一线队员正当权力从"事后保护"向"事先预防"拓展，从而树立和维护城管的执法权威。城市管理要适应经济社会发展需要，首先要做好管理观念上和执法方式上的两大转变。

一是管理理念上的转变。城管执法对象大多为弱势群体，以往工作方式多粗犷单一，"冲杀"式和"扫荡"式的大规模整治已不再适应构建和谐社会的形式要求。如何更好地服务于社会、服务于群众，确定"民本位"的价值取向，把理念认识转化为自觉行动，使传统经济条件下的管理者和监督者，转变成公共利益，社会公平的维护者和服务者。

二是执法方式上的转变。其实在我们城管执法工作中，人性化执法，就是文明执法，文明执法就要做好执法合法，不能该查的不查，该管的不管，该走程序的不走，不是把讲文明作为降低执法标准的借口，老百姓看重的执法部门的公允性，因此我们执法要秉公办事，这是阳光执法，不是与和谐社会背道而驰的行为。实际工作中，我们应遵循合理性原则，明断是非，要熟悉本职工作，掌握区域地形，状态和社情；要有良好的素质和个人修养，俗话说："一句话惹人笑、一句话惹人跳"，有良好的承受能力既是尊重他人，又是不失风度的执法表现；要在管理上讲究方式方法，定点管源头，激动巡苗头，务必使管理达到成效；处事要准确，处理要果断，胆大心细，对当事人的无理取闹要讲清事实、事由及造成的后果，用良好的语言，从思想上转化当事人，当事人情绪急噪下往往是气急攻心，神志不清，我们要巧言解答，点悟当事人的正常思想。沟通了人与人这间的距离，把服务、

监督、管理融合在一起，形成全社会共抓城市管理的良好氛围。只有管理者把自身融入社会生活中，情牵民意、情系民心，做到公开、公正、公平，城管工作才会赢得市民理解，城市管理秩序才能向着健康、有序、规范的方向高速运转。

打造一支新时代城管队伍，必须体现"勇于担当、忍辱负重的大局观念；任劳任怨、勤奋敬业的奉献精神；迎难而上、敢于担当的果敢作风；善于学习、永不自满的创新精神"这个精神层面的城管文化。要以新时代城管队伍的崭新姿态，为美丽的城市再添光彩。

鸡泽县服务新时代
"互联网 +" 助力城市管理

河北省鸡泽县城市管理和综合行政执法局

"通过微信就能把门前事儿时时反映给城管局，反映后 1 个小时内就有专人给出反馈结果，既省心又省力""以前我开车出去送货，家里要是水费欠费了，就得麻烦邻居帮忙去交，孩子奶奶身体不好，没办法只能这样，不过现在能在微信公众号直接交水费了，真不赖，真是解决了我家生活的大问题"等等，这一个又一个的变化，正是该县城市管理工作成效显现的缩影。

2017 年全国两会上，习近平提出了"城市管理应该像绣花一样精细"的总体要求。党的十九大报告进一步指出，我国社会主要矛盾已经转化为人民日益增长的美好生活需要和不平衡不充分的发展之间的矛盾。习近平在 2018 年新年贺词中再次强调，要"让人民生活更加幸福美满"。

——鸡泽县委县政府以习近平总书记讲话和党的十九大精神为牵总，在六化（要求标准化、推进责任化、参与全民化、运作市场化、管理数字化、操作网格化）的基础上，聚焦城市"细化""序化""净化""美化"，通过"互联网 +"模式，从惠民、利民的角度出发，持之以恒破难题、补短板、强弱项，全面提升市政设施、环境卫生、城市市容等方面的品质，推进城市精细化工作的纵深开展，不断满足群众日益增长的美好生活需要，提高全县人民的幸福感和满意度。

一、拓展"互联网 +"管理思路

通过长时间的摸索，鸡泽县总结出城市管理"互联网 +"服务新理念，一是利用数字化城管指挥中心，在县城重要路段与重要部位，安装的 38 个 200 万像素的高清球机摄像头的基础上，对县城监控资源进行整合，推动城管、公安、交警监控资源共享，实现了城市管理的无缝隙、全覆盖，提高了对城市重要道路及重要场所监控图像资料集中管理和控制能力。二是加快数字化城市管理综合指挥平台互补建设机制，综合运用微信、美篇等现代新兴技术与城市管理工作进行深度融合，通过"群众之眼、群众之言"，全面提升城市管理的精细化水平。

二、探索管理服务提升路径

为更好的服务民生工作，鸡泽县按照河北省、邯郸市"双创双服"工作部署和住建部"721"工作要求，一是创新工作方法和管理手段，利用微信平台这一新兴媒体优势，通过发放"城市共建"明白纸、流动宣传执法车流动宣传等举措，将县城区商户按照"分区建群，自愿入退，积极建言、参与管理"原则，组建了5个"城管＋商户互动共建"微信群，囊括商户达3000余家。城管队员通过微信群发布城市管理工作动态信息，宣传城市管理规章措施，受理商户反映问题，指导商户落实"门前五包"等相关规定。商户提出城市管理"弊端"和不足，宣传自身经营、售卖产品优势等等，在县城区范围内形成了"家家知晓、户户参与"的浓厚管理氛围，基本实现了城管与商户之间融洽交流、在线管理，促进了工作效率和管理水平提升，助推城市管理工作上新台阶。截至目前，先后接收上报案件102条，其中有效案件98条，结案率达96%。二是为提高智能化供水服务水平，依托微信公众号平台，鸡泽县开通了微信平台缴纳、查询水费等业务，用户通过绑定交费户号，便可以定时收到系统推送的"水费交费信息"，也可通过"用水查询"查看交费状态、交费金额，实现随时随地想存就存，避免了欠费结算的烦恼。目前，鸡泽县县城区水费缴纳实现了"一站式"网络缴费。三是为优化提升游客游玩体验，鸡泽县采取了"先试点、后推广"的工作举措，以五星级毛遂公园为试点，于年初面向社会公开招租了一批自动售卖机，通过一年来的试运行，深受广大游客欢迎。为此，鸡泽县结合群众期盼和游客呼声，将朴园、文化广场等人员较为集中的广场游园纳入了第二批招租范围，现该事宜正在筹备中。

三、范化城市管理执法举措

为进一步提升城管执法形象，深入推进城管执法队伍"强基础、转作风、树形象"整治活动开展，打通城市治理的"最后一公里"，几年来，鸡泽县始终坚持把功夫下在日常，每天从零开始，每天进步1%，通过积极探索新形势下的城市管理模式，着力破解市容环境管理重难点问题。一是以服务促管理，变被动管理为主动服务，变末端执法为源头治理，通过"面对面、心对心"的人性化工作管理模式，在拉家常中实现了执法人员与摊贩相互理解、相互支持。本来"结怨"颇深的城管与摊贩在鸡泽成了一家亲，群众满意度不断提升。二是先后完成执法制式服装的统一配置，购置了执法车辆，建立和完善了执法全过程记录、执法公示制度等一系列的规章制度，同时持续加大执法队员培训力度，联合县法制办举办了多次执法培训班，对现有在编执法人员全部进行了业务培训和考试，城管执法队员素质大大提高，在一定程度上破解了执法方式简单难题。三是在建立健全了执法公示、执法全过程记录、重大执法决定法制审核等制度的同时，先后购置了3台摄像机，2个录音笔，2台照相机，12台执法记录仪，成立了法律法规业务指导科室，聘请法务工作专家，在行政处罚中，基本做到了卷宗整理有序，执法主体适格，事实认定清楚，法律依据明确，执法程序正当。四是以"一线工作"为手段，以"网格化"为依托，将县城分为五个片区，每片区域对应一支执法队伍，"一对一"的对各街道和重点节点实行"微信台账化"管理，将"微汇报""微执法""微督查""微反馈"纳入日常执法工作中，今年以来累计清理大花脸、小广告 8000 余处，规范店外经营、流动摊点 3100 余处，县城容貌大为改观，深受居民的欢迎，鸡泽县先后获评"国家园林县城""河北省洁净城市""人居环境进步奖"等一系列的荣誉。

四、优化管理打造净美环境

为做好做优人工保洁水平，净化美化县城环境，鸡泽县以"等不起"的紧迫感、"慢不得"的危机感、"坐不住"的责任感，攻坚道路扬尘污染综合治理工作。一是坚持新城区、老城区一个标准，除绿化受空间限制外，环卫、执法等新老城区一视同仁。老城区人口多，密度大，市场多，商贩集中，容貌整治、环卫清扫和保洁任务间距，在人员分配上给予倾斜，从而有效保证环卫保洁的质量和效果。二是在原有人工保洁常规标准的基础上，推行"扁丝清扫法"，将扁丝清扫工具分配到 200 余名环卫工手中，通过扫地摩擦产生的静电吸附效果，极大的提升道路保洁水平。三是封堵保洁空白，针对便道等沙、土难清理、易污染的区域，每天组织 20 余名环卫工，利用 3 台便道清洗机，分街道、分区域实施便道水冲除污作业，杜绝了"尘不净，两遍扫"的问题发生。四是对机械化车辆无法作业的部位及人行道，根据道路属性、人车流量、道路两侧商业属性等进行人员配置，实行清扫保洁"网格化"管理模式，落实"四定"（即定路段、定人员、定标准、定奖罚）工作机制，推行人工与车辆互相配合的"二级捡拾"工作制度，全力保障路面干净整洁。五是利用凌晨 12 点后居民、商户休息、歇业的空挡期，每月开展一次夜间保洁作业，对县城区所有街道进行地毯式清扫抑尘。在 2018 年邯郸市组织的 6、7、10 月份三次道路扬尘治理专项督导中，鸡泽县"以克论净"达标率分别蝉联第一。

此外，鸡泽县将在"互联网＋"的基础上，建立全方位监督和指挥协调"两个轴心"的城市管理体制，扩展应用到城市综合管理相关职能部门，提升公共服务质量和水平，为全县人民提供更加快速、优质、高效的综合服务。

提高城管队伍素质　提升城市管理水平
开创城市管理工作新局面
——县城市管理和综合执法局 2018 年工作总结和 2019 年工作打算

广东省大埔县城市管理和综合执法局

　　2018 年，县城市管理和综合执法局坚持以习近平新时代中国特色社会主义思想为指引，认真按照省、市、县的有关决策部署，牢固树立"大城综"工作理念，紧紧围绕城市执法体制改革和"巩文创卫"工作要求，扭紧网格化管理、规范化执法、人性化服务三大抓手，通过强行入轨、强化管理的方式，加速整合了行政执法队伍力量，加强了市容环境卫生综合整治力度，加快了市政公共基础设施建设，各项工作取得了显著成效。

一、工作情况

　　——自身建设全面加强，队伍形象有效提升。严抓党的思想政治教育，以"三会一课"为抓手扎实推进"两学一做"制度化常态化，营造浓厚的十九大、习近平总书记系列重要讲话精神等的学习氛围，进一步提升干部职工政治素养。坚决全面彻底肃清李嘉、万庆良流毒影响，组织党员干部深入开展自查自纠工作，坚持正确用人选人导向，努力营造风清气正的政治生态。城市管理执法体制改革顺利完成，已移交住建、工商、交通、水务等方面的职能，设立了党组，5 名领导班子成员到位，队伍建设逐步完善，局工作规则、"三重一大"集体决策制度、党组议事规则等逐步修订出台。成功向社会公开招聘 2 批共计 25 名城市管理协管员，上岗前聘请公安特警对协管员进行专业技能培训，城市管理队伍得到进一步充实。领导班子深入践行"一线工作法"，身先士卒、以上率下带动全局工作作风大转变，形成了敢于担当、务实肯干、雷厉风行的良好工作作风。精准扶贫工作有序开展，派出专人驻湖寮镇开展扶贫帮扶工作，重大节日定期到帮扶的双髻山村、河腰村、密坑村开展访贫慰问、送温暖等活动，发动干部职工积极参加"扶贫济困日"和教育基金等捐款活动，支持、帮助城乡贫困群众加快脱贫奔康步伐，有力推进全面建成小康社会目标。普法、综治工作扎实推进，扫黑除恶专项斗争向纵深开展，设立了举报信箱和举报电话，每月定时上报线索摸排情况，悬挂宣传横幅、张贴宣传海报、扩大宣传层面，加强线索摸排，并发动群众积极举报有关线索，切实维护我县城市管理综合执法领域的和谐稳定。积极主动、扎实做好中央第十二巡视组、省委第九巡视组反馈意见中涉及本部门问题的整改落实工作，巩固深化巡视整改成果，认真开展国务院大督查自查工作，严格对标对表，雷厉风行，逐项对照督查重点内容，全面查缺补漏、边查边改、立行立改，确保中央、国务院重大决策部署和政策措施不折不扣落实到位。有序开展"强基础、转作风、树形象"专项行动，执法队伍努力做到执法理念人性化、执法手段法制化、执法程序规范化，依法行政意识得到增强，依法执法和文明执法能力得到提高。"六位一体"网格化管理模式成效明显，城市管理精细化、常态化、长效化工作格局逐步形成。

——市政设施建设稳步推进，公共服务质量逐步提高。老城区"九街一场"约 3.64 公里的市政道路、灯光、绿化等综合提升改造工程基本完工，市政公共基础设施功能进一步完善，推动县城扩容提质，城市面貌大幅改观。抓住"巩文创卫"契机，提升改造城区 14 座公厕、4 个农贸市场和 4 座垃圾中转站，规划建设了 2 个临时市场，更好地满足人民群众的生活、出行、休闲等多方面需求。城东城北片区约 4.5 公里的供水主管改造完成，老城区供水水压不足等问题得到解决。县城生活垃圾填埋场整改工作稳步推进，渗滤液处理站维修调试、增设地下监测井、完善在线监测设备、编制应急预案、渗滤液收集调节池除险加固等各项整改措施已完成，正向环保部门申请开展环保竣工验收工作。全县生活垃圾日产生量约为 200 吨（城区 102 吨、乡镇 98 吨），生活垃圾经严格检查后进场，按标准规范采取推平、压实、消杀、除臭、覆土等措施进行填埋处理，2018 年共处理生活垃圾 70783 吨（城区 36270 吨、乡镇 34513 吨），同比增加 5083 吨，全县生活垃圾填埋无害化处理率达到 100%，同比增加 1.5%。数字化城市管理中心前后端建设全面完工，申请与梅州市数字化城市管理平台数据互通互联和开通"12319"城管热线等各项工作正有序推进中。生活垃圾转运项目前期工作正有序筹备中，经县委、县政府及有关部门广泛调研，拟将生活垃圾压缩转运站选址在大麻镇青里村竹头坑，在转运站建成后，采购政府购买社会服务模式，将全县生活垃圾运至该压缩转运站进行减量化处理后统一转运至梅州市奇龙坑垃圾焚烧厂进行焚烧处理。

——市容专项整治成效显著，市容市貌大幅改善。按照"分步实施，整体推进"原则持续开展市容和环境卫生专项整治行动，组织城监、环卫、城建、园林、供排水等下属单位，联合公安、交警等部门，分月、分区域广泛开展城区街道、市场周边及城中村的"六乱"整治行动，向商户、市民发放《致市民的一封信》，对占道经营、乱摆乱卖、乱拉乱挂、乱画乱贴等"六乱"、违规私设爬坡石、占道空调主机、城市"牛皮癣"、残旧广告招牌、背街小巷垃圾杂物、占道经营早餐夜宵烧烤档等进行了专项重点整治；同时成立了 20 人的"牛皮癣"清理工作组，用"天那水""清洁剂""高压喷头"等清理工具，分区域对背街小巷、居民区乱张贴的小广告、"牛皮癣"进行彻底清理，整治行动取得良好成效，市容市貌大幅改观。2018 年，出动宣传车巡回宣传 700 辆/次，上门发放宣传资料 50 多人/次，

共发出 2500 份《致市民的一封信》、发出 3500 份《整改通知》，出动 9240 人 / 次，同比增加 5100 人 / 次；规范县城 41 条街道 470 多家店铺进店经营 4500 间 / 次，同比减少 1900 间 / 次；规范线内摆卖 1720 摊，同比减少 1360 摊；规范早餐宵夜店违规占道经营 210 间，同比增加 250 间 / 次；拆除灯箱广告招牌 643 块，同比减少 337 块；拆除广告横幅 746 条，同比减少 190 条；拆除铁皮瓦棚、伸缩帐篷 442 户，同比减少 296 户；拆除遮阳布 737 条，同比增加 87 条；拆除违规私设爬坡石 702 个、370 米，同比增加 385 个、210 米；清理"牛皮癣"约 44060 多处，同比增加 23720 多处；清理居民小区乱堆乱放废弃物 344 车，同比增加 282 车；协助查处乱停放车辆 130 辆 / 次，同比增加 130 辆 / 次；拖走处理"僵尸车"12 辆、同比增加 10 辆；拆除占道摆放空调主机 352 台；收缴、暂扣占道堆放、摆卖的工具和其他物品一批，处理各种违章摆卖堆放罚款 25650 元、同比增加 21150 元。在农贸市场提升改造和临时市场建设完成开业后，对城北路、新城路延伸段存在二十多年的乱摆乱卖、占道经营行为开展专项集中整治，解决了困扰周边市民二十多年的老大难问题。多层次多领域开展联合执法行动，联合安监、工商、交通等部门联合开展燃气安全生产检查 3 批 / 次，联合国土、公路、水务、供电、乡镇等单位依法整治非法采砂、洗砂行为 3 批 / 次，联合公安交警依法整治二手车商铺占道经营行为 5 批 / 次，有效打击各类违法违规行为，城市管理秩序进一步规范。

　　——城市服务功能逐步完善，日常管护形成长效化。更换城区残破旧果皮箱，在主街道安装新式分类果皮箱约 600 个，同比增加 100 个，在巷道、居民区等增设垃圾箱和垃圾桶约 880 个，同比增加 230 个，在小区、学校周边放置大拉臂垃圾箱 25 个，并安排人员轮流冲洗，确保果皮箱、垃圾桶干净整洁，有效提升了城区卫生水平。加大市政洒水频次，控制城区扬尘污染，每天出动 5 辆洒水车，分"早中晚"作业时间对城区主街道路面进行洒水。新成立专门冲洗队伍，于 2018 年 1 月起利用消防栓、水管、高压水枪等人工冲洗街道路面、人行道和五家居，路面扬尘大大降低。按照"巩文创卫"要求抓好城区道路市政砖异响、松动、破损和路面地板渍水、下陷、凹凸不平等的修缮、路灯检修、市政路灯线路更换修缮等工作。2018 年，共修补城区路面约 4870 多平方米，同比增加 1550 平方米；修补人行道约 1710 多平方米，同比增加 910 平方米；修复路沿石约 330 多米，同比增加 20 米；修复人行道市政砖（含盲人砖）约 3200 多块，同比增加 924 块；河堤石栏杆约 120 多米，渍水、异响约 170 多处，水泥硬底化约 520 多平方米，同比增加 160 平方米；沥青修补水泥路面、桥梁约 300 多平方米，同比减少 300 平方米。零星更换城区残旧、破损灯球 130 多只，同比减少 1950 只；更换 LED 路灯及配件约 103 盏，钠灯约 290 只；改造节能环保 LED 灯 589 盏，同比增加 223 盏；更换节能灯约 762 只，同比增加 552 只；修复线路 3620 多米，同比增长 1200 米，修复、更换路灯检查井 245 套，同比增加 15 套；更换环二路、义招路等路段的电缆线 7100 米、LED 路灯、高架灯 94 盏，更换环城路河堤路灯庭院灯约

734 多盏，其它零配件约 1600 件（只）。加强市政排水管道日常巡查，及时清理影响排水的下水道、更换、维护损坏井盖，对行人踩过、车辆辗过有响声的井盖采取垫胶皮等方法进行消声，安装更换缺失、漏装、损坏的防蚊闸，用于预防、控制和消除"四害"，防止相关传染病的发生与传播。2018 年，共维修、更换雨箅 640 只，同比减少 398 只；更换井盖 410 只，同比增加 138 只；垫胶皮 420 只，同比减少 160 只；清理排沟渠、下水道 330 处，同比增加 227 处；安装防蚊闸 830 套，同比减少 1170 套。注重改进自来水制水厂制水工艺、加强市政供水管网测漏抢修等工作，城区日制水能力 3 万吨，出厂水合格率 100%，末梢水合格率 100%，城区供水能力进一步提升。2018 年，全年产水量 1153.31 万立方米，同比增长 46.59%，全年水费收入 1433.13 万元，同比增长 8.84%，全年销售水量 699.78 万立方米，同比增长 9.07%，新增用水户 3210 户，同比增长 5.89%，平均回收率约 63%（不含市政用水），同比增长 7.71%，处理、抢修市政供水管网大小漏处 1793 宗，同比增长 45.65%。县城污水处理厂共处理生活污水 758.01 万吨，同比减少 3.18 万吨，平均日处理污水量 2.08 万吨，运行负荷率达到 100%，污水集中处理率 100%，污水处理达标排放率 100%，产生污泥 703.4 吨，全部运至丰顺污泥处理中心进行无害化处理。市政基础设施得到良好管护。抓好西湖公园、滨江公园、梅河公园、长寿公园的日常管护工作，及时补种园林绿化和公园树木花卉，按季节更换公园时花，市政道路提升改造中打造"一街一景"种植新树种。2018 年，公园补种黄花风铃木、毛杜鹃、长春花和美人蕉等花木 9500 株，铺贴草皮 5300 平方米，清理"牛皮癣" 222 处，更换梅花灯、庭院灯、洗墙灯、池底灯等景观灯 560 盏，每月清理西湖公园淤泥，定期开展病微生物防治工作，公园净化、美化、亮化水平大大提升。坚持以"管理园林绿地，美化城市环境"为宗旨，以"巩文创卫"为抓手，大力提升绿化水平，美化景观效果。2018 年，城区绿化补换改造和点缀种植龙船花、黄芯梅、三角梅、大红花等灌木袋苗约 9500 袋，同比增加 26%；樟树、细叶榕、仁面子、白玉兰、桂花、秋枫等路树约 750 株，同比增加 18%；改造、建植进城大道、山庄路、文化广场、花坛绿地面积约 2300 平方米，同比增加 43%。县城建成区绿化覆盖面积达 324.5 公顷，同比增加 1.3%；绿地面积达 278 公顷，同比增加 2.3%；公共绿地面积达 216.5 公顷，同比增加 1.5%；绿化覆盖率达 46.5%，绿地率达 41.8%，人均公园绿地面积 21.5 平方米，同比增加 0.9%，城区绿化水平进一步提高。

——绣花式精细管理探索实施，管理能力大大提高。城区街道全面整治完成后，将市容环境卫生整治工作向城乡结合部、背街小巷、无物业居民小区周边延伸，组织城监、环卫等单位联合城中村共同清理乱堆乱放垃圾杂物、屋后墙角杂草等，每天出动约 20 人、铲车、钩机、垃圾运输车等车辆配合开展清杂工作，共清理垃圾杂物约 900 多车次。加大宣传力度，向市民和商户发放"门前三包"和"巩文创卫"宣传单 4000 多份，引导市民自觉维护公共卫生；向沿街商户派发垃圾桶，引导商户将垃圾放置在垃圾桶内，环卫每天进行统一回收，杜绝了垃圾乱丢现象。规范建筑工地渣土运输管理，要求工地车辆冲洗干净方可驶出工地，实行密闭式运输，按照规定路线和时间行驶，经检查合格后发放建筑渣土车辆"准运证"，城监、环卫联合查处违规运输行为。2018年，发放建筑工地渣土运输车辆准运证29份（同比增长6份），共处理建筑渣土"扬、撒、漏"和乱倾倒生活垃圾案件14宗，处理罚款1.52万元、比上年增加1.22万元。创新城市管理措施，城监大队成立10人队员联合公安巡警大队特勤队员徒步巡逻城区治安和市容环境卫生，引导教育商户规范进店经营，加强市民劝导教育，及时发现、现场解决细节问题，确保专项整治成效得到常态化、长效化巩固。扎实做好信访工作，设立投诉举报电话和微信公众号举报平台，发动群众积极举报、投诉"六乱""两违"等行为，并及时安排责任单位解决群众反映诉求，提高了群众参与城市管理的积极性和获得感。2018年，共受理群众来电、来信、来访（含网上）信访案件560宗，同比增加395宗，已处理案件514宗，处理率达92%。规范临时占用或挖掘城市道路、绿地或树木伐移、主城区设置户外广告、城镇污水排放、燃气经营、建筑垃圾渣土运输、占用人行道装修、特殊时间段临时摆卖（新店开业花篮、早晚面摊巷口摆卖等）方面的审批管理工作，积极引导市民、商户开展上述活动时提前到我局进行审批，并按规定时间地点要求摆放、售卖，从源头上减少各类违法违规行为的发生。2018年，共受理户外广告设置审批175起，临时占道挖掘审批200起、1200平方米，同比减少215起、1010平方米；处理不申报办理手续12起，同比减少19起；处理违章、私自乱挖、挖破30起，同比减少19起。"六位一体"网格化管理扎实推进，各责任单位严格按照实施细则将责任细化、量化至每个岗位和个人，通过加强日常巡查、管护、监督，发现问题及时上传至微信工作群，责任单位立即进行整改落实，切实形成互帮互补、互查互督、一荣俱荣、一损俱损的良好工作局面，实行城市绣花式精细化管理，大大提高了城市管理能力和综合执法水平，大力助推"巩文创卫"目标任务。

——隐患排查治理常抓不懈，安全生产实行源头管控。严格按照"管行业必须管安全、管业务必须管安全、管生产经营必须管安全"和"谁主管谁负责"的原则，坚持"抓安全生产最重要的就是抓隐患排查治理"的宗旨，加强日常隐患排查治理工作，切实将安全生产时刻记在心上、扛在肩上、抓在手上、落在行动上。城市燃气管理职能移交后，严格按照有关规定进行日常监督管理，积极参与全县安全生产月宣传活动，开展燃气安全生产隐患排查工作，对全县2间燃气管道公司、6间燃气经营企业（气站）、88个燃气经销点的安全生产进行定期或不定期、全面或随机实地检查，建立巡查台账，记录巡查事项，编制燃气安全管理专项应急预案，组建燃气应急救援队伍，依法查处违规经营行为。2018年，共发放燃气安全手册300份，组织学习燃气安全使用小常识3次，检查液化石油气站120间/次、天然气公司24间/次、燃气经销点696间/次，下发整改通知书58份，依法暂扣违规气瓶72瓶，依法处理违规销售充装液化气经销点3个，处理罚款3000元、比上年增加 2400 元，有效打击了违规经营燃气行为，规范了燃气经营秩序，将燃气安全生产管理工作落到实处。加强桥梁安全生产检查，及时排查存在安全隐患，对使用年限较久的梅河大桥和黎家坪田家炳大桥采取加装限高栏、设置警示牌、限载标志、修复桥体等措施，确保桥梁通行安全。2018 年，共修复被超高车辆撞坏、损坏的限高栏 31 次，修复倾斜路灯杆 13 次，。加强汛期城乡电力设施安全管理，全面排查城区涉电设施设备，发现公园、路灯等存在安全隐患 16 处，立即采取措施整改完毕，并组织城建、园林部门全面清理拆除城区路树上私拉乱挂的电线彩灯等涉电设施，确保安全。实行安全生产隐患排查源头管控，加大临时建（构）筑物、绿化路树、公园乔木、市政路灯、景观亮化灯、市政桥梁、市政井盖雨箅、市政供水管网、市政管线、生活垃圾中转站、生活垃圾填埋场等市政设施的隐患排查治理力度，制定安全生产隐患排查治理情况登记表，每月上报本部门本单位存在的安全隐患、整改措施、整改时间要求、隐患点整改前后对比照片等情况，不得"零上报"，促进安全生产责任真正落实，提高安全生产源头监管能力。

——"两违""双抢"源头监管，城乡建设秩序进一步规范。保持高压态势，以"零容忍"的态度强化巡查监管和打击力度，坚持防控结合，整合各方力量，建立健全快速反应机制，严格控制、严厉打击"两违"行为。加大源头巡查监管力度，实行错时延时、双休节假日常态化值班制，采取动态巡查责任制，制定巡查方案、建立巡查台账，坚持"重心前移、前置管理、源头防范"，联合城中村强化日常巡查监管，做到第一时间掌握情况，第一时间处置到位，从源头上遏制新增"两违"。建立打击"两违"联动机制，整合城综、国土、住建、公安、湖寮镇等单位的力量，建立打击"两违"联动机制，一经发现动土马上制止、马上联动拆除，将"两违"现象控制在萌芽状态。发动群众积极投诉、举报"两违"案件，切实依靠群众的力量，形成共同抵制"两违"的良好局面。2018 年，查处各类违法违章建设 65 宗、比上年增加 39 宗；违法违章建筑面积 12809 平方米、比上年减少 305 平方米；申请供水、供电部门配合暂停对违法建筑停电、停水 15 宗，比上年减少 2 宗；处理违法建筑罚款 92.09 万元、比上年增加 5.42 万元；派出骨干力量配合大麻、茶阳、三河等乡镇开展镇容村貌整治和拆除违法建筑工作 11 批 / 次，打击各类违法用地和抢建抢种行为，有效保障了城乡规划建设健康有序发展。

二、存在问题和困难

今年来，通过不懈努力，虽然各项工作取得一定成绩，但仍然存在一些突出的问题和困难：一是思想政治理论学习不够系统不够深入，部分干部存在"重业务轻学习"的现象，政治学习积极性不够。二是部分职责的移交工作尚未全面完成，环保、城区交通管理方面的行政处罚权尚未划转我局，镇村污水处理设施需待其建设完工后方移交我局管理。三是市政公共基础设施建设不够完善，老城区部分市政道路破损严重，应急避险场所建设尚未

完成，环境卫生和绿化管护尚未实现市场化。四是城市管理和综合执法效能有待提升，依法执法和文明执法意识有待进一步增强，执法责任追究机制和激励机制有待进一步完善。

三、2019 年工作打算

（一）抓党建、强班子，带队伍、转作风

以习近平新时代中国特色社会主义思想为指引，紧密结合中央、省委会议精神和市、县工作部署，牢固树立问题导向，坚持从主观上查找原因、从客观上分析不足，以"队伍正规化、管理精细化、执法规范化、服务人性化"为标准，全面加强政治、作风、队伍和制度建设。

深入践行"三严三实"要求，抓好党建工作。注重思想政治建设，坚持把学习十九大、习近平总书记对广东重要指示批示和视察广东重要讲话精神作为首要政治任务，提高政治理论学习自觉性和积极性，提升全体干部职工的政治站位和政治素养。深化全面从严治党，严肃党内政治生活，坚决全面彻底肃清李嘉、万庆良等流毒影响，坚持正确选人用人导向，凝聚干事创业正能量，营造风清气正的政治氛围。

加强领导班子自身建设，打造过硬队伍。从严抓好党组中心组学习制度，不断增强领导班子的政治坚定性，自觉用正确的理论指导工作。严格履行"一岗双责"，贯彻落实民主集中制，坚持领导班子抓大谋总、把关定向、凝心聚力，打造一支"信念坚定、为民服务、勤政务实、敢于担当、清正廉洁"攻坚干事队伍，形成思想同心、工作同步、责任同担的良好工作局面。

充分发挥"关键少数"作用，带动作风转变。党员领导干部深入践行"一线工作法"，主动放下架子、沉下身子、迈开步子，以上率下、身先士卒带动全局工作作风大转变，强化责任担当、发扬奉献精神、提升履职能力，切实形成敢于担当、务实肯干、雷厉风行的良好工作作风，促进城市管理和综合执法各项事业上新的台阶。

（二）扎实开展巡视整改，深入推进扫黑除恶

多措并举整治扬尘污染，提升城区空气质量。根据省委第九巡视组反馈意见的整改要求，采取三大措施控制城区扬尘污染，提升城区空气质量和人居环境。一是加强建筑工地源头监管，联合住建部门依法查处建筑工地内的扬尘污染，联合交警、交通部门严格查处渣土运输车辆违规运输行为。二是加大市政洒水降尘频次，环卫市政洒水作业分"早中晚"时间段（早上 5：00 ~ 8：00，中午 11：30 ~ 14：00，下午 16：30 ~ 19：00）洒水降尘，控制城区道路扬尘污染。三是持续开展"一月一冲洗"行动，在日常清扫、保洁、洒水的基础上，冲洗队伍每月轮流冲洗城区道路，提高除尘效果和空气质量。四是合理利用"再生水"资源。拟在县城污水处理厂建设一个取水点，将处理达标后的"再生水"，用于环卫市政洒水、街道冲洗和园林绿化灌溉，在不影响居民生活用水的同时又能保障市政用水

需求，减轻供水压力和财政负担。

加快中央环保督查整改，完善垃圾处理设施。一是生活垃圾填埋场通过环保竣工验收后，配合住建部门按相关程序做好渗滤液处理站移交工作，进一步加强薄弱环节整改和管理，加强人员培训，建立管理台账，编制应急预案并报环保部门备案，聘请有资质的第三方对渗滤液处理站进行专业运营维护，确保渗滤液经处理后达标排放。二是增加垃圾中转站和垃圾填埋场的消杀、除臭频次，减少异味影响，缩小填埋作业面积，加快填土和覆盖，确保垃圾日产日清。

推进扫黑除恶专项斗争，维护城市治安稳定。一是提高思想认识和政治站位。自觉站在讲政治、讲大局的高度认真对待此项工作，认真摸底排查各自业务领域内是否存在涉黑涉恶情况，一经发现问题苗头立即上报、及时制止。二是加强摸底排查和线索跟踪。在日常工作中，结合职能分工突出摸排在查违拆违、市容秩序管理、市场经营管理、自来水、燃气等重点地区、领域是否存在涉黑涉恶等现象，加强涉黑涉恶明查暗访、信访案件梳理串并，确保全面掌握情报信息。三是加强技能培训和督导问责。加强执法人员培训，提高执法人员的业务技术水平和线索识别能力，对可能涉黑涉恶现象及时辨别上报。严格督导问责，对工作不认真、不细致、对涉黑涉恶问题存在却排查不出、发现不了或排查出却瞒报、漏报、迟报的，以及违反工作纪律、为涉黑涉恶势力通风报信等行为进行严肃追责。

（三）加快市政设施建设，提升城市服务功能

提升改造老城区西环路等九条市政道路。对西环路、青梅路、城北路、城东路、新城路、沿河路、人民东路、文明路、财政路进行提升改造，包括道路拓宽、铺设沥青、更换路灯路树、重新铺设人行道等，部分道路增设雨污分流和雨水管等。项目总投资约为7150万元，提升改造总面积约74273平方米，道路扩宽面积约11802平方米，提升改造完成后约能增加600个停车位，在提升人居环境的同时将大大缓解县城老城区"停车难"问题。

加快虎源路应急避险场所工程建设进度。工程规模包括面积约3030平方米应急避险场所内的绿化、排水、停车及其他配套基础设施规划等内容，项目建成后将进一步完善城市公共设施，消除校园周边交通安全隐患，切实保障人民群众出行安全。

加快生活垃圾压缩转运站建设，将部分路段环卫推向市场化。经过多方调研听证，拟将生活垃圾压缩转运站建设地点调整为大麻镇青里村竹头坑，占地面积6500平方米，相关职能部门认为该选址较为合理。拟采用政府购买社会服务模式，按照"户投放、村收集、镇转运、县处理"的方式，由各镇（场）将生活垃圾统一运至生活垃圾压缩转运站，由压缩转运站进行压缩减量化处理后，再转运至梅州市奇龙坑垃圾焚烧厂进行焚烧处理。项目建成后，将有效解决生活垃圾填埋场库容不足问题，以更环保的方式解决困扰全县十余年的生活垃圾处理难题。同时，拟将县城环城大道、虎源路、翰林华府和黎家坪片区的环卫工作推向市场化，提高县城环境卫生清扫保洁水平。

开展市政桥梁专项检测，完善市政桥梁档案。严格执行"谁检查，谁签字，谁负责"的管理原则，加大城市桥梁管理力度，聘请有资质的第三方对市政桥梁进行专项检测，建立"一桥一档"和城市桥梁信息管理系统，编制桥梁养护维修的中长期规划及当年度规划、城市桥梁应急预案，确保市政桥梁通行安全。

（四）坚决打击"两违""双抢"，规范城乡建设秩序

认真贯彻落实省、市、县关于违法建设治理的工作部署，严格按照《大埔县关于打击违法用地违法建设和抢建抢种行为的实施意见》（埔发〔2018〕2号）要求，以"零容忍"的态度高压推进"两违"巡查监管和联动打击工作，依法对违法建设行为进行核查、认定、函告、停工、停水、停电、处罚和限期拆除。

加强摸底排查，逐步消化违法建设存量。根据《广东省城市建成区违法建设专项治理工作五年行动实施方案（2016—2020年）》（粤建执〔2017〕117号）和《广东省住房和城乡建设厅关于印发2018年违法建设治理目标的通知》（粤建执函〔2018〕803号）文件要求，科学铺排治理任务，建立治理工作台账，指定专人负责台账管理，每月定期向梅州市规划局和县府办上报违法建设治理情况。

加大源头巡查，坚决遏制新增"两违"发生。一方面，每天出动8～10名执法人员，实行错时延时、双休节假日常态化值班制和动态巡查责任制，切实加强重要时间节点的监控，及时登记、上报、查处举报、投诉"两违"案件，并将调查处理结果及时反馈给举报投诉人。另一方面，联合城中村强化日常巡查监管，要求全县15个镇（场）加强本辖区内违法用地、违法建设、抢建抢种行为的巡查和管理，每月底报送当月查处情况，并在每场拆除违法建设行动后及时上报拆除前后照片、违章户姓名、违建地点、违建面积、性质等相关材料，由我局统一汇总报县政府，确保及时掌握全县"两违"基本情况。

建立联动机制，依法开展查处拆除工作。建立打击"两违"联动机制，整合各方力量，一经发现动土马上制止、马上联动拆除，由城综、国土、住建、公安、乡镇等单位各司其职、各尽其责做好依法拆除、宣传引导、维护社会和交通秩序等有关工作，将"两违"行为控制在萌芽状态。严格按照法定权限和法定程序开展查处、拆除工作，在程序上实行劝说自拆、限期拆除和强制拆除"三步走"的措施，针对违法建设当事人不自行拆除的坚决依法强制拆除。

强化宣传引导，营造"两违"治理良好氛围。采用电视采访报道、微信公众平台发布宣传文章、巡逻车辆LED电子屏滚动播放宣传口号等多种方式，全方位、多层次宣传打击"两违""双抢"工作情况，向群众普及拆违治违工作的重要性和违法建设的危害性，引导人民群众自觉规范建设活动，自觉按照规定依法办理有关建设手续，并发动群众积极举报、投诉"两违"行为，切实形成全社会共同抵制"两违"的良好氛围。

（五）依法执法文明执法，树立良好执法形象

面对城市管理工作的新形势，牢固树立"以人为本、依法行政、执法为民"的理念，认真履行综合执法职能，不断创新行政执法理念、机制、方法，把人民群众满意作为工作的出发点和落脚点，坚持管理与引导同行，执法与服务并重，坚持依法执法、文明执法，做到执法理念人性化、执法手段法制化、执法程序规范化，实现执法工作新突破。

坚持处罚与教育相结合，提高依法执法能力。把严格规范公正文明的执法要求贯彻落实到执法实践的方方面面，紧紧围绕维护社会和谐稳定这一着力点，坚持统一标准、疏堵结合，积极引导流动摊点入市经营，规范商铺进店经营。坚持教育为主、处罚为辅、双管齐下，灵活运用说服教育、劝导示范、行政指导、依法处罚等手段，依法整治乱占道经营、乱摆乱卖、乱丢乱倒、乱贴乱画、乱拉乱挂等"六乱"行为，不断提高城市管理能力和综合执法水平。

坚持城市管理"721"工作法，提高文明执法水平。持续推进"强基础、转作风、树形象"专项行动，转变执法方式，坚持"为人民管好城市"的工作理念，践行"721工作法"，即70%的问题用服务手段解决、20%的问题用管理手段解决、10%的问题用执法手段解决，变被动管理为主动服务，变末端执法为源头治理，在服务中实施管理、在管理中体现服务，科学破解城市管理执法难题，进一步提高城市管理服务质量和执法水平，不断提升人民群众的幸福感和满意度。

2019年，我局将在上级党委、政府、部门的坚强领导下，把实现好、维护好、发展好广大人民群众的根本利益作为工作的出发点和落脚点，充分发扬"特别能战斗、特别能吃苦、特别能忍耐、特别能奉献"的精神，在服务经济社会发展、服务民生上下功夫，在整治市容环境常态化上下功夫，在提高城市管理水平上下功夫，在提高城管队伍素质上下功夫，在推进"巩文创卫"工作上下功夫，努力开创城市管理工作新局面，为建设绿色生态、美丽宜居的大埔做出新的更大贡献！

扬尘整治有办法

广东省新丰县住房和城乡规划建设局　潘红英

扬尘治理，事关人居环境、事关城市形象。近期，为进一步改善县城空气质量，打造良好的城市环境，不断提升人民群众的获得感与幸福指数，新丰县多措并举，严防严控，扎实推进扬尘污染治理工作。

一、加强建筑工地"减尘"治理

采取提前介入、事先告知的方式，在建设单位办施工许可证时，严格要求建设单位及施工单位认真落实围蔽、覆盖、路面硬底化、洒水压尘等规范，通过现场设置封闭式围挡、工地出入口设置车辆冲洗设施、场地洒水保洁、物料堆放采取遮盖等扬尘控制措施，严控扬尘污染的源头。

目前，全县规划建成区新增施工围挡约5000米，新增工地硬化道路约3万平方米，覆盖裸露土地约2万立方米。

二、加强城市道路"除尘"治理

一是县城清扫保洁环卫通过市场化运作，加大监督检查和考核，进一步提高清扫保洁标准，城区主次干道不间断机械清扫作业。

二是对人民路、丰城大道等重点区域、繁忙路段等增加洒水降尘频次，城区道路每天3次洒水降尘，丰城大道和人民路等路段每天5次洒水降尘，有效地抑制了道路扬尘污染。

三是采取机械与人工相结合的方法，持续开展"洗城"行动，不定期对城区城市道路、护栏、人行道等"死角"进行全面清洗清扫保洁。

三、加强运输车辆"隔尘"治理

严格督促工程渣土车辆货物全覆盖，严肃查处违章违规行为，切实减少渣土运输过程中的抛洒滴漏。今年以来，多次组织交警、住建（城监大队、环卫所）、交通执法大队、应急大队等部门联合开展渣土淤泥车辆运输检查，全县共清运金园路、新龙大道、丰城大道西等路段的建筑渣土1万余立方；查处建筑工地违法违规处置渣土行为2起，查处违章渣土运输车辆 2 辆，开展夜间巡查 30 余次。

四、加强对裸露土地进行"抑尘"治理

在全面摸清底数的基础上，按照"因地制宜、适地适绿、分类实施"的原则，采取闲置土地临时绿化，动工土地异地移植，建筑土堆临时遮蔽等方式，大力开展城市裸露土地绿化治理，目前已新种植绿化树木 600 余棵。

以拆违风暴创精致襄城
——襄阳市襄城区城管局推进城市精细化管理工作纪实

湖北省襄阳市襄城区城市管理执法局　徐　昭

近两年来，襄阳市襄城区城管局坚持"以人民为中心"的发展理念，以全国文明城市创建为契机，紧盯"精致襄城"的管理目标，以城市精细化管理为抓手，聚焦聚力城市品质提升工程，完善环卫设施功能工程，实施能力素质提升工程"三大"攻坚战，推进城市管理"721"工作法和精细化管理，提升城市品质，从百姓最高兴、最满意、最想改变与改善的小事入手，让人民群众有更多获得感、幸福感。

城市品质提升工程美化家园

近两年来，襄阳市襄城区城管局以改善人居环境为出发点和落脚点，跟居家过日子一样精心打理和经营城市环境，深入开展"清洁家园"专项活动，重点清理整治出店占道经营、游散摊点、背街小巷杂乱等城市"十小"不文明行为，依法查处城市小广告（小卡片）和"牛皮癣"行为，联合警务平台对各类违停"三车"和共享单车联合执法，依法处罚；加强夜市规范化管理，取缔虎头山北路夜市出店占道经营，还路于民；取缔闸口二路、汉唐大道夜市出店占道经营，助拆占道伸缩棚76处（个），进一步净化城市环境；大力推进实施户外广告招牌专项整治行动，依法拆除楼顶（墙体）户外广告招牌，城市空间环境进一步美化，襄阳天际线变得清爽亮丽；实施背街小巷综合整治工作三年行动方案，连续开展卉木林巷、财苑路、米花街等19条背街小巷综合整治工程，通过道路刷黑、市政管网改造、门店招牌统一更新，城市硬件建设得到大幅度提升，全力打造精品示范街和文化街巷，提升街巷文化品质；持续加强违法违规建设综合治理，深入开展"拆违风暴"，全力做好棚改、征迁重点区域违法建设管控，加强人防技防建设，提高源头控违水平，先后依法拆除观音阁文化长廊、三国农庄等违法建设，有效遏制新增违法建筑，为重点项目保驾护航。通过开展一系列的城市环境综合治理，推进城市精细化管理，不断提升公共服务能力和水平，让城市管理服务更有效率，更有"温度"。

截至2018年12月底，襄城区拆除各类大型户外广告招牌102处285块约合6486平方米，拆除各类违章违规建设230起44558平方米，取缔流动商贩摆摊设点218起，清理整治"小吃店"出店占道经营 275 处，铲除野广告和城市"牛皮癣"2800 余处，施划三车停放线 15430 多米，安装共享单车停放点指示牌 260 多块，依法暂扣各类违停共享单车 10037 辆，依法对各类不文明行为处罚 3000 余元。

环卫设施新建工程完善功能

城市公厕是城市重要的环卫基础设施，体现了一座城市的管理水平和文明程度。2018 年五一前夕，襄阳市襄城区滨江路小北门绿地旁一座新落成的标准化厕所正式对外开放，给游览古城的游客和市民提供如厕便利，这是襄阳市襄城区"厕所革命"新建的又一座标准化厕所，也是襄城区开展"厕所革命"重要成果的一个缩影。

2018 年，按照市区"厕所革命"的统一要求，襄阳市襄城区城管局以"厕所革命"为抓手，紧紧围绕厕所新建（改造）和垃圾转运站建设，大力推进城市环卫基础设施规划新建，不断优化和完善城市功能，提升城市硬件建设水平。在厕所规划新建中，襄城区科学谋划制定《2018 年—2020 年"厕所革命"三年实施方案》指导性文件，全力推进厕所建设，襄城区城管局作为承办单位，坚持以"景观"意识、文明理念，让厕所融入景观，成为景观。截至 2018 年底，襄城区已完成 18 座新建厕所建设任务和 20 座旧厕改造任务。一座座标准化的厕所在满足广大市民和游客如厕需要的同时，也为广大民众创造了更加舒适温馨的如厕环境，得到了广大市民的普遍欢迎。

2018 年间，按照全区垃圾分类和无害化处理全链条布局要求，襄城区科学规划选址，在尹集新建一座占地 500 余平方米的标准化大件垃圾处置终端，目前正在建设施工，预计在 2019 年 2 月底前建成并投入使用。2015 年以来，襄城区加大城乡垃圾转运站建设，在下辖的"一乡两镇"规划新建标准化垃圾转运站 8 座，实现全域全覆盖。为推进城乡垃圾一体化处理和"美丽乡村"建设奠定了基础。

队伍素质提升工程树立形象

大力实施队伍能力素质提升工程，每年按照制定的年度培训计划，组织开展城管队员冬季培训，分批轮训、培训和岗位大练兵，对全体城管队员进行业务知识、法律法规及规章制度专门培训学习，通过开展军训培养队伍良好的作风养成和树立队伍良好形象，在提高城管队伍依法行政和执法管理能力的同时，提升队伍外在形象。

推进城管队伍规范化、制度化、法制化建设，深入开展依法履职、文明执法、规范着装、廉政建设等专项监督督查。2018 年，襄阳市襄城区城管局重新修订了《襄城区城市管理执法局城管人员奖惩办法》《襄城区城市管理执法局城管队员请销假暂行规定》《襄城区城市管理执法局城管执法车辆使用管理暂行规定（试行）》等内部管理规定，用以加强队伍建设和规范化管理。持续开展队伍专项督查，2018 年度襄阳市襄城区城管局督察科室共督

查检查 7 个城管中队，300 余人，下发处理通报 7 期，处理违规违纪人员 6 人，罚金 2300 余元；表彰奖励 5 人，下发通报 6 期，营造了良好的工作氛围。

同时，襄阳市襄城区城管局以"强基础、转作风、树形象"专项活动和城市管理"721"工作法为载体，不断改进工作方法，变被动管理为主动服务，变末端执法为源头管理，有效解决了一大批城市管理重难点问题，通过"城管护学岗""志愿者高中考服务岗""城管志愿者服务队"等多种形式，向广大市民和群众提供便民服务。截至 2018 年底，襄城区城管局广大一线城管队员向市民和游客提供各类便民服务 220 多次，解决各类问题 30 多个，帮助 6 个走失儿童找到家人，组织开展"保护母亲河环保公益行—捡拾垃圾"等志愿服务 20 多次。期间，襄阳市襄城区城管系统涌现出了"荆楚楷模"王莉、"襄城楷模"夏治秋等一批先进人物典型，树立了岗位标杆。

立足新起点，迈向新征程。湖北省襄阳市襄城区城管局将持续推进城市管理精细化、常态化，继续积极推进"强转树"和 721 城市管理工作法，开展作风效能建设、落实和加强队伍规范化建设，坚持思想建设与制度建设有机结合，推进作风转变，增强全系统党员干部职工岗位意识，目标意识，责任意识，争先创优意识，突显勇于担当和敢于担责的敬业精神，不断提升城市综合治理能力，全力构建"共建共治共享"的城市治理新格局，谱写城市管理新篇章。

创新方法 全面提升
不断开创城管工作新局面
——湖北省孝感市云梦城市管理局 2018 年工作记实

湖北省云梦县城市管理局

2018 年，是启动城管执法体制改革、规范城管职能的开局之年，也是城管形象、城管工作和城管效果的全面提升之年。一年来，我们始终本着"努力干人民满意工作、建人民幸福城市"的服务宗旨，本着"尽力干事、用心成事"的工作理念，本着"城市环境一年一提升、三年大提升、五年上台阶"的总体工作目标，再加力度、再鼓干劲、再上措施、乘势而上，再创城管工作新局面，得到了县委、县政府的充分肯定和广大市民的一致好评。

一、尽心干事，服务新时代
（一）抓学习，强素质。
1. 抓理论学习，强党性。全年，局党组、各党支部累计开展集中学习 100 余次，讲专题党课 20 余次，班子成员带头讲党课 13 次，收看警示教育片 8 次。所有班子成员撰写心得体会 2 篇以上，个人学习笔记 1 万字以上，网上学习 50 小时以上，网上答题 1000 题以上，网上学习积分 2000 分以上。通过学习，不仅使全局上下党的理论知识得到大大增强，而且使全局上下党性锻炼、党性修养得到了全面提升，全局上下听从安排、团结一心、爱岗敬业、积极进取的精神蔚然成风。

2. 抓业务学习，强能力。先后参加了省住建厅业务培训 2 批次，参加了市城管局业务培训 4 批次，局系统组织了大规模的业务培训 4 次，先后到局机关、局二级单位开展了专题业务培训近 20 余次。先后 6 次组织局相关人员，到枝江、仙桃、天门、麻城、孝南等地外出考察学习。通过培训和指导，使全局上下思路更清晰、方法更清楚、要求更明确，大大地增强了城管工作效率。通过外出考察学习，取得了真经、增长了见识、转变了观念、更鼓舞了士气，受益匪浅。

3. 抓目标学习，强责任。2018 年，我局的总体工作目标是"123"，即：紧紧围绕"建设富裕美丽平安幸福新云梦"一个中心，持续打造"作风业绩双过硬的城管和干净整洁靓

丽文明的城市"二个品牌，积极争创"县绩效考核先进单位、市级城管先进单位、省级文明创建先进单位"三个奖牌。围绕全年目标，我局积极制定了"城管精神、城管方法"，印发了《城管工作手册》《重点工作和重点项目责任、任务分解》《城市综合管理考评方案》等，通过对全年目标的制定、学习、分解和包保，使全局上下目标明确、责任清楚、方法明了、行为规范。

（二）抓队伍，强激情

1.抓班子，带头示范。全体班子成员主动在三个方面带头示范。一是在工作作风上带头示范。每天坚持提前一个小时上班，提前到一线巡查工作，把一线当办公室，经常深入一线发现问题、分析问题、解决问题，经常实行"白＋黑、5+2"的工作模式；二是在任务落实上带头示范。实行每个星期一报账，每半个月一小结、一督办。定期对每个班子成员的分管工作进行现场检查和点评，形成人人肩上有担子，项项任务有着落。三是在制度执行上带头示范。根据上级纪律要求，我局认真完善了局机关管理制度，且班子成员经常学习、带头执行、定期考评、督促整改，严格用制度管人和管事，促进了全局工作的正常运行，也起到了较好的示范带头作用。

2.抓队伍，自加压力。在局总体目标的指引下，局二级单位也相继明确了具体目标。其中：城管大队确定了"全面整治，重点突破，月月都有新变化，年年都上新台阶"的工作目标；环卫所、公园管理处均确定了"立体化保洁，长效化运行，每天给全县人民一个干净整洁的环境"的工作目标；路灯管理所确定了"亮化城市的每一条街道，让每一个市民满意"的工作目标；垃圾处理厂确定了"省一级的建设标准、省一级的管理水平"的工作目标。全局上下在全年目标的指引下，自加压力，迎难而上，较好地完成了全年目标任务。

3.抓纪律，改进作风。开展了"强基础、转作风、树形象"的作风建设年活动，重点打造了城管队伍"三种"形象。一是打造了城管队伍规范的形象。明确提出了纪律建设"四个严格"的要求，从上班时间、队容风纪、工作方法、工作标准四个方面进行了具体规定，规范了行为、提升了形象；二是打造了城管队伍服务的形象。明确提出了"以城区广大市民满不满意、幸不幸福"为工作的出发点。对于一些特殊市场、特殊群体和特殊场合，我们采取"人性化服务、疏堵结合"的方法，实现了管理、服务两不误；三是打造了城管队伍过硬的形象。明确提出了"要就不干、干就干好、干出成绩、干出特色、干出水平"的工作理念。我们一方面充分运用耐心细致的劝解、持之以恒的坚守以及不达目的不罢休的勇气来解决问题，另一方面充分运用法律武器，依法行政，从而达到应有的管理效果。

（三）抓整治，强规范

2018年，我局在8个方面进行了重点整治。

1.狠抓了城区市容市貌整治。我们按照一个标准、一视同仁、一步到位"三个一"的整治原则，扎实开展了城区主路、主街的环境整治，开展了城区主要菜市场周边环境的整治，开展了城区主要校园周边环境的整治,开展了城区公园、广场的环境整治等。全年,共计取缔了 6 个马路市场、300 多个流动摊点,清理了 500 余处出店经营、600 余处占道经营、400 余处乱堆乱放,拆除了 100 多个违章棚亭等。

2. 狠抓了城区夜市烧烤和餐馆油烟的整治。我们按照全面进店经营、全面取缔碳烧烤"两个全面"的整治原则,狠下决心,组织了近 70 名城管队员,全副武装,全城整治,日夜行动,连续用了近一个星期,将城区 88 家夜市烧烤全部整治到位。我们按照地面无明显油渍污染、空中无明显油烟污染、周边无群众投诉"三无"的整治原则,对全县 360 家餐馆进行了全面摸底排查,对没有安装油烟净化设施的 24 家进行了全面整改,对群众投诉的 11 家进行了重点督办。目前,24 家已全部整改到位,整改率 100%。

3. 狠抓了城区户外广告的整治。按照一店一牌、一街一景的原则,2018 年,我们对白布街、西大路 2 条示范街 94 间门店招牌进行了统一改造。按照"二个禁止"的原则,我局明确提出了宁可要文明城市,也不要眼前小利的指导思想,对全城区所有路灯广告进行了全面清除,共清理商业广告牌近 3000 个。我们以市场化的方式,对城区牛皮癣进行了常年清理。以经常性执法的方式,对落地广告牌进行了常年清理,全年累计清理落地广告牌 600 多个。

4. 狠抓了城区噪音扰民的整治。我们充分发挥城管警察中队的作用,先后对 8 个露天 KTV,对城区各种类型的商业推销等噪音扰民问题进行了整治,全年共收缴扩音器 50 余件,极大地净化了市民的生活环境。

5. 狠抓了城区小街小巷环境整治。我们对外校侧巷等 20 条背街小巷道路进行了维修、硬化,对政府侧巷等 8 处破损围墙进行了修补并刷写标语进行了美化,对 60 余处卫生死角进行了清理,进一步提升了城区小街小巷整体环境。

6. 狠抓了城区小三场整治。我们对政府、梦泽湖 2 个广场各类摊点、乱停车辆进行了全面清理。对政府广场、农行、城中市场、体育馆、人民会场、剧院 6 处进行了停车场项目建设,新增车位近 600 个,进一步优化了城区车辆停放环境。

7. 狠抓了城区厕所整治。我们按照"三个一"的原则,对城区厕所进行了统一建设、统一配置和统一管理,加快了建设进度,提升了标准档次,配齐了基本设施,增添了厕所文化,实行了一厕一人的高标准管理。

8. 狠抓了环保问题整治:对于城区道路扬尘治理的问题,每天坚持洒水 5 至 6 次保持清洁,防控措施成效较好。对于社会堆场问题,已实现全部覆盖,并实行动态管理。对道桥镇府河沿线和清明河乡等 4 个乡镇 2.5 万方存量垃圾进行了全面清理。对全县 284 个行政村陈年垃圾进行了全面清理。对中央、省、市环保督察反馈的问题进行了全面整改和销号。

(四)抓联动,强合力

1. 广泛宣传,与市民联动。我们充分运用电视新闻、公益广告、反面曝光等媒体宣传,为城管工作营造了良好的舆论氛围,增添了正能量;充分运用城管执法车辆,在城区全天

候巡回宣传，使广大市民不断熟悉城管工作要求，使文明行为逐渐成为自觉行动。

2. 综合整治，与部门联动。我们多次与公安、教育、社区等部门联动，开展了交通安全、校园周边环境、文明城市创建等综合整治行动，使城区市容环境得到了全面提升。我们积极与乡镇联动，全面推进了农村垃圾治理 PPP 市场化运行，全面实现了农村垃圾治理镇村覆盖率、无害化处理率 2 个 100% 的目标，彻底改变了农村环境脏、乱、差的现象。我们与县"四城同创办"联动，抓部门职责、抓门前五包、抓考核督办，初步形成了齐抓共管机制。

3. 巧妙借力，上下联动。充分利用省、市城管改革督办契机，初步完成了城管执法体制改革相关工作任务。充分利用中央、省、市环保督察契机，全面完成了罗范老简易垃圾填埋场、道桥等 4 处非正规垃圾堆放点治理任务。充分利用省、市农村垃圾治理全面验收的督办契机，全面实现了农村垃圾治理规范化、长效化运行。充分借用孝感市城管大队执法人员力量，多次对我县城管突出问题进行大声势、大规模的整治，既整出了城管的决心和力量，也整出了城市管理的效果。

二、创新举措，展现新作为

2019 年，是全面落实城管执法体制改革的关键之年，也是城管局新一届班子成员任期的决胜之年。2019 年，我们城管工作的总体要求是："一个中心，三个坚持，五个提升"。即：紧紧围绕县委、县政府提出的"富裕、美丽、平安、幸福四个云梦建设"为中心；坚持"城市环境一年一提升、三年大提升、五年上台阶"的总体目标不动摇，坚持"强素质、转作风、树形象"的思想建设不动摇，坚持"大城管、大执法、大效果"的改革精神不动摇；使城管职能大提升，工作能力大提升，整治力度大提升，特色亮点大提升，城市的文明程度大提升。

（一）不断适应新形势，以改革的精神抓城管

要全面完成城管执法体制改革的各项工作任务，明确管理职责，健全管理标准，理顺执法体制。要全面适应城管执法体制改革的新形势，敢于打破传统模式，积极推进综合执法，不断完善长效管理。要全面落实城管执法体制改革的总体目标，初步形成全省统一的城市管理执法体系，使城市管理效能大幅提高，人民群众满意度显著提升。

（二）不断提高新要求，以扎实的作风抓城管

要不断加强学习。加强政治理论学习，切实增强党性意识、大局意识、担当意识和奉献精神。加强专业知识学习，全面提升城管队伍综合素质，切实解决在实际工作中目标不明、能力不足、办法不多、信心不够的问题，做城市管理的行家里手。要不断加强责任包保。全面推行"定人、定岗、定责、定目标"的四定模式，真正做到上班和下班一个样，工作日和休息日一个样，检查和不检查一个样，真正实现日常工作的长效化管理。要不断

加强纪律教育。牢固树立规范、文明意识，严格实行规范、文明执法。牢固树立看齐意识、争先进位意识，切实增强有为才有位的工作氛围。

（三）不断开创新局面，以担当的勇气抓城管

要紧盯目标不松劲。2019年，我们将面临更多的新形势、新问题，面临更多的新职能、新压力。这些情况，都需要我们咬定目标、精诚团结、打破常规、激情干事，才能真正克服困难和实现目标。要争创特色抓整治。继续抓好城区市容和环境卫生整治，不断打造标准街、示范街，逐步实现城区整体"干净、整洁、靓丽、文明"。继续抓好城区夜市烧烤和餐馆油烟的整治，做到彻底消除，还市民一片洁净的空间。继续抓好城区户外广告的整治，严格按照户外广告整治"二个禁止"的要求，抓紧抓实。继续抓好城区噪音扰民的整治，净化市民的生活环境。继续抓好城区小街小巷环境整治，进一步提升了城区小街小巷整体环境水平。继续抓好城区小三场整治，积极推进数字交通工程，进一步优化了城区车辆停放环境。继续抓好环保问题整治，对中央、省、市环保督察反馈的问题，要全面整改和销号。继续抓好农村垃圾治理，强化市场化监管，完善考评机制，加大收费力度，进一步提升农村生活垃圾治理水平。

（四）不断增加新动力，以多途并举的方式抓城管

要不断完善基础设施，积极争资，超前谋划，分批推进，进一步优化城市功能。要不断加强部门协作，巧借外力，上下互动，左右联动，增加城管的整体效应。要充分调动市民积极性，多宣传，多发动，形成全民共建。

"宝剑锋从磨砺出，梅花香自苦寒"，有付出才有得到，有努力才有收获。2019年，我们将进一步弘扬城管精神，燃烧城管激情，不忘初心、牢记使命、一往无前，为不断开创城管工作新局面，为建设"富裕美丽平安幸福"新云梦而努力奋斗！

嘉善县综合行政执法局
落实"强基础、转作风、树形象"三年行动初显成效

浙江省嘉善县综合行政执法局

　　嘉善县综合行政执法局以"规范执法行为年"行动为要点，以加强能力建设、完善执法制度、改进执法方式、严肃执法纪律、强化舆论宣传为重点，严格队伍管理，规范执法行为，打造一支"政治坚定、作风优良、纪律严明、廉洁务实"的综合行政执法队伍。近年来该局先后获得全国文明单位、全国三八红旗集体、浙江省综合行政执法工作先进集体、浙江省住房城乡建设系统行政复议工作先进集体等荣誉。

一、加强执法队伍能力建设

　　一是提高业务能力。制定《嘉善县综合行政执法局二〇一八年业务培训工作实施方案》，各中队结合实际制订相应的培训方案，确保常态化、制度化开展培训工作。组织全局业务骨干 50 人到扬州大学法学院开展为期五天的业务培训；组织 75 名执法人员参加全市综合执法系统轮训。2018 年累计开展"法制大讲堂"等专题培训 10 次、执法业务考试 3 期，培训达 826 人次，应培训覆盖率达到 100%。

　　二是提升政治素质。依托"星期一夜校"，实行"1+X""理论中心组＋支部"结对学习。多形式学习《党章》《廉洁自律准则》《纪律处分条例》等内容，开展"一把手"上党课、集中专题学习、"学两法知识"测试、"学两法，争做文明守纪执法人"知识竞赛等教育活动 10 次，参加活动 960 人次。

　　三是提升职业道德素养。以善文化为特色载体，开展"道德讲堂"活动。开展文明家庭评比、我的家风家训评选等，加强"四德"教育。立足服务，依托"一员四岗"，开展96310 志愿服务，牵头试点县城区机关、企事业单位内部停车场错时共享停车服务工作，为全市推广该做法提供实践样本。

二、加强执法规范化建设

　　一是加强法制指导。梳理修订下沉执法事项，做好行政处罚自由裁量项目目录的修改完善，服务基层治理"四个平台"建设；组织召开全县综合执法领域法制交流会，加强与各镇（街道）工作联系；安排 1 名乡镇法制员到本局法制科进行驻点培训。下沉以来大力开展"以案释法"岗位技能比武、"法制沙龙"等业务切磋交流活动。

二是规范执法办案。出台《关于进一步规范办案期限的意见》《关于规范行政处罚第三方鉴定工作的指导意见》《关于进一步规范行政处罚决定书的意见》等 5 部法制指导意见。下发《关于规范案审会有关事项的通知》，对案审会作出进一步规范，组织召开 21 次案审会，对 30 个重大复杂案件进行集体讨论。

三是提高办案质量。坚持"一案三评"，根据局《一般程序行政处罚案卷评查标准》，对所有办结一般程序案件进行中队互评、科室复评、领导点评，及时将发现的问题反馈到镇（街道）法制室和派驻机构。已开展行政执法案卷评查活动 11 次，一般案件总评查率达到 100%，并对办理新类型案件和大案要案的方法和经验进行交流，做好优秀案卷的评选和宣传工作。

三、切实改进执法方式

一是加强执法办案制度建设。结合深化综合执法改革和法律法规的废立改情况，编印下发《综合执法法律法规汇编》。针对中队在安全生产执法中现场检查、法律适用等问题，制定《安全生产现场执法操作规程》（指导意见），进一步规范安全生产执法工作。针对文明城市建设中的执法难点，制定下发《城市管理执法典型案例处置规范》，从处置规程、注意事项、执法依据等方面，对市容、绿化、市政、规划等领域的 9 个典型案例的处置作了规范。

二是纵深推进综合执法改革。优化行政执法流程，落实"双随机一公开"，创新推行执法检查"综合查一次"新模式；开展"四领域"同时查，内含 4 个领域 200 余项重点检查项目，实地检查与台账检查相结合，强化现场执法实效。2018 年开展"综合查一次"行动 18 次。

三是积极推进"四个"平台下沉工作。加强"四个平台"执法事项下沉后的工作交流，进一步推进综合行政执法各项工作，组织召开由县法制办、局及各镇（街道）法制室参加的全县综合执法领域法制工作交流会，通过工作介绍、执法办案制度和执法监督说明，进一步加强局与各镇（街道）法制工作的联系。抓好基层思想政治工作，9 个基层中队 1 个中心共配备教导员 2 名、副教导员 7 名，政治处专职干部 4 人，定期进行思想状况体检。2018 年共召开 4 次思想政治工作季度会议，开展中层干部、各支部委员会成员、队员、协管员四个层面的谈心谈话。

四、狠抓队伍作风纪律

一是扎实开展正风肃纪。采取日常监督与专项监督相结合的方式，不减下沉的中队（分

局）的正风肃纪力度。2018 年开展正风肃纪检查 73 次，整改问题 12 处，节前专项正风肃纪 5 次，下发专项通报 4 期。

二是创新开展驻点监督。开展"精准履职驻点日"活动，通过"十个一"活动，即开展一次作风效能检查、开展一次"三会一课"落实情况检查、开展一次早点名情况检查、开展一次履职手册填写情况检查、开展一次助推中心工作开展情况检查、上一堂廉政教育课、参与一项日常执法工作、开展一次谈心谈话、听取一次队伍管理难点分析会、走访一次社会监督员，强化对各中队的作风建设。

三是强化廉政警示教育。通过观看廉政警示电教片、学习各类通报、上好廉政教育课，进一步提高自律意识。依托局微信公众号"银城执法"，不定期推送"廉洁好声音"，正面学榜样、反面强警示，已推送"廉洁好声音"公众号 10 期。开展 5•20 廉政教育日系列活动、"身边的规矩"谈心式纪律教育等各类活动 17 场，参与人员 200 余人。发动参与清廉嘉兴纪律教育微考学 112 人次，达到学习全覆盖。

加强城市管理 树立城市形象
——金川县城市管理局 2018 年工作总结和 2019 年工作安排

四川省金川县城市管理局

2018 年，县城市管理局全面认真贯彻落实十九大会议精神，坚持以习近平总书记来川视察重要讲话为指导，在县委、县政府的正确领导下，全体干部职工共同努力下，以"城市环境美化亮化，城市管理提档升级"为主要目标，以"创建省级卫生县城"为主要任务，强化队伍建设，创新管理机制，继续深入开展城市环境综合治理工作，执法人员素质显著提高，城市环境面貌进一步改观，创造了良好的城市环境，树立了良好的城市形象。现将相关情况总结如下：

一、工作开展情况
（一）强化市容环境卫生治理，做实城市管理

2018 年是创建省级文明城市的关键年，作为创建工作的主要职能部门，以此为契机，不断改善市容市貌，省级暗访组暗访我县创建省级卫生县城得分 812 分，通过了创卫暗访。

1. 加强城区保洁力度，开展环境卫生整治行动。不断加强城区保洁工作，及时对生活垃圾、卫生死角、路面泥沙、下水道雨水井、排洪道、牛皮癣等进行清理，对垃圾箱体、果屑箱进行清洗。对县城 157 个垃圾收集点的生活垃圾"日产日清"，清理卫生死角 90 处；日常加强对路面的普扫和冲洗，每周冲洗主干道路面 2 次，除雨雪天气外每天对城市道路洒水降尘，并要求运输建渣等易抛洒的作业车辆全封闭运输；对八步里沟排导槽的杂草和垃圾进行彻底的清理 20 次，清除各类乱贴乱画、小广告等 1200 处；清洗垃圾箱体投放处 450 次、果屑箱 10000 处；对双沙路偏岩子路段水管爆裂爆裂导致路面淤积泥沙进行清理。随着我县城市化进程的加快，城区建设规模逐渐扩大，新增城镇环卫工作范围和规模，共新增环卫保洁面积 35094.15 平方米，新增滨河路绿化带养护 13134.2475 平方米；新增勒乌市政绿化树管护 195 株，新增双柏树小区的县医院、县图书馆和滨江花园新入住小区等每天新增垃圾清运量，澜峰横街 5 盏。全年新增环卫工作政府购买服务 645144.04 万元。

2. 加强垃圾清运工作，优化垃圾清运作业流程。在运输路途远、清运车辆不足、任务繁重的状况下，环卫工作人员克服重重困难，合理调配清运车辆，按照"重点部位二次清运，

积存垃圾突击清运”的原则，增加清运频率，从时间上要求做到定点定时清运，从质量上要求不撒漏、保证安全，杜绝二次污染。对运送到我县城市生活垃圾卫生填埋场的垃圾做到每日覆盖，按时灭蝇灭蚊，路边箱体安放点尽量避免垃圾落地，确保垃圾做到日产日清。今年来，共清理城区生活垃圾近 7300 万吨；

3. 定期开展绿化养护工作。每周定期清理绿化带杂草 1 次、浇水 1 次，全年补种花草 9000 余株，补种树木 120 株，清理行道树树盘内垃圾 22 次；新增花箱 93 个、花草 8730 株。

4. 切实履行环卫公司监督管理责任。全年以城管局为主体开展的环卫巡查工作共计 1742 余件，通过考评共扣减 74 分，罚款 7.0612 万元。严格按照合同要求对顺美公司进行"日检查、周通报、月考评"。积极采取各种有效措施，提高清扫保洁作业质量，实现清扫保洁效率最大化，使政府对环卫工作的具体实施，转变到对环境卫生作业市场的监管和间接调控上，提高对辖区环卫工作的管理效能，实行环境卫生作业企业化的运作，实现环境卫生管理与作业分离，全面提升辖区环境卫生水平。维修维护公厕 2 座，投入资金 2 万元，报废垃圾车 4 辆。

5. 签订"门前三包"责任书，宣传卫生常识。通过政务内网与全县 73 个机关、企事业单位，500 余户临街商铺签订"门前三包"责任书，在签订的同时向商户宣传"门前三包"的重要意义，着力宣传"包卫生"的标准要求、注意事项、处罚措施等，营造全面整治环境卫生，共建文明和谐家园的氛围。

（二）加强市政巡查，及时维修、更换破损设施

为确保市政设施有效运转，加强对市政设施运行、是否完好等情况进行积极巡查。保证每个星期至少巡查 2 次以上，一个月完结时做全面细致的排查，对巡查中发现的问题，及时处置，不留安全隐患。2018 年，对悬挂灯笼的市政照明设施进行全面检查，确保灯笼线接头包扎完整无裸露，不伤及行人。更换破损井盖 60 个，人行道水泥盖板 20 张，更换及修复果皮箱 33 个。为确保滨河路等邻水路段行人的安全，每周进行 3 次以上隐患排查，更换破损石栏杆及配件 30 组。维修城区公厕 2 处。

（三）扎实开展城乡环境综合治理经常性督查工作

组织开展"三线一部"治理，持续做好交通沿线、河流沿线、旅游沿线及城乡结合部可视范围内环境卫生和容貌、秩序，对机关单位、、企业商店、营业场所、居民住宅小区、城镇河道、施工工地等环境治理进行督查检查，对存在问题责令限时整改；由县治理办牵头，采取明查暗访相结合的方式，以对标打分的形式，每月对所负责区域内城乡环境综合治理责任落实情况、"四清五化"治理情况、七进活动"开展情况进行巡查。2018 年，共发出限期整改通知书 131 份，督查通报 10 期，巡查现场督促、责令责任人限期整改 80 处。

（四）规范执法行为，坚持完善体制改革

1. 完善体制改革方案制定，确立工作联席制度。为不断理顺我县城市管理工作，深度推进城市管理体制改革,城管局起草完善了城市管理体制改革方案,根据实际多次进行修改,积极推进改革工作迈上新台阶。

2.加强执法学习,确保执法质量。年初对单位6位执法人员的执法证件办理了年度审核,严把资格审查环节,坚持人员身份确认到位,对于调离、离岗、脱审和互联网＋执法学习考试不合格人员,收回其执法证件,严把执法资格准入关。城管局进一步加强基层执法队伍的规范化建设,按照州住建局文件要求,先后积极组织城管局执法人员参加执法培训,力争补齐执法水平滞后短板,缩短与较发达城市之间的距离。在局务会上加强对执法人员和协管员相关法律法规的学习培训,不断提高执法人员依法行政的能力和本领,针对城市管理行政执法中的典型案例,认真进行剖析、分析违法的具体原因,以及处理的依据和程序,有效提高执法人员业务能力和工作水平,截至目前培训法律法规6次,开展联合执法4次,拆除违章搭建2处。

3.行政审批逐步规范化。不断完善行政审批工作,对工作范围内的占道经营、占用广场等公共场地开展活动、张贴悬挂宣传横幅等对市容市貌有影响的活动进行源头控制,加强宣传教育,要求个人、组织和单位开展活动前先进行依法审批。2018年行政审批办件12件,其中:临时性建筑物搭建、堆放物料、占道施工类8件;市政设施建设类审批3件;设置大型户外广告在城市建筑物、设施上悬挂、张贴宣传品审批类1件。

(五)统筹环保督查整改,持续推进"三推"项目建设

为扎实推进中央环保督察整改任务,切实整改环境督查反馈问题。城管局安排专人对中央环保督查反馈问题逐一整改,安排专人负责推进城镇污水和城乡垃圾处理设施建设三年推进方案实施项目建设。

1.全面整改城市生活垃圾卫生填埋场。一是完善城市生活垃圾卫生填埋场回喷系统。更换安装2台11千瓦的污水泵(1用1备),5个点位安装10个喷头(5个备用),新安装升降架带过滤网1套;二是布设地下水监测系统。经请示环保专家和县环保中心,按照场地水文地质条件,以及时反映地下水为原则,挖掘地下水监测井3口,包括排水井一眼、污染监视井两眼;三是积极联系评估公司,完成后评估工作。第三方按要求每年监测2次,并提供现状环境监测报告。四是规范垃圾填埋场日常工作。加强运行管理,规范运行,科学管理,规范填埋作业、层层压实、层层覆盖,租赁一台碾压机、一台挖掘机,每月进行一次分层碾压。健全制度、规范填写记录,四川省顺美环境卫生管理有限责任公司加强管理,对工作人员进行培训,规范、如实填写进场、用药记录。完成该项整改投入资金9.46万元。

2.持续加大"露天烧烤"整治工作。一方面对城区内所有烧烤进行拉网式排查,开展专项治理,以烧烤整治"不占道、不冒烟"为目标,强化整治力度,保障治理工作实效。另一方面坚持疏堵结合,引导商铺安装油烟净化器,使用清洁能源及环保炉具,严禁在室外操作,及时对食客高声喧哗等不文明行为进行劝导。

3.进一步加快城乡生活垃圾收转运体系建设。按照《阿坝州城乡垃圾处理设施建设三年推进方案》，积极实施金川县生活垃圾收转运体系提升项目，财政资金50.31万元采购小型清运车1辆，配套箱体92个，其中41个已在城区合理使用；社会资金（环卫公司）投入资金15万元，购置压缩式垃圾清运车一辆，完成项目投资65.31万元，占总投资的31.6%。

4.实施金川县生活垃圾资源化综合处置项目建设。为积极探索我县城市生活垃圾处理新模式，对生活垃圾进行科学处理，深化生活垃圾治理工作，实现城市生活垃圾无害化处理，积极争取金川县生活垃圾资源化综合处置项目即生活垃圾无害化处理场，完成了项目立项的前期工作，该项目预计投资2000万元，已完成投资56万元，占总投资2.8%。

（六）紧扣时代发展需求，牢抓队伍建设

1.完善制度，强化学习，全面了提高党员思想素质。建立健全各项制度，进一步完善支部政治理论、业务知识学习和廉政学习制度，定期开展支部组织生活，组织全局党员学习党的方针政策；抓好廉政学习，职工大会通报学习中央八项规定的典型案例，警醒全局党员干部职工"把严廉政关，争做清廉人"；抓好机关支部"服务型基层党组织"的学习，查问题、抓典型，确保"服务型基层党组织"活动的顺利开展。

2.强化党支部内部机制，按时举行支部换届。党支部作为党的基层战斗堡垒，完整的人员配置和职务设置是保证战斗力的基础，今年上半年5月底，城管局完成党支部换届选举工作，有力的推动了基层党支部的建设。

3.树立党性意识，助力精准脱贫工作。精准脱贫作为当下重要政治任务，也是全局党员干部作为模范先锋的基本任务。为全面打好金川县全面脱贫摘帽攻坚战，2018年，城管局党员干部职工对帮扶对象进行新一轮的梳理，回访2015年至2017脱贫23户87人的现状，摸排返贫情况。对标2018年精准脱贫标准8户26人，建立健全档案信息，确保信息真实有效，为后期开展相关工作提供信息基础。

三、存在的问题

（一）城市功能与管理体制制约城市管理

我县城市建设速度很快，但城市功能不全，公共配套设施严重滞后。集中表现在：一是我县城区停车场无法满足停车需要，车辆越来越多，车辆停放问题没得到根本解决；二是没有固定的建筑垃圾消纳场地，建筑垃圾乱倾倒的现象没有从根本上扼制；三是城市园林绿化总量不足、管护水平较低，栽得好管不好的问题突出，缺乏城市园林绿化技术人员，建设和管理水平与园林城市标准差距较大；四是小区公共设施建设、物业管理工作仍然滞后，管理压力大；五是环卫基础设施不全、公厕数量不足等；六是城市管理设备严重不足，没有公务用车，城市管理执法装备短缺等，严重制约城管工作的正常开展。

（二）城市管理保障仍然不足

我县虽然加大了城管经费的投入,但这些资金目前仅仅能够保障城市管理的基本需求,远远满足不了城市建设管理发展的需要。

（三）市民素质仍需提高

随着城市化进程的加快,市民的公共卫生意识、秩序意识仍然较低,城区居民的文明卫生习惯有待提高。

四、2019 年工作安排

为了使城市管理工作适应我县城市发展要求,根据我县经济社会发展需要,城市管理"十三五"发展规划坚持以党的十九大精神为统领,将城市管理放在推进城市发展的优先位置,加快体制创新,建设现代化和谐城市管理体系;按照国家和省州要求、推进城市管理体质改革,加大城市管理资源投入,积极推进城市管理能力升级;以人为本,推动城市发展从速度增长型向品质增长型转变,不断提高城市环境品位和居民生活质量,为创建品质增长型城市提供保障和支撑。

（一）巩固省级卫生县城成果

继续做好创卫工作,加强对创卫工作力量投入,一是加强县城市容环境卫生专业化管理,逐步规范城市管理及行政执法工作;二是继续加大对环卫公司的管理和检查考核工作,严格按照《金川县城市管理金川分公司局环卫作业质量标准及检查考核办法》考评,监督公司的工作质量,保证城区环境卫生达到标准。

（二）推进城市管理体制建设

扎实推进城市管理体制改革和创新。一是按照省州县的体制改革要求,开展城市管理综合行政执法改革。二是围绕城管工作职能,构建街道、社区分工合理,市场和社会充分发挥作用的城市管理框架。

（三）提升依法治理水平

完善已有的行之有效的各项城市管理制度,进一步规范城市管理者和被管理者的行为。进一步完善市容和环境卫生责任区制度,建立环境分类管理和定量考核制度、违章行为限期纠正制度、管理人员失职追究制度。坚持制度执行的强制性、违规行为惩处的严肃性,强化管理人员的责任意识。

（四）提高队伍素质

加强队伍建设,提高城市管理人员的综合素质,建立一支高素质、专业化的城市管理和城乡环境综合管理队伍。通过政治、法律、专业业务和能力培训,加强城市管理队伍的思想建设、作风建设和能力建设。提高城市管理队伍的责任意识和服务意识。进一步转变城市管理人员的工作作风,提倡依法管理,文明执法。进一步提高城市管理人员的管理能力,执法能力，提高管理效率。

（五）巩固和提升城乡环境综合整治工作

牢固树立"青山绿山，就是金山银山"理念，加强爱护环境、保护环境的宣传力度，增强环境治理人人参与的氛围，增加城乡环境综合治理的人力和资金投入，彻底治理乡镇、村"脏、乱、差"现象，规范自产自销占道经营活动和农贸市场管理；继续深入推进"三线一部"（交通沿线、河流沿线、旅游沿线及城乡结合部）环境治理，定期不定期地开展环境专项整治工作，努力使我县的城乡环境达到"面洁""地绿""河清"。加强对重点路段和地区的市容管理和环境整治。联合有关部门，加强对背街小巷、城乡结合部、"城中村"、河道沿线、公路沿线的环境改造和综合整治。加大环境整治工作延伸力度，全面实施环境整治向基层延伸、向村庄延伸、向死角盲点延伸。

（六）稳步推进项目建设工作

为稳步推进中央环保督查整改反馈意见相关内容，积极探索城市生产生活垃圾无害化处理，垃圾收集转运体系提档升级。我局将按照《环保督察问题整改清单》和《阿坝州城乡垃圾处理设施建设三年推进方案》的时间节点，加快推进整改和新建项目建设，按量保质完成相关项目的建设内容。一是全面完成金川县生活垃圾资源化综合处置项目即生活垃圾无害化处理设施新建。二是全面完成金川县生活垃圾收运体系建设项目。

亲力亲为解民忧

——袁建斌同志工作纪实

江西省寻乌县城市管理局

袁建斌，男，1969年1月出生，1989年8月参加工作，1991年2月加入中国共产党，大学学历。先后在寻乌中学、寻乌县纪委、寻乌县公安局交管大队工作，历任寻乌县公安局副科级侦察员，交管大队副大队长、中共寻乌县委610办公室主任，现任寻乌县城管局局长。该同志讲政治、顾大局、事业心强、敢于担当、善于攻坚克难，特别是在城市管理工作方面，将城市管理与城市建设有机结合，逐一补齐城市建设的短板与破解城市管理难点，工作成绩突出，城市管理水平迈上新台阶。该同志于2014年、2016年、2017年被县委、县政府评为县优秀科级正职领导干部，县城管局于2015年、2016年连续两年被省住建厅评为"全省住房城乡建设系统先进集体"，2017年由城管局牵头的城市环境整治工作获得全市第二的好成绩，2017年、2018年连续两年被市城管局评为城市管理先进单位。该同志具体表现如下：

一、党性原则强，政治成熟可靠

该同志政治敏锐性强，党性修养好，在大是大非面前，头脑清醒、立场坚定、旗帜鲜明，能够自觉地同党中央保持高度一致，自觉维护习近平总书记的核心地位、领袖权威。该同志党性观念、组织观念和全局观念强，能够摆正位置，坚持对上负责与对下领导的协调统一。在班子中讲团结、讲风格，互敬互谅、互帮互让，严于律己，表率作用发挥好。既善于发表自己的观点，又注重听取各方面的意见，涉及"三重一大"事项均由局党总支部与班子会议讨论决定，坚持会前提前将议题或事项通知参会人员准备，确保民主决策。

二、驾驭能力强，工作成绩突出

1. 凝心聚力，服务中心工作

上任之初，该同志面对城管局人员紧缺、管理界限不清、职责不明等突出问题，通过深入调研与思考，提出深挖内部潜力，对原有市场物业、综合执法、行政审批人员进行整合，按区域分成三个执法中队，改变部门"单兵作战、各自为政"的局面。2016年、2017年、

2018 年，该同志勇挑重担，带领全局上下挑起 60 余个重点项目的建设任务，每个项目都是时间紧、任务重，沿河西岸木栈道、长安大道和新东大道改造、高速公路连接线绿化提升及城区亮化、留车垃圾填埋场、中山西路农贸市场、黄岗山公园二期东侧、污泥处置工程等项目如期完工，为我县迎接全市"六大攻坚"流动现场会提供了坚实保障。

2. 高质高效，推动项目建设

该同志秉承抓项目建设就是抓发展的思路，倾注大量时间抓项目建设，新区马蹄河人行景观桥及木栈道，外贸、新东新区、黄岗山停车场，迎宾大道污水管网，桂竹帽街道路排水，路沿石改造，中山西路农贸市场；新区一河两岸绿化提升，橙乡大道至新罗红绿灯四周绿化提升，一河两岸及两侧建筑、高速公路连接线至橙乡大道路两侧建筑、新东大道两侧建筑亮化，城区路灯亮化安装及改造；留车生活垃圾卫生填埋场，城市生活垃圾卫生填埋场二期等一大批市政、绿化亮化、环卫重点项目先后建设完成，城市功能不断完善，提升了我县的人居环境和经济发展环境，其中留车生活垃圾卫生填埋场的投用，实现了南部六个乡（镇）生活垃圾无害处理。

3. 铁腕整治，提升管理水平

该同志抓工作能够突出重点，选准突破口，就拆除违章搭建工作，2016 年 7 月就开始着手抓，坚持单位、公职人员带头和"零"补偿原则，截至 2018 年底，共拆除幼儿园占道围栏、临街店面搭建挡雨棚 1320 处 8138.96 平方米，以及拆除城区屋顶违章搭建 1604 户约 153730.4 平方米，此做法与成效得到了省住建厅的肯定。该同志深知城管工作需要各部门协同参与，多年来在车辆停放管理、油烟噪音扰民、"两违"整治等方面，多次协调组织交管、环保、公安、城建、房管等部门，开展联合行动取得了良好的效果，共清理卫生死角 1559 处 132.34 吨，清理乱堆杂物 6040 处 419.47 吨；拆除违章大型广告牌 200 块 10008.5 平方米，清理乱掉乱挂 2346 条、落地灯箱广告 416 个、牛皮癣小广告 50000 余处，规范店招牌匾 691 块；查处乱停乱放车辆 22039 起，查处违规运输渣土车辆 257 辆，清理僵尸车 95 辆，新增或扩建停车泊位 1616 个；整治出店、占道经营 13260 处，整治违规摊点 8094 个。

三、创新意识强，善于解决问题

该同志思路宽，思维新，解决问题的办法多且实，善于用创新的措施推进工作。

1. 多措并举解难点

针对出店经营严重、流动摊点多、重点区域车辆乱停放等脏乱堵现象，该同志提出了"错时上班，延长上班时间；定点值守，加强重点区域巡查管控；重点监管，加强重点行业的管理；疏堵结合，设置流动摊点疏导点；示范带动，打造中山路文明示范街"的整治思路，比如在整治金茂小游园夜宵餐饮店出店占道、油烟噪音扰民时，采取了蹲点守候、抬头就整的策略，比如对一河两岸、黄岗山公园、体育中心路段车辆乱停放问题，采取与交管大队联合，定人、定岗、不定时巡查，均取得了较好的成效。

2. 改革创新求突破

该同志善于学习借鉴，在搞好内部挖潜的同时，巧借外力、外地先进经验，坚持"走出去、请进来"，每年都挤出时间带队向先进县市学习取经，而且取得了"真经"，比如，今年启动实施的城乡环卫一体化项目，投入4486万元将城区、工业园区、乡镇的环卫保洁整体打包外包，提升了城乡环卫管理水平，再比如，在解决扬尘污染、缓解停车难、提高园林养护水平方面，亲自率队赴赣县区、章贡区、上犹县等地学习，结合实际提出了渣土运输公司化管理、智能停车管理、园林养护市场化运作的设想，为我县下一步实施烟尘治理、解决停车难题等开拓了思路。该同志善用新办法解决管理难题，数字城管投入运行推动了城市管理向网格化、精细化、规范化转变。

四、宗旨意识强，努力为民服务

坚持以人民为中心，一切从维护群众的切身利益出发，努力为群众办实事、办好事。

1. 全力以赴帮民困

在扶贫攻坚方面，该同志带头遵守各项扶贫纪律，先后投入近20万元资金用于挂点村村容村貌打造、产业发展，千方百计帮助贫困户增收致富，帮助打造了雁洋村石崆寨旅游扶贫示范基地、罗汉果种植基地、黄姜村花生生产基地，帮助组建了新村村劳务公司，2017年三个挂点村就有56户233光荣脱贫。

2. 悉心督办解民忧

该同志能诚恳接受人大对其个人和城管工作监督，悉心听取人大代表、政协委员对城管局工作的建议和意见，把办理人大建议、政协提案作为接受群众监督、落实依法执法的重要措施，近三年来共完成37件建议提案的办理，每件都亲自督办、限期办结，确保答复率100%、满意率100%。该同志十分重视信访工作，近两年来受理的200余件信访转办单、书记县长信箱，每件都亲自交办、亲自过问办理情况，做到事事有着落，件件有回音。在2016年至2018年，如期平稳地完成了中央环保督查反馈问题（石排简易垃圾填埋场整改）和省环保督察反馈问题（实验小学边上沿河街KTV噪音扰民和花旗小区、中央华府小区之间"骆骆夜宵、余味烧烤、星期八"等餐饮烧烤店油烟噪音扰民）的整改工作，有效保障中央环保督察反馈问题整改工作任务。

3. 立足本职惠民生

从城市管理最基础的环境卫生清扫保洁抓起，经过近几年的努力，"干净清爽"是每个外出乡贤、外地企业老板对寻乌的印象。在改善人居环境方面，先后建成了中山西路、迎宾广场等6个小游园。在缓解停车难方面，依托项目建设和棚户区改造，先后建成了外

贸、新东新区、黄岗山等 11 个停车场，新增车位近 800 个。坚持因势利导，设置了寻乌中学、水角楼等 5 个流动摊点安置点，切实解决了弱势群体生活困难问题。积极争取资金，大力实施道路、排水、路灯、水沟等市政设施改造修复，2016 年、2017 年，投入 210 余万元改造教师村入口、原二中路口路面以及龙湾沿河、体育中心两侧人行道，增装城区路灯，投入 221 万元改造长乐农贸市场；2017 年改造提升了 12 条共 3.6 公里主街路沿石，安装 15400 多米人行道防护栏和 820 多根限行柱，修复人行道 10260 平方米；修复机动车道2665 平方米、人行道 12780 平方米，修复各类井盖 418 个，修复路灯 2610 盏。

五、廉洁意识强，反腐防线牢固

1. 作风过硬

该同志为人正派，品质好，处事公道，团结人、会用人、会带班子，坚定不移地贯彻民主集中制原则，充分调动和发挥了每个班子成员和各部门的积极性和创造性。不仅单位队伍带的好，和其它单位（部门）、上级有工作关系的职能部门协调的都很好。该同志工作认真，勤政敬业，多年来基本没有休过节假日，"白＋黑""5+2"是家常便饭，经常深入街头巷角、项目建设现场，发现问题、研究问题、解决问题，年年如是、日日如是，雷打不动，对于城市管理工作的每个细节，都如数家珍。

2. 廉洁奉公

该同志注重廉洁自律，牢固树立"红线"意识，上任仅六个月时间，就在工程项目建设方面探索总结了"1134"工作法，（即：坚决遵守一条根本底线：依法依规；坚决贯彻一条基本原则：以民为本；把严三道关口：质量、安全、进度；坚持强化四项管理：主体、台帐、农民工工资、资金），此工作法得到了县委县政府的肯定与推广，工程管理中未出现一起踩踏"红线"、安全质量问题。该同志从不搞特殊化，要求别人做到的，自己首先做到，要求别人不为的事情，自己坚决不为，时刻做到自重、自省、自警、自励。在经费开支上，均按相关规定开销；在项目工程发包上，从不插手，而且要求必须阳光操作；在选人用人上，坚持唯才是用、任人唯贤。对亲友和身边工作人员，该同志更是严格要求，从不优亲厚友，在廉洁自律方面经受住了考验和检验，为班子成员和干部职工做出了表率。任职以来，城管队伍未出现违法违纪的人和事。

该同志虽然取得了一定成绩，但为了尽快推动工作、项目建设，对队伍中出现慢作为或履职不力的现象，有时会有急躁情绪，批评同事过于严厉且不注意场合。

长效管理成果初显　产城融合逐步形成

江苏省淮安经济技术开发区综合行政执法局

2018 年以来，淮安经济技术开发区综合行政执法局以创建全国文明城市、迎接国家卫生城市复审为契机，不断强化民生基础设施建设，努力提高城市治理能力和公共服务水平，使人居环境大为改善，城市形象全面提升，百姓幸福感、获得感进一步增强。

一、智慧创新，管理水平不断提升

引入无人机参与城市管理。运用无人机对城市市容、市政设施、防违治违、城建监察、环境卫生等信息进行航拍采集并确定位置信息，真正做到无死角、无缝隙。采用数字化监管渣土运输。在重点出土工地出入口及运输线路架设监控探头，监测渣土运输动态。2018 年共计暂扣不符合运输标准、偷倒乱倒建筑垃圾车辆 101 辆，收取城镇垃圾处理费 779 万元。借助雾炮车降低扬尘。使用 31 吨多功能雾炮车，沉降空中扬尘，冲刷地面灰尘，吹落枯死树叶，提升保洁水平。

二、攻坚克难，长效管理成果渐显

疏堵结合管理车辆。2018 年划设非机动车、机动车停车位 1.8 万平方米。对违停机动车车主开出罚单 5000 余份，对乱停非机动车车主处罚 190 余人次。法治建设成效显著。2018 年办理一般程序案件 21 件、简易程序案件 197 件。垃圾收集呈现新面貌。在区内部分道路、小区推进垃圾桶退路改造及生活垃圾分类工程。机械保洁覆盖率不断提升。2018 年增配各类环卫车辆 8 台，机械化保洁面积达 425 万平方米，覆盖全区 180 余条道路。违建防控强势开展。2018 年拆除新增违法建筑约 3633 平方米、存量违法建筑 38433 平方米。企业内部、农贸市场环境卫生不断改善。完成 100 余家企业、8 家农贸市场内部环境卫生整治提升工作。

三、广泛宣传，文明习惯逐步养成

加强媒体共建力度。与新闻媒体、人大代表、政协委员、部分群众共建，加大宣传力度，2018 年各类稿件被网站、报纸等媒体采用 65 篇。加强公益宣传工作。发放安全生产、城市管理相关"告市民书""温馨提示单""市容管理条例简表"等近 3 万份，发送宣传短信 6 万余条，组织培训学习、调查问卷等 20 余次。

综合施策见奇功

——邯郸市城市管理综合行政执法局2018年度主要工作

河北省邯郸市城市管理综合行政执法局党组书记、局长 陈玉建

2018年是全面贯彻落实党的十九大精神开局之年，也是我国改革开放40周年，更是邯郸市城管事业迅猛发展的重要一年。这一年，在市委、市政府的正确领导下，在市人大、市政协的监督指导下，市城管执法局党组带领全局广大干部职工，全面学习贯彻习近平总书记系列重要讲话和党的十九大、十九届二中三中全会精神，以"双创双服"活动为引领，以"新时代新担当新作为"活动为动力，团结拼搏，奋勇争先，组织争创了四项国家试点工作，较好推进了往年两项国家试点，在全国叫响。一个部门牵头争得多项国家试点，在邯郸市历史上极为罕见；大力实施了"双违"暨"一区三边"整治、户外广告牌匾整治、老旧管网改造等多项年度任务，在全省领先；抓实抓牢了水、气、热等民生保障，在全市创优；城管综合执法水平、城市道路通行能力、园林绿化景观效果等均得到全方位提升；全局党建工作更加严格规范，落实全面从严治党主体责任更加有力，干事创业、风清气正的政治生态更加浓厚。

全年新建、改造、维修道路30万平方米，新建、改造绿地137.5万平方米，新增集中供热面积300万平方米，完成城市供水量8547万立方米，污水处理量8993万吨，处理生活垃圾54.76万吨，圆满和超额完成了各项年度任务目标，荣获国家、省、市各类荣誉46项，城市面貌发生了翻天覆地的变化，人民群众享受到更多的实惠和便利，城管事业实现了跨越式发展。现将具体工作汇报如下：

一、创新发展，乘势而为，一腔热血谱写城管工作新赞歌

围绕全市中心任务，争当国家试点先锋，破解城市管理难题，保障公用事业运转，巩固了全国文明城市成果，通过不懈努力，打造了干净、整洁、有序的新型发展城市。

（一）勇推国家试点工作

入选国家试点城市是一个城市的骄傲，更是促进本地经济发展的政策动力。2018年，在宏志书记、立彤市长的直接指导和带领下，我们勇于当先、倾力争跑、突破重围、取得佳绩。局主要领导亲自带队搞调研、抓研究、定模块，在已取得生活垃圾分类试点城市和餐厨废弃物资源化利用试点城市基础上，编制了各项申办资料，使全国清洁取暖、全国黑臭水体治理、全国建筑垃圾管理、全国资源循环利用基地四个国家试点成功落户邯郸。特别是在申办全国清洁取暖和黑臭水体治理示范城市时，宏志书记和立彤市长齐上阵，使邯郸从全国备选的多个城市中脱颖而出，成为全省唯一成功申办的城市，争取中央资金达21亿元；国家级资源循环利用基地全省设区市也仅邯郸一家，进驻基地的资源循环类项目均可享受国家专项补贴。这一年，各项试点工作为邯郸赢得了荣誉、带来了资金、争取了政策，也获得了累累硕果。建筑垃圾管理工作"三剑齐发"。完成主城区固定废弃物循环利用项目邯郸西部选址，460余台新型清洁能源环保车辆亮相街头，运输车辆监控平台投入使用实现智能化管理。同时，各区县顺利建设15座建筑垃圾处理设施，大大提升了建筑垃圾处理率。生活垃圾分类工作"三路并行"。主城区四区28个生活垃圾强制分类试点小区已经完成；《邯郸市生活垃圾分类管理条例》起草完毕，待人大通过后实施；入户发放倡议书、宣传页，共同参与的浓厚氛围在全市已经形成。"双代"工作"三步紧跟"。作为冬季清洁取暖的主要任务，组织区县摸清真实任务，确定目标，并成立专项督导组深入各县检查督促工作，圆满完成了"双代"工作29.36万户的目标，有效保障了群众温暖过冬。黑臭水体治理工作"三措并举"。主城区实施了31处雨污分流，封堵处理342处，40个城中村完成污水改造任务，顺利完成渚河、邯临沟整治任务，累计7条黑臭水体基本消除黑臭，城市水体更清了。餐厨废弃物资源化利用和无害化处置项目"三管齐下"。积极争跑财政部门，按照PPP项目实施程序推动项目落地；合资成立邯郸市蓝德再生资源有限公司；加班加点、挂图作战，推动了厌氧罐、膜处理车间等主体工程顺利竣工。垃圾资源循环利用项目"三枪同开"。永年区、肥乡区、磁县生活垃圾焚烧发电项目和临漳县生活垃圾处理设施4座生活垃圾处理项目完成前期手续，正在紧张施工；城宜医疗垃圾扩建、馆陶县净远医疗垃圾处置设施建设已经完成，日处理能力为20吨，满足我市使用需求；主城区粪便处理设施项目前期手续争跑完成，为2019年开工创造了有利条件。通过不断努力，我市生活垃圾无害化处理率达到100%，县城达到92.3%。

（二）持之以恒保障民生

2018年，通过增建民生设施，扩展服务范围，有效提升了各项公用设施保障水平。特别是超额完成了水、气、热、排水老旧管网改造任务，受到了省、市领导的充分肯定。城市供水历年最优。加大供水设施建设，保障供水平稳运行。全年供水量达8547万立方米，新增居民用水户1.77万户，用水量62万立方米，创近年新高；水质监测点新增13个，监测项目增至106项，检测能力全省领先；东部水厂并网运行，邯峰长输管线全面联通，新铺管网12公里等一系列工作，使我市供水保障能力得到全面增强。城市供热历年最广。面对严峻供热形势，多次召集市内四区提早部署、科学调度，逐个小区逐个分析，分类制定用热办法，群众供热问题提前得以解决，避免了上访情况的出现。同时，铺设"东热西输""南

热北输"等供热管网 23.3 公里，建立 20 分钟到户、1 小时化解快速抢修机制，全年新增供热面积 300 万平方米，供热效果和范围历年最好。市委高宏志书记感慨的说，2018 年是他到任邯郸 7 年来供热效果最好的一年。城市供气历年最佳。加大城市燃气监管力度，时刻保障安全供气。优化城市供气格局，新建北环路 LNG 储配站等 3 个调峰储气设施，提升了保障能力，燃气供应量是近年来最充足的一年。污水项目历年最多。2018 年是污水处理设施建设项目最多的一年，太极路污水泵站主体竣工，东、西污水处理厂改造，果园北路污水泵站建设正在实施。我局督导的 19 个重点镇污水处理设施，投运 9 个，在建 10 个，进展顺利。全市城市污水处理率已达 98%，出水水质全部为一级 A 标准。与此同时，大力倡导水资源循环利用，编制邯郸市中水利用规划，开工建设中水管网 10 公里，并与邯钢签订使用协议，实现了向东郊热电供应中水的目标。公厕建设历年最快。分步实施"厕所革命"三年攻坚行动，通过督导开发商配套建设，结合市场建设，公园和空闲地建设等一系列手段，新建改造主城区标准公厕 102 座，厕厕安装了取暖设施，明确了管理标准，实现了数量、质量、管理的三提升，超计划完成省、市既定任务。

（三）强力推动设施建设

通过建路网、建配套、建绿地，不断改善群众居住和出行环境。一是拓展完善路网。城市路网是城市交通的生命线。2018 年，我局以方便群众居住和出行为目标，通"断头"、扩"旧路"、用"闲地"、装"靓灯"，广泰街、锦程街、油漆厂路等断头路相继竣工，改造完成了联纺路、陵西大街、东柳大街、幸福街、平安路等街路，并利用城市闲置边角地建设了 21 处停车场，3 处农贸市场和 2 处城市驿站，方便了群众生活；实施南连接线 A、B 段路灯建设，亮化包装 8 座过街天桥，点亮城市美景，受到了广大市民的交口称赞。二是立体提升绿量。紧紧围绕创建国家生态园林城市目标和要求，引进新设备、新队伍、新方法，网格式抓好绿地提升工作。大规模使用河水、雨水就近浇灌绿地，稳步推进行道树溶肥滴灌，在环路外绿地推广试用浇灌二类粪水有机肥，开展环城路、立交桥、主次干道、公园广场、老旧小区等绿化增量提质工作，制定出台《公园绿地考核实施办法》，新建、改造绿地 137.5 万平方米，提升改造公园游园绿地 35 处，使城市整体绿化档次再上一个新台阶。三是狠抓园林项目。按照"造精品、树标杆、立新意"整体思路，推动一批有影响力的园林项目落地开花。省第二届园博会邯郸园顺利开园，摘得造园艺术综合奖金奖、优秀设计奖等 7 项大奖，我局也被评为"先进集体"称号；邯郸市成功申办省第四届园博会，填补了举办省级绿化盛会的空白；市植物园国庆节建成开园，吸引大量游客，绿化景观错落有致、别具匠心，得到了市委高宏志书记的充分肯定；丛台公园动物园顺利迁往永年佛山，公园环境更加整洁；南湖公园东门提升工程顺利完成，片片湖景美不胜收。四是推进东区绿化。为彻底扭转东区绿化被动局面，主动担当，压死责任，确保东区绿化去冬今春大变样。我局成立了东区绿化专项机构，制定提升方案，按照"一路一景观，一街一特色"的思路，创新设计、精选队伍、压死责任、全程跟踪，基本完成丛台东路、荀子大街、毛遂大街、联纺路、太极路5条道路的绿化栽植工作，每条道路各具特色、景观宜人，打造了高低错落、疏密有致、层次分明的东区绿色景观，首战告捷。市委高宏志书记在调研时特别指出，东区绿化取得了三年来最好的效果。同时，我局自我加压，狠抓精细管养，园林干部职工分别签订责任状，树立"树好你就干、树死你就散、干不好就辞职"的理念，包路、包树、包活，严格管理各项程序，护好东区一草一木。此外，督促协调开发商退让绿线，积极改良土壤土质，利用污泥进行营养堆肥，用中水进行灌溉，促进了植物的快速成长。

（四）精雕细琢抓好管理

持续抓好"创城"后各项城市精细化管理工作。一是整治违规乱象。按照"清查、整治、提升、巩固"的工作思路，充分发扬"啃硬骨头"精神，以教育自拆为主，依法强拆为辅，宣传报道为助，敢于担当，动真碰硬，圆满完成"双违"暨"一区三边"整治工作和户外广告牌匾整治年度任务，全年共拆除755万平方米违章建筑，11.38万处广告牌匾，使古城邯郸变得更加靓丽。二是理顺综合执法。以打造良好城市秩序为目标，统筹推进市政、园林绿化、排水和污水处理、公用事业、夜景亮化、建筑垃圾、生活垃圾等行政处罚权统一行使，明确监管与处罚职责分工，加大行政执法工作力度。全年发现和承接案件线索101件，处罚金47.3万元。特别是联合多部门督导各区市容执法，清摊点、清外摆、清广告，拆除马路市场14个，有效改善了市容市貌。三是坚持护城行动。按照"标准不降、力度不减、激情不退"的原则，持续实施周三"护城日"行动，建立"护城+执法"新模式，由"护"变"管"，全城覆盖、全局发动，定制统一标识，治理占道经营、店外摆放、流动摊点，规范停车秩序，并通过综合评分奖励，调动广大职工积极性。全年累计劝离不文明停车和规范摆放非机动车85万余辆，清理垃圾、小广告近24万处，占道经营等1.2万余起。四是强化停车管理。从细处着手，排查城市边角地，通过"上天、入地、靠边"缓解停车难。成立联合停车场管理机构，多次召集公安、房管、人防、发改等部门座谈研讨，起草《邯郸市停车场管理办法》（修订稿），尽全力推动邯郸停车管理的新模式，使市民停车更便捷、管理更有序。五是抓好市政管理。下绣花功夫管护市政设施，全面维修57座桥梁、230余条街路和全市路灯、楼宇亮化，全市亮灯率主干道已达99.21%，次干道98.6%，小街巷98.6%；在规范洗车场所方面，出台邯郸市洗车场相关管理规定，建设标准化洗车场7处，重拳整治规范城区洗车场，受到了王立彤市长的表扬肯定。六是保障城市度汛。按照"强化排水管理、提升防汛能力"总体思路，通过实施立交桥头路面加高、光华大街雨水分流等8处防汛应急工程，疏通清掏增加收水口，整治积水点等举措，成功应对"4•21""7•13"两次暴雨，以及两次台风入市的袭击。人员无伤亡、立交桥下无断交，受到了主管市领导的高度称赞。七是抓好安全管理。严格落实《地方党政领导干部安全生产责任制规定》，局党组带头贯彻安全生产文件精神，牢固树立安全红线意识，在全局范围内开展了多项安

全生产大整治行动，组织参与应急演练20多项，全年安全生产无事故，荣获安全生产目标管理优秀部门的荣誉。

（五）综合施策改善大气

按照科学治霾、精准治霾、协同治霾、铁腕治霾的指导思想，印发专项防尘治尘文件，成立十个专项督导组，组织实施降尘、禁烧、控车、工地、裸地、"四个三"等一系列整治行动，确保城市大气治理举措落地见效。一是道路扬尘长效督导。督导四区城管部门实施"大清洗"行动，提升保洁冲洗频次，主次干道"每天一冲、两洒、三洗扫"，小街巷"两天一冲、每天两洗扫、人工辅助"，高强度常态化保洁；特别是，在财政资金紧张的情况下，协调1500万环保资金，购置30辆中型洗扫车，30辆小型电动扫路车，提升了城区机械化清扫水平。强化考评，以克论净监测全年达6940次，达标率90%以上，主要道路浮尘已控制在每平方米4克以下，小街巷8克以下。同时，我局紧抓保洁细节，按照高书记要求，研究狗粪处理相关手段，在严格管控养狗人出行线路的基础上，在公园广场、公共场所设置提示牌、引导牌，并及时安排环卫工人进行网格化清理。二是建筑垃圾管控到位。联合市公安部门，严厉打击渣土车辆违规运输等问题，通过智能化监控平台随时监控运输车辆，有效控制了路面污染。全年共清理垃圾死角203处、14万吨，并在重点路段新建限高杆6处，有效避免了超高超限车辆通行。三是生活垃圾处理科学达标。常态抓好主城区生活垃圾处理任务，垃圾处理厂东大坝加固工程竣工，巩固了处理设施的安全运行。全年共完成生活垃圾处理54.76万吨，覆盖土4.9万余平方米，生活垃圾处理率稳定在100%。四是市政工地规范有序。全年检查市政工地，规范围挡、场地硬化、裸露覆盖、洒水抑尘、车辆冲洗、湿法作业六个百分之百。签订扬尘治理责任状，严禁使用冒黑烟非道路移动机械进场施工，安装DPF颗粒捕集器，有效减少微粒物排放。同时，完成裸地绿化11.2万平方米，硬化2.5万平方米，7万余株行道树树池全部铺装透水砖或格栅，达到了防尘抑尘的效果。五是露天烧烤全面杜绝。组织四区城管部门广泛宣传严禁露天烧烤政策规定，成立专项整治机构，将任务细化分解到主城区500条主次干道和小街巷，形成市、区两级齐抓共管的良好局面。全年查扣冒烟烧烤炉具67台，环路以内露天烧烤基本消除。六是数字化系统作用广泛。按照建设智慧城管总体要求，大力完善平台监管功能，深入推进城市网格化、精细化、智能化管理，全年数字案件结案110.3万件，结案率94.71%，12319热线整合前共接听7632个，处置率100%，961890专线结案5966件。与此同时，狠抓"四个三"问题督办。通过下发督办通知、协商函、召开协调会等方式，跟踪案件进展情况，共派遣四区"四个三"案件11301件，专项督查各县问题1060件，全部得到较好的解决，成效显著。

（六）全面夯实党的建设

一是加强班子建设。局党组深入学习贯彻党的十九大和十九届二中、三中全会精神，多形式、分层次、全覆盖的进行学习培训，学习教育实现常态化、制度化。党员干部强化了"四个意识",坚定了"四个自信",坚决做到了"两个维护",筑牢了党性根基;认真贯彻落实民主集中制,实现了集体领导,民主决策。二是加强组织建设。认真落实三会一课、民主生活会、领导干部双重组织生活等制度,全年组织召开民主生活会 3 次,使广大党员党性得到了锻炼增强;按照干部选拔任用工作程序,完成了局机关、数字化中心、市容环境卫生考核中心 19 名科级干部选拔任用工作,全局科级干部梯次配备更加科学合理;积极抓好党员发展工作,全局 2018 年度发展党员 54 名,为党组织增加了新鲜血液;举办了"庆祝建党 97 周年暨改革开放 40 周全局书法摄影作品展",6 人荣获建设系统奖项,为全局争了光;大力推进建设书香机关建设,在局十楼筹建了图书阅览室,创建了学习型机关。三是加强精神文明建设。积极推进文明创建工作,局属两个单位新晋市级文明单位,全局市级文明单位已达 10 个,为历年之最;我局和局属市政管理处顺利通过了省级、国家级文明单位复检,排位全市前茅;积极应对网络舆情,加大宣传报道力度,在市级以上媒体刊播稿件 1982 篇,展现了城管人的良好形象;开通微信公众号,升级门户网站,进一步增大了网络新媒体政务公开力度,全年微信公众号公开 938 条,门户网站 612 条,市政府平台公开 232 条;发挥城建技校优势,开展职工继续教育和技能培训,提升了职工业务水平。四是开展"三新"活动。"新时代新担当新作为"活动是国家、省、市部署的专项活动,我局成立专门机构,在全局上下抓学习、抓整改、抓促进,圆满完成集中学习、意见征集、先进事迹报告会等规定动作,并作为市先进单位代表在全市"三新"活动事迹报告会上作典型发言,引起了社会各界的广泛好评。与此同时,坚持问题导向,围绕征集的 240 多条意见建议和急需破解的停车难、绿化品位低、马路市场乱、市政管护不到位、项目推进缓慢、文明城建设需常态化、工作作风纪律不扎实等七方面突出问题,立行立改,边查边改,真正通过活动开展,破解发展瓶颈,凝聚强大合力,切切实实为群众解了难题,办了实事。五是开展精准扶贫。局主要领导多次调度魏县精准扶贫工作,全局 132 名帮扶责任人全面落实"三日一网"制度,并和贫困户同吃同劳动,为贫困户种植石黄果树、硬化庭院、送生活必需品。特别是魏县迎国检当天,25 名县级干部和 107 名科级干部于早 6 时赶赴帮扶户户迎接国检,受到了当地政府的高度评价;驻村工作队充分利用国家有利政策,帮助村民实施壮大石黄果种植、光伏发电、手工编织等富民强村产业,采取装路灯、建村标、配垃圾桶、修广场游园、建宣传文化墙等一系列措施,使村容村貌焕然一新,魏县县委、县政府及前大磨乡党委政府多次送来感谢信和锦旗。

二、学思贯通,深悟党性,一片忠诚引领城管思想新模式

以开展"新时代新作为新担当"活动为契机,局党组中心组示和各级党组织不断加强理论和业务学习,全面提高城管系统党员干部政治素质、理论水平、法律意识和业务能力,推动全局工作扎实有效开展。

（一）带头学、创新学，引入"记忆法"学习模式

以《习近平谈治国理政》和《习近平新时代中国特色社会主义思想三十讲》为主线，局党组带头学习党中央、省、市各级领导讲话和会议精神，以及《习近平在十九届中央纪委二次全会上发表的重要讲话》等 65 项重要内容，并通过重点政治名词收集整理，创新式地使中心组成员强化形象、整体记忆；围绕全市"新时代新担当新作为"活动，统一整理，学习资料打印成册，作为中心组学习的重要补充。局党组中心组成员带头书写学习笔记，撰写心得体会，并深入分管单位、一线工地和联系点，层层宣讲党的十九大精神，确保党的政策理论和重大决策部署入脑入心。全年党组中心组共学习 25 次，进一步坚定了理想信念，提高了政治理论水平。

（二）专题学、出去学，实现"微时代"教育模式

牢牢把握社会主义核心价值观这一根本，制定印发学习资料，针对不同阶段，设置不同的学习内容和学习形式。一方面，请进来。邀请市委党校教授、党的十九大代表为全局上专题党课，释疑解惑，使新思想深入人心。另一方面，走出去。组织党员干部赴西柏坡、一二九师等地参观学习，并积极参加市委党校、市直工委等组织的十九大精神专题培训，确保教育入脑入心。同时，借助河北干部网络学院平台，建立微课堂，方便党员随时学习。

（三）深入学、结合学，倡导"直播间"共享模式

2018 年，在全局大力度展开《中华人民共和国宪法》宣传学习。一是制定全局《关于组织开展＜中华人民共和国宪法＞学习宣传教育活动的实施方案》，组织局机关和各基层单位开展宪法学习宣传活动，掀起宪法学习宣传新高潮。二是在机关、电子屏、宣传栏、公园广场等公共场所广泛开展宪法主题宣传，制作宪法主题幻灯片，制作报送"我与宪法"微视频参与全国宪法展播征集活动。三是认真落实"谁执法谁普法"责任制，将普法工作融入日常执法工作中，并在普法中加强扫黑除恶专项行动宣传，定期报送"以案释法"情况。四是完善七五普法台账，圆满完成市"七五"普法中期检查任务，赢得市普法检查团领导的一致好评。

三、坚定改革，强化机制，一以贯之开启城管执法新征程

严格按照市政府《关于推进依法行政加强法治政府建设的意见》，加快城市执法体制改革，提高依法办事水平，把依法行政贯穿于决策、执行、监督全过程。由于成绩突出，我局在"强基础、转作风、树形象"活动中被国家住建部评为"表现突出单位"，全省仅三家，受到了国家、省、市领导的充分肯定，宏志书记、立彤市长连连叫"好"。

持续深化改革进程。城市执法体制改革工作是市政府重点工作之一，2018 年积极协调市编办印发了《关于推进城市执法体制改革改进城市管理工作有关职责调整的通知》等文件，并多次调度各县区改革工作，推动了城管执法体制改革的全面落地。制定内部综合行政执法相关文件，实现"一支队伍管处罚"，局保留的行政处罚权统一由城管支队集中行使；局属热力公司转企改制顺利完成，合资公司正式挂牌开始运营；市政公用事业投资有限责任公司注册完成，正式挂牌运营，进入拓展融资和资产划转阶段；自来水公司改制工作全面启动，稳步推进。同时，《邯郸市城市燃气管理条例》《邯郸市再生水利用管理办法》《邯郸市生活垃圾分类管理条例》正在按照立法程序积极推进。

持续强化执法培训。从国家、省、市、局四个层面着手，以继续深入开展"强基础、转作风、树形象"三年行动和"规范执法行为年"活动为契机，先后组织3批次科级以上干部参加全国城管执法干部培训；局执法业务骨干参加全省城管执法干部轮训，并对全市科级以下210余名城管执法干部进行轮训，通过系统的教育培训，进一步提高了全市城管执法人员的业务素质和执法水平，在全社会树立了执法新形象。

持续开展执法监督。按照省、市总体工作部署，更新完善《关于开展推广双随机抽查制度的实施方案》《双随机一公开工作抽查实施细则》和《随机抽查市场监管执法事项清单》，并在政府网站向社会公布，开设政务外网专线，全年开展双随机抽查活动6次，抽查结果全部按要求进行公示。作为"三项制度"试点单位，在完成"三项制度"实施方案的基础上，更新了《执法公示办法》《执法过程全记录办法》《重大执法决定法制审核办法》等文件，依托市行政执法信息公示平台，将行政职权目录，执法人员等信息予以公开，确保执法在阳光下进行；积极拓宽监督渠道，利用宣传广告牌、网站等形式发布举报电话和邮箱，对全市城管系统执法执勤车辆标识进行统一涂装，主动接受群众监督。

持续优化营商环境。大力营造廉洁高效、公平诚信的市场营商环境，全面整合服务事项，将供水、排水、供热、供气等4类申请材料合并，使行政效能全面提升。全年共办理行政审批许可事项165件、服务事项4983件，绿化工程设计审查和竣工验收77件，受理咨询服务3000余件（次），办结率达100%，努力让群众少跑腿、多办事、好办事，受到了办事企业和群众的广泛好评。

四、从严治党，永葆清廉，勇于担当展现城管队伍新风貌

在市纪委监委的指导下，按照党风廉政建设和反腐败工作总体要求，局党组自觉担负起党风廉政建设的主体责任，全面从严治党，局党组书记切实承担起第一责任人的担子，班子成员认真履行"一岗双责"，抓好分管范围内党风廉政建设工作，落实好党风廉政建设和反腐败各项任务，营造出良好的干事创业环境。

强化组织领导，推进责任落实。局党组全力支持驻局纪检监察组工作开展，高度重视党风廉政建设，坚持做到年初有计划，年中有检查，年底有考核。局党组书记积极履行第一责任人政治职责，多次召开局党组会和党风廉政建设专题会研究党风廉政、巡视整改、扫黑除恶、干部选任等工作，并与各单位签订党风廉政建设责任书，认真开展廉政谈话，

积极践行好监督执纪"第一种形态",全年共开展谈话200余人次。2018年,还修订完善了《局党组关于落实党风廉政建设党委主体责任、纪委监督责任的实施办法》,细化了党风廉政建设责任分解,明确了全面从严治党总体要求。

健全工作机制,促进科学预防。重点调研、梳理,完善党风廉政制度,以规范制约权力运行为核心,统筹推进教育、监督、管理和惩治等各项工作。制定出台一系列改进作风具体规定,规范"三公"经费使用,招投标、物资采购和公务用车使用管理,严格遵守公务活动纪律;明确人事、财务和工程建设、物资采购等方面分管领导,严格执行"三重一大"集体决策制度。党员领导干部认真报告个人有关事项,自觉接受组织监督。建立廉政风险预警机制,提升预防预控能力。

加强教育引导,营造浓厚氛围。在全局范围内集中学习警示教育文件,开展各类党性锻炼活动。一方面,开展常规教育,提高思想意识。将全面从严治党和廉政警示教育列入党组中心组重要学习内容,并列入广大党员干部培训计划,切实增强党员干部的政治、纪律和责任意识。另一方面,开展主题教育,强化思想自觉。组织全体党员干部系统学习中央、省、市党风廉政建设有关规定,筑牢党风廉政建设的思想防线。2018年共组织10批次约810余名党员领导干部到邱县廉政漫画教育基地、馆陶魏征纪念馆等廉政警示教育基地参观学习。特别是11月份,组织全局科级及以上干部赴邯郸监狱,结合市违纪案例开展警示教育活动,使广大干部思想受警醒,自觉防腐拒变。

开展专项整治,改进工作作风。继续深化"四风"整治,将党风廉政建设目标纳入绩效考核中,认真开展巡视整改、"一问责八清理"、基层"微腐败"及扶贫领域腐败治理整改"回头看""官本位、官老大"等专项整治,及时部署、认真整改、巩固成果。局属各单位利用网络、微信、短信等新媒体开展节前廉洁提醒教育,签订承诺书。多方位检查,始终保持高压态势,严查值班、"请吃、吃请"、中午饮酒等工作纪律。全年开展各类检查30余次,对发现的2起违反"四风"问题当事人进行了党纪政务处理。同时,狠抓综治维稳工作,化解信访矛盾。特别是在城管系统内大力开展扫黑除恶专项行动,制定方案、签订责任状,建立责任体系,作动员、搞宣传、摸线索,对内严要求,对外强督促,以此提升城市管理水平。2018年联合公安机关,查处乱收费和暴力抗法犯罪案件4件,极大震慑了违法违规的行为。

强化综合管理 统筹推进治理
不断推进城市精细化管理水平迈上新台阶

云南省宁洱县城市管理综合行政执法局 张春叶

习总书记在十九大报告中指出，中国特色社会主义进入新时代，我国社会主要矛盾已经转化为人民日益增长的美好生活需要和不平衡不充分的发展之间的矛盾。按照城市管理要向绣花一样精心的要求，宁洱县综合执法局进一步强化综合管理，统筹推进治理，不断推进城市精细化管理水平。

一、强化基础落实，在队伍建设上下功夫

（一）咬定目标，服务社会

当前，我县正全面探索推进非接触性执法与数字城管相结合的治理模式，努力实现"美丽县城"的工作目标，以实际行动回答"服务新时代，展现新作为"这个时代命题。习总书记在参加上海代表团审议时强调，走出一条符合超大城市特点和规律的社会治理新路子，是关系城市发展的大问题，城市管理应该像绣花一样精细。城市精细化管理，必须适应城市发展。

（二）加强学习，提高技能

今年以来，在县委、县政府的正确领导下，宁洱县城市管理综合行政执法局深入贯彻落实我县创建文明城市会议精神，持续用力、不断深化，提升社会治理能力，增强社会发展活力。以更大的决心和力度，切实把思想统一起来，把行动落实下去，提升宁洱形象。执法人员始终坚持每月学习制度，不定时进行执法考试巩固相关法律知识，全面规范学习笔记，提高队员综合素质。着力打造一支"政治合格、作风过硬、业务熟练、纪律严明、保障有力、人民满意"的行政执法队伍。按照"党员干部受教育、科学发展上水平、人民群众得实惠"的总体要求，执法人员在行政执法、队伍管理等方面做了大量的工作，为推动创建"省级文明城市"发挥了重大的作用，获得了良好的效果。

（三）夯实基础，树立形象

年初城市综合行政执法局领导与执法人员以会议形式进行仔细分析讨论，完善了内部管理制度、岗位职责制度、车辆管理制度、着装管理制度、考勤制度、请销假制度。以领

导执法人员带动整个队伍，精诚团结、弘扬正气、各司其职，以制度促进执法队伍管理。紧紧围绕"夯根基、固堡垒、严制度、强素质、树形象"的目标建设队伍，通过"抓教育、抓支部、抓制度、抓廉洁、抓作风"，不断提高队伍的整体水平。

二、强化综合施策，在城市综合治理上下功夫

（一）增加执法频次，狠抓占道经营治理

一是用心探索建立长效管理措施。执法大队启动"科学治理抓重点、集中整治攻难点、常态管理促长效"的工作方案，按照"前期宣传教育、先行规范引导、强化督促整改、重拳查违纠章"的管理方法，全面推行"强化宣传、注重引导、突破难点、防止反弹"工作举措，拉开城区市容专项整治行动。二是制定错时管理方案，防止反弹。执法大队结合实际，强化错时管理，安排执法人员在正常工作时段之外，早、中、晚对重点路段区域巡查，严禁出店经营和游街叫卖，基本实现了监管全方位、管理无缝隙，使城区秩序得到明显改善。三是强化夜市摊点管理。为了加强夜市管理，规范经营秩序，给广大市民创造一个良好的工作和生活环境，执法中队每两个星期集中开展治理一次，对茶源广场的烧烤摊点进行治理，茶源广场周边烧烤摊点疏导至裕和农贸市场。并要求夜市经营者应当在规定时刻内开市、收市。不得随意丢弃垃圾、倾倒残汤剩菜，收市后应及时清扫场地，确保环境卫生整洁有序。

（二）瞄准扬尘治理，狠抓渣土运输管理

渣土车由于本身车厢密封不严，同时又冒尖装载，导致渣土车所过之处，一片狼藉。从车上经常泼洒下来大量的渣土和石块，就像一个个地雷，给后面行驶的车辆埋下隐患。甚至导致交通堵塞，出行受阻。同时由于车辆密封不严，从车上吹下的扬尘也不仅污染环境，还影响后面车辆的视野，存在安全隐患。现在目前各地也都强制要求渣土车加装密封盖，采用封闭式车车厢以期待解决这个问题。联合交警大队、国土、工信、运政、交运、农机、环保等多家部门抽调人员，成立扬尘治理工作组，开展不定期的扬尘治理工作。一是加大动员力度。专门制定《全县渣土车辆联合整治专项行动实施方案》，统一工作标准，明确整治目标、整治重点、整治措施；同时，对各渣土车公司、从业驾驶人开展面对面宣传和教育提醒工作，告知法规政策和整治工作要求；二是加大宣传力度。对渣土运输司机，在建工地和运输企业加强建筑渣土运输管理相关法律法规宣传力度，积极引导施工单位强化责任意识，督促车辆驾驶员在运输过程中自觉遵守各项规章制度；三是加大创新力度。以"精细化、科学化、创新化"为原则，以宁洱融知机材工程有限责任公司为试点，对渣土车辆安装 GPS 定位装置，实现对渣土车辆时事动态同步掌握，切实做到"精细化、科学化"管理，同时为下一步工作的开展，提供了宝贵的经验；四是加大巡查力度。多部门联动，多部门协调合作，成立两个工作小组，实行分区域进行定点执法检查，交叉执法检查。派出巡逻小队上路执法检查，并针对部分渣土车利用夜间躲避执法检查的现象，采取错时

监管的办法，切实做到无死角、无遗漏、无侥幸；五是加大查处力度。严格落实逢车必查，对辖区内行驶的渣土车，发现一辆检查一辆。对未覆盖、未全覆盖运输及抛洒滴漏、不按路线运输等违法行为，做到及时查处、整改。在开展专项行动期间，宁洱县城市管理综合行政执法局以城市管理现代化为指向，重点规范建筑企业施工行为、渣土车辆运营行为。目前，渣土车砂石运输污染城市道路的现象得到了有效遏制。

（三）加大执法力度，疏堵结合严加治理

一是抓住关键、突出重点的核心标准就是人民群众满意，解决群众投诉。高度重视案件办理工作，认真梳理案件受理、办理情况，对案件办理不理想、效果不好的，该重新办的要重新办，该回访的要回访，目的就是要让诉求对象满意。对一些重点案件，特别是对群众反复投诉3次以上的，涉及全县的重要投诉件，久拖不决的疑难投诉件重点抓、重点看结果，做到办理过程和办理结果双满意。把案件办理作为转变城管作风、加强行风建设的总抓手，让每一件投诉件都能得到妥善有效解决。二是强化热线层层沟通交流，理顺工单转接流程，完善信息报送制度，进一步提高工单直办率。同时，加强城管系统行风建设，在推进问题整改、严格落实廉政责任、全面提升城管形象、加强互动联动、加强联络沟通上下功夫。三是明确责任分工，加强组织领导，主要负责同志亲自抓，分管负责同志具体抓。分解落实任务，各中队积极进行自查，摸清自身短板，对照问题清单，对号入座，要按照"谁主管、谁负责"的原则，"拉单子、定人员、落责任"，建立联络员制度，把具体的工作任务形成清单，逐项分解到人。三是强化监督问责，对宁洱县城市管理综合行政执法局城管系统队容风纪、执法行为、执法车辆以及为民办事、案件办理等方面进行监督，尤其对执法人员着装不规范等有损执法人员形象行为的，对举报热线反馈的群众反复投诉、问题拖而不决、相互推诿以及影响我县重点工作推进的相关问题，及时跟进调查处理；对媒体曝光的影响营商环境的典型案例进行曝光和处理；对侵害群众利益以及形式主义等不担当不作为问题，坚持零容忍态度，严肃按照程序追责。

三、强化制度创新，在体制改革发展中下功夫

（一）深化改革，推进城管执法

按照美丽县城建设要求，宁洱县不断创新城市管理体制，努力由过去的被动管理向主动管理转变，由突击管理向长效管理转变，由粗放管理向精细管理转变。实施全方位、全天候、全过程、高水平、高效能管理，健全"数字城管"网络，提高"数字城管"管理成效，力推数字化建设；抓好重点路段和领域，大力整治违章建筑、主城区占道经营、收破烂、扬尘污染，力推专项化整治；建立健全城市管理行政执法的各项规定或规范，严格防控自由裁量权滥用，规范执法程序、执法标准、执法标志、执法文书，推行阳光执法，力推法治化进程；压实责任、强化担当，进一步形成强大合力。把城市执法体制改革作为今年重要改革事项，提高认识，统一思想，坚定信心，不断深入推进城市执法体制改革。进一步落实工作责任、加强宣传引导、严肃工作纪律、强化督查考核，不折不扣地把改革各项任务落到实处。进一步明确任务，落实责任，制定实施计划，迅速组织实施，切实将改革期间的城市管理工作抓实抓到位，抓出成效。

（二）改善面貌，提升城市品质

近年来，宁洱县城市管理工作围绕"改善城市面貌、提升城市品质"这一总体要求，以创建省级文明城市为载体，不断提高城市管理效率和水平，城市面貌发生巨变，服务功能不断增强，人居环境明显改善，成功创建省级文明城市。实践证明，一座好的城市，不仅是"造"出来的，更是"管"出来的。在肯定成绩的同时，我们也清醒看到我县城市管理存在不够"净"、不够"美"、不够"绿"、不够"亮"、不够"畅"等短板，因此，更要创新机制，精细化管理城市。"绣花"不是随心所欲所能绣出来的，必须一针一线踏踏实实地绣，来不得半点虚假和马虎，切忌花拳绣腿，临时起意，搞形式主义，做表面文章。

（三）因地制宜，建立高效城管

以'强基础、转作风、树形象"专项行动开展为契机，坚持以"人民城管为人民"原则，不断深化执法体制改革，进一步增强执法人员的宗旨意识和服务理念。尽快适应职能变化，改进城市管理工作，迅速进入工作状态，进一步深入研究"721"工作法，不断强化"城警"合作，充分运用数字化监控平台，推动解决城市管理执法工作的"老、大、难"问题。力争到2020年，城市管理水平步入规范化、法制化、数字化，扎实做好各项工作，努力开创城市管理新局面。

城市管理，最是于细微处见功夫、见态度、见精神。将精细化管理引入到城市管理领域，细化城市管理空间，量化城市管理对象，规范城市管理行为，创新城市管理机制，完善城市管理流程，提升城市管理水平，实现城市管理活动的全方位覆盖、全天候监管、高效能管理。服务新时代，展现新作为，坚持以人民为中心的发展思想，着力推进城市管理创新，这是习总书记治国理政新理念、新思想、新战略的重要内容之一。精治、共治、法治并举，宁洱县城市管理综合行政执法局正在学习像绣花一样精细地管理着城市。这座美丽的、精致的、文明的城市，正在向着和谐宜居的"美丽县城"迈进。

整治城区市容环境 提升城市管理水平

——蕉岭县城综执法局 2018 年工作总结和 2019 年工作计划

广东省蕉岭县城市管理和综合执法局

2018 年，县城综局党组班子在县委、县政府的领导下，深入贯彻学习党的十九大精神，坚决围绕县委、县政府的工作部署和各项要求，以法治城管、民生城管、和谐城管建设为抓手，围绕中心，完善城市精细化管理体制，开展创建"山水绿城"工作，全面提升城区市容环境，全面落实党风廉政建设"两个责任"，按照时间节点完成了城市管理各项工作。现将今年以来工作开展情况汇报如下：

一、2018 年工作完成情况

（一）政治学习方面

我们在原来常态化"两学一做"教育学习的基础上，进一步强化的党性思想教育工作。特别是在学习习近平同志新时代社会主义思想和党的十九大精神上，我们不仅强调党员干部参加学习，还吸收非党同志参与进来。全年共组织"两学一做"、学习十九大会议精神、学习习近平总书记重要讲话、专题组织生活会、意识形态学习、党组中心组学习累计 90 多场次，通过开展各类学习活动和组织生活会，把思想统一到全面建设和谐社会的宏伟蓝图上来。从而不断打造一支思想解放、素质全面、有创新能力的干部队伍。

（二）在组织建设方面

一是强化民主集中，实行党组集体领导。凡涉及局内部人事调整、案件处罚等重大问题的决策，都由党组集体讨论决定。遇到工作难题，班子成员不是互相推卸责任，而是互相支持，互相配合、互相理解，做到分工不分家。积极开展批评与自我批评，做到大事讲原则，小事讲风格，党组班子讲大局、讲团结、个人服从集体、下级服从上级，确保政令畅通。

二是强化组织建设，提高党的凝聚力。根据县委的统一部署的要求，每年年初都制订党建工作计划，明确提出新一年党建工作任务。

三是强化目标考核，促进工作顺利开展。为了确保工作有抓手，年终有考核，年初与各股室、下属各单位签订党风廉政、作风建设等方面的目标责任状，明确了权利、责任和义务。

二、扎实推进城市管理各项工作，有效提升城市管理水平

（一）大力整治市容环境，绿色管理取得新成效

1.整治市容环境。加强新东路、溪峰路、府前街等主要街道的占道摆卖现象进行整治，同时对经营户进行教育、引导"进店经营"行为进行规范，规定所有摆卖商户必须线内经营或进入市场进行规范摆卖经营；全年共开展了24次整治"六乱"的专项行动，以整顿城区内乱摆乱卖、乱堆乱放、乱拉乱挂为重点，全面治理整顿县城城区"六乱"现象，通过专项整治行动，切实改善了市容环境，进一步巩固了文明县城、长寿之乡成果。

2.保持高标准常态化管理水平。以创文为契机，坚持标准，规范管理，突击治理城市乱象，包括乱摆乱卖、乱搭乱建、乱涂乱画等，对流动摊点加强管控，确保城区市容整洁、规范。今年市容市貌整体状况比去年有明显好转，其中今年1～10月累计规范流动摊点15000处次，处理率比2017年降低50%；清理乱吊乱挂各类破损广告牌、违章设置指示牌2000多块，清理率比去年下降80%；清理"牛皮癣"小广告50000份，比去年增加20%；设置公益广告1000余处，比去年增加300%；查处渣土运输污染道路30例，比去年减少60%。

3.突出重点管好关键部位，规范执法更加有力。今年1～10月发放打击违法建筑宣传资料20000份，比去年增加300%，并通过微信平台、新闻媒体对拆违工作进行现场报道。执法人员采取轮班工作制，确保执法无缝隙，巡查无死角。2018年共发现违法建设119处，拆除面积15000多平方米，拆除率比2017年增加95%。

（二）加强市政设施维护，提升完善城市功能

1.城市市政建设方面：2018年投入资金约5000多万元，实施《蕉城环东河黑臭水体治理项目》第一期环东河截污及水体修复工程已完成，第二期G205国道雨水分流工程于10月26日开工建设；新建蕉岭县世纪大桥至罗亚山桥平面交叉停车场工程；国道G205至溪峰路平面交叉改造工程；河堤休闲步道改造工程；塔牌大道提升改造工程；新建桂岭学校周边市政基础设施等11项工程项目。

2.维护方面：2018年更换损坏的市政井盖178套，修复沥青路面约1210平方米，修复人行道透水砖约1230平方米，铺贴福建青花岗岩30平方米，维修及安装指示牌78只，城区安装高清宣传画布7650平方米，城区安装铁皮围蔽2351平方米等市政设施；清理积水地段雨水井432多只、修复排水沟58m，人工清理堵塞市政排水沟3420m。

（三）巩固绿化养护，保持四季有绿

为迎接2018春节，增添春节期间的节日气氛，在城区主要街道、广场摆放、换种茚花和悬挂灯笼，增添了节日喜庆气氛。加强园林绿化管养工作，对城市绿化老化严重、植物生长不良、残缺等现状，进行补植和提升改造：1.针对城乡环境综合治理检查工作，对桃源东路竹林、溪峰西路3个圆盘等进行了绿化提升；2.为迎接全市乡村振兴工作会议与会人员来蕉考察，组织管养单位对城区主要道路及交叉点进行了绿化提升，累计换种苜花苗木约 14 万株，为蕉岭的绿化景观添绿增彩。

（四）实现城市照明智能控制，提高城市夜景品位

按照科学调度、分时管理、四季调整的工作模式，细化县城道路的路灯照明和大型建筑物亮化管理，实现了城市路灯节能及亮化的智能管理。今年以来，累计处理各类亮化故障 3000 次，比去年增加 10%；维修更换路灯 5000 盏，比去年增加 60%。2018 年投入 1000 多万元新增龙安滨水公园、桃源西河堤亮化等景观灯；目前城区公园景点、广场、一河两岸河堤、标志性建筑物、街道景观灯、路灯夜景已分步进行整体的规划、设计、改造，当城市景点、建筑等叠加上光影后所取得的效果已成为蕉岭美丽寿乡的新名片。

（五）不断创新保洁方式，城乡环境取得新突破

一是为保证创建国家卫生县城和城区卫生设施建设的需要，对城南垃圾中转站进行升级改造，将城南垃圾中转站改造成垃圾压缩站，新改建的压缩站已于 2018 年 9 月份投入使用，压缩站使用最新的垃圾压缩设备，具有噪音小、压缩力大、无臭味、无二次污染等特点。升级改造后能有效降低环卫作业的噪音、气味等扰民因素，周围环境状况得到明显改善。

二是更新转运收集设施。根据市对县城乡环境综合测评工作要求转运收集设施要密闭，鉴于以前大部分车辆设施等均不是密闭的，为避免污水和渗滤液滴漏造成影响周围环境，2018 年购置了一批收集设施：400 只果皮箱、400 只垃圾分类桶、2 辆密闭压缩车、50 辆密闭垃圾运输三轮车、15 架密闭式手提车。

三是继续完善了垃圾填埋场配套的设备设施建设。1. 鉴于垃圾填埋场渗滤液的处理规模原日处理 50 立方米 / 天，已不能满足目前渗滤液处理需求。为此我局对蕉岭县垃圾填埋场渗滤液处理站进行扩容，扩容后渗滤液的处理规模由原日处理 50 立方米 / 天扩大到 100 立方米 / 天，能满足目前渗滤液处理需求。投资共 93.35 万元，现已投入运使用。2. 根据省环卫协会今年评定等级的要求，加强了对填埋作业管理，购置了一台履带式推土机，投资共 70 万元。

（六）加大燃气管理，建立安全生产体系

2018 年底全县燃气普及率达 96%，全年对我县各气站及销售点累计检查 52 次；其中县领导带队检查 1 次；局领导带队检查 4 次；发出整改通知书共计 5 份；打击违法走私从事燃气经营活动的一宗；组织消防应急预案演练一次；组织从业人员安全培训一次；联合相关部门检查一次；全面提高了燃气从业人员的安全意识和服务质量。

（七）提升改造市场，推进市场科学管理

一是对新东市场进行升级改造，预计投入资金 1000 多万元，拟建设智能市场并规划 200 个停车位；二是新建恒塔市场，目前已经完成前期规划设计，即将进行动工；三是对文福市场全面升级改造。

（八）数字化城市管理平台建设情况

目前指挥中心装修已完成；指挥中心大屏建设、视频管理平台建设均已经完成；95路视频建设完成80%；智慧城管系统完成部署；城市基础设施地理和影像信息采集完成90%。

（九）完成各类交办件，提高城管服务质量

认真办理建议和提案。至2018年10月受理提案议案件（人大建议1件、党代表建议1件），回复率100%，办结率达100%。

扎实办理各类交办件。2018年1至10月，累计落实办理信访投诉件176件（其中县委县府转来信访件4件，纪委转来信访件9件、信访局转来信访件12件、网上信访13件、行政效能5件、舆情答复5件、梅州民声40多件、扫黑除恶线索8件、12345热线80件）；群众来电来信100多件，办结率100%。

（十）狠抓安全生产工作，确保重大安全事故零发生

按照"一岗双责、党政同责、综合治理"的原则，一是加强安全教育，重点是抓好燃气企业、在建工地、爱心自行车、路灯作业的安全监管工作，2018年1～10月开展隐患排查企业530家次，其中建筑施工企业240次，燃气企业45次，其他企业245次，强化全体职工安全意识，时时绷紧安全生产这根弦；二是加强安全督查，严防重特大安全事故发生。三是严格执行各项安全生产管理制度，用制度管人管事。

三、2019年工作思路

2019年要继续深入学习贯彻党的十九大和十九届二中、三中全会，习近平总书记到广东视察的重要讲话精神，在县委、县政府的统领下，紧紧围绕县委、县政府和上级城综部门的重大决策部署，注重城市管理和综合执法体制机制建设和改革创新，注重自身队伍素质的提高，创新举措，突出重点，打造亮点，努力提升我县城市管理工作水平，为全县经济发展和社会和谐稳定做出新的贡献。

（一）理顺体制，创新机制，全面深化城管执法体制改革

1. 按照城管执法体制改革的总体要求，严格落实改革精神，理顺内部体制，优化组织结构，整合机构职能，理顺职责分工，创新执法管理模式。

2. 抓好数字化城管工作，建立健全案件办理制度，实现信息资源共享，不断提高城市管理效率。

（二）坚持标准，保持常态，全面推进城市管理工作

1. 强化标准意识，把握管理标准，保持五个方面的的常态，即：常规管理的常态，突出问题整治的常态，深度保洁的常态，拆违控违的常态，督促检查的常态。

2. 提高环卫精细化作业水平，探索环卫运行机制，推进环卫市场化改革；开展社区（小

区）生活垃圾分类治理试点，探索建立分类投放、分类收集、分类运输、分类处理的垃圾分类处理系统。

3.加快余泥渣土建筑垃圾受纳场所的规划选址，使城区建筑垃圾有"出路"，杜绝乱堆乱放建筑垃圾的现象。

4.按照"四季有绿""三季有花"形成串珠式的绿色空间体系，重点打造一条贯穿城区景观慢行绿道系统。不断提升城市品位。

5.加强市政设施管理，完善路灯智能控制，提高城市照明亮灯率。

（三）依法行政，文明执法，加强执法队伍规范化建设

1.做到四个坚持：坚持着制式服装和标志标识，坚持主动出示执法证件，坚持语言文明和举止规范，坚持执法活动全程记录。

2.倡导"721"工作法：70%的问题用服务手段解决，20%的问题用管理手段解决，10%的问题用执法手段解决。

3.灵活运用多种执法方式和多种行政手段，引导当事人自觉遵守法律法规，及时化解矛盾纠纷。

（四）履行主体责任，切实加强党风廉政建设

1.严格落实党风廉政建设责任制，强化党组领导一岗双责意识。

2.强化党员干部廉洁意识，开展岗位廉政教育、警示教育，提高队伍党性修养和道德品质。

优化体制机制
全力打造人民满意综合执法队伍

山东省滕州市综合行政执法局局长 姜广涛

近年来，滕州市综合行政执法局以党的十九大精神和习近平新时代中国特色社会主义思想为指导，以"为人民管好城市，为人民公正执法"为目标，以"对法律负责、为发展服务、让群众满意"为宗旨，围绕完善城市功能、服务经济发展、提升城市品质，大胆探索、积极作为，稳步推进体制改革，大力实施城市精细化管理，全面开展综合行政执法，工作机制逐步完善，用"绣花"功夫打造了整洁有序、绿色生态、和谐内涵的精致城市，以实际行动赢得了群众的认可。

一、以推进机构改革为契机，持续优化体制机制

严格按照中央、省、市关于城市管理执法体制改革的部署要求，打破惯性思维，迅速理顺机制体制。

一是职能整合到位。全面清理调整原有的城市管理和综合执法职责，认真梳理新划转的国土资源、民政、文化、旅游、商务、粮食流通等领域的执法权限，制定了综合行政执法责任清单和796项行政处罚、21项行政强制权的权力清单，厘清了管理与执法的边界，为依法实施管理与执法奠定了坚实的基础。

二是机构设置到位。为科学有效的实施管理与执法，综合行政执法局按照"提高效能、覆盖全域"的原则，合理设置管理与执法机构。目前，综合行政执法局下设综合行政执法大队、环境卫生管理卫处、市政工程管理处、园林管理处等单位，向21个镇街和经济开发区派驻执法中队，实现执法重心下移，同时设立1个直属中队，负责重大执法任务和跨镇街执法活动。

三是人员编制划转到位。按照"编随事调、人随编走"的原则，相应划转执法人员编制，充实加强综合执法、专业领域执法力量，人员编制在不改变编制性质的前提下实行专项管理，重点保障基层一线执法工作需要。目前，综合行政执法局共有正式执法人员365人。

四是执法协作到位。制定《滕州市综合行政执法程序规定》《全过程执法记录暂行规定》《基层中队工作规范》等规章制度，规范全局执法人员的执法行为，确保综合行政执法使

用法律既实体合法又程序合法。综合行政执法局严格按照《滕州市综合行政执法实施办法》的规定要求，加强与相关职能部门和各镇街的协调联系，建立业务协助、信息通报、案件移交等机制，实现监管与执法工作的有效衔接。

二、以创新工作措施为引领，切实转变管理模式

坚持科学统筹、创新驱动，不断改善城市管理方式，着力从精细化、网格化、错时化、标准化和均等化五个方面创新突破，着力提升执法管理工作水平。

一是聚焦执法管理精细化。坚持"精准细化、精密细致、精雕细刻、精打细算、精明细巧、精心细腻"的理念，综合运用市场、行政、法律和社会治理的力量，通过细化目标、明晰职责等措施，让城市管理者的反应速度跟得上城市的变化速度、跟得上市民的需求速度。

二是完善执法管理网格化。将城管部门重点管理的43条主次干道和部分公园广场划分为113个管理网格，充分发挥"四员合一"的作用，每个网格配备1～2名城管队员和环卫、市政、园林养护人员，化零为整，有效促进责任落实。

三是坚持执法管理错时化。全局各部位实施"正常班＋早中晚班"工作模式，全面加强对热点部位、重点区域的治理，确保不留空档。渣土执法等特殊管理工作，继续坚持24小时轮流值班制。

四是探索执法管理标准化。制定综合行政执法和城市管理工作标准，形成了6大标准体系30余项分体系，涵盖各类标准150余项，确保各类工作有标准可依，有规范可循；加强内部管理，制定出台准军事化管理、公车使用等规章制度30余项，明确了工作纪律，切实把各项制度转化为干部职工的行为规范。

五是推进执法管理均等化。牢固树立"白天晚上一个样，有无检查一个样、节假日平时一个样、道路街巷一个样"的工作理念，不断提高执法管理标准，着力补齐城市管理的短板，全面提升执法水平。

三、以开展专项执法为抓手，着力提升执法效能

全面履行综合执法职责使命，促进了执法效果的大提升、有效展现了执法队伍的新形象。

一是开展重点领域执法。对新划转的领域，做好案件移交管理，加大执法力度，累计开展非法开采矿产资源、文化娱乐市场整治、不合理低价游整治等专项行动60余次，发放宣传材料8万余份，查纠各类问题3200余件，立案办理行政处罚案件1700余件，确保办结率100%。

二是突出热点问题执法。结合季节特点和工作需要，在全面开展综合执法工作的基础上，每个月突出1～2个热点问题，有针对性地进行全市范围内集中行动，巩固综合执法成果。如集中开展的油烟污染治理等活动，既有效遏制了违法行为，又赢得了居民的赞誉。坚持

集中治理与长效管理相结合、疏堵结合根治占道行为，目前滕州市主次干道已基本杜绝乱摆乱放的现象。近年来，通过建立完善投诉受理机制，累计办理群众反映的热点问题2.5万件，群众对城管工作满意度明显提升。

三是强化部门联合执法。针对综合执法与相关部门关联度高的特点，先后与文广新局、国土局、环保局、消防等部门开展联合执法检查活动400余次，联合查处案件70余件，综合行政执法局接收其它部门移送案件、涉嫌违法线索260余起，移送其它部门案件180余起，其中移送公安机关、纪委监委追究刑事责任17起。

四、以提升城市品质为目标，不断完善城市功能

以创建全国文明城市、巩固国家卫生城市创建成果为契机，大力实施城市公共基础设施完善提升工程，着力提高市民群众幸福感和满意度。

一是狠抓环卫保洁管理。深入推进道路机械化深度保洁工程，主干道和公共广场机械化保洁率达到90%，每天城乡1000余吨生活垃圾实现了日产日清、无害化处理；改造提升公厕、垃圾中转站130座，新增垃圾桶、果皮箱2500个。全面启动生活垃圾分类工作，打造了一批垃圾分类示范样板点。

二是狠抓市政设施管理。对善国北路、荆河路、腾飞路等40条道路进行升级改造，完成道路复铺180万平方米，维修破损路面20万平方米；加强路灯管理，确保主次干道灯明率98%以上；严格恪守城市安全生命线，城市防汛工作稳中推进；大力推行四位一体的市政设施管理和养护工作机制，建立24小时巡查制度，确保发现问题第一时间解决。

三是狠抓园林绿化管理。先后新建秀美荆河、杏坛广场、北辛植物园、弘道公园、养德公园，改造荆河公园、龙泉植物园，每年新增绿化面积超过100万平方米；对荆河、小清河两大水系进行绿化综合治理，实施红荷路、104国道等道路绿化项目80余个，建设街头游园50余处，省、市级花园式单位（小区）达到96个，城市建成区绿地率达到33.48%，绿化覆盖率达到37.64%，人均公园绿地面积10.71平方米，"园在城中，城在园中"的城市魅力日益显现，巩固了国家园林城市创建成果。

四是狠抓城乡环卫一体化工作管理。按照"平、净、齐、绿、亮、美"的标准，全面完成了"一年打基础、两年抓启动、三年抓规范"的工作目标，加快推进了农村环卫基础设施建设，全面推行农村环卫保洁市场化运作模式，实现"作业"与"管理"分离，实现村居保洁常态化，累计建成垃圾中转站42座，配置垃圾清运车60余辆、密闭箱体2370个、垃圾桶46万个，建成环卫一体化示范村340个、标准村800余个，村居实现了全覆盖。

五、以创建城管品牌为导向，全面提升队伍形象

牢固树立打基础、谋长远、惠民生、促发展的科学理念，发扬"特别能吃苦、特别能战斗、

特别能奉献、特别能忍耐"的城管精神，切实加强队伍正规化、专业化、职业化建设。

一是坚持党建引领发展。把全面从严治党的要求实化为"建好班子、带好队伍、管好干部、树好形象"的具体举措，引导党员干部立足岗位做贡献，做到平常时候看得出来、关键时刻站得出来、危急关头豁得出来，切实增强党员干部的表率意识和示范带动作用，做到"子帅以正""向我看齐"。

二是着力提升服务水平。牢固树立"为人民管理城市，为人民公正执法"的理念，大力倡导"721"工作法，并实行"提前介入、预先告知"措施，创新温馨提示、首违不罚。以持续深化"放管服"改革为契机，实行"首问负责制、全程服务、快速反馈"等便民措施，简化服务流程，缩减办理时间，进一步提高办事效率。

三是弘扬先进典型事迹。开展寻找"最美城管人""我是城市美容师"主题活动，积极评选"十佳党员明星""百名服务标兵"，实现每个领域、各个层次都有先进典型，使各类岗位人员和各个方面都有学习样板。

四是加快队伍作风转变。结合综合执法和城市管理工作实际，深入开展"强基础、转作风、树形象"专项行动，着力提高综合执法队伍的政治素质和业务水平。同时，实行队伍准军事化管理，定期组织军事训练，提升队伍的执行力、凝聚力，努力打造一支政治过硬、业务精熟、甘于奉献、善作善成的新时代城市管理队伍。

打造"四个城管"
奋力实现"五个新作为"

湖南省双峰县城市管理行政执法局党组书记、局长　向　前

随着经济的快速发展，城市管理日趋重要，为确保十九大精神在城管系统落地见效，我们坚持以党的十九大精神和习近平新时代中国特色社会主义思想为指导，紧紧围绕"增进环境美丽"总目标，立足抓重点、补短板、强弱项，大力实施城区环境综合整治七大提升行动，加快秀美县城建设，全力提升城市品位，推进城市管理水平大提升、大发展。

一、以新精神为指引，高起点描绘"为民管城"新蓝图

以习近平新时代中国特色社会主义思想为指导，全面贯彻落实党的十九大精神，围绕"增进环境美丽"总目标和助推秀美县城建设，以"创新发展，全面提升"为引领，以打造服务城管、文明城管、法治城管、和谐城管为基础，以"标准化、精细化、智慧化、社会化"管理为重点，深入推进县城环境综合整治七大提升行动和样板街创建，着力破难题、补短板、强弱项，提升城市品质，塑造城市特色，推动城市管理高质量发展，逐步实现城市管理共治、精治、法治、慧治，努力让县城更干净、更整洁、更规范、更有序、更安全，不断满足市民日益增长的美好生活需求，提高市民的幸福感和满意度。

二、以新思想为武装，严要求塑造"四个城管"新形象

一是优化便民举措，打造服务城管。始终高扬以人民为中心的发展思想，牢固树立以人为本、服务为先和为民管城、管城为民的管理理念，寓管理于服务，以服务促管理。不断强化为民服务举措，坚持感情上爱民、措施上为民、程序上便民、效果上利民，优化行政许可服务，简化许可程序，落实许可便民；增添环卫设施，提升市政功能，改善基础条件，推进设施便民；积极开展城区环境综合整治提升行动，尽可能为市民提供更干净、更整洁、更舒适的生活条件，落实环境便民。

二是加强教育培训，打造文明城管。加强思想教育，提高队伍素养。以学习贯彻党的十九大精神为核心，分层次、分专业、多形式、常态化开展法律法规和行为规范等方面的培训，教育引导城管执法人员牢固树立正确的人生观、价值观、荣辱观，全面提高城管执法人员

的综合素质。不断探索创新城管执法工作技巧，真正把群众需求和执法要求有机统一起来，实现"为城管人"向"为人管城"的转变。改进城市管理执法方式，大力推行柔性执法，树立队伍文明执法良好形象。

三是规范执法行为，打造法治城管。运用法治思维和法治方式，提升依法行政水平。切实加强执法规范化建设，进一步推进严格规范公正文明执法。制定城市管理执法规程，明确各类事项的法律依据、执法标准、执法程序，使具体执法工作有章可循。出台城市管理标准规范，使城管执法有规可依。落实行政执法责任制，建立并严格实施行政过错纠正和责任追究制度。全面执行执法全过程记录制度，做到全过程留痕、可回溯管理和制约。建立执法纪律监督制度，严查违法违纪行为。坚持依法管理、严格执法，打好"宣教劝导、严管重罚、行为惩戒、媒体曝光"组合拳，树立执法权威，提高工作效率。

四是畅通民意渠道，打造和谐城管。加强城管文化建设，完善"互联网＋城管"宣传模式，开展城管进学校、进机关、进企业、进社区宣传活动，多形式、多渠道传递城管正能量；继续争取各级政府、部门对城管工作的支持、理解、配合和参与，畅通市民投诉举报渠道，完善投诉督办机制。通过人大议案、政协提案、县长热线、网络舆情、来信来访和12319城管投诉服务热线等平台，及时收集、受理、处置市民反映的城市管理方面的问题和意见建议，在走近群众中实现城管的亲民式服务管理。主动接受社会监督，营造群众了解、理解、支持城管的良好氛围，构建政府与市民同频共振、合力管城的城市管理新格局。

三、以新目标为总揽，全方位实现城管"五个新作为"

我们以城区环境综合整治七大提升行动和样板街创建为着力点和突破口，着力理顺体制机制，积极探索创新城市管理工作。

（一）履职尽责，攻坚克难，在城市综合管理上实现新作为

一是加强城区秩序整顿。大力整治广告牌匾，加强流动摊贩管理，疏导流动摊点入市经营，坚决取缔马路市场。规范管理机动车和非机动车停放，切实发挥经营门店"门前三包"主体作用。开展机动车占用人行道停放专项整治行动，，清理整顿"僵尸车"严肃查处机动车破坏市政设施行为。集中治理"牛皮癣"，开展违规种菜铲除行动，彻底清除违规种菜顽疾。

二是推进施工围挡升级。加强基建围挡提档升级，围挡外墙以群众喜闻乐见的公益广告宣传为主，设计制作要贴近生活、新颖美观、将施工围挡建成美丽画廊，打造县城新的靓丽风景线。

三是加快绿化提质增量。将具备条件的街道、绿化带改造成林荫停车位，使停车空间与绿化空间有机结合，提高城区泊位供给，逐步缓解停车难问题。先期开展示范街改造，然后逐步覆盖其它主次街道。对所有交通岛进行绿化改造，部分街道增设移动花坛，实现公共绿地从主次干道到大街小巷全覆盖。

四是逐步规范夜市管理。科学规划夜市区域，合理引导中心城区主次干道、居民区附近及城市广场等公共场所的露天烧烤餐饮业主入店经营或到指定区域定点定时经营。大力推广无烟烧烤，取缔不具备经营条件的烧烤摊点，最大限度地消除露天烧烤影响交通、污染环境的问题。

五是提升卫生整洁水平。强化环卫作业精细化管理，加大清扫频率，加快垃圾清运，确保垃圾日产日清不留置；开展"无卫生死角"治理专项行动，全面落实"门前三包"责任制，彻底清除积存垃圾，保持路面本色和交通栏杆清新如初。

六是切实强化渣土管理。加强源头管理，规范运输行为，强力推行洗车平台建设和出入口路面硬化，从源头上杜绝车辆带泥上路。继续保持高压态势，严厉打击违规车辆上路、超限超载运输及抛撒滴漏行为。尽快启动建筑垃圾消纳场建设，逐步推广建筑垃圾资源化利用，创新打造双峰渣土管理新机制。

七是大力提升市政功能。加强路灯提质改造，消除城区盲点，保证主街道亮化率达到98%以上，背街小巷达95%以上，确保市民出行便利，县城绚丽多彩。持续开展城市道路精细化维修活动，进一步提升城市道路设施完好水平。配合做好"不忘初心、牢记使命"主题教育馆广场内秩序整顿、环境卫生、园林绿化等相关工作，重点做好公园广场的管理服务，促进广场文化繁荣发展。

（二）与时俱进，乘势而上，在创新治理模式上实现新作为

提升城市管理一体化水平。主动融入城市管理体制改革，统筹政府、市场、市民三大主体，以建立一体化快速高效的指挥、派遣、处置机制为目标，促进城市管理综合执法落地落实，对城市管理重点工作实行部门联合执法，构建齐抓共管、合力共为的大城管格局。

提升城市管理信息化水平。树立"互联网＋城市治理"理念，将数字化城管向智慧化城管升级，实现建成区全覆盖，按照精细化、网格化管理要求，发挥大数据、云计算的优势，建立快速反应机制，提高城管快速处理效率。

提升城市管理社会化水平。以电视、网络等宣传媒体为载体，完善宣传方案和通讯员队伍建设，积极策划，大张造势，全力做好《城管之窗》电视报道和公益广告宣传。充分融合社会新生力量，不断完善和巩固城管志愿者服务队伍，形成全民参与、多元共治的城市治理模式。

提升城市管理市场化水平。充分发挥市场机制作用，探索推进市政公用、环境卫生、渣土管理、基础设施和部分城市管理项目的投资运营市场化。将环卫清扫保洁、智能林荫停车位、建筑垃圾处置、建筑垃圾消纳场建设、城市牛皮癣治理等交给企业、社会组织，形成政府主导、企业经营、市场运作的管护新机制。

（三）加大投入，夯实基础，在增强要素保障上实现新作为

以湖南省城市双修三年行动计划为契机，抢抓机遇，积极包装申报城市垃圾治理、停车设施建设、城市环境绿化、净化、路灯节能改造、数字城管、城区破损路面维修改造等项目，全力争取项目落实落地，进一步完善城市基础设施建设。加快生活垃圾中转站配套项目建设步伐，完成5座小型垃圾收集站和环卫停车场建设。实施河道综合治理，落实河长责任制。按照城市管理要求，对城中河的排污口、河床、河水、河堤和两岸环境进行综合整治，保持河面清澈见底。认真落实节能减排，全面开展城区道路绿色照明节能改造。加大城区下水道管网改造力度，畅通城区排水系统。

（四）突出党建，强化担当，在加强队伍建设上实现新作为

坚持以党建工作总揽全局，充分发挥好党组织的核心领导作用，切实加强领导班子和队伍建设，全面开展"加强责任心，提高执行力"活动，健全完善"有事请找我"责任机制，推进全局共拥新时代、共担新任务、共创新辉煌。

按照"一岗双责"的要求，不折不扣履行好主体责任，推进正风肃纪工作常态化、制度化、长效化；织密制度建设的笼子，严格执行反"四风"的相关规定，严肃财政纪律，严守廉政准则，打造作风建设的铜墙铁壁，铸就作风建设的森严壁垒，让廉洁自律成为自觉履职的行为底线。

强化价值引领，打造过硬队伍。严格落实意识形态工作责任制，牢固树立正确的价值观和舆论导向，充分发挥意识形态的思想引领作用，打造一支政治坚定、作风优良、纪律严明、执法规范、廉洁务实的城管执法队伍。

（五）统筹兼顾，科学谋划，在推进协调发展上实现新作为

切实抓好安全生产、综治维稳、信访、禁毒和计划生育工作，强化守土有责、一把手负总责的责任管理制度。扎实做好建议提案办理工作，逐步提高群众对城管工作的满意度。突出抓好脱贫攻坚工作，重点做好具体问题整改、基础建设夯实、扶贫项目"回头看"、台档资料完善、群众情绪疏导等工作，坚决打赢脱贫攻坚硬仗。认真搞好政务公开工作，让权力在阳光下运行，保持优质服务的窗口形象。统筹抓好新农村建设、企业帮扶、基层党组织软弱涣散村整治等工作，认真完成上级安排布置的其它各项工作，促进业务工作与其他工作齐头并进，相得益彰。

当前，城市管理面对新形势，我们将认真学习宣传、贯彻落实党的十九大精神，努力完善城市功能，提升城市环境，服务城市发展大局。从群众最需要的事情办起，从群众反映最突出的问题改起，从群众期盼的美好生活做起，多谋民生之利，多解民生之忧，强基础，补短板，建设宜居宜业的良好环境，真正让县城成为群众追求更加美好生活的有力依托，为建设秀美县城作出更大的贡献。

打好清洁乡村攻坚战
当好城乡一体排头兵

湖北省武穴市综合行政执法局党组书记、局长　王卫红

近年来，湖北省武穴市牢固树立生态文明理念，坚持城乡一体、全域统筹，系统谋划、持续发力，工程化、项目化，扎实推进城乡生活垃圾无害化处理全达标工作，着力打造更加优良的人居环境和发展环境。

在全国率先建成水泥窑垃圾处理厂，实现了垃圾处理无害化

武穴市委、市政府与华新水泥股份有限公司联合投资 7862.7 万元建设水泥窑协同处理城市生活垃圾项目，建成至今，已成功处理武穴、蕲春、黄梅、龙感湖及武汉部分垃圾总计 85 万吨，其中处理武穴市城乡垃圾 50 万吨。2017 年，华新"水泥窑高效生态化协同处置固体废弃物成套技术与应用"项目成果，荣获 2016 年国家科学技术进步二等奖，被国家住建部作为城乡垃圾的主要处理方式之一进行全国推广应用。

在全省率先建立了城乡垃圾收运体系，实现了垃圾处理一体化

2012 年武穴市政府在全省率先创新提出了建立"户分类、组保洁、村收集、镇中转、市处理"的城乡生活垃圾无害化处理模式。自 2011 年起，通过加大政府投入、整合项目和社会资金 1.36 亿元，配备完善农村环卫设施设备，统一标准完成了乡镇垃圾中转站的建设，统一配套了城乡生活垃圾收运设施设备，统一建立了城乡环卫管理和作业队伍，统一规范了城乡生活垃圾收运运作程序，采取"分类实施、分步推进"的办法，确保全市城乡生活垃圾无害化处理工作顺利、规范、有序开展。

在全省率先进行非正规垃圾填埋场环境整治，陈腐垃圾处理无害化

为整治马口非正规垃圾填埋场环境，武穴市在省无先例、工艺技术一无所知的情况下，通过深入探讨、集中研究、多方协调，投入 2 千万元，采取垃圾山开挖、机械分选、末端处理和地下水及土壤治理方式进行环境综合整治。2017 年在全国"环卫行业争优创新评选活动"中，武穴市陈腐垃圾处理获金奖。

在黄冈市率先健全城乡环卫管理机制，实现了生活垃圾无害化处理常态化

武穴市委、市政府始终把城乡生活垃圾无害化处理全达标工作作为一件大事来抓，明确两年时间实现全市城乡垃圾无害化治理全达标，确保成为全省第一批示范县市。专门印发《武穴市美丽乡村建设考核办法》，把农村治脏与美丽乡村建设紧密联系，市人大、政协将农村生活垃圾无害化处理全达标工作列为常委督办案，多次组织人大、政协常委现场视察、督办评议，并安排人大代表、政协委员参与每季度检查考评，使城乡生活垃圾无害化处理全达标工作长期处于一种高压逼进的态势，有力地推进了这项工作的开展。

在黄冈市率先启动垃圾分类试点，实现源头分类减量化

武穴市按照"先农村后城镇""先试点再推广"的原则，探索和实践具有武穴特色的农村垃圾分类"三分自然降解法"，即将农村生活垃圾分为可烂、不可烂和可卖垃圾三类，可卖垃圾回收资源化利用、可烂垃圾入林填埋还肥于田、不可烂垃圾送往华新处理厂无害化焚烧。逐步实现全市生活垃圾减量化、资源化、无害化。

通过扎实推进城乡生活垃圾无害化处理全达标工作，武穴市城乡生活垃圾无害化处理取得了显著成效，城乡环境卫生面貌大为改观，全市2516个自然垸实行了日常保洁，村庄保洁覆盖率、农村垃圾收运率达90%以上，无害化处理率达100%。"户分类、组保洁、村收集、镇中转、市处理"城乡生活垃圾无害化处理的成功经验，被新华社《每日电讯》、湖北卫视、中华建设杂志重点报道，先后有300多个外地同行来考察借鉴。2018年11月2日，在南京召开的中国环境卫生行业峰会上，该市"家居式公厕"、农村生活垃圾分类"三分自然降解法"、环卫一体化，分别在中国城市环境卫生协会主办的"2018年度公厕和垃圾分类示范案例"征集活动中荣获"公厕、垃圾分类入选案例"。

第三篇
新时代城市管理学

第一章　城市管理概述

　　1996年6月,联合国第二届人类住居大会在土耳其的伊斯坦堡通过了《生境议程》和《伊斯坦堡宣言》,这两个文件的主旨是重申"让全人类享有更高品质的生活水准、更大程度的自由",强调"人人应享有适当住房"和"城市化过程中人类住居的持续发展"这两项全球性的共同目标。《生境议程》确认,可持续发展的战斗,其成功与失败将在城市内见分晓。随着进入21世纪,进入新的城市千年,人们正在形成这样一个共识:良好的管理将是成败的关键。2000年5月,联合国人类住区中心(生境中心)在内罗毕的"全面审查和评价《生境议程》实施情况的大会特别会议筹备委员会"第一届会议上提出"健全的城市管理"概念,其认为要达成以上目标,良好的城市管理是成败的关键,我们必须用健全的城市管理来实现《生境议程》所提倡的"包容性城市"的目标。

　　城市是人类历史发展的一个客观存在,是社会生产力发展到一定阶段的产物,是人类文明和人类进步的标志。世界的城市化趋势不可逆转。作为经济和社会发展的引擎,城市有着巨大的潜力,可以通过规模经济创造更多的工作机会。但今天的城市也会产生和强化社会排斥,使穷人、妇女、青年、宗教和民族中的少数以及其他边缘化群体得不到城市发展的利益。因此,我们要通过健全的城市管理建设"包容性城市"。

　　根据联合国人类住区中心《关于健全的城市管理规范,即建设"包容性城市"的宣言草案》文件,健全的城市管理应包括七方面的标准,即城市发展的各个方面的可持续性,下放权力和资源,公平参与决策过程,提供公共服务和促进当地经济发展的效率,决策者和所有利益攸关者的透明度和责任制,市民参与和市民作用,个人及其生活环境的安全。这些标准是相互依存的,又是相辅相成的。 的安全。这些标准是相互依存的,又是相辅相成的。

第一节　城市管理概述

一、城市管理的含义和特征

(一)城市管理的含义

　　一般说来,管理(management)是一切组织的根本,它普遍存在于各种组织活动之中。

考察人类城市的发展史，可以说，自从有了城市便开始了城市管理的实践。当代社会生活的一个显著事实乃是城市人口的迅速增加，城市政府管辖事务的日益繁重，城市政府组织的日见庞大。即使是未在城市中居住的人，也广受城市生活的影响。因此，城市的发展使城市本身的管理发生了很大的变化。在今天，现代化的城市管理已成为文明都市生存和发展的必要条件。就城市管理而言，管理有多重含义。第一，管理不仅仅是施政。管理的概念涉及承认政府正式当局内部和外部都存有权力。在许多文献中，管理包括政府、私人部门和民众社会。第二，管理是一个中性概念。管理可以有多种表现：专横或仁慈，有效或无能。第三，管理强调的是"过程"。它确认，决定是基于许多参与者之间的复杂关系而做出的，而那些参与者均有着各自不同的、有时是相互冲突的优先事项。

在中国，传统意义上的城市管理有广义和狭义之分。广义的城市管理是指城市政府以城市为对象的、为实现特定目标对城市运转和发展所进行的控制行为和活动的总和，在计划经济体制下就是对城市所有单位、部门、产业的综合管理和公共管理，它贯穿城市规划、计划、指挥、建设、监督和协调的全过程之中。狭义的城市管理基本等同市政管理，主要是指政府部门对城市的公用事业、公共设施等方面的规划和建设的制、指导。

随着社会经济的发展，城市本身的发展和增长已经带来了新的城市形态，经济体的变革使得城市管理和政府职责更加复杂化，城市管理的内涵也在不断变化。但是，一定的历史阶段，城市管理有其相对稳定的内涵。就目前而言，中国处于计划经济体向市场经济体制转轨的过渡期，计划经济体制下城市管理的内涵和市场经济体制下城市管理的内涵有明显的不同。出现城市管理内涵变化的原因可以从以下两方面加以理解：一是城市实体的变化二、是城市管理主体的变化。城市是城市管理的空间实体，是一个随社会生产力发展而不断发展变化的社会经济有机体。从古代城市发展到近代城市，进而发展为现代城市，城市表现出经济繁荣、人口密集等许多外在的特征，而其内在的特征常常被人们所忽略。现代城市的内在特征主要有城市功能日趋多样化、城市生产活动日趋智能化、城市活动日趋社会化、城市系统日趋开放化，这些变化从根本上对现代城市管理的内涵提出了新的要求。城市管理者是城市管理的主体，在中国传统计划经济体制下，以实行中央集权的计划经济为大背景，城市管理的主体是单一的，就是城市政府。在长期的社会管理过程中，中国形成了"大政府、小社会"模式，政府是全能政府、无限政府。随着社会的发展、政治的变革、体制的转轨，现代城市管理的主体开始向多元化发展，城市政府依然是城市管理者，但不是唯一的管理者。随着城市第三部门和市民社会的发展，社会中介组织、非营利组织、社团组织、社区组织等都将成为积极的城市管理者。这是在市场经济条件下，城市管理主体发展的必然趋势。

联合国人类住区中心在《关于健全的城市管理规范：建设"包容性城市"的宣言草案》中指出：城市管理是个人和公私机构用以规划和管理城市公共事务的众多方法的总和。这

是一个调和各种相互冲突或彼此不同的利益以及可以采取合作行动的连续过程。它包括正式的体制，也包括非正式的安排和市民的社会资本。

概括而言，现代城市管理是指多元的城市管理主体依法管理或参与管理城市地区公共事务的有效活动，属于公共管理范畴。从现代城市管理主体的主角——城市政府角度出发，现代城市管理主要是以城市的长期稳定协调发展和良性运行为目标，以人、财、物、信息等各种资源为对象，对城市运行系统做出的综合性协调、规划、控制和建设、管理等活动。

城市管理是城市发展的客观要求，作为企业管理和国家宏观管理的中间环节。市场经济条件下的现代城市管理既包含了以城市政府为主体的城市管理者依据国家法规体系、通过国家计划和发展规划对城市运转和发展所进行的控制行为和活动，也包含了城市政府通过制定各种经济政策、城市管理法规对城市企业、城市公民、城市非政府机构的生产生活所进行的组织、控制、协调行为和活动。另外，最重要的是现代城市管理还包含着城市政府管理职能与非政府机构、非营利组织、社会团体、市民等参与城市管理的行为之间的相互协调和结合。

也就是说，现代城市管理是建立在民主和科学基础上的城市管理活动，不仅包括垂直调控的各种权力部门的行政性约束，同时也包括水平制衡的各相关部门、企业、组织、社团的建设性协作。其研究内容具有系统性和层次性。

台湾城市管理学家董树藩在论及都市管理的重要性时曾强调："都市为人类的重要生活环境，必须管理得当，人类才能过着幸福快乐的生活。都市为文化发源地与传播中心，必须妥善管理，人类文化才能不断发展滋长。都市为各种制度的发展地方，必须管理适当，才能使都市中所存在的各种制度健全发展。都市乃国家兴衰所系，都市管理健全与否关系国运之昌隆与否。"这一阐述概括出城市管理的主要目的就是为了协调、强化城市功能，保证城市发展计划的实施，促进城市社会与人类的健康发展。

联合国人类住区中心在《关于健全的城市管理规范：建设"包容性城市"的宣言草案》中指出：城市管理是与全体市民的福利紧紧连在一起的。健全的城市管理必须使居民都能享受到城市公民的利益。基于城市公民资格原则上的健全的城市管理，强调任何人，无论男女老幼，均不得被剥夺取得城市生活必要条件的机会，包括适当的住房、房屋租用权保障、安全的饮水、卫生清洁的环境、保健、教育和营养、就业、公共安全和流动性。通过健全的城市管理，市民们得到发表意见的论坛，充分发挥其才智，以便改善其社会和经济状况。

（二）城市管理的特征

从城市发展的过程来看，城市的规划、建设、运转、服务和管理的每个过程都需要管理。与传统的城市规划相比较，城市管理首先应该是一个分阶段逐步实施、连续运作、逐步改善的过程，而不是一步到位、只有一个终极目标的简单规划。在这个过程中，需要根据其阶段性的特点与环境条件的变化，对城市管理的方式、方法、制度、组织安排，甚至于目标和方向等因素进行不断的调整和修正，从而使得城市管理能够更好地满足每个阶段社会发展的需要。

基于城市社区的结构特征，以及城市的多重功能、管理内涵的多重要素，我们不难发现，现代城市管理的下列特征正日益凸显。

1. 管理的综合性

现代城市是高度复杂的社会综合体，社会、经济、环境资源等系统具有各自的运行规律和特征，既自成体系，又相互影响、相互制约，并同外界环境有着密切的联系，从而决定了城市管理具有综合性的特点。城市的综合管理任务首先是要保证城市正常运转，而不能仅限于对构成城市的某一因素的运转管理上，还应协调、控制城市构成各因素之间的相互联系，如政府对社会因素、经济因素、市政因素进行协调管理，对城市进行宏观控制，搞活企业以及组织和协调好城市功能的发挥等。无论是局部管理还是整体管理，我们都应从总体的规划和战略协调上进行综合性的管理。

2. 管理的开放性

城市是一个开放型大系统，它对自然资源的依赖及产品对市场的依赖迫使城市对外部区域开放。因此只有开放式的管理，才能增强城市的开放性功能。城市的开放表现在：对农村的开放，对国内市场的开放，对国外的开放，技术、文化、人流、物流、信息流、资金流的大规模输入和输出。

3. 管理的动态性

现代城市作为一个有机整体，各个局部的运转都会影响到整体的运行。因此，要掌握城市运转的规律，应从长远的、动态的角度来管理实施城市发展战略目标，进行总体动态规划，而不能静止地、独立地管理城市的各构成要素，不仅要管好局部，还要协调好总体的运行。

4. 管理的参与性

城市这一庞大的系统工程的正常运作需要社会的各个组成部分、城市各项活动的参与者对于城市经济社会活动的运行规则的建立，以及城市未来发展方向的选择达成共识。政府与社会的合作、公共项目及管理事务中社会的广泛参与，从经济意义上有助于提高公共投资项目的质量、效益、服务水平及风险管理能力，提高国有资产的价值和投资潜力，有利于整体经济的增长；从社会意义上有助于政府部门明确职责、提高管理效率和投资决策管理水平，也有利于各种社会组织之间的利益协调，提高城市项目实施中的有效性和可持续性。

二、现代城市管理的基本内容

现代城市管理是多元的城市管理主体依法管理或参与管理城市地区公共事务的有效活

动。城市地区的发展使得城市的空间物质形态日趋复杂，城市居民的基本生活需求和各种组织的生产经营活动，涉及大量的公共产品和公共服务，是城市地区专有的公共事务，包括城市广泛的经济、文化、教育、基础设施、社会福利、公共安全、交通、环境与卫生、城市住房、公用事业、游憩设施等公共事务。纵观城市发展的历史，城市管理的内涵与外延是随城市的发展而发展变化的。例如，早期的城市公共事务只限于城市的路灯、道路、桥涵、排水、供水、市容等与城市自身物态形式相关的方面。随着科学技术的发展和市民生活需求的多样化，现代城市的公共事务具有更为广泛而复杂的内容。

（一）城市规划管理

城市规划是指导城市可持续发展的依据，是国家和城市政府调控城市用地和发展建设的重要手段。它具有指导和规范城市建设的重要作用，担负着合理利用城市土地、协调城市空间布局和各项建设、发挥城市整体优化功能和效益的使命。世界各国都将城市规划列为各级政府的重要职责，将城市规划部门列为各级政府的重要综合部门。许多国家建立了与国家和地方经济社会发展规划相对应的"国土规划—区域规划—城乡规划"

完善的空间规划体系。城市规划管理实际上就是实施城市规划的管理活动。城市规划是一项科学性很强的研究活动，也是一种具有法律效力的公共管理行为。城市规划经批准公布后，通过一系列的规划管理活动来实施，是城市规划管理的重要环节。

（二）公共设施的建设管理

城市公共设施包括城市基础设施和公共事业设施两大部分，是城市生产和人民生活必不可少的物质基础，而城市基础设施是保障城市存在和发展的前提，其作用尤其重大。城市基础设施包括的范围很广，实际上也渗透于或融合在上述的城市社会、经济与生态发展领域之内，具体而言，城市基础设施可细分为七个方面：①能源生产和供应设施；②给排水设施；③航空、铁路、汽车运输等对外交通设施，城市道路、城市客货运和城市交通管理等市内交通设施；④邮电通信设施；⑤环卫、环保、园林、绿化等设施；⑥防火、防洪、防震等城市防灾设施；⑦城市战备设施。随着生产力的发展和社会生活需求的提高，城市基础设施内容将不断增加。城市公共事业设施主要包括城市的公共教育设施、公共文化设施、公共卫生和体育设施等。当前要进一步发挥中心城市的辐射功能和吸引力，没有与高速经济发展相协调的现代化公共设施，就无法实现高效率的社会化大生产和现代化的生活。因此，对城市公共设施的建设与管理，首先要在思想上充分重视制定长远的、有效的规划，并将城市基础设施的改建与产业技术改造相结合，加速基础设施落后面貌的改变。其次，在政策上给予支持，改革投资制度及增加重点基建投资，使这部分资金来源得到保证。最后，要加强设施管理，实行经济责任制，提高城市公共设施的综合效益。

（三）城市交通管理

城市交通系统是城市社会经济系统的一个子系统，它维系着城市有机整体的正常运转，通畅的城市交通对城市的发展、用地开发、改善居民生活条件、提高劳动生产率、实现社会经济发展目标，具有重要的保证和促进作用。在社会经济发展的各个阶段，各个城市面临着种种不同的交通问题，交通问题一直是世界各国城市关注的焦点。解决复杂的交通问题必须采取综合的手段，制定城市交通政策，以保障城市交通高效运行和有序发展。从世界范围来看，城市道路的修建和养护，营建公共汽车站、码头等，改善已有的路线，改进城市交通，历来都是城市政府的基本职能。

（四）城市生态环境管理

城市生态系统是以人的集聚为中心，在开发和利用各类型的自然和人文景观资源的基础上形成的社会文化、经济活动相对集中的次生型生态系统。城市生态环境管理内容主要是指人类生存、生活及社交的环境：一方面要防治污染，不让自然环境变坏；另一方面通过绿化和美化，力求自然环境更好，创造一个健康、优美的高质量环境。经济的发展与环境保护在各自的发展中会发生矛盾，但环境的恶化会带来人类的健康状况下降以致最终经济效益下降的后果，中国城市环境现状已证明了这一点。因此，中国城市环境管理应本着"全面规划、合理布局、综合利用、化害为利、全民发动、保护环境、造福人民"的总方针，端正指导思想，普及环境教育，从政策上和法制上确保城市可持续发展的战略地位。

（五）城市住房管理

居住是城市的基本功能之一，城市住宅是城市居民的基本生活资料，城市住宅建设和管理不仅是城市管理的重要组成部分，而且直接关系到市民居住条件的改善，关系到城市的健康发展，因此城市的可持续发展必须以城市住房的良性发展为基本前提。从世界范围看，伴随着18世纪工业革命及城市化而产生的住房问题，一直是世界各国普遍关注的焦点问题，它与全球性的城市化历程密切相关。迄今为止，世界上几乎没有一个国家在工业化和城市化过程中，没有经历过住房短缺的严峻形势。尤其是进入20世纪后，由于经济迅速发展，城市化加速，加之20世纪上半叶的两次世界大战使城市和住房遭到严重破坏，特别是第二次世界大战后在世界人民争取和平取得成效的同时，住房问题日益成为国际关注问题。而当前住房供应紧缺与居民要求改善居住条件的矛盾仍然是世界各国普遍面临的问题。解决城市住房问题，努力为城市居民提供良好的居住空间，一直都是城市政府的基本职责。

（六）城市经济管理

经济的运行和增长是城市管理的传统中心内容，它直接关系到该地区城乡社会的进步和繁荣。正如马克思在一个半世纪前便揭示的："……大工业造成一种绝对必需的局面，那就是建立一个全新的社会组织，在这个新的社会组织里，工业生产将不是由相互竞争的厂主来领导，而是由整个社会按照确定的计划和社会全体成员的需要来领导。"城市，特别是省会城市和大城市，它们在国民经济发展中处于中心地位，是中央纵向管理和省地区横向管理与社区经济微观调节的汇合点。因此，城市经济管理既不同于企业的管理，也区别于中央政府的经济管理。可以这样认为，城市经济管理是整个国民经济活动赖以正常进

行和健康发展的基本手段之一，是一种中观经济的调控方式。

城市经济管理的内容十分丰富复杂，它要求城市政府要在国家的宏观计划指导下，遵循客观规律，正确发挥政府的经济管理职能，运用法律手段和经济手段对城市的各种经济活动进行科学、有效的综合控制、指导和协调，促进城市整体功能的正常发挥，以取得良好的经济效益和社会效益。

（七）城市社会管理

城市的社会管理主要是指对城市居民的生活管理。城市中的人按一定的社会关系和生产关系，在共同的环境里生活、生产。为了使城市居民生存在一个有序的、良好的社会环境里，我们必须对城市进行有效的组织，作整体、动态、综合、最佳效果的全面控制和管理。其管理内容又可细分为四部分：人口管理、社会治安与维护秩序管理、物质文化生活管理及思想文化建设，其中人口管理又是较重要的一环。①根据中国人口过多的国情，进行城市人口管理尤其要控制城市人口数量，提高人口素质，稳步提高人口城市化程度。②社会治安与维护秩序管理是为居民提供良好生活环境的重要保障。城市中人口流动量大，社会关系复杂，如果没有一个健全的法制机构体系来有效地维持社会的安宁与稳定，居民的人身安全也就无法得到保障。③城市社会管理的另一重要方面就是对城市人民的物质文化生活进行管理，并提供各种服务。除此之外，信息时代的城市社会管理，还应对信息的传递和沟通进行管理和建设，电话、报纸杂志、电视机等在城市居民的生活中所占地位日益突出，我们要积极引导居民接受健康信息，对内容不健康的信息要加以控制。④城市居民的思想文化建设的着重点是城市居民的思想道德和科学文化建设。在建设高度物质文明的同时，一定要努力建设高度的精神文明，用共产主义的思想体系，教育帮助市民树立正确的理想和人生观，加强科教文化建设，培育有文化、有知识的人才，这两方面要相互配合，渗透在整个城市管理和现代化建设之中。

三、城市管理发展趋向

20 世纪 80 年代以来全球化的加剧发展意味着福特—凯恩斯主义时代的完结，全球化将削弱国家在国际贸易和国内经济组织管理方面的作用和职能，将极大地提高城市在国际经济中的地位，使它们可以直接参与全球经济。由于全球化进程中城市的地位、作用、功能不断发生变化，全球性城市体系、城市网络正在形成，全球化背景下城市内部、外部的各种政治、经济和社会事务日趋复杂，都对城市管理的内容、模式、手段等不断提出了新要求。这将刺激城市不断改变其管理方式，以适应资本全球化所带来的机遇和挑战。

（一）城市管理柔性化

传统的城市管理是以技术、生产等物的管理为中心，以行政命令、制度约束为主导的管理手段，非人性化的管理相当突出。从 20 世纪 80 年代开始，城市管理向柔性化发展，即由传统管理进入文化管理阶段。城市文化管理以人为中心，人既是管理的出发点，又是管理的落脚点。尊重人、关心人、培养人、激励人、开发人的潜力，成为管理的核心内容。文化管理以人的自我控制、自查自律为主要手段，将理性管理和非理性管

理相结合，是一种具有人情味的管理、人性化的管理，它依靠思想文化的灌输、价值观念的认同、感情的互动和良好风气的熏陶。这种管理实现了高效率与高士气的良性循环，适应了知识经济时代城市居民需要层次的提高。城市管理柔性化的另一特征就是从以人、财、物等"硬件"为重点的管理，转向以知识和学习等"软件"为重点的管理。

知识资本由人力资本与结构性资本两部分构成。人力资本主要由知识和学习知识的能力、技能，发明创造力，完成任务能力等人力因素构成。结构性资本则表现为支持人力资本最大化的结构，如所有制，设备结构，数据库、信息技术应用程度，品牌、城市形象等。知识管理、学习管理、创新管理将是现代城市新颖的管理模式。未来知识型的管理者更注重想象力、灵感、原创性与主动性的发挥；更注重居民的心理状态和道德状态，人的素质提高；更注重激发人们的创意，提出更大胆的新观念，创造出更先进的工作方式。未来的企业更像一所学校，人们工作不再是单纯的谋生，而是学习知识、共享知识、创造知识、创造人类的精神享受。知识经济环境下的竞争，实质就是创造性的学习竞争。中国许多城市正在努力创建学习型城市、学习型社会。因此，柔性化的文化管理是现代城市管理的必然选择，传统的管理理念和管理方式终将被淘汰。

（二）城市管理数字化

20世纪80年代，发达国家已较普遍地将信息和网络技术作为现代城市管理的重要手段。中国信息化方面起步虽晚，但发展较快，目前已有不少城市开始进行数字化管理工作。现代城市管理要求管理者、决策者更多地运用数据，进行数字化管理，而不是主观臆断。城市管理数字化须建立城市综合管理模型，建设全面开放的计算机网络，使城市管理各方面各层次的决策都建立在迅速适应情况变化和相互有机联系的基础上，从而有效地提高城市管理效能。目前第一步是在城市内部联网，下一步将发展到各城市之间乃至结成全国的大网络，这对城市管理无疑具有重要意义。为了推进城市数字化管理，城市行政管理者应经过公共管理硕士（MPA）的学习，并且其程序化和标准化工作应进一步加强，虽然这在一定程度上会影响创造性的发挥，但是对保证管理和服务的质量会起到监督和促进作用。

（三）城市管理民主化

城市管理民主化一方面是以国家整体上的民主政治来促进城市管理的民主化发展；另一方面是加强城市管理自身的民主建设。民主化不在于提多少口号，而在于采取措施，在于制度建设、法制建设。民主制度与法制建设不可分割。城市市民对城市管理的参与，有着广泛丰富的内容和深刻的内涵。它既包括接受城市管理的新理念，也包括积极参与某些重大事项的决策讨论过程，还包括改变自己的观念，建立新的生存价值取向，以及用符合

现代城市文明准则去规范自己的行为方式。德国的城市法明确规定，任何一个城市的规划方案定案前，必须有一个月的时间广告市民、征求意见。美国地方议会讨论每一件事几乎都要通过有线电视向外转播，使市民能在家中看到会议的进程，并且可以随时反映自己的观点。民主化要求增加管理的开放度，一个完全封闭的系统宣称外界参与和民主监督那是十足的空话。增加城市管理公开性，加强城市管理的监督工作，对于维护社会主义民主，保障市民自身权利十分必要。

首先，要加强行政复议工作。行政复议是指公民、法人或其他组织认为行政机关或行政机关工作人员的具体行政行为侵犯其合法权益，依法向行政复议机关提出重新处理的申请，接受申请的行政复议机关根据相对人一方的申请，对具体行政行为合法性和适当性进行复查，并做出相应决定的一种行政行为。加强行政复议工作，可以加速城市管理的民主化，使市民行使对公共管理主体的监督权，同时可以加强上级管理机关对下级管理机关的有效监督。

其次，司法监督保证。人民法院通过审查城市管理行为对市民权利所做的裁定认定是否事实确凿，是否合乎程序，是否适用法律正确以及是否裁定公正。随着市民民主意识、法制观念的增加，司法监督将日益成为城市管理民主化发展的重要保证。

最后，权力机关的立法监督。目前行政立法日益扩张，一些不合法律依据的法规、规章大量出现，严重损害了公民的民主权力。而目前中国司法监督尚无对抽象行政行为监督的权力，这就要求权力机关必须行使自身监督职能，审查和撤销行政机关颁布的与宪法、法律相抵触的行政法规、条例、决议、命令、措施，以宏观的、总体的监督来保证城市管理民主化进程。此外，群众监督和社会及新闻舆论监督也是不可缺少的监督形式。

第二节　城市管理的一般原理

一、城市管理的一般过程

管理是一种人的行为，其本身就是一种过程。城市管理过程实质上是由各个管理环节组成的。城市管理是个人和公私机构用以规划和管理城市公共事务的众多方法和行动的总和。这是一个调和各种相互冲突或彼此不同的利益以及可以采取合作行动的连续过程。它包括正式的体制，也包括非正式的安排和市民的社会资本。

城市管理是一项十分复杂的工作，同其他管理工作一样，它应有始有终、有条不紊地进行。管理操作始终是各项管理工作连续不断地交叉进行和有节奏地循环的过程。法约尔（H.Fayol）提出，管理就是实行计划、组织、指挥、协调和控制。按照《中外城市知识辞典》的定义，城市管理（urban management）是"对人们所从事的社会、经济、思想文化等方面活动进行决策、计划、组织、指挥、协调、控制等一系列活动的总和。或者说，是对城市中人的因素和物的因素进行整体管理"。从内容看，现代城市管理是一个非常复杂的系统工程，它包括城市自然管理、城市经济管理、城市社会管理和城市建设管理四个方面，是一个从宏观到微观，从整体到局部，从外部到内部，从物质到精神，从动态到静态，多层次、分系统、纵横交错的巨大网络。

城市管理之始，应有一个前提，就是情况明确、起点清楚。这就要首先了解掌握城市的现状、社会经济基础条件和外部环境条件及其变化趋势等情况。因而要有信息的收集、分析、整理、储存、使用的过程。有了足够的信息来源，才有可能有针对性地提出指导城市发展的正确意见。信息有两方面的来源：一是城市内部工作中的反馈信息；二是城市外部环境中输入的信息。现代城市管理，不像一个小的集合体，可以根据问题就事论事地做出反应、提出对策。对城市这个大系统的发展的指导，需要深谋远虑。因此，城市发展战略的研究和制定是现代城市管理的首要一环。发展战略是指导城市各项管理工作的纲领，城市发展战略是对城市发展的长远的、全局性的根本谋划。它的指导思想、指导方针、发展目标、战略重点和战略措施都必须科学地加以确定。

战略制定之后就要把战略及时转化为城市规划和计划。我们认为，城市规划是城市经济、社会、建设发展的总体规划，一般具有长期性。计划可以是各项产业、各项工作的中短期计划。规划和计划是指导城市各项工作的具体蓝图和依据。战略、规划、计划确定之后，就要由城市管理机构逐项形成"指令"付诸实行。"指令"，就是提出城市经济、社会、建设各方面发展事项和工作的具体决定、指示、规定、条例、措施，要求城市所属单位和人民按期、保质、保量完成。接着，自然就要进入"指令"的执行阶段。下达指令及贯彻执行，一般管理者都是容易做到的，也是比较严格的。问题是城市管理工作，至此远没有结束。更重要的和更有意义的，应是对所进行的工作做认真的检查。一是对管理工作质量进行检查，二是对城市发展成果进行检查。只有通过监督检查，才能了解管理的效率和效果究竟如何，原来意图是否正确、是否合乎客观情况、是否吸取了经验教训，从而进一步改善和提高城市管理工作。没有认真的检查，办事有头无尾，往往是工作缺乏实效的主要原因。

在一般情况下，城市的长期规划和计划在执行一段时间之后，就会因为新情况的出现和人认识的提高而需要进行调整。调整是合乎辩证法的，不调整是形而上学的。究竟如何调整要通过工作检查形成反馈信息，反映到决策主管部门进行新一轮的决策谋划，然后再执行、再检查、再调整，这样循环往复，以至无穷。

反馈到城市决策机构的信息，可以作两类处理：较小的调整可以通过改变指令来解决，较大的调整则需要对信息进行认真加工之后，对战略、规划、计划进行调整。较小的调整是指城市发展战略规划目标和基本结构不发生改变或改变幅度很小的"微调"；但是，城

市发展的复杂性和长期性，会导致城市发展战略目标和结构的调整。例如，单一功能的城市发展为综合功能的城市，以煤炭生产为主的城市发展为以石油化工生产为主的城市，小城市发展为大城市，都会引起城市战略目标和城市结构的改变，因而对城市发展战略及其相应的管理工作要有较大的调整。

当然，引起战略改变的信息，不能仅仅靠城市管理执行机构内部提供的反馈信息，还要靠来自城市外部的大量信息，如市场形势的变化情况、资源的变化情况以及社会政治生活的变化情况等。国家对城市的指令也属于城市外部的重要信息。城市的发展成果，是检验城市管理成效的重要信息，一般为城市自己所掌握，属于内部信息；但它有时也要依赖外部的反映和评价，则属于外部信息。所有这些信息对城市的发展都十分重要，不仅对城市发展的较大调整有用，而且对城市的"微调"也十分有用。因而它不仅要经常提供给城市战略制定部门，而且要同时提供给战略执行部门。信息收集、处理、加工工作是城市管理中一项十分重要的工作，因而信息收集、处理、加工的部门，应是城市管理工作中十分重要的部门。

上述工作过程及其相互关系。它得当与否还需实践的检验和进一步的研究。但是，有一点是确定无疑的，即管理程序的完善会大大提高我们的城市管理水平。

综上所述，城市管理和改善城市管理是一项极其复杂的社会系统工程。城市管理切忌"头痛医头、脚痛医脚"，而要高瞻远瞩，寻求系统解决问题和根本解决问题的方法。

二、城市管理的一般原则

现代城市的管理，要求科学化、合理化。而管理科学化、合理化的实现，必须制定相应的管理原则和方法，以确保社会主义城市充分发挥各种功能，满足人民生产、生活的多种需要。城市管理原则，就是管理者在对城市进行管理时所必须遵守的行为准则与规范。尽管每个城市的条件、实现的目标不一，所遵守的原则也各不一致，但总体来说必须共同遵守以下一些基本原则。

（一）以人为本的原则

城市管理以人为本的原则包含三个方面的内容：①城市管理必须最大限度地满足城市居民的需要，方便人的活动和生活。这是社会主义城市建设的根本目的。这里所谓的最大限度，是指在当前经济条件尤其是在当前生产力条件下能够满足人民需要的最大限度。为城市居民创造合理、美好的生活和工作环境，是每一个城市发展中应追求的目标。②城市管理必须有全体市民的共同参与，公共参与在城市管理中具有重要地位和作用。公众参与率越高，城市管理现代化程度就越高。"只有当人民城市人民管蔚然成风时，城市管理现代化才能真正实现"。③要坚持不懈地提高市民素质。现代化的城市管理需要市民积极而有效地参与活动，而市民公共参与的有效性与市民素质密切相关。所以，提高城市公民素质，吸引公众积极参与，是搞好现代化城市管理的重要方法和基础。

（二）统一规划、统一投资、统一建设、统一管理的原则，即系统管理的原则

系统一般具有三个特点：①系统是一个由若干部分（要素）以一定结构组成的互相联系的整体；②系统整体可以分解为若干基本要素；③系统整体有不同于各组成部分的新的功能。城市管理中坚持系统的原则，就是要将系统的思想和方法作为研究、分析和处理城市管理问题的准则。这也是现代城市管理区别于传统城市管理的重要特点之一。

城市是个完整的系统，各子系统只有在城市政府的统一规划指导下，各行各业之间才能合理布局，合理投资建设。历史已经证明，计划经济时期条块分割的管理体制，割断了城市各部门之间的有机联系，使其各自为政，造成重复建设。同时，只考虑局部合理，而违背了"城市的本质就是社会化"的原理，阻碍了城市发展。20世纪70年代开始的改革开放使中国城市管理体制目前处于新旧两种体制转换时期，因此管理必须要从过去的分割局面转到统一规划、投资、建设及管理的轨道上来。

（三）可持续发展原则

可持续发展原则是指经济效益、社会效益和环境效益三者统一、相互促进的原则。城市现代化应以可持续发展为目标，达到社会、经济、人口、资源和环境的协调发展。城市管理既要满足现在居民物质文化不断提高的需求，又要为城市未来的发展留有余地。城市的生存与发展是千年大计，任何短期行为都是城市建设管理的大敌。在制定城市经济社会发展战略时，必须把近期建设与长远发展统筹考虑，特别是要合理利用土地、节约用水、控制污染，把人口的增长、经济的发展、环境的保护相互协调，使城市在良性的轨道上持续发展。坚持可持续发展原则就是要从城市总体战略目标出发，对经济活动、社会活动、环境条件作全面的综合的规划管理，以使城市社会效益、经济效益、环境效益得到协调发展。高度的社会化生产没有相互配套的基础设施不行，高效能的基础设施没有高质量的空间环境也不行。在城市建设与管理中，一定要兼顾三方的利益，取得最佳综合效益。考核城市效益的指标也不应是单纯从经济上作投入产出分析，而应是深层次、系统化、多向度的目标体系，促使城市的经济建设、城市建设、环境保护协调发展。

（四）因市制宜的原则

不同的城市自然条件与发展方向不同，发挥功能也不一样。例如，首都北京是全国的政治、文化活动中心；上海是综合性经济中心；深圳是经济开发特区；而香港、澳门又是一国两制的社会经济发展特区。这些城市性质不同，在城市规划建设及管理中都应区别对待，而不能脱离实际，教条主义地盲目管理。

（五）保护生态平衡，合理利用资源的原则

各国现代化进程中都曾面临一个共同的问题，建设和管理城市没有从生态平衡角度来考虑协调发展，对水、地等自然资源的任意使用，对排放毒物、污染环境的问题没有高度重视，使得当前许多城市出现了能源紧张、水源不足、人口膨胀、环境污染等社会问题。因此，中国城市现代化必须牢记前车之鉴，应清醒地认识到城市生态平衡的重要性。我们应防治污染，调整物质循环，限制滥用国土资源，节水节地，控制人口规模等，建设一个美好的人类居住地——生态城市。

（六）法制化原则

城市法制化是指城市政府及其各职能部门的一切重大的、原则性的管理活动，都要有相应管理法规的授权，按相应的法规执行，并受法规的约束和监督，政务要公开，管理要透明化、民主化，要从根本上消除管理者无章可依、个人说了算的体制。城市管理法制化是实现城市现代化不可或缺的要求。

（七）合理控制城市规模的原则

城市人口规模的大小主要是由城市土地、自然资源、经济发展水平等因素决定的。如果城市人口剧烈膨胀，甚至超过当地自然力的"负荷极限"，便会产生一系列城市社会问题，西方学术界称之为"城市病"。其普遍的症状是环境污染、住宅紧张、交通拥挤、就业困难等。这些社会问题在中国的一些大城市尤其是特大城市中暴露得比较突出。毋庸置疑，城市管理要为城市居民提供良好的劳动条件和生活条件，其基本前提是要合理控制城市人口规模，它包括两方面的含义：第一，通过对人口自然增长和机械增长幅度的合理调整，把城市人口规模控制在适度的范围内。不同人口规模的城市具有不同的特点，控制城市人口规模应当因地、因具体条件而异，防止"一刀切"。如何根据这些不同类型城市的特点，有区别地、合理地控制城市人口的规模，乃是搞好城市管理的重要条件。第二，合理疏导、调节城市人口在各个地区的分布密度。这里需要重点研究城市土地的管理问题。因为，虽然城市的土地规模是随城市的人口规模而发生变化的，但反过来，城市土地控制合理与否也会影响到城市的人口规模，尤其是城市的人口分布密度。中国大城市目前在这方面存在的普遍问题是：城市人口在各地区的分布很不平衡，一般表现为市中心地带人口高度集中，高度拥挤，而边缘地带人口相对稀少。

三、城市管理的目标和手段

规模经济和集聚经济是当代城市发展的核心动力。与之相呼应，城市在空间上高度集聚，人口高度集聚，物质资源高度集聚，经济成分高度集聚，科技要素高度集聚，交通网络高度集聚。集聚是工业经济的必然要求和结果，它创造了繁荣的城市经济，促进了人类的物质拥有。但是，高度集聚使得城市中人口和环境的平衡受到影响，造成了一系列城市问题，城市的发展急需有力的城市空间布局调控，合理的人口密度和疏导，有效的资源配置和使用，灵活的产业结构调整，持续的改善交通状况，不断促进环境质量的改善与提高。因此，城市管理要达到的目标就是实现城市整体的协调运转。

城市管理作为过程,包括调研、决策、计划、实施、协调、反馈等环节,在现代城市社会中,为达到一定的目标,其管理手段应该是综合的,应该建立"以法制为规范、以行政为主导、以社会自治为基础"的城市管理的手段体系。

（1）"以法制为规范"

城市管理必须立法,同时做到有法可依、有法必依、执法必严、违法必究,这是国外的成功经验,也是我们的体会。除了宪法、刑法、刑事诉讼法、民法、民事诉讼法等国家大法外,各个城市还需依据自己的实际和需要,制定城市管理的各种法规。例如,规划管理法、人口管理法、交通管理条例等,使城市管理有一个能体现城市整体利益和居民根本利益的、有权威性的行为规范,否则,城市这样复杂的大系统将无法进行管理。实践表明,法规的制定要配套,法规的执行也要互相配合,这样才能加强法制的整体作用,减少由于互相冲突而带来的干扰和障碍。但是,目前在推行依法治市的过程中,最有害的还是长官个人意志和以言代法的问题。这个问题不彻底解决,立法也形同虚设,甚至可能破坏城市建设的整体性,影响城市的协调运转。因此,在城市管理中,真正运用法制手段,还需要一个艰苦的过程。

（2）"以行政为主导"

城市的各级政府及基层组织等行政机构,是城市管理任务的承担者和执行者,这是城市管理的性质和特点所决定的,从这个意义上说,城市管理就是城市政府对城市的行政管理。

但是,城市政府执行管理任务所使用的手段,不一定也不应该是单纯的指令性的行政干预手段,而是多层次、多类型手段的互相配合。例如,我们可以运用法律、经济、教育、社会舆论等手段。这些手段,在各个层次的管理过程中,可以针对实际情况的变化和需要,灵活配合使用,不过,最后要以行政手段来作决策,并以行政手段（如政府发文件）贯彻决策意图、付诸实施,这就是以行政为主导的意思。在诸多手段中,过去最不常用的是经济手段,在当前从旧体制向新体制转变的过程中,学会运用这个手段是十分必要的。因为城市管理中,很大一部分工作是调整人与人之间、单位与单位之间的经济利益关系。很多影响城市协调运转问题的产生、矛盾的激化,重要原因之一,就是经济利益没有得到合理的分配。调整经济利益关系的最好手段就是使用经济手段,如信贷、价格、税收、技术有偿转让、有偿咨询等。当然,伴随经济手段的使用,还应辅之以思想教育、政策的宣传,以扩大经济杠杆的成效。

（3）"以社会自治为基础"

就是要培养、提高社会的自治能力,发挥社会的自我管理功能,科学界定政府、市场、社会在城市管理中所担负的职责,这是中国改革开放进程中的必然趋势,是中国政府职能改革中实行"政企分开、政社分开"的必然结果。在中国市民社会的发育、发展过程中,启发市民的觉悟,提高市民参政议政的意识和能力,培育民间组织（包括非营利性组织、非政府机构），提高其参与城市管理的能力，让全社会都能自觉地同城市政府一道来维护城市的协调运转，是无论哪个层次的城市管理都应有的基础。

社会转型时期的中国，政府与社会（民间组织）的关系正在发生转折性的变化：管理与被管理的关系正在为彼此合作和良性互动的伙伴关系所取代。随着市民社会民间组织独立和自治进程的加快和自身实力的发展壮大，它将逐步获得与政府之间建立伙伴关系的资格和能力。与市民社会的民间组织建立合作伙伴关系，联合国和一些西方国家的做法值得借鉴。在西方多数国家，政府同民间组织之间正在形成较为稳定的制度化的合作伙伴关系，以共同致力于社会经济发展活动。制度化伙伴关系有各种形式和机制，它涉及各方对目标与前景的认同，对资源、经验与信息的分享等。根据不同的角度，制度化伙伴关系有不同的类型，如咨询性伙伴关系、协调性伙伴关系和合作性伙伴关系、决策性伙伴关系等。

在联合国和多数发达国家，都设有专门的机构来处理同民间组织的关系，已经具有制度化管理的形态。近十多年来，各国政府愈益重视民间组织在社会经济各领域里的作用，并通过各种手段支持和鼓励民间非营利性组织的活动。发达国家的民间组织不仅从政府处获得相当数量的资助，而且还越来越多地参与政府的政策和计划的制订过程，同政府展开对话，在各类社会经济发展项目中进行协作。从发展中国家的情况看，民间组织同政府之间的关系在不同的地区、不同的国家之间差异很大。但越来越多的发展中国家的政府认识到建立一个强大的、独立的非政府组织部门对社会经济发展是有利的。就世界总的情况看，各国政府大都承认民间组织在社会经济发展中的积极作用及其存在的正当性，已经或者正在着手同民间非营利性组织建立某种程度的伙伴关系。国际社会也普遍鼓励各国政府与市民社会民间组织进行合作与对话，建立起伙伴关系。1992年联合国里约环境与发展大会通过的《21世纪议程》第21章要求，各国政府与民间组织要建立起有效的对话机制，以便在可持续发展过程中充分发挥各自的独特作用。国外的这些做法值得我们借鉴。鉴于政府在社会中所处的领导地位，政府与市民、社会民间组织之间在建立伙伴关系上，政府处于主导和开创者的地位。

关于城市管理的手段，还有一个现代化的问题，也是科学管理发展的问题。从手段来说，就是计算机、网络技术在城市管理中的应用是必然的趋势。城市管理要摆脱传统的落后状态，一个重要的标志就是要充分利用信息技术、加快城市基础数据库的建设、加强定量的分析研究，以提高城市管理水平和管理效率。目前，在中国城市管理中，计算机、网络技术还是辅助系统，"数字城市"和电子政务正在发展，但还没有发展到可操作的阶段。但从发展来看，在将来的信息化社会中，计算机和网络技术将要深入到城市管理的各个环节中去。例如，数字通信网，医疗、教育信息体系，无人交通体系等。

使城市成为"数字城市"，能充分运用电子计算机技术、网络技术，拥有高级信息机能。届时城市的运转，通过应用计算机、网络技术进行管理，将会及时调整得更加协调。

第二章 城市的发展与规划

　　城市是指一定规模及密度的非农业人口聚集的地方，是一定层级地域的经济、政治、社会和文化中心。城市是与乡村对应的术语。城市是系统性存在，也是历史存在和社会存在。城市作为一种居住群落体系，是一个历史范畴。城市文明是人类社会进步的重要标志。城市是社会经济发展到一定阶段的必然产物，城市的产生基础是人类劳动的社会大分工。因此，城市既是社会经济发展的产物，同时也是社会经济发展历史过程的体现。研究城市的起源和发展，认识城市的发展规律和运作特点，对有效地开展城市管理，具有重要的意义。

第一节　城市及城市化

一、城市概述
（一）城市的内涵

　　就直观而言，城市是一个地理的、经济的、社会的空间实体，是各种自然要素和人文要素聚集的组织系统。在人类历史的长河中，城市是一个不断发展的空间地域实体，人们对城市的认识也是随城市的发展而不断深入的。

　　最早对城市进行观察、研究的是城市地理学。城市地理学强调城市的空间特征，认为城市是有一定人口规模、并以非农业人口为主的居民集居地，是相对于乡村而言的一种相对永久性的大型聚落（settlement），是聚落的一种特殊形态。

　　城市经济学强调城市经济活动的特征，认为城市是各种经济活动因素在地理上的大规模集中的结果，从而以此展开对人口、厂商及其他生产要素的空间聚集与布局的机制、过程、后果等城市现象与问题的研究。由此，城市经济学将城市定义为：一个坐落在有限空间地区内的各种经济市场——住房、劳动力、土地、运输等相互交织在一起的、并与域外相互联系的网状系统。城市社会学认为，城市是特定区域内，由从事各种非农业劳动的密集人口所组成的具有共同文化维系力的社会，是人类生存的特殊社区。而城市政治学认为，城市不仅是市场中心的所在地和有法律规范的地域，更是不同团体间确定政治关系的制度化共同体。

以上的种种表述是各个学科从不同角度对城市的内在性质和属性进行揭示的结果，它们对全面理解城市的本质起着积极作用。

城市是一个历史范畴，从这个角度讲，城市是社会经济发展到一定阶段的产物，是一个客观存在和系统性存在。它的本质特征表明，城市是一定规模及密度的非农业人口和非农产业聚集的地方，是一定层级地域的经济、政治、社会和文化中心。

（二）城市的特征

与乡村区别，城市具有如下基本特征：

（1）空间上的聚集性。聚集性是城市所特有的根本属性之一。城市不仅聚集了大量的人口、资源和社会经济活动，而且将其限定于一定的地域之中。从而与乡村相比，城市具有稠密的人口、密集的建筑、频繁而大量的社会经济活动等特殊景观，成为人流、物流、信息流的高聚集地。城市的这种特性，有时也被称为"空间聚集性"或"集中性"。

（2）经济上的非农业性。这是城市的经济特性。城市作为一个经济实体或经济地域，是工业、商业、运输业、服务业等非农产业的聚集地，它与乡村的农业经济在专业与地域方面有明显的分工。也正因如此，才表明了城市是社会发展过程中专业化分工加深的结果，它代表了先进的生产技术和生产方式。城市经济与乡村经济相辅相成、分工协作，共同维系并推动着整个国民经济的发展。城市经济的这种非农性质在空间上又表现为非农业的土地利用，因此，在很多情况下，城市的范围是以非农业的土地利用来界定和衡量的。所以，城市的这一特性有时又被称为"非农业的土地利用"。

（3）构成上的异质性。这是城市的社会属性，有时又称之为"多样性""流动性"。城市与乡村相比，其人口的种族或民族构成、风俗与心理构成、语言与交往方式的构成，以及宗教信仰、道德观念和政治意识的构成，都具有很强的异质性。城市也是不同文化的交汇、融合的区域。

二、城市化

城市化是世界瞩目的重要问题，是经济发展的必然趋势，是社会分工发展到一定历史阶段必定会产生的社会现象。城市化的过程以城市人口比重的迅速提高和城市的生产、生活方式的不断扩大为主要标志。

（一）城市化的定义

所谓城市化，就是指国内人口由分散的农村向城市集中的社会进步过程。由于文化背景和历史条件的限制，人们对城市化可以有不同的理解和定义。例如，在经济学的观点看来.城市化就是城市经济向外缘农村地区扩散的过程，也是城市内部产业新组合的过程。随着人口密度的增大，对第二、第三产业的需求大大增强，这就改变了社会阶层的构造，使社会活动更复杂化。从社会学的观点出发，其又可以分为狭义的城市化和广义的城市化。

前者是指初级阶段，如人口逐渐集中，交通有所便利，但市政设施落后，贫民窟现象普遍；后者是指成熟阶段，郊区有所扩大，形成新机能的卫星城，特别是实现了交通、通信、社会服务手段的现代化。换一种说法，狭义的城市化概念就是由于近代产业的发展而发生的农村地域向城市地域的质变；而广义的城市化概念是在聚落或者地域中城市的因素逐渐增大的过程，显示了一个国家整体实力，包括科技、管理、文化、组织、生产等综合因素的提高。

综合各个学科的解释，我们可以定义城市化为一种社会经济变化的地域空间过程，它有四层基本含义：①人口向城市集中的过程，包括集中点的增加和每个集中点的扩大；②城市人口占全社会人口比例提高的过程；③第二、三产业向城市集中和发展的过程；④城市对农村影响的传播过程，以及全社会人口接受城市文化的过程。

美国学者弗里德曼将城市化过程区分为城市化工和城市化。前者包括人口和非农活动在规模不同的城市环境中的地域集中过程、非城市景观转化为城市景观的地域推进过程；后者包括城市文化、生活方式、价值观念在乡村的地域扩散过程。前者是可见的、物化了的或实体性的过程，而后者则是抽象的、精神上的过程。

（二）城市化的衡量指标

城市化衡量指标有单一指标和复合指标两种。由于城市化内涵丰富，单一指标不能对城市化特征作较完整的反映，因此从理论上看，城市化衡量指标应是复合性的。但是在实践中，至今没有形成能反映城市化丰富内涵，并具有时空可比性以及被普遍接受的复合指标。目前，世界通用的城市化指标都是单一指标，主要为城市化水平指标。

城市化水平可以通过城市人口占总人口的比重、城市劳动力构成、城市三类产业的产值构成，以及城市人口收入水平、消费水平、教育水平等方面反映出来。其中，最简明、资料最容易得到、可比性最强，因而也是最常用的指标是城市人口占总人口（国家或地区）的比重。目前，世界性组织及各国在对城市化水平作衡量时，采用的就是"人口比重"的城市化水平指标。此指标的公式是

$$PU=U/P \times 100\%$$

式中，U 为城市人口；P 为总人口。

在使用这一指标时，应注意把城市人口的增长与城市化水平的提高区别开来。如果城市人口在某期间只有绝对量的增加，而城市人口在总人口中的比重没有提高，我们只能说城市人口的数量增长了，但不能由此说城市化水平提高了。这种增长依靠的是城市人口的自然增长，与人口向城市的迁移和集中没有必然联系，不能反映城市化水平的提高。只有在城市人口增长速度快于总人口或乡村人口增长速度的前提下，即存在乡村人口向城市净迁移时，城市化水平才可能提高。

（三）城市化的动力机制

城市化是多种动力共同作用的结果，从多种动力的构成关系看，最重要的是经济发展所产生的动力。经济发展不仅是城市化进程的第一动力源，而且是其他动力的发生基础和实现前提。从城市化的共性看，经济发展所产生的动力主要在于三个方面，即农业的发展、工业化和第三产业的发展。

（1）农业的发展是城市化的初始动力。城市是非农产业和人口的集聚地。区域农业生产力水平及剩余粮食生产能力是城市形成生存的第一必要前提，区域农业剩余劳动力是城市形成生存的第二必要前提。区域农业生产力的发展才使城市的兴起和成长在经济上成为可能。正是基于这一原因，历史上的第一批城市都诞生于农业发达地区。

（2）工业化是城市形成、发展的核心动力。进入工业革命时期，工业化成为城市化的核心动力。工业化是指工业生产在城市地域形成聚集的过程。工业化对城市形成发展的作用主要体现在：工业革命结束了城市手工业生产方式，极大地促进了工业生产效率的提高，带来工业生产专业化的发展。企业为了寻求规模效益及提高竞争能力，集中布局工业企业，形成各类相对集中的工业地域，这种由于工业化带来的工业集中地域成为工业化时期城市地域分布形态和地域格局形成的核心动力。

进入20世纪50年代，西方发达国家的第三产业发展规模已超过第二产业，工业化对于加速城市化历史进程的作用相对减弱，第三产业的作用则日益增强。当前广大的发展中国家生产力发展水平仍然比较落后，工业化仍然是广大发展中国家城市形成发展的核心动力。

（3）第三产业的发展是现代城市发展的主要动力。现代城市化过程，是第二产业和第三产业在城市地域的聚集过程。工业化客观上要求供水、供电、供气、邮电、通信、交通运输等生产性第三产业超前发展。同时，商贸、金融、保险、房地产等服务性第三产业贯穿了整个工业化过程，教育、科研、文化、医疗等基础性第三产业在工业化过程及城市发展中发挥着日益重要的基础作用。

三、中国的城市化进程及其特点

新中国成立后，随着社会主义经济建设的发展，中国的城市化进程开始起步。六十多年来，中国城市化发展的起落与国家政治经济发展基本上是一致的，大致可以分为五个阶段：1949～1957年城市化起步与正常发展阶段，1958～1960年城市化过度发展阶段，1961～1965年城市化调整阶段，1966～1976年严重停滞阶段，1977年至今城市化恢复正轨并健康发展阶段。与其他国家的城市化进程相比，中国城市化有着不同的特点。

（一）城市化的发动与发展是以政府为主导

与其他国家的市场主导型不同，中国的这种政府主导型城市化主要包括以下内容：

1. 城市的建立和发展受政府控制

政府主导的工业发展模式和地域交通系统，从工业布局上对城市的建立和发展起着根本性制约作用。在计划经济体制时期，这种作用主要是以中央政府为主导，形成政治中心、经济中心与行政中心三位一体的城市体系。

2.农村人口向城市的转移受政府控制

政府作为城市化主体，通过各种有力措施、制度限制农村人口向城市的转移，如户籍、就业指标、粮油关系和住房等。1980年以后，这些限制逐渐减弱或消除，目前对农村人口向城市转移的限制，仅是户籍管理性的，不再是就业和口粮性的。

3.城市化初始阶段的资金积累以政府政策为保障

城市化的初始阶段其实就是国家工业体系的构建和开始工业化的过程，这个阶段需要大量的资金积累作为构建工业体系和启动工业化的前提条件。世界上绝大多数国家在此阶段是通过殖民掠夺、发动战争、利用外资这三种方式来进行资金积累的。中国城市化初始阶段的资金积累主要来自农业，这种积累方式不是通过货币储蓄和税收，主要是通过政府的工农业产品"剪刀差："政策实现的。

4.城市化速度受政府调控

中国城市化的迅速发展期，如"一五"时期和改革开放时期，以及城市化的调整期、停滞期，主要的调控力来自政府。政府通过各种政策的实施对城市化的速度加以调控，这是中国城市化的鲜明特色。一般来说，政府调控城市化速度的手段有调整设市标准，调整国民经济计划和工业化发展模式，调整户籍管理和人员流动管理政策，调整劳动就业政策和粮食供给政策，以及组织动员城市居民下乡等。

（二）城市化水平低，滞后于工业化

城市化发展的地区差异显著1990年世界城市人口占总人口的比重已达50%，同期全球已有70多个国家和地区城市人口占总人口的一半以上，高收入国家的城市化水平已达到78%，中等收入国家为62%，而中国1997年才达到30%，目前估计在34%左右，城市化总体水平很低。同时，中国城市化还有一个突出的问题是城市化滞后于工业化。就中国工业化水平而

言，1990年已经达到工业化国家20世纪60年代的平均水平，但城市化却比20世纪60年代高收入国家低40多个百分点，比20世纪60年代中等收入国家低5个百分点。这种滞后不仅直接影响了城市化水平，更影响了城市化质量，导致经济结构的不合理等一系列问题。

另外，中国城市化发展的地区差异日益显著。1994年，全国共有50万人口以上的大城市74个：东部38个，占51.4%；中部28个，占37.8%；西部8个，占10.8%。东西部城市密度相差近10倍。这一差距甚至比1984年拉大了3倍，形成了东密西疏、东高西低、由东向西递减的城市化地区布局，这种布局给中国尤其是西部社会经济发展带来了许多不

利影响。

（三）中国城市化出现乡村城镇化的新模式

改革开放以来乡村农业发展、农村经济体制改革和乡村工业的迅速发展，促使中国非农产业较集中的乡村中心区域向小城镇转变，出现乡村地域变为城镇地域、农村人口就地转变为城镇人口的乡村城镇化现象。1978 年中国建制镇数为 2850 个，至 1998 年年底增加到 18925 个，净增 6075 个，是 1978 年的 6.6 倍。不同于发达国家农村人口向城市集中的传统的单一城市化模式，这一变化表现出农村人口向城市集中的"人口城市化"与农村地域转变为城镇地域的"乡村城镇化"的双重模式。新模式的出现，既合理发挥了大中城市，尤其是大城市在城市化中的主导作用，又充分发挥了小城镇在城市化中的生力军作用，减轻了农业剩余劳动人口向大城市转移的压力，扩大了农业劳动力转换的途径和范围，有力地促进了城镇体系的完善和农村社会的发展。乡村城镇化新模式，对于农村人口基数大、工业化水平较低的发展中国家具有普遍意义，它有利于避免或减少工业化中的"城市病"。

（四）农村剩余劳动力的职业转换先于地域转换

从农村剩余劳动力向城市集中这一角度看，中国的城市化仍然有不同于其他国家的特点，即中国农村剩余劳动力的职业转换先于地域转换。世界上出现过的农村劳动力的转移方式主要有英国圈地运动方式、德国容克赎买方式、美国农民自由迁移方式、苏联指令式迁移方式等。所有这些方式都有一个共同点：农村劳动力向非农产业的转移，都走的是地域转移在先而职业转换在后的方式。中国大规模的农村剩余劳动力向非农产业的转移发生在改革开放后的 20 世纪 80 ~ 90 年代。在此期间，大多数甚至绝大多数进入城市第二、第三产业就业的农村劳动力，并未获得城市居民的身份，其农村人口的身份未变，在农村的土地与居住关系未变，"民工"就是对这类"户"在农村未动、"人"在城市就业的农村劳动力的称谓。中国城市化的这一特点，对于中国的城市化和农村发展究竟具有什么样的意义，仍是个尚待探讨的课题。

（五）人口的高增长量是制约中国城市化发展的主要因素

中国城市化背负着十多亿人口的巨大包袱，这在世界上是极其少见的。中国的人口压力来自三个方面：一是人口基数大，2000 年年底，中国内地人口总数已达到 12.6 亿人，现已超过 13 亿人；二是较长时间的高自然增长率；三是人口自然增长的高增长量，在自然增长率控制在 12‰时，每年净增人口仍有 1400 万左右，出现"低增长率、高增长量"的形势。人口的自然增长对城市化进程有直接影响，具体地说，主要是通过影响社会剩余农产品的数量、社会可用于扩大再生产的能力和资源、城市就业岗位的数量这三个途径制约着城市化进程。

第二节 城市性质、规模和类型

一、城市性质

城市的政治、经济、文化等各个领域的活动可以划分为两部分：一部分是为本城市服务的，称为非基本部分；另一部分是为城市外的需要服务的，称为基本部分，它是从城市以外为城市所创造收入的部分，是城市得以存在和发展的经济基础，是城市发展的主要动力。城市的这两部分的发展常常互相交织在一起，但基本部分是主动和主导的因素。

（一）城市职能与城市性质的概念

城市职能是指某城市在国家或区域中所起的作用、所承担的分工。城市职能的着眼点就是城市的基本活动部分。城市性质是指一个城市在国家和地区的政治、经济、社会、文化生活中的地位、作用，代表了城市的个性、特点和发展方向，是城市主要职能的集中反映。城市性质是一个城市在社会经济发展到一定历史阶段所具有的本质属性，体现了各城市间相互区别的基本特征。

（二）城市性质和城市职能的异同

城市性质和城市职能是既有联系又有区别的概念。

联系在于城市性质是城市主要职能的概括，是指一个城市在全国或地区的政治、经济、文化生活中的地位和作用，代表了城市的个性、特点和发展方向。确定城市性质一定要进行城市职能分析。

城市性质并不等同于城市职能。城市职能分析一般利用城市的现状资料，得到的是现状职能，城市性质一般是表示城市规划期里希望达到的目标或方向；城市职能可能有好几个，职能强度和影响的范围各不相同，而城市性质关注的是最主要、最本质的职能；前者是客观存在的，可能合理，也可能不合理，而后者是在认识客观存在的前提下，揉进了人的主观意念，可能正确，也可能不正确。

为了科学地制定城市的规划性质，有必要在理论上赋予城市职能和城市性质的概念一个时间尺度，以区别城市历史上的职能和性质、城市现状的职能和性质、城市规划的职能和性质。在实践中要避免如下一些倾向：

（1）既要避免把现状城市职能原封不动地照搬到规划的城市性质上，又要避免脱离城市职能现状完全理想化地确定城市性质。

（2）城市性质的确定一要跳出"就城市论城市"的狭隘观念，在方法论上一定要眼睛向外，运用区域分析方法、城市间对比的方法、城市经济结构分析的方法。

（3）城市性质对主要职能的概括深度要根据使用场合的不同而区别对待，用于区域规划和城市规划时，表达不宜过泛，以便于指导实践，城市性质所代表的城市地域要明确。

中国城市建设和管理的实践证明，凡是城市性质确定比较合理的，其城市发展战略和总体规划就比较科学，城市结构就比较合理，城市用地矛盾就比较少。例如，长春市的城市性质，尽管有过争议，但最后正确地确定长春市是以汽车制造为主的运输机械工业城市，使得长春市的建设和发展比较顺利，整个城市的功能和结构也较合理；相反，

杭州和苏州这两个历史文化名城和旅游胜地，在新中国成立后的相当长时期内，片面认为工业发展得愈多，就愈符合生产性城市的标准，结果把城市性质搞偏了，一度发展了一些损害当地特点和风貌的重化工业，给其造成了重大损失。

二、城市规模

（一）城市规模的内涵

在一个区域或国家．因各城市所处的内外条件不同，会形成城市间不同的职能分工，同时也形成不同的城市规模。城市规模是人口、经济、科学技术等在城市的聚集规模，城市规模主要有人口规模和用地规模两种表达方法。因前者资料比较容易取得，因而其更为常用。城市人口规模常常是城市一种极重要的综合性特征。现代城市最大的人口已达上千万人，小的只有千百人。

但是，由于城市人口数量受国内总人口、城市化水平、城市数量、城市分布、社会经济状况等因素的影响，城市人口规模的分级标准相差很大。例如，中国把20万人口以下的城市定为小城市，而俄罗斯把10万人口以上的城市定为大城市，把2万～10万人口的城市定为中等城市，2万人口以下的城市定为小城市。此外，由于城市按地域可分为城市地区、远郊区、近郊区、市中心区，居住在城市的人口有常住人口和临时居住人口，人口中除了绝大部分从事非农业生产外，有一小部分从事农业生产，这样，城市人口的统计和计算口径也不一致，从而影响到城市人口数量的确定。一般来说，我们以市区的常住非农业人口作为衡量城市人口规模的标准。

（二）城市规模分布

城市的规模分布一般是指在一个国家或地区，不同城市规模之间的比例关系，如大中小城市在城市体系中各自所占的比重。观察分析世界各国城市发展和城市规模介布情况，可以发现城市规模分布是有一定规律的。

1.城市首位律

一国最大城市与第二位城市人口的比值，被称为首位度，它是衡量城市规模分布状况的一种常用指标。一般而言，首位度大的城市规模分布，就叫首位分布。城市首位律（law of the primate city）是马克·杰斐逊在1939年对国家城市规模分布规律的一种概括。他认为，

一个国家在它的城市发展早期，无论什么原因而产生的一个规模最大的城市，都有着一种强大的自身继续发展的动力。它作为经济机会的中心而出现，把有力量的个人或活动从国家的其他部分吸引到这里，逐渐变成一个国家、一个民族的象征，在很多情况下，就成为首都。

2. 城市金字塔

把一个国家或区域中许多大小不等的城市，按规模大小分成等级，就有一种普遍存在的规律性现象，即城市规模越大的等级，城市的数量越少，而规模越小的城市等级，城市数量越多。把这种城市数量随着规模等级而变动的关系用图表示出来，就形成了城市等级规模金字塔。金字塔的基础是大量的小城市，塔的顶端是一个或少数几个大城市。不同规模等级城市数量之间的关系可以用每一规模等级城市数与其上一规模等级城市数相除的商（K 值）来表示。

城市金字塔只是给我们提供了一种分析城市规模分布的简便方法。只要注意采用同样的等级划分标准，对不同国家、不同省区或不同时段的城市规模等级体系进行对比分析，还是很有效的，我们能够从中发现它们的特点、变化趋势和存在问题。

3. 位序—规模法则

位序—规模法则（rank-size rule）是从城市的规模和城市规模位序的关系角度来考察一个城市体系的规模分布状况，即一个城市的规模与它在国家所有的城市中按人口规模排列所处的位序之间有密切的关系。一般来说，一个城市的位序乘以该城市的规模，其乘积为一个常数，它恒等于最大城市的人口规模数。这个规律可以用下面的公式表示：$P_i = P_1 / R_i q$ 式中，P_i 为第 i 城市的人口，P_1 为规模最大的城市的人口，R 为第 i 位城市的位序，q 为常数。

三、中国城市的主要类型

城市分类是根据一定的分类原则划分城市的类属，以示城市之间的区别。众所周知，通过分类可以更深入具体地分析各类事物的质的规定性，了解各类事物在各方面的区别，掌握各类事物的特点和发展规律。因此，分类是认知和研究客观事物的重要方法和手段。

中国的城市可以依据不同标准或原则进行分类。

（一）按照城市的性质或功能分类

（1）综合性城市。综合性城市集多种功能于一身，既是政治中心，又是工业生产、交通运输、商品流通、科学技术、文化教育、金融、信息中心，对全国或地区的社会经济发展有着比较大的影响和作用。

（2）工业城市。工业城市以工业生产为主，工业部门的产值和就业人口在整个城市的国内生产总值（GDP）和总就业人口中占有较大的比重。工业城市根据其主导产业的不同又可以具体分为钢铁工业城市、轻纺工业城市、机械制造工业城市，如鞍山、南通、十堰。

（3）矿业城市。矿业城市以开采挖掘某种地下矿产资源为主，并围绕采矿业加工生产一系列相关产品，如大庆、玉门、茂名、淮南、大同等。

（4）交通港口城市。交通港口城市的交通地理位置优越，随着对外交通运输的发展而发展。根据交通运输条件的不同，交通港口城市又可分为铁路枢纽城市，如徐州、郑州、鹰潭、襄樊；海港城市，如大连、塘沽、湛江；内河港埠城市，如裕溪口。

（5）商业金融城市。商业金融城市一般依托优越的交通运输条件和其他有利条件，成为商品的集散地和资金流通中心，如武汉。

（6）风景旅游城市。风景旅游城市以优美奇特的自然风光、宜人的气候、罕见的名胜古迹闻名于世，旅游业是城市的主导产业，带动着城市其他产业的发展，如桂林、黄山、曲阜、敦煌。

（7）科学文化城。科学文化城是以科学研究和文化教育为主要职能的城市。

（二）按照城市的行政地位分类

（1）直辖市。直辖市是与省同级的行政单位，受中央政府的直接领导和管辖。目前，中国的直辖市有北京、上海、天津、重庆四个。

（2）副省级市。副省级市相对于准直辖市，在不改变现有行政隶属关系的前提下，具有省级计划决策权和经济管理权。目前，中国的副省级市有哈尔滨、长春、沈阳、大连、成都、西安、武汉、济南、青岛、南京、杭州、宁波、厦门、深圳、广州。

（3）地级市。地级市受省、自治区政府的直接领导和管辖，一般均为设区的市，如苏州、无锡、常州。

（4）县级市。县级市是不设区的市，具有与县相平行的行政地位，如锡山市、武进市。

（三）按照城市的人口规模分类

（1）超大城市。超大城市是指市区非农业人口超过200万人以上的城市。

（2）特大城市。特大城市是指市区非农业人口在100万～200万人的城市。

（3）大城市。大城市是指市区非农业人口在50万～100万人的城市。

（4）中等城市。中等城市是指市区非农业人口在20万～50万人的城市。

（5）小城市。小城市是指市区非农业人口在10万～20万人的城市。

（6）镇。镇的非农业人口在2000人以上、10万人以下。

（四）按照城市的地理位置分类

（1）沿海城市。沿海城市是指沿海岸线建立并发展起来的城市，一般以港口为依托，如烟台、连云港。

（2）内陆城市。内陆城市是指既不靠海、又不靠近边境线的城市，如宜昌、九江。

（3）边境城市。边境城市是靠近国境线的城市，如凭祥、满洲里、二连浩特。

（五）按照城市的结构进行分类

（1）单中心城市和多中心城市。这是按市中心的规划结构类型分的。如果城市的主要职能多集中于一处，形成中心性很强的市中心，则为单中心城市；如果城市的主要职能分散于几处，则为多中心城市。

（2）封闭式城市和敞开式城市。这是按城市建成区内部与郊区农业用地间的结构关系即城郊结构分的。封闭式城市是指建成区与郊区截然分野，几乎没有穿插，形成封闭式的城市自然生活环境。敞开式城市一般采取风扇叶式规划结构，构建城市和郊区的通道，将城市人造环境和郊区自然环境密切结合起来。

（3）集中式城市和分散式城市。这是根据城市各功能用地，特别是生活居住用地和生产用地的相对位置分的。

（4）此外，按照城市辐射范围的广度和辐射力的强度，城市可分为国际性城市、全国性城市和地区性城市；按照城市发展历史的长短，城市可分为新兴城市、古老城市；按照城市外观形态的不同，城市可分为团状、带状、环状、放射状、组团状、星座状城市等。

第三节　城市体系

城市体系（urban system），又称城镇体系，是指在一个相对完整的区域或国家中，不同职能分工、不同等级规模、联系密切、互相依存的城镇的集合。它是以一个区域内的城镇群体为研究对象，而不是把一座城市当做一个区域系统来研究。

一、城市体系的形成

城市体系是区域社会经济发展到一定阶段的产物，是城市带动区域的最有效的组织形式。城市体系的产生，既反映了社会分工的扩大、生产社会化程度的提高和市场经济的进一步发展，又是城市自身建设和发展的客观要求。

（一）城市间的空间相互作用

地表上的任何一个城市都不可能孤立地存在。为了保障生产、生活的正常运行，城市之间、城市和区域之间总是不断地进行着物质、能量、人员和信息的交换，我们把这些交换称之为空间相互作用（spatial interaction）。正是这种相互作用，才把空间上彼此分离的城市结合为具有一定结构和功能的有机整体，即城市体系。

城市空间相互作用产生的条件有三个：第一，互补性。从实际情况看，并不是相邻的城市就一定会发生相互作用，也不是距离相近者作用力就一定强，城市空间的相互作用必

须建立在经济互补的基础上。既有需求又有供给，城市空间才会发生相互的作用，而且只有供需关系旺盛，作用力才会强。第二，中介性。产生空间相互作用的城市并不总是毗邻的，它们往往要经过第三者予以中转和传递。第三，可运输性。城市空间作用实现的途径是交通和通信的联结，只有在此基础上才会有物流、人流、商流和信息流。

由于社会分工的存在，城市与城市之间、城市与乡村之间总是存在着物质、能量、人员、信息的频繁交换，这种交换就是城市空间的相互作用。可以说，城市体系是城市空间相互作用的结果，凡是城市空间相互作用十分频繁的地区，就会形成一个有机的网络，网络的节点是规模不等的城市。

（二）城市体系的形成

综上所述，相邻城市间存在着空间的相互作用，那么，它们又依据什么原则形成一个完整的城市体系呢？对此，经济地理学中的中心地理论做了系统的分析。中心地理论是德国经济地理学家克里斯泰勒在 1933 年出版的《德国南部的中心地》一书中提出来的。他在杜能的农业区位论和韦伯的工业区位论的启发下，创造性地把经济学中的价值观点与地理学中的空间观点结合起来，用抽象演绎的方法揭示了一定区域内中心地等级、规模、职能之间的关系及其空间结构的规律性。克里斯泰勒认为，不同等级的中心地按照一定的功能控制关系和数量关系构成一个等级体系，它们在空间分布上必须遵循以下三个原则：

第一，市场原则。根据市场原则，每一个低级中心地均为 3 个高级中心地所分享，这样每个高级中心地实际上辖有其自身所包含的一个完整的低级中心地、其他 6 个低级中心地的 1/3，这个高级中心地的面积就是这些低级中心地的面积的和，等于 3 个完整的低级中心地，故称为 k=3 原则，即补充区的面积按等级由上而下 3 倍递减。

第二，交通原则。根据交通原则，居民点尽可能布置在大城镇间的交通线上，这样，每一个低级中心地位于两个高级中心地连线的中点，即一个低级中心地从属于两个高级中心地，因此一个高级中心地辖有其自身所包含的一个完整的低级中心地、其他 6 个低级中心地的 1/2，这个高级中心地的面积就是这些低级中心地的面积的和，等于 4 个完整的低级中心地，故称为 k=4 原则，即补充区面积按等级自下而上 4 倍递增。

第三，行政原则。根据行政原则，不同等级的中心地的分布受制于行政管理和政治控制的需要，低级中心地及其补充区完全被包含在高一级中心地的控制范围内，这样，补充区和行政区实际上趋于一致。行政原则要求一个高级中心地辖有包括其自身在内的 7 个完整的低级中心地，故称为 k=7 原则，即补充区面积按等级自上而下 7 倍递减。

克里斯泰勒认为，上述三个原则对城市体系的形成起综合的、交叉的作用，但又有侧重。一般来说，在经济和交通发达的开放地区，市场原则最占有优势；在与外界联系不便的偏僻和较封闭地区，行政原则是最主要的；在新开发地区，交通原则最为重要。

因此，城市体系的形成有赖于以市场范围为代表的经济力量、以行政区划为代表的社会力量、以交通条件为代表的自然力量三股力量的综合作用。

二、城市与区域

区域是城市存在和发展的地域空间，是城市发展的基础。城市与区域具有不可分割的内在联系，它们的关系是点与面、局部与整体的关系。一方面，城市是区域的核心和焦点，是区域社会经济的发展极，对区域社会经济的发展起主导作用；另一方面，区域是城市发展的腹地和基础，区域的资源条件、经济条件和交通条件等制约着城市的发展方向和规模。

（一）传统的"核心—腹地"模式

19世纪以来，随生产力的提高、农产品剩余产品大量增加，资本主义商品经济愈益发达，相应地出现了一批以工商业经济职能为主的城市，新城镇兴起，同时城市规模不断扩大，城市发展迅速。进入20世纪，随着世界人口急速增长，以及社会生产力的迅速发展，人口、工业和其他非农经济活动向城市集中程度加深、速度加快，城市功能向动态性和综合性特点发展。现代城市，特别是综合性的大城市，其生产、生活的各种物质供应量、消耗量与日俱增，联系范围、规模日益扩大，活动频率不断提高，城市周围的乡村地区成为城市的直接经济腹地，区域内形成"城市核心—乡村经济腹地"的纵向联系模式，以中心城市为核心的经济区域已成为区域社会经济发展中最重要的地域空间经济形态。

（二）区域功能性城市体系和全球城市体系

20世纪90年代以来，由于信息产业的发展，城市的集聚功能进一步加强，经济全球化推动了管理、金融和服务业的国际化进程。以金融、法律、管理、创新、开发、设计、行政、个人服务、生产技术、保存、交通，通信、批发、广告、情报服务、保密、储藏等为主要内容的服务性经济占据主导地位。伴随世界经济生产服务业的快速增长，世界主要大城市的商务和金融服务的就业专门化程度迅速提高，使城市成为世界经济的区域节点或全球节点，在区域经济发展过程中发挥动力源的作用，城市成为区域发展的真正核心。生产性服务业城市与城市之间的功能竞争和分工协作开始影响更大区域甚至全球的经济发展，城市作为核心的地位已经突破原有的"核心—经济腹地"模式，代之以城市间的网络系统或称功能性城市体系，若干全球信息节点城市发展成为世界城市或国际性城市，越来越控制和主宰着全球的经济命脉。区域经济联系及其运行以区域内纵向联系为主转向区域间、国际间横向联系为主，传统的"核心—腹地"模式发生变化，世界各国的主要城市都在迅速调整他们的全球城市功能和内部空间分工，城市功能开发和提升的潜力与趋势决定着城市及其所在区域的未来。

（三）城市经济区

1.城市经济区的内涵

城市经济区是以城市为中心，以城市体系为骨架，以城乡间、城市间的分工协作和经

济文化交往为基础的地域经济综合体，它是市场经济发展到一定阶段后，由于经济发展与布局、经济结构调整、自然资源、地理环境等方面的内在联系，自然形成的网状式的经济综合体。城市经济区的基本结构包括四部分内容：

第一，经济中心。这是经济区赖以形成的核心，其力量的强与弱、功能的全与偏，直接影响到经济区范围的广与窄、结构的紧与松。

第二，便捷的交通条件和畅通的流通渠道。这是经济区形成与否的标志和能否顺利运行的前提。如果交通不便、关卡林立、壁垒森严，则根本不可能形成经济区。

第三，一定面积的地域范围。经济区一般由地理位置毗邻、经济联系密切、经济结构相似、发展水平相近的几个地区构成的。

第四，业已形成的经济网络。经济网络是经济有机体之间出于内在的需要，通过一定的渠道和方式形成的相对稳定的、经常化的经济联系。一体化的经济网络能降低资源配置的成本，提高资源配置的效率。

2. 城市经济区的特点

（1）城市经济区是市场经济的产物，是建立在较为发达的地域分工和专业化协作的基础上的，依靠在长期的经济交往中自发结成的彼此依存关系，因而是内在经济力量的地区结合。

（2）城市经济区是建立在平等协作、等价交换、互惠互利的基础之上的，从而组合为比较紧密的利益共同体，成员间共存共兴、俱损俱荣。

（3）城市经济区没有明确的地域界限，经济区之间往往犬牙交织，相互渗透，重叠复合，我中有你，你中有我，且经常变动。

（4）城市经济区在组织形式上以网络的形式存在和维持。

第三章 现代城市管理的组织体系

在管理过程的各个环节中，决策（目标设置）、组织、实施和控制是其中重要的环节，这些环节的活动（或称管理活动的进行）总是要依托一定的组织体系，而组织体系的核心是管理权限的分配和协调，即权力结构。同样，城市管理总离不开一定的形式和载体，也就是说，城市管理必须依赖于一定的组织体系和管理机构来运作。现代城市管理与传统城市管理的最大区别在于，现代城市管理的主体已经向多元化发展，形成以城市的权力系统为主角、其他非权力系统和市民广泛、积极参与的局面。

第一节 城市管理的组织体系概述

一、权力内涵

城市政府的权限来自于法律的授予，取决于代表国家的中央政府的意愿。但在通常情况下，中央政府只可能把那些需要或必须分地域治理的地方社会事务交给地方政府去处理，而且还必须是不致影响国家统一和政治统治的那些社会事务。

城市政府管辖范围内的事务，通常可分为两大类：①固有事务，即那些必需也只可能由城市政府来管理的社会事务，也就是通常所讲的城市地方事务（城市社会事务、城市建设事务）；②委托事务，即那些本应由国家或上级政府管理，基于效益、效率等原因的考虑，通过立法或行政的方式，委任城市政府代行管理职责的那些社会事务。城市政府运用权力来实现职责时，其权力的运用具体表现为三种情况：应该如何来治理所在城市，应该如何实现这种治理，怎样通过具体的管理来完成治理的意愿和目标。它分别表现为议决权、执行权和行政权三种权力。

（1）议决权是决定城市应如何治理的权力，显然这要取决于全体城市居民的意愿。

通过选举产生出来的代表机构承担这一职责。无疑，全部居民意愿的反映不太可能取决于一个人或少数几个人。它需要由较多的人，通过会议的形式，经过充分讨论，尽可能将居民不同的意见和愿望表达出来，然后在此基础上形成共识，取得多数的认同。因此，议决权需要由一个有相当规模的机构通过会议形式来实现。

（2）执行权是决定应该如何去实现居民对城市治理的愿望。它要通过一系列具体活动来完成，它要求以最经济有效的方式，将这种意愿付诸实现。因此，执行权通常都需要通过具体的活动来实现，并讲求效率。因此，执行权需要而且只能由一个人或一小群人（委员会）来实现。

（3）行政权是对社会事务实施公共管理的权力。居民治理城市的意愿，以及这种意愿的实现，最终落实到对城市地方事务的各项管理上。行政权是一种管理性的权力，是完成执行意愿的具体行为。因而它需要一个有一定规模的数量较多的工作机构，在一位负责人的指挥下去完成，这些行政机构作为有相互关系的分工各异的工作部门，需要有一个总的负责人来加以协调、指挥、监督。

正是由于行政权与执行权两者之间既存在直接的关联，而又有相同的特性和共同的权力行为特征，在大多数情况下，两者总是结合在一起，即由行政机关承担行政的职责。需要指出的是：议决权与执行权是政治权力，是代表阶级统治的意愿的，而行政权本是一种社会公共权力，在有阶级社会里，才成为国家的权力（行政权）。

二、城市管理体系

根据是否拥有正式直接决定和执行城市公共政策的权力，城市管理体系可以分为两大系统：城市权力系统和城市非权力系统。

（一）城市权力系统

城市权力系统是指拥有某种正式直接行使城市公共政策制定和执行权力的各种组织有机结合的总体。

当今社会主义国家，城市权力系统又包括两部分。

其一，以国家名义和强制性方式出现的城市国家权力系统，包括城市的各级国家权力机关、行政机关、司法机关，即通常所谓的城市国家政权系统或广义的城市政府系统。这在中国为：市的各级人大及其常委会、市的各级人民政府、市的各级人民法院、市的各级人民检察院。

其二，以执政党名义和督导性方式出现的城市非国家的权力系统，包括共产党的市委员会、区委员会及街道委员会等。

需要指出的是，这里把市的各级党委列入城市权力系统之内，其原因在于：中国共产党是执政党，长期以来，党的市委员会（简称市委）一直是中国城市拥有全权的领导机构，对城市重大事务拥有决策权力，并可直接或与市政府联名向社会发布决定，因而实质上是城市权力系统核心或中枢。随着中国政治体制改革的不断推进，即使实行党政职能分开，市委也并不从权力中心消逝，而是改善了这种领导地位，仍然决定着市的大政方针、重大的人事安排，并对市的人大、政府、法院、检察院等机关起着领导和监督作用。因此党的市委仍将是市权力系统的组成部分，同时又是非国家权力系统的领导核心，包括城市基层群众自治组织居民委员会（简称居委会）和城市政治协商会议（简称政协）及各民主党派组织，都必须接受城市共产党组织的领导。

时任中国共产党总书记的江泽民在中国共产党第十六次代表大会上指出，发展社会主义民主政治，最根本的是要把坚持党的领导、人民当家做主和依法治国有机统一起来。改革和完善党的领导方式和执政方式，对于推进社会主义民主政治建设，具有全局性作用。党的领导主要是政治、思想和组织领导，通过制定大政方针，提出立法建议，推荐重要干部，进行思想宣传，发挥党组织和党员的作用，坚持依法执政，实施党对国家和社会的领导。按照党总揽全局、协调各方的原则，规范党委与人大、政府、政协以及人民团体的关系，支持人大依法履行国家权力机关的职能，经过法定程序，使党的主张成为国家意志，使党组织推荐的人选成为国家政权机关的领导人员，并对他们进行监督；支持政府履行法定职能，依法行政；支持政协围绕团结和民主两大主题履行职能；

加强对工会、中国共产主义青年团（简称共青团）和妇女联合会（简称妇联）等人民团体的领导，支持他们依照法律各自的章程开展工作，更好地成为党联系广大人民群众的桥梁和纽带。就城市权力系统是否具备齐全的功能、完整的结构，又可以将现代城市权力系统分

为以下五个系统：

（1）决策系统。它是城市管理体系的核心，是指有权就一定范围内城市管理问题做出有权威决定的领导集团或领导个体。在中国包括中共市委、市人大及其常委会、市政府及其市长等。

（2）执行系统。它一般是指市的国家行政机关。在中国，主要包括市人民政府组成部门的职能机构（厅、局、委、办）及办事机构（处、室）等。

（3）情报信息系统。它一般是指中共市委、市人大、市政府机构中提供信息、情报的调查研究中心（室）以及有关的新闻传播媒介等。

（4）参谋咨询系统。它是指充分发挥专家学者作用、广泛开发社会智力、协助决策中枢系统进行决策的各种形式的现代组织，如某些市（如武汉市）所建立的数据库和领导决策信息中心等。

（5）监督系统。它是指对城市管理决策和执行进行监督的组织体系，在中国包括中共市委及中国共产党市纪律检查委员会（简称市纪委），市人大及其常委会，市政府及其监察局、审计局、技术监督局，市司法机关等。

（二）城市非权力系统

城市非权力系统是指虽不具有正式市政决策和执行权力，但对市政决策和执行有积极影响作用的群体、组织和个人的总称。它的组成随国情和市情的不同而异。一般而言，它

包括城市非权力政治系统和城市非权力社会系统。

城市非权力政治系统是指城市各种党派组织（社会主义国家城市各级执政党的委员会例外）、各人民团体，城市非权力社会系统包括各种社会利益团体、民间组织和市民等。二者的功能是进行利益表达、利益聚合，向城市权力系统施加影响，从而使城市政策的制定和执行，更好地体现自身利益。

充分发挥城市非权力系统的功能，是现代城市管理在上层建筑领域的一项基础工程，需要给予充分重视。有没有一个发达的非权力系统，是城市政治区别于乡村政治的一个显著标志。能不能充分发挥城市非权力系统的巨大影响作用，是现代城市政治区别于传统城市政治的一个重要标志。

第二节　中国城市管理的权力系统

一、中国共产党的城市组织体系

中国共产党在城市权力政治系统中，乃至在城市社会政治生活中，起着核心领导作用：在政治上，其拥有大政方针的决策权；在思想上，握有导向权；在组织上，享有重要人事安排的推荐与提名权。党的城市组织体系从市委书记、副书记、市委常委这个最高层，到各行各业各界最基层的党支部，构成了强有力的、纵横交错的、金字塔形的组织体系。

（一）市级组织机构

党的市级组织及其机构主要包括：

（1）市委。它是中国共产党设在市一级的地方领导机关，由市一级的党的代表大会选举产生。直辖市、省辖市和县级市委员会委员和候补委员，一般分别为60人、40人、30人左右。在党的代表大会闭会期间，它执行上级党组织的指示和本级党的代表大会的决议，领导本地方的工作，定期向上级党委会报告工作。

（2）市委常委。它包括书记、副书记和市委常务委员，由党的市委全体会议选举产生，并报上级党委批准。直辖市、省辖市和县级市的市委常委成员，一般分别为9～15人、7～13人、7～11人，书记和副书记分别为1人、2～4人。在市委全体会议闭会期间，它行使市委职权，是主持市委日常工作的领导核心。

（3）市纪委。即党的市纪律检查委员会。它是中国共产党的市级纪律检查机关，由本市每届党的代表大会选举产生。直辖市、省辖市和县级市的纪委委员，一般分别为20～50人、15～30人、10～15人。其常委成员、书记和副书记，由市纪委全体会议选举，并由市委通过，报上级党委批准。市纪委在市委和上级纪委双重领导下进行工作，其主要任务是维

护党章、党纪，协助党委整顿党风，检查党的路线、方针、政策和决议

的执行情况；检查和处理党的组织、党员违反党章、党纪和国法的大案、要案，决定和取消对这些案件中的党员处分，受理党员的控告和申诉。

（二）区、街党的组织

区、街党的组织主要包括区委员会、街道委员会及居委会党支部和区、街辖域内有关的企事业单位党组织等。

（1）区委员会。在区党代表大会闭会期间，它执行上级党组织的指示和区党代表大会的决议，领导本区党的工作，定期向市委报告工作。

（2）街道委员会。它不是一级党的地方组织，而是地域性的党的领导机关。它执行区委的决议指示，对街道各项工作负有全面的领导责任。

（3）居委会党支部。它是城市中党的基层组织，有各种不同的组织形式，其任务各有特色，但所有居委会党支部，都必须履行党章规定的基层组织的八项任务，抓好支部自身建设，发挥先锋模范作用，做好居民思想政治工作，调解居民邻里纠纷，支持居委会做好居民的自我教育、服务和管理，向上级反映居民意见，密切党群关系。

（4）企业事业单位党组织。它包括区属和街道属的企事业单位党支部，以及实行"属地化"领导后新划归区、街道党委领导的省、市属企事业单位的党组织。

二、城市国家权力机关组织体系

由于城市行政地位不同，城市行政区划各异，如有的设区，有的辖县。因此，城市国家权力机关组织体系较为复杂。从纵向而言，有市、区及县人大及其常委会。

（一）市人民代表大会

（1）性质与任期。它是中国城市的国家权力机关，在市的行政辖区内代表人民行使国家权力。市人大在城市国家政权组织体系中，依照宪法规定是权力最大、地位最高的，也是城市中其他国家机关权力之母。换言之，城市的国家行政机关、司法机关，都由它产生、对它负责、受它监督。市人大代表由区、县人大选举产生，区人大代表、县级市人大代表由选民直接选举产生，每届任期为5年。

（2）职权。市人大行使使权主要为决定权、执行权、任免权、监督权和地方立法权。

（3）常设机关。市人大常委会是市人大的常设机关，由本级每届市人大第一次会议从代表中选举的主任、副主任和委员若干人组成，下设办事机构和若干专门工作委员会。常委会会议由主任召集，每两个月举行一次。直辖市、设区的市由人大常委会正、副主任和秘书长组成主任会议，县级市的人大常委会由正、副主任组成主任会议。主任会议处理常委会的重要日常工作。市人大常委会对本市人大负责并报告工作；每届任期同本市人大每届任期相同，行使职权到下届本市人大选出新的常委会为止。

（二）区人民代表大会

（1）性质与任期。它是设在市辖区的地方国家权力机关，由选民直接选举产生的人大代表所组成。区人大每年至少举行一次会议，由区人大常委会召集，经 1/5 代表提议也可临时召集，大会由选举产生的主席团主持，决议以全体代表过半数通过，每届任期 5 年。

（2）职权。区人大行使的职权主要有：组织和选举区的人民政府、人民法院、人民检察院；选举产生出席市人大的代表，依照法律规定的权限，通过和发布决议，审查和决定区经济、文化建设和公用事业建设计划，听取和审查本级人大常委会的工作报告，撤销或改变区人大常委会不适当的决定；听取和审查区人民政府不适当的决定和命令等。

（3）常设机关。区人大常委会是区人大的常设机关，由本级每届区人大第一次会议从代表中选举主任、副主任和委员若干人组成，一般组成人员为 11 ～ 19 人，最多不超过 29 人，会议由主任召集，每两个月至少举行一次。

三、城市政府行政组织体系

市人民政府是市人大的执行机关，是城市的国家行政机关。作为市人大的执行机关，市人民政府必须执行市人大及其常委会的决议，对市人大及其常委会负责并报告工作，接受市人大及其常委会的领导和监督。作为城市的国家行政机关，市人民政府是组织和管理本市行政区划内行政事务的机关，它必须执行上级国家行政机关的决议和命令，对上一级国家行政机关负责并报告工作，接受上一级国家行政机关的领导和监督，

并服从最高国家行政机关即国务院的统一领导。市人民政府的这种双重性质和地位，既保证了中央和上级行政机关对城市行政事务的统一领导，又利于因地制宜地发挥市人民政府的积极性和主动性。市政府行政机关，就纵向而言，有市人民政府、区人民政府及其派出机关街道办事处。

（一）市人民政府

（1）性质和组成。市人民政府是市人大的执行机关，是设在城市的地方国家行政机关，它由市人大产生，向市人大和上级国家行政机关负责并报告工作，人大闭会期间向市人大常委会负责并报告工作。市人民政府由市长、副市长、秘书长（或办公室主任），厅长（局长）、委员会主任等组成。直辖市、设区的市、不设区的市的人民政府每届任期为 5 年。

（2）职权。其职权主要有：执行市人大及其常委会的决议，以及国务院、省人民政府的指示、规定和命令；领导所属工作部门和下级人民政府的工作，改变或撤销县、区政府和市政府所属工作部门不适当的决议、指示和命令，讨论制订和组织执行国民经济年度计划和长期规划，决定与生产建设和人民生活有关的重大措施；讨论制定年度财政预算，决定实现预算的重大措施；依照城市建设的总体规划，研究确定和组织实施城市建设的重大工程项目，决定加强城市管理的重大措施；讨论研究区划变动，县级单位建设，市政府各

部门副科级以上和区、县政府局（科）级干部的任免，以及政府工作人员的奖惩；讨论研究发展科学、文化、卫生、体育事业中的重大措施；依照国家法律规定，讨论研究维护社会秩序；保护国家财产、保障公民权利、保护少数民族权利方面的重大事项，管理本市范围内的外事工作，确定涉外的重大活动；办理国务院、上级人民政府和本级人大常委会交办的其他事项。

（3）机构设置。科学设置政府的工作部门（机构），是城市管理高效运转的基本保证。机构设置应当遵循需要原则、精干原则、法制原则和效能原则。根据工作需要，中国城市市人民政府一般设30～40个工作部门（小市少于30个，直辖市和特大城市可多于40个）。这些工作部门一般分为六大类：综合经济管理机构、专业经济管理机构、监督管理机构、社会管理机构、安全司法机构和内务管理机构。而国外市政府机构数相对较少，一般大城市15个，小城市10个。例如，日本东京都在知事之下设总务局、财务局、主税局、民生局、卫生局、劳动局、经济局、建设局、建筑局、港湾局10个机构；

德国科隆市政府设置了9个工作部门，它们是综合厅、财政厅、环保厅、教育厅、体育厅、青年厅、文化厅、城市规划厅、高低层建筑厅。国内城市以上海市为例，2011年，上海市市政府的工作部门共有47个，包括发展和改革委员会、经济和信息化委员会、商务委员会、教育委员会、科学技术委员会、民族和宗教事务委员会、公安局、监察局、民政局、司法局、财政局、人力资源和社会保障局、城乡建设和交通委员会、农业委员会、环境保护局、规划和国土资源管理局、水务局（海洋局）、文化广播影视管理局、卫生局、人口和计划生育委员会、审计局、人民政府外事办公室、国有资产监督管理委员会、地方税务局、工商行政管理局、质量技术监督局、统计局、新闻出版局、体育局、旅游局、知识产权局、绿化和市容管理局、住房保障和房屋管理局、交通运输和港口管理局、安全生产监督管理局、人民防空办公室（简称民防办公室）、人民政府合作交流办公室、人民政府侨务办公室、人民政府法制办公室、金融服务办公室、口岸服务办公室、人民政府新闻办公室、人民政府发展研究中心、粮食局、监狱管理局、食品药品监督管理局、社会团体管理局。

（二）区人民政府

（1）性质和组成。区人民政府是由市辖区人大选举产生的区国家权力机关的执行机关。截至1996年年底，全国共有市辖区718个。区政府由区长、副区长和秘书长及各工作部门首长组成，每届任期5年。

（2）职权。依据有关法律规定，它应行使县级以上人民政府的职权，主要是：执行区人大及其常委会的决议，执行市政府的决议和命令；组织安排好人民群众的经济和社会生活，帮助解决人民群众各种困难；规划区内部分城市建设和市政设施；管理街道企业，安排就业青年；加强精神文明建设，维持社会治安，搞好市容整顿，搞好爱国卫生和计划生育工作。

（三）街道办事处

街道办事处是市辖区、不设区的市人民政府的派出机关，是城市地区的基层行政组织。截至 1989 年全国共有街道办事处 5099 个。根据派出它的人民政府的授权，行使基层政权的部分权力，管理本地区的行政工作。

街道办事处的职责主要有八个方面：①贯彻宣传党和政府的方针、政策、措施，及时反映街道群众意见；②领导管理监督辖区市容、交通、环境保护、卫生绿化、防汛防台、违章建筑等；③对街道、居委会主办的以劳动、加工、综合服务事业为主体的企业事业单位进行管理；④对辖区的待业人员进行登记、管理，教育和文化、技术培训，向社会输送合格的劳动力；⑤按规定发放待业人员救济金，对街道文化设施（图书馆、文化站）和社会福利事业进行管理；⑥举办街道社区服务事业，为居民和街道企事业单位提供生活和后勤服务；⑦协调辖区内工厂、商店、机关、学校、医院及居民点的关系；⑧指导居民委员会的工作。

四、城市司法机关组织体系

（一）市各级人民法院

它是设在市的地方国家审判机关，代表国家依照法律独立行使审判权，依法审理和判决刑事案件、民事案件、经济案件、行政案件等。市人民法院由院长、副院长、庭长、副庭长和审判员组成，设立审判委员会，还设立刑事审判庭、民事审判庭和行政审判庭等，此外，还设有一定数量的助理审判员、书记员、执行员、法医、司法警察等人员。直辖市设市高级人民法院、市中级人民法院和市基层法院（市辖区人民法院）。地级市设市中级人民法院、区级人民法院。县级市设市人民法院（基层法院）。市高级人民法院和市辖区人民法院及县级市人民法院院长由本级人大选举产生，市中级人民法院院长以及所有地方各级市人民法院副院长、庭长、副庭长和审判员均由本级人大常委会任免。

市高级人民法院审理的案件是：法律规定由它管辖的第一审案件，下级人民法院移送审判的第一审案件，对下级人民法院判决和裁定的上诉和抗诉案件，人民检察院按照审判监督程序提出的抗诉案件。市中级人民法院审理的案件为：法律规定的由它管辖的第一审案件，基层人民法院移送审判的第一审案件，对基层人民法院判决和裁定的上诉案件和抗诉案件，人民检察院按照审判监督程序提出的抗诉案件。市基层人民法院审判一般刑事和民事的第一审案件，处理不需要开庭审判的民事纠纷和轻微刑事案件，指导人民调解委员会的工作等。

（二）市人民检察院

它是设在市的地方国家法律监督机关，代表国家依照法律独立行使检察权。市人民检察院分为：直辖市人民检察院，直辖市人民检察分院和省辖市人民检察院，县级市、市辖区人民检察院。其分别由直辖市、省辖市、县级市和市辖区人大选举产生。

市人民检察院内部业务机构称为"处""室"等，如刑事检察一处、刑事检察二处、法纪检察处、监所检察处、经济检察处、控告申诉处、技术侦查处、后勤装备处及政治处、办公室、研究室等。

直辖市人民检察分院、市辖区和县级市人民检察院内部业务机构称"科""室"等，一般设审查批捕科、审查起诉科、法纪检察科、申诉控告科、经济检察科、监督检察科及人事科、办公室等。

市各级检察机关的职权主要有以下五个方面：

（1）对于叛国案、分裂国家以及严重破坏国家的政策、法律、法规、政令统一实施的重大犯罪案件，行使检察权。

（2）对于直接受理的刑事案件进行侦查。

（3）对于公安机关侦查的案件进行审查，决定是否逮捕、起诉或者免予起诉，并对于公安机关的侦查活动是否合法实行监督。

（4）对于刑事案件提起公诉、支持公诉，并对于法院的审判活动是否合法实行监督。

（5）对于刑事案件判决、裁定的执行和监狱、看守所、劳动改造机关的活动是否合法实行监督。

第三节　中国城市管理的非权力系统

一、城市非权力政治系统

（一）城市居委会

1. 居委会的含义

根据第七届全国人大常委会第十一次会议通过并自1990年元旦起施行的《中华人民共和国城市居民委员会组织法》（简称《城市居民委员会组织法》）规定：居委会是城市居民自我管理、自我教育、自我服务的基层群众性自治组织，不设区的市、市辖区的人民政府或者它的派出机关对居委会的工作给予指导、支持和帮助。

2. 居委会的任务

（1）宣传宪法、法律、法规和国家的政策，维护居民的合法权益，教育居民履行依法应尽的义务，爱护公共财产，开展多种形式的社会主义精神文明建设活动。

（2）组织执行居民会议的决定、决议和居民公约。

（3）发展集体经济，开展便民利民的社区服务活动。

（4）办理本居住地区居民的公共事务和公益事业。

（5）加强民族团结教育，提倡各民族互相信任、互相帮助、互相尊重、互相支持、互相学习。

（6）调解民间纠纷，促进家庭和睦和邻里团结。

（7）协助有关部门搞好社会治安综合治理，落实治安承包责任，做好治安防范和对劳动改造释放人员、解除劳动教养人员的帮教等工作，维护社会治安。

（8）协助人民政府或者它的派出机关做好与居民利益有关的公共卫生、计划生育、优抚救济、残疾人保障、青少年教育、扫盲教育和妇女儿童合法权益保护等工作。

（9）组织居民开展多种形式的社会主义精神文明建设活动，教育和支持居民移风易俗、尊老爱幼、扶贫济困、团结互助。

（10）向人民政府或者它的派出机关（街道办事处）反映居民的意见、要求和提出的建议。

3. 居委会的组织

根据居民居住状况，按照便于居民自治的原则，居委会一般在100～700户的范围内设立。它的设立、撤销、规模调整，由不设区的市、市辖区的人民政府决定。它由主任、副主任和委员共5～9人组成，他们由本居住地区全体有选举权的居民或者由每户派代表选举产生，根据居民意见，也可以由每个居民小组选举2～3人代表选举产生。其每届任期3年，成员可以连选连任。它一般下设人民调解、治安保卫、公共卫生等委员会，还可分设若干居民小组，小组长由居民小组推选。

（二）市人民团体

1. 市人民团体的界定

市人民团体是指以表达和维护一定阶层的群众的具体利益为基础，担负着部分社会管理职能，起着依照各自的切身利益协调社会各部门之间关系的作用，并按照一定章程组织起来的群众性的社会政治团体。在中国，这些团体一直成为党和政府联系工人阶级和其他城市人民群众的桥梁和纽带，在社会主义初级阶段已开始成为党和政府了解各界、各阶层群众要求，实现不同阶层的城市公民议政、参政，并逐步在城市政治生活中发挥重大作用的团体。它包括市总工会、市共青团、市妇联、市科学技术协会（简称市科协）、市归国华侨联合会（简称市侨联）、市文学艺术界联合会（简称市文联）等八个人民团体。这些团体都是参加市政协的单位，也是我们研讨的重点内容。这里，仅对其中市总工会、市共青团、市妇联（简称工青妇）的组织状况予以简介：它们是党领导的工人阶级、先进青年、各族各界妇女的群众组织，是党联系群众的桥梁和纽带，是国家政权的重要社会支柱。

（1）市总工会。它是全国总工会组织的一部分，以工资收入为主要生活来源的脑力劳动者和体力劳动者作为会员，是市工人阶级的群众性组织，是工人阶级利益的代表者。市工会组织包括市总工会以及几十个职业性工会组织。

（2）市共青团。它在市的组织，是共青团市代表大会及其所产生的市委员会。团市委是在中共市委和上级团委领导下的、负责全市共青团工作的领导机关。团市委可以根据工作需要，设立适当的工作部门，一般设办公室、研究室、组织部、宣传部、城区青年工作部、郊区青年工作部、青工部、大学中专部、中学部、少年部、文体部、统战联络部、青少年权益部等工作部门，分别负责团市委各方面的工作。团市委还可以派出自己的代表机关。

（3）市妇联。它是全市性的妇女群众组织，是代表全市妇女、儿童合法权益，保护和教育妇女、儿童的群众团体。市妇联每5年或3年举行一次妇女代表大会，选举产生市妇联执行委员会（简称执委会）。市妇联执委会负责贯彻执行市妇女代表大会决议，讨论决定本地区妇女工作的重大问题。执委会选举主任一人、副主任若干人、常务委员若干人，组成常委会，领导本市妇联的日常工作。市妇联下设权益部、儿童部、城乡服务部、联络部、宣传教育部、组织部、办公室等业务工作部门。市妇联实行团体会员制度。城市里的企业、事业，机关、团体等单位的工会女工工作委员会等，都是市妇联的团体成员。团体会员有参加妇联组织活动，并对其工作提出批评、建议的权利，有向联合会反映妇女群众的意见和要求，向妇女群众传达贯彻市妇联的决议、号召，执行各项妇女工作任务的义务。

2. 市人民团体的作用

市人民团体在城市政治体系中的作用，主要有以下四个方面：

（1）代表所联系群众的利益，反映所联系群众的呼声，维护职工、青年、妇女儿童等的合法权益。坚决反对和抵制侵害所代表群众的正当权益，损害群众身心健康、民主权利和打击报复行为。采取各种形式为青年、职工、妇女儿童等服务。

（2）努力做好职工、青年、妇女儿童等的思想政治工作，向他们进行爱国主义、集体主义、社会主义教育，以及法制教育和职业责任、职业道德教育，组织文化科学技术学习，开展文体娱乐活动，办好群众文化、教育、体育事业。

（3）动员和组织城市职工、青年、妇女儿童等积极参加城市两个文明建设，为城市建设献计出力，开展各种劳动竞赛及评选等活动。

（4）积极参政议政，参与市委、市政府的政策制定和市人大有关法规的起草，参加政治协商、民主监督。

（三）市民主党派组织

1. 市民主党派组织的界定

市民主党派组织是指中国八个民主党派（中国国民党革命委员会、中国民主同盟、中国民主建国会、中国民主促进会、中国农工民主党、中国致公党、九三学社、台湾民主自治同盟）在直辖市、部分地级和县级市建立的组织体系。根据1989年12月30日《中共中央关于坚持和完善中国共产党领导的多党合作和政治协商制度的意见》精神，中国共产党是社会主义事业的领导核心，是执政党；各民主党派是各自所联系的一部分社会主义劳动者和一部分拥护社会主义的爱国者的政治联盟，是接受中国共产党领导的、同中共通力合作，

共同致力于社会主义事业的亲密友党，是参政党。城市各民主党派一般在定期（5年或3年）召开的代表大会的基础上，选举产生各民主党派的市委员会，由主任委员、副主任委员、委员（包括常务委员）和秘书长组成，并根据需要设立必要的工作部门。

2. 市民主党派的作用

"长期共存、互相监督、肝胆相照、荣辱与共"，是中共城市组织与各民主党派合作的基本方针，充分发挥和加强市民主党派参政和监督的作用是最为重要的内容。具体地说，市民主党派组织在中国城市政治生活中所起的作用，主要有四个方面：

（1）参政与监督作用，发扬社会主义民主。各民主党派参政，主要是指参加城市国家政权，参与城市大政方针和市政领导人选的协商，参与市政事务的管理，参与法律规范的制定执行。发挥各民主党派的监督作用，主要是指在四项基本原则的基础上，发扬民主，广开言路，鼓励和支持各民主党派人士对城市方针政策和各项工作提出意见、批评、建议，做到知无不言，言无不尽，并且勇于坚持正确的意见。

（2）为城市建设出力献计。各民主党派的智力结构具有多学科、多方面、多层次的特点。利用这种优势，采用多种形式，为城市建设和管理献计出力，是民主党派发挥作用的重要方面。例如，就城市经济、文教、科技等方面的重大问题，进行专题调查和研究，向市里有关部门反映情况，提出意见和建议；利用其智力优势，开办业余学校、夜校、补习班、培训班和各种专题讲座，为城市建设培养各方面急需人才；面向社会，开展教育、科技、医药、文化等方面的咨询服务，通过各种途径和关系，为引进城市建设所需要的技术、设备、资金和人才铺路搭桥等。（3）协助有关部门团结和争取海外人士和港澳台同胞，扩大和巩固爱国统一战线。

（4）维护市内各民主党派成员的合法权益，组织成员学习，加强自我教育。

（四）市政协

市政协是城市中具有广泛代表性的爱国统一战线组成，是城市全体社会主义劳动者和爱国者的政治联盟。市政协是在共产党市委领导下和全国政协指导下，实现党派合作的形式，也是在城市中发扬社会主义民主，实现政治协商、民主监督的重要形式。

政协市委员会委员，由市的共产党组织、各民主党派组织、无党派知名人士、人民团体、各少数民族和全市各界的代表以及台湾同胞、港澳同胞、海外侨胞的代表组成。凡赞成政协章程的党派和团体，经市政协委员会常委会协商同意，可以参加政协市委员会；个人经政协市委员会常委会协商邀请，亦可参加。市政协每届任期与同级人大相同。政协市委员会的参加单位、委员名额和入选，应由政协上届市委员会常委会协商决定。每届市委员会任期内个别参加单位变更、委员名额增减、吸收新的人选，由本届政协市委员会常委会协商决定。市政协常委会主持会务，它由主席、副主席、秘书长和常务委员组成。市政协会议分全体会议和常务委员会会议。全体会议每年至少举行一次，常务委员会根据需要举行。

全体会议的职权是：选举市政协委员会主席、副主席、秘书长和常务委员；听取和审议常务委员会的工作报告；讨论并通过有关决议；参与对国家和城市事务中重要问题的讨论，提出批评和建议。

市政协的具体任务主要有下列八个方面：①就本市的大政方针、群众生活和统一战线问题进行协商；②对本市党委和国家机关提出建议和批评，协助其改进工作、提高效率、克服官僚主义；③兴办和支持市公益事业，组织调查研究，视察检查，为城市建设献计出力；④进行思想、道德、纪律等宣传教育，推进精神文明；⑤宣传和贯彻执行党和国家的各项方针政策；⑥调整和处理市政协各方面的关系及其合作共事的重要事项；⑦组织政协委员学习方针政策和时事政治；⑧征集、研究、出版文史资料工作。

市政协的作用是：发展和巩固市的爱国统一战线，进行政治协商、民主监督、参政议政，推进社会主义物质文明和精神文明建设，开展人民外交和对台工作。

市政协不是国家机关，不享有国家权力。但它却与城市国家政权机关有着十分密切的关系。这表现在：市人大召开会议时，一般都吸收市政协委员列席参加，在必要时，市人大常委会和市政协常委会举行联席会议，商讨有关问题，市人大和市政协一般同时召开会议、分合穿插，以便广泛讨论和协商城市的各项重大问题，并把共产党市委和市政府的方针、政策、决议、决定等及时贯彻下去，直辖市人大代表视察工作时，也同时组织市政协委员一起参加，市委、市政府做出重大决策前举行座谈会，征求市政协意见。

二、城市非权力社会系统

现代社会中存在大量的社会组织。广义地讲，人类社会中的一切人群组织都是社会组织。在狭义上，对社会组织的理解涉及对国家与社会之关系的理解。一般认为，在"普天之下莫非王土，率土之滨莫非王臣"的古代社会，任何独立于国家（皇权）之外的社会组织是不存在的。伴随着市场经济的发展、市民阶级的成长，以及资产阶级革命对封建帝王的统治权的剥夺和公民权利的发展，一个在国家权力之外、与国家权力之间构成某种"委托—代理"之契约关系的社会领域才获得了生存、发展的经济和政治条件，社会终于从国家强权的统治下第一次分离出来，国家与社会的二元结构才得以形成。社会组织是社会活动领域的人群组织，市场经济的发展使社会领域（市民社会）从政治领域（国家）中分离出来，因而，真正自主的社会领域（市民社会）是现代世界的产物。

在现代世界，国家与社会（市民社会）的二元结构的形成，意味着在国家之外存在着一个独立于国家的社会领域，在这一社会领域里的一切组织，都属于社会组织。按照这一关于国家与社会的"一元分析框架"，不难理解，所谓社会组织，简言之，就是指国家（政府）组织之外的其他一切组织，或者说，所有组织可以分为两大类：国家组织与社会组织。社会组织既包括经济（企业）组织，也包括政府与企业以外的非营利性组织。

西方市民社会理论的发展进一步将社会组织中的经济组织（营利性组织）和非经济组织（政府与企业以外的非营利性组织）进行了划分，提出"三元分析框架"，即国家—市场—社会。在这种界定下，我们很容易区分城市非权力社会系统，其主要包括营利性企业、非营利性组织（NPO）和非政府机构（NGO）两部分。

（一）营利性企业

在城市发展过程中，各种营利性企业是市场经济的微观经济主体，它们主要通过追求利润最大化的经济行为推动城市经济的发展，并通过其利益群体——城市社会中的非政府机构（如行业协会、私营企业主协会、商会等）参与城市的管理。

众所周知，许多公共物品不具有纯公共物品的特点，是准公共物品或称"俱乐部物品"，其消费对象不是全体社会成员，而是特定的消费群体。因而，对这些消费者进行收费即能解决投资者的回报问题，从而吸引营利性企业将资金投向公共事业。以公路为例，公路一般意义上是可以供任何人使用的，然而一旦建成封闭的高速公路，那么原来属于纯公共物品的公路就转变为俱乐部物品。向俱乐部成员（公路使用者）收费，即能解决投资者收益问题。私人公司修建收费公路，曾经是推动工业革命时期英国近代公路系统获得大规模改善的主要动力；中国近十年来公路建设的惊人发展，同样得益于向使用者收费的制度。

通过建立使用者付费制度来吸引民间资本投向公共物品供给的领域十分广阔，如公路、桥梁、文化活动室、游览景点、体育场（馆）等，均具有准公共物品的特征，可通过使用者收费制度来吸引营利性企业将资本投入生产、增加供给。例如，中国的城市道路清扫、路面护养、垃圾处理、公共设施管理等，原来都由城市政府有关部门直接提供，现在则可以通过城市政府出钱、企业或其他社会主体提供服务的办法来解决。随着中国社会主义市场经济的发展，企业参与城市管理的能力和程度都将不断提高。

（二）非营利性组织和非政府机构

非营利性组织和非政府机构具有非营利、志愿者、慈善性、非政府等特点，又被称为"第三部门"。美国学者塞拉蒙指出，非营利性组织具有六个基本特征：第一，正规性。非营利性组织必须具有正式注册的合法身份，同时还要有法人资格，即民事责任能力。那些临时聚集在一起的人群或经常活动的非正式团体应被排除在外，尽管它们也有重要的社会功能。第二，民间性。非营利性组织应从组织机构上与政府分离。它不是政府机构的组成部分，其决策层也不是由政府官员控制的董事会领导。第三，非营利性。非营利性组织不为其拥有者谋求利润。它在一定时期内积累的盈余，不得在组织缔造者之间分配，必须投入组织的宗旨所规定的活动中。第四，自治性。非营利性组织要能控制自己的活动，有不受外部控制的内部管理程序。第五，志愿性。在非营利性组织的活动和管理中均有显著的志愿参与成分。特别是形成有志愿者组成的董事会和广泛使用志愿工作人员。第六，公益性。即服务于某些公共目的和为公众奉献。非营利性组织的第二和第五个特征使它区别于政府组织，而第三和第六个特征使它区别于营利性组织。中国学者秦晖从政府、企业和第三部门这三类组织之间的基本逻辑关系出发，认为在现代社会中存在三种机制：市场——以志愿求私益，国家——以强制求公益，第三部门一以志愿求公益。由此，可以把包括国家在内的各种组织（部门）按公益与私益、志愿与强制这样四个维度，组成四个逻辑组合：以强制提供公益的部门——政府部门，以志愿提供私益的部门——市场（企业）部门，以志愿提供公益的部门——第三部门，以强制提供私益的部门——强权与特权集团。最后一种组合在传统专制时代弥漫于所有部门中，现代化和公民社会的任务就是消除这一部门。

随中国城市政府职能转变，继政企分开后，政社分开将极大促进城市第三部门的发展，城市第三部门的发展势必增强其参与城市管理的能力和频度。近几年，江苏省徐州市民间环保组织发展迅猛，据统计，有正规名称，在民政部注册并经常开展活动的就有 15 家，成员达万人之众。其中徐州市环境文化协会成立于 1991 年，成员有机关干部、企业法人代表、社会名人、科普作家等，研究的课题涉及企业污染行为、生态环境失衡、生产与消费等多个方面。徐州市云龙区环保协会推广"环保楼道文化"，动员市区各大宾馆、饭店创建"绿色宾馆"。矿务集团中学生环境小记者团成立于 1985 年，历经十几年的发展，已培养了四万多名小记者，与睢宁县大余小学一起荣获联合国环境署授予的"全球 500 佳"称号。民间人士周美恩创立的"绿色之家"，先后获得"地球奖"和"保护母亲河奖"。2001 年设立的徐州大学生环保组织更为城市环保事业的持续发展增添了新活力。

三、市民与市民参政

市民是指居住在城市所辖区域内、持有本市户籍的公民，其类别非常纷繁复杂。市民是城市社会的主体，是中国城市管理体系的主人。从本质上说，城市一切公共设施和政治活动都是围绕着市民展开并服务于市民的。

1. 市民的权利与义务

在中国，城市公民依照法律规定，享有广泛的影响市政决策的一系列权利和自由，并履行相应的义务。这些权利和自由是：

（1）公民的选举权和被选举权。即公民有按照自己的意愿选出自己的代表，组成全国和地方各级人大代表、担任国家公职的权利；有监督代表、罢免违法乱纪或者严重失职的代表资格的权利；有在代表在任期内因故出缺而进行补选代表的权利。

（2）公民依法享有言论、出版、集会、结社、游行、示威等各项政治自由。

（3）公民依法享有对任何国家机关和国家机关工作人员提出批评和建议的权利，对任何国家机关和国家机关工作人员的违法失职行为，有申诉、控告或者检举的权利等。

（4）公民的合法权利由于国家机关和国家工作人员的侵犯而受到损失时，有依照法律规定取得赔偿的权利。

（5）公民的政治权利和自由绝不是绝对的、不受限制的，所有公民都有遵守宪法和法律的义务，都不得破坏社会主义法制。

2. 市民参政及其途径

市民参政，亦称市民政治参与，是指市民个人或群体通过一定途径和形式向政府及其领导人员提出各种利益要求和建议（亦称市民的利益表达），向有关部门进行检举揭发，行使选举权、罢免权等权利，监督权力的行使，阻止或促成某项政策的行为。

市民参政对社会主义国家的城市来说，是社会主义政治民主建设和实现人民当家做主的重要内容，也是城市规划、建设、管理和使改革开放始终沿着正确方向发展的根本保证及力量的源泉。市民参政可大大增强主人翁的责任感，有力地促进城市政治民主的发展，并对有效地推动廉政建设，提高市政透明度.具有重要的政治意义。

市民参政议政的途径包括利益表达、行使监督权、行使选举权和罢免权。

1）市民利益表达

市民利益表达，是指城市公民的群体、个人和组织，通过一定途径和方式向城市权力执掌者提出政治和经济等方面要求的行为。例如，市民的上书、请愿等活动，都是典型的利益表达方式。市民利益表达是市政决策的重要参照系，也是城市民主政治建设的一个重要内容。

市民利益表达的方式一般有两种：一是个体表达。即采用直接或间接的口头表述、署名的文字表述（写信，向报刊、电视台、电台写稿件等）。在中国，个体表达突出地表现在就自身利益（如有关获得住房、就业、贷款、救济等）向有关市政领导反映并发生接触，还可能在范围较广泛的问题上试图表达自己的意见。有的对市政设施不满，就通过市长公开电话陈述个人意见，有的对市政工作人员的贪污、受贿行为给市长写信进行揭露。二是集体表达。其多为有共同利益要求的群体，或者既有共同利益又经过利益要求的聚合形成的一定的群体组织。例如，中国当前的城市工青妇群众团体等，是共产党领导下的城市国家政权的重要支柱，是市政府联系工人阶级和人民群众的桥梁纽带，

在维护全国人民总体利益的同时，对各自所代表的群众具体利益要予以及时代表和表达。就其渠道而言，市民利益表达在法律允许的范围内有：一是个人联系渠道。这是一种最古老、最传统的方式，在特定情况下利用家庭、学校、地方和社会等各种血缘、地缘或其他亲友关系，来接近有关市政府上层人物，直接反映其利益要求。二是特定人物代理渠道。这是指在政治系统内居于特殊地位并具有重要影响的个人，通常由集团推选其成员，进入城市权力体系内部，担任市行政官员或议会议员，直接参与政策制定，以作为一定社会集团利益愿望的代理人。在中国，市人大和市政协都有各人民团体的代表，即属此类。三是大众传播媒介和内部通报渠道。在西方所谓民主国家，大众传播媒介是公民个人和集团向决策者传送政治要求的主要手段。在中国，新闻舆论是党的喉舌，其主要任务是宣传

党的路线方针政策和国家的法律法规，对于与党的现行政策不同的要求和呼声，一般采取内部通报方式予以反映，有时亦有选择地见诸报端。四是抗议示威。这是现代民主法制所允许的一种利益表达方式。在西方国家，一般认为，抗议示威是在社会中最无权无势集团的种利益表达渠道，如黑人、青年学生、失业工人等。在中国，一般具有广阔和通畅的渠道，但不排斥其特例。但凡在公共道路和露天公共场所举行的集会、游行、示威，必须遵守《中华人民共和国集会游行示威法》，在各市，如在北京市还应遵守北京市人大常委会通过的《北京市实施＜中华人民共和国集会游行示威法＞办法》。但是，无论是社会主义国家，还是资本主义国家，当抗议示威达到危及国家安全和社会根本原则的时候，都会对其采取严格的限制措施。

2）市民行使监督权

宪法和法律赋予公民以广泛的监督权力。市政府必须接受市民的监督，这是使市政府不会腐败变质的根本保证。为了使市民有效地行使监督权力，必须做到市民享有知情权、提高市政透明度、强化市民监督意识等。

（1）市民享有知情权，是指市民有了解城市政府政务活动及其过程的权利。在一些西方国家，为了方便市民了解市政过程，他们采取了一系列立法和措施。其主要内容有：一是一切法律规则、工作制度程序，未经公布告示于众者，不能作为城市政府职务活动的依据；二是市政府行政机关做出有关城市公民的决定和处理时，必须把处理的主体、依据、程序、结果公开，否则，该行政处理不发生法律效力；三是社会组织和公民（不仅是本市市民）向城市政府了解有关法规和规章、政策和程序时，城市政府必须履行提供和解释的义务；四是市政府负有公开运用情报、形成决策的过程，说明其决策的情报来源和根据的责任。公民享有了解政府的情报收集和运用情况、进行监督、获取公开情报等的权利。

（2）提高市政透明度。中国近年来，随着政治体制改革的展开和逐步深化，提出了城市政府政务公开化、提高透明度、破除神秘化的目标。一些城市进行了政务公开化的尝试，初步收到良好的效果。概括起来，有以下七个方面：①设立市长公开电话，随时解答市民提出的问题；②实行现场公开办公制度，有关部门开赴现场，就地公开办理事务，解决困难问题；③建立市政府发言人制度，定期或不定期地举行记者招待会，公开市政府近期工作状况和目标；④举行公开的市政对话会或市政讲评会，由城市党政机关主要负责人与市民直接对话，并对市政领导进行评议；⑤实行公开办事制度，把机构职责、权力、工作方式、工作程序，以及工作人员的姓名、年龄、性别和具体职责等，张榜公布，实行挂牌服务；⑥公开城市党政机关重要领导人的活动、去向，包括出国、出访、住房、用车、子女、财务、电话费等；⑦允许记者采访、报道有关会议，并创造条件，允许公民旁听某些会议。

（3）强化市民监督意识。市民的监督作用主要表现在市民个人凭着其良知和正义感，对其视野之内违法乱纪现象，进行揭发检举、申诉、控告。实行市政公开，增加市政透明度，

有利于市民群众了解事实真相，为同违法乱纪行为作斗争创造有利条件。但是，这并不等于所有的市民都会积极主动地行使监督权利。这就需要通过加强思想政治教育，加强法制宣传和普及工作以及公民权利义务教育，提高市民的思想政治觉悟和法律知识水平，增强其同各种丑恶现象作斗争的自觉性和责任感。同时，应采取切实措施，保护检举、揭发者免遭非法迫害。这样就一定能够调动市民群众的积极性、主动性，形成强大的群众监督力量。

3）市民行使选举权和罢免权

中国宪法规定，中华人民共和国的一切权力属于人民。同时还规定了由公民直接行使选举权、罢免权等。这是市民参政最正式、最权威的形式。

（1）选举权。选举权是指公民依照法律规定选择一定公职人员的权利。公民行使选举权，被认为是人民行使主权的最主要方法。在中国，公民的选举权仅限于选举人大代表。城市公民直接选举的范围，包括市区人大代表的选举、县级市人大代表的选举。设区和辖县的市人大代表，由区、县人大选举。市、区主要行政官员由市、区人大及其常委会选任或委任。公民行使选举权遵循普遍、平等、直接、秘密投票等原则。

（2）罢免权。罢免权是选民对于代议机构的代表或行政官员，于其任职届满之前，以投票的方式，免除其职务（或资格）的权利。罢免权的行使，在外国地方自治团体较为广泛。例如，美国及瑞士各邦（州）均允许原选区的选民投票罢免其议员；在堪萨斯州，选民不仅可以罢免选举产生的官吏，而且可以罢免任命的官吏；此外，各州的法官也有很多可由公民罢免。但公民直接罢免任命的行政官员和法官的制度，在学理上颇有争议。尤其是人民罢免法官，嫌有碍司法独立。依据中国宪法和选举法的规定，中国原选区的选民可以罢免由它选举产生的市辖区、县级市的人大代表。

第四章 城市法制概述及建设

城市政治系统的建立与维系，市政府政治与行政职能的行使，市政府进行决策、执行、监督、反馈等一切城市管理过程，都必须依据一定的规则，使其有秩序地进行。同时，城市政务的推行，也必须借助于一定的国家强制力。这就要求有一个健全的城市法制系统。它不仅是城市政治系统的运行规则，也是城市政府进行管理的有效手段。因而，城市法制管理是现代城市管理系统的一个重要组成部分，是现代城市管理的一个重要方法。

第一节 城市法制概述

一、城市法制的含义

要弄清城市法制的含义，必须先了解"法制"一词的含义。所谓法制，有三种基本含义：其一，它是指法律和制度的总称，或法律制度的简称，它是以国家强制力为保障的行为规则；其二，它是指立法、执法、守法全过程的总和；其三，它是指在法律约束、保障下的一种有秩序的良好社会状态。

通常人们使用"法制"，总是在上述三种含义上不断地变化，时而三义并用，时而单取一义，时而以一义为重。例如，当我们讲"要有完备的法制"时，通常指第一种意义上的法制，即制定齐全的法律、法规；当我们讲"应遵循法制"时，主要讲第二种意义上的法制，即根据依法办事的原则去处理问题。当我们讲"加强法制建设、健全法制"时，三义并用。

由此，所谓城市法制，就是指有关城市管理的一系列法律制度的立法、执法、守法全过程的总和，以及在法律约束、保障下的一种有秩序的良好的城市社会状态。城市法制是一个完整的体系，仅就其法律制度而言，包含两方面的内容：一方面，它是城市政府自身运行的规则。其广义，是有关城市立法机关、行政机关、司法机关等的组织法和程序法；其狭义，是有关城市行政组织法、程序法，含城市政府各部门的分工、职责权限、工作程序、行政纪律等内容。另一方面，它是城市政府管理公共事务的依据，亦称城市管理法，是有关管理的原则、标准、要求、方法等。

二、城市法律规范的类别

城市法律规范的类别或部门,可以从不同的角度进行多种划分。

按照城市法律规范的适用范围不同,可将它分为三类:①城乡都适用的法律规范,如宪法、刑法、民法等;②只适用于城市不适用于乡村的法律规范,如城市规划法、城市居民委员会组织法等;③只适用于特殊个别城市的法律规范,如广东省人大常委会制定的《深圳特区条例》等。

按照城市法律规范的主客体不同,可将它分为三类:①市政府自身组织管理的法律法规,如市政府组织法等;②城市公共事务管理的法律法规,如市工商行政管理条例等;③城市公民的权利和义务的法律规定,如《北京市实施<中华人民共和国集合游行示威法>办法》等。按照城市法律规范的调整对象不同,可将它分为下列若干类别或若干法律部门。

(一)城市建设管理法

人们凭借适宜的自然条件,按照一定的规划设计、建造城市以及在规划、建设过程中和城市形成之后进行相应的管理的创造性活动,这在中国统称为城市建设,简称城建,亦称为城市建设管理。城市建设管理法,是调整有关城市建设和管理特有的社会关系和社会矛盾的法律制度,是城市法制重要的组成部分。按照国务院法制局以及住房和城乡建设部的设想,将以下列法律规范构建组合为相对独立、完整的一个法律部门。

其一,城市规划法。它是调整在制定和实施城市规划、在城市规划区域内进行建设过程中的各种社会关系的行为规则。《中华人民共和国城市规划法》(简称《城市规划法》)已经于 1989 年 12 月 26 日由第七届全国人大常委会第十一次会议通过并公布,自 1990 年4 月 1 日起施行。其内容主要包括:城市规划的制定;城市新区开发和旧区改建;城市规划的实施,对违反城市规划行为法律责任的追究和制裁。同时,国务院城市规划行政主管部门和省、自治区、直辖市人大常委会将根据城市规划法分别制定实施条例和实施办法。可以预见,城市规划法的贯彻落实,必将推进中国城市规划科学技术水平的提高,促进城市建设的现代化发展。

其二,城市建设法。它是调整城市建设过程中的各种社会关系的行为规则。其适用范围,包括城市道路、公共交通、城市水资源、供水、排水、防洪、供气、供热、园林、房屋、文化娱乐等各种工程设施建设的规划、用地、勘察设计、招标、投标、施工、检查验收等方面。现行的地方性法规和规章有《北京市建设工程施工招标管理暂行办法》《北京市人民政府关于外国建筑企业在本市承包建设工程管理的暂行规定》《北京市城市建设开发企业经营管理暂行规定》《北京市建设工程承包企业经营管理暂行规定》《上海市建设工程施工招标投标管理暂行办法》《上海市城市建设规划管理条例》等。

其三,城市住宅与房产法。它是调整城市居民之间的住房关系和城市经营管理上的社会关系的行为规则的总称。其适用范围是产权管理、公房管理（包括公房的分配、租赁、修缮和公房租金的管理）、私房管理（包括一般私有房屋及私改房、代管房、宗教团体房、华侨私房和外国人私有房管理）、住宅与房产管理建设、房屋拆迁管理等。

其四，城市环境保护法。它是调整在城市环境保护中的各种社会关系的行为规则的总和。其内容包括保护自然环境和防止工矿企业、城市生活的废气、废水、废渣、粉尘、垃圾、放射性物质等有害物质和噪声、震动、恶臭等对环境的污染和危害。

（二）城市经济管理法

它是调整城市政府进行经济管理活动中各种社会经济关系的行为规则的总和。其适用范围包括工业、农业、交通运输、财政、金融、工商管理与市场物价、对外经济贸易等方面。这方面的法规是城市法律规范中内容最丰富的。仅上海市人大常委会和人民政府自1979年至1988年年底就制定了五十多件地方性法规，二百多项地方行政规章，特别是制定了中国第一部《制止不正当竞争暂行规定》。还有《上海市工业企业节约能源暂行规定》《上海市废钢铁管理办法》《上海市城市建设维护税实施细则》《上海市关于发行股票的暂行管理办法》等。

（三）城市教科文卫管理法

它是调整城市政府管理城市科技、教育、文化、卫生等工作中的社会关系的行为规则的总和。这方面的法规也日渐增多，如《上海市科学技术进步奖励规定》《上海市普及义务教育条例》《北京市新技术产业开发试验区暂行条例》《北京市经营中国字画管理暂行办法》《北京市郊区电视转播台管理暂行规定》《上海市医院实施两种医疗收费标准的暂行办法》《上海市体育场地管理办法》等。

（四）城市劳动人事管理法

它是调整城市政府管理劳动人事工作中的各种社会关系的行为规则的总和。这方面的法规，近年来随着劳动与人事分开管理，其法律规范性文件也分开制定，有《北京市劳动保护监察条例》《北京市工人技师考评和聘任暂行办法》《国营企业劳动争议处理暂行规定》《上海市国营企业实行劳动合同制的暂行规定》《上海市县级以上地方各级人民政府任免工作人员暂行办法》等。

（五）城市治安、民政管理法

它是调整城市政府在治安、民政管理中的各种社会关系的行为规则的总和。这方面的法规有《上海市对部分刀具实施管制的暂行办法》《上海市外来寄住户口管理试行办法》《上海市旅馆业治安管理暂行规定》《上海市化学危险物品安全管理办法》《北京市关于企业建立护厂队的试行办法》《北京市社会福利事业单位收养残疾人、老人收费办法》等。

（六）城市政府机关工作法

它是调整城市政府机关工作中的社会关系的行为规则的总和。这方面的法规或规定有

《北京市人民政府工作规则（试行）》及其附件一（《市政府秘书长工作规则》）、附件制二（《关于市政府会议组织工作的规定（试行）》）、附件三（《市政府办公厅值班工作度（试行）》）、附件四（《关于各部门邀请市政府领导同志参加活动的规定（试行）》）、《北京市实施〈国家行政机关公文处理办法〉的若干规定》等。

三、城市法制的作用

城市法制在城市政治系统内部、在城市政治与行政的运行过程中具有重大作用。

（一）规范市政府行为，提高政府工作效率

健全的城市法制，为市政府机关及其工作人员提供了一套科学的行为规范，以提高市政府的工作效率和工作质量。具体说，这种规范作用体现在五个方面：①使市政府工作标准化。通过具体明确的法律规定，为市政府进行工作提供一整套处理问题的标准，不至于同样的问题，由于不同人、不同地区，在处理上出现畸轻畸重、左右摇摆、宽严不一的现象。②使市政府工作科学化。通过规定科学的管理原则、方法、标准、程序，进行科学指导，弥补市政府工作人员专业科学知识的不足，把因工作人员知识不足造成的非科学因素降到最低限度。③使市政府工作有序化。通过科学系统的工作程序规定，使市政府工作按照一定程序进行。④使市政府工作廉洁化。通过廉政立法、行政纪律、专门监督，监督制约城市政府工作人员的行为，使之为政清廉。⑤使市政府工作高效化。城市法律规范中，除了规定科学的管理原则、方法、措施、程序、标准外，还规定办事的期限，简化办事手续，必然会提高工作效率。

（二）保护城市生态环境，改善城市生活环境

城市社区与环境中，影响人类生存和发展的各种天然的和经过人工改造的自然因素，如大气、水体、土地、风景等，存在着一种共生平衡的关系。社区的居民若只单纯追求自身利益，而忽视与环境的共生关系，其结果必然造成资源的枯竭、环境的恶化。

城市规划建设和环境保护的法律，对城市人口和生产力、建筑物和道路等的空间结构布局，都做了符合城市生态要求的明确规定，对人们追求短视的私利行为，也做了严格限制。当这些法律制度得以严格地执行和遵守，城市的生态环境就得到了保护，城市的生活环境也就得到了改善。

（三）指导个人和组织的行为，维护城市社会秩序

城市社会有机体的生存和发展，不仅取决于它与自然环境之间良好的平衡共生关系，而且还取决于社会机体内部协调的人际关系。这就要求一个共同遵循的社会行为规范，指导和约束城市中的个体和群体的行为，使其按照符合共同利益的原则活动。城市法制就是这样一种规范和社会约束机制，它维护着正常的工作、生活、教学、科研、经济、交易等社会秩序。

（四）调整市民与政府关系，保护公民合法权益

城市政府和城市法制共同执行着保护公民合法权益的职能。但在现实生活中，往往出现城市政府及其工作人员侵犯公民权利的情况。这种情况一旦出现，城市政府自身往往难以做出公正的判断和处理。这就需要通过法制的轨道来解决。和市政府发生关系的公民，不仅有本市公民，也有外地甚至国外公民，国内外市政法律中都有保护这些公民权利的条款或专门的法典。此类法律规范主要包括公民权利的内容、侵权行为的标准及处理、公民诉讼程序等。1989 年 4 月 4 日全国人大通过的《中华人民共和国行政诉讼法》（简称《行政诉讼法》）规定，公民、法人和其他组织认为国家行政机关及其行政工作人员的具体行政行为侵犯其合法权益，可以依法向人民法院提起诉讼。

第二节　城市法制建设的内容

一、城市法制建设的基本要求

法制包括立法、执法、守法三个基本环节。城市法制建设也必须从这三个基本环节入手，建立和健全城市的法律体系，有效地组织实施，并使城市的党政机关、企事业单位、社会团体和全体公民严格遵守，做到有法可依、有法必依、执法必严、违法必究，实现依法治市。这就是城市法制建设的基本要求。

（一）有法可依

有法可依是指国家和城市应高度重视和加强城市立法工作，根据城市建设和管理的需要，逐步地、及时地制定完备的城市法律规范，使各项事业和活动有所遵循。没有法律固然谈不上法制，法律不完备，法制也不可能健全。因此，有法可依是城市法制建设的前提。

（二）有法必依

有法必依是指普遍守法，即城市里的一切国家机关、社会组织和公民，在自己的活动中，必须严格遵守和执行城市的法律规范，依法办事。这是健全城市法制的关键。

（三）执法必严

执法必严是指市行政机关、司法机关及其工作人员，都必须严格、严肃、严明地执行法律，切实地依照法律规定的内容、精神和程序办事，认真负责地维护法律的尊严和权威性。这是维护城市法制尊严的要害。

（四）违法必究

违法必究是指对一切违法犯罪行为都必须依法平等地予以追究和制裁，任何组织和个人都不能例外，绝不允许任何人凌驾于法律之上享有法律规定以外的特权，更不允许国家

公职人员执法犯法而逍遥法外。这是市政法制的保障。

二、加强城市立法

城市立法有两种基本含义：一是指全国人大及其常委会和国务院就城市的政治、经济、规划、建设及教科文卫等方面的问题，制定专门法律、法规、规章的活动；二是指依照法律规定享有立法权的城市，根据其市情和需求，依照法律规定和法律程序而制定、颁布实施于本行政区域的地方性法规或地方行政规章的活动。

这里所讲的城市立法，是指后一种含义上的立法。其特征有四：必须由享有立法权的城市行使；必须依照一定的法律程序；不得与宪法、法律和上一级立法、行政机关的法律、法规、决议、命令相抵触；只能实施于本行政区域内。依此，本书着重阐述下列五个方面的问题。

（一）城市的立法权限

根据中国宪法和地方组织法的规定，城市享有的立法权限为：

其一，制定地方性法规的权力。根据《宪法》第100条的规定：直辖市的人大及其常委会，在不同宪法、法律、行政法规相抵触的前提下，可以制定地方性法规，报全国人大常委会备案；按照《地方各级人民代表大会和地方各级人民政府组织法》的有关规定，同时报国务院备案。根据《地方各级人民代表大会和地方各级人民政府组织法》第7条和第38条规定：省、自治区的人民政府所在地的市和经国务院批准的较大的市的人大及其常委会根据本市的具体情况和实际需要，在不同宪法、法律、行政法规和本省、自治区的地方性法规相抵触的前提下，可以制定地方性法规，报省、自治区的人大常委会批准后施行，并由省、自治区的人大常委会报全国人大常委会和国务院备案。

其二，制定地方行政规章的权力。根据《地方各级人民代表大会和地方各级人民政府组织法》第51条规定，直辖市以及省、自治区的人民政府所在地的县和经国务院批准的较大的市的人民政府，可以根据法律和国务院的行政法规，制定规章。

其三，规定行政措施及发布决定和命令的权力。根据《宪法》第107条及《地方各级人民代表大会和地方各级人民政府组织法》第51条规定：县以上地方各级人民政府有权规定行政措施，发布决定和命令。由于中国城市的最低行政层级是县级，因而，中国所有城市都享有这一立法权。

1978年以来，国务院先后批准了14个计划单列城市，14个沿海开放城市，4个经济特区城市，再加上1987年起海南省，72个经济体制改革试点城市，在不同程度上扩大了城市的管理权限，也相应地扩大了立法权。

（二）城市的立法原则

城市的立法工作必须遵循一定的原则，不能随意进行，否则就会造成混乱。市人大及其常委会和市政府在立法过程必须遵循和坚持的原则是：

其一，法制统一原则。城市立法必须在宪法和法律规定的职责范围里履行，不得超越宪法和法律的规定，在内容上不能与宪法、法律和行政法规相抵触。同时，城市法律规范体系内部，不同部门之间在不同时间起草、制定的法规、规章，要注意协调一致，不能自相矛盾，造成执行上的困难。

其二，完整配套原则。城市立法的内容要完整，做到每个法规、规章都有法律或政策依据，有主管机关，适用范围明确等。有关的各种法规、规章、实施细则等，要相互衔接，配套出台。

其三，具体严密原则。城市立法都是针对具体问题的，要求在立法技术上不宜过多使用"弹性"条款，条文内容要尽量具体实在，有数量标准，便于执行和操作。文字要简明、准确、严密，避免过于笼统和易于产生歧义的措词。

其四，恪守程序原则。法律对城市地方性法规和城市行政规章两类地方法律文件，都规定了严格的制定程序。市人大和市政府在立法过程中，必须严格遵守法定的立法程序。这既是保障法律严肃性的需要，也是法律有效性的一个重要标志。

（三）城市的立法程序

立法程序通常包括立法建议的提出、法规草案的起草、法规草案的审议修改、法规的通过及其发布四个阶段。由于城市立法包含有市人民政府做出的决定和命令，因而在其程序的具体做法上略有差异。

中国城市的立法过程，在实际工作中通常是：

（1）提出。由市人民政府法制局（有少数市称经济法规中心，有的市称法制办公室或法制处）提出五年或年度的立法规划，经市政府办公会议讨论通过，并报市人大常委会备案。

（2）起草。市人民政府经济法规研究中心或市政府办公厅法制局（处）负责调研，草拟法规，召集有关部门进行讨论修改。

（3）审议。根据法规的级别不同，由市人民政府常务会议或市人大及其常委会讨论、审议、修改。

（4）通过。市人民政府常务会议或市人大或市人大常委会通过法案，并公布实施。

（四）城市的立法重点

城市立法务必适应改革开放、治理整顿的需要，突出城市规划、城市建设、城市管理的重点，急需的先立、快立，力求及时地起到推动和加强城市管理工作的作用。

当前在城市立法活动中需要建立健全的有三个方面的内容：

一是城市建设法律体系，包括城市规划立法、市政管理立法、住宅立法等；

二是城市经济法律体系，包括城市生产单位的联营和技术协作、节能和经济效益，鼓励和保护正当竞争，稳定市场物价等；

三是城市环境保护和治理法律体系，包括城市生活环境和生态环境的保护，园林建筑保护等。

（五）城市法规规章的清理

市政府的法制局，应该根据国务院公布的明令废止和宣布失效的法规目录，以及本市法规制定情况，经常对现行法规规章进行检查清理，该废止或自行失效的，要明令废止或宣布失效，同时做好现行法规、规章的汇编工作。

三、严格城市执法

立法贵在执行，执法不严等于无法，甚至比无法还有害。城市执法由行政执法和司法执法两部分组成。

（一）城市各级行政机关严格执法

城市各级政府及其工作部门，在具体的行政活动中，必须严格按照有关的法律、法规、规章执行任务，即依法行政。严格执法是城市法制建设的基本环节和关键工程，首要的是城市政府行政机关对法律的执行。尤其随着《行政诉讼法》的施行，市国家行政机关的具体行政行为若侵犯了公民、法人和其他组织的人身权和财产权等合法权益，就可能成为被告，与作为原告的公民、法人或其他组织，以平等身份出庭应诉，接受司法审判，并可能承担诸如赔偿等相应的法律后果。这无疑对市行政机关依法行政、依法治市要求更高了。这要求行政行为要有法可依，行政管理手段要有相应的法律依据等。为此，当前应抓好以下几个方面：

其一，增强领导的法制观念。执行法律和整个城市法制建设一样，关键在领导。各级各类市政领导应该清醒地认识到：严格行政执法是改革开放和治理整顿的需要，是发展有社会主义市场经济的需要，是提高政府效率和管理社会事务的需要，一言以蔽之，是增强党政领导机关在人民群众中的威信、取信于民的需要。增强领导法制观念，不仅要对各级领导进行法制教育，还要建立严格的责任制，使城市各级领导同志真正重视起来。

其二，雷厉风行，执法如山。执法疲软现象是中国城市行政执法中特有的现象。法律制定了不严肃执行，该罚不罚，该管不管，当重罚轻，大事化小、小事化了，在当前中国行政管理活动中尤为突出。法律对一些人来说是约束，但对整个国家的发展和人民根本的利益是保证。例如，环境保护法对大气的成分有具体规定，这从总体上说，对人民的身体健康和保证法制建设大有好处，但严格按规定执行，就会使一些工厂搬迁、停工整顿或转产。因此，严格执法可能会伤害一些人，损失一些经济利益。但是如果不严肃执行，人们就会误认为这是可执行可不执行的，最后就不执行了。因此，严格城市执法就必须坚决克服执法疲软现象，铁面无私、执法如山、雷厉风行。只有这样才能维护城市法律的尊严。

其三，跟踪监督检查。市人大或市政府的法规、规章颁布以后，要经常进行监督检查，建立日常执法检查工作制度，区、县政府主管部门对法规规章的执行情况要组织自查，边查边改。新法规、规章施行半年后，主管部门要进行一次全面检查，向市政府报告执行情况。在检查监督中还要充分发挥市政府监察机关执法监察的职能，市监察局要定期对各职能部门贯彻执行法规、规章的情况进行检查，在向市政府报告的同时，向有关部门提出监察建议，督促其履行职责。

其四，建立执法工作目标责任制。要把抓好执法工作作为领导者的一项责任，层层制定执法工作目标责任制，使执法工作逐步走向制度化、规范化。只有这样，才能从制度上保证法律的执行有人抓、有人管、经常抓、经常管。

（二）城市各级司法部门严格执法

它是指城市的法院、检察院，依据法律规定，对各种违法犯罪行为所进行的制裁处罚活动，是城市人民法院、人民检察院在国家宪法和法律规定的职权范围内，按照法定程序，具体依法对刑事案件、民事案件、经济案件和行政案件等进行审判和处理的专门活动。

城市司法部门的执法活动，所执行的是国家的基本法律，如民法、刑法、经济法、行政诉讼法等，它是一种被动的执法形式，只有在具体的刑事、民事等案件发生后才能引起。它是城市行政执法的后盾和重要补充，二者相辅相成。严格城市各级司法部门的执法活动是城市法制建设的重要内容。

四、增强市民的法律意识

公民普遍守法是城市法制建设的重要任务。深入进行普法教育，培养公民的法律意识，增强人民的法制观念，使广大市民成为法律的主人，使法律成为人民手中的工具，是市民自觉守法、维护法律尊严的前提。

当前对市民的法制教育应当做好两方面的工作：

一方面，在公民中继续普及法律常识的工作。1985 年 11 月 22 日第六届全国人大常委会通过了《关于在公民中普及法律常识的决议》，其中规定：从 1986 年起，争取用五年左右时间，有计划、有步骤地在一切有接受教育能力的公民中，普遍进行一次普及法律常识的教育，并且逐步做到制度化、经常化。普及法律常识的基本内容是：中国的宪法、刑法、刑事诉讼法、民事诉讼法（试行）、婚姻法、继承法、经济合同法、兵役法、治安管理处罚条例以及其他与广大公民有密切关系的法律常识。在城市的各级党委和政府的统一领导下，由党委宣传部门和司法部门主管，组织公安机关、检察机关、法院（简称公检法），工青妇、文化、教育、新闻、出版、工业、农业、交通、财贸等各部门通力合作。普及法律常识的步骤分为准备阶段、实施阶段、总结考核阶段。目前在城市公民中普及法律常识的工作已基本结束，今后要继续抓好经常性的法律普及教育，使之制度化、经常化。

另一方面，及时宣传城市管理的行政法规、地方性法规和行政规章。对于城市公民来说，仅仅了解基本法律常识是不够的，还必须了解与他们工作生活息息相关的城市管理法规、规章。例如，《城市节约用水规定》《市容环境卫生条例》《道路交通管理条例》《禁止随地吐痰的规定》等，必须被及时地进行广泛的宣传。城市政府的领导人、法制工作机构和各主管部门应通力合作，做好法规、规章的宣传工作。凡需广大市民和企、事业单位共同遵守的新法规、规章，均应争取新闻单位的支持，在城市的报纸上全文发表，在市电台和电视台全文播发，其他法规、规章摘发、摘播；将本市新法规、规章及时编入《最新法规专辑》公开发行，同时把与市民生活密切相关的行政法规和本市的法规、规章进行整理摘编，编辑出版《市民办事指南》《市民必备》等小册子，务使广大群众都能见到。重要的法规、规章，主管领导同志要亲自上电视台、电台宣讲。各主管部门和大型企事业单位要经常进行多种形式的法规宣传活动，力争做到家喻户晓，人人皆知。

第三节 城市综合执法

一、城市执法管理模式及其问题

中国现行的行政执法体制，仍囿于计划经济体制的窠臼，其主要特征是执法主体部门化、多元化。行政立法和行政执法带有明显的部门倾向，往往出台一部法律、法规，就要设立一支执法队伍。行政执法权划分过细、执法机构林立，各部门分散执法，执法职能交叉，行政处罚权分散，实践中经常出现重复和多头的执法或发生执法空档的问题，这在行政事务相对复杂的城市管理领域尤甚。这种执法管理模式被称为"条条"管理，即法律法规所确立的各种类型的执法行为都指定由一个具体的政府部门来实施，如行政许可、行政征收、行政检查、行政处罚等，造成了多头执法、重复执法、执法软弱、执法扰民（胡乱收费、随意处罚），或推诿扯皮、执法主体不明确等问题。在城市管理领域，"一条马路几家管，一件违章多家罚"可谓司空见惯。

城市管理是一个涉及众多执法部门的领域，归纳起来主要有七个方面：市容环境卫生管理、城市规划管理、市政管理、园林绿化管理、环境保护、工商行政管理、公安交通管理。由于执法机构分立，条条分割，各管一摊，在实践中，管市容的不管破坏绿化的，管破坏绿化的不管违章建设，管违章建设的不管街头无照摆摊，由于职能交叉，责任不清，有好处的事争着管，没有好处的事互相推诿扯皮，造成执法效率低下。结果，只能靠市长、区长协调，搞集中整治，打突击战，好了几天后又旧景重现，形成"乱了治、治了乱"的怪圈。近年来经济社会的快速发展，对城市管理的要求越来越高，城市管理执法方式也随之不断调整，经历了从专业执法到委托执法继而再到联合执法等一系列变革。这些都为城市的繁荣和稳定起到了积极作用。但是，面对着城市发展，现有的执法管理模式还存在不少问题。

1. 职权交叉，相互扯皮，城市管理责任难以落实

当前，城市管理体制不顺在中国是普遍的问题。其管理机构在国家是住房和城乡建设部，到省里是建设厅，而在地方，则分成城管、环管、规划、市政、园林、建工、房管等若干个职能部门。在具体操作中，涉及城市管理工作的还有公安、工商、交通、卫生、环保等其他系统的主管部门。由于相关部门众多，职权交叉，责任分散，造成城市管理责任主体不明，责任追究机制难以形成，工作缺乏相应压力。同时，受本位观念影响和利益驱动，有些部门往往画地为牢，忙于自己的"主业"，而忽视了其他一些应该履行的职责。由于工作侧重点不同、着力点不同，各忙各的，加上缺乏自上而下的有机协调，其步调很难一致，"齐抓共管"很难真正有效落实。

2. 重复执法，多头收费，群众合法利益难以维护

由于重复执法、多头收费，或互相推托、放任不管，一方面造成管理资源的浪费和行政执法效率的低下；另一方面，使一些行政相对人，尤其是无证摊主认为向政府缴纳了费用就"合法"了，堂而皇之地占道经营，给查处违法行为带来严重阻力，致使一些违法违章现象长期存在，极大地损害了群众的合法利益。

3. 条块分割，政令不畅，政府工作难以贯彻到底

为了加强城市市容管理，各地多数采取了"统一领导，分级负责，条块结合，以块为主"的管理模式。这种传统的城市管理体制，是城市管理的初级形式，在一定时期起到了积极作用。但是，就目前情况看它至少存在两大问题：一是"条条"指挥不动"块块"，很难实现有机"结合"；二是"块块"管理的不统一性和无序性，难以规范城市管理行为。

4. 投入不足，忽视管理，执法水平和队伍素质难以提高

现有城市管理执法队伍，其人员来源多样，文化水平普遍偏低，名为执法队员，但缺乏相应的法律素养，身处执法岗位，多数将其看做谋生手段，责任意识淡薄。

5. 联合执法不具备执法主体资格

为了改变多头执法的不良状况，中国许多城市都采取了在城市管理领域实行建管分离、联合执法的办法。即成立城市综合管理办公室，专司城市管理事务，并从有关部门抽调人员组成联合执法队伍，代表各自部门分别对各种违法行为进行检查处罚，收到明显效果。但这种联合执法仅属于一种工作方式，并不具备执法主体资格，不能承担法律责任，不符合《行政诉讼法》的规范。

二、城市综合执法及其意义

1996 年，全国人大八届四次会议出台了《中华人民共和国行政处罚法》（简称《行政处罚法》）。该法第 16 条规定："国务院或者经国务院授权的省、自治区、直辖市人民政府可以决定一个行政机关行使有关行政机关的行政处罚权，但限制人身自由的行政处罚权

只能由公安机关行使。"这是中国首次以法律的形式确认相对集中的行政处罚权,从而为中国的行政执法体制改革提供了法律依据,也为在城市管理领域确立新的行政执法体制奠定了法律基础。

所谓城市综合执法,是指一个行政机关或具有公共事务管理职能的组织根据一定的法律程序,按照国务院授权的执法范围,相对集中行使市容市貌、环境卫生、园林绿化、市政道路、规划建设、公安交通、工商摊贩管理等多部门全部或部分行政处罚权的一种行政执法制度,其涉及的是以市容市貌管理为主要内容的行政执法。城市综合执法的范畴所涉及的领域是以城管、城建为基础的跨行业综合,即城市建设和管理系统的市容市貌、环境卫生、市政工程、环境保护、园林绿化、规划建设、房屋土地、城市公用等专业执法资源全部或部分集中,此外,对跨行业,涉及工商、公安管辖的无证设摊、易地经营、占路堆物、静态交通管理等违法行为,适度集中其对应的部分或者全部行政处罚权。城市管理综合执法的核心,是由经过国家有关机关批准成立的综合执法组织根据有关法律规定,集中行使城市过去若干个执法部门的行政处罚权,对公民、法人和其他组织遵守城市管理方面法律法规的情况进行监督检查,并对违法行为进行处罚。它有两个特点:一是城市管理综合执法组织具有独立的执法主体地位。它完全不同于过去的联合执法,也不是几个行政执法部门的简单联合。而是根据政府机构改革的要求,按照精简、统一、效能的原则,经有关国家机关批准组建的集中行使行政处罚权的组织,是同级政府在城市管理方面的一个综合执法机关。城市综合执法是城市管理执法体制、行政体制改革的重大举措,是提高行政执法水平、效率,降低成本,建立精简、统一、高效行政执法体制的有效途径,是维护人民合法利益、促进依法治市的重要组成部分。它体现了以民为本、依法行政和文明执法的法治观念,树立了政府和执法人员的新形象。这是国家对现行行政管理体制的重大改革。

实行城市管理相对集中行政处罚权制度,对于解决城市行政管理中长期存在的多头执法、职权交叉重复和行政执法机构膨胀等问题,提高行政执法水平和效率,降低行政执法成本,建立"精简、统一、效能"的城市行政管理体制,具有十分重要的意义。

(1)实行城市管理综合执法,有利于明确职责,加大力度营造整洁有序的市容环境。城市管理实行综合执法后,有关城市管理主要方面的行政执法内容,诸如市容环境卫生管理、城市规划管理、市政公用设施管理、园林绿化管理、户外广告和无证商贩管理、环境噪音管理、交通道路管理等,都依法相对集中于一个行政机关管理执法。

(2)实行城市管理综合执法,有利于政令畅通,有效接受社会监督和保护群众利益。现代城市管理是政府履行职能、营造良好投资环境和人居环境、为市民百姓造福的系统工程。机构重叠、职能交叉、职责不清、互相扯皮、政令不畅、相互内耗,必然导致人浮于事,甚至玩权弄法、滋生腐败,严重影响政府威信。实行城市管理综合执法,一方面可精简机构,减少环节,上下协调,政令畅通;另一方面由于一队多能,必然大幅度减少行政开支,使政府以较小投入获得最大化和最优化的社会效益。

（3）实施城市管理综合执法，有利于建立一支高素质的城市管理队伍，树立良好的政府形象。实行综合执法，首先保证了执法队伍的相对稳定。综合执法既符合行政执法人员应该具备公务员资格的法律要求，而且通过重新组建、择优录用，也把素质低、形象差的聘用人员拒之于综合执法队伍之外，把好了人员"进门关"，保证了队伍的高起点、正规化建设。其次，有利于对城市管理综合执法队伍的统一教育、培训、考核等日常管理。实行综合执法，不仅能够统一对人、财、物的管理，更重要的是对整个队伍可以从能力、素质、纪律、作风等方面全方位培训管理，提高队伍的战斗力，树立有法必依、执法必严、违法必究的城市管理执法队伍的良好社会形象，这也是政府形象的重要部分。

三、城市管理综合执法的关键

通过多年的试运行，全国城市管理综合执法工作取得了初步成效：一是解决了城市管理中多头执法、重复执法、执法扰民和执法主体不明确等问题，提高了行政执法的效率和力度；二是形成了新的行政执法机制，在一定范围内实现了审批权与监督处罚权的适度分离，逐步建立起了适应社会主义市场经济体制，保证政令畅通、协调统一、调控有力的行政执法体制。实践表明，实施城市管理综合执法应当解决以下关键问题：

1.要更新观念，敢于打破旧的模式

现代城市的高速发展，其集聚效应和强大的辐射功能，已使其成为一个国家或地区经济的重心、现代社会的窗口。如何管好现代城市，已成为当代社会的共同课题。多年来，人们习惯于任何一项工作都由政府牵头、数个部门共同完成，其实，城市管理是最具地方特色、驰骋空间最大、最富创造性，最能体现城市政府素质、水平和效率的一项工作。城市管理得好不好，不在于有没有对口的上级主管部门，不在于有没有标准模式，关键在于各级领导要充分认识到改造城市环境就是发展生产力，认识到提高城市现代化管理水平是摆在我们面前必须解决的历史性课题，像重视抓城市建设那样抓城市管理，争取尽早实施城市管理综合执法。

2.加强地方立法，使集中行使行政处罚权有法可依

《行政处罚法》第16条的规定，使城市管理实施综合执法有了法律可能性，即如果经过批准，可将有关城市管理相关部门如市容环境卫生管理部门、城市规划管理部门、城市绿化管理部门、工商行政管理部门、环境保护管理部门、市政道路管理部门、公安交通管理部门等实施的有关与城市市容管理密切相关的行政处罚权交由一个行政执法机关行使。但是，具体怎么实施，如何妥善处理综合执法部门与原相关部门的业务关系，还必须依法制定关于综合执法的地方性法规或政府规章，使城市管理集中行使行政处罚权做到有法可依。

3.加强组织建设

《行政处罚法》第16条的授权，意味着可由现有的行政机关承担综合性的执法职能，其他有关部门的执法权发生转移；也可以按政府组织法成立一个新的机关，专门行使行政处罚的综合执法权。目前，在实践中多采取第二种方式，经批准组建一个独立的职能部门，列入行政编制序列，财政全额拨付经费，明确职能、内设机构、人员编制，从而使综合执法主体的身份合法化。

4.以人为本，重组一支廉洁、勤政、务实、高效的城市管理执法队伍

公共行政是高度职业化、专门化的活动，综合执法机关集中了若干传统行政部门的行政处罚权，公务员的行政素质必须达到相应的专业、行政经验和行政伦理要求，应当与对公务员法律的普遍实施相结合，实行持续有效的培训和管理。目前，各地从事市容和环境卫生管理工作的有相关的许多个部门，他们都在执行本系统的有关法律法规，并建有各自独立的执法队伍。实施综合执法，并非将这些队伍人员机械地合并、拼凑成为一支综合执法队伍，而是需要建立一支能胜任整个城市市容环境卫生管理执法的、善于协调和处理方方面面矛盾、具有执法主体资格、能最大限度发挥其综合执法效益的队伍。

5.加强配套制度建设

公告公开是法治国家的基本原则。公共权力机关的设立、组成、职能、执法依据、执法程序、职员岗位等应当合法化、公开化。成立综合执法机关，应当对外公告法律依据、批准程序、成立决定等，否则属于不合法。

城市管理领域相对集中行政处罚权的行政综合执法改革还在进行中，按行业划界的管理模式依旧存在，通过行政综合执法改革集中部分行政职权，只是前进了一步。这只是行政处罚权的统一，还不是综合执法改革的理想成果。但是，无论如何，相对集中行使行政处罚权，实行城市管理综合执法，是时代的呼唤，是城市管理迈人现代化、法制化轨道的有效途径，它必将推进城市长效管理，有效发挥城市功能，使城市真正成为承载现代文明的"美的空间、人的乐园"。

第五章 现代城市规划及实施管理

　　城市是人类文明的载体，同时也是国家和地区社会经济发展中心，是增长极。现代城市是一个多功能、社会化的有机综合体，是一个高度复杂的动态大系统。城市内部功能、结构的合理化迫切需要城市规划的引导，城市建设本身不可能自发地朝着可持续方向健康有序发展。因此，城市规划是城市复杂系统运转、创造良好的人居环境的根本保障，否则，将严重阻碍国家与地区社会经济的发展。科学合理的城市规划能为国家与地区的建设带来巨大的综合效益。

　　城市规划具有指导和规范城市建设的重要作用，担负着合理利用城市土地、协调城市空间布局和各项建设，发挥城市整体优化功能和效益的使命。促进城市土地资源的合理配置、确定城市公共物品的提供、推动城市经济的发展、降低城市土地利用的交易费用、减少城市土地管理中的寻租行为是城市规划及其管理的主要制度作用。1989年年底中国颁布的《城市规划法》，是中国城市建设管理方面的一部重要法律。随着社会主义市场经济体制的建立，中国城市政府正在把城市建设作为首要的职能。而城市规划是城市建设的龙头，科学、求实和法制化的城市规划及其管理，对城市建设起主导作用。由此可见，城市规划及其管理是城市政府的重要职责，对于市政府工作和城市发展，具有决定性意义。

第一节 城市规划概述

一、城市规划的由来

（一）第一代城市规划的理念——城市规划脱胎于建筑学

　　城市规划是伴随着城市的产生而出现的，它是人们把自然环境改造为以人工环境为主体的城市环境的一种有效手段。早期的城市规划源于人类对自然环境的改造，是在大量的城市物质形体建设规划基础上发展演变而来的。

　　早在奴隶制社会，很多城市的布点及其建设和发展就具有一定的规划意图，如古埃及的卡洪城，西亚的巴比伦城，希腊的米列都城，古罗马城，中国的商、周都城等。中国商代先后形成的两个都城和周王城，都有整齐的道路系统和规划的城市布局。周初为选城址，进行了大量的规划，曾绘制洛阳一带的地图。这就是最早的城市规划图。

中世纪的封建社会，以中国为典型代表，明、清两代的北京城和一些地方的封建统治中心（省会、府、州、县等），都是在一定规划设计下发展起来的。例如，唐长安城，人口最多时达到 100 万人左右，城市布局严谨、浑然一体，皇城居中偏北，东、南、西为居住坊里，由南北、东西向道路组成整齐的方格式道路系统。在这一时期，从建筑角度以注重城市物质形体特征的城市规划思想已经成型。近代城市规划始于法国。17 世纪，路易十四在法国巴黎城郊采用轴线对称放射式的布局建造了凡尔赛宫，使城市形象发生了根本的改变，虽也掩盖了城市发展中的深层次疾病，但这使人们普遍认识到了物质形体规划在改造城市形象与面貌方面的重要作用。由此，学界一般认为，这一时期是城市规划的萌芽阶段，源于建筑学的物质形体规划等同于早期的城市规划，形成了古典主义的形体规划思想。

（二）第二代城市规划理念——城市规划的整体观

18 世纪中叶发端于英国的工业革命不仅使工场手工业实现了向机器生产的飞跃，而且改造了各部门经济的活动手段和生产方式，改变了产业结构的传统模式，世界由此进入了工业化、城市化时代。工业化在城市中创造了许多的就业机会，引起城市内容与形式的转变，带来了物质文明的空前繁荣，使城市的资源利用率大幅度提高，城市迅速扩展，极大地丰富了城市居民的物质文化生活，加速了城市的发展，但同时也带来了各种复杂的社会矛盾，导致住房短缺、交通拥挤、环境污染、穷人恶劣的居住环境及由此而来的城市病等。以 18 世纪末和 19 世纪初的英国为例，其城市人口死亡率远远高于其他地区，这一现象给了当时政府很大的压力，并导致了政府对市场的首次干预，采用卫生法、建筑法等来规范社会行为。与此同时，一些社会改革家们也纷纷发起运动以改变穷人恶劣的居住环境。在此背景下，人们进一步认识到物质文明不是改善城市环境的根本手段，相反更进一步加剧了城市的弊病。从而使众多学者从开始城市环境角度探讨城市规划的本质与内容。现代城市规划从单纯的物质形体规划中脱颖而出，着手解决城市中的种种弊病，产生了诸如霍华德的"田园城市"规划思想以及沙里宁的"有机疏散理论"，开始把城市看做一个统一的整体，即把包括物质与社会诸要素、人与自然的融合作为规划思想的基本点，首次动摇了物质形体规划建设等同于城市规划建设的基本思想，现代城市规划的整体观形成。

需要指出的是：现代城市规划的创始者本质上是一群社会改革家，虽然他们当时关注的是物质空间环境问题，但其思想的核心却是社会公正。发生在 20 世纪 20-30 年代的西方经济危机再次证明了自由放任的市场经济的负面影响，说明了政府有必要采取措施来管理控制缺乏理性的市场，在这样的思潮下，城市规划被认为是一种防止市场失效、促进经济发展的工具。

（三）第三代城市规划的理念—城市规划扩展到社会经济等宏观规划领域

城市规划的真正成熟是在第二次世界大战以后。第二次世界大战后的欧洲面临着战后重建和发展问题，凯恩斯主义所主张的国家全面干预经济的思想，成为第二次世界大战后许多西方政府制定经济政策的指南。而当时社会政策的制定也同样信奉社会干预。

这样的社会环境为城市规划的发展创造了良好的土壤。英国 1947 年城乡规划法也正是在这样的背景下应运而生的。它将制定城市规划与建设管理两种职能集于城市规划当局一身，强调严格的规划许可制度，并通过财政资助和授权使地方当局拥有强有力的土地征用能力和干预城市建设的能力。需要指出的是：英国 1947 年城乡规划法影响甚广，超出了英国及其殖民地范围，成为西方城市规划发展史上一个重要的里程碑。

第二次世界大战以后的科学技术方面的发展变化是：随着系统分析、政策科学和社会物理等学科的发展，世界城市科学发展呈现综合化趋势，科学规划和技术推理成了进步和发展的同义词，逐步推进了第二次世界大战后第三代城市规划的形成。以帕克为代表的学者在综合分析城市社会、经济、环境等一系列弊病的基础上，首次将生态学基本理论应用于城市社会，构建了城市人类生态学理论思想体系，把城市看做为一个社会、经济、文化等构成的综合实体，是自然而且尤其是人类属性的产物。这样的城市不再是简单人工建筑的堆积，而是伴随人类活动脉搏跳动而进行新陈代谢的有机整体，从而城市规划的理念必然要从物质形体规划扩展到社会经济等宏观规划领域。

可见，现代城市规划以城市中的自然、社会、经济、政治和法规等问题为研究对象，从宏观的社会经济角度、整体角度出发，用社会理性干预人类的行为，调配社会资源，构筑城市空间环境，引导城市健康快速发展。它在城市自然资源持续利用、社会资源合理分配、群体利益妥善协调等方面起着极其重要的作用。

二、城市规划的作用

（一）宏观层面上看，城市规划具有的基本作用

（1）城市规划是经济建设与城市建设的结合体，它从城市建设上保障经济建设的发展。城市规划和城市建设的龙头是城市性质，即城市的主要职能或主导产业。经济计划和经济建设的核心是产业结构，即确定主导产业及其与辅助产业的关系。经济计划和经济建设从质量、数量和效益等方面安排主导产业和辅助产业；城市规划和城市建设从用地、建筑和区域等方面布局主导产业和辅助产业。不仅如此，主导产业和辅助产业的生产都离不开基础设施，而基础设施的部署和建造，是城市规划和城市建设重要的组成部分。

（2）城市规划是城市发展的蓝图，它指明城市的性质、发展目标和发展规模。城市规划根据国家的生产力布局等确定城市的主导产业，根据主导产业的需要配置辅助产业；再根据产业规模确定城市的人口规模和用地规模；进一步根据产业、人口和用地的规模，配置基础设施。科学的城市规划，有利于提高城市的综合效益，减少城市各种资源的浪费。

（3）城市规划是用地和建筑的规范，它调控个别和城市整体的土地和建筑的空间关系。

城市规划是城市政府的规划部门审批城市用地和建筑的法律依据。它处理城市整体的、区域的和个别的用地、建筑之间的效益关系，并塑造城市平面和立体的形象。

（4）城市规划是市民生活质量的卫士，并通过指导产业设施、基础设施和生活设施的建设，提高市民的生活水平。公共绿地、道路、居民的住房阳光权利和住宅区的其他公共服务设施，是市民生活质量的基本保障，城市政府的规划部门有职责制止和处罚各种损害上述市民生活质量保障的行为。随着生产力和城市现代化的发展，城市规划部门还有职责规划和指导建设图书馆、公共体育场地和设施、森林公园、博物馆和美术馆等，满足市民日益增长的物质文化生活的需求。

（二）从微观层面上看，城市规划具有的制度作用

在中国现行的城市土地管理制度下，城市规划不只是提供技术服务，还具有以下制度作用。

1. 促进城市土地资源的合理配置

城市规划从宏观和微观两个层面来参与城市土地的配置。首先，在总体规划阶段对城市土地利用进行宏观层次的配置，确定了城市不同区域的功能和土地利用的主要方向；其次，详细规划阶段则从微观的角度对具体地块的土地用途、容积率等做出规定，进一步明确土地配置的具体内容。城市规划促进城市土地资源的合理配置，还表现在产业发展在城市空间的合理布局。城市土地因为其能够带来巨大的经济效益，从而显得比其他地域的土地更加稀缺。在城市，不同区域、不同地段的土地也具有不同的投资收益，对应不同的投资收益存在着不同的土地价格（地租），而对应于不同的土地成本的则是不同产业分布。城市土地利用的内部结构要求城市规划按照经济利益的原则来安排产业在城市空间的布局，并按照这个原则来调整原有的城市土地利用空间结构，达到合理配置，使城市土地充分发挥其经济效益，促进城市产业发展、经济的增长。另外，城市规划还要确定城市公共性用地和商业性用地的比例和位置，使其合理配置，促进城市环境保护、城市功能完善和城市经济发展的协调，达到城市可持续发展的目的。在城市的各个发展阶段，由于发展目标迥异，往往对城市土地利用也有不同的方向，而土地利用开发成本大，年限长，一经开发使用就不易更改。因此，预测未来城市发展方向，预留城市发展空间，保持城市发展的弹性，也是城市规划的主要任务和目的。

2. 确定城市公共物品的提供

根据资金来源和使用中的排他性可以将社会经济生活中的各种物品分为公共物品和私人物品两种类型。公共物品可定义为：个人消费这些物品或享受服务不会有损其他任何人的消费，不具有排他性和收费困难的物品往往就是公共物品。由于私人提供公共物品存在收费困难、"搭便车"现象严重等问题，因而在当今世界上，公共物品多由政府提供。但在实际生活中，公共物品和私人物品的划分并不是绝对的，许多物品兼具两类性，因此每一个消费者都会强调物品的公共特性,为私人消费提供公家补贴。城市是提供公共物品最多、最集中的区域,如城市交通设施、公园、市政管网、博物馆、义务制学校等,只有在政府提供这些公共物品的前提下,城市功能才能正常发挥。但是,从财政能力以及公平性的角度出发,政府不可能提供消费者认为的所有的公共物品,如何确定公共物品与私人物品的界限,如何配置公共物品成为政府部门的主要工作。城市规划制度的设计在这一方面发挥了重要的作用。城市公共物品的配置最终应落实在土地使用这一层面上,城市规划部门通过对各类城市设施的服务对象和性质的分析来判定该类城市设施是属于公共物品还是私人物品,以确定投资主体,减少"搭便车"现象的发生,为政府投资公共物品提供依据。

3. 推动城市经济的发展

城市规划在制定、实施城市经济政策等方面发挥着重要的作用,城市规划也是生产力。首先,科学的城市规划能够准确地进行城市功能定位,确定城市的产业发展方向,为制定行之有效的经济发展政策提供依据。其次,城市规划在创造优良的投资硬环境方面起着决定性的作用。评价一个城市的投资环境,主要考察软环境和硬环境两个方面。

软环境主要是指政策法规、服务管理水平、人文习俗、科学文化水平等方面;硬环境则包括城市自然环境、基础设施,如交通运输系统、邮电通信系统、能源动力系统、给水排水系统、环境保护系统以及住宅、商业网点、文化教育、医疗卫生、娱乐旅游及其他服务性设施等。可以看出,对硬环境的评价实际上就是对城市规划水平和工作的评价,城市规划决定了硬环境的方方面面。最后,科学的城市规划有利于树立良好的城市形象,在对外招商引资和文化交流等方面发挥积极的作用。

4. 降低交易费用,减少寻租行为

城市土地使用权的出让和获得,实质上也是一个交易行为。土地所有者和土地使用者在法律上处于平等的地位,二者通过谈判来确定土地出让的具体细节。但作为土地出让者的政府,可能会借口保护公共利益,而对土地出让附加一些条件,这些条件有一些是正确合理的,有一些也可能是出于其他目的。土地使用者出于利润最大化的考虑,也会对土地使用提出一些要求。政府和土地使用者为达成共识,需要进行多次沟通和谈判,大大增加了交易费用。城市规划制度将城市规划部门设计为政府与土地使用者之间的一个技术服务机构,它公正、科学地评判双方的用地条件,降低土地出让过程中的交易费用,提高社会经济运行效率。城市规划在土地管理中的另一个重要作用是减少寻租行为。土地国有和土地有偿使用是土地出让和管理中产生寻租行为的根源,一方面土地的稀缺性使得土地管理者可以在选择土地使用者的时候进行寻租;另一方面,土地出让的附加条件,包括用地性质、容积率等也可以成为土地管理者的寻租内容。土地管理过程中的寻租行为扰乱了正常的土地市场,侵害了公共利益。寻租可以实现的主要原因一方面与土地管理的不规范、缺乏公正科学的监督机构和评判机构有关,另一方面也与土地出让过程中土地用途和容积率的随

意确定有很大关系。随着城市规划的逐步深入，土地的用途和容积率等一些基本控制要素得以科学确定，使得土地出让的透明度增加，减少了土地管理者因为土地使用控制要素的随意性而进行寻租的现象，从而可以树立政府机构的廉洁形象，提高办事效率。

三、中国城市规划及其发展

（一）中国城市规划的发展历程

早在新中国成立的前夕（1949 年 5 月），当时的北平市就成立了都市计划委员会。1951 年，政务院中央财政经济委员会成立城市规划处，开始了配合第一个五年计划的重点城市规划工作。半个多世纪以来，除了十年"文革"时期规划工作基本停滞以外，其前后经历了两个不同的历史时期：以计划经济为主导的开创时期，以社会主义市场经济为主导的发展时期。这一时期约 50 年，大体上是两个完整的规划周期。这是在两种经济体制下的两次伟大的社会实践，深刻地影响着城市规划工作的方方面面。

1. 以计划经济为主导的开创时期

"一五"计划开始是中国城市规划的第一个春天，它开创了以计划经济为主导的城市规划工作，迎来了八大重点城市的成功和城市规划在全国的普遍开展。计划经济体制下的规划工作，强调集中统一，将规划本身作为法律，以比较经济的办法，建设起一批重点工程和重点城市，规划设计的形式也比较严整有序。

2. 以社会主义市场经济为主导的发展时期

改革开放后中国城市规划迎来了第二个春天，城市化的迅速发展，城市生活和城市面貌发生了巨大变化，这对城市规划提出了新的挑战。社会主义市场经济体制下的城市规划，既要根据国家计划，又要按照市场要求，规划设计要求灵活、滚动，适应开发经营，其形式也趋向多种多样，符合多种目标的需要。进入 21 世纪，中国又面临着新的机遇和挑战：城市化将向更高的水平发展，城乡建设将向可持续发展的方向更为理性地前进；谋求更高水平的城市化和更加理性的可持续发展已经成为社会共识和国家政策，对城市规划工作的要求也就更高、更为迫切。面对 21 世纪的更大规模的城市建设和可持续发展两大目标，规划工作的职责和城市化的新发展，必然会把城市规划推向新一轮的发展和提高，中国城市规划工作正迎来了第三个春天。

（二）中国城市规划的特点

市场经济体制下的城市规划的职能不同于计划经济体制下的。计划经济下的城市规划是国民经济计划在空间上的具体安排，其主要任务是把国民经济计划确定的建设项目和内容落实到蓝图上，通过综合平衡求得空间的秩序。这一职能决定了中国城市规划的传统是以物质规划为主，即便在今天，中国的城市规划也并未脱离物质规划为主的传统。大量的规划行为和实践活动表现为绘制城市或地段设计蓝图，我国规划师的构成也以建筑师、设计师、工程师为主。改革开放以后，中国逐步引入了市场经济机制。市场机制的引入，既给中国的城市发展带来了前所未有的活力和速度，同时也不可避免地给其带来了前所未有的城市新问题，这些问题成为摆在中国规划师面前的新课题。随着越来越多的投资者介入城市开发，城市的发展过程变得日益难以把握和控制，城市建设行为的利益多元化趋势越来越明显，城建开发从项目内容、选址到最终建设的过程越来越受市场规律的左右。由于我们尚不熟悉市场运行的规律，加上对市场经济下的城市规划干预手段等认识不足，在西方曾经"上演"过的市场机制的正反两方面效应都开始在中国的城市中大量出现。

（三）中国城市规划的发展

西方的城市规划是市场经济发展的产物，中国的国情虽然不同于西方，中国的城市规划模式不可能也不应该照抄西方，但这并不妨碍我们借鉴有丰富的处理市场经济经验的西方国家的经验和教训。他们经过近百年的实践，积累了不少有关城市规划干预市场经济（典型的如土地空间资源分配）的经验和教训，因此有可供我们借鉴之处。从西方城市规划理论与实践的发展历程中，我们可以得到许多的有益启迪。针对中国目前的现实，尤其值得注意的是以下四个方面的内容：

首先，在市场经济条件下，城市规划作为社会理性的代表，承担着避免和防止市场失效、促进经济发展的职责。如果说市场代表着一种有效的资源分配方式，但并不代表着公平的资源分配方式，因此，市场经济下的城市规划核心问题是围绕着空间资源分配的社会公正。可以说，西方城市规划理论发展的历程就是探寻城市规划如何更合理更公平地界定社会公正（公众利益）的过程。但是，市场经济下城市规划的这一最重要职能目前尚未在中国全体规划师中获得共识。中国的城市规划又如何在社会主义市场经济体制下探求达成社会公正与效率的手段和方法更尚在起步研究阶段。

其次，公众利益的界定必然涉及价值观，西方规划界已经走过了单纯由技术专家决定的历程，尝试引入更民主的公众参与、讨论、协商从而达成一致的意见。但是，今天中国大多数城市规划的拟定尚停留在专家决定、领导决定的阶段，公众参与只停留在浅层面的向公众宣传阶段，公众意见的采集、吸收尚未形成系统有序的渠道和方法。需要指出的是：随着社会的转轨，个体利益多元化的倾向将日趋明显，公众对空间资源分配导向性的重视也将不断增强，由专家、领导负责界定公众利益的方式显然不能适应未来发展的要求。

再次，西方城市的发展历程表明：市场存在失效，政府规划干预也有失效。因此，一种辨证客观的态度是寻求一种混合体制：既能让市场发挥其效率，又能保障社会公平。因为可持续发展需要交融的效率和公平。应该说，中国社会主义市场经济的体制为效率和公平的兼顾创造了西方社会不具备的宏观政治经济架构；但是，如何在这样的宏观政治经济架构下找到具体可行的操作方案和手段，是一个我们目前尚未找到答案的崭新问题。

最后，城市规划自身需要不断发展，西方的城市规划正是在回应各种社会需求、变革

和挑战的背景下，不断地发展、壮大、成熟。中国惊人的发展速度加上体制转轨期的社会巨变，昭示着未来新的社会需求将不断出现，我们的规划再不能延续前面的老面孔，必须适时更新，寻找合适的理论、方法来适应变化越来越快的社会。而要做到这一点，我们规划界的专业构成急需多元化，我们规划师的知识面急需进一步扩大，规划师需要了解市场经济运行的规律，规划师需要了解变革引发的社会变化，规划师需要掌握规划作为一种政府干预的手段，以及一种有机的社会过程中的许多知识和技能。

第二节　城市规划的编制

中国的城市规划是由城市权力机构制定，并经上级政府批准的在一定年限内关于城市性质、规模和发展目标等部署，以及城市用地、建筑和设施等布局的地方性法规或有法律效力的文件。

一、中国城市规划编制的原则

（一）从实际出发，与国家和地方的经济技术水平相适应的原则

《城市规划法》第 13 条规定："编制城市规划必须从实际出发，科学地预测城市远景发展的需要；应当使城市的发展规模、各项建设标准、定额指标、开发程序同国家和地方的经济技术发展水平相适应。"做好城市的规划工作，首先必须了解城市形成的自然环境（地质条件、地貌要素、气候状况），弄清城市发展的历史（其成因和发展），弄清城市自身的经济社会文化位置等各方面的条件，以及它与周围地区的联系。其次必须根据国家的经济和社会发展计划，把握国家对城市发展的要求，采用定性与定量相结合的方法取得城市发展所需要的各种数据，预测城市发展的趋势。最后在充分考虑到根据国家和城市现阶段经济技术水平和未来发展趋势的基础上，量力而行，科学地制定城市发展规划，确定城市的性质、发展规模、各项建设标准、定额指标、开发的程序和方式。

（二）保护城市生态环境和历史文化遗产的原则

《城市规划法》第 14 条规定："编制城市规划应当注意保护和改善城市生态环境，防止污染和其他公害，加强城市绿化建设和市容环境卫生建设，保护历史文化遗产、城市传统风貌、地方特色和自然景观。"

中国是技术和经济比较落后的国家，人们的环保意识不强，城市的环境污染非常突出。许多城市的大气污染物和浮尘量超过国家规定的标准，每年排泄的工业废水和生活废水总重达到 370 亿吨，城市垃圾、粪便大部分没有经过无害化处理，城市噪声也达到了令人难以容忍的地步。城市环境污染造成的严重后果，影响城市的生态环境，危及人民生命健康，也给经济上带来巨大损失。因此，在城市规划中要始终体现和贯彻环境保护原则，坚持环境、经济、社会三个效益的统一，从空间的布置上为提高城市的环境质量创造条件。

城市是人类文明的结晶。一座大、中城市往往是长期历史发展的产物，有着悠久的历史文化传统和地方民族特色，有着宝贵的文化遗产。保护城市历史遗产，保持其文化传统、地方特色和民族传统，是城市规划工作的一项重要任务，必须贯彻始终。

（三）有利生产、方便生活、促进流通、繁荣经济、促进科学文化教育事业的原则

《城市规划法》第 15 条规定："编制城市规划应当贯彻有利生产、方便生活、促进流通、繁荣经济、促进科学文化教育事业的原则。"贯彻这一原则必须处理好两个方面的关系。

首先，要处理好生产和生活的关系。城市规划既要把生产的发展及其布局作为首要问题加以考虑和安排，又要对生活的需要做出周密安排；既要注意物质生产组织和商品流通的布局和衔接，又要充分考虑科技文化教育事业的需要；既要为城市生产创造良好条件，又要为城市居民提供必要的住宅、较齐全的公共服务设施、相应的智力开发条件和良好的生活环境。

其次，要处理好地上和地下设施的关系。在统筹安排地面上各类建筑物、构筑物和各种设施之间的关系的基础上，注意城市防火、防爆、抗震、防洪、防泥石流和治安、交通管理、人民防空建设等要求；在可能发生强烈地震和严重洪水灾害的地区，必须在规划中采取相应的抗震、防洪措施。

（四）合理用地、节约用地的原则

《城市规划法》第 16 条规定："编制城市规划应当贯彻合理用地、节约用地的原则。"中国土地资源有限，每人平均土地面积和耕地面积，都只有世界平均数的 1/3 强，而且随着城市人口的增加，城市规模的扩大，城市土地愈益紧张。每人平均占有的城市土地面积愈来愈少，如广州市，人均用地只有 30 平方米。而在世界其他国家，城市人均用地一般达290 平方米。因此，城市规划的目标之一，就是要达到城市土地的集约利用，限制城市用地规模的盲目扩张，在城市土地扩张中，要尽量注意节约耕地，防止多征、早征。在现有城市土地利用中，要精打细算、合理布局，严格掌握设计定额，杜绝土地浪费。

（五）以人为本的原则

城市规划和城市建设关系到市民的日常生活利益，因此，遵循以人为本原则，显得尤为重要。以人为本原则的含义之一是一切从人的需要出发，在城市规划和城市建设中坚持以人为本原则，一要方便生活，无论是城市规划的总体布局，还是基础设施和生活设施的具体设计，都应处处体现方便群众生活的用心，特别要重视在公共设施中推广方便残疾人的无障碍设计；二要使市民参与成为城市规划和城市建设的内在机制；三要在满足市民物质生活的同时，更注重满足市民的精神生活需求。

二、城市规划编制的程序

根据《城市规划法》和原建设部的《城市规划编制办法》，中国的城市规划分为三种类型：城市总体规划、城市分区规划、城市详细规划。城市总体规划是指导城市建设的纲领性文件，是分区规划和详细规划的基础，是城市政府进行城市规划管理的法律依据。

城市总体规划的期限一般为 20 年，建制镇总体规划的期限可以为 10 ~ 20 年。编制城市规划，一般分为下列两个阶段进行。

（1）第一个阶段，编制城市总体规划。城市总体规划，是指在一定年限内各项建设综合平衡、合理安排的规划，是关于城市各项建设的战略部署。它一般规定了城市发展总的原则性问题。编制城市总体规划又分为下列步骤：

第一步，勘察、搜集和分析城市的基础资料。市政府的规划部门负责勘察、搜集和分析城市的基础资料。城市规划所需要的基础资料有：城市的自然条件和历史的资料；城市经济技术资料；城市建设现状资料；城市环境资料。

第二步，编制城市总体规划纲要。需要编制城市总体规划纲要的，由市政府负责组织编制。城市总体规划纲要包括下列内容：①论证城市国民经济和社会发展条件，原则确定规划期内城市发展的目标；②论证城市在区域发展中的地位，原则确定市（县）域城镇体系的结构与布局；③原则确定城市性质、规模和总体布局，选择城市发展用地，提出城市规划区范围的初步意见；④研究确定城市能源、交通、供水等基础设施开发建设的重大原则问题，以及实施城市规划的重要措施。

第三步，起草城市总体规划。市政府的城市规划部门负责起草城市总体规划。城市总体规划分为下列部分：第一部分，指导思想；第二部分，发展规划，包括城市的性质、规模和发展方向；第三部分，布局规划，包括总体布局、中心城的布局、卫星城的布局，以及郊县城镇布局；第四部分，专业规划和工程规划；第五部分，规划的实施。

第四步，上级政府部门、专家学者和市民评议城市总体规划草案。对城市总体规划中比较重要而又有争议的部分，应当进行多方案比较选优，征求各方面的意见。征询专家学者的意见，可以由学会组织讨论，使城市总体规划具有科学性。听取市民群众的意见，可以采取发小册子、进行问卷调查、举办展览会和开座谈会等形式。征求上级政府部门的意见，对于使城市总体规划符合法律、行政法规、部门规章和上级政府的有关决定，对于上级政府部门审批城市总体规划，都是很重要的。

第五步，城市政府全体会议讨论、通过城市总体规划草案后，由市政府向市人大提交关于城市总体规划的议案，提请市人大审议和通过城市总体规划。《城市规划法》明确规定："城市人民政府和县级人民政府在向上级人民政府报请审批城市总体规划前，须经同级人民代表大会或者其常务委员会审查同意。"这样做是为了增强城市规划的权威性、法制化和民主性。城市总体规划经过城市权力机构的审议和表决通过，并经国务院或省级政府批准后才能实施，这体现了城市规划的权威性。

第六步，上级政府审查、批准城市总体规划。中国的城市规划实行分级审批的制度。直辖市的总体规划，由直辖市政府报国务院审批。省、自治区政府所在地城市，城市人口在100万以上的，以及国务院指定的其他城市的总体规划由省、自治区政府审查同意后，报国务院审批。其他设市的城市和县政府所在地镇的总体规划，报省、自治区、直辖市政府审批，市管辖的县级政府所在地镇的总体规划，报市政府审批。其化建制镇的总体规划，报县级政府审批。城市分区规划由市政府审批。

第七步，城市总体规划的修改。城市政府可以根据城市经济和社会发展需要，对城市总体规划进行局部调整，报同级人大常委会和原批准机关备案；但涉及城市性质、规模、发展方向和总体布局重大变更的，须经同级人大或者其常委会审查同意后，报原批准机关审批。

（2）第二阶段，编制城市详细规划。设市城市的详细规划由市政府的城市规划部门负责组织编制。县政府所在地镇的详细规划由县政府的城市规划部门负责组织编制。其他建制镇的详细规划，由镇政府负责组织编制。城市详细规划对指导城市的各项建设有着重要意义，它起着使各项建设统一协调，使更多的个体形成群体，构成完美的城市空间布局的作用。在编制城市详细规划时，我们可以提出多种方案，从功能、经济、环境、景观等效果和建设次序、周期等方面进行综合的比较和论证，然后选定实施方案。城市详细规划具有作为各项工程设计依据的性质，应当遵守国家和地方政府颁布的各种法规、技术标准和规定。编制城市总体规划和编制城市详细规划并不截然分开，而往往是同时进行、相互补充的。例如，在编制城市总体规划阶段研究市中心、车站广场、重要街道或重要地段时，可以通过编制一些详细规划的草案来深入研究其综合功能、规模容量、空间布局等问题，以便使总体规划的有关内容较为切合实际。

控制性详细规划包括规划文本、附件和规划图纸。规划文本应含规划范围内土地使用和建筑管理规定，规划说明和基础资料收入附件。修建性详细规划包括规划设计说明书和规划图纸。

第三节　中国城市规划的实施和管理

人们常说："三分规划，七分管理。"城市规划管理是实施城市规划的重要手段。实施城市规划，就是指按照法定程序编制和批准的城市规划，依据国家和各级政府颁布的城市规划管理的有关法规和具体规定，采用法律的、社会的、经济的、行政的管理手段，对

城市的各项建设用地和建设活动进行统一的安排和控制，引导和调节城市的各项建设事业有计划有秩序地协调发展的一系列管理活动。

一、城市规划的管理机构及其体制

中国住房和城乡建设部城乡规划司是国家对城市规划的主管部门。其主要职责是：拟订城乡规划的政策和规章制度；组织编制和监督实施全国城镇体系规划；指导城乡规划编制并监督实施；指导城市勘察、市政工程测量、城市地下空间开发利用和城市雕塑工作；承担国务院交办的城市总体规划、省域城镇体系规划的审查报批和监督实施；承担历史文化名城（镇、村）保护和监督管理的有关工作；制定城乡规划编制单位资质标准并监督实施等。

各省、自治区政府的住房和城乡建设厅负责本省区内城乡规划管理工作，并下设城乡规划处负责处理日常事务。它们的管理是间接管理，主要依法组织编制和实施城乡规划，拟订城乡规划的政策和制度，组织编制全省城镇体系规划，承担省政府交办的城市总体规划和区域城镇体系规划的审查报批和监督实施工作，参与土地利用总体规划的审查，承担对历史文化名城（镇、村）的审核报批和保护监督工作，指导城乡规划的执法和监察等。对城市用地、建筑等的直接规划管理由各城市的政府负责。

在直辖市中，北京市人民政府设城市规划委员会，上海市人民政府设规划与国土资源管理局，天津市、重庆市人民政府设规划局。这些部门都是主管城市规划工作的市政府组成部门，主要承担研究和编制城市规划、对城市规划的实施进行管理和监督检查的职责。其规划管理方面的主要职责包括：根据本市国民经济和社会发展总体规划，具体组织编制城市总体规划、分区规划、重要地区的详细规划及市政府其他指令性规划，对其他专业系统规划进行综合协调与平衡；指导区县编制职责范围内的各类规划；依法审核、审批各类规划；依法实行建设项目选址意见书、建设用地规划许可证、建设工程规划许可证管理制度；对建设项目审批后到竣工验收前规划执行情况实行跟踪监督。

省会城市、经国务院批准的较大的市和多数地级市的市政府，都设立了专门负责城市规划工作的规划局，以加强城市规划的管理工作。一般的县级市，由市政府的住房与建设局或规划管理局负责管理城市规划，行使城市规划日常管理的职能。

中国各级城市政府的城市规划管理部门与土地管理部门出现加强协调或合署办公的趋向，这是因为对土地进行规划管理，是市政府城市规划管理部门的核心职能之一，而市政府的土地管理部门，具有代表国家行使国有土地所有权和代表政府行使土地行政管理权的双重身份，也负责管理土地。

至今，有些城市已经合并这两个部门，设置规划与国土资源管理局，如上海、武汉、沈阳等；有些城市虽然还是两个部门分设，但已建立起协调机制。

二、实施城市规划的管理活动

（一）规划区内建设用地的规划管理

城市的发展建设离不开土地，因而城市土地利用是城市规划的核心内容之一；要实现合理用地、节约用地、保证用地，就应该充分发挥城市土地的价值和作用，按照城市规划进行科学的规划管理。

1. 对建设用地提出选址意见书

在城市规划区内进行建设需要申请用地，建设项目无论是使用原来已有的土地，还是申请新的用地，建设单位和个人都要向城市规划部门提出建设用地选址的书面申请，并附国家或地方批准建设项目的计划文件和有关资料。城市规划部门应在一定期限内做出选址批复和提出规划设计要求。

2. 审定建设项目的初步设计方案中的用地位置和界限

在城市规划部门提出选址意见书的同时，应向建设单位和个人提出规划设计要求。建设单位和个人委托设计单位按照规划设计要求，初步编制设计方案。城市规划部门根据各项技术规定、规划设计要求和节约用地的原则，审定初步设计方案中的用地位置和界限。审定用地位置和界限后，一方面可以据此申办用地规划许可证手续，另一方面建设单位和个人即可委托设计单位开始设计施工图。

3. 核发建设用地规划许可证

建设单位和个人在城市规划部门核定初步设计方案后，就要在一定期限内，提交用地范围图和建筑设计方案，并填写申请表，向规划部门申请核发建设用地规划许可证。城市规划部门在接到申请后，发征询单征询区、县政府规划部门的意见，主要是了解农田分界，土地上有无乡镇企业需要另行择地安置，农田水利和通信管线是否会有阻塞或须改道等情况。规划部门还要根据建设项目的性质，分别征求环保、消防、卫生防疫、机场净空、河港岸线和文物等管理部门的意见。城市规划部门在综合各方面意见的基础上，审查通过并签发建设用地规划许可证。建设单位和个人在取得建设用地规划许可证后，方可向县级以上地方政府土地管理部门申请用地，经县级以上政府审查批准后，由土地管理部门划拨土地；建设用地上有房屋需要拆迁的，还应按照拆迁房屋管理办法，向房产管理部门办理审批手续。

4. 对土地的其他方面进行规划管理

（1）任何单位和个人必须服从城市政府根据城市规划做出的调整用地的决定。

（2）城市公共绿地、专用绿地、道路、广场、公共活动用地、高压供电走廊、体育运动场地和学校用地等，必须妥善保护，任何单位和任何个人不得任意占用或改变用途。

（3）在城市规划区内进行挖取砂石、土方等活动，须经城市规划等部门批准，不得影响城市规划的实施，破坏城市环境。

（4）私房的修建，不得扩大原有宅基地的面积，不得妨碍道路交通。

（二）规划区内建设工程的规划管理

（1）对一般建筑核发建设工程规划许可证。首先，在城市规划区内新建、扩建和改建建筑物、构筑物、道路、管线和其他工程设施，建设单位和个人必须填报《建设工程规划设计送审单》，并附地形图、土地使用权属证件和建设项目批准文件，向城市规划部门提出申请；城市规划部门应在一定期限内核定设计范围，并提出规划设计要求。其次，建设单位和个人在一定期限内向城市规划部门报送建筑设计方案，城市规划部门予以复核同意。最后，建设单位和个人填报《建筑工程执照申请单》，并附施工图及消防、卫生防疫等有关部门的审核意见。城市规划部门在审查施工图与批准的建筑设计方案相符合后，即可核发建筑工程执照即建设工程规划许可证。

（2）对城市基础设施中的管线铺设核发建设工程规划许可证。管线管理，是城市规划部门根据城市的工程管线规划，与城市政府的路政部门和管线铺设公司相协调，在城市基础设施的管线建设和维修中，监督处理地下管线与地上建筑、地下管线之间关系的一种城市规划管理。城市规划部门进行管线管理的内容是：①会同城市政府的道路管理部门和管线敷设公司，编制年度道路与管线修建综合计划，统一施工。②审查管线平面设计图，确定管线位置，管线相互间水平距离和垂直距离，以及管线交叉点。③核发建设工程规划许可证。在规划区内修建城市基础设施的各类管线，除了按规定向市政府的路政部门和交通管理部门申请掘路执照和道路施工许可证外，都必须向城市规划部门申请核发建设工程规划许可证。

（3）对城市基础设施中的道路桥梁施工核发建设工程规划许可证。新建、改建道路桥梁，除了按照规定先申请城市建设用地规划许可证外，也需要按照规定协议设计要点，申请建设工程规划许可证。城市规划部门对道路桥梁审核建设工程规划许可证的内容有：①道路的走向，道路的中心线不能改变；②坐标和标高，道路桥梁的标高必须和两旁房屋建筑的标高相吻合，如果过高或过低，会造成积水；③道路宽度；④道路等级；⑤交叉口设计；⑥道路横断面设计，须和地下管线相配合。

（4）对建筑的其他方面进行规划管理：①在城市规划区内进行临时建设，必须在批准的使用期限内拆除，禁止在批准临时使用的土地上建设永久性建筑物、构筑物和其他设施；②私房的修建，不得妨碍道路交通和消防安全，并依法处理截水、排水、通风和采光等方面的相邻关系。

（三）对建设用地、建设工程的检查和奖惩

市政府的城市规划部门不仅要严格核发建设用地规划和建设工程的规划许可证，更重要的是要根据城市规划法和规划许可证，对建设用地和建设工程进行严格的检查，并予以相应的奖惩，这是实施城市规划的保障。

（1）对建设用地、建设工程的检查：①城市规划部门有权对城市规划区内的建设用地、建设工程是否符合规划要求进行检查，发现有违反的，须责令建设单位和个人切实加以纠正；②沿道路建造的建筑工程，建设单位和个人应向城市规划部门申请建立道路规划红线的界桩；③经检查发现有违章建筑，要坚决拆除，严肃处理；④城市规划部门可以参加城市规划区内重要工程的竣工验收；⑤城市规划区内的建设工程，建设单位和个人应当在竣工验收后半年内，向城市规划部门报送竣工资料。

（2）对建设用地、建设工程检查结果的奖惩：①对实施城市规划做出显著成绩，或城市规划管理人员忠于职守做出显著成绩，或检举违反城市规划的建设活动、城市规划管理人员以权谋私经调查属实的，由城市政府或城市规划部门给予表彰和奖励。②在城市规划区内，未取得建设用地规划许可证的，建设用地批准文件无效，占用的土地由县级以上政府责令退回。③在城市规划区内，未取得建设工程规划许可证或违反规划许可证的规定进行建设，严重影响城市规划的，由县级以上政府的城市规划部门责令停建，限期拆除或没收违法建筑物，影响城市规划，但可以采取改正措施的，由县级以上政府的城市规划部门责令限期改正，并处以罚款。④对违反规划许可证的单位有关责任人员，由所在单位或上级主管机关给予行政处分。⑤对违章建筑，除了罚款外，严重影响城市规划的，限期拆除；可采取措施改善的，限期改正；无不良影响的，限期补照。⑥对逾期不拆除的临时建筑物，由城市规划部门责令搭建者限期拆除，并处以罚款。⑦当事人对行政处罚决定不服，可以向做出处罚决定的机关的上一级机关申请复议，对复议决定不服，可以向法院起诉，也可以在接到处罚通知后直接向法院起诉；当事人逾期不申请复议，也不向法院起诉，又不履行处罚决定，由做出处罚决定的机关申请法院强制执行。⑧对阻挠城市规划部门的监察员依法执行公务、违反治安管理处罚条例的，公安机关应及时处理；情节严重构成犯罪的，依法追究刑事责任。⑨城市规划部门工作人员以权谋私或玩忽职守，由其所在单位或上级主管机关给予行政处分，构成犯罪的，依法追究刑事责任。

（四）旧城改造与新区开发

旧城改造与新区开发，是实施城市规划的重要组成部分，但它同上述实施城市规划日常管理最大的区别在于：实施城市规划的日常管理是对某方面建设或某个建设项目的管理，而对旧城改造与新区开发的管理，是全面的、综合的、区域性的城市规划管理。旧城改造与新区开发中的城市规划管理的基本内容有：

1. 统一规划，合理布局

旧城改造必须遵照城市总体规划和分区规划，编制和执行旧城改造规划。调整产业、改建住宅区、健全基础设施和改善布局景观，是旧城改造的重点。新区开发，也要遵照城市总体规划和分区规划，应编制详细规划，并严格执行。

2. 制订分期实施的开发计划

城市规划部门会同有关部门，制订和监督执行开发计划。旧城改造要因地制宜，从范围看，有某一地段的重点改造，沿道路或河流的沿线改造，以及工业区或居住区的成片改造；从程度看，有拆除重建，基础设施和房屋局部的改建，以及仅在房屋内部进行改建。新区开发，范围较大的，宜分期分批实施；范围较小的，也可以整体开发，一气呵成。

3. 基础设施、事业设施与生产设施、生活设施配套建设

遵循"先地下，后地上"的原则，基础设施优先于其他设施进行建设。教育、文化、卫生、体育等事业设施是居民生活必不可少的，应根据居住区规模来配置。在旧城区改建各类建筑物，应改善建筑过分密集的状况，增加绿地。

4. 综合开发，调整产业结构，形成投入产出的良性循环

成功的旧城改造和新区开发，主要靠调整产业结构、综合开发本地区资源获得改造和开发的资金来源。综合开发是旧城改造和新区开发的核心，产业转移是旧城改造和新区开发的连环。其应把一部分占地面积大或有环境污染的产业从旧城迁往新区，在新区进行技术改造，安装环保设施；在旧城区建设城市型的第二、三产业，使城市经济形成新的增长点。

5. 保护有纪念意义的建筑

在新区开发，尤其是在旧城改造中，对体现传统风貌和地方特色、有重要历史和革命纪念意义或有文化艺术价值的建筑，城市规划部门应会同文化部门采取有效措施，坚决予以保护。

第六章　现代城市基础设施及管理

在社会主义市场经济条件下，中国城市政府的主要作用是为企业生产和居民生活创造一个良好的外部环境。这种良好的外部环境包括环境保护、教育、社会治安等方面，但其中最重要的是基础设施的建设与管理。新中国成立后，一度忽视城市建设，造成基础设施欠账较多。改革开放以来，城市基础设施建设与管理的力度逐年加大，形势喜人。但由于中国人口多、底子薄，基础设施的进步尚不能满足城市生产和市民生活发展的需要；而且，基础设施的单位不同于一般企业，既有经营性，又有公益性，如何处理好经济效益与社会效益的关系，也有待探索。城市基础设施经营与管理的改革，无论对于城市经济还是对于城市建设的发展，都具有十分重要的意义。

第一节　城市基础设施概述

一、城市基础设施的含义和范畴

（一）城市基础设施的含义

城市基础设施，是为企业生产和居民生活提供基本条件、保障城市存在和发展的各种工程及其服务的总称。

城市基础设施包含设施、产品（服务）和产业三种形态。设施一般是指城市基础设施自身的物质形态，既不是产品，也不是产业。产品是指借助于城市基础设施而开展的经济活动所生产和提供的产品或服务。在这里，实体的基础设施是一种生产手段。严业是指把基础设施实体或产品（服务）作为经营对象的产业和行业，如通信产业、自来水公司、公共交通企业等。

城市基础设施是城市生存和发展的根本条件。随着社会进步、城市化水平的日益提高，城市生产社会化和专业化发展，社会分工的越来越细，城市基础设施的内容也从简单到复杂，由低级到高级地渐进发展，范围随之不断扩充。古代社会的城市基础设施总的说来是局部的、小规模的和简陋的，到近代社会以来，由于社会生产的中心转移到城市，人口大多数生活在城市，城市基础设施才获得全面的、大规模的和健全的发展。

1812 年英国建立了世界上第一个城市煤气厂；1879 年中国第一个近代给水工程在旅顺建成；1880 年美国纽约率先利用热电厂向城市供热。在现代城市，当水、电、煤气等基础设施已经普及，成为居民生活不可缺少的组成部分以后，环境保护、森林公园、互联网等基础设施又在成为新的目标和趋势。

在日常生活中，城市基础设施有一些其他名称，如城市公用事业、市政工程设施和城市公共设施等。它们和城市基础设施的概念在内涵与外延上都有交叉之处，但严格说来，是有区别的。城市公用事业主要是指自来水、电力、煤气和公共交通、通信等部门；市政工程设施主要是指道路、桥梁、隧道和下水道等。可以说，城市基础设施既包括城市公用事业，又包括市政工程设施。城市公共设施的内涵与外延则比城市基础设施广泛，不仅指城市基础设施，而且包括城市事业设施，如公共的教育、文化、卫生和体育等部门。在这方面，城市基础设施又被称为生产性基础设施或技术性基础设施；而事业性基础设施则被称为非生产性基础设施或社会性基础设施。

（二）城市基础设施的范畴

虽然世界各国因国情不同，对城市基础设施的含义和范围的界定有所区别，但概括而言，城市基础设施可以分为下列六大系列：①能源设施。其包括电力的生产、输配和供应设施；燃气（天然气、液化石油气、煤制气）和暖气的生产、输配和供应设施等。

②供、排水设施。其包括城市水资源开发、利用保护设施；自来水生产和供应系统；污水、废水和雨水的接纳、输送、净化及排放系统；中水供应系统等；③交通设施。其包括城市对外交通设施和内部交通设施两部分。对外交通设施包括航空、铁路、航运、长途汽车和高速公路；对内交通设施包括道路、桥梁、隧道、地铁、轻轨高架、公共交通、出租汽车、停车场、轮渡和交通安全设备等。④邮电通信设施。其包括邮政设施、电信设施（电报、市内电话、长途电话、移动电话、无线电寻呼、计算机互联网）、电视和广播等。⑤环保设施。其包括绿化、园林、垃圾收集和处理、环境卫生、环境监测和治理环境污染等。⑥防灾设施。其包括城市防洪设施、公共消防设施、防地震设施、防止地面沉降设施、人民防空设施以及防风、防潮设施等。

上述城市基础设施系统，是一个由若干独立运作、完整的子系统组成的相互联系、互为条件、协调运转的大系统。城市基础设施由城市人民政府负责统一规划并监督规划的实施，其生产、建设和运营，则由各有关业务部门在紧密协作的前提下分工管理。

（三）城市地下空间的开发利用

1. 城市地下空间

在过去的 50 年中，世界上几乎每个国家的城市都面临着发展空间日益紧张的问题。城市发展在空间上的需求使得城市只能向高度上拓展，随着各种各样的摩天大楼充斥着城市的天际线，人们开始逐渐关注城市地下空间的开发利用。城市地下空间开发和利用的潜力不仅在于可以消除城市处处可见的停车楼、高速公路和购物中心，还可以进一步理顺地面上的发展空间并为城市其他方面的发展消除障碍。从 1863 年英国伦敦建成世界上第一条地铁起，世界各国对城市地下空间开发利用的成功经验数不胜数，这表明地下空间的开发利用在技术上、经济上是完全可行的，并且其现已经成为现代城市建设的主要途径。城市地下空间是指城市规划区内地表以下的空间，其开发利用形式主要为地下铁道、人行通道、地下商业街、城市共同沟、各种地下库房和人防设施等。城市地下空间是一种宝贵的资源，是城市空间资源的重要组成部分。城市空间在平面扩展受限的条件下，向高空和向地下发展是城市发展的两个方向。城市在向高空发展的同时，人们一刻也没有停止向地下发展的探索。通常将地下空间竖向层次划分为地下 30 米以上浅层、地下 30 ~ 100 米中层和地下 100 米以下深层三个层次。一般而言，不同层次的地下空间有不同的用途：浅层设置共同沟敷设地下管网；中层修建地下街、停车场等；深层建地铁等。这样划分可有效地利用地下空间资源。目前国际上多数国家地下空间开发层次仍在地下 30 米以上浅层开发阶段，其用途多为综合性开发。一个城市的可开发利用的地下空间资源量一般是城市总面积乘以开发深度的 40%。

开发城市地下空间能够有效地缓解城市发展与土地资源紧张的矛盾，提高土地利用率，对于扩大城市生存发展空间也具有重要的现实意义和深远的历史意义，目前在国内外已经形成了共识——21 世纪是地下空间开发利用的世纪。

2. 城市地下空间开发和利用的效益

城市地下空间作为资源，它的合理开发利用一方面可以调节城市土地利用结构，提高土地利用效率，节省土地资源，缓解城区高密度，扩充城市空间容量，扩充基础设施容量，增加城市用地，保护城市历史文化景观，减少环境污染，改善城市生态；另一方面有利于人车立体分流，疏导交通，提高城市总体防灾抗毁能力，是建立现代化的城市综合交通体系以及城市防灾减灾综合空间体系的重要途径。同时，由于地下空间与地上空间相比具有恒温、恒湿、隔热、遮光、超静、气密、隐蔽、安全性等优点，因此近年来中国一些大城市进行了广泛的地下空间资源的开发利用。可以说，没有城市地下空间资源的开发利用就没有城市的可持续发展，城市地下空间资源的开发利用有着非常重要的作用。

（1）有利于节约土地，促进城市土地的高效利用。发挥城市拥挤地区地下空间的潜力，不仅可以把地面作为城市公园和休闲场所来使用，还可以通过地下通道的建设，把地面交通空间让给行人、自行车、公共交通及应急车辆等。

（2）有利于改善环境，促进城市的美化。可以把有碍观瞻的停车楼、高架桥、购物中心等设施转移到地下，从而达到美化城市景观的作用。

（3）促进城市的可持续发展。无需考虑建筑物外部的覆盖层和装饰，可以大大提高建筑材料的使用效率、降低建设成本。

（4）有利于节约能源，保护能源。利用地下空间的"绝缘"功能，吸收噪声并保持地下空间的冷、热能。

（5）保持良好的气候条件。可以使人们免受极端恶劣气候的影响。

（6）安全目的。可以用做银行的地下保险库或者军事掩体等。

3. 共同沟的建设

城市中的给水、排水、电力、电信、燃气、热力等地下市政管线工程，是维持城市功能正常运转和促进城市可持续发展的关键。共同沟，也称"地下城市管道综合走廊"，就是指将各种城市地下市政管线集中设置于同一地下人工空间内——城市管道综合走廊，所形成的一种现代化、集约化的城市基础设施。共同沟是经济发展到一定阶段时城市市政配套建设的一种先进模式。法国巴黎早在1833年就开始兴建共同沟。欧洲、日本、美国等发达国家和地区的城镇都在20世纪逐步形成了较完善的地下共同沟系统。建设"共同沟"，把城市管线纳入"共同沟"统一规划、统一建设、统一管理，实现城市地下空间的集约利用，可以从根本上解决"拉链路"现象，避免城市空间污染。

共同沟是21世纪新型城市市政基础设施建设现代化的重要标志之一，它避免了由于埋设或维修而导致道路多次开挖的麻烦，由于管线不接触土壤和地下水，因此避免了酸碱物质的腐蚀，延长了使用寿命，它还为规划发展需要预留了宝贵的空间。共同沟为各类市政公益管线设施创造了一种"集约化、综合化、廊道化"的铺设环境条件，使道路下部的地层空间资源得到高效利用，使管线的运营与管理能在可靠的监控条件下安全高效地进行。随着城市的不断发展，共同沟内还可提供预留发展空间，保证了可持续发展的需要。中国一些特大城市将优先发展共同沟，1994年年底，在上海浦东新区初步建成了国内第一条规模较大、距离较长的共同沟，为国内推行共同沟的建设开了先河。

发达国家的发展历史表明：当人均GDP达到500美元以后，城市就具备了大规模开发利用地下空间的条件和实力；人均GDP在1000～2000美元，则达到开发利用的高潮。这无疑给中国的诸多大城市带来了新的发展空间和契机。随着地下空间开发规模的不断增大和开发项目的增多，地下空间开发已逐步成为中国大中城市规划建设的重要内容，也是目前中国现代化城市建设的一大特色。实践表明，合理开发利用地下空间是现代城市发展的必然趋势，也是未来城市实现可持续发展的重要途径之一。

二、城市基础设施的分类

城市基础设施的分类与其定义和范围一样，可以多种多样，从不同的角度又会得出不同的结论。

（一）垄断性城市基础设施和非垄断性城市基础设施

按照政府对基础设施所有权的控制程度及其客观属性，城市基础设施可以分为垄断性城市基础设施和非垄断性城市基础设施两类。

1. 垄断性城市基础设施

垄断性城市基础设施是指决定国计民生、影响重大、由于客观或其他社会经济原因形成的在生产和生活中不能替代、不可缺少的一类城市基础设施。这类城市基础设施必须由城市政府控制其所有权，经营权可以按市场规律放开，但对其产品和服务的价格或收费标准还是要进行必要的合法干预。它包括城市供水、供电、有线通信、对外交通、防灾设施等。

2. 非垄断性城市基础设施

非垄断性城市基础设施是相对于垄断性城市基础设施而言的，其基础地位虽然重要，但可以通过多元化经营、竞争来降低成本，实现自然资源和社会资源的合理配置。这类设施包括城市燃气、供热、园林、绿化、环境卫生等设施。

（二）经营性城市基础设施和非完全经营性城市基础设施

按照城市基础设施的建设投资及其经营权的可市场化程度，城市基础设施可以分为经营性城市基础设施和非完全经营性城市基础设施两类。

1. 经营性城市基础设施

经营性城市基础设施可以以国家的立法作保证，以经营权的市场化为手段，采取投资、融资、建设、合理定价（收费），实现建设、经营、发展的良性循环。根据工业化国家的经验，城市供水、供电、邮电通信、污水处理、环卫、燃气、供热等基础设施属于这一类。

例如，在丹麦，城市供水和污水处理已经完全实现了按市场规律办事。在水的价格和污水费中，包括了完全成本、经营公司应得的利润、约15%的发展资金、水税为每立方米3丹麦克朗、污水税为每立方米0.75丹麦克朗、增值税7%。而他们解释这是不盈利的，因为政府没有从中拿走任何钱。有趣的是，通过征收水税、污水税，反而降低了国民的所得税。把水价提得很高，以经济规律促进节约用水、保护水资源，而且由于降低了所得税，政府也得到广大国民的支持拥护。

2. 非完全经营性城市基础设施

非完全经营性城市基础设施是那些公益性极强、难以明确具体服务对象、以达到社会和环境效益为主要目的的基础设施，其必须由政府财政投资及补贴来维持经营和发展。它包括城市道路、防灾、绿地、环境监测等设施。

三、城市基础设施的作用

（一）城市基础设施是城市存在和发展的物质基础

城市同农村区别的一个重要方面，是基础设施的质量和数量不同；新建或扩大一个城市，总是基础设施先行；基础设施是生产设施和生活设施发挥作用的前提。由此可见，基础设施是城市存在和发展的物质基础。一个城市的基础设施容量大，现代化程度高，预示着它有很大的发展潜力。

（二）城市基础设施是社会生产不可缺少的外部条件

社会的第一、二、三产业，包括属于第三产业的党政机关的产业活动，都离不开基础设施的作用。首先，基础设施为各单位提供能源；其次，基础设施为各单位提供水资源；再次，基础设施为各单位提供交通运输条件；最后，基础设施为各单位提供通信条件等。

（三）城市基础设施是市民生活的基本条件

城市基础设施是市民维持基本生活水平的必要条件。如果没有水、电、煤气等的供应，市民要想维持基本的生活水平是难以想象的。城市基础设施又为市民提供生活水平创造条件。地铁、电脑联网和电视等，使市民享受现代生活的乐趣。生活水平越高，市民对基础设施的依赖性越强。

（四）城市基础设施为生产和生活提供一个减少污染的环境

今天的城市，一方面生产和生活日益现代化，另一方面面临着环境污染的严重威胁。环境污染会增加生产的成本，损害市民的健康。城市的环保设施等是环境污染的屏障，生产和生活的卫士。

（五）城市基础设施避免和减轻各种灾害对生产和生活的危害

中国地域辽阔，自然环境复杂，每年许多城市都遭受洪水、台风、风沙和暴风雪等自然灾害的袭击。城市的各种防灾设施在抵御和减少各种灾害给城市生产和生活带来的损失方面，发挥着巨大的作用。如果没有城市基础设施的保护，让各种灾害得逞，城市的生产和生活水平非但不会提高，反而会下降。

（六）城市基础设施是城市现代化的前提和重要标志

所谓城市现代化，应当是最大限度地利用人类社会进步过程中一切先进的科学技术成果，实现城市功能高效、便捷、完善与城市环境清洁、整齐、美观的统一，保证城市的可持续发展。具体地讲，现代化城市必须具备如下基本条件：第一，具有科学合理的城市总体规划；第二，具有先进、完善的城市基础设施；第三，具有高效有序的城市管理。三者相辅相成，缺一不可，而先进完善的城市基础设施是其中无可替代的"硬件"，是现代化城市的物质表现和承载体。

城市基础设施的先进和完善，对于城市现代化来说，是决定性的条件和标志。经济发达国家所走过的城市化道路已经为我们积累了正反两个方面的经验，其城市化和城市的现代化走的就是一条先行完善城市基础设施以带动整个城市现代化，带动城市经济、社会的全面发展和生活质量的提高的道路。可以断言，没有城市基础设施的现代化，就根本谈不上城市的现代化。

（七）基础设施是城市的竞争手段和竞争力的表现

经济全球化的发展，使国与国之间、城市与城市之间、企业与企业之间的竞争日益激烈，企业之间的竞争不仅取决于企业自身的技术水平、经济实力等因素，而且取决于城市的经济环境，特别是基础设施的先进性和完善程度。企业的竞争力与城市的竞争力是联系在一起的，不能分割。

第二节　城市基础设施及其管理

一、城市基础设施管理机构及其职能

（一）城市基础设施管理的机构

（1）综合管理机构。城市政府设置的建设委员会或规划建设委员会以及类似的机构，一般是综合管理机构。因为城市基础设施管理的专业机构均履行各自的职责权限，但动态中的城市基础设施管理必然产生大量的相互交叉和相互协调的职能，而城市政府又无力或很难直接履行这项职能，所以综合管理机构代表城市政府对城市基础设施进行有效的、统一的宏观管理。

（2）专业管理机构。根据技术性质和功能特点，城市基础设施可以划分为若干专门系统，如水系统、交通系统、电系统、通信系统、环境系统等。从事专门系统管理的机构就是专业管理机构。例如，在大中城市政府里一般设有公用事业管理局、市政工程局及园林绿化、环境卫生、公共交通、邮电通信等专业局。

（3）协调机构。即城市政府为了协调城市基础设施管理和城市其他各项事业管理的关系，达到城市管理的综合效益而设置的跨部门、跨专业、跨领域的委员会。例如，有的城市设置的交通管理委员会，就是运用各种机构的资源综合管理交通，其职能就是协调规划市政、公安、工商、交通运输等有关部门的横向关系，对全市交通实行统一管理。

（4）临时机构。城市基础设施管理动态因素很多，特别是中国城市与城市管理正处于发展完善阶段，其难免面临一些重要的新出现的或突击性的任务。这些任务依靠常设机构往往难以顺利而高效地完成。因此，有时城市政府需要设置一些临时机构。例如，为了使重要的市政工程早投产、早收益，有的城市成立的"××工程指挥部"。这些机构完成任务后就随之撤销。

（二）管理机构的职能

城市基础设施的管理部门，属于专业经济管理部门，即实施行业管理的部门。目前，根据市场经济发展的要求，城市基础设施的管理，应逐步而又迅速地实现由计划经济概念下的部门管理向市场经济概念下的行业管理转变。在社会主义市场经济条件下城市基础设施的行业管理，不再是仅对政府出资建设的城市基础设施的经营企业的产品和服务实施管

理，而是在投资多元化的情况下，对各种所有制成分构成的全行业整体实施管理。其也可以说是对城市基础设施的产品和服务的市场进行管理，无论是谁想要进入这一市场，都应服从行业的统一管理。

具体而言，就是实施政企分开，包括所有权与经营权分离，即将国有城市基础设施的经营权从政府部门中分离出来全部落实给企业，把企业推向市场，政府部门保留所有权，只行使行业管理职能，不得再直接指挥、干预企业正常的经营活动。现有的基础设施行业的事业单位（大多数以政府名义出现），也应与政府脱钩，转变为具有法人资格的经营管理实体，与企业一样在行业主管部门的监督下进行业务活动。

按照上述原则，政府主管部门对城市基础设施的管理主要表现在以下几个方面：

第一，制定行业的发展方针、政策、规划、规章、强制性产品标准、服务标准、规范等，并监督其实施。

第二，实施市场管理，包括市场准入、资格认定、质量监督、服务监督等。

第三，与有关部门协同监督和实施城市基础设施产品和服务的价格和收费标准的管理。

第四，对于具有直接经济收益的设施，如城市供水、燃气、供热等行业，着重培养市场机制的形成，促进建立一种市场投入为主导的建设、经营新机制，广泛吸收多种所有制经济成分共同参与，形成有序竞争的局面。

第五，对没有直接经济收益或直接收益很少的设施，如城市道路、环境卫生、园林、绿地、防洪等设施，其维修、养护、保洁等业务，应采取招标等市场竞争方式选择胜任、高效的企业来承担，并按合同办事。近年来，深圳市的市容保洁和绿地、树木养护公开向社会招标，上海外滩地区的保洁服务通过公开招标选择了非本市的清洁服务公司承包。这些都是成功的尝试，代表着城市基础设施养护维修改革的方向，应予逐步推广。

二、城市基础设施管理的内容

城市基础设施的管理主要包括城市供电管理、城市供水管理、城市供气管理、城市道路管理、城市灾害管理等。

（一）城市供电管理

城市供电管理的内容是：①输变电建设管理。其包括做好负荷预测，制定电网发展规划；变电所所址选择；送电线路的路径选择。②供电设备运行、检修管理。运行管理要加强巡视检查；进行定期计划检修和事故抢修；预防季节性事故和外力破坏事故；加强技术管理。③用电营业管理。一是做好用户业务扩充管理工作；二是加强电能质量管理，包括频率质量管理、电压质量管理和供电可靠性管理；三是抓好计划、节约、安全用电。

（二）城市供水管理

城市供水管理的内容是：①水资源管理。要防止地表水被污染，合理安排取水量；地下水宜饮用，但需平衡采水与灌水，控制地面沉降。②供水工程的建设管理。其包括取水、净水和配水的工程管理。③供水的水质和水压管理。根据具体情况，可分别采取水厂一次加压、管网中途加压或局部地区加压等做法。④节约用水管理。一是加强宣传；二是实行计划用水；三是使用节水设备；四是提高水的重复利用率。

（三）城市供气管理

城市供气管理的内容是：①供气规划管理。国外城市的燃气化，大多数经历了从煤制气到油制气，再到以天然气为主的过程。②供气工程的建设管理。一方面选择燃气化的途径；另一方面确定供气规模。③供气的安全管理。要控制燃气的质量；监督执行燃气器具的标准；提倡安装燃气警报器。

（四）城市道路管理

城市道路管理的内容是：①对新建或改建道路的质量、进度的监督；②对道路的维修和养护；③路政管理，包括掘路管理、占用路面管理，以及对人为损坏道路的管理。

（五）城市灾害管理

城市灾害管理的内容是：①各种防灾设施的建设和维护；②防灾报警系统和预警系统的建设和管理；③防灾物资的储备管理；④普及防灾救灾知识。

三、城市基础设施的经营与管理

城市基础设施的投入，包括资金、人力、自然资源的投入，而产出是指其所产生的经济效益、社会效益和环境效益。对于一般的商品，主观意识上往往是以经济效益为主，兼有社会效益和环境效益。而城市基础设施，却是为了同时获得三个方面效益而建设的，对它的产出当然就需要从三个方面有形和无形的效益来衡量。例如，每供应 1 立方米自来水可促成 50～75 元工业产值的形成。又如，天津市中环线西段投资 2188 万元，竣工后使企业年增收节约开支约 7000 万元；重庆长江大桥（一桥）投产后，每年为社会增收节支 1093 万元等。这样的例子不胜枚举。

（一）城市基础设施的经营与管理的特点

城市基础设施的部门和单位与一般企业在经营管理上的区别，以及它们经营管理的难点是：由于城市基础设施具有公益性，它的部门和单位不能像一般的企业那样，以盈利为主要目标，而只能以社会效益为首要的目标，在此前提下，兼顾经济效益；虽然它们有生产性，受投入产出的经济规律制约，但其中多数的部门和单位是通过市场与财政的复合补偿，来实现投入产出的资金循环的。这种区别决定了城市基础设施的经营与管理，具有不同于一般企业经营与管理的特点。

（1）根据城市基础设施部门和单位在公益性方面同市场化程度上的区别，实行不同类型的经营管理模式。少数完全靠市场补偿实现投入产出循环的部门和单位，如集体所有制、

个体所有制和私人所有制的出租汽车单位，实行与一般企业一样的企业化经营管理。少数完全靠财政补偿实现投入产出循环的部门和单位，如路灯养护部门，实行全额拨款的事业单位管理。一部分主要靠市场补偿、次要靠财政补偿实现投入产出循环的部门和单位，如供电、电信、公共交通等，基本上实行企业化的经营管理，同时财政给予适当的补贴。一部分主要靠财政补偿、次要靠市场补偿实现投入产出循环的部门和单位，如公园、消防站和广播电视等，实行差额拨款的事业单位管理。

（2）根据城市基础设施经营管理模式的不同，实行不同的定价制度。实行完全的企业化经营管理的部门和单位，所提供的产品和服务的价格，在市场竞争中形成，但受城市政府的物价管理部门的监督。全额拨款的事业单位所提供的产品和服务的价格，由上级部门确定，并经物价部门批准。基本上实行企业化经营管理的部门和单位，所提供的产品和服务的价格，主要在市场竞争中形成，但受物价部门的指导。差额拨款的事业单位所提供的产品和服务的价格，主要由上级部门在参考市场竞争行情后确定，并经物价部门批准。如果扩大再生产的任务较重，价格可含微利；如果主要是维持再生产，价格可含成本；如果公益性较强，市场化程度较低，价格可允许适当的亏损。

（3）无论实行哪一种经营管理的模式，城市基础设施的部门和单位都要努力提高经济效益。这样做，首先是适应社会主义市场经济体制、参与市场竞争的需要；其次是减轻财政负担的需要；最后是增加城市基础设施的部门和单位员工收入的需要。城市基础设施的部门和单位员工提高收入水平，不能靠涨价，只能靠提高产品和服务的质量，增加产品和服务的数量，以及降低产品和服务的成本来实现。实行企业化经营管理的部门和单位，可以运用一般企业的管理制度；实行事业性管理的部门和单位，也必须运用各种形式的经济责任制，把员工的收入与提高质量、增加数量和降低成本挂钩。

（二）城市基础设施建设的资金来源

目前，随改革的不断深入，城市基础设施建设资金的筹集，已从单一转为多元化，筹集的渠道有：a. 城市政府的财政拨款。由于城市基础设施具有公益性，绝大多数的基础设施由市场和财政复合补偿、或完全由财政补偿，因此，国家和城市的财政拨款始终是基础设施建设资金的主要来源。b. 城市建设税与配套费，如附加费、初装费、增容费与建设基金等。c. 国外的长期低息贷款。例如，1989 年，上海成功地利用国际资本建设地铁一号线，之后利用外资步伐加快，通过世界银行和亚洲开发银行融资，解决了杨浦大桥、合流污水治理工程、内环线高架等重大工程的建设用款；到 1996 年年底，不包括在沪 46 家外资金融机构的贷款，上海交通、邮电、电力等基础设施建设直接利用外资高达一百多亿美元。d. 向国内外贷款或发行债券。例如，上海发行浦东建设债券，以及发行市政建设债券、煤气建设债券等，对加快浦东、浦西重大市政联动项目建设，提高城市居民煤气普及率，以及高架路建设，发挥了重要的作用。e. 公用事业的合理收费。f. 土地批租收入。20 世纪 90 年代初，由于成功地进行城市土地使用制度改革，对经营性土地实行有偿出让，收取的大量出让金主要用于城市基础设施建设，土地出让收入和土地使用费收入成为基础设施建设资金的主要来源。g.基础设施和公共设施的有偿使用和企业化经营收入。h.市政设施部门专营权有限期出让。例如，上海通过三桥一隧、延安路高架（东西段）、沪嘉、沪宁高速公路部分专营权出让等途径，筹措了大量城建资金。i.组建基础设施建设的上市股份公司。例如，上海组建凌桥、原水股份公司，筹措自来水的建设资金等。j.吸引大企业投资市政设施建设，如上海实业等六大投资（金融）集团公司，开始承担部分基础设施项目建设。k.通融社会基金，如借用城市社会保险基金等，实际上这是资金的相互融通。向国内金融机构短期借款。l.向中国工商银行、中国建设银行、中国交通银行等银行和非银行的金融机构短期融资。

以上各种筹资途径可以归纳为四类，即城市财政支出、基础设施运营收入、发行股票债券向社会集资、向国内外银行贷款。

四、城市基础设施产业化

基础设施产业化是城市经济发展的趋势。城市基础设施是既为物质生产、社会发展，又为人民生活提供一般条件的基础性公共设施，是城市生存和发展的基础，它包括广泛的内容、复杂的系统和许多特点。随着科学技术和社会生产力的发展，城市基础设施中有越来越多的系统形成独立的产业或行业。例如，已经形成庞大的能源产业、交通产业、运输产业、通信产业、环保产业等。有人认为，1999年的十大产业之首是"公共基础设施产业"，第三位是环保产业。城市基础设施产业还能带动其他一系列产业，如基础材料产业、房地产业、汽车产业、装备工业等，因此基础设施产业是城市经济乃至国民经济的支柱产业，是新的经济增长点。

产业化适应基础设施建设量和投资量不断扩大的需要。社会生产力的发展、经济社会化程度的提高，使基础设施内容越来越广泛，城市经济对基础设施的需求日趋扩大，从而对基础设施的依存性也越来越大。城市现代化在很大程度上取决于基础设施现代化。在城市现代化过程中，基础设施建设量迅速增加。只有不断实现产业化，才能适应城市基础设施投资和建设增长的需要；反之，投资和建设的增加，又要求基础设施实现产业化。

产业化有利于提高城市基础设施的使用效率。提高效率和追求公平，是社会经济发展的两大目标。城市基础设施是重要的经济领域和管理部门，一方面，对城市基础设施的投资和建设量越来越大；另一方面城市基础设施与每一个企业、每一个居民都有着密切的关系。因此这个领域的公平和效率对整个社会的公平和效率有着重大的影响。目前，中国城市中的许多企业效益不高，不能说同城市基础设施落后没有关系。通过市场交换，推行产业化经营，是目前条件下维持公平和提高效率的手段，甚至是最重要的手段。所以，近几十年来，许多国家把城市基础设施的建设、管理和经营，同其他生产经营领域一样交给企业，实行

产业化经营。大量事实证明，不少城市基础设施项目由政府投资、建设和管理往往投资很大、效率低下、分配不公，而交给企业家投资、建设和管理后效率明显提高。产业化经营和管理是城市基础设施发展的趋势和方向。

城市政府职能的转变和有限的财力需要基础设施产业化。随着城市的急剧发展，一方面，城市公共管理任务越来越繁重，越来越细致；另一方面，城市政府机构又受到财力的限制，不可能无限制地扩大，相反需要尽可能的精简，以减轻企业和居民的负担。城市政府要把一部分基础设施建设和管理交给企业去办，变成企业的经营活动，以集中精力办好只能由城市政府办的事。这样，可以更有力、更灵活地筹集资金，动员更多的社会资金投入城市基础设施建设。有的城市成立城市建设投资公司，承担原来由政府承担的一部分任务，已经收到较好的效果。当然，这还仅仅是初步的，城市建设和投资公司需要进一步完善，同时还需要有其他各种类型的企业加入城市基础设施建设的行列。一部分基础设施实行产业化经营，政府就可以加强规划、调控、监督的职能。虽然城市的财政收入不断增长，但与基础设施发展相比，仍然不能满足扩大基础设施建设的需要，这是中国目前城市发展中的普遍现象。为了解决这一矛盾，基础设施产业化是一个行之有效的方法。即使由政府投资建设的项目，也可以实行产业化建设和经营。

科学技术的进步为产业化提供了技术条件。一方面，城市基础设施领域成为科学技术的重要领域，国家和城市致力于这个领域的研究，取得的重大成果推进了基础设施的建设，有利于基础设施的产业化经营，提高建设和经营效益。20 世纪末，美国新兴预测委员会和日本科技厅等有关专家做出的预测，在未来 30 年间，全球在能源、环境、农业、食品、信息技术、制造业、生物医学等领域，将出现 10 大新兴技术，其中有关垃圾处理的新兴技术被排在第二位。随着这类新兴技术的出现、成熟和产业化，在 21 世纪的头 10 年，发达国家日本生活垃圾中的 50% 将被回收利用。近年来，世界各国纷纷开发垃圾资源化技术，通过回收垃圾中的有用成分实现垃圾的减量化和资源化。国外一些国家，如瑞士、澳大利亚、丹麦利用垃圾焚烧发电已占垃圾处理的 65% ~ 75%，荷兰、澳大利亚等国利用垃圾进行堆肥的比例也逐年上升。我国国内也在这方面取得很好的经验。例如，广汉市结合"九五"攻关，由当地政府和私营企业共同出资建成了一座日处理量 100 ~ 150 吨的垃圾处理厂，在处理垃圾的同时，生产颗粒复合肥并回收废塑料作为再生原料。另一方面，科学技术的发展，特别是计量技术的发展，对许多基础设施的使用和消费都可以直接计量，即原来不能分割出售的，现在能精确地按单位出售，这也为产业化经营创造了技术条件。目前，中国实行城市基础设施产业化的条件已基本具备，即市场经济初步建立、实现投入资本化、实现产品（服务）商品化、推行管理价值化、建立主体企业化、开始与国际接轨。

第七章 新时代城市环境及管理

环境问题是城市问题的主题和核心。人类社会发展到工业社会的阶段，主要是受生产力和科学技术水平的限制，在生产物质生活资料时，发生着污染环境的趋势；另外，随着物质和精神的生活水平的提高，人类渴望生活在不受污染的自然环境中。人类正是带着这种困惑告别 20 世纪，迈向 21 世纪的。随着经济的发展和公民文化水平的提高，在各国城市，环境管理已经或将要成为城市政府的最重要职能。

第一节 城市环境和城市环境问题

一、城市环境及其特征

（一）城市环境的含义

环境，是相对于主体而言的，是指在主体周围并与主体有直接或间接关系的因素或条件。城市环境也是相对于城市中的主体——人而言的，是指影响城市居民生活和生产活动的各种自然的和人工的外部条件，即由动物、植物、微生物、水、土壤、大气、阳光等组成的自然环境和由建筑物、构筑物等组成的人工环境的复合体。它是城市人类活动的基础，同时又受到城市人类活动的各个方面的影响。显然，城市环境是一种特殊的自然—人工复合的环境，有其特殊的结构、功能和特征。

城市环境包括两大部分：城市的自然环境和城市的人工环境。城市的自然环境又称城市的自然条件，包括地质（包括矿产资源）、地貌（地形）、土地与土壤、水文、气候与大气、生物（植被、动物和微生物）等自然地理要素。城市的人工环境是指由人工建造的或由人类活动形成的物质环境，主要是指人类生产和生活所依赖的各种人工设施，包括生产设施（厂房、生产设备、仓储设备等）、市场设施（包括商店、酒店、广告和营业性娱乐设施等）、生活设施（住房及相关设施、生活服务设施等）和基础设施（公共场所和建筑物、道路和交通设施、供排水设施、供电设施、供气设施、垃圾收集和处理设施、福利性娱乐设施等）。

（二）城市环境的基本特征

1. 城市环境是一种高度人工化的自然—人工复合环境

城市环境既不是单纯的自然环境，也不单纯是人工环境。自然环境与人工环境的高度融合是城市环境最显著、最基本的特征。因此，城市环境的发展和演化，既遵循自然规律，也遵循人类社会的规律。自然环境是城市环境的基础，但人工环境是城市环境的主体。城市是人类对自然环境施加影响最强烈的地方，城市的各种自然要素都带有明显的人工痕迹，甚至已经被人工改造得面目全非。但即使如此，城市环境仍然受到自然规律的制约，城市的自然环境仍然遵循着自然演化规律。例如，城市的"热岛效应"是城市的"小气候"，但这种小气候仍然处在大气候的四季更替的控制之下。

2.城市环境是以人为主体和中心的环境

人是城市环境的主体，人不但创造了城市的人工环境，而且剧烈地改变了城市的自然环境，因此人是城市环境的创造者。人创造城市环境的目的是为了人本身，因此"以人为本"是城市环境的根本宗旨。但是，"以人为本"并不是"人类中心论"，不是追求人对自然的绝对主宰和控制，而只是强调城市环境的"人文关怀"。

3.城市环境是一个高度开放性的环境系统

每一个城市都在不断地与周边地区和其他城市进行着大量的物质、能量和信息交换，输入原材料、能源，输出产品和废弃物。因此，城市环境的状况，不仅仅是自身原有基础的演化，而且深受周边地区和其他城市的影响，城市的自然环境与周边地区的自然环境本来就是一个无法分割的统一的自然生态系统。城市环境的这种开放性，既是其显著的特征之一，也是保证城市的社会经济活动持续进行的必不可少的条件。

4.城市环境的脆弱性

由于城市环境是高度人工化的环境，受到人类活动的强烈影响，自然调节能力弱，主要靠人工活动进行调节，而人类活动具有太多的不确定因素，而且影响城市环境的因素众多，各因素间具有很强的联动性，一个因素的变动会引起其他因素的连锁反应，因此城市环境的结构和功能表现出相当的脆弱性。城市环境的脆弱性，主要表现在城市的环境问题种类繁多，而且日益严重。

5.城市环境污染严重

与乡村地区相比，城市是人类生产和生活活动集中之地，污染源众多、污染物数量大、污染现象严重。尤其是大气污染，是城市主要的环境特征之一。城市的环境污染不仅影响到城市本身，而且往往扩散到城市的周边地区。

二、城市的环境污染和环境问题

城市环境污染，一般是特指由于人们的行为的因素使城市环境系统的构成或状态发生了不良变化，扰乱城市环境的生态平衡，破坏了城市生态系统的分解污染、自我净化的能力，使城市环境不断劣化的状态和过程。具体地说，由于城市居民的生活和生产活动，产生大量有害物质（主要是工业"三废"和生活废弃物等），对大气、水质和土壤的污染，超出了环境系统的自净能力，破坏了环境的机能，达到了致害程度；生物界的生态系统遭到扰乱和破坏，一切无法再生或无法取代的资源被滥采滥用；由于固体废物、噪声、振动、地面沉降和景观破坏等造成的对环境和人类的损害，都称为城市环境污染。城市是人类生产和生活活动密集的场所，也是环境污染较为严重的地区，城市环境往往处于高负荷、甚至超负荷状态。城市的环境污染是多方面的，按受污染的领域范围可分为大气污染、水域污染、土地污染、声环境污染和视觉污染；按污染物质可分为气体污染、水污染、固体废弃物污染、波污染(包括声波、电磁波等)、放射性污染等；按污染的性质和作用方式可分为物理污染(声、光、热、磁、辐射等污染)、化学污染、生物污染（病菌、病毒等）；按污染产生的原因可分为生产污染（包括工业污染、农业污染、交通运输污染、服务业污染等）和生活污染。由这些环境污染所引发的各种问题称为环境问题。城市的环境问题主要有以下几个方面。

（一）大气污染

城市的大气污染物主要包括生产和生活活动中排入大气中的悬浮颗粒物、含硫化合物（二氧化硫、硫化氢等）、氮氧化物（一氧化氮、二氧化氮）、碳氧化物（一氧化碳、二氧化碳）等。悬浮颗粒物主要来自燃料燃烧、建筑扬尘和工业（采矿、水泥、冶金等）生产过程中产生的粉尘，颗粒直径小于100微米以下的所有颗粒称悬浮颗粒物。这些悬浮颗粒物中往往含有多种金属，不仅直接污染环境，直接对人体构成危害，而且吸附有毒气体，使有毒气体富集并发生化学反应，从而大大增强其危害性。城市大气的气态污染物主要来自工业、生活和机动车对煤和石油的大量消耗，其中直接危害最大的是二氧化硫、一氧化氮、二氧化氮和一氧化碳。特别是由汽车和工业排出的氮氧化物和硫化氢，经太阳光紫外线照射后生成一种毒性很大的浅蓝色的烟雾，称为光化学烟雾，对人体的危害极大，轻者眼睛红肿、呼吸道发炎，重者呼吸困难、头晕目眩、视力减弱、手足抽搐，甚至导致死亡

（二）水污染

城市生活污水和各种工业污水未经处理或处理不当即排入周围环境，就会造成对环境，特别是城市水环境的污染。这些污水中含有大量的有机和无机污染物，不仅破坏水域生态系统，造成水生动物的大量死亡或绝迹，而且直接威胁着人们的饮水安全和身体健康。城市的水环境包括地表水环境和地下水环境，地表水环境首当其冲受到污染，污水的长期下渗使地下水环境也遭到污染。另外，大气降水的污染也不可忽视。一方面有时降水（如酸雨）本身即已是污水；另一方面降水会把空中和地表的污物冲刷到水体中。因此，降水实际上就把大气污染和地面污染的一部分转移到水环境中。

（三）固体废弃物污染

固体废弃物是指人们在生产和生活中认为无用而丢弃的固体和泥状物质，主要包括工矿业固体废物、建筑废物、生活垃圾、水底和管道污泥以及废水处理渣等，城市处理固体

废物的主要办法是露天堆放。随着经济的发展和人们生活水平的提高，城市中各种废弃物的排出量迅速增加，不仅影响城市环境的整洁美观，而且向郊区和农村地区转移和扩散，更严重的是固体废弃物不仅占用土地，而且污染地下水及水源地，释放有毒有害气体，造成危害极大的二次污染，加剧大气、水和土壤环境的恶化。在城市固体废弃物中，工矿业废物和建筑废物产生集中，成分单纯，还比较易于处理；而城市生活垃圾由于其发生源极其分散，成分也非常复杂，处理就相当困难。许多城市对生活垃圾采取简单的填埋，虽然能解决一时的困难，但对生态环境存在很大的潜在威胁。因此，生活垃圾处理一直是城市环境所面临的一大难题，目前也已成为一个焦点问题。目前，中国每年排放的工业废弃物在 5 亿吨以上。工业废渣的处理只有 30%，综合利用率只有 23%。1997 年，城市生活垃圾和粪便的清运量是 13827 万吨，无害化处理量是 7661 万吨，占清运量的 55.4%。

（四）噪声污染

城市中人口和产业集中，人们的生产和生活活动会发出各种声音，其中有些声音妨碍人群的休息、工作、学习，甚至影响人的身体健康，这就是噪声污染。广义上说，噪声是指一切不需要的声音，因此噪声既具有绝对的意义，也具有相对的意义。噪声已成为污染城市环境的重要因素之一，是毋庸置疑的。从其发生源来讲，城市的噪声污染主要包括交通（汽车、飞机等）噪声、工业噪声、建筑业噪声、商业和娱乐场所噪声、家庭生活噪声等。噪声会使受害者出现心理和生理不适症状，如烦躁不安、耳鸣眩晕，严重者会出现听觉失灵，进而可能成为噪声性耳聋，噪声一旦引起心脏、脑血管等疾病的并发，将直接威胁受害者的生命安全。极强噪声能使受害者的整个机体受到严重损伤，造成脑震荡甚至死亡，还会危及建筑物、现代化生产、科研和国防建设。因此，对城市噪声一定要予以重视，加强管理，根据各种噪声的特点，采取防治和减控措施。目前，中国多数城市的噪声处于中等污染程度。据 1997 年国家环保部门统计，在受监测的 49 个城市道路中，声级超过 70 分贝的占监测总长度的 54.9%。各类功能区的噪声普遍超标，超标的百分率分别为：特殊住宅区 57.1%，居民文教区 11.7%，居住、商业、工业混杂区 80.4%，工业集中区 21.7%，交通干线道路两侧 50%。

（五）电磁波污染

近些年，随着各种现代化的无线通信、广播、电视、监测、遥控等技术的发展和推广，电磁波的污染已经引起许多人士的关注。但是由于电磁波无形、无声、无味，其存在不易被人察觉，其危害也不能直接显现，因此电磁波污染并未受到应有的重视。事实上，电磁污染的危害是极大的。它不仅直接对人的神经系统构成危害，而且对精密仪器、仪表的正常工作造成影响，使之出现偏差甚至失灵，对这些仪器、仪表所承担的各项事业（医疗、教育、国防、金融等）构成威胁。由于电磁污染造成的航空、交通、医疗等事故日益增多，电磁污染还包括各种电磁波之间的相互干扰，出现信息上的混乱，因此必须对电磁污染给予足够的警惕和重视，否则将可能对人类社会造成灾难性的后果。此外，近些年来，城市光污染也在呈增加趋势。目前，各大城市实行"让城市亮起来"工程，闪烁的霓虹灯在美化城市形象的同时，也给日益增多的夜间工作、娱乐的居民带来了无形的伤害。

（六）土壤污染

土壤污染主要表现在城市近郊区环境的污染上。土壤的污染源包括滥施化肥农药、工业废水和废渣，以及生活污水和垃圾等。据1997年统计，全国有1000万公顷耕地受到不同程度的污染，占全部耕地的10.5%。随着城市规模的扩大，尤其是特大城市、大都市区、城市群地区，土壤污染问题不断加重，污染了的城郊土地在为城市生产和提供蔬菜、瓜果、牛奶等副食品时，食物安全性没有了保障，反过来危及城市居民的生命健康。

第二节　城市环境及其管理

从环境演变角度看，城市的发展史就是人类不断改造城市自然环境的过程，是城市人工环境不断扩大、自然环境不断后退的过程。但是，无论人类文明如何发达，都无法摆脱自然环境演变和发展规律的制约。所以，在人类进入工业社会后，随人类文明的迅速发展和财富的迅速积累，人类的生产和生活活动排放到自然环境中的有害物也呈加速增长趋势，城市生态系统的调节机能受到严重破坏，造成了城市生态系统的恶性循环，引发了日益严重的城市环境问题。这就要求人类必须高度重视城市环境保护和管理。城市环境在特定的空间、时间不外处于三种状态：最佳状态——城市环境的优化、理想化；中等状态——城市环境的正常化、一般化；最劣状态——城市环境的劣化、污染化。城市环境保护和管理就是使环境达到优化目标。就城市环境发展的特点而言，城市环境管理包括两大部分内容：一是城市环境综合治理，即防治城市环境污染；二是城市环境建设与日常管理。

一、城市环境管理的含义

环境保护和管理工作按决策性质可分为两大类：一类是环境工程，属技术性质；另一类是环境管理。这两类之间是相互贯通、互相联系的。世界各国和中国环保工作的经验都表明，环境问题不仅是一个技术问题，而且更重要的是社会经济问题；不仅要用自然科学的方法去解决污染和生态的破坏，还要用科学的政策、方法以求维护环境质量。

城市环境管理即运用经济、法律、技术、行政、教育等手段，限制人类损害环境质量的行为，积极营造良好的城市环境，协调城市经济发展与环境系统的关系，达到既发展经济，满足人们的物质需要，又不超出环境容量极限的管理活动。城市是人类与环境结合起来的空间地域系统，在"人类—环境"系统中，人是主导的方面。所以环境管理的实质，是影响人的行为，使人类对环境总资源进行最佳利用，以达到全人类的一切基本需要得到满足，而又不超过生物圈的容许极限。换言之，环境管理的核心问题，是遵循生态规律和经济规律，正确处理城市发展与生态环境的关系。

二、城市环境管理机构及其职责

（一）城市环境管理的机构

中国城市政府的环境保护局对城市的环境保护和管理工作实施统一的监督管理，是市人民政府环境保护行政主管部门。它依照法律和行政法规，对全市环境保护工作实施统一监督管理，承担市人民政府环境保护目标与任务，加强工业污染防治、城市环境综合整治和生态环境保护，组织实施环境管理制度和措施，促进市经济和社会持续、协

调、健康地发展。各级城市人民政府的其他履行城市环境管理职责的有关政府机构、社会组织，是执行社会内部分工、综合管理环境的公共机构，如城市园林管理局、环境卫生管理局以及"绿色之家"环保协会等。它们不同于工矿企业的环境管理机构。

（二）城市环境管理机构的职责

根据《中华人民共和国环境保护法》等有关文件的规定，市人民政府环境管理机构的职责有：

（1）执行国家环境保护的法律和标准，拟订本市的法规、规章、标准和规范性文件，制定适合本市市情的环境政策和措施。

（2）组织制定城市环境保护和管理的规划和计划以及环境统计和预测工作，参与制定城市规划、城市经济和社会发展规划。

（3）制定、修订城市环境质量标准体系和污染物排放标准及其相应的基础方法标准，确定环境污染总量控制的区域和指标，组织落实各级环境目标责任制，协调城市环境综合整治和定量考核工作。

（4）监督检查各单位、各部门和下级政府执行国家环境保护与管理的方针、政策、法律法规的情况，将执行情况存在问题向上级人民政府报告，并提出改善城市环境管理的对策和建议。

（5）直接监督重大的建设项目，审批开发建设项目、技术改造项目以及新建工业区的环境影响报告书和"三同时"①执行情况，参加选址和工程竣工的验收，组织实施环境管理的各项制度。

（6）组织环保的科技攻关，促进环保产业的发展。

（7）管理城市的环境监测网络，发布环境状况公报，协调环境污染纠纷。

（8）总结、交流与推广环境管理及污染防治的先进经验和技术，组织开展环境科学的

教育工作、科学研究及宣传普及活动。

三、城市环境的综合治理

城市环境综合治理，是在党和政府的领导下，强化政府环保部门的职权，依靠政府其他部门的分工配合，运用各种手段，组织和监督各企业、社会组织和市民，从各方面防治环境污染的管理过程。

城市环境的综合治理主要发挥两个作用：预防城市环境向坏的方向发展，治理已经被污染的环境。第一个作用的发挥主要是通过实施中国城市环境管理的预防方面的基本制度，有环境监测制度、环境影响评价制度、"三同时"制度、许可证制度等，依法行政进行管理；第二个方面的作用的发挥主要是通过实施中国城市环境管理的治理方面的基本制度，有"谁污染谁治理"制度、惩罚与奖励制度等，依法行政，并运用经济手段进行管理。

城市环境的综合治理，首先体现在领导体制的综合性。在中共市委和市政府的领导下，由市政府总负责。1996年的《国务院关于环境保护若干问题的决定》要求："地方各级人民政府对本辖区环境质量负责，实行环境质量行政领导负责制。要将辖区环境质量作为考核政府主要领导人工作的重要内容。"从1989年起，中国政府在全国推行城市环境综合整治定量考核制度，并根据考核结果，公布大城市环境综合整治的名次。1997年，经过考核，国家命名了张家港、大连、深圳、厦门、威海和珠海为国家环境保护模范城市。市政府的环保部门强化职权，对城市的环境保护工作，实施统一的监督管理，并对城市环保负专职管理的责任。市政府的其他部门在各自职权范围内，负有分工配合环保部门工作的责任。其次体现在运用手段的综合性。要综合地运用经济、法律、行政、技术、教育等方面的手段，有效地进行城市环境的综合整治。再次体现在依靠力量的综合性。只有增强各单位和市民保护环境的自觉性，城市环境的综合整治才能具有坚实的社会基础。最后体现在防治内容的综合性。环境保护不仅自身的内容非常丰富，而且渗透到城市经济和社会发展的各个方面。坚持环境防治内容的综合性，有利于实现环境效益、社会效益和经济效益的统一。

四、城市环境的建设及其日常管理

（一）城市园林绿化管理

1. 城市园林绿化管理的含义

城市园林绿化管理是城市政府的行政主管部门依靠其他部门的配合和社会公众参与，依法对城市的各种绿地、林地、公园、风景游览区和苗圃等的建设、养护和管理。城市园林绿化对城市的环境具有积极的保护作用，主要体现在净化空气、减弱噪声、净化污水、调节小气候、防止火灾、监测环境污染、保持水土等方面，是城市形象建设的重要环节。可见，城市园林绿化管理是积极营造良好城市环境的行动，是城市环境管理十分重要的内容。

2. 中国城市绿化的管理体制

目前，中国城市绿化的管理体制如下：①市、区和县、街道和乡镇的绿化委员会负责宣传、组织、推动全民义务植树运动和群众性绿化工作。②市园林管理局是城市园林绿化的行政主管部门，区、县的园林管理部门在业务上受市园林管理局的领导。③市农业局是城市林业生产和乡村绿化的行政主管部门；县、区的林业管理部门是本辖区林业生产和乡村绿化的行政主管部门，业务上受市农业局的领导。④城市各级政府有关部门有职责配合和协助园林或林业管理部门，加强城市的园林绿化管理。⑤在城市的所有单位和居民均有义务参加植树造林，保护绿化。⑥政府统一领导城市植树造林的绿化工作，制订绿化分解责任指标和年度实施计划，实行植树造林绿化任期目标责任制。区、县政府根据绿化分解责任指标，制订年度实施计划，负责本辖区植树造林绿化建设的实施，实行植树造林绿化任期目标责任制。⑦公共绿地、风景林地、防护绿地，由城市政府的绿化行政主管部门管理；各单位管界内的防护绿地，由该单位按照国家有关规定管理；单位自建的公园和单位绿地，由该单位管理；居住区绿地，由绿化行政主管部门根据实际情况确定的单位管理；生产绿地，由其经营单位管理。

3. 城市园林绿化管理的内容

城市园林绿化管理的基本内容有下列方面：

（1）园林绿化的规划管理。城市政府应当把绿化建设纳入国民经济和社会发展计划，城市政府应当组织规划行政主管部门和绿化行政主管部门等共同编制城市绿化规划，并将其纳入城市总体规划。城市规划中的绿地、林地，不得任意改变。确需改变的，应征得市园林局或市农业局同意，并落实新的规划绿地、林地后，一并报批；改变规划不得减少本地段内规划绿地、林地的总量。任何单位和个人都不得擅自改变城市绿地规划用地性质，或破坏绿化规划用地的地形、地貌、水体和植被。

（2）园林绿化的建设管理：①城市新建、扩建、改建工程项目和开发住宅区项目，一般均应配套建设绿地，并服从市政府发布的面积比例规定。建设单位在申请领取建设工程规划许可证之前，应将绿化工程设计方案报送园林或林业管理部门审核，并须缴纳绿化建设保证金。建设工程竣工后，园林或林业管理部门应参与验收，验收合格后，全额返还绿化建设保证金。建设项目的绿化经费，应按照绿化用地面积比例和绿化定额标准执行。②城市政府每年应在城市建设资金中安排保证公共绿地建设的经费；并按照绿化养护数量，从城市维护事业费中核拨养护经费。鼓励单位和个人投资、捐资兴建公共绿地。③城市绿化工程的设计和施工，应当委托持有相应资格证书的设计或施工单位承担。

（3）园林绿化的产权管理。任何单位和个人都不得擅自占用城市绿化用地，都不得损坏城市树木花草和绿化设施。不准将国有林木的所有权划给集体所有制的单位；也不准将集体林木的所有权划给个人。

（4）园林绿化的监督管理：①除了农村居民在房前屋后和自留地上种植的树木、城镇居民在住宅的庭院内自费种植的树木以及苗木生产单位进行生产性移栽和出圃作业外，其他的迁移、砍伐、采伐树木或变更绿地、林地，都必须办理审批手续，领取许可证；②保养公共绿地，须建立责任制，落实到组织和个人。

（5）城市公园的管理。公园内的建筑面积一般以不超过公园面积的 2% ~ 3% 为宜。必须保持公园的整洁，禁止开展有损公园性质和功能的各种活动。

（6）城市古树名木的管理。百年以上树龄的树木、稀有珍贵树木、具有历史价值或重要纪念意义的树木，均属古树名木。对城市古树名木实行统一管理、分别养护。市政府的绿化主管部门应当建立古树名木的档案和标志，划定保护范围，加强养护管理。在单位管界内或私人庭院内的古树名木，由该单位或居民负责养护，市政府的绿化主管部门负责监督和技术指导。严禁砍伐或迁移古树名木。

（二）城市环境卫生管理

1.城市环境卫生管理的含义

城市环境卫生管理，是在城市政府领导下，城市卫生行政主管部门依靠专职队伍和社会力量，依法对道路、公共场所、垃圾、各单位和家庭等方面的卫生状况进行管理，为城市的生产和生活创造一个整洁、文明的环境。

城市环境卫生管理是城市环境管理的一个重要内容，是城市形象建设的关键环节。它对城市的生存和发展，起着非常重要的作用。第一，城市环境卫生管理保护着市民的身体健康。城市是人口高度集中的地方，如上海市每天产生的生活垃圾达一万吨以上；同时城市人口的流动性很大，不但在市内流动，而且向国内外流动。如果没有环卫职工每天起早摸黑地把街道打扫清洁，把居住区的垃圾、粪便清运干净，那么，蚊蝇就会肆虐，细菌就迅速传播，疾病就会流行。第二，城市环境卫生管理保障着经济建设的正常进行。各行各业的经济活动，也每天产生着大量的生产垃圾，如果没有环卫职工的及时清运，经济建设要想正常进行，是难以想象的；况且，各单位的正常工作还有赖于环卫管理所保护的职工健康。第三，城市环境卫生管理保持着城市的整洁面貌，有利于城市的对外交往和发展旅游业。城市的环境卫生管理，是城市的形象工程，是城市扩大对外交往和旅游业的基础。第四，城市环境卫生管理是城市精神文明建设的重要组成部分，它陶冶和展示着一个城市市民的高尚情操。一个城市的经济越发达，城市建设越容易实现现代化与民族化相结合，这个城市的市民素质往往也就越高，因而城市也越干净。在城市形成一个人人爱护公共卫生的氛围，是城市社会主义精神文明建设工作的一个重要环节。

2.中国城市环境卫生管理体制

（1）市、区和县的政府设置环境卫生管理部门，街道办事处、乡和镇的政府设专人负责环卫管理，分别是本辖区环境卫生工作的主管机关或主管人员。

（2）城市各级政府的规划、环境保护、建筑、房产、市政、园林、公安、财政、工商行政、教育、卫生、水利和港航监督等部门，有职责协同环卫部门，做好环卫管理工作。

（3）各级环卫部门下设环境卫生监察队伍，行使环境卫生执法监察权。区、县政府可根据实际情况，组织群众性监督队伍，在业务上受环卫部门的领导，协助环卫部门开展监督工作。

（4）各单位有义务遵守国家和城市的环卫管理法律、规章，接受政府环卫部门的业务指导和监督，负责单位内部的环境卫生，维护公共场所的环境卫生，并在一定情况下负责单位周围的环境卫生。

（5）城市的每位公民有义务遵守公共卫生的法规，积极参与改善城市环境卫生的活动。

3.城市环境卫生管理的内容

（1）环境卫生管理规划的制定和实施。市、区和县的政府应制定城市环境卫生事业发展规划，并将其纳入城市规划、城市经济和社会发展计划。

（2）环境卫生事业的资金管理。环境卫生事业所需经费，由政府按任务量拨付。环境卫生作业单位受委托清运、处理垃圾粪便时，实行有偿服务。

（3）环境卫生作业单位管理。市、区和县的环卫部门领导各自的环境卫生作业单位，负责清扫道路和公共场所，清运、处理垃圾和粪便。

（4）环境卫生设施管理。城市的环境卫生设施分为环境卫生公共设施和环境卫生工程设施两类。任何单位和个人不得损坏和盗窃环境卫生公共设施；带有经营性公共场所。性质的单位，如火车站、影剧院、商店、宾馆和医院等，应自行设置环境卫生公共设施；建设居住区、工业区等，应配套建设环境卫生公共设施，资金由建设单位负责，环卫部门应参与这类设施的规划、设计审核和竣工验收。

（5）环境卫生监督管理。城市政府环卫部门指导和监督各单位遵守环卫法规，履行环卫义务。环卫部门的环境卫生监察队伍监督检查各单位分工责任范围内的环境卫生，有权对违反环卫法规的行为予以处罚。

4.城市垃圾管理

城市垃圾管理，是城市环境卫生管理的最基本的、最核心的内容，也是城市形象建设的最基本的任务。它是城市政府的环境卫生行政主管部门依靠企业、事业单位的专业化作业和城市各单位、市民的积极支持，对生产和生活垃圾进行收集、运输和处理的管理活动。城市垃圾管理，对城市的环境管理乃至整个城市管理，具有特殊意义。一言以蔽之，它不仅关系到当代人的健康和城市的整洁，更重要的是关系到保护资源和人类的可持续发展。目前中国城市垃圾人均年产量达到440公斤，城市生活垃圾年产量达到1.5亿吨，而且每年以8%～10%的速度增长。垃圾的历年堆存量已达60多亿吨，由于至今城市垃圾主要采用露天堆放和简易填埋，全国有200多座城市陷人垃圾的包围之中，并且严重地污染着城市环境，中国城市生活垃圾的处理量只占总量的 2.3%。城市垃圾管理的现代化有三个标志：一是城市政府和市民高度重视垃圾问题；二是市民自觉坚持分类倾倒垃圾；三是垃圾的收集、运输和处理科学化。

城市垃圾管理，首先，要朝着分类倾倒垃圾的方向努力。中国一些城市已开始试点。日本城市市民倒垃圾时分为三类：可燃性的，如厨房垃圾、纸屑木块等；不可燃性的，如玻璃、塑料、金属和陶瓷器皿等；大型垃圾，如家具、电器产品、汽车和被褥等。其次，遵循"经济、封闭、卫生"的原则运输垃圾。"经济"是指小车与大车相结合，陆运与水运相结合等；"卫生"是指车离场地清。最后，逐步实现垃圾处理的无害化、减量化和资源化。为了实现这一目标，中国城市目前重点发展卫生填埋和堆肥技术，有条件的城市发展焚烧技术。卫生填埋是采用人工防渗层，提高填埋场防渗水平，对渗沥液进行净化处理；对填埋气体回收利用，从而消除垃圾填埋对土壤、地下水和大气的危害。堆肥处理技术是利用生活垃圾中的有机腐殖质生产复合肥。垃圾焚烧处理技术具有减量最有效、热量可利用、节省大量填埋用地等优点。

（三）城市市容管理

1. 城市市容管理的含义

城市市容管理，是城市政府的市容行政主管部门依靠市容监察队伍和社会参与，依法对城市的建筑外貌、景观灯光、户外广告设置和生产运输等的整洁、规范进行的管理活动。

2. 中国市容管理的机构

中国城市市容管理的政府职能部门，在一些大城市是专设的市政管理委员会、市容管理办公室；在其他城市，是环境卫生行政主管部门等。市容行政部门下设市容监察大队，行使市容执法监察权，市容监察的执法程序包括立案、调查、取证和处理等环节。

3. 城市市容管理的内容

（1）一切单位和个人都应当保持建筑物的整洁和美观。

（2）在市政府规定的街道两侧的建筑物阳台和窗外，不得堆放、吊挂有碍市容的物品。

（3）主要街道两侧的建筑物，应选用栅栏、绿篱等作为分界。

（4）在城市中设置户外广告、标语牌、画廊、橱窗等，应当内容健康、外形美观，并保持整洁。

（5）任何单位和个人不得在街道两侧和公共场地堆放物料，搭建建筑物。因建设等特殊需要，堆放物料，临时搭建建筑物等，须经市容行政部门批准。

（6）在市区运行的交通运输工具，应保持外形完好和整洁，不得滴漏和洒落。

（7）城市的施工现场应保持整洁。

（8）任何单位和个人都不得在城市的建筑物、设施以及树木上涂写、刻画等。

第八章 城市经济发展与管理

城市经济具有综合性、集中性和相对独立性等特点，其在国民经济中的核心地位决定了加强城市经济管理的必要性。所谓城市经济管理，是指城市政府及其工作部门对城市经济活动进行的计划、指导、组织、协调、监督等的一系列活动。它是城市管理体系和整个国民经济管理体系的有机组成部分，是城市政府管理的重要任务之一。

第一节 市场失灵与政府调控

亚当·斯密认为市场经济能够自动地进行市场调节，市场的运行完全是由"看不见的手"来控制的，但是市场经济自身存在着许多缺陷，造成了市场经济不能很好地运行下去。城市作为社会经济有机体的核心，其综合性、集中性和相对独立的特点使得每一个城市经济总量巨大、结构复杂并具有相对的独特性，一旦出现市场失灵，城市政府干预城市经济活动就显得非常重要，并且城市政府的调控方式、方法和方向均表现出一定的独特性。

一、城市政府的经济调控职能

城市政府的主要经济调控职能应定位在它要能够弥补市场缺陷，熨平市场经济的波动，为市场经济的运行提供一个合理有序的制度框架。这些基本的功能活动，从总体上概括起来就是：公共物品的供给职能、计划调控职能、综合管理职能、法律调控职能等。

（一）公共物品的供给职能

自由市场制度是建立在交换的等价原则之上的，只有那些具有排斥性质的可以交换的产品才能进行市场交易；与私人产品不同，公共产品具有"非排他性"和"非竞争性"，所以公共产品的交换行为难以产生，消费者与供给者之间的联系由此中断。因此，为弥补市场的这个局限性，公共物品应主要由城市政府来提供。从世界各国的情况来看，政府提供公共物品有两种基本方式：一是政府直接生产，另一种是政府间接生产。

一般来说，我们认为纯公共物品和自然垄断性很高的准公共物品应该采取由政府直接生产的方式来提供，如保健事业、医院、图书馆、中小学教育等（国防、警察等公共物品应由国家政府来提供，而非城市政府来提供）。对于一些基础设施行业，如道路、邮电等则可以采取城市间接进行生产的方式来提供，如采取政府授权经营、政府参股、政府与私人企业签订合同等方式，引进竞争方式，就会进一步提高资源的利用效率。

（二）计划调控职能

一个城市经济发展的快慢，社会效益的好坏，关键之一在于有无一个正确的经济社会发展规划。因此，城市政府应该根据国家对城市发展和建设的方针、经济技术政策、国民经济和社会发展长远规划、区域规划以及城市所在地区的自然条件、历史情况、现状特点和建设条件，按照功能分区，合理布置城镇体系，合理地确定城市在规划期内的经济和社会发展目标，确定城市的性质、发展方向、发展规模和建设布局，统一规划，合理地利用城市的土地，综合部署城市物质文明和精神文明建设的各项事业，使整个城市的建设和发展，达到技术先进、经济合理、"骨肉"协调、环境优美的综合效果，为市民的经济社会活动创造良好条件。要保证规划的全面落实，城市政府还必须发挥领导的权威，充分运用经济的、法律的、行政的管理手段，加强指导，保证城市各项建设事业有秩序地、协调地发展，使城市的发展建设获得良好的经济效益、社会效益和环境效益。

（三）综合管理职能

一级城市政府在经济管理中，一定要遵循宏观管好、微观放开的原则，综合考虑环境、土地、资源、经济、人口、社会、文化等因素，围绕环境保护、资源开发、土地利用、交通通信条件改善、工业布局、副食品生产、社会问题的解决、居民点分布等重点，加强城市计划管理、固定资产投资管理、财政金融管理、公用设施管理、工业管理、城郊农业管理、交通管理、房地产管理等，不断提高城市素质，增强城市的聚集效应和辐射作用。

（四）法律调控职能

市场经济是法制经济，城市经济作为国民经济的重要组成部分，在国民经济发展中起着举足轻重的作用。因此，城市在国家的法律法规框架下进行日常的经济活动时，城市政府也要因地制宜地制定符合本地区特色的经济规章制度，为市场经济的发展提供有利的外部条件，对经济活动和社会事务进行法律调控。在市场经济体制下，这是城市政府最基本的职能。

二、中国城市政府经济职能的改革方向

中国长期实行计划经济体制，其突出特点是政企不分，企业和其他经济实体隶属于政府，政府对企业实行"包起来、管到底"的办法，把企业的人、财、物和产、供、销业务都纳入政府的计划，结果，在新中国成立初期计划经济体制适应当时经济环境所迸发出的原动力释放以后，国民经济旋即陷入一个僵化、停滞的状态。为了打破这种落后状态，中国在

农业经济体制改革的基础上，开始推行城市经济体制的改革，并在此基础上开始转变城市政府的职能。根据中国16个中等城市进行机构改革及有关城市在转变政府职能方面的探索，中国城市政府经济职能的改革方向主要有以下几个方面：

（1）进一步明确城市政府的经济管理权限和职责，形成强有力的决策指挥系统。在国民经济分级管理中，城市是一个重要的决策指挥层次。城市作为一个复杂的有机综合体，作为经济中心，其功能的充分发展与否，从根本上取决于城市政府决策指挥是否正确。因此，改革城市经济管理体制的一项突出任务就是要健全和完善城市经济的决策指挥系统。为了保证城市政府能够科学地进行经济决策并有效地加以指挥实施，固然要求做多方面的努力，但其中关键的一点就是必须明确城市政府的经济职能和职责。这就要处理好国家与城市政府的关系，进一步扩大城市政府管理经济的权限，落实其职责。而要建立起强有力的城市经济决策指挥系统，就要求城市政府依据自身的性质、特点和优势，制定出符合国民经济总体规划的城市经济发展战略，建立切实可行的中长期发展目标和发展重点。同时，在此基础上，制定出产业政策、投资政策、财政政策、分配政策等，为城市经济的发展指明方向，使其有所遵循。同时，要按照精简、统一、高效的原则，构建合理的城市管理系统。在组织形式上，城市经济的决策指挥系统、调节控制系统、组织协调系统和监督检查系统的各项职能都需要具体的管理机构来承担。针对原有城市经济管理机构所存在的机构臃肿、人浮于事、多头管理、效率低下等弊端，新型的城市经济管理机构必须充分体现精简（部门和层次减少，机关工作人员精干）、统一（政归一口、综合管理）、高效（工作效率高，卓有成效地为基层经济服务）的原则。

（2）城市政府要转移部分职能，切实做到政企分开、政事分开。政企分开、政事分开，关键在城市政府职能转变，以及怎样转变。城市政府通过机构改革，应按照"政企分开""政事分开"的原则将属于资源配置、生产经营和社会自治职能转移出去，交由市场、企业、社会中介和自治组织承担。城市政府只有贯彻简政放权、政权分开的原则，不直接插手企业的经营管理活动，使企业真正赢得生产和经营自主权，才能促进城市经济的迅猛发展，才能使城市经济上新台阶。

（3）城市政府要立足于城市经济的内在联系，形成多方兼顾的组织协调系统。城市是商品生产、分配、交换和消费的中心地，城市经济的一个重要特征就是开放型而非自我封闭型。这种开放型明显地表现为一个城市与其他城市和地区乃至国外有着广泛的、经常的、活跃的横向经济联系。实行城市经济的对外开放，大力发展跨地区、跨部门、跨城乡的横向经济联系，建立以中心城市为依托、横向联合为主、纵横结合的经济网络，既是发展市场经济的客观要求，也是充分发挥城市功能的前提条件。为此，城市政府必须把计划、财政、物价等经济综合部门和银行等金融机构统一组织起来，设立一定形式的协调机构，并赋予其一定的裁决权，避免各自为政现象的产生，以实现对城市经济的合理组织和城市经济关系的有效协调，促进城市经济的大发展。

（4）健全完善城市经济的调控体系。在中国这样一个自然、社会、经济条件差异很大的国家，必须建立健全有效的经济调控体系，才能把国家的宏观经济政策与各个城市地区的实际情况相结合，才能增强城市的责任感和主动性。在城市经济的调控模式中，要建立起中央政府、地方政府、城市政府相结合的统一的调控体系，必须理顺中央与地方的经济关系、建立起在中央统一领导下的中央与地方合理分权的新体制。因此，凡是涉及全国统一政策和全国统一市场的管理权限必须集中到中央，以保证国家整体利益；而对于许多具体管理权限则要下放给城市地方，以利于地方城市政府根据当地的实际情况进行有效管理。要通过合理划分中央和地方的经济管理权限明确各自的事权、财权和决策权，做到权力和责任相统一，发挥好中央和地方两个积极性。同时，由于中国各个地区社会经济发展水平差异较大，经济管理权限的划分既要强调全国的统一性，又要考虑各个地区的特殊性，避免"一刀切"。我们应当对各地区不同的经济发展水平、对于国家的贡献率、自然地理条件以及对外经济的依存度等多种因素，加以区别对待，使各地区的经济管理权限与其自身的总体发展水平相适应。此外，还必须处理好行政区划的省区和大经济区的关系。地方政府作为一级行政机构，掌握着行政指令、经济杠杆、政策法规等调控手段，与大经济区对经济活动的协调相比，与日俱增具有权威性的操作性，而且省区划分比大经济区划分相对稳定和明确，所以地方政府必须是宏观调控的中间层次，而这些都离不开城市本身。要把各个有联系的城市组合成一个大的经济区，并以此作为一个以经济互补和分工协作为基础、跨行政区界的经济区形式，以促进横向经济联系，充分发挥地区优势，促进地区产业结构优化。因此，有必要建立大经济区的协调组织，如共同市场理事、联络委员会和行业协调小组等，以协调各有关地方政府的经济管理活动，并与中央政府的总体规划相协调。

第二节 城市经济管理部门及其职责

一、城市综合经济管理部门及其职责

城市改革带来的城市在国民经济中地位的转变，必然相应要求城市政府经济管理职能也发生转变。这种转变的最突出方面，是城市政府担负起了更多的规划决策的职能。在社会主义市场经济体制下，城市政府不再是被动的搞"拼盘"计划的"漏斗"式管理，而是担负着以城市为依托的区域经济全面发展的重任。在全方位开放的市场经济中，如何掌握复杂多变的动态信息，如何在不确定因素增多及宏观经济透明度下降的条件下，运用价值规律驾驭市场，把宏观调控与市场调节有机地融为一体，制定和做出符合城市自身优势和

特点的战略目标、战略决策，将是一项难度极大的复杂的系统工程，没有一个与这种艰巨任务相适应的综合管理部门，将无法完成新形势下面临的这一严峻任务。

城市政府综合经济部门是代表城市政府对整体经济活动进行综合协调、全面安排的市政府组成部门。2003 年之前，中国城市政府综合经济部门主要有发展计划委员会、经济贸易委员会、体制改革办公室。随着全国综合改革的推进，城市特别是中心城市计划决策权扩大，城市政府综合经济部门的职能发生了较大变化，已经逐步改变了过去被动地汇总条块下来的计划、搞"拼盘"式计划的局部价值指标为主的形式。2003 年 3 月以后，经职能调整、合并，原国家发展计划委员会、原国务院体制改革办公室和原国家经济贸易委员会改组为国家发展和改革委员会，各城市政府的综合经济部门也相应改组为城市政府的发展和改革委员会。

发展和改革委员会是市政府中全面统筹编制区域经济中长期计划及年度计划、统筹协调城市总体改革、拟订中长期改革规划和年度改革工作重点、管理城市日常经济活动的综合部门。其主要职责包括：贯彻执行国家有关经济方面的方针政策、法律法规，贯彻执行国民经济和社会发展战略、方针和政策，研究制定本市经济社会和城市发展战略，根据国家和市场信号提供的社会需求和趋势预测，拟定产业发展导向和综合性产业政策，规划产业结构、行业结构、产品结构、统筹生产力布局，掌握投资主体、投资结构和投资重点项目的确定。搞好国民收入与支出平衡，确定消费比例，财政的收支平衡、信贷平衡、外汇平衡和主要物资的平衡，制定实现上述平衡和比例的经济杠杆的综合运用方案，等等。结合市情、制定全市经济方面的具体规定和实施细则，负责全市经济的规划协调、监督、服务工作，不断提高全市企业生产技术水平和管理水平，促进全市经济的发展。负责全市综合改革的推动，通过试点、总结、推广、信息反馈等环节，把改革推向前进。综合管理部门管理的虽是城市经济中的某些断面，但这些断面的活动关系到城市经济的各个领域，它的管理能够产生整体效应，因而具有宏观管理的特征。

二、城市专业经济管理部门及其职责

专业经济管理部门是过去在计划经济体制下，按照上下对口要求设置的，既是政府的职能部门，承担着行政管理职能、行业管理职能和行政执法职能，又是企业的主管部门，承担着企业主产经营的具体管理工作。旧的条块分割、缺乏统一的行业管理体制，割断了城市经济的内在联系，导致组织结构不合理，社会化大生产无法深入广泛地发展，资源、能源、资金、设备、技术力量不能合理充分利用，从而导致生产成本高、效率低、质量差的后果，严重阻碍了城市生产的发展和经济效益的提高。改革开放以来，经过五轮行政机构改革，各级政府简政放权，不断扩大企业生产经营自主权，减少对企业的行政干预，城市政府机构对企业的管理已经由部门直接管理转向行业管理，城市政府中专业经济管理部

门的设置也发生了很大变化。

例如，在上海市、长沙市、武汉市等市人民政府的组成部门中，都设有经济和信息化委员会，主要负责工业和信息化领域的中宏观管理；设有商务委员会，主要负责国内外贸易和商贸服务业、流通领域的中宏观管理；等等。根据城市政府经济管理职能的总体要求，各个专业经济管理部门应主要以中观协调、规划作为基本职能，对下层企业主要实行行业管理，原则上不再直接参与企业的生产经营；对与之平行的其他职能部门，

既要有工作上的横向交叉参与，又要在职责范围和决策权限上有明确的划分；对上则接受相应主管部门的指导。具体来说，各城市政府的专业经济管理部门主要在以下方面发挥其职能作用。

（1）高效率的信息处理。采用现代化的信息收集和处理手段，建立健全的信息网络，并将各种信息分门别类，传递给政府和企业，对企业进行导向。

（2）广泛深入的调查研究。通过调查研究发现各种问题，并提出解决办法，供政府和企业参考。

（3）总揽全局的统筹规划。根据全国同行业及本经济区发展战略和规划的要求，结合本市本行业发展的历史、现状、未来趋向及各种相关与制约因素的影响，制订本行业中长期发展的规划与计划，作为指导城市行业发展的基本依据。

（4）经济调节手段的综合协调。城市政府的经济调节手段是由相关的各个杠杆部门掌握和运用的，但在确定调节方向和力度时却要以政府制定的经济、技术政策为依据。各个专业经济管理部门既要积极参与本地区行业经济、技术政策的制定，又要通过信息交流和工作沟通对经济杠杆部门运用经济调节手段，起到综合协调的作用。

（5）对微观经济活动的行业性监督。城市政府对企业经济活动的监督，除了通过审计、工资、物价、标准、计量、环境、卫生等专门监督机构执行外，某些具有行业特性的行政监督，应由承担行业管理的各个专业经济管理部门执行，如企业生产技术条件和产品生产质量的检查监督等。

（6）行业公共事务的协调服务。通过行业协会等方式，协调行业、企业间的关系，组织和指导资源、技术、市场、智力等方面的开发，开展各种咨询服务等。按照行业来组织城市的经济活动，有利于实现产业结构合理化，有利于统一技术政策和技术标准，有利于专业化与集约化的发展，促进科学技术进步，提高管理水平。同时，可以针对不同行业的特点进行管理，使管理具有灵活性。

三、城市政府调控经济的手段和意义

（一）调控手段和方式

城市是中国经济最集中的区域，特别是中心城市政府的经济调节行为集中地体现了中

国各个层次的政府部门调节经济的各种手段和方式，归纳起来主要有以下五种。

1. 财政政策

财政政策是世界各国政府调控经济的主要手段。财政政策包括财政支出政策和财政收入政策。财政支出主要用于政府购买、公共工程建设和转移支付。财政收入主要源于税收。政府部门运用财政调控经济时，一般都是"逆经济风向行事"，即在经济高涨时期实行紧缩性财政，使经济不会过热而引起通货膨胀；在经济衰退时实行扩张性财政，使经济不会严重萧条而增加失业。这样做，有助于实现经济的稳定增长。目前，中国正在实行事权划分基础上的分税财政体制，使城市政府有了稳定的收入来源。这必将增强城市政府利用财政杠杆调控区域经济的能力。为此，管理全市财政并指导财会工作的市财政局，要认真贯彻执行国家有关财政方面的方针政策、法律法规，积极参与社会产品、国民收入的分配与再分配，并对全市经济活动实行财政监督，促进城市经济的发展。

2. 税收政策

税收是政府机器赖以存在并实现其职能的物质基础，是国家参与并调节国民收入分配的一种手段，是国家财政收入的主要形式。税种的多少、税率的高低、税收的减免等均会影响到社会经济的运行。中国新的税收制度统一了企业所得税，改革了个人所得税，继续完善了增值税，取消了一些与经济社会发展要求不相适应的税收，合并了某些重复设置的税种，开征了一些确有必要开征的税种，在税收的处理上基本做到了尽量向国际惯例靠拢，初步实现了税制的简化与高效，基本适应了发展社会主义市场经济的要求，向着统一、规范和公平的目标迈出了实质性的一大步，税收的聚财和调节功能进一步增强。

3. 金融手段

金融是指货币资金的融通。作为商品货币关系的必然产物，金融是随着城市经济的发展而发展起来的，反过来，它又对城市经济的发展起重要的调节作用。金融调节的显著特点，在于既能够把宏观经济决策要求传导到微观经济活动中去，又能把微观经济活动的信息反馈上来，从而使微观活动与宏观控制紧密结合起来，达到促进城市经济稳定、健康发展的目的。金融对城市经济的调节作用主要表现在以下四个方面：①通过吸收存款和合理控制贷款，促进城市建设的稳定发展。②通过对信贷资金流向的调剂，促进城市产业结构的调整。③通过信贷利率杠杆的运用促进企业生产经营的最优化。④通过金融机构的扩散和多种融资形式的发展，促进城乡之间、城市与城市之间的横向联系。

随着整体改革的进一步推进，金融改革也迈出了较大的步伐。人民银行的中央银行职能得到强化，宏观调控权威进一步增强；政策性金融与商业性金融走向分离，国有专业银行正向商业银行转化；在清理、整顿和规范城市信用社的基础上，根据《城市合作银行管理规定》的要求，城市合作银行正在有计划、有步骤地组建。新的金融体系形成之后，大大加强了对城市经济的调节作用。人民银行摆脱了繁重的一般银行业务，不再同企业直接发生关系。这就使人民银行有可能集中精力，在搞好宏观金融决策、制定货币政策方面进一步发挥积极的作用；各级分行也得以把主要精力从过去分资金、分规模、批机构，逐步转移到执行中国人民银行货币政策、强化金融监管和对经济运行调研监测上来，政策性银行在国家明确界定的范围内开展业务活动，贯彻不与商业银行竞争的原则，是执行国家产业政策的工具。

4. 价格手段

价格是商品价值的货币表现。在经济调节机制中，价格是影响范围最广的一种机制。哪里有经济活动，哪里就有价格存在。价格的变动，必然影响到经济活动的各个环节、各个层次、各个方面。价格对城市经济调节的作用主要体现在下列四个方面：①调节城市生产结构。价格对于生产结构的调节，是通过影响企业的经济利益，从而刺激或抑制生产来实现的。②调节城市居民的消费结构，平衡供求关系。③调节城市生产力布局。④影响企业生产经营活动。

中国的价格体系和价格体制，在经过十多年的改革后，取得了很大的成绩，市场价格机制基本形成。但这并不意味着城市物价管理部门将无所作为，除经常开展市场物价监督检查，严厉查处违反物价管理制度的行为，以维护正常的市场交易秩序和公正、平等的交易原则之外，城市政府还可以利用各种基金和各种储备制度，加强对市场物价的干预，平抑市场价格。

（二）综合调控的重要意义

城市政府要发挥其对经济的调控作用，就要自觉地综合运用商品经济的主要经济规律，特别是要自觉依据和利用价值规律。城市政府在宏观经济的调控中，正确运用各种经济杠杆或经济调节手段，是自觉依据和运用价值规律的具体形式。在现实的经济活动中，各种经济杠杆的调控作用是交织在一起的，你中有我，我中有你，共同作为一种合力影响城市经济活动。因此，城市政府对各种经济杠杆必须综合、配套运用。

（1）综合运用各种经济杠杆，使其作用方向一致，才能保证宏观调控目标的实现。各种经济杠杆是从不同的方面调节经济活动的，各种不同的经济杠杆发生作用的方向可以是一致的，也可以是不一致的。例如，提高某种产品的价值和降低此种产品的税率，价格和税收这两种经济杠杆作用的方向是一致的，都是鼓励某种产品的生产。但若提高某种产品的价格同时又提高此种产品的税率，一方面是利用价格杠杆鼓励此种产品的生产，另一方面又利用税收杠杆限制此种产品的生产，两者调节作用的方向相反，它们的调节作用将相互抵消。

（2）各种经济杠杆的调节功能有彼此互相代替的作用。综合运用各种经济杠杆，要选择对企业的经济效益和社会的经济效益的推动都比较高的经济杠杆加以运用，并且注意在运用上有主从。

（3）综合运用各种经济杠杆，才能掌握经济调节作用的量的界限。在调节作用方向一致的前提下，还要掌握它们综合调节经济的"度"的分寸。鼓励一种经济活动，如果超过适当的界限，就会助长此种经济活动的盲目性；限制一种经济活动，如果超过适当的限度，就要使一种经济活动窒息。

在城市中，运用各种经济杠杆的主体，是市政府的有关的经济部门。由于各相关部门"分兵把口"，在运用经济杠杆方面目标不容易完全一致，难以形成合力，有的甚至与国家的计划目标相脱节。为解决这个矛盾，有的城市政府成立有关委、办、局参加的经济协调小组，由市长或主管经济工作的副市长担任组长，统筹协调各种经济杠杆的综合运用，使之互相衔接和配套运行，取得了很好的成效。

四、城市政府经济监督部门及其职能

城市经济监督，是指城市政府依据国家的法规、计划、指令、政策及制度中规定的各项标准和限额，对社会再生产过程的各个环节进行的全面监察和督导，城市的经济监督是城市经济管理的极其重要的方向，也是保证城市经济正常运转的必不可少的管理环节。其具体包括审计监督、工商行政管理监督、物价管理和监督、质量监督、计量监督以及财政管理和监督、银行监督等。

（1）审计监督。其是指城市审计机关依据法律规定，对被审计单位的财政和财务活动进行的审核和稽查，它作为预算、会计、决算、审计这一完整的财政行政系统的最后一个环节，是宏观经济监督的重要组成部分，也是对企业经济活动监督的有机组成部分。

（2）工商行政管理监督。其是指城市政府工商行政管理部门，即市场管理监督与行政执法的重要部门，承担的繁重的城市市场管理职能，包括广告业管理，企业执照、开业管理，尤其是市场的管理监督。截至 1996 年 6 月全国 50 多万工商行政管理人员实行与市场"办管脱钩"，职能到位，其中 36 万工商所人员进入行政编制，这必将进一步优化城市市场的管理与监督。

（3）物价管理和监督。其主要是面对企业的监督和行政事业单位收费的监督，主要内容有：严格执行物价法规所确定的定价权限；严格遵守国家定价商品价格规定，不得擅自涨价或变相涨价等。

（4）质量监督。其是指国家授权的质量监督检察机关和企业质量监督机构，依照质量管理的有关法规，主要针对工业产品质量所实行的监督。

（5）计量监督。其是指城市政府计量监督部门，对各种计量器具及对商品数量实行的监督。

（6）财政管理和监督。其是指国家财政机关依照财政法律程序对经济活动所实行的管理和监督，主要包括预算的编制、执行和监督，税务监督，财务监督，会计监督，统计监督等。

（7）银行监督。其是指银行依照银行法规，运用金融手段对企事业经济活动所实行的监督，它主要包括信贷监督、结算监督和现金监督等。现阶段，强化经济监督部门的管理，对于社会主义市场经济体制的建立和完善具有十分重要的意义。

第一，强化城市政府的经济监督，利用企业增强自我约束机制和提高自我发展能力。在市场经济活动中，企业作为自主经营、自负盈亏的经济实体，一方面必须在生产经营活动中加强自我约束，认真履行应承担的各种经济责任和社会责任；另一方面，又必须充分合理地使用各种经济资源，提高经营管理水平和经济效益，实现自我发展。强化经济监督，既把企业的生产经营活动置于严格的监控之下，将其纳入社会整体利益和国家宏观经济决策的轨道，又为企业制定正确的经济方针和目标，有效积累资金和合理地使用自己的资源，提供了必要的规范和指导。因此，强化经济监督可使企业的自我约束和自我发展得到可靠的保证。

第二，强化城市政府的经济监督，有利于形成和维护良好的市场环境和市场秩序。经济监督一方面可以有效地促使参与市场活动的各个经济主体，自觉遵守市场规划，遵守国家的有关政策、制度、法规和纪律，从而使自己的行为合法化、合理化；另一方面，又可以揭露和打击那些破坏市场秩序，进行非法经营，违章营业的单位和个人。此外，经济监督还可以调解和处理各种经济纠纷，维护交易各方特别是消费者的正当权益。在现阶段，新旧体制正在交替之中，市场秩序尚未完全确立，强化经济监督极为重要。

第三，强化城市政府的经济监督，有利于城市政府实现对经济运行的宏观调控。经济监督是政府调控经济运行的重要方面，它可以保证政府的各项宏观经济政策和法令的贯彻落实。同时，经济监督中的财政、税收、信用、统计等手段，是政府了解、掌握和调控经济的重要杠杆和工具。通过经济监督，可以有效地把企业的微观经济活动纳入国家宏观经济发展战略和计划的轨道，克服市场经济活动的自发性和盲目性，从而实现国民经济的持续、健康和快速的发展。

第三节　城市公共经济

一、城市公共经济的内容及其意义

城市公共经济作为城市经济的重要组成部分，在城市经济发展过程中发挥了巨大的作用。一般来说，城市公共经济是一种产生于竞争性分散经济基础之上的，又反过来对分散经济起扶助、制衡、服务和推动作用的经济系列。它一般由政府主持和提供，通常涉及公共设施、公共服务、公共工程和公共投资等领域，"城市公共经济是城市经济的重要部分，

也是城市政府应该直接管理的部分"。城市公共经济的发展能够为社会扩大再生产创造协作条件，保护和保障公私各类经济、分散经济的发展，并推动和制约公私各类经济、分散经济的发展，城市公共经济的质量与数量对城市经济的发展不仅起着现实作用，而且起着长远的和根本的影响作用，城市公共经济的水平代表着城市管理的水平和城市的形象，是城市居民和城市外部对城市满意度的重要形成因素。因此，城市公共经济的完善与否，对于整个城市经济的发展具有重要意义，也直接关系到文明城市的建设与发展。

一般认为，公共经济必须具备如下三条标准：①经济服务的目的和内容，必须是属于为社会公众提供商品和劳务，而且这种商品和劳务必须具有非排他性、非竞争性。②公共物品和服务一般是私人和分散经济所不能（如投资额过大）、所不愿（如微利甚至福利）、所不宜（如涉及国防、治安、司法等）涉及的。③这种经济发展的资金来源和筹集方式，一般来说是来自于无偿性的税收收入。同时国家对这种经济发展具有直接的监督和控制职能。通常公共经济的发展，从产品的产量、定价、销售和服务等都必须受到国家的严格控制。由此可见，城市公共经济实际上是以国家财政收入为资金来源，对于政府活动有关的公共主体以及一切非直接进行生产活动的主体进行投资，为满足社会一般共同需要所进行的一种服务性活动。正是在此基础上，建立起了公共经济与公共财政的紧密联系。公共财政通常必须保证公共经济发展所必需的资金，并实施对于公共经济的管理；而公共经济的发展，又可以带动整个城市经济的发展，从而将增加公共财政收入。可以说，二者是紧密联系、互相作用的。

二、城市公共经济运行中的主要问题及原因

（一）城市公共经济运行中存在的主要问题

1. 投资渠道单一，实行公共产品的指令价格

受长期计划经济体制影响，城市水、电、气、热、公交等公共产品和服务的商品属性被忽视，它们基本上被看做是无偿的福利性分配和分享，被低收费和严格的价格强制所束缚，政府以财政补贴方式来维持其低效运营。价格的强制，一方面使市场经济条件下应有的价格调节机制失灵；另一方面对经营公共产品和服务的企业无吸引力，加之管理部门缺乏资产经营意识，不能将现有的存量资产盘活，使得依靠政府实现扩大再生产成为不得已的选择。公共物品的投资长期以来基本依靠政府进行，而政府财力又难以全部满足投资需要，这使得其供给严重滞后于加工工业发展，成为经济起飞的瓶颈障碍。

2. 条块分割的经营模式

中国城市公共经济实行条块分割的行政管理模式，水、电、气、热、通信、道路分属不同的行政管理部门，邮电、通信、电力等几乎没有任何管理权；水、气、热、道路等以地方的块块管理为主，立项、计划权等集中在城市建设行政主管部门。政府（中央政府十

地方政府）作为垄断经营者，把公共产品的生产任务和公共服务的提供任务，指令性地分配给其行政附属性——公营企业（指定的自来水公司、独家环保队等），政府赋予公营企业特别垄断权，缺乏竞争又必然导致公营企业整体运成本高、质量水平低、经营管理效率低。

3. 规模效益低下

这主要表现在公共经济规模效益差，形不成整体合力。城市公共经济建设资金除由城市财政筹集和世界银行贷款外，还以各种"收"来筹集，由各个部门分散管理。政府用于公共物品投资的资金分散、预算软约束，预算外资金不能最大限度地发挥作用。

4. 公共经济的技术水平低

公共经济的物质技术设备水平较低，特别是邮电通信和科学技术研究与国外相比落后几十年，这严重阻碍了公共经济劳动生产率的提高，使得有限的资金难以在更大程度上满足社会对公共经济的需求。

5. 城市财政支出结构不合理

1994年中国开始实行分税制，城市财政的独立性大为增强，城市财政作为一级地方财政日益得到确立，但分税制的实施仍然不规范，旧体制的惯性影响仍然很大。目前，经济建设支出仍占很大比重，城市维护与建设支出比重偏低，城市财政支出还较混乱，非正规性收支广泛存在，税收分担与所享政府服务利益不匹配，这说明传统体制使得城市政府的职能尚未完全摆脱直接管理经济的模式。

（二）相关问题产生的原因

1. 缺乏一定的竞争性和监督机制

公共产品和服务存在特定的"市场"需求与供给，它通常难以由真正的"市场"供求关系来决定价格，也难以由"价格"联系生产者与消费者。没有市场的价格信号，政府就难以把供给与需求真正联系起来，在供给时也就将其价值与生产它的成本割裂开来，这使得公共资源错误配置的程度大大增强。一方面，公共产品和服务的短期成本与效益容易被夸大，而未来的成本与收益却易被忽视；另一方面，在收益与支出分别由不同主体承担的情况下，由受益者进行游说而导致的政治上有效而经济上低效情况经常发生。这两方面情况将引起对公共产品和服务的"虚假"需求。在公共经济的"成本"与"产出"难以精确衡量情况下，政府为满足"需求"就必然使用较多的资源，并为此付出更多的成本（额外费用）。这样，政府支持的低效率得以产生。

2. 管理体制制约

目前中国公营企业已在一定程度上扩大了自主权，但并没有从根本上摆脱附属地位，企业没有真正的投资经营自主权，也不能直接享受投资收益，因此缺乏投资的积极性。这就造成：①公共经济投资的绝对量主要依靠政府（国家、地方），这将许多提高企业投资效率的经营手段排除在外了；②投资主体相对单一，市场机制很难引入投资过程，使公共

经济运营很难摆脱高收入、低产出的恶性循环；③城市中相当数量的公共经济建设由国家投资完成；④公共产品和服务，尤其是政府经营的自然垄断产品和服务的长期提供，使公营企业设备陈旧、更新慢、折旧偏低。所以，公共物品管理体制方面的问题，首先是投资管理体制不合理和政府直接经营带来的经营效率低下造成的。

3.权力失控

政府机构垄断了公共产品和服务的供给和经济政策的实施，使得政府行为某种程度上类似于"市场"行为：政府的某些决策者同经济人一样是理性的，其在政务活动中也追求某些特殊利益（并非完全追求公共利益）；同时它又与经济人不完全一样，它的目标不是利润和效率的最大化，而是规模的最大化。由于缺乏对政府某些官员的有效监督，不能有力地限制政府与某些特殊利益集团的"合谋"（权权交易或权钱交易等活动），所以少数人通常可以通过合谋而获得额外利益（利益集团游说政府官员取得对他们有利的公共产品和服务供给政策、生产者游说政府官员希望得到生产订单、经营企业游说政府官员而获得垄断经营权等）。权力滥用伴随着政府的管理活动而出现，阻碍公共经济运营效率的提高。

三、城市公共经济的运营体制改革

（一）引进竞争机制

无论公共企业还是私营企业，提高效率的普遍原则是激励机制和竞争机制。公共经济经营企业之间的竞争是提高其运营效率的先决条件。公共产品和服务生产具有一定程度的垄断性，被政府赋予特权的公共企业经常垄断生产。所以，增强激励机制，吸引政府以外的各种企业从事生产活动，使它们与政府公共企业一起在竞争中生存，这是公共经济体制改革的第一步。

（二）改革公共经济和公共财政的投资体制

稳定、多渠道的投资资金供给，是公共经济发展的根本保障，要获得稳定的资金来源，就应介入多元投资主体、开辟多种投资渠道。

1.中央和地方（城市）政府的财政投资

城市公共经济的产出中有相当一部分是纯"公共物品"，具有完全的非竞争性和非排他性，它们必须由政府来投资，这是市场经济中政府职能的一个重要方面。随着金融制度的创新和资本市场的发展，政府可以加以利用的财政融资手段逐步增加。

2.公共产品和服务的经营企业，将经营收入再投资

城市公共物品中有很大比例的准"公共物品"，它们应该实行企业化经营，通过对这些物品的经营，企业不仅可以为社会创造外部效应，也可以为自身带来经济效益，从而保证企业的自我积累、自我发展。

3.政府和银行的低息贷款及发行债券筹资

政府财政贷款及争取世界银行、亚洲开发银行等的低息贷款，对于推动公共企业经营和管理，具有一定的积极意义。1980年，日本的公共基础设施建设投资来源中，财政投资贷款占24%、市场发行债券占18%；中国近年发行的电力建设和自来水建设债券都有力支持了公共企业投资建设。

4. 大力引进外资

引进外资建设城市应该是目前中国公共物品建设重要的投资来源渠道。近年来，国外流入的私人资本已急剧增加，尤其是外资开始进入公共经济投资领域，而且作用不断增大。上海市"七五"时期市政公用设施投资中，利用外资高达18.4%。

5. 资金来源渠道应拓宽

近年来，中国民间储蓄总额呈现出稳定增长的势头。1996年年底居民储蓄存款余额已达38520多亿元，1997年年底为46279.6亿元，1998年年底达53407.5亿元。这是可以动员和利用的资金，问题在于政府要制定正确的金融政策、开辟投资渠道，活跃金融市场，引导居民将其闲散资金直接投资于城市公共经济的建设。

（三）改革城市公共经济经营体制

1. 改革政府的干预行为

将政府直接生产与经营公共产品和服务的传统方式，改变为以补贴和管制方式来干预公共产品和服务的经营。对企业进行某些补贴，不是承担其生产经营的低效率，而是为了弥补其巨大的固定成本。采用管制方式，确实监督、审查公共部门的实际成本与价格状况，保证公共资源的优化配置。

2. 进行市场化改革

随着科技进步，一些公共产品和服务的经营部门已丧失其自然垄断性，顺应这一变化，应将不具备自然垄断性的公共部门果断推向市场。美国的AT&-T公司进行的改革，结束了国际、国内长途电信业务的垄断局面，代之以多家竞争的格局。中国在这方面的改革也已开始，联通公司已在无线寻呼和移动电话领域参与邮电通信部门的竞争，应将这种改革推向整个公共产品和服务的运营领域，将适宜市场化经营的业务推向市场。

3. 明确划分公共物品经营职能

政府可以将城市道路、桥梁、港口等基础设施的专门经营权拍卖给私人、法人团体，由它们来经营；也可以将一部分垄断性行业的现有国有企业资产或将要建成投入使用的资产出售；还可以实行股份制改造，由私人企业或股份制企业来经营。对于不能出售和股份化的企业，政府可以采取租赁、托管和公司化等方法实行商业化经营，从而缩小政府直接经营的范围。

（四）改革价格体制

价格体制改革的宗旨是：确定以社会边际成本定价准则，使城市公共产品和服务经营在总体上保持一定的"收益"水平；通过价格调整存量结构以减轻公共产品和服务运营压力，实现"以城养城"。

1. 总体上调公共产品和服务定价水平

中国城市公共产品和服务供给不足是一种常态，为缓解供求矛盾、保障社会整体福利最大化，应该按照有偿使用的原则，提高自来水费、电费、电话费、煤气费、公共交通费、养路费等。

2. 基础价格体现公共福利性特点

公共产品和服务价格与城市居民生活密切相关，保持合理的基础价格对保障居民生活的"必需性"具有重要意义。在制定公共物品价格的过程中，必须体现公共福利性和城市经济发展的可持续性特点。只有这样，才有可能对城市公共物品制定出科学合理的价格。

3. 依靠其他价格形式实现公共物品生产企业"自我积累、自我发展"

对超额享受公共产品和服务的人，根据产品价值、服务质量等因素的差别制定浮动价格，拉开价格差别。例如，可以制定水、电等使用标准，对超额使用部分实行高价，以实现公共物品生产企业的自我积累和自我发展。

4. 实行浮动价格，加大浮动幅度

在不同阶段，公共产品和服务价格高低应有所差别。例如，城市高速公路运输即要体现公共性和企业性两重属性。在春运期间，乘客构成和运输货物量就与平时有很大不同，其需求弹性很小，如果把过往车辆的收费定得过高，就会违背社会福利原则。相反，对其他节假日和旅游季节，制定相对较高的价格较为合理。

第九章　现代城市社会管理

　　城市社会管理是城市政府职能的重要组成部分，对于城市社会稳定和城市的发展具有重要意义。城市社会管理在内容上包括城市人口管理、城市社会治安管理、城市社区管理等。

第一节　城市人口管理

　　城市人口是城市生活与经济发展的主体，加强城市人口管理是实现城市社会安定团结的一项保障内容。因此深刻认识加强城市人口管理对城市经济和社会发展的意义，把握城市人口运动的基本趋势，建立健全城市人口管理机制，遵循人口管理工作的指导原则，正确履行人口管理的职责，对中国城市建设有着重大的现实意义。

一、城市人口与城市人口管理

（一）城市人口的含义

　　城市人口泛指居住在城市范围内从事生产经营活动和其他工作的非农业人口，包括拥有城市户籍的常住城市人口，即通常讲的城市居民，以及来自其他城市和农村的暂住的流动人口。城市人口管理，是指城市政府对城市居民户籍和人口变动的行政管理工作，以及对城市暂住的流动人口管理的两个方面。其核心内容，是城市人口的数量调控、质量提高和就业引导。

（二）城市人口的特征

　　与乡村人口相比较而言，城市人口具有以下特征：①随着城市化在世界范围内的推进，城市人口占总人口比重在不断提高，而农村人口比重在不断降低。②城市市区内部人口呈现典型的高密集性，而农村人口密度明显低了很多。例如，1990 年中国城市市区人口平均密度为 297 人 / 平方公里，是全国人口密度 123 人 / 平方公里的 2.4 倍。③城市人口文化素质相对较高。1990 年江苏省人口普查资料显示，当时江苏省人均受教育年限城市人口平均为 7.57 年，县以下农村人口平均为 4.87 年。④城市人口就业渠道多元化，职业种类差异明显，而农村产业分化较缓，职业构成相对单一化。⑤在多元的城市文化熏陶下，城市居民心理和价值观的异质性明显，而农村人口文化心理取向则呈现同质性。

中国是人口超过 13 亿的大国，人口城市化的程度远远低于发达资本主义国家和世界城市化的平均水平。据统计，1998 年中国城市人口比重已达 30.4%，如果把流动人口包括进去，中国城市化水平可达 36% 左右，而世界同期城市人口比重为 50% 左右，其中发达国家为74%，中国城市化水平低于世界城市化的平均水平。

（三）城市人口的发展与管理

城市人口是城市社会的主体，城市人口的发展对城市经济社会的发展具有重要意义。一方面，城市人口是城市经济社会赖以发展的基本劳动力资源。城市人口作为基本的社会生产力要素是城市产生和发展的基本前提。城市人口作为生产要素发挥作用，受城市人口生产过程和城市经济发展水平的制约。另一方面，城市人口又是城市消费的主体，城市人口为消费市场的扩大提供了有利条件。城市人口在扩大消费市场方面的作用，取决于城市经济和社会发展水平。

城市人口管理是城市政府的重要职能之一。首先，城市人口是城市社会的主体，加强人口管理是任何城市政府不可忽视的一项工作。其次，加强城市人口管理是城市发展的客观要求。中国城市化进程的加快，更加突出了城市人口管理的必要性和重要性。再次，加强城市人口管理是充分发挥城市功能的有力保障。如果城市人口规模超越了城市的经济社会发展状况和基础设施承受能力，就会因此引发多种"城市病"。最后，加强城市人口管理是维护城市正常生产生活秩序的必要条件。城市人口的有序管理有利于保持安定团结的政治局面，提高城市经济效益和市民生活质量。

一个城市究竟能容纳多少人口，主要受城市自身经济和社会发展状况的制约，有相当大的弹性。要更好地发挥城市功能，提高城市的经济效益，城市人口必须适度，必须充分考虑城市经济和社会发展状况及城市基础设施的承受能力。控制城市人口数量，提高城市人口素质，把人口流动纳入有序状态，是城市政府人口管理的基本要求。城市人口合理化、素质优良化、就业结构多元化等是城市人口管理的基本目标。搞好城市人口管理，对于维护城市健康正常的生活秩序，保持安定团结的政治局面，提高城市经济效益和市民生活质量有着极为重要的意义。

二、城市人口管理的内容

按管理对象分，城市人口管理的内容包括常住人口的管理和流动人口的管理；按管理的事务分，城市人口管理的内容可分为人口户政管理、人口普查与预测、计划生育的管理、流动人口的管理和城市人口就业管理等。

（一）城市人口的户政管理

城市人口的户政管理机构是城市公安局或公安分局的派出所。派出所管辖区即户口管辖区。辖区内机关、团体、学校、企业、事业单位内部和集体宿舍的居民户口由各单位指定专人协助户口登记机关办理户口登记；分散居住的居民户口，由户口登记机关直接办理户口登记。户口登记以户为单位，户主住处设一户，属散居户口。人户必须统一。

城市户政管理机构对城市常住人口的户政管理主要有以下四方面：

（1）户口登记。城市户口登记实行常住、暂住、出生、死亡、迁出、迁入、变更更正七项登记制度，由户口登记机关用其设立的户口登记簿进行登记。

（2）人口卡片。在户口登记的基础上，户口登记机关应以人为单位建立具有户口登记项目的人口卡片，以便于管理和查找。这项工作目前已逐步应用计算机进行管理。

（3）居民身份证管理。中国于1985年9月正式公布的《中华人民共和国居民身份证条例》规定，居民身份证由公安机关统一印制、颁发和管理。

（4）人口统计。城市户口管理部门应在户口登记和资料调查的基础上，按公安部统一制发的人口统计报表进行统计，逐级汇总上报，并向城市政府和有关部门提供人口统计资料。

（二）人口普查与预测

1. 人口普查

人口普查是一种多目标的调查，是一次性的、直接的、普遍的调查。其目的在于了解一个时点某一个国家或整个地区内人口状况的静态资料。城市政府要在国家统一部署下，以公安、民政部门为主组织专门队伍，负责进行此项工作。人口普查时间性很强，人口流动性又大，为了准确，应一律以1个时点的常住人口为普查对象，普查项目必须严格、科学、明确，被调查人必须逐项填写，不允许遗漏。新中国成立以来，中国已在1953年、1964年、1982年、1990年、2000年、2010年进行了六次人口普查工作。

2. 人口预测

人口预测又称城市人口发展规模的预测，就是根据城镇人口的现状和发展特点，通过运用科学的方法，推测若干年后城市人口的状况。人口预测包括人口数量预测与人口质量预测两个方面。人口规模决定城市规模，城市人口数量是城市规划的重要依据。因此，搞好城市人口预测对制定城市发展规划、预见未来城市经济和社会发展趋势有重要意义。城市人口预测既为制订国民经济计划提供依据，也是计划期内人口指标的重要内容。

（三）城市人口的计划生育管理

中国人口已经超过13亿，控制人口数量、提高人口质量，是中国的一项基本国策。计划生育管理对中国经济和社会发展具有重大的战略意义。城市政府负责计划生育管理的常设机构是计划生育办公室。计划生育工作涉及千家万户、各行各业，加以人们传统的多子多孙、重男轻女的封建意识影响，其工作难度很大。做好计划生育工作必须在城市政府统一领导下，由宣传部门、公安部门、民政部门、医药卫生部门通力协作，并在共产党市委领导下，依靠各级党组织和工会、共青团、妇联等群众团体的力量，群策群力地进行。落实计划生育政策是一项经常性的工作，目标是有效地控制城市人口的自然增长，提高城市人口质量，使城市人口增长与城市经济和社会发展状况相适应。

（四）城市流动人口的管理

流动人口是指非城市常住户口而暂住或暂时逗留于城市的人口。城市流动人口的存在是一种客观现象，是城乡经济和社会发展的必然结果。城市流动人口可分为正常流动人口和非正常流动人口两大类。正常流动人口包括探亲访友、旅游、求学、公务、劳务等类型的外地人；非正常流动人口包括盲目流入城市的无业游民、乞丐、躲避计划生育进城生育的孕妇，以及流窜作案的犯罪分子和逃避通缉的罪犯等。

城市流动人口经常处于流动状态。有人逗留时间长，有人逗留时间短，但应大体上维持在某一水平上。流动人口数量以日流动人口数量为统计标准。城市流动人口增加是市场经济发展的必然趋势。开放城市市场，发展横向经济联系，扩大了城市的辐射力，也相应地增强了城市的吸引力。流动人口增加就是城市吸引力扩大的表现之一。

（五）城市人口的就业管理

城市劳动就业的管理机构是劳动就业管理局和人事局，在大城市的市辖区、街道办事处以及居委会也有相应的劳动就业机构。随近些年流动劳务人口的增加，城市劳动部门及工商管理部门对流动劳动人口实行了松散而较灵活的管理。进入城市的流动劳动人口还自发地组织了非正式的劳动就业组织。随着城市劳动用工制度的改革，城市就业还将出现多种的劳动就业管理组织。

当前城市人口管理中，做好就业和再就业工作是城市社会管理工作的重点和难点。城市人口就业不仅是突出的城市社会问题，更是一个重大的政治问题，直接关系到广大市民百姓的切身利益和社会的安定团结。在未来城市劳动力总供给大于总需求格局不会发生根本变化的前提下，增加就业、减少失业、扩大劳动力总需求始终是城市社会管理和劳动制度改革中一项长期而艰巨的任务。

从城市政府职能角度出发，城市政府对城市人口的就业管理主要包括根据不同城市的就业形势制定相关劳动就业政策、规范劳动力市场及中介组织、提供培训机会等。

三、中国城市人口管理及变革

新中国成立后，中国城市逐渐形成了一套比较完整、统一的人口管理制度。1958年1月，全国人大常委会公布实施了《中华人民共和国户口登记条例》，建立了城乡分割的户口制度，使户口管理有了法律依据。20世纪80年代以来，由于政治经济形势的变化，中国城乡分割的现象出现了松动的迹象。国务院、公安部多次发出通知，放松、废止了许多管理条例。2002年2月，公安部治安局宣布，中国户口登记将打破过去人为分割城市和农村户口的二元化管理模式，实行在居住地登记户口的原则。公安机关将调整城市、特别是大中城市的户口管理制度。合法、有固定的住所、稳定的职业和生活来源，将成为公民在城市落户的基本条件。

（一）计划经济体制下城市人口管理制度及其弊端

中国原有人口管理制度以城乡分割为特点，是在计划经济体制下建立和发展起来的，其对市场机制作用的排斥严重阻碍了中国市场经济体制的建立，存在很多弊端。

1. 造成了实际上的不平等

在原有人口管理制度下，由于人们所能得到的利益与他们的户籍性质（城市的或农村的）相粘连，市民与农民相比可享受多种生活、工作待遇和各种保障，无形中造成了市民和农民的贵贱等级之分，而户籍性质具有事实上的血缘继承性，从而使这种不平等得以延续。这种情况与市场经济形成和运作的要求是相违背的。

2. 阻碍了劳动力的合理流动

在原有人口管理制度下，农村劳动力因不具有城镇户口而不可能流入城市，而城市居民也不愿意放弃城镇户口离开城市，这样不仅限制了农村劳动力向城市第二、三产业的转移，也限制了城市之间劳动力的合理流动。

3. 延缓了人口城市化进程

原有户口管理制度担负着控制城市人口机械增长的重任。城市人口的机械变动是通过人口迁移来实现的，但原有户口管理制度对人口流动的限制，决定了中国城市人口的机械增长在很长时期内对城市化的作用较弱，尤其是制约了中小城市的发展。

4. 城市人口管理工作出现了一定程度的混乱

首先，人口统计按是否吃商品粮划分农业与非农业户口并进行统计，造成户口统计失实；其次，户籍法规滞后，政策与实际相脱节，造成城市流动人口管理严重失控；最后，各种形式的优惠造成名目繁多的"地方性户口"，甚至引发公开买卖户口的现象。

（二）城市人口管理制度改革的总体思路

城市人口管理制度改革包含多方面的内容，但其核心在于户籍制度改革。为使户籍管理制度适应市场经济的需要，公安部门会同有关专家学者进行了大量调查研究，在此基础上形成了户籍制度改革的大致思路：①实行全国城乡统一的中华人民共和国居民户口，取消农业、非农业等各种户口类型；废止所有关于"农转非"的政策规定。②实行居住地登记原则，建立以常住户口、暂住户口、寄住户口为基础的户口登记制度和以户口簿、身份证、出生证为主的管理办法。③实行以公民住房、职业和收入来源等主要生活基础为落户标准与政策控制相结合的户籍迁移制度。④实行社会待遇与户籍脱钩的政策，取消一切附加条件，恢复户籍本来面目。⑤实行大城市严格控制、中小城市适当放宽、城镇全面放开的方针，保证人口的合理流动。⑥建立以科学、合理的户籍登记内容为基础的户籍体系，逐步建立现代化的全国户籍管理信息网络。

户籍改革是一项庞大的系统工程，改革的成功与否既取决于国家经济发展水平和财力状况，也取决于广大人民群众的理解与支持程度。国家对此项改革总的原则是积极稳妥、分清轻重缓急、从易处人手、分步实施。

（三）城市移民管理的创新

如何防止大量移民进入城市，实现城市有序发展是当前中国城市管理面临的重大现实问题。城市政府应实行开放式的人口管理体制。但是，实行开放式的人口管理体制绝不是简单地打开城门让大量农村移民进入城市，随意在城镇公共地方开店设摊、建屋搭棚，甚至随意在公共场所露宿；也不是城镇的企事业单位、个体工商户可以随意以低工资雇佣外来人口从事脏苦累差的工作，而不注意改善工作环境和生产安全。城市移民管理应同城市综合管理结合起来，其中的关键是实行城市人口规范化管理。要制定切实可行的各种规范个人、企事业单位的法规、条例和制度，违法必究、执法必严，从而才能在开放式的人口管理体制下避免许多发展中国家常见的城市病，使城市有序、健康地发展。

所谓城市人口规范化管理，第一，就是外来人口与城市原有居民在政府提供的教育、住房、卫生、交通基础设施和社会保障方面享受同等权利。大部分目前由政府提供的或补贴的社会服务应逐步改为市场化经营，各种服务以不亏本经营为准则，这样才能够出现使用人口越多、服务数量与质量越好的良性循环，克服过去那种使用人口越多、政府补贴越多的现象，从而消除城市人口越多、政府和社会负担越重的怪现象。城镇居民目前享受的许多福利待遇与社会保障，有的应逐步取消，有的应逐步覆盖到全部人口，有些项目如社会养老保险与失业救济金等可以同在当地城市工作和生活的年限联系起来，居留时间越长，贡献越大，则获得的社会保障就越好。

第二，城市人口规范化管理就是要对城市移民和当地居民从事各种经营活动进行强化管理，取缔乱占公共地方设摊从事经营的活动，对确有需要的菜市、集市划定专门地段，并实施收费制度。从而对经营规模过小、服务素质差、有碍城市有序发展的经营者的数量实行间接控制。国内外实践证明，小商小贩的小规模经营由于进入成本低、利润高极易形成大量外来人口的生存空间，但对于现代化城市的发展则有许多消极影响。如"脏、乱、差"现象，影响环境卫生和公共交通。在中国香港及西方许多发达国家和地区的城市，法律严禁在公共马路设摊经营，违者会受到严厉处罚，商场和菜市场需要的空间则在房地产发展过程中预留，并按市场竞争价格出租和出售给各经营者。由此形成有序、清洁的城市生活环境和商业环境，提高城市生活质量，最终有益于广大城市居民。

第三，城市人口规范化管理需要对城市移民和当地居民的居住条件进行严格管理。例如，英国的法律规定一个套房中最多可以居住的人口数目，出租房屋者有责任遵守这一规定，否则就会受到处罚。这样的规定有助于提高城市生活的相对成本，减少进入城市的外来人口数量。因为只有在城市里找到有一定收入的职业的外来人口才能负担起基本的城市生活费用。中国许多城市的外来人口经常十多人聚居一室，生活条件极差、生活成本很低，导致大量廉价劳动力的出现。由于城市移民与当地居民生活成本存在巨大差别，这些廉价劳动力有可能会抢走当地居民的工作。为了确保城市居民一定的生活水平，有必要对居民生活特别是住房条件做出控制。实施上，这也将成为控制城市移民盲目增加的最有力措施，使城市人口增长同城市住房增长相适应。

第四，城市人口规范化管理要严格落实城市规划，彻底消除外来人口与当地居民乱建、乱搭的状况。非法搭建住房在发展中国家是非常常见的现象，也是造成大量农村人口涌入城市并能在城市中勉强生存的根源之一。取缔这种乱建、乱搭现象，使城市居民都居住在合法的住房中，可以抑制过度城市化。

第二节 城市社会治安管理

一、城市社会治安管理的内容

所谓城市社会治安管理，是指为了有效地建立和维护城市治安秩序，保障城市经济建设事业和城市社会成员工作、生活正常进行，城市政府及其公安机关依法进行的对城市社会公共秩序的维护，以及对各种违法犯罪活动的打击和处理。

城市情况的复杂性决定了城市社会治安管理工作的多样性。城市社会治安管理，包括户口管理、治安管理、刑事侦查、消防管理、交通管理以及对违法犯罪人员实行惩罚和教育改造等方面的内容，其中预防和打击违法犯罪活动是中心任务，因此从狭义上讲，城市社会治安管理就是为了维护城市社会秩序、保证城市社会安全所开展的预防与打击违法犯罪活动的管理活动。

二、城市社会治安管理机构及其职责
（一）城市社会治安的管理机构

城市社会治安管理机构是指国家政权体系中依法行使城市社会治安管理职权的专门机关。这些机构包括城市区划内的各级各类公安机关、审判机关、检察机关、国家安全机关和司法行政机关。其中人们通常所称的"公、检、法"，尤其是公安机关是城市社会治安管理的主要机构，承担着城市社会治安管理的绝大部分工作。除此之外，由于城市社会治安管理是城市管理和城市发展的重要组成部分，是一项综合性很强的工作，城市党组织、政权组织的领导机关负有领导和指导城市社会治安管理的责任，其他社会组织也负有一定的责任。因此，"公、检、法"等专管机构并非城市社会治安管理机构的单一形式，中国

城市中还存在一些其他形式的社会治安管理机构。

为了协助城市社会治安专管机构履行职责,搞好社会治安管理的基础工作,城市机关、企事业单位一般都设立内部保卫部门。这种保卫部门是所在单位的组成部分,业务上接受城市公安机关的指导,依法执行城市社会治安管理的一定职权。中国城市各种经济社会组织中普遍设立的治安保卫委员会,是中国独创的维护城市社会治安的群众性自治组织。此外,在中国许多城市中还组建了在市公安机关业务领导和支持监督下经济上自负盈亏的保安服务公司,其任务是培训保安人员,为客户提供有偿的保安服务。

(二)城市社会治安管理机构的职责

城市社会治安管理机构的职责是:根据国家的有关政策和法律,维护城市社会治安秩序,预防和打击各类违法犯罪活动,保护社会主义公有财产和其他合法财产,保护公民的合法权益不受侵犯,保卫人民民主专政的国家政权和以公有制为基础的社会主义制度,确保社会主义现代化建设事业在安全、稳定的社会环境中顺利地发展。具体地说,城市社会治安管理机构的一般职责包括:执行和实施国家有关预防和打击违法犯罪活动的法律法规和方针政策;研究制定城市社会治安管理的政策和法规草案;研究制定城市社会治安管理的规划及其实施措施;组织和开展城市社会治安的综合治理。除了以上职责之外,城市社会治安管理机构还需从事其他与城市社会秩序和社会安全有关的活动,如户籍管理、居民身份证管理、武器管理、公共场所管理等。

三、城市社会治安综合治理

(一)城市社会治安综合治理的必要性

城市社会治安综合治理就是在党和政府领导下,由城市社会治安管理机构主持,动员社会各方面力量,运用法律、行政、教育和经济等手段,预防和打击违法犯罪活动、改造违法犯罪分子。违法犯罪是一个社会问题,其产生原因包括社会、历史、政治、经济、思想、文化等各方面,危害结果更是涉及整个社会的各个领域和各个方面。这种特点决定了城市社会治安管理在充分发挥专管力量的同时,应该动员全社会的力量实行综合治理,形成群防群治的局面。只有从政治、经济、思想、文化、行政管理等多方面入手,动员起全社会的力量一齐努力,才能消除违法犯罪滋生的土壤和生存条件,杜绝或减少违法犯罪现象。中国社会治安综合治理的方针,是在总结同违法犯罪作斗争的实践经验基础上升华的科学成果。实践证明,综合治理是城市社会治安管理的正确方针。

(二)城市社会治安综合治理的内容

城市社会治安综合治理的内容,是指由什么主体和采取哪些措施贯彻实施综合治理的方针,主要包括以下两个方面。

1. 主体方面的综合治理

共产党市委和市政府是城市社会治安综合治理的领导者，其主要职责包括：一是制定正确的预防罪的总的和具体的方针、政策，作为各方面工作的准则；二是统一部署全市范围内对重大违法犯罪活动的打击与预防；三是协调各单位、各部门关系，组织社会各方面力量，形成齐心协力、齐抓共管的治安工作态势。

公安行政机关、司法机关，在城市社会治安综合治理中，担负着贯彻落实党和政府的方针、政策的具体组织工作的责任。尤其公安行政机关是预防和打击城市违法犯罪的中坚和骨干，必须切实负起责任，保证综合治理方针的贯彻实施。城市街道、企事业单位、工青妇组织及其他社会团体和社会基层组织，是贯彻执行党和政府的方针、政策和国家法律、政令的基础，应积极参与和承担城市社会治安综合治理的具体工作，在自己职权范围内采取切实可行的措施，预防违法犯罪。家庭是社会的细胞，是社会成员社会化的第一站。婚姻家庭问题、家庭成员或邻里关系处理得好坏，直接影响着社会是否安定。因此，在城市社会治安综合治理中，家庭也负有重要的责任。

2. 措施方面的综合治理

首先，应加强思想教育，特别是通过家庭、学校、社会加强犯罪心理预防。其重点是进行政治思想教育、理想教育、法制教育和道德教育，削弱和排除形成犯罪的不良心理因素，使市民培养和树立起正确的人生观、法制观和道德观。其次，采取经济与社会的措施。城市政府及有关机关应扎扎实实地解决有关的社会实际问题，如就业问题、住房问题、文体活动问题以及解除劳教和刑满释放人员的妥善安置问题等，减少引发违法犯罪的社会问题因素。再次，采取治安与司法措施。这主要是城市公安保卫部门通过加强对复杂场所的控制、特种行业的管理，以及对刑事犯罪嫌疑分子的调查和控制、对违法行为的处罚和强制劳动教育等专门工作，预防和减少犯罪。同时，还要动用强制手段特别是刑罚手段惩治犯罪分子。最后，采取法制措施，即制定和执行有关城市社会治安与安全的法律、法规和各项规章制度。

第三节　城市社区管理

早在1996年，江泽民总书记就发出"大力加强城市社区建设"的号召。2000年，党中央、国务院又做出在全国推进城市社区建设的重大决策，以中共中央办公厅、国务院办公厅的名义转发了《民政部关于在全国推进城市社区建设的意见》（中办发[2000]23号文件）（简称《意见》）。这个《意见》对推进城市社区建设的重要意义、指导思想、基本原则、主要目标、基本内容和当前的任务、措施等提出了明确、具体的要求。

其中，加强社区管理，理顺社区关系，完善社区功能，改革城市基层管理体制，建立

与社会主义市场经济体制相适应的社区管理体制和运行机制是当前城市社会管理的重要任务。大力推进城市社区管理，是面向 21 世纪城市现代化建设的重要途径。切实加强城市社区管理，对于促进经济和社会协调发展，提高人民的生活水平和生活质量，扩大基层民主，维护社会稳定，推动城市改革与发展，具有十分重要的意义。

一、城市社区的含义与类型

（一）城市社区的含义

城市社区在社会学领域是与农村社区和城镇社区相对应的一种社区类型，是指在特定区域内，由从事各种非农业劳动的密集人口组成的社会。20 世纪 80 年代以来，人们开始在现实生活中接触到"社区"概念。中国的街道办事处、居委会的辖区以及各种单位大院、居民小区等大都被冠以"社区"称呼。有人认为城市社区专指城市中的街道办事处所辖区域及其行政范围，或主要是指城市所属区政府所辖之街道，也有人指出城市社区是指城市中被道路所环绕的居住地段。在这里，我们认为，城市社区是城市中的社区，是指城市中被道路环绕的居住地段上，由有特定生活方式并且有成员归属感的人群所组成的相对独立的社会共同体。

城市社区主要有以下特点：第一，城市中被道路所环绕的居住地段为其地域，这一地域边界较为确定，范围较小；第二，社区的人群规模大、密度高、异质性较强；第三，公共设施较齐全，能够承担相对完整的社会功能，满足社区居民基本的物质、文化生活需要；第四，社区内社会组织结构复杂，经济、文化发达，人们之间的联系较为密切，有较强的归属感。

（二）城市社区的类型

从地域特征和管理角度考察，城市社区主要有三大类。

1. 法定社区

这主要是指具有法定地位，其界限可明确标示在地图上的社区，尤其是指街道办事处、居委会两级辖区。这两级辖区的划分分别以《城市街道办事处组织条例》和《城市居民委员会组织法》为依据。

2. 自然社区

这是指人们长期共同生产生活或按照自己的意愿选择而形成的聚集区，如各种住宅小区、居民小区和新村以及城市化了的村落等。这种类型的社区或大或小，规模不定，界限也是或明确或模糊，划定标准不一。

3. 功能社区

这种类型是指由于人们从事某些专门的活动而在一定地域上形成的聚集区。一所大学、一座军营、一个单位大院等都可以是一种功能社区。这种社区一般都具有自己独特的文化

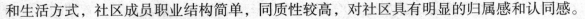

和生活方式，社区成员职业结构简单，同质性较高，对社区具有明显的归属感和认同感。

三种类型社区的界限并非总是鲜明固定的，它们的边界有时是重合的，有时则是交错的。由于社区之间的联系日益密切，各种活动愈发频繁，人口流动日渐增强，社区的边界也变动不定。因而，对社区的管理也不断发生变化。

二、城市社区管理的含义和主体

（一）城市社区管理的含义

城市社区管理是指在市及市辖区人民政府的领导下，以街道为主导、居委会为协同，以社区组织和社区成员为依托，运用行政与法律、经济与教育、公德与情感等手段，合理调配和利用社区资源，发展社区事业，强化社区功能，解决社区问题，提高社区成员的生存质量，促进社区经济和社会协调发展的过程。社区管理的内涵可从以下几个方面来理解：

（1）管理属性的多重性。社区既是政府行政管理的基层区域，又是人们生活聚集的区域性社会，因此，社区管理既具有行政管理的特征，又具有社会管理的属性，在某种意义上说它还是社区成员自我服务、自我管理的过程。

（2）管理主体的多元性。与管理属性的多样性相应，管理主体呈现多元性的特点。社区管理主体既包括行政组织、社团性组织、企事业组织，还包括社区成员个体。这些社区管理主体将在下文详细介绍。

（3）管理内容的复杂性。随着市场化的深入及城市大规模的建设和发展，城市管理的部分职能重心下移，各类企事业组织在计划经济体制下承担的社会管理功能大量地向社区转移，这些都使得社区管理的内容日趋复杂，据不完全统计，目前街道办事处的经常性工作已超过了150项，其中大部分为社会管理、社会服务工作。

（4）管理实践的参与性。社区管理就其属性而言，还是一项自我管理活动。广大社区成员既是管理对象，又是参与主体，这体现了"自己的事情自己去办"的原则。同时，社区成员在参与广泛的社区管理活动中增强了主体意识和自治意识，反过来又促进了社区管理的进一步发展。

（5）管理过程的系统性。社区是社会生产和社会生活高度社会化的地域，这一地域中多种要素交集，合为一体，在管理过程上必然形成决策、执行、监督、反馈等系统环节，管理各环节的整合使社区系统更具开放性和动态性。

（二）城市社区管理的主体

城市社区管理主体既包括各类社区组织，也包括社区成员个体。各类社区组织按功能不同可分为行政性的、企事业的、社团性的三大类。现将城市社区管理的各类主体分述如下：

1. 行政性组织

这主要是指街道办事处及各政府主管部门在社区中的派出机构。街道办事处作为市辖

区、不设区的市人民政府的派出机关，主要负责执行人民政府的交办事项、指导居委员会的工作、反映居民的意见和要求。它虽然不是一级人民政府，但基本上涵盖了一个区域性政府的所有职能。政府主管部门的派出机构主要是指工商所、房管所、派出所等。这种机构以"条"的形式出现，职能较为单一，行政特征突出，在辖区内进行各项专业管理和服务工作。

2. 企事业组织

这主要是指社区中的各类生产、服务性组织，如工厂、商店、医院、学校以及各种业主管理委员会、物业管理公司等。这些企事业组织的管理对象大都局限于本辖区之内，如物业管理公司在自己的物业范围内提供的管理与服务几乎涵盖了社区管理的所有内容。长期以来，企事业单位形成一个个独立封闭的"小社会"，成为游离于所在社区之外的小社区，与所在社区缺乏内在的有机联系。

3. 社团性组织

这是指群众性自治组织及专业性社会团体。《城市居民委员会组织法》规定"居民委员会是居民自我管理、自我教育、自我服务的基层群众性自治组织"。但在实际的社区管理当中存在着居委会行政化的倾向，这表现在：居委会承担了大量法律规定外的属于政府行政部门职责范围内的工作；居委会配备专职干部，在职期间享受事业编制待遇；等等。专业性社团如各类行业协会、街道共青团、妇联、民兵组织等，都按各自的组织目标和工作程序在一定范围内为管理和服务社区而工作。这类社区组织已成为社区组织体系不可缺少的组成部分。

4. 社区成员

从性质上来看，目前社区管理是行政性、社会性与自治性相结合的一种模式，但无论从其本质还是从其发展来看，走向自治才是社区管理的基本方向。社区管理的最终目的还是要实现它的自治，即由社区居民自己管理自己生活所在社区的社会事务。社区成员要真正成为社区管理的主体，就要从参与自我管理社区、自我建设社区着手，发挥建议、议事、监督、反馈的作用，不断提高民主自治的意识和能力。

三、城市社区管理的内容

城市社区管理处在城市管理的第一线，管理内容纷繁复杂，在当前的城市管理体制下，社区管理承担了大量市、区人民政府职能部门职责范围内的工作，甚至连三废处理设备改造、建设工程对环境影响的审核及区人大代表提名的落实与联络等工作，也需要社区协办，而在交办过程中责权利、人财物又相脱节。与此同时，社区管理还须完成大量的与社区居民生活密切相关的事务。这样，在整个社区管理中职责不清、权限不明、条块关系不顺的情况仍然相当严重。因此，为健全和完善社区管理体制，贯彻"两级政府，三级管理"的要求，解决职能错位、关系不顺的问题，做到政社分开、职能清晰、责权利及人财物相一致，就必须把属于社区开展工作所必须拥有的责权利下放给社区，而属于区直属职能部门自己办理的业务不得随意委托社区承办。在此基础上，社区管理除完成交办的各项任务之外，还须完成必须由他们管理的与社区紧密相关的事务，包括以下几项主要内容。

（一）社区社会治安综合治理

这是指由社区内司法、警察、安全、消防等部门组成的社区治安综合治理委员会及由社区居民组成的从事治安保卫工作的自治性组织（如治保会、联防队、门栋关照小组等组织），为创造安全有序的良好社会环境，而对社区内的社会公共秩序、户口、特殊行业（如旅馆业、旧货业等）、道路交通、消防及法制和安全教育进行的管理。

（二）社区环境卫生管理

这是由街道环卫所及各区的房管所、园林所及社区内各单位组成的市政管理委员会以及群众自治性组织和全体社区成员，为谋求适合居民身心健康的和谐环境，而对生活垃圾、污水、粪便处理工作，道路清扫工作，植树种草等绿化工作，以及环保宣传工作等进行的管理。

（三）社区服务

这主要是指在政府的倡导和组织下，为满足社区居民的多种需求，依靠社区居民所进行的自助互助活动。这是一种具有社会福利性和社会公益性的社会服务。社区服务主要是开展面向老年人、儿童、残疾人、社会贫困户、优抚对象的社会救助和福利服务，面向社区居民的便民利民服务，面向社区单位的社会化服务，面向下岗职工的再就业服务和社会保障社会化服务。民政部门主管的社区服务工作已开展多年，奠定了深厚的群众基础，积累了丰富的工作经验，已成为社区建设和管理诸多项目中的"龙头"。

（四）社区卫生保健

这主要是指由街道卫生科、计划生育委员会及地段医院和社区内企事业单位的卫生保健部门，组织发动社区成员，为保证社区居民的身心健康，而对卫生防疫、计划生育、老年人保健、妇幼保健和少年儿童保健，以及心理咨询、社区康复等工作进行的管理。

（五）社区精神文明建设

这主要是指由社区自治性组织和各专业性团体，以及精神文明建设办公室发动全体社区成员，积极开展创建文明小区、文明里弄、文明楼和文明家庭等活动，进一步完善调解、帮困、服务网络；同时，应做好教育、科学、文化、艺术、体育及传媒的发展规划，以生态—环境物质文明为基础，加强理想、道德、法制教育，提倡科学的生活方式，形成文明的社区社会风尚。

第十章 新时代城市管治及发展

第一节 管治与城市管治理论

一、管治理论及其发展

（一）管治概念

1989年世界银行在讨论当时的非洲问题时提出管治①危机（crisis in governance）一词，随即在全球引起了巨大反响。管治的概念最初源于环境问题，随后被逐渐引入到处理国际、国家、城市、社区等各个层次的各种需要进行多种力量协调平衡的问题之中，并且逐渐被发展成为一个内涵丰富、适用广泛的理论，并在许多国家的政治、行政、城市、社会管理改革中得到广泛的运用。但是，对于不同的社会意识形态群体及不同的政治体制传统而言，这一词汇存在不同的理解。目前对管治含义的主要理解有以下几种（包括赞同的与反对的）：全球管治协会认为，管治是个人与机构、公家与私人治理其共同事务的总和，是多种多样互相冲突的利益集团走到一起寻求合作的过程。在这个过程中既可以是对立的各异的利益集团彼此适应，也可以采取合作的行动。

世界银行认为，管治是表示为了发展，而在一个国家的经济和社会自愿的管理中运用权力的方式。

经济合作与发展组织认为，管治是运用国家权威管理和控制国家资源，以求经济和社会的发展。具体而言，管治是指由许多不具备明确的等级关系的个人和组织进行合作以解决冲突的工作方式，它灵活反映着非常多样化的规章制度甚至个人态度。

阿尔坎得拉、库伊曼等认为，管治是在众多不同利益发生作用的领域建立一致或取得认同，以便实施某项计划。它所要创造的结构或秩序不能由外部强加，它的作用的发挥要依靠多种方式的进行以及互相发生影响的行为者的互动。

戈登克尔、韦斯认为，管治是一种值得追求的理想，是为无法由政府绝对解决的社会和政治问题寻找更有秩序和更可靠的解决办法的努力。

奥斯博恩、盖布勒认为，管治只是一种修辞的需要而并无实际意义，其原因是在崇尚市场取向的私有化社会中，"统治"已无法找到买主，而管治却很有市场。因此，管治只是一种重新包装的较优的政府管理形式。

综上所述，与传统的以控制和命令手段为主、由国家分配资源的治理方式不同，管治是指通过多种集团的对话、协调、合作达到最大程度动员资源的统治方式，以补充市场交换和政府自上而下调控之不足，最终达到"双赢"的总和的社会治理方式。也就是说，管治是指各种公共的或私人的机构和个人管理其共同事务的诸多方式的总和。它是使相互冲突的或不同的利益得以调和并采取联合行动的持续的过程。这既包括有权迫使人民服从的正式制度和规则，也包括人们同意或认为符合其利益的各种非正式的制度安排。它的基本含义是指在一个既定的范围内运用权威维持秩序，满足公众的需要。其目的是在各种不同的制度关系中运用权力去引导、控制和规范公民的各种活动，以最大限度地增进公共利益。

追溯英语文化的发展，最初 government 的含义是"对付和训练人"，目前大家普遍接受的 government 更普通的含义是"控制、组织和领导"，"管辖统治的行为；支配的过程，特指政体对公众政策的控制和管理" ogovernance 从字面上看似乎与 government 差别不大，但其实际含义却有很大不同：

第一，二者最基本的、最本质的区别是管治虽然需要权威，但这个权威并不一定是政府机关；而统治的权威则必定是政府。

第二，统治的主体一定是社会的公共机构，而管治的主体既可以是公共机构，也可以是私人机构、个人，还可以是公共机构和私人机构的合作。

第三，管理手段不同。统治的手段和方法主要是以具有强制性的行政、法律手段为主，有时甚至是军事性手段，以实现对社会的强力控制。而管治的管理手段除了国家的手段和方法外，更多的是强调各种机构之间的自愿平等合作，合同包工、权力分散、根据市场原则运作、强调由国家和私营部门合作等是管治工具多元化的具体表现。

第四，管理过程中权力运行向度不同。政府统治的权力运行方向总是自上而下的，它运用政府的政治权威，通过发号施令、制定政策和实施政策，对社会公共事物实行单一方向的管理。而管治则是上下互动的管理过程，它主要通过合作、协商、伙伴关系、确立认同和共同的目标等方式实施对公共事物的管理，其实质在于建立在市场原则、公共利益和认同之上的合作。管治所拥有的管理机制主要不是依靠政府的权威，而是合作网络的权威，其权力向度是多元的、相互的，而不是单一的和自上而下的。

第五，管治的最终目标是实现"善治"（good governance）。善治就是使公共利益最大化的社会管理过程，善治的本质特征就在于它是政府与公民对公共生活的合作管理，是政治国家与公民社会的一种新颖关系，是两者之间的最佳状态。善治包含以下七个基本要素：合法、透明、责任、法治、回应、有效、稳定。

由此可见，管治概念及理论的发展根本上从属于政治领域，它为现代政府、城市、社会提供了一种新的政治分析框架，它有别于发展已经比较成熟的经济分析方法、制度分析方法、文化分析方法。

（二）管治概念的产生和理解

为什么我们现在谈论"管治"（governance）比"统治（管理）"（government）更多呢？其宏观背景可以归纳为以下两点：

一是经济全球化的发展。20世纪50年代以来全球化趋势不断加强，人类的经济、社会活动已经大大突破国家的界限而在全球范围内进行，由此产生了许多国际性的跨国经济组织、社会组织以协调、管理各种跨国经济活动和社会活动，以往以政府权威为载体的统治（government）不能满足这种日益增长的国际性活动群体对管理的需求。新的管理领域产生新的管理主体，需要新的管理模式。

二是西方福利型国家的政府管理危机。福利国家的发展是从西欧国家开始的，其基本目标是向那些暂时或永久不能为自己提供足够收入的人提供保护，另一个目标是要增进社会更大程度的平等。由于福利制度的刚性特征，福利型国家政府职能不断扩张，形成了"巨型国家"症（表现为行政绩效下降、腐败严重、官僚主义等）和财政赤字等。

随着福利改革争论的不断升温，西方福利型国家已经开始了向经济发展型治理模式转变的实践活动，传统的行政工具已经不能满足现实的需要。20世纪80年代以后，以政府再造促发新公共管理运动，新公共管理理论和实践的发展为管治理论的发展奠定了基础。

管治理论的基本内容：第一，该理论认为政府不是国家唯一的权力中心，各种机构（包括社会的、私人的）只要得到公众的认可，就可以成为社会权力的中心。它意味着来自政府但又不限于政府的社会公共机构和行为者。第二，在强调国家与社会合作的过程中，模糊了公私机构之间的界限和责任，不再坚持国家职能的专属性和排他性，而强调了国家与社会组织之间的相互依赖关系。第三，管治强调管理对象的参与，希望在管理系统内形成一个自组织网络，加强系统内部的组织性和自主性。第四，在政府完成社会职能的手段和方法方面，其有责任进行改革和创新，以不断提高管理的效率。

根据公共机构与非公共机构在管治活动中权力分配的强弱状况，可以将管治划分为四种类型：管理型管治和促进增长型管治、合作型管治和福利型管治，前二者都是倾向于强调市场的力量，而后二者则更倾向于政府控制和包容市场的力量。

（三）管治理论——一种新的并不成熟的分析框架

（1）它提供了新的分析视角和范畴。例如，它将作为民间参与网络和互惠信任关系的"社会资本"引入管治分析，着眼于政府与公民的合作网络。

（2）在分析政治发展时，它比其他方法更加全面。它包含了制度方法、经济分析和文化分析的许多内容，同时又在相当程度上克服了其他方法的缺陷。

（3）它体现了政治发展的方向。它特别强调国家与公民社会的合作，强调公民自治和非政府的公共权威，这些都深刻地反映了全球化时代的民主要求。

管治理论的兴起是与政府的失效和市场的失效联系在一起的，是为补充政府管理和市场调节的不足应运而生的一种社会管理方式。它强调政府与公民社会的合作、强调自上而下的管理和自下而上的参与相结合、强调管理主体的多元化和多样性。在管理的性质上强调政府对公民的服务、强调引入市场机制，这是一种在现阶段比较理想的政治和社会管理形式。

另外，管治和善治理论的兴起和发展是建立在西方的社会政治现实基础之上的，它的积极的意义在于：打破了社会科学中长期存在的两分法传统思维方式，即市场与计划、公共部门与私人部门、政治国家与公民社会、民族国家与国际社会，它把有效的管理看做是二者的合作过程；它力图发展起一套管理公共事物的全新技术；它强调管理就是合作；它认为政府不是合法权利的唯一源泉，公民社会也同样是合法权利的来源。但是'因为它的发展基础是西方社会政治现实，且发展还很不成熟，所以它也不是万能的。尤其是"全球管治理论"建立在政府的作用和国家的主权无足轻重、民族国家的疆界模糊不清的前提之上，强调管治的跨国性和全球性，其危险在于削弱国家主权和主权政府在国内和国际管治中的重要作用，客观上有可能为强国和跨国公司干涉别国内政、推行国际霸权政策提供理论上的支持。所以，我们在学习和应用这一理论时，要警惕全球管治理论的危险倾向，必须从本国实际出发，切忌机械地照抄照搬。

二、西方城市管治：概念与模式

随国家——市场——社会之间的关系不断发生新的变化，管治作为一种在政府与市场之间进行权力平衡再分配的制度性理念，已经迅速地渗透到城市和区域管理的具体行动中，成为一种地域空间管治的概念。

（一）西方城市新特点及其管理内容的变化

20世纪80年代以来，随经济全球化的迅猛发展，国家经济关系和国际经济关系在全球范围内重铸，西方资本主义城市也发生了巨大变化。纵向协作的工业企业、层级分明的行政体系、工业时代的核心家庭、清晰可辨的城乡景观等已一去不复返了，城市经济进入后工业、后现代都市时期，同时伴随着城市经济运行方式的变化。西方城市政府重新定位，政策取向从福利分配和公共服务政策转向促进和鼓励地方经济发展的外向型政策。新的政策由一系列新的代理及机构支持和资助，公共部门开始与私营机构建立伙伴关系，城市管理的内容发生变化，表现出以下特征：

（1）地方政治日益重要，成为制定发展战略的焦点。经济全球化的发展，使资本的转移和流动在全球范围内进行，这就使得中央政府越来越不可能组织和协调特定的生产、再生产，只能由地方城市政府指挥和协调。地方城市政府与跨国资本的谈判技巧，及其创造条件以适应经济全球化的能力，已经成为塑造城市形象和在国际城市体系中定位的关键因素。

（2）在支持经济发展时，经济政策与劳动力政策较社会政策更能动员地方的政治力量。不少城市因此被称为"企业家城市"。传统上由政府负责提供的公共服务，很多改由非政府主体参与和负责。与私营机构的合作使地方政府吸收了某些显著的商业特色，包括风险承担、创造力、宣传以及利益驱动。地方政治家和行政官员日益采用企业家的立场肯定有利于资本在城市的集聚。

（二）城市管治的概念

就城市管治而言，它并不是一个新概念。早在 1942 年，V.Jones 出版的 Metro po-litan government，就开始探讨最适合的大都市区政府管理模型。20 世纪 90 年代后，刺激人们对当代大都市管治进行重新思考的，主要是日益明显的经济全球化、急剧的市场竞争、高层次的移民运动和资本的快速流动。另外，也受到地方和区域范围的公共部门严重的财政紧缩的影响，政府本身的作用出现了明显的变化，一个崭新的、更不平衡的、空间差异明显的大都市形态已经展现在人们的眼前，城市形态和城市运行方式都发生了翻天覆地的变化。

因世界经济发展的不平衡性，不同国家的城市管治的内涵也是不同的。目前，城市管治的理解有三类：第一种理解认为城市管治等于好政府。这类理解最常见于国际援助组织的文件，如世界银行的报告等。城市管治被认为是管理第三世界城市的关键，多数援助机构强行制定"好政府"的指标作为提供援助的先决条件。这些指标一般包括民主、负责制、透明度、人权等。第二种理解认为，城市管治是向市民社会主体和机构赋予权力的过程，此种理解较常见于迄今尚未开放的国家的民主化过程。第三种理解采纳了更宽的视角，将城市管治的含义拓宽到覆盖政府与市民社会的关系。即城市管治是指市民社会与政权之间的关系、约束者与被约束者之间的关系、政府与被管治者之间的关系。

尽管对城市管治的内涵有多种不同理解，但可以明确的一点是，城市管治与传统城市政府管理的根本区别是市民社会的加入，即城市管治是政府与市民社会、公共部门与私人部门的互动过程，地方政府只是城市管治的主角之一。城市管治注重的是过程，即地方当局协同私人利益集团力求实现集体目标的过程，并由政治、经济和社会价值体系共同塑造。可见，城市管治的焦点是各个利益集团之间的权力与责任的调整，主要是处理它们之间超越于市场经济范围之外的社会经济关系。也就是说，城市管治是要协调和改进在现行法律和市场规则下合法不合理的社会经济关系进行调整，建立城市体系运行的新框架。

这个例子说明了城市政府是如何依赖于商界的，其并不能完全独立地运用有关资源去解决各种社会问题。这说明富人和企业家（企业）的迁出可以对城市政府税收和城市经济造成重大损害。城市政府在制定政策时通常要顾及富人和企业家的利益。

（三）西方城市管治的模式

管治从本质上讲是从属于政治领域的，其核心是权力的再分配和向非公共机构让渡。那么，城市管治过程也并不是价值观中立的，国家政权因素在塑造城市管治中扮演着重要角色。同一国家背景下的不同城市，以及不同的城市部门，显示不同的管治模式。在某一国家或地方背景下，城市管治的建构和定向，反映了所有的准则、价值观、信念和常规。所以，我们可以考虑从以下三方面来分辨不同的城市管治模式，即地方政府在经济发展中的角色、分配形式以及地方政府与市民社会的关系。目前，西方城市管治模式种类繁多，分类方式也很多，比较精练的是美国学者皮埃尔（Pierre）的分类，他根据参与者、方针、手段和结果将西方城市管治模式归纳为四种一般模式，包括管理模式（managerial）、社团模式（corporatist）、支持增长模式（pro-growth）和福利模式（welfare）。

1. 管理模式

该模式强调专业参与而非政治精英的渗入。"让管理者管理"是其口号，主要参与者是组织生产和分配公共服务的管理者，消费者也比较重要。管理模式的目标是增强公共服务的生产和分配效率，真正让消费者挑选产品和生产者。其实现目标的手段很多，如将某些公共服务承包给赢利组织，增加公共部门管理职位的自主权；建立内部市场和其他相似的竞争，重新定义当选官员的角色等。此种管治模式的结果目前尚不清晰，也许它的确有助于提升服务性生产的效益，总体而言，它是颇有争议的改革策略。

2. 社团模式

该模式有两个层面的参与，直接参与的是各利益集团的高层领导，间接参与的则是利益集团的基层。该模式的主要目标在于分配环节，即确保以集团成员的利益塑造城市的服务和政策。其关键手段是包容，即使所有主要的行为人及其利益进入城市的决策过程。社团模式削弱了城市的财政平衡，因为利益集团强调各种公共开支，却几乎没有什么有力的手段去增加公共税收。社团主义也不断地在利益集团与别的社会群体之间制造不平等。

3. 支持增长模式

该模式的主要参与者是商业精英和当选的地方官员，他们在推动地方经济的问题上利益共享。该模式的目标是实现长期和可持续的经济发展。过去几十年来增长的来源已从以土地为基础的制造业转变为知识密集型的、小规模的企业。该模式运用各种政府手段实现其目标，如城市规划、运用来自区域或中央政府的资源、发展基础设施，甚至建设良好的城市形象以吸引投资等。该模式以制度化的公共部门与私营机构的伙伴关系为基础，直接分享事实的自主权。

4. 福利模式

该模式的参与者主要是地方政府官员和国家的官僚机构，其短期目标是确保国家基金的流动以维持地方的活动，长期目标则不甚明了。该模式的实现主要依赖地方与较高层政府的网络关系，可以是真正的或行政的关系，或两者兼而有之。该模式不大可能维持太长时间，因为不平衡发展的逻辑渐受质疑，如果适逢中央财政出现赤字，则更会雪上加霜。

以上四种模式皆为理想模式，在实践中，会出现与一种或一种以上的城市管治模式相

吻合的情况。需要强调，城市行政的不同部门会支持不同的管治模式，这些模式往往还会有冲突，一些模式明显地与某些部门更相关。同时，随着时间推移和经济的发展，城市管治模式不是一成不变的，可能会从一种模式转变到另一种模式。

第二节　中国城市管治的现实与发展

一、中国城市管治的思考

毫无疑问，西方城市管治理论为城市发展问题提供了新的思路，使研究者和决策者开始注重政府与非政府的关系，留意市民社会的力量。

（一）西方城市管治理论在中国的适用性

西方城市管治的理论体系尚具争议，其城市管治模式也并非完善的模式，本章第一节所述几种模式各有各的问题。管理模式主张"让管理者管理"，那么该怎样定义政府的责任和义务呢？素来公共部门与私营机构在企业管理上的思路并不相同，如果政府当局依赖私营机构的专业人员，如何调解彼此之间的矛盾？大部分国家的政府不具备该模式所要求的弹性，而且消费者的选择对地方政府来说也是一个极不确定的因素。

社团模式的主要问题是财政，各利益集团关心的是公共开支，除非集团的利益处于危险之中，否则利益集团不会自动关心城市的税收。地方政府与利益集团相比处于弱势，这最终会侵害公共利益。该模式过于依赖狭隘的利益主体，忽视广大的社会利益。利益集团把政府作为达到目的的工具，可以共享乐而不能共患难。

支持增长模式是最常见的城市管治模式。因为国际化可以为地方经济带来新的投资，该模式越来越把城市在国际舞台的定位与其发展目标结合在一起，将城市作为吸引投资的工具。政府介入经济发展，以公共部门与私营机构的紧密合作为特征，地方政府与企业精英共享经济增长的成果。其主要问题是城市政治过于依赖私人资本作为税收的基础，因此吸引私人投资的竞争十分激烈。该模式也是最少参与者的管治模式。

福利模式较常见于福利国家中，地方政府极度依赖中央政府的开支，国家最大限度地成为供应者，是四个模式中包容性最少的。

有鉴于此，将西方城市管治模式照搬到中国的实践中是极为不妥的。目前首要的任务是尽快展开城市管治方面的研究。西方城市管治的概念和模式对中国的城市研究有很大的启发意义，但必须结合中国的意识形态、政治经济和社会文化特点。对管治的理念进行批判性分析，对我们正确理解政府角色有很大帮助。

改革开放以来，中国城市发生了巨大变化。沿海地区城市采取放权让利的政策，鼓励私人、半公共主体参与经济发展，以最大的经济增长为目标，城市发展很快。东北、华北的城市在解决老企业问题的同时加强技术创新，发展也比较快。以快速发展的城市化地区为对象，分析和探讨改革以来政府角色的变化，分析外资策动下私营机构地位的变化，探究非政府组织和市民社会的状态，有助于认识改革开放以来中国城市管治的特点，制定更加因地制宜的经济发展政策，促进经济的可持续发展。中国的快速城市化地区，包括珠江三角洲、长江三角洲、京津唐地区和辽中南地区，在中国加入世界贸易组织（WTO）之后，这些地区已成为国民经济的龙头，这些地区尤其需要加强城市管治

和区域管治的研究，要运用管治理论，调动地方资源和力量，协调地区发展，融洽区际关系，使地方经济发展与世界经济发展紧密结合，以现代西方管治理论丰富中国的城市发展实践活动，加快中国城市经济的发展。

（二）现代城市管治研究对中国的现实意义

（1）现代城市管治的研究适应了中国市场经济体制和管理体制改革的新形势，是社会物质产生方式发展的必然要求。"每种生产方式都产生出它所特有的法权关系，统治形式等"，换言之，物质生产方式是任何社会政权关系、统治形式发展变化的主导影响因素。我国《宪法》第1条明确规定："社会主义制度是中华人民共和国的根本制度。"

社会主义制度在中国建立以来，中国的社会物质生产取得举世瞩目的成就。目前中国进行的经济体制和政治体制改革正是适应社会物质生产方式的发展而进行的社会主义制度的自我发展和自我完善，社会主义制度正日益显示出其强大的生命力。现代城市管治的研究完全可以作为中国市场体制与政治体制改革的深化和细化来认识，从而有益并服务于中国的社会主义现代化建设。

（2）现代城市管治研究及其实践将为中国依法治市创造有利的体制上的社会条件。我国《宪法》第2条中有这样的规定："人民依照法律规定，通过各种途径和形式，管理国家事务，管理经济和文化事业，管理社会事务。"江泽民同志在党的十五大报告中谈到依法治国时又进一步做了精当的阐述："依法治国，就是广大人民群众在党的领导下，依照宪法和法律规定，通过各种途径和形式管理国家事务，管理经济文化事业，管理社会事务，保证国家各项工作都依法进行，逐步实现社会主义民主的制度化、法律化，使这种制度和法律不因领导人的改变而改变，不因领导人的看法和注意力的改变而改变。"就目前中国而言，依法治国迫切需要解决三大现实难题：体制上的深层矛盾；实施机制上的失灵；司法人员的腐败问题。

（3）现代城市管治研究有助于清除陈旧落后的封建观念，建立科学、民主的社会主义法治观念。古希腊的哲学家最先找到了自然正义和理性，并以此为基点开始发展他们的哲学思想，并经由罗马文明，进而继承完善为一套精细缜密的罗马法，至此，奠定了整个西方法律发展的基石。比西方法学发展更早的是东方的儒学思想，东方孔子最先找到了"仁"，

并以之为总的精神发展了一套系统的儒学思想，儒家推崇德政，把"父父、子子"的家庭伦理与尊卑秩序推及应用到"君君、臣臣"的国家政治秩序中，使中国的法思想一开始就蒙遮在伦理的天网之下，从而融合为一种伦理法思想，而事实上，法思想始终处于伦理思想的高度之下。儒学在中国影响数千年而经久不衰，自然有其值得继承的优秀精华。例如，主张仁政，对整体利益、群体利益的重视，对小我与大我的权衡取舍，对完善人格的追求以及有教无类的教育思想等，至今及将来都有积极的意义。但儒家思想中也有一些不适应时代发展的陈旧观念依然在根深蒂固地约束着人们的观念和行为。儒家的伦理观不仅是超越法律的，而且是排斥法律的，儒家本质上崇尚一个"无诉"的和谐社会，社会利益冲突更主张在宗族、乡里、行会、团体内以"礼、情、义"的方式"私了"，除非被逼至绝路，而不主张告官兴讼，对簿公堂；儒家推崇封建等级制，官即是一方百姓之"父母"，家长意识现在依然存在。归结起来，这种陈旧落后的封建观念即礼义本位的重礼轻法意识和官本位的草民意识，已与今天建设法治社会的意识格格不入而应坚决加以扬弃。

现代城市管治是建立在民主和科学之基础上的，任何人作为国家公民的平等一员，都可以"依照法律规定，通过各种途径和形式，管理国家事务，管理经济和文化事业，管理社会事务"。现代城市管治研究和实践，在某种程度上扩大了城市建设与管理的群体，良好的城市管治体系应该能够带动和影响更多的市民参与和关心城市建设。伴随着市民对城市建设活动的参与和关心，必将使越来越多的人抛弃轻法意识，而逐步培养起社会主义的法治观念。

（4）现代城市管治的兴起和发展充实丰富了城市科学的内涵，同时，也将为城市规划的科学制定和依法实施提供更多的理论支持。城市管治研究内容，不仅包括垂直调控的各权力部门的行政性约束，同时，也包括水平制衡的各相关部门、企业、组织、社团的建设性协作，因此，城市管治就它为自己确定的研究方向和内容的切入与观察角度而言，它的研究内容本身就具有系统性和层次性。一方面，顺其自然地，城市管治研究必将随之显示出它的"杂交优势"—良好的系统效益，这一效益非各单独部门或单独地区的效益简单相加所能等量齐观。另一方面，城市管治研究目的，从某种意义上讲，也就是旨在为城市科学中的多学科的合作和参与提供一个实际的而不仅是理论上的、公认的而非指定的、法定的而非随机的框架和程序，从而在城市科学的研究方法和方式上，将产生基础性的影响，同时，也进一步地充实和完善了城市科学的内涵，具体于城市规划，城市管治的意义表现在以下两点：

其一，传统的城市规划是一种"干预规划"（interventive planning），而在市场经济条件下，由于受到错综复杂的市场因素的影响，城市规划不可避免地要向"趋势规划"（trend planning）倾斜，因此，最终的规划往往是"干预"指定与"趋势"要求的"折中和平衡"，而目前的"折中和平衡"过程是在一个不自觉的、随机的、局部的、盲目的、模糊的状态中进行的。而城市管治的研究将有助于城市规划的"折中与平衡过程"的公平公开化，即民主化、科学化和法治化，通过理顺城市规划的"决策、咨询、制定、审批、实施、监督、反馈"的法定程序，从而在理性"干预"与市场"趋势"之间架起一个对话调适、集思广益的公平机制，为城市规划的科学决策和建设实施创造条件。

其二，城市管治的建构体系，从整个国土乃至国际间的协同着眼，再至区域、城市本身和城市内部的问题，形成一个从宏观至微观的立体的，反映普遍联系概念的结构，因而，城市管治的研究较之以往就城市论城市的研究，对于调整人类地球家园的生态平衡、文化繁荣、两极分化.以及减少区域的叠加污染、重复建设，反映区域特点，体现城市个性特色和地区风貌等都会产生积极的推动作用。

二、中国城市管治发展现状及问题

（一）垂直的管治体系

就城市行政体系本身而言，垂直的管治体系中长期存在以下问题。

（1）行政体系内的分工问题。其主要表现为分工权限界定不清楚、责权划分不明确。由于权限界定不清、责权划分不明，各个部门遇到有权可图、有利可图、有"费"可图的项目都伸手、都争发言权，遇到麻烦和责任，需要出力、出资、出才的项目都推诿、拖延。而这种矛盾和冲突又恰恰发生在业务联系紧密、最需要密切配合的部门之间，如国土局与规划局之间、园林局与旅游局之间、旅游局与文化局之间等。这种矛盾和冲突反映在领导决策中，若没有上级的直接监督和敦促，就往往表现为决策中的部门利益先导，即使在多部门的协作中，在上级的直接干预下，这种部门利益也会若隐若现地、变着方式地表现出来。实际上，对部门利益的维护已经被默认为是一个领导的工作能力甚至是"政绩"的重要参考因素，而部门之间的权限界定不清和缺乏城市管治的法定程序又为争夺部门利益提供了空间和可能。部门利益也成为影响以公共利益为主导进行决策取舍的痼疾。另外，行政体系内的部门分工，作为中国机制转型期的特有现象，各地也不尽相同。例如，国土局、国土房屋局、规划国土局、国土旅游局、文化局、文物旅游局等，其问题还不仅仅是机构设置的效率问题，而更在于法律程序如何与实施法律的行政机构之间实现对位，不然，即使制定严密的法律，确定科学的法律程序，法律真实的实施过程依然会产生错位。因为实施法律的机构五花八门，所以，理顺机制和健全法制是两个相辅相成的过程，缺一不可。

（2）行政体系在区域管理上缺乏对应机构和协调机制，《城市规划法》也没有涉及区域规划内容的表述。因此，城市发展在区域关系上被严重忽视。由于没有区域规划的强有力指导和区域间的密切协作，城镇体系的规划就缺乏科学基础与依据，实施乏力。城市在所辖范围内各自为政，重攀比、不重协作，重地方效益、不重区域效益，造成大量工业项目的重复投资和基础设施的重复建设，原建设部部长俞正声在第27期市长研究班结业典礼

上就提到："长江某省内 400 公里范围内有万吨泊位 135 个，重复建设使资源浪费很大，这是区域规划的问题。"资源和资金浪费可见一斑。中国是个资源短缺型的国家，因此在区域乃至整个国土的范围优化资源配置，就显得极其重要。

（3）行政体系的市场适应性与应变力较差。中国现有的城市建设管理体制就大的框架而言，依然延续着旧的计划经济下的模式，这一模式因缺乏交流参与而显得封闭，因缺乏市场反馈而显得刻板，在与市场的衔接上表现得日见迟缓和不适。市场体制要求依法治市，与之相适应，管理体制应反映法定程序的科学要求，而法定程序的制定认可就必须考虑市场要求，体现公平公正、民主科学与效率。而现在的城市建设管理部门，如作为城市建设龙头的规划管理部门，已面临着诸多的尴尬，在矛盾冲突错综复杂的市场利害关系中显得处处被动"挨打"，因缺乏公开透明的参与机制，依法办事也难免遭来"关、卡、压""官僚""人治"之嫌，规划管理人员面对上面压、下面顶、左右挤的局面，上下不得"志"、左右不逢源，疲于应付，而最后规划定夺的结果呢？正如不少人士已撰文反映的那样：控规不控、有法不依、有法难依。城市建设在貌似有序，而实际却在无序中进行。原因在哪里呢？首先，根本性的问题在于体制没有理顺，办事程序不科学。办事程序中的各个过程缺乏法律上的约束和支持，体制上缺乏科学性和严密性。其次，许多城市管理机构设置重复、繁琐，责任不清，例如，2003 年之前，温州市与城建相关的管理部门就有 11 个之多，包括发展计划委员会、建设局、环保局、公用事业局、规划局、园林局、土地局、房管局、测绘局以及城管、公交等部门，全国其他许多城市都有类似情况。因而也就缺乏效率和说服力。另外，在项目审定上，依然存在长官意志，存在着权大于法和暗箱操作。

（二）水平的管治体系

就行政体系与非政府组织的协作关系而言，水平的管治体系中目前主要存在以下不足之处：

（1）缺乏公众参与意识，没有形成良好的公众参与机制，没有充分利用和发挥各种协会、社团的积极作用。城市建设的结果是社会产品，其消费者是公众，不仅仅是现在的公众也包括未来的公众，在这个社会产品的形成过程中，深刻的政治原因，复杂的社会关系，至关重要的经济因素，日益严重的环境问题，正在失落的地方风貌问题等都会影响到它，尤其在中国目前这种经济快速发展、城市快速更新的阶段，公众参与一方面为协调矛盾、集思广益，为有效地解决实际问题提供了一条新的思路，另一方面也将为法治建设铺垫社会基础；因此，公众参与应是城市管治的一条重要原则，它应被视为中国城市建设适应社会主义市场经济转变而必不可少的举措；就目前中国的情况而言，公众参与如何展开、推行，采取怎样的程序和形式、参与的深度与权限的约束，均应适合国情，放眼国际和未来。在一些发达国家，公众参与发展较早，相关的法规也较为完善。有关公众参与的程序都有法定的约束。例如，德国的法规规定任一地区的规划方案定案前，必须有一个月的时间广告市民；英国法规规定，规划的编制过程中必须有三个月的公众参与的时间等。在中国的特别行政区香港，公众参与业已成为城市规划与建设中不可或缺的内容，如香港市区重建计划的公众咨询工作始于 1995 年 7 月 21 日，结束于 1995 年 11 月 5 日，前后共三个多月的时间；香港就全港发展策略检讨的公众咨询始于 1996 年 7 月，为期六个月；有时为了获得更广泛的参与，政府还设置关于某个问题的专门网页，如关于香港 21 世纪可持续发展的讨论。

（2）缺乏行政自身、司法与社会的公开监督。自然法学派的代表人物孟德斯鸠在《论法的精神》（The Spirit of Laws）中说，"自古以来的经验表明一切被授予权力的人都容易滥用职权"，为了防止权力滥用以及因权力滥用而造成的违法和失职现象，就必须对权力的使用进行监督，构筑防范权力滥用的制衡体系，完善监督机制。就目前中国的实际情况而言，对权力的监督主要是以行政体系内部的自纠自查、自我监督为主，包括上级对下级的监督和部门的自我监督，而两种监督的衔接和自身监督又不甚完善，如按《城市规划法》第 11 条和第 21 条的规定，城市总体规划的审批体现了由上级人民政府批准的原则，在一定程度上反映了上级对下级的监督。实际上，对总体规划的监督是很难的，而对于分区和详细规划，则完全法定由地方政府自编自审、自己实施，这种简单化的处理程序，使得分区规划和重点地段的详细规划基本上没有形成任何监督约束和法律保障，不可避免地会在实施过程遇到过多的由行政干预和行政负责人更迭而导致的个人意识的影响。而对于目前来讲，规划管理中最具体、最宜于执行的控规，《城市规划法》没有涉及和单独明确（因此只能理解为详规一并处理），控规的法律地位没有明确，那么目前反映十分强烈的控规不控、建设审批混乱，也就只能是顺其自然的结果了。另外，按《城市规划法》第 45 条之规定，各地、市制定的实施办法、条例，也存在一个共同的问题就是权力和罚款规定较为具体细致，而义务和自我监督规定则含糊不清。除行政体系的自我监督外，在中国，各级人大及其常委会、各级政协及其常委会对城市建设的法律监督也起到了很重要的作用。另外，非政府组织，如企业、社团、科研机构、高等院校等，在市场经济中愈来愈扮演着重要的角色。

三、探索适合中国国情的城市管治途径

（一）现代城市管治必须与中国的国情相结合，而结合的关键在于观念的变革

中国是个历史文化悠久、传统观念根深蒂固、多人口、多民族、地理环境复杂多样、资源短缺、经济发展相对落后、国民受教育水平相对较低的国家。因此，城市管治的创新在借鉴国外先进经验的同时，就不能不考虑这些现实条件。从某种意见上讲，运行于特定机制中的法的作用依然会受到文化、道德、宗教的现实影响而表现出它的局限性，正如林砧先生所分析的那样："机制的形成过程是一种文化的生成过程，在反腐败意识尚未在社

会中引起共识并成为公众共同的自觉意识继而物化为社会的自律结构时，法律的支援只能是制度上的，它对观念形态无能为力。"孟德斯鸠也曾指出："人类受多种因素的影响：气候、宗教、法律、政府准则、先例、道德和习惯，这些因素形成了各民族的一般精神。"在东西方文化之间存在着"一般精神"的差异，东西方同样崇尚"天道"，但却存在着不同的理解，西方崇尚的"天道"之解释倾向于"自然"的公正准则，而东方崇尚的"天道"之解释倾向于"人道"的伦理法则，由此产生了东、西方文化的巨大分野，并在法律观念和机制上有着明显的反映。

中国向西方学习法治，最早始于晚清末年，朝廷还设立了两个专门的官方机构有计划有目的地系统地研究、翻译、引进西方法律制度，由著名的法学家沈家本主持并完成的中国新的法律体系为整个20世纪中国法制现代化奠定了基础（大部分是草案，没有实施）；但"沈家本很快就发现，西方的制度文明，不只在刑法，更在程序诉讼和商律私法领域；再大而言之，不单在单一的法律文化因子，更在其整体的社会支持条件或曰社会生态环境"。因此"法律观念和制度的地域性特点强，它依赖一种久远的文化传统，根植于一套模式化的社会结构之中。基于一种文化背景和社会环境的制度设计，已经一代一代被人们所学习和习惯，并溶化在自己的行为模式之中。移植法律观念和制度，有时甚至像移植人体器官的手术一样危险"。就中国国情而言，中国过往数几千年，一直是一个农业国，这种物质生产方式制约并影响了社会生活、社会道德观念和法律观念的每个方面，孟德斯鸠说："法律与各民族谋生的方式有着非常密切的关系：一个从事商业与航海的民族比一个只满足于耕种土地的民族所需要的法典，范围要广得多。"中国目前的状况与晚清修律时的状况已经有天壤之别，尤其是改革开放以来，中国的经济发展世人瞩目，虽然中国目前还是一个农业大国，但现在的中国，已是一个开放的中国，尊重科技的中国，政府已经明确了"科教兴国""以法治国"的方略，因此21世纪的中国物质生产方式将发生巨大的变化。英国著名历史学家汤因比以洞悉历史发展的眼光论证说："19世纪是英国人的世纪，20世纪是美国人的世纪，21世纪是中国人的世纪。"物质生产方式的变化（由保守的农业经济转向开放的全球性知识经济）必将带动和影响所有根植于物质生产方式的道德观念、法律观念、宗教观念等"社会支持条件或曰社会生态环境"的变化。处于21世纪的中国，变革或转变观念的物质基础的支持条件正在日渐形成，国情之于观念变化表现为规律性的支配，观念的转变必将使由道德影响的社会行为方式、由法律制约的合作组织方式、由宗教影响的信仰等，发生一些潜移默化的转变。对于城市管治而言，只有及时调整和转变观念，才能为城市法治的创新培育良好的"社会支持条件"。

中华民族在五千年的传统文化中，积累了许多优秀的民族文化的精粹。然而，不可否认的是，中华传统文化中同时也存在了许多落后的、不合时宜、不合目前国情，根本上讲与现在的物质生产方式构成冲突而不能适应的部分，如"官本位"思想、"草民"意识、"法即是刑"的错误理解、礼大于法的感情倾向、"人亡政息"的人治思想、"杀富济贫"的暴民意识、对"权利"二字讳莫如深的"义务"本位思想等。这些落后的观念如果不能及时地端正和肃清，不但会成为国家体制改革、城市管治创新的巨大阻力，而且，会使良好的机制在一定程度上处于"空耗"状态，大大降低新的机制的活力和实际效用，甚至可能导致新机制的功能被异化产生意想不到的负面作用，这也就是"上有政策、下有对策""国家有法律法规，地方自有土办法"的深刻的社会根源之所在。归结起来，城市管治体系的创新以及城市管治体系效能能否实际地发挥，都有赖于良好的"社会支持条件"的形成，而"社会支持条件"形成之深层约束，在于物质生产方式的发展变化，"社会支持条件"形成的表层之关键，在于能动地革新与转变观念。因此，在中国的文化宣传上、基础教育中，应破除纲常礼制，建立法治思想，取消义务本位，完善权利公平，涤除"草民"意识，重视人格独立和人格平等。唯此，才能真正培育起以法治市之城市管治体系创新与运行的社会土壤，城市管治才能真正地获得活力、生命力并产生实效。

（二）中国城市管治体系的创新，应体现公平、公正和高效的原则

如何提高城市管理体系的效率，并体现公正公平的原则，可以归结为两个方面，即建构完善的垂直管治体系和水平管治体系以及支撑这两个体系的"社会支持基础"和"技术支持基础"。

所谓"社会支持基础"是指"软件的"社会环境，主要是指人的法治与德治的观念和意识，其构成了支持和制约城市垂直管治体系和水平管治体系的隐秘、持久、稳定的社会基础，形象地讲是一种潜态的社会支持基础平台。"技术支持基础"是"硬件的"的技术支持条件，主要是指公用信息的社会交流与社会共享，其构成了支持和制约城市垂直管治体系和水平管治体系的活跃的技术基础，形象地讲是一种呈显态的技术基础平台。关于"软件的"社会条件，前文已做了较为详细的剖析，这里进一步就"硬件的"的信息技术基础作一解释。公用信息的社会交流与社会共享，除建立政府政务信息查询系统、完善公众信息反馈渠道、促进新闻透明等外，具体于城市建设领域，基础性的工作在于首先建立动态的城市建设信息数据库，包括法规信息数据库，政策与决策信息数据库，地理信息数据库，土地注册信息数据库，城市工程技术信息数据库，城市在建项目信息数据库，城市报批项目信息数据库，城市的历史文化、文物古迹、风景名胜和城市风貌信息数据库等。以上数据库信息不但是城市政府决策与管理的基础，同时也是公众参与和监督的基础。管理信息系统的联网和数据库信息的共享，是信息社会发展的必然趋势，也是数字时代在管理领域引起的革命性变革，其不仅有益于决策的科学、工作的高效与准确，而且数据库信息的共享将有利于逐步减少和杜绝投机、舞弊和暗箱操作，从而为城市垂直管治体系和水平管治体系的建构和运作提供重要的技术支持基础。

（三）关于城市垂直管治体系的建构问题

1. 政府管理的科学化问题

城市政府的主要任务是搞好城市规划、建设与管理。城市政府管理主要包括政策法规的管理、城市人口的管理、土地的管理、建筑的管理、规划市场的管理、设计市场的管理、基础设施建设与环境管理、资源管理和交通管理等。科学管理的根本在于强化城市政府职能，理顺上下级关系。针对目前的管理问题，建议采取如下措施：

（1）精简机构，提高效率。减少部门划块，本质上是减少部门利益的条块分割，减少部门划块的目的在于减少部门之间的扯皮、推诿、摩擦和脱节，理顺工作程序、明确各自工作范围和法定的义务和责任。减少部门划块还涉及部门立法的问题，一个部门一个法，立法过多，不利于法规的宣传普及，也不利于体现法律的严肃性，更何况部门法带有极浓的部门利益与部门权力色彩。

（2）政府相近相关部门应就近设置、联合办公、信息共享、协同应对各类问题。例如，文化局可以协同规划局提供城市群众娱乐、传统民俗、传统建筑、遗址、古迹等方面的信息；公安、水、电部门可以协同建设部门对违法建筑进行强制责令停工、拘留或暂停供水供电等措施，反过来，交通、水、电、建筑规划部门又可以协同公安以及消防部门进行防灾和救灾等工作。总之，就近设置、联合办公、信息共享、协同应对'不仅仅对城市规划、同时对城市发展的各个方面都将起到一定的促进作用。

（3）目前的体制和办公程序中，"首长签字""首长拍板"的环节过多，合理合法的工作没有"首长拍板"就只有干瞪眼，在缺乏有效监督的情况下，行政权力就很容易导致滥用。而改进的办法之一便是法定并公开办公程序，减少"首长签字"环节和以言代法。作为公职人员，关键在于依法行政、廉洁自律。对于法治观念，英国宪法学者戴雪认为，"法治有三项标准，即1.法律具有至尊性，否定政府有广泛的自由裁量权；2.法律面前人人平等，首相同邮差一样要严格遵守法律；3.不是宪法赋予个人权利和自由，而是个人权利产生宪法"。强调依法治市，就要体现"法律面前人人平等"'避免由于首长根据个人理解、个人意识"拍板""签字"而与法定城建规划造成的冲突，甚至给城市建设带来的无法弥补的损失。

（4）完善并规范城建执法人员编制。目前，不少中、小城市的城管执法人员没有编制或编制太少，大多数执法人员是临时招来的"散兵游勇"，这些编外人员因缺乏培训'专业素质较低，而且，这些人员多靠"违章罚款"自给自足，如此的结果，在某种程序上反而纵容了违章行为，逻辑很简单，因为没有违章项目，也就没有饭碗了。

（5）增加负责区域规划的行为主体。其负责监督或直接负责区域规划的协调、编制和实施，避免长期以来没有健全的区域规划编制机构和协调机构的问题，从而减少基础设施的重复建设、重大项目的重复投资、区域环境污染的叠加等。区域规划的行为主体可以是独立派出的行政机构，也可以是非政府组织，如采用区域规划委员会的方式，可以是常设的，也可以是非常设的。但无论何种方式,都必须申明该行为主体的法律地位和法律赋予的权力,否则就没有实际的约束力。

(6)在目前中国的城市建设领域中,上级对于下级的管理,存在着重政策指导'不重编制与决策过程,重审批而不重反馈的机制建立,如对规划而言,不重视对规划编制过程的监管、规范、介入和指导,对于审批后的规划实施情况,也缺乏反馈渠道和监督机制。因此,在规划编制过程的监视指导和规划审批后的监督反馈,对上级政府而言是两个"盲区",相应地,上级对下级的审批权就带有一定的盲目性。在英国,中央对地方规划施加影响主要是通过结构规划和中央环境事务大臣下派的监视员参与组织公众讲座和规划编制以及事务大臣的审批权来完成的,对实施过程的违法操作,公众可以直接起诉至中央大臣;在德国,城市建设的行政权力更多地集中在州一级政府及其以下,因而联邦政府对地方的影响是间接性的,主要依靠详细、系统的(建设法典)和区域规划,来影响地方的"F-plan"(反映土地利用的发展意图和战略构想)和"B-plan"(反映土地开发实施的管理要求,具有法律效力),这是与德国完善的法治和公众参与机制相联系在一起的;在美国,联邦政府对地方的主要影响手段是联邦补助金,城市建设的行政权力也多集中在州一级政府及其以下;在日本,法律赋予中央政府较多的权力,中央可以运用财政拨款手段,调整区域的平衡发展,资助地方的基础设施和直接介入大型公共项目的开发,另外,城市规划的审批权多集中在中央的建设省大臣手里,公众参与、公众意见的仲裁权多集中在地方的上一级政府,对于违法操作公众可以依法起诉。

对比以上各国的情况,英国、日本的管理办法与中国存在着部分的类似,而相比之下,英国的编制过程和批后监督则更为完备一些,而日本的财政拨款手段则显得强硬一些。对于中国的实际状况而言,在建立起完善的公众参与和法治机制之前,在公众的意见尚不能起到法定的约束和影响作用之前,加强上级对下级规划编制过程的监控、介入以及审批后实施的监督是十分有益的,这种监控和监管反馈权可以与审批权相平行,并应下设相应的独立机构(不能划归地方),其在职能上还可以组织公众参与、接受上诉,并直接将公众意见和上诉反馈给上级政府甚至中央。

2.法治建设中的法规体系化问题

修改完善城市规划法,建立完善配套的法规体系;加强区域规划的立法,深化地方集镇与乡村管理法规,从而为各层次的规划建设与管理提供切实可行的法规依据。

(四)关于城市水平管治体系的建构问题

1.完善水平管治体系中的监督机制

充分发挥非政府组织(包括企业、社团、科研机构、大学等)的监督作用。目前,国内不少地方在政府组织与引导下搞了政府办公公开制度的示范、常设的城市规划委员会制,也有城市开创了政府政务电子信息查询系统,所有这些都为中国的公众监督创造了条件,

并将随着公众参与机制的不断完善与配合，公众的监督作用会越来越成为保障依法治市的重要促进因素。

2. 完善水平管治体系中的参与机制

建立由社团、协会和专家组成的各种层次的委员会，如区域规划委员会、城市规划委员会、实施监督委员会、城建上讼委员会等，其职能除协调部门利益、化解部门争端、监督部门依法行政外，还应法定在决策咨询、区域问题协调、地方法规与图则制定以至各类建设申请的审批，并在城建上诉的裁定、仲裁和解释中发挥重要的作用。

3. 完善公众参与程序

根据广泛的公众参与，明确总体规划、分区规划、控制性详规的法律地位，进一步还可以制定更为详细的法定图则。其目的在于增加规划的可操作性，增加规划管理的具体的法律依据，使规划管理成为真正有法可依的过程。为完善法定规划和法定图则的实施，还应配合制定"申请修改程序"或"申请违规程序"，申请程序可以由常设委员会批准、备案，程序可以适当简化，但对于修改的部分，必须发布公告。对于未经法定程序的修改，只能认定是违法操作，市长也无权拍板。

4. 增加法律法规中"执法者"的义务和"被管理者"的权利，体现出法律的公平、公正性法律的公平、公正是通过权利和义务的对等实现的，否则就不能真正实现法律面前人人平等。受"法即是刑"的传统意识的影响，中国大多数地方法或部门法都表现出不同程度的一边倒倾向，对执法者而言权利讲得多，义务讲得少，对被管理者而言，则相反。许多地方法或部门法称其为"罚款措施"或"罚款细则"更为合适，部门"法"变成了部门"罚"。有关城市管理的法律和法规，应同时规定对执法者可能的不当行为，开发商或公民都可以依法维护自己的合法申诉和合法权益。

由于中国的公众参与还处于起步阶段，公众参与尚没有对决策产生实质性的影响，所以公众参与的形式和程序尚需要规范，公众参与的地位与权限尚需要法律认定。对于重大项目，要求必须有法定的公众参与程序，明确公众参与的形式和时间。作为过渡，可以适当地在决策—论证—设计—审批—实施—反馈过程中的一些关键环节引入公众参与，公众参与的形式可以通过新闻媒体公告，也可以采用团体代表咨询会的方式，针对不同阶段或内容，确定具体对应的形式。公众参与一方面可以加强社会监督，另一方面可以集思广益，增加设计与管理之间的衔接，避免管理过程中问题的大量爆发。随着经验的积累，应逐步深化、完善公众参与的公示制度、咨询制度、反馈制度和申诉制度。

第十一章 现代"数字城市"应用及其发展

纵观全球，信息和通信技术的应用正迅速改变着社会的经济基础和社会基础。在这个过程中，以公众和企业为代表的群体正努力使新技术适应机构和个人的需要，能真正为其所用。信息技术可能是一个最有效的工具，它不但能保证人们更清晰有效地进行公共事务管理，提供更多有用的服务，而且可以提高市场的竞争力，总之一句话，它可以确保市民有一个更高的生活水平。随着信息技术、计算机技术、空间技术的发展，城市的概念正在悄悄地发生变化，在我们熟悉的物质城市的身边正在形成一个充满数字化特征的时代现象——"数字城市"。这种现象正在渗透到城市规划、建设、管理与服务中，并发挥越来越大的作用，忽视它的存在将失去城市持续发展的技术手段。

第一节 "数字城市"概述

城市是地球表面人口、经济、技术、基础设施、信息最密集的地区，"数字城市，，必将成为数字地球网络系统中最为重要的一部分和最繁荣的信息中心，是数字地球在城市领域的具体实现，也是建设数字地球的关键和难点。

一、"数字城市"的基本概念

"数字城市"是人类对物质城市认识的又一次飞跃，它与园林城市、生态城市一样，是对城市发展方向的一种描述。其本质是对物质城市及其相关现象（经济社会特征）统一的数字化重现和认识，是用数字化的手段来处理、分析和管理整个城市，促进城市的人流、物流、资金流、信息流、交通流的通畅、协调。

"数字城市"研究的起源可以追溯到 20 世纪 80 年代初，美国斯基德莫尔和梅里尔两个城市进行了三维城市模拟。英国斯特拉斯克莱德大学也在这方面做了研究。许多发达国家已在 1995 年前就开始了"数字家庭""数字社区"和"数字城市，，的综合建设实验。美国前副总统戈尔提出了"数字化舒适社区建设"的倡议。新加坡提出"智能城市"的设想。

美国与日本已经建成一批智能化生活小区（数字社区）的示范工程。美国约有 50 个城市正在打算建设"数字城市"。"数字城市"的研究在中国虽然刚起步，但已经出现了很强的发展势头，上海市已率先上马，其城市骨干 ATM 网的建设已经开始，并同时组建 IP 电话系统、电子商务 ICP（网络内容服务商）、电子社区等增值系统，国际远程医疗中心等；深圳、南海等城市均已初步建成覆盖全市区的 ATM 骨干网络，并正在向"数字城市"的纵深方向发展。2000 年在上海举办的"亚太地区城市信息化高层论坛"会议上，"数字城市"成为中心议题。目前许多高校、科研机构开始着手"数字城市"的研究工作。虽然许多国家多年前就开始"数字城市"的综合建设实验，但就世界范围看，"数字城市"的研究目前仍处于探索阶段。

（一）什么是"数字城市"

"数字城市"是以计算机技术、多媒体技术和大规模存储技术为基础，以宽带网络为纽带，运用 3S 技术（遥感 RS、全球定位系统 GPS、地理信息系统 GIS）、遥测、虚拟仿真技术等对城市进行多分辨率、多尺度、多时空和多种类的三维描述，即利用技术手段把城市现实生活中存在的全部内容在网络上数字化虚拟实现。通俗一点说，也就是用数字的方法将城市、城市中的活动及整个城市环境的时空变化装入电脑中，实现在网络上的流通，并使之最大限度地为人类的生存、可持续发展和日常的工作、生活、娱乐服务。

"数字城市"具有城市地理、资源、环境、人口、经济、社会等复杂系统的数字化、网络化、虚拟仿真、优化决策支持和可视化表现等强大功能。它是一种特殊的信息系统，是城市地理信息系统（UGIS）的延伸与发展。

"数字城市"具有以下特点：

（1）"数字城市"的数据具有无边无缝的分布式数据层结构，包括多源、多比例尺、多分辨率的、历史和现时的、矢量格式和栅格格式的数据。

（2）"数字城市"具有迅速充实、联网的地理数据库，以及多种可以融合并显示多源数据的机制。

（3）"数字城市"采用开放平台、构件技术、动态互操作等最先进的技术方案。

（4）"数字城市"是基于网络和多媒体技术，将 3S 一体化集成的一种新技术，它不仅仅是一个"地理坐标系"，而且是可以随时随地使用所需的地理数字模型，对采集到的数据进行分析、运算、过滤、重组，并引入人工智能（AI）的"高级决策系统"（PMS）。

（5）"数字城市"可通过多媒体技术和电子感观仪器（如数据手套、显示头盔等），对城市进行视觉、听觉、触觉等虚拟感观认识。

（6）构建"数字城市"需要众多的大学、研究历、政府部门等拥有大量城市信息数据的机构参与。

（二）"数字城市"的内涵

（1）"数字城市"是城市规划、建设、管理与服务数字化工程的终极目标。"数字城市"是数码城市（cyber-city），是一个三维的、可视化的城市，即综合运用GIS、遥感、RS、网络、多媒体及虚拟仿真等技术，对城市的基础设施、功能机制进行自动采集、动态监测管理和辅助决策服务的技术系统。通俗一点说，"数字城市"，就是指在城市规划建设与运营管理以及城市生产与生活中，充分利用数字化信息处理技术和网络通信技术，将城市的各种信息资源加以整合并充分利用。城市规划者和管理者可以在有准确坐标、时间和对象属性的五维虚拟城市环境中进行规划、决策和管理。

"数字城市"利用数字地球技术，建立一个三维的、动态的、可视化的景观，代替二维地图。为了解决这个问题，应该从基础做起，首先把GIS软件做成一个集成化的数据库，这个数据库能管理矢量数据，能管理数字高程模型，反映地表形态数据，能管理我们从航空、航天遥感得到的城市地表的影像，实现城市三维景观可移动的显示。

（2）"数字城市"是广义的城市信息化。"数字城市"工程将通过建设宽带多媒体信息网络、GIS等基础设施平台，整合城市信息资源、建立电子政务、电子商务、劳动社会保障等信息化社区，逐步实现全市国民经济和社会信息化，使城市在信息化时代的竞争中立于不败之地。

（3）"数字城市"是"虚拟城市"，强调城市管理的技术系统。从城市规划、建设和管理的狭义角度看，"数字城市"可概括为"43VR"，即"地理数据4D化；地图数据三维化；规划设计VR化"，地理数据4D化是指，城市空间基础地理信息数据库包括数字线画图（DLG）、数字栅格地图（DRG）、数字高程模型（DEM）、数字正射影像地图（D（）M）；地图数据三维化是指，地图数据由现在的二维结构转换为三维结构；规划设计VR化是指，规划设计和规划管理在4D数据、三维地图数据支撑下，将现有的二维作业对象和手段升级为三维和VR结合的作业对象和手段。

（4）"数字城市"是一种新的社会经济系统。从信息社会发展的角度来认识"数字城市"，"数字城市"是指一种新的社会经济系统，通过它人们能够实现自由创造、共享信息和知识，具有和谐的日常生活、文化、工业、经济、自然和环境。它是相对目前的大规模生产和消费系统而言的，可称之为数字革命。实际意义上的"数字城市"建设，是指将有关城市的信息，包括城市自然资源、社会资源、基础设施、人文、经济等各个方面，以数字的形式进行获取、存贮、管理和再现，通过对城市信息的综合分析和有效利用，为提高城市管理效率、节约资源、保护环境和城市可持续发展提供决策支持。

（5）"数字城市"为城市持续发展提供了重要的支撑工具。"数字城市"第一次使城市内在的五维关系以虚拟的方式呈现在人类面前。以空间为坐标的地理信息平台，按照时间的序列将物质城市的空间、资源、经济、社会和科技等各行业的属性信息，集成为一个有机联系的观察对象，将城市内在的五维关系以崭新的面貌直接暴露在人类的面前，使

我们对城市可以直接得到更为感性的认知，就像把人体解剖出来展现给实习医生时，所得到全新认识和感受，从而满足人类认识城市五维内在联系的需求。

（6）"数字城市"还为认识物质城市打开了新的视野，并提供了全新的城市规划、建设、管理与服务的调控手段。城市规划师在有准确坐标、时间和对象属性的五维虚拟城市环境中，进行规划、建设、管理和服务，就像走在现实的城市街道上或乘坐直升机上观察规划、设计城市空间布置、组合配置城市资源、改善交通系统，调整疏导人口，改善环境质量，模拟人类上述调控的结果和影响，监测人类调控的反馈，实施有效的监督。这无疑将为人类调控城市、预测城市、监管城市提供革命性的手段，对传统方法是一个巨大的挑战。同时，这种手段是一种可持续、适应城市变化的手段，从而为可持续的城市改善和调控提供了有力的工具。

综上所述，"数字城市"即是空间化、网络化、智能化和可视化的技术系统。也可称为"城市管理信息系统"，它是一个"虚拟城市"，是现实的城市在信息世界的反映和升华。因此"数字城市"首先是物质城市在信息世界的快速反映，即城市结构和城市运行的多维可视化表达，气象云图的四维可视化表达，城市规划和地下管线的三维可视化表达等"数字城市"可视化的表现能力，将城市管理以虚拟现实的方式可视化表现出来，在物质世界和精神世界之外构建出虚拟现实世界。不仅如此，"数字城市"还为人类提供观察物质和精神世界的新途径，而且很可能辅助或参与人类智力有关的创造活动。

二、"数字城市"的基本框架

"数字城市"就是信息化城市。其运用 RS、遥测、网络、多媒体以及虚拟仿真技术对城市的基础设施、功能机制进行监测和管理，开展辅助决策与服务。因此，"数字城市"不但包括城市经济、社会、小区的信息化，而且包含电子商务、电子政务、智能交通和规划、地籍、电力、通信、旅游、生态、抗灾等的数字化。

（一）"数字城市"的功能结构

"数字城市"为人们提供了一种新的生存方式，即数字化生存，下面是其部分常用的功能：①电子商务，包括网上贸易、虚拟商场、网上市场管理等；②电子金融，包括电子银行、网上股市、网上期货、网上保险等；③电子社会，包括网上影院、戏院，网上旅游，网上办各种手续等；④网络教育，包括虚拟教室、虚拟实验、虚拟图书馆等；⑤电子医院，包括网上健康咨询、网上会诊、网上护理等；⑥电子政务，包括政府上网、网上会议等。

"数字城市"将整个城市的虚拟现实作为一个平台，整个城市是一个电脑的三维模型，用户可以从中选择所需的服务，如查询某一辆公共汽车的运行状况，正行驶在何处；也可以进入一所大学去演讲，或者到一家商店挑选喜爱的商品，这一切都在网上进行。同时，这座城市的很多地区都将通过固定的数码相机和适当的装备连成一体，人们可以把每一个地方的企业、机构、工厂、农田、森林以及每个人自己的实况输送进网络。人们可以通过网络了解世界上发生的一切，也可以通过网络来完成工作和生活中的很多事情。他们可以在网上购物、与政府机构联系、玩游戏、上剧院、电影院、上学校、去图书馆、去医院等。人们通过网络对虚拟商场和厂家进行"网上购物"，但是货物不可能直接到达顾客手中，还要通过送货上门，如送货就存在最佳路径的问题，需要采用城市的 GIS 技术；此外，RS、遥测、空间定位、人工智能、多媒体和虚拟仿真等技术都是"数字城市"的主要内容。

（二）"数字城市"框架

现代城市的基本功能是整合设施，优化配置，发展经济，稳定社会，服务于广大人民，满足人民需求。所以，在"数字城市"框架中，电子商务位于系统的中心，智能交通和智能社区紧伴两翼，安全保障备受重视，电子政务和科技教育政府投入加大，文化娱乐和信息服务增长强劲。他们都运行在城市公用信息平台上，还形成了各具特色的业务平台，依托市域网络和城市地理信息工程，遵循政策法规和技术标准。"数字城市"建立城市信息资源管理中心，实施数据共享与交换，支持多种服务与决策。其总体框架。

可见，"数字城市"通过宽带多媒体网络、GIS 等基础平台，整合全市信息资源，建设多种信息系统工程，实现全市经济与社会的信息化，政务与商务的电子化，生产与服务的智能化。

城市公用信息平台在市域网的基础上开发和建设，有统一的标准和规范。市域网采用IPV6 协议（internet procol version，即互联网协议第 6 版本），不但实现三网连接，即电话网、有线电视网与互联网互连、互通；而且可以拥有点对多点的按需动态分配带宽的无线接入系统，使分散的、分布式数据库和信息系统连接起来，实现互操作、多种数据的融合与立体显示、仿真和虚拟。城市公用信息平台的网络安全十分重要，采用国家安全部门认证的先进安全保密技术及防火墙，在信息网上建立起安全屏障。由于 80% 以上的城市信息拥有地理属性，城市地理信息工程成为整合城市信息资源和应用系统的理想手段，并在此基础上建设城市空间信息基础设施和海量数据库，提供地理空间数据支持和技术支持，推动智能交通、安全保障、社区服务、信息服务等信息工程建设。

城市地理信息工程的技术基础是 GIS.GPS、航空航天遥感系统和数据库管理系统（DBMS）等。

电子政务依托城市公用信息平台，实现政府上网和政府联网，公开办事制度和办事程序，形成自动化的政府办公支撑环境，提高办公效率和决策能力。

电子政务工程将推动网络交互应用，实现政府网上办公。

电子商务涉及广泛，联合共建；与金融机构合作，建立金融认证中心，改进和增加多种支付手段，开发高强度加密算法并在实际应用中提高支付的安全性；建立一批重要企业参与的物流配送体系。

城市智能交通体系（ITS）。道路使用者通过 ITS 进行交通方式和路线的合理选择；交通管理者通过 ITS 进行交通疏导和事故的应急处理；运输经营者通过 GPS 车辆实时定位与监控系统，掌握车辆的运行状况，开展调度和跟踪指挥。系统还通过危险监测、自动报警和避撞设施，提高驾驶员对行车环境的感应和控制能力，支持安全驾驶。城市科教信息网支持科教系统开展网上研讨、协同工作、成果发布、网上教育，实现资源共享，并支持边远地区的远程医疗，科教兴国。

安全保障包括环境保护、疾病防治、贫困救济、保险、保安、养老、未成年人保护、妇幼保健、工会、减灾、相应宣传和许多民间的有助于社会安定的系统。

智能社区是"数字城市"的单元。社区服务信息网络依托城市公用信息平台，把千家万户对各个领域、不同层次的服务需求与能够提供服务的社会资源联系起来，使百姓享受到信息化带来的好处，推动新兴的社区服务业的发展，创造广阔的就业机会。其在区及所属街道办事处建立社区服务信息网络中心，建立全市社区服务中心网站；依托街道热线服务站，组建社区服务信息网络的服务支撑体系，建设一批接人方式多样的智能示范小区。

城市综合信息服务体系提供出行、购物、休闲、娱乐、旅游、交通、教育、文化、房产交易、证券交易等综合信息服务，是"数字城市"与广大群众联系的纽带。用户既可以通过多种有线方式上网，也可以通过移动信息终端无线上网，获得服务。

文化娱乐包括文化娱乐场所活动，也包括网上互动视频点播。随着数字电视卫星直播的兴起、人民生活水平的提高，它将成为"数字城市"中的大产业。

城市信息资源管理中心是城市信息资源开发和利用的管理机构，是建立在信息基础设施和各种应用之上的更高层次的信息管理设施。其负责对全市信息资源的开发和利用进行总体规划，组织研究信息资源共享的技术手段（计算机技术、通信技术、网络技术、数据库技术等）和共享规则（标准、规范、政策、法律、模式等），实施信息工程的各项标准，协调各和数据处理、存储、共享、交换、集成、使用、融合与互操作，协调各系统间的数据交换。它为全市提供可靠的、稳定的综合性信息支持与决策支持。

（三）"数字城市"的体系结构

"数字城市"由数据获取与更新、数据处理与储存、信息提取与分析、网络、应用模型、专用软件、咨询服务、专业人员、用户、教育、标准与互操作、法规和财经等体系构成。

（1）数据获取与更新体系包括各类遥感设施，如高分辨率高光谱卫星、星一机一地数据接收设施、地面台站及人文、经济等数据获取设施等。

（2）数据处理与储存体系包括高密度高速率的海量数据储存设施，多分辨率海量数据实时地存贮、压缩、处理技术，元数据管理技术，空间数据仓库等。

（3）数据信息提取与分析体系包括数据互操作，多源数据集成，信息智能提取与分析，海量空间数据的智能提取与分析，决策支持等设施与技术；网络体系包括高宽带网络，智能网络，支持基于网络的分布式计算操作系统，基于对象的分布式网络服务，分布处理和互操作协议等。

（4）应用模型体系为用户提供实际应用的解决方案，利用它能够更好地认识和分析所观测到的海量数据，从中找出规律和知识。科学计算可以突破实验和理论科学的限制，建模和模拟可以更加深入地探索城市空间信息基础数据。

（5）专用软件体系是完成城市信息处理、实现"数字城市"的功能的基本工具。其包括数字图像处理软件、GIS软件、统计分析软件、数据可视化软件（多媒体与虚拟现实）等。

（6）专业人员体系、教育体系、标准与互操作体系、法规和财经体系是"数字城市"顺畅运行的保障系统。城市空间信息基础数据是"数字城市"的"血液"，它不仅包括中、小比例尺的空间数据，还包括局部范围的大比例尺的空间数据以及所有相关的元数据；不仅包括地球的各类多光谱、多时相、高分辨率的遥感卫星影像、航空影像、不同比例尺的各类数字专题图，还包括相应的以文本形式表现的有关可持续发展、地理、环境、生态系统、人口、教育和人文等不同类别的数据。

第二节 "数字城市"的应用

一、"数字城市"的应用前景

"数字城市"作为城市地理信息系统的发展，可以在城市规划与设计、城市信息管理与服务、突发事件处理、政府决策等方面发挥巨大作用。

（一）城市规划与设计

"数字城市"方便规划人员从整体上掌握信息，改变了过去在掌握城市信息上受条件限制的局限性。同时，"数字城市"的应用使城市规划从过去偏重定性方法转向定性与定量方法并重，使规划的精度大大提高，并可提高城市规划管理工作的效率，丰富表现手法，增加信息含量，提高分析能力和准确性，从而使城市规划管理与设计更加具有前瞻性、科学性和及时性。

长期以来，中国城市规划工作中使用的土地利用现状图大多是通过人工方法进行调查的，而且误差也较大，城市规划的方案也主要靠经验，计算机辅助设计（CAD）在规划过程中只起到画图的作用。这种工作方式的效益是很低的，而且城市规划的数据质量得不到有效提高和控制。"数字城市"可为我们城市规划工作提供一个全新的手段，通过"数字城市"中的机载传感器可动态获得大量城市影像信息，经过高效的数字加工处理，提取三维城市地物的位置信息、几何信息、特征信息、分类信息和属性信息，再加上一定的整合手段，就可快速、高精度地得到城市规划中三种基本图件：大比例尺数字地形图、城市现状用地分类图和城市现状建筑分类图。上述兰类图件可通过 GIS 进行管理，可方便地服务于城市总体规划工作中方案的形成、方案影响因素分析和输出等全过程。

"数字城市"利用万维网络（www）描绘城市规划，可以为公民提供城市规划设计图信息，倡导公民参加和进行城市规划的公开讨论。另外，"数字城市"由电子信息数据组成，便于保存城市发展的历史信息，可以为设计者提供不同设计阶段的城市模型。

（二）城市信息管理与服务

"数字城市"可促进城市信息管理与服务在方式、内容、手段、速度、效果等方面进入新时代。首先，就政府而言，"数字城市"将有助于城市政府日常办公效率的提高。这主要表现为可以提高管理手段的现代化水平，减少经济决策失误或调控措施出台滞后而引起的损失，可以使业务流程规范化、标准化和软件化，提高工作效率和办事透明度，促进建设行业的廉政建设，扩大建设行业的社会认同水平。其次，就教育等社会公益部门来说，"数字城市"也将推动其发展。教育部门可以将"数字城市"作为教学工具，用更为方便、直观、具体的方式开展教育工作。再次，对于企业来说，"数字城市"可以帮助企业管理者更好地开拓市场。诸如企业选址、区域市场战略等都可以利用"数字城市"进行辅助决策。最后，个人也是"数字城市"最重要的需求者，个人的工作、居住、交通、休闲均可通过"数字城市"进行。

例如，在城市建设方面，可为重大项目或工程的选址及优化、工程建设管理提供准确的综合信息服务；在建筑业与房地产方面，可为建筑业和房地产经营企业的生产、经营和管理提供与各专业结合的、图数结合的信息管理服务，提高这类企业的生产经营水平，改善住宅与社区的环境质量，使城市居民在生产、生活等方面得到更为有效的服务保障；在辅助政府决策方面，可及时地为政府的科学决策提供有关城市规划、建设、管理方面的各种信息和报告，使政府的管理和为社会的服务从定性化走向定量化。

（三）城市公共设施管理

"数字城市"能够提高管理公共工程设施的综合能力，实现不同管线的共同管理，提高信息的共享程度，可以在相当程度上杜绝由于地质、地下设施等基础数据不清、不准而造成的施工中管线爆裂、泄漏、线路中断、凿穿煤气管道等事故的发生。同时，也可以使不同管线间的相互影响、相互干扰达到最小，效益达到最优。

（四）城市交通管理

"数字城市"不但可以提供有用的交通信息，还可以帮助城市交通管理。例如，车载电子导航系统将小型显示器装到驾驶室内，随着车辆的行使实时显示车辆的当前位置、运动轨迹、目的地方向和距离等，为司机提供交通网络全局的或局部的信息。另外，在"数字城市"内，只要输入起点和终点，系统就会自动找出两点之间的最佳运输路线并提供沿路几天内的天气变化情况和日常车流量大小，直接帮助运输部门做出决策。

（五）突发事件处理

突发事件通常有交通事故、刑事案件、意外灾害等。目前，中国重大的城市建设灾害事故时有发生，影响了居民的正常生活，造成了巨大的经济损失。在这些事故突然发生时，现有的常规手段很难实现迅速、准确、动态的监测与预报，以至于有关部门难于快速而又准确地做出减灾决策。"数字城市"可基本解决这些问题。当突发性灾害事故发生时，GPS 和 RS 能快速探测到事故发生地，并将有关信息迅速输入 GIS 系统，由 GIS 准确显示出发生地及其附近的地理图件。大比例尺和高分辨率的地理空间数据有利于突发事件精确定位，利用大量描述其周围的自然、环境、社会、经济数据，对由 RS 得到的灾害信息进行空间模拟分析，不仅容易制定出影响小、损失小的处理方案、减灾策略，而且可以在网上实现部门协作、决策、调度与实施，将时间消耗降低到最小，满足时效性需求。

（六）市场调查与产品销售

电子商务是"数字城市"建设的一个重要内容。商家企业可以利用"数字城市"的相关信息库进行某地区某产品需求量的调查。借助对信息的分析结果，企业或公司可对商业网进行规划，并及时调整销售策略。有了"数字城市"，厂家可以将产品虚拟化后放到"数字城市"里，电子市场就可以为产品找到厂家所需要的用户，用户可以将自己虚拟化后进入"数字城市"，并在电子市场引导下找到自己所需要的产品。

（七）政府决策

"数字城市"是高度网络化的信息世界，政府工作人员可以随时随地通过有线、无线通信设施，用电脑上网得到所需信息，并且可以实现智能化分析。另外，"数字城市"提供了一个交互式的虚拟环境，市民和政府官员足不出户便可以通过特定的装置实现面对面的交谈。

（八）城市综合管理

有效的城市管理是促进城市健康发展的重要手段。目前中国主要以手工或者单纯以 GIS 为主的城市管理，已经越来越不适应城市迅速发展的实际需要，这就迫切需要采用"数字城市"来集成化解决城市管理中遇到的问题。"数字城市"在城市管理中的主要优势包括：动态、快速、高精度、规范地得到和存贮城市规划、建设与管理的成果信息（包括空间的和属性的）；快速、高精度地进行城市管理信息的查询检索和统计，方便用户获取各类精确信息；有效进行城市信息的空间分析，支持城市管理工作的深化；快速、高精度地更新城市定位信息，保证城市管理工作中信息的现势性。

与此同时，"数字城市"建设对于提高政府决策的科学性、前瞻性和民主化，提高城市规划、建设与管理工作的规范化和效率，进而促进城市的可持续发展具有重大的现实意义。

总之，"数字城市"在城市规划、建设、管理与服务行业的应用，可以带来巨大的益处，

这主要体现在提高工作效率、改善工作质量、拓展工作范围和集成化解决城市规划、建设与管理问题等方面。可以肯定地说，"数字城市"将成为城市规划、建设、管理与服务的重要技术支持。

二、建设"数字城市"的基本任务

（一）政府上网

从世界范围来看，推进政府部门办公自动化、网络化、电子化、全面信息共享已是大势所趋。在世界各国积极倡导的"信息高速公路"的五个应用领域中，"政府上网"被列为第一位，可以说政府信息化是社会信息化的基础。"政府上网"主要体现在以下几个方面：电子政务、电子采购及招标、电子福利支付、电子邮递、电子资料库、电子化公文、电子税务、电子身份认证等。

如果政府上网工程不能有效实施，就不能真正意义上实现建设"数字城市"的目标。政府上网工程正是"数字城市"建设的基本内容。政府通过上网工程实现政府网络与其他网络的互联互通，政府除提供一般性的网络信息服务之外，将逐渐建立网络政府，从而开启政府管理的全新时代。"数字城市"的建设不单是目前城市自我发展的需要，也是为了更好地发展和与世界交流的需要。实际上，各城市的各行各业各部门，都已经在进行信息化、数字化的工作，并且取得了不同程度的进展，这些都足"数字城市"建设的基础，是"数字城市"建设工作的一部分，因而可以说"数字城市"的建设是不以人们的意志为转移的。

（二）发展电子商务

电子商务是影响整个社会和时代的一次经济革命。如果说互联网在改变着社会，电子商务则在改变互联网。它不仅改变我们经营的途径，而且改变我们的购物方式乃至思维方式。就目前来说，电子商务是一个里程碑式的新事物,它把互联网由单纯的媒体转变为一个市场。媒体的本质和市场的本质，其在影响的深度、广度方面是截然不同的，因为商务模式已经触及人类的方方面面。目前，电子商务在全球呈现出竞相发展的态势。美国政府于1997年7月1日发布了"全球电子商务框架"；1998年年初，又宣布美国电子商务为免税区。欧盟提出了"欧盟电子商务行动方案"，并于1997年12月与美国发表了有关电子商务的联合声明。电子商务对中国未来国民经济和社会发展具有重要作用。据统计，目前全国已有四万家商业网站，其中网上商店七百余家。电子商务项目大量推出，几乎每天都有各类电子商务咨询网站、网上商店、网上商城、网上专卖店、网上拍卖行等诞生。电子商务应用与发展地域也由北京、上海、深圳等极少数城市，开始向各大中城市发展。目前，网上购物（BtoC）或网上交易（BtoB）是两种主要的电子商务模式。

（三）建设信息港

建设信息港是指运用RS、遥测、网络、多媒体及虚拟仿真技术等对城镇的全部基础设施、功能机制进行动态监测与管理、辅助决策服务的技术系统。它具有城市地理信息系统的全部功能，而且是以其为基础的，但功能更强、更丰富，直接与社会生产和生活密切相关的（网络生存）技术系统。其内容包括以下几方面。

1. 建立信息化城市基础设施

在城市地理信息系统标准化的情况下建立数据库：城市遥感信息、城市基础地图，反映地形、地下管线、规划、土地、交通、绿化、道路、环境、经济、开发、旅游、房地产、人口、商业、农业、林业、矿业、渔业、水利、金融、电信、电力、事业、企业、工业等单位信息；反映城市的基本面貌以及各种专业地质的地理数据，如城市规划、土地利用、地下管网、环境污染等；反映它们的空间属性、专题属性、时间属性和统计属性等。

2. 建立空间信息工程系统

空间信息工程系统不同于 GIS，通过空间信息工程系统可以完成从遥感（卫星、航空等遥感信息）及各种空间（即在三维或多维的信息、含地理信息）信息的采集，到 GIS 以及管理信息系统（MIS）和通过网络实现的分布式地理信息管理系统的全程建设和运行，实现各种信息的数字化、标准化、计算机化和网络化，从而达到可以进行统一交流、管理、数据共享与办公自动化相连等一系列的运行系统功能。

3. 建立城市辅助决策支持系统

在以上空间信息工程系统的基础上建立不同专业的分析模型和辅助决策支持系统，对城市的主要问题，如交通网络、投资环境、规划管理、企业选址、工程效益等，进行综合评价、分析，提出方案；也可以对城市安全、城市防灾减灾、水利与防洪等，建立专题系统，进行有效的科学管理，使城市决策者有据可依地做出快速反应。

（四）发展智能建筑

建筑智能化的目的是应用现代 4C 技术构成智能建筑结构与系统，结合现代化的服务与管理方式，给人们提供一个安全、舒适的生活、学习与工作环境空间。建筑智能化结构是由以下三大系统组成：楼宇自动化系统（BAS）、办公自动化系统（OAS）、通信自动化系统（CAS）。

智能化住宅小区是综合运用了计算机技术、通信技术、控制技术，由家庭智能控制系统、通信接入网、小区物业管理服务系统和小区综合信息服务系统来支持实现的。

（五）发展智能交通

智能交通系统是充分利用现代化的通信、定位、RS，以及 GIS、电子地图和其他相关技术来减少交通拥挤、提高交通流量、改善安全状况、充分利用路网资源并减少对环境的影响，从而改善地面交通运输条件的一项具有战略意义的工程。在公路运输及城市交通领域，智能交通系统将汽车、司机、道路及其相关的服务部门相互联系起来，使汽车在道路上的运行功能实现智能化，即出行者可实时选择交通方式和交通路线；交管部门可自动进

行合理的交通疏导、控制和事故处理；运输部门可随时掌握车辆的运行情况，进行合理调度。从而使路网上的交通处于最佳状况，进而改善交通拥挤和阻塞，最大限度地提高路网的通行能力，提高整个公路运输系统的机动性、安全性和生产效率，最大限度地节省能源。智能交通系统是技术、系统与交通管理的集合，它提供了出行者、车辆与宏观基础设施的智能连接。

（六）加大城市规划、城市建设和管理的信息化力度

"数字城市"建设要求形成若干适合中国城市规划、建设与管理工作的数字化业务应用系统，极大地推进全市范围内城市规划、建设与管理工作的信息共享与业务应用。空间信息工程系统在"数字城市"中最大的特长是根据城市的现状、发展趋势和潜在能力等综合因素，通过不同的预测模型展现可能的前景，供中长期规划和宏观调控使用，随着系统论、控制论、信息论的发展，在协同、突变、混沌等科学思想方法的指导下，进一步解决城市面临的复杂而综合的问题，如区域经济与城市可持续发展，城市增长、规划与土地增值，城市动态演变和预测，城市交通网络的时空模型，城市其他专题，以及综合问题的决策支持系统。

数字化业务应用系统有城市规划综合管理系统、城市规划办公管理系统、城市规划决策支持系统、城市综合管线管理系统、城市给水管理系统、城市燃气供应管理系统、城市集中供热管理系统、城市排水管理系统、城市公共交通系统、城市园林和风景名胜区管理系统、城市环境卫生管理系统、城市建设档案管理系统、建筑市场及交易管理系统、工程造价管理系统、工程质量管理系统、施工安全管理系统、工程设计管理系统、工程项目管理系统、工程项目监理管理系统、房地产市场行政管理系统、房地产市场交易管理系统、房地产投资方案经济评价系统、房地产价格评估系统、产权产籍登记系统、房地产金融服务系统、住房公积金管理系统、房地产网络服务平台等。

第三节　"数字城市"的发展

进入 21 世纪以来，包括下一代通信网络、物联网、三网融合、新型平板显示、高性能集成电路和以云计算为代表的高端软件等新一代信息技术的发展和应用正深刻影响着人类社会的发展进程。在"数字城市"建设的进程中，各国对物联网"大体系、大平台"的摸索和实践，使得智能建筑、智能交通、智能家居等都纳入了"数字城市"建设的整体布局中，物联网、云计算、移动互联网等新一代信息技术的集成应用使信息采集、信息处理、信息提供更加自动化和智能化，城市信息化建设开始进入了新的阶段，"智慧城市"理念应运

而生，城市智能发展的新模式开始孕育成型。伴随着"云计算"等技术的发展，"智慧城市"作为以互联网、物联网、电信网、广电网、无线宽带网等网络组合为基础，以智慧技术高度集成、智慧产业高端发展、智慧服务高效便民为主要特征的城市发展新模式，对城市管理、政府建设提出了更高的要求，也为电子政府发展指明了方向。以数字化、网络化、智能化为主要特征的"智慧城市"作为新一代信息技术在公共服务领域的新探索开始推动城市管理模式发生深刻变革。

一、"智慧城市"的内涵与特点
（一）"智慧城市"的基本内涵
1."智慧城市"的起源

2008年，在全球金融危机的背景下，IBM发布了《智慧地球：下一代领导人议程》主题报告，提出了"智慧地球"理念，以应对危机、振兴产业。"智慧地球"的核心是以一种更智慧的方法通过利用新一代信息技术平台来改变政府、企业和公民相互交互的方式，以便提高交互的明确性、效率、灵活度。2009年1月28日，美国奥巴马总统就职以后，对"智慧地球"的概念给予了积极的回应，高度重视以物联网为基础的新一代信息技术的发展，在经济领域提出"智能地球"，即将互联网和物联网结合起来，将已经有的物流和生产力等各种要素依靠计算机和电子信息技术进行优化组合，在原有基础上投入更少、成本更低、效益更好，以期引领世界经济发展的制高点。2009年2月，IBM在北京召开年度论坛，提出"智慧的城市在中国突破"的战略，并相继与十余个省市签署了"智慧城市"共同开发的相关协议。由此以物联网为核心的"智慧地球""智慧城市"等新概念开始引起人们的广泛关注。

作为"智慧地球"理念的延伸，"智慧城市"概念具体包括三个方面：更透彻的感知（instrument）、更广泛的互联互通（interconnected）、更深入的智能化（intelligent），即所谓的"3I"。美国、欧盟、日本、新加坡等国家和地区几年前已开始"智慧城市"的尝试和实践。中国引进"智慧城市"理念时间不长，各城市在实践中也呈现出较大的差异性。有的侧重发展现代信息通信技术，集聚高技术产业；有的侧重信息网络互联互通，促进三网融合。但是，利用新一代信息技术改变交互方式的理念和采用的技术手段基本是相同的。

2."智慧城市"的基本内涵

维也纳技术大学区域科学中心的R.Giffinger等在2007年的报告中将"智慧城市"定义为智慧的经济（smarteconomy）、智慧的公民（smartpeople）、智慧的治理（smartgovernance）、智慧的移动（smartmobility）、智慧的环境（smartenvlronment）、智慧的生活（smartliving）。在此基础上，A.Caragliu等将"智慧城市"的特点归纳为以下六点：①利用网络设施提高政府、企业的效率并为社会、文化及城市发展带来益处；②推崇市场导向的城市发展；③为城市居民提供优质公共服务；④推动高新技术及创新产业的发展；⑤注重社区的学习型及联动型功能；⑥推进城市的可持续发展与环境保护。

"智慧城市"的核心是以一种更智慧的方法通过利用以物联网、云计算等为核心的新一代信息技术来改变政府、企业和人们相互交往的方式，对于包括住宅、教育、医疗、环保、公共安全、交通及公用事业服务、工商业活动在内的各种需求做出快速、智能的响应，提高城市运行效率，为居民创造更美好的城市生活，使城市管理、公共安全等更加智能、互通与高效。其目的是，在城市管理领域实现无缝隙管理；在教育领域提供更多接人，且更高质量以及更低成本；在医疗领域提高便利性及快速准确的诊断；在公共安全方面提高突发灾难与危机的及时回应；在住宅方面降低建造成本、提升价值及增加空间利用率；在交通方面减少拥堵及提高道路利用率；最后在公用事业方面实现合理供给和杜绝浪费。

从本质上讲，"智慧城市"就是用一种更为智慧的方法通过新一代的信息技术来改变政府、社区或公司和公众相互交互的方式，以提高交互的明确性、效率、灵活性和响应速度。通过城市空间信息基础设施与城市空间设施等的结合，使得政府、社区或企业、城市居民做出更明智的决策。其核心思想是充分运用信息技术手段，全面感测、分析、整合城市运行核心系统的各项关键信息并对城市管理和服务、工商业活动、居民生活等各层次需求做出智能响应，为城市管理部门提供高效的城市管理手段，为企业提供优质服务和广阔的创新空间，为市民提供更好的生活品质。

"智慧城市"利用新一代信息技术，充分借助互联网、数字网络，以整合、系统的方式（涉及城市楼宇的智能化、智能家居、路网监控、智能医院、企业管理、智能服务等领域）来管理城市的综合运行，使城市管理更加的系统化、安全化，是将城市中具有的数字化、智能化、网络化、信息化集为一体，使城市各个功能得以相互协调地实现，为城市的发展提供更优质的保障，为市民提供更加舒适、便捷、安全的生活环境。"智慧城市"是以可持续发展、城乡一体化、民生核心等关注焦点为核心，通过对城市信息数据的实时收集、筛选、存储，构建智能化的城市，犹如智能化的 IT 城市，并通过互联网进行数据的互联、交换共享、协同的关联的应用，为城市的治理与运营提供高效、灵活、稳定的工具；为人们提供更安全、更舒适、更便捷、更绿色的生活服务质量。"智慧城市"对城市的管理更具备智能化、数字化，处理城市突发事件更快速、可靠。

（二）"智慧城市"的建设内容

"智慧城市"是将新一代信息技术与城市管理功能进行有效的融合，通过对城市的人文地理、生活环境、经济发展等进行网格化、数字化、智慧化管理，为城市提供更加有效、快捷、灵活的管理创新服务模式。它是城市信息化、服务化的更高阶段，更加注重"互联互动"的场景特征。"智慧城市"概念是在数字化、信息化、网络化、云计算、物联网等概念上的一次"整合式"的高度概括。

"智慧城市"的建设内容包括四个部分：应用智慧技术、建设智慧政府、发展智慧经济与建设智慧社会。

（1）应用智慧技术。智慧技术是"智慧城市"建设的技术支撑和实现基础。目前，全球信息技术创新持续加快，以云计算、云存储为代表的新兴网络技术正在推动下一代互联网大潮，物联网技术在促进各单元互联的同时，也将带来更加广泛的信息量。以"云计算""物联网"为标志的新一代信息技术的不断整合和创新，推动了智慧技术的发展和应用，成为建设"智慧城市"的基础。建设"智慧城市"，首先必须加大公共信息通信基础设施建设力度，要尽快完善信息基础设施，加快骨干光纤、无线宽带网络建设，实施三网融合等信息资源整合，以点到面推进传感器布局，实现城市基础设施向智慧化的转变。因为城市的运行管理、居民服务、产业服务都需要以信息化为基础和支撑。通过公共信息通信基础设施的建设使智慧技术的应用成为可能，并可以降低应用系统开发的难度，加快开发的进度，降低部署的成本，提高资源利用率，并避免重复建设。

（2）建设智慧政府。"智慧城市"注重"互联互动"，城市政府是城市公共服务和公共设施的提供者，在城市信息化建设中，向居民和企业提供智慧化的服务是政府创新发展的根本目标，政府应充分利用新一代信息技术，提高政府办公、监管、服务、决策的智能化水平，形成高效、敏捷、便民的新型政府，不断推进电子政务发展，建设智慧政府。智慧政府就是要充分利用现代信息技术，建设高效电子政务系统，逐步形成统一的经济发展、城市建设、社会管理、环境保护、公共安全、应急处理等方面的数据库系统与信息网络平台，提高政府信息的利用水平和政策科学制定水平，促进城市信息资源的共享和开发利用。一般来讲，智慧政府包括智能办公、智能监管、智能服务、智能决策四大领域。

（3）发展智慧经济。智慧经济是指集科技、信息、知识、环境、文化、伦理、道德于一体的战略性经济、创新性经济，它更加追求经济发展对环境保护、人类福祉的深切关怀和人类自由发展的核心目标。智慧经济是"智慧城市"建设的实体，它更多地涉及物联网等新兴信息技术产业以及由此对其他产业的带动与升级。发展智慧经济，需要跟踪信息化最新技术，掌握物联网、第二代互联网等与"智慧城市"相关的先进技术的最新成果和发展趋势，得出完整技术图谱，突破物联网核心关键技术，促进物联网等新技术对新区工业、服务业、农业的渗透与带动升级。

（4）建设智慧社会。智慧社会是建设"智慧城市"的落脚点，也是建设"智慧城市"的根本目标。"智慧城市"建设就是通过不断创新和应用智慧技术，在交通、公共安全等领域推广使用物联网等新一代信息技术，从而推进教育、文化、卫生等社会领域的智慧化管理，提高居民生活质量和便利程度，并为企业提供高品质、高效率的服务。

智慧社会要加大医疗健康、社区服务、文化教育、休闲娱乐、福利保障、金融服务等方面建设，为企业提供其生产、产品和信息流通、市场交易等企业活动所使用的信息基础

设施，降低企业的生产成本，为企业高效地配置资源。

二、"智慧城市"的建设和发展

（一）国外"智慧城市"的发展

国外"智慧城市"发展大致经过了四个阶段：网络基础设施建设，城市政府与企业内部信息化建设，城市政府与企业之间的互联网连接，完成数字大厦、数字社区、"数字城市"的建设。目前，美国、加拿大等发达国家已基本完成了前三个阶段的任务，正在开始第四阶段的建设。

1. 新加坡——打造"智慧政府"

新加坡政府长期以来将信息通信作为增效手段，促进政府有效运转。围绕民众和产业需求，其自 2006 年起实施了《智慧国家 2015 规划》（iN2015）和"整合政府 2010"五年规划。《智慧国家 2015 规划》旨在使新加坡成为一个由信息通信所驱动的智慧国家与全球都市，描绘了信息通信将如何改变人们的生活、工作、学习与交流的方式。其核心目标是通过应用信息通信技术提高主要经济领域的竞争力，建设能够良好互联互通的社会。"整合政府 2010"规划对政府进行重新组织与整合，确定了"增加电子服务的范围和内容、增加国民意见的参与比重、提高政府的行政能力以及增强国家的竞争优势"四项战略目标，其目的就是通过信息通信系统与民众建立良好联系。迄今为止，"整合政府 2010"已实现了政府内部的流程、数据和系统更大规模的共享，并成功运行了五十多项共享服务和系统。

新加坡建设"智慧城市"的经验可以概括为三点：①分阶段梯次推进。其 1980 ~ 1985 年实现办公自动化；1986~1991 年实现部门之间的数据共享和政府与企业之间的电子数据交换；1992 ~ 1999 年建成公民不论何时何地都可以获得 IT 服务的"智慧岛"；1998 年开始全面运行覆盖全国的高速宽带多媒体网络，对企业和社会公众提供全天候不间断的网络接入服务；2000 ~ 2003 年实施"21 世纪信息通讯技术计划"，主要内容包括促进电信市场自由化、构建宽带和无线通信基础设施、创建值得信赖的电子商务中心等；2003 ~ 2006 年实施"互联新加坡计划"，通过信息通信技术和计算机技术使公民个人、组织和企业变得更富效率和更具效能；2006 年启动《智慧国家 2015 规划》，实施一个为期 10 年的信息通信产业和社会发展计划。②发挥政府引领作用。新加坡政府的引领作用突出体现在从电子政府到整合政府的转型方面。1980 ~ 1990 年，新加坡的电子政府最先启动了公共服务电脑化项目，该项目实施 8 年后共精简了 5000 个岗位，占当时公务员总数的 7.2%。20 世纪 90 年代初期到 20 世纪末，其工作重心转向连接政府服务与企业。2000 ~ 2006 年推行电子政府行动计划（EGAP），"整合政府 2010"加大了从电子政府到整合政府的转变，超出技术层面，更强调以公众为中心、增进公众在电子政府中的参与度，强化政府的能力和协同性，在机构内部和各机构之间实现安全无缝的协作。③管理机制上的充分保障。新加坡形成了由"一部、一局、四委员会"组成的电子政府体系，"一部"即财政部，"一局"即新加坡信息通信发展管理局，"四委员会"是指公共服务系统委员会、ICT（即信息与通信技术）委员会、公共领域 ICT 指导委员会和公共领域 ICT 审查委员会。各机构既有明确的分工，又能够相互协调，建立了良好的信息化管理机制。

2. 日本——投入新一代试验区

目前，日本"智慧城市"建设主要朝节能和环保方向发展，重点是利用最新节能和信息技术，对家庭、建筑物和社区实施智能化能源和资源管理。政府在建设"智慧城市"过程中，主要扮演推动者和协调者的角色，日本经济产业省策划了"新一代能源及社会系统试验地区"项目，将神奈川县的横滨市、爱知县的丰田市、京都府以及福冈县的北九州岛市四座城市，确立为"智慧城市"示范验证区，形成在能源、通信、城市开发、交通系统和生活方式等领域的智能化效应。

这四座城市的建设各有侧重，横滨市实施"横滨智能城市项目"，丰田市推进""家庭社区型，低碳城市建设实证项目基本计划"，京都府实践"关西文化学术研究生态城项目"，北九州岛市则推行"北九州岛智能社区项目"。以丰田市为例，该市东山町实验区"智能住宅"安装了家庭能源管理系统，系统控制器根据太阳能电池的发电情况及家用电器的耗电情况，在最有效利用能源的时间进行精细控制。例如，在降雨后太阳能电池发电量减少的情况下，控制家电的用电量，或通过预测天气变化事先向蓄电池中存储电力等，自动对电能使用进行控制。这一系统还可通过蓄电池实现在灾害等突发状况时的能源自给，这在灾害频发的日本尤其重要。

日本政府极力将企业推到前台，充分利用企业拥有的先进技术和管理经验。例如，日产、松下、东京电力、东京天然气等公司就承担了建设横滨市太阳能发电系统的任务，在 4000 户家庭中安装具有通信功能的智能仪表，以实现能源供给的自动调整，同时配备 2000 辆电动汽车，设置快速充电装置；丰田、中部电力、夏普、东芝、富士通等企业则在丰田市以套的方式，将太阳能电池、燃料电池、各种蓄能设备安装到户，在公共设施以及购物场所配备充电站，供 3100 辆新一代汽车使用。

日本东京市的"东京泛在计划"是一项利用 IC（即集成电路）标签等信息新技术，为了实现"不论何时，不论何地，不论何人"都可以得到自己所需信息的"电脑终端电子向导社会"而推进的信息基础设施建设工程。"东京泛在计划"于 2005 年开始实施，这项计划建立在日本先进的信息技术基础上，以日本国内信息基础设施的标准化为目标。作为泛在计算技术的运用计划，它不仅进行大规模的信息基础设施建设，还希望通过信息的广泛提供使得东京成为世界上最安全、最放心、最宜居的城市，最终实现日本政府"将东京建设成为世界第一魅力城市"的远大目标。

3. 韩国——加快建设"U-City"

对韩国"智慧城市"建设而言，其主要聚焦在将市民及周围环境与泛在技术（ubiquitous technology，U-IT）相关联，形成"U-City"发展模式。可以说，U-City 是 u-Korea 战略在韩国城市的具体落实，它把信息技术包含在所有的城市元素中，使市民可以在任何时间、任何地点，从任何设备访问和应用城市元素。韩国中央和地方政府非常支持 U-City 建设，按照"互联阶段""丰富阶段""智能阶段"逐步推进。其在互联阶段偏重信息基础设施建设，如无线网络、传感器安装；丰富阶段偏重服务，即提供无所不在的服务；智能阶段偏重管控一体化，即利用泛在技术，特别是无线传感器网络，达到对城市设施、安全、交通、环境等的智能化管理和控制。目前韩国 U-City 已开始进入"智能阶段"。

仁川市作为 U-City 示范城市，通过整合泛在网络，市民可以方便地享受远程教育、远程医疗、远程办税服务。而位于仁川的松岛以打造"智慧十互联小区"为目标，设置了"绿色感知（greenaware）"系统，实时通报屋主与建筑开发企业有关小区内二氧化碳排出量、能源与水资源消耗量等；无所不在的联网摄像头能捕捉交通信息，并将信息传到智能网络控制总中心 U-media，根据乘客数量的变化或实时交通情况来调度公共交通工具等。

（二）中国"智慧城市"的建设

中国各地政府深刻认识到发展"智慧城市"对城市管理、经济拉动、社会发展等各方面的重要意义，各地争相开展实施"智慧城市"项目。据统计，2011 年中国规划和在建的"智慧城市"数量已达 36 个，密布在环渤海、长三角、珠三角地区，三大区域的"智慧城市"数量占据了总数的 74%。其中，环渤海地区有 9 个，占总数的 26%；长三角地区有 11 个，占总数的 31%；珠三角地区有 6 个，占总数的 17%。此外，武汉城市群、成渝经济圈、关中一天水经济圈等中西部地区也已经呈现出较好的发展态势。

从"智慧城市"在不同级别城市分布来看，一级城市包括北京、上海、广州、深圳都提出了"智慧城市"建设规划，二级城市有 65% 开展"智慧城市"规划和建设，三级城市的比例为 18%。像北京的海淀、佛山的禅城、常州的武进等区县也已提出"智慧城市"建设规划。但总体来说，中国智慧（数字）城市的理论研究和关键技术体系研发仍基本处于起步阶段，存在着诸多尚未被认识的问题和风险，一些项目甚至沦为了政绩工程、花架子，成为城市发展的负担。

信息技术是"智慧城市"建设中的核心要素，但"智慧城市"建设是一个复杂的系统工程，需要信息技术与体制机制、资金、人才等资源要素有机结合并共同发生作用。根据"智慧城市"建设的要求以及国外先进经验，中国推动"智慧城市"建设需要加强以下四方面的工作。

（1）重视顶层设计。通过顶层设计，规划好"智慧城市"建设的途径、创新的方向和发展的战略，明确发展的路径。例如，北京市"十二五"期间，围绕城市智能运转、企业智能运营、生活智能便捷、政府智能服务等方面，全面启动"智慧城市"建设工程。上海市"十二五"规划中，"智慧城市"是重点部分，形成宽带城市、无线城市、云计算、物联网等多个重点工程及产业专项。2012 年，中国工业和信息化部正式发布《物联网"十二五"发展规划》，明确了中国物联网的发展思路，对全国范围内的物联网项目进行统筹规划，以解决各自独立、资源分散的问题，使物联网产业真正成为支柱产业。

（2）发展智慧产业。我们应调整城市产业结构、转变城市发展方式，将转型跨越作为"智慧城市"建设的根本目标。例如，天津市在"智慧天津"战略部署中着力培育若干个产值超千亿的战略性新兴产业，强化产业核心竞争力、提升生态环境承载力，。快速摆脱旧有发展方式；株洲市因地制宜提出了建设智慧株洲，着力发展信息、环保和新材料等为主导的智慧产业；沈阳市借助"智慧城市"建设，从老工业城市向可持续发展的生态城市转型，运用绿色科技和智慧技术打造生态沈阳。

（3）加强智慧管理。将创新社会管理作为建设的主要任务，通过信息化技术手段改造提升城市管理和服务的智能化水平，促进城市和谐可持续发展。例如，南京市通过构建智慧南京，推进信息基础设施建设和先进智能技术的广泛应用，优化提升城市综合管理和服务水平。西安市将"智慧城市"建设作为改善民生、产业转型升级的战略选择，将信息化建设成果落实到民生领域，切实推动公众生活方式的转变和改善。

（4）发展智慧服务。将"智慧城市"建设的重点放在与城市居民生活息息相关、社会高度关注的领域，实现率先突破，提高民众幸福指数。例如，深圳市从科技、人文、生态三个方面打造"智慧城市"，并以此作为建设国家创新型城市的突破口；重庆市提出要以生态环境、卫生服务、医疗保健、社会保障等为重点建设"智慧城市"，提高市民的健康水平和生活质量，打造"健康重庆"。

第十二章　城市竞争力

　　随着全球经济一体化和地区经济集团化进程的加快，产品和企业之间的竞争已逐渐演变为区域和国家之间的竞争。如何提高城市的竞争力，发挥其作为区域经济发展"领头羊"和组织者的角色，推动地区和国家经济的迅速增长，已经被提上各级政府的议事日程，中国的江苏、上海等省市更是率先把增强城市综合竞争力明确列入"十五"计划中，我们可以预见一个大力营造城市竞争力的热潮即将到来。

第一节　城市竞争力概述

一、城市竞争力的内涵与特征

（一）城市竞争力的内涵

1.竞争力的概念

　　竞争力是竞争的基础和源泉。竞争力的概念最早来源于企业，世界经济论坛（WEF）在《关于竞争能力的报告》中指出，企业竞争力是指"企业目前和未来在各自的环境中，以比他们国内和国外的竞争者更具吸引力的价格和质量来进行设计、生产并销售货物及提供服务的能力和机会"。目前竞争力的概念已开始被引用到区域之中，但主要研究的是国家竞争力。比较常见的论述有：

　　"国际竞争力是在自由的、良好的市场条件下，能够在国际市场上提供好的产品、好的服务，同时又能提高本国人民生活水平的能力。"——美国《关于工业竞争能力的总统委员会报告》。

　　"一国能获得经济（人均GDP）持续高增长的能力。"——世界经济论坛。并且其进一步提出以下的公式：国际竞争力—竞争力资产 × 竞争力过程。

　　"国家的竞争力是社会、经济结构、价值观、文化、制度政策等多个因素综合作用下创造和维持的。在此过程中，国家的作用不断提升，最终形成一个综合性的国家竞争力。"——美国学者波特的《国家竞争优势》。

　　"在一定经济体制下的国民经济在国际竞争中表现出来的综合国力的强弱程度，实际上也就是企业或企业家们在各种环境中成功地从事经营活动的能力，就是一个区域为其自身发展在其从属的大区域中进行资源优化配置能力。"——《中国国际竞争力发展报告（1996年）》联合研究组。

2. 城市竞争力的内涵

综合分析和参考以上这些概念，把区域范围由国家缩小至城市，可以认为城市竞争力是指一个城市在国内外市场上与其他城市相比所具有的自身创造财富和推动地区、国家或世界创造更多社会财富的能力。城市竞争力综合反映了城市的生产能力、生活质量、社会全面进步及对外影响。

城市竞争力的内涵至少应包含以下几个方面：

（1）参与竞争力的主体应是城市而非国家。城市竞争力实质上是运用微观经济学的原理进行较为宏观的经济研究，即一个城市仿佛是一个"企业"，区域内城市相互之间的竞争相当于企业与企业之间在市场上的竞争，因而城市竞争力体现为一个"企业"在国内外市场上较竞争对手获取更多财富的能力。

（2）城市竞争力是受经济、社会文化、政策制度等诸多因素综合作用的，其发展也是一个渐进的过程，不可一蹴而就。

（3）城市竞争力本质上是为城市发展在其所从属的区域内进行资源优化配置的能力，战略目标是促进区域和城市经济的高效运行和持续高速增长。

据此，城市竞争力的概念也可理解为：在社会、经济结构、价值观、文化、制度政策等多个因素综合作用下创造和维持的，一个城市为其自身发展在其从属的大区域中进行资源优化配置的能力，目的是获得自身经济的持续高速增长，推动地区、国家或世界创造更多的社会财富，表现为与区域内其他城市相比能吸引更多的人流、物流和辐射更大的市场空间。

3. 城市竞争力与城市综合实力的区别

城市竞争力与城市综合实力的概念有重要的区别：

（1）城市综合实力是从规模、总量上衡量城市在经济、文化、科技等领域的总体综合力量，而城市竞争力是从质量、效率上衡量城市的竞争能力；

（2）城市综合实力主要着眼于城市自身，而城市竞争力强调与其他城市相比较，是一个相对的概念，只有进行比较才能反映出竞争力的高低；

（3）城市综合实力着重于城市现实状态，即城市当前所具有的总能力的高低，而城市竞争力不仅着眼于城市现在，更强调城市的发展潜力及城市的增长后劲。正因为存在上述区别，城市竞争力指标体系所选取的指标全部采用相对指标或人均指标。

（二）城市竞争力的特征

1. 系统性

城市竞争力是由各种因素构成的有机统一整体，它的大小取决于各个要素综合作用的结果，如果只强调其中某一个因素或几个因素，都会陷入盲目性和片面性。因此，营造城市竞争力将是一项系统工程，我们必须从整体出发，全面考虑，始终把握系统的整体特性和功能，从而达到在整体上增强城市竞争力的目的。

2. 动态性

由于在经济运行过程中，各种因素总是处于不断的发展变化之中，城市竞争力的内涵也会不断的发生变化，因此城市竞争力是一个动态平衡的开放系统。同时，动态性也决定了提高竞争力将是一项长期性的工作，在实践中应注意克服存在的不利因素，不断调整和理顺因素之间的相互关系，从而保持较高的城市竞争力水平。

3. 相对性

城市竞争力是一个相对的概念，强调与其他城市的横向比较，因为只有进行比较才能体现出竞争力的大小。另外，随着作用因素的不断改变，同一城市在不同的发展阶段竞争力水平也各异。

二、城市竞争力的理论模型

目前对区域竞争力的研究基本局限于国家这一层面上，由此构造了许多国家竞争力的研究模型。其中最具代表性的有两个：一个是近年来在国际上流传甚广的美国哈佛大学教授波特所提出的"钻石模型"（波特国家竞争力模型）；另一个是在国际上影响较为广泛的瑞士洛桑国际管理发展学院（IMD）的国家竞争力模型，该机构根据模型的评价结果每年发布一次世界各国的竞争力排序。

1. 波特国家竞争力模型

波特认为，劳动成本、利率和规模经济是竞争力的最主要的决定因素，一个国家的竞争力集中体现在其产业在国际市场中的竞争表现。而一国的特定产业能否在国际竞争中取胜，取决于四个因素，即生产要素，需求状况，相关和支持产业，企业战略、结构和竞争的优劣程度。此外，政府的作用以及机遇因素也具有相当大的影响力。这六大要素构成了著名的"钻石模型"，即波特国家竞争力模型。

波特的模型在宏观和微观层面之间架起了一座桥梁，它在对影响产业竞争力的六个因素进行深入剖析的基础上，得出对产业竞争力的整体评价，从而最终完成了对国家竞争力的最后判断。同样，具体到区域或城市范围，由于经济是由产业构成的，产业结构的合理程度、效率的优劣、技术水平的高低等直接关系到区域或城市的整体发展，因此，产业竞争力也必然是区域或城市竞争力的核心之一。但是我们不能就此把波特的模型简单移植到城市竞争力模型之中，因为一个城市毕竟不同于一个国家，城市竞争力除了产业以外还受其他一些较为重要或独特因素的影响。

2.IMD 模型

IMD 模型以国家竞争力作为直接研究对象，目的是探讨世界各国的竞争力排序。它认为，国家竞争力核心是企业竞争力，即国家内企业创造增加值的能力，而企业是否具有竞争力的大小又体现在国家环境对于企业营运的有利或不利影响程度，二者相互作用、相互补充，共同以持续发展作为取向。在此基础上，其选择了企业管理、经济实力、科技实力、国民素质、政府作用、国际化度、基础设施、金融环境八个方面的构成要素予以评价，而这八个方面又取决于四大环境要素，即本地化与全球化、吸引力与扩张力、资产与过程、冒险与和谐四组因素的相对组合关系。

由于 IMD 模型研究的重点仍是国家竞争力，因此套用到城市竞争力模型中也是不妥的，但是该模型所主张的国家竞争力与企业竞争力之间以持续发展为取向的关系，却为城市竞争力模型的塑造提供了有益参考。企业是市场经济的主体，是产业活动的载体和基石，因此，企业竞争力也应是城市竞争力的核心内容之一，而构成企业竞争力内涵的八个构成因素经过适度的调整也相应成为城市竞争力模型的重要组成部分。

3. 城市竞争力的理论模型

作为介于企业与国家之间属于中等层次的城市，国内学者在继承 IMD 和波特竞争力模型的基础上，构建了城市竞争力的理论模型。

该模型的含义包括：

（1）城市竞争力是必须在一定的环境中加以培育的，受企业管理、基础设施、国民素质、对外开放程度、金融环境、政府作用等环境因素推动或制约，这些环境因素既蕴涵着对城市竞争力提升有利的机会，也潜伏着对城市竞争力不利的影响，因此，城市竞争力可以视为环境的函数。同时，城市竞争力对环境也具有一定的反作用。

（2）产业竞争力、企业竞争力、综合经济实力、科技实力四者相互作用、相互影响共同构成城市竞争力的基本内涵。在一定意义上，城市竞争力实质上表现为产业竞争力，而产业竞争力则是通过企业竞争力来加以支撑和维持的，因此，产业竞争力和企业竞争力是城市竞争力的核心。综合经济实力是城市竞争力的基础，它不仅反映了城市经济发展的现状水平和所处的阶段，而且也预示着未来城市参与整个区域竞争所具备的基本能力。技术创新是一个民族进步的灵魂，也是经济发展和生产率提高的基本驱动力和源泉，因而科技水平的高低直接关系到城市是否能在未来的激烈竞争中立于不败之地，获得持续性的发展。总之，该模型在强调城市竞争力的两大核心同时，也兼顾了城市发展的现状水平和未来的可持续发展，较为全面地反映了城市竞争力的深刻内涵和独特性。

第二节 城市竞争力的影响因素

一、提高城市竞争力的必然性和紧迫性

21世纪中国的全球竞争力将在很大程度上取决于我们能否建设起一批具有全球竞争力的城市和城市群。21世纪是中国城市发展和竞争的世纪，全球化、市场化、工业化和城市化不仅会把中国城市推向前所未有的重要位置，还将使中国各城市和地区间业已存在的关于资源、市场的纷争鏖战变得更加残酷。

（一）提高城市综合竞争力是增强中国国民经济整体实力的内在要求

经过三十多年的改革开放和经济高速发展，中国的经济实力有了显著的提高。但主要由于中国目前的市场经济体制尚处于幼稚期，加上中国原先的经济基础薄弱，经济层次较低，更因为在经济发展初期各地区以本地的社会经济繁荣为目的而进行自我扩张的发展模式，经济能量、产业结构比较分散，国民经济整体的专业化协作联系被割裂，各经济部门间的协调性差，产业的规模化和集中度存在缺陷，资源有效利用遭受阻碍，巨大的经济发展潜能被压抑。这些缺陷导致中国国民经济目前的主要特征是：发展速度不慢，经济总量不小，但经济质量不高，综合竞争力较弱。因此，如何有效调整产业、产品和企业结构，对中国现有经济能力进行全面整合，努力在目前已经具有的经济总量基础上增强国民经济质量，从而提高中国国民经济整体在全球市场中的综合竞争力，就成为一个非常紧迫的问题。

在以上探索过程中，以提高中国大都市和区域性中心城市的经济实力和竞争力为核心，构建有机的区域性、全国性的经济协调和运作体系，强化国民经济的专业化协作程度，从而带动周边地区或更大区域，乃至促进国民经济发展、提高经济增长质量、增强国民经济综合竞争力的思路，正越来越被接受和实施。中国的大都市和区域性中心城市正在成为地区、乃至全国的社会经济发展的动力源、辐射点，及重要的产业联系与分工协作架构的组织者。

（二）提高城市竞争力是在全球化条件下抓住机遇、迎接挑战的战略性举措

21世纪，世界经济发展和国际市场竞争出现新的格局。其特征是：在经济全球化环境中，世界各国市场全方位开放，资源利用和生产体系愈益全球化配置，导致强国的竞争优势全面凸现，使其在激烈的世界市场竞争中占据先机，获取更大利益，而弱势竞争力国家则陷入困境之中。以经济实力为基础的国民经济综合竞争力已成为在世界市场中取胜的重要法宝。为适应这一国际大趋势及国内经济发展要求，自20世纪90年代末起，中国经济发展战略也从单纯地追求经济增长转向以经济增长为基础，强调社会经济全面进步，从而提高国民经济综合实力和综合竞争力，以有效应对中国即将加入WTO、进一步扩大开放后所面临的挑战和机遇。这一发展战略在中国"十五"计划建议中得到突出的体现。

中国是一个发展中国家，基础薄弱，水平较低。但中国经过三十多年的发展，在整体上已成为世界舞台上的经济大国，但还远远不是经济强国，我们在人均水平方面还是很落后。进入世界竞争市场，我们将面对着强劲的竞争对手。如何取胜的重要策略是扬长避短，发挥我们的优势，增强综合竞争实力，以整体力量迎接挑战。因此，中国自 20 世纪 90 年代后期以来十分强调提高综合国力和综合竞争力，是有深刻背景的。而提高城市综合竞争力，则是增强国民经济综合竞争力的关键。

（三）提高城市综合竞争力是城市社会经济进一步发展的必然选择

作为中国的区域性中心——大城市和特大城市，尤其是像上海、北京，如何增强经济实力，提高综合竞争力，在区域经济乃至国民经济中发挥更大的作用，在世界经济舞台中扮演一个更重要的角色，是城市经济在 21 世纪所面临的重大课题。因此，比较国内外城市经济的发展特点、城市经济功能的作用机制、城市经济在国民经济中的地位，并充分吸收国内外城市经济发展中的经验教训，加快中国城市经济发展，提高城市的综合竞争力，具有深刻的意义。

以上海为例，上海作为中国改革开放的排头兵，作为中国经济发展的"一个龙头、三个中心"，特别是在进一步扩大对外开放的环境中，其经济所面对的问题十分艰巨。回顾上海经济的发展，其存在着需要提高和完善的方面。上海在 20 世纪 90 年代主要实施了快速的经济外延扩张，使得上海经济取得全面的长足进步，城市功能和面貌发生巨大的变化。但问题在于这种发展还局限在比较浅显的层次，各种经济能量的增长还没有形成一种强大的合力以及强劲的综合竞争力，使得上海经济的能力还没有在世界市场、甚至在国内市场中真正表现出来。上海经济"看看不错，用用可以"，但在国内外市场中真刀真枪地进行竞争就暴露出很多弱点。经过"八五"和"九五"时期上海经济实施产业结构的调整和经济增长方式的转变，上海正从外延的经济增长和规模扩张转向深刻的以内涵增强为主的发展模式：有所为，有所不为，调整结构，增强实力，形成合力，提高综合竞争力，以真正推动上海在更加开放的国内外市场中崭露头角，发挥更积极的作用。

二、加强城市管理以提高城市竞争力

为了应对全球化的竞争，培育中国城市的国际竞争力，中国政府迫切需要了解各城市的状况，加强城市管理，针对全球化时代决定和影响城市竞争和发展的关键因素，调整和制定城市竞争和发展战略，切实提高城市竞争力，以争夺最大化的利益，争取最快速的发展。

（一）影响中国城市竞争力的关键因素

根据倪鹏飞的研究，城市竞争力是一个复杂的混沌系统，其众多的要素和环境子系统以不同的方式存在，共同集合构成综合竞争力，创造城市价值。具体而言，城市竞争力由

硬分力和软分力构成，其中，硬分力包括劳动力、资本力、科技力、结构力、设施力、区位力、环境力、聚集力；软分力包括秩序力、文化力、制度力、管理力、开放力。以上各分力对城市产业价值的创造都具有不同程度的贡献作用。城市竞争力是各分力的耦合，各分力系统及系统内诸要素通过直接和间接两种途径创造城市价值，贡献于城市综合竞争力。各分力系统及系统内诸要素对城市价值体系的不同构成部分贡献不同，因而对城市竞争力有不同的贡献，其关系也是非线性的。城市竞争力各分力之间相互作用，每一分力在作用其他分力的同时其他分力也正作用于它。以上分力构成系统，互动增进，形成复合力量，并主要通过产业或企业竞争和增长的绩效表现出来。

如果把硬分力比做弓，把软分力比做弦，把城市产业比做箭，它们相互作用形成城市竞争力。弓弦质量越好，搭配越恰当，所形成的力越大，产业箭射得越远，获得的价值越大。任何部分有问题都影响城市价值的获取。由于产业的主要内容纳入到软硬分力中，产业形式上成为弓弦力量的传导。这一理论框架被称为城市竞争力的弓弦框架。在这一框架下，倪鹏飞选取了中国24个城市（北京、上海、天津、广州、重庆、武汉、深圳、厦门、杭州、南京、苏州、西安、成都、无锡、东莞、青岛、福州、温州、宁波、大连、南昌、珠海、石家庄、哈尔滨）为样本，通过设计指标体系、采集大量的数据（1997年），进行分析研究，总结出影响中国城市竞争力的关键因素如下：

（1）现阶段，在人力资本领域内，对中国城市竞争力起主要贡献作用的是劳动力的数量和基本素质，因此，中国城市劳动力对城市竞争力的贡献作用，也仅处在一般水平上。劳动力是城市竞争力的基本推动力量，中国城市劳动力对城市竞争力没有起到应有的作用，关键在于中国城市劳动力的科技素质低、城市教育水平低，尤其地方教育体系的质量差。

（2）当前资本力是中国城市竞争力的第一构成力量，特别是对中西部地区城市，资本对提高城市竞争力更加重要。这一方面证明了资本在城市竞争力中的关键作用；另一方面表明中国城市经济正处于投资推动型发展阶段。这一结论与中国的发展实情正好相符。金融机构指数对城市竞争力的贡献高于城市贷款余额对城市竞争力的贡献表明：城市拥有资本控制能力比拥有存量资本更重要。

（3）科技力对城市竞争力具有重要贡献作用，但目前在城市竞争的各分力中科技力还不是最重要的力量。这除了可能因为科技力与其他分力相关性较强，它会渗透在其他分力中发挥作用以致造成计量上的遗漏外，还可能与目前城市科技成果转化不强有关。这同时说明中国城市经济发展还没进入科技推动型的时期。

（4）在中国的当前阶段，城市基础设施对城市竞争力的贡献很大；基本技术性基础设施和高级技术性基础设施对城市竞争力的贡献比一般基础设施要大得多。

（5）区位对城市竞争力有一定的贡献。城市腹地经济发展水平、城市自然区位便利度和城市科技区位对城市竞争力贡献是比较大的。至于城市在区域中的优势度、城市的行政区位对城市竞争力的贡献度不像人们通常感觉的那样大。

（6）环境力对城市竞争力的贡献比较小，与中国的实际较相符，它说明中国城市还处在工业化和经济起飞阶段，环境对城市竞争力提升的作用还没有像发达国家那样大。不过这里已经初步显示，优美的城市环境对提高城市竞争力具有一定的积极作用。

（7）在经济的转轨和起飞阶段，秩序对经济发展的影响不像与人们的想象的那样特别严重。经济的波动、经济的风险、经济违规衍为发生、社会的不稳定对经济的改革和发展有消极的影响，但如果这些能控制在一定限度内，它们的消极影响不会太大。不过，城市的供给和需求不平衡对城市竞争力影响是比较大的。社会治安良好对城市竞争力提高的贡献也是很大的。

（8）城市文化观念对中国城市竞争力的影响非常大。文化力的几个构成要素价值取向、劳动观念、竞争意识、创新精神、兼容心理等对城市竞争力的贡献都比较大，其中交往操守是最大的。文化对城市竞争力具有重要的作用，中国的经验特别是东南沿海的经验给予了很好的证明。

（9）制度状况、制度创新对城市竞争力的提高有重要贡献。个人权益保护度对城市竞争力的贡献度尤其高，在七十多个要素指标中它是最高的。

（10）城市管理力是城市竞争力的重要组成部分。在管理力的要素构成中，政府战略、城市管理水平和企业管理水平对城市竞争力的提升极为重要。

（11）城市开放力对城市竞争力有重要的贡献。城市国内外贸易依存度、外资以及旅游业对提升城市竞争力具有重要作用。就各分力而言，对城市综合竞争力贡献较大的前五个分力依次为（按贡献弹性系数由大到小排列）资本力、文化力、设施力、聚集力、管理力。

（二）城市政府与城市竞争

从以上关于城市竞争力之硬分力和软分力的分析研究中，我们可以发现这些分力中，无一不与城市政府的管理能力和水平、城市政府职能的有效发挥等有着密切的关系。

市场经济体制下，现代化的城市管理是以城市基础设施和城市公共资源为主要对象，以城市规划为有效手段，以发挥城市经济、社会、环境整体效益为特征的综合管理。无论是资本力、文化力，还是设施力、聚集力和管理力等，都是现代城市政府管理系统建设所追寻的根本目标。

下面我们来看看欧洲国家城市竞争中政府的作为。

第二次世界大战以后，欧洲城市相继出现了郊区化，政府在战前为防止城市急剧膨胀而采取的遏制城市的政策不再继续执行，相反，人口出生率下降和郊区化导致的内城衰落成为新的城市问题，同时，经济和政治形势也发生了重大变化。一方面，战后重建和经济恢复的任务完成以后，民间投资能力大为增强，为城市建设多元化的投资体制奠定了基础。另一方面，中央政府在降低公共开支和"最少干预"（mlnimal intervention）的政治背景下，将城市建设与规划的权力和责任一并移交给地方当局。1973年的石油危机加剧了内城衰落的状况，城市政府承担着城市更新和复兴的责任，但在失去中央财政支持和本身缺乏公共基金的情况下，怎样利用外部条件和吸引城市外的投资，成为城市更新的关键。因此，吸引投资的竞争在城市之间展开，以城市规划为重要内容，由城市政府制定的各种政策具备了竞争性，成为城市政府吸引外部投资的手段。

20世纪70年代以来，欧洲国家的城市政府对利益组合和资源来源组合更为关注，通过公私协作（public private partnership）和城市促销（city marketing）使城市政府在管理概念和方法上与地方当局的目标更加紧密结合。其中，"公私协作"使私人投资集团在规划决策中摆脱了单纯从属的地位；城市促销则是典型的以城市为基点和提倡城市竞争的争取发展资源的战略，其宗旨是努力把城市"卖"出去。这一理念近些年在中国颇为流行，如城市形象设计和城市营销，其目的都是增强城市对外来投资的吸引，提高城市为区外服务的能力和水平，其根本点就是提高城市的竞争力。

这一时期，欧洲国家普遍在城市规划中运用SWOT（strength，weakness，opportunity，threat）方法，即优势、劣势、机遇和挑战的评价方法，反映出立足于竞争的城市发展目标的定位原则。在这种社会经济背景下，德国鲁尔地区政府制定发展规划的目的，是希望外界改变对其作为传统工业区的灰暗印象；比利时安特卫普市突出其码头工业区的改建规划，强调城市滨水地区具有"城市脸面"的形象作用；法国城市在争取冬季奥林匹克运动会和欧洲迪斯尼乐园项目中，表现出极大的主动性；在荷兰，即使不存在大都市的规模和组织机构，城市政府也提出了"兰斯塔德是世界城市"的口号，力求与伦敦、巴黎等欧洲传统大都市相抗衡，以吸引大型国际公司与机构。

国内关于城市竞争力的实证研究一致表明，上海和北京的城市竞争力居全国之冠。上海市原市长徐匡迪强调的六项标准是：投资的成本和市场机会，政府管理和服务，社会保障和社会治安，生态环境和生活质量，文化、体育、教育的环境，交通和通信基础设施。可以看出，政府在提高城市竞争力方面，是可以大有作为的。

在某种意义上，作为地方政府，其主要职责就是营造一个开放的、宽松的、高效的投资环境和经营环境，使原有企业得以健康发展、外来企业得以顺利成长。也可以说，完善服务是树立城市形象，提高竞争力的根本。

提高城市竞争力，必须依靠市场机制，也不能离开政府的管理。竞争是市场运行的一个重要现象，它在一定程度上体现了市场运动的内在逻辑。但是众所周知，仅仅依赖市场导向，竞争效果不是十全十美。因此，城市竞争力的提高必须在市场竞争导向的同时，注重政府的决策、制度组织等在城市竞争力中的作用。"小政府、大社会"，并非淡化政府职能，而是要求更加精干、高效、廉洁。政府要坚持决策的民主化、科学化，并保证其贯彻执行，提高对突发事件的应变能力和疑难问题的解决能力。

　　城市竞争作为市场经济发展的必然产物，使资源和利益成为城市发展和管理的核心，也使城市政府更加重视采用各种手段来提高城市发展的竞争力。在市场化、全球化过程中，政府的直接干预生产或创造物质财富的作用或能力下降。为适应市场和全球化的需要，转变政府职能，为城市提供和创造一个良好的竞争环境，从原来直接的"财富创造"到"场所创造"（place producing），为城市竞争力提供或创造适宜的"硬件""软件"环境，是城市政府的中心任务。21 世纪之初，面对激烈的区域竞争和国际竞争，在提高竞争方面，中国城市政府不仅可以大有作为，而且可以实现城市之间竞争的双赢。

第三节　经营城市与城市竞争力

　　经营城市是市场经济条件下政府管理城市的一种新理念，其核心是将城市当做最重要的国有资产，用企业家经营企业的理念进行运作，以实现城市建设的自我积累和自我发展。中国大连市按照"不求最大，但求最好"的城市发展思路，创造性地走出了一条"经营城市，增强城市综合竞争力和发展后劲"的成功之路。

　　城市是最重要的国有资产，必须经营好城市，让城市增值，必须搞环境经济。富有创意是经营城市的方略；重规划、重管理是经营城市的前提；城市的凝聚力是经营城市的保障。

一、经营城市的理念及内涵

（一）"经营城市"理念的产生

　　经营是经济学上关于企业发展与竞争的一个概念，经营的目的是以尽可能少的资本投入，调动起更多的社会资源，经过一定的创新活动，如设计、加工、制造、包装、重组、交易、置换等使之增值，并实现增值。市场经济条件下，城市面临来自各方面的激烈竞争，在城市的相互竞争中，基础设施是奠定城市竞争力的基础，所以，每个城市都争相扩大基础设施投资规模。世界银行提示，发展中国家在人均收入超过 1000 美元时，基础设施的投入就显得越来越重要，而且在此阶段的某些发展中国家，对基础设施的投入将超过私人资本投资，因此建议基础设施的投入不能少于 GDP 的 5%。但是，如果城市政府按照这一比例进行基础设施投资和建设，那么大部分城市将所有的财力全部投入基础设施可能还不够。所以，每一个城市政府都希望能大量举债。但是，大量举债进行城市基础设施建设是有很大风险的。在这种情况下，如何筹措资金，进行基础设施建设，以提高城市竞争力，成为一个紧迫的现实问题。在这种背景下，经营城市的理念应运而生。

　　中国经营城市的行为最早可以追溯到 1982 年深圳率先实行城市土地有偿使用制度试点

的时候，但是真正把经营城市作为一个系统化的概念提出并推广，只是最近的事。不少城市都纷纷地提出了"建立经营城市新理念"的口号。

在中国，由于长期实行计划经济，城市的土地、基础设施、基本公共服务都是由国家统一投入、统一管理、供城市居民无偿或低价使用，没有形成再投入机制。加之经济实力不足、资金匮乏以及重视程度不够等因素，使中国城市发展普遍存在着基础设施落后、城市公共服务水平低的问题。改革开放后，伴随着中国社会经济的快速发展，人口增长和产业发展对城市基础设施的需求越来越大，要求也越来越高，城市基础设施成为一段时期内阻挡城市经济社会发展的突出"瓶颈"，成为制约中国绝大部分城市竞争力的关键因素。同时，随着城市投融资体制的改革，国家对城市基础设施的直接投资日益减少，城市发展逐渐形成了基础设施需求强劲但有效供给不足的突出矛盾，这是中国经营城市产生的直接原因。

另外，随着市场经济体制的逐步建立，城市中诸如土地等政府垄断资源逐步放开，在政策上为经营城市奠定了基础。一些体制改革比较超前的城市，率先在城市基础设施领域开始实行投资和建设的多元化，广泛地吸引境外资金和社会资金参与城市的建设与管理，逐步形成了城市建设管理需求与供给之间的良性循环，这就是最初经营城市的实态。

（二）经营城市的概念和内涵

从经营城市的产生根源来看，所谓经营城市，就是充分运用市场经济手段，对城市所有资产进行集聚、重组、运营，从中获取收益，谋求城市的自我积累和自我发展。它是对城市建设只讲投入、不讲收益的计划经济时期公共福利老路子的一种重大改革，走以地建城、以城养城的城市建设市场化路子，是"建设城市、管理城市、经营城市"三位一体发展原则中的最高形式。其实质上就是指在市场经济条件下，城市政府充分运用市场机制和市场规律，采用市场化的方法来解决城市建设和管理中存在的各种问题，满足人们对城市环境的各种需求的观念和行为。它是市场经济体制的产物，是在市场经济体制下政府建设和管理城市理念的一种转变。

经营城市不是一种短期的、片面的市场交易行为，它的核心内容应该是在政府的宏观控制下，通过市场作用，使城市资产得到最大程度的保值和增值。其最大的目的应该在于保证城市基础设施的持续供给，支持城市经济的有效运转，而不是实现利润最大化的问题。具体来讲，它有以下几方面的内涵：

（1）经营城市的主体是各级城市政府。经营城市的主体是各级城市政府，因而经营城市本质上是一种政府行为，是在市场经济条件下的政府行为。它是城市政府对城市实施管理和调控的一种新观念和新方法，是城市政府从城市的公众利益出发，为改善城市发展环境、促进城市社会经济发展所进行的活动。因而它从根本上不同于一般的企业经营行为，它不仅要强调经济利益，更要强调社会效益和社会公平的实现。虽然经营城市的具体操作行为是由一些企业化的组织来承担的，而且运行机制也趋向于市场化，但是从根本上它是政府管理和建设城市的一种手段，因而它最终代表的应当是社会公众的利益。虽然经营城市的主体是城市政府，但在城市经营中必须注意要发挥政府机制、市场机制、社会机制的整合作用。

（2）经营城市的客体是"城市资产"。城市资产，包括城市的土地、市政设施等有形的资产和依附于其上的名称、形象等无形的资产。这些"产品"长期以来都带有很强的垄断性，由国家单一投资、单一建设、单一经营，进入市场受到国家法律法规的严格限制。因此，经营城市也是使城市的土地、基础设施等"城市资产"进入市场，实现其潜在价值的行为和过程。由于"城市资产"的所有权属于国家，进入市场必然涉及一个所有权和经营权、使用权分离的机制，也必然涉及相应的法律法规体系的建立和体制的创新。

（3）经营城市的实质。从实质上来说，其是对城市的传统投资、建设和管理体制的市场化改革，是市场经济体制下城市建设的一种新理念和新模式。城市政府在不改变国有资产所有权的前提下，通过对所掌握的土地、基础设施、各种公共服务等"城市资产"的使用权、经营权、冠名权等相关权益的市场化运作，采用有偿使用、协议出让、委托经营、股份合作、租赁、承包、转让、抵押、拍卖等市场经营形式将"城市资产"推向市场，利用市场的作用发展和建设城市，以较少的投入取得较大的产出，从而解决在传统的城市建设和管理中经常存在的投资资金缺乏、建设效率低下等一系列问题。从这一意义上说，经营城市也涉及政府职能转换的问题，在解决对策上，必须有新方法和新思路。

（4）城市经营的模式从资金导向向功能导向转变。当前区域之间的竞争主要表现为区域城市之间的竞争，而城市之间的竞争已经由单纯的规模竞争转向综合竞争力的竞争。这就要求，城市发展和竞争中，必须对城市经营有战略高度的认识。传统意义上的城市经营的思想着重于城市资源的市场利用，从而形成城市建设资金的投入产出循环上，因此，城市经营本质上是服务于城市建设资金筹集这个目的的。这种资金导向的理解不仅对城市经营理论的传播产生了误导，更重要的是，它对经营城市的实践指导中产生了一系列的不良后果。对于原有的政府资本资产运作和管理城市资源的城市经营思想，有必要从经营城市的目的、过程和效果等方面全面重新界定城市经营的理论和实践。原有的资金导向的城市经营模式必须从根本上加以改善和提高，其目标就是功能导向的城市经营模式，或者说，基于功能观点的城市经营框架。具体而言，就是政府根据城市功能对城市环境的要求，运用市场经济手段，对构成城市空间、城市功能和城市审美载体的各种城市资源进行资本化的市场集聚、重组和营运，以实现这些资源资本在容量、结构、秩序和功能上的最大化与最优化，从而实现城市建设投入和产出的良性循环和城市的可持续发展。

（5）经营城市的目标从单纯增加政府的财力扩展到提高城市的竞争力。城市竞争力反映的是城市的综合素质，理应成为经营城市的首选目标。但是，现在大多还是把经营城市的目标描绘成解决城市政府的财力短缺问题。

（6）经营城市的维度从单一的基础设施投资融资扩展到影响城市竞争力的所有项目。城市竞争力是一个复杂系统，与之相关有很多子项目，这些项目是多维度的，所以，城市经营的维度也大大增加了。

（7）经营城市的范围从城市的内部资源配置转向更大区域范围内的资源配置。城市的竞争力要在更大的空间、在国际范围的比较中培育。21世纪的城市政府应该是全球经纪人，要学会推销自己的城市。所以，经营城市不能局限于城市内部与周边地区。

二、经营城市目标的层次性

（一）第一层次目标：缓解政府在城市建设资金上的困窘

在传统的城市建设模式下，城市的基本建设都是由政府包揽包办、单一投资的。随着经济的发展对城市建设的要求越来越高，各项基础设施和服务所需的投资也越来越大，城市政府日益面临着城市建设需求强烈但投资供给不足的困窘。通过城市经营，把城市的各类建设项目推向市场，实行产业化经营，本着"谁投资，谁受益"的原则，吸引各方面的投资参与城市建设，从而打破单一政府投资的模式，使城建投资由主要依靠政府转向依靠社会，由主要源于财政转向主要源于市场，从而解决城市建设资金缺乏的困难，这是经营城市的最基本的出发点，也是各地区开展经营城市的首要目标。

（二）第二层次目标：促进城市建设效率的提高

在计划经济体制下，城市基础设施部门被视作福利部门，按照事业单位来管理，建设方式主要依靠行政指令，建设周期长、资源浪费多、成本高，建设缺乏积极性且效益难以保证。而政府通过经营城市，实行投资主体多元化、建设项目业主化、运行机制市场化，城市建设和管理主要依靠市场手段。业主对项目实行企业管理、自负盈亏，按照市场经济规律运行，基础设施建设从整体上实行社会化管理，从而杜绝资源浪费、重复建设、零散建设和建而不用、用而不全等现象的发生，使建设的成本降低、周期缩短、效益上升，促进建设效率的提高，增强城市基础设施部门的活力。这是经营城市的另一重要目标。因此，经营城市不仅要考虑如何去"生财"的问题，而且要切实研究对资金、资产的有效管理和使用，以期发挥最大的效益。

（三）第三层次目标：推动政府职能的积极转变

在计划经济时期，城市资产都是为人们提供生产、生活条件的无偿服务型、共享型的公共产品，政府职能重叠、混乱不清，严重影响了城市功能的发挥。通过经营城市，可以使政府把精力更多地投入到城市的发展、规划和城市资产的监督、管理中，把城市资产的投资和经营尽可能地交由市场来完成，从而促进政企分离和政府职能的转变，使城市政府更加适应于市场经济的发展环境，这是经营城市所应达到的另一个重要目标。

也就是说，"生财""理财"仅仅是经营城市的最基本的目标，其深层次目标应当是能够解决一个体制的问题。

（四）第四层次目标：促进城市的可持续发展

按照市场经济规律经营城市，综合运用各种城市资产，在整个城市范围实现资源配置效益的最大化、最优化，从更大的深度和广度上使城市资源实现优化配置，从而使城市资源和资本得到了尽可能的节约；由于它又是政府的行为，所以会首先从城市公众的整体利益出发，从而避免了市场经济的负面效应，达到经济效益、社会效益和环境效益的最佳统一，实现城市的可持续发展，这是经营城市所应达到的最终目标。也就是说，经营城市的核心目的应该是着眼于解决城市发展中的各种关系和矛盾，是一个"协调"和"发展"的问题。如何使城市建设中的城市资源供给与资源需求、市场利益与公众利益、长远利益与眼前利益达到一个恰当的平衡，从而促进城市建设持续快速地发展，才是经营城市所应该着眼的最大的课题。

三、经营城市的基本原则

（一）规划先行

经营城市采用市场化的运作方式，而市场行为常会导致发展的无序，为了追求局部利益的最大化而忽视整体的发展利益。城市规划则恰好是从城市的整体利益出发，通过对城市发展状况的准确把握，科学地分析和确定城市未来的发展方向和目标，同时对城市未来发展的空间格局进行合理的安排和部署。它是城市未来发展的蓝图，因而也是一切城市建设活动的标准和依据。经营城市只有在城市规划的指导下，才能保证其最终目标的实现。因而，在经营城市的过程中，城市政府要注意规划先行，重视城市的总体规划、详细规划的制定和监督执行，切实遵循规划意图，体现规划精神，避免受长官意志左右，搞德政工程，也避免受到片面的经济利益的干扰，搞短期行为和无序建设。同时，对现行的僵化的规划体制，也应该结合经营城市的要求，积极进行探索改革，增强公众参与规划的程度，提高规划的科学性。

（二）必须重视法律法规的建设

"城市资产"的市场化运营，实际上是计划经济和市场经济的碰撞，是城市建设模式的改革过程，涉及许多敏感、有争议的问题，特别是涉及政企分开等一些深层次的问题，必须严格地遵循法律，同时要使已有的行为尽量规范化、法制化，尽可能做到有法可依、有章可循，及时地总结和巩固改革的成果，避免经营城市中出现各种各样的失误和违法问题。而且，市场经济本身就是法制经济，法制的完善，有助于尽快地建立市场化的运行体系，也有助于经营城市的顺利进行。

（三）避免"一刀切"式的市场化经营

在完全市场经济中，经济利益是市场行为的唯一目标。经营城市虽然也有市场行为，但它从根本上是政府代表公众利益而行使的政府行为。所以经营城市不但要考虑城市建设

中的经济效益，而且必须综合考虑城市建设的社会效益和环境效益，并使三者有机统一。在推进城市建设和管理市场化的同时，也必须注意不能因为经营城市而一味地追求经济利益，过度提高基础设施服务的收费标准，从而增加城市居民的生活负担，降低其福利水平。政府依然应该是城市基础设施投资的主体，城市税收依然应该是城市投资资金的基本来源。进行城市经营决不意味着要放弃原有的城市建设方式和融资渠道，也绝不意味着放弃政府的主导地位。一些不宜市场化的特殊的"城市资产"，如消防设施、福利设施、重要的城市标识等，是市场的"盲区"，特别要注意防止"一刀切"式的市场化运作。对于这些资产，可以通过转变经营观念和机制、加强经营管理方法等措施来提高其经营效率，但原则上必须由城市政府直接经营。总之，是单纯的管理城市，还是把管理和经营有机结合起来，是城市改革深入发展的重要标志。迄今为止的城市改革，仅仅实现了部分城市要素的市场化，主要是进入企业的那一部分要素和成为有形资产的要素的市场化。而解决城市中未进入企业的那些基础要素、基础设施以至于基础环境等领域中的体制和机制问题，无疑是包括经营城市在内的城市改革深入发展的客观要求和必然趋势。

（四）应实行有效的开源节流

从节流方面讲，主要是政府要缩短投资战线，降低投资成本。杭州就推出了建设工程无标底投标。从开源方面讲，一是土地，因为城市土地凝聚着城市基础设施建设投资物化了的价值，对经营性土地全部实行公开招标出让，不仅实现了土地资源价值的最大化，而且也消除了许多暗箱操作的腐败因素。一是城市的空间资源，如出租车经营权、广告设置权、公交车经营线路和新的信息资源等。三是适度安排，超前经营，进行土地储备。例如，在城郊收购农民土地，建成简易的高尔夫球场，并对周围的土地予以控制，前期投入低，进行土地储备。随着周围环境因基础设施建设不断改善，政府再进行拍卖、出让，将产生巨大的收益。四是把原有的国有资产进行转换，如对煤气公司、自来水公司等采用公开拍卖的方式，盘活存量资产，实现国有资产价值的最大化。五是在城市基础设施、公共品提供领域，降低进入门槛，让民营经济发挥作用如自来水、煤气的供应等，或者是采用BOT（建设—营销—转让）方式进行建设。总之，经营城市战略是一个系统工程，涉及的问题很多，需要政府、金融、财政等部门的大力支持；还应搞好国有企业的改革、改制工作，以实现企业效益好转和优化资产重组；调整城市产业结构，特别是对第三产业要采取更加积极的措施；经批准可开征城市市政公用设施配套费，按建设项目以一定比例向建设单位和个人收取基础设施配套费，逐步实行公用设施有偿使用。同时，要以党的十五届六中全会为契机，强化党的作风建设，加强对经营城市的研究、领导、组织、实施工作，做到各级政府密切配合，齐心协力，为建设富饶、美丽的绿色城市而奋斗。

四、经营城市的基本思路

（一）确立"城市是重要的资产"

长期以来，人们一提到国有资产，就会想到国有企业，并把国资和国企等同起来。为了发展经济，许多城市常走相同的路子，即跑项目、争贷款、办企业。但因种种情况，常常达不到预期目的，相反，还背上了沉重的债务包袱。而按照经营城市的思路来融资，就是要突破把城市资产仅仅当做某个企业、某个局部的狭隘观念，确立把城市本身当做资产，并从整体上运作城市资产的思路。也就是说，政府挣钱，不仅可以通过征收企业的税收，也可以通过经营城市使财政收入增加，企业可以由董事长和总经理来管，如果市长的兴趣不在城市而只在企业，这个城市就会因疏于管理而荒废；而脏乱差的城市，以经济眼光来看，就意味着悄悄地贬值，也就是国有资产的流失。正是由于大连市把城市作为国有资产去经营，因而取得了显著成绩。大连市 1992 年全市的可支配财力是 21 亿元，其中可用于生产建设的资金只有 8000 多万元；到 1999 年，大连市可支配财力已发展到 90 亿元，可用于建设的资金近 40%。如果以 1992 年的财政收入为基数，则从 1993 年至 1999 年的 7 年间，全市就多挣多花了 268 亿元。同样，重庆万州市通过成功经营城市来筹资，填补了"九五"期间 100 亿元的资金缺口。

（二）城市基础设施建设走向市场

公共财政理论认为：在市场经济条件下，基础设施属于"混合型产品"，其性质是公共消费与私人消费兼而有之的，其使用与消费可以部分地直接对私人收费，弥补投资和部分成本费用。企业和私人资本完全可以进入基础设施建设投资领域，参与经营并获取利益，要敢于突破仅仅依靠财政资金建设城市的局面，盘活存量资产，运用市场机制最大限度地发挥城市设施的使用效益，以存量资产吸引增量资金，大胆引进外资。我们可以把某些设施向社会招商，出租经营权，借以取得城市建设资金，用于城市广场、城市绿化等不宜经营的公共设施的建设；或者有偿转让供水、供气、公交等公用事业企业的全部或部分股份，或采取 BOT、TOT（转让——营销——转让）和投资拍卖等方式，有偿转让道路、桥梁、电厂、公园、公厕等城市公共设施经营权。例如，上海在 20 世纪 90 年代中期将黄浦江上三座大桥、两个隧道的经营权全部转让，收回大约 100 亿元的投资；把上海到南京的高速公路上海段的 40 公里在通车之时转让，收回的投资用于建设上海到杭州的高速公路。此外，随着城市建设规模的不断扩大，市区建筑物立面的商业价值也逐步提高，可实行广告有偿使用，对重要位置可招标拍卖，可对城市道路及路灯的广告权进行招标，出让公益设施冠名权，将路名、桥名、街名、站名、广场名、校名、公交线路牌等设施名有偿转让，获得城市维护资金，用于建设维护城市。

（三）盘活城市土地资产

城市政府通过精心规划和建设城市，使城市土地和空间不断升值。城市土地是一个城市的珍贵资产，又是有限的资源，是国有资产中最大的存量资产。马克思主义地租理论告诉我们，地租是土地所有权在经济上的实现形式。建筑地段地租是资本家为租地建造住宅、

企业、码头等建筑物，向土地所有者交纳的地租。在建筑地租中，土地的位置对级差地租具有决定作用。随着城市人口的增长，城市各种建筑物的发展，以及土地的投机买卖活动，建筑地段地租在不断提高。这一理论对社会主义仍有指导作用。从法律角度看，《中华人民共和国土地管理法》第 2 条规定："国家实行国有土地有偿使用制度。"第 55 条规定："以出让等有偿使用方式取得国有土地使用权的建设单位，按照国务院规定的标准和办法，缴纳土地使用权出让金等土地有偿使用费和其他费用后，方可使用土地。"《中华人民共和国城市房地产管理法》第 27 条规定："依法取得土地使用权，可以依照本法和有关法律、行政法规的规定，作价人股、合资、合作开发经营房地产。"可见，必须以市场经济的眼光看待城市土地问题。首先，要搞好规划。一是宏观上统筹。根据社会经济发展的状况和需要，对一定区域内农村城市化的步骤、数量、规模、布局等进行总体运筹，制订切实可行的发展计划和远景目标。二是微观上谋划。各地要根据自己的地理、资源、文化、历史以及生产力发展状况，制定本地发展的近期和远期目标、发展策略、运行措施等。我们必须按照经济效益、社会效益、环境效益相统一的原则，实行全面规划、合理布局、综合开发、配套建设，应建高质量的"精品工程""艺术工程"，充分体现城市建筑的艺术性、文化性、观赏性、实用性。其次，限量批租土地，提高土地利用率。应限量批租土地，在发展新城市的同时，注重对老城市的改造，走集约化道路，坚决防止一哄而起搞低水平重复建设。应深入贯彻党的十五届六中全会精神，加强党的作风建设，杜绝"形象工程""政绩工程""羊胡子工程""豆腐渣工程"。

此外，应创造良好的城市环境，以扩大招商引资面。美化、亮化城市是前提。例如，南宁市建成绿色城市，全市绿化面积 3160 多公顷，绿化覆盖率达 36.71%，人均公共绿地面积 716 平方米，空气质量达到国家二级标准，饮用水水质达标率为 94.04%，成为一座"绿城"，1998 年获"全国造林绿化十佳城市"称号.2000 年又获得了联合国人居技术委员会颁发的"人居环境改善良好范例奖"。与此同时，其引进的外资不断增长，土地价格接连上扬，加快了城市经济发展，很值得各地借鉴学习。另外，应加强对土地的一级垄断，即由政府统一征地、统一规划、统一开发、统一管理、统一出让，强化法制管理，规范土地市场，实现城市土地资源的优化配置。对规划用地要完善基础设施，将"生地"变成"熟地"再出让，采取公开招标的办法，使土地获得最大的收益。为严格防止炒卖地皮，对土地中标的商家，须签订"履约保证书"，并在规定时间内交纳保证金，两年内未动工建设的一律收回土地使用权。例如，大连市的土地价格，1999 年比 1994 年增长了五倍。同时，对土地出让金的科学管理也是一个很重要的问题。经营城市，既要千方百计挣钱，又要精心地管好、用好钱。《中华人民共和国房地产管理法》第 18 条明确规定："土地使用权出让金应当全部上缴财政，列入预算，用于城市基础设施建设和土地开发。土地使用权出让金上缴和使用的具体办法由国务院规定。"

（四）建立良性循环的经营城市投资体制

应采取多种途径搞好经营城市的投资。

一是要积极鼓励要素资源全面开放、全面流动。其主要是吸纳各种投资者，特别是吸纳外地的、本土的、城乡的各类个人和民间的投资者参与城市发展；吸纳各种人才和各种技术，包括那些不为人们注意的民间技术，为城市发展注入新的活力。采取民办公助、公办民助和多方联办等多种办法，兴办城市公益事业。可采取买断经营的方式筹集建设资金，实行股份合作制或股份制、租赁制、合资经营等形式，提倡各类投资者以资人股投入城市建设。尤其应在鼓励民间资金投资房地产市场上多下工夫。

二是成立城市建设投资公司，为筹集更多的城建资金创造条件，并采用"公司制"等新运行机制，使城市基础设施资金参与经营，滚动增值，不断加大投入的力度。三是加大发展城市非公有制经济的力度。目前，城市非公有制经济呈现出蓬勃发展的局面。应继续解放思想，鼓励和支持非公有制企业进入城市，为城市经济的发展奠定基础。

四是争取发行市政债券。许多西方国家的地方政府投资搞基础设施时，常借助于发行债券来解决，国内有的城市也采取这种办法。例如，广州市1997年发行的地铁建设债券，发债主体是广州市地铁总公司，但实际上是广州市政府负责偿还债券本息，其实是市政债券，只不过采取了一种变通手法而已。

五是设立投资基金。例如，设立城市"绿化基金"，可以考虑对在城市居住者，尤其是有职业、有固定收入的成年人每人每年征收适当的费用；也可接受外界捐赠。这样做既可以弥补园林绿化资金的不足，又可以引导人们对城市园林绿化事业的关注，从而提高市民的绿化意识和环保意识，以带动城市的全面发展。

第十三章 城市可持续发展途径探索

  1992 年联合国环境与发展大会通过了《21 世纪议程》，这一历史性会议标志着全人类将"可持续发展"作为共同追寻的目标，使可持续发展成为全球的共同行动战略。可持续发展的基本含义是"满足当代人的需求，又不损害子孙后代满足其需求能力的发展"，其核心是人类的社会、经济发展不能超越资源与环境的承载能力。

  1996 年 6 月，联合国第二届人类住居大会在土耳其的伊斯坦堡通过的《生境议程》中确认，人类可持续发展的战斗，其成功与失败将在城市内见分晓，而良好的管理将是成败的关键所在。

  2000 年 7 月在德国柏林召开的"21 世纪城市"国际会议上，皮特·霍尔教授和其他国家的一些专家发表了《21 世纪的城市：关于城市未来发展的专家报告》。报告认为，21 世纪，世界的未来发展取决于城市的可持续发展，城市的可持续发展是人类可持续发展的重心和焦点。报告特别强调，完善的城市管理是实现城市可持续发展目标的最主要的中心任务。

  21 世纪，中国已经进入城市化快速发展的时期，城市增长表现出蓬勃繁荣的景象。但是，随城市人口的迅速增长和经济的快速发展，环境状况恶化和社会贫富差距扩大的趋势也随之加剧。无论是生机蓬勃的发展中的城市，还是已经成熟、逐渐老化的城市，以及自发而过度增长的城市，都面临着促进经济增长、保护环境、维护社会公正方面的困境，城市的可持续发展正面临严峻挑战。加强城市管理，寻求城市可持续发展的有效途径，促进城市健康发展，对中国具有十分重要的意义。

第一节 城市可持续发展概述

一、可持续发展的内涵

  "可持续性"（sustainability）是指"一种延续不断与永不衰竭的能力"。"可持续发展"（sustainable development）最初是由世界保护战略委员会于 1980 年提出的。1987 年世界环境与发展委员会（WCED）发表了著名的布伦特兰报告《我们共同的未来》，首次明确了其含义"可持续发展是既满足当代人的需要，又不对后代人满足其需求构成危害的发展"。

国内学者对此定义从空间尺度上做了补充，加上了"特定区域的需要不削弱其他区域满足其需求的能力"。即可持续发展的定义为：不同空间尺度区域的需要不危害和削弱其他区域满足其需求的能力，同时当代人的需要不对后代人满足其需求能力构成危害的发展。虽然可持续发展的提出时间不长，但可持续发展思想的起源却是植根于历史发展进程基础上的。从中国古代"天人合一"的哲学思想到现代的"人地关系协调观"，人类在创造文明的活动中，在不同的历史发展阶段有着不同的思想认识。正是20世纪后期逐渐加深的人口剧增、资源紧缺和环境失衡等问题迫使人类重新审视发展的内涵、发展的目标、发展的主题。在回顾历史、审视环境危机、反思人类发展观的基础上，人类已清楚地认识到，"走可持续发展之路"是当今人类社会必然的选择，"人地共生""人地关系协调发展"成为人类社会持续发展的最终目标。

可持续发展有着丰富的内涵，不同学科、不同领域对它的理解侧重点不同。但其根本思想是一致的，归纳起来有以下几点：

（1）公平性原则。其表现为不同时空尺度上的公平，在时间上包括代内公平和代际公平，在空间上包括区域内的公平及不同区域之间的公平。

（2）可持续性原则。即可持续的发展至少不应当危害支持地球生命的自然系统，其核心是指人类的经济和社会发展不能超越资源和环境或生态的承载能力。

（3）发展性原则。经济的发展对可持续发展有重要意义，布伦特兰报告认为"发展就是经济与社会循序前进的变革"，即在生态可能的范围内最大限度地提高生产潜力，以满足人类不断增长的需求，并特别强调要恢复贫困地区的经济增长、强调社会变革对可持续发展有着重要作用。

（4）共同性原则。即人类危机和实现可持续发展是人类所面临的共同问题和共同挑战，全人类要共同努力。每个国家、每个民族、每个地球公民都要积极参与，共同迎接挑战，采取全球共同的联合行动。

二、可持续发展的基本要素与核心

1. 可持续发展的基本要素

可持续发展从理论上包括三个相互联系的重要方面，即社会可持续发展、经济可持续发展、环境资源的可持续利用，即经济增长要以人类社会与自然的和谐发展为前提，以经济、社会、环境之间协调发展为途径。

（1）社会可持续发展：通过教育、居民消费和社会服务，提高人口的整体素质和健康水平，实现人口的再生产；通过可持续发展政策，消除贫困，改善居住环境，提高人口的生活质量，为经济环境的可持续发展奠定良好的社会基础。

（2）经济可持续发展：内容包括农业、工业及第三产业的可持续发展，即调整产业结构，优化经济发展机制，以相对少的资金投入，实现较高的产出，最终达到经济长期的持续增长。

（3）环境资源的可持续利用：建立环境资源法规体系，控制生态危机和环境恶化局势，提高自然环境资源的综合利用率。

2. 可持续发展的理论核心

（1）努力把握人与自然之间关系的平衡，寻求人与自然关系的合理化。这是因为，人的发展与人类需求的不断满足同资源消耗、环境的退化、生态的胁迫等紧密地联系在一起。全球所面临的"环境与发展"的命题，其实质就是体现了人与自然之间关系的调控和协同进化。

（2）努力实现人与人之间关系的和谐。通过舆论引导、观念更新、伦理进化、道德感召等人类意识的觉醒，更要通过政府规范、法制约束、社会有序、文化导向等人类活动的有效组织，去逐步达到人与人之间关系（包括代际之间关系）的调适与公正。概括而言，"可持续发展"的实质主要体现了人与自然之间和人与人之间关系的和谐与平衡。

有效协同"人与自然"的关系，是保障人类社会可持续发展的基础，正确处理"人与人"之间的关系，则是实现可持续发展的核心。"基础"不稳，则无法满足当代和未来人口的幸福生存与发展。"核心"悖谬，将制约人类行为的协调统一，进而又威胁到"基础"的巩固。

3. 决定可持续发展水平的基本支撑系统

追求人类社会的可持续发展，旨在满足当代人的发展需要，又应以不损害、不掠夺后代的发展需求作为前提；旨在满足本地区的发展需要，又应以不损害、不掠夺其他地区的发展需求作为前提。这意味着，我们在空间上应遵守互利互补的原则，不能以邻为壑；在时间上应遵循理性分配的原则，不能靠"贴现"或在"赤字"状况下运行；在伦理上应遵守"只有一个地球""人与自然平衡""平等发展权利""互惠互济""共建共享"等原则，承认世界各地"发展的多样性"。决定可持续发展的水平，可由五个基本支撑系统及其间的复杂关系来衡量。

（1）生存支持系统，是一个国家或地区按人均的资源数量和质量对于该空间内人口的基本生存和发展的支撑能力。如果可以满足，则具备了可持续发展的初步条件，如在自然状态下不能满足，则应依靠科技进步寻求替代资源，务求使"生存支持系统"保持在区域人口第一需求的范围内。这是可持续发展的基础条件。

（2）发展支持系统，是一个国家或地区的资源、人力、技术、资本转化为产品和服务的总体能力。可持续发展要求这种生产能力在不危及其他子系统的前提下，应当与人的进一步需求同步增长。这是可持续发展的动力条件。

（3）环境支持系统，是一个国家或地区的环境以其缓冲能力、抗逆能力和自净能力的综合，形成一定的容量去维护人类的生存支持系统和发展支持系统。可持续发展要求人类的生存支持系统和发展支持系统必须在环境支持系统的容许范围内发展，否则就会导致崩溃。这是可持续发展的限制条件。

（4）社会支持系统，是一个国家或地区的社会发展以其稳定、有序、安全、保障等条件为可持续发展提供必要支持的能力，即可持续发展必然要在一种秩序稳定和法规健全的社会中才得以进行。这是可持续发展的保证条件。

（5）管理支持系统，要求人的识别能力、人的行动能力、人的决策能力和人的创新能力，能够适应总体发展水平。它涉及一个国家或地区的教育水平、科技竞争能力、管理能力和决策能力，是前四个系统综合能力的最终限制因子，是可持续发展的持续条件。

由此可见，生存支持系统、发展支持系统和环境支持系统更多地涉及了"人与自然"的关系，而社会支持系统和管理支持系统则更多地涉及了"人与人"的关系。

三、城市可持续发展的内涵

城市可持续发展是对普遍追求的人类可持续发展的区域性延伸和社区性实践。21世纪，城市正在成为人类最主要的居住环境，国家经济的发展也将在更大程度上取决于城市经济的发展，而城市诸多问题的有效解决，必须选择可持续发展的对策。也就是说，走可持续发展之路，是城市发展的必然选择。

城市的可持续发展思想的内涵与可持续发展的内涵是一致的，即坚持公平性原则、持续性原则、发展性原则、共同性原则等。同时，城市作为人类生存和发展整体的一个重要组成部分，是地球空间中的一个以集聚为本质特点的特殊区域，所以，其内涵可以进一步从以下几个方面界定：

（1）生态方面的含义。城市是人类活动与自然生态发生冲突最频繁、最密集的区域，城市的发展又必然受到生态方面的制约。从这个角度，城市可持续发展就是指城市经济和社会的发展不能超越资源和环境的承载能力，在人地关系和谐发展中不断追求其内在的自然潜力得以实现，其目的是建立一个以生存容量为基础的可持续发展的城市。

这是可持续发展思想中持续性原则的体现。

（2）经济方面的含义。城市可持续发展是指在全球实施可持续发展的过程中，在生态可能的范围内最大限度地提高城市生产潜力，使城市系统结构和功能相互协调，在保持能够从自然资源与环境中不断得到服务的情况下，使城市经济增长的净收益最大化。这是可持续发展思想中发展性原则的体现。

（3）社会方面的含义。城市的可持续发展在社会方面应追求一个社会福利、城市文明得到极大发展的城市，尤其是消除城市贫穷和犯罪，以富有生机、稳定、公平为标志。同时，城市的可持续发展是城市市民面临的共同问题和共同挑战，全体市民要积极参与、共同努力。这是可持续发展思想中公平性和共同性原则的具体体现。

（4）管理方面的含义。现代人的一切活动，都受三种机制调节，即政府机制、市场机制和社会机制。从管理方面的角度，城市的可持续发展就是通过持续性管理来整合这三种机制，将城市的社会行为控制在生态限度之内，达到城市经济不断增长、社会不断进步的发展目标。

概括而言，城市可持续发展是指城市在一定的时空尺度上，在一定地域内与其外部相和谐、统一，城市内部组织结构和运行机制协调优化，以公平的原则实现城市资源和环境的管理，促进城市资源、城市经济、城市社会和城市环境之间协调发展的过程，是一种新的城市发展模式。

第二节　城市可持续发展的基本途径

2005年6月1～5日，联合国环境规划署在美国旧金山举办世界环境日庆典活动，来自世界各国六十多个城市的市长会聚一堂，探讨城市发展和环境保护问题，并签署《城市环境协定——绿色城市宣言》（简称《绿色城市宣言》），在《绿色城市宣言》中，各城市呼吁在以下七个方面努力促进城市可持续发展和改善城市居民生活质量：能源、废物减少、城市设计、城市自然、交通、环境健康和水。

可持续发展是一个过程，是一个实现目标的过程，而不是一个结果。在追求可持续目标的发展过程中，各国致力于强调改善、进步和良性变化，将环境和社会因素融合起来，借此获得可持续性。在城市领域，人们着力于通过对城市环境、经济、社会的生态设计和管理的一系列做法，来促进城市的可持续发展，探寻实现可持续发展的基本途径。根据可持续发展的核心"人与自然的平衡、人与人的和谐"，以及可持续发展的基本构成要素进行归纳，人类探寻实现城市可持续发展的基本途径基本上沿三个方向展开，即生态方向、经济方向和社会方向。

一、建设生态城市

资源与环境是城市可持续发展的基础条件和限制性条件，生态原则是可持续发展的题中之意。从可持续发展的内涵出发，可持续性是城市发展的基本特征，保持生态平衡，维护优良适宜的城市环境，已成为城市可持续发展的基础和前提。因此，运用生态学的原理和方法，建设生态城市，是城市领域实施可持续发展战略的基本途径之一。

1.生态城市的概念

生态城市这一概念是在联合国教育科学及文化组织发起的"人与生物圈计划"研究过

程中提出的，这一崭新的城市概念和发展模式一提出，就受到全球的广泛关注，其内涵也不断得到发展。

苏联生态学家扬诺斯基（O.Yanitsky）认为生态城市是一种理想城模式，其中技术与自然充分融合，人的创造力和生产力得到最大限度的发挥，而居民的身心健康和环境质量得到最大限度的保护，物质、能量、信息高效利用，生态良性循环。

美国生态学家 R.Register 则认为生态城市即生态健康的城市（ecologicallyhealthycity），是紧凑、充满活力、节能并与自然和谐共存的聚居地。

黄光宇教授认为生态城市是根据生态学原理，综合研究城市生态系统中人与"住所"的关系，并应用生态工程、环境工程、系统工程等现代科学与技术手段协调现代城市经济系统与生物的关系，保护与合理利用一切自然资源与能源，提高资源的再生和综合利用水平，提高人类对城市生态系统的自我调节、修复、维持和发展的能力，使人、自然、环境融为一体，互惠共生。

杨开忠教授认为生态城市是一个经济发展、社会进步、生态保护三者高度和谐，技术与自然达到充分融合，城乡环境清洁、优美、舒适，从而能最大限度地发挥人的创造性、生产性并有利于人们生存的城市。

从历史发展的角度看，人类在社会发展中的生态思想经历了生态自发（直觉）一生态失落一生态觉醒一生态自觉几个阶段，反映了人对自然的关系从敬畏顺应一控制征服一保护利用一协调共处的变迁。生态城市概念的提出和付诸行动，正是人类生态觉醒和自觉的直接表现，反映了人类社会有限理性的不断进步过程。所以，生态城市是生态文明时代的产物，是在对工业文明时代城乡辩证否定的基础上发展而来的新的更为高级的人类生存空间系统。

简而言之，生态城市就是与生态文明时代相适应的人类社会生活新的空间组织形式，即为一定地域空间内人一自然系统和谐、持续发展的人类住区，是人类住区（城乡）发展的高级阶段、高级形式。生态城市已经超越了传统意义上的"城市"概念，是一个高度城市化区域，而且也超越了狭隘的环境观念，融合了社会、经济、技术和文化生态等方面的内容。生态城市不仅要实现社会文化生态、经济技术生态、自然环境生态的持续发展，更重要的是实现社会一经济一自然复合生态的整体和谐。

"生态城市"是一种经济高效、环境宜人、社会和谐的人类住区。因此，"生态城市"最基本也是最深刻的思想渊源就是人与自然和谐相处的思想。生态城市是一种在城市生态环境综合平衡制约下的城市发展模式，涉及经济、社会、环境、制度的持续性。

生态城市不仅包含了塑造城市外在形象的内容，还包含了生态文明在公众中的普及和人与人、人与社会、人与自然关系的调整。

2. 生态城市的基本特征

生态城市是现代的理想的可持续发展城市的新模式，是人与自然高度和谐的理想人类聚居形式。生态城市作为一个全新的城市发展方案，是城市建设有序发展的高级阶段。生态城市的最终目的是把社会、经济发展与生态环境建设结合起来，努力创造人工环境与自然环境互惠共生、高效、和谐的人类栖境。

（1）和谐性。生态城市的和谐性，不仅反映在人与自然的关系上，即自然与人共生，人回归自然、贴近自然，自然融于城市，更重要的是体现在人与人的关系上。现代人类活动促进了经济增长，却没能实现人类自身的同步发展，生态城市是营造满足人类自身进化所需要的环境，拥有强有力的互帮互助的群体，富有生机与活力，生态城市不是一个用自然绿色点缀而僵死的人居环境。这种和谐性是生态城市的核心内容。

（2）高效性。生态城市一改现代城市建设中"高能耗""非循环"的运行机制，提高一切资源的利用效率，物尽其用，地尽其力，人尽其才，各施其能，各得其所，物质、能量得到多层次分级利用，废弃物循环再生，各行业、各部门之间注重协调联系。

（3）持续性。生态城市是以可持续发展思想为指导的，兼顾不同时间、空间，合理配置资源，公平地满足现代与后代在发展和环境方面的需要，不因眼前的利益而用"掠夺"的方式促进城市暂时的"繁荣"，保证其发展的健康、持续和协调性。

（4）整体性。生态城市不是单单追求环境优美或自身的繁荣，而是兼顾社会、经济、环境三者的整体效益，不仅重视经济发展与生态环境协调，更注重人类生活质量的提高，它是在整体协调的新秩序下寻求发展的。

（5）区域性。生态城市其本身即为一个区域概念，是建立在区域平衡基础上的，而且城市之间是相互联系、相互制约的，只有平衡协调的区域才有平衡协调的生态城市。生态城市是以人一自然和谐为价值取向的，就广义而言，区域观念就是全球观念，要实现生态城市这一目标，就需要全球全人类的共同合作，共享技术与资源，形成互惠共生的网络系统，建立全球生态平衡。全球性映衬出生态城市是具有全人类意义的共同财富。

3. 循环经济是建设生态城市的重要手段

循环经济（circular economy）是一种以资源的高效利用和循环利用为核心，以"减量化、再利用、资源化"为原则，以低消耗、低排放、高效率为基本特征，符合可持续发展理念的经济增长模式。发展循环经济，是根据生态学原理和方法进行生态城市建设的重要举措，是城市可持续发展的重要手段。

工业革命以来，由于人类过于注重物质财富的生产，而忽视了资源的高效利用和对环境的保护，形成了单纯追求经济增长的发展模式，这种经济方式对人类的可持续发展造成了极大的危害。为了改变这一局面，低能耗、低物耗、低污染的循环经济逐步取代了传统的城市经济模式，成为世界经济发展的趋势。

20 世纪 90 年代以来，循环经济作为实施可持续发展战略的重要途径，日益受到关注。

人们在不断探索和总结的基础上，提出以资源利用最大化和污染排放最小化为主线，逐渐将清洁生产、资源综合利用、生态设计和可持续消费等融为一套系统的循环经济战略，使循环经济的内涵从概念导向的议题，逐渐完善和发展，最终上升为国家、社会层次的发展模式。德国、日本、美国等国家在发展循环经济、建立循环型社会等方面做了大量的工作，循环经济发展迅速，特别是在经济活动的三个层次——企业层次、区域层次、社区层次形成了物质闭环型经济的三种关键思路。在企业层次上，主要是推行清洁生产，进行污染排放最小化实践；在区域层次，依据工业生态学原理，通过企业间的工业代谢和共生关系，形成生态工业园，建立起一种新兴工业组织形态；在社会层次上，比较成功的国家主要是德国和日本。德国分别于 1991 年和 1996 年颁布《包装废弃物处理法》和《循环经济和废物管理法》，规定对废物管理的首选手段是避免其产生，然后才是循环使用和最终处置。在德国的影响下，欧盟和北美的国家相继制定旨在鼓励副产品回收、绿色包装等的法律，同时规定了包装废弃物的回收、回用或再生的具体目标。

目前，循环经济发展已经纳入中国政府的议事日程。1998 年，中国引入德国循环经济概念后，确立了"3R"原理的中心地位。1999 年从可持续生产的角度对循环经济发展模式进行整合。2002 年从新型工业化角度认识发展循环经济的意义。2003 年将循环经济纳入科学发展观，确立物质减量化的发展战略。2004 年中央经济工作会议提出大力发展循环经济，从不同空间规模——城市、区域、国家层面大力发展循环经济，"循环经济"已经融入中国主流经济概念当中。

循环经济运用生态学规律来指导人类社会的经济活动，它按照自然生态系统物质循环和能量流动规律重构经济系统，使城市经济由工业时代的资源—产品—污染排放的单向流动的传统模式转变为资源—产品—再生产资源的反复循环流动的模式。这种模式的运用不仅可以使人类在进行生产活动中，充分地反复利用各种资源与能源，而且减少了生产过程中的废弃物对资源与环境的损坏与损耗。可以说，循环经济有利于从现行退化型经济增长方式转变为环境无害化、资源化的经济发展模式，它为实现城市经济可持续发展提供了重要途径。

二、发展低碳经济

为应对传统经济发展模式引发的越来越严重的气候变化问题，许多学者从不同角度探究人类可持续发展的途径。1999 年，美国经济学家莱斯特.R. 布朗在《生态经济革命》一书中指出：创建可持续发展经济"首要工作乃是能源经济的变革"，并提出面对地球温室化的威胁，应尽快从化石燃料（石油、煤炭）为核心的经济转变为以太阳能等为核心的经济。2003 年，布朗出版的《B 模式——拯救地球延续文明》一书，掀起了低碳发展模式的热潮。2003 年，英国政府发表了能源白皮书《我们能源的未来：创建低碳经济》，首次提出低碳经济（low-carbon economy）概念，并宣布英国将实现低碳经济作为能源战略的首要目标，到 2050 年要把英国变成一个低碳经济国家。从此，发展低碳经济成为世界各国应对能源危机和全球气候变暖的现实选择得以大力推动。2008 年的世界环境日主题定为"转变传统观念，推行低碳经济"，联合国召开的气候变化会议，也将发展低碳经济作为会议主要议题，试图通过协调世界各国立场，开展合作，共同应对全球气候变暖。

中国在应对气候变暖方面，早在 2006 年就出台了《气候变化国家评估报告》。2007年又出台了《中国应对气候变化国家方案》。在 APEC 第 15 次领导人会议上胡锦涛首次明确提出发展低碳经济、研发和推广低碳能源技术、增加碳汇、促进碳吸收技术发。2007 年12 月 26 日，国务院新闻办公室发表《中国的能源状况与政策》白皮书，着重提出能源多元化发展，并将可再生能源发展正式列为国家能源发展战略的重要组成部分。2008 年，国务院发布了《中国应对气候变化的政策与行动》白皮书，明确提出将大力发展低碳经济。2008 年 1 月 28 日，全球性保护组织世界自然基金会（WWF）在北京正式启动"中国低碳城市发展项目"，上海、保定入选首批试点城市。2010 年 3 月 19 日，吉林发布中国首个城市低碳发展战略——《吉林市低碳发展计划》.加快建设低碳城市。2010 年 8 月 10 日，国家发展和改革委员会决定，中国将首先在广东、辽宁、湖北、陕西、云南五省和天津、重庆、深圳、厦门、杭州、南昌、贵阳、保定八市开展发展低碳产业、建设低碳城市、倡导低碳生活的试点工作。至此，中国各省纷纷将低碳经济作为区域可持续发展的重要路径和实现经济发展方式转变的重要路径。

1. 低碳经济的内涵

低碳意指较低的温室气体（二氧化碳为主）排放。英国政府在其能源白皮书中指出，低碳经济是通过更少的自然资源消耗和更少的环境污染，获得更多的经济产出；低碳经济是创造更高的生活标准和更好的生活质量的途径和机会，也为发展、应用和输出先进技术创造了机会，同时也能创造新的商机和更多的就业机会。

近年来，国内学者对低碳经济的定义进行了许多积极深入的研究，取得了一定的学术成果。牛文元、贺庆棠等认为，低碳经济是绿色生态经济，是低碳产业、低碳技术、低碳生活和低碳发展等经济形态的总称，低碳经济的实质在于提升能源的高效利用、推行区域的清洁发展、促进产品的低碳开发和维持全球的生态平衡。方时姣指出，低碳经济是经济发展的碳排放量、生态环境代价及社会经济成本最低的经济，是一种能够改善地球生态系统自我调节能力的可持续性很强的经济。庄贵阳、何建坤、付允等认为，低碳经济的核心是能源技术创新和制度创新，在不影响经济和社会发展的前提下,通过技术创新和制度创新，可以尽可能最大限度地减少温室气体排放，从而减缓全球气候变化，实现经济和社会的清洁发展与可持续发展。

综上所述，低碳经济是一种以低能耗、低污染、低排放为特点的发展模式，是以应对气候变化、保障能源安全、促进经济社会可持续发展有机结合为目的的规制世界发展格局的新规则。其实质在于提高能源的高效利用、推行区域的清洁发展、促进产品的低碳开发和维持全球的生态平衡，是从高碳能源时代向低碳能源时代演化的一种经济发展模式，其核心是能源的高效率和洁净的能源结构，关键是技术创新和制度创新。

低碳经济是一种新的经济形态，碳排放（即二氧化碳排放量）是其新的价值衡量标准，削减碳排放、遏制全球气候变暖，已成为21世纪世界各国的共识。从碳排放角度审视人类发展的历程，可以将其分为三个阶段：农业社会，以基于碳水化合物利用之上的低碳经济模式为主；工业社会，以基于碳氢化合物利用基础上的高碳经济模式为主；知识社会（后工业社会），以基于化石能源高效清洁利用和开发可再生能源基础之上的低碳经济模式为主。发展低碳经济是要通过技术创新、制度创新、产业转型、新能源开发等多种手段尽可能减少煤炭石油等高碳能源消耗，减少温室气体排放，实现经济社会发展与生态环境保护双赢的发展形态。发展低碳经济将催生新一轮的科技革命，以低碳经济、生物经济等为主导的新能源、新技术将改变未来的世界经济版图，低碳经济是21世纪人类最大规模的经济、社会和环境革命，将比以往的工业革命意义更为重大，影响更为深远。

2. 低碳经济的基本特征

低碳经济具有经济性、技术性和目标性三大特征。

（1）经济性。其包含两层含义，一是低碳经济应按照市场经济的原则和机制来发展，二是低碳经济的发展不应导致人们的生活条件和福利水平明显下降。也就是说，既反对奢侈或能源浪费型的消费，又必须使人民生活水平不断提高。

（2）技术性。即通过技术进步，在提高能源效率的同时，也降低二氧化碳等温室气体的排放强度。前者要求在消耗同样能源的条件下人们享受到的能源服务不降低；后者要求在排放同等温室气体情况下人们的生活条件和福利水平不降低，这两个"不降低"需要通过能效技术和温室气体减排技术的研发和产业化来实现。

（3）目标性。发展低碳经济的目标是将大气中温室气体的浓度保持在一个相对稳定的水平上，不至于带来全球气温上升影响人类的生存和发展，从而实现人与自然的和谐发展。

3. 低碳经济的五大要素

低碳技术、低碳能源、低碳产业、低碳城市和低碳管理是低碳经济的五个构成要素。（1）低碳技术是低碳经济发展的动力。低碳技术是国家核心竞争力的一个重要标志，是解决日益严重的生态环境和资源能源问题的根本出路。低碳技术广泛涉及石油、化工、电力、交通、建筑、冶金等多个领域，包括煤的清洁高效利用、油气资源和煤层气的高附加值转化、可再生能源和新能源开发、传统技术的节能改造、二氧化碳捕集和封存等。这些低碳技术一旦物化和作用于低碳经济的生产过程就成为直接生产力，成为低碳经济发展最为重要的物质基础，成为低碳经济发展强大的推动力。

（2）低碳能源是低碳经济发展的核心。低碳经济的实质就是用低的能源消费、低的排放和低的污染来保证国民经济和社会的可持续发展。低碳能源是指高能效、低能耗、低污染、低碳排放的能源，包括可再生能源、核能和清洁煤，其中可再生能源包括太阳能、风力能、水力能、海洋能、地热能及生物质能等。由此看来，低碳经济发展的核心就是低碳能源。发展低碳经济就是要改变现有的能源结构，使现有的"高碳"能源结构逐渐向"低碳"的能源结构转变。这就要求我们：一方面大力推广使用现有技术可控的低碳能源；另一方面大力推进科技创新，积极开发高效、经济、实用的低碳能源新技术，并将其转化成实际生产力。

（3）低碳产业是低碳经济发展的载体。"载体"是事物从一种状态变化到另一种状态的过程中所借助的中介物质；经济发展载体是经济发展中起核心支撑作用的平台，它的作用就是承载、传递和催化经济数量的增长和经济质量的提升。经济发展不同阶段应有不同的经济发展载体与之相对应，低碳经济发展的载体是低碳产业。低碳经济发展的水平取决于低碳产业承载能力的大小（低碳产业发展规模的大小、质量的好坏）；低碳产业的传递和催化作用体现在：低碳产业的发展将带动现有高碳产业的转型发展，催生新的产业发展机会，形成新的经济增长点，促进经济"乘数"发展。

（4）低碳城市是低碳经济发展的平台。低碳城市是指在经济社会发展过程中，以低碳理念为指导，以低碳技术为基础，以低碳规划为抓手，从生产、消费、交通、建筑等方面推行低碳发展模式，实现碳排放与碳处理动态平衡的城市。它以绿色能源、绿色交通、绿色建筑、绿色生产、绿色消费为要素；以碳中和、碳捕捉、碳储存、碳转化、碳利用、碳减排为手段，通过组织机制创新、激励机制创新、治理机制创新、制约机制创新、评价机制创新可以实现低碳城市的平台作用。

（5）低碳管理是低碳经济发展的保障。低碳管理包含发展目标的明确、法律规章的完善、体制机制的创新和科技创新的推动等方面，它是低碳经济发展的保障。借鉴国际发达国家的低碳管理经验与启示，结合自身的低碳管理实际与存在的问题，如何合理构建完善的低碳管理制度与体系，如何将低碳管理规则转变为政府、企业和个人自觉践行的低碳生活方式，是强化低碳管理面临的现实问题。

三、构建和谐社会

1. 和谐社会的基本含义

"和谐"是可持续发展思想的核心，可持续发展既要实现人与自然的和谐，也要实现人与人的和谐，和谐社会的发展是可持续发展的基本要求和基本内涵。1996 年，中国政府正式把可持续发展作为国家的基本发展战略，2003 年提出了"全面、协调、可持续"的科学发展观，到党的十六大把"社会更加和谐"作为全面建设小康社会的目标之一提出，中国已经形成了比较完整的可持续发展行动方案。构建和谐社会，是本阶段中国实施可持续发展战略的具体行动，是全面落实科学发展观、实现全面建设小康社会奋斗目标的必然要求。

"全面、协调、可持续发展"是科学发展观的基本内涵，树立和落实科学发展观，就是要坚持从历史与现实、全面与发展的观点来评估发展问题，不能单纯追求"数量、速度与规模。"过去由于片面追求经济发展，带来许多环境污染问题、资源短缺问题、社会失调问题等，出现"一条腿长、一条腿短"的现象，人与自然、人与社会之间的矛盾日益突出。因此，树立和落实科学发展观，构建社会主义和谐社会，就要求我们正确处理好质量与结构的关系、均衡与速度的关系、政府统筹与市场基础的关系、全面与重点的关系、效率与公平的关系，从而促进入与自然、人与社会、人与人之间的和谐发展、共生共容，以达到可持续发展的目的。同时，也只有在经济社会全面协调可持续发展的基础上，才能逐步理顺各方面的经济社会关系，促进经济社会发展更加健康有序，使各项事业蓬勃发展，不断完善和创新社会管理和公共服务，持续巩固安定团结的政治局面。

人类社会是一个不断从低级向高级发展的历史过程。建立平等、互助、协调的和谐社会，一直是人类的美好追求。和谐社会不是一个抽象的理想，而是一个有着明确所指的现实战略构想。在中国目前的情况下，和谐社会的最基本含义是在市场经济条件下形成一种大体均衡的利益格局。具体而言，和谐社会是一个全社会充满创造活力的社会，是一个全体人民各尽其能、各得其所而又和谐相处的社会，是一个社会成员相互尊重、相互理解、相互信任的社会，是一个国兴民安的社会。它的基本要求是人与自然的和谐、人与社会的和谐、人与人的和谐。

2005 年 2 月 19 日，胡锦涛在中央党校省级领导干部"提高构建社会主义和谐社会能力"专题研讨会上的重要讲话中指出，根据新世纪新阶段中国经济社会发展的新要求和中国社会出现的新趋势新特点，我们所要建设的社会主义和谐社会，应该是民主法治、公平正义、诚信友爱、充满活力、安定有序、人与自然和谐相处的社会。民主法治，就是社会主义民主得到充分发扬，依法治国基本方略得到切实落实，各方面积极因素得到广泛调动；公平正义，就是社会各方面的利益关系得到妥善协调，人民内部矛盾和其他社会矛盾得到正确处理，社会公平和正义得到切实维护和实现；诚信友爱，就是全社会互帮互助、诚实守信，全体人民平等友爱、融洽相处；充满活力，就是能够使一切有利于社会进步的创造愿望得到尊重，创造活动得到支持，创造才能得到发挥，创造成果得到肯定；安定有序，就是社会组织机制健全，社会管理完善，社会秩序良好，人民群众安居乐业，社会保持安定团结；人与自然和谐相处，就是生产发展，生活富裕，生态良好。这些基本特征是相互联系、相互作用的，需要在全面建设小康社会的进程中全面把握和体现。

2. 建设和谐城市的基本要求

和谐城市是和谐社会概念的延伸和发展，是和谐社会在城市空间的投影。从空间维度看，构建和谐社会的首要任务就是建设和谐城市。根据发展和谐社会的具体要求，结合中国城市化发展态势，中国建设和谐城市的基本要求包括六个方面。

一是区际和谐。必须树立和落实科学发展观，坚持以经济建设为中心，坚持"五个统筹"，促进区域性的社会主义物质文明、政治文明、精神文明建设与和谐社会建设全面发展。要在城区之间、城乡之间、包括都市圈之间，能够做到协调发展，真正突出大城区的理念，就像大纽约、大伦敦、大巴黎一样，形成一个都市圈中心，形成一个区际协调发展的和谐板块。

二是区内和谐。就是要在各个城区之间，形成经济、社会、生态、文化等各种要素的协调发展。必须坚持以人为本，始终把最广大人民的根本利益作为党和国家工作的根本出发点和落脚点，为了促进社会主义和谐社会建设，要切实保持经济持续快速协调健康发展、发展社会主义民主、落实依法治国的基本方略、加强思想道德建设、维护和实现社会公平和正义、增强全社会的创造活力、加强社会建设和管理、处理好新形势下的人民内部矛盾、加强生态环境建设和治理工作、做好保持社会稳定的工作。

三是人居和谐。从宏观上讲，就是要使城市居民的发展能够和城市的发展同步。微观上讲，就是城区居民和所在的社区能够协调发展，能够直接参与到社区建设中去。同时社区也要能够以居民的发展为主体，以满足人民的最根本的物质文化需求为基本出发点。

四是人群和谐。就是每一个不同阶层的人，他们之间能够尽量地和谐，在恩格尔系数下降的同时，基尼系数也能够同步下降。目前，随不同阶层不同程度的富裕，恩格尔系数下降了，但基尼系数上升了，收入分配越来越倾向于两极分化。不同的阶层之间并没有随之和谐，反而出现了各种各样的分化、不和谐的行为和心理以及不协调的发展趋向等。因此，要实现人群和谐，就必须要把分配差距逐渐拉小，加大中间阶层的发展，

妥善协调社会各方面的利益关系，广泛调动各方面积极因素，正确处理人民内部矛盾和其他社会矛盾，社会公平和正义得到切实维护和实现，从而提高全社会的凝聚力。五是人际和谐。就是在个人之间加强法制建设和道德建设，加强个人之间的朋友情、同乡情、同学情等感情的建设，使得我们真正在以人为本过程中，人人都是朋友、人人都是亲人，形成一种"人人爱我，我爱人人"的理念。要把这些落实到我们的市民精神中，就是全社会互帮互助、诚实守信，全体人民平等友爱、融洽相处、充满活力，使一切有利于社会进步的创造愿望得到尊重，创造活动得到支持，创造才能得到发挥，创造成果得到肯定，真正形成团结、协作、合作、协调的人际关系。

六是人生和谐。就是我们每个人本身的精神生活、物质生活应该和谐发展。富民不仅仅是物质上的"富口袋"，也包括精神上的"富脑袋"。生活的健康、生理的健康和物质水平的提升应该相同步。在人生和谐上，我们要在城乡居民物质生活水平提高的同时，提

高他们的精神生活水平，提升他们的个人素质。

综上所述，人类在探寻实现城市可持续发展基本途径的过程中，其思路基本上沿着生态方向、经济方向和社会方向展开，提出了不同的概念，包括生态城市、园林城市、知识型城市、学习型城市和和谐城市等，以可持续发展理念为线索，这些概念并不是截然分开的，他们彼此的发展更是形成一种相互支持的概念框架。生态城市强调了人与自然的和谐，是基于人类发展受制于生态环境的客观规律，知识型城市的发展侧重于在发展与保护之间寻求和谐的现实途径，和谐城市则强调了人与人的和谐，是因为社会系统是可持续发展的基本保证。

简言之，城市的可持续发展应当始终贯穿"人与自然的平衡、人与人的和谐"这两大主线，并由此出发，去进一步探寻"城市活动的理性规则，城市与自然的协同进化，城乡发展轨迹的时空耦合，城乡财富分配的相对公平、城乡供需要求的自控能力，城乡社会约束的自律程度，以及城乡活动的整体效益准则和普遍认同的道德"等，通过平衡、自制、优化、协调，最终达到城乡之间的协调与统筹。

第四篇
新时代城市管理事业
综合执法指导

第一章　城市管理综合执法概述

第一节　新时代城市管理事业综合执法基本理论

一、我国城市管理综合执法概述

国家是人类社会发展到一定历史阶段的必然产物，城市是国家发展到一定历史阶段的必然产物。国家现代化和城市化的发展，离不开城市的管理，而城市管理重要的内容是城市管理综合执法，随着城市管理的加强，对城市管理的综合执法的要求越来越高，其内涵也越来越丰富。

（一）城市管理综合执法定义

城市管理综合执法又称为城市管理行政综合执法，有广义和狭义之分。广义的城市管理综合执法是指政府为行使城市管理职能而进行的所有法定性的约束活动，既包括制定城市管理的规范性文件等象行政行为，也包括实施相关行政审批、实行相关行政许可、进行相关行政处罚、开展相关行政检查、履行相关行政强制等具体行政行为。狭义城市管理综合执法，则专指城市政府某一特定行政执法机关在城市管理领域的综合执法活动，即集中行使城市多个行政机关部分城市管理的行政处罚和行政强制权。"综合执法"一词始见于国务院法制局 1997 年 3 月给北京市人民政府办公厅的《关于在北京市宣武区开展城市管理综合执法试点工作的复函》（国法函〔1997〕12 号），"在宣武区城市管理监察大队（以下简称区监察大队）组建并开始综合执法后，原有关行政执法部门不再行使调整后由区监察大队集中行使的行政处罚权。"2015 年 12 月，中共中央国务院《关于深入推进城市执法体制改革改进城市管理工作的指导意见》和《中共安徽省委安徽省人民政府关于深入推进城市执法体制改革改进城市管理工作的实施意见（皖发〔2016〕40 号）》中明确了"综合执法"的领域：

"重点在与群众生活密切相关、执法频率高、多头执法、扰民问题突出、专业技术要求适宜、与城市管理密切相关且需要集中行使行政处罚权的领域推行综合执法"。综合执法就是城市管理行政综合执法的简称，这两个文件的出台，适时为我省城市管理工作确立了明确依据，解决了我省地方城市管理工作出现的诸多具有共性的实际问题，成为城市管理综合执法史上的里程碑。本教材的城市管理综合执法，是指狭义的城市管理综合执法，即城市管理综合执法部门为实现城市管理的特定目的在城市管理领域根据法律、法规、规章、规定履行行政处罚、行政强制等行政执法职责的行为活动的总称。

城市管理综合执法，就性质而言，属于城市政府相关执法机关依法进行的城市管理行政执法活动，其执法依据主要是 1996 年 3 月 17 日颁布的《中华人民共和国行政处罚法》、2003 年 8 月 27 日颁布的《中华人民共和国行政许可法》、2011 年 6 月 30 日颁布的《中华人民共和国行政强制法》、2015 年 12 月 24 日颁布的《中共中央国务院关于深入推进城市执法体制改革改进城市管理工作的指导意见》，2017 年 5 月 1 日实施的《城市管理执法办法》以及与城市管理有关住房、规划、建设、工商、市容、园林绿化等方面的法律法规及地方性法规规章。城市管理综合执法重点在与群众生产生活密切相关、执法频率高、多头执法扰民问题突出、专业技术要求适宜、与城市管理密切相关且需要集中行使行政处罚权的领域推行综合执法。

（二）城市管理综合执法特征

1. 综合执法主体职权的法定授权性

城市管理综合执法的主体是国家城市管理综合执法部门，有相对集中的行政处罚权，具有鲜明的法律的规定性，执法者必须是城市管理执法部门及城市管理执法人员。执法对象必须是行政违法违规的公民、法人或其他组织，执法事项必须是行政违法违规行为，执法权力必须在法定授权范围之内。

2. 综合执法主体的独立性

国务院《关于进一步推进相对集中行政处罚权工作的决定》及《城市管理执法办法》的颁布实施表明各省、自治区、直辖市人民政府应该把集中行使行政处罚权的城市管理执法部门作为本级政府直接领导的独立的综合执法部门，依法独立行使规定的职责，并承担相应的法律责任，城市管理综合执法机关，必须是一个独立的行政机关，不是政府部门的内设机构和下设机构，具有独立的行政主体资格并能以自己的名义履行行政处罚、行政强制等行政执法职责的行为，并独立承担由此产生的法律责任。

3. 综合执法职能的综合性

首先，城市管理综合执法是一种跨部门跨行业的行政执法，行政执法管辖事项范围横跨了不同领域，不同性质行政执法权；其次，城市管理综合执法是一由单一行政机关行使原多个行政机关的行政处罚权，是一个由多个权力组成的行政综合执法机关，其他相应机关将不再行使原来的行政处罚权。从这个意义上说，城市管理综合执法，实际上是对传统行政执法主体的重新构建和行政执法权的重新组合，并进一步明确。

4. 综合执法范围的特定性

城市管理综合执法不同于联合执法，不是多个部门的联合执法，它的范围具有特定性，依照法律法规和国务院的有关规定确定，包括住房城乡建设领域法律、法规、规章、规定

的行政处罚权，以及环境保护管理、工商管理、交通管理、水务管理等与城市管理相关的行政处罚权。这样就能够避免行政执法中存在的多头执法等问题，避免出现权力交叉、责任不清、执法扯皮等问题。

（三）城市管理综合执法的重要作用

长期以来，多部门多领域的多头执法、交叉执法的弊端随着现代化的城市发展日益突显。实行城市管理综合执法，相对集中行政处罚权，把城市管理领域执法权由城市管理综合执法部门行使，可以在强化综合执法，提高执法效率，改善城市面貌秩序，促进城市和谐，提升城市品质等方面发挥重要作用。

1. 有利于强化综合执法，发挥专业执法的作用

以前的城市管理由多个政府部门分头管理，具有明显的条块特征，如违规设立经营用地、违章搭建可能存在消防隐患，按照传统行政管理模式，至少需要工商、规划、电力、消防、环保等六个部门执法人员参与管理执法，不仅浪费人力，而且权力交叉，多头执法，难以起到综合惩戒的作用，实行城市管理综合执法，可以产生事半功倍的效果。

2. 有利于提高执法效率和力度

实行城市管理综合执法，执法主体依法行使执法权，可以对城市管理中的各类违法违章行为进行处罚，如运输车辆沿街撒漏，既影响市容环境卫生，又损坏或污染路面甚至影响交通，涉及多部门执法，单一执法很难奏效，城市管理综合执法部门则可依法行使综合执法权，可快速处理，迅速消除危害，又避免多头执法，切实提高城市管理行政执法的效率和效益，真正做到执法不缺位、不越位，体现了综合执法效率和力度。

3. 有利于提升城市管理的品位和形象

城市管理的好坏直接关系到现代城市建设发展的水平和品位的提升。城市管理综合执法由于行政处罚权力的相对集中，将城市管理工作交由专业化的城市管理综合执法部门来行使，可以减小扯皮现象，提高工作效率，同时专业化、文明化的执法手段，有利于城市管理工作的顺利开展，更有利于提升城市管理工作的品位和形象。

4. 有利于改善城市的环境面貌与秩序

城市管理是依托以市容市貌为主要内容的管理和执法，可以达到城市环境面貌的切实改观，而城市环境面貌可以直接反映一个城市文明程度与市民的生活质量，多年来困扰城市市容环境的乱设摊、乱搭建、乱堆物及乱张贴乱刻画、乱倒垃圾等问题，一直是城市整治的难点，只有强化城市管理综合执法和行政管理的协调，合理配置行政执法手段，才能有效地解决直接影响市容环境的违法行为，使城市的环境面貌得到彻底的改善，城市运行秩序产生良性循环。

从总体上说，实行城市管理综合执法，将实现四个方面的进步，一是初步解决城市管理领域中，分工过细而造成的交叉多头执法、互相推诿、重复处罚的问题，极大提高城市

综合执法的工作效率，二是通过城市管理领域部分管理权与执法权的科学分离，进一步明确城市管理综合执法部门的城市管理职责和行政权力的统一，三是通过城市相关行政权力的重新配置，科学合理地调整城市政府相关部门的管理，推动政府职能的真正转变，从而使城市管理水平上一个新台阶，四是促进城市管理与执法部门监督和制约机制的形成，使管理执法权的运用更加合法规范，为全方位、全过程转变城市管理职能提供保障。

（四）城市管理综合执法的目的和意义

城市管理综合执法主要是解决多头执法、职责交叉、重复处罚、执法扰民和行政执法机构膨胀等问题，深化行政管理体制改革，探索建立与社会主义市场经济体制相适应的行政管理体制和行政执法机制，提高城市管理综合执法的效率和水平，保护公民、法人和其他组织的合法权益，保障和促进社会生产力的发展。

城市管理综合执法的主要意义：一是减少了多部门职权交叉引起的诸多弊端，提高了执法效率，使城市管理综合执法活动呈现出一种统一、简明、精干、高效的状态。二是推动了城市管理重心与执法权力的下移，使区域性城市管理和环境整治工作有了一支权力相对集中和稳定的综合执法队伍，促进了"两级政府三级管理"体制的落实。三是初步改变了以突击整治为主的执法方式，保证了执法活动的经常化和城市环境秩序的基本稳定。四是执法力度明显加强，解决或者遏制了一些群众反映强烈的"老大难"问题，执法的社会效果明显改善。五是强化了城市管理综合执法队伍管理，形成了一整套比较完整的队伍管理制度体系，执法人员素质明显提高。

二、我国城市管理综合执法发展概况

1997年北京市在全国率先开展城市管理综合执法试点工作至今，我国城市管理综合执法制度改革实现了迅猛发展。城市管理综合执法制度已在全国范围内普遍建立，作为一项制度改革和创新，还在继续深化和发展。从我国城市管理综合执法制度由试点到全面开展的历程来看，主要经历了四个发展阶段。

（一）起步阶段

1996年10月到2002年8月，是城市管理综合执法的起步阶段。为贯彻实施《行政处罚法》第十六条关于集中行使行政处罚权的有关规定，1996年国务院下发了《关于贯彻实施<中华人民共和国行政处罚法>的通知》，明确提出要"积极探索建立有利于提高行政执法权威和效率的行政执法体制。各省、自治区、直辖市人民政府要认真做好相对集中行政处罚权的试点工作"。通过相对集中行政处罚权的试点工作，总结经验，以利推广。

1997年，根据国务院的上述文件要求，北京市政府办公厅率先向国务院报送了《关于开展城市管理综合执法试点工作的函》，提出要在北京市宣武区开展城市管理综合执法的试点工作。

1997 年 3 月 7 日，经国务院批准，国务院法制局以《关于在北京市宣武区开展城市管理综合执法试点工作的复函》的形式对北京市人民政府办公厅作出回应，同意北京市人民政府办公厅提出的试点方案。继而北京市政府下发了《关于在宣武区开展城市管理综合执法试点工作的通知》，北京市宣武区据此组建了城市管理监察大队，城市管理综合执法的试点工作由此展开。由此，我国的相对集中行政处罚权制度正式起步。

从 1997 年 5 月北京市宣武区启动试点到 2000 年 8 月期间，国务院又先后批准了天津、上海等省（市）14 个设区市开展相对集中行政处罚权的试点工作，使城市管理领域的综合行政执法试点工作由点到面逐步扩大。各地城市管理综合执法的实践表明，在城市管理领域相对集中行政处罚权是必要的，并且取得了良好的执法效果和社会效果。

（二）扩大试点阶段

2000 年 9 月至 2002 年 7 月是扩大试点阶段。经过起步阶段的执法实践，2000 年 9 月，国务院办公厅下发了《关于继续做好相对集中行政处罚权试点工作的通知》，明确要求进一步提高对实行相对集中行政处罚权制度重大意义的认识，继续抓好已有试点城市的试点工作，明确提出要在总结城市管理综合执法试点工作经验的基础上，积极稳妥地扩大相对集中行政处罚权的试点范围，以克服那些多头执法、职责交叉、执法扰民、严重影响执法效率和政府形象的城市管理领域的弊端，切实理顺行政体制，促进政府职能转变。至 2002 年 7 月，随着总结经验扩大试点，这一阶段国务院又先后批准了包括合肥市在内的 65 个设区的市开展城市管理综合执法的试点工作。至此，国务院共批准了 3 个直辖市和 23 个省、自治区的 79 个城市开展试点工作。

（三）全面推进，稳步发展阶段

2002 年至 2013 年是全面推进、稳步发展阶段。2002 年 8 月 22 日，国务院下发了《关于进一步推进相对集中行政处罚权工作的决定》，认为"国务院确定试点工作的阶段性目标已经实现，进一步在全国推进相对集中行政处罚权工作的时机基本成熟"，并授权省、自治区、直辖市人民政府依照《行政处罚法》的规定，可以决定在本行政区域内有计划、有步骤地开展相对集中行政处罚权工作。这标志着我国由城市管理综合执法机关相对集中行使行政处罚权的试点工作已经结束，转入全面推进、稳步发展、不断完善的历史进程。安徽省早在 2006 年就颁布了《安徽省城市管理领域相对集中行政处罚权办法》，在城市管理领域开展相对集中行政处罚权工作，以建立权责明确、行为规范、运转协调、办事高效的城市管理行政执法体制为目标，遵循精简、法制、高效的原则，科学合理地设置城市综合管理行政执法机构，公正、文明执法。

（四）深化城市管理执法体制改革阶段

2013 年至今为深化城市管理执法体制改革阶段。2013 年 11 月 15 日党的十八届三中全会通过的《中共中央关于全面深化改革若干重大问题的决定》提出："整合执法主体，相对集中执法权，推进综合执法，理顺城市管理执法体制，提高执法和服务水平。"2014年10月24日，党的十八届四中全会通过的《中共中央关于全面推进依法治国若干重大问题的决定》再次提出："深化行政执法体制改革，推进综合执法，理顺城市管理执法体制，加强城市管理综合执法机构建设，提高执法和服务水平。"2015年12月24日，国务院印发了《中共中央国务院关于深入推进城市执法体制改革改进城市管理工作的指导意见》和2016年安徽省人大常委会颁布《中共安徽省委安徽省人民政府关于深入推进城市执法体制改革改进城市管理工作的实施意见（皖发〔2016〕40号）》，明确提出城市执法体制改革的六个方面的改革意见，即"框定管理职责；明确主管部门；综合设置机构；统一服装和标志标识；建立司法衔接、部门联动和联席会议等机制；加强城市管理立法工作"。2017年5月1日，住房城乡建设部实施了《城市管理执法办法》，适时为城市管理综合执法工作确立了明确依据，解决了地方城市管理工作的诸多具有共性的实际问题，成为我国城市管理综合执法史上的里程碑，标志着我国城市管理工作改革得到更进一步的发展。

第二节　城市管理综合执法原则

城市管理综合执法的原则，是指贯穿于城市管理综合执法活动始终的，用以指导执法活动合法、合理、有序进行的基本准则。城市管理综合执法的过程、步骤、方式的选择、确定以及城市管理综合执法涉及的问题，必须要有原则可循。行政执法手段、方法、程序难以统一，通过原则约束可以防止城市管理综合执法权被滥用或因消极不作为而缺位。城市管理综合执法的原则包括综合执法基本原则和综合执法适用原则。

一、城市管理综合执法基本原则

（一）合法原则

合法原则，是指城市管理综合执法机关及其执法人员行使职权中产生的权利义务必须以法律规定为依据，城市管理综合执法机关的法律能力和行政职权应当来自于法律的授权，合法原则对城市管理综合执法机关的综合执法活动有两个方面的要求：

1.法律优先。即城市管理综合执法机关必须积极行使法定职权，履行自己的法定义务，不得违反法律的规定。《行政强制法》第十七条第.三款规定，行政强制措施应当由行政机关具备资格的行政执法人员实施，其他人员不得实施。《城市管理执法办法》第十九条第一款规定，城市管理执法人员依法开展执法活动和协管人员依法开展执法辅助事务，受法律保护。这就明确了执法资格只能是执法人员而排除了协管人员实施行政强制、行政处罚的可能性。

2.法律保留。城市管理综合执法机关应当以明确的法律授权为前提和基础，法无授权即禁止，即如果没有立法文件的规定，城市管理综合执法机关不得做出影响相对人的合法权益的行为。如城市管理执法人员对屡教不改的摊贩实施行政拘留。该行为违反了"法无授权即禁止"的法律保留原则。

（二）合理、比例原则

城市管理综合执法机关是经授权领域统一实施行政处罚等执法职能的专设机关，其执法行为大多具有自由裁量权，为此，应当遵循合理、比例原则，在执法过程中坚持客观、公正、公平的原则。执法坚持客观、公正，就是要求城市管理综合执法人员在执法时，应当排除主观臆断，一切以事实为根据，从客观实际出发，不能带有个人成见或者偏见进行执法，不能依据个人喜好进行判断，不得预先设定执法结论，力求做到公正执法。公平就是要求城市管理综合执法机关在进行案件办理过程中，坚持法律面前人人平等，平等对待行政相对人和利害关系人，面对同等情况应当同等对待，不同情况应当区别对待，不得恣意实施差别待遇。比例原则是要求城市管理综合执法机关采取的执法措施或手段应当必要、适当，可以采取多种方式实现执法目的，应当避免或采用最小损害执法相对人和利害关系人权益的方式。

（三）程序正当原则

城市管理综合执法应当遵循法定程序：（1）应当事先告知行政相对人，向其说明执法行为的根据和理由，依法保障执法相对人和利害关系人的知情权。（2）在执法过程中，还应当注意听取执法相对人的陈述和辩解以及其他意见，通过各种可能的途径和形式为行政相对人提供参与的机会，依法尊重并保障执法相对人和利害关系人的参与权。我国《行政处罚法》第四十一条规定："行政机关及其执法人员在作出行政处罚决定之前；不依照本法第.三十条、第三十二条的规定向当事人告知给予行政处罚的事实、理由和依据，或者拒绝听取当事人的陈述、申辩，行政处罚决定不能成立……"这一规定表明，遵守正当法律程序是确保我国城市管理综合执法有效的一个必要条件，也对城市管理综合执法提出了更高要求。（3）正当法律程序还要求城市管理综合执法主体应当依法保障执法相对人和利害关系人的救济权。执法相对人或者利害关系人对城市管理综合执法行为或决定不服，认为侵犯其合法权益的，有权提出申诉和抗辩，有权申请行政复议，有权提起行政诉讼或向有关国家机关提出申诉、控告，请求行政赔偿或行政补偿。城市管理综合执法机关在告知权利时，这也应是必备内容。如我国《行政复议法》第六条第十一项规定，认为行政机关的其他具体行政行为侵犯其合法权益的，公民、法人或其他组织可以依照本法申请行政复议。如城市管理综合执法机关未能妥善保护执法调查过程中获取的当事人信息，当事人认为造成其权利受损的，或者城市管理综合执法机关违法发布或泄露有关执法相对人或利害关系人的信息，造成行政相对人人身权、财产权、名誉权损害的，执法相对人和利害关系人均可以通过行政复议或行政诉讼要求城市管理综合执法机关予以赔偿。再如城市管理执法相对人可以要求与其管理事项有利害关系的执法人员回避等。

（四）全面、高效、便民原则

高效、便民原则就是要求城市管理综合执法行为应在保障程序正义的前提下，积极履行法定职责，尽量减少不必要的执法环节，在法定时限内用最短的时间实现行政执法目的，提高执法效率，提供优质服务。城市管理综合执法机关集中行使综合执法权，因此在遵循高效、便民原则的同时，还应当贯彻全面原则。所谓全面原则，就是要求城市管理综合执法人员在执法过程中，应当尽可能全面关注案件，如在收集证据时，应当收集与案件有关的所有事实和相关的证据材料，既包括对当事人有利的事实和证据，也包括对当事人不利的事实和证据，不局限于即时办案的目的，确保尽可能发现案件的真实情况。这是城市管理综合执法实践的需要，正如我国《行政处罚法》第三十六条所规定的，"行政机关发现公民、法人或其他组织有依法应当给予行政处罚的行为的，必须全面、客观、公正地调查，收集有关证据"。全面原则还要求城市管理综合执法机关在执法涉及公共利益时，要从公益角度出发考虑问题，调查同样应当全面进行，不受当事人主张的局限。行政调查不同于司法程序，具有主动性，不受"不告不理"的原则限制。也就是说，在城市管理综合执法调查中，为了发现真实情况，保护当事人权益，调查机关可以不受当事人请求的限制，主动调查当事人请求之外的事项，或申请其他行政机关协助进行调查取证，从而对案件进行全面掌控，作出合法合理的决定。高效、便民即城市综合执法机关应当积极履行法定职责，便利当事人，禁止不作为或不完全作为，禁止增加行政相对人程序性负担，遵守法定时限，禁止不合理延迟。如小张向当地城市管理局申请办理临时摊位证，工作人员分5次告知其申请材料不全，要求补正，这显然违反了高效、便民原则。

（五）诚实守信原则

根据国务院2004年3月20日印发的《全面推进依法行政实施纲要》关于依法行政基本原则的要求，城市管理综合执法机关遵循诚实守信原则应当包括以下三个方面的内容。

1.城市管理综合执法机关公布的信息应当全面、准确、真实。2007年国务院颁布的《政府信息公开条例》第六条规定："行政机关应当及时、准确地公开政府信息。行政机关发现影响或者可能影响社会稳定、扰乱社会管理秩序的虚假或者不完整信息的，应当在其职责范围内发布准确的政府信息予以澄清。"城市管理综合执法机关的各种执法信息，特别是涉及执法程序的各种信息，不仅关系到执法相对人知情权和其他权益的保护，而且关系到执法行为的透明度，除非法定禁止公开，城市综合执法机关应当向执法相对人提供或向社会公开，公开还应当及时、迅速。

2.非因法定事由并经法定程序，城市管理综合执法机关不得撤销、变更已经生效的行政决定。即使是站在行政相对人的立场，城市管理综合执法机关对被处罚人作出的行政处罚决定，处罚决定书一经送达，即产生法律效力，非经有权机关（包括作出决定的机关、其上级机关、行政复议机关和司法机关），非因法定事由并经法定程序决定，不得擅自变更，如行政处罚决定的种类、裁量幅度和执行的期间等。否则，处罚决定不确定，对于被处罚人会产生难以正确履行法定义务的困难；对于因违法行为受侵犯的第三人来讲，擅自变更行政处罚决定会直接导致其权益难以受到保障。例如，违法建设房屋遮挡了第三人的采光相邻权，如果行政机关擅自变更拆除违法建设决定，难以保障其采光权得到恢复。

3.因国家利益、公共利益或者其他法定事由需要撤回或者变更行政决定的，应当依照法定权限和程序进行，并对行政管理相对人因此而受到的财产损失依法予以补偿。这条规定可以理解为由于情势变更或者因为司法审判等原因，城市管理综合执法机关如需撤回或者变更行政决定时，使当事人合法权益因此而受到损失的应当依据《国家赔偿法》或者其他相关法律规定，予以赔偿或补偿，以弥补其因信赖公权力行为而产生的不合理损失。

二、城市管理综合执法的适用原则

城市管理执法的适用原则是一种在执法过程中能集中城市管理执法的基本价值观念的规范，反映城市管理综合执法办法的基本精神。由于立法及法律规则的局限性，可能无法对所有的具体执法事项规定，可能存在规范漏洞的前提下，城市管理执法机关应当以城市管理执法的基本原则和适用原则为指导进行规范的执法活动。

（一）以人为本原则

我国宪法规定"国家尊重和保障人权"。城市管理综合执法应当遵循以人为本的方式进行。以人为本，就是把人类的生存作为根本；或者，把人当作社会活动的成功资本。城市管理综合执法的对象有许多是弱势群体，城市管理执法人员应当坚持以人为本的理念，应采用人性化执法、柔性执法等方式进行管理，不得对行政相对人采取辱骂、殴打等侵犯其人身权和有辱人格的行为。城市管理执法应当注意保护公民的人身权和财产权，以充分体现以人为本的原则。

城市管理执法如何才能体现以人为本的原则呢？以摊贩管理为例，流动商贩给城市的环境和正常的市场秩序带来了不定期的破坏，但也为公民的生活提供了便利。城市管理执法人员可以体现以人为本原则，如可以采取划定特定区域、疏导或监管等方法，这样既可以为商贩提供生活保障，同时也有助于实现城市管理秩序。合肥市城市管理局针对本地流动商贩"打游击""阻塞交通"等现象，要求队员树立"管理必先服务"的理念，给流动商贩统一制作早餐车、水果车等，形成整齐有序的摊点，使流动商贩各得其所，也方便了市民。各地城市管理执法部门在执法中应当贯彻以人为本的理念，不断优化服务。

（二）依法行政原则

依法行政原则又叫作依法治理原则,是依法治国(法治)的核心要素,它是指城市管理综合执法机关在行政执法时,应当依法行政,不得超越法定职责和权限,必须遵循法定的程序。

1. 严格按照法定职权范围行使职权城市管理综合执法机关的产生和存在都必须具有法律依据,城市管理综合执法机关行使权力必须具有法律依据,一切执法活动都必须在法律规定的职权范围内实施,不得在授权范围之外实施城市管理执法行为。作为城市管理综合执法人员也必须具有合法的国家公职人员身份,其行政职权、执法手段、执法方式等均应有明确的法律规定。

2. 严格按照法定方式行使职权

城市管理综合执法机关必须严格按照授权法规定的执法方式进行执法,包括运用法定的措施进行执法活动,不得采取无法律规定的措施,也不得滥用法律规定的措施。

3. 严格按照法定程序行使职权

城市管理综合执法必须严格按照法定程序进行,法定程序包括步骤、形式、顺序、时限等,也包括各项程序性要求,我国《行政处罚法》第三十七条第三款有明确规定,即"执法人员与当事人有直接利害关系的,应当回避"。如城市管理综合执法人员与执法相对人有利害关系的,应当回避。再如,除依法实施回避外,在对某一具体案件进行调查之前,城市管理综合执法人员还应当依法表明身份,依法告知行政相对人在接受调查中的权利义务,依法进行管辖,依法制作笔录等。只要调查行为违反了法定程序和要求,其所取得的证据就难以成为作出行政处罚的事实根据。

(三)源头治理原则

源头治理是解决城市管理综合执法难题的关键。城市管理是一个系统工程,很多违法现象屡禁不止,就是未能从源头上进行治理。城市行政执法靠简单的突击式执法、运动式执法或行政处罚等方式,治标不治本,从长远来看,无法实现城市管理工作的目标。城市管理综合执法部门应当能够创新执法方式,从源头进行治理。这就需要城市管理综合执法部门深入调研、分析城市管理执法的难点以及产生的原因,从源头上找到实现城市管理规范化的方法。例如,合肥市庐阳区合理规划一定的区域允许公民在一定时间和地点摆摊设点,既可能解决摊贩堵塞交通等问题,同时也满足了居民的生活需求。

(四)权责一致原则

城市管理综合执法机关依法履行城市事务管理职责,按照权责一致原则的要求,在行使行政管理或执法权力的同时,必须承担起管理的责任,并承担由于其违法或者不当行使职权应当依法承担的法律责任,权力和责任不可分离。仅仅拥有行政管理权力而不承担相应后果或法律责任的行政机关,必将失去法律监督和控制,很容易导致权力被滥用,也难以真正承担起相应的城市管理责任,从而导致该行政机关管理的社会秩序混乱不堪。目前我国城市秩序已经与城市管理综合执法密切联系在一起了，因此，城市管理综合执法机关履行管理职责，一方面，应当依法行使法律、法规赋予其相应的执法权限和执法手段，严格依法行政、履职到位，不出现"缺位或者越位"；另一方面，在出现违法或者不当行使职权的情况下，应当依法承担相应的法律责任，以实现权力和责任的一致。依法做到执法有保障、有权必有责、用权受监督、违法受追究、侵权须赔偿。

（五）协调创新原则

一是协调。城市管理执法工作仅依靠城市管理部门一己之力难以实现，需要政府各部门的通力协作，互相配合。建立跨行业、跨部门的长效协调机制对于城市管理工作大有裨益。二是创新。创新是一个国家发展的动力源泉。城市管理工作也不例外，也应发挥创新精神，主动去适应新时代的发展要求。城市管理执法工作人员应当发挥主观能动性，不断创新理念和工作方式，依托互联网建立城市管理信息共享平台可以为提高城市管理的科学化和精细化水平提供有效的支撑。实践中各地方有一些先进经验值得总结和推广。随着互联网时代和信息时代的到来，打造数字城市、智慧城市管理及网络舆情应对等业已成为城市管理改革创新的必由之路。例如，杭州市作为住房城乡建设部确定的全国首批十个数字城市管理试点之一，2006 年 8 月，成为全国第一个通过建设部验收的数字城市管理试点城市，并被命名为"杭州模式"，在 2008 年制定了《杭州市数字化城市管理实施办法》，开启了数字城市管理立法的先河。

第三节　城市管理综合执法制度

一、城市综合执法的管理制度

（一）城市管理综合执法的管理体系

1. 城市管理综合执法制度的法律渊源

（1）宪法。宪法规定了国家的根本制度和根本任务，是国家的根本大法，具有最高的法律效力。宪法由全国人民代表大会制定和修改。宪法对我国执法制度的规定及其他原则性规定是制定城市管理行政综合执法的依据。

（2）法律。法律是由全国人民代表大会及其常委会制定的规范性文件，在地位和法律效力上仅次于宪法。其中，由全国人大制定的，调整国家和社会生活中带有普遍性的社会关系的规范性法律文件称为基本法律，如《中华人民共和国刑法》等。由全国人大常委会制定的，调整国家和社会生活中某一方面具体社会关系的规范性法律文件，称为一般法律，如《中华人民共和国行政处罚法》等。

（3）法规。法规包括行政法规和地方性法规。行政法规是指作为国家最高行政机关的国务院制定的规范性文件，其地位和效力仅次于宪法和法律，如国务院制定的《城市管理行政执法条例》。地方性法规是由省、自治区、直辖市及设区的市的人民代表大会及其常务委员会制定的规范性文件如《安徽省物业管理条例》《合肥市城市管理条例》等。地方性法规不得与宪法、法律和行政法规相抵触。

（4）规章。规章包括部门规章和地方政府规章。部门规章是国务院的组成部门及其直属机构在其职权范围内制定的规范性文件，如住房城乡建设部发布的《城市管理执法办法》等。

2. 管理综合执法机构的设置模式

城市管理综合执法体制是作为相对集中行政处罚权制度的试点而在各城市逐步确立的。这个确立的过程是由各城市自行试点，然后由中央政府统一部署并予以指导。《城市管理执法办法》第十四条、第十五条对城市管理执法的机构设置作了明确的规定，直辖市、设区的市城市管理执法推行市级执法或者区级执法。直辖市、设区的市的城市管理执法事项，市辖区人民政府城市管理执法主管部门能够承担的，可以实行区级执法。直辖市、市区的市人民政府城市管理执法主管部门可以承担跨区域和重大复杂违法案件的查处。市辖区人民政府城市管理执法主管部门可以向街道派出执法机构。直辖市、设区的市人民政府城市管理执法主管部门可以向市辖区或者街道派出执法机构。但派出机构只能以该派出机构的城市管理执法主管部门的名义，在所辖区域范围内履行城市管理执法职责。

3. 城市管理综合执法人员的组织编制

在《中共中央国务院关于深入推进城市执法体制改革改进城市管理工作的指导意见》中关于加强队伍建设方面，各地应当根据执法工作特点合理设置岗位，科学确定城市管理执法人员配备比例标准，统筹解决好执法人员身份编制问题，在核定的行政编制数额内，具备条件的应当使用行政编制。建立符合职业特点的城市管理执法人员管理制度。严格按照公务员法有关规定开展执法人员的录用等有关工作。加大接收安置军转干部的力度，加强领导班子和干部队伍建设。《城市管理执法办法》第十六条规定，城市管理执法主管部门应当依据国家相关标准，提出确定城市管理执法人员数量的合理意见，并按程序报同级编制主管部门审批。

依据《城市管理执法办法》第十四条直辖市、设区的市城市管理执法推行市级执法或者区级执法，根据这一规定，城市管理综合执法部门从直辖市和设区的市一级开始设置，而中央和省级不设置，但是国务院住房城乡建设主管部门负责全国城市管理执法的指导监督协调工作。各省、自治区人民政府住房城乡建设主管部门负责本行政区域内城市管理执法的指导监督考核协调工作。比如，合肥市设置合肥市城市管理局，而安徽省不设置安徽省城市管理厅，在城市管理执法人员配备比例上，按住房城乡建设部有关标准，大城市城

市管理队员按城市人口的万分之八配备，中小城市按城市人口的万分之五配备。从实际来看，以广州市为例：常住人口 1449 万，应配备执法人员 5567 名，按人口计算配备比例为 1：2603；南京市：人口 834 万，配备执法人员编制 1862 名，按人口计算配备比例为 1：4480；合肥市常住人口 797 万，共配备执法人员编制 890 名，按人口计算配备比例为 1：8955。

在人员编制上，第一种为通过国家公务员考试或者事业单位考试，同时通过执法资格考试的正规编制的"城市管理执法人员"，有管理、疏导、取证、审批、暂扣等法律赋予城市管理部门的全部权力，并承担相关责任。他们具有公务员或事业编制身份，前者主要在城市管理机关，后者主要集中在城市管理执法大队。第二种是城市管理综合执法部门配置的协助配合城市管理执法工作而聘请的"城市管理执法协管人员"从事执法辅助事务。第三种由企业职工、机关干部、学生等在一些重要节日等特殊时期，经过有组织或者自发的临时参与到城市管理工作中的一些人员。如天津组建的千个城市管理文明督导队，由志愿者组成，维护市容和协助、支持城市管理综合执法。合肥市城管局曾针对车窗抛物现象聘请出租车司机和热心市民担任城市管理义务监督员利用行车记录仪记录车窗抛物行为，收到很好的效果。

按照国家行政执法有关规定（如行政处罚法），只有具有行政处罚权的行政机关或接受其委托的"依法成立的管理公共事务的事业组织"才具有行政处罚的实施资格。城市管理执法协管人员并非属于上述机构的正式人员，并不具备执法资格，只能配合执法人员从事宣传教育、巡查、信息收集、违法行为劝阻等辅助性事务，不得从事具体行政执法工作。但是，很多地区或很多情况下，协管人员充当了具体城市管理执法的主体。

（二）城市管理综合执法的监督体系

《中共中央国务院关于深入推进城市执法体制改革改进城市管理工作的指导意见》明确指出"完善监督机制，强化外部监督机制，畅通群众监督渠道、行政复议渠道、城市管理部门和执法人员要主动接受法律监督、行政监督、社会监督。强化内部监督机制，全面落实行政执法责任制。加强城市管理部门内部流程控制，健全责任追究、纠错问责机制。强化执法监督工作，坚决排除对执法活动的违规人为干预，防止和克服各种保护主义。"城市管理综合执法不仅要有制度上的约束、执法上的自律，也需要立法司法及行政主管机关和社会的组合监督。

目前，我国已经形成了具有中国特色的监督体系。城市管理综合执法监督分为内部监督和外部监督两个部分。内部监督就是指我国行政机关组织内部建立起来的系统化的监督体系。外部监督主要是来自行政机关以外的监督，主要是国家权力机关、司法机关以及包括新闻媒体等的社会监督体系。

1. 内部监督

内部监督，是指各级人民政府、纪检监察机关、城市管理综合执法机关系统上下级之间、本机关的纪检、监察以及法制部门对所属监督范围的行政执法主体及其依法执法进行监督。内部监督是城市管理综合执法机关自我监督、自我纠错的重要机制，其具有迅速、直接、经常的优势，能够在最短的时间内纠正违法或不当的行政执法行为。

2. 外部监督

外部监督包括权力机关的监督、司法机关的监督和社会监督等。权力机关的监督，主要是指各级人民代表大会及其常委会对城市管理综合执法机关及其执法人员的法制监督，如撤销城市管理综合执法机关行使行政执法权所依据的违反上位法规定的规范性法律文件，向城市管理综合执法机关提出批评建议、质询案等。司法监督包括人民法院的监督和人民检察院的监督，人民法院的监督主要是通过对被诉城市管理综合执法主体作出的具体行政行为进行司法审查，人民检察院按照其职权范围主要对城市管理综合执法机关及其执法人员是否廉洁执法、有无渎职等进行监督，保护行政相对人对城市管理综合执行人员违法执法、侵权执法的控告权。我国的社会监督比较广泛，包括人民政协、社会团体、新闻媒体和人民群众以及行政相对人的监督，社会监督没有隶属关系的限制，实践中起到了良好的监督作用。城市管理综合执法机关应当自觉接受来自上述各方面的监督，依法执法，减少、避免侵权。应当说，上述监督不仅限于对城市管理综合执法过程进行监督，其对城市管理综合执法行为的监督是全方位的，既包括对执法过程行为的监督，也包括对行政决定的监督；既包括对具体行政行为的监督，也包括对抽象行政行力的监督；既包括对执法行为的监督，也包括对执法主体的监督。通过加强监督，不仅有助于城市管理综合执法依法进行，减少侵权，同时，也有助于克服城市管理综合执法制度立法设置方面的缺失。

二、城市管理综合执法的执行资格制度

城市管理综合执法的执行资格制度，又称为城市管理综合执法资格要素，指该执法行为合法执行所应当具备的各种必备资格。城市管理综合执法行为只有具备一定的法定资格条件，才能产生行政法律关系规定的当事人双方或一方预期的效果，才是一种合法的行政执法行为，这些资格要素就是城市管理综合执法所必须具备的合法要素。

（一）城市管理综合执法的主体资格要素

城市管理综合执法主体资格要素，是作为城市管理综合执法机构应该具备的必要资格，只有依法具备了这样的资格，城市管理综合执法主体及其所行使的权力才可能具有法律效力。城市管理综合执法主体资格要素包含以下四个方面。

1. 城市管理综合执法主体资格必须合法

城市管理综合执法主体应该是依照法定程序，由有权机关决定或批准成立的组织。而未经法律许可和认可成立的组织，则不具备执法的主体资格，也就没有相应的行政执法权。

《中华人民共和国行政处罚法》第三章"行政处罚的实施机关"中，对行政执法机关的主体资格作了明确规定：其一，行政处罚由具有行政处罚权的行政机关在法定职权范围内实施。其二，国务院或者经国务院授权的省、自治区、直辖市人民政府可以决定一个行政机关行使有关行政机关的行政处罚权，但限制人身自由的行政处罚权只能由公安机关行使。其三，法律、法规授权的具有管理公共事务职能的组织可以在法定授权范围内实施行政处罚。其四，行政机关依照法律、法规或者规章的规定，可以在其法定权限内委托符合本法规定条件的组织实施行政处罚。以上规定表明，实施行政处罚权的主体其特征是：必须是法定的行政机关，且在法定职权范围内实施行政处罚权；必须有法律、法规的授权，才能在公共事务管理中实施行政处罚权；必须有法律、法规、规章规定，行政机关才能委托符合规定条件的组织实施行政处罚权。

具体而言，城市管理综合执法主体须具备如下三个要件：

第一，城市管理综合执法的主体必须由具备行政主体资格，依法获得行政执法权，并且能够以自身名义行使执法权的城市管理机关来担任。也只有这样的主体才能实施城市管理综合执法权。市级城市管理综合执法局和区、县城市管理综合执法部门根据各地方法规规定能够以自身的名义实施城市管理综合执法权；各城市管理综合执法大队只有接受城市管理综合执法局的委托才能行使城市管理综合处罚权，但不能以自身的名义行使城市管理综合执法权；城市管理行政综合执法主体的内部机构，也只能以城市管理行政综合执法主体的名义实施城市管理行政综合执法权，而不能以自身的名义实施城市管理行政综合执法权。

第二，只有城市管理综合执法主体的国家公职人员才能实施城市管理综合执法权，勤杂人员等非国家公职人员不能实施城市管理综合执法权。国务院办公厅《关于继续做好相对集中行政处罚权试点工作的通知》（国办发〔2000〕63号）文件明确规定，集中行使行政处罚权的行政机关的执法人员必须是公务员。城市管理综合执法主体应按照国务院办公厅〔2000〕63号文件的要求，严格录用城市管理综合执法人员。

第三，城市管理综合执法主体必须具备行政综合执法主体的形式要件，包括行政综合执法主体的名称、印章、经费、编制、组织成员、办公场所以及一定的行政隶属关系等。

2.城市管理综合执法权限合法

法律在赋予行政执法主体权力时，都会规定行使的范围和裁量的幅度，因此，行政执法主体享有的权利是有限度的，行政执法主体实施这些权利，必须限制在法律规定的范围之内，任何超越这种权限范围的行政执法行为都是违法行为。

根据《中共中央国务院关于深入推进城市执法体制改革改进城市管理工作的指导意见》规定，"重点在与群众生产生活密切相关、执法频率高、多头执法扰民问题突出、专业技术要求适宜、与城市管理密切相关且需要集中行使行政处罚权的领域推行综合执法。具体范围是：住房城乡建设领域法律法规规章规定的全部行政处罚权；环境保护管理方面社会生活噪声污染、建筑施工噪声污染、建筑施工扬尘污染、餐饮服务业油烟污染、露天烧烤污染、城市焚烧沥青塑料垃圾等烟尘和恶臭污染、露天焚烧秸秆落叶等烟尘污染、燃放烟花爆竹污染等的行政处罚权；工商管理方面户外公共场所无照经营、违规设置户外广告的行政处罚权；交通管理方面侵占城市道路、违法停放车辆等的行政处罚权；水务管理方面向城市河道倾倒废弃物和垃圾及违规取土、城市河道违法建筑物拆除等的行政处罚权；食品药品监管方面户外公共场所食品销售和餐饮摊点无证经营，以及违法回收贩卖药品等的行政处罚权。城市管理部门可以实施与上述范围内法律法规规定的行政处罚权有关的行政强制措施。到 2017 年年底，实现住房城乡建设领域行政处罚权的集中行使。上述范围以外需要集中行使的具体行政处罚权及相应的行政强制权，由市、县政府报所在省、自治区政府审批，直辖市政府可以自行确定。"城市管理行政综合执法主体应在以上范围内行使相应的行政综合执法权，不能有任何超越上述职权范围的行为存在。

3. 城市管理综合执法具体内容必须合法

城市管理综合执法行为包含的具体内容应该符合法律的规定。我国是成文法国家，没有法律根据，行政执法主体不得课以义务、不得剥夺或限制权利，而在有法律规定的情况下，应该根据法律规定的条件和适用范围对当事人的权利与义务进行处分，并严格按照法律、规范的细则适用法律、规范。依照行政执法行为内容合法的原理、城市管理综合执法在内容合法方面应进行以下三方面规范。

第一，认定事实规范。要严格依照法律规定收集证据，确定相对人的违法事实，即在实施行政处罚以及与行政处罚相关的行政强制措施和行政检查等行政行为时，应事先进行调查，全面、准确地收集证据，明确相对人违法实施的行为。事先未调查或在证据不足的情况下实施城市管理行政综合执法，属违反内容合法要求的不法行政行为。

第二，适用法律规范。城市管理行政综合执法事项庞杂，必须准确适用法律，即在诸多相关法律规范中选择最有针对性、最可操作、最合法理、最具权威的法律规范，保证施行的行政综合执法行为有正确、权威的法律依据。

第三，行政裁量规范。城市管理行政综合执法的相关法律赋予了城市管理行政综合执法主体系列行政裁量权，执法主体应遵守公平、公正的原则，依照相关法律规范的规定，合理运用行政裁量权，即合情、合理、合法对待每一位行政相对人。应充分考虑相对人是否初犯，家庭状况如何，动机是什么，以及是否有加重或减轻处罚情节等相关因素，不考虑相对人的性别、民族、宗教信仰等不相关因素，并在此基础上对相关相对人作出相应的行政处罚决定，不对法律规范规定的行政处罚的强制措施范围以外的对象实施行政处罚和强制措施，不实施法律规范规定处罚种类以外的行政处罚，不超出法律规范规定的处罚限度。

4. 城市管理行政综合执法实施程序必须合法

城市综合执法实施程序合法既是行政执法行为合法的保障，也是行政执法行为公正、合理、公开的必要条件，是保护城市管理综合执法相对人合法权益的有效屏障。城市管理行政综合执法实施程序合法包括两方面内容；首先，城市管理综合执法行为应符合法律规定的方式、即制作行政处罚决定书，以书面形式作出行政处罚。其次，城市管理综合执法行为应符合法律规定的程序，遵守相关法律规范的规定，先调查取证，再作出行政处罚决定。遵守回避原则，避免安排与相对人有近亲关系的执法人员处理具体相对人的违法行为。履行告知义务，告诉相对人执法依据，作出行政处罚决定的事实根据，以及相对人依法享有的程序和诉请救济的权利。在实施较大数额的罚款时，应告知相对人可以申请听证，并在相对人申请听证后及时举办听证会。再次，依法执行行政处罚决定，即在强制执行处罚决定之前给相对人合法或合理的履行时限，能够使用间接行政强制执行方法的不使用直接行政强制执行手段，并在强制执行处罚决定时为相对人提供地方人民政府统一制作的处罚票据。

综上所述，城市管理行政综合执法构成的合法要件非常重要。第一，城市管理行政综合执法是否合法，关系到城市管理活动是否依法行政；第二，在行政复议和行政诉讼中，复议机关和法院主要根据上述要件对城市管理行政综合执法行为进行审查，如若要件不符合法律，将导致行政执法的无效或被撤销。

（二）城市管理综合执法相对人资格要素

1.城市管理综合执法相对人的内涵

城市管理综合执法相对人，是指城市管理法律关系中与城市管理综合执法主体相对应的一方当事人，亦即被城市管理综合执法主体行使综合执法权的行为影响其权利或义务的公民、法人和其他组织。

（1）相互依存的关系方

城市管理综合执法相对人与城市管理综合执法主体在城市管理法律关系中是一种相对应的关系，表现为管理与被管理、服务与被服务和监督与被监督的关系。二者相互依存，共同处于特定的行政管理法律关系中，没有行政执法主体的存在,就谈不上行政执法相对人；离开了行攻执法相对人，行政执法主体也就失去了意义。

（2）特定的主体方

城市管理综合执法相对人的身份也是相对的，即是有条件的，不存在永恒的无条件的城市管理综合执法相对人。如，无证设摊者之所以成为城市管理综合执法关系中的相对人，就在于其违反了城市管理的相关法规，但如果该业主是有合法执照、在指定地点开展经营的，则属于合法经营，就不成为行政处罚关系的相对人。

（3）权利义务受影响方

城市管理综合执法相对人，是在城市管理综合执法法律关系中，权利义务受到执法主体行政行为影响的一方当事人。这种行政影响分为两种：一是直接影响，即综合执法主体行使综合执法权的行为直接指向综合执法相对人的权利义务，并影响该执法相对人的权利义务，包括对综合执法相对人实施的行政处罚、行政强制、行政许可、行政征收等；二是间接影响，即综合执法主体行使综合执法权的行为虽然不直接指向综合执法相对人的权利义务，但会产生间接影响，如城市依法改造交通道路，重新规划市民出行方式或渠道，该行为虽然没有直接影响居民的权利义务，但是间接影响了生活区居民的利益。

（4）成分多元的社会方

在城市管理行政综合执法过程中，其涉及和影响到的相对人十分广泛，既包括公民、法人，也包括其他社会组织，即：不仅有城市内的所有中国公民，还有该城市内的外国人和无国籍人；不仅有社会各种法人组织，也涉及其他社会组织，甚至还包括处于综合执法相对人地位的行政机关或其他国家机关。

2.城市管理综合执法相对人的主要特征

城市管理综合执法相对人的特征主要表现为：

（1）执法相对人的法定性

所谓法定性，是指城市管理行政综合执法相对人是法定的。其一，城市管理行政综合执法相对人是法定条件下产生的。城市管理行政综合执法相对人作为行政综合执法法律关系中与符政综合执法主体相对应的一方当事人，是由行政法规范按法理规定的。例如，根据工商法律规范，公民无合法执照、在非经批准允许设摊的地方违规经营，将受到城市管理行政综合执法的相关处罚，从而成为城市管理行政综合执法法律关系中的相对人。其二，城市管理行政综合执法相对人在行政法上的权利义务是法定的。城市管理行政综合执法相对人，必须是行政法上权利和义务的承担者，不享有行政法上的权利或不承担行政法上义务的行政执法相对人是不存在的。城市管理行政综合执法相对人的这种权利义务，必须以行政法的规定为根据。如公民不服城市管理行政综合执法机关的行政处罚决定，有向上一级综合执法机关申请行政复议的权利。没有行政法的规定，行政相对人及其行政法上的权利义务就无从产生。

（2）执法相对人的对应性

所谓对应性，是指城市管理行政综合执法相对人是与城市管理行政综合执法主体相对应的一方当事人。其一，城市管理行政综合执法相对人与该行政执法主体之间是一种对应关系。因为，城市管理行政综合执法主体是行政执法法律关系中恒定的一方当事人，没有这一主体方的存在，也不可能有行政综合执法法律关系的发生，这是行政综合执法法律关系的本质特征决定的。所以，城市管理行政综合执法相对人只能作为行政综合执法法律关系中的另一当事人，而且与城市管理行政综合执法主体之间是一种对应的关系。其二，城市管理行政综合执法相对人的权利义务与城市管理行政综合执法主体的权利义务之间也是一种对应关系。城市管理行政综合执法主体的权利义务，即行使行政执法权和履行行政执法的职责；城市管理行政综合执法相对人的权利义务则是个体权利义务；两者是性质不同的对应权利义务。其三，城市管理行政综合执法主体行使行政执法权，是以其行政执法相对人为对象的，并影响到该行政执法相对人的权利义务：一方面，城市管理行政综合执法主体权利的实现，要求该行政执法相对人履行义务；另一方面，城市管理行政综合执法主体履行义务。也是为了实现该行政执法相对人的权利。

（3）执法相对人的特定性

所谓特定性，是指城市管理行政综合执法相对人是特定的。一般说来，城市管理行政综合执法相对人是指自然人、法人和其他组织，这是指城市管理行政综合执法相对人必须具有自然人、法人和其他组织的身份或地位，换句话说，就是只有具备了自然人、法人和其他组织的身份或地位，才可能成为城市管理行政综合执法相对人。但这并不等于说，所有的自然人、法人和其他组织，在任何时候或任何条件下，都能成为城市管理行政综合执法相对人。要成为城市管理行政综合执法相对人，不仅要具备自然人、法人和其他组织的身份或地位，还必须具有一定的法律事实，才能进入城市行政综合执法法律关系，并成为该法律关系中与行政执法主体相对应的一方当事人。例如，城市管理队员对无证摊贩依法进行处罚，其原因就在于该摊贩实施了违反相关城市管理法规的行为，因而成为城市管理行政处罚的对象，并成为这一行政处罚的相对人；而城市管理队员不能对没有违反城市管理法规的业主进行处罚。由此可见，自然人虽然具有城市管理行政综合执法相对人的资格，但只有在特定法律事实发生的背景下才会成为城市管理行政综合执法的相对人。

3.城市管理综合执法相对人分类

城市管理综合执法相对人是指可以成为城市管理综合执法相对人的个人和组织。目前，我国城市管理综合执法相对人主要包括自然人、法人和其他组织，以及在中国境的外国组织、外国公民和无国籍人士。

（1）自然人

这里的自然人是指具有中华人民共和国国籍的自然人。在城市管理综合执法活动中，公民都有可能成为行政执法相对人。例如，在行政确认、行政征收、行政许可、行政强制、行政合同、行政处罚、行政救济等行政管理法律关系中，自然人都可以成为与城市管理行政综合执法主体相对应的一方当事人，成为城市管理行政综合执法主体行使行政执法权的作用对象。但在城市管理行政综合执法活动中，公务员具有双重身份，在行使行城市管理行政综合执法权、执行行政职务时是公务员，其作为该行政执法的主体，不具有该行政执法相对人的资格；而在其他场合，以自然人身份出现时，其也可能成为城市管理行政综合执法的相对人。

（2）法人

法人是依法成立的、具有民事权利能力和民事行为能力、依法独立享有民事权利和承担民事义务的组织。中国法人不仅是民事法律关系的主体，也是行政法律关系的相对人。按《民法通则》，我国现行法律对法人进行分类，可分为营利法人、非营利法人和特别法人三大类。

第一，营利法人。作为城市管理行政综合执法相对人，营利法人主要指以取得利润并分配给股东等出资人为目的的法人。营利法人包括有限责任公司、股份有限公司和其他企业法人等。需要注意的是，这里的营利是指以营利为目的，而非以营利为结果。例如，有的有限责任公司，刚成立时连续亏损，但仍然是以营利为目的。

第二，非营利法人。是指为公益目的或者其他非营利目的的成立，不向出资人、设立人或会员分配所得利润的法人。非营利法人包括事业单位、社会团体、社会服务机构等。

第三，特别法人。是指营利法人和非营利法人无法涵盖的法人，主要包括机关法人、农村集体经济组织法人、城镇农村合作经济组织法人、基层群众性自治组织法人等。机关法人，是指具备法人资格条件的国家机关，包括国家和地方行政机关、国家权力机关、审判机关和公安机关等。机关法人作为城市管理行政综合执法相对人，是发生在与其职权无关的场合。

（3）其他组织

其他组织主要指经过行政机关批准或认可，能够从事一定的生产、经营或其他活动，但又不具备法人资格的社会组织和经济组织。在我国，该类组织主要分为两类，一是经行政机关批准或认可，能够从事一定生产经营活动的经济实体，如个人合伙组织、合伙经营组织、企业法人分支机构、不具备法人资格的乡镇企业等。二是经行政机关批准或认可的、正处于筹备阶段的企业、事业单位和社会团体、中国其他组织形成城市管理行政综合执法相对人的情况，与上述企业、事业法人和团体法人基本相同。

（4）外国在华组织和个人

在中华人民共和国境内的外国组织和个人，不能成为我国包括城市管理综合执法在内的行政执法主体，但可以成为该类行政执法的相对人。

目前，我国境内的外国组织主要分为两类：一是外交机构、如使馆、领事馆等；二是社会组织，如外资企业、体育组织、民间组织等。根据中国国家主权原则，这些外国组织，都必须遵守我国的宪法和法律、服从我国政府的行政管理。外国组织或外国人因此可能成为城市管理行政综合执法活动的相对人。

同时，在我国境内的外国公民和无国籍人上，也应该遵守我国的宪法和法律、服从我国政府的行政管理，因而也可以成为包括城市管理综合执法在内的行政执法活动的相对人。当然，外国人与自然人在承担法律责任的方式上是存在区别的，他们可能会被处以限期出境或是驱逐出境等。

4.城市管理综合执法相对人的权利义务

城市管理综合执法相对人的法律地位是该相对人在行政执法上的权利义务的体现。城市管理综合执法相对人有多种行政法上的权利义务，与城市管理行政综合执法主体的权利义务构成相互对应的关系，也就形成了多种城市管理行政综合执法法律关系。城市管理行政综合执法相对人的法律地位，主要包括权利和义务两个方面的内容。

（1）城市管理综合执法相对人的权利

第一，实体性权利，包括：一是城市管理综合执法相对人有权依照国家的法律、法规，参与行政管理的权利，如可以向城市管理综合执法机关提出工作建议、意见或批评，参加相关行政听证，反映相关民情民意。二是城市管理综合执法相对人有权依法请求城市管理行政综合执法主体实施一定的行为以满足或实现大众的合法权利，如要求城市管理综合执法机关提供行政咨询或行政信息等。三是城市管理综合执法相对人在其合法权益受到违法侵害时，有权请求城市管理行政综合执法主体提供合法的保护和行政救助。四是城市管理综合执法相对人对城市管理行政综合执法主体及其公务人员的违法行为，有权提出申诉，进行检举、揭发和控告，并对城市管理行政综合执法人员的执法行为实施相应的监督。五是城市管理综合执法相对人还享有法律规定的其他权利，包括依法申请和获得行政奖励，依法获得行政赔偿或补偿，依法获得法律援助等。

第二，程序性权利，包括：首先，城市管理综合执法相对人对行政主体作出涉及或影响其权益的行政决定，有权了解该行政执法主体实施行政执法行为的事实、理由和依据，并有权进行反驳，有权对有关的事实、情节进行陈述、申辩，对城市管理综合执法主体作出的行政处罚决定有权依法要求进行听证。其次，城市管理综合执法相对人认为城市管理综合执法主体的行政执法行为或行政执法活动违法并侵犯其合法权益或不履行法定职责的，有权向有关机关提出申诉，即依法申请行政复议，或者依法提请行政诉讼。

第三，城市管理综合执法相对人有依法抵制城市管理综合执法中明显违法的行政执法行为的权力，如对城市管理综合执法当场收缴罚款但不出具财政部门统一制发的罚款收据的，可以拒绝缴纳罚款。最后，城市管理综合执法相对人有申请回避的权利和法律、法规规定的其他权利，如城市管理综合执法人员因某种关系或原因有可能影响行政处理决定的公正性时，其相对人有权请求相关的执法人员予以回避。

（2）城市管理综合执法相对人的义务

第一，服从行政管理的义务。城市管理综合执法相对人应遵守各项行政法规定和行政机关依法制定的其他规范性文件，执行行政决定和命令，履行行政法上的各项义务。当然，这并不排斥城市管理综合执法相对人对城市管理综合执法侵权行为依法申请行政复议或提请行政诉讼的权利。

第二，协助行政公务的义务。城市管理综合执法相对人应协助城市管理综合执法主体及其行政执法人员执行公务。例如，配合城市管理综合执法机关对涉嫌违法犯罪的公民法人或其他社会组织进行调查取证，提供相应的信息和必要帮助等。

第三，维护社会公益的义务。城市管理综合执法相对人应自觉维护国家和社会公共利益。在国家和社会公共权益受到损害或威胁时，应采取必要措施，防止损害事实的发生或减少损害的程度。

第四，接受行政监督的义务。城市管理综合执法相对人，应自觉接受并积极配合城市管理综合执法主体依照职权对其管理的事项进行检查、监督，包括向城市管理综合执法检查监督人员主动提供帮助，不得以种种理由拒绝、妨碍或阻挠城市管理综合执法主体实施的各种执法监督行为。

第五，提供真实信息的义务。城市管理综合执法相对人应向城市管理综合执法主体提供真实的信息资料，不得故意提供或伪造虚假信息，以妨碍城市管理综合执法机关的执法活动，包括在向城市管理综合执法机关申请行政许可、请求行政救济时提供虚假材料，检举、控告城市管理综合执法人员违法行为时反映不实情况、提供伪证。

三、城市管理综合执法的执行制度

2014 年 10 月 23 日，中共第十八届中央委员会第四次全体会议审议通过了《中共中央关于全面推进依法治国若干重大问题的决定》，在第三部分"深入推进依法行政，加快建设法治政府"、第四项"坚持严格规范公正文明执法"中明确提出"完善执法程序，建立执法全过程记录制度。明确具体操作流程，重点规范行政许可、行政处罚、行政强制、行政征收、行政收费、行政检查等执法行为。严格执行重大执法决定法制审核制度"。《城市管理执法办法》第二十八条城市管理执法主管部门应当运用执法记录仪，视频监控等技术实现执法活动全过程记录。第三十一条城市管理执法主管部门应当确定法制审核机构，配备一定比例符合条件的法制审核人员，对重大执法决定在执法主体、管辖权限、执法程序、事实认定、法律适用等方面进行法制审核。

（一）行政执法全过程记录制度

行政执法全过程记录制度是全面规范城市管理综合执法工作的一项重要措施，也是加强对行政执法权力监督和约束的有力抓手，对促进行政机关及其执法人员严格规范公正文明执法将发挥重要作用。本教材中的执法全过程记录，是指城市管理综合执法机关的执法人员在执法过程中，通过书式记录、影音记录及其他记录方式，对日常巡查、抽样检测、调查取证、审查决定、文书送达等行政执法活动的全过程信息进行真实、准确、完整、及时的记录。

首先，执法全过程记录的主体是城市管理综合执法机关、授权组织或受委托执法（以下简称执法机关）的组织，现实中是通过城市管理综合执法人员来进行记录，即城市管理

综合执法机关中的正式在编并通过统一考试获得执法资格的城市管理综合执法人员。具体来说，立案前的案源材料接收和登记由城市管理综合执法人员进行。调查取证、告知和听取意见、送达记录，应由办案人员完成记录；各类事项的审批记录由不同环节的经办人员共同记录。如立案申请记录，首先由指定的案源处理人员提出立案申请建议并报办案机构负责人进行审批，办案机构负责人同意案源处理人员的建议后，提出案件承办的初步人选并报办案机关负责人审批，机关负责人签署同意立案并指定办案人员的意见，整个立案审批的记录才告完成；暂扣与罚没物资的管理记录应由公物仓库保管员负责记录，并由办案人员和保管员共同签字确认后完成记录；物资处置记录应由办案人员负责记录，并由执法机关的财务人员和执法监督人员签字确认后完成记录；法制核审记录应由法制核审人员负责记录，案审会集体讨论记录应由法制核审人员或其他专门人员负责记录，并由参加讨论的每一位案审委员会成员应在讨论记录上签名；案件核审记录应由法制核审人员负责记录。这里需要指出的是，综合执法相对人自身对行政执法过程中运用笔记、拍照、摄像等手段形成的记录，经特定程序（如法庭质证）虽然可与执法机关的记录互相印证，但并非这里所称的执法全过程记录。

其次，"执法"指狭义上的城市管理综合执法即城市管理综合行政执法全过程记录制度。再次，这里所称的"全过程"，贯穿了执法的事前、事中和事后全过程。执法全过程记录，既包括了事前的各类准备性记录、事中的各类实时性记录，也包括了事后的各类延伸性记录。

最后，这里所称的"记录"，按照不同的划分标准，有不同分类：按记录性质分，可分为内部记录和外部记录。内部记录包括各类审批记录、核审记录和案审会集体讨论记录、暂扣与罚没物资的管理出入库记录等，一般不对社会相关公众公开；外部记录包括各类登记记录、告知记录、送达记录、暂扣与罚没物资的处置记录和执行记录，除涉及国家秘密、商业秘密和个人隐私外，应当对投诉举报人等相关社会公众公开，行政处罚信息应当根据政府信息公开要求向全社会公开。

按记录方式分，可分为书式记录、影音记录和其他记录。书式记录包括抽样取证记录、现场检查笔录、询问笔录、鉴定意见、听证报告、履行内部程序的各类有关事项审批表、送达回证等书面记录；影音记录包括现场拍摄的照片、所作的摄像和录音、视频监控等；其他记录包括执法人员在案件系统输入的数据信息等。需要指出的是，随着技术手段日益发展，新的信息记录方式（比如气味固定技术等）层出不穷，其他记录可作为一个兜底性分类，适应情况变化。

按记录内容分，可分为表明执法者身份的记录、告知当事人权利义务的记录、对当事人实施调查取证的记录、表明综合执法机关正当履行程序的记录和对当事人作出决定的记录等。

（二）重大执法决定法制审核制度

重大执法决定法制审核制度是指在城市管理综合执法过程中，为保证执法行为的规范和公正，城市管理综合执法机关在作出重大执法决定之前，先由机关内部法制机构对办案机关调查过程和调查结论的合法性及合理性进行审查，并提出书面审查意见，否则不得提交机关负责人或者办公会讨论决定。

重大执法决定法制审核制度是城市管理综合执法机关在作出执法决定之前增加的一个法制审核环节，有助于保障执法决定的公正，但增加程序必然会降低行政效率。因此，出于平衡公正与效率的需要，党的十八届四中全会决定只规定丁重大执法决定法制审核制度，并没有要求所有执法决定都要进行法制审核。例如，一些当场作出的处理决定或者采用简易程序处理的执法行为，不属于重大执法决定。

1.法制审核的性质

"法制审核"中的"法制"包含两层意思：一是指审核主体是法制机构，即要求办案部门与审核部门分开，实行"查、审分离"，不能自办自审；二是审核内容主要指对其执法行为的合法性和适当性进行的审查，看是否符合法律法规规定和部门制度要求。

法制审核就是由法制机构对执法机关作出执法行为的合法性和适当性进行核实查对、分析研判的过程。该过程不是调查取证过程，法制机构在审核案件时没有调查取证的权力。法制审核是行政决定程序的环节之一，但不是决定环节，需要注意的是决不能用审核来代替决定。

2.重大执法决定法制审核制度的特点

第一，程序事中性。重大执法决定法制审核制度是执法过程中，承办部门已经调查完毕、形成初步的结论性意见之后，在城市管理综合执法机关决策机构作出执法决定之前对拟作出的执法决定进行合法性审查的一项制度，属于一种事中审查制度。与重大执法决定备案制度、行政复议和行政诉讼等规定有着本质区别。

第二，范围特定性。重大执法决定法制审核制度适用于重大的执法行为，不属于执法行为的行政行为适用其他程序审查，属于执法行为但是不属于重大执法行为的，可以不进行法制审核。行政立法行为、与执法无关的重大决策行为、对公务人员的管理行为以及行政机关的民事行为等不适用该项制度。适用简易程序的行政处罚案件、对行政相对人例行的检查，不需要进行法制审核。

第三，主体法定性。即审核的主体应该是机关内部设置的法制机构。通过一个相对独立的机构对执法行为进行审核，确保审核意见的独立性，确保领导决策之前能够听取较为全面的意见，做到兼听则明。既区别于司法机关的合法性审查、上级机关的行政复议及行政决定备案性质的审查，又区别于办案部门领导对于案件的把关性审查，也区别于行政机关负责人或者决策议事机构对执法决定的审查。同时，法制机构属于行政机关内设部门，重大执法决定的法制审核仍然属于行政机关工作人员履行职责的职务行为，属于行政执法中的一个环节，是行政机关内部法律监督的程序，与政府外聘法律顾问的法律审查具有本质区别．内部审核与外聘律师的审查可以互为补充，但是不能以外聘法律顾问代替行使行政机关内部的法律监督职权。

第四，内部自律性。重大执法决定法制审核制度本质上属于内部的制约、监督程序，核审行为本身不直接对外发生法律效力。法制审核一般采用书面审查，如果对证据等有异议的可以要求办案部门说明情况，但是不能直接联系当事人进行询问核实。

第五，结果参考性。政府法制机构及其工作人员要努力提高新形势下做好政府法制工作的能力和水平，努力当好政府或者部门领导在依法行政方面的参谋、助手和顾问。这就决定了法制审核的结果即由法制部门制作书面审查意见仅是供决策者参考，该审核意见不能代替政府或者部门领导的决定。这也是法制审核制度与案件审理委员会或者局长办公会的区别。有些部门规定超过一定数量案值的案件应当由案审会审议，提交局长办公会讨论决定。这属于提高了法制审核的等级，并没有改变法制审核的性质。

3.重大执法决定法制审核制度与行政处罚听证制度的区别

《行政处罚法》第四十二条规定，听证由听证机关指定的非本案调查人员主持。一般情况下，行政机关会指定内部法制机构承担听证工作。也就是说，法制机构大多数情况下承担着重大执法决定审核工作和听证工作。这两种工作均在作出处罚决定之前进行，都具有对办案部门的执法行为进行监督的功能，很容易混淆。

重大执法决定法制审核制度与行政处罚听证度的区别主要有：

第一，来源不同。听证制度是《行政处罚法》中规定的一种法定程序。法制审核制度仅在国家政策中及一些部门规章中出现，目前还没有上升到法律层面。

第二，目的不同。听证制度的设立主要是为了保障当事人的合法权益，在作出重大行政处罚之前给行政相对人陈述和申辩的机会，听取行政相对人的意见。重大执法决定法制审核制度的目的是为了规范执法行为，是通过一种内部制约监督，提升执法质量，实现依法行政。

第三，范围不同。听证制度主要适用于行政处罚，重大执法决定法制审核制度则适用于行政许可、行政处罚、行政强制等，范围更广。

第四，程序不同。组织听证时必须要按照法律法规及规章规定的听证程序进行，不得违反。重大执法决定法制审核制度除了与行政处罚有关外，尚没有法律法规层面的程序规定。

第五，法律效果不同。违反听证程序，没有告知当事人听证权利或者应当组织听证而没有组织听证的，作出的行政决定无效。重大执法决定法制审核制度本质上属于内部的制约、监督制度，不对外产生法律效果，违反重大执法决定法制审核制度的也不必然导致行政行为无效。

第四节　城市管理综合执法涉及范围

党的十八届三中全会做出的《中共中央关于全面深化改革若干重大问题的决定》和党的十八届四中全会做出的《中共中央关于全面推进依法治国若干重大问题的决定》及《城市管理执法办法》均对推进城市执法体制改革、推进行政处罚权的相对集中行使范围作出了新的界定。《城市管理执法办法》第二章"执法范围"根据上述意见和实践中形成的执法经验，由第八条至第十二条共计五条，规定了住房城乡建设、环境保护管理、工商管理、交通管理、水务管理和食品药品监管六大领域的具体城市管理执法事项，并对集中行使行政处罚权的事项所需满足的条件、行政强制措施、执法事项公开、权限协调等方面进行了规定。

一、城市管理综合执法的范围

（一）住房城乡建设

安徽省住房和城乡建设厅《关于做好住房城乡建设领域行政处罚权集中行使工作的通知》明确规定我省住房和城乡建设领域需要集中行使的行政处罚权，包括住房城乡建设领域法律、法规、规章规定的全部行政处罚权，即住房城乡建设领域违反城乡规划管理、工程建设管理、住宅和房地产及物业管理、城市市容和环境卫生管理、市政公用管理、城市园林绿化管理、风景区管理、住房公积金管理等方面法律、法规、规章规定的行政处罚权。

1. 城市规划管理。城市规划管理方面的处罚权主要针对违法建设行为，违法建设行为的情形主要有：

（1）未取得建设工程规划许可证或者乡村建设规划许可证进行建设的；

（2）已取得批准的建设工程设计方案但未办理建设工程规划许可证的；

（3）未按照建设工程规划许可证或者乡村建设规划许可证的规定进行建设的；

（4）未在施工现场设立建设工程规划许可公告牌，对外公示建设工程规划许可证以及建设工程设计方案总平面图的；

（5）未经建设工程复测，擅自继续建设的；

（6）建设工程竣工验收后，擅自改变建筑物、构筑物和其他设施使用功能影响城乡规划实施等。

城市综合执法主管部门对违法建设行为的查处与规划行政主管部门对违法建设的查处在许多地方的职责分工是不同的，主要表现在以下几个方面：

（1）新建小区规划验收前产生的违法建设和取得规划项目许可的代征用地上的违法建设，由规划行政主管部门负责查处；验收合格后的新生违法建设由城市管理综合执法机关负责查处。

（2）凡逾期不拆除的临时建设工程（含临时建设工程建设成永久性、半永久性建设工程和施工暂设）；擅自改变住宅外立面、在非承重外墙上开门、窗的建设工程，由规划行政主管部门进行查处。

（3）已经取得建设工程规划许可证的建设工程在规划验收合格后又发生的以规划许可建设单位为违法建设主体的案件，由规划行政主管部门查处。其他违法建设案件，由城市管理综合执法机关查处。

（4）凡经规划行政主管部门做出罚款保留的案件，不论在罚款保留期间因城市规划建设需要拆除的，还是在罚款保留期限以后需要拆除的，均由规划行政主管部门负责查处。

（5）对各类占压管线的建筑物、构筑物，由管理部门负责提供基础台账，规划行政主管部门负责排查，确认违法建设。城市管理综合执法机关依据排查结果对无建设工程规划许可证和房屋产权证的违法建设予以拆除。

2. 工程建设管理。工程建设管理领域的执法主要包括未获许可擅自施工，采取不正当手段获取施工许可证，非法发包建设工程，非法转包或者违法分包建设工程，施工、监理单位无资质非法承揽工程，建设单位未履行工程质量安全监管责任，施工单位未履行工程质量安全监管责任，勘察设计单位未履行工程质量安全监管责任，违反抗灾设防管理规定行为等。

3. 住宅及房地产物业管理。不具备房地产开发资质从事行为、非法销售商品房行为、非法租赁商品房行为、违法从事物业管理行为、违法改变住宅结构性质行为、开发建设单位违法行为、经纪机构违法行为等。

4. 城市市容与环境卫生管理。主要包括侵占街面影响市容行为、随意设置影响市容行为、违规作业影响卫生行为、违规导致卫生设施缺失行为、违规处置工业废弃物行为等管理。

5. 市政管理。市政管理领域的执法主要包括对与城市排水设施、城市道路照明、城市无障碍设施、城市防洪防海潮设施有关的违法行为以及对承担市政工程设施养护、维修责任的单位履行不力行为的处罚等。

（1）与城市各类设施有关的违法行为。城市各类设施使用维护方面的处罚权主要包括以下违法行为：破坏、盗取、拆除城市道路照明设施或其他影响城市照明设施功能；偷取、破坏管线井盖；破坏、损害城市排水设施；擅自占用、挖掘、破坏城市防洪防海潮设施；部分违法占用城市道路范围内无障碍设施；部分归属城市管理执法部门负责的机动车公共停车场（包括机动车公共停车库、机动车公共停车楼等停车设施）管理与处罚；违规设置架空线、架空线不符合许可决定或有效期满未清除、未按照规定实施架空线埋设入地下工作等。

（2）城市设施养护、维修不利的违法行为。城市设施养护、维修职责履行不力行为主要指承担市政工程设施养护、维修的单位未定期对市政工程设施进行养护、维修或者未按照规定的期限修复竣工，或者拒绝接受城市管理综合行政执法部门监督、检查等。

6. 公用事业管理。公用事业领域集中行使处罚权的事项主要包括公用热力管理、供热采暖管理、清洁燃料车辆加气站管理和消防管理等。

（1）城市热力管理方面的违法行为。城市公用热力管理方面的处罚权主要针对以下违法行为：未按热力技术规范设计、施工城市公用热力设施的行为，工程竣工的热力设施未经依法检验合格即投入使用的行为，以及违反如下要求的行为：禁止占压、损毁热力管道及其他热力设施；禁止在热力设施用地范围内修建与供热无关的建筑物；禁止在热力管道及其附属建筑物上堆物堆料、取士、植树埋杆等；禁止在热力管沟内接人雨、污水管和排放雨、污水及工业废液和易燃、易爆的有机溶剂；禁止私自挪动、改动热力计量仪表及其附件；禁止私放、取用热力管网软化水；禁止私自开关热力管网阀门；禁止损坏阀门的铅封。

（2）供热采暖方面的违法行为。供热采暖方面的处罚权主要针对以下违法行为：部分退出供热经营活动并影响用户采暖的行为；用户拆改室内共用供热设施、扩大采暖面积、增加散热设备的行为；供热单位未到市政管理行政部门办理备案或变更手续的行为；供热单位未实施供热设施安全巡检制度的行为；供热单位在采暖期内，推迟、中止供热或者提前结束供热以及在非采暖期内擅自退屋妨碍对设施进行正常维修养护的行为；单位或个人擅自拆除、迁移、改建、变卖热源设施且未提供替代热源设施、影响用户采暖的行为。

（3）加气站及消防管理方面的违法行为。加气站管理方面的行政处罚权针对的违法行为是除公安消防、劳动、工商行政、技术监督、规划等有关部门职权以外的其他违法行为。消防管理方面的处罚主要针对人员密集场所的经营管理人未在使用天然气、液化石油气的场所安装浓度检测报警装置的情形。

7. 园林绿化管理。园林绿化领域的执法主要包括随意损坏城市花草树木绿化设施、未经许可擅自砍伐各类城市树木、违法违规损坏受保护的古树名木、未经许可擅自占用城市绿化用地、擅自在城市公共绿地开店与设摊、拒不服从公共绿地管理单位管理等。风景区管理、住房公积金管理等由于本书篇幅所限，在此不再一一赘述。

安徽省在改革集中住房城乡建设领域全部行政处罚权，仅是行政机关针对行政相对人作出的行政制裁行为及由此产生的有关行政强制权，不是相关部门所行使的全部行政执法权，更不是行政机关监督管理职能的全部，不能替代相关部门在其行政职能范围内应当承担的日常监督、执法检查、事中事后监管等职责。

（二）环境保护管理、工商管理、交通管理、水务管理和食品药品监管

根据《城市管理执法办法》第八条规定，城市管理执法的行政处罚范围依照法律法规

和国务院的有关规定确定，包括住房城乡领域法律法规规章规定的行政处罚权以及环境保护管理、工商管理、交通管理、水务管理、食品药品监管方面与城市管理相关部分的行政处罚权。由此可知，城市管理综合执法部门对环境保护管理、工商管理、交通管理、水务管理和食品药品监管等五个方面只是在涉及城市管理相关部分行使行政处罚权。具体范围如下：

（1）交通管理方面侵占城市道路、违法停放车辆等的行政处罚权。

（2）环境保护管理方面社会生活噪声污染、建筑施工噪声污染、建筑施工扬尘污染、餐饮服务业油烟污染、露天烧烤污染、城市焚烧沥青塑料垃圾等烟尘和恶臭污染、露天焚烧秸秆落叶等烟尘污染、燃放烟花爆竹污染等的行政处罚权。

（3）工商管理方面户外公共场所无照经营、违规设置户外广告的行政处罚权。

（4）水务管理方面向城市河道倾倒废弃物和垃圾及违规取土、城市河道违法建筑物拆除等的行政处罚权。

（5）食品药品监管方面户外公共场所食品销售和餐饮摊点无证经营，以及违法回收贩卖药品等的行政处罚权等。

侵占城市道路方面，主要包括：擅自占用、挖掘城市道路；城市道路养护、维修工程施工现场未设置明显标志和安全防围设施；挖掘城市道路施工现场未设置明显标志和安全防围设施；占用城市道路期满后，不及时清理现场；挖掘城市道路竣工后，不及时清理现场；紧急抢修埋设在城市道路下的管线，未按照规定补办批准手续；未按照批准的要求（位置、面积、期限）占用或者挖掘城市道路；擅自拆改、移动城市道路设施或者设置障碍物；利用城市桥梁进行牵拉、吊装等施工作业在桥梁上架设压力在 4kg/cm2（0.4MPa）以上的煤气管道、10kV 以上的高压电力线和其他易燃易爆管线；擅自依附城市道路、桥梁设置各种管线杆线等设施，擅自在桥梁或者路灯设施上设置广告牌或者其他挂浮物；未对设在城市道路上的各种管线的检查井，箱盖或者城市道路附属设施的缺损及时补缺或者修复；擅自在城市道路上建设建筑物、搭建构筑物等。

户外食品销售、餐饮摊点等有无固定场所、流动经营的特点，也主要集中在"室外"活动，这种情况的处罚应当由城市管理执法部门管理，主要对户外公共场所无照经营的处罚以及食品药品监管方面的行政处罚权，要注意区分"室内"和"室外"，其中室内有固定场所但无照经营的活动则归工商行政部门或其他相关部门管辖。

二、城市管理综合执法集中行使行政处罚的条件

《城市管理执法办法》第八条明确规定了城市管理执法集中行使的行政处罚权范围，是在六大领域内的城市管理执法事项集中行使，但需要满足《城市管理执法办法》第九条规定：需要集中行使的城市管理执法事项，应当同时具备以下四个条件：（一）与城市管理密切相关；（二）与群众生产生活密切相关、多头执法扰民问题突出；（三）执法频率高、专业技术要求适宜；（四）确实需要集中行使的。换句话说，第八条中六大领域内的事项也并不必然集中行使，只有同时满足本条规定的四个条件；另外第八条规定的六大领域外如果还有其他城市管理执法事项需集中行使，也必须同时满足本条规定的四个条件，这为以后纷繁复杂的社会现实需要集中行使综合执法权提供法律依据。

第一，与城市管理密切相关。城市管理外延宽广，广义的城市管理囊括政治、经济、文化及市政管理；中义的城市管理指城市规划、城市建设和城市运行的管理。广义的城市管理涉及事务太过繁杂，城市管理执法不可能全部包揽。中义的行政管理涉及前期规划管理、中期建设管理与后期运行管理三个部分。城市规划与建设由专门部门管理监督即可，城市管理执法亦不必过多涉及。"狭义的城市管理主要指城市运行管理，涉及市政基础设施、公用事业、交通管理、废弃物管理、市容环境卫生管理、生态环境管理等。"而行政处罚权集中行使的目的在于维护城市秩序、服务城市运行，可见，行政处罚权的集中行使应主要以城市运行系统作为基本维度进行整合，即主要涉及市政基础设施、公用事业、环境保护管理、工商管理、交通管理、水务管理、食品药品监管等与城市运行管理密切相关的领域，而后适当兼顾城市建设和城市规划领域。

第二，与群众生产生活密切相关、多头执法扰民问题突出。行政处罚权的集中行使不是为了集中而集中，集中是为了解决过去普遍存在的多头执法、执法扰民等问题，最终的目标是在提高行政效率与服务实效的同时维护群众的合法权益。因此，行政处罚权的集中行使必须考虑该领域是否与群众生产生活密切相关，以及是否因牵扯多部门而存在职权交叉不清、行政效率低下、多头执法扰民等问题，如果并不存在上述问题，权力集中并无必要。因此集中行使应主要面向城市运行管理领域中的社会事务，而类似旅游管理、房地产管理等主要属于政府的经济职能，并不适宜整合进城市管理执法领域。但是并不是所有城市内的社会事务都应由城市管理执法进行管理，仍然要权衡是否与群众生产生活密切相关，比如对乞讨人员的收容救助就不宜纳入城市管理领域由城市管理执法部门进行管理。

第三，执法频率高、专业技术要求适宜。如果某类城市管理执法事项发生频率低，或者其要求复杂的技术检查、技术鉴定以及其他繁琐的检验程序才能查明违法事实，那集中行使对该类城市管理执法事项的处罚权不仅成本巨大，行政效率还会十分低下。因此，集中处罚权应主要集中在日常的、案情相对简单、能直接判断或者虽不能直接判断但不需进行复杂鉴定检查活动等对技术依赖较高的事项。

第四，确实需要集中行使的。该条件是对行政处罚权集中行使必要性的规定，即满足上述三个条件后还需在必要性上达到"确实需要"的程度才能集中行使。《行政强制法》第十七条第二款明确规定："依据《中华人民共和国行政处罚法》的规定行使相对集中行政处罚权的行政机关，可以实施法律、法规规定的与行政处罚权有关的行政强制措施。"

这就是说，法律将行使行政强制措施的权力赋予行使相对集中行政处罚权的行政机关，也就是说法律赋予城市管理综合执法机关相对集中处罚权的同时也赋予了实现行政处罚权的必要条件和手段。

为顺利开展行政处罚权的集中行使创造了符合法治要求的环境。例如，执法人员在处理不符合卫生标准的流动商贩时不仅具有对其依据相关法律法规进行处罚的权力，还有根据法律和现实情况扣押工具、财物的权力。

三、推进城市管理综合执法领域公开

城市管理执法事项范围公开的具体工作可依据2016年1月11日中共中央办公厅、国务院办公厅印发的《关于深化政务公开加强政务服务的意见》（以下简称《政务公开意见》进行，《政务公开意见》就全面深化政务公开的重要性及总体要求、重点公开领域和公开方法、政务服务体系建设、监督保障措施等方面作了详细的规定。

另外，2016年和2017年国务院都印发了当年的政务公开工作要点。政务公开工作要点是对《政务公开意见》的具体细化和落实，对城市管理执法部门开展执法事项范围公开具有指导意义。

各地在城市管理执法领域公开工作上均有一定实践，其城市管理执法部门大多将机构职能、法律法规、执法信息、执法人员名录等予以公布。其中北京、上海按照城市管理执法的具体领域分类进行公布的经验值得借鉴。北京市城市综合管理行政执法局和上海市城市管理行政执法局网站均非常详细地公布了城市管理执法领域的法律法规、地方性法规和规范性文件，其中北京在网站首页"法律法规"板块，按照综合法规文件、交通管理、城市规划管理、市政管理、园林绿化管理、市容卫生管理、旅游管理、公用事业管理、食品安全、环境管理、工商行政管理、施工现场管理和停车管理的分类对执法依据进行了公开。

合肥城市管理局在网站首页就分为"文件公开"和"政府信息公开"两个板块，在政府信息公开板块按照信息公开指南、信息公开年报、信息公开目录、依申请公开等分类对执法依据和执法行为进行了公开。

另外，中共中央国务院《关于深入推进城市执法体制改革改进城市管理工作的指导意见》明确规定："……（十三）制定权责清单。各地要按照转变政府职能、规范行政权力运行的要求，全面清理调整现有城市管理和综合执法职责，优化权力运行流程。依法建立城市管理和综合执法部门的权力和责任清单，向社会公开职能职责、执法依据、处罚标准、运行流程、监督途径和问责机制。制定责任清单与权力清单工作要统筹推进，并实行动态管理和调整。"

第五节 城市管理综合执法程序

城市管理综合执法机关在行使行政处罚权过程中可以采用行政强制措施，但应注意行政强制措施的实施必须符合行政处罚法和行政强制法的相关规定，执法人员应当遵守以下程序。

一、简易程序

简易程序即当场作出行政处罚决定的程序，是处理较轻违法行为、处以较轻并对当事人权益影响不大的行政处罚时应当遵守的比较简单的行政处罚程序。《行政处罚法》第三十三条规定："违法事实确凿并有法定依据，对公民处以五十元以下、对法人或者其他组织处以一千元以下罚款或者警告的行政处罚的，可以当场作出行政处罚决定。当事人应当依照本法第四十六条、第四十七条、第四十八条的规定履行行政处罚决定。"由此可见，行政处罚适用处罚必须符合三个条件：

1. 违法事实确凿。就是说有确实充分的证据表明有违法事实存在，且确实为当事人所为。

2. 对该违法行为处以行政处罚有明确、具体的法定依据。

3. 处罚较为轻微，即对个人处以 50 元以下罚款或警告，对组织处以 1000 元以下罚款或者警告。

行政执法人员当场作出行政处罚决定，应当严格遵循以下程序：

1. 出示执法证件，表明执法人员身份。

2. 告知作出行政处罚决定的事实、理由和根据。

3. 听取当事人的陈述和申诉。

4. 填写预定格式、编有号码的行政处罚决定书。该行政处罚决定书应当写明当事人违法的事实

行为、行政处罚的依据、罚款数额、时间、地点以及行政机关名称，并由执法人员签名或者盖章。

5. 行政处罚决定书当场交付当事人。

二、城市管理综合执法一般程序

一般处罚程序是行政处罚决定程序中的一个基本程序，如无特殊规定，一个行政处罚决定必须适用一般处罚程序，否则将直接影响到该行政处罚决定的效力。一般处罚程序的

法律意义在于，以一个完整、科学的行政处罚决定程序规范行政处罚权，有助于保护受处罚相对人运用程序权利对抗行政机关的违法滥用行政处罚权，从而保证国家法律得以充分、完整的实施。

一般行政处罚的程序主要包括：

1. 立案

城市管理执法部门和相关部门在日常履职、监督检查、办理投诉举报和新闻舆论监督反映问题过程中，发现有涉嫌违法行为的，均应当进行初步调查了解；现场需要紧急处理的，应当及时处理，防止发生安全隐患。

相关部门对涉嫌违法行为经初步调查了解后，认为需要移交城市管理执法部门进行立案处理的，应当制作案件移送单，及时（各地应当结合实际明确具体时限要求，后同）将当事人基本情况、初步现场勘察材料及其他调查材料一并移交城市管理执法部门。

城市管理执法部门对违法行为线索进行立案审查。经审查认为符合立案条件的，应当按工作程序报批立案，并及时将立案情况反馈给相关部门；不符合立案条件的，也应当及时告知，并妥善保管相关材料。

2. 调查

城市管理执法部门在调查过程中需要进行技术鉴定或者协助调查的，应当及时函请相关部门或者单位进行认定、协助调查或者鉴定。违法行为确认后，再执行具体的行政处罚权及相应的行政强制权。城市管理执法部门可以在作出行政处罚决定前，征求相关部门的意见。

相关部门或者单位收到城市管理执法部门提出的认定、协助调查、技术鉴定函的，应当予以配合，并按照法律、法规、规章规定的时间提供相关认定、协助调查或者鉴定的结论；法律、法规、规章没有规定时间的，应当在收到城市管理执法部门的相关请求后，及时提供相关结论。因法定事由不能提供协助的，应当以书面形式告知城市管理执法部门并说明理由。

3. 处罚

城市管理执法部门对调查后发现无违法情形或者属于不需要进行行政处罚的轻微违法行为，应当及时告知相关部门进行相应处理；对需要进行行政处罚的违法行为，应当制作行政处罚决定书。

4. 听证

对已经做出行政处罚决定的案件，由城市管理执法部门对案件程序及法律文书进行审查，并制作行政处罚告知书、决定书，由办案人员负责送达并告知当事人是否符合听证条件。听证不是一般程序的必经程序，当事人可选择是否要求听证。

当事人要求听证的，应在城市管理执法部门告知后规定时间内提出；自当事人要求听证之日起15日内组织听证，并应当在举行听证的7日前，通知当事人举行听证的时间、地点、听证主持人等有关事项。公开举行听证的，应当在举行听证3日前公告当事人姓名或者名称、案由以及举行听证的时间、地点。

5. 执行

行政处罚决定一经送达，办案人员要及时督促当事人在规定期限内履行处罚决定。

6. 归档

行政处罚决定作出及执行完毕后，城市管理执法部门应当及时将处罚结果及有关文书、材料反馈相关部门并归档。

相关部门应当根据城市管理执法部门的反馈，做好后续监管工作。对不需要进行行政处罚的轻微违法行为，相关单位应当综合运用督促整改、信用记录等方式及时进行处理；对需要进行行政处罚的违法行为，应当结合处罚案件执行情况，对当事人的后续整改及经营行为加强监督，防止发生以罚代管现象。

第二章　城乡规划、建筑与房地产行政综合执法

国在城市执法体制改革中，城市管理执法范围的变化则是改革的重点。《城市管理执法办法》（住房城乡建设部令〔2017〕第 34 号）第八条则对于城市管理执法的行政处罚权范围作了明确规定，具体内容为城市管理执法的行政处罚权范围依照法律法规和国务院有关规定确定，包括住房城乡建设领域法律法规规章规定的行政处罚权，以及环境保护管理、工商管理、交通管理、水务管理、食品药品监管方面与城市管理相关部分的行政处罚权。城管部门享有行政处罚权在国务院的规定基础上，增加水务管理和食品药品监管领域的行政处罚权，并明确城乡建设领域法律法规规章规定的行政处罚权由城管部门行使。同时城管部门执法中的行政强制权，《城市管理执法办法》（住房城乡建设部令〔2017〕第 34 号）第十条明确规定城市管理执法主管部门依法相对集中行使行政处罚权的，可以实施法律法规规定的与行政处罚权相关的行政强制措施。这为城管执法部门采取行政强制措施提供了法定依据。由此可见城乡建设领域的行政处罚权由城管行使，该领域主要包括城乡规划管理、建筑和房地产管理、市政管理和公用事业管理。由此本章主要介绍城乡规划管理行政综合执法、建筑管理行政综合执法和房地产管理行政综合执法。关于市政管理行政综合执法与公用事业行政执法将在第三章介绍。

第一节　城乡规划管理行政综合执法

各地城乡规划执法工作在贯彻"一法一条例"的基础上，城乡规划编制体系趋向完善，规划管理机制更加健全，执法监管力度逐步加强。但在执法过程中行政检查、行政处罚、行政强制、行政处分等环节仍存在需要解决的突出和重点问题。

一、城乡规划管理执法概述

城乡规划管理执法包括两部分，一部分指城市管理执法主管部门在城市、县人民政府所在地镇建成区内的城市规划管理领域根据法律法规规章规定履行行政处罚、行政强制等行政执法职责的行为。另一部分指县级以上人民政府及其城乡规划主管部门对城乡规划编

制、审批、实施、修改的监督检查。本节中部分行政处罚按照相关规定由规划部门来查处和执法，可能会涉及与城管执法范围界定的问题，按照《城市管理执法办法》（住房城乡建设部令〔2017〕第 34 号）精神，核实违法行为可以按照原有规定进行，而确定违法行为后涉及具体行政处罚时需要由城管部门实施，该种情况下，应将案件移交城管部门。因此相关规定需要进行修改，否则将产生行政处罚权责不清的状况。基于本教材编写目的，因此该节主要介绍城乡规划管理执法的内容，对于城乡规划编制、审批、实施和修改的监督检查行为由其他部门实施，非城管执法部门所为。

一、主要违法情形

（一）未经许可擅自进行城市工程建设

1. 主要违法情形

在规划区内，针对未取得建设工程规划许可证或者未按照建设工程规划许可证的规定进行建设的建设项目予以处罚，主要针对新建、改建和增建等项目的建设。该项目应该包括三种情况：情节较轻的违法建设，一般情形的违法建设，情节较重的违法建设。

根据《安徽省城乡违法建设违法用地认定处置指导意见》中关于违法建设的认定标准问题有明确阐述，认定违法建设的具体标准，由市、县人民政府依据国家和省涉及违法建设方面的法律法规确定，并向社会公布。由此可见不同市、县，违法建设的认定标准不同。

2. 处罚裁量基准

（1）情节较轻的违法建设的裁量基准

①尚可采取改正措施消除对规划实施的影响的情形，初次违法，且违法建设规模较小，经责令停止后，积极采取改正措施消除对规划实施影响的，裁量基准：责令停止建设，限期改正，处建设工程造价百分之五的罚款。②尚可采取改正措施消除对规划实施的影响的情形，违法建设规模较小，经责令停止后，积极采取改正措施消除对规划实施影响的，裁量基准：责令停止建设，限期改正，处建设工程造价百分之五以上百分之七以下的罚款。

（2）一般情形的违法建设的裁量基准

尚可采取改正措施消除对规划实施的影响的情形,但违法建设规模较大,经责令改正后,拒不改正，继续实施违法行为的，裁量基准为：责令停止建设，限期改正，处建设工程造价百分之七以上百分之十以下的罚款。

（3）情节较重的违法建设的裁量基准

①无法采取改正措施消除影响的，可以拆除，且积极主动协助拆除的，裁量基准：限期拆除。②无法采取改正措施消除影响的，不宜拆除的，主动配合没收实物或违法所得的，裁量基准为：没收实物或违法所得。③无法采取改正措施消除影响的，不配合限期拆除、没收实物或违法所得的，裁量基准为：没收实物或违法所得，并处工程造价百分之五以下

的罚款。④无法采取改正措施消除影响的，阻挠强制拆除措施、没收实物或违法所得的，裁量基准为：没收实物或违法所得，并处建设工程造价百分之十以下的罚款。

3.相关内容释义

在对情节较轻的违法建设进行界定时，注意区分两种情况：一种为初次违法，一种为多次违法。两种情况处罚标准不同。无论是初次违法还是多次违法，其必须属于违法建设规模较小，并能积极配合执法机关采取改正措施的情形。

尚可采取改正措施消除对规划实施的影响的情形是指取得建设工程规划许可证，但未按建设工程规划许可证的规定进行建设，在限期内采取局部拆除等整改措施，能够使建设工程符合建设工程规划许可证要求的；未取得建设工程规划许可证即开工建设，但已取得城乡规划主管部门的建设工程设计方案审查文件，且建设内容符合或采取局部拆除等整改措施后能够符合审查文件要求的。

没收实物指没收新建、扩建、改建的存在违反城乡规划事实的建筑物、构筑物单体。没收违法所得指按照新建、扩建、改建的存在违反城乡规划事实的建筑物、构筑物单体出售所得价款；出售所得价款明显低于同类房地产市场价格的，处罚机关应当委托有资质的房地产评估机构评估确定。

4.法律法规等依据

（1）《安徽省城乡规划条例》第五十四条规定违反本条例规定，未取得建设工程规划许可证或者未按照建设工程规划许可证的规定进行建设的，由县级以上人民政府城乡规划主管部门责令停止建设；尚可采取改正措施消除对规划实施的影响的，限期改正，处以建设工程造价百分之五以上百分之十以下的罚款；无法采取改正措施消除影响的，限期拆除，不能拆除的，没收实物或者违法收入，可以并处建设工程造价百分之十以下的罚款。

前款所称未取得建设工程规划许可证或者未按照建设工程规划许可证的规定进行建设，尚可采取改正措施消除对规划实施的影响的，应当符合下列情形：

①违法建设工程处于城乡规划确定的建设用地范围内，不影响控制性详细规划或者乡规划和村庄规划实施的；②违法建设工程不危害公共卫生、公共安全，不影响基础设施和公共服务设施正常运行的；③违法建设工程不违反城乡规划确定的自然资源、生态环境和历史文化遗产保护要求的；④违法建设工程未侵犯利害关系人合法权益、造成不良社会影响，或者经过改正后可以消除的。

（2）《安徽省住房和城乡建设系统行政处罚裁量权基准》。

（二）未经批准进行城市临时建设

1.主要违法情形

建设单位或者个人未经批准进行临时建设的，建设单位或者个人未按照批准内容进行临时建设的，临时建筑物、构筑物超过批准期限不拆除的。主要有三种情形：第一种是没有经过相关部门批准；第二种是经过相关部门批准，但未按照批准事项范围进行临时搭建；第三种是临时搭建物超出批准期限，没有拆除。

2. 处罚裁量基准

（1）情节较轻的临时建设的裁量基准初次违法，主动消除或减轻违法行为危害后果的，裁量基准为：责令限期拆除，可以并处临时建设工程造价 0.2 倍以下的罚款。

（2）一般情形的临时建设的裁量基准

不具有从轻、从重情形的，裁量基准为：责令限期拆除，可以并处临时建设工程造价 0.2 倍以上 0.5 倍以下的罚款。

（3）情节较重的临时建设的裁量基准

①经责令停止违法行为后，继续实施违法行为的；②曾因实施该违法行为被查处过，再次实施违法行为的；③其他依法应予从重处罚的情形；裁量基准为：责令限期拆除，可以并处临时建设工程造价 0.5 倍以上 1 倍以下的罚款。

3. 相关内容释义

临时建筑一般指单位和个人因生产、生活需要临时搭建的结构简易，在规定期限内必须拆除的建筑物、构筑物或其他设施。该建筑物建设前需要经过批准并明确规定使用期限。

4. 法律法规等依据

《城乡规划法》第六十六条规定建设单位或者个人有下列行为之一的，由所在地城市、县人民政府城乡规划主管部门责令限期拆除，可以并处临时建设工程造价一倍以下的罚款：①未经批准进行临时建设的；②未按照批准内容进行临时建设的；③临时建筑物、构筑物超过批准期限不拆除的。

（三）未经批准改变原貌或违法损坏受保护的历史文化名城、名镇、名村

1. 主要违法情形

在历史文化名城、名镇、名村保护范围内开山、采石、开矿等破坏传统格局和历史风貌的；占用保护规划确定保留的园林绿地、河湖水系、道路等的；修建生产、储存爆炸性、易燃性、放射性、毒害性、腐蚀性物品的工厂、仓库等；未经城乡规划主管部门会同同级文物主管部门批准，改变历史文化名城、名镇、名村保护范围内园林绿地、河湖水系等自然状态的；在历史文化名城、名镇、名村保护范围内进行影视摄制、举办大型群众性活动的；在历史文化街区、名镇、名村核心保护范围内拆除历史建筑以外的建筑物、构筑物或者其他设施的；对历史建筑进行外部修缮装饰、添加设施以及改变历史建筑的结构或者使用性质的；损坏或者擅自迁移、拆除历史建筑的；擅自设置、移动、涂改或者损毁历史文化街区、名镇、名村标志牌的。

2. 处罚裁量基准

（1）情节较轻的违法行为裁量基准

造成破坏但尚可恢复原状的或者初次违法，主动恢复原状的，裁量基准：责令停止违法行为，限期恢复原状；有违法所得的，没收违法所得。针对改变标志牌的违法行为责令限期改正；逾期不改正的，对单位处1万元的罚款，对个人处1000元的罚款。

（2）一般情形的违法行为裁量基准

不具有从轻、从重情形的情况，裁量基准：责令停止违法行为、限期恢复原状；有违法所得的，没收违法所得；对单位或个人并处罚款，罚款数额针对不同的违法行为而有所区别。

（3）情节较重的违法行为裁量基准

造成破坏无恢复原状的；经责令停止违法行为后，继续实施违法行为的；曾因实施该违法行为被查处过，再次实施违法行为的；其他依法应予从重处罚的情形等，裁量基准：责令停止违法行为、限期恢复原状或者采取其他补救措施；有违法所得的，没收违法所得；逾期不恢复原状或者不采取其他补救措施的，城乡规划主管部门可以指定有能力的单位代为恢复原状或者采取其他补救措施，所需费用由违法者承担；对单位或个人并处罚款，罚款数额针对不同的违法行为而有所区别。

3. 相关内容释义

历史文化名城、名镇、名村指保存文物特别丰富，历史建筑集中成片，保留着传统格局和历史风貌，历史上曾经作为政治、经济、文化、交通中心或者军事要地，或者发生过重要历史事件，或者其传统产业、历史上建设的重大工程对本地区的发展产生过重要影响，或者能够集中反映本地区建筑的文化特色、民族特色的地方。

4. 法律法规等依据

《历史文化名城名镇名村保护条例》第四十一条规定违反本条例规定，在历史文化名城、名镇、名村保护范围内有下列行为之一的，由城市、县人民政府城乡规划主管部门责令停止违法行为、限期恢复原状或者采取其他补救措施；有违法所得的，没收违法所得；逾期不恢复原状或者不采取其他补救措施的，城乡规划主管部门可以指定有能力的单位代为恢复原状或者采取其他补救措施，所需费用由违法者承担；造成严重后果的，对单位并处50万元以上100万元以下的罚款，对个人并处5万元以上10万元以下的罚款；造成损失的，依法承担赔偿责任：①开山、采石、开矿等破坏传统格局和历史风貌的；②占用保护规划确定保留的园林绿地、河湖水系、道路等的；③修建生产、储存爆炸性、易燃性、放射性、毒害性、腐蚀性物品的工厂、仓库等的。

《历史文化名城名镇名村保护条例》第四十三条规定违反本条例规定，未经城乡规划主管部门会同同级文物主管部门批准，有下列行为之一的，由城市、县人民政府城乡规划主管部门责令停止违法行为、限期恢复原状或者采取其他补救措施；有违法所得的，没收违法所得；逾期不恢复原状或者不采取其他补救措施的，城乡规划主管部门可以指定有能力的单位代为恢复原状或者采取其他补救措施，所需费用由违法者承担；造成严重后果的，对单位并处 5 万元以上 10 万元以下的罚款，对个人并处 1 万元以上 5 万元以下的罚款；造成损失的，依法承担赔偿责任：①改变园林绿地、河湖水系等自然状态的；②进行影视摄制、举办大型群众性活动的；③拆除历史建筑以外的建筑物、构筑物或者其他设施的；④对历史建筑进行外部修缮装饰、添加设施以及改变历史建筑的结构或者使用性质的；⑤其他影响传统格局、历史风貌或者历史建筑的。

有关单位或者个人经批准进行上述活动，但是在活动过程中对传统格局、历史风貌或者历史建筑构成破坏性影响的，依照本条第一款规定予以处罚。

《历史文化名城名镇名村保护条例》第四十四条规定违反本条例规定，损坏或者擅自迁移、拆除历史建筑的，由城市、县人民政府城乡规划主管部门责令停止违法行为、限期恢复原状或者采取其他补救措施；有违法所得的，没收违法所得；逾期不恢复原状或者不采取其他补救措施的，城乡规划主管部门可以指定有能力的单位代为恢复原状或者采取其他补救措施，所需费用由违法者承担；造成严重后果的，对单位并处 20 万元以上 50 万元以下的罚款，对个人并处 10 万元以上 20 万元以下的罚款；造成损失的，依法承担赔偿责任。

《历史文化名城名镇名村保护条例》第四十五条规定违反本条例规定，擅自设置、移动、涂改或者损毁历史文化街区、名镇、名村标志牌的，由城市、县人民政府城乡规划主管部门责令限期改正；逾期不改正的，对单位处 1 万元以上 5 万元以下的罚款，对个人处 1000 元以上 1 万元以下的罚款。

（四）城乡规划编制单位违反状况

1. 主要违法情形

（1）未依法取得资质证书承揽城乡规划编制工作；

（2）以欺骗手段取得资质证书承揽城乡规划编制工作；

（3）超越资质等级许可的范围承揽城乡规划编制工作；

（4）违反有关标准和技术规范编制城乡规划；

（5）违反所依据的城乡规划编制规划；

（6）在规划成果中弄虚作假；

（7）未按照规划条件编制修建性详细规划或者工程设计单位违反规划条件进行建设工程设计；

（8）取得资质证书后不再符合相应的资质条件；

（9）未按照本规定要求提供信用档案信息。

2. 处罚裁量基准

以上九种违法情形的具体裁量基准分为三种情况：从轻情形，一般情形，从重情形。具体表现如下。

（1）未依法取得资质证书承揽城乡规划编制工作，责令停止违法行为，处以合同约定的规划编制费1倍以上2倍以下的罚款；造成损失的，依法承担赔偿责任。

（2）以欺骗手段取得资质证书承揽城乡规划编制工作，由原发证机关吊销资质证书，处合同约定的规划编制经费1倍以上2倍以下罚款；造成损失的，依法承担赔偿责任。

（3）超越资质等级许可的范围承揽城乡规划编制工作；责令限期改正，处以合同约定的规划编制费1倍以上2倍以下的罚款；情节严重的，责令停业整顿，由原发证机关降低资质等级或者吊销资质证书；造成损失的，依法承担赔偿责任。

（4）违反有关标准和技术规范编制城乡规划；责令限期改正，处以合同约定的规划编制费1倍以上2倍以下的罚款；情节严重的，责令停业整顿，由原发证机关降低资质等级或者吊销资质证书；造成损失的，依法承担赔偿责任。

（5）违反所依据的城乡规划编制规划；责令限期改正，处以合同约定的规划编制费1倍以上2倍以下的罚款；情节严重的，责令停业整顿，由原发证机关降低资质等级或者吊销资质证书；造成损失的，依法承担赔偿责任。

（6）在规划成果中弄虚作假；责令限期改正，给予警告；情节严重的，由原发证机关降低资质等级或者吊销资质证书；造成损失的，依法承担赔偿责任。

（7）未按照规划条件编制修建性详细规划或者工程设计单位违反规划条件进行建设工程设计；责令改正，处以合同约定的设计费1倍以上2倍以下的罚款；情节严重的，提请原发证机关降低资质等级或者吊销资质证书；造成损失的，依法承担赔偿责任。

（8）取得资质证书后不再符合相应的资质条件；由原发证机关责令限期改正；逾期不改正的，降低资质等级或者吊销资质证书。

（9）未按照本规定要求提供信用档案信息。责令限期改正；逾期未改正的，可处1000元以上1万元以下的罚款。

3.相关内容释义

资质等级从事城乡规划编制的单位，应当取得相应等级的资质证书，经县级以上地方人民政府城乡规划主管部门或国务院城乡规划主管部门许可，在资质等级许可的范围内从事城乡规划编制工作。城乡规划编制单位资质分为甲级、乙级、丙级三级。

4.法律法规等依据

《城乡规划法》第六十二条规定城乡规划编制单位有下列行为之一的，由所在地城市、县人民政府城乡规划主管部门责令限期改正，处合同约定的规划编制费1倍以上2倍以下的罚款；情节严重的，责令停业整顿，由原发证机关降低资质等级或者吊销资质证书；造成损失的，依法承担赔偿责任：①超越资质等级许可的范围承揽城乡规划编制工作的；②违反国家有关标准编制城乡规划的。

未依法取得资质证书承揽城乡规划编制工作的，由县级以上地方人民政府城乡规划主管部门责令停止违法行为，依照前款规定处以罚款；造成损失的，依法承担赔偿责任。

以欺骗手段取得资质证书承揽城乡规划编制工作的，由原发证机关吊销资质证书，依照本条第一款规定处以罚款；造成损失的，依法承担赔偿责任。

《城乡规划法》第六十三条规定城乡规划编制单位取得资质证书后，不再符合相应的资质条件的，由原发证机关责令限期改正；逾期不改正的，降低资质等级或者吊销资质证书。

《安徽省城乡规划条例》第五十二条违反本条例第二十二条规定，城乡规划编制单位有下列行为之一的，由所在地城市、县人民政府城乡规划主管部门责令限期改正，处以合同约定的规划编制费1倍以上2倍以下的罚款；情节严重的，责令停业整顿，南原发证机关降低资质等级或者吊销资质证书；造成损失的，依法承担赔偿责任：①超越资质等级许可的范围承揽城乡规划编制工作的；②违反国家和省有关标准和技术规范编制城乡规划的；③违反所依据的城乡规划编制规划的。

违反本条例第二十二条第三款规定，城乡规划编制单位在规划成果中弄虚作假的，由所在地城市、县人民政府城乡规划主管部门责令限期改正，给予警告；情节严重的，由原发证机关降低资质等级或者吊销资质证书；造成损失的，依法承担赔偿责任。

《安徽省城乡规划条例》第五十三条违反本条例第二十九条第一款规定，城乡规划编制单位未按照规划条件编制修建性详细规划或者工程设计单位违反规划条件进行建设工程设计的，由项目所在地城市、县人民政府城乡规划主管部门责令改正，处以合同约定的设计费1倍以上2倍以下的罚款；情节严重的，提请原发证机关降低资质等级或者吊销资质证书；造成损失的，依法承担赔偿责任。

《城乡规划编制单位资质管理规定》第三十九条规定城乡规划编制单位有下列行为之一的，由所在地城市、县人民政府城乡规划主管部门责令限期改正，处以合同约定的规划编制费1倍以上2倍以下的罚款；情节严重的，责令停业整顿，由原资质许可机关降低资质等级或者吊销资质证书；造成损失的，依法承担赔偿责任：①超越资质等级许可的范围承揽城乡规划编制工作的；

②违反国家有关标准编制城乡规划的。

未依法取得资质证书承揽城乡规划编制工作的，由县级以上地方人民政府城乡规划主管部门责令停止违法行为，依照前款规定处以罚款；造成损失的，依法承担赔偿责任。以欺骗手段取得资质证书承揽城乡规划编制工作的，由原资质许可机关吊销资质证书，依照本条第一款规定处以罚款；造成损失的，依法承担赔偿责任。

《城乡规划编制单位资质管理规定》第四十条规定城乡规划编制单位未按照本规定要求提供信用档案信息的，由县级以上地方人民政府城乡规划主管部门给予警告，责令限期改正；逾期未改正的，可处1000元以上1万元以下的罚款。

第二节　建筑管理行政综合执法

一、建筑管理行政综合执法概述

《城市管理执法办法》（住房城乡建设部令〔2017〕第 34 号）第八条明确规定城市管理执法范围包括住房城乡建设领域法律法规规章规定的行政处罚权，根据该规定，建筑管理行政综合执法范围非常广泛，有些省市正在进行该领域行政处罚权的梳理，准备分批次实施该项权利的转移和交接。除此之外，部分相关的规定需要予以修改以维护法律法规的一致性。以下选取几个方面予以介绍。

二、三要违法情形

（一）未获许可擅自施工

1. 主要违法情形

未取得施工许可证或者为规避办理施工许可证将工程项目分解后擅自施工的；开工报告未经批准擅自施工的。

2. 处罚裁量基准

（1）未取得施工许可证或者为规避办理施工许可证将工程项目分解后擅自施工的

①情节较轻的违法行为裁量基准初次违法，危害后果轻微，主动消除或减轻违法行为危害后果的，裁量基准：责令停止施工，限期改正，对建设单位处工程合同价款 1% 的罚款；对施工单位处 1 万元罚款；对单位直接负责的主管人员和其他直接责任人员处单位罚款数额 5% 罚款。

②一般情形的违法行为裁量基准不具有从轻、从重情形的，裁量基准：责令停止施工，限期改正，对建设单位处工程合同价款 1% 以上 1.5% 以下的罚款；对施工单位处 1 万元以上 2 万元以下罚款；对单位直接负责的主管人员和其他直接责任人员处单位罚款数额 5% 以上 7.5% 以下罚款。

③情节较重的违法行为裁量基准责令改正，拒不改正的；曾因该违法行为被依法查处，再次实施该违法行为的；造成工程重大质量安全事故的；其他依法应予从重处罚的情形，裁量基准：责令停止施工，限期改正，对建设单位处工程合同价款 1.5% 以上 2% 以下的罚款；对施工单位处 2 万元以上 3 万元以下罚款；对单位直接负责的主管人员和其他直接责任人员处单位罚款数额 7.5% 以上 10% 以下罚款。

（2）开工报告未经批准擅自施工的

①情节较轻的违法行为裁量基准

初次违法，危害后果轻微，主动消除或减轻违法行为危害后果的，裁量基准：责令停止施工，限期改正，处工程合同价款1%的罚款。

②一般情形的违法行为裁量基准

不具有从轻、从重情形的，裁量基准：责令停止施工，限期改正，处工程合同价款1%以上1.5%以下的罚款。

③情节较重的违法行为裁量基准

责令改正，拒不改正的；曾因该违法行为被依法查处，再次实施该违法行为的；造成工程重大质量安全事故的；其他依法应予从重处罚的情形，裁量基准：责令停止施工，限期改正，处工程合同价款1.5%以上2%以下的罚款。

3.相关内容释义

工程项目分解后擅自施工指针由于工程面积和工程投资额的限制，工程投资额在30万元以下或者建筑面积在300平方米以下的建筑工程项目可以不办理施工许可，由此任何单位和个人不得将应当申请领取施工许可证的工程项目分解为若干限额以下的工程项目，规避申请领取施工许可证。

4.法律法规等依据

《中华人民共和国建筑法》第六十四条规定违反本法规定，未取得施工许可证或者开工报告未经批准擅自施工的，责令改正，对不符合开工条件的责令停止施工，可以处以罚款。

《建设工程质量管理条例》第五十七条规定违反本条例规定，建设单位未取得施工许可证或者开工报告未经批准，擅自施工的，责令停止施工，限期改正，处工程合同价款百分之一以上百分之二以下的罚款。

《建筑工程施工许可管理办法》第十二条规定对于未取得施工许可证或者为规避办理施工许可证将工程项目分解后擅自施工的，由有管辖权的发证机关责令停止施工，限期改正，对建设单位处工程合同价款1%以上2%以下罚款；对施工单位处3万元以下罚款。

《建筑工程施工许可管理办法》第十五条第一款依照本办法规定，给予单位罚款处罚的，对单位直接负责的主管人员和其他直接责任人员处单位罚款数额5%以上10%以下罚款。

《安徽省建筑工程施工许可管理实施细则》第二条第二款工程投资额在30万元以下或者建筑面积在300m²以下的建筑工程，可以不申请办理施工许可证。

（二）采取不正当手段获取施工许可证

1.主要违法情形

建设单位采用欺骗、贿赂等不正当手段取得施工许可证的；建设单位隐瞒有关情况或者提供虚假材料申请施工许可证的；建设单位伪造或者涂改施工许可证的。

2.处罚裁量基准

（1）建设单位采用欺骗、贿赂等不正当手段取得施工许可证的

①情节较轻的违法行为裁量基准

初次违法，危害后果轻微，主动消除或减轻违法行为危害后果的，裁量基准：撤销施工许可证，责令停止施工，并处 1 万元罚款；对单位直接负责的主管人员和其他直接责任人员处单位罚款数额 5% 罚款。

②一般情形的违法行为裁量基准

不具有从轻、从重情形的，裁量基准：撤销施工许可证，责令停止施工，并处 1 万元以上 2 万元以下罚款；对单位直接负责的主管人员和其他直接责任人员处单位罚款数额 5% 以上 7.5% 以下罚款。

③情节较重的违法行为裁量基准

责令改正，拒不改正的；曾因该违法行为被依法查处，再次实施该违法行为的；造成工程重大质量安全事故的；其他依法应予从重处罚的情形，裁量基准：撤销施工许可证，责令停止施工，并处 2 万元以上 3 万元以下罚款；对单位直接负责的主管人员和其他直接责任人员处单位罚款数额 7.5% 以上 10% 以下罚款。

（2）建设单位隐瞒有关情况或者提供虚假材料申请施工许可证的

①情节较轻的违法行为裁量基准

初次违法，危害后果轻微，主动消除或减轻违法行为危害后果的，裁量基准：不予受理或者不予许可，并处 1 万元罚款；对单位直接负责的主管人员和其他直接责任人员处单位罚款数额 5% 罚款。

②一般情形的违法行为裁量基准不具有从轻、从重情形的，裁量基准：不予受理或者不予许可，并处 1 万元以上 2 万元以下罚款；对单位直接负责的主管人员和其他直接责任人员处单位罚款数额 5% 以上 7.5% 以下罚款。③情节较重的违法行为裁量基准责令改正，拒不改正的；曾因该违法行为被依法查处，再次实施该违法行为的；造成工程重大质量安全事故的；其他依法应予从重处罚的情形，裁量基准：不予受理或者不予许可，并处 2 万元以上 3 万元以下罚款；对单位直接负责的主管人员和其他直接责任人员处单位罚款数额 7.5% 以上 10% 以下罚款。

（3）建设单位伪造或者涂改施工许可证的

①情节较轻的违法行为裁量基准初次违法，危害后果轻微，主动消除或减轻违法行为危害后果的，裁量基准：责令停止施工，并处 1 万元罚款；对单位直接负责的主管人员和其他直接责任人员处单位罚款数额 5% 罚款。

②一般情形的违法行为裁量基准

不具有从轻、从重情形的，裁量基准：责令停止施工，并处 1 万元以上 2 万元以下罚款；对单位直接负责的主管人员和其他直接责任人员处单位罚款数额 5% 以上 7.5% 以下罚款。

③情节较重的违法行为裁量基准

责令改正，拒不改正的；曾因该违法行为被依法查处，再次实施该违法行为的；造成工程重大质量安全事故的；其他依法应予从重处罚的情形，裁量基准：责令停止施工，并处 2 万元以上 3 万元以下罚款；对单位直接负责的主管人员和其他直接责任人员处单位罚款数额 7.5% 以上 10% 以下罚款。

3. 法律法规等依据

《建筑工程施工许可管理办法》第十三条规定建设单位采用欺骗、贿赂等不正当手段取得施工许可证的，由原发证机关撤销施工许可证，责令停止施工，并处 1 万元以上 3 万元以下罚款；构成犯罪的，依法追究刑事责任。

《建筑工程施工许可管理办法》第十四条建设单位隐瞒有关情况或者提供虚假材料申请施工许可证的，发证机关不予受理或者不予许可，并处 1 万元以上 3 万元以下罚款；构成犯罪的，依法追究刑事责任。建设单位伪造或者涂改施工许可证的，由发证机关责令停止施工，并处 1 万元以上 3 万元以下罚款；构成犯罪的，依法追究刑事责任。

（三）非法发包建设工程，非法转包或者违法分包建设工程

1. 主要违法情形

建设单位将建设工程肢解发包的；承包单位将承包的工程转包或者违法分包的。

2. 处罚裁量基准

（1）情节较轻的违法行为裁量基准

初次违法，危害后果轻微，主动消除或减轻违法行为危害后果的，裁量基准：责令改正，处工程合同价款 0.5% 罚款。

（2）一般情形的违法行为裁量基准

不具有从轻、从重情形的，裁量基准：责令改正，处工程合同价款 0.5% 以上 0.75% 以下罚款。

（3）情节较重的违法行为裁量基准

责令改正，拒不改正的；曾因该违法行为被依法查处，再次实施该违法行为的；造成工程重大质量安全事故的；其他依法应予从重处罚的情形，裁量基准：责令改正，处工程合同价款 0.75% 以上 1% 以下罚款。

3. 相关内容释义

工程转包，是指施工单位承包工程后，不履行合同约定的责任和义务，将其承包的全部工程或者将其承包的全部工程肢解后以分包的名义分别转给其他单位或个人施工的行为。下列行为属于转包：①施工单位将其承包的全部工程转给其他单位或个人施工的；②施工总承包单位或专业承包单位将其承包的全部工程肢解以后，以分包的名义分别转给其他单位或个人施工的；③施工总承包单位或专业承包单位未在施工现场设立项目管理机构或 1

未派驻项目负责人、技术负责人、质量管理负责人、安全管理负责人等主要管理人员，不履行管理义务，未对该工程的施工活动进行组织管理的；④施工总承包单位或专业承包单位不履行管理义务，只向实际施工单位收取费用，主要建筑材料、构配件及工程设备的采购由其他单位或个人实施的；⑤劳务分包单位承包的范围是施工总承包单位或专业承包单位承包的全部工程，劳务分包单位计取的是除上缴给施工总承包单位或专业承包单位"管理费"之外的全部工程价款的；⑥施工总承包单位或专业承包单位通过采取合作、联营、个人承包等形式或名义，直接或变相的将其承包的全部工程转给其他单位或个人施工的。

违法分包，是指施工单位承包工程后违反法律法规规定或者施工合同关于工程分包的约定，把单位工程或分部分项工程分包给其他单位或个人施工的行为。下列行为属于违法分包：①施工单位将工程分包给个人的；②施工单位将工程分包给不具备相应资质或安全生产许可的单位的；③施工合同中没有约定，又未经建设单位认可，施工单位将其承包的部分工程交由其他单位施工的；④施工总承包单位将房屋建筑工程的主体结构的施工分包给其他单位的，钢结构工程除外；⑤专业分包单位将其承包的专业工程中非劳务作业部分再分包的；⑥劳务分包单位将其承包的劳务再分包的；⑦劳务分包单位除计取劳务作业费用外，还计取主要建筑材料款、周转材料款和大中型施工机械设备费用的。

4. 法律法规等依据

《中华人民共和国建筑法》第六十五条规定发包单位将工程发包给不具有相应资质条件的承包单位的，或者违反本法规定将建筑工程肢解发包的，责令改正，处以罚款。《中华人民共和国建筑法》第六十七条规定承包单位将承包的工程转包的，或者违反本法规定进行分包的，责令改正，没收违法所得，并处罚款，可以责令停业整顿，降低资质等级；情节严重的，吊销资质证书。《建设工程质量管理条例》第五十五条规定违反本条例规定，建设单位将建设工程肢解发包的，责令改正，处工程合同价款百分之零点五以上百分之一以下的罚款；对全部或者部分使用国有资金的项目，并可以暂停项目执行或者暂停资金拨付。《建设工程质量管理条例》第六十二条第一款规定违反本条例规定，承包单位将承包的工程转包或者违法分包的，责令改正，没收违法所得，对勘察、设计单位处合同约定的勘察费、设计费百分之二十五以上百分之五十以下的罚款；对施工单位处工程合同价款百分之零点五以上百分之一以下的罚款；可以责令停业整顿，降低资质等级；情节严重的，吊销资质证书。

（四）施工、监理单位无资质非法承揽工程

1. 主要违法情形

施工、工程监理单位超越本单位资质等级；未取得资质证书以欺骗手段取得资质证书；允许其他单位或者个人以本单位名义承揽工程。

2. 处罚裁量基准

（1）施工、工程监理单位超越本单位资质等级

①情节较轻的违法行为裁量基准

初次违法，危害后果轻微，主动消除或减轻违法行为危害后果的，裁量基准：责令停止违法行为，对工程监理单位处合同约定的监理酬金1倍的罚款；对施工单位处工程合同价款2%的罚款；有违法所得的，予以没收。

②一般情形的违法行为裁量基准

不具有从轻、从重情形的，裁量基准：责令停止违法行为，对工程监理单位处合同约定的监理酬金1倍以上1.5倍以下的罚款；对施工单位处工程合同价款2%以上3%以下的罚款；有违法所得的，予以没收。

③情节较重的违法行为裁量基准

曾因该违法行为被依法查处，再次实施该违法行为的；情节严重，存在违法行为，违法所得数额巨大的；其他依法应予从重处罚的情形，裁量基准：责令停止违法行为，对工程监理单位处合同约定的监理酬金1.5倍以上2倍以下的罚款；对施工单位处工程合同价款3%以上4%以下的罚款；有违法所得的，予以没收。

造成工程较大质量安全事故的情形，裁量基准：责令停止违法行为，降低资质等级；有违法所得的，予以没收。

造成工程重大质量安全事故的情形，裁量基准：责令停止违法行为，吊销资质证书；有违法所得的，予以没收。

（2）未取得资质证书

①情节较轻的违法行为裁量基准

初次违法，危害后果轻微，主动消除或减轻违法行为危害后果的情况，裁量基准：予以取缔，对工程监理单位处合同约定的监理酬金1倍的罚款；对施工单位处工程合同价款2%的罚款；有违法所得的，予以没收。

②一般情形的违法行为裁量基准

不具有从轻、从重情形的情形，裁量基准：予以取缔，对工程监理单位处合同约定的监理酬金1倍以上1.5倍以下的罚款；对施工单位处工程合同价款2%以上3%以下的罚款；有违法所得的，予以没收。

③情节较重的违法行为裁量基准

责令停止违法行为，拒不改正的；曾因该违法行为被依法查处，再次实施该违法行为的；情节严重，存在违法行为，违法所得数额巨大的；造成工程质量安全事故的；其他依法应予从重处罚的情形，裁量基准：予以取缔，对工程监理单位处合同约定的监理酬金1.5倍以上2倍以下的罚款；对施工单位处工程合同价款3%以上4%以下的罚款；有违法所得的，予以没收。

（3）似欺骗手段取得资质证书

①情节较轻的违法行为裁量基准

初次违法，危害后果轻微，主动消除或减轻违法行为危害后果的情形，裁量基准：吊销资质证书，对工程监理单位处合同约定的监理酬金1倍的罚款；对施工单位处工程合同价款2%的罚款；有违法所得的，予以没收。

②一般情形的违法行为裁量基准

不具有从轻、从重情形的情形，裁量基准：吊销资质证书，对工程监理单位处合同约定的监理酬金1倍以上1.5倍以下的罚款；对施工单位处工程合同价款2%以上3%以下的罚款；有违法所得的，予以没收。

③情节较重的违法行为裁量基准

责令停止违法行为，拒不改正的；曾因该违法行为被依法查处，再次实施该违法行为的；情节严重，存在违法行为，违法所得数额巨大的；造成工程质量安全事故的；其他依法应予从重处罚的情形，裁量基准：吊销资质证书，对工程监理单位处合同约定的监理酬金1.5倍以上2倍以下的罚款；对施工单位处工程合同价款3%以上4%以下的罚款；有违法所得的，予以没收。

（4）允许其他单位或者个人以本单位名义承揽工程

①情节较轻的违法行为裁量基准初次违法，危害后果轻微，主动消除或减轻违法行为危害后果的情形，裁量基准：责令改正，没收违法所得，对监理单位处合同约定的监理酬金1倍的罚款；对施工单位处工程合同价款2%的罚款。

②一般情形的违法行为裁量基准

不具有从轻、从重情形的，裁量基准：责令改正，没收违法所得，对监理单位处合同约定的监理酬金1倍以上1.5倍以下的罚款；对施工单位处工程合同价款2%以上3%以下的罚款。

③情节较重的违法行为裁量基准

责令停止违法行为，拒不改正的；曾因该违法行为被依法查处，再次实施该违法行为的；情节严重，存在违法行为，违法所得数额巨大的；其他依法应予从重处罚的情形，裁量基准：责令改正，没收违法所得，对监理单位处合同约定的监理酬金1.5倍以上2倍以下的罚款；对施工单位处工程合同价款3%以上4%以下的罚款。

造成工程较大质量安全事故的情形，裁量基准：可以责令停业整顿，降低资质等级，没收违法所得。造成工程重大质量安全事故的情形，裁量基准：吊销资质证书，没收违法所得。

3.法律法规等依据

《中华人民共和国建筑法》第六十五条第二款、第三款、第四款规定超越本单位资质等级承揽工程的，责令停止违法行为，处以罚款，可以责令停业整顿，降低资质等级；情节严重的，吊销资质证书；有违法所得的，予以没收。未取得资质证书承揽工程的，予以取缔，并处罚款；有违法所得的，予以没收。以欺骗手段取得资质证书的，吊销资质证书，处以罚款；构成犯罪的，依法追究刑事责任。

《建设工程质量管理条例》第六十条规定违反本条例规定，勘察、设计、施工、工程监理单位超越本单位资质等级承揽工程的，责令停止违法行为，对勘察、设计单位或者工程监理单位处合同约定的勘察费、设计费或者监理酬金 1 倍以上 2 倍以下的罚款；对施工单位处工程合同价款百分之二以上百分之四以下的罚款，可以责令停业整顿，降低资质等级；情节严重的，吊销资质证书；有违法所得的，予以没收。

未取得资质证书承揽工程的，予以取缔，依照前款规定处以罚款；有违法所得的，予以没收。以欺骗手段取得资质证书承揽工程的，吊销资质证书，依照本条第一款规定处以罚款；有违法所得的，予以没收。

《建设工程质量管理条例》第六十一条规定违反本条例规定，勘察、设计、施工、工程监理单位允许其他单位或者个人以本单位名义承揽工程的，责令改正，没收违法所得，对勘察、设计单位和工程监理单位处合同约定的勘察费、设计费和监理酬金 1 倍以上 2 倍以下的罚款；对施工单位处工程合同价款百分之二以上百分之四以下的罚款；可以责令停业整顿，降低资质等级；情节严重的，吊销资质证书。

（五）建设单位未履行工程质量安全监管责任

1. 主要违法情形

未组织竣工验收，擅自交付使用的；验收不合格，擅自交付使用的；对不合格的建设工程按照合格工程验收的；建设工程竣工验收后，建设单位未向建设行政主管部门或者其他有关部门移交建设项目档案的。

2. 处罚裁量基准

（1）未组织竣工验收，擅自交付使用的；验收不合格，擅自交付使用的；对不合格的建设工程按照合格工程验收的

①情节较轻的违法行为裁量基准

初次违法，危害后果轻微，主动消除或减轻违法行为危害后果的，裁量基准：责令改正，对单位处工程合同价款 2% 的罚款，对单位直接负责的主管人员和其他直接责任人员处单位罚款数额 5% 的罚款。

②一般情形的违法行为裁量基准

不具有从轻、从重情形的，裁量基准：责令改正，对单位处工程合同价款 2% 以上 3% 以下的罚款，对单位直接负责的主管人员和其他直接责任人员处单位罚款数额 5% 以上 7.5% 以下的罚款。

③情节较重的违法行为裁量基准

责令改正后，拒不改正的；曾因实施该类违法行为被查处，再次实施该类违法行为的；未组织竣工验收擅自交付使用，发生质量安全事故或者其他危害公共安全、人身财产安全的；验收不合格擅自交付使用，发生质量安全事故或者其他危害公共安全、人身财产安全的；对不合格的建设工程按照合格工程验收，造成工程质量达不到国家有关规范标准要求的；发生质量安全事故的；其他依法应予从重处罚的情形；裁量基准：责令改正，对单位处工程合同价款3%以上4%以下的罚款，对单位直接负责的主管人员和其他直接责任人员处单位罚款数额7.5%以上10%以下的罚款。

（2）建设工程竣工验收后，建设单位未向建设行政主管部门或者其他有关部门移交建设项目档案的

①情节较轻的违法行为裁量基准

初次违法，危害后果轻微，主动消除或减轻违法行为危害后果的，裁量基准：责令改正，对单位处1万元罚款，对单位直接负责的主管人员和其他直接责任人员处单位罚款数额5%的罚款。

②一般情形的违法行为裁量基准

不具有从轻、从重情形的，裁量基准：责令改正，对单位处1万以上5万元以下罚款，对单位直接负责的主管人员和其他直接责任人员处单位罚款数额5%以上7.5%以下的罚款。

③情节较重的违法行为裁量基准

责令限期改正后，拒不改正的；曾因未按规定向建设行政主管部门或者其他有关部门移交建设项目档案被查处，再次实施该类违法行为的；因验收过程中发现重大问题，无法通过验收，故意逃避移交手续的；其他依法应予从重处罚的情形；裁量基准：责令改正，对单位处5万元以上下10万元以下罚款，对单位直接负责的主管人员和其他直接责任人员处单位罚款数额7.5%以上10%以下的罚款。

3.相关内容释义

工程竣工验收指建设工程依照各种规范和约定完成各项内容，建设单位取得政府有关主管部门（或其委托机构）出具的各种验收文件后，并编制完成《建设工程竣工验收报告》的过程。工程竣工验收需要履行法定的程序，并符合法定条件。

4.法律法规等依据

《建设工程质量管理条例》第五十八条规定违反本条例规定，建设单位有下列行为之一的，责令改正，处工程合同价款百分之二以上百分之四以下的罚款；造成损失的，依法承担赔偿责任；未组织竣工验收，擅自交付使用的；验收不合格，擅自交付使用的；对不合格的建设工程按照合格工程验收的。

《建设工程质量管理条例》第五十九违反本条例规定，建设工程竣工验收后，建设单位未向建设行政主管部门或者其他有关部门移交建设项目档案的，责令改正，处1万元以

上 10 万元以下的罚款。

《建设工程质量管理条例》第七十三条规定给予单位罚款处罚的，对单位直接负责的主管人员和其他直接责任人员处单位罚款数额百分之五以上百分之十以下的罚款。

《中华人民共和国建筑法》第六十一条规定交付竣工验收的建筑工程，必须符合规定的建筑工程质量标准，有完整的工程技术经济资料和经签署的工程保修书，并具备国家规定的其他竣工条件。建筑工程竣工经验收合格后，方可交付使用；未经验收或者验收不合格的，不得交付使用。

（六）施工单位未履行工程质量安全监管责任

1. 主要违法情形

施工单位在施工中偷工减料的，使用不合格的建筑材料、建筑构配件和设备的，或者有其他不按照工程设计图纸或者施工技术标准施工的行为的；施工单位的主要负责人、项目负责人未履行安全生产管理职责的；施工前未对有关安全施工的技术要求作出详细说明的；未根据不同施工阶段和周围环境及季节、气候的变化，在施工现场采取相应的安全施工措施，或者在城市市区内的建设工程的施工现场未实行封闭围挡的；在尚未竣工的建筑物内设置员工集体宿舍的；施工现场临时搭建的建筑物不符合安全使用要求的；未对因建设工程施工可能造成损害的毗邻建筑物、构筑物和地下管线等采取专项防护措施的；施工单位的安全防护用具、机械设备、施工机具及配件在进入施工现场前未经查验或者查验不合格即投入使用的；使用未经验收或者验收不合格的施工起重机械和整体提升脚手架、模板等自升式架设设施的；委托不具有相应资质的单位承担施工现场安装、拆卸施工起重机械和整体提升脚手架、模板等自升式架设设施的；在施工组织设计中未编制安全技术措施、施工现场临时用电方案或者专项施工方案的；施工单位未对建筑材料、建筑构配件、设备和商品混凝土进行检验，或者未对涉及结构安全的试块、试件以及有关材料取样检测的；施工单位不履行保修义务或者拖延履行保修义务的；施工单位挪用列入建设工程概算的安全生产作业环境及安全施工措施所需费用的。

2. 处罚裁量基准

（1）施工单位在施工中偷工减料的，使用不合格的建筑材料、建筑构配件和设备的，或者有其他不按照工程设计图纸或者施工技术标准施工的行为的：

①情节较轻的违法行为裁量基准

初次违法，危害后果轻微，主动消除或减轻违法行为危害后果的，裁量基准：责令改正，对单位处工程合同价款 2% 以上 3% 以下的罚款，对单位直接负责的主管人员和其他直接责任人员处单位罚款数额 5% 以上 7.5% 以下的罚款。

②一般情形的违法行为裁量基准

不具有从轻、从重情形的，裁量基准：责令改正，对单位处工程合同价款 3% 以上 4%

以下的罚款，对单位直接负责的主管人员和其他直接责任人员处单位罚款数额7.5%以上10%以下的罚款。

③情节较重的违法行为裁量基准

经责令改正，拒不改正的；建筑施工企业曾因偷工减料，使用不合格的建筑材料、建筑构配件和设备，或者有其他不按照工程设计图纸或者施工技术标准施工的行为查处，再次实施上述违法行为的；造成建筑工程质量不符合国家强制性标准的；造成质量安全事故的；其他依法应予从重处罚的情形；裁量基准：责令改正，责令停业整顿，降低资质等级或吊销资质证书。

（2）施工单位的主要负责人、项目负责人未履行安全生产管理职责的：

①情节较轻的违法行为裁量基准

初次违法，危害后果轻微，主动消除或减轻违法行为危害后果的，裁量基准：责令限期改正，对施工单位的主要负责人、项目负责人处2万元罚款。

②一般情形的违法行为裁量基准

责令限期改正、逾期未改正的，不具有从轻从重情形的，裁量基准：责令施工单位停业整顿，对施工单位的主要负责人、项目负责人处2万元以上10万元以下罚款。

③情节较重的违法行为裁量基准

施工单位的主要负责人、项目负责人曾因未履行安全生产管理职责被查处，再次实施上述违法行为的；造成生产安全事故的；其他依法应予从重处罚的情形，裁量基准：责令施工单位停业整顿，对施工单位的主要负责人、项目负责人处10万元以上20万元以下罚款。

（3）施工前未对有关安全施工的技术要求作出详细说明的；未根据不同施工阶段和周围环境及季节、气候的变化，在施工现场采取相应的安全施工措施，或者在城市市区内的建设工程的施工现场未实行封闭围挡的；在尚未竣工的建筑物内设置员工集体宿舍的；施工现场临时搭建的建筑物不符合安全使用要求的；未对因建设工程施工可能造成损害的毗邻建筑物、构筑物和地下管线等采取专项防护措施的：

①情节较轻的违法行为裁量基准

初次违法，逾期未改正的，危害后果轻微，主动消除或减轻违法行为危害后果的责令停业整顿，并处5万元罚款。

②一般情形的违法行为裁量基准

不具有从轻从重情形的，裁量基准：责令停业整顿，并处5万元以上7.5万元以下罚款。

③情节较重的违法行为裁量基准

曾因此类行为被查处，再次实施上述违法行为的；造成损失或生产安全事故的；其他依法应予从重处罚的情形；裁量基准：责令停业整顿，并处7.5万元以上10万元以下罚款。

（4）施工单位的安全防护用具、机械设备、施工机具及配件在进入施I现场前未经查验或者查验不合格即投入使用的；使用未经验收或者验收不合格的施工起重机械和整体提升脚手架、模板等自升式架设设施的；委托不具有相应资质的单位承担施工现场安装、拆卸施工起重机械和整体提升脚手架、模板等自升式架设设施的；在施工组织设计中未编制安全技术措施、施工现场临时用电方案或者专项施工方案的：

①情节较轻的违法行为裁量基准

初次违法，逾期未改正的，没有造成后果或者后果轻微，裁量基准：责令停业整顿，并处 10 万元以上 15 万元以下罚款。

②一般情形的违法行为裁量基准

不具有从轻从重情形的，裁量基准：责令停业整顿，并处 15 万元以上 30 万元以下罚款。

③情节较重的违法行为裁量基准

曾因此类行为被查处后，再次实施上述违法行为的；造成生产安全事故的；其他依法应予从重处罚的情形；裁量基准：降低资质等级或吊销资质证书。

（5）施工单位未对建筑材料、建筑构配件、设备和商品混凝土进行检验，或者未对涉及结构安全的试块、试件以及有关材料取样检测的：

①情节较轻的违法行为裁量基准

初次违法，危害后果轻微，主动消除或减轻违法行为危害后果的，裁量基准：责令改正，对单位处 10 万元以上 15 万元以下罚款，对单位直接负责的主管人员和其他直接责任人员处单位罚款数额 5% 以上 7.5% 以下的罚款。

②一般情形的违法行为裁量基准

不具有从轻、从重情形的，裁量基准：责令改正，对单位处 15 万元以上 20 万元以下罚款，对单位直接负责的主管人员和其他直接责任人员处单位罚款数额 7.5% 以上 10% 以下的罚款。

③情节较重的违法行为裁量基准

责令改正后，拒不改正的；施工单位曾因未对建筑材料、建筑构配件、设备和商品混凝土进行检验，或者未对涉及结构安全的试块、试件以及有关材料取样检测被查处，再次实施上述违法行为的；造成质量安全事故的；其他依法应予从重处罚的情形；裁量基准：停业整顿，降低资质或吊销资质证书。

（6）施工单位不履行保修义务或者拖延履行保修义务的：

①情节较轻的违法行为裁量基准

初次违法，危害后果轻微，主动消除或减轻违法行为危害后果的，裁量基准：责令改正，对单位处 10 万元罚款，对单位直接负责的主管人员和其他直接责任人员处单位罚款数额 5% 的罚款。

②一般情形的违法行为裁量基准

不具有从轻、从重情形的，裁量基准：责令改正，对单位处10万元以上15万元以下罚款，对单位直接负责的主管人员和其他直接责任人员处单位罚款数额5%以上7.5%以下的罚款。

③情节较重的违法行为裁量基准

施工单位拒不改正，未采取相应措施的；施工单位曾因不履行保修义务或者拖延履行保修义务被查处，再次实施上述违法行为的；因施工单位不履行保修义务或者拖延履行保修义务造成损失的；因施工单位不履行保修义务或者拖延履行保修义务，工程质量问题得不到及时整改发生质量事故的；其他依法应予从重处罚的情形；裁量基准：责令改正，对单位处15万元以上20万元以下20万元罚款，对单位直接负责的主管人员和其他直接责任人员处单位罚款数额7.5%以上10%以下的罚款。

（7）施工单位挪用列入建设工程概算的安全生产作业环境及安全施工措施所需费用的：

①情节较轻的违法行为裁量基准

初次违法，危害后果轻微，主动消除或减轻违法行为危害后果的，裁量基准：责令限期改正，处挪用费用20%的罚款。

②一般情形的违法行为裁量基准

不具有从轻、从重情形的，裁量基准：责令限期改正，处挪用费用20%以上35%以下的罚款。

③情节较重的违法行为裁量基准

施工单位逾期拒不改正的；施工单位曾因挪用列入建设工程概算的安全生产作业环境及安全施工措施所需费用被查处，再次实施上述违法行为的；因施工单位挪用列入建设工程概算的安全生产作业环境及安全施工措施所需费用造成损失的；因施工单位挪用列入建设工程概算的安全生产作业环境及安全施工措施所需费用，导致发生安全事故的；其他依法应予从重处罚的情形；裁量基准：责令限期改正，处挪用费用35%以上50%以下罚款。

3.法律法规等依据

《中华人民共和国建筑法》第七十四条规定建筑施工企业在施工中偷工减料的，使用不合格的建筑材料、建筑构配件和设备的，或者有其他不按照工程设计图纸或者施工技术标准施工的行为的，责令改正，处以罚款；情节严重的，责令停业整顿，降低资质等级或者吊销资质证书；造成建筑工程质量不符合规定的质量标准的，负责返工、修理，并赔偿因此造成的损失；构成犯罪的，依法追究刑事责任。

《建设工程质量管理条例》第六十四条规定违反本条例规定，施工单位在施工中偷工减料的，使用不合格的建筑材料、建筑构配件和设备的，或者有不按照工程设计图纸或者施工技术标准施工的其他行为的，责令改正，处工程合同价款百分之二以上百分之四以下的罚款；造成建设工程质量不符合规定的质量标准的，负责返工、修理，并赔偿因此造成的损失；情节严重的，责令停业整顿，降低资质等级或者吊销资质证书。

《建设工程质量管理条例》第七十三条规定给予单位罚款处罚的，对单位直接负责的主管人员和其他直接责任人员处单位罚款数额百分之五以上百分之十以下的罚款。

《建设工程安全生产管理条例》第六十六条规定违反本条例的规定，施工单位的主要负责人、项目负责人未履行安全生产管理职责的，责令限期改正；逾期未改正的，责令施工单位停业整顿；造成重大安全事故、重大伤亡事故或者其他严重后果，构成犯罪的，依照刑法有关规定追究刑事责任。

作业人员不服管理、违反规章制度和操作规程冒险作业造成重大伤亡事故或者其他严重后果，构成犯罪的，依照刑法有关规定追究刑事责任。

施工单位的主要负责人、项目负责人有前款违法行为，尚不够刑事处罚的，处2万元以上20万元以下的罚款或者按照管理权限给予撤职处分；自刑罚执行完毕或者受处分之日起，5年内不得担任任何施工单位的主要负责人、项目负责人。

《建设工程安全生产管理条例》第六十五条规定违反本条例的规定，施工单位有下列行为之一的，责令限期改正；逾期未改正的，责令停业整顿，并处10万元以上30万元以下的罚款；情节严重的，降低资质等级，直至吊销资质证书；造成重大安全事故，构成犯罪的，对直接责任人员，依照刑法有关规定追究刑事责任；造成损失的，依法承担赔偿责任：①安全防护用具、机械设备、施工机具及配件在进入施工现场前未经查验或者查验不合格即投入使用的；②使用未经验收或者验收不合格的施工起重机械和整体提升脚手架、模板等自升式架设设施的；③委托不具有相应资质的单位承担施工现场安装、拆卸施工起重机械和整体提升脚手架、模板等自升式架设设施的；④在施工组织设计中未编制安全术措施、施工现场临时用电方案或者专项施工方案的。

《建设工程安全生产管理条例》第六十四条规定违反本条例的规定，施工单位有下列行为之一的，责令限期改正；逾期未改正的，责令停业整顿，并处5万元以上10万元以下的罚款；造成重大安全事故，构成犯罪的，对直接责任人员，依照刑法有关规定追究刑事责任：①施工前未对有关安全施工的技术要求作出详细说明的；②未根据不同施工阶段和周围环境及季节、气候的变化，在施工现场采取相应的安全施工措施，或者在城市市区内的建设工程的施工现场未实行封闭围挡的；③在尚未竣工的建筑物内设置员工集体宿舍的；④施工现场临时搭建的建筑物不符合安全使用要求的；⑤未对因建设工程施工可能造成损害的毗邻建筑物、构筑物和地下管线等采取专项防护措施的。施工单位有前款规定第④项、第⑤项行为，造成损失的，依法承担赔偿责任。

《建设工程安全生产管理条例》第六十三条规定违反本条例的规定，施工单位挪用列入建设工程概算的安全生产作业环境及安全施工措施所需费用的，责令限期改正，处挪用费用20%以上50%以下的罚款；造成损失的，依法承担赔偿责任。

第三节　房地产管理行政综合执法

一、房地产管理综合执法概述

人口是城市基本要素，与人们生活最为密切相连的是住宅，它是人们生活的主要场所，因而房地产管理是城市管理的首要职能，对于房地产管理的综合执法与人们切身利益紧密相关。我国目前对于房地产管理主要涉及房地产开发、房地产交易，中介服务机构的管理，房地产权属登记的管理等方面，我国也相继出台一系列的法律法规规章进行规范，安徽省针对具体领域也出台相应的法规规章予以调整，为房地产综合执法奠定良好的基础。《城市管理执法办法》（住房城乡建设部令［2017］第34号）第八条明确规定城市管理执法范围包括住房城乡建设领域法律法规规章规定的行政处罚权，根据该规定，房地产管理中的行政处罚权也应该由城管部门实施。由于部分规定与该办法不一致，因此部分相关的规定需要予以修改以维护其一致性。

二、主要违法情形

（一）不具备房地产开发资质从事行为

1. 主要违法行为

未取得房地产开发企业资质证书，擅自销售商品房的；骗取、涂改、出租、出借、转让、出卖房地产开发资质证书的。

2. 处罚裁量基准

（1）未取得房地产开发企业资质证书，擅自销售商品房的

①情节较轻的违法行为裁量基准初次违法，危害后果较轻的，裁量基准：责令停止销售活动，处5万元罚款。

②一般情形的违法行为裁量基准

不具有从轻、从重情形的，裁量基准：责令停止销售活动，处5万元以上7.5万元以下罚款。

③情节较重的违法行为裁量基准多次实施违法行为，屡教不改的；足以影响房地产市场秩序和社会稳定的；法律、法规、规章规定的其他应当从重处罚的情形，裁量基准：责令停止销售活动，处7.5万元以上10万元以下罚款。

（2）骗取、涂改、出租、出借、转让、出卖房地产开发资质证书的

①情节较轻的违法行为裁量基准

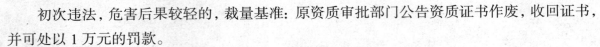

初次违法，危害后果较轻的，裁量基准：原资质审批部门公告资质证书作废，收回证书，并可处以 1 万元的罚款。

②一般情形的违法行为裁量基准

不具有从轻、从重情形的，裁量基准：原资质审批部门公告资质证书作废，收回证书，并可处以 1 万元以上 2 万元以下的罚款。

③情节较重的违法行为裁量基准

多次实施违法行为，屡教不改的；足以影响房地产市场秩序和社会稳定的；法律、法规、规章规定的其他应当从重处罚的情形；裁量基准：原资质审批部门公告资质证书作废，收回证书，并可处以 2 万元以上 3 万元以下的罚款。

3. 相关内容释义

借用房地产资质行为与合作开发行为区分。在借用房地产资质行为中，借用人承担全部或大部分的建设管理义务，出借资质的人不参与任何建设管理行为。合作开发房地产，即特指当事人以提供出让土地使用权、资金等作为共同投资，共享利润、共担风险的协议。如果无论盈利或亏损一方均获得固定的收益，则此种约定违反了合作的本意，不应被认定为合作开发房地产。

4. 法律法规等依据

《商品房销售管理办法》（建设部令第 88 号）第三十七条未取得房地产开发企业资质证书，擅自销售商品房的，责令停止销售活动，处 5 万元以上 10 万元以下的罚款。

《房地产开发企业资质管理规定》第二十一条规定企业有下列行为之一的，由原资质审批部门公告资质证书作废，收回证书，并可处以 1 万元以上 3 万元以下的罚款：①隐瞒真实情况、弄虚作假骗取资质证书的；②涂改、出租、出借、转让、出卖资质证书的。《安徽省城市房地产开发经营管理办法》第二十八条房地产开发企业转让、出借资质等级证书或者以其他方式允许他人以本企业的名义从事房地产开发经营活动的，由县级以上地方人民政府房地产开发主管部门责令改正、报请颁发资质等级证书的部门降低资质等级或者吊销资质等级证书。

（二）非法销售商品房行为

1. 主要违法行为

在未解除商品房买卖合同前，将作为合同标的物的商品房再行销售给他人；房地产中介服务机构代理销售不符合销售条件的商品房；房地产开发企业在销售商品房中违反管理办法；擅自预售商品房；不按规定使用商品房预售款项。

2. 处罚裁量基准

（1）在未解除商品房买卖合同前，将作为合同标的物的商品房再行销售给他人

①情节较轻的违法行为裁量基准初次违法，危害后果较轻的，裁量基准：警告，责令

限期改正，并处 2 万元罚款。

②一般情形的违法行为裁量基准

不具有从轻、从重情形的，裁量基准：警告，责令限期改正，并处 2 万元以上 2.5 万元以下罚款。

③情节较重的违法行为裁量基准

多次实施违法行为，屡教不改的；足以影响房地产市场秩序和社会稳定的；法律、法规、规章规定的其他应当从重处罚的情形；裁量基准：警告，责令限期改正，并处 2.5 万元以上 3 万元以下罚款。

（2）房地产中介服务机构代理销售不符合销售条件的商品房

①情节较轻的违法行为裁量基准初次违法，危害后果较轻的，裁量基准：警告，责令停止销售，并可处 2 万元罚款。

②一般情形的违法行为裁量基准不具有从轻、从重情形的，裁量基准：警告，责令停止销售，并可处 2 万元以上 2.5 万元以下罚款。

③情节较重的违法行为裁量基准多次实施违法行为，屡教不改的；足以影响房地产市场秩序和社会稳定的；法律、法规、规章规定的其他应当从重处罚的情形；裁量基准：警告，责令停止销售，并可处 2.5 万元以上 3 万元以下罚款。

（3）房地产开发企业在销售商品房中违反管理办法

①情节较轻的违法行为裁量基准初次违法，危害后果较轻的，裁量基准：警告，责令限期改正，并可处 1 万元罚款。

②一般情形的违法行为裁量基准不具有从轻、从重情形的，裁量基准：警告，责令限期改正，并可处 1 万元以上 2 万元以下罚款。

③情节较重的违法行为裁量基准

多次实施违法行为，屡教不改的；足以影响房地产市场秩序和社会稳定的；法律、法规、规章规定的其他应当从重处罚的情形，裁量基准：警告，责令限期改正，并可处 2 万元以上 3 万元以下罚款。

（4）擅自预售商品房

①情节较轻的违法行为裁量基准初次违法，危害后果较轻的，裁量基准：责令停止违法行为，没收违法所得；收取预付款的，可以并处已收取的预付款千分之三以下的罚款。

②一般情形的违法行为裁量基准

不具有从轻、从重情形的，裁量基准：责令停止违法行为，没收违法所得；收取预付款的，可以并处已收取的预付款千分之三以上千分之六以下的罚款。

③情节较重的违法行为裁量基准

多次实施违法行为，屡教不改的；足以影响房地产市场秩序和社会稳定的；法律、法规、规章规定的其他应当从重处罚的情形；裁量基准：责令停止违法行为，没收违法所得；收取预付款的，可以并处已收取的预付款千分之六以上百分之一以下的罚款。

（5）不按规定使用商品房预售款项

①情节较轻的违法行为裁量基准

初次违法，危害后果较轻的，裁量基准：责令限期纠正，并可处以违法所得1倍但不超过1万元的罚款。

②一般情形的违法行为裁量基准

不具有从轻、从重情形的，裁量基准：责令限期纠正，并可处以违法所得1倍以上2倍以下但不超过2万元的罚款。

③情节较重的违法行为裁量基准

多次实施违法行为，屡教不改的；足以影响房地产市场秩序和社会稳定的；法律、法规、规章规定的其他应当从重处罚的情形；裁量基准：责令限期纠正，并可处以违法所得2倍以上3倍以下但不超过3万元的罚款。

3. 相关内容释义

商品房预售指商品房预售是指房地产开发企业将正在建设中的房屋预先出售给承购人，由承购人支付定金或房价款的行为。目前开发商预售条件为：①已交付全部土地使用权出让金，取得土地使用权证书；②持有建设工程规划许可证和施工许可证；③按提供预售的商品房计算，投入开发建设的资金达到工程建设总投资的25%以上，并已经确定施工进度和竣工交付日期。

4. 法律法规等依据

《商品房销售管理办法》（建设部令第88号）第三十九条规定在未解除商品房买卖合同前，将作为合同标的物的商品房再行销售给他人的，处以警告，责令限期改正，并处2万元以上3万元以下罚款；构成犯罪的，依法追究刑事责任。

《商品房销售管理办法》（建设部令第88号）第四十三条规定房地产中介服务机构代理销售不符合销售条件的商品房的，处以警告，责令停止销售，并可处以2万元以上3万元以下罚款。

《商品房销售管理办法》（建设部令第88号）第四十二条规定房地产开发企业在销售商品房中

有下列行为之一的，处以警告，责令限期改正，并可处以1万元以上3万元以下罚款：①未按照规定的现售条件现售商品房的；②未按照规定在商品房现售前将房地产开发项目手册及符合商品房现售条件的有关证明文件报送房地产开发主管部门备案的；③返本销售或者变相返本销售商品房的；④采取售后包租或者变相售后包租方式销售未竣工商品房的；⑤分割拆零销售商品住宅的；⑥不符合商品房销售条件，向买受人收取预订款性质费用的；

⑦未按照规定向买受人明示《商品房销售管理办法》《商品房买卖合同示范文本》《城市商品房预售管理办法》的；⑧委托没有资格的机构代理销售商品房的。

《城市房地产开发经营管理条例》第三十九条规定违反本条例规定，擅自预售商品房的，由县级以上人民政府房地产开发主管部门责令停止违法行为，没收违法所得，可以并处已收取的预付款百分之一以下的罚款。

《商品房销售管理办法》第三十八条规定违反法律、法规规定，擅自预售商品房的，责令停止违法行为，没收违法所得；收取预付款的，可以并处已收取的预付款1%以下的罚款。

《城市商品房预售管理办法》第十三条规定开发企业未取得《商品房预售许可证》预售商品房的，依照《城市房地产开发经营管理条例》第三十九条的规定处罚。

《安徽省城市房地产交易管理条例》第三十六条规定擅自预售商品房的，由市、县负责房地产交易的管理部门责令其限期补办预售许可手续；不符合条件预售的，责令其向购房者退还预售款，按有关法律、法规规定没收违法所得，可以并处已收取的预付款百分之一以下的罚款。

《城市商品房预售管理办法》第十四条规定开发企业不按规定使用商品房预售款项的，由房地产管理部门责令限期纠正，并可处以违法所得三倍以下但不超过3万元的罚款。

（三）非法租赁商品房行为

1.主要违法行为

未办理租赁登记备案出租房屋、房屋租赁登记备案内容发生变化、续租或者租赁终止，当事人未到原租赁登记备案的部门办理房屋租赁登记备案的变更、延续或者注销手续；出租的房屋，属于违法建筑的，不符合安全、防灾等工程建设强制性标准的、擅自改变房屋使用性质；出租住房，未按原设计的房间为最小出租单位，人均租住建筑面积低于当地政府规定的最低标准；出租人违反本办法规定，将不得出租的房屋出租的；

2.处罚裁量基准

（1）未办理租赁登记备案出租房屋、房屋租赁登记备案内容发生变化、续租或者租赁终止，当事人未到原租赁登记备案的部门办理房屋租赁登记备案的、变更、延续或者注销手续。①情节较轻的违法行为裁量基准初次违法，危害后果较轻的，裁量基准：责令限期改正，个人逾期不改正的，处以200元以下罚款；单位逾期不改正的，处以1000元罚款。②一般情形的违法行为裁量基准不具有从轻、从重情形的，裁量基准：责令限期改正，个人逾期不改正的，处以200元以上500元以下罚款；单位逾期不改正的，处以1000元以上5000元以下罚款。

③情节较重的违法行为裁量基准

逾期不改，足以影响房地产市场秩序和社会稳定的；多次实施违法行为，屡教不改的；法律、法规、规章规定的其他应当从重处罚的情形；裁量基准：责令限期改正，个人逾期不改正的，处以 500 元以上 1000 元以下罚款；单位逾期不改正的，处以 5000 元以上 1 万元以下罚款。

（2）出租的房屋，属于违法建筑的、不符合安全、防灾等工程建设强制性标准的、擅自改变房屋使用性质

①情节较轻的违法行为裁量基准

初次违法，危害后果较轻的，裁量基准：责令限期改正，对没有违法所得的，可处以 1000 元以下罚款；对有违法所得的，可以处以违法所得 1 倍，但不超过 1 万元的罚款。

②一般情形的违法行为裁量基准

不具有从轻、从重情形的，裁量基准：责令限期改正，对没有违法所得的，可处以 1000 元以上 3000 元以下罚款；对有违法所得的，可以处以违法所得 1 倍以上 2 倍以下，但不超过 2 万元的罚款。

③情节较重的违法行为裁量基准

逾期不改，足以影响房地产市场秩序和社会稳定的；多次实施违法行为，屡教不改的；法律、法规、规章规定的其他应当从重处罚的情形；裁量基准：责令限期改正，对没有违法所得的，可处以 3000 元以上 5000 元以下罚款；对有违法所得的，可以处以违法所得 2 倍以上 3 倍以下，但不超过 3 万元的罚款。

（3）出租住房，未按原设计的房间为最小出租单位，人均租住建筑面积低于当地政府规定的最低标准

①情节较轻的违法行为裁量基准初次违法，经责令限期改正，逾期不改正的，裁量基准：可处以 5000 元罚款。

②一般情形的违法行为裁量基准

不具有从轻、从重情形的，裁量基准：可处以 5000 元以上 1.5 万元以下罚款。

③情节较重的违法行为裁量基准逾期不改，足以影响房地产市场秩序和社会稳定的；多次实施违法行为，屡教不改的；法律、法规、规章规定的其他应当从重处罚的情形；裁量基准：可处以 1.5 万元以上 3 万元以下罚款。

（4）出租人违反本办法规定，将不得出租的房屋出租的

①情节较轻的违法行为裁量基准初次违法，危害后果较轻的，裁量基准：责令停止出租，没有违法所得的，处以 300 元以下的罚款；有违法所得的，处以违法所得 1 倍的罚款，罚款不超过 1 万元。

②一般情形的违法行为裁量基准

不具有从轻、从重情形的，裁量基准：责令停止出租，没有违法所得的，处以 300 元以上 600 元以下的罚款；有违法所得的，处以违法所得 1 倍以上 1.5 倍以下的罚款，罚款不超过 2 万元。

③情节较重的违法行为裁量基准

逾期不改，足以影响房地产市场秩序和社会稳定的；多次实施违法行为，屡教不改的；法律、法规、规章规定的其他应当从重处罚的情形；裁量基准：责令停止出租，没有违法所得的，处以 600 元以上 1000 元以下的罚款；有违法所得的，处以违法所得 1.5 倍以上 2 倍以下的罚款，罚款不超过 3 万元。

3. 相关内容释义

擅自改变租赁房屋用途指将房屋土地的性质在住宅、商用、工业用地等方面进行转换，如果土地使用者需要改变土地使用权出让合同约定的土地用途的，必须取得出让方和市、县人民政府城市规划行政主管部门的同意，签订土地使用权出让合同变更协议或者重新签订土地使用权出让合同，相应调整土地使用权出让金，而承租人如果没有经过出租人同意改变房屋用途，出租人有权解除出租合同。

4. 法律法规等依据

《商品房屋租赁管理办法》（建设部令第 6 号）第二十三条规定违反本办法第十四条第一款、第十九条规定的，由直辖市、市、县人民政府建设（房地产）主管部门责令限期改正；个人逾期不改正的，处以一千元以下罚款；单位逾期不改正的，处以一千元以上一万元以下罚款。

《商品房屋租赁管理办法》（建设部令第 6 号）第十四条规定房屋租赁合同订立后三十日内，房屋租赁当事人应当到租赁房屋所在地直辖市、市、县人民政府建设（房地产）主管部门办理房屋租赁登记备案。房屋租赁当事人可以书面委托他人办理租赁登记备案。

《商品房屋租赁管理办法》（建设部令第 6 号）第十九条规定房屋租赁登记备案内容发生变化、续租或者租赁终止的，当事人应当在三十日内，到原租赁登记备案的部门办理房屋租赁登记备案的变更、延续或者注销手续。

《商品房屋租赁管理办法》（建设部令第 6 号）第二十一条规定违反本办法第六条规定的，由直辖市、市、县人民政府建设（房地产）主管部门责令限期改正，对没有违法所得的，可处以五千元以下罚款；对有违法所得的，可以处以违法所得一倍以上三倍以下，但不超过三万元的罚款。

《商品房屋租赁管理办法》（建设部令第 6 号）第六条规定有下列情形之一的房屋不得出租：①属于违法建筑的；②不符合安全、防灾等工程建设强制性标准的；③违反规定改变房屋使用性质的；④法律、法规规定禁止出租的其他情形。

《商品房屋租赁管理办法》第二十二条规定违反本办法第八条规定的，由直辖市、市、县人民政府建设（房地产）主管部门责令限期改正，逾期不改正的，可处以五千元以上三万元以下罚款。

《商品房屋租赁管理办法》第八条规定出租住房的，应当以原设计的房间为最小出租单位，人均租住建筑面积不得低于当地人民政府规定的最低标准。厨房、卫生间、阳台和地下储藏室不得出租供人员居住。

《安徽省城市房屋租赁管理办法》第十七条规定责令停止出租，没有违法所得的，处以 1000 元以下的罚款；有违法所得的，处以违法所得 1 至 2 倍的罚款，罚款不超过 3 万元。

（四）违法从事物业管理行为

1. 主要违法行为

住宅物业的建设单位未通过招投标的方式选聘物业服务企业或者未经批准，擅自采用协议方式选聘物业服务企业的；建设单位擅自处分属于业主的物业共用部位、共用设施处分属于业主的物业共用部位、共用设施设备的所有权或者使用权的；不移交有关资料的；未取得资质证书从事物业管理的；以欺骗手段取得资质证书的；物业服务企业聘用未取得物业管理职业资格证书的人员从事物业管理活动的；物业服务企业将一个物业管理区域内的全部物业管理一并委托给他人的；挪用专项维修资金的；建设单位在物业管理区域内不按照规定配置必要的物业管理用房的；

未经业主大会同意，物业服务企业擅自改变物业管理用房的用途的；擅自改变物业管理区域内按照规划建设的公共建筑和共用设施用途的；擅自占用、挖掘物业管理区域内道路、场地，损害业主共同利益的；擅自利用物业共用部位、共用设施设备进行经营的；物业服务企业超越资质等级承接物业管理业务的；物业服务企业出租、出借、转让资质证书的；物业服务企业不按照本办法规定及时办理资质变更手续的；物业服务等企业挪用住宅专项维修资金的；物业服务企业擅自撤离的；挪用物业专项维修资金的。

2. 处罚裁量基准

（1）住宅物业的建设单位未通过招投标的方式选聘物业服务企业或者未经批准，擅自采用协议方式选聘物业服务企业的：

①情节较轻的违法行为裁量基准

初次违法，危害后果较轻，裁量基准：责令限期改正，给予警告，可以并处 3 万元以下罚款。

②一般情形的违法行为裁量基准

不具有从轻、从重情形的，裁量基准：责令限期改正，给予警告，可以并处 3 万元以上 6 万元以下罚款。

③情节较重的违法行为裁量基准

多次实施违法行为，屡教不改的；足以影响房地产市场秩序和社会稳定的；法律、法规、规章规定的其他应当从重处罚的情形；裁量基准：责令限期改正，给予警告，可以并处 6 万元以上 10 万元以下罚款。

（2）建设单位擅自处分属于业主的物业共用部位、共用设施，处分属于业主的物业共

用部位、共用设施设备的所有权或者使用权的：

①情节较轻的违法行为裁量基准初次违法，危害后果较轻的，裁量基准：处 5 万元罚款。

②一般情形的违法行为裁量基准不具有从轻、从重情形的，裁量基准：处 5 万元以上 10 万元以下罚款。

③情节较重的违法行为裁量基准

多次实施违法行为，屡教不改的；足以影响房地产市场秩序和社会稳定的；法律、法规、规章规定的其他应当从重处罚的情形；裁量基准：处 10 万元以上 20 万元以下罚款。

（3）不移交有关资料的：

①情节较轻的违法行为裁量基准责令限期改正，逾期未改正的，裁量基准：对建设单位、物业服务企业予以通报，处 1 万元罚款。

②一般情形的违法行为裁量基准不具有从轻、从重情形的，裁量基准：对建设单位、物业服务企业予以通报，处 1 万元以上 5 万元以下罚款。

③情节较重的违法行为裁量基准多次实施违法行为，屡教不改的；逾期不改，足以影响房地产市场秩序和社会稳定的；法律、法规、规章规定的其他应当从重处罚的情形；裁量基准：对建设单位、物业服务企业予以通报，处 5 万元以上 10 万元以下罚款。

（4）物业服务企业将一个物业管理区域内的全部物业管理一并委托给他人的：

①情节较轻的违法行为裁量基准初次违法，危害后果较轻的，裁量基准：责令限期改正，处委托合同价款 30% 的罚款。

②一般情形的违法行为裁量基准不具有从轻、从重情形的，裁量基准：责令限期改正，处委托合同价款 30% 以上 40% 以下的罚款。

③情节较重的违法行为裁量基准多次实施违法行为，屡教不改的；足以影响房地产市场秩序和社会稳定的；法律、法规、规章规定的具备其他严重情节的情形；裁量基准：责令限期改正，处委托合同价款 40% 以上 50% 以下的罚款由颁发资质证书的部门吊销资质证书。

（5）挪用专项维修资金的：

①情节较轻的违法行为裁量基准初次违法，危害后果较轻的，裁量基准：追回挪用的专项维修资金，给予警告，没收违法所得，可以并处挪用数额 0.5 倍以下的罚款。

②一般情形的违法行为裁量基准不具有从轻、从重情形的，裁量基准：追回挪用的专项维修资金，给予警告，没收违法所得，可以并处挪用数额 0.5 倍以上 1 倍以下的罚款。

③情节较重的违法行为裁量基准多次实施违法行为，屡教不改的；足以影响房地产市场秩序和社会稳定的；法律、法规、规章规定的具备其他严重情节的情形；裁量基准：追回挪用的专项维修资金，给予警告，没收违法所得，可以并处挪用数额 1 倍以上 2 倍以下的罚款，并由颁发资质证书的部门吊销资质证书。

（6）建设单位在物业管理区域内不按照规定配置必要的物业管理用房的：

①情节较轻的违法行为裁量基准

初次违法，危害后果较轻的，裁量基准：责令限期改正，给予警告，没收违法所得，并处10万元罚款。

②一般情形的违法行为裁量基准

不具有从轻、从重情形的，裁量基准：责令限期改正，给予警告，没收违法所得，并处10万元以上30万元以下罚款。

③情节较重的违法行为裁量基准

多次实施违法行为，屡教不改的；足以影响房地产市场秩序和社会稳定的；法律、法规、规章规定的其他应当从重处罚的情形；裁量基准：责令限期改正，给予警告，没收违法所得，并处30万元以上50万元以下罚款。

（7）未经业主大会同意，物业服务企业擅自改变物业管理用房的用途的：

①情节较轻的违法行为裁量基准

初次违法，危害后果较轻的，裁量基准：责令限期改正，给予警告，并处1万元罚款。

②一般情形的违法行为裁量基准

不具有从轻、从重情形的，裁量基准：责令限期改正，给予警告，并处1万元以上5万元以下罚款。

③情节较重的违法行为裁量基准

多次实施违法行为，屡教不改的；足以影响房地产市场秩序和社会稳定的；法律、法规、规章规定的其他应当从重处罚的情形；裁量基准：责令限期改正，给予警告，并处5万元以上10万元以下罚款。

（8）擅自改变物业管理区域内按照规划建设的公共建筑和共用设施用途的；擅自占用、挖掘物业管理区域内道路、场地，损害业主共同利益的；擅自利用物业共用部位、共用设施设备进行经营的：

①情节较轻的违法行为裁量基准

初次违法，危害后果较轻的，裁量基准：对个人处1000元罚款；对单位处5万元罚款。

②一般情形的违法行为裁量基准

不具有从轻、从重情形的，裁量基准：对个人处1000元以上5000元以下罚款；对单位赴5万元以上15万元以下罚款。

③情节较重的违法行为裁量基准

多次实施违法行为，屡教不改的；足以影响房地产市场秩序和社会稳定的；法律、法规、规章规定的其他应当从重处罚的情形；裁量基准：对个人处5000元以上1万元以下罚款；对单位处15万元以上20万元以下罚款。

3. 相关内容释义

使用专项维修资金，应当经专有部分占建筑物总面积三分之二以上的业主且表决人数三分之二以上的业主同意。

共用部位是指由单幢住宅内业主或者单幢住宅内业主及与之结构相连的非住宅业主共有的部位，一般包括：住宅的基础、承重墙体、柱、梁、楼板、屋顶以及户外的墙面、门厅、楼梯间、走廊通道等。

共用设施设备是指由住宅业主或者住宅业主及有关非住宅业主共有的附属设施设备，一般包括电梯、天线、照明、消防设施、绿地、道路、路灯、沟渠、池、井、非经营性车场车库、公益性文体设施和共用设施设备使用的房屋等。

4. 法律法规等依据

《物业管理条例》第五十六条违反本条例的规定，住宅物业的建设单位未通过招投标的方式选聘物业服务企业或者未经批准，擅自采用协议方式选聘物业服务企业的，县级以上地方人民政府房地产行政主管部门责令限期改正，给予警告，可以并处10万元以下的罚款。

《物业管理条例》第五十七条规定违反本条例的规定，建设单位擅自处分属于业主的物业共用部位、共用设施设备的所有权或者使用权的，由县级以上地方人民政府房地产行政主管部门处5万元以上20万元以下的罚款；给业主造成损失的，依法承担赔偿责任。

《物业管理条例》第五十八条违反本条例的规定，不移交有关资料的，由县级以上地方人民政府房地产行政主管部门责令限期改正；逾期仍不移交有关资料的，对建设单位、物业服务企业予以通报，处1万元以上10万元以下的罚款。

《物业管理条例》第五十九条规定违反本条例的规定，物业服务企业将一个物业管理区域内的全部物业管理一并委托给他人的，由县级以上地方人民政府房地产行政主管部门责令限期改正，处委托合同价款30%以上50%以下的罚款。委托所得收益，用于物业管理区域内物业共用部位、共用设施设备的维修、养护，剩余部分按照业主大会的决定使用；给业主造成损失的，依法承担赔偿责任。

《物业管理条例》第六十条规定违反本条例的规定，挪用专项维修资金的，由县级以上地方人民政府房地产行政主管部门追回挪用的专项维修资金，给予警告，没收违法所得，可以并处挪用数额2倍以下的罚款；构成犯罪的，依法追究直接负责的主管人员和其他直接责任人员的刑事责任。

《物业管理条例》第六十一条违反本条例的规定，建设单位在物业管理区域内不按照规定配置必要的物业管理用房的，县级以上地方人民政府房地产行政主管部门责令限期改正，应给予警告，没收违法所得，并处10万元以上50万元以下的罚款。

《物业管理条例》第六十二条规定违反本条例的规定，未经业主大会同意，物业服务企业擅自改变物业管理用房的用途的，应由县级以上地方人民政府房地产行政主管部门责令限期改正，给予警告，并处 1 万元以上 10 万元以下的罚款；有收益的，所得收益用于物业管理区域内物业共用部位、共用设施设备的维修、养护，剩余部分按照业主大会的决定使用。

《物业管理条例》第六十三条规定违反本条例的规定，有下列行为之一的，由县级以上地方人民政府房地产行政主管部门责令限期改正，给予警告，并按照本条第二款的规定处以罚款；所得收益，用于物业管理区域内物业共用部位、共用设施设备的维修、养护，剩余部分按照业主大会的决定使用：①擅自改变物业管理区域内按照规划建设的公共建筑和共用设施用途的；②擅自占用、挖掘物业管理区域内道路、场地，损害业主共同利益的；③擅自利用物业共用部位、共用设施设备进行经营的。

个人有前款规定行为之一的，处 1000 元以上 1 万元以下的罚款；单位有前款规定行为之一的，处 5 万元以上 20 万元以下的罚款。

（五）违法改变住宅结构性质行为

1. 主要违法行为

拆改房屋承重结构的；侵占损坏房屋公共部位；损坏共用设施设备的；擅自将住宅改变为经营性用房的行为。

2. 主要裁量基准

（1）拆改房屋主体和承重结构的

①情节较轻的违法行为裁量基准

初次违法，危害后果较轻的，裁量基准：责令限期改正，恢复原状，并可处 5 万元的罚款。

②一般情形的违法行为裁量基准

不具有从轻、从重情形的，裁量基准：责令限期改正，恢复原状，并可处 5 万元以上 7 万元以下的罚款。

③情节较重的违法行为裁量基准

多次实施违法行为，屡教不改的；足以影响房地产市场秩序和社会稳定的；法律、法规、规章规定的具备其他严重情节的情形；裁量基准：责令限期改正，恢复原状，并可处 7 万元以上 10 万元以下的罚款。

（2）侵占房屋共用部位的

①情节较轻的违法行为裁量基准

初次违法，危害后果较轻的，裁量基准：个人处以 1000 元以上 3000 元以下罚款，单位处以 5 万元以上 7.5 万元以下罚款。

②一般情形的违法行为裁量基准

不具有从轻、从重情形的，裁量基准：个人处以 3000 元以上 5000 元以下罚款，单位

处以 7.5 万元以上 10 万元以下罚款。

③情节较重的违法行为裁量基准

多次实施违法行为，屡教不改的；足以影响房地产市场秩序和社会稳定的；法律、法规、规章规定的具备其他严重情节的情形；裁量基准：个人处以 1 万元罚款，单位处以 15 万元罚款。

（3）损坏共用设施设备的

①情节较轻的违法行为裁量基准

初次违法，危害后果较轻的，裁量基准：处 3000 元以下的罚款。

②一般情形的违法行为裁量基准

不具有从轻、从重情形的，裁量基准：处 3000 元以上 6000 元以下的罚款

③情节较重的违法行为裁量基准

多次实施违法行为，屡教不改的；足以影响房地产市场秩序和社会稳定的；法律、法规、规章规定的具备其他严重情节的情形；裁量基准：处 6000 元以上 1 万元以下的罚款。

3. 法律法规等依据

《安徽省物业管理条例》第七十九条规定物业管理区域内禁止下列行为：①装修过程中擅自变动房屋建筑主体和承重结构；②侵占、损坏物业的共用部位、共用设施设备；③违法搭建建筑物、构筑物。

（六）开发建设单位违法行为

1. 主要违法行为

企业开发建设的项目工程质量低劣，发生重大工程质量事故的；不按照规定发《住宅质量保证书》和《住宅使用说明书》的；房地产开发企业不按照规定办理变更手续行为的；未验收的房屋交付使用的；验收不合格的房屋交付使用的；开发建设单位违反本办法第十三条规定将房屋交付买受人的；开发建设单位未按本办法第二十一条规定分摊维修、更新和改造费用的。

2. 主要裁量基准

（1）企业开发建设的项目工程质量低劣，发生重大工程质量事故的

①情节较轻的违法行为裁量基准

初次违法，危害后果较轻的，裁量基准：原资质审批部门降低资质等级。

②情节较重的违法行为裁量基准

多次实施违法行为，屡教不改的；足以影响房地产市场秩序和社会稳定的；法律、法规、规章规定的其他应当从重处罚的情形；裁量基准：情节严重的吊销资质证书，并提请工商行政管理部门吊销营业执照。

（2）不按照规定发《住宅质量保证书》和《住宅使用说明书》的

①情节较轻的违法行为裁量基准

初次违法，危害后果较轻的，裁量基准：警告、责令限期改正、降低资质等级。

②一般情形的违法行为裁量基准

不具有从轻、从重情形的，裁量基准：警告、责令限期改正、降低资质等级，并可处以 1 万元以上 1.5 万元以下罚款。

③情节较重的违法行为裁量基准

多次实施违法行为，屡教不改的；足以影响房地产市场秩序和社会稳定的；法律、法规、规章规定的其他应当从重处罚的情形；裁量基准：警告、责令限期改正、降低资质等级，并可处以 1.5 万元以上 2 万元以下罚款。

（3）房地产开发企业不按照规定办理变更手续行为的

①情节较轻的违法行为裁量基准

初次违法，危害后果较轻的，裁量基准：原资质审批部门予以警告、责令限期改正，并可处 5000 元罚款。

②一般情形的违法行为裁量基准

不具有从轻、从重情形的，裁量基准：原资质审批部门予以警告、责令限期改正，并可处 5000 元以上 7500 元以下罚款。

③情节较重的违法行为裁量基准

多次实施违法行为，屡教不改的；足以影响房地产市场秩序和社会稳定的；法律、法规、规章规定的其他应当从重处罚的情形；裁量基准：原资质审批部门予以警告、责令限期改正，并可处 7500 元以上 10000 元以下罚款。

（4）未验收的房屋交付使用的

①情节较轻的违法行为裁量基准

初次违法，危害后果较轻的，裁量基准：责令限期补办验收手续；逾期不补办验收手续的，并处 10 万元罚款。

②一般情形的违法行为裁量基准

不具有从轻、从重情形的，裁量基准：责令限期补办验收手续；逾期不补办验收手续的，并处 10 万元以上 20 万元以下罚款。

③情节较重的违法行为裁量基准

多次实施违法行为，屡教不改的；足以影响房地产市场秩序和社会稳定的；法律、法规、规章规定的其他应当从重处罚的情形；裁量基准：责令限期补办验收手续；逾期不补办验收手续的，并处 20 万元以上 30 万元以下罚款。

（5）验收不合格的房屋交付使用的

①情节较轻的违法行为裁量基准

初次违法,危害后果较轻的,裁量基准:责令限期返修,并处交付使用的房屋总造价0.5%以下罚款。

②一般情形的违法行为裁量基准

不具有从轻、从重情形的,裁量基准:责令限期返修,并处交付使用的房屋总造价0.5%以上1%以下罚款。

③情节较重的违法行为裁量基准

多次实施违法行为,屡教不改的;足以影响房地产市场秩序和社会稳定的;法律、法规、规章规定的其他应当从重处罚的情形;裁量基准:责令限期返修,并处交付使用的房屋总造价1%以上2%以下的罚款,由工商行政管理部门吊销营业执照。

（6）开发建设单位违反本办法第十三条规定将房屋交付买受人的

①情节较轻的违法行为裁量基准

责令限期改正,逾期未改正的,裁量基准:处以1万元的罚款。

②一般情形的违法行为裁量基准

不具有从轻、从重情形的,裁量基准:处以1万元以上2万元以下的罚款。

③情节较重的违法行为裁量基准

逾期不改,足以影响房地产市场秩序和社会稳定的;多次实施,屡教不改的;法律、法规、规章规定的其他应当从重处罚的,裁量基准:处以2万元以上3万元以下的罚款。

（7）开发建设单位未按本办法第二十一条规定分摊维修、更新和改造费用的

①情节较轻的违法行为裁量基准

责令限期改正,逾期未改正的,裁量基准:责令限期改正;逾期不改正的,处以5000元以下的罚款。

②一般情形的违法行为裁量基准

不具有从轻、从重情形的,裁量基准:责令限期改正;逾期不改正的,处以5000元以上7500元以下的罚款。

③情节较重的违法行为裁量基准

逾期不改,足以影响房地产市场秩序和社会稳定的;多次实施,屡教不改的;法律、法规、规章规定的其他应当从重处罚的;裁量基准:责令限期改正;逾期不改正的,处以7500元以上1万元以下的罚款。

3. 法律法规等依据

《房地产开发企业资质管理规定》第二十二条规定企业开发建设的项目工程质量低劣,发生重大工程质量事故的,由原资质审批部门降低资质等级;情节严重的吊销资质证书,并提请工商行政管理部门吊销营业执照。

《房地产开发企业资质管理规定》第二十三条规定企业在商品住宅销售中不按照规定

发放《住宅质量保证书》和《住宅使用说明书》的，由原资质审批部门予以警告、责令限期改正、降低资质等级，并可处以 1 万元以上 2 万元以下的罚款。

《城市房地产开发经营管理条例》第三十六条规定违反本条例规定，将未经验收的将未经验收的房屋交付使用的，由县级以上人民政府房地产开发主管部门责令限期补办验收手续；逾期不补办验收手续的，由县级以上人民政府房地产开发主管部门组织有关部门和单位进行验收，并处 10 万元以上 30 万元以下的罚款。经验收不合格的，依照本条例第三十七条的规定处理。

《城市房地产开发经营管理条例》第三十七条规定违反本条例规定，将验收不合格的房屋交付使用的，由县级以上人民政府房地产开发主管部门责令限期返修，并处交付使用的房屋总造价 2% 以下的罚款；情节严重的，由工商行政管理部门吊销营业执照；给购买人造成损失的，应当依法承担赔偿责任；造成重大伤亡事故或者其他严重后果，构成犯罪的，依法追究刑事责任。《住宅专项维修基金管理办法》第三十六条规定开发建设单位违反本办法第十三条规定将房屋交付买受人的，由县级以上地方人民政府建设（房地产）主管部门责令限期改正；逾期不改正的，处以 3 万元以下的罚款。

开发建设单位未按本办法第二十一条规定分摊维修、更新和改造费用的，同第三十六条第一款，处以 1 万元以下的罚款。

不具有从轻、从重情形的，裁量基准：责令限期改正，记人信用档案，取消网上签约资格，并处以 1 万元以上 2 万元以下罚款。

第三章　市政公用与道路交通管理行政综合执法

第一节　市政公用管理行政综合执法

一、市政公用管理综合执法概述

市政是指城市给水排水、污水处理、道路、桥梁、路灯等各种城市公用事业工程和各种管线、雨水、供水、电力（红线以外部分）、热力、燃气等市政设施。由此对于市政公用的综合执法即指对于损坏或者破坏市政工程设施的行为的监督检查和处罚，从而确保市政工程设施的正常运转。

二、主要违法情形

（一）违法侵害市政供水行为

1. 主要违法行为

城市自来水供水企业和自建设施对外供水的企业，有新建、改建、扩建的饮用水供水工程项目未经建设行政主管部门设计审查和竣工验收而擅自建设并投入使用的，未按规定进行日常性水质检验工作的；城市的新建、扩建和改建工程项目未按规定配套建设节约用水设施或者节约用水设施经验收不合格的；拒不安装生活用水分户计量水表的；无证、超越资质证书规定的经营范围或者未按国家规定的技术标准和规范进行城镇供水工程的勘察、设计、施工或者监理的；二次供水设施管理单位未按照规定进行检测，或者清洗消毒的；供水水质不符合国家规定标准的；未按照规定进行水质检测，或者使用未经检验或者检验不合格的供水设备、管网的；供水水压不符合国家规定标准，擅自停止供水或者未履行停水通知义务，或者供水设施发生故障后未及时抢修的；产生或者使用有毒有害物质的单位将其生产用水管网系统与城镇公共供水管网系统直接连接，尚未构成犯罪的；擅自改装、迁移、拆除城镇公共供水设施的。

2. 主要裁量基准

（1）城市自来水供水企业和自建设施对外供水的企业，有下列行为之一的：新建、改建、扩建的饮用水供水工程项目未经建设行政主管部门设计审查和竣工验收而擅自建设并投入使用的；

未按规定进行日常性水质检验工作的；未取得《城市供水企业资质证书》擅自供水的。

①情节较轻的违法行为裁量基准

初次违法，危害后果轻微，主动采取措施消除或减轻违法行为危害后果，裁量基准：责令限期改进，并可处以违法所得1倍以下的罚款，但最高不超过10000元；无违法所得的，可处以1000元以下的罚款。

②一般情形的违法行为裁量基准不具有从轻、从重情形的，裁量基准：责令限期改进，并可处以违法所得1倍以上2倍以下的罚款，但最高不超过20000元；无违法所得的，可处以1000元以上3000元以下的罚款。

③情节较重的违法行为裁量基准

经责令停止违法行为后，继续实施违法行为的；曾因此被查处过，再次实施违法行为的；造成重大社会影响的；法律法规规定的其他应当从重处罚的情形；裁量基准：责令限期改进，可处以违法所得2倍以上3倍以下的罚款，但最高不超过30000元；无违法所得的，可处以3000元以上10000元以下的罚款。

（2）城市的新建、扩建和改建工程项目未按规定配套建设节约用水设施或者节约用水设施经验收不合格的

①情节较轻的违法行为裁量基准

初次违法，危害后果轻微，主动采取措施消除或减轻违法行为危害后果，裁量基准：限制其用水量，并责令限期完善节约用水设施，并可对经营活动中的违法行为处5000元以下罚款，对非经营活动中的违法行为处500元以下罚款。

②一般情形的违法行为裁量基准

不具有从轻、从重情形的，裁量基准：限制其用水量，并责令完善节约用水设施，并可对经营活动中的违法行为处5000元以上7500元以下罚款，对非经营活动中的违法行为处500元以上750元以下罚款。

③情节较重的违法行为裁量基准

经责令停止违法行为后，拒不改正，继续实施违法行为的；未按规定配套建设节约用水设施或者节约用水设施经验收不合格，造成重大社会影响的；法律法规规定的其他应当从重处罚的情形；裁量基准：限制其用水量，并责令完善节约用水设施，并可对经营活动中的违法行为处7500元以上10000元以下罚款，对非经营活动中的违法行为处750元以上1000元以下罚款。

（3）无证、超越资质证书规定的经营范围或者未按国家规定的技术标准和规范进行城镇供水工程的勘察、设计、施工或者监理的

①情节较轻的违法行为裁量基准

初次违法，危害后果轻微，主动采取措施消除或减轻违法行为危害后果，裁量基准：

责令停止违法行为，可以处二万元罚款。

②一般情形的违法行为裁量基准

木具有从轻、从重情形的，裁量基准：责令停止违法行为，可以处二万元以上三万元以下罚款。

③情节较重的违法行为裁量基准

经责令停止违法行为后，继续实施违法行为的；曾因此被查处过，再次实施违法行为的；造成重大社会影响的；法律法规规定的其他应当从重处罚的情形；裁量基准：责令停止违法行为，可以处三万元以上五万元以下罚款。

（4）二次供水设施管理单位未按照规定进行检测，或者清洗消毒的

①情节较轻的违法行为裁量基准

初次违法，危害后果轻微，主动采取措施消除或减轻违法行为危害后果，裁量基准：责令改正，可以处三万元罚款。

②一般情形的违法行为裁量基准

不具有从轻、从重情形的，裁量基准：责令改正，可以处三万元以上四万元以下罚款。

③情节较重的违法行为裁量基准

经责令停止违法行为后，继续实施违法行为的；曾因此被查处过，再次实施违法行为的；造成重大社会影响的；法律法规规定的其他应当从重处罚的情形；裁量基准：责令改正，可以处四万元以上五万元以下罚款。

（5）供水水质不符合国家规定标准的

①情节较轻的违法行为裁量基准

初次违法，危害后果轻微，主动采取措施消除或减轻违法行为危害后果，裁量基准：责令改正，可以处五万元罚款。

②一般情形的违法行为裁量基准

不具有从轻、从重情形的，裁量基准：责令改正，可以处五万元以上七万元以下罚款。

③情节较重的违法行为裁量基准

经责令停止违法行为后，继续实施违法行为的；曾因此被查处过，再次实施违法行为的；造成重大社会影响的；法律法规规定的其他应当从重处罚的情形；裁量基准：责令改正，可以处七万元以上十万元以下罚款，情节严重的，可以责令停业整顿，并采取相应的应急供水措施。

（6）未按照规定进行水质检测，或者使用未经检验或者检验不合格的供水设备、管网的

①情节较轻的违法行为裁量基准

初次违法，危害后果轻微，主动采取措施消除或减轻违法行为危害后果，裁量基准：责令改正，可以处三万元罚款。

②一般情形的违法行为裁量基准

不具有从轻、从重情形的，裁量基准：责令改正，可以处三万元以上四万元以下罚款。

③情节较重的违法行为裁量基准

经责令停止违法行为后，继续实施违法行为的；曾因此被查处过，再次实施违法行为的；造成重大社会影响的；法律法规规定的其他应当从重处罚的情形；裁量基准：责令改正，可以处四万元以上五万元以下罚款。

（7）供水水压不符合国家规定标准，擅自停止供水或者未履行停水通知义务，或者供水设施发生故障后未及时抢修的

①情节较轻的违法行为裁量基准

初次违法，危害后果轻微，主动采取措施消除或减轻违法行为危害后果，裁量基准：责令改正，可以处一万元罚款。

②一般情形的违法行为裁量基准

不具有从轻、从重情形的，裁量基准：责令改正，可以处一万元以上三万元以下罚款。

③情节较重的违法行为裁量基准

经责令停止违法行为后，继续实施违法行为的；曾因此被查处过，再次实施违法行为的；造成重大社会影响的；法律法规规定的其他应当从重处罚的情形；裁量基准：责令改正，可以处三万元以上五万元以下罚款，情节严重的，可以责令停业整顿，并采取相应的应急供水措施。

（8）产生或者使用有毒有害物质的单位将其生产用水管网系统与城镇公共供水管网系统直接连接，尚未构成犯罪的

①情节较轻的违法行为裁量基准

初次违法，危害后果轻微，主动采取措施消除或减轻违法行为危害后果，裁量基准：责令改正，可以处五万元罚款。

②一般情形的违法行为裁量基准

不具有从轻、从重情形的，裁量基准：责令改正，可以处五万元以上七万元以下罚款。

③情节较重的违法行为裁量基准

经责令停止违法行为后，继续实施违法行为的；曾因此被查处过，再次实施违法行为的；造成重大社会影响的；法律法规规定的其他应当从重处罚的情形；裁量基准：责令改正，可以处七万元以上十万元以下罚款。

（9）擅自改装、迁移、拆除城镇公共供水设施的

①情节较轻的违法行为裁量基准

初次违法，危害后果轻微，主动采取措施消除或减轻违法行为危害后果，裁量基准：责令改正，可以处一万元罚款

②一般情形的违法行为裁量基准

不具有从轻、从重情形的，裁量基准：责令改正，可以处一万元以上三万元以下罚款。

③情节较重的违法行为裁量基准

经责令停止违法行为后，继续实施违法行为的；曾因此被查处过，再次实施违法行为的；造成重大社会影响的；法律法规规定的其他应当从重处罚的情形；裁量基准：责令改正，可以处三万元以上五万元以下罚款。

3. 相关内容释义

我国卫生部和国家标准化管理委员会，联合发布新的强制性国家《生活饮用水卫生标准》GB 5749-2006，各级卫生行政部门根据实际需要定期对各类供水单位的供水水质进行卫生监督、监测。

4. 法律法规等依据

《生活饮用水卫生监督管理办法》第二十八条规定城市自来水供水企业和自建设施对外供水的企业，有下列行为之一的，由住房城乡建设主管部门责令限期改进，并可处以违法所得 3 倍以下的罚款，但最高不超过 30000 元，没有违法所得的可处以 1 0000 元以下罚款：①新建、改建、扩建的饮用水供水工程项目未经住房城乡建设主管部门设计审查和竣工验收而擅自建设并投入使用的；②未按规定进行日常性水质检验工作的；③城市的新建、扩建和改建工程项目未按规定配套建设节约用水设施或者节约用水设施经验收不合格的，由城市建设行政主管部门限制其用水量，并责令其限期完善节约用水设施，可以并处罚款。

《安徽省城市节约用水管理办法》第二十二条城市规定新建、扩建和改建工程项目未按规定配套建设节约用水设施或者节约用水设施经验收不合格的，由城市建设行政主管部门限制其用水量，并责令其限期完善节约用水设施，可并处 1 000 元以上、1 0000 元以下的罚款。

《城市节约用水管理规定》第十九条规定拒不安装生活用水分户计量水表的，城市建设行政主管部门应当责令其限期安装；逾期仍不安装的，由城市建设行政主管部门限制其用水量，可以并处罚款。

《安徽省城市节约用水管理办法》第二十三条规定拒不安装生活用水分户计量水表的，城市建设行政主管部门应责令其限期安装；逾期不安装的，由城市建设行政主管部门限制其用水量，可并处 1000 元以上、5000 元以下的罚款。

《安徽省城镇供水条例》第四十九条规定违反本条例第十二条第二款、第十三条第一款规定，违反城镇供水专项规划及其年度建设计划建设城镇供水工程，无证、超越资质证书规定的经营范围或者未按国家规定的技术标准和规范进行城镇供水工程的勘察、设计、施工或者监理的，由县级以上人民政府城镇供水行政主管部门责令停止违法行为，可以处二万元以上五万元以下罚款。

《安徽省城镇供水条例》第五十条违反本条例第十八条第一款规定，一次供水设施管理单位未按照规定进行检测，或者清洗消毒的，由县级以上人民政府城镇供水行政主管部门责令改正，可以处三万元以上五万元以下罚款。

《安徽省城镇供水条例》第五十一条规定违反本条例第二十九条规定，供水水质不符合国家规定标准的，由县级以上人民政府城镇供水行政主管部门责令改正，可以处五万元以上十万元以下罚款，情节严重的，报经县级以上人民政府批准，可以责令停业整顿，并采取相应的应急供水措施；未按照规定进行水质检测，或者使用未经检验或者检验不合格的供水设备、管网的，由县级以上人民政府城镇供水行政主管部门责令改正，可以处三万元以上五万元以下罚款。

《安徽省城镇供水条例》第五十二条规定违反本条例第三十三条规定，供水水压不符合国家规定标准，擅自停止供水或者未履行停水通知义务，或者供水设施发生故障后未及时抢修的，由县级以上人民政府城镇供水行政主管部门责令改正，可以处一万元以上五万元以下罚款；情节严重的，报经县级以上人民政府批准，可以责令停业整顿，并采取相应的应急供水措施。

《安徽省城镇供水条例》第五十五条规定违反本条例第四十七条规定，产生或者使用有毒有害物质的单位将其生产用水管网系统与城镇公共供水管网系统直接连接，尚未构成犯罪的，由县级以上人民政府城镇供水行政主管部门责令改正，可以处五万元以上十万元以下罚款。

《安徽省城镇供水条例》第五十六条规定违反本条例第四十八条第一款规定，擅自改装、迁移、拆除城镇公共供水设施的，由县级以上人民政府城镇供水行政主管部门责令改正，可以处一万元以上五万元以下罚款。

（二）城镇排水与污水处理行为

1. 主要违法行为

在雨水、污水分流地区，建设单位、施工单位将雨水管网、污水管网相互混接的；排水户未取得污水排入排水管网许可证向城镇排水设施排放污水的；城镇污水处理设施维护运营单位未按照国家有关规定检测进出水水质的，或者未报送污水处理水质和水量、主要污染物削减量等信息和生产运营成本等信息的；排水单位或者个人不缴纳污水处理费的；未按照国家有关规定履行日常巡查、维修和养护责任，保障设施安全运行的；未及时采取防护措施、组织事故抢修的；因巡查、维护不到位，导致窨井盖丢失、损毁，造成人员伤亡和财产损失的；擅自拆除、改动城镇排水与污水处理设施的；排污者不按期缴纳城市污水处理费的；排污者在城市排水设施覆盖范围内，擅自将污水直接排入水体，规避缴纳城市污水处理费的；污水集中处理设施运营企业谎报实际运行数据或者编造虚假数据，骗取城市污水处理费的。

2. 主要裁量基准

（1）在雨水、污水分流地区，建设单位、施工单位将雨水管网、污水管网相互混接的

①情节较轻的违法行为裁量基准

初次违法，危害后果轻微，及时改正的，裁量基准：责令改正，处5万元罚款。

②一般情形的违法行为裁量基准

不具有从轻、从重情形的，裁量基准：责令改正，处5万元以上7万元以下罚款。

③情节较重的违法行为裁量基准

已造成水体污染的；已造成雨水排放不畅，导致道路积水的；造成重大社会影响的；法律法规规定的其他应当从重处罚的情形；裁量基准：责令改正，处7万元以上10万元以下罚款。

（2）排水户未取得污水排入排水管网许可证向城镇排水设施排放污水的

①情节较轻的违法行为裁量基准

初次违法，危害后果轻微，及时改正的，裁量基准：责令停止违法行为，限期采取治理措施，补办污水排入排水管网许可证，可以处10万元以下罚款。

②一般情形的违法行为裁量基准

不具有从轻、从重情形的，裁量基准：责令停止违法行为，限期采取治理措施，补办污水排入排水管网许可证，可以处10万元以上30万元以下罚款。

③情节较重的违法行为裁量基准

逾期不办排水许可的；已造成水体污染的；法律法规规定的其他应当从重处罚的情形，裁量基准：责令停止违法行为，限期采取治理措施，补办污水排入排水管网许可证，可以处30万元以上50万元以下罚款。

（3）城镇污水处理设施维护运营单位未按照国家有关规定检测进出水水质的，或者未报送污水处理水质和水量、主要污染物削减量等信息和生产运营成本等信息的

①情节较轻的违法行为裁量基准

初次违法，未造成影响，及时改正的，裁量基准：责令改正，可以处1万元以下罚款。

②一般情形的违法行为裁量基准

不具有从轻、从重情形的，裁量基准：责令改正，可以处1万元以上3万元以下罚款。

③情节较重的违法行为裁量基准

曾因实施该违法行为被查处，再次实施该违法行为的；出水水质不达标的；造成严重后果的；法律法规规定的其他应当从重处罚的情形；裁量基准：责令改正，可以处3万元以上5万元以下罚款。

（4）排水单位或者个人不缴纳污水处理费的

①情节较轻的违法行为裁量基准

初次违法,责令限期缴纳,逾期拒不缴纳,裁量基准: 处应缴纳污水处理费数额1倍罚款。

②一般情形的违法行为裁量基准

不具有从轻、从重情形的,裁量基准: 处应缴纳污水处理费数额1倍以上2倍以下罚款。

③情节较重的违法行为裁量基准

逾期3个月以上未缴费的;多次不按时缴纳污水处理费的;造成不良社会影响的;法律法规规定的其他应当从重处罚的情形,裁量基准: 责令限期缴纳,处应缴纳污水处理费数额2倍以上3倍以下罚款。

(5)未按照国家有关规定履行日常巡查、维修和养护责任,保障设施安全运行的;未及时采取防护措施、组织事故抢修的;因巡查、维护不到位,导致窨井盖丢失、损毁,造成人员伤亡和财产损失的

①情节较轻的违法行为裁量基准

初次违法, 及时改正的, 裁量基准: 责令改正,给予警告。

②一般情形的违法行为裁量基准

不具有从轻、从重情形的,裁量基准: 责令改正,逾期不改正或者造成严重后果的,处10万元以上30万元以下罚款。

③情节较重的违法行为裁量基准

逾期不改正的;多次发生安全事故的;造成人员伤亡和财产重大损失的;造成其他严重后果的;法律法规规定的其他应当从重处罚的情形;裁量基准: 责令改正,处30万元以上50万元以下罚款。

(6)擅自拆除、改动城镇排水与污水处理设施的

①情节较轻的违法行为裁量基准

初次违法, 及时恢复原状,并将拆除、改动方案报主管部门批准的,裁量基准: 责令改正,恢复原状或者采取其他补救措施,处5万元以上7万元以下罚款。

②一般情形的违法行为裁量基准

不具有从轻、从重情形的,裁量基准: 责令改正,恢复原状或者采取其他补救措施,处7万元以上10万元以下罚款。

③情节较重的违法行为裁量基准

曾因实施该违法行为被查处, 再次实施该违法行为,造成严重后果的;已影响排水设施运行的;造成安全事故的;法律法规规定的其他应当从重处罚的情形;裁量基准: 责令改正,恢复原状或者采取其他补救措施, 处10万元以上30万元以下罚款。

(7)排污者不按期缴纳城市污水处理费的

①情节较轻的违法行为裁量基准

初次违法,责令限期缴纳,逾期拒不缴纳的, 裁量基准: 处以应缴纳污水处理费数额

1倍罚款。

②一般情形的违法行为裁量基准

不具有从轻、从重情形的,裁量基准:处以应缴纳污水处理费数额1倍以上2倍以下罚款。

③情节较重的违法行为裁量基准

逾期3个月以上拒不交费的;多次不按时缴纳污水处理费的;造成不良社会影响的;法律法规规定的其他应当从重处罚的情形;裁量基准:处应缴纳污水处理费数额2倍以上3倍以下罚款。

（8）排污者在城市排水设施覆盖范围内,擅自将污水直接排入水体,规避缴纳城市污水处理费的

①情节较轻的违法行为裁量基准

初次违法,主动改正的,裁量基准:责令改正,处1万元罚款。

②一般情形的违法行为裁量基准

不具有从轻、从重情形的,裁量基准:责令改正,处1万元以上2万元以下罚款。

③情节较重的违法行为裁量基准

曾因实施该违法行为被查处,再次实施该违法行为的;对水环境造成影响的;造成不良社会影响的;法律法规规定的其他应当从重处罚的情形;裁量基准:责令改正,处2万元以上3万元以下罚款。

（9）污水集中处理设施运营企业谎报实际运行数据或者编造虚假数据,骗取城市污水处理费的

①情节较轻的违法行为裁量基准

初次违法,及时改正的,裁量基准:责令改正,追缴骗取的城市污水处理费,处以骗取款1倍的罚款,罚款不得超过1万元。

②一般情形的违法行为裁量基准

不具有从轻、从重情形的,裁量基准:责令改正,追缴骗取的城市污水处理费,处以骗取款1倍以上2倍以下的罚款,罚款不得超过2万元。

③情节较重的违法行为裁量基准

曾因实施该违法行为被查处,再次实施该违法行为的;造成不良社会影响的;法律法规规定的其他应当从重处罚的情形;裁量基准:责令改正,追缴骗取的城市污水处理费,处以骗取款2倍以上3倍以下罚款,罚款不得超过3万元。

3.法律法规等依据

《城镇排水与污水处理条例》第四十八条规定违反本条例规定,在雨水、污水分流地区,建设单位、施工单位将雨水管网、污水管网相互混接的,由城镇排水主管部门责令改正,处5万元以上10万元以下的罚款;造成损失的,依法承担赔偿责任。

《城镇排水与污水处理条例》第五十条规定违反本条例规定，排水户未取得污水排入排水管网许可证向城镇排水设施排放污水的，由城镇排水主管部门责令停止违法行为，限期采敢治理措施，补办污水排入排水管网许可证，可以处 50 万元以下罚款；造成损失的，依法承担赔偿责任；构成犯罪的，依法追究刑事责任。

《城镇排水与污水处理条例》五十二条违反本条例规定，城镇污水处理设施维护运营单位未按照国家有关规定检测进出水水质的，或者未报送污水处理水质和水量、主要污染物削减量等信息和生产运营成本等信息的，由城镇排水主管部门责令改正，可以处 5 万元以下罚款；造成损失的，依法承担赔偿责任。

《城镇排水与污水处理条例》五十四条规定违反本条例规定，排水单位或者个人不缴纳污水处理费的，由城镇排水主管部门责令限期缴纳，逾期拒不缴纳的，处应缴纳污水处理费数额 1 倍以上 3 倍以下罚款。

《城镇排水与污水处理条例》五十五条违反本条例规定，城镇排水与污水处理设施维护运营单位有下列情形之一的，由城镇排水主管部门责令改正，给予警告；逾期不改正或者造成严重后果的，处 10 万元以上 50 万元以下罚款；造成损失的，依法承担赔偿责任；构成犯罪的，依法追究刑事责任：

①未按照国家有关规定履行日常巡查、维修和养护责任，保障设施安全运行的；

②未及时采取防护措施、组织事故抢修的；

③因巡查、维护不到位，导致窨井盖丢失、损毁，造成人员伤亡和财产损失的。

《城镇排水与污水处理条例》五十七条第二款规定违反本条例规定，擅自拆除、改动城镇排水与污水处理设施的，由城镇排水主管部门责令改正，恢复原状或者采取其他补救措施，处 5 万元以上 10 万元以下罚款；造成严重后果的，处 10 万元以上 30 万元以下罚款；造成损失的，依法承担赔偿责任；构成犯罪的，依法追究刑事责任。

《安徽省污水处理费管理办法》第十八条规定排污者不按期缴纳城市污水处理费的，由市、县人民政府城市污水处理行政主管部门或者财政部门按照各自职责，责令限期缴纳，并从滞纳应缴款之日起，按日加收应缴款 1‰的滞纳金；对从事经营活动的排污者，处以应缴款 1 倍以上 3 倍以下的罚款，罚款不得超过 3 万元；对其他排污者，处以 100 元以上 1000 元以下的罚款。

《安徽省污水处理费管理办法》第十九条规定排污者在城市排水设施覆盖范围内，擅自将污水直接排入水体，规避缴纳城市污水处理费的，由市、县人民政府城市污水处理行政主管部门或者财政部门按照各自职责，责令改正，处以 1 万元以上 3 万元以下的罚款。

《安徽省污水处理费管理办法》第二十条规定城市污水集中处理设施运营企业谎报实际运行数据或者编造虚假数据，骗取城市污水处理费的，由市、县人民政府城市污水处理行政主管部门责令改正，追缴骗取的城市污水处理费，处以骗取款 1 倍以上 3 倍以下的罚款，

罚款不得超过 3 万元；构成犯罪的，依法追究刑事责任。

（三）违法实施城市道路桥梁设施建设行为

1. 主要违法情形

未取得设计、施工资格或者未按照资质等级承担城市道路的设计、施工任务的；未按照城市道路设计、施工技术规范设计、施工的；未按照设计图纸施工或者擅自修改图纸的；擅自使用未经验收或者验收不合格的城市道路的；未对设在城市道路上的各种管线的检查井、箱盖或者城市道路附属设施的缺损及时补缺或者修复的；未在城市道路施工现场设置明显标志和安全防围设施的；占用城市道路期满或者挖掘城市道路后，不及时清理现场的；依附于城市道路建设各种管线、杆线等设施，不按照规定办理批准手续的；紧急抢修埋设在城市道路下的管线，不按照规定补办批准手续的；未按照批准的位置、面积、期限占用或者挖掘城市道路，或者需要移动位置、扩大面积、延长时间，未提前办理变更审批手续的；城市桥梁产权人或者委托管理人从事违法行为的；单位或者个人擅自在城市桥梁上架设各类管线、设置广告等辅助物的；单位和个人擅自在城市桥梁施工控制范围内从事河道疏浚、挖掘、打桩、地下管道顶进、爆破等作业的；各种原因造成桥梁承载能力下降，有关部门未采取相关措施；未移交地下管线工程档案的。

2. 主要裁量基准

（1）未取得设计、施工资格或者未按照资质等级承担城市道路的设计、施工任务的；未按照城市道路设计、施工技术规范设计、施工的；未按照设计图纸施工或者擅自修改图纸的①情节较轻的违法行为裁量基准初次违法，危害后果轻微，及时改正的，裁量基准：责令停止设计、施工，限期改正，可以并处 1 万元以下的罚款。

②一般情形的违法行为裁量基准

不具有从轻、从重情形的，裁量基准：责令停止设计、施工，限期改正，可以并处 1 万元以上 2 万元以下的罚款。

③情节较重的违法行为裁量基准

经责令停止违法行为后，继续实施违法行为的；曾因无资质或超资质被查处过，再次实施违法行为的；法律法规规定的其他应当从重处罚的情形；裁量基准：责令停止设计、施工，限期改正，可以并处 2 万元以上 3 万元以下的罚款；提请原发证机关吊销设计、施工资格证书。

（2）擅自使用未经验收或者验收不合格的城市道路

①情节较轻的违法行为裁量基准

初次违法，危害后果轻微，及时改正的，裁量基准：责令限期改正，给予警告，可以并处工程造价 1% 以下的罚款。

②一般情形的违法行为裁量基准

不具有从轻、从重情形的，裁量基准：责令限期改正，可以并处工程造价 1% 以上 1.5%

以下的罚款。

③情节较重的违法行为裁量基准

经责令停止违法行为后，继续实施违法行为的；曾因此被查处过，再次实施违法行为的；造成重大社会影响的；法律法规规定的其他应当从重处罚的情形；裁量基准：责令限期改正，可以并处工程造价 1.5 以上 2% 以下的罚款。

（3）未对设在城市道路上的各种管线的检查井、箱盖或者城市道路附属设施的缺损及时补缺或者修复的；未在城市道路施工现场设置明显标志和安全防围设施的；占用城市道路期满或者挖掘城市道路后，不及时清理现场的；依附于城市道路建设各种管线、杆线等设施，不按照规定办理批准手续的；紧急抢修埋设在城市道路下的管线，不按照规定补办批准手续的；未按照批准的位置、面积、期限占用或者挖掘城市道路，或者需要移动位置、扩大面积、延长时间，未提前办理变更审批手续的

①情节较轻的违法行为裁量基准

初次违法，危害后果轻微，积极采取改正措施消除影响的，裁量基准：责令限期改正，可以处以 5000 元以下的罚款，

②一般情形的违法行为裁量基准

不具有从轻、从重情形的，裁量基准：责令限期改正，可处以 5000 元以上 1 万元以下的罚款。

③情节较重的违法行为裁量基准

经责令停止违法行为后，继续实施违法行为的；曾因此被查处过，再次实施违法行为的；法律法规规定的其他应予从重处罚的情形；裁量基准：责令限期改正，可处以 1 万元以上 2 万元以下的罚款。

（4）城市桥梁产权人或者委托管理人从事下列行为的：未按照规定编制城市桥梁养护维修的中长期规划和年度计划，或者未经批准即实施的；未按照规定设置相应的标志，并保持其完好、清晰的；未按照规定委托具有相应资格的机构对城市桥梁进行检测评估的；未按照规定制定城市桥梁的安全抢险预备方案的；未按照规定对城市桥梁进行养护维修的

①情节较轻的违法行为裁量基准

初次违法，危害后果轻微，积极采取改正措施消除影响的，裁量基准：责令限期改正，并可处以 1000 元的罚款。

②一般情形的违法行为裁量基准

不具有从轻、从重情形的，裁量基准：责令限期改正，并可处以 1000 元以上 3000 元以下的罚款。

③情节较重的违法行为裁量基准

整改不积极的；曾因此被查处过，再次实施违法行为的；法律法规规定的其他应予从

重处罚的情形，裁量基准：责令限期改正，并可处以 3000 元以上 5000 元以下的罚款。

（5）单位或者个人擅自在城市桥梁上架设各类管线、设置广告等辅助物的

①情节较轻的违法行为裁量基准

初次违法，危害后果轻微，积极采取改正措施消除影响的，裁量基准：责令限期改正，并可处 5000 元以下的罚款。

②一般情形的违法行为裁量基准

不具有从轻、从重情形的，裁量基准：责令限期改正，并可处 5000 元以上 1 万元以下的罚款。

③情节较重的违法行为裁量基准

整改不积极的；曾因此被查处过，再次实施违法行为的；法律法规规定的其他应予从重处罚的情形，裁量基准：责令限期改正，并可处 1 万元以上 2 万元以下的罚款。

（6）单位和个人擅自在城市桥梁施工控制范围内从事河道疏浚、挖掘、打桩、地下管道顶进、爆破等作业的

①情节较轻的违法行为裁量基准

初次违法，危害后果轻微，积极采取改正措施消除影响的，裁量基准：责令限期改正，并可处 1 万元的罚款。

②一般情形的违法行为裁量基准

不具有从轻、从重情形的，裁量基准：责令限期改正，并可处 1 万元以上 2 万元以下的罚款。

③情节较重的违法行为裁量基准

整改不积极的；曾因此被查处过，再次实施违法行为的；法律法规规定的其他应予从重处罚的情形；裁量基准：责令限期改正，并可处 2 万元以上 3 万元以下的罚款。

（7）超限机动车辆、履带车、铁轮车等需经过城市桥梁的，在报公安交通管理部门审批前，

未先经城市人民政府市政工程设施行政主管部门同意，并采取相应技术措施后通行的。经过检测评估，确定城市桥梁的承载能力下降，但尚未构成危桥的，城市桥梁产权人和委托管理人未及时设置警示标志，并立即采取加固等安全措施的

①情节较轻的违法行为裁量基准

初次违法，危害后果轻微，积极采取改正措施消除影响的，裁量基准：责令限期改正，并可处 1 万元的罚款。

②一般情形的违法行为裁量基准

不具有从轻、从重情形的，裁量基准：责令限期改正，并可处 1 万元以上 1.5 万元以下的罚款。

③情节较重的违法行为裁量基准

整改不积极的；曾因此被查处过，再次实施违法行为的；法律法规规定的其他应予从重处罚的情形；裁量基准：责令限期改正，并可处 1.5 万元以上 2 万元以下的罚款。

（8）未移交地下管线工程档案的

①情节较轻的违法行为裁量基准

初次违法，危害后果轻微，积极整改的，裁量基准：责令改正，处 1 万元以上 3 万元以下的罚款；对单位直接负责的主管人员和其他直接责任人员，处单位罚款数额 5% 的罚款。

②一般情形的违法行为裁量基准

不具有从轻、从重情形的，裁量基准：责令改正，处 3 万元以上 5 万元以下的罚款；对单位直接负责的主管人员和其他直接责任人员，处单位罚款数额 5% 以上 8% 以下的罚款。

③情节较重的违法行为裁量基准

经责令改正后，继续实施违法行为的；曾因此被查处过，再次实施违法行为的；法律法规规定的其他应予从重处罚的情形；裁量基准：责令改正，处 5 万元以上 10 万元以下的罚款；对单位直接负责的主管人员和其他直接责任人员，处单位罚款数额 8% 以上 10% 以下的罚款。

3. 相关内容释义

城市道路是否验收合格，一般看其是否具备下列材料道路竣工图、道路管线施工图、道路设施分类数据表、施工竣工说明、监理验收报告、材料检测合格证、建设方与接收方财政确认函等。

4. 法律法规等依据

《城市道路管理条例》第三十九条规定违反本条例的规定，有下列行为之一的，由市政工程行政主管部门责令停止设计、施工，限期改正，可以并处 3 万元以下的罚款；已经取得设计、施工资格证书，情节严重的，提请原发证机关吊销设计、施工资格证书：

①未取得设计、施工资格或者未按照资质等级承担城市道路的设计、施工任务的；

②未按照城市道路设计、施工技术规范设计、施工的；

③未按照设计图纸施工或者擅自修改图纸的。

《城市道路管理条例》第四十条规定违反本条例第十七条规定，擅自使用未经验收或者验收不合格的城市道路的，由市政工程行政主管部门责令限期改正，给予警告，可以并处工程造价 2% 以下的罚款。

《城市道路管理条例》第四十二条规定违反本条例第二十七条规定，或者有下列行为之一的，由市政工程行政主管部门或者其他有关部门责令限期改正，可以处以 2 万元以下的罚款；造成损失的，应当依法承担赔偿责任：

①未对设在城市道路上的各种管线的检查井、箱盖或者城市道路附属设施的缺损及时

补缺或者修复的；

②未在城市道路施工现场设置明显标志和安全防围设施的；

③占用城市道路期满或者挖掘城市道路后，不及时清理现场的；

④依附于城市道路建设各种管线、杆线等设施，不按照规定办理批准手续的；

⑤紧急抢修埋设在城市道路下的管线，不按照规定补办批准手续的；

⑥未按照批准的位置、面积、期限占用或者挖掘城市道路，或者需要移动位置、扩大面积、延长时间，未提前办理变更审批手续的。

《城市桥梁检测和养护维修管理办法》第二十五条规定城市桥梁产权人或者委托管理人有下列行为之一的，由城市人民政府市政工程设施行政主管部门责令限期改正，并可处1000元以上5000元以下的罚款：

①未按照规定编制城市桥梁养护维修的中长期规划和年度计划，或者未经批准即实施的；

②未按照规定设置相应的标志，并保持其完好、清晰的；

③未按照规定委托具有相应资格的机构对城市桥梁进行检测评估的；

④未按照规定制定城市桥梁的安全抢险预备方案的；

⑤未按照规定对城市桥梁进行养护维修的。

《城市桥梁检测和养护维修管理办法》第二十六条单位或者个人擅自在城市桥梁上架设各类管线、设置广告等辅助物的，由城市人民政府市政工程设施行政主管部门责令限期改正，并可处2万元以下的罚款；造成损失的，依法承担赔偿责任。

《城市桥梁检测和养护维修管理办法》第二十七条规定单位和个人擅自在城市桥梁施工控制范围内从事本办法第十四条第二款规定的活动的，由城市人民政府市政工程设施行政主管部门责令限期改正，并可处1万元以上3万元以下的罚款。

《城市桥梁检测和养护维修管理办法》第二十八条规定违反本办法第十六条、第二十三条规定，由城市人民政府市政工程设施行政主管部门责令限期改正，并可处1万元以上2万元以下的罚款；造成损失的，依法承担赔偿责任。

《城市桥梁检测和养护维修管理办法》第十六条规定超限机动车辆、履带车、铁轮车等需经过城市桥梁的，在报公安交通管理部门审批前，应当先经城市人民政府市政工程设施行政主管部门同意，并采取相应技术措施后，方可通行。

《城市桥梁检测和养护维修管理办法》第二十三条规定经过检测评估，确定城市桥梁的承载能力下降，但尚未构成危桥的，城市桥梁产权人和委托管理人应当及时设置警示标志，并立即采取加固等安全措施。

《城市地下管线工程档案管理办法》第十七条规定建设单位违反本办法规定，未移交地下管线工程档案的，由建设主管部门责令改正，处1万元以上10万元以下的罚款；对单位直接负责的主管人员和其他直接责任人员，处单位罚款数额5%以上10%以下的罚款；因建设单位未移交地下管线工程档案，造成施工单位在施工中损坏地下管线的，建设单位依法承担相应的责任。

（四）违规使用燃气行为

1. 主要违法情形

未取得燃气经营许可证从事燃气经营活动的；燃气经营者不按照燃气经营许可证的规定从事燃气经营活动的；燃气经营者具有特定违法行为的；燃气经营者未按照设置保护装置和安全警示标志的，或者未定期进行巡查、检测、维修和维护的，或者未采取措施及时消除燃气安全事故隐患的；侵占、毁损、擅自拆除、移动燃气设施或者擅自改动市政燃气设施的；毁损、覆盖、涂改、擅自拆除或者移动燃气设施安全警示标志的；建设工程施工范围内有地下燃气管线等重要燃气设施，建设单位未会同施工单位与管道燃气经营者共同制定燃气设施保护方案，或者建设单位、施工单位未采取相应的安全保护措施的；燃气燃烧器具安装、维修企业具有违法行为的；未经批准擅自停止供气、更换气种或者迁移燃气供应站点的；不当使用燃气装置的行为的。

2. 主要裁量基准

（1）未取得燃气经营许可证从事燃气经营活动的

①情节较轻的违法行为裁量基准

初次违法，危害后果轻微，积极采取改正措施消除影响的，裁量基准：责令停止违法行为，处5万元以上10万元以下罚款；有违法所得的，没收违法所得。

②一般情形的违法行为裁量基准

不具有从轻、从重情形的，裁量基准：责令停止违法行为，处10万元以上30万元以下罚款；有违法所得的，没收违法所得

③情节较重的违法行为裁量基准

经责令停止违法行为后，继续实施违法行为的；曾因此被查处过，再次实施违法行为的；法律法规规定的其他应予从重处罚的情形；裁量基准：责令停止违法行为，处30万元以上50万元以下罚款；有违法所得的，没收违法所得。

（2）燃气经营者不按照燃气经营许可证的规定从事燃气经营活动的

①情节较轻的违法行为裁量基准

初次违法，危害后果轻微，积极采取改正措施消除影响的，裁量基准：责令限期改正，处3万元以上10万元以下罚款；有违法所得的，没收违法所得。

②一般情形的违法行为裁量基准

不具有从轻、从重情形的，裁量基准：责令限期改正，处10万元以上15万元以下罚款；有违法所得的，没收违法所得。

③情节较重的违法行为裁量基准

经责令停止违法行为后，继续实施违法行为的；曾因此被查处过，再次实施违法行为的；法律法规规定的其他应予从重处罚的情形；裁量基准：责令限期改正，处 15 万元以上 20 万元以下罚款；有违法所得的，没收违法所得；吊销燃气经营许可证。

（3）燃气经营者有下列行为之一：拒绝向市政燃气管网覆盖范围内符合用气条件的单位或者个人供气的；倒卖、抵押、出租、出借、转让、涂改燃气经营许可证的；未履行必要告知义务擅自停止供气、调整供气量，或者未经审批擅自停业或者歇业的；向未取得燃气经营许可证的单位或者个人提供用于经营的燃气的；在不具备安全条件的场所储存燃气的；要求燃气用户购买其指定的产品或者接受其提供的服务；燃气经营者未向燃气用户持续、稳定、安全供应符合国家质量标准的燃气，或者未对燃气用户的燃气设施定期进行安全检查的

①情节较轻的违法行为裁量基准

初次违法，危害后果轻微，积极采取改正措施消除影响的，裁量基准：责令限期改正，处 1 万元以上 3 万元以下罚款；有违法所得的，没收违法所得。

②一般情形的违法行为裁量基准

不具有从轻、从重情形的，裁量基准：责令限期改正，处 3 万元以上 5 万元以下罚款；有违法所得的，没收违法所得。

③情节较重的违法行为裁量基准

经责令停止违法行为后，继续实施违法行为的；曾因此被查处过，再次实施违法行为的；法律法规规定的其他应予从重处罚的情形；裁量基准：责令限期改正，处 5 万元以上 10 万元以下罚款；有违法所得的，没收违法所得；吊销燃气经营许可证。

（4）燃气经营者未按照国家有关工程建设标准和安全生产管理的规定，设置燃气设施防腐、绝缘、防雷、降压、隔离等保护装置和安全警示标志的，或者未定期进行巡查、检测、维修和维护的，或者未采取措施及时消除燃气安全事故隐患的

①情节较轻的违法行为裁量基准

初次违法，危害后果轻微，积极采取改正措施整改的，裁量基准：责令限期改正，处 1 万元以上 3 万元以下罚款。

②一般情形的违法行为裁量基准

不具有从轻、从重情形的，裁量基准：责令限期改正，处 3 万元以上 5 万元以下罚款。

③情节较重的违法行为裁量基准

经责令停止违法行为后，继续实施违法行为的；曾因此被查处过，再次实施违法行为的；法律法规规定的其他应予从重处罚的情形，裁量基准：责令限期改正，处 5 万元以上 10 万元以下罚款。

（5）侵占、毁损、擅自拆除、移动燃气设施或者擅自改动市政燃气设施的

①情节较轻的违法行为裁量基准

初次违法，危害后果轻微，积极采取改正措施消除影响的，裁量基准：责令限期改正，恢复原状或者采取其他补救措施，对单位处 5 万元罚款，对个人处 5000 元罚款。

②一般情形的违法行为裁量基准

不具有从轻、从重情形的，裁量基准：责令限期改正，恢复原状或者采取其他补救措施，对单位处 5 万元以上 8 万元以下罚款，对个人处 5000 元以上 3 万元以下罚款。

③情节较重的违法行为裁量基准

经责令停止违法行为后，继续实施违法行为的；曾因此被查处过，再次实施违法行为的；法律法规规定的其他应予从重处罚的情形；裁量基准：责令限期改正，恢复原状或者采取其他补救措施，对单位处 8 万元以上 10 万元以下罚款，对个人处 3 万元以上 5 万元以下罚款。

（6）毁损、覆盖、涂改、擅自拆除或者移动燃气设施安全警示标志的

①情节较轻的违法行为裁量基准

初次违法，危害后果轻微，积极采取改正措施消除影响的，裁量基准：责令限期改正，恢复原状，可以处 1000 元以下罚款。

②一般情形的违法行为裁量基准

不具有从轻、从重情形的，裁量基准：责令限期改正，恢复原状，可以处 1000 元以上 3000 元以下罚款。

③情节较重的违法行为裁量基准

经责令停止违法行为后，继续实施违法行为的；曾因此被查处过，再次实施违法行为的；法律法规规定的其他应予从重处罚的情形；裁量基准：责令限期改正，恢复原状，可以处 3000 元以上 5000 元以下罚款。

（7）建设工程施工范围内有地下燃气管线等重要燃气设施，建设单位未会同施工单位与管道燃气经营者共同制定燃气设施保护方案，或者建设单位、施工单位未采取相应的安全保护措施的

①情节较轻的违法行为裁量基准

初次违法，危害后果轻微，积极采取改正措施消除影响的，裁量基准：责令改正，处 1 万元以上 3 万元以下罚款。

②一般情形的违法行为裁量基准

不具有从轻、从重情形的，裁量基准：责令改正，处 3 万元以上 5 万元以下罚款。

③情节较重的违法行为裁量基准

经责令停止违法行为后，继续实施违法行为的；曾因此被查处过，再次实施违法行为的；法律法规规定的其他应予从重处罚的情形，裁量基准：责令改正，处 5 万元以上 10 万元以

下罚款。

（8）气燃烧器具安装、维修企业有下列行为之一的：伪造、涂改、出租、借用、转让或者出卖《资质证书》；年检不合格的企业，继续从事安装、维修业务；由于燃气燃烧器具安装、维修原因发生燃气事故；未经燃气供应企业同意，移动燃气计量表及表前设施。

①情节较轻的违法行为裁量基准

初次违法，危害后果轻微，积极采取改正措施消除影响的，裁量基准：吊销《资质证书》，并可处以1万元罚款。

②一般情形的违法行为裁量基准

不具有从轻、从重情形的，裁量基准：吊销《资质证书》，并可处以1万元以上2万元以下罚款。

③情节较重的违法行为裁量基准

经责令停止违法行为后，继续实施违法行为的；曾因此被查处过，再次实施违法行为的；法律法规规定的其他应予从重处罚的情形；裁量基准：吊销《资质证书》，并可处以2万元以上3万元以下罚款。

（9）未经批准擅自停止供气、更换气种或者迁移燃气供应站点的

①情节较轻的违法行为裁量基准

初次违法，危害后果轻微，积极整改的，裁量基准：责令改正，可处以1000元以上3000元以下罚款。

②一般情形的违法行为裁量基准

不具有从轻、从重情形的，裁量基准：责令改正，可处以3000元以上5000元以下罚款。

③情节较重的违法行为裁量基准

经责令停止违法行为后，继续实施违法行为的；曾因此被查处过，再次实施违法行为的；法律法规规定的其他应予从重处罚的情形；裁量基准：责令改正，可处以5000元以上2万元以下罚款。

（10）加热、摔砸、曝晒燃气钢瓶或者使用时倒卧燃气钢瓶；自行倾倒燃气钢瓶残液或者用燃气钢瓶相互灌装燃气；涂改燃气钢瓶检验标记；擅自拆卸、改装燃气钢瓶瓶阀、附件；擅自安装、改装、拆卸室内管道燃气设施或者进行危害室内管道燃气设施安全的装饰、装修等活动；盗用或者转供管道燃气

①情节较轻的违法行为裁量基准

初次违法，危害后果轻微，积极采取改正措施消除影响的，裁量基准：责令改正，对居民用户可处以100元的罚款，对非居民用户可处以1000元的罚款。

②一般情形的违法行为裁量基准

不具有从轻、从重情形的，裁量基准：责令改正，对居民用户可处以100元以上300

元以下的罚款，对非居民用户可处以 1000 元以上 3000 元以下的罚款。

③情节较重的违法行为裁量基准

经责令停止违法行为后，继续实施违法行为的；曾因此被查处过，再次实施违法行为的；法律法规规定的其他应予从重处罚的情形；裁量基准：责令改正，对居民用户可处以 300 元以上 500 元以下的罚款，对非居民用户可处以 3000 元以上 5000 元以下的罚款。

3. 相关内容释义

我国燃气采取经营许可方式，它是燃气管理领域的一项基本法律制度，政府允许符合条件的企业从事燃气经营，它是燃气管理的一种事前控制手段。

4. 法律法规等依据

《城镇燃气管理条例》第四十五条违反本条例规定，未取得燃气经营许可证从事燃气经营活动的，由燃气管理部门责令停止违法行为，处 5 万元以上 50 万元以下罚款；有违法所得的，没收违法所得；构成犯罪的，依法追究刑事责任。违反本条例规定，燃气经营者不按照燃气经营许可证的规定从事燃气经营活动的，由燃气管理部门责令限期改正，处 3 万元以上 20 万元以下罚款；有违法所得的，没收违法所得；情节严重的，吊销燃气经营许可证；构成犯罪的，依法追究刑事责任。

《城镇燃气管理条例》第四十六条规定违反本条例规定，燃气经营者有下列行为之一的，由燃气管理部门责令限期改正，处 1 万元以上 10 万元以下罚款；有违法所得的，没收违法所得；情节严重的，吊销燃气经营许可证；造成损失的，依法承担赔偿责任；构成犯罪的，依法追究刑事责任：

①拒绝向市政燃气管网覆盖范围内符合用气条件的单位或者个人供气的；

②倒卖、抵押、出租、出借、转让、涂改燃气经营许可证的；

③未履行必要告知义务擅自停止供气、调整供气量，或者未经审批擅自停业或者歇业的；

④向未取得燃气经营许可证的单位或者个人提供用于经营的燃气的；

⑤在不具备安全条件的场所储存燃气的；

⑥要求燃气用户购买其指定的产品或者接受其提供的服务；

⑦燃气经营者未向燃气用户持续、稳定、安全供应符合国家质量标准的燃气，或者未对燃气用户的燃气设施定期进行安全检查。

《城镇燃气管理条例》第四十八条规定违反本条例规定，燃气经营者未按照国家有关工程建设标准和安全生产管理的规定，设置燃气设施防腐、绝缘、防雷、降压、隔离等保护装置和安全警示标志的，或者未定期进行巡查、检测、维修和维护的，或者未采取措施及时消除燃气安全事故隐患的，由燃气管理部门责令限期改正，处 1 万元以上 10 万元以下罚款。

《城镇燃气管理条例》第五十一条违反本条例规定，侵占、毁损、擅自拆除、移动燃

气设施或者擅自改动市政燃气设施的，由燃气管理部门责令限期改正，恢复原状或者采取其他补救措施，对单位处 5 万元以上 10 万元以下罚款，对个人处 5000 元以上 5 万元以下罚款；造成损失的，依法承担赔偿责任；构成犯罪的，依法追究刑事责任。

违反本条例规定，毁损、覆盖、涂改、擅自拆除或者移动燃气设施安全警示标志的，由燃气管理部门责令限期改正，恢复原状，可以处 5000 元以下罚款。

《城镇燃气管理条例》第五十二条规定违反本条例规定，建设工程施工范围内有地下燃气管线等重要燃气设施，建设单位未会同施工单位与管道燃气经营者共同制定燃气设施保护方案，或者建设单位、施工单位未采取相应的安全保护措施的，由燃气管理部门责令改正，处 1 万元以上 10 万元以下罚款；造成损失的，依法承担赔偿责任；构成犯罪的，依法追究刑事责任。

燃气燃烧器具安装、维修企业违反本规定，有下列行为之一的，由燃气管理部门吊销《资质证书》，并可处以 1 万元以上 3 万元以下罚款：

①伪造、涂改、出租、借用、转让或者出卖《资质证书》；

②年检不合格的企业，继续从事安装、维修业务；

③由于燃气燃烧器具安装、维修原因发生燃气事故；

④未经燃气供应企业同意，移动燃气计量表及表前设施。

燃气管理部门吊销燃气燃烧器具安装、维修企业《资质证书》后，应当提请工商行政管理部门吊销其营业执照。

《安徽省燃气管理条例》第四十五条规定违反本条例第十七条第一款规定，未经批准擅自停止供气、更换气种或者迁移燃气供应站点的，由县（市）以上人民政府建设行政主管部门责令改正，可处以 1000 元以上 5000 元以下罚款；情节严重的，可处以 5000 元以上 2 万元以下罚款。

《安徽省燃气管理条例》第三十八条规定用户应当配合燃气企业进行燃气安全检查，严格遵守安全用气的规定，并不得实施下列行为：

①加热、摔砸、曝晒燃气钢瓶或者使用时倒卧燃气钢瓶；

②自行倾倒燃气钢瓶残液或者用燃气钢瓶相互灌装燃气；

③涂改燃气钢瓶检验标记；

④擅自拆卸、改装燃气钢瓶瓶阀、附件；

⑤擅自安装、改装、拆卸室内管道燃气设施或者进行危害室内管道燃气设施安全的装饰、装修等活动；

⑥盗用或者转供管道燃气；

⑦实施危害燃气使用安全的其他行为。

《安徽省燃气管理条例》第五十条规定违反本条例第三十八条第①项、第②项、第③

项、第④项、第⑤项、第⑥项规定的，由县（市）以上人民政府建设行政主管部门责令改正，对居民用户可处以 100 元以上 500 元以下的罚款，对非居民用户可处以 1000 元以上 5000 元以下的罚款。

（五）违反城市照明管理规定

1. 主要违法情形

在城市景观照明中有过度照明等超能耗标准行为的；损坏照明设施的。

2. 主要裁量基准

（1）在城市景观照明中有过度照明等超能耗标准行为的

①情节较轻的违法行为裁量基准

初次违法，责令限期改正，逾期未改正，危害后果轻微的，裁量基准：处以 1000 元以上 1 万元以下的罚款。

②一般情形的违法行为裁量基准

不具有从轻、从重情形的，裁量基准：处以 1 万元以上 2 万元以下罚款。

③情节较重的违法行为裁量基准

曾因此被查处过，再次实施违法行为的；法律法规规定的其他应予从重处罚的情形；裁量基准：处以 2 万元以上 3 万元以下的罚款。

（2）在城市照明设施上刻划、涂污；在城市照明设施安全距离内，擅自植树、挖坑取土或者设置其他物体，或者倾倒含酸、碱、盐等腐蚀物或者具有腐蚀性的废渣、废液；擅自在城市照明设施上张贴、悬挂、设置宣传品、广告；擅自在城市照明设施上架设线缆、安置其他设施或者接用电源；擅自迁移、拆除、利用城市照明设施；其他可能影响城市照明设施正常运行的行为

①情节较轻的违法行为裁量基准

初次违法，危害后果轻微，积极整改的，裁量基准：责令限期改正，对个人处以 200 元的罚款；对单位处以 1000 元以上 1 万元以下的罚款。

②一般情形的违法行为裁量基准

不具有从轻、从重情形的，裁量基准：责令限期改正，对个人处以 200 元以上 500 元以下的罚款；对单位处以 1 万元以上 2 万元以下的罚款。

③情节较重的违法行为裁量基准

逾期未改正的；曾因此被查处过，再次实施违法行为的；法律法规规定的其他应予从重处罚的情形；裁量基准：责令限期改正，对个人处以 500 元以上 1000 元以下的罚款；对单位处以 2 万元以上 3 万元以下的罚款。

3. 相关内容释义

景观照明是指在户外通过人工光以装饰和造景为目的的照明。

4. 法律法规等依据

《城市照明管理规定》第三十一条规定违反本规定，在城市景观照明中有过度照明等超能耗标准行为的，由城市照明主管部门责令限期改正；逾期未改正的，处以 1000 元以上 3 万元以下的罚款。

《城市照明管理规定》第二十八条规定任何单位和个人都应当保护城市照明设施，不得实施下列行为：

①在城市照明设施上刻划、涂污；

②在城市照明设施安全距离内，擅自植树、挖坑取土或者设置其他物体，或者倾倒含酸、碱、盐等腐蚀物或者具有腐蚀性的废渣、废液；

③擅自在城市照明设施上张贴、悬挂、设置宣传品、广告；

④擅自在城市照明设施上架设线缆、安置其他设施或者接用电源；

⑤擅自迁移、拆除、利用城市照明设施；

⑥其他可能影响城市照明设施正常运行的行为。

《城市照明管理规定》第三十二条规定违反本规定，有第二十八条规定行为之一的，由城市照明主管部门责令限期改正，对个人处以 200 元以上 1000 元以下的罚款；对单位处以 1000 元以上 3 万元以下的罚款；造成损失的，依法赔偿损失。

第二节　道路交通管理行政综合执法

一、道路交通管理综合执法概述

道路交通管理综合执法指为了保护公民、法人和其他组织的人身、财产安全，维护道路交通秩序，并减少交通事故的发生，具有执法权的行政机关依据相关的法律法规等规范性文件对违法行为作出执法决定的过程。城管部门的综合执法表现为对擅自挖掘道路、侵占道路等行为的行政处罚。安徽省城管主管部门未出台统一行政处罚裁量基准，不同市对于城管执法范围的界定有所不同，笔者综合多种情况，作出介绍。

二、主要违法情形

（一）对于非机动车侵占道路行为

1. 主要违法行为

对非机动车未在规定地点停放或未设停放地点的，非机动车停放妨碍其他车辆和行人通行。

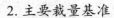

2. 主要裁量基准

①情节较轻的违法行为裁量基准

当场发现，经劝导立即驶离，裁量基准：不予处罚。

②一般情形的违法行为裁量基准

不在现场，未占用盲道、绿化的，一定程度上影响通行，裁量基准：责令改正，处 5 ~ 20 元罚款。

③情节较重的违法行为裁量基准

不在现场，占用盲道、绿化的，严重影响行人通行，裁量基准：责令改正，处 20 ~ 50 元罚款。

3. 法律法规等依据

《中华人民共和国道路交通安全法》第三十一条规定未经许可，任何单位和个人不得占用道路从事非交通活动。

《中华人民共和国道路交通安全法》第八十七条规定公安机关交通管理部门及其交通警察对道路交通安全违法行为，应当及时纠正。公安机关交通管理部门及其交通警察应当依据事实和本法的有关规定对道路交通安全违法行为予以处罚。对于情节轻微，未影响道路通行的，指出违法行为，给予口头警告后放行。

《中华人民共和国道路交通安全法》第八十九条规定行人、乘车人、非机动车驾驶人违反道路交通安全法律、法规关于道路通行规定的，处警告或者 5 元以上 50 元以下罚款；非机动车驾驶人拒绝接受罚款处罚的，可以扣留其非机动车。

（二）对于机动车侵占道路行为

1. 主要违法行为

在城市道路人行道上机动车违规停放，妨碍其他车辆和行人通行。

2. 主要裁量基准

①情节较轻的违法行为裁量基准

当场发现，经劝导立即驶离，裁量基准：不予处罚。

②一般情形的违法行为裁量基准

不在现场，未占用盲道、绿化的，一定程度上影响通行，裁量基准：责令改正，处 100 元罚款。

③情节较重的违法行为裁量基准

不在现场，占用盲道、绿化的，严重影响行人通行；或者机动车驾驶人虽在现场但拒绝立即驶离；裁量基准：责令改正，处 200 元罚款。

3. 相关内容释义

城管部门针对机动车侵占道路行为的综合执法范围指机动车违反道路交通安全法律、

法规，在城市人行道及外延部分违规停放。

4. **法律法规等依据**

《中华人民共和国道路交通安全法》第九十三条规定对违反道路交通安全法律、法规关于机动车停放、临时停车规定的，可以指出违法行为，并予以口头警告、令其立即驶离。

机动车驾驶人不在现场或者虽在现场但拒绝立即驶离，妨碍其他车辆、行人通行的，处20元以上200元以下罚款，并可以将该机动车拖移至不妨碍交通的地点或者公安机关交通管理部门指定的地点停放。公安机关交通管理部门拖车不得向当事人收取费用，并应当及时告知当事人停放地点。

（三）擅自破坏城市道路或者非常规车违规

1. **主要违法行为**

擅自占用或者挖掘城市道路；履带车、铁轮车或者超重、超高、超长车辆擅自在城市道路上行驶；机动车在桥梁或者非指定的城市道路上试刹车。

2. **主要裁量基准**

①情节较轻的违法行为裁量基准

造成损失在5000元以下的，裁量基准：责令限期改正，可以处以5000元以下的罚款。

②一般情形的违法行为裁量基准

造成损失在5000元以上1万元以下，裁量基准：责令限期改正，可以并处5000元以上1万元以下的罚款。

③情节较重的违法行为裁量基准

造成损失在1万元以上，裁量基准：责令限期改正，可以并处1万元以上2万元以下的罚款。

3. **相关内容释义**

超重、超高、超长车辆统称为超限车辆，其具体标准见交通运输部令2016年第62号《超限运输车辆行驶公路管理规定》，其第三条规定本规定所称超限运输车辆，是指有下列情形之一的货物运输车辆：①车货总高度从地面算起超过4米；②车货总宽度超过2.55米；③车货总长度超过18.1米；④二轴货车，其车货总质量超过18000千克；⑤三轴货车，其车货总质量超过25000千克；三轴汽车列车，其车货总质量超过27000千克；⑥四轴货车，其车货总质量超过31000千克；四轴汽车列车，其车货总质量超过36000千克；⑦五轴汽车列车，其车货总质量超过43000千克；⑧六轴及六轴以上汽车列车，其车货总质量超过49000千克，其中牵引车驱动轴为单轴的，其车货总质量超过46000千克。

4. **法律法规等依据**

《城市道路管理条例》第二十七条规定城市道路范围内禁止下列行为：①擅自占用或者挖掘城市道路；②履带车、铁轮车或者超重、超高、超长车辆擅自在城市道路上行驶；

③机动车在桥梁或者非指定的城市道路上试刹车；④擅自在城市道路上建设建筑物、构筑物；⑤在桥梁上架设压力在4公斤/平方厘米（0.4兆帕）以上的煤气管道、10千伏以上的高压电力线和其他易燃易爆管线；⑥擅自在桥梁或者路灯设施上设置广告牌或者其他挂浮物；⑦其他损害、侵占城市道路的行为。

《城市道路管理条例》第二十八条规定履带车、铁轮车或者超重、超高、超长车辆需要在城市道路上行驶的，事先须征得市政工程行政主管部门同意，并按照公安交通管理部门指定的时间、路线行驶。

第四章 市容、环境与绿化管理行政综合执法

第一节 市容和环境卫生管理行政综合执法

一、市容和环境卫生管理行政综合执法概述

市容环境是一个城市整体形象的综合体现，反映了地方社会经济的发展水平，影响着居民的生活质量。城市市容和环境卫生管理工作是通过对城市的市容环境卫生方面进行全面整治，解决影响城市形象的环境卫生脏乱差等问题，为建设整洁、卫生、文明的现代化城市发挥积极作用。《安徽省城市市容和环境卫生管理条例》第九条规定：城市中的建筑物和设施，应当符合国家规定的城市容貌标准。市容和环境卫生管理行政综合执法的范围为行使城市市容环境卫生管理方面法律、法规和规章规定的行政处罚权和相关的行政强制措施。

安徽省市容和环境卫生管理综合执法的法律依据有：

《中华人民共和国固体废物污染环境防治法》；

《城市市容和环境卫生管理条例》；

《安徽省城市市容和环境卫生管理条例》；

《城市建筑垃圾管理规定》；

《城市生活垃圾管理办法》；

《安徽省住房和城乡建设系统行政处罚裁量权基准》（建法〔2015〕158号）。

二、主要违法情形

（一）市容和环境卫生类

1.在临街建筑物的阳台和平台上长期堆放、吊挂有碍市容的物品

（1）主要的违法行为

在主要街道临街建筑物的阳台和平台上长期堆放、吊挂有碍市容的物品，拒不改正的。

（2）适用的规范条款

《安徽省城市市容和环境卫生管理条例》第十二条第二款：城市人民政府鼓励在主要街道临街建筑物的阳台和平台上种花、种草或者进行装饰美化，禁止堆放、吊挂有碍市容

的物品，并保证行人安全。搭建或者封闭对建筑立面造成影响的露台、阳台等，应当符合城市人民政府市容环境卫生行政主管部门的规定。

（3）适用的处罚条款

《安徽省城市市容和环境卫生管理条例》第四十二条：违反第十二条第二款规定，在主要街道临街建筑物的阳台和平台上长期堆放、吊挂有碍市容的物品，拒不改正的，处以20元以上50元以下的罚款。

（4）处罚的裁量基准

①从轻情形：责令纠正违法行为、采取补救措施外，可给予警告，并可处以20元罚款；②一般情形：责令纠正违法行为、采取补救措施外，可给予警告，并可处以20元以上30元以下的罚款；

③从重情形：责令纠正违法行为、采取补救措施外，可给予警告，并可处以30元以上50元以下的罚款。

2. 未按规定在城市建筑物上安装空调室外机、防盗窗（网）、遮阳棚、太阳能热水器

（1）主要的违法行为

不符合相关部门规定在主要临街城市建筑物上安装空调室外机、防盗窗（网）、遮阳棚、太阳能热水器，拒不改正的。

（2）适用的规范条款

《安徽省城市市容和环境卫生管理条例》第十三条：在城市建筑物上安装空调室外机、排气扇（管）、防盗窗（网）、遮阳篷、太阳能热水器等，应当符合城市人民政府市容环境卫生行政主管部门的规定。空调室外机的冷却水应当引入室内或者下水道，不得随意排放。

（3）适用的处罚条款

《安徽省城市市容和环境卫生管理条例》第四十二条：违反第十三条规定，未按照规定在主要临街城市建筑物上安装空调室外机、排气扇（管）、防盗窗（网）、遮阳篷、太阳能热水器，拒不改正的，处以50元以上200元以下的罚款。

（4）处罚的裁量基准

①从轻情形：责令纠正违法行为、采取补救措施外，可以给予警告，并可处以50元的罚款；②一般情形：责令纠正违法行为、采取补救措施外，可以给予警告，并可处以50元以上100元以下的罚款；

③从重情形：责令纠正违法行为、采取补救措施外，可以给予警告，并可处以100元以上200元以下的罚款。

3. 建筑物、构筑物或设施不符合城市容貌标准、环境卫生标准

（1）主要的违法行为

建筑物、构筑物或其他设施不符合城市容貌标准、环境卫生标准。

（2）适用的规范条款

《安徽省城市市容和环境卫生管理条例》第九条第一款：城市中的建筑物和设施，应当符合国家规定的城市容貌标准。第二十条第一款：城市环境卫生，应当符合国家规定的城市环境卫生标准。

（3）适用的处罚条款

《安徽省城市市容和环境卫生管理条例》第四十三条：违反第九条第一款、第二十条第一款规定，不符合城市容貌标准、环境卫生标准的建筑物、构筑物或者其他设施，由城市人民政府市容环境卫生行政主管部门会同城市规划行政主管部门，责令有关单位和个人限期改造或者拆除；逾期未改造或者未拆除的，经县级以上地方人民政府批准，由城市人民政府市容环境卫生行政主管部门或者城市规划行政主管部门组织强制拆除，并可处以1000元以上5000元以下的罚款。

4.未经批准搭建影响市容的建筑物、构筑物或其他设施

（1）主要的违法行为

未经批准搭建建筑物、构筑物或者其他设施，影响市容的。

（2）适用的规范条款

《安徽省城市市容和环境卫生管理条例》第十七条第一款：任何单位和个人不得在城市道路范围内和公共场地开办集贸市场、摆摊设点、出店经营、堆放物料，搭建建筑物、构筑物或者其他设施。确需搭建非永久性建筑物、构筑物或者其他设施，或者临时摆摊设点、堆放物料，必须征得县级以上人民政府市容环境卫生行政主管部门同意后，再按有关规定办理审批手续。

（3）适用的处罚条款

《安徽省城市市容和环境卫生管理条例》第四十二条：违反第十七条第一款规定，未经批准搭建建筑物、构筑物或者其他设施，影响市容的，处以500元以上2500元以下的罚款。

（4）处罚的裁量基准

①从轻情形：责令纠正违法行为、采取补救措施外，可以给予警告，并可处以500元以上1000元以下的罚款；

②一般情形：责令纠正违法行为、采取补救措施外，可以给予警告，并可处以1000元以上1500元以下的罚款；

③从重情形：责令纠正违法行为、采取补救措施外，可以给予警告，并可处以1500元以上2500元以下的罚款。

5.城市施工现场不符合规定

（1）主要的违法行为

城市施工现场不符合规定，影响市容和环境卫生。

（2）适用的规范条款

《安徽省城市市容和环境卫生管理条例》第十八条：城市的工程施工现场应当符合下列规定：①在批准的占地范围内封闭作业；②渣土及时清运，保持整洁；③驶离工地的车辆保持清洁；④施工用水按照规定排放，不得外泄污染路面；⑤临街工地周围设置安全护栏和围蔽设施；⑥停工场地及时整理并作必要的覆盖；⑦工程竣工后，及时清理和平整场地；⑧工地的厨房、厕所符合卫生要求。

（3）适用的处罚条款

《安徽省城市市容和环境卫生管理条例》第四十二条：违反第十八条规定，城市施工现场不符合规定，影响市容和环境卫生的，处以500元以上1000元以下的罚款。

（4）处罚的裁量基准

①从轻情形：责令纠正违法行为、采取补救措施外，可以给予警告，并可处以500元的罚款；

②一般情形：责令纠正违法行为、采取补救措施外，可以给予警告，并可处以500元以上700元以下的罚款；

③从重情形：责令纠正违法行为、采取补救措施外，可以给予警告，并可处以700元以上1000元以下的罚款。

6. 运输液体、散装货物造成泄漏、遗撒

（1）主要的违法行为

在城市市区行驶的交通运输工具，运输液体、散装货物不作密封、包扎、覆盖，造成泄漏、遗撒。

（2）适用的规范条款

《安徽省城市市容和环境卫生管理条例》第十九条：在城市市区行驶的交通运输工具，应当保持外形完好、整洁，运输的液体、散装货物及垃圾，应当密封、包扎、覆盖，不得泄漏、遗撒。

（3）适用的处罚条款

《安徽省城市市容和环境卫生管理条例》第四十二条：违反第十九条规定，运输液体、散装货物不作密封、包扎、覆盖，造成泄漏、遗撒的，处以200元以上1000元以下的罚款。

（4）处罚的裁量基准

①从轻情形：责令纠正违法行为、采取补救措施外，可以给予警告，并可处以200元以上500元以下的罚款；

②一般情形：责令纠正违法行为、采取补救措施外，可以给予警告，并可处以500元以上700元以下的罚款；

③从重情形：责令纠正违法行为、采取补救措施外，可以给予警告，并可处以700元

以上 1000 元以下的罚款。

7. 未履行卫生责任区清扫保洁义务

（1）主要的违法行为

未履行卫生责任区清扫保洁义务或者未按照规定清运、处理垃圾、粪便。

（2）适用的规范条款

《安徽省城市市容和环境卫生管理条例》第二十一条：城市环境卫生的清扫保洁，按照下列规定分工负责：①城市街道、广场、桥梁和公共水域，由城市人民政府市容环境卫生行政主管部门或者街道办事处负责；②居住区，实施物业管理的，由物业管理单位负责；未实施物业管理的，由街道办事处或者原产权单位负责；③机场、车站、码头、停车场、公园、旅游景点、文化体育娱乐场所等公共场所和所属公共绿地，由管理者或者经营者负责；④集贸市场和各类专业市场，由产权单位或者经营者负责；⑤各类摊点、售货亭、电话亭等，由经营者负责；⑥建筑工地由施工单位负责；⑦城市港口客货码头作业范围内的水面，由港口客货码头经营者责成作业者负责；⑧穿越城市的铁路、公路及其沿线，由城市人民政府市容环境卫生行政主管部门、产权单位或者经营者负责；⑨机关、团体、部队、企事业单位的内部区域以及城市人民政府市容环境卫生行政主管部门划分的卫生责任区由责任单位负责。环境卫生责任单位应当按照规定，对有关场所进行定期消毒，保证有关场所室内空气卫生质量。

（3）适用的处罚条款

《安徽省城市市容和环境卫生管理条例》第四十二条：违反第二十一条规定，未履行卫生责任区清扫保洁义务或者未按照规定清运、处理垃圾、粪便的，处以 200 元以上 1000 元以下的罚款。

（4）处罚的裁量基准

①从轻情形：责令纠正违法行为、采取补救措施外，可以给予警告，并可处以 200 元以上 500 元以下的罚款；

②一般情形：责令纠正违法行为、采取补救措施外，可以给予警告，并可处以 500 元以上 700 元以下的罚款；

③从重情形：责令纠正违法行为、采取补救措施外，可以给予警告，并可处以 700 元以上 1 000 元以下的罚款。

8. 随地吐痰、便溺、乱扔废弃物、焚烧垃圾或冥纸

（1）主要的违法行为

在公共场所随地吐痰、便溺，乱扔果皮、烟头、纸屑等废弃物，焚烧垃圾、冥纸。

（2）适用的规范条款

《安徽省城市市容和环境卫生管理条例》第二十四条：任何单位和个人应当保持公共

环境卫生，并遵守下列规定：在公共场所不得随地吐痰、便溺，不得乱扔果皮、烟头、纸屑等废弃物，不得焚烧垃圾和冥纸。

（3）适用的处罚条款

《安徽省城市市容和环境卫生管理条例》第四十四条：随地吐痰、乱扔果皮、纸屑和烟头的，处以5元以上25元以下的罚款；随地便溺、乱扔其他废弃物、焚烧垃圾和冥纸的，处以10元以上50元以下的罚款。

9. 占用城市道路、桥涵、街巷经营机动车辆修理、清洗业务

（1）主要的违法行为

占用城市道路、桥涵、街巷经营机动车辆修理、清洗业务。

（2）适用的规范条款

《安徽省城市市容和环境卫生管理条例》第二十四条：任何单位和个人应当保持公共环境卫生，并遵守下列规定：不得占用城市道路、街巷经营机动车辆修理、清洗业务，影响环境卫生。

（3）适用的处罚条款

《安徽省城市市容和环境卫生管理条例》第四十四条：违反第二十四条第（四）项规定，占用城市道路、街巷经营机动车辆修理、清洗业务，影响环境卫生的，由市容或者有关行政主管部门依法处以200元以上1000元以下的罚款。

（4）处罚的裁量基准

①从轻情形：处以200元以上500元以下的罚款；

②一般情形：处以500元以上700元以下的罚款；

③从重情形：处以700元以上1000元以下的罚款。

10. 未按照规定的时间、线路和要求清运建筑垃圾

（1）主要的违法行为

未按照城市人民政府市容环境卫生行政主管部门规定的时间、线路和要求清运建筑垃圾。

（2）适用的规范条款

《安徽省城市市容和环境卫生管理条例》第二十五条第二款：因工程施工等原因产生的渣土、弃土、弃料等废弃物，需要运输、处理的，应当按照城市人民政府市容环境卫生行政主管部门规定的时间、线路和要求，清运到指定的场所处理。

（3）适用的处罚条款

《安徽省城市市容和环境卫生管理条例》第四十五条：违反第二十五条第二款规定，未按照城市人民政府市容环境卫生行政主管部门规定的时间、线路和要求清运建筑垃圾的，城市人民政府市容环境卫生行政主管部门除责令其纠正违法行为，采取补救措施外，可以

给予警告，并可处以每车 100 元以上 200 元以下的罚款。

（4）处罚的裁量基准

①从轻情形：除责令其纠正违法行为，采取补救措施外，可以给予警告，并可处以每车 100 元的罚款；

②一般情形：除责令其纠正违法行为，采取补救措施外，可以给予警告，并可处以每车 100 元以上 150 元以下罚款；

③从重情形：除责令其纠正违法行为，采取补救措施外，可以给予警告，并可处以每车 150 元以上 200 元以下的罚款。

11. 未经批准在市区内饲养家畜家禽

（1）主要的违法行为

未经批准在市区内饲养家畜家禽，影响市容和环境卫生。

（2）适用的规范条款

《安徽省城市市容和环境卫生管理条例》第二十九条第一款：城市市区内禁止饲养鸡、鸭、鹅、兔、羊、猪等家禽家畜和食用鸽。因教学、科研以及其他特殊需要饲养家禽家畜的，应当经城市人民政府市容环境卫生行政主管部门批准。

（3）适用的处罚条款

《安徽省城市市容和环境卫生管理条例》第四十六条第一款：违反第二十九条第一款规定，未经批准在市区内饲养家畜家禽，影响市容和环境卫生的，由城市人民政府市容环境卫生行政主管部门责令限期处理或者予以没收，并可处以 50 元以上 200 元以下的罚款。

12. 在公共场所遗留宠物粪便

（1）主要的违法行为

在公共场所遗留宠物粪便，饲养人不即时清除，影响环境卫生。

（2）适用的规范条款

《安徽省城市市容和环境卫生管理条例》第二十九条第二款：城市市区内限制饲养宠物。饲养宠物，不得散放，不得影响环境卫生。宠物在道路和其他公共场所产生的粪便，其饲养人应当即时清除。

（3）适用的处罚条款

《安徽省城市市容和环境卫生管理条例》第四十六条第二款：违反第二十九条第二款规定，在公共场所遗留宠物粪便，不即时清除，影响环境卫生的，对其饲养人处以 50 元以上 200 元以下的罚款。

13. 损坏环境卫生设施

（1）主要的违法行为

损坏各类环境卫生设施及其附属设施。

（2）适用的规范条款

《安徽省城市市容和环境卫生管理条例》第三十七条第二款：任何单位和个人都不得侵占、损坏或者擅自拆除、迁移环境卫生设施。因建设需要必须拆除、迁移的，建设单位应当事先提出拆迁方案，报城市人民政府市容环境卫生行政主管部门批准后，按照先建设后拆除的原则负责重建，或者按照环境卫生设施造价给予补偿，由城市人民政府市容环境卫生行政主管部门安排重建。

（3）适用的处罚条款

《安徽省城市市容和环境卫生管理条例》第四十七条：违反第三十七条第二款的规定，损坏各类环境卫生设施及其附属设施的，城市人民政府市容环境卫生行政主管部门除责令恢复原状外，可并处以 500 元以上 1000 元以下的罚款。

（4）处罚的裁量基准

①从轻情形：除责令恢复原状，可并处以 500 元的罚款；

②一般情形：除责令恢复原状，可并处以 500 元以上 750 元以下的罚款；

③从重情形：除责令恢复原状，可并处以 750 元以上 1000 元以下的罚款。

14. 擅自拆除、迁移环境卫生设施

（1）主要的违法行为

擅自拆除、迁移环境卫生设施或者未按批准的拆迁方案进行拆迁。

（2）适用的规范条款

《安徽省城市市容和环境卫生管理条例》第三十七条第二款：任何单位和个人都不得侵占、损坏或者擅自拆除、迁移环境卫生设施。因建设需要必须拆除、迁移的，建设单位应当事先提出拆迁方案，报城市人民政府市容环境卫生行政主管部门批准后，按照先建设后拆除的原则负责重建，或者按照环境卫生设施造价给予补偿，由城市人民政府市容环境卫生行政主管部门安排重建。

（3）适用的处罚条款

《安徽省城市市容和环境卫生管理条例》第四十七条：擅自拆除、迁移环境卫生设施或者未按批准的拆迁方案进行拆迁的，由城市人民政府市容环境卫生行政主管部门责令停止违法行为，限期清理或者采取其他补救措施，并可处以 1000 元以上 5000 元以下的罚款。

（4）处罚的裁量基准

①从轻情形：责令停止违法行为，限期清理或者采取其他补救措施，并可处以 1000 元的罚款；

②一般情形：责令停止违法行为，限期清理或者采取其他补救措施，并可处以 1000 元以上 3000 元以下的罚款；

③从重情形：责令停止违法行为，限期清理或者采取其他补救措施，并可处以 3000 元

以上 5000 元以下的罚款。

（二）城市生活垃圾类

1. 未按规定缴纳城市生活垃圾处理费

（1）主要的违法行为

单位和个人未按规定缴纳城市生活垃圾处理费。

（2）适用的规范条款

《城市生活垃圾管理办法》第四条：产生城市生活垃圾的单位和个人，应当按照城市人民政府确定的生活垃圾处理费收费标准和有关规定缴纳城市生活垃圾处理费。

（3）适用的处罚条款

《城市生活垃圾管理办法》第三十八条：单位和个人未按规定缴纳城市生活垃圾处理费的，由直辖市、市、县人民政府建设（环境卫生）主管部门责令限期改正，逾期不改正的，对单位可处以应交城市生活垃圾处理费三倍以下且不超过 3 万元的罚款，对个人可处以应交城市生活垃圾处理费三倍以下且不超过 1000 元的罚款。

（4）处罚的裁量基准

①从轻情形：对单位可处以应交城市生活垃圾处理费 1 倍以下且不超过 1 万元的罚款，对个人可处以应交城市生活垃圾处理费 1 倍以下且不超过 300 元的罚款；

②一般情形：对单位可处以应交城市生活垃圾处理费 1 倍以上 2 倍以下且不超过 2 万元的罚款，对个人可处以应交城市生活垃圾处理费 1 倍以上 2 倍以下且不超过 500 元的罚款；

③从重情形：对单位处以应交城市生活垃圾处理费 2 倍以上 3 倍以下且不超过 3 万元的罚款，对个人处以应交城市生活垃圾处理费 2 倍以上 3 倍以下且不超过 1000 元的罚款。

2. 未按照规划和标准建设城市生活垃圾收集设施

（1）主要的违法行为

未按照城市生活垃圾治理规划和环境卫生设施标准配套建设城市生活垃圾收集设施。

（2）适用的规范条款

《城市生活垃圾管理办法》第十条：从事新区开发、旧区改建和住宅小区开发建设的单位，以及机场、码头、车站、公园、商店等公共设施、场所的经营管理单位，应当按照城市生活垃圾治理规划和环境卫生设施的设置标准，配套建设城市生活垃圾收集设施。

（3）适用的处罚条款

《城市生活垃圾管理办法》第三十九条：违反本办法第十条规定，未按照城市生活垃圾治理规划和环境卫生设施标准配套建设城市生活垃圾收集设施的，由直辖市、市、县人民政府建设（环境卫生）主管部门责令限期改正，并可处以 1 万元以下的罚款。

（4）处罚的裁量基准

①从轻情形：责令限期改正，并可处以 3000 元以下罚款；

②一般情形：责令限期改正，并可处以 3000 元以上 7000 元以下罚款；

③从重情形：责令限期改正，并可处以 7000 元以上 1 万元以下罚款。

3. 投入使用未经验收或者验收不合格的城市生活垃圾处置设施

（1）主要的违法行为

投入使用未经验收或者验收不合格的城市生活垃圾处置设施。

（2）适用的规范条款

《城市生活垃圾管理办法》第十二条：城市生活垃圾收集、处置设施工程竣工后，建设单位应当依法组织竣工验收，并在竣工验收后三个月内，依法向当地人民政府建设主管部门和环境卫生主管部门报送建设工程项目档案。未经验收或者验收不合格的，不得交付使用。

（3）适用的处罚条款

《城市生活垃圾管理办法》第四十条：违反本办法第十二条规定，城市生活垃圾处置设施未经验收或者验收不合格投入使用的，由直辖市、市、县人民政府建设主管部门责令改正，处工程合同价款 2% 以上 4% 以下的罚款；造成损失的，应当承担赔偿责任。

（4）处罚的裁量基准

①从轻情形：责令改正，处工程合同价款 2% 的罚款；

②一般情形：责令改正，处工程合同价款 2% 以上 3% 以下的罚款；

③从重情形：责令改正，处工程合同价款 3% 以上 4% 以下的罚款。

4. 自关闭、闲置或者拆除城市生活垃圾处置设施、场所

（1）主要的违法行为

未经批准擅自关闭、闲置或者拆除城市生活垃圾处置设施、场所。

（2）适用的规范条款

《城市生活垃圾管理办法》第十三条：任何单位和个人不得擅自关闭、闲置或者拆除城市生活垃圾处置设施、场所；确有必要关闭、闲置或者拆除的，必须经所在地县级以上地方人民政府建设（环境卫生）主管部门和环境保护主管部门核准，并采取措施，防止污染环境。

（3）适用的处罚条款

《城市生活垃圾管理办法》第四十一条：违反本办法第十三条规定，未经批准擅自关闭、闲置或者拆除城市生活垃圾处置设施、场所的，由直辖市、市、县人民政府建设（环境卫生）主管部门责令停止违法行为，限期改正，处以 1 万元以上 10 万元以下的罚款。

（4）处罚的裁量基准

①从轻情形：责令停止违法行为，限期改正，处以 1 万元以上 3 万元以下罚款；

②一般情形：责令停止违法行为，限期改正，处以 3 万元以上 5 万元以下罚款；

③从重情形：责令停止违法行为，限期改正，处以 5 万元以上 10 万元以下罚款。

5. 倾倒、抛洒、堆放城市生活垃圾

（1）主要的违法行为

随意倾倒、抛洒、堆放城市生活垃圾。

（2）适用的规范条款

《城市生活垃圾管理办法》第十六条：单位和个人应当按照规定的地点、时间等要求，将生活垃圾投放到指定的垃圾容器或者收集场所。废旧家具等大件垃圾应当按规定时间投放在指定的收集场所。城市生活垃圾实行分类收集的地区，单位和个人应当按照规定的分类要求，将生活垃圾装入相应的垃圾袋内，投入指定的垃圾容器或者收集场所。宾馆、饭店、餐馆以及机关、院校等单位应当按照规定单独收集、存放本单位产生的餐厨垃圾，并交符合本办法要求的城市生活垃圾收集、运输企业运至规定的城市生活垃圾处理场所。禁止随意倾倒、抛洒或者堆放城市生活垃圾。

（3）适用的处罚条款

《城市生活垃圾管理办法》第四十二条：违反本办法第十六条规定，随意倾倒、抛洒、堆放城市生活垃圾的，由直辖市、市、县人民政府建设（环境卫生）主管部门责令停止违法行为，限期改正，对单位处以 5000 元以上 5 万元以下的罚款。个人有以上行为的，处以 200 元以下的罚款。

（4）处罚的裁量基准

①从轻情形：责令停止违法行为，限期改正，对单位处以 5000 元以上 1 万元以下罚款，对个人处以 50 元以下罚款；

②一般情形：责令停止违法行为，限期改正，对单位处以 1 万元以上 3 万元以下罚款，对个人处以 50 元以上 100 元以下罚款；

③从重情形：责令停止违法行为，限期改正，对单位处以 3 万元以上 5 万元以下罚款，对个人处以 100 元以上 200 元以下罚款。

6. 未经批准从事城市生活垃圾经营活动

（1）主要的违法行为

未经批准从事城市生活垃圾经营性清扫、收集、运输或者处置活动。

（2）适用的规范条款

《城市生活垃圾管理办法》第十七条：从事城市生活垃圾经营性清扫、收集、运输的企业，应当取得城市生活垃圾经营性清扫、收集、运输服务许可证。未取得城市生活垃圾经营性清扫、收集、运输服务许可证的企业，不得从事城市生活垃圾经营性清扫、收集、运输活动。第二十五条：从事城市生活垃圾经营性处置的企业，应当向所在地直辖市、市、县人民政府建设（环境卫生）主管部门取得城市生活垃圾经营性处置服务许可证。未取得城市生活

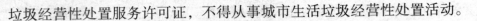

垃圾经营性处置服务许可证，不得从事城市生活垃圾经营性处置活动。

（3）适用的处罚条款

《城市生活垃圾管理办法》第四十三条：违反本办法第十七条、第二十五条规定，未经批准从事城市生活垃圾经营性清扫、收集、运输或者处置活动的，由直辖市、市、县人民政府建设（环境卫生）主管部门责令停止违法行为，并处以3万元的罚款。

7. 在运输过程中沿途丢弃、遗撒生活垃圾

（1）主要的违法行为

从事城市生活垃圾经营性清扫、收集、运输的企业在运输过程中沿途丢弃、遗撒生活垃圾。

（2）适用的规范条款

《城市生活垃圾管理办法》第二十一条：从事城市生活垃圾经营性清扫、收集、运输的企业，禁止实施下列行为：在运输过程中沿途丢弃、遗撒生活垃圾。

（3）适用的处罚条款

《城市生活垃圾管理办法》第四十四条：违反本办法规定，从事城市生活垃圾经营性清扫、收集、运输的企业在运输过程中沿途丢弃、遗撒生活垃圾的，由直辖市、市、县人民政府建设（环境卫生）主管部门责令停止违法行为，限期改正，处以5000元以上5万元以下的罚款。

（4）处罚的裁量基准

①从轻情形：责令停止违法行为，限期改正，处以5000元以上1万元以下罚款；

②一般情形：责令停止违法行为，限期改正，处以1万元以上3万元以下罚款；

③从重情形：责令停止违法行为，限期改正，处以3万元以上5万元以下罚款。

8. 从事生活垃圾经营性清扫、收集、运输的企业不履行规定义务

（1）主要的违法行为

从事生活垃圾经营性清扫、收集、运输的企业不履行《城市生活垃圾管理办法》第二十条规定义务。

（2）适用的规范条款

《城市生活垃圾管理办法》第二十条：从事城市生活垃圾经营性清扫、收集、运输的企业应当履行以下义务：①按照环境卫生作业标准和作业规范，在规定的时间内及时清扫、收运城市生活垃圾；②将收集的城市生活垃圾运到直辖市、市、县人民政府建设（环境卫生）主管部门认可的处理场所；③清扫、收运城市生活垃圾后，对生活垃圾收集设施及时保洁、复位，清理作业场地，保持生活垃圾收集设施和周边环境的干净整洁；④用于收集、运输城市生活垃圾的车辆、船舶应当做到密闭、完好和整洁。

（3）适用的处罚条款

《城市生活垃圾管理办法》第四十五条：从事生活垃圾经营性清扫、收集、运输的企业不履行本办法第二十条规定义务的，由直辖市、市、县人民政府建设（环境卫生）主管部门责令限期改正，并可处以 5000 元以上 3 万元以下的罚款。

（4）处罚的裁量基准

①从轻情形：责令限期改正，给予警告，并可处以 5000 元以上 1 万元以下的罚款；

②一般情形：责令限期改正，给予警告，并可处以 1 万元以上 2 万元以下罚款；

③从重情形：责令限期改正，给予警告，并可处以 2 万元以上 3 万元以下罚款。

9. 城市生活垃圾经营性处置企业不履行规定义务

（1）主要的违法行为

城市生活垃圾经营性处置企业不履行《城市生活垃圾管理办法》第二十八条规定义务。

（2）适用的规范条款

《城市生活垃圾管理办法》第二十八条：从事城市生活垃圾经营性处置的企业应当履行以下义务：①严格按照国家有关规定和技术标准，处置城市生活垃圾；②按照规定处理处置过程中产生的污水、废气、废渣、粉尘等，防止二次污染；③按照所在地建设（环境卫生）主管部门规定的时间和要求接收生活垃圾；④按照要求配备城市生活垃圾处置设备、设施，保证设施、设备运行良好；⑤保证城市生活垃圾处置站、场（厂）环境整洁；⑥按照要求配备合格的管理人员及操作人员；⑦对每日收运、进出场站、处置的生活垃圾进行计量，按照要求将统计数据和报表报送所在地建设（环境卫生）主管部门；⑧按照要求定期进行水、气、土壤等环境影响监测，对生活垃圾处理设施的性能和环保指标进行检测、评价，向所在地建设（环境卫生）主管部门报告检测、评价结果。

（3）适用的处罚条款

《城市生活垃圾管理办法》第四十五条：城市生活垃圾经营性处置企业不履行本办法第二十八条规定义务的，由直辖市、市、县人民政府建设（环境卫生）主管部门责令限期改正，并可处以 3 万元以上 10 万元以下的罚款。造成损失的，依法承担赔偿责任。

（4）处罚的裁量基准

①从轻情形：日处理垃圾 100 吨以下的责令限期改正，并可处以 3 万元以上 5 万元以下罚款；

②一般情形：日处理垃圾 100 吨以上 200 吨以下的责令限期改正，并可处以 5 万元以上 7 万元以下罚款；

③从重情形：日处理垃圾 200 吨以上的责令限期改正，并可处以 7 万元以上 10 万元以下罚款。

10. 从事城市生活垃圾经营性清扫、收集、运输的企业擅自停业、歇业

（1）主要的违法行为

从事城市生活垃圾经营性清扫、收集、远输的企业，未经批准擅自停业、歇业。

（2）适用的规范条款

《城市生活垃圾管理办法》第二十一条：从事城市生活垃圾经营性清扫、收集、运输的企业，禁止实施下列行为：擅自停业、歇业。第三十五条第一款：从事城市生活垃圾经营性清扫、收集、运输、处置的企业需停业、歇业的，应当提前半年向所在地直辖市、市、县人民政府建设（环境卫生）主管部门报告，经同意后方可停业或者歇业。

（3）适用的处罚条款

《城市生活垃圾管理办法》第四十六条：违反本办法规定，从事城市生活垃圾经营性清扫、收集、运输的企业，未经批准擅自停业、歇业的，由直辖市、市、县人民政府建设（环境卫生）主管部门责令限期改正，并可处以 1 万元以上 3 万元以下罚款。

（4）处罚的裁量基准

①从轻情形：未经批准擅自停业、歇业 1 日以上的（含 1 日），责令限期改正，并可处以 1 万元罚款；

②一般情形：未经批准擅自停业、歇业 3 日以上的（含 3 日），责令限期改正，并可处以 1 万元以上 2 万元以下罚款；

③从重情形：未经批准擅自停业、歇业 5 日以上的（含 5 日），责令限期改正，并可处以 2 万元以上 3 万元以下罚款。

11. 从事城市生活垃圾经营性处置的企业擅自停业、歇业

（1）主要的违法行为

从事城市生活垃圾经营性处置的企业，未经批准擅自停业、歇业。

（2）适用的规范条款

《城市生活垃圾管理办法》第三十五条第一款：从事城市生活垃圾经营性清扫、收集、运输、处置的企业需停业、歇业的，应当提前半年向所在地直辖市、市、县人民政府建设（环境卫生）主管部门报告，经同意后方可停业或者歇业。

（3）适用的处罚条款

《城市生活垃圾管理办法》第四十六条：从事城市生活垃圾经营性处置的企业，未经批准擅自停业、歇业的，由直辖市、市、县人民政府建设（环境卫生）主管部门责令限期改正，并可处以 5 万元以上 10 万元以下罚款。造成损失的，依法承担赔偿责任。

（4）处罚的裁量基准

①从轻情形：未经批准擅自停业、歇业 1 日以上的（含 1 日），责令限期改正，并可处以 5 万元以下罚款；

②一般情形：未经批准擅自停业、歇业 3 日以上的（含 3 日），责令限期改正，并可处以 5 万元以上 7 万元以下罚款；

③从重情形：未经批准擅自停业、歇业5日以上的（含5日），责令限期改正，并可处以7万元以上10万元以下罚款。

（三）建筑垃圾类

1. 未经核准擅自处置建筑垃圾

（1）主要的违法行为

处置建筑垃圾的单位未经核准擅自处置建筑垃圾。

（2）适用的规范条款

《城市建筑垃圾管理规定》第七条第一款：处置建筑垃圾的单位，应当向城市人民政府市容环境卫生主管部门提出申请，获得城市建筑垃圾处置核准后，方可处置。

（3）适用的处罚条款

《城市建筑垃圾管理规定》第二十五条：违反本规定，有下列情形之一的，由城市人民政府市容环境卫生主管部门责令限期改正，给予警告，对施工单位处1万元以上10万元以下罚款，对建设单位、运输建筑垃圾的单位处以5000元以上3万元以下罚款：未经核准擅自处置建筑垃圾的。

（4）处罚的裁量基准

①从轻情形：责令限期改正，给予警告，对施工单位处1万元以上3万元以下罚款，对建设单位、运输建筑垃圾的单位处5000元以上1万元以下罚款；

②一般情形：责令限期改正，给予警告，对施工单位处3万元以上5万元以下罚款，对建设单位、运输建筑垃圾的单位处1万元以上2万元以下罚款；

③从重情形：责令限期改正，给予警告，对施工单位处5万元以上10万元以下罚款，对建设单位、运输建筑垃圾的单位处2万元以上3万元以下罚款。

2. 涂改、倒卖、出租、出借或者以其他形式非法转让城市建筑垃圾处置核准文件

（1）主要的违法行为

涂改、倒卖、出租、出借或者以其他形式非法转让城市建筑垃圾处置核准文件。

（2）适用的规范条款

《城市建筑垃圾管理规定》第八条：禁止涂改、倒卖、出租、出借或者以其他形式非法转让城市建筑垃圾处置核准文件。

（3）适用的处罚条款

《城市建筑垃圾管理规定》第二十四条：涂改、倒卖、出租、出借或者以其他形式非法转让城市建筑垃圾处置核准文件的，由城市人民政府市容环境卫生主管部门责令限期改正，给予警告，处5000元以上2万元以下罚款。

（4）处罚的裁量基准

①从轻情形：责令限期改正，给予警告，处5000元罚款；

②一般情形：责令限期改正，给予警告，处 5000 元以上 1 万元以下罚款；

③从重情形：责令限期改正，给予警告，处 1 万元以上 2 万元以下罚款。

3. 将建筑垃圾混入生活垃圾，将危险废物混入建筑垃圾，擅自设立弃置场受纳建筑垃圾

（1）主要的违法行为

将建筑垃圾混入生活垃圾，危险废物混入建筑垃圾，擅自设立弃置场受纳建筑垃圾。

（2）适用的规范条款

《城市建筑垃圾管理规定》第九条：任何单位和个人不得将建筑垃圾混入生活垃圾，不得将危险废物混入建筑垃圾，不得擅自设立弃置场受纳建筑垃圾。

（3）适用的处罚条款

《城市建筑垃圾管理规定》第二十条：任何单位和个人有下列情形之一的，由城市人民政府市容环境卫生主管部门责令限期改正，给予警告，处以罚款：①将建筑垃圾混入生活垃圾的；单位有前款第一项行为的，处 3000 元以下罚款；个人有前款第一项行为的，处 200 元以下罚款。

②将危险废物混入建筑垃圾的；单位有前款第二项行为的，处 3000 元以下罚款；个人有前款第二项行为的，处 200 元以下罚款。③擅自设立弃置场受纳建筑垃圾的；单位有前款第三项行为的，处 5000 元以上 1 万元以下罚款；个人有前款第三项行为的，处 3000 元以下罚款。

（4）处罚的裁量基准

①从轻情形：个人有前款第一项、第二项行为之一的，处 50 元以下罚款；有前款第三项行为的，处 1000 元以下罚款。

②一般情形：责令限期改正，给予警告，处以罚款：单位有前款第一项、第二项行为之一的，处 1000 元以上 2000 元以下罚款；有前款第三项行为的，处 5000 元以上 7500 元以下罚款。

个人有前款第一项、第二项行为之一的，处 50 元以上 100 元以下罚款；有前款第三项行为的，处 1000 元以上 2000 元以下罚款。

③从重情形：责令限期改正，给予警告，处以罚款：单位有前款第一项、第二项行为之一的，处 2000 元以上 3000 元以下罚款；有前款第三项行为的，处 7500 元以上 1 万元以下罚款。个人有前款第一项、第二项行为之一的，处 100 元以上 200 元以下罚款；有前款第三项行为的，处 2000 元以上 3000 元以下罚款。

4. 建筑垃圾储运消纳场受纳工业垃圾、生活垃圾和有毒有害垃圾

（1）主要的违法行为

建筑垃圾储运消纳场受纳工业垃圾、生活垃圾和有毒有害垃圾。

（2）适用的规范条款

《城市建筑垃圾管理规定》第十条：建筑垃圾储运消纳场不得受纳工业垃圾、生活垃圾和有毒有害垃圾。

（3）适用的处罚条款

《城市建筑垃圾管理规定》第二十一条：建筑垃圾储运消纳场受纳工业垃圾、生活垃圾和有毒有害垃圾的，由城市人民政府市容环境卫生主管部门责令限期改正，给予警告，处5000元以上1万元以下罚款。

（4）处罚的裁量基准

①从轻情形：责令限期改正，给予警告，处5000元罚款；

②一般情形：责令限期改正，给予警告，处5000元以上7500元以下罚款；

③从重情形：责令限期改正，给予警告，处7500元以上1万元以下罚款。

5.施工单位未及时清运工程施工过程中产生的建筑垃圾

（1）主要的违法行为

施工单位未及时清运工程施工过程中产生的建筑垃圾，造成环境污染的。

（2）适用的规范条款

《城市建筑垃圾管理规定》第十二条：施工单位应当及时清运工程施工过程中产生的建筑垃圾，并按照城市人民政府市容环境卫生主管部门的规定处置，防止污染环境。

（3）适用的处罚条款

《城市建筑垃圾管理规定》第二十二条第一款：施工单位未及时清运工程施工过程中产生的建筑垃圾，造成环境污染的，由城市人民政府市容环境卫生主管部门责令限期改正，给予警告，处5000元以上5万元以下罚款。

（4）处罚的裁量基准

①从轻情形：责令限期改正，给予警告，处5000元以上1万元以下罚款；

②一般情形：责令限期改正，给予警告，处1万元以上3万元以下罚款；

③从重情形：责令限期改正，给予警告，处3万元以上5万元以下罚款。

6.将建筑垃圾交给个人或者未经核准从事建筑垃圾运输的单位处置

（1）主要的违法行为

施工单位将建筑垃圾交给个人或者未经核准从事建筑垃圾运输的单位处置。

（2）适用的规范条款

《城市建筑垃圾管理规定》第十三条：施工单位不得将建筑垃圾交给个人或者未经核准从事建筑垃圾运输的单位运输。

（3）适用的处罚条款

《城市建筑垃圾管理规定》第二十二条第二款：施工单位将建筑垃圾交给个人或者未

经核准从事建筑垃圾运输的单位处置的，由城市人民政府市容环境卫生主管部门责令限期改正，给予警告，处1万元以上10万元以下罚款。

（4）处罚的裁量基准

①从轻情形：责令限期改正，给予警告，处1万元以上3万元以下罚款；

②一般情形：责令限期改正，给予警告，处3万元以上5万元以下罚款；

③从重情形：责令限期改正，给予警告，处5万元以上10万元以下罚款。

7. 处置建筑垃圾的单位在运输过程中沿途丢弃、遗撒建筑垃圾

（1）主要的违法行为

处置建筑垃圾的单位在运输建筑垃圾过程中沿途丢弃、遗撒建筑垃圾。

（2）适用的规范条款

《城市建筑垃圾管理规定》第十四条：处置建筑垃圾的单位在运输建筑垃圾时，应当随车携带建筑垃圾处置核准文件，按照城市人民政府有关部门规定的运输路线、时间运行，不得丢弃、遗撒建筑垃圾，不得超出核准范围承运建筑垃圾。

（3）适用的处罚条款

《城市建筑垃圾管理规定》第二十三条：处置建筑垃圾的单位在运输建筑垃圾过程中沿途丢弃、遗撒建筑垃圾的，由城市人民政府市容环境卫生主管部门责令限期改正，给予警告，处5000元以上5万元以下罚款。

（4）处罚的裁量基准

①从轻情形：责令限期改正，给予警告，处5000元以上1万元以下罚款；

②一般情形：责令限期改正，给予警告，处1万元以上3万元以下罚款；

③从重情形：责令限期改正，给予警告，处3万元以上5万元以下罚款。

8. 处置超出核准范围的建筑垃圾

（1）主要的违法行为

处置建筑垃圾的单位处置超出核准范围的建筑垃圾。

（2）适用的规范条款

《城市建筑垃圾管理规定》第十四条：处置建筑垃圾的单位在运输建筑垃圾时，应当随车携带建筑垃圾处置核准文件，按照城市人民政府有关部门规定的运输路线、时间运行，不得丢弃、遗撒建筑垃圾，不得超出核准范围承运建筑垃圾。

（3）适用的处罚条款

《城市建筑垃圾管理规定》第二十五条：违反本规定，有下列情形之一的，由城市人民政府市容环境卫生主管部门责令限期改正，给予警告，对施工单位处1万元以上10万元以下罚款，对建设单位、运输建筑垃圾的单位处5000元以上3万元以下罚款：处置超出核准范围的建筑垃圾的。

9. 随意倾倒、抛撒或者堆放建筑垃圾

（1）主要的违法行为

单位或个人随意倾倒、抛撒或者堆放建筑垃圾。

（2）适用的规范条款

《城市建筑垃圾管理规定》~第十五条：任何单位和个人不得随意倾倒、抛撒或者堆放建筑垃圾。

（3）适用的处罚条款

《城市建筑垃圾管理规定》'第二十六条：任何单位和个人随意倾倒、抛撒或者堆放建筑垃圾的，由城市人民政府市容环境卫生主管部门责令限期改正，给予警告，并对单位处 5000 元以上 5 万元以下罚款，对个人处 200 元以下罚款。

（4）处罚的裁量基准

①从轻情形：责令限期改正，给予警告，并对单位处 5000 元以上 1 万元以下罚款，对个人处 50 元以下罚款；

②一般情形：责令限期改正，给予警告，并对单位处 1 万元以上 3 万元以下罚款，对个人处 50 元以上 100 元以下罚款；

③从重情形：责令限期改正，给予警告，并对单位处 3 万元以上 5 万元以下罚款，对个人处 100 元以上 200 元以下罚款。

第二节　环境保护管理行政综合执法

一、环境保护管理行政综合执法概述

党的十九大提出，建设生态文明是中华民族永续发展的千年大计，把坚持人与自然和谐共生作为新时代坚持和发展中国特色社会主义基本方略的重要内容，把建设美丽中国作为全面建设社会主义现代化强国的重大目标，把生态文明建设和生态环境保护提升到前所未有的战略高度，集中体现了习近平总书记生态文明建设重要战略思想。

《中华人民共和国环境保护法》规定一切单位和个人都有保护环境的义务。地方各级人民政府应当对本行政区域的环境质量负责。县级以上地方人民政府环境保护主管部门，对本行政区域环境保护工作实施统一监督管理。县级以上人民政府有关部门和军队环境保护部门，依照有关法律的规定对资源保护和污染防治等环境保护工作实施监督管理。

环境保护管理行政综合执法包括环境保护管理方面法律、法规和规章规定的部分行政处罚权，对环境污染危害较小，通过直观判断即可认定的，或者实施一次行政处罚即可纠正的，或者依法可以适用简易程序实施处罚的环境违法行为实施行政处罚权。主要是社会生活噪声污染、建筑施工噪声污染、建筑施工扬尘污染、餐饮服务业油烟污染、露天烧烤

污染、城市焚烧沥青塑料垃圾等烟尘和恶臭污染、露天焚烧秸秆落叶等烟尘污染、燃放烟花爆竹污染等的行政处罚权。

安徽省环境保护管理行政综合执法的法律依据有：

《中华人民共和国环境保护法》；

《中华人民共和国大气污染防治法》；

《中华人民共和国环境噪声污染防治法》；

《安徽省环境保护条例》；

《安徽省大气污染防治条例》；

《安徽省住房和城乡建设系统行政处罚裁量权基准》（建法 [2015]158 号）。

二、主要违法情形

（一）大气污染类

1. 露天焚烧秸秆、落叶等产生烟尘污染的物质

（1）主要的违法行为

人口集中地区露天焚烧秸秆、落叶等产生烟尘污染的物质。

（2）适用的规范条款

《安徽省大气污染防治条例》第七十条第一款：禁止在人口集中地区、机场周围、交通干线附近以及当地人民政府划定的区域露天焚烧秸秆、落叶、垃圾等产生烟尘污染的物质。

（3）适用的处罚条款

《安徽省大气污染防治条例》第九十四条：违反本条例第七十条第一款规定的，由县级以上人民政府环境保护行政主管部门或者其他依法行使监督管理权的部门责令改正，处以五百元以上二千元以下罚款。

2. 违规露天烧烤

（1）主要的违法行为

在政府划定的露天烧烤区域外露天烧烤食品或者为露天烧烤食品提供场地。

（2）适用的规范条款

《安徽省大气污染防治条例》第七十四条第二款：任何单位和个人不得在政府划定的露天烧烤区域外露天烧烤食品或者为露天烧烤食品提供场地。

（3）适用的处罚条款

《安徽省大气污染防治条例》第九十七条：违反本条例第七十四条第二款规定的，由城市市容环境卫生管理部门责令改正；拒不改正的，没收烧烤工具和违法所得，处以二千元以上五千元以下罚款。

3. 人口集中地区焚烧产生有毒有害烟尘和恶臭气体的物质

（1）主要的违法行为

在机关、学校、医院、居民住宅区等人口集中地区和其他依法需要特殊保护的区域内，露天焚烧油毡、沥青、橡胶、塑料、皮革、垃圾或者其他可能产生恶臭、有毒有害气体的活动。

（2）适用的规范条款

《安徽省大气污染防治条例》第七十五条第一款：在机关、学校、医院、居民住宅区等人口集中地区和其他依法需要特殊保护的区域内，禁止从事下列生产活动：①橡胶制品生产、经营性喷漆、制骨胶、制骨粉、屠宰、畜禽养殖、生物发酵等产生恶臭、有毒有害气体的生产经营活动；②露天焚烧油毡、沥青、橡胶、塑料、皮革、垃圾或者其他可能产生恶臭、有毒有害气体的活动。

（3）适用的处罚条款

《安徽省大气污染防治条例》第九十八条：违反本条例第七十五条第一款规定的，由县级以上人民政府环境保护行政主管部门责令改正，对企业事业单位处二万元以上十万元以下罚款，对个人处二千元以上五千元以下罚款。第九十九条：企业事业单位和其他生产经营者违反本条例第十五条、第十八条、第四十四条第一款、第四十五条、第六十五条、第七十三条第一款、第七十五条第一款，违法向大气排放污染物，受到罚款处罚，被责令改正，拒不改正的，依法作出处罚决定的行政机关可以自责令改正之日的次日起，按照原处罚数额按日连续处罚。

4. 城市饮食服务业排放的油烟对环境造成污染

（1）主要的违法行为

城市饮食服务业的经营者未采取有效污染防治措施，排放的油烟对环境造成污染。

（2）适用的规范条款

《安徽省环境保护条例》第四十九条：从事餐饮服务业的经营活动，不得有下列行为：①未经处理直接排放、倾倒废弃油脂和含油废物；②在居民住宅楼、未配套设立专用烟道的商住综合楼以及商住综合楼内与居住层相邻的商业楼层内新建、改建、扩建产生油烟、异味、废气的餐饮服务项目；③在当地人民政府禁止的区域内露天烧烤食品或者为露天烧烤食品提供场所。已建成的餐饮服务业的项目，应当采取治理污染的措施，防止对附近居民的正常生活环境造成污染。

（3）适用的处罚条款

《安徽省环境保护条例》第五十六条：违反本条例第四十九条第一款第一项规定，未经处理直接排放、倾倒废弃油脂和含油废物的，由城市管理部门责令改正；拒不改正的，可以处一万元以上五万元以下的罚款。

（二）噪声污染类

1. 在城市市区噪声敏感建筑物集中区域内产生噪声污染

（1）主要的违法行为

在城市市区噪声敏感建筑物集中区域内产生环境噪声污染。

（2）适用的规范条款

《安徽省环境保护条例》第五十条：除抢修、抢险作业外，禁止在城市市区从事下列活动：①午间（中午十二点至十四点）和夜间（晚二十二点至晨六点）在噪声敏感建筑物集中区域内进行产生环境噪声污染，影响居民正常休息的施工、娱乐的；②中考、高考等特殊期间，违反所在地环境保护主管部门的限制性规定，进行产生环境噪声污染活动的；③在噪声敏感建筑物集中区域内从事切割、敲打、锤击等产生严重噪声污染的；④在商业经营活动中使用高音广播喇叭或者采用其他发出高噪声的方法招揽顾客、宣传商品和服务，以及在噪声敏感建筑物集中区域内使用高音广播喇叭的。在城市市区噪声敏感建筑物集中区域内，因生产工艺等特殊需要必须连续作业，并产生环境噪声污染的建筑施工，施工单位应当持有县级以上人民政府或者有关主管部门的证明，提前二日公告附近居民，并告知所在地市、县（区）人民政府城市管理部门和环境保护主管部门。

（3）适用的处罚条款

《安徽省环境保护条例》第五十七条：违反本条例第五十条第一项至第三项规定，有下列行为之一的，由县级以上人民政府城市管理部门责令停止违法行为，并可按照下列规定给予处罚：①午间和夜间在噪声敏感建筑物集中区域内进行产生环境噪声污染，影响居民正常休息的施工、娱乐等活动的，对单位处五千元以上二万元以下的罚款，对个人处五百元以上二千元以下的罚款；②中考、高考等特殊期间，违反所在地环境保护主管部门的限制性规定，进行产生环境噪声污染的活动的，对单位处一万元以上五万元以下的罚款，对个人处五百元以上二千元以下的罚款；③在噪声敏感建筑物集中区域内从事切割、敲打、锤击等产生严重噪声污染的活动的，对单位处五千元以上二万元以下的罚款，对个人处五百元以上二千元以下的罚款。

（三）扬尘污染类

1. 施工单位未按照要求采取扬尘污染防治措施

（1）主要的违法行为

施工单位未按照工地扬尘污染防治方案的要求，在施工现场出入口公示扬尘污染控制措施、负责人、环保监督员、扬尘监管主管部门等有关信息，接受社会监督，并未采取扬尘污染防治措施。

（2）适用的规范条款

《安徽省大气污染防治条例》第六十三条：施工单位应当按照工地扬尘污染防治方案的要求，在施工现场出入口公示扬尘污染控制措施、负责人、环保监督员、扬尘监管主管部门等有关信息，接受社会监督，并采取下列扬尘污染防治措施：①施工现场实行围挡封闭，出入口位置配备车辆冲洗设施；②施工现场出入口、主要道路、加工区等采取硬化处理措施；③施工现场采取洒水、覆盖、铺装、绿化等降尘措施；④施工现场建筑材料实行集中、

分类堆放。建筑垃圾采取封闭方式清运，严禁高处抛洒；⑤外脚手架设置悬挂密目式安全网的方式封闭；⑥施工现场禁止焚烧沥青、油毡、橡胶、垃圾等易产生有毒有害烟尘和恶臭气体的物质；⑦拆除作业实行持续加压洒水或者喷淋方式作业；⑧建筑物拆除后，拆除物应当及时清运，不能及时清运的，应当采取有效覆盖措施；⑨建筑物拆除后，场地闲置三个月以上的，用地单位对拆除后的裸露地面采取绿化等防尘措施；⑩易产生扬尘的建筑材料采取封闭运输；⑪建筑垃圾运输、处理时，按照城市人民政府市容环境卫生行政主管部门规定的时间、路线和要求，清运到指定的场所处理；⑫启动Ⅲ级（黄色）预警或气象预报风速达到四级以上时，不得进行土方挖填、转运和拆除等易产生扬尘的作业。

（3）适用的处罚条款

《安徽省大气污染防治条例》第九十一条：违反本条例第六十三条规定，施工单位未采取扬尘污染防治措施，由县级以上人民政府住房和城乡建设部门责令改正，处以二万元以上十万元以下罚款；拒不改正的，责令停工整治。

（4）处罚的裁量基准

①从轻情形：责令改正，处二万元的罚款；拒不改正的，责令停工整治；

②一般情形：违反其中2项的，责令改正，处二万元以上三万元以下的罚款；拒不改正的，责令停工整治；违反其中3项的，责令改正，处三万元以上四万元以下的罚款；拒不改正的，责令停工整治；违反其中4项的，责令改正，处四万元以上五万元以下的罚款；拒不改正的，责令停工整治；

③从重情形：违反其中5项以上的，责令改正，处六万元以上十万元以下的罚款；拒不改正的，责令停工整治；经整改后再次出现扬尘污染，责令改正，处六万元以上十万元以下的罚款；拒不改正的，责令停工整治；拒不改正，责令停工整治，处六万元以上十万元以下的罚款。

2. 生产预拌混凝土、预拌砂浆未采取密闭、围挡、洒水、冲洗等防尘措施

（1）主要的违法行为

生产预拌混凝土、预拌砂浆未采取密闭、围挡、洒水、冲洗等防尘措施。

（2）适用的规范条款

《安徽省大气污染防治条例》第六十四条第一款：生产预拌混凝土、预拌砂浆应当采取密闭、围挡、洒水、冲洗等防尘措施。

（3）适用的处罚条款

《安徽省大气污染防治条例》第九十一条：违反本条例第六十四条第一款规定，生产预拌混凝土、预拌砂浆未采取密闭、围挡、洒水、冲洗等防尘措施的，由县级以上人民政府住房城乡建设部门责令改正，处以二万元以上十万元以下罚款；拒不改正的，责令停工整治。责令改正，处以二万元以上十万元以下罚款；拒不改正的，责令停工整治。

3. 装卸和运输水泥、砂土、垃圾等作业，未采取遮盖、封闭、喷淋、围挡等措施

（1）主要的违法行为

装卸和运输水泥、砂土、垃圾等易产生扬尘的作业，未采取遮盖、封闭、喷淋、围挡等措施，防止抛洒、扬尘。

（2）适用的规范条款

《安徽省大气污染防治条例》第六十五条第一款：装卸和运输煤炭、水泥、砂土、垃圾等易产生扬尘的作业，应当采取遮盖、封闭、喷淋、围挡等措施，防止抛洒、扬尘。

（3）适用的处罚条款

《安徽省大气污染防治条例》第九十二条第～款：违反本条例第六十五条第一款规定的，由县级以上人民政府环境保护行政主管部门或者其他依法行使监督管理权的部门责令停止违法行为，处以五千元以上二万元以下罚款。第九十九条：企业事业单位和其他生产经营者违反本条例第十五条、第十八条、第四十四条第一款、第四十五条、第六十五条、第七十三条第一款、第七十五条第一款，违法向大气排放污染物，受到罚款处罚，被责令改正，拒不改正的，依法作出处罚决定的行政机关可以自责令改正之日的次日起，按照原处罚数额按日连续处罚。

（4）处罚的裁量基准

①从轻情形：责令停止违法行为，处五千元的罚款；违法向大气排放污染物，受到罚款处罚，被责令改正，拒不改正的，依法作出处罚决定的行政机关可以自责令改正之日的次日起，按照原处罚数额按日连续处罚；

②一般情形：责令停止违法行为，处五千元以上一万元以下的罚款；违法向大气排放污染物，受到罚款处罚，被责令改正，拒不改正的，依法作出处罚决定的行政机关可以自责令改正之日的次日起，按照原处罚数额按日连续处罚；

③从重情形：违反3项以上措施情形，责令停止违法行为，处一万元以上二万元以下的罚款；违法向大气排放污染物，受到罚款处罚，被责令改正，拒不改正的，依法作出处罚决定的行政机关可以自责令改正之日的次日起，按照原处罚数额按日连续处罚；经整改后再次出现扬尘污染，责令停止违法行为，处一万元以上二万元以下的罚款；违法向大气排放污染物，受到罚款处罚，被责令改正，拒不改正的，依法作出处罚决定的行政机关可以自责令改正之日的次日起，按照原处罚数额按日连续处罚；拒不改正，责令停止违法行为，处一万元以上二万元以下的罚款；违法向大气排放污染物，受到罚款处罚，被责令改正，拒不改正的，依法作出处罚决定的行政机关可以自责令改正之日的次日起，按照原处罚数额按日连续处罚。

4. 运输垃圾、渣土、砂石、土方、灰浆等散装、流体物料的，未使用符合条件的车辆，车辆未安装卫星定位系统的

（1）主要的违法行为

运输垃圾、渣土、砂石、土方、灰浆等散装、流体物料的，未使用符合条件的车辆，车辆未安装卫星定位系统。

（2）适用的规范条款

《安徽省大气污染防治条例》第六十五条第二款：运输垃圾、渣土、砂石、土方、灰浆等散装、流体物料的，应当使用符合条件的车辆，并安装卫星定位系统。

（3）适用的处罚条款

《安徽省大气污染防治条例》第九十二条第二款：违反本条例第六十五条第二款规定的，由县级以上人民政府环境保护行政主管部门或者其他依法行使监督管理权的部门责令改正，处以五百元以上二千元以下罚款。九十九条：企业事业单位和其他生产经营者违反本条例第十五条、第十八条、第四十四条第一款、第四十五条、第六十五条、第七十三条第一款、第七十五条第一款，违法向大气排放污染物，受到罚款处罚，被责令改正，拒不改正的，依法作出处罚决定的行政机关可以自责令改正之日的次日起，按照原处罚数额按日连续处罚。

（4）处罚的裁量基准

①从轻情形：责令改正，处五百元的罚款；违法向大气排放污染物，受到罚款处罚，被责令改正，拒不改正的，依法作出处罚决定的行政机关可以自责令改正之日的次日起，按照原处罚数额按日连续处罚；

②一般情形：责令改正，处五百元以上一千元以下的罚款；违法向大气排放污染物，受到罚款处罚，被责令改正，拒不改正的，依法作出处罚决定的行政机关可以自责令改正之日的次日起，按照原处罚数额按日连续处罚；

③从重情形：责令改正，处一千元以上二千元以下的罚款；违法向大气排放污染物，受到罚款处罚，被责令改正，拒不改正的，依法作出处罚决定的行政机关可以自责令改正之日的次日起，按照原处罚数额按日连续处罚。

第三节　绿化管理行政综合执法

一、绿化管理行政综合执法概述

城市园林绿化是调节气候、净化空气、降低噪声、减灾防灾、改善城市生态环境和提高广大人民群众生活质量的公益事业，是提升城市品位、打造城市特色、实现城市可持续发展的重要举措。城市园林绿化管理（含风景名胜）方面的行政处罚权是指城市绿化管理方面法律、法规和规章规定的行政处罚权；修剪砍伐、移植树木许可、城市绿化用地专项保护、对城市绿化植物的日常维护、对城市古树名木保护。

《城市绿化条例》规定城市的公共绿地、风景林地、防护绿地、行道树及干道绿化带的绿化，由城市人民政府城市绿化行政主管部门管理；各单位管界内的防护绿地的绿化，由该单位按照国家有关规定管理；单位自建的公园和单位附属绿地的绿化，由该单位管理；居住区绿地的绿化，由城市人民政府城市绿化行政主管部门根据实际情况确定的单位管理；城市苗圃、草圃和花圃等，由其经营单位管理。

安徽省绿化管理综合执法的法律依据有：

《城市绿化条例》；

《城市绿线管理办法》；

《安徽省古树名木保护条例》。

二、主要违法情形

（一）损毁树木类

1. 损坏城市树木花草和绿化设施

（1）主要的违法行为

损坏城市树木花草和绿化设施。

（2）适用的规范条款

《城市绿化条例》第二十条第一款：任何单位和个人都不得损坏城市树木花草和绿化设施。

（3）适用的处罚条款

《城市绿化条例》第二十六条：违反本条例规定，有下列行为之一的，由城市人民政府城市绿化行政主管部门或者其授权的单位责令停止侵害，可以并处罚款；造成损失的，应当负赔偿责任：①损坏城市树木花草的；②损坏城市绿化设施的。

2. 擅自砍伐城市树木

（1）主要的违法行为

未经批准擅自砍伐城市树木。

（2）适用的规范条款

《城市绿化条例》第二十条第二款：砍伐城市树木，必须经城市人民政府城市绿化行政主管部门批准，并按照国家有关规定补植树木或者采取其他补救措施。

（3）适用的处罚条款

《城市绿化条例》第二十六条：违反本条例规定，有下列行为之一的，由城市人民政府城市绿化行政主管部门或者其授权的单位责令停止侵害，可以并处罚款；造成损失的，

应当负赔偿责任：擅自修剪或者砍伐城市树木的。

（二）损毁古树名木类

1. 因养护不善致使古树名木受到损伤或者死亡

（1）主要的违法行为

因养护不善致使古树名木受到损伤或者死亡。

（2）适用的规范条款

《安徽省古树名木保护条例》第十二条第二款：养护责任单位或者个人应当加强对古树名木的日常养护，保障古树名木正常生长，防范和制止各种损害古树名木的行为，并接受林业、城市绿化行政主管部门的指导和监督检查。

（3）适用的处罚条款

《城市绿化条例》第二十六条：违反本条例规定，有下列行为之一的，由城市人民政府城市绿化行政主管部门或者其授权的单位责令停止侵害，可以并处罚款；造成损失的，应当负赔偿责任：砍伐、擅自迁移古树名木或者因养护不善致使古树名木受到损伤或者死亡的。

《安徽省古树名木保护条例》第二十五条：违反本条例第十二条第二款规定，古树名木养护责任单位或者个人因养护不善致使古树名木损伤的，由县级以上人民政府林业、城市绿化行政主管部门责令改正，并在林业、城市绿化行政主管部门的指导下采取相应的救治措施；拒不采取救治措施的，由林业、城市绿化行政主管部门予以救治，并可处以1000元以上5000元以下的罚款。

2. 砍伐、擅自迁移古树名木

（1）主要的违法行为

砍伐、擅自迁移古树名木，未构成犯罪的。

（2）适用的规范条款

《安徽省古树名木保护条例》第十八条：禁止下列损害古树名木的行为：①砍伐；②擅自移植。

（3）适用的处罚条款

《城市绿化条例》第二十六条：违反本条例规定，有下列行为之一的，由城市人民政府城市绿化行政主管部门或者其授权的单位责令停止侵害，可以并处罚款；造成损失的，应当负赔尝责任；应当给予治安管理处罚的，依照《中华人民共和国治安管理处罚法》的有关规定处罚；构成犯罪的，依法追究刑事责任：砍伐、擅自迁移古树名木或者因养护不善致使古树名木受到损伤或者死亡的。

《安徽省古树名木保护条例》第二十七条：违反本条例第十八条第一项、第二项规定，砍伐或者擅自移植古树名木，未构成犯罪的，由县级以上人民政府林业、城市绿化行政主管部门责令停止违法行为，没收古树名木，并处以古树名木价值 1 倍以上 5 倍以下的罚款；造成损失的，依法承担赔偿责任。

3. 刻划、钉钉、剥损树皮、掘根、攀树、折枝、悬挂物品或者以古树名木为支撑物（1）主要的违法行为

刻划、钉钉、剥损树皮、掘根、攀树、折枝、悬挂物品或者以古树名木为支撑物。

（2）适用的规范条款

《安徽省古树名木保护条例》第十八条：刻划、钉钉、剥损树皮、掘根、攀树、折枝、悬挂物品或者以古树名木为支撑物。

（3）适用的处罚条款

《安徽省古树名木保护条例》第二十八条：违反本条例第十八条第三项、第四项规定，有下列行为之一的，由县级以上人民政府林业、城市绿化行政主管部门责令停止违法行为、恢复原状或者采取补救措施，并可以按照下列规定处罚：①刻划、钉钉、攀树、折枝、悬挂物品或者以古树名木为支撑物的，处以 200 元以上 1000 元以下的罚款；前款违法行为导致古树名木死亡的，依照本条例第二十七条规定处罚；②剥损树皮、掘根的，处以 2000 元以上 1 万元以下的罚款。前款违法行为导致古树名木死亡的，依照本条例第二十七条规定处罚。

4. 在距离古树名木树冠垂直投影 5 米范围内取土、采石、挖砂、烧火、排烟以及堆放和倾倒有毒有害物品

（1）主要的违法行为

在距离古树名木树冠垂直投影 5 米范围内取土、采石、挖砂、烧火、排烟以及堆放和倾倒有毒有害物品。

（2）适用的规范条款

《安徽省古树名木保护条例》第十八条：在距离古树名木树冠垂直投影 5 米范围内取土、采石、挖砂、烧火、排烟以及堆放和倾倒有毒有害物品。

（3）适用的处罚条款

《安徽省古树名木保护条例》第二十八条：违反本条例第十八条第三项、第四项规定，有下列行为之一的，由县级以上人民政府林业、城市绿化行政主管部门责令停止违法行为、恢复原状或者采取补救措施，并可以按照下列规定处罚：在距离古树名木树冠垂直投影 5 米范围内取土、采石、挖砂、烧火、排烟以及堆放和倾倒有毒有害物品的，处以 1000 元以上 5000 元以下的罚款；前款违法行为导致古树名木死亡的，依照本条例第二十七条规定处罚。

5. 古树名木保护方案未经批准，建设单位擅自开工建设

（1）主要的违法行为

古树名木保护方案未经批准，建设单位擅自开工建设。

（2）适用的规范条款

《安徽省古树名木保护条例》第十九条第二款：古树名木保护方案未经批准，建设单位不得开工建设。

（3）适用的处罚条款

《安徽省古树名木保护条例》第二十九条：违反本条例第十九条第二款规定，古树名木保护方案未经批准，建设单位擅自开工建设的，由县级以上人民政府林业、城市绿化行政主管部门责令限期改正或者采取其他补救措施；造成古树名木死亡的，依照本条例第二十七条规定处罚。

6.擅自处理未经林业、城市绿化行政主管部门确认死亡的古树名木

（1）主要的违法行为

擅自处理未经林业、城市绿化行政主管部门确认死亡的古树名木。

（2）适用的规范条款

《安徽省古树名木保护条例》第二十三条第二款：任何单位和个人不得擅自处理未经林业、城市绿化行政主管部门确认死亡的古树名木。

（3）适用的处罚条款

《安徽省古树名木保护条例》第三十条：违反本条例第二十三条第二款规定，擅自处理未经林业、城市绿化行政主管部门确认死亡的古树名木的，由县级以上人民政府林业、城市绿化行政主管部门没收违法所得，每株处以2000元以上1万元以下的罚款。

（三）占用城市绿地类

1.主要的违法行为

未办理相关手续擅自占用城市绿化用地。

2.适用的规范条款

《城市绿化条例》第十九条：任何单位和个人都不得擅自占用城市绿化用地；占用的城市绿化用地，应当限期归还。因建设或者其他特殊需要临时占用城市绿化用地，须经城市人民政府城市绿化行政主管部门同意，并按照有关规定办理临时用地手续。

3.适用的处罚条款

《城市绿化条例》第二十七条：未经同意擅自占用城市绿化用地的，由城市人民政府城市绿化行政主管部门责令限期退还、恢复原状，可以并处罚款；造成损失的，应当负赔偿责任。

第五章　工商与广告管理行政综合执法

第一节　工商管理行政综合执法

一、工商管理行政综合执法概述

国家为了建立和维护市场经济秩序，促进公平竞争，保护经营者和消费者的合法权益，通过市场监督管理和行政执法等机关，运用行政和法律手段，对市场经营主体及其市场行为进行监督管理。工商管理行政综合执法主要指工商行政管理方面法律、法规和规章规定的对在人行道路、楼群院落、店外无照经营商贩违法行为的行政处罚权、占道经营、无固定经营场所、无照商贩的管理。

《无证无照经营查处办法》将擅自从事经营活动的违法行为划分为：未依法取得许可从事经营活动；未依法取得许可且未依法取得营业执照从事经营活动；未依法取得营业执照从事经营活动三类。前两类由法律、法规、国务院决定规定的部门予以查处；法律、法规、国务院决定没有规定或者规定不明确的，由省、自治区、直辖市人民政府确定的部门予以查处。第三类由履行工商行政管理职责的部门予以查处。下列经营活动，不属于无证无照经营：在县级以上地方人民政府指定的场所和时间，销售农副产品、日常生活用品，或者个人利用自己的技能从事依法无须取得许可的便民劳务活动；依照法律、行政法规、国务院决定的规定，从事无须取得许可或者办理注册登记的经营活动。

安徽省工商管理行政综合执法的法律依据有：

《个体工商户条例》；

《无证无照经营查处办法》；

《安徽省城市市容和环境卫生管理条例》；

《城市绿化条例》；

《城市管理执法办法》

《安徽省住房和城乡建设系统行政处罚裁量权基准》（建法 [2015]158 号）。

二、主要违法情形

（一）擅自在街道、公共场地摆摊设点、出店经营

1. 主要的违法行为

擅自在街道两侧和公共场地摆摊设点、出店经营。

2. 适用的规范条款

《安徽省城市市容和环境卫生管理条例》第十七条：任何单位和个人不得在城市道路范围内和公共场地开办集贸市场、摆摊设点、出店经营、堆放物料，搭建建筑物、构筑物或者其他设施。确需搭建非永久性建筑物、构筑物或者其他设施，或者临时摆摊设点、堆放物料，必须征得县级以上人民政府市容环境卫生行政主管部门同意后，再按有关规定办理审批手续。

3. 适用的处罚条款

《安徽省城市市容和环境卫生管理条例》第四十二条：违反第十七条第一款规定，未经批准在街道两侧和公共场地堆放物料、摆摊设点、出店经营的，处以100元以上500元以下的罚款。

4. 处罚的裁量基准

（1）从轻情形：责令纠正违法行为、采取补救措施外，可以给予警告，并可处以100元的罚款；

（2）一般情形：责令纠正违法行为、采取补救措施外，可以给予警告，并处以100元以上300元以下的罚款；

（3）从重情形：责令纠正违法行为、采取补救措施外，可以给予警告，并可处以300元以上500元以下的罚款。

（二）擅自在城市公共绿地内开设商业、服务摊点

1. 主要的违法行为

未经同意擅自在城市公共绿地内开设商业、服务摊点。

2. 适用的规范条款

《城市绿化条例》第二十一条：在城市的公共绿地内开设商业、服务摊点的，应当持工商行政管理部门批准的营业执照，在公共绿地管理单位指定的地点从事经营活动，并遵守公共绿地和工商行政管理的规定。

3. 适用的处罚条款

《城市绿化条例》第二十八条：对不服从公共绿地管理单位管理的商业、服务摊点，由城市人民政府城市绿化行政主管部门或者其授权的单位给予警告，可以并处罚款；情节严重的，可以提请工商行政管理部门吊销营业执照。

（三）城市公共绿地内的商业、服务摊点不服从公共绿地管理单位管理

1. 主要的违法行为

在城市公共绿地内开设商业、服务摊点，不服从公共绿地管理单位管理。

2. 适用的规范条款

《城市绿化条例》第二十一条：在城市的公共绿地内开设商业、服务摊点的，应当持工商行政管理部门批准的营业执照，在公共绿地管理单位指定的地点从事经营活动，并遵守公共绿地和工商行政管理的规定。

3. 适用的处罚条款

《城市绿化条例》第二十八条：对不服从公共绿地管理单位管理的商业、服务摊点，由城市人民政府城市绿化行政主管部门或者其授权的单位给予警告，可以并处罚款；情节严重的，可以提请工商行政管理部门吊销营业执照。

（四）未依法取得营业执照从事经营活动

1. 主要的违法行为

经营者未依法取得营业执照从事经营活动。

2. 适用的规范条款

《无证无照经营查处办法》第六条：经营者未依法取得营业执照从事经营活动的，由履行工商行政管理职责的部门（以下称工商行政管理部门）予以查处。

3. 适用的处罚条款

《无证无照经营查处办法》第十三条：从事无照经营的，由工商行政管理部门依照相关法律、行政法规的规定予以处罚。法律、行政法规对无照经营的处罚没有明确规定的，由工商行政管理部门责令停止违法行为，没收违法所得，并处 1 万元以下的罚款。

第二节　广告管理行政综合执法

一、广告管理行政综合执法概述

广告管理行政综合执法是指违规设置户外广告的行政处罚权。一般来说，规划部门要对户外广告的设置地点、形态等是否符合规划要求进行审批许可；工商行政管理部门要对户外广告的内容是否合法进行审批许可；市容部门要根据市容环境的要求对户外广告是否可以设置进行审批许可。户外广告的主管审批许可机关要根据上述部门的审批意见最终决定是否给予户外广告申请人行政许可。那么户外广告作为可以取得行政许可的一个行为，城管综合执法机关在对户外广告的执法中一般只能对户外广告是否取得行政许可进行执法，通常仅仅对以下 5 个方面的违法行为可以有执法权：未经批准擅自设置户外广告设施；户外广告设施设置期满后不按时拆除；户外广告设施不符合设置技术规范，或者擅自变更户外广告设施的规格、结构、色彩；不按规定进行户外广告设施安全检测或者不采取安全防范措施；户外广告设施设置人发生变更后，未按规定进行备案。

《安徽省人民政府办公厅关于促进广告业发展的意见》（皖政办 [2012]66 号）中提出

各地要制定科学合理的户外广告设置规划和管理办法，明确相关部门户外广告管理职责，构建公平、公正的户外广告资源分配机制，合理开发户外广告资源，推动户外广告由粗放型向集约型转变，树立户外广告融入城乡文化和景观要素的理念，使户外广告成为展示我省形象的重要载体。户外广告设置管理部门要强化管理，坚持"规划先行、科学设置、合理布局"的原则，重点加强城市主要区域、交通要道、中心乡镇、美好乡村等地点的户外广告设置管理，促进户外广告规范有序发展。加大对擅自设立的户外广告设施的整治力度。本着"谁审批、谁负责"的原则，做好户外广告设施的日常管理。工商、住房城乡建设等部门要加强户外广告登记、设置规划等管理，强化户外广告内容监管，加强户外广告管理法制化建设。

安徽省广告管理行政综合执法的法律依据有：

《中华人民共和国广告法》；

《广告管理条例》；

《安徽省城市市容和环境卫生管理条例》；

《安徽省住房和城乡建设系统行政处罚裁量权基准》（建法 [2015]158 号）。

二、主要违法情形

（一）擅自设置大型户外广告

1. 主要的违法行为

未办理审批手续擅自设置大型户外广告，影响市容。

2. 适用的规范条款

《安徽省城市市容和环境卫生管理条例》第十四条第二款：设置大型户外广告，应当经城市人民政府市容环境卫生行政主管部门同意后，按照省人民政府有关户外广告监督管理的规定办理审批手续。

3. 适用的处罚条款

《安徽省城市市容和环境卫生管理条例》第四十二条：违反第十四条第二款的规定，擅自设置大型户外广告，影响市容的，处以 500 元以上 2500 元以下的罚款。

4. 处罚的裁量基准

（1）从轻情形：责令纠正违法行为、采取补救措施外，可以给予警告，并可处以 500 元以上 1000 元以下的罚款；

（2）一般情形：责令纠正违法行为、采取补救措施外，可以给予警告，并可处以 1000 元以上 1500 元以下的罚款；

（3）从重情形：责令纠正违法行为、采取补救措施外，可以给予警告，并可处以 1500 元以上 2500 元以下的罚款。

（二）在城市中乱涂、乱画并擅自挂贴宣传品

1. 主要的违法行为

在城市建筑物、设施以及树木上涂写、刻画或者未经批准张挂、张贴宣传品。

2. 适用的规范条款

《安徽省城市市容和环境卫生管理条例》第十五条：任何单位和个人不得在城市建筑物、构筑物和其他设施以及树木上涂写、刻画。在城市建筑物、构筑物和其他设施上悬挂、张贴宣传品等，应当经城市人民政府市容环境卫生行政主管部门批准。零星张贴宣传品，应当张贴在城市人民政府市容环境卫生行政主管部门设置或者指定的公共张贴栏中。

3. 适用的处罚条款

《安徽省城市市容和环境卫生管理条例》第四十二条：（四）违反第十五条第一款、第二款规定，在城市建筑物、构筑物、其他设施以及树木上涂写、刻画或者未经批准悬挂、张贴宣传品的，处以 100 元以上 500 元以下的罚款。

4. 处罚的裁量基准

（1）从轻情形：责令纠正违法行为、采取补救措施外，可以给予警告，并可处以 100 元的罚款；

（2）一般情形：责令纠正违法行为、采取补救措施外，可以给予警告，并可处以 100 元以上 300 元以下的罚款；

（3）从重情形：责令纠正违法行为、采取补救措施外，可以给予警告，并可处以 300 元以上 500 元以下的罚款。

第六章 城市管理综合执法证据的收集与审查

第一节 城市管理执法证据的收集

一、城市管理执法证据的概念

城市管理执法证据，是指城市管理执法主体在城市管理综合执法过程中为作出具体行政行为，根据相关行政法律规范所设置的事实要素而收集、运用以证明相对人法律行为或事实的证据。

二、城市管理执法证据的特征

（一）合法性

合法性是证据的最本质属性，一般表现为三个方面。

1. 城市管理执法证据的收集、认定主体应当合法，即收集城市管理执法证据的执法主体应当具有相应的主体资格。

2. 城市管理执法证据的形式应当合法。证据的表现形式必须符合法律所规定的证据的一般表现形式，也就是用以证明案件真实情况的材料，哪些可以作为证据，哪些不能作为证据，必须依照法律法规的规定。根据《行政诉讼法》的规定，行政执法证据应该包括书证、物证、视听资料、电子数据、证人证言、当事人的陈述、鉴定意见、勘验笔录、现场笔录等形式。

3. 城市管理执法证据必须符合程序法的要求。符合程序法的要求包括两个方面：一是符合程序法的原则规定，二是符合程序法的具体规定。前者如任何证据的收集都必须符合法定程序、必须依法收集，非法收集的证据不能成为定案根据等；后者如鉴定结论的收集过程、勘验笔录的收集过程、证人证言的收集过程等，都有具体的程序规定。对此，《行政处罚法》规定得比较明确。

（二）真实性

真实性又称客观性，通常是指证据反映的内容是客观存在的事实，它不得带有任何主观成分，不以任何人的主观意志为转移。任何推测、假设、想象的情况都不能作为证据。证据的客观性，是证据最重要的一种属性，不具备客观性的证据便不可称之为证据。

1.城市管理执法证据有自身存在的客观形式，并且这种形式能为人类的认识所感知。任何一种行政违法行为都是在一定的时间和空间内发生的，必然会在客观外界留下痕迹和影像。城市管理执法证据有两种基本存在形式：一种是客观的实物根据性材料，如与案件有关的证件、痕迹、物品等；另一种是被人们感知并存入记忆的言辞根据性材料，如证人证言、当事人的陈述等。无论以哪种形式存在，这些根据性材料都可以成为证据。

2.城市管理执法证据所反映的内容必须是真正发生过的事实。比如证人证言，其内容必须是真的而不是假的，必须是符合客观存在的事实而不是凭空杜撰或捏造出来的所谓事实。城市管理执法证据的客观性就是城市管理执法证据的形式以及其所反映的内容必须是客观存在的现象，这种客观现象不以主观意志为转移。虽然城市管理执法证据的取证、采证、质证、认证过程中人们主观因素发挥了重要作用，但是不能据此就认为城市管理执法证据本身具有主观性。城市管理执法证据的基本属性应当是客观的。

（三）关联性

城市管理执法证据的关联性，指证据本身所具有的与案件事实存在某种客观联系，并且能够证明案件待证事实的一种内在本质或者属性。这种关联性并不审查证据的真伪问题，而是主要看该证据与待证事实是否存在某种形式上的联系。这种联系可以是直接联系或间接联系，也可以是必然联系或偶然联系，亦可以是肯定联系或否定联系，还可以是先行关系、同时并存关系或事后关系等。城市管理执法人员在调查、取证中应收集可能与案件相关的所有证据，即使获取的证据不具有关联性，也是允许的，城市管理执法程序并不因此而违法或无效。只是城市管理执法证据的关联性包含两个方面，一是证据材料必须与案件事实有客观联系，二是证据材料必须能据以证明案件的真实情况。因此执法人员在调查、收集、审查证据时必须注重这些联系，不能主观臆断去收集那些和案件证明事实没有客观联系的证据，应尽可能收集与案件有关联的证据。

三、城市管理执法证据的学理分类

城市管理执法证据在学理上可分为言词证据与实物证据、原始证据与传来证据、直接证据与间接证据、主要证据与一般证据、指控证据与辩解证据。

（一）言词证据与实物证据

1.言词证据与实物证据的概念

言词证据又称人证，是指以人的陈述为存在和表现形式的证据。它是相对于实物证据而言的，凡是不以实物、形象、痕迹、符号等客观载体为表现形式，而是以人的言词为表现形式的证据，都属于言词证据。例如，证人证言、当事人的陈述和鉴定意见。

实物证据又称物证，是指，以实物形态为存在和表现形式的证据（广义）。与言词证据相反，凡是不以人的言词、意见为表现形式，而是以各种实物、痕迹、图形、符号等载体和客观上存在的自然状况为表现形式的证据，都属于实物证据。例如，物证、书证、视听资料、勘验笔录和现场笔录。

2. 言词证据与实物证据的特点

（1）言词证据的特点。第一，言词证据能够主动、全面地证明案件事实。言词证据所反映的行政执法案件情况存在于人的大脑之中，通过人的陈述表达出来。它不像实物证据那样是可见的，也不像实物证据那样处于静止和被挖掘的地位，人们可以主动地提供他所感知的案件情况，从而对行政执法案件事实起到及时的证明作用。言词证据是陈述人对他所感知的案件事实的复述，往往能从动态上揭示案件发生的起因、过程和具体情节，从而有助于判明案件的性质，分清当事人有无过错，并明确责任的大小；而且陈述人能在行政执法人员询问的引导下，补充、修正他所感知的事实，澄清疑问，从而更全面地揭示案件的事实真相。第二，言词证据容易出现失实的情况。言词证据通常要经过感受、判断、记忆、复核四个阶段才能形成，在任何一个阶段都可能会受到人的感知、记忆、表达能力、思想感情、个人品德等主客观因素的影响，而使言词证据虚假或失真。言词证据还受到言词证据提供者是否愿意如实提供证据的影响，当事人与案件的结果有法律上的利害关系，为逃避责任而说假话的情况比较常见。证人虽然一般与案件没有利害关系，也会由于证人个人的品质或者受到威胁、利诱等外界影响而故意夸大或者缩小案件事实。

（2）实物证据的特点。第一，实物证据有较强的客观性。实物证据都是客观存在的实物，且往往是伴随着案件的发生而形成的，不像言词证据那样易受人的主观因素影响。一般说来，实物证据一经发现和提取，或以勘验、检查等方法加以固定，妥善加以保管或保存，它们就可以成为证实案情的有力证据，通常是当事人无法否认的。第二，实物证据有较强的被动性和依赖性。实物证据在行政执法案件中处于被动的、待发现的地位，其证明价值常常依赖于专门人员运用一定的技术手段去发现和固定。第三，实物证据对案件事实的证明具有片断性。除了录音、录像等视听资料外，实物证据都只能从静态上反映行政执法案件的某一局部的事实。绝大多数单独的物证都不可能反映出案件的全貌，更难以揭示出案件的前因后果和发展过程，需要和其他证据一起才能发挥证明作用。只有极少数实物证据在一定的条件下才能成为证明案件主要事实的直接证据。

第四，实物证据有较大易变性。由于各种自然因素的影响，实物证据有可能变形、腐烂或者挥发、灭失，也可能被人为地隐匿、毁弃。某些物品更是"转瞬即逝"，时过境迁就可能永远灭失而不能成为证据，这又是物证本身所具有的弱点。

（二）原始证据与传来证据

根据证据的来源不同，可以将城市管理执法证据分为原始证据和传来证据。这一划分可以揭示不同类别证据的可靠程度和证明力的强弱。一般来讲，原始证据比传来证据的证明力要强。

1. 原始证据和传来证据的概念

原始证据又称原生证据，是指直接产生于案件事实或直接来源于原始出处的证据。直接产生于案件事实，是指证据是在案件中有关行为或活动的直接作用或影响下形成的；直接来源于原始出处，是指证据包含的信息直接来源于该信息生成的原始环境。例如，当事人的陈述、文件的原本等。

传来证据又称派生证据，是指经过复制、复印、传抄、转述等中间环节形成的证据。传来证据不是直接产生于案件事实，也不是直接来源于信息原始出处的，而是经过某种中介从原生证据派生出来的。例如，书证的复印件和影印件、转述他人感知事实的证言等都属于传来证据。

2. 原始证据和传来证据的特点

（1）原始证据的特点。第一，原始证据与案件事实的关系直接。原始证据没有转述、转抄或者复制等中间环节，而是直接与案件事实发生联系，能够比较客观地反映行政执法案件事实的本来面貌。第二，原始证据有较高的证明价值。行政执法证据的证明价值与所证明的案件事实之间的联系是一种正比关系，这种联系越密切、越直接，它的真实性、可靠性就越强，证明价值也就越大；反之，它的真实性、可靠性就越差，证明价值也就越小。由于原始证据没有经过转述、转抄或者复制，而是直接与案件事实发生联系，因此，原始证据的证明价值一般大于传来证据。第三，原始证据的证明价值具有可变性。在自然环境和外界条件的影响下，原始证据的证明价值可能发生变化，如原始的物品和痕迹会因时间久远而变形或毁损、灭失，目击者因伤亡或记忆丧失等不能向行政执法人员进行陈述，现场的物品由于不能移动、提取而只能复制等，都会削弱甚至完全破坏原始证据的证明价值。

（2）传来证据的特点。第一，传来证据与案件事实的关系不直接。由于传来证据是经过转述、转抄或者复制获得的，存在一个或多个中间环节，因此，与案件事实之间没有直接联系。第二，传来证据存在失真的可能性。由于传来证据与案件事实的关系不直接，其存在失真的可能性就比较大。传来证据转述、转抄或者复制的次数越多，就越容易出现差错，失真的可能性就越大，证明价值就越小。例如，文件的抄本如果抄错或丢掉一两个关键的字，如将"不是"写成了"是"或将"没有"写成了"有"，或者证人在转述他所听到的情况时将事情的经过弄颠倒了，都可能使证据失真。第三，传来证据须查证属实才能采信。传来证据不管经过多少次转述，都须能够找到确切出处，否则就是小道消息或道听途说，不能作为证据使用。对于通过转抄或复制获得的传来证据，则须经过查证属实。第四，传来证据在某些情况下也有很强的证明作用。一是可以追根溯源，找到原始证据；二是可以与原始证据相互印证、核实，增强原始证据的证明力；三是在难以收集到原始证据的情况下可以用传来证据代替原始证据；四是传来证据经审查属实，也可用作定案的根据。

（三）直接证据与间接证据

由于城市管理执法证据与案件主要事实之间的关系不同，可以将城市管理执法证据划分为直接证据和间接证据。

1. 直接证据和间接证据的概念

直接证据是指能够单独直接证明案件主要事实的证据。通常情况下，这类证据能够说明违法事实是否发生、谁是真正的当事人、有关违法行为的主要情节等。从理论上说，直接证据与待证事实之间有直接的联系，仅凭该证明本身就能够把案件的事实揭示出来，无需办案人员再进行推理。直接证据通常表现为各种言词证据与书证、视听资料。

间接证据是指不能单独直接证明案件事实，需要与其他证据结合起来才能证明案件事实的证据。间接证据通常只能证明案件的片段情况，必须同其他证据联系起来，互相印证，组成一个完整的证明体系，并需要借助于逻辑推论的方法，才能证明案件中的主要事实。一般来说，只能证明时间、地点、工具、手段、结果、动机等单一的事实要素和案件情节的证据，都是间接证据。例如，违法行为产生的痕迹、违法行为的工具、解决案件专门性问题的鉴定意见等。

2. 直接证据和间接证据的特点

（1）直接证据的特点。第一，直接证据具有直接性。直接证据对案件主要事实的证明不需要经过任何中间环节，也无需借助于其他证据进行逻辑推理，可以直观地指明案件的主要事实。第二，直接证据具有易失真性。直接证据大多表现为言词证据，如当事人的陈述、证人证言、书证等，容易受客观因素的影响，具有多变性、反复性，容易出现虚假或失真，稳定性也较差。直接证据还容易受人的主观因素的影响而有失实的可能。第三，直接证据收集难度较大。在收集证据过程中，直接证据的数量少、来源窄、收集较为困难，甚至在一些案件中根本无法取得。

（2）间接证据的特点。第一，间接证据多是物证，其客观性、真实性相对较大，只要查证属实就可作为定案的依据。间接证据是获得直接证据的线索，是审查和鉴别直接证据真实性的手段。在无法取得直接证据的情况下，可以运用一定的规则，以间接证据定案。第二，间接证据具有相互依赖性。任何一个间接证据的证明意义，都是由间接证据与案件事实之间的客观联系以及与其他证据在证明过程中互相结合所决定的。任何一个间接证据都只能从某一个侧面，证明案件中的某一个局部的情况或某些个别的情节，而不可能直接证明案件的主要事实，只有把一个又一个的间接证据串联起来，组成完整的证据体系或证据链，才能对案件主要事实作出明确的结论。

第三，间接证据证明过程具有复杂性。能够证明案件非主要事实，如背景、情况、环境等的证据和待证案件主要事实的某个情节或片断的证据，往往种类繁多、形式多样。间接证据虽然比较容易收集和获取，但其证明过程必须经过判断与推理，进行具体分析和综合分析，证明过程较为复杂。第四，间接证据证明方式具有推断性。任何一个间接证据，都只能证明案件的非主要事实或案件主要事实的某个情节或片断，而不能单独直接证明案件的主要事实。如果间接证据中有一个是不实的就会直接影响到案件的结果。只有把它们相互联系起来构成一个完整的证据体系，进而通过分析、推理，排除一切合理的怀疑或其他可能性，才能证明或者推论出案件的主要事实。

（四）主要证据和一般证据

以城市管理执法证据在证明认定行政违法行为构成要件的事实中的作用为划分标准，可以将城市管理执法证据划分为主要证据和一般证据。

1. 主要证据和一般证据的概念

主要证据又称主证，是对认定行政违法行为构成要件的事实起主要作用的证据。主要证据有多种表现形式，书证、物证、视听资料、证人证言、当事人的陈述、勘验笔录和现场笔录，都属于主要证据。

一般证据又称佐证，是对认定行政违法行为构成要件的事实起次要作用的证据。可以说，证明行政执法案件非主要事实的证据，都是一般证据，如涉及行政处罚裁量轻重的证据。

2. 主要证据和一般证据的特点

（1）主要证据的特点。第一，主要证据具有证明案件主要事实的主要证明价值。第二，主要证据基于自身的特殊性质，为了确保其真实性，需要其他证据予以补充、担保其证明力。

（2）一般证据的特点。第一，一般证据具有辅助性，在行政执法案件证明中有明确的作用，即增强主要证据的证明力。第二，一般证据的证明对象与主要证据有一定程度的重叠性。第三，一般证据可以是具有独立证明价值的各种证据，既可以是直接证据，也可以是间接证据。

（五）指控证据和辩解证据

以提供证据主体的不同及其证明的事实不同作为划分标准，可以把城市管理执法证据划分为指控证据和辩解证据。划分指控证据和辩解证据，有利于城市管理执法人员全面客观地收集和运用证据，防止主观片面，保护当事人的合法权益。

1. 指控证据和辩解证据的概念

指控证据是指能够证明行政违法事实存在和违法行为是当事人实施的证据。例如，现场痕迹、违法工具、目击证人的证言、当事人的供述等。辩解证据是指能够否定行政违法事实存在或能够证明当事人未实施行政违法行为以及其他利于减轻或免除当事人法律责任的证据。例如，当事人的辩解、已过行政处罚时效期限的证据等。

2. 指控证据和辩解证据的特点

（1）指控证据的特点。第一，指控证据的确定性。这是指证据能够证明当事人实施了行政违法行为，有违法行为事实发生能够证明行政违法行为事实存在的各个方面，包括违法行为的时间、地点、条件、手段、动机、违法经过和具体情节、危害后果等。第二，指

控证据的充分性。这是指证据不但是确实无疑的，而且还必须达到足够的量，形成一个完整的证据链。在这个链条中，不允许存在脱漏的环节、也不允许在指控证据中存在互相矛盾的现象，否则，就不能据以认定行政违法行为。

（2）辩解证据的特点。辩解证据的特点是证据力较强。辩解证据无数量上的要求，不需要具有连贯性或组成完整的证据链。行政执法实践中，往往一个案件指控证据充分也未必就能证实违法行为，但只要有一两个过硬的辩解证据就足以证明当事人不应受到行政处罚。如只要证明当事人不具有违法时间或者不具备违法条件，就可以否定其有行政违法行为，而并不需要更多的其他证据。可以说，任何辩解证据，只要同案件事实有关联，并且确实可靠，就能够从某一方面推倒对当事人的指控。

四、城市管理执法证据的实务分类

我国《行政诉讼法》第三十三条规定，行政诉讼的证据有书证、物证、视听资料、电子数据、证人证言、当事人的陈述、鉴定意见、勘验笔录、现场笔录等八种形式。城市管理执法是行政执法的一种，其证据同行政诉讼的证据，也为八种形式。

（一）书证

书证是指以其记载的思想、内容、含义等证明案件事实的文字、符号、图表或者图案等。书证是城市管理执法中经常使用的证据之一。由于它记载或者表达的内容与案件有联系，能够成为认定案件事实的根据。

书证的类型依据不同的标准可以划分为不同的种类。根据制作方式，书证有原本、正本、副本、节录本之分，原本、正本由于是最初制作形成的对外界具有效力的文书，其证明力一般要高于后两者。因此，一般要求当事人向城市管理执法部门递交原本与正本。根据制作主体的不同，书证还可以分为公文与非公文的书证，前者制作主体是国家机关、企事业组织、社会团体，相对而言其真实性比较大，被伪造、假冒的可能性较小，因此它的证明力一般高于公民个人制作的书证。

由于书证对认定案件事实的重要作用，对书证要进行审查。审查书证的出处、书证的真伪、提供书证者的表现、书证的形式与程序要件等，进行审查后才能确定它能否作为认定案件事实的根据使用。

（二）物证

物证是指以其形状、性质、特征等证明案件事实的痕迹、物品等。物证有广义与狭义之分。广义的物证与人证相对应，包括了书证在内；而狭义的物证不包括书证。它与书证的区别在于：

是以其表达的思想内容还是以其外观性质等证明案件事实；法律是否要求其有一定形式，法律不可能对物证有形式上的要求，而对书证有一定的形式与程序要求。因此，很容易将两者相区分。例如，乱张贴宣传品案件中的宣传品，虽然上面也存在着文字或图画，但该宣传品是以外观形式证明张贴行为的存在，而不是以宣传品上的文字内容来证明违法行为，所以，该宣传品就是一个物证。城市管理执法活动中遇到的物证是多种多样的，常见的有乱张贴宣传品案件中的宣传品、擅自处置餐厨垃圾案件中的餐厨垃圾、占道设摊案件中的经营物品、违规设置户外设施案件中的户外设施、擅自搭建建筑物案件中的建筑物等。

物证的特点是具有客观性和可靠性，不像言词证据那样易受到人的主观因素和其他情况的影响，失真的可能性比较小，因而常常用来证实与鉴别其他证据的真伪，是重要的证据之一。但是，物证不会自己开口，需要注意收集与提供，有些物证还容易受到时间或其他因素影响而损坏、消失或者不易收集，需要及时地加以固定和保全。对于物证也要进行审查判断，辨别其真伪，看其与其他证据之间是否一致，然后才能成为城市管理执法部门认定案件事实的根据使用。

（三）视听资料

视听资料是指利用科技手段制作成的录音、录像、传真资料、微型胶卷等具有再现功能的，以其声音、图像、资料等证明案件事实的证据。视听资料是现代科学技术迅速发展的产物，具有书证、物证所不具有的特点，它所记录的内容能够较为客观真实地反映事物原貌，它能全方位、生动地展现案件发生的过程，有很强的说服力。但是。由于受到制作设备、制作技术或者其他人为因素（如设备故障收录材料不全或者被人为地剪辑）的影响，视听资料也有失真的可能性，需要城市管理执法部门认真审查，检查判断摄制设备是否完好，摄制的技术水平如何，视听资料与该案的其他证据材料是否相一致、有无矛盾等，最后才能作为认定案件事实的证据使用。

视听资料在城市管理执法行为中具有非常重要的作用，不仅城市管理执法部门可以通过录像和电子设备发现违法行为，行政执法程序的其他参与人也经常使用录音、录像这些视听资料。有些视听资料可以单独证明案件的主要事实，成为城市管理执法部门认定案件事实的主要证据。

（四）电子数据

电子数据是指以数字化形式存储、处理、传输的证据。2014年修改的《行政诉讼法》首次将电子数据增加为行政诉讼的证据种类之一，城市管理行政执法也应将电子数据作为法定的证据种类。随着电子技术特别是计算机和互联网技术的发展，电子数据数量上越来越多，作用也越来越大。电子数据的显著特征包括以下五个方面。

1.电子数据具有不易感知性和依赖性。相比于传统证据类型易于感知的特点，电子数据具有不易被人感知的属性。传统证据类型，如书证、物证、证人证言、鉴定意见等，都能够轻易地被人们从视觉上所感知，而电子数据则很难做到这一点，一方面是由于电子数据的技术复杂性，另一方面也由于电子数据需要依赖相关的载体来呈现，只有通过一定的

载体才能转化为人们所能够感知的形式。

2.电子数据具有保存期限的长期性。由于电子数据是以电子的形式存在，不存在物理意义上的实体性，相较于书证、物证等证据类型，其保存可以不受相关载体的限制，保存的期限在理论上可以无限长。

3.电子数据具有易被篡改性。电子数据存在形式的特殊性使电子数据易于被篡改和伪造，而且对电子数据的篡改和伪造比一般的证据更为快捷便利和易于隐藏。由于现代社会网络的不健康发展，电子数据也容易受到各种计算机病毒和系统障碍的影响，从而发生变化，导致其真实性和可靠性遭到质疑。

4.电子数据具有易于复制性。由于电子数据是以电子的形式储存，和传统的书证、物证等证据类型的复制相比，电子数据的复制则显得更为简单，而且其复制的完整性和可靠性能够最大限度地保持其与原始状态的一致。

5.电子数据具有储存的海量性。由于电子数据的储存是以电子信号的方式，不需要占用一般物理意义上的实体空间，所以其储存内容可以相当大。目前，电子数据的储存一般都是以"GB"、"TB"。为单位来计算，比传统意义上的纸质储存具有不可比拟的优势。

（五）证人证言

证人是指案件当事人以外的了解案件事实的人。只有耳闻目睹案件事实，且能够正确表达自己意思的人才成为证人。根据法律的规定，在证人资格方面，首先必须是自然人，机关、社团或者其他组织不能成为证人；其次必须是了解案情的人，凡道听途说得来消息的人不能成为证人；再次必须是能正确表达意思的人。在生理上、精神上有缺陷或者年幼不能辨别是非、不能正确表达的人，不能作为证人。对于未成年人或者聋哑人只要能够正确表达意思的，都不排除其作为证人的资格。例如聋哑人可以通过书写证词或者用哑语反映其所见所闻，帮助城市管理执法部门查明案件事实。奥地利的普通行政程序法在规定证人有作证义务的同时，也排除了某些不能作证的证人类型，这主要包括：一是不能陈述其所见所闻和时间上与案件事实发生时不相吻合的；二是神职人员，这是在宗教国家为了维护神职人员的社会公信力而设置的情形；三是负有保密义务的国家机关工作人员。

证人证言是指证人就其了解的案件情况，向城市管理执法部门所作的陈述。证人证言是城市管理执法中的重要证据材料，如占道设摊案件中的行人的陈述、损坏房屋承重结构案件中的邻居的证言、未经许可夜间建筑施工案件中建设工地附近居民的陈述、出租车驾驶员拒载案件中乘客的陈述等。为了查清案件事实，证人应当作证，但是为了防止证人权益的损害从而降低证人作证积极性的情况出现，有些国家的法律也规定了在某些情形下证人可以拒绝作证，当然证人拒绝作证应当说明理由。证人证言可以是口头形式的，也可以采用书面的形式，书面的证言可以由证人自己书写。由于受到证人的认识与表达能力等的限制，证人证言也有可能具有虚假性，城市管理执法部门应当认真分析证人证言，看其与其他证据是否一致；可以了解证人证言的来源是直接的、间接的还是道听途说得来的，还可以了解证人与当事人之间的关系如何，有无受到外界影响等，去伪存真后才能作为城市管理执法部门认定案件事实的根据使用。

（六）当事人的陈述

当事人的陈述是指当事人就案件情况向城市管理执法部门所作的陈述。如出租车拒载案件中驾驶员的申辩意见。当事人是城市管理执法的相对人，十分清楚案件的有关情况，他们的如实陈述能够向城市管理执法部门提供重要的事实材料，有利于查明案件事实，因而是重要的证据种类之一。但是，由于案件的当事人与案件处理结果有直接利害关系，他们有可能有意无意地歪曲案件事实，强调或者夸大对自己有利的案情，淡化或者缩小对自己不利的案情，甚至虚构事实，作不真实的陈述。也有一些当事人因认识能力、记忆能力和表达能力等方面的缺陷也会影响其陈述的真实性、完整性。所以，鉴于当事人陈述有可能存在的片面性与虚假性，对于当事人陈述既不能不信也不能盲从，需要城市管理执法人员认真分析判断，通过审查当事人的一贯表现，了解当事人的认知能力、记忆能力与表达能力，与其他的证据进行比对看它们之间是否一致、有无矛盾等，经过去伪存真后才能作为城市管理执法部门认定案件事实的根据使用。

（七）鉴定意见

鉴定是指具有专门知识与技能的机构或人，运用专门知识对案件中某些专门性问题所进行的鉴别与判断。接受城市管理执法部门指派或者聘请，对案件中专门性问题进行鉴定的人称为鉴定人。鉴定人不同于证人，具体表现在以下五个方面。一是资格不同。对案情的了解是成为证人的资格条件。而具有专门知识与技能是成为鉴定人的资格条件。二是能否加上分析意见的不同。证人只能就案件事实叙述所见所闻，不能加上个人的分析意见。而鉴定人除了提供对专门问题予以鉴定观察到的事实以外，更着重要求他运用专门知识对这些事实进行分析与鉴别后提出结论性意见。三是城市管理执法部门可以选择或者更换与否的不同。证人是以对案情了解成为证人的，城市管理执法部门无权更换证人。而掌握专门知识、技能的人不只限于受指派或聘请的鉴定人，当他不能胜任鉴定任务的时候，城市管理执法部门有权更换鉴定人重新鉴定。四是需要回避与否的不同。为了保证鉴定的科学性与公正性，鉴定人是案件的当事人或者当事人亲属的，或者与案件有利害关系的，或者担任过案件的证人、代理人的，或者与案件有其他的关系而可能影响案件公正处理的，都应当回避。而证人在任何情况下都不存在发生回避的问题。五是能否拒绝鉴定或者作证的不同。鉴定人有正当理由（如能力不够）可以不接受指派或者聘请。而证人则不得拒绝作证，这是每一个知道案情的公民的义务。

所谓鉴定意见是指鉴定人运用自己的专门知识与技能，就城市管理执法部门所指定的案件中某些专门性问题进行鉴定后所作出的技术性书面意见。为加强责任感，鉴定人必须

亲自制作书面鉴定意见，并且在鉴定书上签名盖章，所在单位也要加盖公章。鉴定意见是解决城市管理执法中专门问题、查明案件的特定问题，进而正确认定案件事实的重要证据之一，也是鉴别其他证据正确与否的重要手段，如书证、物证的真伪，在城市管理执法中具有重要意义。城市管理执法部门对鉴定意见应当进行审查，看鉴定调取的材料是否可靠，鉴定人员是否具有解决专门问题的专业知识，鉴定人员的工作是否认真负责。

（八）勘验笔录、现场笔录

勘验笔录、现场笔录是指具有勘验检查权的行政机关对与案件有关的客体如现场、物证等进行勘查、检验、测量、摄像、绘图、拍照等活动，并将整个情况忠实记录下来所形成的笔录。在城市管理执法实践中，通常使用现场检查笔录。

检查人员应当持有执法证件，并通知当事人或者其成年家属到场，还可以邀请当地基层组织或者有关单位派员参加。当事人或者他的成年家属拒不到场的不影响现场检查的进行。现场检查的情况应当制作成笔录，由参加现场检查的人、见证人签名或者盖章。现场检查笔录必须如实反映勘验检查的活动过程，笔录应以准确简练的文字着重记载勘验和检查的结果。现场检查笔录必须反映现场的原始状态和发现的各种痕迹和物证，除用文字加以记载以外，还可以进行照相、摄像、绘图等。

现场检查笔录是认定案件事实的重要证据，具有较强的客观性和说服力。例如，在擅自迁移树木案件中，城市管理执法人员对树木迁出地现场的以下内容进行调查和勘查：一是事发地点，树木迁出地现场施工状况；二是现存绿化状况，包括具体方位残留的树穴、残枝、残叶；三是迁移树木的施工单位（人员）和当事人；四是询问行政许可情况；五是其他涉及迁移树木的情况等。据此形成的现场检查笔录，一般来说能客观地反映案件的事实，也有可能受到主客观因素的影响而产生错误。所以，城市管理执法部门要对勘验检查是否认真细致、有无遗漏进行审查，包括审查现场、物证、痕迹是否被破坏或者伪造过，审查勘验检查工作是否符合法定程序，它与其他证据之间有无矛盾等，审查无误后才能作为城市管理执法部门认定案件事实的根据。

五、城市管理执法证据的收集

（一）城市管理执法证据收集的概念和意义

城市管理执法证据是城市管理执法部门在执法过程中，为实施具体行政行为而收集、运用以证明案件真实情况的根据性材料。城市管理执法证据收集是指为了查明案件事实，城市管理执法部门运用法律许可的程序、方法和手段，发现、采集、提取证据的活动。根据这一概念，城市管理执法证据收集包括以下内容。

1.城市管理执法证据的收集由城市管理执法部门负责，具体进行证据收集的人员应当具有行政执法资格。

2.城市管理执法证据的收集必须依照法律、法规和规章明确规定的方法和程序进行。

3.城市管理执法证据的收集包括发现、采集和提取证据。

证据收集在城市管理执法实践中具有非常重要的意义，因为证据的收集是城市管理执法部门查明公民、法人或者其他组织所涉案件事实的前提。只有行政相对人确实发生和具备了行政法律规范规定的事实条件，城市管理执法部门才能适用法律作出具体行政行为。可见，证据的收集是城市管理执法部门正确作出具体行政行为的首要工作，是依法行政的重要基础和前提条件。

（二）城市管理执法证据收集的范围

城市管理执法证据收集的范围因各案的具体情况和性质不同而会存在差别。总体来讲，凡是与城市管理执法存在一定联系、可以用于证明案件客观事实的都属于城市管理执法证据的收集范围。一般而言，包括以下内容：

1.证明当事人身份的材料；

2.证明违法事实及其性质、程度的材料；

3.证明具有从重、从轻、减轻、免除处罚情形的材料；

4.证明城市管理执法程序的材料；

5.其他与案件有关的证据材料。

（三）城市管理执法证据收集的规则

收集证据是城市管理执法部门的一项重要的行政活动，为保证证据收集的顺利进行和所收集证据的有效性、真实性，实现程序正义的要求，城市管理执法部门收集证据应遵循以下规则。

1.遵守法定程序规则

行政行为存在着目的、对象、方法及程序的复杂多样性，不同行政行为的程序要件宽严有别。城市管理执法部门在收集证据时应当遵守法定的程序规则，否则就构成违法，并且所收集的材料也不能作为定案证据使用。

（1）两名执法人员调查收集证据

我国《行政处罚法》第三十七条规定"行政机关在调查或者进行检查时，执法人员不得少于两人"。该条款确立了两名执法人员调查收集证据规则。《行政处罚法》颁布生效后，我国随后的一系列法律、法规和规章中也规定了该规则。如《治安管理处罚法》第八十七条就明确规定"公安机关对与违反治安管理行为有关的场所、物品、人身可以进行检查。检查时，人民警察不得少于二人"。

根据该规则，城市管理执法部门在调查或者进行检查时，执法人员不得少于两人。这样规定有利于执法人员之间的相互监督，同时也有利于保证当事人的合法权益。

（2）收集证据时表明身份

表明身份是指行政机关在进行证据收集时应主动向对方当事人出示有效的身份证明，包括出示工作证件、授权证书或佩戴公务标志等，以证明其所具有的进行证据调查、收集的主体资格和行为资格。我国许多行政法律、法规都规定了表明身份制度，如《行政处罚法》第三十七条规定："行政机关在调查或者进行检查时，执法人员不得少于两人，并应当向当事人或者有关人员出示证件"。《行政强制法》第十八条规定："行政机关实施行政强制措施应当遵守下列规定……出示执法身份证件。"

城市管理执法人员在调查、收集证据时应出示行政执法证件，主动表明身份，这意味着证据调查、收集活动的开始，其重要性自不待言。第一，表明身份也就是表明其调查和检查的权力具有法律依据。有关证据收集的行政调查权并不是任何组织和个人都拥有的权力，其获得需来自于法律的规定或者行政授权、委托等。而法律的规定或者行政授权、委托等要得到证明就需要通过表明身份来实现。第二，表明身份可以使证据的调查和收集具有一定的权威性和严肃性。表明身份是确认执行公务的职权依据，也标志着行政行为的启动。第三，表明身份有利于防止行政职权的行使者滥用职权、超越职权，使行政行为处于公众的监督之下。第四，表明身份在某种程度上也表达了城市管理执法人员在调查、收集证据时尊重并保障相对人权利的信念，有利于排除相对人的疑惑和排斥心理，使其积极配合行政行为。第五，通过表明身份这种自觉公开身份的方式，可以使相对人免受不法侵害，有利于防止不法分子的假冒诈骗行为，维护社会正常管理秩序。

（3）说明理由

说明理由是指城市管理执法部门在收集证据时应当向行政相对人说明收集证据的理由和依据。一般情况下，任何行为都应该有理由。对于私人来讲，基于意思自治原则，个人行为不违反法律禁止性规定即可。对于其为何作出该种行为法律在所不问，作为平等主体的另一方，也无权强迫对方说明理由。但对于行政机关而言，行政机关在进行证据收集时必须以事实为依据、法律为准绳。城市管理执法部门在调查收集证据时应当说明理由，这样既可以避免行政机关恣意擅断，又使行政相对人能够清晰地了解城市管理执法部门进行证据收集的理由和依据，减少抵触情绪和抗拒行为。在实施证据调查、收集时，除法律、法规有特别规定的以外，行政机关应当公开进行，并向当事人说明原因、依据、方式和方法。

说明理由作为良好行政的基本原则之一，有助于督促行政机关自我拘束，有助于保障程序性权利，有助于事后法院有效司法审查的开展。

（4）告知规则

告知规则是指城市管理执法部门在收集证据时，应将相关事项告知行政相对人，包括相应的权利、义务和调查的主要内容。

在行政实践活动中，行政机关和行政相对人往往信息不对称，行政机关对于相关的行政法律制度和实务操作流程较为熟悉和了解，而行政相对人对于自己的权利和义务不一定清楚而处于弱势地位。尤其在我国法治建设不甚完善背景下，更要强调行政主体在行政行为中负有及时告知行政相对人有关权利的义务。在证据调查收集过程中告知行政相对人有关权利，有助于行政相对人全面、系统地掌握自己的合法权利，运用法律救济的武器维护自身的合法权益。根据告知规则，城市管理执法人员在调查收集证据时应当告知其享有的权利和义务，如有权申请回避、如实提供有关资料、回答询问，不得拒绝、阻挠调查。

由于证据收集内容直接影响后续行政行为的执行，不仅会影响行政相对人的程序权利义务，也会影响相应的实体权利义务，所以无论证据收集以何种方式作出，都应当将调查取证的内容告知行政相对人。这既是行政机关在行政程序中履行的基本义务，也是行政相对人的一项基本权利。证据调查收集的内容原则上应告知对方。城市管理执法部门在调查笔录上应当记明调查的时间、地点、内容、在场人员，经被调查人或其代理人核实后，由参加调查的执法人员、被调查人或其代理人以及其他参与人，如见证人等签名或者盖章。被调查人或者代理人对记录有异议的或者拒绝签名的，应当注明。

2. 客观、全面规则

客观是指要一切从案件的实际情况出发，按照客观事物的本来面目去了解它，并如实加以反映，绝不夸大，也不缩小，更不能歪曲或捏造。全面是指要把能与案件有一定关联的事实材料尽可能收集齐全。只有客观、全面收集证据，才能为证据的审查和辨别提供充足的材料。客观、全面规则，要求城市管理执法人员在收集证据时必须尊重客观事实，按照客观事实的本来面目如实地加以收集，不能先入为主，带着条条框框去收集所需要的证据，也不能随意地夸大或缩小，甚至歪曲或捏造证据。既要收集对行政相对人不利的证据材料，也要收集对行政相对人有利的证据材料；既要收集能够支持自己主张的证据材料，也要收集反驳自己主张的证据材料；既要主动收集有关证据材料，也要接受当事人和证人提供的各种证据材料；而且还要采取多种方式收集证据材料，而不能局限于法律文书和调查笔录，要注重现代科学技术在证据收集过程中的重要作用，通过现场摄像、组织专家鉴定等多种形式收集证据。

在城市管理执法部门查处的违法案件中，很多情况属于事后监督，行政相对人往往利用合法形式掩饰违法行为，而后又常常会设置障碍、隐匿证据，企图规避行政处罚。为此，城市管理执法人员在收集证据时不能放过任何一个与案件有关的证据及线索，当得到传来证据时，必须追根溯源，寻找原始证据；得到言词证据时，必须深入调查，力争获得与之相互印证的书证、物证，使之能够形成一个完整的证据链条。只有这样，才能使收集到的证据不仅在类型上多样，而且在内容上完整充实，从而为结案打下坚实的基础。

3. 及时规则

及时规则是指违法案件发生后，城市管理执法人员应当尽快到达现场，并立即着手收集证据，快速进行深入调查，以免失去收集证据的时机。证据不会一成不变的，任何形式

的证据，都可能会因自然条件的变化、人为因素的影响或其他原因，使证据湮灭、丢失或者难以取得，给收集证据的工作带来困难，甚至可能造成重要证据的无法取得，导致案件事实无法确认。因此，根据及时原则，在城市管理执法证据的收集过程中，执法人员必须第一时间到达案发现场收集证据；在证据可能灭失或以后难以取得的情况下，可以采取先行登记保存措施以保存证据；在法律、法规和规章对证据收集有时限要求的情况下，城市管理执法部门应当在规定的时限内完成证据收集工作。

4. 保守国家秘密、商业秘密，保护个人隐私规则

行政机关及其执法人员在执法活动中，会不同程度地获取到公民、法人或其他组织的许多信息，这些信息往往涉及公民、法人或其他组织的商业秘密和个人隐私，有些甚至还直接关系到国家秘密。对此，行政机关及其执法人员必须注意保密，必须按照我国保密法和有关保守秘密的规定作出相应行为。城市管理执法证据的收集是城市管理执法部门及其执法人员的一项重要的执法活动，对于所收集的证据，也必须按照国家的相关法律和规定予以保密。

（四）城市管理执法证据收集的方法

针对不同证据的特点，行政机关及其执法人员应有针对性地采取与之相适应的方法，确保不因收集方法不当而影响证据价值。

调查收集证据的主要方法有以下几种。

1. 询问

询问是通过谈话或问话方式了解情况的一种活动，它存在于人们日常生活中的各个领域中。证据收集过程中的询问，是指在行政执法程序中由执法人员以交谈、提问的方式向相对人或证人来了解事实情况，以此来收集和保存言词证据。城市管理执法人员在执法过程中，可以对相关人员进行询问以获取相关证据。

询问有正式询问和非正式询问之分。正式询问是指调查人员依照法律规定进行并具有法律效力的询问；而非正式询问是指城市管理执法人员为了解案情而与有关群众进行的一般性谈话，它不具有完备的询问程序，也不具有法律效力。询问还有现场询问和非现场询问之分。现场询问是在行政案件发生现场对行政相对人或证人当场依法进行的询问。现场询问体现了收集证据的及时性原则。在行政案件发生现场对行政相对人或证人依法进行的询问，可以避免日后违法行为人因害怕接受处罚而不承认违法事实，以及难以寻找证人或证人因被收买、胁迫等各种原因不愿作证情况的发生。非现场询问是因各种原因，不在行政案件发生现场对行政相对人或证人进行的询问。非现场询问可以在案件调查法定期间内，到行政相对人或证人的单位或住所进行，也可以通知其到城市管理执法部门办公地点或者指定地点进行。

在进行询问时，执法人员必须是两人或两人以上，一人记录，一人或一人以上询问。

在询问开始前，执法人员应出示证件，表明身份。询问开始时，应当查明被询问人的身份、与被询问事项的关系等情况。询问人员应当告知被询问人如实陈述的义务，以及无正当理由拒绝作证及虚假陈述的法律责任。询问必须客观、全面，不能有偏见，更不能以利诱、欺诈、胁迫、暴力等非法手段迫使被询问人按照办案人员事先虚构、设想的事实进行回答。询问内容包括违法行为实施的时间、地点、人员、动机、手段、过程、结果、目的，所涉及违法物品的名称、数量、来源等情况。执法人员在询问证人和行政相对人时，要避免语气严厉，态度强硬，有居高临下之感。询问人员对被询问人的提问必须与案情相关，并且应充分尊重被询问人的权利，准许被询问人进行陈述和申辩。询问应当制作询问笔录。询问结束，应将询问笔录交给被询问人核对，对没有阅读能力的，应向其宣读。如被询问人认为笔录有遗漏或差错，允许其补充或更正。询问笔录经城市管理执法人员和被询问人核对并确认无误后，由执法人员、被询问人、在场人签署日期并签字，询问人与记录人不得相互代签。询问笔录要当场记录，不得事后追记和补缺。笔录要字迹清楚，记载准确又全面。

2. 检查

行政法意义上的检查有两种：一是执法检查，是行政机关为了了解行政相对人遵守法律法规的情况而采取的活动；二是收集证据检查，是行政机关为了调查收集证据而采取的活动。后一种意义的检查，是行政机关及其执法人员为获得证据，查明事实，依法对与案件有关的场所、物品、人身进行实地查看、寻找、探测勘验、测量的一种调查活动。检查是行政机关收集证据、探明事实真相的一项基本调查手段，是法律、法规、规章广泛赋予行政机关的一项职权。检查的主体是法律、法规、规章授权享有检查职权的行政机关、具有管理公共事务职能的组织、依法受委托的组织的执法人员。检查的对象是与待证事实有关的场所、物品、人身。检查具有法律上的强制性，相对人有配合和容忍的义务。配合是按照检查人员的合法要求和程序尽到提供、说明、指引义务。容忍是对检查可能造成的不利影响（如因人身检查而暂时失去自由，因对经营场所、设施检查而暂时停业、停产）采取克制态度的义务。如果相对人不能配合或不能容忍，执法人员可以依法强制进行检查。对此，我国《行政处罚法》第三十六条规定："行政机关发现公民、法人或者其他组织有依法应当给予行政处罚的行为的，必须全面、客观、公正地调查，收集有关证据；必要时，依照法律、法规的规定，可以进行检查。"

检查可以采取实地查看、访问、勘验等手段进行，对现场检查的过程及其发现的证据可以提取或依法扣押封存，也可以采取抽样取证的方法，从而获得现场笔录、勘验笔录、书证、物证、视听资料、鉴定意见等形式的证据。对此，我国《行政许可法》第六十二条规定："行政机关可以对被许可人生产经营的产品依法进行抽样检查、检验、检测，对其生产经营场所依法进行实地检查。检查时，行政机关可以依法查阅或者要求被许可人报送有关材料，被许可人应当如实提供有关情况和材料。"

城市管理执法证据收集过程中的检查包括对文件的检查、对物品的检查和对现场的检查，而不包括对人身的检查。城市管理执法部门在实施检查时，执法人员不得少于两人，并应当向当事人或有关人员出示证件。当事人或有关人员应当如实回答询问，并协助调查或检查，检查应当制作笔录。

3.拍照、录音、录像

拍照是运用专门的照相技术对现场的环境、有关的物证等，客观真实地进行拍摄，以形象、客观、准确、迅速地记录、固定现场情况，一般适用于书证、物证，也适用于反映现场真实情况。录音是使用一定的录音设备将事件发生、发展过程产生的声音信号记录到载体上的活动，该技术一般适用于采集言语类证据。录像是将事件的发生过程产生的声音和动态景象或者静态物体从不同角度动态地记录到载体上，该技术可以用于行政执法调查取证的全部过程。拍照、录音、录像形成的视听资料因直观、逼真、准确、信息量大、效率高、便于保存等特点，越来越受到行政执法机关的重视，正逐步成为最重要的证据形式之一，几乎被所有的行政执法机关所采用，立法机关也在制定法律法规时对这些方法进行明确规定。使用拍照、录音、录像调查取证时应当注意三点。第一，执法人员应当受过专门培训，知道拍照、录音、录像的基本原理、方法，熟悉设备的使用性能。第二，为保证良好的听觉和视觉效果，不影响视听资料的证据价值，应当根据实际需要，选择合适的设备。如需要在行进中拍摄的，应当使用带有运动拍摄功能的设备；需长时间拍摄的，应当选择内存大、供电时间长的设备或带有备用电源、备用录音带等。第三，后期制作时，对感光质地的载体要及时冲洗，并注明拍摄时间、地点、天气和拍摄人员。对数码设备拍摄的资料，要及时备份。所有资料应当真实、客观、完整，不得随意剪接、修改。有与案件有关的语言内容的，应当整理形成书面材料。

4.勘验

勘验是行政执法人员在执法过程中，通过多种方法，使用专门调查工具，对案件相关场所、物品进行实地观察、勘测、检验，以收集各种痕迹证据和实物证据的活动。行政案件现场经常集中大量能够证明案件事实的实物证据，这些实物证据能够反映相关人或物的个体特征，在调查中可以成为调查的线索，调查结束后，有可能成为行政处理的证据。而通过勘验有利于查明案件事实，发现和收集各类证据，确定调查方向和工作范围，它是证据调查工作中的重要方法。勘验这种方法，主要适用于发现和收集各种实物证据，如物证、书证、音像证据等。

现场具有不可复制性，现场处理具有不可逆性，故相对于其他证据收集手段，现场勘验具有更为严格的程序性特征。现场勘验一旦违反程序、勘验结果的可信度将大受质疑。因此法律对勘验的要求非常严格，勘验时应注意以下要求。第一，应当由受过专业培训的人员进行。现场勘验的技术含量较高，必要时还需要借助科学仪器，勘验人员应当全面掌握该行业的专业技术知识和勘验要求，能够操作科学仪器，细心、认真地做好勘验工作，不能放过任何一个有价值的现场细节或证据。第二，在时间上应当在案发后或接到报告后立即进行勘验，并做好现场的保护工作，防止因自然因素或人为因素对现场造成破坏，遗失证据，毁灭痕迹，从而难以作出行政决定。第三，采用录像、拍照技术时要全面、客观、真实地反映现场情况；绘图要清晰、数字要准确、记录用语表达要客观、规范、明确，不能掺杂个人的主观推断。

5. 鉴定

鉴定是指具有鉴定资质的鉴定机构或鉴定人，接受指派或委托，运用专门知识或特殊的技能、手段，就案件、事件中涉及的专门性问题进行分析、研究、鉴别或判断并作出结论的科学实证活动。

鉴定应符合以下两点要求。第一，送检的材料应当真实、可靠、清晰、完整，具有可鉴定性，必须是在调查工作中收集的、调取的第一手证据材料，比对样本应尽可能是原始材料。第二，行政机关应当为鉴定提供必要的条件，如对易受气候、温度、湿度影响的证据材料，应妥善保管，及时送交鉴定部门，明确提出要求鉴定所要解决的问题，向鉴定人员介绍包括证据材料取得的时间、地点、提取方式，是否受到污染等关系到鉴定结果的情况，不得向鉴定人员提出对鉴定结果的暗示，不得干涉鉴定过程等。

城市管理执法证据收集中的鉴定意见多用于损坏房屋承重结构案件的查处，通常以鉴定书、报告书、评价书等形式提供给城市管理执法部门经审查后作为证据使用。鉴定意见应当全面、真实地反映鉴定人对城市管理执法案件中需要鉴定的专门性问题的分析和判断。为保证鉴定人公正、客观地得出鉴定意见，与该案件处理结果有利害关系的人均应当回避。

6. 抽样取证

抽样取证是从总体中取出部分进行分析判断，从而对总体的某些未知因素作出统计推断，取得执法的证据。也就是从成批的物证中选取其中个别的物品进行化验、鉴定，以确定该批物证是否可以作为违法行为的证据。对此，我国《行政处罚法》第三十七条明确规定，行政机关在收集证据时，可以采取抽样取证的方法。

抽样取证应符合以下八点要求。第一，办案人员应两人以上，并出示行政执法证件。第二，应有持有人、所有人、保管人、使用人或见证人在场。第三，抽样取证需针对数量比较大或成批的物品进行，执法人员不可能也不需要对每一件物品进行检验，如果物品较少则不宜采用。第四，抽取样品时应当从成批物品中随机抽取，不能由执法人员根据自己的需要或有意识地挑选，被抽取的样品一旦被选定，就不能随意更换。第五，抽取样品的数量应以能够认定物品的品质特征为限，既不能过多，也不能过少，过多就失去了抽样取证简便易行的特点，且容易侵害到相对人的财产权益；过少则不能客观、公正、准确地反映被检物品的特征，影响证据的证明力。第六，抽样应采取随机方式，步骤和方法有国家标准或行业标准的，应当按照标准；无标准的，应当按照不破坏样品的外部特征、内部结构或污染化学构成成分的原则抽样，样品的数量以能够认定本品的品质特征为限。样品的名称、型号、规格、批号、存放地点、数量等信息均应记录在案。封样要科学、严谨。第七，开具抽样取证证据清单，由办案人员和被抽样物品的持有人或者见证人签名。持有人、所有人、保管人、使用人或见证人拒绝签名的，办案人员应当在抽样取证证据清单上注明。第八，对抽取的样品应当及时进行检验、化验、鉴定、分析。

7. 先行登记保存

先行登记保存，是指行政机关在证据可能灭失或者以后难以取得的情况下，经行政机关负责人批准，对需要保全的物证进行登记造册，暂时先予封存固定，不得动用、转移、毁损或者隐藏，等待行政机关进一步调查和作出处理决定。我国《行政处罚法》第三十七条明确规定："在证据可能灭失或者以后难以取得的情况下，经行政机关负责人批准，可以先行登记保存，并应当在七日内及时作出处理决定，在此期间，当事人或者有关人员不得销毁或者转移证据。"

执法人员进行先行登记保存时，应符合以下五点要求。第一，行政机关在收集证据时，必须是遇有证据可能灭失或者以后难以取得的情况下，才可以采取证据先行登记保存措施，如证据将被人转移、隐藏等。对没有必要进行证据登记保存，或通过询问笔录、证人证言、现场笔录等其他证据就能够确定行政相对人违法事实的，则不能采取该措施。第二，相对人与行政案件无关的物品，不得采取先行登记保存。先行登记保存的物品作为证明案件真实情况的证据，必然具有客观性、关联性和合法性三个基本特征，它必须与违法行为有直接必然联系。第三，应经行政机关负责人批准。根据我国在行政管理中的实践，行政机关负责人应当为行政机关正职负责人和分管负责人，为提高行政效率，一般由分管办案部门的负责人批准即可。批准的形式应当为书面形式，在紧急情况下，可以先口头批准，事后补办书面批准手续。第四，保存物品是采取这项措施必不可少的一个环节，行政机关在现场提取证据后，应当制作登记保存物品的清单。第五，先行登记的保存期限为七天，在七天之内行改机关应对案件继续进行调查，并及时作出处理决定；需要进行检验或鉴定的，送交有关部门进行检验或鉴定；应当予以扣押或没收的，依照法定程序予以扣押或没收；应当移送有关部门处理的，将案件连同证据移送有关部门处理；违法事实不成立，解除登记保存措施。七天后不能作出处理决定，视为登记保存措施自动解除。

如何合理运用证据先行登记保存，使其发挥应有的效力，在运用这一措施的过程中应注意把握以下几点：

首先，实施必要性应该权衡，实施条件应当具备，实施时机需要把握。在日常执法中，可采取调查笔录、视听资料和勘验笔录等其他形式去收集证明和认定行为人违法事实的证据，并非一定要采取证据先行登记保存这一方法。当然，证据先行登记保存本身具有其他方式不可替代的作用。因此，笔者认为，在采取证据先行登记保存这一方式之前，应对其必要性进行权衡。同时，先行登记保存的使用有两个前置条件：一是"在证据可能灭失或者以后难以取得的情况下"；二是"经行政机关负责人批准"。这样设定是从立法者、实施者的角度对运用这一方法做出了限制，证据先行登记保存要同时具备和满足上述两个条件。在环境行政执法中，大部分实施先行登记保存的情况都是在应急状态实施的，因此现场实施时要严格按照法律程序进行执法，并做好应付突发性事件的心理准备。其次，保存的物品必须明确，实施步骤不可或缺。先行登记保存的物品作为证明案件真实情况的证据，必然具有客观性、关联性和合法性三个基本特征。实施先行登记保存的物品必须是与违法行为有直接必然关联的。证据先行登记保存要遵循证据收集的一般步骤：一是执法人员应出示有效行政执法证件；二是经行政机关负责人批准；三是送达证据保存通知书等相关执法文书；四是实施先行登记保存并将异地保存的物品编号登记存放、妥善保管；五是七日内及时做出处理决定。上述步骤都要留下充足的证据，必要时可全程录像，以备行政复议或诉讼时举证之用。

再次，文书制作不容忽视。在实施先行登记保存时，制作物品清单时一定要按物品的名称、规格型号、成色品级和单位数量逐一登记全、登记清，要使用标准的计量单位，如千克等，不能用一车、一筐、半箱等含糊单位。最后，处理期限不能遗忘。实施先行登记保存应当在七日内及时做出处理决定。法律的这个规定主要有两个含义：一是行政机关先行登记保有的有效期只有七日，超过规定期限，做出的先行登记保存被视为无效；二是做出处理决定。行政机关通过对证据的审查和判断，进行分析研究，鉴别真伪，一旦认为当事人无违法行为，应当及时解除证据先行登记保存。

8. 扣押

扣押是指行政机关在调查案件中，对发现的可以用于证明案件事实的物品、文件依法予以扣留，并进行调查的取证方式。扣押的目的在于提取和保全证据，查明事实情况，以便正确作出行政决定。

以扣押的方式收集执法证据，应注意以下事项。第一，被扣押物品、文件应当与案件有关，并且能够证明案件事实情况。物品、文件是否与案件有关、是否能够证明案件事实情况，应当由执法部门依法决定，虽然相对人可以发表意见，阐述理由，但是否采纳由执法人员决定。第二，经调查，被扣押的物品、文件与案件无关，应当立即解除扣押，返还相对人。第三，扣押物品、文件应当做好登记，出具扣押清单，并妥善保管。扣押鲜活、容易变质、腐烂等其他不易保管的物品时，应当按照相应条件保存或拍照，录像后依法予以拍卖、变卖；扣押录像带、录音带、电子数据存储介质要同时保护好有形载体和存储内容。第四，扣押的期限不得超过三十日，情况复杂的，经行政机关负责人批准，可以延长，但是延长期限不得超过三十日。法律、行政法规另有规定的除外。延长扣押的决定应当及时书面告知当事人，并说明理由。第五，对扣押的物品，行政机关应当妥善保管，不得使用或者损毁；造成损失的，应当承担赔偿责任。

（五）城市管理执法证据收集的具体要求

城市管理执法证据的收集是城市管理执法部门的一项重要执法活动，是正确适用法律进行行政执法，作出各种具体行政行为的前提。因此，城市管理执法证据的收集必须遵循正确的原则和要求。根据我国《行政处罚法》《行政强制法》等法律、法规、规章以及规范性文件的规定，城市管理执法人员在收集各种证据时，应符合以下要求。

1. 书证的收集

收集书证应当收集原件，书证的原本、正本和副本均属于书证的原件。

收集原件确有困难时，可以对原件进行复印、扫描、拍照、抄录，经提供人和执法人员核对后，在复印件、影印件、抄录件或者节录本上注明"原件存××处，经核对与原件无误"。收集由有关部门保管的书证原件的复印件、影印件或者抄录件的，应当注明出处，经该部门核对无异后加盖其印章。

收集报表、图纸、会计账册、专业技术资料、科技文献等书证的，应当附有说明材料。收集外文书证，应当附有由具有翻译资质的机构翻译的或者其他翻译准确的中文译本，并由翻译机构盖章或者翻译人员签名。

城市管理执法部门收集书证，应当注明调取时间、提供人和执法人员姓名，并由提供人、执法人员签名或盖章。

2. 物证的收集

城市管理执法人员可以通过以下几种方式收集物证勘验和检查查封和扣押：向群众调查收集；向有关组织和人员调取收集。在城市管理执法过程中，应及时收集物证，并对可能灭失的物证采取保全措施。

收集物证时，应尽可能收集物证的原物。一般来说，物品和痕迹是随着案件的发生、发展而产生变化的，能原始展现案件发展变化的只能是原物。虽然物证与其他证据相比，更具有客观性，更容易被把握，但也更容易被类似物冒名顶替，所以，一般应当要求是原物。收集物证的原物，应附有对该物证的来源、调取时间、提供人和执法人员姓名、证明对象的说明，并由提供人、执法人员签名或盖章。物证的原物如果数量较多，执法人员可以对大量同类物抽样取证，收集其中一部分作为物证。

收集原物确有困难的，执法人员可以对原物进行拍照、录像、复制。在执法实践中，原物或因人为原因而毁损或灭失，或因自然原因而被影响、模糊或消失，此种情况下，执法机关如果不收集该物证，则可能无法对该案件事实进行充分证明，因此，一般允许执法人员采取特殊方法提取该物证。物证的照片、录像、复制件要附有对该物证的保存地点、保存人姓名、调取时间、执法人员姓名、证明对象的说明，并由执法人员签名或盖章。

3.视听资料的收集

城市管理执法过程中收集视听资料主要是对案件事实进行录音、录像以及通过计算机等高科技设备存储和记录，也就是将案件事实记录在录音带、录像带以及计算机磁盘里的活动。当然也包括收集已制作完成的视听资料的活动。

一般情况下，执法人员应收集视听资料的原始载体。由于视听资料的易伪造性，为了保证视听资料作为证据使用的可靠性，一般情况下，要求当事人提供视听资料的原始载体。但是在现实生活中，因视听资料毁损、灭失，执法人员无法收集原始载体时，也允许收集复制件。收集复制件，应注明制作方法、制作时间、制作人等情况，并对不能提取原始载体的原因或原始载体存放地点予以说明，由复制人以及原始载体持有人核对无误后签名或盖章。收集由有关部门保管的原始载体的复制件，应当注明出处，经该部门核对无误后加盖其印章。

由于有关声音资料的视听资料缺乏直观性，因此，声音资料应当附有该声音内容的文字记录。收集外文视听资料，应当附有由具有翻译资质的机构翻译的或者其他翻译准确的中文译本，并由翻译机构盖章或者翻译人员签名。

4.电子数据的收集

城市管理执法人员应当尽可能收集电子数据的原件。无法提取电子数据原始载体或者提取确有困难的，可以收集电子数据复制件，但必须附有不能或者难以提取原始载体的原因、复制过程以及原始载体存放地点或者电子数据网络地址的说明，并由复制件制作人和原始电子数据持有人签名或盖章，或者以公证等有效形式证明电子数据复制件与原始载体的一致性和完整性。

由于电子数据所具有的易伪造、易毁灭特征，收集的电子数据应当使用光盘或者其他数字存储介质备份。收集电子数据应制作笔录，详细记载取证的参与人员、技术方法、步骤和过程，记录收集对象的事项名称、内容、规格、类别以及时间地点等，或者将收集电子数据的过程拍照或录像。收集通过技术手段恢复或破解的与案件有关的光盘或其他数字存储介质、电子设备中被删除的数据、隐藏或者加密的电子数据，必须附有恢复或破解对象过程、方法和结果的专业说明。

5.证人证言的收集

作证是公民的法定义务，凡是了解案件情况的人都有作证的义务。收集证人证言时，应遵守以下规定：

（1）询问证人，城市管理执法人员不得少于两人，并应当在正式询问前向证人出示执法证件。

（2）收集证人证言，一般采用询问证人的方式进行，也可以由证人自书证词。

（3）证人是未成年人的，城市管理执法人员必须通知其监护人到场。证人是聋哑人的，应当有通晓聋哑手势的人参加，并在询问笔录上注明被询问人的聋哑情况以及翻译人的姓名、住址、工作单位和职业。

（4）制作的询问笔录应当字迹清楚、忠实于原话，并交证人核对。对阅读有困难的，应当向其宣读。证人认为笔录没有问题的，由证人在笔录上逐页签名或盖章；如果证人拒绝签名或盖章，执法人员应当在笔录中注明；执法人员也应当在笔录上签名。

（5）严禁以威胁、引诱、欺骗以及其他非法方式收集证人证言。

（6）询问涉及国家秘密、商业秘密和个人隐私的，城市管理执法部门应当保守秘密。

6. 当事人陈述的收集

在城市管理执法案件中，当事人的陈述具有极为重要的作用。对当事人的陈述进行收集时，应遵守以下规定：

（1）询问当事人，城市管理执法人员不得少于两人，并应当在正式询问前向当事人出示执法证件。

（2）当事人是未成年人的，行政执法人员必须通知其监护人到场。当事人是聋哑人的，应当有通晓聋哑手势的人参加，并在询问笔录上注明当事人的聋哑情况以及翻译人的姓名、住址、工作单位和职业。

（3）询问当事人之前，必须告知当事人应如实陈述。因为当事人是行政违法案件的直接参与人，案件的处理结果与其有直接的利害关系，当事人为了自己的利益可能在陈述时趋利避害，对自己的违法事实予以否认或缩减，所以询问开始之前，应告知当事人的权利和义务以及因不如实陈述可能会引起的法律后果。

（4）不得以暗示的方式询问。暗示可能会影响当事人的心理状态，而作出询问人想要得到的结论，使被暗示人所反映的情况与实际情况严重不符。为了证明自己的判断正确或其他目的，使用暗示方式询问当事人，得到与执法人员要求相符的结论，会影响回答问题的真实性。

（5）不得用有歧义的词进行询问。由于人们工作、生活经历的不同，文化层次的不同，对同一句话的理解大不相同。因此，询问时对语言的把握很重要。如果使用有歧义的词询问当事人，则可能引起当事人误解，回答的结果可能会与事实相违背。

（6）严禁以威胁、引诱、欺骗以及其他非法方式收集当事人的陈述。

（7）制作的询问笔录应当字迹清楚、忠实于原话，并交当事人核对。对阅读有困难的，应当向其宣读。当事人认为笔录没有问题的，由当事人在笔录上逐页签名或盖章；如果当事人拒绝签名或盖章，执法人员应当在笔录中注明；执法人员也应当在笔录上签名。

（8）询问涉及国家秘密、商业秘密和个人隐私的，城市管理执法部门应当保守秘密。

7. 鉴定意见的收集

鉴定意见的收集既包括案件当事人和利害关系人提供的鉴定意见，也包括执法人员在执法过程中对所遇到的专门性问题所进行的鉴定意见。不论何种情况的鉴定意见，都应由具有资格或能力的机构和人员作出，法律对某项鉴定事务规定了资格条件要求的，就必须委托有鉴定资格的机构或人员鉴定，否则鉴定意见就不具有法律效力。

城市管理执法部门对于需要进行鉴定的事项，应当经过城市管理执法部门负责人批准，出具载明委托鉴定事项及相关材料的委托鉴定书，委托具有法定鉴定资格的鉴定机构进行鉴定。城市管理执法部门应当为鉴定人进行鉴定提供必要条件，及时向鉴定人提交有关检材和对比样本等原始材料，介绍与鉴定有关的情况，并且明确提出通过鉴定所要解决的问题，但不得暗示或强迫鉴定人作出某种鉴定结论。城市管理执法部门应当保证所提交的原始材料的真实性和可靠性。

鉴定人进行鉴定后，鉴定机构应当出具鉴定意见书，载明以下内容：指定或委托鉴定的单位，要求鉴定的问题，提交鉴定的材料，鉴定的时间、地点、方法和程序，鉴定的科学依据，鉴定所使用的科学技术手段，鉴定部门和鉴定人的鉴定资格的说明，鉴定结论。

8. 勘验笔录、现场笔录的收集

勘验的主要任务是了解案件发生的经过，收集、保留证据，记录和固定现场情况。勘验笔录的记录手段一般以文字记录为主，但也有如画图、照片、模型等手段，并辅之以录音、录像等方法进行记录。无论在现场勘验中使用何种科技手段，对勘验所见与案件有关的情况都应当记录下来。现场勘验一般按以下步骤和要求进行：

（1）制作现场勘验图。现场勘验图是指勘验现场时，对现场环境、案件形态、物品、人员、

痕迹的位置及其相互关系所作的图形记录。现场勘验图是现场勘查记录的重要组成部分，它能用形象的方法反映现场情况，补充现场照相和现场录像的不足，克服文字表述的限制，准确、醒目地绘制出现场物证的尺寸、面积、位置关系、形状和数量等。

（2）现场拍照或录像。将大到周围环境，小到具体物品、痕迹等现场情况以照片或影像的形式固定和保留下来。现场拍照和录像是现场勘验笔录的重要组成部分，采用拍照、录像等方法，能够形象、客观、准确和迅速地记录现场概况。

（3）制作勘验笔录。勘验笔录应当包括三个部分：一是案情简介；二是现场方位及环境、痕迹和物品的形态、名称、数量以及分布情况的记载；三是写明提取物品、痕迹等的名称、数量、体积等特征，并由勘验人员、记录人和见证人签名和注明制作日期。

现场笔录是行政执法人员在案件现场对现场情况进行检查时所做的记录，因此，应当由执法人员当场制作，而不能事后补制。现场笔录的内容应直接反映现场情况及有关事项，并全面、客观、真实地反映和记载现场情况。现场笔录制作完成后应当由当事人等有关人员核对无误后签名或盖章，现场有见证人的，见证人应当签名或盖章。现场笔录一般包括

三个部分，即前言、检查和询问的主要事实、结尾。前言部分包括现场检查的时间、地点、笔录人、见证人等；主要事实部分应当记录检查的经过、现场的概况、主要事实、调查结果等；结尾部分是附记和签署。现场图、照相、录像等应当作为现场笔录的附件。

第二节　城市管理执法证据的审查与运用

一、城市管理执法证据审查与运用的概念

城市管理执法证据审查与运用是指城市管理执法人员对执法程序中所收集的各种证据进行分析研究，辨别其合法性、真实性与关联性，确定它们证明力的强弱，在此基础上进行取舍，运用证据认定案件事实的程序性活动。

城市管理执法证据审查与运用包括以下内容：

1. 城市管理执法证据审查的主体是有权作出行政行为的城市管理执法部门，行政相对人没有审查权。在行政执法证据规则中，对证据审查和运用的职权属于城市管理执法部门，当事人可以在城市管理执法部门审查与运用证据的过程中进行陈述和申辩，并可以提出反证，由城市管理执法部门确定证据是否属实、全面，能否达到定案的程度，但是，最终的审查与运用的决定权仍然属于城市管理执法部门。

2. 城市管理执法证据审查与运用的对象是城市管理执法人员在执法活动中收集的各类证据材料。

3. 城市管理执法证据审查与运用涉及证据的三个基本属性，即客观性、关联性、合法性。城市管理执法人员主要通过审查证据材料与待证事实是否具有关联、证据材料是否客观、证据材料是否具备形式和实质的合法性等三个方面，来决定该证据是否可以运用。

4. 城市管理执法证据审查与运用的内容，是分析、判断、认定证据材料的证据能力和证明能力。通过对执法程序中所收集的多种证据的证明力的分析和采用，来认定案件事实。

二、城丁管理执法证据审查与运用的重要意义

对城市管理执法人员在执法过程中收集的各类证据材料进行审查、运用，具有非常重要的意义。

（一）审查与运用执法证据是行政执法过程中的关键环节

通过对案情的分析，审查执法程序中收集的证据，可以判断证据的真实性、合法性、关联性等法律特征，证据是否符合各项要求，能否作为定案的证据，是否还需补充新证据，从而为其后的行政行为的作出奠定基础。

（二）审查与运用执法证据有利于促进城市管理执法的系统内部监督

由于目前我国没有一部统一的行政程序法和行政法规，对城市管理执法证据的相关规定散见于各类法律、法规及地方性法规、规章和其他规范性文件。通过证据审查，可以排除一些不真实、以非法或不合理手段获取的证据，督促城市管理执法人员合法取证，实现依法行政的内部监督。

（三）审查与运用执法证据有利于保障城市管理执法程序中相对人的合法权益

城市管理执法证据的收集本身也是一种程序性活动，有其特定的过程、步骤、时限和方式等，比如收集证据前的表明身份制度、执法人员回避制度、说明理由制度等，这些制度正是程序正义的最佳体现，也是行政执法的最高准则。通过对证据的审查，能够发现城市管理执法人员在证据收集过程中是否严格遵守了这些程序性规定，避免轻程序、重实体现象的发生，保障行政相对人的程序性权利，强化行政执法的权威性、公正性。

三、城市管理执法证据的审查与运用步骤

审查与运用证据虽然以城市管理执法人员、专门审查机构工作人员的思维活动为主要形式，但也并非仅靠他们书面查阅案卷材料就能完成工作。有相当多的城市管理执法案件，需要城市管理执法人员和专门审查机构工作人员走出去、实地调查核实等措施予以证实。因此，审查与运用证据必须有计划地按照一定的步骤进行。一般来讲，审查与运用证据应该是在逻辑上由浅入深，从个别到整体，循序渐进，具体而言应包括以下三个步骤。

（一）单独审查

单独审查是对每个证据材料分别审查，即单独地审查判断每个证据材料的来源、内容及其与待证事实之间的联系性，判断该证据是否真实可靠，有多大的证明价值。对于那些明显虚假和毫无证明价值的证据材料，通过单独审查就可以排除运用。

对证据材料的单独审查可以按两种顺序来进行。一种是按时间顺序，也就是按照证据材料与待证事实发生的先后顺序来逐个审查证据材料。这种方式适用于证据材料的时间顺序比较明确的案件。二是按主次顺序，也就是按照证据材料所证明的城市管理执法事实的主次关系和证据材料本身的主次关系来逐个审查证据材料。这种方式适用于核心事实与核心证据比较明确的城市管理执法案件。

（二）比对审查

比对审查是对案件中证明同一个待证事实有两个或两个以上证据材料的比较和对照，看其内容和反映的情况是否一致，看其能否合理地共同证明该待证事实。一般情况下，经比对研究，认为相互一致的证据材料往往比较可靠，而相互矛盾的证据材料则可能其中之一有问题或都有问题。当然，对于相互一致的证据材料也不能盲目相信，因为虚假陈述、串供等情况也可能造成虚假的一致；而对于相互矛盾或有差异的证据材料也不能一概否定，

还必须认真分析矛盾或差异形成的原因和性质，因为不同的证据材料之间有所差异也是在所难免的。例如，利益相互对立的行政相对人和利害关系人的陈述，尤其是针对违法行为作出行政处罚而调查取得的当事人陈述和受害人陈述出现矛盾和差异是很正常的，不同证人对同一事实所作的证言之间存在某些差异也是正常的。因此，比对审查的关键不仅仅在于找出不同证据材料之间的相同点和差异点，更重要的还在于分析这些相同点和差异点，看其是否合理，是否符合客观规律。

比对审查有两种基本形式：一是纵向比对审查，二是横向比对审查。前者是对同一个人就同一待证事实提供的多次陈述做前后比对，看其陈述是否前后一致，是否存在矛盾之处。后者是对证明同一待证事实的不同证据或不同人提供的证据作并列比对，看其内容是否协调一致，有无矛盾之处。

（三）综合审查

综合审查是对行政执法中所收集的全部证据材料加以综合分析与研究，审查所有证据材料之间的矛盾是否得到排除，全案证据是否充分，证据的内容和反映的情况是否协调一致，能否相互印证和吻合，能否确实充分地证明待证事实的真实情况。收集证据是保证获得确实、充分的证据；审查证据是对证据加以审查验证，以保障其真实可靠性；综合审查判断证据则是对全案证据作出综合评价，对案件事实作出总的结论，审查并保障案件事实结论的客观真实性。行政执法证据综合审查的目的是在已经收集证据的基础上，综合分析和取舍各类证据，排除不具有合法性、客观性和关联性的证据，运用证据确定待证事实。

综合审查的关键是发现矛盾和分析矛盾。审查证据的人员要善于对各种证据材料进行交叉的逻辑分析，善于从细微之处发现不同证据材料之间的矛盾之处，然后认真分析这些矛盾的性质和形成的原因，以便对证据材料作出整体性评价。综合审查不仅要注意审查证据的真实可靠性，而且要特别注意证据的证明价值。从某种意义上讲，单独审查和比对审查的主要任务是查明证据是否确凿，而综合审查不仅要进一步查明证据是否确凿，而且要重点查明证据是否充分。特别是在完全依靠间接证据材料证明事实的行政执法行为中，审查证据的人员必须认真分析证据材料的质量、数量和相互关系，必须使证据形成一个完整的证据链，而且能毫无疑点地对情况作出合理解释。

四、城市管理执法证据的审查与运用方法

如前所述，城市管理执法证据的审查与运用是指城市管理执法人员对执法程序中所收集的各种证据进行分析研究，辨别其真伪，确定它们是否与案件事实有关联以及证明力的强弱，在此基础上认定案件事实的行政程序活动。城市管理执法中对行政证据进行审查与运用，可以采取以下方法：

（一）鉴别法

鉴别法又称甄别法，即根据客观事物发生、发展、变化的一般规律和常识去辨别证据真伪的方法。

（二）验证法

验证法也称实验法，即通过重演或再现等方式来判断某证据内容是否真实的方法。验证法多用于查验行政相对人、利害关系人、证人证言的内容。

（三）比对法

比对法，又称比较法和对比法，即通过比较和对照证明同一待证事实中的两个或多个证据材料以判断其真伪的方法。比对法主要用于城市管理执法相关证据的比对审查中。例如，城市管理执法证据审查人员在审查认定证据过程中，当发现物证与其他证据、证据与待证事实出现矛盾时，应当进行全面、细致的分析。当物证作为直接证据时，应比对该物证与其他证据之间存在矛盾的根源所在，确认是其他证据缺乏真实可靠性，还是物证本身的问题。

（四）印证法

印证法即通过考察行政执法中不同证据材料的内容是否相互吻合、协调一致来判断证据真伪及证明价值的方法。印证法多用于对案件证据的综合审查之中。印证法并不像比对法那样要求证明对象的同一性，所以其适用范围更广。相互印证的证据材料具有较高的真实可靠性和证明价值，而不能互相印证的证据材料往往表现出矛盾之处，因而虚假的可能性较大。例如，城市管理执法证据审查人员在审查认定证据过程中，当发现物证与其他证据、证据与待证事实出现矛盾，并且物证又作为间接证据时，就必须对物证与其他证据加以互相印证，形成一条具有内在必然性、逻辑性严密的证明链条。在行政执法实践中，数个间接证据的效力往往能够相当于甚至超过一个直接证据的证明效力。当物证与其他证据发生冲突时，只要物证真实可靠，物证的证明力一般高于书证和言词证据、视听资料等。

（五）质证法

质证法是证据审查人员组织当事人和利害关系人，与行政执法调查人员，就来源于不同渠道的行政执法证据进行交叉审查，居中进行证据审查认定的方法。我国法律目前明确规定使用质证法进行证据审查的主要有《行政许可法》《行政处罚法》和《行政强制法》。

五、城市管理执法证据的审查与运用内容

对城市管理执法证据的审查运用，不仅要围绕单个证据的真实性和是否具有证明力来进行，而且还必须审查全案证据是否确实、充分。审查判断城市管理执法证据的内容，必须紧紧围绕有关事项和问题进行，即重点审查证据的关联性、真实性、合法性等三个方面。

（一）对城市管理执法证据合法性的审查

城市管理执法证据的合法性一般体现在该证据只能由具有合法主体资格的执法人员按照法律规定的程序进行收集，包括收集证据的主体合法、每个证据来源的渠道合法、证据必须具备法定的合法形式、证据必须经过法定程序查证属实等。审查城市管理执法证据的合法性，主要从以下方面进行：

1. 城市管理执法证据收集主体和提供主体的合法性

根据相关规定，城市管理执法证据的收集主体不得少于两人。当事人认为办案人员与案件有直接利害关系，有权申请回避。所以，如果是一名执法人员收集的证据，或者是执法人员在依法回避期间收集的证据，一般就不具备合法性；而对于证据的提供主体而言，如果提供者不符合法律规定的年龄和行为能力，则其证据也不具备合法性。

2. 城市管理执法证据形式的合法性

任何城市管理执法证据，都必须符合法律法规规定的证据形式，否则就不能作为认定案件事实的证据。我国没有统一的行政程序立法，《行政处罚法》没有对证据种类作出具体规定。《行政诉讼法》所规定的证据形式，可以看作行政执法证据的种类。无论是行政机关调查收集的证据，还是违法行为人等提供的证据，都应当符合《行政诉讼法》所规定的证据形式，否则不能作为证据使用。

3. 城市管理执法证据收集方式和程序的合法性

收集证据是城市管理执法程序的重要组成部分，是过程与行为的复合体。取证程序的不合法，会导致行政决定的不合法。取证程序合法是程序正义的体现，是当事人合法权益的保障，是作出公正行政决定的前提。收集证据方式和程序的合法性，包括收集证据的时间、顺序、方式和手段都应合法。违反这些要求所取得的证据都不具有合法性，不能作为定案证据。以证据的收集时间为例，城市管理执法证据必须是在行政决定作出之前收集的，而不能是事后收集的。对此，《行政诉讼法》第三十五条规定"在诉讼过程中，被告及其诉讼代理人不得自行向原告、第三人和证人收集证据"。《最高人民法院关于行政诉讼证据若干问题的规定》第六十条也规定，被告及其诉讼代理人在作出具体行政行为后或者在诉讼程序中自行收集的收据，不能作为认定被诉具体行政行为合法的依据。

综上所述，城市管理执法证据必须具备关联性、真实性、合法性等三个方面的内容，才具备成为证据的资格，反之，则不能用来支持行政决定的合法性。

（二）对城市管理执法证据真实性的审查

对城市管理执法证据真实性的审查，主要是审查该证据是否能反映案件事实。一般从以下几个方面审查证据的真实性：

1. 城市管理执法证据形成的原因和过程

城市管理执法证据有其形成的原因和过程，对证据的形成原因和过程进行审查，可以判断该证据是真实的还是伪造的。比如对于证人证言，根据其是耳闻目睹还是道听途说，有无证人主观臆断的成分，前后内容是否一致，与其他证人证言比对是否存在矛盾，有没有被利诱、威胁的情况发生等判断其真实性。

2.发现城市管理执法证据时的客观环境

城市管理执法证据被发现时，必然处于一定的客观环境之中。由于证据与城市管理执法证据真实性的审查时其所处的客观环境紧密相关，所以审查城市管理执法证据的真实性时必须重视对发现证据时的客观环境的审查。发现城市管理执法证据的途径要么是当事人或者其他证人提供，要么是城市管理执法人员依职权收集的。前者容易受到当事人或其他证人主观方面的影响，后者也会存在收集证据时的局限性和模糊性，所以，对城市管理执法证据的真实性进行审查判断，需要重视对发现证据时的客观环境进行全面、综合的审查。比如，对于证人证言，要通过判断其目睹事件经过时的时间，是否是傍晚或夜里，距离案发现场的距离远近，该证人的视力程度等，判断该证据的真实性。

3.城市管理执法证据是否为原件、原物，复制件、复制品与原件、原物是否相符

原件、原物是原始证据，直接来源于案件事实，具有较高的真实可靠性。而复制品、复制件属于派生证据，其真实性相对于原件、原物来说，则有所降低。比如对于书证，通过审查是公文性书证还是非公文性文书，是原件还是复印件，非公文性文书的签章、签名是否真实，日期是否可疑等判断其真实性。

4.城市管理执法证据的提供人、证人与当事人是否具有利害关系

城市管理执法证据提供人、证人与当事人可能存在着各种不同的复杂的社会关系，其中可能存在利害关系或者同学、亲戚、朋友、邻居、同事等各种可能影响证据真实性的复杂关系。所以，在对城市管理执法证据真实性进行审查时，要重点审查城市管理执法证据的提供人、证人与当事人是否有利害关系或者其他可能影响公正处理的关系。

（三）对城市管理执法证据关联性的审查

证据的关联性是指作为证据的事实必须与待证事实有内在的联系，即直接或间接地证明案件事实形成的条件、发生的原因或案件事实的后果等。审查证据的关联性，就是要认定证据与待证事实之间的联系。证据与待证事实有关联，则该证据可能具有一定的证明价值，有些证据虽然有客观性，但因与待证事实没有联系，这样的证据便不能作为定案的证据，而且，严格来说，关联性还应体现在证据与证据之间的联系上，即要求证据与证据之间可以互相印证，形成证据链，共同反映案件事实。

一般应从以下几个方面进行关联性的审查判断：

1.城市管理执法证据与待证事实之间是否存在法律上的客观联系

每个案件都可以收集到很多证据材料，但并不是所有的证据材料都能证明案件事实，只有那些与案件事实有相关性的证据材料才属于证据的范畴，也只有那些与待证事实之间存在法律上的客观联系的证据材料才能作为证据。

2.城市管理执法证据与待证事实之间的关联程度

城市管理执法证据与待证事实之间的联系是各种各样的，有因果和非因果联系（证据

是不是案件事实的起因或结果）、偶然和必然联系、直接和间接联系、肯定和否定联系、时间和空间联系等联系形式。城市管理执法人员通过对不同形式联系分析、判断，会发现不同证据与案情事实情况之间的联系程度是不同的，因联系程度的不同，证据的证明价值也会不同。存在因果关系、必然联系、直接联系的证据的证明价值一般要高于存在非因果联系、偶然联系、间接联系证据的证明价值的，这样可以更好地发挥证据的证明作用。与待证事实没有联系的证据，不存在任何证明价值，不能作为定案的证据。

3.城市管理执法证据与待证事实结论是否唯一

全部证据、单个证据拟证明的各事实要素能否共同指向据以作出行政决定的事实结论，该事实结论应是唯一的。审查一起城市管理行政违法案件的证据是否相关联，还必须对全案证据进行综合分析，判断所得出的结论是否具有唯一性。如果结论是唯一的，就说明证据与证据之间，证据与待证事实之间的矛盾都已经被合理排除，待证事实没有其他的可能性存在。

第七章 城市管理执法法律文书的制作

第一节 城市管理执法法律文书概述

一、城市管理执法法律文书的定义

城市管理执法法律文书，是指城市管理执法部门或者乡镇人民政府（以下统称城市管理执法部门）根据城市管理执法需要，应用法律、法规和规章处理违法案件过程中制作的具有法律效力或法律意义文书的总称。

从这一定义中可以看出城市管理执法法律文书的制作主体，是城市管理执法部门以及乡镇人民政府（乡镇城市管理执法机构以乡镇人民政府名义履行城市管理执法职责）；城市管理执法法律文书适用范围是在具体的城市管理执法活动中；城市管理执法法律文书必须依据国家和本市的法律、法规、规章制作；城市管理执法法律文书制作后，具有法律效力或者法律意义。

二、城市管理执法法律文书的特征

城市管理执法法律文书是城市管理执法部门从事城市管理执法活动的外在表现形式，具有以下六个特征：

1. 合法性

城市管理执法法律文书是城市管理执法部门执行行政法律行为的载体，城市管理执法法律文书必须依法制作。文书制作符合法律、法规、规章的规定，即在制作文书时，既要符合法定的文种、条件和时限等方面的要求，又要符合法定的操作程序、履行一定手续等要求。

2. 规范性

城市管理执法法律文书的程序性特点显著，书写内容应当达到规范性要求。即制作文书时，格式要求统一，内容要求完整，结构要求相对固定，用语要求规范。

3. 约束性

城市管理执法法律文书是具体实施法律的重要手段，是城市管理执法部门代表国家行使职责的表现，以国家强制力为保障。所以，城市管理执法部门作出的具体行政行为往往

通过文书形式表现出来，对当事人有约束力。

4. 稳定性

城市管理执法法律文书是城市管理执法部门对城市管理执法过程的记载，是城市管理执法部门依法行使职权的具体体现，具有稳定性。主要表现为：城市管理执法部门制作完成的法律文书不得随意更改或者撤销，如果发现执法行为存在错误，需要变更或者撤销文书时，也应当依照法定程序进行。

5. 及时性

城市管理执法法律文书，是指城市管理执法部门根据城市管理执法需要，处理违法案件过程中制作的文书。城市管理执法法律文书制作的及时性，是行政效率原则在行政行为中的具体要求，城市管理执法活动应当在法律规定的期限内尽快完成，并及时作出城市管理执法法律文书。

三、城市管理执法法律文书的作用

城市管理执法法律文书是城市管理执法部门依法制作的具有法律效力或者法律意义的专用凭证和书面证明。它的作用主要体现在以下六个方面：

1. 实施法律、法规、规章的重要工具

城市管理执法法律文书制作的目的，体现在法律、法规、规章的具体贯彻实施。它是实施法律的工具，是向当事人或利害关系人表达依法行政的载体，具有很强的能动性。这些法律文书既要忠实地反映实施法律的行为，又要以法律为准绳，对事实作出公正的分析和判断。

2. 开展城市管理执法活动的真实记录

城市管理执法法律文书是城市管理执法过程的客观记录，它可以比较准确地反映当时的行政执法情况，这些法律文书既是作出行政决定的重要依据，也是解决执法争议的重要依据。当城市管理执法案件当事人提出申诉控告或者申请行政复议、提起行政诉讼时，城市管理执法法律文书即成为判断案件事实适用法律以及办案程序是否合法的重要依据。

3. 体现城市管理执法公正的重要载体

公正是城市管理执法活动的出发点和归宿，没有公正，城市管理执法工作就失去存在的意义。城市管理执法法律文书是城市管理执法工作的载体和体现，也是衡量城市管理执法工作是否公正以及质量优劣的重要依据。"以事实为根据，以法律为准绳"的法制原则，在城市管理执法工作中以十分鲜明的色彩体现在执法法律文书中，没有相应的执法法律文书，城市管理执法部门办理案件的各个过程就失去了存在的载体，办理案件的合法性也因缺乏相应的执法法律文书而受到质疑。

4. 考核评定城市管理执法工作的重要依据

城市管理执法法律文书记录了城市管理执法工作的全过程，是对城市管理执法部门执法的动机、对法律规定的遵守以及是否科学、公正、廉洁、高效的客观反映，是城市管理执法部门是否尽职尽责以及执法人员是否依法办案的客观证明。因此，城市管理执法法律文书可以作为考核评定城市管理执法工作的客观标准和依据。同时，通过这些文书，也可以实现对城市管理执法办案过程的监督，提高城市管理执法办案的质量。

5. 城市管理执法法制宣传的生动教材

城市管理执法工作不仅在处理各种类型的违法案件，而且也是在通过具体的城市管理执法工作来宣传城市管理的法律、法规、规章，而这种法制宣传主要是通过城市管理执法法律文书的制作体现出来的，通过城市管理执法法律文书，当事人和利害关系人可以知晓哪些行为是违法的，应该受到什么样的法律制裁，同时当事人还可以知道自己有哪些权利，以及通过怎么样的途径来维护自己的权利。因此，在城市管理执法法律文书制作过程中，可以教育当事人自觉守法，提高人民群众的法制意识。即城市管理执法法律文书能够将一个社会行为在法律上的评价客观地展现。对当事人及利害关系人起到一般性指引作用，对人民群众起到规范性指引作用，达到法制宣传教育的目的。

6. 城市管理执法案卷材料的重要档案

城市管理执法各种法律文书无论对执法案件本身，还是对国家整个行政执法工作建设，都是十分重要的专业档案资料，应当按照档案管理规定妥善保管。将城市管理执法各种法律文书妥善保存和管理，有利于保证办案质量，提高案卷制作水平，提升城市管理依法行政能力。

四、城市管理执法法律文书的分类

按照不同的标准，城市管理执法法律文书可分为不同的类型。

1. 按文书的外在表现形式分类

城市管理执法法律文书按制作的外在表现形式不同，可以分为表格式文书、填空式文书、笔录式文书和叙述式文书。

1）表格式文书。是指用表格的形式制作的文书。表格的基本格式是事先印刷好，表格中的栏目也是固定的，制作时只要根据栏目要求及执法工作的具体情况，填写相关文字内容或者选择打钩。

2）填空式文书。是指以填空的形式制作的文书。填空式文书的基本格式也是事先印刷好的，制作时按照要求填写相关内容。对填写的内容要求用词简洁规范，避免赘述。

3）笔录式文书。是指以文字记录的形式制作的文书。笔录式文书是城市管理执法人员在城市管理执法过程中以文字记录的方式表述事实的客观现状的文书。依法制作的笔录能够证明案件的真实情况，是法定的重要证据。

4）叙述式文书。又称文字叙述式文书，是指城市管理执法部门根据案情需要，以文字叙述方式书写的文书。主要是针对有些重大的、案情复杂的案件，制作时对当事人的权利、义务产生重要影响。

2. 按文书的内外使用范围分类

城市管理执法法律文书按内外使用范围不同，可分为内部文书和外部文书。

1）内部文书。是指城市管理执法部门为了加强内部行政管理，规范城市管理执法案件内部程序，制作的只在内部传递查阅使用、对外不具有法律效力的文书。

2）外部文书。是指城市管理执法部门以实施行政执法权为目的制作的，对外具有法律效力的文书。

3. 按办案流程阶段分类

城市管理执法法律文书按城市管理执法办案流程阶段不同，可分为立案类文书、调查取证类文书、告知类文书、决定类文书、执行类文书、结案类文书。

1）立案类文书。是指城市管理执法部门发现违法线索，需要立案查处时所制作的文书。

2）调查取证类文书。是指城市管理执法部门为了查明案件事实，需要进一步调查取证时所制作的文书。

3）告知类文书。是指城市管理执法部门作出行政决定前或者需要强制执行前，告知或者催告当事人有关事宜时所制作的文书。

4）决定类文书。是指城市管理执法部门需要决定对当事人实施行政强制措施或者行政处罚时所制作的文书。

5）执行类文书。是指城市管理执法部门作出行政决定后，当事人不履行或者难以履行的，强制其履行义务时所制作的文书。

6）结案类文书。是指城市管理执法部门在案件处理终结或者移送其他部门处理时所制作的文书。

7）其他类文书。是指城市管理执法部门在城市管理执法过程中所制作的其他文书。

五、城市管理执法法律文书的制作要求

城市管理执法法律文书制作具有程式化特点，具体制作应当符合一定的规范，其在规范格式、叙述事实、阐述理由、引用依据以及语言文字等方面，都应当遵循一定的要求。城市管理执法法律文书制作的要求如下：

1. 依法制作

城市管理执法法律文书是实施法律活动的书面表现形式，制作时在内容上要以城市管理执法的法律、法规、规章为准绳，形式及内容均要符合《行政处罚法》《行政强制法》等法律规定，以及相关司法解释的要求。城市管理执法法律文书制作只有符合法定要求，遵循法定程序，才能受法律保护。因此，要求制作城市管理执法法律文书的城市管理执法人员必须了解熟悉城市管理执法相关的法律规范，准确适用法律、法规、规章规定，并根据不同违法情形，掌握行政处罚幅度和种类，选择行政强制方式和手段。只有这样，才能制作出符合法律要求的城市管理执法法律文书。

2. 按照客观事实制作

尊重客观事实是城市管理执法人员在城市管理执法活动中必须持有的工作态度。客观事实是处理案件的基础，尤其是违法事实是作出行政处罚的根据。城市管理执法法律文书制作时要求城市管理执法人员必须实事求是地进行调查取证，把事实的前因后果、时间地点、人物情节等叙述清楚，这样才能制作出合格的城市管理执法法律文书。否则，事实不清楚，就不能准确地适用法律，更不能对违法行为准确定性。

3. 遵循格式要求制作

遵循统一的文书格式要求，为有效地发挥城市管理执法法律文书的作用奠定了良好的基础。因此，城市管理执法人员在制作城市管理执法法律文书时，要熟悉城市管理执法法律文书惯用体例和程式要求。城市管理执法法律文书一般包括首部、正文、尾部三个部分。首部是城市管理执法法律文书的抬头部分，主要是起到表明主题作用，通常由标题和编号等内容构成。正文是城市管理执法法律文书的主体部分，是制作的主要内容，主要起着记载主要事项、说明理由和处理意见或者客观记录事实情况等作用。如决定类文书的正文，通常由违法事实、情节、理由、适用法律依据、处理决定、告知权利等内容构成。尾部是城市管理执法法律文书的结尾部分，主要起着附注和签署的作用，通常由签署盖章和注明日期等内容构成。只有了解熟悉这些格式，遵循格式要求制作，城市管理执法法律文书才能符合规范，使人一目了然。

4. 按照语言文字规范制作

城市管理执法法律文书既涉及国家权力运作，又与当事人切身利益相关。因此，制作城市管理执法法律文书时，语言文字必须规范。

首先，城市管理执法法律文书用语必须准确、严谨。不能渲染、修饰、比喻和夸张，要绝对避免模棱两可、含糊不清的语言。书写时要求做到实事求是，界限必须分明，正误要肯定。

其次，城市管理执法法律文书语言应当庄重、明确、具体、严谨、完整。使用的语言力求"法言法语"、尽量避免口语、方言和文学语言。文书中出现的各种名称如法律名称、单位名称或者当事人名称以及物品名称等，应当使用全称，不得用文号或者其他代号来代替。

再次，城市管理执法法律文书标点符号的使用应当准确。正确使用标点符号，是保证城市管理执法法律文书内容完整的基本要求。避免引起内容歧义或者改变原意。

最后，城市管理执法法律文书的文字打印应当准确无误。城市管理执法法律文书填写

或者打印完成后，应当认真校对，确认语言文字准确无误后，才能报送或者送达。

只有按照语言文字规范要求，正确地制作城市管理执法法律文书，才能体现法律文书的严肃性，否则就会引起误导，产生不良影响。

第二节　城市管理执法主要法律文书的制作要点

城市管理行政执法中的案件，从立案到结案，都离不开法律文书的制作，在法律文书中可能出现缺少调查取证与审批材料、对违法行为定性不准确、用词不规范、没有送达回证、格式不统一或有歧义等情形，种种缺失都会因为执法人员的书写不规范给行政执法带来不良后果，或给违法当事人造成实施正当处罚以外的损失，或给行政执法机关乃至党委政府造成负面影响，甚至导致官司缠身。因此，执法人员在制作法律文书时应具备实事求是、客观全面、严谨细致的端正态度，还应学习和掌握每一种文书的具体要求。

一、制作填写预留格应注意的问题

制作预留格的填写式执法文书通常要填写的就是案由、违法当事人姓名、违法地址、违法事实和法律依据等，在填写时要注意做到如下几点：

1.案由栏一般只预留一格，填写时必须抓住案件的核心词语，力求言简意赅，表明案情。能说明四个核心问题，即案件主体、案件性质、发案地点和违法事实。

2.违法当事人的认定。行政执法过程中查处违法案件时，我们应首先确定违法当事人。如果面对的是个人或行政事业单位违法，我们可以很准确地在"违法当事人"一栏中填写清楚，但如果面对无照商铺和倒闭企业违法，我们该怎么填写"违法当事人"呢？依据《最高人民法院关于贯彻执行＜中华人民共和国民法通则＞若干问题的意见（试行）》第四十一条、第四十五条的规定，商铺的名称（字号）因不具备参与经营的资格，所以不具备法律主体资格，因此不能在"违法当事人"栏中填写商铺名称（字号），而只能在商铺所有人或承租人之间确定。依据《中华人民共和国民法通则》《中华人民共和国公司法》和《中华人民共和国企业法人登记管理条例》的有关规定，企业法人被撤销、注销、解散的，其债权债务相关的法律责任应由其分立合并的法人或者作出撤销决定及同意注销的上级主管单位来承担。因此，在面对倒闭的违法当事人是谁应据此进行认定。

3.违法地址一栏不能填写违法当事人的家庭住址，只能详细写明违法现场的地址，即违法行为发生地或结果地，最好精确到某街某巷某号。

4.违法事实的记录部分应做到详细、准确，必须明确时间、地点和违法事实的状态。

5.法律依据栏内，应填写所适用法律的全称，不能随意缩写。运用法律条款要准确无误，不能张冠李戴，否则不仅使执法文书无效，还会导致行政执法机关成为被告。

二、制作笔录时应注意的问题

（一）违法案件调查笔录在制作中必须紧扣八个方面的问题

1.要详尽记录被调查人的姓名、性别、年龄、证件名称、证件类型、证件号码、工作单位和职务（无工作单位的需记录身份证号码）、家庭住址以及与违法当事人的关系等。

2.确定违法的主体（即确认违法当事人）。违法当事人是个人的，要详尽记录其具体情况（包括姓名、性别、年龄、证件名称、证件号码、工作单位的职务、家庭住址、违法行为地点、联系方式、家庭基本情况等）。违法当事人是单位的，还需记录其单位全称、法定代表人、单位地址、联系电话等。

3.详尽记录违法事实的全过程。首先，要核准事实的存在是谁所为、何时所为、所为事实已达到什么程度（即目前的事实状态）。其次，要确认该事实行为是否违法（调查笔录中只需确认是否是违法行为，而不需要裁量对该违法行为的处罚轻重），确认是否违法要记录当事人的行为是否经过合法有效的审批。最后，记录被调查人的补充说明以及陈述行为的理由。

4.调查笔录交由被调查人阅读（如被调查人无阅读能力，调查人应向其一字不漏地宣读记录内容）后，由被调查人在笔录上签署"以上内容属实"并签名确认。

5.调查笔录必须采取一问一答的格式进行制作。制作时"问"与"答"的内容要分行进行，即使只有一个字，也须分行记录。

6.笔录中尽量不使用口语和方言，语句表述要准确，不能使用"大约、可能、好像"等模糊事实的词语。

7.调查人员在记录时，被调查人在回答问题中难免会有增减修改的现象，笔录中就会出现删改的痕迹。对于删改处，应由被调查人核对并签署"确认删改无误"后，在删改处加按被调查人的手印。如笔录有多页，被调查人应确认后逐页签署姓名和被调查时间，并在多页笔录梯次重叠的边缘处加按手印。未经被调查人确认，被调查人有权否认其法律效力。

8.调查人员在笔录中不得互相代替签名，必须各自签署姓名并填写调查时间。

（二）勘测笔录是行政执法人员对违法现场的认定，主要是指行政执法人员对违法行为通过现场勘验、测量、绘图如实记录的笔录，在制作时有一定的技术规范要求，主要需要注意六个方面的问题

1.确定违法现场方位，并用方位标记在笔录绘图的右上方。

2.在离现场最近的四周选定多个长期固定存在的建（构）筑物作为参照点，精确地测出并标记勘测现场与参照物的距离。

3. 对违法现场进行勘测时除附图详细明确外，还须据实说明详细的违法行为。

4. 拍照或录像补充勘测时选择角度要利于拍摄，镜头涵盖的范围要能真实客观地反映勘测对象的整体情况，能通过图片对违法事实进行准确的认定。

5. 勘测笔录制作完成后，要经违法当事人签名并加按手印进行认定。

6. 勘测人和记录人以及应邀参加见证人要真实签署姓名和勘测时间。

三、制作证据先行登记保存文书时应注意的问题

根据《中华人民共和国行政处罚法》第三十七条第二款的规定，证据先行登记保存是指行政机关在证据可能灭失或者以后难以取得的情况下，经行政机关负责人批准，对需要保全的物证当场登记造册，暂予先行封存固定，等待行政机关进一步调查，作出处理决定。

"证据先行登记保存"措施作为行政处罚调查取证过程中常用的一种证据先行保全的措施，在城市管理行政执法活动中被频繁使用，证据先行登记保存文书的填写与制作值得我们特别注意与学习，应当注意以下几点：

1. 实施"证据先行登记保存"措施必须经行政机关负责人批准，故进行证据先行登记保存前，应先制作《证据先行登记保存审批表》。

2. 行政机关对证据进行先行登记时，一定要表明或记载被先行登记保存的物品、资料与待证事实之间的直接的、必然的关系，否则不能先行登记保存。切不可只是孤立地表明先行登记保存物品、资料的名称。换言之，应将其作为证据进行先行登记保存，在登记前已认定其可作为证据使用了。

3. 根据《中华人民共和国行政处罚法》的规定，行政机关"证据先行登记保存"期限最多为七日。

4. 仔细、认真清点并登记物品数量、质量、型号、规格等性质以及存放地方和存放方式，使得被登记物品具有识别性，防止产生不必要的纠纷。

随着城市管理相对集中、行政处罚权工作的不断推进与深入开展，依法行政、文明执法的要求也逐步提高。行政机关不得滥用、误用"证据先行登记保存"措施，以减少对当事人经济、财产造成的损失，避免执法人员及行政机关的法律和经济风险。

四、制作《处罚决定书》和《听证权利告知书》时应注意的问题

1. 违法案件的《处罚决定书》在整个执法过程中是最为关键、最能说明问题的法律文书，制作《处罚决定书》时应严格谨慎、措辞恰当、认定事实清楚、适用法律准确。对此，《中华人民共和国行政处罚法》第三十九条中已明确制作要素：一是当事人的姓名或者名称、地址；二是违反法律、法规或者规章的事实和证据；三是行政处罚的种类和依据；四是行政处罚的履行方式和期限；五是不服行政处罚决定，申请行政复议或者提起行政诉讼的途

径和期限；六是作出行政处罚决定的行政机关名称和作出决定的日期。七是行政处罚决定书必须盖有作出行政处罚决定的行政机关的印章。

2. 违法案件《听证权利告知书》在制作时应载明六项主要内容：一是当事人的姓名或名称；二是当事人的违法事实；三是拟进行处罚的种类、理由和依据（"拟"字在制作中绝不能遗漏）；四是告知当事人有申请听证的权利；五是告知当事人申请听证的期限和听证组织机关；六是加盖行政机关的印章、填写制作日期。

五、其他应注意的问题

1. 在实际应用中，通常可以填写预先印刷的城市管理执法类文书，如果案情复杂的，可以按照叙述式文书制作。

2. 部分文书没有法定期限要求，但应当快速及时指定，以便于下级城市管理执法部门办理案件，避免互相推诿，影响执法效率和执法效果。

3. 履行事先告知程序，应当单独制作文书，依法送达，不能以陈述笔录、询问笔录等其他文书来代替。

4. 自由裁量部分，应综合考虑违法行为的事实性质、情节、手段、社会危害后果等因素，合理适用行政处罚种类和行政处罚的幅度。

5. 制作询问类文书中应明确告知参加询问时需要携带的证件材料，除身份证明、营业执照、法人身份证明、授权委托书外，还需携带的其他材料应在"其他"后注明，以便调查询问的顺利进行。

第五篇
新时代 "数字化城市" 管理标准及发展

第一章　概述

本章介绍数字城管标准化的发展历程、数字城管标准制定遵循的原则，逐项概述现行的数字化城市管理 7 项国家标准和两项建设行业标准的基本内容。

第一节　数字城管标准化进展

本节回顾数字城管标准从一项项制定、形成建设行业系列标准，到升为国家标准的发展历程，并简述贯彻执行数字城管标准取得的成效。

一、数字城管系列行业标准的制定

2004 年北京市东城区从更新城市管理理念入手，以应用和需求为导向，充分利用计算机、互联网、地理信息系统（GIS）、全球卫星导航系统（GNSS）和无线通信等多种现代高新技术，设计并实现了一种全新的城市管理模式——万米单元网格城市管理新模式，即数字化城市管理新模式，自 2004 年 10 月下旬完成并投入运行，取得了十分显著的效果。

新模式采用万米单元网格管理法和城市部事件管理法相结合的方式，应用、整合多项数字城市技术，研发"城管通"，创新信息实时采集传输的手段，创建城市管理监督和指挥两个轴心相分离的管理体制，再造城市管理流程，从而实现精确、敏捷、高效、全时段、全方位覆盖的城市管理。它重新确定了城市管理空间、管理对象、管理方式和管理主体，在管理思想、管理理念、管理技术和管理体制方面实现了整合和创新。

新模式受到国务院相关部委办及北京市的高度重视和关注，2005 年建设部（现住房和城乡建设部）决定在全国推广"北京市东城区万米单元网格城市管理"新模式，即数字化城市管理新模式。

为体现信息化建设标准先行的理念，规范和指导全国数字城管建设，实现资源的整合与共享，提高城市信息化水平，在开始推广前，建设部有关部门指导和组织北京市东城区，联合有关单位对万米单元网格城市管理新模式运行的效果与经验进行了总结、分析和提炼，在遵循国家相关法规、标准的基础上，用 3 个月时间编制并发布实施了 4 项数字城管行业标准，此后几年，随着数字城管的推广和新需求的不断涌现，又陆续制定了 5 项相关标准，形成了由下列 1 项建设行业工程标准和 8 项建设行业产品标准构成的城市市政综合监管信息系统（即数字化城市管理信息系统）系列行业标准。其中，CJJ/T 为工程标准，CJ/T 为产品标准：

（1）《城市市政综合监管信息系统技术规范》CJJ/T106-2010；

（2）《城市市政综合监管信息系统单元网格划分与编码规则》CJ/T213-2005；

（3）《城市市政综合监管信息系统管理部件和事件分类、编码及数据要求》CJ/T214-2007；

（4）《城市市政综合监管信息系统地理编码》CJ/T215-2005；

（5）《城市市政综合监管信息系统绩效评价》CJ/T292-2008；

（6）《城市市政综合监管信息系统监管数据无线采集设备》CJ/T293-2008；

（7）《城市市政综合监管信息系统城市管理部件事件立案、处置和结案》CJ/T315-2009；

（8）《城市市政综合监管信息系统管理部件和事件信息采集》CJ/T422-2013；

（9）《城市市政综合监管信息系统模式验收》CJ/T423-2013。

该系列标准给出的"城市市政综合监管信息系统"定义为：基于计算机软硬件和网络环境，集成地理空间框架数据、单元网格数据、管理部件和事件数据、地理编码数据等多种数据资源，通过多部门信息共享、协同工作，实现对城市市政工程设施、市政公用设施、市容环境与环境秩序监督管理的一种综合集成化的信息系统。

该系列标准的技术要求明确、内容全面、相互协调，形成了有机整体，适用于数字城管规划、建设、验收、运行、维护、管理和评价等全过程。

二、行业标准升级为国家标准

为更好地规范数字城管的建设与运行，实现信息资源的整合与共享，推广应用数字城管，提高城市管理和公共服务的水平与效率，满足数字城管迅速发展对标准的更高要求，2013 年国家标准化管理委员会批准将数字城管"城市市政综合监管信息系统"系列行业标准升级为"数字化城市管理信息系统"国家标准。升级后的国家标准由多部分组成，统一编号为 30428，每一项数字城管行业标准对应升级为国家标准 GB/T3 428 的一个部分。

目前，7 项标准已经升为国家标准，并发布实施。另两项行业标准正在升级中：

（1）《数字化城市管理信息系统第 1 部分：单元网格》GB/T30428.1-2013；

（2）《数字化城市管理信息系统第 2 部分：管理部件和事件》GB/T30428.2-2013；

（3）《数字化城市管理信息系统第 3 部分：地理编码》GB/T30428.3-2016；

（4）《数字化城市管理信息系统第 4 部分：绩效评价》GB/T30428.4-2016；

（5）《数字化城市管理信息系统第5部分：监管信息采集设备》GB/T30428.5-2017；

（6）《数字化城市管理信息系统第6部分：验收》GB/T30428.6-2017；

（7）《数字化城市管理信息系统第7部分：监管信息采集》GB/T30428.7-2017。

数字城管国家标准将"数字化城市管理信息系统"定义为：基于计算机软硬件和网络环境，集成地理空间框架数据、单元网格数据、管理部件和事件数据、地理编码数据等多种数据资源，通过多部门信息共享、协同工作，实现对城市市政工程设施、市政公用设施、市容环竟与环境秩序等进行监督和管理，对实施监督管理的专业部门进行综合绩效评价的集成化信息系统。

现行的数字城管标准共9项，包含国家标准GB/T30428的第1～第7部分、建设行业工程标准《城市市政综合监管信息系统技术规范》CJJ/T106-2010和建设行业产品标准《城市市政综合监管信息系统监管案件立案、处置与结案》CJ/T315-2009。

三、数字城管标准是集体智慧的结晶

无论先前制定的9项数字城管系列行业标准，还是后来升级的多部分组成的国家标准，每项标准都由若干编制单位和起草人，严格按照规定的标准制定程序，经历了立项、起草、征求意见、送审和报批等阶段，最后由主管部门批准发布实施。

各项标准的主编和参编单位组成因不同标准而有所不同，但都有北京市东城区这样的政府部门，有全国众多的城市管理监督指挥中心，有从事数字城管系统开发的科技公司，以及柜关的科研生产单位参与，这是一个集政府、管理、生产和科研相结合的群体。参加标准起草的人员则包括有关城市管理的领导、管理人员、第一线工作者、企业开发人员、科研人员等，这是一支实践经验丰富、高新技术娴熟和理论基础扎实的团队。起草组人员在详细分析各个城市管理与公共服务需求、深入调研全国许多城市数字城管建设和运行的经验教训基础上，反复讨论、协调标准文本的内容，广泛征求全国许多城市管理部门和相关专家的意见，为最终完成标准的编制工作付出了艰辛的努力。

作为标准制定的技术后盾，由多位院士、教授和高级工程师组成的专家组在每项标准的编制过程中把握发展的方向，给出了具体的指导，解决了出现的问题，保证了标准的质量。由此可见，数字城管的每一项标准都是集体智慧的结晶。

四、数字城管标准化成效

数字城管标准在推动全国数字城管发展过程中，发挥了非常重要的指导和规范作用。解析数字城管标准构成，既有筹建阶段的建设标准，又有建成后的验收标准，还有日常实施的运行标准，在这些标准的规范指导下，保证了十多年数字城管推广工作不走样，实现了健康、可持续发展，产生了十分显著的社会、经济效益。

（一）指导数字城管高效节约建设

各相关城市在筹建数字城管伊始，就把数字城管标准作为编制可行性研究报告、设计建设实施方案的主要依据，将系统建设的全生命周期完全置于标准规范的管控之中，为实现数字城管的高效节约建设奠定了基础。

（二）作为数字城管验收依据

住房和城乡建设部验收的 45 个试点城市（区），以及自 2005 年至今全国各省级行业主管部门验收通过的 800 多个县及县以上城市（区）的数字城管，都是依据标准进行验收，数字城管标准在全国的采用率基本达到 100%。

（三）规范数字城管健康、可持续运行

实行数字城管的城市，大多都能按照数字城管相关标准组建管理模式、构筑系统平台、建设闭环业务流程和强化绩效考核评价，建立了"监督、指挥、处置、考核"四位一体的制度体系，形成了具有强大核心驱动力的城市管理长效机制，保障数字城管长治久安、健康发展。

（四）成为数字城管业务培训的主要教材

从 2005 年以来，数字城管标准文本累计印刷了近 10 万册。并且，以数字城管标准为基本教材，开办了 20 余期部级和几十期省厅级标准宣贯培训班，参加培训的达到数万人次，为全国各个城市培养了大批推进数字城管发展的骨干和中坚力量。

此外，许多省市还依据数字城管国家标准和行业标准制定了相应的地方标准，使数字城管标准更加贴合省市的实际。

数字城管标准填补了国内数字城管标准的空白，具有科学性、先进性、实用性、可操作性和可扩展性，达到了国际先进水平，荣获 2012 度"华夏建设科学技术奖"一等奖。

第二节　数字城管现行标准概述

本节介绍制定数字城管标准所遵循的原则，行业标准升为国家标准时附加的原则，逐项概述现行数字城管标准的基本内容，并展望数字城管标准化发展前景。

一、数字城管标准编制原则

无论数字城管行业标准还是国家标准的编制，均遵循了如下原则：

（一）科学性

标准提出的规定、指标、方法、流程等总结归纳了全国许多城市的经验，也是众多行业专家在丰富实践的基础上提炼和科学总结出来的，充分考虑了数字城管行业的特点和特殊性。

（二）先进性

以满足数字城管事业发展为前提，认真分析国内外相关技术的发展状况，在预期可达到的条件下，积极地将最新的、成熟实用的高新技术纳入标准，包括计算机、网络、通信、3S（即地理信息系统、遥感和全球卫星导航系统）、数据库等现代高新技术，并顾及了最新发展的物联网、移动互联网、云计算、大数据等技术在数字城管中的应用，提高技术规定的水平，使标准具有先进性和前瞻性。

（三）协调性

数字城管标准十分重视与相关的法律法规、国家标准和行业标准的协调一致性，避免与法律法规、相关标准之间出现矛盾。同时保持各项数字城管标准相互之间的衔接和协调。

（四）可操作性

在注重科学性和先进性的同时，从满足实际需要出发，积极采用成熟的高新技术，不一味地追求高性能、高指标，使各项规定能够容易地在全国各种规模的城市实施，避免造成浪费。

（五）实用性

数字城管标准中规定的技术方法、工作流程、数量指标、时限长短等均能够切实解决数字化城市管理及服务中发现的问题，做到尽可能简便实用。

（六）可扩展性

数字城管标准充分考虑了我国城市数量众多、规模差异巨大、发展水平不均、城市特色多样的实际情况，标准中涉及的管理对象分类、各种处置时限、各种应用功能等都留有充分的扩展余地。

（七）编制流程规范化

数字城管标准的编制严格遵守了国家标准《标准化工作导则第1部分：标准的结构和编写》GB/T1.1-2009及住房和城乡建设部颁发的《工程建设标准编写规则》（建标[2008]182号）的规定，标准编写工作均经历起草准备、征求意见、送审和报批4个阶段，确保标准编写过程和格式的规范化。

此外，在将行业标准升为国家标准时，还遵循了以下两项原则：

（一）保持主题

城市市政综合监管信息系统系列行业标准，规范和指导了全国数字城管的建设和运行，体现了城市管理新模式的"服务"和"管理"主题，数字城管国家标准的编制依然保持这一主题。

（二）平稳过渡

数字城管国家标准的制订实质是在行业标准基础上进行修订,需要进行再总结、再审视、再提高,同时顾及全国众多城市已经遵照系列行业标准建设和运行的实际情况,在对行业标准中规定的内容,诸如分类、指标、时限、流程、功能等进一步优化提升时,不做颠覆性地更改,保证了从行业标准到国家标准的平稳过渡。

现行数字城管标准概述

为能从总体上了解现行的 9 项数字城管标准,以下逐项概述标准规定的主要内容和适用范围。

(一)《数字化城市管理信息系统第 1 部分:单元网格》GB/T30428.1-2013

该标准是 GB/T30428 的第 1 部分,是划分单元网格的依据。

该标准给出了单元网格划分时应遵循的 9 项原则,包括法定基础、属地管理、地理布局、面积适当、现状管理、方便管理、负载均衡、无缝拼接和相对稳定等。规定了单元网格标识码由 15 位数字组成,其结构如图 1-1 所示。

这一编码规则保证了每一介单元网格在全国范围均有一个惟一的标识码。

(二)《数字化城市管理信息系统第 2 部分:管理部件和事件》GB/T30428.2-2013

该标准是 GB/T30428 的第 2 部分,是数字城管具体管理对象的依据。

该标准将部件和事件均划分为大类和小类。其中:部件分为 5 个大类,事件分为 6 个大类。各个大类再细分为若干小类。

部件和事件的分类代码由 10 位数字组成,依次为:6 位县级及县级以上行政区划代码、2 位大类代码、2 位小类代码。

该标准还规定每个部件均赋予全国惟一标识码,其结构为:

部件分类代码(10 位)+顺序代码(6 位)。

该标准给出了一个新的术语"组织模式 organlzationmode",其定义为:根据城市管理需求建立的一种数字化城市管理监督与指挥的组织架构。并对数字城管行业标准 CJJ/T106-2010(见第十章)的相应规定做了调整,明确各城市可选择的组织模式有如下 3 种:

(1)一级监督,一级指挥;

(2)一级监督,两级指挥;

(3)两级监督,两级指挥。

该标准明确规定了验收时必须全部满足,且一票否决的 7 项基本条件,并将验收分为预验收和正式验收两个阶段。具体规定了 5 项验收内容,即管理模式、地理空间数据、应用系统、运行效果和文档资料。

将验收指标分为一级指标和二级指标,一级指标及其权重突出了管理模式和运行效果的重要性。

该标准的附录列出了应用系统 9 个基本子系统功能,详细的验收指标和评分表内容、

系统建设和运行文档目录，并给出了验收结论示例。

（七）《数字化城市管理信息系统第7部分：监管信息采集》GB/T30428.7-2017随着信息服务市场化的迅猛发展，原来的由政府部门安排兼职人员或自行组织信息采集队伍模式从事信息采集的弱点越来越明显，政府购买信息采集服务模式逐步成为行业主流。为规范各种模式的信息采集服务行为制定了监管信息采集标准。

该标准是GB/T30428的第7部分，是选用什么方式、如何进行监管信息采集的依据。该标准将信息采集队伍组织方式分为监督中心自行组建、授权某个单位和委托信息采集公司等3种。无论采用何种方式，监督中心均应赋予并明确信息采集责任单位的权限、责任和义务。

该标准对采集人员即监督员定额核算、巡查频度和巡查时速设定及巡查时间制定都做了可量化的规定，并强调考核合格才能上岗。还给出了巡查、信息上报、信息核实、案件核查和专项普查等5种工作流程，以规范信息采集业务。

该标准要求制定责任单位质量评价、监督员评价等制度，侧重对监督员的配置、到岗情况、上报信息的数量和质量等进行检查，并规定了对责任单位和监督员考核的内容和要求。

（八）《城市市政综合监管信息系统监管案件立案、处置和结案》CJ/T315-2009该标准是建设行业产品标准，是监管案件从立案到结案每一个工作节点如何进行操作和完成时限的依据。

该标准将每一工序的工作时限，侧重每一个小类案件的处置时限，均按时间长短分为A、B、C三种（即最短、一般和最长工作时限），供各个城市根据自身条件进行选择。分别规定了立案要求、处置要求、结案要求和专业部门要求。强调应编制相应的城市管理监督指挥手册，内容包括立案条件、结案条件、每个小类案件的工作时限和负责的专业部门等。

该标准的附录规定了每个部件和事件小类的立案条件、处置时限和结案条件，作为制定城市管理监督指挥手册的依据，并给出了示例。

国家标准化管理委员会已经批准立项，将该标准升级为国家标准，作为GB/T30428的第8部分，有关工作正在按计划展开。

（九）《城市市政综合监管信息系统技术规范》CJJ/T106-2010

为促进城市管理信息化建设，提高城市管理和公共服务水平，实现资源的整合与共享，规范城市市政综合监管信息系统建设，2005年制订了《城市市政综合监管信息系统技术规范》，2010年进行了修订。

该标准是建设行业工程标准，给出了数字城管系统的总体设计框架，适用于城市市政综合监管信息系统，即数字化城市管理信息系统的规划、实施、运行、维护和管理。

该标准规定数字城管系统应由监管数据无线采集、监督中心受理、协同工作、监督指挥、综合评价、地理编码、应用维护、基础数据资源管理和数据交换等9个基本子系统构成，逐一规定了各子系统应具备的功能。该标准首次提出了城市管理闭环业务流程。

该标准明确地理空间数据应包含地理空间框架数据、单元网格数据、部件和事件数据、地理编码数据，以及元数据等。对机房、网络、服务器、显示设备、存储及备份设备、呼叫中心、操作系统、数据库及地理信息系统平台软件等系统运行环境，以及系统维护做出了规定。该标准中3.1.2的管理模式和7.2的系统验收规定，已经被GB/T30428.6-2017所替代。

标准的生命力在于严格贯彻执行。应当正确引用现行标准文本，重视并真正理解标准的本意，注意区分应、宜、可条款。在实施中，部分标准可根据需要进行删减和扩展，如部件和事件类型、地理编码的地址和地名类型等。在数据工作中，不仅要执行上述数字城管标准，还应执行其他相关国家标准和行业标准，如信息行业标准、空间数据标准等。另外，还应注意执行相应省、市地方标准，区（县）执行的标准应与市的标准保持一致。

第三节　数字城管标准化展望

尽管数字城管在其成长和推广应用过程中十分重视标准化，现行标准也发挥了极其重要的作用，但随着城镇化的快速发展、城市管理"大部制"的落实和高新技术，特别是智能化技术的越来越广泛应用，现行标准已经不能满足数字城管及其智慧化升级的需求，标准化工作仍然任重道远，主要表现在：

一、加快实施现行标准的修订和升级

除前述《城市市政综合监管信息系统监管案件立案、处置与结案》CJ/T315-2009已经立项，正在升级为GB/T30428的第8部分外，依据中发〔2015〕37号文件《关于深入推进城市执法体制改革改进城市管理工作的指导意见》，《数字化城市管理信息系统第2部分：管理部件和事件》GB/T30428.2-2013规定的城市管理对象部件和事件分类需要尽快出台修订单，《城市市政综合监管信息系统技术规范》CJJ/T106-2010规定的部分内容已经不适应新技术的发展，与升级后的数字城管国家标准亦不相协调，需要尽快立项修订并升级为国家标准。

二、立项研究和制定新的标准

由于移动互联网、智能手机和多媒体技术的广泛应用，数字城管监管信息源得以有效扩展，迫切需要制定《社会监督信息受理》标准，规范化来自于电话、互联网、媒体、自媒体、物联网、领导批示和信访等的社会监督信息的受理，与现行《数字化城市管理信息系统第7部分：监管信息采集》GB/T30428.7-2017标准共同覆盖城市监管信息源的完整领域。

数字城管推广十多年来，除数字化城市管理信息系统 9 个基本子系统外，各个城市不同程度地开发了许多拓展子系统，不但加强了城市管理本身的管理和服务功能，还扩展了应用范围，诸如地下管线、车辆管理、应急指挥、视频监控、广告监管、工地管理、停车诱导等等。但这些拓展子系统存在着功能不同、名称不同等问题，需要立项研究、制订相关标准予以规范化。

在数字城管升级智慧城管的过程中和建成后，更加需要不断提出和制定新标准，引导智慧城管规范化建设与健康可持续运行。

三、开展城市管理标准体系研究

到目前，虽然制定的数字城管标准已达到 9 项，但仍有许多标准有待研究制定，尚未形成科学的有机整体，需要在进行全面规划基础上，制定城市管理标准体系，编排标准体系表，以指导标准化工作进一步深入和标准的有序立项研制。

十多年来，数字城管标准化工作发挥了重要作用，可以预期，进一步加强标准化工作必将引领城市管理和服务取得更加显著的成效。

第二章 单元网格

第一节 概述

实行数字城管的重要目的是实现城市管理的精细化。而精细化管理的基础和前提是城市管理空间管理的精细化。这个问题不解决，管理责任、管理内容、管理对象定位、管理方式规范和管理流程再造等一系列城市管理举措都不能付诸实施。因此，建设数字城管的第一要务，就是将数字城管所辖管理区域的实际范围按照规定原则，划分为若干单元网格，作为实施数字城管"万米单元网格管理法"的基本元素。

为了规范单元网格的划分与应用，编制了国家标准《数字化城市管理信息系统第1部分：单元网格》GB/T30428.1-2013，于2013年12月由国家标准化管理委员会批准发布，自2014年8月15日实施。

该标准共分前言、引言、正文和附录4部分。正文共分7章，21条，12款。

该标准主要规定了划分单元网格的基本原则、单元网格编码规则、单元网格数据要求以及如何在空间信息地图层面进行图示表达等内容。

该标准适用于数字城管建设与运行的单元网格划分和管理。同时实行网格化管理的其他专业如社会治安、社区自治、应急管理、环境保护等管理应用可参照执行。

第二节 术语

该标准定义了数字化城市管理信息系统、单元网格两个术语。

一、数字化城市管理信息系统

定义：基于计算机软硬件和网络环境，集成地理空间框架数据、单元网格数据、管理部件和事件数据、地理编码数据等多种数据资源，通过多部门信息共享、协同工作，实现对城市市政工程设施、市政公用设施、市容环境与环境秩序等进行监督和管理，对实施监督管理的专业部门进行综合绩效评价的集成化信息系统。

二、单元网格

定义：数字城管的基本监督和管理单元。基于城市大比例尺基础地理数据，根据数字城管工作的需要，按照规定的原则划分的、边界清晰的多边形区域。

其含义是，单元网格是数字城管定义的最小的空间基本管理单位，不是理论上的格网或网格的概念。它是为体现城市精细化管理思想、根据城市现状按照一定规则划分的一种实际的、多边形的管理区域。该标准规定"中心城区单元网格的面积宜为10000平方米左右"，在其他领域应用时，可以不受面积限制，根据行业特点灵活规定。即使是数字城管领域，单元网格的面积也可因地制宜规定，比如城乡接合部，单元网格的面积就可以定义得大些。

第三节　划分原则

本节解读单元网格划分的9个原则，即：法定基础、属地管理、地理布局、面积适当、现状管理、方便管理、负载均衡、无缝拼接和相对稳定原则。

一、法定基础原则

该标准规定"单元网格的划分应基于法定的城市基础地理数据，其对应的比例尺一般以1:500或1:1000为宜，不能小于1:20000 其含义是，划分单元网格，宜在规定的大比例尺的地形图上实际施划，这是保证单元网格法定依据和数据精度的基础。

二、属地管理原则

该标准规定"单元网格的最大边界是社区（村）边界，不应跨社区（村）划分。"这是基于我国现行行政管理体制现状而作出的现实规定，因为社区（村）是基层管理责任落实的最小行政单位，依此为界限划分单元网格，可以有利于界定责任边界，落实管理责任，有效避免管理范围"错位"和管理责任"失位"现象，保证监管事项"事事有着落，件件有回音"。

三、地理布局原则

该标准规定"单元网格应依照城市的街巷、道路、院落、公共绿地、广场、桥梁、空地、水域、山丘等自然地理布局进行划分"。其含义是，在划分单元网格时，不能按照经纬度，不能穿越建筑物和管理对象，应充分考量现实的地形地物，保证单元网格的实际有效性。

四、面积适当原则

该标准规定"中心城区单元网格的面积宜为 10000 平方米左右，其他区域可根据其地形特征、管理部件密度和管理需要，确定适合的单元网格面积"。

在数字城管建设初期，大部分城市的数字城管覆盖区域基本是城市主城区或人口密集活动区，因此原行业标准规定一个单元网格的面积大约为 100m × 100m 范围，基本上是10000 平方米左右，实现小区域分块管理。随着数字城管在地级市、县级市和县城的展开，很多地区将管辖范围由建成区向非建成区拓展，由郊区、近郊区、远郊区，甚至到了村镇，这样 10000 平方米面积对于大部分人稀物少区域显然不够合理。

因此，规定了面积适当原则，即中心城区单元网格的面积仍可按照 10000 平方米左右划分，而其他区域则可以根据地区特点、人口密度和管理对象多少等需要，确定适当的单元网格面积。

五、现状管理原则

该标准规定"不拆分单位自主管理的独立院落，而以其完整的院落作为一个单元网格"。其含义是，一般政府对城市公共空间负有管理责任，而独立单位（院落）和封闭式小区，其管理者本身亦负有对此的管理责任。因此，按现状管理职责划分单元网格，相关单位和物业公司应承担所辖独立范围的管理责任。

六、方便管理原则

该标准规定"划分的单元网格，应便于使用安全快捷的交通工具和出行方式实施巡查监督管理"。其含义是，在单元网格划分时，应考虑巡查路径便捷问题。比如北京的胡同划分单元网格时就要考虑楼门院的开门方向。很多院落可能跨两个胡同，看似坐落在一起，实际院门开在不同的胡同，因此在划分单元网格时，应周全考虑院落的构成，以利于监督员合理确定巡查路线，提高巡查效率。

七、负载均衡原则

该标准规定"各单元网格内管理部件的数量宜相对均衡"。其含义是，既要兼顾建筑物、管理对象的完整性，以及监督员巡查工作量的相对均衡，也要尽量做到单元网格内承载的管理对象和内容数量大致均衡。根据国家相关标准监督员巡查范围应为若干个单元网格组成的责任网格，因此只要将单元网格内管理部件的数量相对均衡，即可通过责任网格的划分来调整管理部件数量的均衡性。按单元网格进行的部件数量统计可通过系统承建商，或承担部件普查的单位提供。

八、无缝拼接原则

该标准规定"单元网格之间应无缝拼接，不重叠"。

其含义是，在划分的单元网格之间既不允许有漏洞，也不能有重叠，保证数字城管所管辖的责任区域无死角、无扯皮、无遗漏和无不落实。

九、相对稳定原则

该标准规定"单元网格的划分应保持相对稳定"。划分单元网格的目的是实现管理工作量的明确界定、管理责任的适度定位、管理内容的负载均衡、管理对象的状态可控。因此单元网格一旦确定，其部件和事件精细化管理才能得到具体落实，这是因为部件和事件的属性中有一项是"所在单元网格"，一般不宜对单元网格反复进行调整，应保持部件事件属性信息的相对稳定。

第四节 编码规则

一、网格代码惟一

该标准规定"一个单元网格应有惟一的标识码"。实行惟一标识码规则，主要是基于信息资源整合共享考量，数字城管未来的目标是实现全国部、省、市和县的联网，建立全国城市管理资源数据库。赋予单元网格惟一标识码，对于行业主管部门全面掌握各省各地情况，分析研判城市管理现状、精准指导并提出决策依据是非常必要的。因此该标准规定了每个单元网格都应有全国惟一的标识码。

二、标识码结构

该标准规定标识码"由 15 位数字组成，依次为：6 位县级及县级以上行政区划代码、3 位街道（镇、乡）代码、3 位社区（村）代码和 3 位单元网格顺序码。"需要注意的是，原行业标准单元网格的标识码为 14 位，而国家标准中则调整为 15 位，这是一个大变化。主要是卣元网格顺序码由过去的 2 位变成了 3 位。在数字城管运行实践中，有的城市由于一些社区面积较大，单元网格数量超过了 99 个，而原行业标准中 2 位单元网格顺序码 00 ～ 99 已不能满足这些城市的单元网格编码要求。因此，该标准对编码结构进行了调整，顺序码增加 1 位，就可以使一个社区内单元网格的数量达到 999 个。按照中心城区单元网格面积约 10000 平方千米估算，对应的社区面积约 10 平方千米。面积超过 10 平方千米的社区，通常是非中心城区，可以通过合适的单元网格面积调整，使得该社区内的单元网格数量仍然控制在 999 个之内。

三、编码方法

该标准规定"县级及县级以上行政区划代码应按照 GB/T2260 的规定执行；街道（镇、乡）代码应按照 GB/T10114 的规定执行；社区（村）代码应按所在城市相关规定进行编码。街道（镇、乡）代码和社区（村）代码尚未编制的城市，宜按照 GB/T10114 和本文件规定进行编码"。按该标准规定的编码方法为，单元网格标识码的第 1～6 位是县级及县级以上行政区划代码，直接按照现行国标《中华人民共和国行政区划代码》GB/T2260 的规定执行。第 7～9 位是街道（镇、乡）代码，按照现行国标《县以下行政区划代码编码规则》GB/T10114 的规定，由所在城市相关部门进行编码。第 10～12 位是社区（村）代码，按所在城市民政部门制定的社区代码或其他相关规定进行编码。街道（镇、乡）代码和社区（村）代码尚未编制的城市，可以参照《县以下行政区划代码编码规则》GB/T10114 和该标准的规定进行编码。

四、顺序码编排方法

该标准规定"单元网格顺序码在一个社区（村）内按从西向东、由北至南的顺序进行编码"。其含义是，在编码的第 13～15 位是一个社区范围内单元网格的顺序码，在一个社区（村）内单元网格按从西向东、由北至南的顺序进行编码。或者是从左到右，从上到下的顺序编码。例如：北京市东城区交道口街道圆恩寺社区第一个单元网格的标识码为：110101003005001，按照上述编码方法，110101 对应北京市东城区，003 对应交道口街道，005 对应圆恩寺社区，001 对应第一个单元网格。

五、代码变更

该标准规定"当单元网格变更时，其原代码应不再使用；变更后的单元网格，应按照上述规则重新编码"。其含义是，单元网格划分确定后，原则规定尽量保持稳定。但是，随着城市建设发展，有些城市可能需对一些社区或街道进行合并或拆分调整，带来的后果是原已划定的单元网格也要相应重新划分，标识码重新赋予。从历史留存记录的角度出发，在数据信息的处理上应留有历史痕迹便于回溯，因此单元网格的代码具有惟一性。一般变更可能有下列几种情况，行政区（区、街道）合并（拆分）、社区合并（拆分）、单元网格调整（合并、拆分、变化），代码也要对应不同情况进行调整。

（一）行政区（区、街道）合并（拆分）

两个行政区如两个区、街道合并或拆分时，则区、街道和社区代码会发生变化，即单元网格标识码前 12 位要相应发生变化，但社区内的单元网格仍然保持不变，顺序码也就无需变化，只需将标识码前 12 位改为新的代码即可。例如：原北京市东城区和崇文

区合并，但街道并未调整。因此合并后，原崇文区崇外街道崇文门西大街社区的编码是110103002001，合并后东城区崇外街道崇文门西大街社区的编码是1101010120010原编码最后2位顺序码前补0改为3位顺序码。该社区第一个单元网格的原编码11010300200101留存不用，新编码为110101012001001。

（二）社区合并（拆分）

社区合并或拆分时，一个社区内单元网格发生了变化。按照"相对稳定原则"，需要让尽可能多的单元网格保持原顺序码，因此，可视合并情况让社区原有单元网格顺序码保持不变，只将新合并进来的单元网格顺序码重新编码；可视拆分情况，未被拆分出去的单元网格保持原顺序码，被拆分出去的单元网格在新社区范围内重新编顺序码。

（三）单元网格调整（合并、拆分、变化）

按照"相对稳定原则"，没有变化的单元网格保持原编码，被调整的单元网格应在一个社区内最大顺序码的基础上继续顺序编码。

六、现有数字城管系统怎样从执行行业标准升级为执行国家标准

在该标准发布实施之前已建的数字城管系统中，单元网格数据库属性表中的标识码是14位，按照国标要求进行调整，只需在单元网格顺序码之前加0补足3位，即可满足国家标准要求的单元网格15位标识码。需要注意的是，这种修改不只是修改单元网格属性表中的标识码，还要相应修改管理部件和事件属性表中"所在单元网格"属性项，以及其他用到单元网格标识码的地方。这样才能保证数据的一致性。为避免数字城管数据库升级造成对系统正常运行的不利影响，建议在单元网格、地理编码、部件数据普查更新时，按照国家标准集中进行数据库升级工作，包括要求普查单位按照国家标准规定提交相关数据、系统承建商在数据入库更新时完成原有系统中相关数据的修改和更新，等等。

第五节 数据要求

本节规定了通过计算机 GIS 系统，实施单元网格划分和数据处理工作的具体操作要求。对于数字城管系统的用户而言，在系统验收时，应依据现势数据，在系统中查询对照检验单元网格的各项属性数据，并从数据展示中清晰表达划分合理且与实际管理相符的单元网格图。

一、一般规定

在数字城管系统建设过程中，单元网格数据呈现出来的就是 GIS 系统（商业的 Arc-

GIS.SuperMap.MapGIS 等，以及开源的 GeoServer 等）展示的一个图层。该图层是基于当地的大比例尺基础地形图上划分，并与城市基础测绘的坐标系一致，每个单元网格数据不但包括空间数据还有属性数据，在单元网格属性中有一个属性项"面积"，面积的计量单位为平方米（H12）。

二、间数据要求

空间数据要求即图层数据的要求。该标准规定，单元网格"应采用闭合多边形表达"，"应建立拓扑关系"。因此，单元网格图层数据为建立了拓扑关系的面状图层，满足"无缝拼接原则"。该标准对于图层数据的精度要求做了具体规定，要求"单元网格的多边形顶点的平面位置中误差不应超过 ±1.0m"。

三、属性数据要求

单元网格的属性数据即图层数据属性项的要求，具体数据结构见表 2-1，包括单元网格标识码、面积、初始划分时间、终止时间和备注等 5 个字段。普查单位和系统承建商均应按照要求来构建单元网格图层。

需要说明的是，属性项中的后两个字段，标准规定分别是条件必选和可选，也就是说在第一次填写单元网格数据时，由于没有变更，该两项的值可以为空。有些城市为了减少属性项，节约存储空间，在属性表中就没有后两项，但是系统运行后，单元网格数据出现调整，因为缺少相应的属性项字段，就需要对原有系统数据进行一次全面的更新调整，造成系统不必要的麻烦。

因此，建议在单元网格数据库建立之初，就将属性项全部字段都考虑进来。这样，当单元网格变更时，就可以直接填写单元网格终止时间，以及变更原因和变更前标识码等。

"初始时间"和"终止时间"两个字段应描述单元网格的生命周期，何时划分的，何时不再使用。字段类型需要根据 GIS 软件相应调整，并根据数据库的规定选择合适的字段类型。比如对于使用 Oracle 的 ArcSDE，备注的字段类型相应改为 varchar2，这样可以按照备注信息的实际长度进行存储，最大长度为 100，节省存储空间。

时间属性数据的记录为日期型，即 YYYYMMDD 形式，不需要包括时、分、秒信息。在 GIS 软件中显示属性表的时候，时间属性数据会有其他表现形式，如 YYYY-MM-DD。不管是何种表现形式，实际存储类型都是日期塑。

第三章　管理部件和事件

第一节　概述

在城市管理中,政府作为城市管理的主体,精确掌握管理的每一对象、内容、数量、状态、位置及其产权和事权归属,是实施精细化管理的前提。为了适应现代城市管理的客观需要,数字城管首创了城市管理"部件"和"事件"概念,将其作为城市管理的基本元素,即把城市中具有地理位置并且以物理形态存在的城市市政、园林、环卫等城市基础设施统称为部件。把与人的行为活动有关,或因自然因素导致城市市容环境和环境秩序受到影响或破坏的现象称为事件。

为了规范管理部件和事件数据的获取、管理和应用,编制了《数字化城市管理信息系统第2部分:管理部件和事件》GB/T30428.2-2013。该标准于2013年12月由国家标准化管理委员会批准发布,自2014年8月15日实施。

该标准共分前言、引言、正文和附录四部分。正文共分7章,16条,20款。该标准主要规定了管理部件和事件的分类、编码及数据要求、专业部门编码规则、以及部件事件扩展规则等内容。

该标准适用于数字化城市管理信息系统的管理部件和事件数据获取、管理与应用。城市的其他管理应用可参照执行。

第二节　术语

该标准定义了"管理部件""事件"和"专业部门"3个术语。

一、管理部件

定义:城市管理公共区域内的各项设施,包括公用设施、交通设施、市容环境设施、园林绿化设施和其他部件等市政工程设施与市政公用设施。

从物质形态特征来看,管理部件是位置固定在城市管理公共区域内的各种设施。

二、事件

定义：人为或自然因素导致城市市容环境和环境秩序受到影响或破坏，需要城市管理专业部门处理并使之恢复正常的现象和行为。

相对于管理部件来说，管理事件系非固定位置、且与人的活动行为密切相关。

三、专业部门

定义：部件和事件问题的主管部门、部件的权属单位和养护单位。

"业部门"术语的引入，是为了明确部件和事件处置的责任主体部门，当部件和事件出现问题时，由责任主体部门给予及时处置使之恢复正常。因此，在业务数据普查时，

做好对责任主体部门的产权、事权的确权确责工作尤为重要，也是数字城管运行时减少部件、事件无主责案件的极为重要的基础工作。

第三节　部件分类、编码及数据要求

本节的部件分类是按照我国现行城市管理的一般功能划分，以框定职能，明确责任，提高城市管理工作的处置效率。部件分为5大类，121小类。涵盖了目前我国城市市政公用、市容环卫和市政秩序管理的主要内容。对部分在各地称谓不同的管理内容，该标准都分项逐类进行了解释和说明，以便理解和应用。同时参照其他国家标准和行业标准，设计了所有部件小类的图式符号，利于数字城管系统在地图上分类展示和统计。同时，为便于对所有部件进行统计分析，精确掌握数量、位置等，该标准还规定了部件编码，每个部件的编码都由分类码和顺序码共同组成标识码，分类码确定其所在城市地区和分类，标识码可计算出同类部件的精确数量。

一、部件分类

部件分类包括两个层级，第一个层级是大类，第二个层级是小类，每个大类均由若干小类组成。

该标准将部件分为5个大类，121个小类，其中：

（1）公用设施，主要包括水、电、气、热等各种检查井盖，以及相关公用设施等58个小类；

（2）交通设施，主要包括停车场、交通标志牌、公交站亭、立交桥等31个小类；

（3）市容环境设施，主要包括公共厕所、垃圾箱、户外广告、牌匾标识等13个小类；

（4）园林绿化设施，主要包括古树名木、雕塑、街头座椅等10个小类；

（5）其他部件，主要包括人防工事、公房地下室、重大危险源、水域附属设施、文物古迹等9个小类。

公用设施大类中各类井盖就有23个小类，其细分的目的在于，明确井盖的不同功能，界定不同权属单位和处置单位。当出现井盖问题时，能够精准确定处置单位，快速处置和恢复正常功能。因此，通过部件普查，确定每一类设施的权属单位是一项十分重要的基础性工作。应委托具有测绘资质的专业单位负责部件普查建库工作，保证部件的定位精度达到该标准要求，部件的入库数量齐全，部件的权属准确无误。同时，应把所有测绘的部件按照其坐标标注在大比例尺地图上，以便于精细化管理、统计和展示。尤其应该注意的是，城市部件普查和部件确权确责工作，一定要在政府相关部门主导下，组织专业测绘单位与相关部门配合进行，对普查获取的所有部件数据，应根据部件的不同专业和类别，组织相关专业责任单位予以甄别确认，逐一进行确权工作。应克服和避免单纯由专业测绘部门依据"设施上标注的权属单位或者权属单位信息"予以确权确责，致使"无主部件"增多的错误做法，保证所有部件"件件有着落"，为数字城管实施精细化管理奠定可靠基础。

二、部件的标识码

该标准规定部件编码由两部分组成，一部分是部件的分类代码，另一部分是部件的顺序码，两部分合成为部件的标识码。部件的分类代码代表其所在地区及所属功能的分类，标识码不仅在本城市是惟一的，而且在全国也是惟一的，相当于给该部件赋予了"身份证"。这个"身份证"，对于实施全国性的城市基础设施的数量、现状、归属等属性的统计与分析，乃至对全国城市基础设施精细化管理状况进行考核评价都具有重要意义。

（一）部件的分类代码

由3个码段共10位数字组成，依次为：6位县级及县级以上行政区划代码、2位大类代码、2位小类代码。部件代码结构如图3-1所示。

其中，6位县级及县级以上行政区划代码，要依照现行国标《中华人民共和国行政区划代码》GB/T2260执行。大类代码为2位，分别是01公用设施，02交通设施，03市容环境设施，04园林绿化设施，05其他部件。小类代码为2位，从01～99由小到大顺序编排。其中01～79为该标准各大类中的小类代码占用，不足79小类的剩余码位暂空，为以后标准修订增加管理对象时预留。80～99用于各地扩充管理部件时使用，其排列顺序按照99～80倒排。关于扩充小类编码问题，将在本章第六节部件和事件类型扩展中予以详细解读。

（二）部件的标识码

每个部件都有一个惟一的标识码。标识码共16位，由"部件代码十顺序代码"构成，前 10 位是部件代码，后 6 位是顺序代码。顺序代码表示同类部件在同一城市里的排列顺序号，依照部件定位标图从 000001. 开始由小到大顺序编排。

示例：北京市东城区安定门东大街南侧，小街桥路口西 50m 处步行道上一电力井盖，按照该标准的编码规则，东城区的行政区划代码为 110101，其部件大类为公用设施，代码为 01，小类为电力井盖，代码为 05，其普查测绘和标图定位的流水号为 1525，顺序代码为 001525，则该电力井盖的标识码为 11010101050015250

三、部件空间数据和属性数据要求

部件经过普查、测绘、定位、标图和建立对应的属性数据表，以及每个部件与其属性建立关联关系等一系列工作后，反映在数字城管系统中，就是以图层形式呈现，并能够在系统中查询所有部件的属性信息。该标准对部件图层数据要求作出了 5 条规定，包括坐标系、定位精度、图式符号、普查数据的完整性以及验收普查结果等。

（一）空间数据要求

1. 坐标系要求。该标准规定"部件空间数据的坐标系应采用所在城市基础测绘的坐标系"，这与单元网格一样，都应将部件的普查结果，按照其实际坐标位置绘制在大比例尺城市基础地理信息地图上，并与部件所在单元网格建立关联关系。

2. 精度要求。该标准对每个部件的普查定位精度也给予明确规定，要求符合如表 3—1 所示的部件定位精度。所谓精度要求，是指当部件发生问题上报时，能精准标明所发生问题部件的位置。在一些大城市的人口密集区域，多种井盖、立杆等设施聚集密布，只有测绘和标注定位精准，才能保证后续系统运行的问题部件定位、处置、核查、结案等环节准确高效。为此，该标准要求对于井盖类等空间位置或边界明确、在地图上呈现为点状的部件测绘标注中误差不能大于 ±0.5m，对点状或线状如垃圾箱等空间位置或边界比较明确的部件标注中误差不能大于 ±1.0m，对面状如停车场等空间位置概略表达的部件标注中误差不得大于 ±10.0m。

3. 图式符号要求。该标准规定了所有部件在地图上的图式符号表达，在标准执行中建议采用该标准附录 B 给出的图式符号。

4. 现势性要求。该标准规定"部件普查、测绘应保证数据的完整性、现势性和正确性。其含义是：

（1）用于部件定位的地形图应是定期更新并能真实反映城市现状的最新的完整地图。多年未曾修测、不符合城市现状、部件普查结果无法在地图上正确标注的地图，不得用于部件定位。

（2）部件本身数据应具有现势性。随着城市的发展建设，城市道路、建筑和各类设施都会随之产生变化，因此应建立部件更新机制，应每年定期对部件数据进行增、删、改的补

测更新，以确保部件数据的现势性，为城市精细化管理提供可靠数据依据。

（3）数据建设全过程的每个环节都应按标准规范运作，保证部件数据正确无误。

5. 数据成果验收要求。该标准规定"部件普查、测绘成果应按本部分的相关技术要求进行验收。部件普查、测绘成果验收的主要内容应包括部件分类代码的正确性、属性数据的完整性和准确性、部件的平面定位精度以及部件的完整性等"。

其含义是，对于测绘部门提交系统应用的部件普查成果必须进行验收。部件普查、测绘成果验收的主要内容应包括部件分类代码的正确性、属性数据的完整性和准确性、部件的平面定位精度以及部件的完整性等。宜采用的验收方法为，用户方组织相关单位和人员，对提交的部件空间数据采取现场核实与系统检查相结合的方式，对部件普查的全面性、部件空间位置的准确性、部件属性信息的完整性以及部件编码的正确性等进行全面细致的检查验收，且合格后，方可进入系统数据库。

（二）部件属性数据要求

该标准规定部件属性数据的内容、结构和字段代码应符合表 3-2 的规定。各城市可根据业务需要，扩展属性项。扩展的属性项应在基本属性项后按顺序排列。

属性表中各字段的内容表明，部件的属性数据相当于部件的档案，属性数据的完整和正确是未来城市管理大数据分析的基础，也是各城市对辖域内基础设施有效管控的依据。因此，应在部件普查时，给每个部件建立全面、详实的属性数据档案，应包括以下要素：一是对表中各项内容尽量填写完整。二是尽可能明确主管部门、权属单位和养护单位，至少落实一个责任部门，为数字城管运行后，明确责任主体，及时处置城管问题提供基本保障。三是建立每个部件与其属性信息在数字城管系统中的关联关系。四是在每次部件数据更新的同时更新其对应的属性信息。

需要说明的是，部件属性数据在数据库处理时，属性信息的字段类型应根据 GIS 软件相应调整，需要根据数据库的规定选择合适的字段类型。部件的属性项中，"初始日期"和"变更日期"两个时间属性的字段类型是日期型，即 YYYYMMDD 形式，不需要包括时、分、秒信息。在 GIS 软件中显示属性表的时候，时间属性数据会有其他表现形式，如 YYYY-MM-DD。不管是何类表现形式，实际存储类型都是日期型。

四、部件数据更新

数字城管从 2004 年诞生到 2014 年的 10 年间，部件和事件分类、编码及数据要求，都采用行业标准。原行业标准中，部件分为 6 个大类，并且设有"扩展部件类"，专门用于对未包括在上述大类中而又确需纳入管理的部件的扩充。2014 年发布实施的该国家标准中，部件大类保留了公用设施、交通设施、市容环境设施和园林绿化设施 4 个大类，而将原行业标准的房屋土地（主要包括宣传栏、人防工事、地下室等）和其他设施（主要包括重大危险源、工地、水域附属设施等）两个大类合并为第 5 大类其他部件。相应每个大类中的小类也进行了一些补充、调整和完善。部件从 6 个大类 85 个小类调整为 5 个大类 121 个小类。国家标准的部件分类表参见该标准的规范性附录 A 部件分类代码表。

对比国家标准和行业标准，各部件大类下的小类个数均有所变化，国家标准删除了原行标中的立杆、绿地和工地 3 个小类部件，增加了电力立杆、通信立杆、公交立杆、特殊立杆、不明立杆；绿地和工地两类管理，采取分别建立单独的专题图层进行表达。国家标准比行业标准新增了 39 个部件小类，如地名牌、休息亭、自动缴费机、充电桩、立体车库、安全岛、车辆加油（气、电）站，等等。

从表 3-3 还可以看出原行业标准中有 4 个小类部件，在从行业标准升国家标准后，其原所属大类重新进行了调整。

第四节　事件分类、编码及数据要求

本节规定了事件分类、事件编码及其数据要求。

一、事件分类

事件分类包括两个层级，第一个层级是大类，第二个层级是小类，每个大类均由若干小类组成。

该标准将事件分为 6 个大类 83 个小类，其中：

（1）市容环境类，主要包括私搭乱建、违章接坡、建筑物外立面不洁、暴露垃圾、积存垃圾渣土、道路破损等 38 个小类；

（2）宣传广告类，主要包括非法小广告、违规户外广告、违规牌匾标识、广告语言文字不规范等 7 个小类；

（3）施工管理类，主要包括施工扰民、工地扬尘、施工废弃料、施工工地围挡问题、施工占道等 12 个小类；

（4）街面秩序类，主要包括无照经营游商、早（夜）市管理问题、流浪乞讨、占道废品收购、店外经营等 10 个小类；

（5）突发事件类，主要包括供水管道破裂、燃气管道破裂、路面塌陷、排水管道堵塞、群发性事件等 11 个小类；

（6）其他事件类，主要包括违规高空悬吊作业、门前（三包）脏乱等 5 个小类。该标准规范性附录 C 事件分类代码表，具体描述了数字城管管理的每个事件的情形，应遵照执行。

在实践中应注意以下 4 个问题：

（一）关于事件数据库建设

与部件普查建库相同，管理事件也应通过普查、确权，框定市与区（县市）之间、上级专业部门与下级专业部门之间、专业部门与专业部门之间的城市管理职能，明确管理边界，落实管理责任。基于数字城管管理体系的特殊性考量，事件普查应由地方政府牵头组织，由数字城管监督指挥中心具体负责，协调承担城市管理职能的相关专业部门和单位，按照该标准规定对管理事件予以确权、确责。据统计，管理事件案件在数字城管案件总量中占比在95% 以上，因此，搞好事件数据库建设、落实事件管理责任，对提高数字城管运行质量具有重要意义。

（二）关于事件定位

事件具有事发位置不固定的特性，所以事件定位，应依靠地理编码数据提供相对准确的位置信息来完成。因此应注重做好城市地址数据和地理编码数据的普查建库工作，为数字城管业务流程正常运行提供基础性保障。在数字城管系统建设中，地理编码数据和地址数据普查是一项十分重要的基础工作。对此，本书第四章将作详细解读。

（三）关于新增事件

可以根据发生问题事件的实际状况，补充添加该事件的责任主体部门，也可根据已经颁布的法律法规，将需要执法解决的事件所对应的法条法典予以补充，为专业部门的处置人员实施精细化管理提供法律依据。

（四）关于事件类别更新

此前按照行业标准建设的事件数据库，应按照国家标准对事件数据库进行重新调整。国家标准相较行业标准，事件分类的大类没有变化，只是根据管理需要，在相应的大类中扩充了部分小类，同时把部分不易归类的事项按照小类排序列入其他事件类，使其他事件大类中增加了 5 个小类。

从行业标准升国家标准，有 5 个小类所属大类从街面秩序调整为市容环境，宣传广告大类下有 2 个小类进行了合并。

二、事件编码

事件分类代码在属性表中简称事件代码。该标准规定"事件代码由 3 个码段共 10 位数字组成，依次为：6 位县级及县级以上行政区划代码、2 位大类代码、2 位小类代码"。

事件代码与部件代码结构相同，其中前 6 位县级及县级以上行政区划代码也是依照现行国家标准《中华人民共和国行政区划代码》GB/T2260 执行。大类代码为 2 位，分别是 01 市容环境，02 宣传广告，03 施工管理，04 街面秩序，05 突发事件，06 其他事件。小类代码为 2 位，从 01 ~ 99 由小到大顺序编排。其中 01 ~ 79 为该标准各大类中的小类代码占用，不足 79 小类的剩余码位暂空，为以后标准修订增加管理内容时预留。80 ~ 99 是给各地扩充事件时使用，其排列顺序按照 99 ~ 80 倒排。对于扩充的小类如何编码，将在本章第六节部件和事件类型扩展进行详细的说明。

示例：禄米仓后巷 3 号住宅西侧 10m 处有堆放绿化施工废弃料，按照该标准编码规则，该事件的大类是施工管理，代码为 03，小类是施工废弃料，代码为 05，其事件分类代码是 1101010305。如果在其他地区发现同类问题，如大兴胡同 65 号住宅对面墙根处堆有施工废弃料，其事件分类代码也是 1101010305。这两个事件通过其属性信息中事发位置、所在单元网格不同来区别。

三、事件属性数据要求

事件的属性数据内容、结构和字段代码应符合表 3-7 的规定。各城市可根据业务需要扩展属性项，扩展的属性项应在基本属性项后按顺序排列。

从属性表各字段内容可以看出，事件的属性数据，相当于事件的历史记录，是后续城市管理数据分析的依据，通过对发生的所有事件分析，找出问题规律，提出解决方案，是数字城管区别于其他管理系统的创新特性。因此，准确及时记录每一个事件的处置轨迹，是对数字城管系统功能的最基本要求。需要注意的是，在部分城市的数字城管系统中，存有事件属性数据记录不全面，事件属性数据表中无事件代码，事件属性记录随机性大等问题，降低了事件数据质量。因此，应加强事件属性数据管理。提高数据统计分析质量，保证其完整性和正确性，使数字城管在城市管理的决策支持、预警预测等方面发挥更大作用。

第五节 专业部门编码规则

本节规定了专业部门的编码规则。

专业部门代码由两个码段共 10 位数字组成，依次为：6 位县级及县级以上行政区划代码、4 位顺序代码。顺序代码表示专业部门的排列序号。

专业部门的编码，主要根据计算机系统自身特点，使部件和事件属性数据表填写、统计、分析和计算更加简便、快捷。专业部门代码的前 6 位，应按照现行国家标准《中华人民共和国行政区划代码》GB/T2260 执行，便于在未来全国建设城市综合管理服务平台中，能够通过前 6 位代码快速锁定专业部门其所属城市和地区。由于各地专业部门设置及称谓不尽相同，故各地可根据本地部门排列顺序对后4位自行进行顺序编码。该标准的资料性附录D以北京市东城区专业部门代码的示例作为参考。

第六节　部件和事件类型扩展

本节规定了数字城管部件、事件类型扩展的基本要求。

我国地域辽阔，城市的各类基础设施以及管理内容、管理标准等在南方与北方、发达地区与欠发达地区都有一定差别，为兼顾各地的不同需求，该标准对部件和事件类型扩展作出了相关规定。

该标准规定"当本部分规定的部件和事件小类不能满足城市特定管理需要时，可进行扩展。但部件和事件的大类不得扩展"。同时给出了部件和事件小类扩展的定义及其编码方法规定。并且严格规定："同一城市各级部门采用的扩展部件和事件的类型和代码应保持一致"。

该标准规定的部件和事件大类已经基本涵盖了目前我国城市管理领域内的管理对象。但是，随着城市管理事业发展和城市管理体制改革不断深化，有些管理内容必然要进行补充完善。为此，该标准在大类设计中特别设置了其他部件、其他事件的管理内容，为那些不能归集到已有大类中的管理内容预留了归口。同时，该标准规定，为保证标准执行的稳定性和一致性，部件、事件大类不再允许各地自行扩展，随着城市建设和发展，国家标准将会根据需求进行修订完善。

该标准规定，部件和事件的小类可以根据地区差异及管理需求进行扩展，但扩展时应注意以下5点：

（1）在扩展小类之前，应先学懂弄通该标准的所有类别的说明，不能将称谓有差异的小类，予以草率扩展。

（2）对于未列入标准但需要扩展管理的部件和事件小类，先确认扩展小类所属的大类，并将其归入该大类；对于不能归大类的，则归入"其他部件"或"其他事件"大类里，顺序编排。

（3）凡扩展的小类都应按照该标准要求编排代码。扩展的小类在对应的大类下从99开始倒排编码，比如99为扩展的第一个部件（事件）小类，98为第二个扩展的部件（事件），依此类推从99～80倒排顺序编码。采取这种编码原则，可以通过汇总分析扩展部件和事件的属性，在修订完善该标准时，属于共性的，将其增加于标准小类中；属于个性的继续作为扩展类型保留，从而使该标准既适应共性需要，又满足个性化要求。

（4）应严格按照该标准对部件事件进行编码。若在实际应用中没有全部涵盖标准中给出的部件和事件类别，不允许将已剔除的、本地没有的类别的代码重新赋给其他小类，以免造成统计编码空置、对象不符等错误。

（5）应保证一个城市内所管理的部件和事件分类及代码的一致性。避免在同一个城市里不同区、县、市因所用部件、事件分类代码不一致，而造成信息共享困难、统计分析错误等矛盾和问题。在从执行行业标准上升至执行国家标准时，部件和事件的分类代码调整工作应把握以下3点：

（1）国家标准规定"部件和事件的大类不得扩展"。因此，已经扩展大类的应取消，所包含的小类归类到国家标准规定的相应大类中。

（2）国家标准规定"80-99用于扩充的小类，而且采用倒排方式进行编排"。因此，扩展的小类也应重新编码。

（3）对于一个代码拆分成几个代码的情况，应酌情处理，例如立杆，应细分为电力立杆、通信立杆、公交立杆、特殊立杆和不明立杆等。

部件、事件分类代码调整，是一项繁杂且重要的系统性工作，既涉及部件标识码、部件图层数据和案件数据变更，又需要市、区（县市）同步进行、统一修改。因此，应科学分工，各负其责，协调配合，同步推进，扎扎实实地做好部件、事件分类代码调整工作。

第一、监督中心（用户方）的工作要点：

1. 根据该标准，对本地在行业标准基础上扩展的部件、事件，逐一按照国家标准确定新的所属大类代码、小类名称和小类代码。

2. 按照表3-8的格式整理成新旧代码对照表。该表中的示例为国家标准中调整了大类代码或小类代码的部件和事件，可供参考。

第二、系统建设商的工作要点：

1. 根据新旧代码对照表修改数据

（1）修改部件分类代码数据字典、事件分类代码数据字典。

（2）修改除立杆部件以外其他部件图层数据，将"部件标识码"属性中第7～10位修改为新的大类代码和小类代码。

（3）修改系统案件数据中部件/事件分类代码、部件标识码两个字段的值。

（4）修改固化统计数据（为提升系统性能而定期生成的统计或绩效评价结果）中部件/事件分类代码、部件标识码数据。

2. 修改"立杆"部件图层数据

国际标准将"立杆"细分为电力立杆、通信立杆、公交立杆、特殊立杆、不明立杆，因此需要对"立杆"部件图层数据进行修改。绝大部分立杆部件都可以根据属性中"主管部门名称""权属单位名称""养护单位名称"批量确定立杆的具体类型。对于少数无法确定具体类型的立杆，则需到现场勘察确定。

3. 修改数据交换子系统的相关内容

对于涉及市、区对接或与专业子系统对接的数字城管系统，需要根据对方系统分类代码是否同步修改进行相应处理。

（1）对方也同步升级分类代码，则不需要重新进行代码转换工作。

（2）对方未同步升级分类代码，则需要重新进行代码转换工作。

关于部件、事件分类代码调整工作，一般宜在下一轮部件普查更新时进行，使部件图层数据直接更新为最新普查获取的部件数据成果。

第四章 地理编码

第一节 概述

地址是人们赋予城市中不同地理实体的名称，用于空间的相对定位，是生活交往中不可或缺的重要工具，也是数字城管部件和事件信息的重要载体。在城市管理中，每天发生的部件和事件问题无一不与地址息息相关。因此，在数字城管系统建设中，地理编码数据库是必须建设的基础数据库之一。其中，地址数据的采集、编码、入库，地理编码服务（引擎）等地理编码技术的应用等为数字城管实施精细化管理发挥了重要作用。

为规范地理编码及其应用，编制了国家标准《数字化城市管理信息系统第 3 部分：地理编码》GB/T30428.3-2016，于 2016 年 8 月由国家标准化管理委员会批准发布，自 2017 年 3 月 1 日实施。该标准共分前言、引言、正文和附录等四部分。正文共分 7 章，29 条，24 款。该标准主要规定了数字城管地理编码的一般要求、基本地点数据内容、地理编码规则和数据质量要求等内容。该标准适用于数字化城市管理信息系统基本地点数据的采集、地理编码及应用。城市的其他管理应用可参照执行。

第二节 术语

该标准定义了地点、定位描述、地理编码、基本地点数据、地名、门（楼）牌、地片、区片和兴趣点等 9 个术语。

一、点

数字城管部件所在地或事件发生的地方与场所，亦或解释为事发位置。这个位置在数字城管地理信息系统地图上可以是一个点、线或面。

二、定位描述

使用规范化语言对地点的地理位置所作的陈述。其规范化语言的含义，见本章第 6 节

的解读。

三、地理编码

在百度百科上，"地理编码"定义为"为识别点、线、面的位置和属性而设置的编码，它将全部实体按照预先拟定的分类系统，选择最适宜的量化方法，按实体的属性特征和集合坐标的数据结构记录在计算机的存储设备上"。而该标准，将"地理编码"定义为"建立地点描述与坐标的对应关系"，既是一个编码过程，也是一个编码结果。通俗地讲，地理编码就是通过一个地址名称或者地址的定位描述，即可确定其所在的具体空间位置。

四、基本地点数据

在描述一个地址的时候，我们通常会说"青龙胡同职工培训学校东侧100m"，这里面包括大家都熟知的地点"青龙胡同""职工培训学校"，以这些熟知的地点作为参照，加上方位（东侧）和距离（100m）来说明，就能够很快确定位置。因此，地理编码离不开"基本地点数据"。"基本地点数据"定义为"为进行地点定位而采集的地理编码参照数据"。

基本地点数据有大有小，大到一个省、一个市，小到一个门牌、一个兴趣点。基本地点数据可以是区域，比如常州市就可以理解为一个行政区域，也可以是县或乡、地片、区片，还可以是一个门牌，或是一个兴趣点，它们在空间上都代表着一定的范围或是一个具体的点位置。在实际应用中，一般将"基本地点数据"简称为"地点"。

五、地名

人类给地理实体赋予的专有名称。它既包括自然地理实体，如山、河、湖、海、岛礁、沙滩、岬角、海湾、水道、地形区等名称；国家规定的行政区划实体名称，如各级行政区域和各级人民政府派出机构所辖区域名称；居民地名称，如城镇、区片、开发区、自然村、片村、农林牧渔点及街、巷、居民区、楼群（含楼、门号码）、建筑物等名称；各专业部门使用的具有地名意义的台、站、港、场等名称；还包括名胜古迹、纪念地、游览地、企业事业单位等名称。

六、门（楼）牌

在我国一般是由民政部门负责管理编制"以院落、独立门户、楼宇等编号为主题的地名标识"。包括门牌、楼牌、单元牌、户（室）牌。

七、地片

在城市的地点中，"有地名意义的区域"，称之为地片。它们表现在地图上就是一个面状的区域。

八、区片
在城市的地点中，"城镇居民点内部的区域"称之为区片。一般泛指一个固定位置的区域。

九、兴趣点
除城市里的上述各类名称之外，该标准还将"具有地理标识作用的店铺、公共设施、单位或建（构）筑物等"作为地点的参照物，一般称之为兴趣点。这些点位包括店铺、字号牌匾、车站、单位、桥、喷泉等，都可以起到地理标识的作用。它在地图上表达的就是一个点状信息，用一个点描述其所在位置。兴趣点的缩写 POI 来自英文 point of interest 首字母。通过对以上各种地址名称基本地点的定义，就可以将部件或事件的位置逐级缩小范围，先是确定到面（即区域，省、市、区，或地片、区片），再确定到线（街、巷、路），最后确定到一个点（门楼牌或兴趣点）。这也符合人们对于地理位置的认知习惯。

第三节 一般要求

本节对基本地点数据类型、数据可扩展性、名称与坐标联系、地名溯源、坐标系、定位精度、基本属性及属性扩展等作出规定。

一、基本地点数据类型
地点是数字城管系统中最常用的地址描述，也是部件和事件的定位依据。因此该标准规定，地址数据类型可包括区域、地片、区片、街巷、门（楼）牌和兴趣点等地名。

二、点名称与其对应的坐标联系
该标准规定，要在地理编码数据库中，建立地点名称与其对应坐标的联系。

三、保存地名的历史数据
随着城镇建设发展和时代变迁，有些地点名称可能会随之发生变化，从而产生地点名称根据需要予以改名的问题。对此，该标准规定"应保存地名的历史数据，并可溯源"。其含义是，对地点名称数据应有更名记录，应对原始地名数据进行保护，在地理编码数据库中保留地名的历史数据，应能反映地名的历史沿革，这样当人们无论使用哪个时代的名称进行位置查询时，都能够通过对地名数据的历史溯源，实现对城市中地点位置精准定位的目的。

四、地点数据采用的坐标系

该标准规定，地点数据应采用与单元网格、管理部件和事件一致的、所在城市基础测绘的坐标系。

五、地点数据的定位精度

该标准对其所依托的地形图比例尺未作明确要求，但是规定"基本地点数据定位精度应与城市 1：500 ~ 1：2000 基础地理数据相匹配"，这是根据数字城管运行的实践经验总结提出的。

六、地点数据基本属性项的内涵与扩展

该标准规定，地点数据的基本属性项至少要包含地点名称、地点名称采集的初始时间、变更时间等。各城市可根据当地管理需求，自行扩展基本地点数据的属性项内容，但扩展的属性项不能修改该标准基本属性项规定的内容，扩展的内容应排在该标准规定的基本属性项后面，并按顺序排列。

第四节 基本地点数据内容

该标准规定了城市地址数据进行普查采集时，应采集的数据类型、数据采集方法、数据在地图上的呈现形式、不同类型数据其基准的空间定位点、地址数据属性项的调查内容等。这些数据的采集、整理和建库，既有共性的规定也有个性的要求。

一、识码

在数字城管系统地理编码数据库中，与单元网格、管理部件和事件一样，每个地点都必须有惟一的标识码。标识码由 15 位数字组成，依次为：6 位县级及县级以上行政区划代码，3 位街道（镇、乡）代码，6 位地理编码数据的顺序码。

第 1 ~ 6 位县级及县级以上行政区划代码，直接按照现行国家标准《中华人民共和国行政区划代码》GB/T2260 的规定执行。第 7 ~ 9 位街道（镇、乡）代码，采用当地有关部门依据现行国家标准《县以下行政区划代码编码规则》GB/T10114 所发布的代码。若街道（镇、乡）代码尚未发布的城市，需按照上述规范和本文件规定进行编码。第 10 ~ 15 位地理编码数据顺序码，在街道（镇、乡）范围内，一般按照自北向南、从西向东的次序，由阿拉伯数字 000001 开始，到 999999 顺序进行编码。

举例：北京市东城区交道口街道第一个地理编码数据标识码为：1101010030000010

二、地点空间表示和定位点

地点在地理空间上的表示，也就是在地形图上呈现的形式分别为面状、线状和点状。具体来说就是区域、地片与区片数据呈现的是闭合多边形的面，街巷数据是以从路的起点到终点的中心线，门（楼）牌和兴趣点则是点状。

（一）面状基本定位点

面状的地点包括各级行政区域、社区（村）、单元网格、地片和区片，这些地点的定位点需要根据类型分别确定。

1.行政区划。定位点放在该地区最高行政管理部门驻地。比如某地级市，其定位点就是该市政府所在的位置。如果是一个街道，定位点为街道办事处机关所在地。如果是社区（村），其定位点就放在社区（村）居委会所在地。

2.单元网格。一般是一个不规则的多边形，其定位点为其几何中心。

3.地片和区片。如居民小区、功能区，独立单位和院落等。大部分都是有明显的范围边界，可以沿其边界勾勒出多边形面状，那么该地点的定位点就是其几何中心。但有的地片无明显的边界范围，也可以用点表示。

（二）线状基本定位点

线状的地点，主要是指街巷，包括街、大街、路、巷、胡同、里、弄和条等。其空间表现形式都是一条有起止点的线。线状地点的定位中心就是街巷中心线的中点位置。

（三）点状基本定位点

点状的地点，主要包括门（楼）牌和兴趣点。中心定位点就是点本身坐标。

三、各类地点数据属性项要求

地点基本属性项根据不同类型数据，确定其对应的数据内容、数据结构和字段代码等。该标准以表格形式，详细说明了每类地点属性项的内容，这些内容填写的正确与否直接关系该地点数据是否可用。因此，在地址数据普查中，对于面状地点应能勾勒出其大致的四至范围；线状数据应准确依照其起点和终点施画；点状的数据要给出坐标值。这些数据都需要实地勘察获取，而且要保证每年根据城市现状，对发生变化的地点数据进行增、删和修改更新。该标准除对属性表每个字段的定义予以详细说明外，还在附录 A 中，给出每类地址数据的具体示例，在实际工作中可以据此做好本地区的地址数据普查，完善地理编码数据库。在属性表中规定了每个字段的约束条件，M 表示该字段为必填项目，C 为如果满足其条件则必须要填写，属于一定条件下的必填项，0 是可以填写也可以不填。建议在使用中慎重选择，既然已经进行了数据普查，就要考虑到数据的累积是一笔财富，数据资源在未来的城市管理中一定会发挥巨大作用，因此我们在原始积累中应尽量使之能采尽采，尽量把属性内容填写完整，方便以后数据的分析和挖掘，数据越完善就对数字城管系统未来的智慧应用与发展越有利。

第五节　地理编码规则

该标准规定可以通过定位信息、方位信息和参照物等要素的结合，实现对数字城管部件和事件问题的快速定位。换言之，就是在多类型的地点数据中，找到最佳的地址匹配组合规则，使之能够使用规范化语言对部件或事件的事发地点的地理位置所作的陈述准确和清晰。与地理编码相配套的工具是地理编码服务（引擎），它包括正向地理编码服务和反向地理编码服务。

（一）正向地理编码

实现将地址或地名描述转换为地球表面上的相应坐标位置的功能。正向地理编码提供的专业和多样化的引擎以及丰富的数据库数据使得服务应用十分广泛，在位置服务、资产管理、规划分析、供应物流管理和移动端输入等方面为用户创造无限的商业价值。

（二）反向地理编码服务

实现将地球表面的地址坐标转换为标准地址的过程，反向地理编码服务提供了坐标定位引擎，帮助用户通过地面某个地物的坐标值来反向查询得到该地物所在的行政区域、所处街道以及最匹配的标准地址信息。通过丰富的标准地址库中的数据，可帮助用户在进行移动端查询、商业分析、规划分析等领域创造无限价值。

地理编码规则主要有两种，一是用最小位置定位，二是通过几种地点组合定位。

一、地点定位要求

地点中区域、地片与区片是面状数据，街巷是线状数据，往往不能通过其中一个地点数据准确定位事发位置。而门（楼）牌和兴趣点却能够将位置准确到一个点上，也就是空间上的一个具体坐标点。因此，该标准要求"宜优先基于门（楼）牌数据或兴趣点数据进行地点定位"。地图上任何一个点，都可以找到与之为最相近的一至几个门（楼）牌或兴趣点。门（楼）牌通常是一组数据沿线连续分布，或是不区分奇偶单侧连续分布，或是区分奇偶两侧连续分布，因此可以按照门（楼）牌号插值进行概略定位，比如广渠门内大街88号和99号之间，也可以说广渠门内大街88号西侧100m。兴趣点则是一个独立的点，或是一个门头的小点位，比如全聚德，通常指的是店招牌所在位置，一般习惯以兴趣点为参照物结合方位和距离来描述事发位置。

该标准给出了五种类型的基本地点数据的使用方式：

（1）门（楼）牌可按标牌位置或标识码实现定位；

（2）兴趣点可按名称或标识码实现定位；

（3）街巷宜按其名称或标识码实现定位；

（4）地片与区片可按其名称或标识码实现定位；

（5）区域可按其名称或代码实现定位。

二、分段组合规则

（一）定位描述表达方式

定位描述用符号来表示可以表达为：[区域地名 | 片 / 区片 / 街巷 / 门牌 / 楼牌 | （方位）| 兴趣点 | （方位）| （补充说明）]可简化表达为：[基本地点 | （方位）| （补充说明）]

上述表达方式中：

（1）符号 [] 表示定位描述内容；

（2）符号 | 表示分段；

（3）符号 / 表示或者；

（4）符号 （） 表示可选内容。

（二）基本地点描述分段

基本地点描述的分段应符合以下规定：

（1）区域名称按 [市 | 区 / 县 | 街道 / 镇 / 乡 | 社区 / 村] 分段；

（2）地片与区片按 [市 | 区 / 县 | 街道 / 镇 / 乡 | 地片 / 区片] 分段；

（3）街巷按 [市 | 区 / 县 | 街巷名称] 分段；

（4）门牌名称按 [门牌上的街巷名称 / 门牌上的地片名称 / 门牌上的区片名称 | 顺序号 | 号 / 院] 分段；

（5）楼牌名称按 [楼牌上的街巷名称 / 楼牌上的地片名称 / 楼牌上的区片名称 | 顺序号 | 号 / 楼] 分段；

（6）兴趣点名称按 [地片 / 区片 / 街巷 / 门牌 / 楼牌 | 兴趣点名称] 分段。

（三）定位描述和补充说明

定位描述中方位描述宜为东 / 南 / 西 / 北 / 东南 / 西北 / 东北 / 西南 / 前 / 后 / 左 / 右 / 上 / 下 / 内 / 外 / 旁 / 相向 / 相邻等，亦可按需要扩展。

定位描述中补充说明是与基本地点相对地理位置关系的描述。

第六节　数据质量要求

根据地理编码规则，可以使地面上的任意点都能找到合适的地点作为参照进行空间定位。地理编码的定位精度是否符合要求，取决于地点的密度和精度。因此，该标准对于数据质量规定了采集密度、位置精度和数据属性项要求。数据质量要求具体包括坐标系、数据内容、数据精度和采集密度等四方面。

一、坐标系

地点数据应采用所在城市基础测绘的坐标系。

二、数据内容

应按照五种地点类型分别填写相应的属性值，需要按照规则确定标识码，属性值的正确率不应低于95%。地址数据普查后，要专门组织相关人员对数据质量进行验收，对经检查发现的属性内容遗漏和错误的必须予以补充和修正，以保证地理编码的正确性。

三、数据精度

（1）门（楼）牌、兴趣点等数据的平面位置中误差不应超过 ±2.0m。

（2）线状数据、面状数据的位置精度应符合数据采集的要求。

四、采集密度

采集密度与采集区域相关，而采集区域又和管理区域密切相关。采集区域类别按表4—4划分。

基本地点数据采集密度应符合以下规定：

（1）一类区域相邻门（楼）牌、兴趣点数据间隔不得大于5m，即在核心区等一类区域内的地址数据采集密度应每隔5m就要有一个地点数据。

（2）二类区域相邻门（楼）牌、兴趣点数据间隔不得大于15m，即在一般人口密度相对少的城区，如开发区，其地址数据的采集至少应该每15m有一个地点数据。

（3）三类区域相邻门（楼）牌、兴趣点数据间隔宜小于30m，即在数字城管覆盖的城乡接合部或者村镇等区域，地址数据至少应该每隔30m有一个地点数据。

五、质量验收

该标准要求对地点数据应进行验收。按照上述四方面进行数据质量检查，实地勘验采集密度是否达标，地点数据是否准确，验收后需要形成地理编码数据质检报告，包括成果清单、技术文件和数据质量检查结论等。

第五章 绩效评价

第一节 概述

数字城管监督指挥中心按照政府赋予的职能，依据相关国家标准，对实施数字城管的区域、专业部门、岗位人员的履职情况和工作绩效进行考核评价。绩效评价方法是，按照国家标准规定的评价指标体系，基于数字城管系统运行数据，自动生成对评价对象案件处置状况的考评结果。数字城管的考评结果，一般应纳入地方政府的绩效考核、行政效能监察指标体系。

绩效评价是检验一个城市数字城管运行状况的标尺和试金石。正确运用绩效评价方法，建立科学合理的综合绩效评价考核体系和考核机制，切实使用好评价结果，就能够有效驱动核心动力机制，保障数字城管健康可持续发展，进而全面提升城市管理质量与效率。为了规范绩效评价工作，建立科学、合理、公开、公正的考核评价指标体系，编制了《数字化城市管理信息系统第4部分：绩效评价》GB/T30428.4-2016，于2016年8月由国家标准化管理委员会批准发布，自2017年3月1日实施。

该标准共分前言、引言、正文和附录等四部分。正文共分9章，23条，28款。该标准规定了数字化城市管理绩效评价的基本规定、基本要求、评价对象、评价周期、评价指标、评价方法、评价实施与保障以及外部评价等。该标准适用于运行数字城管的城市，对监管区域、专业部门和岗位工作绩效进行评价。城市其他管理应用可参照执行。

第二节 术语

该标准共收入了15个术语，包括监督中心、指挥中心、监管案件信息采集监督员、受理员、值班长、派遣员、责任网格、工作时限、处置时限、监督举报、绩效评价、区域评价、部门评价和岗位评价。以下重点解读7个术语。

一、监督中心

全称为"数字化城市管理监督中心"。该标准将其定义为"按照数字化城市管理的监管需求,实现城市管理问题信息收集、审核立案、核查结案及管理绩效综合评价等职能的单位"。监督中心一般应设置为隶属地方政府的独立法人机构,依据政府授权实施对数字城管覆盖区域、专业部门和相关岗位人员的绩效评价。

二、绩效评价

定义:按照设置的评价指标,对区域、专业部门和岗位工作业绩进行的评价。其评价方法包括内评价和外评价。

三、区域评价

定义:对市、区(县)、街道(镇、乡)、社区(村)、监督员工作网格和单元网络等不同区域案件发生和处置情况进行的评价。

一般按下管一级原则实行区域层级管理考核评价。

四、部门评价

定义:对涉及数字城管部件和事件的专业部门处置案件情况进行的评价。

一般按下管一级原则对下级管理部门或维护单位进行考核评价。其评价指标包括处置数量、类别、处置效能等。

五、岗位评价

定义:对监督员、受理员、值班长、派遣员等岗位工作业绩进行的评价。

一般按实际管辖进行考核评价。

六,工作时限

定义:在数字化城市管理的业务流程中,每个阶段从工作开始到完成所限定的时间段。

在数字城管系统的综合评价子系统中,若达到规定质量指标,则"工作时限"与评价结果为正相关关系,即工作时限越短评价结果越好。

七、监督举报

定义:除监督员上报外,通过其他途径(电话、互联网、媒体、自媒体、物联网、领导批示和信访等)反映的部件和事件问题。

这一术语和定义与"公众举报"相比,扩大了监督的主观内涵,增加了监督渠道,特别是"自媒体、物联网、互联网"等监督途径的加入，不仅拓展了监控范围，而且充分体现了高新技术对城市管理工作的支撑作用。

第三节　基本规定

本节对绩效评价的系统支撑、评价类别和数据要求等问题进行解读。

一、系统支撑

数字城管的综合评价子系统是支撑数字城管绩效评价体系的关键。因此该标准明确规定"已运行的数字化城市管理信息系统应具有绩效评价功能"，并且能够通过系统功能实现对各类评价对象的实时评价，获得完整、准确的绩效评价结果。

二、评价类别

数字城管绩效评价分为区域评价、部门评价和岗位评价。对每一种绩效评价，都应根据当地数字城管工作的需求，分别采用不同的评价指标和分值、权重，通过指标整合应用，形成绩效评价考核结果。该标准根据城市管理的实际情况，明确数字城管绩效评价宜分为三个方面：

（一）区域评价

区域评价包括对市、区（县）、街道（镇、乡）、社区（村）、责任网格和单元网格等不同区域案件发生和处置情况进行的评价。

区域评价的主体是市、区（县）、街道（镇、乡）、社区（村）等行政区域。对责任网格和单元网格等不同区域案件发生和处置情况进行的评价，一般分三类：

（1）一类区域为核心区，包括党政军机关和重要单位所在地周边、商业繁华区域、主要文体教育场所周边、主要交通场站点及周边、星级酒店周边、重点街道、主次街干道和重点旅游风景名胜景区、人流密集区、城市居民人口密集居住区等。

（2）二类区域为一般城区，包括居住人口较少的居民区及周边、城市背街小巷等。

（3）三类区域为城乡接合部、拆迁区和权属未移交区，也包括纳入监管区域的农村地区等。

（二）部门评价

部门评价是指对专业部门处置案件情况进行的评价。部门评价应包括对涉及部件和事件管理的各级专业部门及其下属养护单位的评价。

（三）岗位评价

岗位评价包括对监督员、受理员、值班长、派遣员等岗位工作业绩进行的评价。岗位评价应按照《城市市政综合监管信息系统监管案件立案、处置与结案》CJ/T315-2009 和当地监督指挥手册规定设置的相关指标进行评价。

三、数据要求

数字城管绩效评价的数据来源，主要是监督员在责任网格内巡查采集信息上报和公众监督举报的问题信息，通过数字城管业务流程的各不同岗位办理、处置流转后，形成了一套完整的数据链。实施区域、部门、岗位评价，需要通过系统中设置的指标和指标权重生成的不同数据作为评价的支撑。

绩效评价的数据，应按照系统建设和运行的其他标准和规定来执行，以保证评价结果符合并满足标准规定。如用于区域评价的单元网格数据应符合《数字化城市管理信息系统第1部分：单元网格》GB/T30428.1-2013 的规定；用于评价的管理部件和事件数据应符合《数字化城市管理信息系统第 2 部分：管理部件和事件》GB/T30428.2-2013 的规定；用于信息采集阶段的数据应符合《数字化城市管理信息系统第 7 部分：监管信息采集》GB/T30428.7 的规定；用于立案、处置与结案阶段的数据应符合《城市市政综合监管信息系统监管案件立案、处置与结案》CJ/T315-2009 的规定等。

第四节　评价周期

该标准规定的评价周期包括固定评价周期和自定义评价周期。数字城管绩效评价，应根据工作的实际需要，科学合理的进行统计分析和评价。

一、固定评价周期

该标准规定绩效评价按照日评价、周评价、月评价、季评价、半年评价、年评价等 6 种周期进行评价。

（1）日评价，一般用于对信息采集效能进行统计分析，着重发现监督员的有效上报率、巡查频次、监督员上岗在线人数等方面的问题，及时分析问题成因，采取有效措施，加强监督和管理，不断提高信息采集工作质量与效率。

（2）周评价，是日常管理中使用较多的一种评价周期。一般用于对专业部门案件处置、信息采集公司、平台案件办理质量和效率的评价。通过对一周专业部门的绩效评价，可发现超期未处置、超期处置和返工案件等问题；通过分析评价可发现一周内采集公司管理中存在的不足，如漏报情况、监督员上岗情况等；通过分析评价平台岗位人员立案、派遣、发送核查指令等，可发现岗位人员案件办理存在的问题。通过周报形式将评价分析的数据结果、问题原因、建议措施等分析报告传递给采集公司、相关专业部门、平台管理单位等，促使问题责任主体了解问题及原因、落实工作措施，解决存在问题，提升工作效能。

（3）月评价，是应用最多最广的评价周期。一般城市都采用月度考评制度，由数字城管监督指挥中心全面总结分析当月数字城管工作运行情况，依据综合评价系统生成的结果，分别对管理区域、专业部门、岗位人员的工作绩效进行考核评价。绩效评价结果，一般都通过内、外两条渠道予以发布。对外，通过媒体公布考评结果，形成良好社会氛围，推动数字城管工作；对内，将考评结果发送至相关区域和专业部门。通过月度评价考核，表扬先进、鞭策后进、提升运行效能。同时，将月度评价结果及其分析报告报送地方党委、政府主要领导和分管领导，既能引起上级领导对数字城管工作的关注，又可以为领导实施城市管理决策提供相关的数据依据。

（4）季度评价，是政府或行业主管部门常用的数字城管工作评价周期。有许多城市的政府主要领导或分管领导每个季度组织召开一次数字城管工作点评会，总结阶段性工作进展情况，协调化解疑难案件，发现并解决带有倾向性的矛盾和问题。排名季度绩效评价结果末位的区域和专业部门主要领导，须认真检讨其履职情况，并作出关于整改措施的报告。

（5）半年评价，一般各评价对象都要结合半年工作总结对数字城管工作进行回顾和检查，通过对半年工作进行绩效评价，掌握了解半年度系统运行质量与效率，对重要疑难案件、挂账案件、延期缓办案件进行认真梳理，实行分类指导，分别研究制定切实可行的解决方案，真正做到通过半年评价发扬成绩，纠正错误，保障数字城管高质量、高效率健康运行。

（6）年评价，是数字城管的重要评价周期。各区域、专业部门和相关工作岗位，都要对照年初确定的各项年度工作指标，对各自履职情况进行自我总结和检查考核。在此基础上，各"块块"和"条条"按管理权限和考核程序，对下一级单位、岗位人员的工作绩效进行考核评价。按照政府授权，监督指挥中心应对各区域和专业部门全年数字城管体制机制建设及系统运行情况进行全面总结，并且做出客观、公正的绩效评价结果。地方党委、政府对年度考评先进单位，予以精神和物质奖励；对排名末位的，则给予效能监察并纳入领导班子和领导干部综合考核评价体系，以启动核心动力机制，推动数字城管事业健康可持续发展。

二、自定义评价周期

对实施数字城管的城市，除按照规定的评价周期进行绩效评价外，还可以满足实际工作需要为出发点，通过固定评价周期与自定义评价周期的有机结合，适时进行绩效评价，做出评价结果报告。

（1）通过采用自定义评价周期，能够更加符合实际工作需要，满足经常性、阶段性、特殊性评价结果的需求。为了满足自定义评价，数字城管系统应具备自定义统计时间、类别、区域、部门、岗位并自动生成评价结果的功能。

（2）自定义评价周期是为了便于根据实际需要而确定的评价周期。评价周期不应少于一天，评价周期计时为起始日 0 时 0 分 0 秒至截止日 23 时 59 分 59 秒。也可以由各地区自行定义计时时点。

第五节 评价指标

本节规定了绩效评价的基本指标、比率指标、综合指标以及指标扩展和指标应用等。

一、绩效评价指标

绩效评价指标包括基本指标、比率指标和综合指标。

（一）基本指标

1. 基本指标是指在数字城管闭环业务流程中各个环节的指标要求，由上报、立案、派遣、处置、核查和结案等阶段的指标组成，即上报数、立案数、派遣数、处置数等，是对各区域、部门、岗位工作任务予以量化的指标体现。

2. 基本指标是由数字城管系统记录的监管案件数据汇总生成的单项评价指标，主要反映数字城管的工作数量和质量。

3. 各项基本指标的名称及说明在该标准中都有明确的定义及说明。该标准规定了 26 项基本指标。

（二）比率指标

（1）比率指标，是指某一具体指标在"量"的基础上的延伸，包括立案率、处置率、结案率等。比率指标是反映各区域、部门、岗位单项工作绩效的依据。

（2）比率指标，由若干个相关基本指标在同一评价周期按照一定的计算公式计算得出，其最后取值以百分数表示，主要反映数字城管的工作质量。该标准规定的比率指标，都是在绩效评价综合计算中涉及的规定指标。比率指标的计算结果，式中计算因子的取值，一般精确到小数点后两位。当分母项为 0 时，不计算该项值。

（3）比率指标的名称及计算公式在该标准中都有明确表示。该标准规定了 16 项比率指标。

（三）综合指标

综合指标，是指从基本指标和比率指标中选取部分评价指标，通过加入不同的权重运算生成的评价指标。综合指标分为区域综合指标、部门综合指标和岗位综合指标 03 种综合指标计算公式如下：

1. 区域综合指标

一类管理区域评价综合指标值一监督举报率分值 ×10%+ 立案数分值 ×30%+ 结案率分值 ×30%+ 按期结案率分值 ×30%

二类管理区域评价综合指标值一监督举报率分值 ×20%+ 立案数分值 ×40%+ 结案率分值 ×40%

三类管理区域评价综合指标值一立案数分值 ×60%+ 结案率分值 ×40%

2. 部门综合指标

部门综合评价指标值一立案数分值 ×10%+ 结案率分值 ×30%+ 按期处置率分值 ×30%+ 返工率分值 ×30%

3. 岗位综合指标

监督员综合指标值一监督员有效上报率分值 ×40%+ 漏报率分值 ×20%+ 按时核实率分值 ×20%+ 按时核查率分值 ×20%

受理员综合指标值一受理数分值 ×40%+ 核实按时派发率分值 ×30%+ 核查按时派发率 ×30%

值班长综合指标值一按时立案率分值 ×25%+ 准确立案率分值 ×40%+ 按时结案率分值 ×35%

派遣员综合指标值一派遣数分值 ×20%+ 按时派遣率 ×40%+ 派遣准确率 ×40% 上述综合指标不是固定不变的 . 各地可结合实际需要，选取相应的指标和加权权重，形成能够促进工作进步的综合指标。

二、指标组成

基本指标在数字城管业务流程 6 个环节的分布情况为：信息采集阶段 7 项、案卷建立阶段 5 项、任务派遣阶段 3 项、任务处理及反馈阶段 3 项、核查结案阶段 8 项。

比率指标的分布情况为：信息采集阶段 4 项、案卷建立阶段 3 项、任务派遣阶段 2 项、任务处理及反馈阶段 2 项、核查结案阶段 5 项。

三、扩展指标

该标准给出的基本指标和比率指标，是评价数字城管运行效果的必选指标。该标准还作为示例，在附录 A.1 和 A.2 中分别给出了 15 项其他基本指标和 16 项其他比率指标，各地可根据实际情况在这些其他指标中予以选取，还可以结合实际应用需要，自行扩展基本

指标和比率指标,以便更好地实现对数字城管运行效果的分析和应用。

四、指标应用

绩效评价指标和指标权重设置,应以提高案件结案率,特别是按期结案率,提升运行质量与效率为目的。应坚持客观公正原则设置绩效评价指标,保证绩效评价的公平、公正。应综合考虑多方面因素合理设置考核指标和权重,保证实际管理重点与评价结果相适应。

数字城管的绩效评价结果,是数字城管技术创新与城市管理体制机制、城市管理业务与市民对城市管理体验的综合反映,是检验城市管理效能的重要依据。各级政府应注重对绩效评价结果的使用,将其纳入政府对区域和部门的绩效考核和效能考评体系中,推动城市管理事业不断迈上新台阶。

第六节 评价方法

本节解读的评价方法包括评价实施主体、指标选取、评价分值、分类评价和结果表达等。

一、评价实施主体

该标准规定评价实施主体应为政府授权的监督中心或其他部门,其中区域评价应由上级对下级行政区域进行评价,即省对市、市对区(县)、区(县)对街道(乡镇)进行评价,以体现数字城管高位监督、高位协调、高位考核原则,保证并实现数字城管健康运行。

二、指标选取

每个城市在选取应用评价指标方面,应认真分析研究本地数字城管运行状况和运行目标,把评价指标作为杠杆,针对评价对象在数字城管系统运行中存在的问题和薄弱环节,有的放矢地选择相应的规定指标、非规定指标或扩展指标加入考核公式并科学合理地分配权重,以此撬动管理效能和运行质量不断提高。例如当某区域出现部分部、事件一直处在高发案件小类前十名、案件按期结案率低下且反复性发案高等问题时,就应在考核公式中加入"按期结案率"和"返工率"指标并增加其权重,通过科学调整考核公式,及时解决和避免一些普遍性或倾向性问题,保障数字城管正常运行,实现预期工作目标。

需要特别指出,应科学灵活运用评价指标,适时调整优化评价指标和计算公式以及综合指标值参数构成,使之既能够保证数字城管系统整体考评数据的客观、公正,又可以突出重点,化解关键问题,保证数字城管健康运行。

三、评价分值

绩效评价工作宜采用综合计算的方法生成综合指标值，将综合指标结果纳入绩效评价考核。综合指标的计算公式如式 1：

$$e=\sum_{i=1} m_i P_i \quad (1)$$

式中：

e——综合指标值，规定取值范围为 0 ~ 100，即综合计算结果不能有负数，也不能超出 100 分。

m——在综合指标值中选取的比率指标和基本指标的分值，取值范围为 0 ~ 100，就是比率指标和基本指标的分值取值范围也不能出现负数和超出 100。

p——选取的 m_i 指标在综合指标中所占的权重值，所有权重值之和为 1，即不超过100%。

综合指标的计算，在该标准附录 B、附录 C 和附录 D 中分别列举了区域评价、部门评价和岗位评价选取的评价指标和计算方法。如，部门评价，选取了"立案数、结案率、按期处置率、返工率"等项指标，按照实际管理需要分别赋予"10%.30%.30%、30%，，的权重，计算的综合指标值为：综合指标值—立案数分值 ×10%+ 结案率分值 ×30%+ 按期处置率分值 ×30%+ 返工率分值 ×30%

四、分类评价

（一）区域评价

区域评价的主体是市、区（县）、街道（镇、乡）、社区（村）等行政区域。

（1）一类区域评价的规定指标应包括监督举报率、立案数、结案率和按期结案率。

（2）二类区域评价的规定指标应包括监督举报率、立案数和结案率。

（3）三类区域评价的规定指标应包括立案数和结案率。

（4）区域评价应按照数字城管监管覆盖的行政区域进行评价，包括行政区、街道（乡镇）、社区（村）、责任网格、单元网格、道路单元网格等区域。对道路区域进行评价时，需要对道路进行单元网格划分和编码。

（5）在区域评价中，需分别对各项指标规定不同的分值，具体分值在该标准附录 B 中给出了示例。如立案数分值：一类管理区域内 0 件 100 分；1 ~ 2 件 90 分；3 ~ 4 件 75 分；5 ~ 6 件 60 分；7 ~ 8 件 40 分；9 件及以上 0 分。

（6）在规定了区域评价各项指标的权重后，就可以计算综合指标值，如一类管理区域

评价的综合指标值—监督举报率分值×10%+立案数分值×30%+结案率分值×30%+按期结案率分值×30%。

（7）区域评价采用的数据集合应包括该区域全部部件、事件案件数据。也可以单独对一个大类或者小类以及自定义部分监管案件通过区域进行评价，掌握其在不同区域的分布状况、管理状况等。例如某部件小类在某一时间段在全市域、在某区、某街道、某社区、某一道路中问题发现和处置的状况。

（8）由上级主管部门对下级行政区域进行评价的指标宜为结案率和按期结案率。

（9）该标准附录B列举了一、二、三类管理区域和行政区域的评价

（二）部门评价

（1）评价层级

部门评价应按照管理权限按层级进行评价，包括全市、市级专业部门、区（县）政府及专业部门、社会专业部门等。对行业主管部门的评价，应为该行业全部专业部门评价结果的集合。对区（县）政府的评价应为所属有关部门评价结果的集合，包括区级部门、街道办事处等。市级行业主管部门与区（县）相关部门是工作指导或者是上级对下级实行监督考核管理体制的，则下级专业部门的评价结果不能作为对上级主管部门绩效评价的依据。如市城管局对区城管局的城市管理工作进行考核，但区城管局的评价结果，不能作为市城管局绩效评价的依据。部门评价在体系设置上，要将部门间上下、左右关系梳理清楚，不能有职责交叉和重复现象。

（2）部门评价的规定指标应包括立案数、按期处置率、结案率和返工率。

（3）部门评价

（三）岗位评价

（1）监督员岗位评价的规定指标应包括监督员有效上报率、漏报率、按时核实率和按时核查率。

（2）受理员岗位评价的规定指标应包括受理数、核实按时派发率和核查按时派发率。

（3）值班长岗位评价的规定指标应包括按时立案率、准确立案率和按时结案率。

（4）派遣员岗位评价的规定指标应包括派遣数、按时派遣率和准确派遣率。

（5）监督员岗位评价示例参见表5-7，受理员、值班长和派遣员岗位评价示例参见该标准附录。

五、结果表达

数字城管绩效评价结果一般用于对区域政府、专业部门和数字城管系统相关岗位的考核，对外发布接受社会监督，利用绩效评价结果统计分析和研究城市管理运行状况，利用评价数据分析数字城管系统管理情况等。有的城市还通过对绩效评价结果相关数据的挖掘、

分析，助推城市管理向源头治理深化，实现城市管理的科学化、规范化和常态化。

该标准规定，评价结果宜根据综合指标值划分等级，各城市宜根据实际情况确定各等级的指标值域，同一城市应保持一致。为直观、客观、全面、科学反映数字城管绩效评价结果，部门和岗位评价结果宜采用统计图表、包括柱状图、饼图或趋势图等方式表达；区域评价结果宜采用统计表和专题地图方武表达，以相应的区域评价对象为单元，宜采用不同颜色表达各区域的评价结果。专题地图使其评价数据结果在平面、空间的反映让受众视觉感强，便于在较短时间了解掌握评价结果。

第七节　评价实施与保障

本节对评价实施与保障作出解读。

一、评价实施
（一）明确评价实施主体和评价结果的发布渠道
考虑到我国各城市间的差异性，该标准规定"评价实施主体应为政府授权的监督中心或其他部门"。其含义是，监督中心是绩效评价实施主体，可以依据政府授权对相关责任集体进行考核评价并对外发布评价结果。

（二）强调评价方法和评价结果表达方式统一性
该标准规定"同一城市的评价实施主体采用的评价方法和评价结果表达方式宜保持一致"。

（三）明确评价结果的发布周期和发布范围
该标准规定"评价结果一般应按照月度、季度和年度评价周期进行发布。对区域的评价和部门的评价结果一般应通过简报向各专业部门或者通过媒体向社会公众发布"。

二、评价保障
绩效评价结果，是对各评价对象的城市管理理念、为民服务宗旨意识、管理服务措施和系统运行效果的全面展示和综合评价，因此，应注重做好两方面工作：
（一）评价结果的准确性和时效性保障
该标准规定"评价主体应遵循本标准的规定，确定并公布绩效评价对象、周期、指标、和方法，保证评价结果的准确性和时效性"。这一规定包括两层含义，一是公开、公平，

绩效评价的全过程"阳光"透明；二是准确、及时，强调考核必须及时．结果必须准确。

（二）评价结果应纳入地方政府行政效能监察考核体系

数字城管十四年的运行实践证明，数字城管的绩效评价职能，是驱动各评价对象发挥职能作用、加强城市管理、实现管理服务效能最大化的核心动力机制，对于建立城市管理长效机制，达到城市管理规范化、制度化、常态化目标，具有重要的现实和战略意义。因此，各级政府应将数字城管作为改进城市管理工作的重大举措摆到重要位置，把绩效评价作为切实可行的工作手段牢牢抓在手上，保证数字城管绩效评价结果成为政府对评价对象绩效考核的组成部分，在政府城市管理考核体系中占有一定分值，真正用好、用活绩效评价结果，充分发挥其驱动作用，在保障数字城管健康可持续发展的同时，推动城市管理水平全面提高。

第八节　外部评价

该标准规定各城市根据需要，可对数字化城市管理运行效果进行外部评价。本节解读绩效评价中外部评价的数据来源和评价方法。

一、数据来源

监督举报，是外部评价的主要数据来源。监督举报渠道包括社会公众通过电话、媒体、自媒体、互联网、物联网、领导批示、人大、政协代表委员建议提案和信访等。监督举报是数字城管重要的问题信息来源，是对信息采集责任单位采集上报问题信息的补充。目前，依据社会公众反映城市管理问题已成为一个有效的信息源，其监督举报的数字城管部件事件问题信息，经监督员核实后，进入数字城管业务流程予以处置。在绩效评价指标体系中，通过将监督员上报数与社会公众监督举报数相加，形成问题总数，这个指标数据一般用于对区域评价、部门评价，它既体现了社会公众对城市管理的参与度，也反映着区域城市管理质量状况。一般而言，监督举报案件量占总数的比例越高，城市管理水平就越低，反之，则表明社会公众对城市管理质量有较高的认同感、获得感和幸福感。

二、评价方法

该标准规定，"各城市根据需要，可通过专业调查机构或采用随机抽样的方式对数字化城市管理运行情况进行调查评价"。评估结果可作为对数字城管系统运行的外部评价结果。该规定的含义是，系统运行生成的对评价对象的绩效评价结果属于内评价的范畴。为了更全面地反映数字城管的运行效果,通过社会专业调查机构或多层面的随机抽样调查等方式,一方面广泛听取全社会以及公众对城市管理工作的意见和建议,另~方面获取系统外部对数字城管运行效果的评价,作为对内评价的有益补充,从而使数字城管的绩效评价体系更加完善、科学和具有广泛性,激励评价对象以"人民群众对美好生活向往"为工作目标,恪尽职守,发奋努力,不断推进城市管理工作再上新台阶。

第六章 监管信息采集设备

第一节 概述

作为数字化城市管理新模式的重大创新点之一，监管信息采集设备（以下简称城管通），综合运用现代智能终端和无线信息传递技术，为城市管理问题的发现提供了全新手段。但同时，移动终端的复杂性、各层次技术的多样性、设备的耐用性和使用人员的操作水平等都给"城管通"研制和应用带来困难。为了规范城管通终端设备选型和应用软件功能开发，制定了国家标准《数字化城市管理信息系统第5部分：监管信息采集设备》GB/T30428.5—2017于2017年9月由国家标准化管理委员会批准发布，自2018年4月1日实施。该标准共分前言、引言和正文三部分。正文共分7章，32条，26款。

该标准主要规定了监管信息采集设备的硬件要求，应用软件功能、性能要求和其他要求等。

该标准适用于数字化城市管理信息系统信息采集设备的选型和应用软件开发。

第二节 术语

该标准定义了监管信息采集设备、责任网格两个术语。

一、监管信息采集设备

定义：供监督员使用，实现数字化城市管理监管信息的采集、报送、核实、核查等任务的移动通信手持设备（以下简称手机）。

监管信息的采集设备除了移动通信手持设备之外，还包括基于物联网的各种监控信息采集设备，如噪声监测仪、扬尘监测仪等。

二、责任网格

定义：单个监督员负责巡查的单元网格集合。

城管通与责任网格的关联主要有以下两个方面：

（1）使用地图。城管通使用地图有两种方式：一种是离线地图，另一种是在线地图。

对于使用离线地图方式，为了提高地图加载性能，通常会将监督员负责巡查的责任网格的地图数据全部下载到本地。

（2）离网报警。很多城市会在城管通中增加若监督员不在自己的责任网格时系统就会自动报警的功能。

第三节　设备要求

城管通是监督员日常工作的主要工具，上报、核实和核查都需要使用城管通，使用频次高，使用时间长。为保障监督员的工作效率与质量，城管通必须可靠、耐用。同时也应当注意到手机硬件设备更新换代速度快，且各地发展水平不一，因此，该标准以满足数字化城市管理需求为前提，对城管通的硬件配置规定了较低的基本要求，共 14 条，现归纳为 10 个方面予以解读。

一、操作系统

该标准规定手机"应能运行智能终端通用的操作系统"。智能手机和非智能手机的区别主要看能否基于系统平台进行功能扩展。目前应用在手机上的操作系统主要有 Android（安卓，谷歌）、iOS（苹果）、WindowsPhone（微软）、Symbian（塞班，诺基亚）、BlackBer—ryoS（黑莓）、WindowsMobile（微软）等。当前各地城管通以安卓操作系统为主。

二、处理器

该标准规定"处理器主频不应低于 1.0GHz99。处理器包括 CPU 和 GPU，该标准主要是针对 CPU 进行规定。事实上，由于手机更新换代太快，以及操作系统会承载越来越多的功能，因此对于处理器的要求会越来越高。例如华为的 P2O，其 CPU 型号为海思 Kirin9709CPU 共 8 核，包括 4 核 2.36GHz94 桉 1.8GHz；GPU 型号为 Mali-G72MP12。因此，处理器主频不低于 1.0GHz 只是最低要求，选择时应以手机开关机速度快，启动城管通速度快，各项功能尤其是地图相关的功能操作流畅为标准即可。

三、存储

手机存储包括 RAM 和 ROMORAM 指手机内存，属于手机内部存储器，是随机存储，

速度高于 ROM，对于手机性能起着决定性作用。ROM 则属于外部存储，可以简单地理解成手机硬盘，用来存储手机系统文件、照片、地图数据等，不会随着掉电而丢失数据。ROM 越大存储的数据就越多。可以通过插入 SD 卡（即扩展存储卡）来扩展手机的外部存储空间。

城管通占用的存储空间包括城管通应用软件本身，以及各种配置信息、责任网格内的地图数据、上报问题（包括核实核查反馈）在本地的缓存、接收到的核实核查任务信息和专项普查任务信息。为保证城管通运行流畅，使用过程中存储空间足够，该标准规定"随机存储器（RAM）不应小于 1GB，只读随机存储器（ROM）不应小于 8GB"，以及"宜支持存储量不低于 32GB 的扩展存储卡"。扩展存储卡即我们通常说的 SD 卡。

由于手机大都具有多种外部接口，包括蓝牙连接、USB 及 SDI（）等，满足终端设备与外部设备进行数据交换的要求。因此该标准没有对接口进行特别要求。

四、双卡双待

该标准规定"宜支持两张 SIM 卡同时处于待机状态（即双卡双待双模）的模式"，也就是支持在一个手机上同时使用两个号码，这是从实际使用角度出发做出的规定。监督员因工作需要而消费的通信费用和流量费用由工作单位支出，因个人使用需要而消费的通信费用和流量费用由个人承担。为便于管理两部分费用，工作用号码和个人号码需要分开。为便于用户携带，避免带两个终端，经费充裕的城市推荐用价格更高且支持双卡双待即双卡模式的城管通。

五、显示屏

监督员执行核实、核查反馈任务时需要对照上报照片进行。为保证监督员可以清楚地看到照片，该标准规定"显示屏尺寸不应小于 10.16cm，分辨率不宜低于 1280×720 像素"。显示屏尺寸足够大后，界面上的文字说明、功能按钮也可以相应设置大些，以方便监督员操作。该标准规定"应带有背光照明，亮度应适应户外工作环境"，这一规定是为了满足监督员夜间使用。

该标准规定"应支持触摸手写功能"，这是在笔录基础上又增加了手写功能的触摸屏，能通过触摸笔等进行内容输入和功能操作，便于监督员完成上报、核实和核查任务。

六、照相和语音

为方便监督员上报信息时附带现场照片和语音描述传送到指挥中心，使上报信息更直观，该标准对手机内置摄像头做了具体规定，要求"分辨率不低于 800 万像素"，且"支持夜间、强光及多分辨率拍摄模式，具备自动对焦功能，能拍摄 30m 内静物的清晰图像。

应具备多张图像连续拍摄能力，宜支持录像和播放功能。宜内置闪光灯，以满足监督员的信息采集的工作需要"。

该标准规定"应具有录音功能"，支持录音及录音回放。随着语音识别准确率越来越高，用语音录入替代文字录入具有可能性，而且语音录入可以进一步降低对监督员文化水平的要求。

为了方便监督员与监督中心受理员之间沟通交流，该标准规定城管通"应支持免提通话"。为便于监督员分组管理，该标准规定城管通"宜具有对讲功能，包括点对点、分组呼叫和全体呼叫功能"，这样一个组内的监督员可以更好地协同工作。

七、电池

由于手机耗电量随硬件升级、软件功能更加复杂而越来越大，因此该标准不再规定单块电池容量，而是规定"设备正常工作状况下，单块电池连续使用时间不应低于 4h"。考虑到导航定位系统信号不好或网络不好时，耗电会更快，因此建议"配置备用电池或移动电源"。

八、导航定位

监督员上报问题信息时需要对事发位置准确定位，监督员到达指定地点时需要依据当前位置和目标位置规划路线，监督员工作期间的巡查轨迹管理也需要一个精确的导航定位，这些都离不开导航定位系统。因此该标准明确规定城管通"应具有卫星导航定位功能"，并特别指出"宜支持北斗导航定位"，提倡应用国产化设备。当前，宜采用北斗/GPS 双模式导航定位，随着北斗导航系统进一步完善，逐步过渡到完全北斗导航定位。

九、三防要求

由于城管通是在户外使用居多，应具备一定程度的防水、防摔、防日晒等功能。

十、其他要求

在网络接人方面，该标准只是规定"宜支持 4G 和 WIFI 模式"，这是考虑到该标准发布时 4G 还没有完全覆盖，所以只是推荐使用 4G。对于覆盖了 WIFI 的区域可以通过 WIFI 方式接人。将来 5G 或更高速的网络出现时，城管通也可以接人使用。

该标准还规定"按键寿命应符合《移动通信手持机可靠性技术要求和测试方法》YD/T1539-2016 的规定"。现在的触摸屏智能手机，按键使用的频率已经很少，更多的是触摸屏的使用寿命要求。

第四节　应用软件功能要求

本节解读城管通应用软件的功能要求，包括采集和上报功能、查询功能、配置功能、安全功能和其他功能。

一、采集和上报功能

采集和上报按类型可分为一般问题采集、专项普查和变化信息采集。对于一般问题采集，该标准规定"能采集部件或事件类型、部件标识码、位置坐标和问题描述等信息，信息形态应包括文字描述、图像和语音等，宜包括视频"。对于变化信息采集，该标准规定"应具有对部件、地理编码和地理空间信息变化情况的采集和上报功能"。信息变化包括增、删、改三种情况。

为保证采集到的信息能够快速、准确地上报，节省带宽资源，减少网络请求，该标准要求"应具有信息压缩及上报功能，宜具有多条信息批量上报功能"。通过信息压缩，减少数据大小，降低带宽资源占用，缩短数据传输时间。通过多条信息打包，能减少网络请求交互次数，进一步提升上报的性能。

考虑到网络质量问题，该标准要求"应具有在网络不正常情况下暂存上报信息，待网络正常后自动上报的功能"，避免监督员在网络条件不好时无法工作。

很多城市要求监督员对于非法小广告、散落垃圾、垃圾桶倒伏、井盖轻微移位等类型问题，应主动自行处置，提高问题处理速度，减轻处置部门压力。为准确反映监督员的工作量，以及对虽已被处置但已经发生的问题有一个记录，该标准规定城管通"宜具有监督员自行处置部件和事件问题，并上报相关信息的功能"。

二、查询功能

查询功能分为任务及工作记录查询、通知信息查询和地图信息查询三类。

（1）任务及工作记录查询包括"当天监督员接收到的核实、核查和普查任务信息的任务查询"，以及"监督员上报问题、回复核查或核实任务的历史记录查询"。

（2）通知信息查询是指能够"查询当天监督员接收到的通知或其他信息"。

（3）地图信息查询既包括"地图显示、查询、放大、缩小、漫游"等操作，也包括"根据地名、路名、兴趣点名称、门牌号、单元网格等进行空间定位"的功能。

由于监督员不会时时看手机，因此，城管通还应当具有新的核实核查任务和新的公告信息到达时，以震动和铃声的方式，提醒监督员及时查看。

三、配置功能

配置功能包括用户注册、用户密码设置、终端序列号、短信接人号等基本参数配置，以及系统运行数据初始化相关配置。

1. 用户注册是指"将注册信息传送给数字化城市管理信息系统进行注册"。

2. "终端序列号"的参数配置是为了保证监督员账号只能够在授权的手机上使用，以降低账号被盗用的风险。

3. 系统运行数据初始化包括城管通运行所需的"地理空间框架、单元网格、部件和事件、地理编码等数据"的初始化工作，并能够在数据更新之后，自动同步成与数字化城市管理信息系统数据库保持一致。考虑到数据安全性，根据国家有关规定，要求基础地图数据应不大于 6 平方千米，一般在城管通上仅下载该监督员责任网格范围的基础地理数据。

该标准规定"应具有应用软件在线升级功能。"在线升级是一项必备功能，可以减轻运维工作，让监督员用到最新的功能。

为帮助监督员判断城管通是否能正常工作，标准规定系统应配置自检功能。

四、安全功能

安全功能中包括自动锁定、登录和退出以及数据加密。

自动锁定功能，以及"登录后 30min 未操作能自动保存信息后退出"功能保证了即使是监督员不小心丢失城管通的情况下，捡到的人也不能够轻易继续操作城管通。

数据存储加密主要指的是地图数据加密存储。一方面是不存储超过 6 平方千米的地图数据，另一方面是对存储格式进行加密处理，双重保障地图数据的安全。

五、其他功能

系统帮助功能是帮助监督员熟悉如何使用城管通。这项功能仅起辅助作用，更重要的是监督员上岗前的系统培训。"一键恢复初始设置"是为了避免因为网络原因导致地图数据下载不全、部件和事件分类代码字典下载不全，造成城管通功能无法正常使用。通过"一键恢复"操作，城管通就可以快速恢复到初始设置。单键拨号是方便监督员与监督中心电话沟通。单键报警则是考虑到监督员的安全保护，遇到突发、紧急事件时能够单键报警，最大程度保护监督员人身安全。"监督员考勤"和"查询监督员巡查轨迹"两项功能都是为了对监督员是否按时上下班，是否按照规定路线进行巡查进行管理。在很多城市的实际应用中，城管通已经不仅仅是完成问题的采集上报、核实和核查，还可以用于进行指挥和处置，对重要案件、紧急案件进行督办，因此该标准建议"宜具有指挥、处置、公众服务、执法、督办和评价等扩展功能。"

第五节 性能要求

城管通与数字化城市管理信息系统之间的数据交换频繁，数据传输稳定可靠和安全是系统正常运行的重要保证。该标准规定在网络正常情况下：

1. 单次现场信息传送宜在 30s 以内完成；

2. 现场信息传送 1000 条以上的成功率应不低于 99%。

单次传送的信息包括文本、照片、语音和视频。现在手机拍照越来越清晰，需要根据实际工作情况对照片进行适当压缩，以缩短照片传输时间。语音长度通常限制在 20s 以内。视频长度则需要根据工作要求具体确定，视频传输时间有可能超过 20s。

为保证现场信息因为网络条件不佳，不能一次完成传输到城市市政监管信息系统，该标准规定应支持断点续传。为保证监督员能够快速通过地图选择问题所在位置，提高工作效率，该标准规定"地图打开时间宜小于 5s，地图放大、缩小、漫游操作刷新时间宜小于 2s"。地图浏览的性能一方面依赖于嵌入式地图引擎的算法，另外一方面也取决于处理器主频和内存大小。

第六节 其他要求

该标准从设备选型和软件功能两个方面提出质量要求，以保证城管通能满足监督员正常上报问题，执行核实核查指令。

一、在设备选型方面

该标准规定城管通"应具有国家认可的电信设备进网许可证，并提供使用说明和符合国家规定要求的保修单"，"应通过国家认可的第三方测试并提供测试报告"，测试结果应符合该标准和《移动通信手持机可靠性技术要求和测试方法》YD/T1539-2016 的规定。

二、在软件功能方面

该标准规定"应用软件应通过国家认可的第三方测试并提供测试报告"。测试的标准即该标准"应用软件功能要求"与"性能要求"两部分内容。

三、城管通维护

城管通的维护工作是城管通系统正常、稳定运行的重要保障，因此，该标准对城管通的维护责任方、维护内容等进行了规定，具体包括：

（1）城管通应用软件提供商需要对监督员进行软件使用和维护培训，并提供软件用户手册。

（2）由于城管通的某些部件，如导航键、触摸屏等，非常容易损坏，因此"设备提供商应指定专门技术人员负责维护"。

（3）考虑到电池使用寿命，以及城管通扩展新功能将会对手机硬件提出更高要求，建议城管通手机"连续使用2年及以上宜进行更新"。

第七章 数字化城市管理信息系统的验收

第一节 概述

数字城管模式建设，是政府"一把手"工程，是政府主导、财政出资优化城市运行质量的"民心项目"，它涵盖了管理资源整合、管理流程再造、信息资源共享和现代信息技术应用等诸多内容，需要科学合理配置管理体制机制、资金、技术资源及管理人员等经济要素。在这种复杂条件下建设"能用、好用、管用"的数字化城管模式，需要编制《验收》标准，以贯彻建设理念，框定建设内容，明确建设重点，规范建设行为，为数字城管高效节约建设、健康可持续运行把关掌舵、提供基础性保障。

2017 年 12 月 29 日国家标准化管理委员发布了《数字化城市管理信息系统第 6 部分：验收》，GB/T30428.6-2017，于 2018 年 7 月 1 日起正式实施。

该标准共分前言、引言和正文三部分。正文共分 7 章，14 条，41 款。

该标准规定了数字化城市管理信息系统模式建设和运行效果验收一般规定、验收内容、验收指标与评分以及验收结论等。

该标准适用于对数字化城市管理信息系统模式建设和运行效果的验收。

该标准对于数字城管规划设计、建设、验收和拓展升级均具有普遍意义。对拟建或在建的城市，应严格按该标准进行设计、建设和验收，避免走弯路；对已建成待验收的城市，应对照标准，整改存在问题，确保顺利通过验收；对已通过验收的城市，则可依据标准进行完善、升级和拓展。

第二节 术语

"组织模式"定义为：根据城市管理需求建立的一种数字化城市管理监督与指挥的组织架构。该标准给出了三种"组织模式"架构，即：一级监督，一级指挥；一级监督，两级指挥；两级监督，两级指挥。

（一）一级监督，一级指挥组织模式

该模式一般有以下两种形态：

1. 市级监督，市级指挥

是指在市级设立全市统一的监督中心和指挥中心，如图7-1所示。其中，市级监督中心为"监督考评轴"，对城市管理工作进行高位监督、高位考评，负责数字城管覆盖域内城市管理问题的巡查及信息上报受理工作；市级指挥中心为"指挥处置轴"，负责将案卷派遣到市级专业部门和区级专业部门，并指挥协调各区和相关专业部门履行城市管理职责任、处置数字城管问题案件。

2. 市级监督，区级指挥

是指在市级设立全市统一的监督中心，而在各区设立指挥中心的模式。其中，市级监督中心为"监督考评轴"，对全市城市管理工作实行高位监督、高位考评；区级指挥中心为"指挥处置轴"，按照"属地管理"原则，受市监督中心授权，负责指挥协调辖区内市级和区级相关专业部门履行城市管理职责、处置数字城管问题案件。

（二）一级监督、两级指挥组织模式

是指在市级设立全市统一的监督中心，对各区和市级专业部门进行高位监督、高位考评，负责数字城管覆盖域内城市管理问题的巡查及信息上报受理工作；在市、区分别设立市级指挥中心和区级指挥中心，两级指挥中心分别按照已经界定的市、区管理职能分工和管理边界，负责将案卷分别派遣到市级专业部门和区级专业部门，并指挥协调所管辖区域和专业部门履行城市管理职责、处置数字城管问题案件。

（三）两级监督、两级指挥组织模式

是指在市级设立市级监督中心、指挥中心，在各区设立区级监督中心、指挥中心。由市级监督中心对城市管理进行全面的高位监督和考评，市级指挥中心进行统一指挥，重点是指挥协调市级专业部门履行城市管理职能、处置数字城管问题案件。

同时，在区级层面，由区级政府按照"高位监督"和"监管分离"原则，建成相对独立的区级监督与管理体系。

两级监督中心分别负责在全市和辖区范围进行区域巡查、案件上报受理；市级指挥中心负责将属于市和区的案件分别派遣到市级专业部门和区级指挥中心，再由区级指挥中心和市级专业部门分别派遣到下属责任和养护单位。区级监督采集的问题信息由区级指挥中心派遣到辖属专业部门处置。对涉及市级专业部门的问题信息则上传至市级指挥中心，由其立案、派遣到市级专业部门处置。

第三节 一般规定

本节对验收的基本条件和验收方式等进行解读。

一、验收基本条件

验收基本条件是对验收具体内容的高度概括，也是该标准的核心内容。该标准规定了以下 7 个验收基本条件：

1. 根据城市管理需求，建立了相应的组织模式；

2. 建立了独立的实施城市管理监督、指挥、协调和评价的机构；

3. 制定了监督、指挥、处置和考核制度，并形成了城市管理长效机制；

4. 建立了与城市监管范围和监管工作量相适应的监督员、受理员、派遣员等专业队伍；

5. 具有完整覆盖监管范围、符合质量要求的地理空间框架、单元网格、部件和地理编码等数据，并建立了相应的数据维护更新机制；

6. 应用系统包括监管数据无线采集、监督中心受理、协同工作、监督指挥、综合评价、地理编码、应用维护、基础数据资源管理及数据交换等基本子系统；

7. 系统连续、安全、稳定试运行超过 6 个月以上。

上述 7 个验收基本条件具有一票否决权，只要有一个条件没有达到标准要求，上级行业主管部门就不得安排验收。为便于记忆，可把验收基本条件更直观、清晰的表述如下：

（1）模式建设：建立适合城市特点的数字城管组织模式。

（2）机构建设：建立独立的数字城管监督指挥中心。

（3）机制建设：建立监督、指挥、处置和考核等制度，形成城市管理长效机制。

（4）队伍建设：建立满足运行的监督员、受理员、派遣员等专业队伍。

（5）平台建设：建设包含 9 个基本子系统的应用系统和满足系统运行的软硬件运行环境。

（6）数据建设：建设完整覆盖、包含基础数据、业务数据和业务支撑数据的地理空间数据库及其数据更新机制。

（7）试运行：系统连续、安全、稳定运行 6 个月以上。

二、验收方式

该标准规定验收方式分为预验收和正式验收两个步骤，六个工作环节。

（一）自查

是指系统建成后、申请预验收前，对包括数字城管模式的体制机制和系统平台的建设情况进行的全面检查。应注重以下要点：

1. 自查的组织。应由相关城市牵头组织项目监理、系统集成、网络运营、软件研发、数据测绘建库、机房装修等单位参加并进行全面自查。

2. 自查的依据。依据相关国家政策、国家及行业标准规范、该标准规定的验收基本条件、本项目招标文件规定的技术和服务要求，等等。

3. 自查的重点。重点围绕数字城管的体制机制建设和系统平台建设两个方面进行检查。其中体制机制建设工作的检查落实由相关城市负责；系统平台建设工作的检查落实由监理方牵头组织，各相关建设单位各负其责做好所承担建设项目的检查工作。

4. 自查后的整改。在自查基础上，各参与建设单位均应认真分析自查中存在的问题，研究制定整改措施，并写出书面自查情况报告，交予相关城市和监理方予以确认，并按责任分工，分别督导、检查、落实各建设单位的问题整改工作，直至达到标准要求。

（二）申请

是指相关城市向上级行业主管部门提交的、书面的预验收和正式验收申请报告。应注意以下要点：

1. 经自查达到标准要求后，相关城市可向上级行业主管部门提出书面验收申请报告。

2. 申请报告的主要内容是汇报系统的建设和试运行情况，包括7个验收基本条件的具体落实情况、系统平台调试及运行情况，等等。

3. 上级行业主管部门收到申请报告后，应首先审核其系统建设内容是否满足7个验收基本条件，不满足的申请要回退整改。

（三）预验收

是指相关城市的上级行业主管部门，组织专家对系统建设情况进行初步检查验收的活动。应注重做好如下工作。

1. 对于申请报告满足条件的系统建设项目，上级行业主管部门应组织专家进行预验收。

2. 预验收专家应逐一对照检查核实系统建设是否达到验收基本条件，核实系统运行各环节的指标及效果，如全部满足验收基本条件则同意其向上级行业主管部门申请正式验收。

3. 预验收专家对预验收中发现的问题应提出明确具体的改进意见，并对其整改结果是否合格予以确认。

4. 相关城市应组织系统建设的相关单位参加预验收活动，认真听取预验收专家对系统建设的意见和建议。

（四）正式验收

是指相关城市的上级行业主管部门，组织专家组对系统建设情况进行正式验收的活动。

1.验收应由相关城市的上级行业主管部门组织进行。

2.验收专家组成员不少于 7 人。其人员构成应兼顾系统建设的相关专业。

3.验收的程序主要包括以下内容：

（1）听取汇报。主要是系统建设（包括体制机制和系统平台建设）及试运行情况的汇报。

（2）观看系统演示。主要考察系统平台各环节的运行衔接状况及操作熟练程度。

（3）审阅文档。主要查阅管理模式、建设过程和总结性文字档案资料。

（4）实地考察。重点考察城市基础设施、市容环境及街面秩序状况。

（5）现场登录访问数字城管的全业务流程。主要察看应用系统的运行状况。

（6）现场随机抽查相关数据。重点抽查基础数据、业务数据和业务支撑数据以及实时数字城管案件的办理情况。

（7）专家质询。验收专家对上述工作中存在的问题进行询问并提出意见及建议。

4.验收专家按照验收评分标准（见该标准附录 B）独立逐项打分，验收专家组全体成员评分的平均值（保留小数点后 1 位）作为综合得分。

5.满足"验收基本条件"且综合得分 80 分以上，为通过验收。

6.专家组应按规定形成明确的书面验收结论。

（五）整改

是指相关城市依据专家组在预验收、正式验收中提出的意见建议进行改进工作的活动。相关城市应组织系统建设的相关单位，认真梳理预验收专家提出的意见及建议，查找问题原因，研究制定切实可行的整改措施，并落实到责任单位和责任人，分工负责逐条整改。在此基础上撰写书面整改情况报告报送预验收专家审核认定，同时将整改情况报告整理归档。

（六）验收结论

是指正式验收后，验收专家组根据验收情况出具的书面验收意见。验收专家组经过全部验收程序后，应对所验收项目作出"通过"或"不通过"的验收结论。对未通过验收的，应写明存在的主要问题并提出整改意见及建议。

第四节　验收内容

本节规定了"管理模式、地理空间数据、应用系统、运行效果和文档资料"5 方面验收内容。附录 B 将验收评分项目分为 5 个一级指标、18 二级指标。

为了帮助理解，把验收内容按属性归纳为体制机制、系统建设、运行效果、文档资料四个部分予以解读。

一、体制机制

（一）组织模式

该标准规定了3种组织模式架构，各地应根据城市特点，从中选择一种建立起与城市监管范围相适应的组织模式。

（二）机构设置

该标准规定"组建了隶属于政府的、独立的数字城管实施机构，实现城市管理监督考核和执行处置相互分离"。

实施机构设置，既是数字城管的关键点也是体制机制建设的难点。在实践中，全国各地数字城管实施机构的隶属关系、行政级别、部门职能等差异较大。既有行政级别较高、隶属地方政府的行政机关，也有高位监管、独立设置的事业单位，还有行政级别低于职能部门的辖属单位，有的甚至是职能部门的内设科室。数字城管运行十几年的实践表明，凡是设立隶属于地方政府的、独立的、高位监督的实施机构的城市，其数字城管均保持健康、可持续的运行态势，反之，则可能陷入监管不力、指挥不灵、效能低下的被动状态之中。

（三）队伍建设

该标准规定"建立了与城市监管范围、监管工作量相适应的监督员、受理员、派遣员等专业队伍"。数字城管的专业队伍除监督员、受理员、派遣员，还应包括终端操作员（处置部门的信息系统操作员）和监督指挥中心的工作人员。

各专业队伍的人员定额应与其岗位的工作时间相匹配，采用不同的工作时间（如 5×8、7×8、$7 \times 16.7 \times 24$）应核定不同的人员定额。

监督员定额应符合《数字化城市管理信息系统第7部分：监管信息采集》GB/T30428.7的规定。

受理员、派遣员定额应与其工作量相匹配，同时应考虑12319热线、视频受理增加的工作量因素。各区域和专业部门的终端操作员宜配备专职人员，确保信息传递通畅，及时、快捷处置城市管理案件。各级监督指挥中心的人员编制应满足日常管理及系统运行需求。

（四）运行机制

建立完善的数字城管运行机制。主要包括三个方面：

1. 建立闭环业务流程。该标准规定"建立了包含信息收集、案件建立、任务派遣、任务处理、处理反馈、核查结案和综合评价等阶段的闭环业务流程，各阶段分工明确、衔接紧密"。其含义是，应遵循"监管分离"原则，明确"监督"与"处置"两轴的职能边界，落实采集公司、监督中心、指挥中心和专业部门（包括维护单位和责任人）各自在业务流程中的管理责任，优质高效地处理数字城管案件。

2.建成城市管理长效机制。该标准规定"建立了合理有效的城市管理监督、指挥和处置制度，并符合 GB/T30428.4 规定的绩效评价制度，形成了城市管理长效机制"。此规定对业务流程的四个重要节点给出了明确要求：

（1）建立了"高位监管"、全社会监督的"问题发现机制"，及时将城市管理问题纳入数字城管业务流程；

（2）颁布了职能边界清晰、管理责任到位的《数字化城市管理部件、事件管理规范》，确立监督指挥中心的法律地位。编制《数字城管指挥手册》，落实数字城管问题案件的责任主体，切实做到令行禁止，指挥处置到位。

（3）制定了包括案件立案标准、处置时限和结案标准等制度规范，提高案件处置质量与效率。

（4）制定了科学有效的数字城管绩效评价制度，注重运用评价结果，建成并启动核心动力机制，保障数字城管"长治久安"，真正建成城市管理长效机制。

3.健全系统内部协调制度。应注重协调本部门、各专业部门之间的工作关系，更好地调动多方面积极因素，同心协力处置城市管理案件。对此，各地在实践中创造了许多行之有效的工作协调制度，主要包括权责确认制度、问题会商制度、工作点评制度和考核问责制度等。

二、系统建设

系统建设包含地理空间数据、应用系统和运行环境。

（一）地理空间数据

1.地理空间数据包含了地理空间框架数据、单元网格数据、部件数据和地理编码数据等，采用的空间参照系与该城市基础测绘所使用的空间参照系一致，数据的具体内容和质量符合该标准第五章的相关规定。

2.地理空间数据库建设注意了以下几点：

（1）地理空间数据具有较强现势性，并能及时更新。有的城市数字城管系统运行了几年，但仍然采用初次普查的数据，导致系统对部件问题无法准确定位。所以地理空间数据一年至少补测更新一次。

（2）数据按规定进行了备份。

（二）应用系统

1.应用系统的基本子系统及其功能符合该附录 A 的规定。

2.具有用户身份认证、用户访问授权和行为控制、漏洞扫描和入侵检测、数据包过滤和病毒防范、数据加密和系统监控等安全保障功能。

3.对应用系统进行了软件测试，并提供该标准附录 C 规定的应用系统设计和开发文档。

（三）运行环境

1. 建立了系统运行环境，包括硬件设备（服务器、显示设备、存储及备份设备、安全设备等）、系统软件（操作系统、数据库管理系统及地理信息系统等软件）、网络和呼叫中心建设等。

2. 加强系统运行维护，配备了系统管理员，监测系统运行状况。

三、运行效果

该标准规定应从 6 个方面检验运行效果。

（一）运行范围应完整覆盖数字化城市管理的监管区域

数字城管监管区域面积是指地理空间数据普查面积，即监督员的巡查面积。

（二）涉及数字化城市管理的专业部门应全部接入系统

其含义是凡是涉及《数字化城市管理信息系统第 2 部分：管理部件和事件》GB/T30428.2-2013 部件、事件管理职能的部门（单位）均应纳入数字城管系统。区域政府也应纳入数字城管系统。

（三）系统应处于正常运行状态

是指数字城管信息系统能够达到已定的规则及相关稳定运行指标要求，避免出现系统宕机或崩溃现象。

（四）绩效评价应符合《数字化城市管理信息系统第 4 部分：绩效评价》GB/T30428.4–2016 的规定

（五）应满足附录 B 规定的运行效果指标

该标准附录 B 给出了 7 项运行效果指标：

——准确立案率不低于 95%；

——准确派遣率不低于 90%；

——执行部门处置率不低于 90%；

——执行部门按期处置率不低于 80%；

——核查率不低于 95%；

——按时核查率不低于 85%；

——延期率总量不超过 3%。

同时，要求"通过数据对比，表明实施数字化城市管理后各类市政监管问题处置效率明显提高"。上述指标是基于全国而言制定的系统运行较低标准。运行较好的城市，一般将系统运行指标设定为：按时核查率达到 90% 以上，执行部门处置率达到 95% 以上，执行部门按时处置率达到 85% 以上，延期率不超过 2%。

（六）现场考察

该标准附录 B 二级指标"现场勘察"详细规定了现场考察的内容：

1. 随机考察城市现状，评估数字城管运行的实际效果，主要包括基础设施建设、环卫设施配置、绿化美化状况、广告牌匾设置、停车管理情况、街面秩序状况，等等。

2. 现场观看系统演示，要求达到功能齐全、流程顺畅、操作熟练。系统演示是对系统业务功能、运行状态和操作技能的展示，不能用视频或 PPT 代替。

3. 现场随机抽取适量案件，检查是否能够清晰显示上报、立案、派遣、处置、核查、结案流程情况，以及系统记录是否完整，考核评价是否全面、严格和规范。

4. 现场随机抽取适量案件，检验系统的查询、统计、分析等功能，要求能够顺利进行多种条件下的查询和统计分析，并自动生成表单。多种条件是指随机选择时间跨度、区域组合、部门组合、岗位人员组合等。

5. 现场随机抽查监督员、受理员、派遣员、专业部门操作员各一名，要求均能熟练、准确操作系统。

6. 现场抽查监督员和座席员的排班表、考勤表等工作情况记录，以检验其工作流程的完整性。

四、文档资料

（一）管理模式文档

包括体制机制、监督处置制度、考核制度、管理制度等行政性文件，以及引用标准的清单。

（二）建设过程文档

包括项目立项和批复文件、实施方案和论证意见、招投标及合同文件、数据普查方案及报告、应用系统设计和系统集成方案以及测试报告、建设监理报告、系统维护手册等。

（三）总结文档

包括项目竣工报告、项目总结报告、试运行情况报告（包括运行质量评价、月度分析报告、区域及部门考核资料等）。

（四）文档资料要求

1. 编写格式、内容及质量应符合相关标准规定；

2. 内容应系统、完整；

3. 需提供电子文档和纸质文档。

第五节 验收指标与评分

一、验收指标

该标准规定的验收指标分为两级：

（一）一级指标

一级指标分类及权重分析，"平台建设"包括了地理空间数据和应用系统，合计权重为 35%。"系统运行"包括了管理模式和运行效果，合计权重为 60%。上述指标权重设置表明，数字城管是一套应用系统，其管理模式是保障健康运行的关键，如果管理模式不到位，运行质量与效率便难以保证，验收就难于通过。

（二）二级指标

二级指标是一级指标的细化。该标准设置了 18 个二级指标，详见该标准附录 Ba 二级指标的具体内容已在第四节中解读。

二、评分

该标准附录 B 给出了具体评分内容，在二级指标下分解出 58 个评分点，并逐一进行了指标描述、分值占比、测评方式和备注说明，是得分或扣分的依据。详见该标准附录 B。

三、综合得分

验收专家在该标准表 B.1 所示的"验收评分表"中按照实际情况逐项打分，满分分值为 100 分。专家打分的平均分值为综合得分，达到 80 分（含）以上为合格。

四、评分要求

每个评分点的最大扣分值不能大于该评分点的分值。

第六节　验收结论

验收既是数字城管建设的终点又是其发挥效能的起点，因此，验收结论应认真审慎，准确完整。

一、验收结论

（一）主要内容包括对管理模式、地理空间数据、应用系统、运行效果和文档资料的评价意见。

（二）应包括综合得分结果。

（三）应明确给出是否通过验收的结论。对未通过验收的，应写明存在的主要问题并提出整改意见或建议。

二、验收结论的体例框架

（一）验收过程描述；

（二）体制机制和队伍建设情况评价；

（三）系统平台建设情况评价；

（四）数据建设情况评价；

（五）试运行效果评价；

（六）文档资料是否齐全评价；

（七）综合得分；是否通过验收结论；

（八）进一步完善建设与运行工作的建议。

（九）若不通过，则应写明主要问题和整改意见。

第八章 监管信息采集

第一节 概述

数字化城市管理信息系统的业务流程包括 6 个阶段：信息采集、案件建立、任务派遣、任务处理、处理反馈和核查结案。信息采集是数字城管业务流程的第一阶段，是监管信息的数据源，是确保处理效果的重要手段，在数字城管业务流程中占有重要地位，对提高数字城管运行质量和效率，保证数字城管健康、可持续发展具有重要意义。为此，编制了国家标准《数字化城市管理信息系统第 7 部分：监管信息采集》GB/T30428.7-2017，国家标准化管理委员会于 2017 年 7 月 31 日批准发布，自 2017 年 11 月 1 日起执行。该标准适用于数字城管的监管信息，包括《数字化城市管理信息系统第 2 部分：管理部件和事件》GB/T30428.2-2013 规定的管理部件和事件，以及各地根据需要扩展的管理部件和事件的监管信息采集。还适用于监督举报信息核实、处置案件信息核查和专项普查等。

第二节 术语

该标准共收入了监管信息、信息采集责任单位、信息采集、信息上报、信息核实、案件核查和专项普查 7 个术语。重点解读以下 5 个术语。

一、监管信息

定义：数字化城市管理信息系统中部件、事件及其他与城市运行相关信息的总和。这一规定，使"监管信息"既包含了静态的《数字化城市管理信息系统第 2 部分：管理部件和事件》GB/T30428.2-2018 中的监管范围，又增加了动态的"扩展监管部件、事件"、专项普查等的外延，为数字城管平台纳入更多的管理内容提供了更大空间。

二、信息采集责任单位

定义：负责在规定区域、时间、范围进行信息采集的单位。

其含义是,信息采集责任单位可以是自行组建的专门队伍、也可以是授权的某个单位,还可以是委托的信息采集公司。无论哪一种,都应根据政府授权或合同约定,组织人员在规定区域、时间、范围内对监管的城市管理部件、事件问题信息进行采集上报。

三、信息上报

定义:监督员在责任网格内巡查,将监管信息(问题)拍照、填表、定位并上传的过程。这一定义形象地规定和描述了监督员的作业流程,一目了然,易于理解。

四、信息核实

定义:监督员按数字化城市管理信息系统发送的指令,到实地对监督举报进行核对,判断问题是否属实,并将结果上传的过程。

其含义是监督员按照监督指挥中心的指令,依据相关标准规范,对社会公众通过电话、媒体、自媒体、互联网、物联网、领导批示、人大代表建议、政协委员提案和信访等渠道反映的城市管理问题信息进行现场核实,并上报监督指挥中心。

五、案件核查

定义:监督员按数字化城市管理信息系统发送的指令,到实地对专业部门处置结果反馈的案件进行核查并将结果上传的过程。

其含义是监督员按照监督指挥中心的指令,依据相关标准,到现场对相关专业部门处置案件的处置状况进行核查,确认是否达到结案条件并上报监督指挥中心。

第三节 一般规定

本节解读该标准的一般规定,包括组织方式、覆盖区域、人员、内容和表达方式。

一、组织方式

该标准对信息采集队伍的组建方式和确定信息采集责任单位的责任、权力及义务等两个方面作出了规定。

(一)信息采集组织的类型

该标准规定,"可以采用监督(指挥)中心自行组建、授权、委托等方式组建信息采集队伍",这一规定给出了择定信息采集责任单位的三种选项:

1. 自行组建。即由地方政府为实行数字城管新组建的专业信息采集队伍。人员构成为政府部门招募的按国有企业制度管理的专职人员。有的地方招募了下岗失业人员。这种组织形式可以在一定程度上增加劳动就业，降低失业率。

2. 授权作业。即将数字城管的信息采集工作，授权给一个或若干个城市管理部门辖属单位。其人员构成一般为设施巡查、维护和城管执法队员，属于兼职人员。这种组织形式具有操作简单、节省信息采集费用等优点。

3. 委托服务。即政府管理部门为实施数字城管，按照"管事不养人，花钱买服务"原则，通过市场化运作，投资招募专业信息采集公司，承担数字城管的信息采集工作。其人员构成为在社会招聘的、能够满足信息采集业务需要的专职人员。

上述三种组织方式中，"自行组建"方式虽然是基于"监管分离"原理下由政府部门投资组建的专业信息采集队伍，但因其管理体制尚带有传统管理的痕迹，特别是因为增加部分人的就业机会而聘用下岗、失业人员，就往往在其运行管理上产生素质不适应、效率不高、管理难度大等矛盾和问题，而随之衍生的工资、福利和事务管理问题，将使管理成本大幅增加。"授权作业"方式，虽然操作比较简便，亦无需新增投资，但因其囿于传统城市管理的思维和运作定势，相关管理部门既是"运动员"，又是"裁判员"，有悖于数字城管"监管分离"的基本原理，极易导致运行过程与评价结果的非客观性。而"委托服务"方式，则是由政府城市管理监督部门与被委托方签订委托服务合同，实行契约式管理，将其服务收入与其所从事服务的质量效率结成利益链。这不仅减少了管理成本，提高了行政效能，而且进一步优化了"监管分离"原理，通过对发现城市管理问题实施监督的"信息采集"，到对处理后进行考核评价的"核查结案"两个重要节点实行全方位、全过程的监控，切实保证了数字城管关键数据的客观公正和真实可靠。

（二）信息采集责任单位的责任、权限和义务

该标准规定"监督中心应赋予并明确信息采集责任单位的权限、责任和义务"。其含义是，数字城管的实施机构（包括监督、指挥中心等），不论采用何种组织方式实施信息采集，均须签订双方达成一致的服务合同（协议），明确规定双方的责任、权限和义务，据以共同遵循。

二、覆盖区域

该标准规定了信息采集的服务范围，给出了服务区域分类以及责任网格划分的方法与要求。

（一）服务范围

该标准规定，信息采集范围"应与数字化城市管理覆盖范围相一致"。在实务运作中，应全面、深入、科学地理解这一规定的内涵，一方面应将实施信息采集的服务范围与数字

化城市管理覆盖范围相符合，实现区域数字城管全覆盖；另一方面应以严谨的科学态度，实事求是地准确测算信息采集范围（面积）。一般而言，实际信息采集面积在扣除山丘、湖泊、机关企事业单位、公园以及封闭住宅所占区域等面积后，应小于数字城管的覆盖范围。认真评估信息采集服务面积，对于科学合理核算信息采集服务费用、降低数字城管运行成本具有重要意义。

（二）区域分类与责任网格

该标准规定"宜按实际需要划分区域类别和责任网格"，这一规定包括两层含义：1. 划分和确定区域类别。区域类别界定应遵循的原则：定性与定量相结合；静态评估与动态评估相结合；部件数量测算与事件流量测算相结合。其含义是：先采用定性方法大致选择三种类型区域；对各类型区域的"单位面积部件数量""单位时间事件流量"进行静态和动态测试评估后，依据得出的数值由高至低顺序排定一、二、三类管理区域。该标准给出的管理区域类别划分的一般规律是：

（1）一类管理区域，包括城市核心区、人流密集区、主要商业区、城管问题高发区、重要街道、重要河道和重点旅游景区等。

（2）二类管理区域，主要是城市的一般城区和次干道。

（3）三类管理区域，包括背街小巷、城乡接合部、拆迁区域和管理权限未移交区域等。虽然当前大多城市均遵循上述原则划分数字城管覆盖区域的区域类别，但随着人民群众对居住环境和市政秩序需求的不断提升，已定的区域类别亦将发生相应变化，如"背街小巷"是市民居住相对聚集的区域，提高其区域类别，从而进一步加强监管工作，改进城市管理现状，是提高广大市民幸福指数的重要措施。

2. 划分和确定责任网格。责任网格是监督员巡查的单元网格的集合。责任网格划分应遵循的一般规律是：一类管理区域的责任网格所涵盖的单元网格少，三类管理区域所涵盖的单元网格多，二类管理区域的责任网格所涵盖单元网格数量介于上述二者之间。

三、人员

该标准对信息采集的巡查频度、巡查时速、巡查时间、信息采集责任单位的监督人员定额核算，以及监督员业务操作技能培训等作出了规定。

（一）人员定额

该标准规定"宜结合数字化城市管理覆盖范围、巡查频度、巡查时速、巡查时间等因素核算监督员定额"。此外，随着智能化信息采集技术的广泛应用，将有效提高劳动生产率，提升信息采集工作质量与效率，同时监督员人数也将随之减少。因此在核定监督员定额时应考量智能化采集带来的成本降低因素。需要说明的是，在《数字化城市管理信息系统第2部分：管理部件和事件》30428.2-2013 附录 B 的验收评分表中设置了"建立专职的信息采集监督员队伍，配置比例宜每平方千米不少于 1 人"的验收指标，各地可结合实际情况参照执行。

（二）巡查频度

巡查频度，是指监督员每天在其责任网格内沿巡查路线进行巡查的次数。该标准要求宜按照以下规定设定巡查频度：

1. 一类管理区域每天不少于 4 次；

2. 二类管理区域每天不少于 2 次；

3. 三类管理区域每天不少于 1 次。

需要指出的是，为了提高城市居民对城市管理进步的获得感，提升生活幸福指数，目前已有许多城市将"背街小巷"纳入"一类管理区域"予以监管。

（三）巡查时速

巡查时速，是指监督员在其责任网格的巡查路线上巡查时，每小时行进的距离。该标准规定"宜按照以下规定设定巡查时速"：

1. 徒步行走巡查 3 ~ 5km；

2. 使用非机动车辆巡查 10 ~ 12km；

3. 使用机动车辆巡查 20 ~ 30km；

4. 使用船只巡查 10 ~ 15km。

（四）巡查时间

巡查时间，是指在 1 个工作日（24 小时）中，规定监督员在数字城管覆盖区域（责任网格）内进行巡查的时间长度。该标准规定"宜根据数字化城市管理信息系统运行需要制定巡查时间。"其含义是，既可以 24 小时"全天候"巡查，也可以根据需要灵活掌握。现行的巡查时间一般为夏季 6 时至 21 时；冬季 7 时 30 分至 19 时；春、秋季 7 时至 20 时。

（五）人员技能

监督员必须具备能够适应信息采集工作需要的基本素质。该标准要求监督员"应熟悉监督信息采集有关规定、业务流程、操作程序和熟练掌握监管信息采集设备的操作技能，经考核合格后上岗"。

1. 监督信息采集有关规定，主要包括采集对象、岗位操守、工作纪律等。

2. 业务流程，是指监督员进入责任网格后各工作环节的排列顺序（参见本章第四节规定的业务流程）。

3. 操作程序，是指从"发现问题"到完成"信息上报"的全过程，包括"一事一报""案情描述""案件定位"等。

4. 采集设备操作技能，采集设备是指能够"实现数字化城市管理监管信息的采集、报送、

核实、核查等任务的移动通信手持设备——城管通"。监督员应全面掌握其采集和上报功能、查询功能、配置功能、安全功能和其他功能，熟练完成信息采集和上报任务。

5.培训考核，是指应制定上述岗位技能的学习培训计划和考试考核制度，坚持经常性学习培训，实行定期、不定期的考试考核，合格者上岗巡查，不合格者下岗培训。在实际工作中，基于监督员流动性较强特性考量，监督中心和信息采集责任单位都应重视培训工作，采取"采集责任单位为主，监督中心为辅"的培训考核方法，即在采集责任单位对监督员进行培训考核的基础上，监督中心采取"会考"和抽验等方式，检验各采集责任单位的培训效果，促使其提升培训考核质量，提高监督员的综合业务素质。

四、内容

该标准规定上报信息要素、信息采集对象和信息采集工作应遵循的原则。

（一）上报信息要素

该标准规定监督员上报的信息中"应包括监管信息的地点、大类、小类、状态、位置坐标等"。

上报信息中对上述要素进行完整记录和详细描述，就可以为受理、立案、派遣、处置和核查结案提供可靠的数据支持。

（二）信息采集对象

该标准规定监督员采集上报信息"应符合《数字化城市管理信息系统第2部分：管理部件和事件》GB/T30428.2的规定"。

其含义是应将列入《数字化城市管理信息系统第2部分：管理部件和事件》GB/T30428.2-2013的管理部件、事件的大类小类，以及自行扩展的部件和事件全部作为监管信息采集对象。

（三）信息采集原则

该标准规定信息采集"应符合公平公正、真实可靠、应采尽采、自行处置"的原则。其含义是应确保监管信息采集符合实际情况，能够全面、客观反映城管实际情况，并由监督员在必要情况下对简易问题做好处理。其中规定了三方面原则：

1.强调监管信息采集的全面性。应将在数字城管覆盖范围内的"信息采集对象"发生的问题全部采集上报，不可漏报。

2.注重监管信息采集的真实性。应实事求是地反映城市管理问题，兼顾城市管理部件、事件问题类别，不得"避重就轻"，更不允许弄虚作假。在实践中，有些城市根据地方实际，规定了"小广告""沿街晾挂"等多发性案件的上报比例，有效提高了上报信息的类别覆盖率。

3.实行有条件的"自行处置"。是指监督员在巡查过程中对发现的轻微城市管理问题，在力所能及情况下予以自行处理的行为。一般称为"举手之劳"。宜根据实际情况确定轻微城市管理问题的种类。

另外，应把握监管信息采集工作的原则性与灵活性。在强调监管信息采集的真实性和全面性的同时，应根据本地实际进行适当调整，对于不能实现"全天候"处置数字城管案件的城市，其信息采集就未必实行 24 小时工作制，避免浪费采集成本。对于有季节性限制的管理部件、事件的采集和处置，如冬季北方地区的行道树缺失、道路破损等，应实事求是地予以科学合理管控，以节省行政资源，提高工作效率。

五、表达方式

该标准规定了上报信息的表达方式"应包括照片、文字、坐标信息，可增加音频、视频等"。

（一）照片

上报的照片应清晰直观，一般应拍摄近、远景照片各 1 张，近景照片要求能辨清问题特征，如对堆物体积、破损面积等；远景照片应有背景参照物，如地标性建筑物、店铺牌匾、道路标识等。核查时应尽可能在同一位置拍摄照片。问题现场照片是监督中心立案、处置单位研判问题性质的重要依据。

（二）文字

就是监督员在发现并采集问题时，以文字形式描述问题现场的地址、地理位置和问题状况。要求描述准确，言简意赅。

（三）坐标信息

监督员上报问题信息时，应将发生问题现场在电子地图中的位置予以准确定位。

（四）音频、视频

监督员信息上报以图文为主，根据需要也可以采用音频和视频方式报告信息。

第四节　流程与要求

本节主要规定了信息采集中 5 种不同的业务流程和操作要求。

一、流程

该标准规定了监督员巡查、信息上报、信息核实、案件核查和专项普查 5 个业务流程。

（一）巡查流程

指监督员在其责任网格内，从抵达巡查地点登录系统到按照规定路线巡查、发现并上报问题信息、核实问题、核查案件、填写交接记录及退出系统的全过程。

监督员在巡查工作中应掌握以下要点：

1.按规定时间到达所负责巡查的责任网格，将监管采集设备"城管通"登录数字化城

市管理信息系统；

2. 查看工作交接记录，接受工作任务；

3. 按照规定的巡查频度和巡查路线进行巡查；

4. 在责任网格内进行"全覆盖、地毯式、无死角"巡查，并将发现的城管问题按规定要求采集上报；

5. 按系统指令按时完成信息核实和案件核查任务；

6. 按巡查频度完成当日工作，填写交接记录，退出系统。

（二）信息上报流程

指监督员在巡查中从发现问题到按规定进行一系列业务操作直至完成采集上报任务的工作过程。

监督员在采集上报工作中应注意以下要点：

1. 严格按流程操作，包括类别选择、拍摄照片、录音录像（根据需要）、描述地址、坐标定位等，都应一丝不苟、严肃认真。

2. 严格执行《数字化城市管理信息系统第 2 部分：管理部件和事件》GB/T30428-2013标准，采集上报所发现的全部部件、事件问题信息。

（三）信息核实流程

指监督员自接收信息核实的系统指令、赴核实地点、现场研判、酌情处理到回复核实信息或进行信息上报的工作流程。

对于需要核实的信息，监督员应本着认真负责原则，注重核实工作的及时性和准确性。监督员接收核实信息后，应立即查阅弄清任务详情，迅速到达核实地点，找准问题事发位置，认真研判信息真伪，尽快进入相关操作流程，按规定时限回复核实情况或进入信息上报流程。

（四）案件核查流程

指监督员自接收案件核查的系统核查指令、下载查阅核查案件信息、及时赶赴核查案件现场到查看研判案件处置状况直至酌情做出"通过"或"不通过"选择，完成信息上报的工作流程。

监督员在案件核查作中应注重以下要点：

1. 时效性。应按时接收案件核查信息，在规定时间内完成案件核查的业务流程，不能因为核查环节延误时间而影响案件处理单位的考核评价结果。

2. 准确性。应依据《城市市政综合监管信息系统监管案件立案、处置与结案》CJ/T315-2009 的相关规定，给予所核查案件的处理状况以公正评价。

3. 原则性。应坚持实事求是，严格执行标准，不允许非正当因素影响案件的核查结果。

（五）专项普查流程

根据监督中心的专项普查指令，在规定时间内对指定的管理部件、事件的现状或其他管理对象进行调查，并对相关信息予以收集、上报的业务流程。

二、操作要求

该标准为规范监督员全过程的监管信息采集工作行为，共提出 11 项操作要求。

（一）巡查时间及巡查频度要求

该标准规定"应在规定时间内按规定的巡查频度对责任网格进行巡查"。监督员满足这一要求应理解并执行 3 个关键词：

1. 规定时间，即在既定上岗时间到达巡查地点，并按规定时段开展巡查工作。

2. 巡查频度，即按责任网格所属管理区域等级要求每天巡查的次数进行巡查。

3. 责任网格，即应在所负责的责任网格内进行巡查。

（二）接收指令及回复时限要求

该标准规定"应经常检查和及时接收核实、核查指令。根据区域管理要求不同，核实核查结果宜在 2 小时内回复"。监督员执行这一要求应注重 2 个环节：

1. 及时接收指令。监督员在巡查过程中应把查看"城管通"信息作为习惯性动作，以便及时接收核实、核查指令。

2. 及时回复结果。监督员接收指令后应立即赶赴现场进行工作、回复结果。虽然该标准规定宜在 2 小时内回复，但核实时限一般不超过 30min。

（三）信息上报要求

该标准规定"宜一事一报监管信息"。这一要求包含了 2 层含义：

1. 每一个城市管理问题都是独立的，监督员在巡查中每发现一个问题都需要上报一条信息，即"一事一报"。

2. 若在目测范围内发现同一类别问题，如同一路段多处占道经营、一面墙壁多条小广告等，则可作为一条信息上报，但须在文字描述中说明相关情况。

（四）照片信息要求

该标准规定"应上报清晰并包含监管信息全貌、关键性局部、特写的照片。核查照片应与上报照片同地点、同角度、同背景"。要满足上述要求，监督员必须熟练掌握"城管通"的设备性能，按操作规范拍摄每一张照片。一般宜上报 2 张及以上照片，一张近景照片，要求看清问题特征，一张全景照片，要求有背景参照物。

（五）音频及视频信息要求

该标准规定"宜上报不超过 20s 的音频、视频。录音、录像时应说普通话，语音清晰、语句简短完整"。监督员上报信息应以照片、文字形式为主，只在需要情况下"可增加音频、视频等"。

（六）专项普查信息要求

该标准规定"应根据需求制定方案后组织实施专项普查，专项普查示例参见附录A。以附录A为例，要做好人行道专项普查工作，监督员必须明确4个要点：

1. 明确普查内容：市区市管道路的人行道问题和人行道相关情况。

2. 明确普查立案标准：包括缺失人行道板一块以上，破损人行道板一块以上，人行道板松动或沉降2平方米以上，人行道板材质，以及是否为停车泊位或周边是否有停车泊位等。

3. 明确普查要求：包括拍摄3张照片（有明显参照背景的全貌照片；反映出问题所在的局部照片；反映现场用卷尺测量的特写照片）；描述格式：地址十问题十材质十停车泊位情况十面积（或块数）等。

4. 明确普查完成时限：包括开始普查时间和完成普查信息上报时间。

（七）突发事件上报要求

该标准规定"应立即上报符合《数字化城市管理信息系统第2部分：管理部件和事件》GB/T30428.2-2013规定的'突发事件，类型，并对处置情况进行跟踪，直至案件处置完毕并结案"。在《数字化城市管理信息系统第2部分：管理部件和事件》GB/T30428.2-2013中规定了11小类突发事件，即供水管道破裂、燃气管道破裂、排水管道堵塞、热力管道破裂、路面塌陷、路面塌陷、道路积水、道路积雪结冰、架空线缆脱落、火灾、伤亡事故等。监督员在处理上述突发事件时应做好以下工作：

1. 及时上报。若是巡查时发现的，应按要求立即准确上报；若是监督举报需要核实的，应优先对待，确保20min内到达现场予以核实上报。

2. 电话确认。核实上报后，应在第一时间与监督指挥中心电话确认信息上报成功。

3. 报告备案。应将此案卷信息上报及确认情况电话报告上一级负责人或信息采集责任单位负责人。

4. 现场等候。应在事发现场设置警示标志，等候处置人员到达。若上报信息半小时后无人前来处理，则应电话请示监督指挥中心并按其答复办理。

5. 处置跟踪。处置人员到达现场后，监督员可离开现场继续进行正常工作，但需每隔半小时到事发地点对案件处置情况跟踪督察一次，并将相关处置信息报告监督指挥中心，直至案件处置完毕并结案。

（八）监管信息采集要求

该标准规定"应准确、真实、完整、及时采集监管信息，定位应符合《数字化城市管理信息系统第2部分：管理部件和事件》GB/T30428.2-2013的规定"。

（九）巡查范围要求

该标准规定"应在指定的责任网格内按规定的巡查频度进行巡查，监管区域覆盖率应达 100%"。其含义是监督员应按照本责任网格规定的巡查频度，对该区域进行全覆盖、无死角的全面巡查。

（十）监管信息采集质量及效率要求

该标准规定"应完成核定的工作量，月检查漏报率（部件、事件）不应大于 5%，核实核查回复率应达 100%"。这一规定包含了 3 项内容：

1. 工作量要求。即应完成核定的工作量。一般宜将监督员 1 个工作日的信息上报和案件核查数量各定为 10 条左右。同时，宜将"核定工作量管理办法"与"监察考核办法"结合运用，以防止上报虚假信息，以及上报信息质量、效率偏低问题。

2. 漏报率限定。该标准规定"月检查漏报率（部件、事件）不应大于 5%"，这是综合国内业态状况设置的较为宽松的规定上限，一般应将月检查漏报率（部件、事件）设定更加严格的考核指标，宜在 1% 以内。有条件的城市可以将漏报率指标设置得更加严格。

3. 核实核查回复率要求。该标准规定"核实核查回复率应达 100%"，监督员要达到这一要求，就应遵守巡查、核实、核查的业务流程，随时发现和接收系统相关指令，迅速到达核实核查地点，完成业务操作，及时回复相关信息。同时，应严格执行相关标准，不断提高"按时核实率"和"按时核查率"。

（十一）自行处置轻微问题要求

该标准规定"宜按规定自行处置轻微问题"。

这一规定的含义是，监督员在巡查过程中，若发现轻微管理部件、事件问题，提倡自己动手予以解决或消除，以减少处置环节，提高处置效率。如采集责任单位自发组织的"举手之劳"活动。一般可将下列事项作为轻微管理部件、事件问题：

1. 未达到立案标准的小广告（张贴不牢、易于清理）。

2. 果皮箱、垃圾箱（房）门未关或盖子移位。

3. 果皮箱、垃圾箱（房）外存在少量袋装生活垃圾或建筑垃圾（如重量不超过 5 千克，距离垃圾箱 30m 以内）。

4. 塑料或其他轻型材质的交通护栏、隔离墩轻微移位、脱节、侧倒。

5. 平侧石轻微移位（无破损）。

6. 各类交接箱（电力交接箱除外）门未关（设施无破损）。

7. 距地面较低且无破损的公益横幅卷曲（无需专业工具）。

8. 距地面较低的非装饰性吊挂。

9. 井盖微度移位（在能力范围内）。

10. 距地面较低且能够确认已枯死的小条树枝挂落等。

第五节　管理要求

该标准对信息采集工作的管理制度、监督检查内容和工作考核方法作出了明确规定。

一、管理制度

该标准作出了2方面的制度规定，一是制定对"信息采集责任单位"和"监督员"总体质量评价的有关规章制度；二是制定规范考核"监督员"各业务环节工作行为的有关规章制度。

（一）制定质量评价制度

该标准规定"应制定信息采集责任单位质量评价、监督员评价等相关规章制度"。这一规定要求制定2方面评价制度：

1.制定对信息采集责任单位的质量评价有关规章制度。该制度应由政府授权的数字化城市管理实施机构（一般为数字化城市管理监督指挥中心）负责制定，主要是建立健全对信息采集责任单位的质量管理体系、制定质量管理控制制度、落实管控重要节点的有效措施、改进漏报与投诉问题的解决方案以及质量评价考核奖惩办法等。

2.制定对监督员的评价规章制度。该制度应由信息采集责任单位负责制定，主要包括对监督员的业务素质、信息上报数量及质量评价等考核奖惩办法。

（二）制定落实监督员工作考核制度

该标准规定"应制定并落实巡查上报、核实核查、专项普查、考勤管理、绩效考核等相关规章制度"。信息采集责任单位应按此规定，依据与监督指挥中心签订合同约定的相关指标，制定具体的管理和考核指标体系，切实将信息采集全流程、各环节的规章制度落实到位。

二、监督检查

该标准作出了两方面的检查内容规定：

（一）检查信息采集公司人员情况

该标准规定"应对监督员的配置、到岗情况进行检查"。按此规定，监督指挥中心应依据与信息采集责任单位所签服务合同约定，采取审查员工工资表、查看监督员系统登录情况等方法核实监督员在岗信息，也可以采取网上查看监督员实时在岗情况，或随机赴责任网格抽查,若在规定时间内未能到位响应即视为空岗,应对信息采集责任单位以相应处罚。

（二）检查监督员工作情况

该标准规定"应对监督员上报信息的数量和质量进行检查,检查的对象和范围宜采取随机抽查的方式确定"。按此规定,监督指挥中心可采用查看系统报表、随机抽查、巡查、监察等方法进行检查。对此,有些城市的现场监察方法为,派出检查组到选定区域,在与监督员复合的巡查时间和巡查路线上,采集符合立案标准的城市管理问题并在数字城管信息系统里与该区域监督员的上报信息进行比对,未上报或超时上报的认定为漏报,即按照有关规定予以处罚。

三、工作考核

该标准作出了3方面规定,一是对信息采集公司的工作情况进行考核;二是对监督员的工作情况进行考核;三是考核结果对外公示。

（一）考核信息采集责任单位工作

该标准规定"对信息采集责任单位应考核监督员配置、到岗情况、业务培训、工作纪律及完成任务的质量与效率等"。

其含义是,监督指挥中心在与信息采集责任单位签订服务合同时,应对信息采集公司至少应做出如下明确规定:

1.工作任务,包括信息采集面积、配备监督员人数、巡查时间、巡查时速、上报信息数量、分区域巡查频度、核实核查时限、专项普查、应急预案等,以及与其相关的质量与效率指标要求。

2.工作职责,包括职业培训、考勤制度、工作纪律、安全生产、劳动保护、企业文化等,以及与其相关的具体工作要求。

3.考核办法,包括对信息采集责任单位的具体考核方法及奖惩细则等,宜将考核结果与采集经费挂钩浮动。

（二）考核监督员工作

该标准规定"对监督员应考核工作纪律、信息采集质量、巡查区域覆盖率、巡查频度等"。对此,监督指挥中心和信息采集责任单位应对监督员制定包括以下内容的考核评价体系:

1.工作纪律。主要考评监督员的工作态度、考勤情况、巡查覆盖面、岗位操守等日常工作表现。

2.信息采集质量。主要考评监督员的业务素质,包括工作量、案件类型覆盖面、上报信息有效率、漏报率、核实核查及时率、轻微问题处置量,等等。

3.职业道德。主要考评监督员的执业操守,弘扬拾金不昧、见义勇为、无私奉献等优良社会公德精神;惩处上报虚假信息、利用职务"吃拿卡要"及其他造成不良社会影响的

有责行为。

4.考核办法。应制定具体的考核细则,奖优罚劣。对违反职业道德的现象和责任人应予严厉处理。

(三)考核结果公示

该标准规定"考核结果应在一定范围内进行公示"。

这一规定的意义在于,通过公开表彰先进和惩处落后,充分发挥考核评价的激励作用,全面提高信息采集工作水平。

第六节 质量评价

该标准规定了信息采集工作的"评价要求"和"评价对象"。

一、评价要求

该标准作出了2方面规定,一是评价方法,二是评价周期。

(一)评价方法

该标准规定"应结合系统生成的评价结果和通过现场检查得出的评价结果进行质量评价"。

其含义是监督指挥中心在制定对信息采集责任单位和监督员的考核评价办法及考评公式时,应将"系统生成评价结果"与"现场检查评价结果"有机结合,根据需要设置不同指标的权重比例,保证考评结果科学合理。

(二)评价周期

该标准规定"可采用月、季、半年和年为周期进行评价"。

其含义是监督指挥中心可以根据需要,确定对信息采集公司和监督员的评价周期。

二、评价指标

该标准作出了3方面规定,一是评价指标组成,二是质量评价对象,三是可扩展评价指标。

(一)评价指标组成

该标准规定"评价指标的组成应符合《数字化城市管理信息系统第4部分:绩效评价》GB/T30428.4-2016的规定,示例参见附录B"。《数字化城市管理信息系统第4部分:绩效评价》GB/T30428.4-2016规定了"评价基本指标"和"评价比率指标"两大类评价指标。监督指挥中心应以此为依据,制定对信息采集责任单位及监督员的质量考核评价办法。

1. 评价基本指标，包括监督员上报数、问题总数、应核实数、按时核实数、监督举报核实数、漏报数、核查数、按时核查数等。

2. 评价比率指标，包括监督员有效上报率、漏报率、按时核实率、按时核查率等。

（二）质量评价对象

该标准规定"应对责任单位和监督员工作情况进行质量评价"。

其含义是，在制定考核评价办法对信息采集责任单位进行质量工作考评的同时，还要加强对每一位监督员的考核评价，切实落实各项工作措施，全面提高信息采集质量与效率。

（三）可扩展评价指标

该标准规定"各城市可根据本地实际情况扩展评价指标"。

其含义是，除"评价基本指标"和"评价比率指标"外，可以根据本地实际，从《数字化城市管理信息系统第 4 部分：绩效评价》GB/T30428.4-2016 附录 A 中选择扩展指标，也可研究提出新的信息采集工作的考核评价指标，并且纳入整体考核评价指标体系一并进行考评，以进一步提升监督员综合素质，提高信息采集工作水平。

根据实践经验，可以在以下方面扩展评价指标：

1. 扩展的评价基本指标，包括监督员有效上报数、上报信息错报数、同区域同案卷反复发案数、上报信息小类分布数、轻微问题处置数等。

2. 扩展的评价比率指标，包括监督员上报信息错报率、同区域同案卷反复发案率、上报信息小类覆盖率、监督举报核实率等。

第九章 监管案件立案、处置与结案

第一节 概述

数字城管的目标是主动发现问题，快速解决问题。因此在数字城管的设计中，创建了6个环节闭环的业务流程。即信息收集、案件建立、任务派遣、任务处理、处理反馈、核查结案。其中，立案、处置和结案三个环节是实现数字城管"第一时间发现问题，第一时间解决问题"的重要保障。因此，在数字城管的运行阶段，应抓住执行环节的关键节点，即对城市管理问题，进行确权确责，解决执行环节权责指标不细化、无量化的问题。

为使数字城管运行阶段有标准可循、有规范所依，以便实现系统内部闭环流程的立案、处置和结案业务操作，并根据各城市不同管理区域的需求，进行梯度管理和差异化管理。为此，编制了行业标准《城市市政综合监管信息系统监管案件立案、处置与结案》CJ/T315—2009，于2009年12月1日由住房城乡建设部颁布实施。

该标准规定了数字城管运行中发现的城市管理问题立案、处置与结案的分类依据、工作时限、管理要求和应用要求。对案件处置责任单位、处置过程及完成情况实施标准化监督，对数字城管有效运行起着重要的指导作用。

该标准共分前言、引言、正文和附录四部分。正文共分6章，19条，29款。

该标准目前为工程建设领域的产品行业标准。2018年5月已经国家标准化管理委员会批准立项，编制国家标准《数字化城市管理信息系统第8部分：立案、处置和结案》GB/T30428.80由于，国家标准的编制工作还在进行中，因此本部分的解读，依然以行业标准为蓝本。

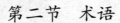

第二节 术语

该标准定义了立案、处置、结案、工作时限等 19 个术语。本节重点解读 5 个术语。

一、立案

定义：对采集上报符合立案条件的案件建立案卷，并进入系统流程的活动。

规定由监督中心接线员或值班长对信息采集监督员上报的城市管理问题信息进行甄别，符合立案条件的建立案卷，并进入业务流程的下一个环节，将案件批转指挥中心进行任务派遣。

二、处置

定义：专业部门接到立案案件后，按照标准和规定对案件进行处理的活动。

专业部门接到指挥中心派遣的案件后，根据指挥手册确定的案件所属责任部门或权属单位，在第一时间通知相关责任单位或责任人直接去现场对案件进行处理。

三、结案

定义：案件处置完毕，经监督员现场核查确认后，结束系统流程的活动。

专业部门对案件处置完毕后，监督中心要派遣监督员去案件现场核查处置结果，以实地观察和拍摄的照片作为依据，问题已经处置好了的案件结束流程存档。没有处理好的案件要退回专业部门重新处理，直至问题得到解决，案件结束并将整个案件流转的全过程记录存档。

四、工作时限

定义：在数字化城市管理信息系统的业务流程中，每个阶段从工作开始到完成的限定时间段。

指案件流转的每一个环节都必须限定从开始到完成的时间段。分别用次、分、时或日作为计量单位。

五、紧急监管案件

定义：可能产生严重后果、需要紧急处置的案件。

　　一般这类情况是指城市突发灾害状况、涉及对人民生命财产安全产生严重后果的问题，比如城市路面塌陷、设施毁损、洪涝灾害、冰雪灾害等，都必须不受该标准相关时限规定的约束，应该第一时间上报、第一时间快速解决。

第三节　案件分类依据和工作时限计量单位

　　本节介绍城市管理案件的分类依据、设置工作时限的必要性及工作时限的计量单位。

一、案件分类依据

　　该标准规定，案件分为部件类案件和事件类案件。同时要求，对于部件和事件的每一个小类都要明确规定其立案条件，结案条件，以及每类案件从立案、派遣、处置、核查和结案的各阶段工作完成时限。

　　这里要注意的有两点，第一，该标准规定部件和事件的分类参照行业标准《城市市政综合监管信息系统管理部件和事件分类、编码及数据要求》CJ/T214-2007。鉴于国家标准《数字化城市管理信息系统第2部分：管理部件和事件》GB/T30428.2-2013，已经发布实施，且行业标准CJ/T214-2007已于2016年公告废止。因此，在进行案件分类时，要执行国家标准。第二，在该标准附录A中各小类案件亦应按照《数字化城市管理信息系统第2部分：管理部件和事件》GB/T30428.2-2013调整代码。其中新增加的小类，各地要根据当地管理状况，补充其立案、结案条件，同时规定完成时限。

二、工作时限计量单位

　　该标准在第四章针对数字城管规定的闭环业务流程的6个阶段都规定了工作时间段，并且根据总结各地的实践经验，分别给不同阶段的处理时间规定了不同的时间计量单位，分三种情况如下：

　　（1）信息采集阶段，监督员的巡查频度以次/日为计量单位。

　　（2）案卷建立、任务派遣、处理反馈及核查结案等阶段，工作时限以分钟为计量单位。

　　（3）任务处理阶段专业部门的工作时限以工作时、紧急工作时或工作日为计量单位。

　　该标准发布前，由于案件的业务流程没有具体的时限要求，在实际操作中案件的处置有快有慢，有的案件在处置部门滞留时间过长，很多问题往往停留在处理环节，甚至越压越多，极大地影响了系统的功能和效率。由此可见，工作过程中每一个节点或阶段必须规定工作时限，使案件能够快速顺畅地流转。真正发挥数字城管的高效、精准和敏捷。

第四节　管理要求

本节介绍每个小类案件均应遵循的立案条件、处置时限和结案条件。

一、一般规定

该标准将信息采集监督员的巡查区域按管理要求不同分为一级管理区域和二级管理区域，不同区域规定了不同的立案条件。一级区域作为严管区域，问题发生的立案条件比二级区域严格，可能在二级区域可立可不立的问题，在一级区域都要立案。二级区域由于是非严管区，因此立案条件相对宽松一点。

比如，上水井盖或污水井盖破损超过 0.0025 平方米，开裂且影响安全，在一级管理区域就必须立案解决，而在二级管理区域可能就不立案或缓立案，当井盖破损面积超过 0.005 平方米时才予以立案。但是，随着数字城管实施范围的扩大，以及各地对城市管理工作的重视，很多城市已经不再严格按照一、二类区域进行划分，全部按照最严要求，对问题进行立案解决。上述一级区域、二级区域和国家标准《数字化城市管理信息系统第 7 部分：监管信息采集》GB/T30428.7-2017 规定的监督员巡查频度按 A、B、C 分区的设定不一致，为使之相对应，宜将一级区域与 A 区域对应，二级区域与 B、C 两个区域对应。

该标准将每个小类案件的工作时限按时间长短分为 A、B.C 三类，其中 A 类工作时限最短，部件类最短 1 小时，事件类最短 0.5 小时。C 类工作时限最长，部件类和事件类最长都是 30 个工作日。这主要是考虑到我国南北方城市的差异，大中小城市的差异，基础设施及基层管理水平的差异等因素，同一类案件的工作时限设置不宜一刀切。各城市可根据自身条件，对监管的每一类部件和事件的工作时限分别选择 A、B 或 C。当然，就同一个城市而言，总体上选择的 A 类越多越好，表明当地的管理水平和处置效率比较高，也可循序渐进逐年提高 A 类案件比例。该标准还设置了紧急监管案件和紧急工作时。如井盖的缺失、煤气管道的泄漏、自来水管的破裂、路面塌陷等部、事件问题，会损害人民生命财产安全，产生严重的后果，必须紧急处置。设置紧急工作时，顾名思义，即立案、派遣到处置必须紧急、快速处理，没有上下班时间，没有节假日休息，直至解决问题为止。

二、巡查频度

信息采集监督员在责任网格内的巡查频度，应执行《数字化城市管理信息系统第 7 部分：

监管信息采集》GB/T30428.7_2017 的相关规定。比如：一般城市根据监督员负责的巡查责任网格面积，规定其一班（8 小时内）的巡查频度 3 ~ 5 次，以 GPS 记录的运动轨迹为依据。有些重点地区还要加大巡查频度。这部分的要求已在本书第八章的第三节有详细说明，此处不再赘述。

三、立案要求

该标准设置了立案要求和量化指标，对同一类别的案件按照处置的难易程度和重要程度确定立案的条件，同时规定了 A、B、C 三级案卷建立的工作时限。监督员上报的城市管理问题信息，必须满足一定的条件才予以立案。该标准附录 A.1 和 A.2 规定了部件类和事件类每个小类案件相应的立案条件。当满足立案条件时，建立案卷的工作时限可为 5min、10min 或 15min，这就要求值班长熟悉情况、准确立案、按时立案，并尽可能缩短立案时间，使案件不在本岗位滞留。对于案件的流转时间一般立案考虑到要甄别问题、有些情况还要与现场监督员核实，大概应在 10min 内完成，批转和派遣都是在 1 ~ 3min 之内，主要就是操作计算机的时间。当然这取决于数字城管系统功能是否完善易用以及操作人员的业务熟练程度。

四、处置要求

处置要求主要包含案件的派遣时限、案件处置时限、案件处置计时方法和反馈时限等内容。

（一）派遣时限

该标准规定在任务派遣阶段，由派遣员根据案件类型，按照指挥手册将案件派到相关责任部门的时间，按照 A、B、C 类管理程度分别为 5min、10min 或 15min。

（二）案件处置时限

该标准的附录 A.1 和 A.2 分别详细列出了每个小类部件和事件在任务处理阶段的 A、B.C 三类处置时限规定。如部件类案件的上水井盖处置时限，A 类为 2 小时，B 类为 4 小时，C 类为 6 小时。又如事件类案件的道路不洁处置时限，A 类为 0.5 小时，B 类为 3 小时，而 C 类则为 5 小时。各城市应根据自身条件对监管的每个部件和事件小类逐一选择 A、B 或 C 类处置时限，但最长不能超过 C 类时限。同类案件根据处理方式不同、在不同区域可选择不同的时限。

（三）案件处置计时

（该标准中称为工作日、工作时）可分为普通计时和紧急计时（紧急工作时）两种，如有的城市作如下规定：

1. 普通计时：每年 4 ~ 9 月：8：00-12：00，15：00-18：00；每年 10 月 ~ 次年 3 月：8：00-12：00，14：30-17：30。所有双休日和节假日均不计时。

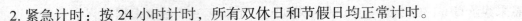

2. 紧急计时：按 24 小时计时，所有双休日和节假日均正常计时。

（四）反馈时限

在专业部门把案件处理完毕后，应该把处理结果通过系统反馈监督中心，处理反馈的工作时限可为 5min、10min 或 15min。

五、结案要求

该标准附录 A.1 和 A.2 针对每一小类的部件、事件给出了相应的结案条件，以保证案件处置的质量。每一个案件处置完成后，反馈到监督中心，监督中心给案件发生所在区域的监督员发出案件核查指令，经监督员赴现场核查，上报核查信息，值班长对照该标准规定的结案条件，符合条件的给予结案，不符合条件的不予结案，并返回专业部门继续处置或重新派遣。该标准规定了核查结案阶段可分为 30min、60min、120min 三种不同的工作时限供选择。

六、专业部门

该标准规定每个小类案件都应明确相应的专业部门，专业部门宜为相应的主管部门、权属单位、养护单位和作业单位。需把处置的责任层层落实，横向到边，纵向到底。在实践中有些城市实行扁平化管理。首先精准确权，把每类部件和事件案件的处置精确落实到相应的责任人。其次，将受理员、值班长和派遣员三岗合一，并对原数字城管指挥系统技术架构进行扁平化改造，研发扁平化指挥系统。这样，监督指挥中心接到上报信息后，三岗合一的派遣员直接将案件派遣到相关处置单位的责任人智能手机客户端上，由其直接进行处置或安排处置，处置后将结果直接反馈至监督指挥中心，减少了中间环节，有效提高了处置效率和质量。

第五节　应用要求

该标准从实施的角度规定了如何编制数字化城市管理监督指挥手册，以及手册的主要内容。同时还就国内城市管理发展不平衡的现状，提出了同一城市内不同区域的立案、处置和结案工作时限的选择，扩展部件和事件的立案、结案条件及处置时限的设定等。

一、编制数字城管监督指挥手册

该标准规定，凡运行数字城管的城市都要通过编制《数字化城市管理监督指挥手册》，构建以处置职责确认、处置时限精准和处置结果规范为核心内容的城市管理问题处置执行

的制度体系，这是保障数字城管发挥实效、健康运行的基础。手册内容应包括案件名称、类型、立结案条件、各阶段的对应工作完成时间。最重要的就是落实每个小类案件的处置专业部门。

二、执行该标准应遵循的基本原则

该标准充分考虑到全国不同城市的具体情况，就数字城管流程各环节提出了以下基本原则：

（一）严格按照该标准要求制定

按照该标准要求编制监督指挥手册，明确规定信息采集巡查频度、立案条件和结案条件，基于本地实际工作基础，逐个部件和事件小类选择工作时限A、B或C，对每个小类明确负责的专业部门等。该标准附录B.1和B.2给出了某市部件和事件立案条件、工作时限、结案条件和专业部门的示例，这些构成了手册的核心内容。监督指挥手册以小类为基本单元，以表格的形式列出每一小类的内容。部件的内容一般包括小类部件名称和小类代码、所属大类名称和大类代码、部件符号、拓扑类型、部件说明、管理要求、主管单位、养护单位、部件照片、立案条件、处置时限、结案条件和备注等。事件的内容一般包括小类事件名称和小类代码、所属大类名称和大类代码、事件说明、管理要求、监管单位、承办单位、事件照片、立案条件、处置时限、结案条件和备注等。

（二）坚持标准的刚性

强调严格执行立案条件和结案条件，满足立案条件的案件，监督中心应予以立案。处置结果不符合结案条件的案件，不能予以结案。应杜绝人为的延期案件、挂账案件、推诿案件。

（三）坚持因地制宜

各城市应根据本地实际情况选择A、B、C类不同的工作时限。不同城市和同一城市的不同区域可采用不同的巡查频度和不同的立案条件，同一类案件在不同城市和同一城市的不同区域可以选择不同的时限。

（四）酌情扩展案件类型

随着城市发展和管理精细化水平的提高，案件类型可根据人民群众日常生活的需求和在城市争创各类称号活动中的各种要求进行适度扩展，并对扩展的类型规定相应的立案条件、工作时限、结案条件和负责案件处置的专业部门。

第十章 城市市政综合监管信息系统技术规范

第一节 概述

为了规范和指导全国数字城管系统建设，实现资源的整合与共享，提高城市信息化水平，2005 年颁布了行业标准《城市市政综合监管信息系统技术规范》CJJ/T106-2005。2010年进行了修订。修订后的版本为《城市市政综合监管信息系统技术规范》CJJ/T106-2010。该标准共分前言、正文、本规范用词说明、引用标准名录和附录五部分。作为指导数字城管建设的技术标准，适用于数字化城市管理信息系统的规划、实施、运行、维护和管理。城市其他管理应用系统，若实行基于单元网格的全方位、全时段的管理方式，亦可参照执行。

第二节 术语

一、同工作

定义：将信息收集、案件建立、任务派遣、任务处理、处理反馈、核查结案、综合评价等环节相关联，实现监督中心、指挥中心、专业部门等之间的日常工作和相关信息协调一致的行为。通过"协同工作子系统"实现各部门、岗位之间的协同工作。

二、市政监管问题

定义：由监督员或公众发现并报告的管理部件丢失、损坏问题和事件问题的统称。与"案件"的区别在于市政监管问题中有一部分不需要进入数字城管业务流程处置。

三、地理空间数据

定义：与地球上位置直接或间接相关的数据，包括地理空间框架数据、单元网格数据、部件和事件数据、地理编码数据以及相应的元数据等。在日常工作中，通常将"地理空间数据"

称为"基础数据"。

四、地理空间框架数据

定义：基本的、公共的地理空间数据，包括行政区划、道路、建（构）筑物、水体、绿地、地名和地址数据以及数字正射影像数据等。地理空间框架数据提供了基本的地理空间要素数据，为数字城管所有与地理位置相关的信息，包括单元网格数据、地理编码数据、部件和事件数据等提供统一的空间定位基准，是支持数字城管运行的基础。

第三节 系统建设与运行模式

本节介绍系统建设与运行模式的一般规定、基本要求和业务流程。

一、一般规定

（一）建立三项制度

该标准规定数字化城市管理信息系统"应在建立独立的监督制度、精细化的处置制度和量化的长效考核制度等基础上运行"，并规定"系统的绩效评价考核结果应纳入城市管理相关行政效能监察考核体系"。数字城管的运行基础是数字化城市管理新模式。新模式在城市管理机制上实现了三方面创新：一是依靠独立的监督制度，实现了监管分离；二是依靠精细到管理部件和事件小类、各级管理区域、案件紧急程度的处置时限、处置标准，以及责任清晰的权责清单，保障了处置制度的量化；三是依靠来自系统实际运行数据生成并纳入城市管理相关行政效能监察考核体系的绩效评价结果，保证了数字城管长效运行。

（二）确定管理模式

该标准规定，可根据城市的规模和管理现状建立相应的管理模式，宜从下列管理模式中选用一种：

1. 市一级监督，市一级指挥。

2. 市一级监督，市、区（县）两级指挥。

3. 市、区（县）两级监督，两级指挥。

4. 市一级监督，区（县）一级指挥。

在已发布实施的国家标准《数字化城市管理信息系统第6部分：验收》GB/T30428.6-2017中，则将组织模式调整为以下三种：

1. 一级监督，一级指挥。2. 一级监督，两级指挥。3. 两级监督，两级指挥。

上述 3 种模式的详细解读见本书第八章第二节。

对于组织模式的选择不再是建议，而是要求根据城市的行政级别、规模、职能部门设置状况等具体情况，在上述三种组织模式中选择一种。三种组织模式的适用场景说明如下。

1. 一级监督、一级指挥

该组织模式可细化为：

（1）市级监督、市级指挥，该组织模式适用于市级层面占有较多城市管理资源、需要加强市级协调指挥力度的城市。（2）市级监督、区级指挥，该组织模式适用于城市管理内容的执行重心在区级部门的城市。

2. 一级监督、两级指挥

市级监督、市区两级指挥的组织模式，可以加强城市管理的执行力度，适用于区级层面占有较多城市管理资源的城市。

3. 两级监督、两级指挥

市区两级监督、市区两级指挥的组织模式，适合于大型、特大型城市。

（三）一体化建设建议

该标准指出"系统宜采用市、区（县）一体化建设模式"。在实际工作中，由于各城市情况差异非常大，系统既可以采用市、区（县）一体化建设（也称集中建设），也可以采用分布式建设。采用一体化建设方式，市里统一建设，区（县）接入应用，可以节约投资，有利于实现系统与标准的统一。

二、系统建设与运行的基本要求

监督与管理功能分离与协同原则、单元网格精细化管理原则、部件和事件精准化管理原则，是数字城管模式的三项基本原则，是全方位、全时段实施城市管理新模式的工作基础。精细化的指挥手册和量化的绩效考核办法是城市管理问题及时得到处置和系统长效运行的保证。

（一）落实监督、管理功能分离与协同原则。该标准规定应注重以下 3 个环节：

1. 通过监督中心实施市政监管问题的监督核查。

2. 通过指挥中心实施市政监管问题的指挥处置。

3. 支持相关专业部门根据指挥中心的指令，及时处置市政监管问题并反馈处理结果。

（二）落实单元网格精细化管理原则。

按《数字化城市管理信息系统第 1 部分：单元网格》GB/T30428.1-2013 的规定，构建以行政区、街道、社区和单元网格为基础的区域精细化分层管理体系。

（三）落实部件和事件精确化管理原则。

按《数字化城市管理信息系统第 2 部分：管理部件和事件》GB/T30428.2-2013 和《城市市政综合监管信息系统监管案件立案、处置与结案》CJ/T315-2009 的规定，构建以问题发现、立案和核查结案为核心内容的市政监管问题监督体系。

（四）落实精细化的指挥手册。

按《城市市政综合监管信息系统监管案件立案、处置与结案》CJ/T315-2009 的规定，构建以处置职责明确、处置时限精准和处置结果规范为核心内容的市政监管问题处置执行体系。

（五）落实量化的绩效考核办法。

按《数字化城市管理信息系统第 4 部分：绩效评价》GB/T30428.4-2016 的规定，以系统中相关数据分析生成的评价结果为依据，以分部评价为辅助，建立对区域、部门和岗位量化的长效考核体系。

三、系统业务流程

系统业务主要流程包括信息收集、案件建立、任务派遣、任务处理、处理反馈和核查结案 6 个阶段，涉及监督员和社会公众、监督中心、指挥中心和专业部门等 4 个环节。业务流程的特别之处，也是创新之处在于它是一个闭环管理流程，而且每个环节都有回路，能够监督每个问题是否确实已经解决。

6 个业务流程分阶段说明如下：

（一）信息收集阶段

信息来源应包括监督员上报和监督举报。

监督员在所负责巡查的责任网格内发现监管问题后，应能通过城管通将有关信息及时上报监督中心。监督举报指除监督员上报外，通过其他途径（电话、互联网、媒体、自媒体、物联网、领导批示和信访等）向监督中心反映部件或事件问题。监督中心接报后通知监督员进行核实，监督员赴现场查看，并通过城管通上报核实结果。除了在户外的责任网格进行巡查的监督员之外，还应有专门通过监控视频发现监管问题进行上报的视频监督员。

有条件的城市，可通过自动信息采集技术发现问题，自动上报监督中心。

（二）案件建立阶段

监督中心应审核接收的监管问题信息，依据《城市市政综合监管信息系统监管案件立案、处置与结案》CJ/T315-2009 有关立案条件的规定，对符合条件的予以立案后批转到指挥中心。

（三）任务派遣阶段

指挥中心接收从监督中心批转来的案件后，依据《指挥手册》将其派遣至相关区域或专业部门进行处置。

（四）任务处理阶段

专业部门按照指挥中心的派遣指令和《指挥手册》规定的时限完成案件处置工作。遇到疑难案件时，指挥中心应组织协调相关部门做好疑难案件的处置工作。

（五）处理反馈阶段

专业部门完成处置后，将处置结果反馈给指挥中心，由指挥中心将反馈信息转给监督中心。

（六）核查结案阶段

监督中心将案件的处置结果通知监督员进行核查；待监督员报送核查结果后，监督中心比对核查信息与处置信息，两者一致符合结案条件时予以结案，否则重新派遣处置。

6个阶段的业务流程是 PC 模式的闭环流程。在移动互联模式下可以将流程进一步简化为信息采集立案、任务处置结案 2 个阶段，实现扁平化管理，提高管理效率。但是，实现扁平化管理须以专业部门内部处置机制的精简到位为前提。

第四节　地理空间数据

本节包括地理空间数据的一般规定、地理空间框架数据、单元网格数据、部件和事件数据、地理编码数据、元数据、数据建库和数据更新等内容。

一、一般规定

数字城管是一套城市空间信息管理系统，系统运行必须要有地理空间数据的支撑。地理空间数据主要包括地理空间框架数据、单元网格数据、部事件数据和地理编码数据。除这些数据外，应尽可能包括地理空间数据的元数据。为了保证市政监管问题能在系统中准确、完整定位，地理空间数据应完整地覆盖监管的整个区域范围。城市地理空间数据与空间参照系密切相关。为保证数字化城市管理信息系统中地理空间数据的获取、更新、维护和应用，应采用所在城市基础测绘所用的空间参照系。城市地理空间数据的存储和交换格式应符合《地理空间数据交换格式》GB/T17798-2007 规定的格式，或采用通用 GIS 系统可以接受的格式。关于地理空间数据的质量检查验收有以下几点说明：

（一）数据质量检查验收应包括数据的完整性、位置精度、属性正确性、逻辑一致性和现势性等。

（二）"两级检查、一级验收"是数据生产单位为保证其所提供的数据质量符合要求而进行的检查和内部验收工作。"两级检查"指的是作业组检查和单位生产部门检查；"一

级验收"指的是单位质检部门验收。生产单位应按照检查验收提出的意见,对数据进行修改、完善,直至数据验收合格。

(三)引入监理单位对数据获取全过程进行质量和进度监理,是目前城市地理空间数据生产中较为普遍采用的方式,它对于保证最终成果的质量具有重要作用。

(四)数据生产单位或监理单位形成的关于地理空间数据检查验收的技术文档一般应包括下列内容:

1. 数据生产的基本情况,包括数据覆盖范围、数据内容和数量、利用的基础资料情况、执行的技术标准和方案、生产方法、使用的仪器设备、生产时间、生产单位名称和资质等级、生产单位内部检查验收结论等。

2. 数据质量情况,包括数据生产监理的基本情况、数据质量抽检方法、样本数据质量统计和评价、发现的主要问题及处理情况、质量检查验收结论等。

此外,地理空间数据存储与使用的安全、保密应符合国家相关规定。

二、地理空间框架数据

地理空间框架数据是城市的基本地理数据集,它为描述城市状况提供最基本的信息,为数字城管系统提供公用数据和空间定位基础。地理空间框架数据可以通过对基础地理信息数据进行提取和扩展获得。行政区划、道路、建(构)筑物、水体、绿地和地名数据是最基本的城市地理空间框架数据,也是数字化城市管理信息系统运行中必不可少的信息内容。

1. 行政区划、道路、建(构)筑物、水体和绿地数据应符合规定。

2. 地名、地址数据对于监管问题的定位具有重要作用,同时也可以减少地理编码数据的采集,因此在可能的条件下应尽量获取。

该标准规定地名和地址数据应符合下列要求:

(1)应包括行政区划名称、街巷名称、地片和区片名称、标志物名称以及门牌地址等的位置信息和基本属性信息。

(2)位置信息宜使用地名和地址所代表实体的中心点坐标描述;基本属性信息应包括地名和地址的名称及分类。

(3)宜从城市地名数据库或基础地理信息数据库中提取,必要时应进行实地调查。

3. 现势性高的高分辨率数字正射影像数据,可以为系统的运行和市政监管问题的定位提供更直观的支持,应尽可能获取。0.1 ~ 0.5m分辨率的数字正射影像数据,对应于1:1000 ~ 1:5000比例尺地形图,分辨率过低,将影响数字城管信息系统运行和监管问题定位的效果。

4. 除了采用数字正射影像数据之外,该标准也推荐有条件的城市,其地理空间框架数据可与地面近景影像数据结合使用。

从信息共享和经济性的角度考虑，地理空间框架数据，应尽可能充分利用城市已有的基础地理信息数据或公共地理空间数据资源通过加工处理来获得。目前大多数城市都有较强现势性的 1∶500 ~ 1∶2000 比例尺基础地理信息数据。当数据的现势性较差或内容不足时，应通过实地调查测量的方式予以修测。此外，该标准规定"数据的组织应符合现行行业标准《城市地理空间框架数据标准》CJJ103-2013 和《城市基础地理信息系统技术规范》CJJ100-2017 的规定"，"地理空间框架数据的质量检查与验收应符合现行国家标准《数字测绘成果质量检查与验收》GB/T18316-2008 的规定"

三、单元网格数据

有关单元网格数据的技术要求已在国家标准《数字化城市管理信息系统第 1 部分：单元网格》GB/T30428.1-2013 中规定，本书第二章进行解读。

四、部件和事件数据

有关部件和事件数据的技术要求已在国家标准《数字化城市管理信息系统第 2 部分：管理部件和事件》GB/T30428.2-2013 中规定，本书第三章进行解读。

五、地理编码数据

有关地理编码数据的技术要求已在国家标准《数字化城市管理信息系统第 3 部分：地理编码》GB/T30428.3-2016 中规定，本书第四章进行解读。

六、元数据

元数据是关于数据的数据，包含有关于数据标识、覆盖范围、质量、空间和时间模式、空间参照系等特征描述性信息。元数据的内容应符合现行行业标准《城市地理空间信息共享与服务元数据标准》CJJ/T144-2010 的规定。图 10-2 是元数据示例。

七、数据建库

地理空间数据库建设是数字城管建设的主要组成部分。数据库的设计、建设和检查等应符合现行行业标准《城市基础地理信息系统技术规范》CJJ100-2017 的规定。根据数据的特点和容量以及数据库系统的情况，对各类数据库进行详细设计，并建立相应的设计文档。可以按数据类型、区域范围进行数据的组织和管理。地理空间数据库包括地理空间框架数据库、单元网格数据库、部件数据库和地理编码数据库，宜包括元数据库。各类数据库应

包含的数据内容、建库要求、入库前检查、入库检查和测试见该标准4.7条有关规定。

八、数据更新

由于我国城市建设发展迅速，变化快，地理空间框架数据更新的周期不宜过长，一般以1年左右为宜，且最好与城市基础地理信息或公共地理空间数据的更新同步进行。当然，对于监管范围内变化大的区域，应及时进行数据更新。当覆盖区域的单元网格发生变动时，应及时进行单元网格数据的更新。部件数据是数字化城市管理信息系统运行的核心数据之一，其现势性对于系统的运行效率具有重要影响，因此应及时更新。这里分为2种情况：一是定期更新，更新周期不宜超过6个月；二是日常更新，就是结合日常的监管巡查工作，对发现的新部件、普查中遗漏的部件以及位置或属性发生变化的部件，实时采集，临时更新或保存变更信息，待定期更新时一并进行测绘。地理编码数据宜与部件数据同步进行更新。地理空间数据更新时，应同步更新相应的元数据。更新后的各类地理空间数据，应进行质量检查验收。

第五节 系统功能与性能

一、系统基本结构框架

数字化城市管理信息系统应包括9个基础子系统，作为数字城管有效运行的基本支撑。系统基本结构框架如图10-3所示，其中：

1.无线数据采集子系统、监督中心受理子系统和协同工作子系统实现监管案件从信息收集、案卷建立、任务派遣、任务处理、处理反馈到核查结案等6个流程环节.的闭环管理。

2.地理编码子系统为其他子系统提供地址描述和空间位置之间的对应关系。

3.综合评价子系统实现了对区域、部门和岗位工作绩效的评价。

4.大屏幕监督指挥子系统实现管理区域内的城市管理问题、业务办理、综合评价等运行效果实时监控，以及对部件、网格等基础数据资源的查看。

5.数据交换子系统实现上下级系统之间，以及横向与各专业子系统之间的数据交换。除上述9个基础子系统外，可根据需求扩展其他子系统。

系统应具有完备的信息安全保障体系。

二、性能指标

数字城管系统不只是一个简单的管理信息系统（MIS），还是一个集成了地理信息系统（GIS）和无线互联应用的系统，因此该标准中，系统性能指标主要是针对 GIS 应用和移动互联应用进行规定。针对 GIS 应用，该标准规定了"监管问题空间位置查询和定位时间不宜超过 5s"，既包括 PC 端使用浏览器对监管问题进行空间位置查询和定位的时间规定，也包括对手机端使用城管通对监管问题进行空间位置查询和定位的时间规定。

针对移动互联应用，该标准规定了"监督中心接收监督员上报监管问题传输和系统处理时间不宜超过 30s"，"监督中心向监督员发送任务，系统处理和传输时间不宜超过 10s"。在 2004 年城管通应用时，三大运营商的网络还是 2G，考虑到监督员上报问题时一般会上传 2 张照片和 30s 录音，约 120KB 的上传量 02G 网络的标准上行速度 2.7kbps，下行速度 9.6kbps。采用 GPRS 时能达到上行速度 42.8kbps，下行速度 85.6kbps。按照 42.8kbps 土行速度计算，120KB 的照片和录音需要 22.4s 完成，考虑到网络连接建立时间和网络的不稳定，规定了上报问题时间不宜超过 30s。现在已经进入到 4G 网络，5G 网络也将来临，上报问题的时间会越来越快。同时，也应当注意到采集的照片更加清晰，上传的照片有时不只 2 张，若再考虑短视频的上传等，上报问题仍然需要一定的时间开销。

监督中心向监督员发送任务，城管通主要进行下载操作，因此速度会比上传快，通常不会超过 10s。除了 GIS 应用和移动互联应用规定的性能要求之外，浏览器访问系统时的响应时间需要符合网站的一般要求，通常建议响应时间在 3 ~ 5s 之内。以下是不同的响应时间给用户的感受：

1. 在 2s 之内响应是"非常有吸引力"的用户体验。

2. 在 5s 之内响应是"比较不错"的用户体验。

3. 在 10s 之内响应是"糟糕"的用户体验。

4. 超过 10s 还没有得到响应，那么大多数用户会认为这次请求是失败的。需要注意一些实时统计的响应时间会超过 10s。

三、业务数据库和支撑数据库建设

系统运行所需数据库分为业务数据库和运行支撑数据库。

（一）业务数据库

业务数据库存储业务流转过程中所产生的全部数据，包括以下几方面：

1. 监管问题信息：即监督员上报、公众举报的问题信息，包括主要信息（任务号、大小类、问题描述、地址描述等）和多媒体信息（照片、录音，为减少数据库容量，通常以文件形式单独存放）。

2. 监管问题上报、核实、核查过程信息：包括上报信息、核实核查任务，核实核查反馈信息。

3. 案件和表单信息：包括处理表单等内容。

4. 工作流信息：包括流转、督办、授权等内容。

5. 绩效评价结果。

（二）运行支撑数据库

运行支撑数据库存储数据包括"机构人员角色配置、业务配置、工作流配置、工作表单定义、文号定义、数据字典定义、统计报表定义、物理图层配置、逻辑图层配置、专题图层配置、地图要素编码定义、地图使用配置、地图查询定义等数据"。这些配置数据是在系统运行之前，就需要通过应用维护子系统和基础数据资源管理子系统配置生成。系统运行过程中，还需要根据人员变化、业务调整进行配置更改。

四、子系统功能要求

（一）监管数据无线采集子系统（又称城管通）

监管数据无线采集子系统包括服务器端和信息采集设备端两部分，且两者之间应实现信息交互。该子系统应具备接收城管通上报监管问题信息，下发核实、核查和专项普查任务，管理和发布当日提示信息，以及信息查询、数据同步等功能。

（二）监督中心呼叫受理子系统

监督中心工作人员主要使用该子系统。其中呼叫中心提供与社会公众和监督员通话功能，而监督中心受理子系统提供与案件受理模块（包括公众举报问题登记工具、问题核实工具、监督员上报问题立案工具、问题转发工具、问题核查工具等），和其他辅助功能模块，包括地图操作、查询统计和参数设置。

（三）协同工作子系统

协同工作子系统具有将信息收集、案件建立、任务派遣、任务处置、处置反馈、核查结案、综合评价等环节进行关联，实现监督中心、指挥中心、专业部门和各级领导之间信息同步、协同工作和协同督办等功能，是各级领导、各个部门业务人员主要使用的子系统，也是产生绩效评价数据的基础信息系统。在协同工作子系统中，可以使用地图操作、查询统计和参数设置等辅助功能模块。

（四）地理编码子系统

该子系统通过标准接口，为其他子系统提供地理编码服务。地理编码子系统应具有地址描述、地址查询和地址匹配等功能，能为监管数据无线采集子系统、监督中心受理子系统、协同工作子系统等提供地理编码服务。地理编码子系统的响应时间宜小于1s。

（五）监督指挥子系统

监督指挥子系统是信息实时监控和直观展示的可视化平台，具有整合地理空间数据和业务数据信息、实现基于地图的监督指挥等功能，并能对发生监管问题的位置、处置过程、监督员在岗情况、处置结果、综合绩效评价等信息进行实时监控，提供给各级领导和业务人员进行现场监督指挥。系统的显示设备可以选择不同尺寸的大屏幕、投影仪或大画面平板电视，也可以使用一般计算机的显示器，各城市应根据经济条件和实际应用情况选择性价比合适的显示设备。

（六）综合评价子系统

综合评价子系统也称绩效评价子系统，是实现对数字化城市管理工作中所涉及的监管区域、相关政府部门、岗位等实时的量化管理和绩效评价。

（七）应用维护子系统

由于系统运行模式可能发生变化，数字城管的相关机构、人员、管理范畴、管理方式、业务流程在系统运行过程中可能逐步调整变化，因此，要求系统必须具有充分的适应能力，保证数字城管模式的各类要素变化时，可以快速通过应用维护子系统及时调整，满足系统发展的需要。同时，应用维护子系统必须能够支持根据相关标准要求进行的配置，如《城市市政综合监管信息系统监管案件立案、处置与结案》CJ/T315-2009 所规定的处置时限。

应用维护子系统应具有对监督中心、指挥中心、专业部门、人员、业务、工作表单、地图、工作流等相关信息及查询、统计方式进行配置，完成系统的管理、维护和扩展的功能。以及多级运行模式的工作流配置、上级部门对下级部门的组织机构和权限等配置等功能。

（八）基础数据资源管理子系统

数字城管系统包含各类地理空间数据，一方面这些数据的类型和结构各不相同，另一方面这些数据在应用过程中需要不断更新和扩展，基础数据资源管理子系统可以通过配置完成空间数据库维护和管理工作。对于采用市区一体化集中式建设的系统，必须考虑到各区分别接入系统和更新系统时，按照区域范围更新数据的实际需求。

基础数据资源管理子系统应具有地理空间数据管理和维护功能。

（九）数据交换子系统

数字化城市管理信息系统应实现与上一级数字城管系统和外部专业子系统的信息交换。通过数据交换子系统，可以实现不同信息系统之间监管问题、综合评价等信息的数据交换。

在与其他系统进行数据交换时，应提供标准化的接口方案，要求与本系统进行交换的专业系统，应能按照数字化城市管理信息交换标准的要求进行数据交换，保证信息的转出和问题处置结果的转入。

五、系统扩展说明

随着城市管理体制改革及移动互联网、物联网、云计算、大数据等现代信息技术的快速发展，该标准中规定的模式或技术已经不能满足当前城市管理的需要。数字城管系统应按照中发（2015）37 号文件要求，适应城市管理体制改革需求，拓展市政公用、市容环卫、园林绿化和城管执法的"3+1"应用范围业务；采用新技术升级数字城管系统的管理手段和

应用功能。目前，许多城市对数字城管进行了模式和技术创新，如建设城管执法系统，拓展了城市管理范围；采用全移动互联模式，优化了工作流程，推进了扁平化管理；采用云平台模式，基于数字城管日积月累的海量运行数据，开展城市管理大数据分析，挖掘城市管理多发、频发、高发等问题类型、区域、特点和规律，辅助城市管理源头治理，极大提升了系统运行效能。

经过全国800多个市（区）、县数字化城市管理新模式的建设和运行实践，数字城管已经根据各市（区）、县管理需求扩展了许多子系统。主要的扩展子系统举例说明如下：

（一）专项普查管理子系统

该子系统借助移动采集终端和无线网络，实现对城市管理对象的专项管理、重点检查，能够对城市突发事件、特殊部件的现状、地理位置和属性信息等进行专项普查，快速生成调查结果和统计结果，可用于城市管理、社会管理、专业管理等多种行业的部件普查、事件普查、应急调查等。通过建设专项普查管理子系统，建立专项普查数据库，依托监督员常态化的工作机制，借助城管通手机、无线网络传输和专项定义工具、专项分析工具等，便于普查任务的快速下发、监督员普查情况的高效上报和对普查结果的分析统计，提高对重点问题和应急问题的普查质量与效率。

（二）违法建筑管理子系统

该子系统主要提供对城市违法建筑进行管理的功能。监督员通过对辖区进行全天候分片不间断巡查监控，发现违法建筑行为及时采集现场信息，进入业务流程予以处置，将违法建筑遏制在萌芽状态。利用高空摄像监控设备分析违法建筑频发地段，无人机定期高空巡视，通过问题位置聚类叠加分析，得到违法建筑频发点位和区域以及时段频率等统计分析数据。通过搭建违法建筑巡查子系统，建立违法建筑档案，对于重点地区、重点对象进行精确跟踪、协同攻坚，从而实现对违法建筑的有效打击。

（三）渣土清运管理子系统

该子系统对渣土运输车辆实施全方位的"实时监控、监督管理、指挥调度"，有效监管渣土运输企业和车辆、运输线路、速度、状态，实现对所有参与渣土运输车辆的状态记录和拍照保存，并且可以根据监控系统的需要，在车辆上安装视频监控设备，实现实时视频监控的功能。针对当地渣土清运实时情况，根据距离渣土源和填埋场位置调度渣土运输车，以最大限度降低车耗和人耗，并通过本系统提升渣土运输的效率，解决车辆管理、车辆路线、渣土积压、清运不及时、沿路抛洒等问题。

（四）市民参与子系统

该子系统（市民通、市民随手拍），作为市民咨询和监督举报城管问题的一种渠道，通过APP或微信服务号的方式，与数字城管系统对接，实现对外发布考核信息、接收市民举报以及方便市民查询城市街景和兴趣点等功能。通过该子系统，社会公众可以参与到城市管理的监督、举报等工作中来，形成全社会共建、共治、共享的城市管理新格局。

（五）大数据分析子系统

该子系统应用大数据分析工具，对数字城管系统所沉淀的海量数据，结合舆情分析，挖掘城市管理多发、频发、高发等问题类型、区域分布、特点和规律，为源头治理提供辅助决策的数据依据。

第六节　系统运行环境

一、一般规定

系统运行环境是指支撑数字化城市管理信息系统运行的软件、硬件和网络等设施，该标准规定了其主要技术的基本要求。在满足系统基本运行条件和实现安全保障的基础上，各城市可根据实际情况选择适当的设备配置。

系统应该具备良好的安全保障功能：

（1）用户身份统一认证。（2）用户访问授权控制和行为审计。（3）漏洞扫描和入侵检测。（4）数据包过滤和病毒防范。（5）数据加密。（6）系统监控等。从系统运行维护管理、信息共享和节约资源的角度看，同一个城市内，市级和区（县）级系统宜使用统一的软硬件平台。

二、传统自建机房运行环境

（一）机房

关于机房的建设，我国已发布实施了一系列技术标准，如《数据中心设计规范》GB50174-2017、《计算机场地通用规范》GB/T2887-2011和《计算机场地安全要求》GB9361-2011。数字城管系统机房建设应遵守国家现行标准规范。机房的消防系统建设和验收除遵守国家现行标准外，还应符合地方相关消防主管部门的规定。由于机房的供电系统直接关系到数字城管系统的稳定性，且对系统运行、数据安全和完整性等有重要影响，因此要求机房采用可靠的电力保障措施，以确保系统在非正常运行条件或故障突发情况下，能够有足够的时间进行系统运行的维护工作，为此，机房应配备较高性能的不间断电源设备。

（二）服务器

服务器是系统运行环境中最主要的组成部分之一。系统服务器分为数据服务器、网络服务器和应用服务器。服务器应能满足系统数据存储、安全性和数据吞吐等要求。各城市可结合自身需求，根据系统用户数量和包含的数据量等实际情况对服务器数量和配置等进行选择。应建立日常管理维护机制，保证服务器稳定、可靠运行。

（三）存储及备份设备

数字城管系统以数据为中心，因此系统的存储和备份设备十分重要。存储设备采用可伸缩的网络拓扑结构，通过具有高传输速率的连接方式，具备较高的节点扩充性和传输速率，同时要避免一些常见的网络瓶颈。各城市可按照实际需求，制定存储备份管理机制，如对备份结果进行验证，并对备份存储介质进行标识等。在系统出现意外损害时，应能快速及时地使用备份进行系统和数据的恢复。

三、云计算中心运行环境

随着云计算技术的发展和云计算中心的普及，许多城市建设数字城管系统时，不再单独采购服务器、网络设备、安全设备进行机房建设，而是选择在云计算中心上租用（付费或免费租用）服务器方式，减少一次性投入，降低日常维护成本，而且有利于降低硬件更新换代的成本。目前广泛应用的云存储，是一种新兴的网络存储技术，它通过集群应用、网络技术或分布式文件系统等功能，将网络中大量各种不同类型的存储设备通过应用软件集合起来协同工作，共同对外提供数据存储和业务访问功能的系统。使用者可以在任何时间、任何地方，透过任何可联网的装置连接到云上方便地存取数据。云存储可以用于监督员上报照片的存储。

四、网络

应在已有电子政务网络基础上，建立一个覆盖所有涉及数字城管的相关部门并满足数据传输要求的网络环境，实现所有运行数字城管系统的区域、部门之间的互联互通。网络建设应遵守国家现行标准规范，有条件的城市可以根据实际需求采用更高的配置。监督中心和监督员（通过城管通）之间的数据传输主要依靠无线通信网络，因此需要建立监督中心与无线通信网络的互联关系。

该标准规定网络环境的具体要求如下：（1）监督中心、指挥中心和专业部门之间应实现网络互连；网络带宽不应低于2Mbps。（2）监督中心应实现与无线通信网络的互联；网络带宽不宜低于2Mbbos。（3）网络交换应采用多层结构。（4）应建立网络管理制度和网络运行保障支持体系。

五、显示设备

这里所列显示设备是指供多人共享的监督指挥子系统的显示设备，可以是一块或多块组合的显示屏、一台或多台组合的显示器（监视器或电视机）、一台或多台组合的投影仪，也可以是一台或多台组合的计算机终端，主要安装在监督指挥中心。该标准规定了显示设备的基本技术参数要求，各城市可根据实际需要和经济条件进行适当选择，不应单纯求大求高。也可以考虑与城市已有的城市应急指挥系统大屏幕显示设备共享使用。

该标准规定显示设备的技术指标应符合下列规定：（1）屏幕分辨率不应低于1024×768像素。（2）屏幕对比率不应低于600：1。（3）屏幕亮度不应低于1000cc/m²。（4）水平视角不应低于150°垂直视角不应低于60°。

六、呼叫中心

应结合城市实际需求，确定经济实用的呼叫中心配置方案。呼叫中心应具有基本坐席功能和特殊坐席功能。具体功能说明如下：（1）基本坐席功能应包括应答、保持、转接、呼出、咨询、会议等基本操作功能，并可以实时显示主叫号码。（2）特殊坐席功能主要是向社会公众提供更好的语音服务，并且具备方便的管理功能，可包括话务质检、监听、协议跟踪、全程录音、放音、内部呼叫、强制插入、强制拆除、强制签出、强制示忙、强制示闲、拦截、服务指标统计等。该标准在总则中规定数字城管系统"应使用全国建设事业公益服务专用电话号码12319"。根据中华人民共和国信息产业部〔2002〕422号文件精神，在建设数字城管系统时，其呼叫中心应使用统一专用号码12319。同时在使用该号码时，需遵守信息产业主管部门和地方通信管理局有关号码资源的规定，不得擅自转让、出租该专用号码或改变号码用途。

七、操作系统

数字城管系统服务器端（传统自建机房时需要随服务器采购，云计算中心则无需单独采购）和终端所使用的操作系统应采用目前主流的商用操作系统，以保证系统的兼容性、可靠性和稳定性。城管通的操作系统应符合《数字化城市管理信息系统第6部分：验收》GB/T30428.6-2017的规定。

八、数据库及 GIS 平台软件系统

数字城管系统中的数据需要通过数据库系统来进行管理。主流数据库系统有oracle、MySQL.SQLServer。使用云计算中心时，既可以自己单独安装数据库系统，也可以租用云计算中心的数据库系统资源。地理信息系统软件是数字城管系统的重要基础软件平台之一，它承担着海量地理空间数据的应用和管理工作，需要具备充分的空间数据管理、更新和服务能力，以保证图文一体化的数字城管系统正常运转。主流 GIS 平台软件有 ArcGIS、MapGIS.SuperMap 等。

第七节 系统建设与验收

一、系统建设

该标准规定数字城管系统建设应具备下列基本条件：

（一）应有明确的应用需求和经费保障

包括了两个含义：

1. 应有明确的应用需求。是指系统建设务必编制切实可行建设方案，应在充分调查研究的基础上，紧密结合本地实际管理需求，确定明确的建设目标，不应一味追求大而全，而要实事求是，讲求实效。除必须建设的九个基本子系统之外，对于扩展的子系统应予认真论证，宜遵循"急用先上，循序渐进"原则，不可盲目扩展，一哄而上。

2. 确保系统建设有足够的资金投入。包括场地装修、机房建设、软硬件平台采购、应用系统开发、数据普查、监督员队伍建设，以及每年的运行、维护和更新等等都需要给予资金保障。

（二）系统监管范围宜选择城市

基础设施建设趋于稳定的区域其含义是，系统监管范围应是在城市基础设施建设已经基本完成区域，优先选择城市中心建成区，其基础数据普查建库之后，能够在一定时间范围内保证持其现势性的区域。否则，今天道路开挖，明天房屋拆迁，地形图数据、部件数据、地理编码数据等等都会发生变化，不仅给监管带来困难，而且造成数据建设资金的极大浪费。

（三）系统监管范围内应没有无线通信盲区

这是因为监督员所用的城管通必须通过无线网络才能够将采集信息上传到监督中心。

（四）系统建设的步骤、内容和要求

总结十四年数字城管系统建设的实践经验，在系统建设中应做的工作：

1. 明确责任，组织实施。成立项目建设领导小组、明确责任分工，制定项目实施工作计划。领导小组由谁担任组长很重要，决定了系统建设的高位监督是否能真正落地。许多城市将其作为政府的"一把手"工程。

2. 项目立项、编制方案。编制"可行性研究报告、需求分析报告和实施方案"，完成项目立项和招投标工作，确定项目各承建单位。在编制方案时，需要重点选定建设与运行模式。在实施方案中，需要重点确定管理组、系统组和数据组负责人和单位。管理组负责业务、制度和培训；系统组负责系统建设、软硬件集成、软件开发、培训和运行保障；数据组负责数据普查和数据入库。

3. 组建队伍，制订制度。由管理组牵头，组建监督中心、指挥中心和监督员队伍，并编写《城市管理综合绩效考核办法》《城市管理部件、事件监督指挥手册》和相关工作制度。

4. 数据普查，系统搭建。由数据组牵头，进行数据普查和数据库建设工作。由系统组牵头，进行系统网络配置，软硬件系统和设备采购、安装、调试，应用软件系统研发和实施，城管通硬件采购和软件研发等工作。

5. 人员培训，编制手册。由管理组、系统组牵头，编制《各岗位用户培训手册》《监督员培训手册》及《系统管理员培训手册》，对系统岗位人员进行业务培训、技术培训。

6. 系统测试，投入运行。由管理组、系统组牵头，进行系统测试、试运行和正式运行。

7. 档案整理，系统验收。对项目建设过程中的相关文档资料进行整理、存档，并组织系统的验收。

（五）项目监理

该标准规定"系统建设宜采取第三方监理方式对设备安装调试、地理空间数据建设、应用软件系统开发与系统集成的全过程进行监理。所有工作应形成相应的文档资料"。数字城管系统建设实践证明，引入具备相关资质、专业素养高的监理公司对系统建设全过程进行监理和监控，是使项目成功运作、按期保质竣工的必要保证。

二、系统验收

系统验收的相关内容已在国家标准《数字化城市管理信息系统第6部分：验收》GB/T30428.6进行了修编，因此该标准中内容如与国家标准冲突，均按照国家标准执行。

关于验收部分的解读，参见本书第七章。

第八节 系统维护

一、日常管理

首先是制定数字城管系统运行维护管理制度，其次是配备系统管理员并明确系统管理员的工作职责和工作内容，做到系统维护工作日常化、制度化。通过实时监测系统运行状况、数据库状况、数据备份情况等，及时发现系统存在的潜在问题。系统中包含了大量重要的基础数据和业务数据，不同用户在系统中操作的内容不同，通过"对操作系统、数据库系统、应用系统和网络设备设置权限"，对不同用户的数据访问严格控制，"阻止非授权用户读取、修改、破坏或窃取数据"。建立严格的数据备份机制，并根据数据类型不同，制定适合的数据备份策略，对业务数据的备份周期要短，对地理空间数据等基础数据的备份周期可以